공식
소리한자

일러두기

1. 이 책 부수자 부분에서 한자는 부수자와 발음 역할로 분해(分解)하여 한자를 이해시키고자 하였습니다. 한자에서 부수자는 뜻(의미)을 발음 역할은 소리글자를 말합니다. 한자는 대부분 형성 한자이므로 뜻글자와 소리글자로 이루어지는데, 독자의 이해를 돕기 위해 억지로 회의(會意) 한자처럼 뜻과 뜻이 결합한 것처럼 해석한 부분도 있음을 고려해 주시길 바랍니다. 다른 원리로 만든 한자(상형, 회의, 지사, 전주, 가차)는 그 원리에 따라 해석하고자 노력하였습니다.

2. 한자는 오랜 세월 동안 서체가 많이 변화해 왔는데 갑골문은 은나라, 금문은 주나라, 소전, 예서는 진나라, 행서, 해서는 한나라 때 글자체를 말합니다. 한자 어원(語源) 풀이는 네이버 한자 사전을 많이 참조하였습니다.

3. 한자의 뜻은 시대가 지나면서 확장되었지만, 본래의 의미는 잘 변화하지 않았습니다. 그러나 한자 발음은 지역과 시간에 따라 매우 많이 다양하게 변화해 왔습니다. 한자음(音)이 2개 이상으로 발음되는 한자도 생겨났고, 오랜 세월 동안 소리 변화의 많은 법칙에 따라 발음이 매우 많이 변화하였고, 가차되고, 전주되고, 생략 표기되어 본래 발음하고 매우 많이 다르게 변화됐습니다.

4. 한자 훈((訓)은 한자의 새김(뜻), 의미를 말합니다. 한자 하나에 한자 훈은 수천 년 동안 추가되어 여러 개 뜻이 있습니다. 여러 개 한자 뜻 중에서 대표되는 합리적인 뜻으로 훈을 삼았습니다. 네이버 한자 사전과 한국어문교육연구회 대표 훈음을 주로 따라 표기하였습니다. 일부 한자는 중복으로 표기하기도 했는데, 대표적인 훈(訓)을 통일하지 않고 상황에 맞는 훈으로 표기한 곳도 여러 군데 있습니다.

5. 부수자 214자는 현재 교육부 지정 상용한자 1,800자 가운데 사용 안 되는 부수자가 많이 있습니다. 사용 빈도 상위 20개 부수자가 상용한자(3급) 1,000자 정도에 사용되고 있습니다. 이 책에서는 한자 1급(간혹 특급) 3,500자 이상을 다루고 있으나 일반생활에서 많이 사용되는 3급 (1,800자) 한자만을 먼저 이해하는 것이 매우 바람직합니다.

공식 소리한자

에디트리

"우리나라 말은 한자와 함께 빛나야 한다."
글로벌 국제화 시대이자, 인공지능 시대인 오늘날 한자의 필요성을 다음 네 가지로 요약할 수 있습니다.

첫째, 한자는 고유부터 현재까지 우리나라 글자이며 언어

3,700여 년 전에 우리 민족인 동이족이 세운 은(殷)나라에서 갑골문(甲骨文)을 사용하였습니다. 이 갑골문이 한자의 기원입니다. 우리나라는 한자를 수천 년 전부터 사용해 왔으며 현재도 우리말 어휘의 80%는 한자어입니다. 한자는 소리글자 아닌 뜻글자로 발음(소리)이 지역별로 읽는 사람에 따라 다릅니다. 이에 우리나라 사람들이 가장 존경하는 분 세종대왕이 1443년 훈민정음을 창제(創製)하였습니다. 훈민정음(나라말, 한글)은 세계에서 가장 우수한 소리글자입니다. 훈민정자(訓民正字)가 아니고 훈민정음(訓民正音), 백성(百姓)을 가르치는 바른 소리의 뜻입니다.

글자 3가지 요소는 의(義), 음(音), 형(形)으로 의(義)는 뜻을, 음(音)은 소리를, 형(形)은 모양(꼴)을 의미합니다. 우리 나라말을 한글로만 써서는 글자의 세 가지 요소 중 중요한 뜻(義)을 포기하게 되어 정확한 의미 전달이 어렵게 됩니다. 우리 민족이 수천 년간 사용한 한자를 1948년 미군정(美軍政)이 한글 전용(專用)을 강제로 시행한 이후 현재에는 한자 혼용(混用)도 안 되고 있으며, 여러 부분에서 한자 사용이 매우 위축(萎縮)되어 있습니다. 심지어 한자가 우리 고유어임에도 중국 글자로 취급되고, 중고등학교에서 제2외국어 선택과목으로 취급되는 현실에 이르렀습니다.

참고로 현재 중국 글자는 정체자(正體字)가 아닌 간체자(簡體字)를 사용하고 있으며 발음부호를 로마자로 표기하는 병음(拼音)을 사용하고 있습니다. 우리나라 말은 소리글자 한글(表音文字)과 뜻글자 한자(表意文字)가 잘 어우러져 사용되어야 합니다. 그리하여야 우리나라 말의 뜻과 소리가 정확(正確)하게 전달됩니다.

한글을 한글(韓契)로 한자를 한자(漢字)가 아닌 한자(韓字)로 표기하고 싶은 심정입니다. 우리나라 말은 한글과 한자가 함께할 때 가장 빛날 것입니다.

둘째, 어휘력(語彙力)이 풍부해지며, 독해력(讀解力)을 높임

한자는 좌뇌 우뇌를 다 쓰게 하여 두뇌 발달에 좋으며 기억력과 사고력을 향상합니다.

글자의 음은 같으나 뜻이 다른 낱말, 동음이의어(同音異義語)가 많은 우리나라 말을 한글만 사용하면 의미 전달이 어렵기에 한자 혼용 사용으로 정확한 의미를 전달해야 합니다. 우리나라 말의 어휘는 한자어로 표기할 때 그 뜻의 깊이와 맛을 한층 더 느낄 수 있습니다.

또한 한자는 상형(象形)문자이기에 그럼처럼 시각적 사고를 자극하여 쉽게 기억할 수 있습니다. 한자를 많이 알수록 단어의 뜻을 명확히 잘 이해할 수 있어 표현력이 풍성해지며 나아가 문해력 향상되어 학습 능력과 언어 구사(驅使) 능력이 좋아지게 됩니다. 한자는 형의문자(形意文字)로, 글자의 구성과 조합에 논리성이 있어 논리적 사고력 강화하며 글자 하나하나가 뜻을 담고 있어 분석력과 추론력 향상에도 이바지합니다.

셋째, 우리 일상과 전통문화(傳統文化)를 깊이 이해시켜 더 나은 문화를 창출

소리는 오랜 기간이 지나면 자주 변화하지만, 뜻은 오랫동안 잘 유지되었습니다. 한자는 수천 년 전 의미와 오늘날 의미가 크게 다르지 않습니다.

한자는 뜻글자로 우리의 삶과 문화가 많이 녹아 있습니다. 한자의 근본 뿌리와 배경을 살펴 우리말을 올바르게 사용하고 한자어로 된 고전 문학, 역사서, 속담, 한시, 사자성어 등 통하여 우리의 역사와 전통문화 유산 이해와 계승(繼乘)에 필수적입니다. 더불어 한자에 담긴 조상의 마음을 들여다보아 나의 삶을 성찰(省察)하고 우리말을 제대로 사용하여 더 나은 나로 성장(成長)시켜야 합니다.

현재 한글 전용(專用) 표기는 한자어를 80% 가까이 사용하면서 단순 한글로만 표기한 것입니다. 한문 혼용 사용은 단절된 문자 문화의 회복(回復)으로 민족 정체성 회복과도 연결되며, 민족적 자긍심을 높일 것입니다. 이는 우리 민족의 정체성(正體性)과 자긍심(自矜心)을 더 함양(涵養)시킬 것입니다.

넷째, 다른 나라 문화를 이해하고, 정보 습득 능력이 향상

한자는 우리 민족뿐만 아니라 한자문화권(중국, 일본, 한국, 대만, 홍콩, 싱가포르, 인도, 베트남 등) 나라들이 수천 년간 사용한 문자 체계 중 하나이므로 그들 나라 문자 구조를 더욱 쉽게 이해할 수 있어 국제적 소통 능력 또한 향상됩니다. 또한 각종 신문, 법률, 행정 문서 등에 자주 등장하는 한자어를 이해하면 정보의 정확한 해석과 습득이 가능해져 지식의 깊이를 넓힐 수 있습니다.

한자를 무조건 주입식(注入式)으로 암기(暗記)하는 것은 무모(無謀)하고 어리석은 학습법이며 금방 포기하게 만듭니다. 이 책은 기존에 단순한 암기식 학습 방법에서 탈피(脫皮)하여 다음 네 가지 방식에 중점 두고 집필하였습니다.

1. 한자의 공식화

수학 공식처럼 저절로 외워지는 신비한 한자 공식을 정리하고자 했습니다.

세상 모든 것에는 나름대로 보편적(普遍的) 원리(原理)와 국가나 사회에 의해 공적(公的)으로 인정(認定)하는 공식(公式)이 있습니다. 한자는 수천 년 동안 많은 사람들이 인정하고 지속적으로 사용하여 살아남은 글자이므로 나름대로 보편적 원리와 공식이 있어서 그 부분을 중점적으로 정리하여 공식화시켰습니다.

이 책은 갑골문에서 시작한 한자체(漢字體) 변화 이해(어원 풀이), 한자 만들어지는 원리인 조자원리(造字原理), 필순 공식, 부수자 찾기 공식, 소리글자 변화 공식, 약자 공식 정리에 중점 두었습니다. 이 원리와 공식을 이해하고 아는 것이 한자 이치를 깨닫는 속성기법이며, 해법입니다.

2. 부수자 중심의 학습

한자의 핵심(核心) 의미, 한자 분류(分類)의 기본 원칙인 부수자를 중점 정리하였습니다.

부수자(部首字)는 한자의 공통부분이 대표가 되어 거느린 머리글자이며, 영어의 알파벳, 한글의 자음, 모음에 해당하고, 한자의 외형적 한 부분이면서 전체 의미(뜻)를 상징하기에 이 책의 많은 부분을 부수자 정리에 심혈을 기울였습니다. 부수의 변천 과정, 부수의 명칭, 부수 찾기 공식, 부수 분류, 변형 부수를 정리하였고 특히 연상법(聯想法)에 따른 이미지 학습 방법을 위해 부수자가 그림에서 글자로 변화하는 과정을 보여주었습니다.

또한 한자를 부수자와 소리글자(발음 역할)로 분해(分解)하였습니다. 부수자에서 한자 뜻(義)을 발음 역할 하는 글자에서 한자 소리(音)를 정확히 이해시켜 바로바로 저절로 암기되는 신기한 학습 방법을 채택(採擇)하였습니다. 한자 배열도 연상기억법에 의거 암기하기 쉽도록 표기하였습니다.

3. 소리한자 집중 연구

소리글자는 여러 한자로 파생(派生)되는 뿌리 한자며 핵심 한자입니다.

한자를 만드는 조자 원리 중 형성(形聲) 한자는 뜻글자와 소리글자가 합(合)하여 만든 글자입니다. 한자를 만드는 6개 조자 원리 중 형성 한자가 80% 이상이므로 형성 한자 만든 원리에 중점을 두고 학습해야 하는데 기존 교재 대부분은 부수자 위주로 되어있습니다.

이 책은 꼬리에 꼬리를 무는 한자, 뿌리 한자며 근원(根源) 한자인 소리글자를 5년간 연구하였습니다. 360개의 소리 한자를 발췌(拔萃)하여 교육용 한자(3급)에서 고급 한자(1급)까지 총 3,500자 이상 한자를 발음으로 공식화하였습니다.

예를 들어 소리글자 쌀 포(包)자는 다른 글자와 만나면 무조건 포로 소리가 납니다. 즉 砲(대포 포), 胞(세포 포), 抱(안을 포), 泡(거품 포), 飽(배부를 포), 鮑(절인물고기 포), 袍(도포 포), 庖(부엌 포), 苞(쌀 포), 疱

(여드름 포), 咆(고함지를 포)입니다. 한자를 학습할 때 위처럼 소리와 연관된 한자들을 묶어 그룹화하여 비슷한 발음을 가진 한자를 한꺼번에 익히는 것이 매우 효율적입니다.

4. 반복 심화(深化) 학습을 통한 정교한 이해

부록에서는 교육용 한자, 부수 빈도순 정리, 약자 공식, 동자이음, 유의자, 상대자, 모양이 비슷한 한자, 표기가 혼동되는 한자, 잘못 읽기 쉬운 한자, 뜻이 혼동되는 한자, 사자성어, 우리말 같은 한자어 등 반복 심화 학습할 수 있도록 구성하여 표현력과 문해력을 높일 수 있도록 하였습니다.

한자 교육은 단순한 암기식 교육이 아닌 한자가 가진 마술적 힘으로 언어력, 사고력, 문화 이해력을 동시에 키울 수 있는 교육이어야 하며 현대 사회에서는 디지털 기술과 결합해 흥미롭게 접근할 수 있어야 합니다. 또한 우리말의 뿌리를 깊이 이해하고 더 정확한 언어 사용과 사고의 깊이를 갖추는 데 큰 도움이 되어야 합니다.

독자 여러분은 이 책을 통하여 "숲을 보고 나무를 이해하는" 메타(meta) 인지적(認知的) 학습법으로 한자를 체계적으로 익혀 정확한 언어 구사자이자 문화 계승자로 성장하시길 바랍니다.

소리한자 창안자
한 금 수(韓 今 洙)

I. 한자의 기본 원리 및 공식

1. 한자라고 하는 이유　　　　　　　　　　　21
2. 한자의 3요소　　　　　　　　　　　　　21
3. 표의문자, 표음문자　　　　　　　　　　　21
4. 한자, 한자어, 한문　　　　　　　　　　　21
5. 동자이음, 동의이자　　　　　　　　　　　22
6. 한자의 서체 시대적 변화　　　　　　　　22
7. 조자원리(造字原理 : 글자 만드는 원리)　31
8. 필순(筆順 : 글자 쓰는 순서)　　　　　　33
9. 부수자(部首字 : 거느리는 머리 글자)　　35
10. 소리한자　　　　　　　　　　　　　　61

II. 부수자　　　　　　　　　　　　　　71

III. 소리한자　　　　　　　　　　　　511

Ⅳ. 부록

1. 교육용 한자(3급 1,800자)　　　　　　　　651
2. 교육용 한자(부수 빈도순)　　　　　　　　682
3. 약자공식(略字公式)　　　　　　　　　　　707
4. 약자일람표(略字一覽表)　　　　　　　　　717
5. 동자이음(同字異音)　　　　　　　　　　　723
6. 유의자(類義字), 유의어(類義語)　　　　　726
7. 상대자(相對字), 상대어(相對語)　　　　　772
8. 모양이 비슷한 한자　　　　　　　　　　　786
9. 표기가 혼동되는 한자　　　　　　　　　　792
10. 잘못 읽기 쉬운 한자　　　　　　　　　　　796
11. 뜻이 혼동되는 한자(44종)　　　　　　　　803
12. 사자성어(四字成語)　　　　　　　　　　　816
13. 우리말 같은 한자어 이외(以外)　　　　　824

추천사

한글은 우리 마음의 울림이고, 한자는 그 마음의 뿌리다. 둘이 함께할 때 우리말은 가장 깊고 아름답게 빛난다. 하지만 지금까지의 한자 공부는 '외우고 잊어버리는' 방식에 머무르곤 했다. 그래서 많은 사람들이 한자를 어렵고 지루한 것으로만 느껴왔다. 『공식 소리한자』는 이런 답답함을 시원하게 풀어 주는 책이다. 한자를 수학 공식처럼 정리해 놓아 원리로 이해하게 하고, 214부수를 그림과 함께 보여 주어 자연스럽게 연상하며 익히도록 돕는다. 단순한 암기가 아니라, '아! 그렇구나' 하고 깨닫는 순간을 선물한다. 무엇보다 이 책은 '소리한자'라는 주제에 집중한다. 한자의 모양(形)과 소리(音)가 어떻게 어우러져 뜻을 이루는지 그 원리를 따라가다 보면 단어의 의미가 술술 풀린다. 반복적으로 심화해 가는 구조 속에서 학습자는 점점 더 확신을 갖게 된다. 이 과정에서 중요한 힘은 메타인지다. 내가 지금 아는 것과 모르는 것을 스스로 자각하는 순간, 학습은 더 깊어지고 즐거워진다. 『공식 소리한자』는 그 길을 친절히 안내한다. 그래서 한자가 낯선 초보자도, 시험을 준비하는 학생도, 고전을 새롭게 읽고 싶은 어른들도 모두 활용할 수 있다. 시험 합격을 위한 효율적인 공부는 물론, 어휘력과 사고력을 키우고, 사자성어와 고전을 통해 문화까지 이해하는 길. 『공식 소리한자』는 한자를 '억지로 외우는 공부'에서 '스스로 깨닫는 즐거움'으로 바꾸어 주는 소중한 동반자가 될 것이다.

동국대학교 행정대학원 고양캠퍼스 CEO 인문학 최고위과정 지도교수 박영희

《공식 소리한자》는 한자를 단순 암기하는 대신, 원리를 이해하니 즐겁게 배울 수 있도록 돕는 책입니다. 우리말의 80% 이상을 차지하는 한자어를 통해 놓치고 있던 우리말의 깊은 뜻을 되찾아줍니다. 한자 공식과 소리글자 학습법은 한자를 더욱 친근하게 느끼게 하며, 어휘력과 독해력 향상은 물론 전통 문화 이해까지 이끌어줍니다. 이 책을 통해 한글과 한자가 만나 완성되는 아름다운 우리말의 힘을 느껴보시길 바랍니다.

메가 대표 송병태

학창 시절부터 한자 교육을 받았고 일상생활(신문 등)에서 항상 접할 수밖에 없었던 한자! 접하면 접할수록 어려웠던 한자! 살아가는 삶이기에 피할래야 피할 수 없어 옥편을 꺼내 들고 씨름했던 지난 날, 이 한자사전이 출간되어 나와 마주친 순간 한자에 대한 어려움과 두려움이 눈 녹듯 사라지고 나도 한자를 쉽고 흥미롭게 읽고 쓸 수 있다는 자신감이 생겼습니다. 특히 한자의 원리와 구조를 소리로 분석해 구독자가 흥미롭게 이해하면서 지속적으로 학습할 수 있는 유일무이하고 혁신적인 사전이라고 생각되어 추천드립니다. 한자는 우리의 실생활에 가까이 있음은 물론 삶의 기본 철학을 담고 있음을 부정할 수는 없을 것이기에 한자사전의 출간을 진심으로 축하드립니다.

전 이동막걸리 대표 이양희

교단에서 국어를 가르치면서 우리말에 스며들어 있는 한자 교육을 어떻게 할 것인가 고민해 왔는데, 이 책을 읽는 순간 큰 울림으로 다가왔다. 저자의 기발한 통찰력으로 집필된 이 책을 통해 오랜 고민이 뻥 뚫린 느낌이다. 저자에게 갈채를 보낸다.

전 영훈국제중 교장 김찬모

세상이 참 좋아졌습니다. 우리가 한자 공부를 했을 때는 깍두기 노트에 획순이라는 것을 참고하며 옆 글자를 보고 베끼는 수준에서 공부를 했는데, 그것도 대학입시에 4문제밖엔 안 나온다고 거의 공부를 안 했고요. 이 책을 읽다 보면 공부라는 생각을 안 해도 그냥 놀이처럼 술술 머리에 각인되니 나이에 상관없이 남녀노소가 재미있게 놀이하듯 배울 수 있어 좋습니다. 왜 진작 이런 책을 생각 못 했을까요? 한금수 선생님께 감사의 마음을 전합니다... 와~ 이제부터 나는 한자 왕이다!!!!

공연예술감독 손덕기

한문은 어렵고 지루하다는 편견이 있습니다. 그러나 이 책은 마치 오래된 친구처럼 다가와, 한 글자 한 글자 속에 숨은 이야기와 마음을 풀어냅니다. 아이들도, 한자를 멀리했던 어른들도 웃으며 첫 장을 넘기게 될 것입니다. 작가의 부드러운 설명과 따뜻한 예시가 한문을 친근한 놀이로 바꿔 주는, 세대와 나이를 넘어 함께 공부하고 싶은 책입니다.

메가 광주 대표 강창우

역사·문화적 특수성으로 인해 우리말 단어의 한자를 알지 못하면 맥락을 이해하기 어려운 경우가 많다. 이 책은 한자의 원리를 이해하며 소리와 의미를 함께 익히게 하여 문해력 향상에 큰 도움을 줄 것이다.

닥터닥터스 대표 김용우

"내 언어의 한계가 내 세계의 한계다"(비트겐슈타인). 우리의 사고와 지적 역량은 우리가 이해하고 사용하는 언어의 폭과 깊이에 좌우된다고 할 수 있다. 우리말의 저변에는 한자의 비중이 많고 같이 혼재되어 있어서 한자에 대한 지식과 이해가 더해지면 어휘력이 풍부해질 수 있고 사고가 높아진다. 문제는 한자 학습이 쉽지 않고 그 기회도 적다는 것이다. 저자께서 오랜 세월 학습하며 연구하고 실생활에 적용해 본 결과로 소리한자 개념을 창안하고 한자 원리를 공식화하여 『공식 소리한자』라는 방대한 저작을 세상에 내놓았다. 이를 통해 어휘력과 독해력을 향상시키고 각종 한자 자격시험 공부에 도움이 되게 하였다. 이 책을 활용하면 작은 노력으로도 효율적이고 효과적으로 한자 공부를 가능하게 하였다. 한 나라의 부의 수준은 사고의 수준만큼이라고 한다.

메가밸류 대표 고재일

한국말은 한자를 알아야 깊이 있는 의사소통이 가능하다. 한국말은 한자를 익혀야 높은 품격이 갖춰진다. 한국말은 한자에 능통해야 부피 있는 지식을 전수할 수 있다. 그런데 한자를 배우려면? 오호라~ 바로 여기! 지름길 중의 최단, 최상의 지름길이 있었네?

대산유리 대표 김선규

공식소리한자의 출간을 강력히 추천하고자 이 글을 씁니다. 저는 글쓴이의 친우로서, 한자 학습의 중요성과 어려움을 누구보다 잘 알고 있습니다. 시중에는 다양한 한자 학습서가 있지만, 이 책은 분명히 독자들에게 새로운 해법을 제시할 것입니다. 공식소리한자는 특히 다음과 같은 점에서 매우 뛰어난 가치를 지닌다고 생각합니다. 독창적인 학습 방식: 이 책만의 독특한 학습 방법을 통해 한자를 딱딱하게 암기하는 것이 아니라, 자연스럽게 이해하고 기억하도록 돕습니다. 실용적인 구성: 실생활에서 자주 쓰이는 단어 위주로 구성, 급수별 정리, 예문과 함께 익히는 점이 돋보입니다. 독자들이 학습한 내용을 바로 활용할 수 있도록 구성되어 있어 학습 의욕을 높여줍니다. 대중성 확보: 단순히 한자 시험을 대비하는 수험서에 그치지 않고, 한자에 관심 있는 일반인부터 학생, 직장인까지 모두 아우를 수 있는 내용과 디자인을 갖추고 있습니다. 이『공식 소리한자』가 독자들의 사랑을 받는 훌륭한 책으로 탄생하길 기대하며, 다시 한번 출간을 강력히 추천합니다.

제이상사 대표 신창섭

"쇠는 달궈졌을 때 두드려라"는 속담처럼 모든 학습은 적절한 시기를 놓치지 말아야 하는데, 아쉽게도 인간의 기억력이 최고로 왕성한 유년기(초등학교) 때부터 한자 교육이 폐지되어 한자는 어렵다는 선입견을 갖게 되었습니다. 쉽게 배울 수 있는 한자 교재를 통해 한자 학습이 이루어진다면 13억의 중국인과 1억 2천만의 일본인, 그리고 대만·홍콩 등 한자를 사용하는 동북아 국가와의 교류를 증진할 수 있는 글로벌 인재 양성에 일조할 수 있으리라 생각되는데, 다행스럽게도 이 책은 수학 공식처럼 쉽게 기억되는 '한자 공식'이 잘 정리되어 있어서 한자 공부는 어렵다고 생각하는 많은 사람들에게 한자 공부를 쉽게 배울 수 있는 기회를 줄 수 있어 강력히 추천해 드리고 싶습니다.

공인중개사 박중현

소리한자는 영어의 어원 학습법과 유사합니다. 가장 좋은 연상법은 어원 학습이라고 합니다. 어원으로 한자 한 글자로 여러 개의 같은 소리 한자를 한 번에 다양하게 학습할 수 있습니다. 이 책을 통해 너무나도 쉽게 많은 한자를 외우면서 이해할 수 있을 것입니다. 우리 언어의 80% 이상이 한자어로 이루어져 있어 한자 공부를 하면 의미 파악이 쉽고, 사고력도 키울 수 있고, 사람들이 지켜야 할 예의범절 등이 숨어 있어 올바른 생활을 하는 데 많은 도움이 될 것입니다.

전 코리아타임스 경영기획실장 김찬백

오랜 세월 동안 한자는 어렵고 외워야 할 것이 너무 많다고만 생각해 왔습니다. 그러나 이 책은 그 고정관념을 단번에 깨뜨립니다. 한자의 원리와 공식을 이해하면 마치 퍼즐을 맞추듯 한자가 술술 풀리고 오래도록 기억에 남는다는 사실을 깨닫게 됩니다. 저자는 소리와 원리를 결합한 독창적인 '소리한자' 학습법을 통해, 복잡해 보이는 한자를 쉽고 재미있게 분해하고 조립하는 마법 같은 방법을 제시합니다. 특히 형성 한자가 전체 한자의 80%를 차지한다는 사실을 바탕으로, 핵심 소리 한자를 익히는 메타인지 학습 전략은 놀라울 만큼 효율적입니다. 이 책은 단순한 암기가 아닌, 한자를 '이해하고 즐기는' 새로운 길을 열어줍니다. 한자 자격시험 준비는 물론 세상을 바라보는 눈까지 넓혀주는 지혜가 가득 담겨 있습니다. 저자는 한자를 부담스러운 장벽이 아니라 재미있게 탐험할 수 있는 세계로 안내하는 훌륭한 길잡이입니다. 이 책을 만난 독자라면 누구나 한자의 매력에 빠져들고, 그 힘을 생활과 학문 곳곳에서 느끼게 될 것입니다.

한화트레이딩 이사 윤석순

맛있는 기적의 한자. 우리말이 소리글자인데 뜻글자 한자와 혼용하여 써야 합니다. 그런데 한자는 어렵다는 생각들이 많습니다. 이 책은 한자 원리를 이해시키고 공식화했습니다. 공식 하나만 알면 저절로 열 글자 이상 술술 외워지는 신비한 한자 비법입니다. 쉽고 재미있는 한자 분해법도 사용하였습니다. 특히 소리한자 부분 창안이 돋보입니다. 한자를 알면 세상 보는 눈이 달라집니다. 학습자 여러분은 이 책을 통하여 좀 더 다른 세상을 만나시길 바랍니다.

동국대 행정대학원 부동산학과 주임교수 서정윤

뜻글자인 한자를 빠르고 쉽게 이해하고 습득할 수 있는 엄청난 책입니다. 우리 세대뿐만 아니라 우리 자녀들에게도 꼭 권하고 싶은 책입니다.

한국자유총연맹 고양특례시 지회장 오재혁

우리말 한글은 너무나 아름다운 육체, 한자는 우리말의 정신. 우리말 80%가 한자어인데 한자체 쓰기가 도외시되는 현재, 이 책은 다시 한 번 한자의 중요성을 일깨워 준다. 이 책 『공식 소리한자』는 무조건 암기가 아니라서 좋다. 한자 공부에 즐거움을 준다. 자격시험 공부를 넘어 어휘·사고·문화까지 이 책은 한자의 새로운 세상을 보여준다.

전 한성대 교수 이하섭

한금수 님의 헌신과 열정이 깃든 이 책이 세상에 나오게 된 것을 진심으로 축하드리며, 기쁜 마음으로 이 추천의 글을 전합니다. 오늘날 우리들은 빠르게 변하는 시대를 살아가기에 수많은 정보 속에서 때론 길을 잃기 쉽습니다. 하지만 그럼에도 불구하고 변치 않는 가치는 '뿌리'와 '기초'에 있음을 잊지 말아야 할 것입니다. 한자는 단순한 문자 이상의 의미를 지니고 있으며, 그동안 우리의 언어와 문화, 사고의 틀을 형성하는 근간이 되어 왔음을 부인할 수 없습니다. 이 책은 바로 그 근간을 체계적으로 정리하고, 누구나 이해하기 쉽게 풀어낸 귀중한 결실이라 할 수 있겠습니다. 저자는 바쁜 기업 경영의 일상 속에서도 긴 시간 동안 한자에 대한 깊은 애정을 바탕으로 이 방대한 작업을 완성하였습니다. 방대한 분량에 이르는 백과사전 분량의 저술은 결코 가볍게 시작하거나 쉽게 끝낼 수 있는 일이 아니기에 더욱 그렇습니다. 그것은 학문에 대한 진지한 태도와 더불어, 후대에 남길 가치 있는 지식의 유산을 마련하고자 하는 사명감이 없었다면 불가능했을지도 모릅니다. 이 책은 단순한 학문적 사전이 아니라, 독자들에게 한자를 보다 쉽게 접하고 이해할 수 있도록 돕는 안내서입니다. 난해하게 느껴질 수 있는 한자의 세계를 친절한 설명과 알기 쉽게 체계적인 배열로 풀어내어, 학생부터 일반 독자에 이르기까지 폭넓게 누구나 유익하게 활용할 수 있도록 구성되어 있습니다. 그 점에서 이 책은 '학문'과 '실용'의 가치를 동시에 지니고 있다 말할 수 있겠습니다. 무엇보다도 저는 이 책이 단순히 문자 해설에 머무르지 않고, 언어와 삶을 연결하는 가교 역할을 하리라 확신합니다. 한자를 이해한다는 것은 단어의 뜻을 아는 것을 넘어, 그 속에 담긴 역사와 정신을 읽어내는 과정이기도 합니다. 따라서 이 책을 통해 많은 이들이 우리 언어와 문화의 깊이를 새롭게 깨닫게 되고 스스로의 발전을 이룰 수 있는 계기가 되기를 바랍니다. 저자는 한자라는 학문을 통해 사람과 사람을 잇고, 세대와 세대를 연결하며, 나아가 더 깊은 소통의 장을 열어가고자 합니다. 이러한 정신은 오늘날 우리가 지향해야 할 가치와도 맞닿아 있기도 합니다. 그러므로 이 책은 단순한 학습 자료가 아니라, 삶의 지혜를 담은 동반서가 될 것이라고 확신합니다. 끝으로, 이 귀한 저술이 널리 읽히고 사랑받아 한자 학습은 물론 우리 문화 이해의 폭을 넓히는 데 큰 역할을 하기를 기대합니다. 저자의 노고와 열정에 다시 한번 경의를 표하며, 이 책을 접하는 모든 독자들이 지식의 기쁨과 배움의 즐거움을 함께 누리시기를 진심으로 바랍니다.

호윤도시개발그룹 회장 · 호서대학교 벤처투자금융학과 박사과정 김태

이 책은 한자를 단순히 외우는 것이 아니라 원리와 공식으로 깨우치는 신개념 학습법을 담고 있습니다. 한자를 분해해 술술 외우고, 소리와 연상으로 오래 기억하는 비법은 놀라울 만큼 쉽고 재미있습니다. 또한 최신 출제 경향을 반영해 자격시험 대비까지 완벽하게 정리된 길라잡이 역할을 합니다. 한자를 배우는 모든 이에게 꼭 권하고 싶은 한자 학습의 새로운 패러다임입니다.　토커스 어학원 원장 권지우

한자! 이제는 소리로 쉽게 외우고 공식으로 오래 기억하세요. 『소리 한자』는 핵심 원리만 알면 술술 풀리는 신기한 학습법을 제시하는 혁신적인 한자 공부의 길잡이입니다. "한자가 두렵고 어렵게만 느껴졌던 이들에게 이 책은 따뜻한 안내자입니다." 소리와 원리로 풀어낸 새로운 학습법을 제시한 이 책은 이해의 즐거움과 성취의 감동을 함께 전해줍니다.　메가 대표 전형노

본서는 소리한자를 창안하였고 한자 원리를 정리·정돈하였다. 그리고 한자 공식을 체계화하였다. 한자 자격시험 준비생을 위해 저자가 고심 끝에 한자별 급수 표시도 하였기에 효율적인 학습 방법이 될 것이다. 보다 쉽게 한 권으로 읽는 한자 종합백과사전 역할을 할 수 있을 것으로 기대된다.　고양특례시 재향경우회 회장 김성주

공식과 원리를 통해 '소리'로 기억하는 신비한 한자 학습법을 담은 책을 추천합니다. 복잡한 한자를 쉽고 재미있게 분해·조립하며 이해할 수 있고, 자격시험 대비 급수 표시까지 정리되어 있어 아주 효율적입니다. 메타인지 기반 학습으로 오래 기억되고, 한 권으로 종합백과처럼 활용 가능한 새로운 방식의 깊이 있는 한자 공부책입니다. 세상을 보는 눈, 세상을 대하는 깊이가 달라질 것입니다.　푸른이앤알 대표 이민석

중고생 때 한문을 배우고 그동안 사용을 안 하다 보니 많이 잊어버렸는데, 소리한자 창안자인 저자가 이번에 창간한 한자책을 보니 다시 한자 공부를 하고 싶은 마음이 생겨 너무 기쁩니다. 이런 한자책을 창간하여 주시어 감사합니다.　헤럴드경제 신문사 근무 김동명

우리말 어휘의 70% 가까이는 한자에서 유래한 낱말들입니다. 특히 이 비중은 전문용어의 경우 현저히 높아집니다. 문해력 저하의 배경에는 한자 교육의 미비가 큰 요인으로 작용합니다. 한자와 멀어지는 것이 한글 사랑의 길은 아닙니다. 오히려 한글로 표현하는 우리말의 폭을 넓혀 국어의 세계화와 한국인의 집단지성을 높이고 키우는 데 한자 학습과 교육은 매우 중요한 수단이 됩니다. 한자를 중국인의 고유 문자만으로 인식하는 것은 역사에 대한 시야를 좁히는 것입니다. 동북아시아에서 살아 온 여러 민족과 국가의 공통적 자산으로 한자를 인식하는 것이 합리적입니다. 경영인으로서, 함께 공부한 선배님으로서 제가 존경하는 한금수 대표님의 이 역작은, 한자가 우리말과 우리 문화에 오래도록 스며들어 얼마나 중요한 기여를 하고 있는지, 그리고 이를 어떻게 체계적이면서 쉽게 학습할 수 있는지 보여주는 최고의 한자 학습서입니다. 시험 준비와 전문적인 한자 공부를 원하는 분부터 하루에 한 글자씩 익히면서 맑은 생각을 유지하고 싶은 시니어분까지, 모두에게 좋은 한자의 이해와 학습을 위한 최고의 책으로 추천합니다.

동국대학교 일산한방병원장 · 교수 김동일

이 시대를 살아가면서 한자를 정확히 표현하면서도 음과 뜻을 알게 한, 한자 종합백과사전이자 한자 기본 원리와 획순 공식을 집대성한 가이드 · 길잡이입니다.

래피드정보통신 대표 · 공학박사 정희덕

한자는 단순한 문자가 아닌 그 시대의 언어와 사상 등 많은 것을 함의하고 있는 역사적 자산입니다. 이 책은 단순한 학습서를 넘어, 한자를 통해 언어와 사고의 구조를 바라보게 하는 교육적 가치를 지니고 있습니다. 지금까지의 단순한 암기식 학습을 지양하고, 한자의 원리를 이해를 통한 연상기억법, 한자의 소리를 풀면서 자연스럽게 인지되는 메타 학습법 등 학습자들이 자연스럽게 한자의 원리를 이해하도록 돕습니다. 초 · 중등 학생뿐만 아니라 자격시험을 대비하는 성인 학습자에게도 큰 도움이 될 것입니다. 이 책의 출간에 감사드리고 자신 있게 추천합니다.

메가솔로몬 대표 김유원

I 한자의 기본 원리 및 공식

I 한국의 근대 만화 인식과 형성

원리(原理) : 기초(基礎)가 되는 근거(根據) 또는 보편적(普遍的) 진리(眞理)

공식(公式) : 국가나 사회에 의해 공적(公的)으로 인정(認定)된 형식(形式)이나 방식

1. 한자라고 하는 이유

한자(漢字)는 한(漢) 나라의 글자(字)에서 유래됨. 중국 한 나라(기원전 206년~기원후 220년)는 중국 문명이 크게 발전하고 많은 제도와 문화가 정착되고 여러 나라로 전파되었다. 특히 한 나라 때 한자가 표준화되고 널리 사용되었고 주변 한국, 베트남, 일본, 대만, 태국 등으로 전파되었다.

2. 한자의 3요소

한자를 구성하는 기본적인 세 가지 요소는 의(義), 음(音), 형(形)이다. 의(義)는 표현하고자 하는 뜻을, 음(音)은 표현하고자 하는 소리를, 형(形)은 모양(꼴)을 의미한다. 한자는 표의문자(表意文字)로 하나의 문자 안에 뜻, 소리, 모양의 세 가지가 삼위일체(三位一體)로 구성된 세계에서 유일한 문자라고 할 수 있다.

예 모양(明), 음(명), 뜻(밝다)

3. 표의문자, 표음문자

(1) 표의문자(表意文字, 뜻글자)

의미나 뜻을 글자 하나에 나타낸 문자(文字)

예 그림 문자, 상형 문자(象形文字), 회화(繪畫) 문자, 한자(漢字)

(2) 표음문자(表音文字, 소리글자)

말소리를 그대로 기호(記號)로 나타낸 문자(文字)

예 한글, 로마자(Roma字), 아라비아(Arabia) 문자

4. 한자, 한자어, 한문

한자(漢字) : 고대 중국에서 만들어진 표의문자, 글자 자체(1글자)

한자어(漢字語) : 한자에 기초하여 만들어진 말, 단어(2글자 이상)

한문(漢文) : 한자를 가지고 옛 중국어(中國語)의 문법(文法)에 따라 지은 문장(文章)

5. 동자이음, 동의이자

(1) 동자이음(同字異音)
글자가 같으나 음(音)이 다름
> 예) 說 말씀 설, 달랠 세, 기뻐할 열, 벗을 탈

(2) 동의이자(同義異字)
뜻은 같으나 글자(字)가 다름
> 예) 말씀 언(言), 말씀 어(語), 말씀 설(說), 말씀 화(話), 말씀 담(談), 말씀 변(辯), 말씀 사(辭)

6. 한자 서체의 시대적 변화

(1) 갑골문(甲骨文)
약 3,500년 전 은나라 시기 귀갑(龜甲 : 거북 껍질)과 우골(牛骨 : 소뼈)를 불로 지져 그 갈라지는 형태로 길흉화복(吉凶禍福)의 점(占)을 치고 그 결과를 뼈에 새긴 문자를 말한다. 복사(卜辭), 은허(殷墟)문자라고도 한다. 1899년 왕의영 주도로 안양 은허에서 발굴되었다.

(2) 금문(金文)
은(殷)·주(周)·춘추전국시대 청동기, 종(鐘)·솥(鼎)·항아리(尊)·술잔(爵)·병기(兵器)·전폐(錢幣) 등 금속(金屬)에 새긴 글자로 종정문(鐘鼎文), 명문(銘文)이라고도 한다.

(3) 소전(小篆)
B.C. 3세기 진시황제 때 통일 서체로 발전한 전서는 대전(통일 이전)과 소전으로 나누지만, 우리가 말하는 전서라 함은 주로 소전을 지칭한다. 모든 획이 둥글며 가지런하여 가장 아름다운 서체로 주로 서예나 인장 등에 새길 때 애용하며, 진서(秦篆)라고도 한다.

(4) 예서(隸書)
B.C. 3세기 소전과 함께 진시황제(秦始皇帝) 때 관청의 하급 관리들이 행정적 실용성을 중시하고, 빠른 필사를 위해 소전의 둥근 획을 직선형으로 넓게 변형시킨 서체. 노예와 같이 천(賤)한 일을 하는 사람도 이해(理解)하기 쉽게 한 글씨라 하여 예서(隸書)라고 한다. 한자의 자형이 예서에 와서 모두 갖추게 되어 한대(漢代)의 공식 서체로 발전했다.

(5) 초서(草書)

B.C. 2세기 중국 전한(前漢) 시대 때부터 흘려서 쓴 서체로 발전하여, 정도가 지나쳐 실용성 면에서는 그 가치가 현저히 떨어지며, 왕희지, 왕헌지 등 서예가 애용한 서체 반초(半草), 흘림체라고도 한다.

(6) 행서(行書)

A.D. 1세기 후한(後漢) 때 지나치게 흘려 쓴 초서의 단점을 보완한 서체로 해서와 초서의 중간 서체로 반흘림체라고도 한다. 행서는 가장 실용적 서체로 평가받았다.

(7) 해서(楷書)

A.D. 2세기 진한 교체기인 후한(後漢) 때부터 사용되기 시작하여 위진남북조를 거치면서 당대(唐代) 표준 서체. 서체 중 가장 방정하고 모범적인 자형으로 일점일획(一點一劃)이라는 규격에 대표자형으로 삼을만하다 하여 해서(楷書 : 본보기글)라고 불린다. 현재 우리가 일반적으로 보고 쓰는 한자의 대표적 자형으로 眞書(진서)라고도 한다.

(8) 간체자(簡體字)

1949년 중화인민공화국 건국 이후 한자의 개혁 방안을 마련하여 기존 한자의 획을 줄이는 방식의 간체자인 간화자(簡化字)를 만들어 현재 중국에서 공식적으로 사용하고 있는 서체. 기존 한자의 정자(正字)인 번체자(繁體字)는 한국, 일본, 홍콩, 대만, 싱가포르 등에서 사용되고 있다.

■ 서체 변화 (어원 풀이)

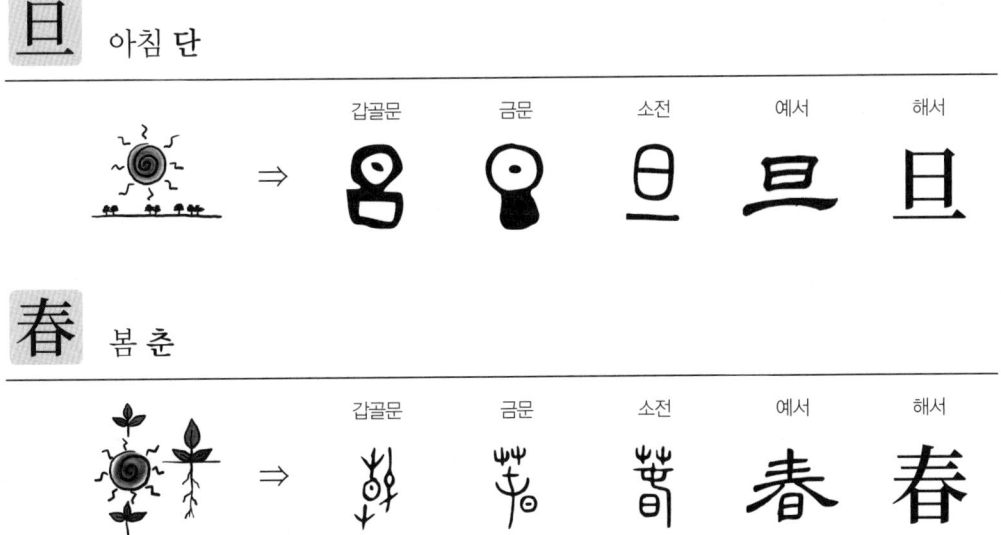

I. 한자의 기본 원리 및 공식

朝 아침 조					
	갑골문	금문	소전	예서	해서
⇒	𣎆	𣎆	朝	朝	朝

星 별 성					
	갑골문	금문	소전	예서	해서
⇒			星	星	星

雷 우레 뢰					
	갑골문	금문	소전	예서	해서
⇒			雷	雷	雷

泉 샘 천					
	갑골문	금문	소전	예서	해서
⇒				泉	泉

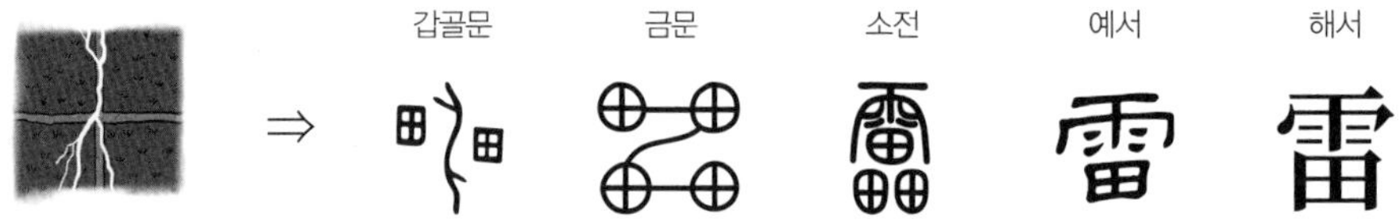

虎 범 호					
	갑골문	금문	소전	예서	해서
⇒				虎	虎

象 코끼리 상

比 견줄 비

化 될 화

大 큰 대

立 설 립

Ⅰ. 한자의 기본 원리 및 공식

 하늘 천

| | 갑골문 | 금문 | 소전 | 예서 | 해서 |

 어머니 모

| | 갑골문 | 금문 | 소전 | 예서 | 해서 |

 몸 신

| | 갑골문 | 금문 | 소전 | 예서 | 해서 |

 기를 육

| | 갑골문 | 금문 | 소전 | 예서 | 해서 |

 젖 유

| | 갑골문 | 금문 | 소전 | 예서 | 해서 |

保 지킬 보

| | 갑골문 | 금문 | 소전 | 예서 | 해서 |

走 달릴 주

| | 갑골문 | 금문 | 소전 | 예서 | 해서 |

年 해 년

| | 갑골문 | 금문 | 소전 | 예서 | 해서 |

關 문빗장 관

| | 금문 | 소전 | 예서 | 해서 |

亭 정자 정

| | 갑골문 | 금문 | 소전 | 예서 | 해서 |

高 높을 고

鬼 귀신 귀

示 보일 시

祝 빌 축

祭 제사 제

福 복 복

| | 갑골문 | 금문 | 소전 | 예서 | 해서 |

喜 기쁠 희

| | 갑골문 | 금문 | 소전 | 예서 | 해서 |

孝 효도 효

| | 갑골문 | 금문 | 소전 | 예서 | 해서 |

因 인할 인

| | 갑골문 | 금문 | 소전 | 예서 | 해서 |

果 과실 과

| | 갑골문 | 금문 | 소전 | 예서 | 해서 |

■ 한자 서체의 시대적 변화

시대	서체	貝	鳥	魚	馬	龍
은	갑골문					
주	금문					
진	소전					
진	예서	貝	鳥	魚	馬	龍
한·육조	초서					
한·육조	행서	貝	鳥	魚	馬	龍
한·육조	해서	貝	鳥	魚	馬	龍
근대	간체자	贝	鸟	鱼	马	龙

7. 조자원리 (造字原理 : 글자 만드는 원리)

후한(後漢)의 허신(許愼)이 편찬한 설문해자(說文解字)에서 당시 사용하던 9,353자를 540부로 분류하고, 한자의 만들어진 원리는 육서(六書)에 의한다고 하였다. 한자는 만들어진 원리에 따라 상형(象形)·지사(指事)·회의(會意)·형성(形聲)·전주(轉注)·가차(假借)의 '육서(六書)' 분류법이 통용되고 있다.(한자 학습의 기본)

■ 한자의 조자(造字), 운용(運用) 원리

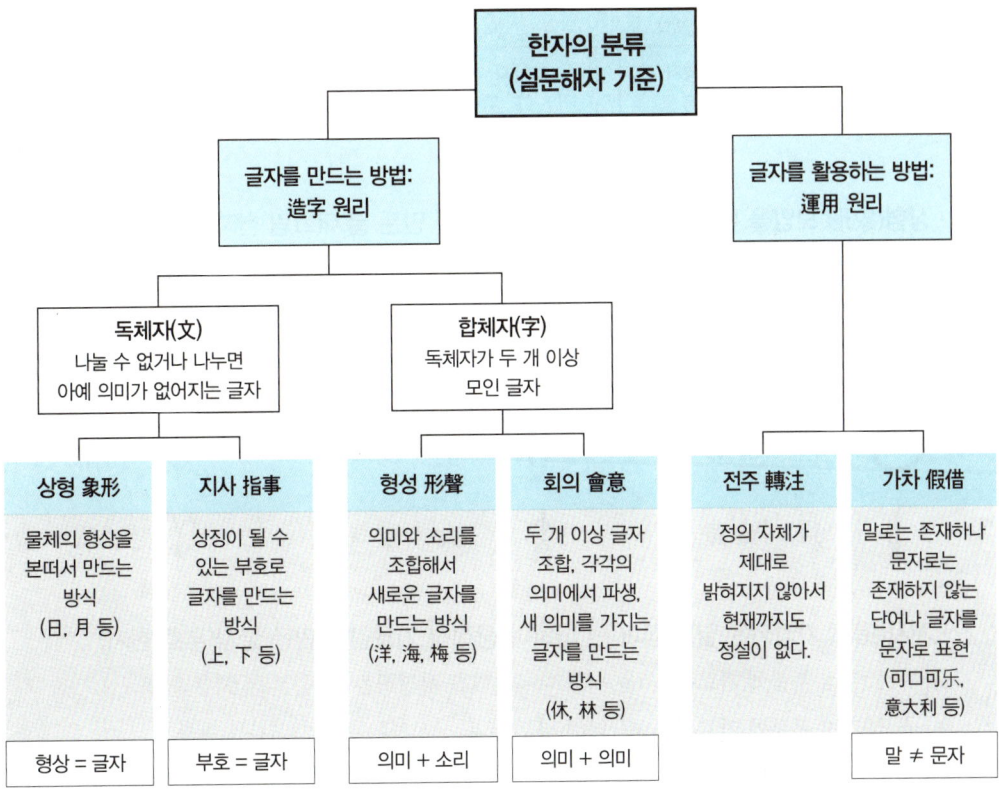

■ 한자의 파자(破字) 원리

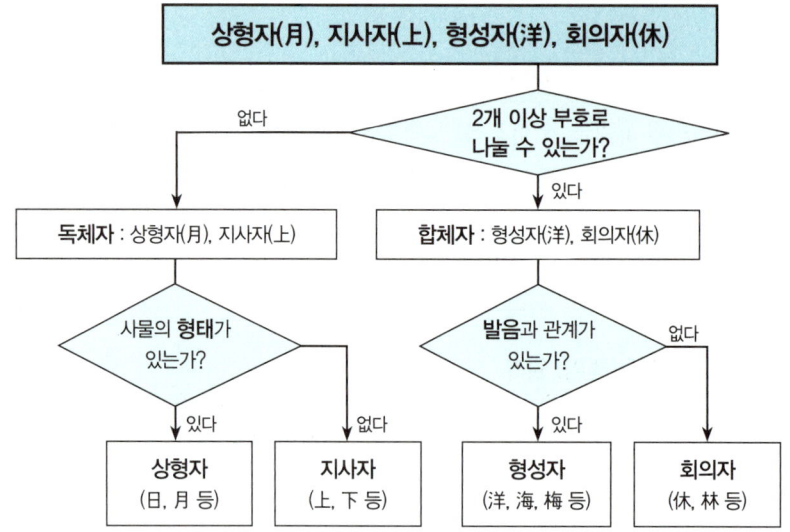

- 상형(象形 모양을 본뜨다) : 사물의 모양을 본떠 만든 글자(그림 한자)

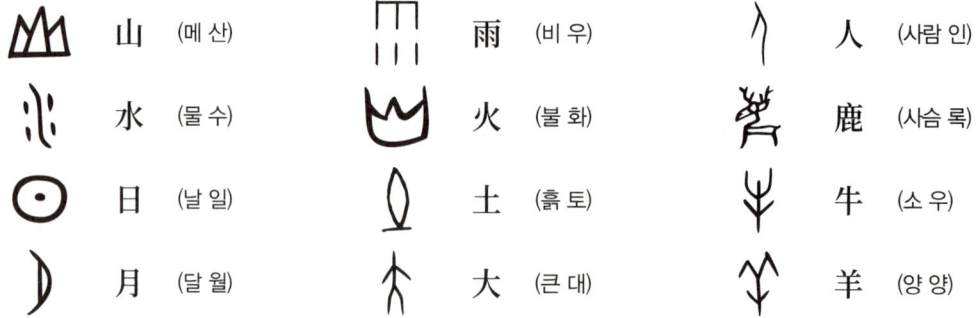

- 지사(指事 가리키는 일) : 점과 선 더하여 상징적 기호같이 만든 글자(부호 한자)

나무(木)뿌리 부분에 가로획(一)을 더해 나무뿌리를 상징하는 本(근본 본)자를 만듦
나뭇(木)가지 부분에 가로획(一)을 더해 나무 끝을 상징하는 末(끝 말)자를 만듦
상하(上·下), 숫자(一·二·三), 사물의 오목할 요(凹), 불룩할 철(凸)도 지사 글자

- 형성(形聲 모양 + 소리) : 뜻글자와 소리글자를 합하여 만든 글자

뜻 정(情)	= 푸른 청(青) + 마음(心)	맑을 청(淸)	= 푸른 청(青) + 물 수(氵)
갤 청(晴)	= 푸른 청(青) + 날 일(日)	청할 청(請)	= 푸른 청(青) + 말씀 언(言)
암초 초(礁)	= 탈 초(焦) + 돌 석(石)	파초 초(蕉)	= 탈 초(焦) + 풀 초(艹)

나무할 초(樵) = 탈 초(焦) + 나무 목(木)   파리할 초(憔) = 탈 초(焦) + 마음(心)

한자 만드는 원리 중 가장 쉬운 방법이며 오늘날 대부분 한자가 이 방법으로 만들어졌다. 소리를 나타나는 글자는 시대가 변하면서 소리가 많이 변화한다. (이 책의 소리글자 부분에서 많이 다룬다)

• 회의(會意 뜻을 모으다) : 뜻글자와 뜻글자를 모아 다른 뜻글자를 만듦

쉴 휴(休)   = 사람 인(人) + 나무(木)   밝을 명(明)   = 날 일(日) + 달 월(月)
수풀 림(林) = 나무(木) + 나무(木)   좋을 호(好)   = 여자 녀(女) + 아들 자(子)

• 전주(轉注 굴러서 변화하여 주입되다) : 글자의 본래 뜻이 변화하여 다른 뜻이 됨

새로운 글자를 만드는 원리가 아니라 같은 글자의 뜻이 다른 뜻으로 변화되는 것
樂 (본래)노래 악 → 즐거울 락 → 좋아할 요로 뜻이 변화하며 추가 됨
說 (본래)말씀 설 → 달랠 세 → 기뻐할 열 → 벗을 탈로 뜻이 변화하며 추가 됨
工 (본래)장인 공 → 일, 솜씨 → 잘하다, 뛰어나다 → 만들다로 뜻이 변화하며 추가 됨

• 가차(假借 임시로 빌리다) : 글자 원래 뜻과는 상관없이 음이나 모양을 빌려 다른 글자 표기 시 사용 (주로 지명, 인명, 외국어, 범어, 의성어, 의태어 표기 시 사용)

코카콜라 → 可口可樂(가구가락)으로 표기. 이마트 → 易買得(이매득)으로 표기
프랑스 → 佛蘭西(불란서)로 표기, 쏴쏴(바람 소리) → 蕭蕭(소소)로 표기
클럽 → 俱樂部(구락부)로 표기, 이태리(이탈리아) → 意大利(의대리)로 표기
弗(이니불) → 글자 모양을 빌려서 → 미국 돈 달러 표기에 사용(弗)
현재 중국은 간체자이며 우리나라 한자 모양과 발음이 다르다.

8. 필순(筆順 : 글자 쓰는 순서)

한자 필순 기본적인 원칙은 다음과 같다.

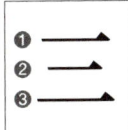

(1) 위에서 아래로 쓴다.
    예 三, 工, 言, 客

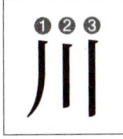

(2) 왼쪽에서 오른쪽으로 쓴다.
    예 川, 州, 側, 外

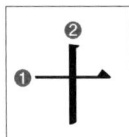
(3) 가로획을 먼저 쓴다.
　　예 十, 春, 支
　　(예외) 세로획부터 쓴다 : 田, 角, 推

(4) 한가운데 부분을 먼저 쓴다.
　　예 小, 水, 樂
　　(예외) 가운데를 나중에 쓴다 : 火, 性　/　좌에서 우 순(順)으로 쓴다 : 川

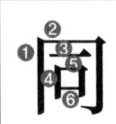
(5) 에운 담은 먼저 쓴다.
　　예 同, 內, 因, 司, 開
　　(예외) 우측이 터진 경우는 다르다 : 區, 匹, 臣

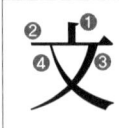
(6) 삐침(丿)은 파임(乀)보다 먼저 쓴다.
　　예 文, 人, 父, 合

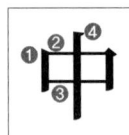
(7) 상하로 꿰뚫는 세로획은 나중에 쓴다.
　　예 中, 車, 手

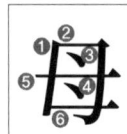
(8) 좌우로 꿰뚫는 가로획은 나중에 쓴다.
　　예 母, 女

(9) 오른쪽 위의 점은 맨 나중에 쓴다.
　　예 成, 犬, 代

(10) 책받침류는 나중에 쓴다.
　　예 建, 道, 直

(11) 가로획이 길고 왼쪽 삐침이 짧으면 왼쪽 삐침부터 쓴다.

㉠ 右, 布, 希, 有

(12) 가로획이 짧고 왼쪽 삐침이 길면 가로획부터 쓴다.

㉠ 左, 友, 在

9. 부수자 (部首字 : 거느리는 머리글자)

(1) 부수(部首)란?
① 한자의 공통부분이 대표가 되어 거느린 글자
② 한자를 구별한 각 부류를 대표하는 글자
③ 한자의 외형적 한 부분이면서 전체 의미(뜻)를 상징
④ 한자의 핵심(核心) 의미이자 한자 분류(分類)의 기본 원칙
⑤ 영어의 알파벳, 한글의 자음, 모음에 해당
⑥ 한자 자전(字典)에서 글자를 찾는 길잡이 글자
⑦ 한자 학습의 기본이며 지름길

(2) 부수의 변천과정(變遷過程)
① 중국 후한 때 허신(許愼)이 편찬한 세계 최초의 자전(字典)인 설문해자(說文解字)에서 당시 한자 9,353자를 계통별로 부수 540자로 분류하고, 육서(六書) 법칙으로 한자의 구조를 설명
② 중국 양(梁)나라 때(543년) 태학박사 고야왕(顧野王)이 편찬(編纂)한 자전(字典)인 옥편(玉篇)에서 부수 542자로 한자를 분류
③ 중국 명(明)나라 1615년 매응조(梅膺祚)가 편찬한 자휘(字彙)자전에서 3만 3,179개 한자를 최초로 부수 214자로 분류
④ 중국 청(淸)나라 강희제(康熙帝) 칙령에 따라 진정경, 장옥서 등 학자가 1716년에 편찬한 강희자전에서 4만 7천 자의 한자를 부수 214자로 분류

Ⅰ. 한자의 기본 원리 및 공식

(3) 부수의 명칭

부수는 글자의 위치에 따라 8가지로 분류

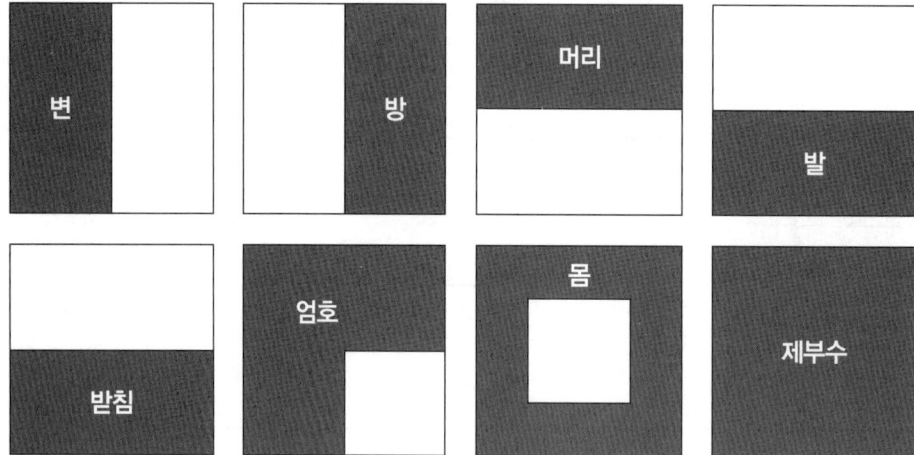

(검은색 글자 있는 부분이 부수자 위치)

변 : 왼쪽 부분을 차지하는 부수

변	信	往	持
	신	왕	지

방 : 오른쪽 부분을 차지하는 부수

방	放	次	頭
	방	차	두

머리 : 윗부분에 놓여 있는 부수

머리	家	花	笑
	가	화	소

발 : 아랫부분에 놓여 있는 부수

발	益	光	烏
	익	광	오

엄 : 위와 왼쪽을 싸는 부수

엄호	店	居	虎
	점	거	호

받침 : 왼쪽과 밑을 싸는 부수

받침	近	建
	근	건

몸 : 둘레를 감싸는 부수

몸	困	間
	곤	간

제부수 : 한 글자가 그대로 부수인 것

제부수	山	木	見
	산	목	견

36

(4) 부수 찾기 공식

① 부수 위치에 따라

부수는 각기 위치가 있는데 그 위치에 있는 글자가 부수(예외 있음)

변(邊)은 왼쪽, 방(傍)은 오른쪽, 머리는 위쪽, 발은 아래쪽, 받침은 왼쪽에서 아래, 엄호(广戶)는 왼쪽에서 위쪽, 몸은 에운담(둘레), 제부수(글자 자체) 위치에 있는 글자가 부수

② 한자 조자 원리에서

◆ 形聲(형성) 한자는 뜻을 나타내는 글자가 부수(예외 있음)

　例 聞(들을 문) : 귀로 들으니까, 耳(귀 이)자가 부수자, 門(문 문)자는 소리글자

　　閣(집 각) : 집에 문을 그린 門(문 문)자가 부수자, 各(각각 각)자는 소리글자

　　堊(흰흙 악) : 흙을 뜻하는 土(흙 토)자가 부수자, 亞(버금아 → 악)자는 소리글자

◆ 象形(상형) 한자는 제 그림자가 부수자 또는 주된 모양이 부수

　214개의 자기 모양자가 제부수자, 모양자 중 주된 모양이 부수

　例 不(아닐 부) : 땅(一) 밑 씨앗을 그린 것 → 싹이 땅 밖으로 아직 나오지 못함
　　　　　　　　 → 땅(一)을 그린 한 일(一)자가 부수

　　主(심지 주, 주인 주) : 등잔에 심지(丶)를 그린 것 → 丶(점 주)가 부수

◆ 指事(지사) 한자는 중심 역할자가 부수자

　例 中(가운데 중) : 가운데 뚫을 곤(丨)자가 부수

　　九(아홉 구) : 손과 팔뚝을 그린 것 → 팔뚝 모양자 乙(새 을)자가 부수

　　五(다섯 오) : 두 개 막대기(二) 양쪽에서 중심을 잡음 → 二(두 이)자가 부수

◆ 會意(회의) 한자는 뜻과 뜻이 결합한 글자인데, 그중 좀 더 뜻을 강하게 전달하고 주체적이고 주도적인 글자가 부수

　例 明(밝을 명) : 해(日), 달(月)은 해가 달을 밝게 하기에 日(날 일)자 부수

　　字(글자 자) : 집(宀)에서 아들(子)을 양육하다 → 글자 → 주체 子(아들 자)가 부수

　　鳴(울 명) : 새(鳥)가 울다(口) → 우는 주체가 새 → 鳥(새 조)자가 부수

　　信(믿을 신) : 사람(亻) 말(言)을 신임해야 → 사람이 주체 人(사람 인)자가 부수

Ⅰ. 한자의 기본 원리 및 공식

부수 찾기 공식

❶ 변 : 글자 왼쪽 부분에 위치한 부수

亻(人 사람 인)	休,信,仙	扌(手 손 수)	技,打,抗	示(보일 시)	神,社,祝
氵(水 물 수)	江,海,河	忄(心 마음 심)	性,情,快	石(돌 석)	破,研,碩
犭(犬 개 견)	狂,狗,獨	月(肉 고기 육)	肝,肥,腦	糸(실 사)	紅,經,約
阝(阜 언덕 부)	降,陽,陵	飠(食 먹을 식)	館,餓,飯	馬(말 마)	驗,驅,騎
王(玉 구슬 옥)	球,珠,現	衤(衣 옷 의)	被,裸	子(아들 자)	孫,孔,孤
女(계집 여)	好,姑,奸	彳(자축거릴 척)	往,徒,得	米(쌀 미)	糖,精,粉
貝(조개 패)	財,貯,賊	木(나무 목)	松,樹,材	車(수레 거/차)	軌,軟,輕
禾(벼 화)	秋,移,稅				

❷ 방 : 글자 오른쪽 부분에 위치한 부수

刂(刀 칼 도)	制,利,別	攵(支 칠 복)	敎,故,放	見(볼 견/뵐 현)	親,視,規
阝(邑 고을 읍)	郡,都,邪	鳥(새 조)	鷄,鳴,鶴	欠(하품 흠)	歌,次,歡
頁(머리 혈)	順,領,頭	斤(도끼 근)	新,斷,斬		

❸ 머리 : 글자 윗부분에 위치하는 부수

亠(돼지머리 해)	亡,交,享	冖(덮을 멱)	冠,冥,冠	宀(갓머리)	守,安,家
山(메 산)	岸,崩,崇	爫(손톱 조)	爲,爭,爵	癶(걸을 발)	癸,登,發
穴(굴 혈)	空,突,究	竹(대나무 죽)	竿,符,答	罒(网, 罓, 㓁 그물 망)	置,罪,羅
艹(풀 초)	草,花,若	襾(兩 덮을 아)	要,覆,覇		

❹ 발 : 글자 아랫부분에 위치하는 부수

儿(어진사람 인)	元,先,兄	氺(水 물 수)	求,泰	灬(火 불 화)	烈,烏,熱
忄(心 마음 심)	志,忍,念	舛(어그러질 천)	舞,舜	衣(옷 의)	裝,裂,製
皿(그릇 명)	盡,盛,盟				

❺ 받침 : 글자 왼쪽에서 아래로 받쳐져서 위치한 경우의 부수

廴(길게걸을 인)	建,廷,延	辶(갈 착)	近,道,遠	走(달릴 주)	起,超,越

❻ 엄호 : 글자 왼쪽에서 위쪽으로 위치한 경우의 부수

厂(바위집 엄)	厓,厄,厥	广(집 엄)	康,府,庶	尸(주검 시)	展,居,屬
疒(병들 녁)	病,痛,疾	虍(범 호)	慮,虞,虐	戶(집 호)	房,扁,扇

❼ 몸 : 글자 외곽을 감싸고 있는 경우의 부수

凵(입벌릴 감)	出,凶,函	冂(멀 경)	冒	匸(감출 혜)	匹,區,匿
囗(둘러쌀 위)	因,困,固	門(문 문)	間,開,關	匚(상자 방)	匡,匠,匣
鬥(싸울 투)	鬪				

❽ 제부수 : 글자 자체가 부수자 (214자)

一, 入, 力, 土, 士, 大, 氏, 牛, 立, 臣, 色, 行, 豆, 辛, 面, 雨, 高, 鹿, 麥, 黑, 粥, 齒, 龍, 龜

부수자 별칭(別稱)

부수자 중 일부 부수자는 본래 훈음으로 불리지 않고 명칭이 변경되어 사용되는 경우가 있으며, 글자의 생김새와 부수의 위치를 보고 옛 훈장들이 학생들을 가르치기 편하게 만든 것으로 추측한다.

부수 위치	훈음 명칭	별칭(명칭 변경)	명칭 변경 유래
변	人 (사람 인)	亻 (인변人邊)	人(사람 인) 변형하여 좌측에 위치 亻(인변)
변	冫 (얼음 빙)	冫 (이수변二水邊)	氵(삼수변)에서 2개 획수로 줄여서 冫(이수변)
변	手 (손 수)	扌 (재방변才傍邊)	手자가 才(재주 재)처럼 생겼다하여 扌(재방변)
변, 발	水 (물 수)	氵 (삼수변三水邊) 氺 (아래물수)	3획으로 변하여 왼쪽에 위치 氵(삼수변), 아래쪽에 위치 氺(아래물수)
변, 발	心 (마음 심)	忄 (심방변心傍邊) 㣺 (마음심밑)	心(마음 심)자 변형하여 왼쪽에 위치 忄(심방변), 아래쪽에 위치 㣺(마음심밑)
변	彳 (조금 걸을 척)	彳 (두인변二人邊)	人(사람 인)자가 두 개 겹쳐서 彳(두인변)
변	爿 (나뭇조각 장)	爿 (장수장변將帥將邊)	將(장수 장)자 왼쪽 부분만 남김 爿(장수장변)
변	犬 (개 견)	犭 (개사슴록변鹿邊)	狗(개 구)자 왼쪽 부분만 남김 犭(개사슴록변)
변	歹 (뼈앙상할 알)	歹 (죽을사변死邊)	死(죽을 사)자의 왼쪽 것을 사용하여 歹(죽을사변)
변	玉 (구슬 옥)	王 (구슬옥변玉邊)	玉(구슬 옥)자가 변하여 王(구슬옥변)
변	肉 (고기 육)	月 (육달월변肉-月邊)	肉(고기 육)이 月(달 월)의 모양으로 변하여 月(육달월변)
변	阜 (언덕 부)	阝 (좌부변左阜邊)	阜(언덕 부)자가 변하여 대부분 왼쪽에 위치하기에 阝(좌부변)
변	豸 (해태 태)	豸 (갖은돼지시변-邊)	豕(돼지시)에서 보다 더 갖추었으므로 豸(갖은돼지시변)
변	釆 (분별할 변)	釆 (캘채변-邊)	采(캘채)자와 비슷하게 생겨서 釆(캘채변)
방	邑 (고을 읍)	阝 (우부방右阜傍)	邑(고을 읍)자가 변하여 대부분 우측에 위치하기에 阝(우부방)
방	刀 (칼 도)	刂 (선칼도방刀傍)	刀(칼 도)자가 변하여 刂(선칼도방)
방	攴 (칠 복)	攵 (등글월문-等-文)	文(글월문)에서 획이 같은 글(等글)에 그었으므로 攵(등글월문)
방	殳 (창 수, 칠 수)	殳 (갖은등글월문-等-文)	文(글월문)에서 더 갖추고 같은 글(等글)이므로 殳(갖은등글월문)
방	无 (없을 무)	旡 (이미기방-旣傍)	旣(이미 기)자 오른쪽 부분만 남김 旡(이미기방)

머리	彐 (돼지머리 계)	彐 (터진가로왈曰), 彑, 彐	돼지머리를 그린것→曰(가로왈)자 앞쪽 터진 모양자에서 彐(터진가로왈)
머리	亠 (머리 두, 높을 두)	亠 (돼지해머리-亥-)	亥(돼지 해)의 머리부분인 亠(돼지해머리)
머리	冖 (덮을 멱)	冖 (민갓머리)	宀(갓머리)에서 꼭지 없는 갓 모양인 冖(민갓머리)
머리	宀 (집 면)	宀 (갓머리)	갓 모양인 宀(갓머리)
머리	艸 (풀 초)	艹 (풀초머리-草-)	草(풀 초)의 머리 부분인 艹(풀초머리)
머리	网 (그물 망)	罒 (넉사머리-四-)	四(넉사)의 비슷한 머리 부분인 罒(넉사머리)
머리	癶 (등질 발)	癶 (필발머리-發-)	發(필 발)의 머리 부분인 癶(필발머리)
머리	氏 (성씨 씨)	氏 (각시씨)	氏자는 뿌리의 뜻, 옛날에는 아내(각시)의 성(姓)씨를 따라 씀 氏 (각시 씨)
발	廾 (두손받들 공)	廾 (스물입발-廿-)	廿(스물 입)과 비슷한 모양자에서 廾(스물입발)
발	火 (불 화)	灬 (연화발燕火-)	燕(제비 연)의 발 부분에서 灬(연화발)
발	髟 (늘어질 표)	髟 (터럭발)	髮(터럭발)에서 발아래만 남김 髟(터럭발)
엄	疒 (병들어기댈 녁)	疒 (병질엄病疾疒)	病疾(병질)의 앞 부분만 남김 疒(병질엄)
엄	厂 (기슭 엄, 언덕 한)	厂 (민엄호-广戶)	꼭지 없는 엄호인 厂(민엄호)
엄	广 (집 엄)	广 (엄호广戶)	꼭지 있는 엄호인 广(엄호)
엄	耂 (늙을 로)	耂 (늙을로엄-老)	老(늙은이로)의 머리 부분만 남김 耂(늙을로엄)
엄	气 (기운 기)	气 (기운기엄-氣-)	氣(기운 기)의 앞 부분만 남김 气(기운기엄)
받침	廴 (길게걸을 인)	廴 (민책받침)	꼭지 없는 받침인 廴(민책받침)
받침	辵 (쉬엄쉬엄갈 착)	辶 (책받침)	꼭지 있는 책받침인 辶(책받침)
몸	凵 (입벌릴 감)	凵 (위튼입구몸-口-)	위 터진 口(입 구) 모양의 凵(위튼입구몸)
몸	匚 (상자 방)	匚 (터진입구-口-)	옆 터진 口(입 구) 모양의 匚(터진입구)
몸	匸 (감출 혜)	匸 (튼입구몸-冂-)	옆 터진 口(입 구) 모양의 匸(튼입구몸)
몸	囗 (에울 위)	囗 (큰입구몸-口-)	口(입 구)보다 큰 모양의 囗(큰입구몸)
몸	爻 (사귈 효)	爻 (점괘효)	爻는 고대에 점을 칠 때 사용하던 산가지를 그린 것으로 爻(점괘효)
기타	川 (내 천)	巛 (개미허리)	개미허리를 닮은 巛(개미허리)
기타	厶 (사사 사)	厶 (마늘모)	마늘쪽을 닮은 厶(마늘모)

※ 이 책에서는 훈음 명칭과 변경된 별칭을 간혹 혼용함.

(5) 부수 분류 (214자)

분류			부수자 설명	
자연 (63자)	하늘, 기후　7자	日	해 일	해를 그린 것
		月	달 월	달을 그린 것
		夕	저녁 석	달을 그린 것
		气	기운 기	구름을 그린 것
		雨	비 우	구름에서 비 내리는 모양을 그린 것
		風	바람 풍	바람을 일으킨다는 봉황새를 그린 것
		冫	얼음 빙	강가 얼음이 깨진 모양을 그린 것
	땅, 지형　11자	山	메 산	산을 그린 것
		川	내 천	갈라진 내 천에 물 흐르는 모양을 그린 것
		行	다닐 행	사거리 길가 교차로를 그린 것
		彳	조금걸을 척	다닐 행(行) 한 면만 그린 것
		厂	기슭 엄	언덕 기슭의 모양을 그린 것
		阜	언덕 부	언덕의 모양을 그린 것
		谷	골 곡	산속 계곡 골짜기 물 흐르는 모양을 그린 것
		石	돌 석	언덕 밑에 떨어진 바위(돌)를 그린 것
		田	밭 전	밭 모양을 그린 것
		鹵	소금 염	염전 모양을 그린 것
		里	마을 리	밭과 흙이 쌓인 마을을 의미하는 글자
		乙	새 을	사물이 구부러진 모양을 그린 것
		隹	새 추	작은 새를 그린 것
		鳥	새 조	새를 그린 것
		羽	깃 우	새의 날개를 그린 것
		非	아닐 비	새의 양 날개가 엇갈린 모양을 그린 것

Ⅰ. 한자의 기본 원리 및 공식　41

동물	27자	飛	날 비	새의 몸통과 날개를 그린 것
		虎	범 호	호랑이를 그린 것
		豸	벌레 치	상상 동물 해태를 그린 것, 짐승 뜻
		鹿	사슴 녹	사슴을 그린 것
		黽	맹꽁이 맹	맹꽁이를 그린 것
		鼠	쥐 서	쥐를 그린 것
		龍	용 용	상상 동물 용을 그린 것
		龜	거북 귀	거북이를 그린 것
		角	뿔 각	짐승 뿔을 그린 것
		禸	발자국 유	새 발자국을 그린 것
		釆	분별할 변	짐승 발자국을 그린 것
		馬	말 마	말을 그린 것
		牛	소 우	소를 그린 것
		羊	양 양	양을 그린 것
		犬	개 견	개를 그린 것
		豕	돼지 시	돼지를 그린 것
		肉	고기 육	고깃덩어리에 칼집 모양까지 그린 것
		骨	뼈 골	뼈와 관절을 그린 것
		歹	살바른 뼈	살이 없는 죽은 뼈를 그린 것
		魚	물고기 어	물고기를 그린 것
		貝	조개 패	마노 조개를 그린 것, 재화·돈의 뜻
		虫	벌레 충	벌레를 그린 것
		氏	성씨 씨	나무뿌리를 그린 것
		生	날 생	땅에서 새싹이 돋아나는 모양을 그린 것
		艸	풀 초	풀 두 포기 모양을 그린 것

	식물	13자	竹	대나무 죽	대나무 두 그루를 그린 것
			麻	삼 마	그늘진 곳에서 삼베옷 재료 마를 말리는 모양
			禾	벼 화	벼를 그린 것
			黍	기장 서	논물에 자라는 기장을 그린 것
			麥	보리 맥	보리 이삭과 뿌리를 그린 것
			韭	부추 부	부추를 그린 것
			瓜	오이 과	오이 덩굴과 오이 열매를 그린 것
			齊	가지런할 제	곡식들이 나란히 열려있는 모양을 그린 것
			米	쌀 미	쌀 낟알을 말리는 모양을 표현한 것
			香	향기 향	벼로 만든 밥맛이 향기롭다는 뜻
	오행	5자	木	나무 목	나무 모양을 그린 것
			火	불 화	활활 타는 불의 모양을 그린 것
			土	흙 토	땅에 쌓여 있는 흙의 모양을 그린 것
			金	쇠 금	금속을 녹이던 가마를 그린 것
			水	물 수	물줄기가 아래로 흘러가는 모습
사람 (151자)	얼굴	11자	自	스스로 자	코를 그린 것, 자신을 가리키는 글자
			見	볼 견	사람의 눈을 강조한 글자
			面	낯 면	사람 얼굴을 그린 것
			耳	귀 이	귀를 그린 것
			目	눈 목	눈을 그린 것
			鼻	코 비	숨을 들이쉬는 코와 폐를 그린 것
			頁	머리 혈	사람의 머리와 머리카락을 강조한 것
			首	머리 수	본래 머리 모양을 그린 것
			而	말이을 이	턱수염을 그린 것
			長	긴 장	노인의 긴 머리칼을 그린 것

		髟	늘어질 표	긴 머리칼을 강조한 글자
입	10자	口	입 구	입을 그린 것
		舌	혀 설	혀를 그린 것
		甘	달 감	입안에 달콤한 음식을 먹고 있는 모습
		凵	입벌릴 감	입 벌린 모습을 표현한 것
		曰	가로 왈	입으로 말하는 모습을 표현
		言	말씀 언	입 밖으로 말이 퍼져나가는 모습
		音	소리 음	입으로 악기를 부는 모습
		欠	하품 흠	하품하는 모습
		齒	이 치	입안에 이빨을 그린 것
		牙	어금니 아	입안에 어금니를 그린 것
손	14자	手	손 수	손 모양을 그린 것
		又	또 우	오른손 옆 모습 그린 것
		爪	손톱 조	왼손 옆 모습 그린 것
		屮	왼손 좌	왼손 옆 모습 그린 것
		寸	마디 촌	본래 또 우(又)자에 맥박(점)을 그린 것
		廾	받들 공	두 손으로 무언가 받든 모습
		臼	절구 구	위에서 두 손을 뻗은 모습
		彐	돼지머리 계	또 우(又)자 변형으로 손의 뜻
		支	지탱할 지	손에 나뭇가지를 들고 있는 모습
		攴	칠 복	손에 막대기를 들고 있는 모습
		聿	붓 율	손에 붓을 들고 있는 모습
		隶	미칠 이	손으로 짐승 꼬리를 잡은 모습
		厶	사사 사	팔을 손 안쪽으로 굽힌 모습
		鬥	싸울 투	두 사람이 손을 잡고 싸우는 모습

발 11자		疋	짝 필	발과 다리를 그린 것
		夂	뒤쳐올 치	천천히 걷는 발의 모습
		夊	천천히걸을 쇠	천천히 걷는 발의 모습
		廴	길게걸을 인	彳 자 변형, 천천히 걷는 의미
		辶	쉬엄쉬엄갈 착	彳 자와 止 자가 결합한 글자
		止	그칠 지	발 모양을 그린 것
		走	달릴 주	본래는 사람이 달리는 모습
		足	발 족	성으로 진격하는 발을 그린 것
		癶	등진 발	두발이 등진 모습을 그린 것
		舛	어그러질 천	두발이 엇갈려 있는 모습
		尢	절름발이 왕	다리가 굽은 사람이 걷는 모습
신체, 신분 24자		人	사람 인	사람이 서 있는 옆 모습을 그린 것
		儿	어진사람 인	사람의 건강한 다리 모습을 그린 것
		大	큰 대	사람이 팔다리를 크게 벌리고 서 있는 모습
		立	설 립	사람이 땅에서 팔을 벌리고 서 있는 모습
		卩	병부 절	무릎 꿇고 상체를 굽힌 사람 모습
		心	마음 심	사람 심장을 그린 것
		父	아버지 부	손에 매를 들고 있는 아버지를 그린 것
		子	아들 자	강보에 싸인 어린아이를 그린 것
		勹	쌀 포	무언가 둘러싸거나 덮은 모습
		身	몸 신	배가 불룩한 임신한 여자 옆 모습
		毋	말 무	어머니(母) 가슴에 선을 하나 그은 것
		女	여자 녀	다소곳이 앉아 있는 여자 모습
		彡	터럭 삼	몸에 난 긴 털을 그린 것
		毛	터럭 모	양 갈래로 뻗은 털을 그린 것

Ⅰ. 한자의 기본 원리 및 공식

		老	늙을 노	머리가 길고 지팡이를 들고 있는 노인 모습
		无	없을 무	사람 머리 위에 선 하나를 그린 것
		己	몸 기	구부린 사람 모습을 표현
		文	글월 문	죄인(신하) 가슴에 문신한 모습
		臣	신하 신	눈을 땅 아래로 깔고 있는 신하를 그린 것
		艮	그칠 간	눈을 땅 아래로 깔고 있는 신하를 그린 것
		色	색 색	사람 위에 사람이 올라간 모습
		比	견줄 비	두 사람이 나란히 서 있는 모습
		尸	주검 시	사람 다리가 구부러진 모습
		鬼	귀신 귀	무릎 꿇은 사람이 귀신 탈 쓴 모습
무기	15자	亅	갈고리 궐	갈고리를 그린 것
		辛	매울 신	노예(죄인)에게 문신을 새기던 도구를 그린 것
		刀	칼 도	칼날이 두 개 있는 칼을 그린 것
		斤	도끼 근	세워져 있는 도끼를 그린 것
		士	선비 사	허리에 찼던 도끼를 그린 것
		匕	비수 비	작은 칼 비수를 그린 것
		干	방패 간	y자 모양의 방패를 그린 것
		弓	활 궁	활 모양을 그린 것
		矢	화살 시	화살 모양을 그린 것
		至	이를 지	화살이 땅에 꼬친 것을 그린 것
		弋	주살 익	주살 또는 말뚝에 줄 맨단 모양 그린 것
		戈	창 과	여러 갈래 창 머리가 있는 창을 그린 것
		矛	창 모	창 모양을 그린 것
		殳	몽둥이 수	손에 몽둥이를 들고 있는 모양
		网	그물 망	그물 모양을 그린 것

생활, 도구 17자		辰	별 진	농기구를 그린 것
		力	힘 력	쟁기를 그린 것
		方	모방 방	쟁기를 그린 것
		耒	쟁기 뢰	쟁기를 그린 것
		工	장인 공	장인들이 쓰던 도구를 그린 것
		爿	나뭇조각 장	쪼갠 나뭇조각을 그린 것
		片	나무조각 편	쪼갠 나뭇조각을 그린 것
		疒	병들어기댈 녁	병들어 침대에 누워있는 모습을 그린 것
		舟	배 주	고대 중국의 네모난 배를 그린 것
		車	수레 거	수레를 위에 내려본 모양을 그린 것
		用	쓸 용	여러 물건을 분류하기 위해 만든 나무통을 그린 것
		卜	점 복	거북이 배딱지 갈라진 모양 그린 것
		爻	점괘 효	점을 치고 숫자 공부하던 산가지를 그린 것
		示	보일 시	제사 지내던 제단을 그린 것
		玉	구슬 옥	구슬 세 개를 줄로 꿴 모양을 그린 것
		鼓	북 고	받침대가 있는 북의 모양을 그린 것
		龠	피리 약	고대 피리 모양을 그린 것
의 10자		衣	옷 의	옷의 상의(저고리)를 그린 것
		巾	수건 건	줄에 수건을 걸어 놓은 모양
		小	작을 소	작은 실 한 가닥을 그린 것
		幺	작을 요	적게 꼬인 실타래를 표현한 것
		玄	검을 현	적게 꼬인 실타래를 표현한 것
		糸	실 사	실타래가 3번 꼬인 것을 표현한 것
		黹	바느질할 치	실로 수를 놓는 모습을 표현한 것
		皮	가죽 피	손으로 동물 가죽을 벗기는 모습

Ⅰ. 한자의 기본 원리 및 공식

		革	가죽 혁	두 손으로 동물 가죽을 다듬는 모습
		韋	가죽 위	성 주위 발자국 그린 것, 가공된 가죽 뜻
	식 11자	食	먹을 식	뚜껑 덮은 그릇 모습
		皿	그릇 명	그릇을 그린 것
		血	피 혈	그릇에 담긴 피를 그린 것
		酉	닭 유	술병을 그린 것
		鬯	울창주 창	길쭉한 술병 위에 울금이 담긴 모습
		斗	말 두	곡식이나 액체를 담는 국자를 그린 것
		缶	장군 부	액체를 담는 항아리(장군)를 그린 것
		襾	덮을 아	그릇 뚜껑을 그린 것
		豆	콩 두	제사 지낼 때 쓰던 제기를 그린 것
		鼎	솥 정	제사 지낼 때 쓰던 손잡이 달린 큰 솥을 그린 것
		鬲	막을 격	세 개의 다리가 있는 솥을 그린 것
	주 12자	戶	집 호	외단이 문(지게)을 그린 것
		广	집 엄	큰집 담벼락을 그린 것
		穴	굴 훌	동굴 움막집 입구를 그린 것
		高	높을 고	크고 높은 집이나 누각을 그린 것
		亠	돼지머리 두	집 지붕과 굴뚝을 그린 것
		宀	집 면	집 지붕을 그린 것
		瓦	기와 와	집 지붕에 기와를 그린 것
		冖	덮을 멱	무언가 덮은 모습을 그린 것
		入	들 입	집으로 들어가는 출입구를 그린 것
		門	문 문	문이 두 개 있는 커다란 대문을 그린 것
		囗	에워쌀 위	사방 둘러싸인 성을 그린 것
		邑	고을 읍	성안에 사람들이 모여 사는 것을 표현

	색 5자	白	흰 백	촛불 또는 등잔불을 그린 것
		黑	검을 흑	연기가 빠져나가는 굴뚝을 그린 것
		黃	누를 황	누런 장신구 패옥을 허리에 두른 모습
		靑	푸를 청	우물에서 푸른 새싹이 자라나는 모습
		赤	붉을 적	사람과 불을 함께 그린 것
	숫자 4자	一	한 일	하나의 선을 그은 모양
		二	두 이	두 개의 선을 그은 모양
		八	여덟 팔	사물을 둘로 나눈 모양
		十	열 십	양손을 서로 교차한 모습
	모양자 7자	丨	뚫을 곤	사물을 뚫는 모양
		丶	점 주	점을 하나 찍은 모양
		丿	삐침 별	선을 오른쪽에서 왼쪽으로 내려그은 모양
		匚	상자 방	한쪽이 열려있는 상자 모양
		匸	감출 혜	본래는 덮개 있는 바구니를 그린 것
		冂	멀 경	국경을 표시하고 드나들던 관문을 그린 것
		几	안석 궤	몸을 기대는 방석(안석)을 그린 것

※ 부수자는 최초 변형 전 상형자 위주로 설명

한눈에 보는 부수 분류 214자

분류			관련 부수자
자연 (63자)	하늘, 기후	7자	日月夕气雨風冫
	땅, 지형	11자	山川行彳厂阜谷石田鹵里
	동물	27자	乙隹鳥羽非飛虎豸鹿黽鼠龍龜角肉釆馬牛羊犬豕肉骨歹魚貝虫
	식물	13자	氏生艸竹麻禾黍麥韭瓜齊米香
	오행	5자	木火土金水
사람 (151자)	얼굴	11자	自見面耳目鼻頁首而長髟
	입	10자	口舌甘凵曰言音欠齒牙
	손	14자	手又爪屮寸廾臼彐支攴聿隶厶鬥
	발	11자	足疋夂夊夂辵止走癶舛尢
	신체, 신분	24자	人儿大立卩心父子勹身毋女彡毛老无己文臣艮色比尸鬼
	무기	15자	亅辛刀斤士匕干弓矢至弋戈矛殳网
	생활, 도구	17자	辰力方耒工爿片疒舟車用卜爻示玉鼓侖
	의	10자	衣巾小幺玄糸黹皮革韋
	식	11자	食皿血酉鬯斗缶襾豆鼎鬲
	주	12자	戶广穴高亠宀瓦冖入門囗邑
	색	5자	白黑黃靑赤
	숫자	4자	一二八十
	모양자	7자	丨丶丿匚匸冂几

분류		관련 부수자
자연 (63자)	하늘, 기후(7자)	日月夕气雨風冫
		해(日)가 지고 달(月)이 뜨니 저녁(夕)이 왔다. 구름(气)이 끼고 비(雨)가 오고 바람(風)이 부니 얼음(冫)이 얼었다.
	땅, 지형(11자)	山川行彳厂阜 谷石田鹵里
		산천(山川) 구경 길(行彳)에 나서 언덕(厂阜)이나 계곡(谷) 바위(石)에서 쉬고 밭(田)과 염전(鹵)을 지나 마을(里)에 도착했다.
	동물(27자)	乙隹鳥羽非飛虎豸鹿黽鼠龍龜角内釆馬牛羊犬豕肉骨歹魚貝虫
		새(乙隹鳥)는 날개(羽)로 날고(非飛), 야생짐승(虎豸鹿黽鼠龍龜)은 뿔(角)도 있고 발자국(内釆)이 뚜렷하다. 가축(馬牛羊犬豕)은 고기(肉)와 뼈(骨歹)를 제공한다. 또한 어패류(魚貝)와 벌레(虫)도 있다.
	식물(13자)	氏生艸竹麻禾黍麥韭瓜齊米香
		식물들이 뿌리(氏)에서 자라서(生) 풀, 대나무, 곡식, 채소(艸竹麻禾黍麥韭瓜)로 가지런히(齊) 자란다. 쌀(米) 향기(香)도 가득하다.
	오행(5자)	木火土 金水
		음양오행 중 오행을 말하며, 우주 만물의 변화를 나무(木), 불(火), 흙(土), 쇠(金), 물(水)의 다섯 가지 기운으로 설명
사람 (151자)	얼굴(11자)	自見面耳目鼻頁首而長彡
		내가(自) 보아도(見) 너의 얼굴(面)은 이목구비(耳目鼻)가 뚜렷하고 머리(頁首)는 단정하고 수염(而)도 멋지게 길구나(長彡)
	입(10자)	口舌甘凵曰言音欠齒牙
		입(口)은 혀(舌)로 단맛(甘)을 느끼고 입을 벌려(凵) 말(曰言)을 하고 노래(音)한다. 하품(欠)하니 치아(齒牙)가 보인다.
	손(14자)	手又爪丮寸廾臼ヨ支攴聿隶厶鬥
		손(手)은 오른손(又) 왼손(爪丮)에 마디(寸)가 있고 양손(廾臼)으로 받들고 손(ヨ)으로 무언가 들기도(支攴) 하고, 붓(聿)글씨도 쓰고 짐승 꼬리도 잡고(隶) 팔꿈치(厶) 자랑하며 싸움도(鬥) 한다.
	발(11자)	足疋夊夂辵走止癶舛尢
		발(足疋)로 천천히, 길게, 뒤처져서 걷다가(夊夂辵) 멈추기(止)도 하고 달리기(走)도 한다. 또한 산을 오르다가(癶) 어지러워지기(舛)도 하고 절름발이(尢)가 되기도 한다.

I. 한자의 기본 원리 및 공식

신체, 신분(24자)	人儿大立卩 心父 子勹身毋女彡毛老无己文臣艮色比尸鬼
	사람(人)은 서(儿大立) 있기도 하고 구부리기(卩)도 한다. 마음(心)이 따뜻한 아버지(父), 아이(子)를 감싸(勹) 배가 부른(身) 어머니(毋女)가 있다. 수염과 털이(彡毛)긴 노인(老)을 무시하지 말라(无). 몸(己)에 문신(文)을 한 신하(臣艮)들이 서로 올라타고(色) 경쟁(比)하다 죽어서(尸) 귀신(鬼)이 되었다.
무기(15자)	亅辛刀斤士匕干弓矢至弋戈矛殳网
	무기에는 갈고리(亅), 도구(辛), 칼(刀), 도끼(斤士), 비수(匕), 방패(干), 활(弓矢至弋), 창(戈矛), 몽둥이(殳), 그물(网)이 있다.
생활, 도구(17자)	辰力方耒工爿片广舟車用卜爻示玉鼓龠
	농기구(辰) 중 쟁기(力方耒)가 있다. 장인(工)들이 나뭇조각(爿片)으로 침대(广), 배(舟), 수레(車) 등 쓸(用)만한 도구들을 만든다. 점(卜爻)도 보고, 제사(示)도 지내고, 구슬(玉)을 차고 북(鼓)치고 피리(龠)를 불고 놀기도 한다.
의(10자)	衣巾小幺玄糸黹皮革韋
	옷(衣)과 수건(巾)에 실(小幺玄糸)로 바느질(黹)을 한다. 가죽(皮革韋)도 다양하게 활용하였다.
식(11자)	食皿血酉鬯斗缶襾豆鼎鬲
	음식(食)은 그릇(皿血)에 담아 먹고, 술(酉)은 술항아리(鬯)에서 국자(斗)로 퍼서 먹고 항아리(缶) 뚜껑(襾)을 덮어둔다. 제사(豆) 음식은 솥(鼎鬲)에 조리하여 준비한다.
주(12자)	戶广穴高亠宀瓦冖入門囗邑
	고대 집(戶广)들은 동굴 움막집(穴)이 많았다. 높고 큰집(高) 지붕(亠宀)은 기와(瓦)로 덮었고(冖) 출입구(入)는 큰 문(門)으로 만들었다. 성(囗)을 쌓아서 고을(邑)을 이루었다.
색(5자)	白黑黃靑赤
	색깔 중 흰색, 검은색, 황색, 푸른색, 적색(白黑黃靑赤)의 5가지 색
숫자(4자)	一二八十
	숫자 중 일이팔십(一二八十) 4개 숫자
모양자(7자)	丨丶丿匚匸冂几
	7자는 뜻보다는 모양자, 지사자 역할

※ 뜻보다는 상형자 위주로 분류함, 간혹 연상기억법을 위해 몇 개 글자는 뜻으로 분류
※ 毋(말 무), 女(여자 녀)는 여성을 그린 것, 이야기를 위해 어머니로 해석

부수 그림에서 글자로...

총 214개 한자 부수의 명칭과 각각의 유래를 그림으로 표시함

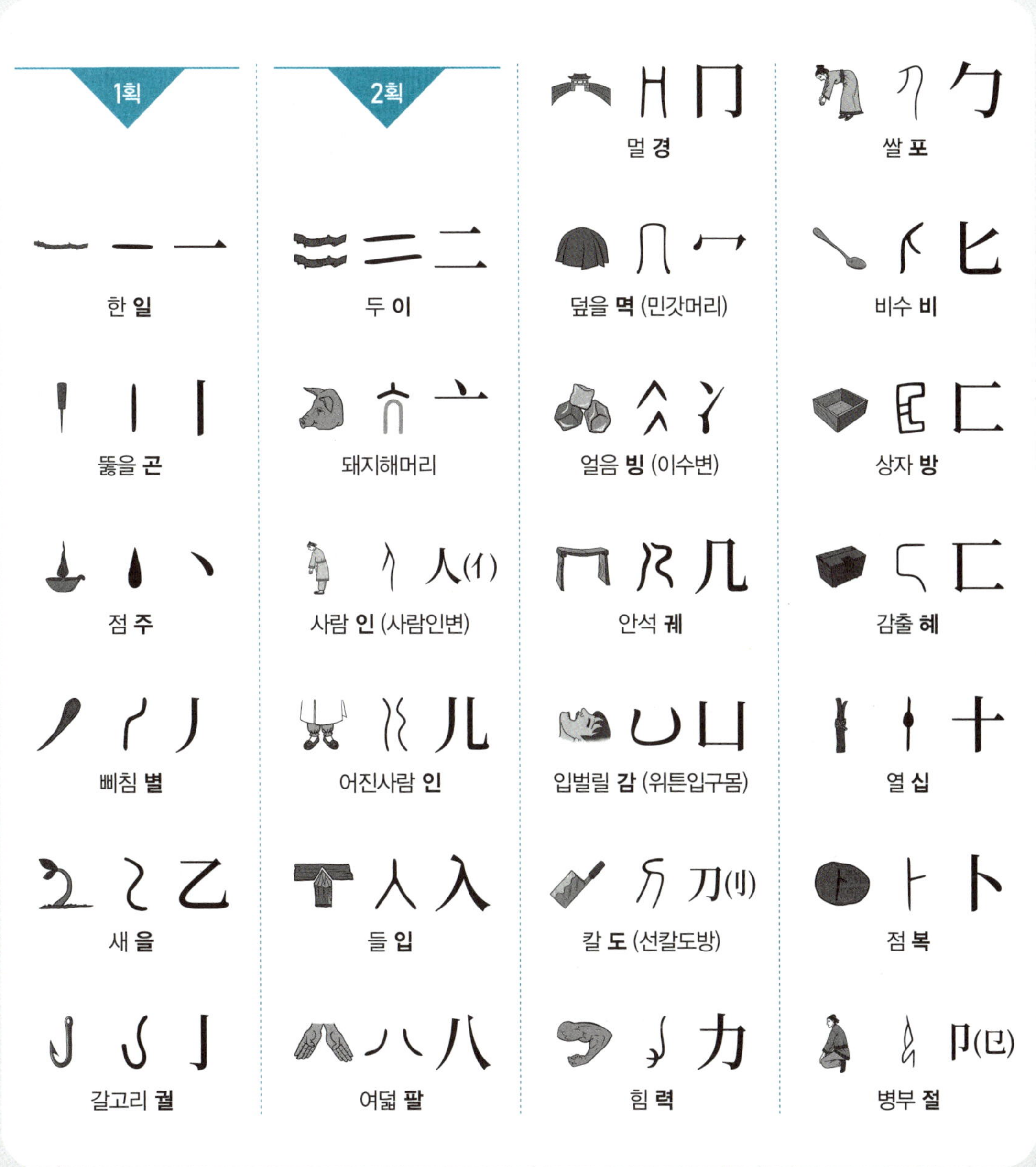
1획
一
한 일
丨
뚫을 곤
丶
점 주
丿
삐침 별
乙
새 을
亅
갈고리 궐
2획
二
두 이
亠
돼지해머리
人(亻)
사람 인 (사람인변)
儿
어진사람 인
入
들 입
八
여덟 팔
冂
멀 경
冖
덮을 멱 (민갓머리)
冫
얼음 빙 (이수변)
几
안석 궤
凵
입벌릴 감 (위튼입구몸)
刀(刂)
칼 도 (선칼도방)
力
힘 력
勹
쌀 포
匕
비수 비
匚
상자 방
匸
감출 혜
十
열 십
卜
점 복
卩(㔾)
병부 절

4획

도끼 근	뼈앙상할 알 (죽을사변)	손톱 조 (손톱머리)
마음 심 (심방변, 마음심발)	방향 방	몽둥이 수	아버지 부
창 과	없을 무	말 무	사귈 효
집 호	해 일	견줄 비	조각 장
손 수 (재방변)	가로 왈	털 모	조각 편
지탱할 지	달 월	성씨 씨	어금니 아
칠 복 (둥글월문)	나무 목	기운 기	소 우
글월 문	하품 흠	물 수 (삼수변, 물수발)	개 견 (개사슴록변)
말 두	그칠 지	불 화 (불화발)	

I. 한자의 기본 원리 및 공식

5획

검을 **현** 玄	발 **소** 疋	돌 **석** 石	실 **사** (실사변) 糸(糹)
검을 **현** 玄	병들어기댈 **녁** 疒	보일 **시** (보일시변) 示(礻)	장군 **부** 缶
구슬 **옥** (구슬옥변) 玉(王)	등질 **발** (필발머리) 癶	짐승발자국 **유** 内	그물 **망** (그물망머리) 网(罒)
오이 **과** 瓜	흰 **백** 白	벼 **화** 禾	양 **양** 羊(⺷)
기와 **와** 瓦	가죽 **피** 皮	굴 **혈** (구멍혈머리) 穴	깃 **우** 羽
달 **감** 甘	그릇 **명** 皿	설 **립** 立	늙을 **로** 老(耂)
날 **생** 生	눈 **목** 目	**6획**	말이을 **이** 而
쓸 **용** 用	창 **모** 矛	대 **죽** 竹(⺮)	쟁기 **뢰** 耒
밭 **전** 田	화살 **시** 矢	쌀 **미** 米	귀 **이** 耳

		7획	
붓 **율**	그칠 **간**		붉을 **적**
고기 **육** (육달월변)	빛 **색**	볼 **견**	달릴 **주**
신하 **신**	풀 **초** (초두머리)	뿔 **각**	발 **족** (발족변)
스스로 **자**	범 **호**	말씀 **언**	몸 **신**
이를 **지**	벌레 **충**	골 **곡**	수레 **거**, **차**
절구 **구**	피 **혈**	콩 **두**	매울 **신**
혀 **설**	다닐 **행**	돼지 **시**	날 **신**, 별 **진**
어그러질 **천**	옷 **의** (옷의변)	벌레 **치**	쉬엄쉬엄갈 **착** (책받침)
배 **주**	덮을 **아**	조개 **패**	고을 **읍** (우부방)

I. 한자의 기본 원리 및 공식

 닭 유
 분별할 변
 마을 리

8획

 쇠 금
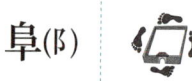 길 장
 문 문
언덕 부 (좌부변)
미칠 이

 새 추
 비 우
푸를 청
아닐 비

9획

 얼굴 면
 가죽 혁
가죽 위
부추 구

 소리 음
 머리 혈
 바람 풍
 날 비
 먹을 식 (먹을식변)
 머리 수
 향기 향

10획

 말 마

 뼈 골
 높을 고
 긴머리털 표
 싸울 투
 울창주 창
솥 력, 막을 격
귀신 귀

11획

 고기 어

(6) 변형 부수

부수 본래의 모양이 달라지는 경우 변형(變形) 부수라 한다.

본래 부수자	변형 부수	명칭	본래 부수자	변형 부수	명칭
人	亻	사람 인	刀	刂	칼 도
卩	㔾	병부 절	川	巛	내 천
彐	彑彖	돼지머리 계	爪	爫	손톱 조
攴	攵	칠 복	手	扌	손 수
心	忄 㣺	마음 심	金	釒	쇠 금
水	氵氺	물 수	火	灬	불 화
尢	兀 尣	절름발이 왕	无	旡	없을 무
旡	旡	목멜 기	辵	辶辶	쉬엄쉬엄갈 착
疋	正	필 필, 발 소	足	𧾷	발 족
邑	阝	고을 읍	阜	阝	언덕 부
牛	牛	소 우	犬	犭	개 견
乙	乚	새 을	羊	𦍌 芉 羋	양 양
网	罒 罓 罓	그물 망	歹	歺	죽을 사
肉	月	고기 육	玉	王	구슬 옥
目	罒	눈 목	襾	覀 西	덮을 아
示	礻	보일 시	衣	衤	옷 의
老	耂	늙을 로	長	镸	길 장
臼	臼	절구 구	食	飠 食	밥 식
艸	艹	풀 초	竹	⺮	대 죽
小	丷 ⺍	작을 소	糸	纟 糹	실 사

(7) 부수의 사용 빈도수(頻度數)

1615년 매응조가 부수자를 214자로 분류하였으나 시대가 많이 시난 현재 교육부 지정 상용한자 1,800자 가운데 사용 안 되는 부수자도 많이 있고, 사용 빈도 상위 20개 부수자가 상용한자(3급) 1,000자 정도에 사용되고 있다.

이 책에서는 한자 1급(간혹 특급) 3,500자 이상을 다루고 있으나 일반생활에서 많이 사용되는 3급(1,800자) 한자만을 먼저 이해하는 것이 매우 바람직하다.

※ (참조) 부록 편 부수 빈도별 교육부 상용한자 정리 필독

10. 소리 한자

(1) 한자의 훈음(訓音)
훈(訓)은 한자의 새김(뜻)을 음(音)은 한자의 소리를 말한다. 훈(訓)은 의미(意味), 형부(形符)를 음(音)은 발음(發音), 성부(聲符)말한다. 한자를 만드는 원리 중 상형자(그림, 文)와 지사자(상징, 부호)는 훈음(訓音) 구분이 어렵고, 회의자는 뜻과 뜻이 모여져 만든 글자이며, 형성자는 뜻과 음이 모여져 만든 결합자(結合字)로 뜻글자와 소리글자로 구분된다.

(2) 형성자(形聲字)에서 소리글자
형성자(形聲字)는 형부(훈, 뜻, 의미)를 담당하는 글자와 성부(음, 발음, 소리) 담당하는 글자가 결합하여 만든 글자로 뜻과 음이 구분된다. 부수(部首)는 한자의 뜻(의미)을 담당하고 소리글자는 발음을 담당한다. 대부분 한자 학습 책은 부수자 위주로 설명하고 있으나, 이 책에서는 부수자와, 소리 한자 둘 다 중요하게 설명하고 있다. 형성자(形聲字)는 한자를 만드는 가장 쉬운 방법이며 한자의 80% 이상이 이 방법으로 만들어졌다. 형성자는 한자의 확장 가능성을 크게 넓혔으며 체계적으로 새로운 글자를 만들어내는 데 상당한 기여를 했다.

(3) 소리글자의 변화
소리 한자란 형성자 중 소리(발음)를 담당하는 글자를 말한다. 소리 한자는 다른 글자와 만나면 일정한 원리로 발음이 난다. 이 발음은 일정한 공식을 갖고 규칙이나 시대가 변하면서 다른 발음으로 변화하고 파생되어 왔다. 한자는 오랜 세월에 걸쳐 사용되어 오는 동안 원래의 뜻에 다른 뜻이 추가 되어 여러 개의 뜻을 갖게 되었고, 소리 또한 여러 개 발음을 갖게 되었고 변화하였다.

(4) 소리글자 변화 공식 이해
한자의 소리(발음)는 오랜 세월 일정한 공식을 가지고 많이 변화하고 있다.

◆자음 분류(초성, 종성)

五音(오음)	聲音(성음)		五行(오행)	子音(자음)
角(각)	牙音(아음)	어금니 소리	木(목)	ㄱ ㅋ (ㄲ ㅇ)
徵(치)	舌音(설음)	혓소리	火(화)	ㄴ ㄹ ㄷ ㅌ (ㄸ)
宮(궁)	脣音(순음)	입술 소리	土(토)	ㅁ ㅂ ㅍ (ㅃ)
商(상)	齒音(치음)	잇소리	金(금)	ㅅ ㅈ ㅊ (ㅆ ㅉ)
羽(우)	喉音(후음)	목구멍 소리	水(수)	ㅇ ㅎ

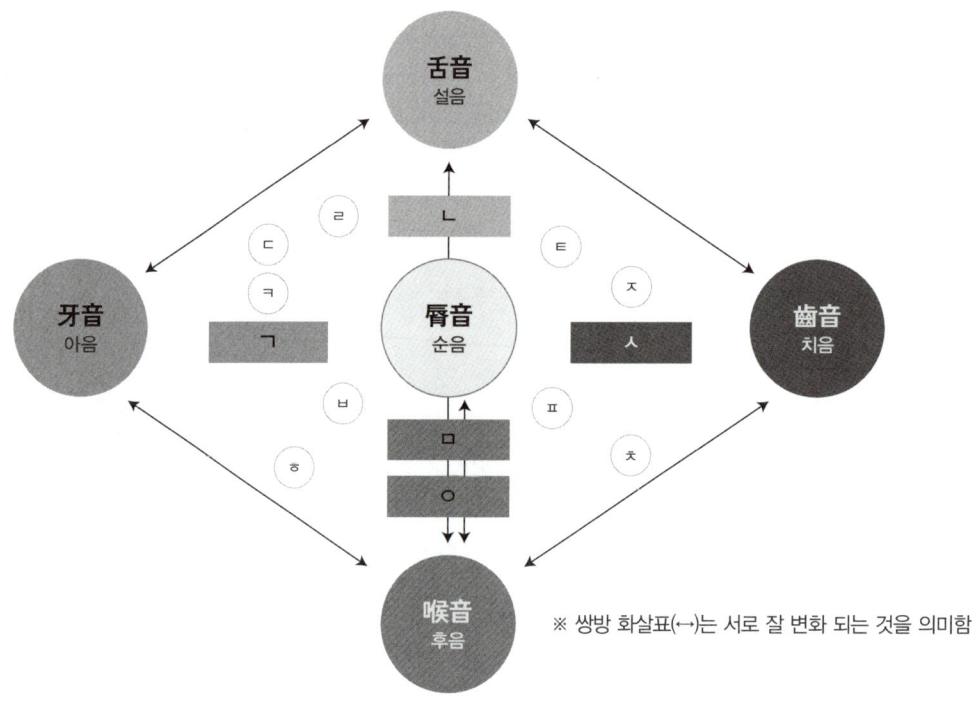

◆ 모음 분류(중성)

구분	단모음	이중모음
음성	ㅓ ㅔ ㅅ(ㅟ) ㅡ	ㅕ ㅖ ㅝ ㅞ ㅠ ㅢ
양성	ㅏ ㅐ ㅗ(ㅚ)	ㅑ ㅒ ㅛ ㅘ ㅙ
중성	ㅣ	

◆ 同音(동음) 공식 : 子母音 不變 公式 (자모음 불변 공식)

　오직 한가지 소리(발음)로 변화가 없음

◆ 變音(변음) 공식

　◇ 子音 初聲 公式 (자음 초성 공식)

　　공식 **1** 아음 대표음 ㄱ자가 후음 ㅇ ㅎ 자로 변화한다.

　　　　① ㄱ → ㅇ → ㅎ　　② ㄱ → ㅎ

　　공식 **2** 같은 부류끼리는 서로 잘 변화된다.

　　　　① 아음 : ㄱ ↔ ㅋ

　　　　② 설음 : ㄴ ↔ ㄹ / ㄴ ↔ ㄷ / ㄴ ↔ ㅌ / ㄹ ↔ ㄷ / ㄹ ↔ ㅌ / ㄷ → ㅌ

③ 순음 : ㅁ ↔ ㅂ / ㅁ ↔ ㅍ / ㅂ ↔ ㅍ

④ 치음 : ㅅ ↔ ㅈ / ㅅ ↔ ㅊ / ㅈ ↔ ㅊ

⑤ 후음 : ㅇ ↔ ㅎ

공식 **3** 후음 (ㅇ ㅎ)은 다른 부류 글자와 서로 잘 변화된다.

공식 **4** 설음(ㄴ ㄹ ㄷ ㅌ)은 치음(ㅅ ㅈ ㅊ) 과 아음(ㄱ ㅋ) 간 서로 잘 변화된다.

공식 **5** 순음(ㅁ ㅂ ㅍ)은 다른 부류의 글자 소리와 서로 잘 변화하지 않는다.

◇ 子音 終聲 公式 (자음 종성 공식)

공식 **6** 자음 초성처럼 같은 부류끼리 서로 잘 변화하고 후음(ㅇ ㅎ)은 아음(ㄱ ㅋ), 설음(ㄴ ㄹ ㄷ ㅌ), 순음(ㅁ ㅂ ㅍ) 간, 설음(ㄴ ㄹ ㄷ ㅌ)은 아음(ㄱ ㅋ)간 서로 변화가 많았다.

공식 **7** 글자 끝자락에서 치음(ㅅ ㅈ ㅊ)은 같은 부류 간에 또는 타 부류 글자 간에도 변화가 거의 없었다.

공식 **8** 글자 끝자락에 ㄱ ㄴ ㄹ ㅂ ㅇ 받침이 첨가되는 경우가 있다.

공식 **9** 글자 끝자락에 ㄱ ㄴ ㄹ ㅁ ㅂ ㅇ 받침이 탈락 또는 ㄴ자로 변하는 경우가 있다.

◇ 母音 中聲 公式 (모음 중성 공식)

공식 **10** 음성 모음은 음성 모음끼리, 양성 모음은 양성 모음끼리 변화한다.

공식 **11** 세 모음 분류(음성 모음, 양성 모음, 중성 모음) 간에도 서로 변화가 많다.

◆ 참고 사항

1. 형성자에서 위 공식에 어긋나는 경우는 거의 없으며, 同音(동음) 공식과 變音(변음) 공식 중 위 공식에 어긋나서 발음 나는 경우는 그 글자가 회의, 지사, 가차 글자일 경우이다. 또는 다른 부류 글자로 변화된 후 재차 다시 변화된 경우
2. 경음화(된소리 되기)는 ㄱ→ㄲ, ㄷ→ㄸ, ㅂ→ㅃ, ㅅ→ㅆ, ㅈ→ㅉ 되는 현상 (등불 → 등뿔로 발음)
3. 격음화(거센소리 되기) ㅈ→ㅊ, ㅋ, ㄷ→ㅌ, ㄱ→ㅋ, ㅂ→ㅍ
4. 순음화(순화소리 되기) ㅊ→ㅈ, ㅌ→ㄷ, ㅍ→ㅂ, ㅎ→ㄱ
5. 자음접변(자음동화)은 어떤 음절의 끝 자음이 다음에 오는 자음과 충돌하여 발음이 센 쪽으로 바뀌거나 아니면 둘 다 바뀌거나 하는 현상을 말하는 것입니다.
6. 모음조화는 성질의 모음이 어울리게 되는 현상으로 양성은 양성끼리, 음성은 음성끼리 중성은 양쪽 두루 잘 어울리는 현상
7. 두음법칙은 첫소리에 어떤 소리가 오는 것을 꺼리는 현상 (ㄹ→ㄴ, ㅇ / ㄴ→ㅇ)
8. 구개음화는 구개음이 아닌 'ㄷ', 'ㅌ' 따위의 자음이 뒤에 오는 모음 'ㅣ'로 시작되는 이중 모음의 영향을 받아, 구개음(입천장 소리)인 'ㅈ', 'ㅊ' 따위로 바뀌는 현상

※ (참조) 한자의 발음은 수천 년 동안 위처럼 일정 공식을 가지고 변해왔지만 제대로 이해하기는 복잡하다. 아래는 360개 소리글자가 다른 글자와 만나면 변한 발음을 총정리한 것이다. (1급 한자 내에서 총정리)

(5) 소리글자 발음 공식 표

소리글자는 다른 글자와 결합하면 다음과 같은 발음 공식을 갖는다.

소리글자		발음 공식
집 가	家	가
빌 가	叚	가, 하
더할 가	加	가, 하
옳을 가	可	가, 아, 하
각각 각	各	각, 객, 격, 락, 략, 로, 뢰
햇빛빛나는모양 간	倝	간, 한
굳을 간	臤	견, 긴, 신, 현, 수
방패 간	干	간, 안, 한, 헌
가릴 간	柬	간, 란, 련
그칠 간	艮	간, 근, 안, 은, 한, 흔
어찌 갈	曷	갈, 게, 알
감히 감	敢	감, 엄, 암
볼 감	監	감, 람, 염, 함
달 감	甘	감
갑옷 갑	甲	갑, 압
산등성이 강	岡	강
지경 강	畺	강
다 개	皆	계, 해
질 기	夫	겁, 법, 각, 개
클 거	巨	거, 구
볼 견	見	연, 현
겸할 겸	兼	겸, 렴, 혐
놀라서볼 경	睘	환
물줄기 경	巠	경
서울 경	京	경, 영, 략, 량
공경 경	敬	경
마침내 경	竟	경
고칠 경	更	경, 편
열 개	开	개, 형
낄 개	介	계, 개
맬 계	系	계, 손, 현
맺을 계	刧	계, 결, 끽
북방 계	癸	규
옛 고	古	고, 거, 호
고할 고	告	곡, 조, 호, 혹
높을 고	高	고, 호, 효
골 곡	谷	속, 욕, 용, 유
맏 곤	昆	곤, 혼
공평할 공	公	곤, 송, 웅
한가지 공	共	공, 홍, 항
장인 공	工	공, 강, 항, 홍
열매 과	果	과, 나
오이 과	瓜	고, 호
황새 관	雚	관, 권, 환
벼슬 관	官	관
빛 광	光	황, 광, 휘, 요
팔뚝 굉	厷	굉, 웅
사귈 교	交	교, 효
높을 교	喬	교
노래할 교	敫	격, 요
얽힐 구	丩	규, 수

짤 구	冓	구		의뢰할 뇌	賴	나
구분할 구	區	구, 추		홑 단	單	선, 전, 탄, 단, 천
글귀 구	句	구		아침 단	旦	단, 탄, 전, 천
구할 구	求	구		판단할 단	彖	연, 전, 훼
오랠 구	久	구		대신할 대	代	대
아홉 구	九	구		칼 도	刀	도, 소
홀 규	圭	가, 규, 계, 괘, 방, 봉, 애, 와		법도 도	度	도
임금 군	君	군		한가지 동	同	동, 통
군사 군	軍	운, 휘, 혼		동녘 동	東	동, 중, 진
밥뭉칠 권	关	권		아이 동	童	동, 당, 종
숨찰 궐	欮	궐		콩 두	豆	두, 단, 등, 증
귀신 귀	鬼	괴		진칠 둔	屯	둔, 돈, 순, 춘
귀할 귀	貴	유, 궤		어질 량	良	량, 낭
진흙 근	堇	근, 한, 간, 난, 탄		벌일 렬	列	렬, 례
도끼 근	斤	근, 흔, 기		목갈기 렵	巤	렵, 랍
이제 금	今	금, 긍, 념, 음, 탐, 함		하여금 령	令	령, 랭
미칠 급	及	급, 흡		성씨 로	盧	로, 려
기운 기	气	기, 개		새길 록	彔	록, 박
그 기	其	기		횃불 료	尞	료
기특할 기	奇	기, 의		높이날 료	翏	교, 류, 륙, 료
몸 기	己	기, 개, 비, 배		용 룡	龍	롱, 습, 총
몇 기	幾	기		포갤 루	婁	루, 수
이미 기	旣	개		깃발 류	㐬	류, 소
어찌 기	豈	개		둥글 륜	侖	륜, 론
길할 길	吉	길, 결, 철, 힐		언덕 릉	夌	릉
여자 녀	女	여, 서		떠날 리	离	리
종 노	奴	노, 나		마을 리	里	리, 매
농사 농	農	농		설 립	立	립, 랍, 읍

I. 한자의 기본 원리 및 공식

도깨비불 린	燐	린, 련		가득할 복	畐	복, 부
삼 마	麻	마		예쁠 봉	丰	봉
없을 막	莫	막, 모, 묘		침 뱉을	咅	부, 배, 보
길게끌 만	曼	만		펼 부	尃	부, 박
끝 말	末	말		아닐 부	不	부, 비, 배
망할 망	亡	망, 맹, 황		줄 부	付	부
매양 매	每	매, 모, 민, 번, 해, 회		나눌 분	分	빈, 분, 반
팔 매	賣	독, 속		클 분	賁	분
면할 면	免	면, 만		아닐 불	弗	불, 비
토끼 묘	卯	묘, 무, 류, 료		벗 붕	朋	붕
없을 무	無	무		낮을 비	卑	비, 패
글월 문	文	문, 민		견줄 비	比	비
말 물	勿	물, 문, 홀		아닐 비	非	비, 배
아닐 미	未	미, 매		손 빈	賓	빈
가지 반	般	반		자주 빈	頻	빈
절반 반	半	반, 판		맡을 사	司	사
돌이킬 반	反	반, 판		절 사	寺	시, 지, 치
등질 발	癶	발, 폐		죽일 살	殺	살, 찰, 시
모 방	方	방		석 삼	參	삼, 참
흰 백	白	백, 맥박, 벽		코끼리 상	象	예, 상
차례 번	番	번, 반, 파, 심		오히려 상	尙	상, 장, 당, 창
누릇 범	凡	범, 봉, 풍		서로 상	相	상
따질 변	辡	변, 판		이길 쇄	嗇	장
남녘 병	丙	병		날 생	生	생, 성, 정
아우를 병	幷	병		옛 석	昔	석, 적, 작, 착, 차, 초, 조
넓을 보	普	보		착할 선	善	선
클 보	甫	보, 포		먼저 선	先	선, 세, 찬
돌아올 복	复	복		베풀 선	亘	선, 항, 환, 훤

부추 섬	韱	섬, 참, 첨		볕 양	昜	양, 장, 상, 창, 탕
이룰 성	成	성		양 양	羊	양, 강, 상, 선
부를 소	召	소, 조, 초		도울 양	襄	양, 낭
적을 소	少	초, 묘, 사		나부낄 언	㫃	어, 알, 여, 유, 시, 선, 기, 정, 족, 주
꺼질 소	肖	소, 조, 설, 삭, 초		기슭 엄	厂	안, 염, 언, 산
발 소	疋	소, 초, 서		나 여	予	서, 예, 야
부드러울 손	巽	선, 찬		나 여	余	여, 서, 사, 제, 도
늙은이 수	叟	수		거스를 역	屰	역, 삭, 소
목숨 수	壽	주, 도		엿볼 역	睪	역, 석, 탁, 택
드리울 수	垂	수, 우, 추, 타		늪 연	㕣	연, 선
기다릴 수	需	유		불꽃 염	炎	담
콩 숙	叔	숙, 독, 적, 척		나뭇잎 엽	枼	엽, 접, 첩, 설
누구 숙	孰	숙		심을 예	埶	예, 세, 열
열흘 순	旬	순		다섯 오	五	오, 어
옳을 시	是	시, 제		나라이름 오	吳	오, 우
법 식	式	시, 식		거만할 오	敖	오, 췌
거듭 신	申	신		화할 옹	雍	옹
잃을 실	失	질		입비뚤어질 와	咼	와, 과, 화
열 십	十	십, 침, 즙		임금 왕	王	왕, 광, 황
성씨 씨	氏	민, 면, 혼, 지		질그릇 요	䍃	요
버금 아	亞	아, 악, 오		요임금 요	堯	요, 효, 소
어금니 아	牙	아, 사		일찍죽을 요	夭	요, 소, 옥
시끄럽게다툴 악	咢	악		얼굴 용	容	용
편안 안	安	안		길 용	甬	용, 통, 송
나 앙	卬	앙, 영, 억		원숭이 우	禺	우
가운데 앙	央	앙, 영		구름 운	云	운, 혼
잇기 야	也	이, 시, 지, 타, 치		누워뒹굴 원	夗	원, 완
같을 약	若	야, 낙, 닉				

Ⅰ. 한자의 기본 원리 및 공식

으뜸 원	元	완, 원, 관		긴 장	長	장, 창
인원 인	員	원, 운, 손		글 장	章	장, 창
당길 원	爰	원, 완, 난		어른 장	丈	장
옷길 원	袁	원		다칠 재	㦰	재, 대
가죽 위	韋	위, 휘		재주 재	才	재, 시
대답할 유	兪	유, 수		다툴 쟁	爭	쟁, 정
바 유	攸	유, 수, 조, 척		근본 저	氐	저
말미암을 유	由	유, 주, 수, 추, 축, 적		밑동 적	啇	적
잠깐 유	臾	유		꿩 적	翟	약, 요, 탁
망설일 유	兂	침, 탐		나머지 전	戔	전, 천, 잔
기를 육	育	철		오로지 전	專	전, 단
소리 음	音	암, 운, 향, 흠		점칠 점	占	점, 참, 첩, 침
뜻 의	意	희, 억		꺾을 절	折	철, 서
의심할 의	疑	의, 애, 응, 치		줄기 정	壬	정, 성, 청
옳을 의	義	의, 희		넷째천간 정	丁	정, 녕, 저, 타
다를 이	異	익, 기		우물 정	井	정, 경
더할 익	益	일, 애, 액		바를 정	正	정, 증
막을 인	垔	인, 연, 견		정할 정	定	정, 탄
인할 인	因	인, 은		곧을 정	貞	정
북방 임	壬	임, 음		임금 제	帝	제, 체
맡길 위	委	위, 외, 왜		아우 제	弟	제, 체
위대할 위	危	궤, 취		제사 제	祭	제, 찰, 채
가시 자	朿	자, 책		가지런할	齊	제, 재
이 자	玆	자		울 조	喿	조
놈 자	者	자, 저, 제, 서, 사, 도		무리 조	曹	조
일어날 작	乍	작, 사, 조, 착		억조 조	兆	도, 요, 조
구기 작	勺	작, 적, 약, 조		도마 조	且	조, 저, 사
나뭇조각 장	爿	장		마칠 졸	卒	졸, 취, 쇄, 수, 췌

좇을 종	從	종, 용		캘 채	采	채
마루 종	宗	종, 숭		꾸짖을 책	責	적, 채
왼 좌	左	수, 타		샘 천	泉	선, 원
주인 주	主	주, 왕		모두 첨	僉	검, 험, 렴
두루 주	周	주, 조		이를 첨	詹	첨, 섬, 담
붉을 주	朱	주, 수		푸를 청	青	청, 정, 시
갈 준	夋	준, 사, 산, 전		탈 초	焦	초
가운데 중	中	중, 충		애벌레 촉	蜀	촉, 속, 독, 탁
무거울 중	重	종, 동, 충, 통		바쁠 총	怱	총, 창
일찍 증	曾	증, 승, 층		새 추	隹	추, 초, 최, 치, 수, 유, 휴
지탱할 지	支	지, 기		우두머리 추	酋	존, 준, 전, 정, 유
뜻 지	旨	지, 기		비 추	帚	침
이를 지	至	질, 실		날 출	出	졸, 굴, 출
곧을 직	直	직, 식, 치, 덕		채울 충	充	총, 통
숱많고검은 진	㐰	진		가질 취	取	최, 취
참 진	眞	진, 신, 전		찰흙 치	戠	직, 치
별이름 진	辰	진, 신, 순		법칙 칙	則	측
나 짐	朕	등, 승		터놓을 쾌	夬	쾌, 결
소곤거릴 집	耳	읍, 집, 즙		다를 타	它	타, 사
잡을 집	執	지, 칩		풀잎 탁	乇	탁, 택
다를 차	差	차		바꿀 태	兌	예, 세, 열, 설, 탈
버금 차	次	자		별 태	台	태, 이, 시, 치, 야
이 차	此	자, 사, 시		물러날 퇴	退	퇴
도울 찬	贊	찬		꼬리 파	巴	파, 비
일찍이 참	朁	잠, 참		나라이름 팽	彭	팽
벨 참	斬	참, 잠, 점		작을 편	扁	편
창성할 창	昌	창		평평할 평	平	평, 칭
곳집 창	倉	창		해질 폐	敝	폐, 별

쌀 포	包	포		등불 형	熒	형, 영
사나울 포	暴	포, 폭		되 호	胡	호
표 표	票	표		호피무늬 호	虍	호, 로, 려, 허, 처, 학
풍년 풍	豊	례		지게 호	戶	고, 소, 호
가죽 피	皮	피, 파		빛날 화	華	엽, 화
피할 피	辟	벽, 피, 비		될 화	化	화, 와
반드시 필	必	비, 슬, 밀		자 확	蒦	확, 호, 획
함정 함	臽	함, 첨, 염		두루미 학	鶴	학, 확
다 함	咸	함, 감, 잠, 침		빛날 환	奐	환
합할 합	合	합, 답, 탑, 흡, 급, 습		누를 황	黃	횡, 광, 확
높을 항	亢	항, 갱		품을 회	褱	회, 괴
돼지 해	亥	해, 핵, 각		돌아올 회	回	회
검을 현	玄	현, 견		불길 훈	熏	훈
낄 협	夾	협		흉할 흉	凶	흉
형통할 형	亨	숙, 순, 곽, 돈		기쁠 희	喜	희

한자를 학습할 때 위처럼 소리와 연관된 한자들을 묶어 그룹화하여 비슷한 발음을 가진 한자를 한꺼번에 익히는 것이 매우 효율적이다.

이 책에서는 위 표처럼 소리 한자 360자와 결합하여 만들어진 한자들을 학습한다.

Ⅱ 부수자

II

한국수필

角 뿔 각

갑골문을 보면 짐승의 뿔과 주름이 그려져 있음 → (옛날 뿔로 술잔 사용) 술잔
→ (뿔이) 모나다, 각지다 → (짐승들이 뿔로) 겨루다, 경쟁하다
→ (부수자로) 뿔의 용도, 뿔의 동작, 접촉하다는 뜻

解
4급 풀 해 | 소 우(牛) + 칼 도(刀) + 뿔 각(角)
칼(刀)로 소(牛) 뿔(角)을 잘라내는 모습 → 분해(分解)한다 → 벗다, 풀다, 풀이하다, 깨닫다는 뜻

觸
3급 닿을 촉 | 뿔 각(角) + 애벌레 촉(蜀) 발음 역할
동물에 벌레(蜀)가 붙어 간지러워 뿔(角)로 들이 박다 → 찌르다, 닿다
→ 접촉(接觸)하다, 저촉(抵觸)하다는 뜻

觝
1급 닿을 저 | 뿔 각(角) + 근본 저(氐) 발음 역할
동물이 뿔(角)는 근본적(氐)으로 상대방을 들이 막는 데 사용 → 찌르다, 부딪다, 닿다, 치다는 뜻

觴
1급 잔 상 | 뿔 각(角) + 다칠 상(傷)에서 亻자 생략 발음 역할
옛날에는 동물 뿔(角)로 술잔 사용 → 잔(盞), 술잔의 뜻

 방패 간

갑골문을 보면, Y자 모양으로, V자 부분은 짐승이나 상대방을 밀쳐 가까이 오지 못하게 하는
방패(防牌) 구실 → 방패, 마르다, 범하다, 간섭하다는 뜻

※ 마를 건(乾)자와 소리가 비슷해 마를 건(干)자도 됨
※ 어조사 우(于)자와 비슷하게 생겼음에 유의
※ 단순 모양 부수자로 많이 쓰임

幸
6급 다행 행
갑골문을 보면 죄를 지은 사람 양손을 묶는 옛날 수갑 모양 → 죄지은 사람을 잡았다
→ 죄지은 사람을 잡아 다행이다 → 다행(多幸), 요행(僥幸), 행운(幸運), 행복(幸福) → 기뻐하다는 뜻

年 **8급** 해 년
갑골문을 보면 볏단을 지고 가는 사람 모습 → 가을 수확이 끝나 볏을 집으로 옮기다 → 한해가 끝났다 → 해, 새해, 신년(新年)의 뜻
예 향년(享年), 방년(芳年), 장년(壯年)

平 **7급** 평평할 평
금문을 보면 악기소리 울림이 고르게 퍼져나가는 것을 형상화한 모양 → 고르다, 평평하다 → 안정하다 → 화목하다는 뜻
예 평등(平等), 평화(平和), 평안(平安), 평탄(平坦), 탕평(蕩平)

幹 **3급** 줄기 간 | 방패 간(干) + 아침해 빛날 간(倝) 발음 역할
나무줄기를 지탱하는 지지대(干)에 아침 햇살(倝)이 비치는 모습 → 지지대, 중요 부분 → 줄기, 근간(根幹), 근본의 뜻

※ 아침해 빛날 간(倝)자는 수풀(艹)사이로 해(日)가 떠서 빛나는(人)는 모양 → 아침해가 뜰 때 빛나는 모양
예 간부(幹部), 간사(幹事), 간선(幹線)

 괘이름 간, 그칠 간, 은 은

신분이 낮은 사람(人) 눈(目)이 땅 아래로 향한 모습 → 상전의 시선을 마주하지 못하는 하인의 모습 → 외면하다 → 배신하다 → 거스르다 → 그치다 → 어렵다, 한계 → 못하다, 가난하다는 뜻

※ 어질 량(良)자와 비슷하여 주의

良 **5급** 어질 량 | 건물과 건물을 연결하는 복도 그림
갑골문을 보면 궁궐 건물과 건물을 연결하는 복도(회랑)를 그린 것 → 건물 중심 → 좋다, 착하다, 어질다 → 남편 → 잠시, 잠깐 → 진시로, 참으로의 뜻

※ 사랑채 랑(廊)자는 사랑채, 행랑, 복도의 뜻

艱 **1급** 어려울 간 | 그칠 간(艮) + 진흙 근(堇) 변형
진흙(堇)에 빠져 어려워(艮)하는 모습 → 어렵다, 괴롭다, 간난(艱難)하다는 뜻

※ 진흙 근(堇)자 갑골문을 보면 심한 기근으로 기우제 지낼 때 사람을 묶인 채로 불(火→土)로 태우는 모습
→ 비가 안 와서 논과 밭의 땅(土)이 노랗다(黃) → 노란 진흙 → (비가 안 와서, 진흙에 빠져서) 어렵다
→ 겨우, 약간, 조금의 뜻

 달 감

맛이 달아 입(口)에서 혀(一)를 빼내어 물고 있는 모양 → 달다, 맛이 좋다는 뜻

예 고진감래(苦盡甘來), 감언이설(甘言利說), 감수(甘受)

甚 **3급** 심할 **심** | 달 감(甘) 변형자 + ヒ(비수비) 변형 → 짝 필(匹)
금문을 보면 큰수저(ヒ)로 입에 달콤한 음식(甘)을 가득 집어넣은 모습
→ 달콤한 것(甘)이 짝(匹)을 이루었다 → 매우 달다 → 심하다, 심히 달다
→ 심하다, 심히, 몹시 깊고, 두텁다는 뜻
예 심지어(甚至於), 막심(莫甚), 심난(甚難)

䑙 **특급** 달 **첨** | 달 감(甘) + 혀 설(舌)
입안에 음식이 달아서(甘) 혀(舌)를 밖으로 빼내문 모습 → 혀(舌)끝에 단맛(甘)을 느끼다 → 달다
→ 즐겁다는 뜻
예 첨밀밀(䑙蜜蜜), 첨언밀어(䑙言蜜語)

※ 甘 자가 부수자는 아니지만 다른 글자와 만나 달다, 향기롭다를 뜻한 글자
예 아무 모(某), 향기 향(香), 노나라 노(魯), 뜻 지(旨), 싫을 염(厭)

 수건 건

갑골문을 보면 마치 긴 막대기에 천이 걸려있는 모양 → 수건, 헝겊, 베, 천 등을 덮다는 뜻

※ 일부 글자에서는 단순히 모양자 역할만 함

市 **7급** 저자 **시** | 수건 건(巾) + 돼지머리 해(亠)
금문에서는 확자지껄한 시장을 표현했으나 해서부터 지금 글자로 고대 중국의 시장에서는 간판처럼
깃발(巾)을 달아놓고 물건을 팖 → 저자(상품을 팔고 있는 시장) → 시가 → 장사, 거래의 뜻
예 시장(市場)

布 **4급** 베 **포** | 수건 건(巾) + 왼손 좌(屮)
금문을 보면 베(巾)를 몽둥이로 두드리는(屮) 모양 → 베를 펴서 다듬다 → 베 → 펴다, 베풀다는 뜻
예 포목점(布木店), 분포(分布), 선포(宣布)

帶 **4급 띠 대** | 수건 건(巾) + 장식 달린 허리띠 모양
글자 윗 부분은 장식이 달린 허리띠의 모양이고 아랫부분은 천(巾)으로 만든 허리띠를 강조 함
→ 띠 → 근처 → 지구 표면 구분 이름 → 꾸미다, 두르다, 장식하다는 뜻
예 열대(熱帶), 휴대(携帶), 연대(連帶), 지대(地帶), 대동(帶同)

※ 막힐 체(滯)자는 물(氵)을 띠로 묶어두다(帶) → 막다, 쌓이다, 정체되다는 뜻

希 **4급 바랄 희** | 수건 건(巾) + 사귈 효(爻)
바느질로 천(巾)에 문양을 새긴 자수(爻)를 표현
→ (자수 새긴 천은 일반 천보다 희귀하고 가격이 비쌈) 드물다
→ (비싼 천을 가지고 싶은 마음) 바라다, 동경하다는 뜻
예 희망(希望), 희구(希求)

※ 드물 희(稀)자는 벼(禾) 심을 때 바람 잘 통하도록 드문드문(希)하게 심다 → 드물다는 뜻
예 희박(稀薄), 고희(古稀), 희소(稀少), 희귀(稀貴), 희석(稀釋)

帳 **4급 장막 장** | 수건 건(巾) + 긴 장(長) 발음 역할
길게(長) 드리워진 천(巾) → 군막, 천막 → 휘장[揮帳 여러 폭의 피륙을 이어 만든 장막]
→ (여러 개 긴 천) 장부 → (긴 내용이 적힌) 서적의 뜻
예 통장(通帳), 대장(臺帳)

幕 **3급 장막 막** | 수건 건(巾) + 없을 막(莫) 발음 역할
천(巾)으로 가려서 안을 볼 수 없게(莫) 만든 천 → 장막(帳幕), 휘장의 뜻
예 막부(幕府), 현수막(懸垂幕), 주막(酒幕), 한증막(汗蒸幕), 천막(天幕)

幣 **3급 화폐 폐** | 수건 건(巾) + 해질 폐(敝) 발음 역할
너무 귀하여 해질(敝)때까지 사용하는 천(巾) → 비단
→ (비단이 비싸서 화폐로도 사용하여) 화폐(貨幣), 폐백(幣帛)의 뜻
예 지폐(紙幣), 조폐(造幣)

帛 **1급 비단 백** | 수건 건(巾) + 흰 백(白) 발음 역할
무늬 없는 무명으로 만든 하얀(白) 천(巾) → 명주(明紬) : 명주실로 무늬 없이 짠 피륙
→ (무늬 없는 순수한) 비단의 뜻
예 폐백(幣帛) : 결혼할 때 신랑이 신부에게 보내는 채단, 신부가 혼례를 마치고 시부모와
　　　　　　시집 어른들에게 올리는 첫인사
　　帛書(백서) : 비단에 쓴 글

※ 비단 금(錦)자는 화려한 수를 넣고 금박(金)을 붙였다는 고급 비단(帛)의 뜻
예 금의환향(錦衣還鄕), 금상첨화(錦上添花), 금수강산(錦繡江山)

常 **4급** 항상 **상** | 수건 건(巾) + 오히려 상(尙) 발음 역할
집(尙)에서 항시 두르고 있던 옷(巾) → (집에서 항시 편하게 입는 옷) → 치마
→ (의미가 확대되어) 항상(恒常), 변함없이, 떳떳하다는 뜻

예 이상(異常), 상식(常識), 수상(殊常), 상록수(常綠樹)

※ 오히려 상(尙)자는 창문 있는 집 위로 무언가 퍼져나가는 모습 → 증가하다
  → (다른 글자와 만나면)집, 오히려, 숭상하다는 뜻
※ 치마 상(裳)자는 집(尙)에서 편안하게 항상 입는 옷(衣) 치마의 뜻

帆 **1급** 돛 **범** | 수건 건(巾) + 무릇 범(凡) 발음 역할
천(巾)으로 만든 돛(凡) → 돛단배[범선(帆船)]의 뜻

예 출범(出帆), 범주(帆走)

※ 무릇 범(凡)자는 돛을 그린 것 → 모두, 무릇, 보통, 대강의 뜻

幅 **3급** 폭 **폭** | 수건 건(巾) + 가득할 복(畐) 발음 역할
옷감 천(巾)이 양손에 가득하다(畐) → 양손으로 옷감을 넓게 펼친 모양 → (천의 너비를 재다) 폭, 너비
→ 넓이 → 폭(포목을 세는 단위) → 두건의 뜻

예 소폭(小幅), 전폭(全幅), 증폭(增幅), 낙폭(落幅), 화폭(畫幅)

※ 가득할 복(畐)자는 항아리에 물이 가득 담긴 모양에서 가득하다는 뜻

帽 **2급** 모자 **모** | 수건 건(巾) + 무릅쓸 모(冒) 변형자 발음 역할
보자기(巾)를 모자(冒)처럼 두르다 → 두건(頭巾) → 모자(帽子)의 뜻

예 탈모(脫帽), 착모(着帽), 사모관대(紗帽冠帶)

※ 무릅쓸 모(冒)자는 눈(目) 위로 모자[쓰게 모(冃)] 쓴 모습 → 모자 → 덮다. 쓰다
  → (복면으로 얼굴을 가린 모습에서) 거짓으로 대다 → 무릅쓰다는 뜻

席 **6급** 자리 **석** | 수건 건(巾) + 집 엄(广) + 스물 입(廿)
갑골문을 보면 단순히 돗자리가 그려져 있음 → 집(广)에서 여러명(廿)이 깔고 앉는 천(巾)
→ 여럿이 앉는 자리 → 돗자리 → 자리를 깔다는 뜻

예 좌불안석(坐不安席), 석권(席卷, 席捲), 결석(缺席), 수석(首席), 주석(主席)

帝 **4급** 임금 **제** | 수건 건(巾) + 제사상 그림
갑골문을 보면 하늘의 신에게 제사를 드리던 제단을 그린 것 → 제사 주관자 → 천자, 임금 → 하느님
→ 오제의 약칭 뜻

예 황제(皇帝), 옥황상제(玉皇上帝), 제국주의(帝國主義)

帥
3급 장수 **수**, 거느릴 **솔** | 수건 건(巾) + 쌓을 퇴(𠂤)
언덕(𠂤) 위에 부대의 고유 깃발(巾)로 지휘하는 모습 → (군부대 깃발 있는 곳) 우두머리, 장수
→ 거느리다, 인도하다는 뜻
- 예 장수(將帥), 도원수(都元帥), 총수(總帥)

師
4급 스승 **사** | 수건 건(巾) + 쌓을 퇴(𠂤) + 한 일(一)
장수(帥)에게 최고의 전략을 조언해 주는 단하나(一)의 사람
→ 언덕(𠂤) 위 부대의 깃발 아래서 책사를 두루 에워싸고(帀) 전략을 듣는 모습 → 책사 → 스승의 뜻
- 예 사부(師傅), 군사부일체(君師父一體), 의사(醫師), 교사(敎師), 출사표(出師表)

※ 두를 잡(帀)자는 두르다, 에워싸다는 뜻

帖
1급 문서 **첩** | 수건 건(巾) + 점령할 점(占) 발음 역할
옛날에 헝겊(巾)으로 싼 약봉지에 쓰여진 (占)글 → 첩(貼) : 약봉지에 싼 약뭉치를 세는 단위
→ 비단, 헝겊(巾)에 차지한 (占)글 → 두루마리 → 문서, 장부의 뜻

幇
1급 도울 **방** | 수건 건(巾) + 봉할 봉(封) 발음 역할
부대의 깃발(巾)을 높이 쌓다(封) → 높이 쌓는 것을 돕다 → 지원하다, 보좌하다, 무리의 뜻
- 예 방조죄(幇助罪)

幀
1급 그림족자 **정**, 그림족자 **탱** | 수건 건(巾) + 곧을 정(貞) 발음 역할
비단(巾)에 곧고 바르게(貞) 그려진 부처님 그림 → 탱화 → 그림 틀, 그림 족자의 뜻
- 예 영정(影幀), 탱화(幀畫)

幟
1급 기 **치** | 수건 건(巾) + 찰흙 치(戠) 발음 역할
깃발(巾)에 부대 고유 표식을 적다(識 → 戠) → 표지(標識), 기치(標旗) → 기(旗)의 뜻
- 예 기치(旗幟)

※ 識 자는 찰흙(戠)에 말(言)하고자 하는 바를 적다 → 적을 지, 알 식, 깃발 치로 소리 남

帙
1급 책 **권**, 시례 **질** | 수건 건(巾) + 잊을 실(失) 발음 역할
비단(巾)처럼 둘둘 말린 두루마리 책을 떨어뜨리다(失) → 책권 차례, 질(책 권수)의 뜻

※ 잊을 실(失)자 금문을 보면 손에서 무언가 떨어뜨리는 모습 → 빠뜨리다, 잃다는 뜻

犬 犭 개 견

갑골문을 보면 개의 옆 모습을 90도 회전시켜 놓은 것으로, 왼쪽이 앞 뒷다리 오른쪽 아래가 꼬리, 점이 귀를 본떠 만든 글자 → 개, 짐승 행동, 짐승 이름에 사용

獸

3급 짐승 수 | 개 견(犬) + 홑 단(單) 변형자

사냥도구(單)로 산 채로 잡은 짐승(犬) → 짐승(犬)을 사냥(單)하는 모습 → 사냥하다
→ (사냥의 대상) 짐승, 가축의 뜻

※ 홑 단(單)자는 줄 양 끝에 돌을 매어 던져 짐승을 산 채로 잡는 사냥 도구

獻

3급 바칠 헌 | 개 견(犬) + 솥 권(鬳) 발음 역할

호랑이(虍) 무늬가 새겨진 솥(鬲)에 짐승(犬)을 넣어 탕을 끓여 조상신에게 바치다 → 드리다, 올리다는 뜻

예 헌납(獻納) : 재물을 아무런 대가 없이 바침

※ 솥 권(鬳)자는 호랑이(虍) 무늬가 새겨진 솥(鬲)의 뜻

狀

4급 형상 상, 문서 장 | 개 견(犬) + 나뭇조각 장(爿) 발음 역할

나무 조각(爿)으로 개(犬)의 모양 본뜸 → 형상(形狀), 모양(模樣), 용모(容貌)
→ (옛날에는 나무 조각에 글을 새겨) 문서(文書)의 뜻

狗

3급 개 구 | 개 견(犭) + 글귀 구(句) 발음 역할

말뚝 끈(句)에 묶여있는 개(犭) → 작은 개의 뜻

예 토사구팽(兎死狗烹), 양두구육(羊頭狗肉)

※ 犬 자는 큰 개, 狗 자는 작은 개로 구분
※ 글귀 구(句)자 갑골문을 보면 말뚝에 끈을 묶어 놓은 모양 → 굽다 → 글귀의 뜻

狄

1급 오랑캐 적 | 개 견(犭) + 불 화(火)

개(犭)처럼 성격이 불(火)같이 급한 북방 오랑캐의 뜻

예 이만융적(夷蠻戎狄) : 동남서북 오랑캐, 사방이 오랑캐

狐

1급 여우 호 | 개 견(犭) + 오이 과(瓜)

울음소리가 외로운(瓜) 짐승(犭) → 여우의 뜻

예 호가호위(狐假虎威), 호사수구(狐死首丘 : 여우는 죽을 때 제가 살던 언덕으로 고개를 돌리고 죽는다
→ 근본을 잊지 않음 또는 고향을 그리워함)

※ 오이 과(瓜)자는 덩굴줄기에 달랑 오이 하나 달린 모양 → 외로울 고(孤)자 파생

Ⅱ. 부수자

猫 | 1급 고양이 **묘** | 개 견(犭) + 모 묘(苗) 발음 역할
쥐를 사냥(苗)하는 짐승(犭) → 고양이의 뜻

※ 모 묘(苗)자는 밭(田)에서 싹(艹)이 나는 모양 → 모, 모종 → (가차되어) 사냥의 뜻

狼 | 1급 이리 **랑** | 개 견(犭) + 어질 량(良) 발음 역할
어질지(良) 못하고 사납고 거친 짐승(犭) → 이리, 어지럽다는 뜻
예 낭패(狼狽) : 계획한 바가 실패하거나 어긋남

猿 | 1급 원숭이 **원** | 개 견(犭) + 옷길 원(袁) 발음 역할
꼬리가 긴(袁) 짐승(犭) → 원숭이의 뜻
예 유인원(類人猿), 견원지간(犬猿之間)

※ 옷길 원(袁)자는 옷이 치렁치렁 긴 모양 → (가차되어) 길다 → 성씨(원)의 뜻

狙 | 1급 원숭이 **저** | 개 견(犭) + 또 차(且) 발음 역할
또(且) 머뭇거리는 짐승(犭) → 엿보다 → (머뭇거리고 엿보기를 좋아하는) 원숭이의 뜻

猶 | 3급 오히려 **유**, 원숭이 **유** | 개 견(犭) + 우두머리 추(酋) 발음 역할
행동이 오랫동안 머뭇거리는(酋) 짐승(犭) → 원숭이 → 오히려, 머뭇거리다, 같다는 뜻
예 과유불급(過猶不及) : 지나친 것은 부족한 것과 같다

※ 우두머리 추(酋)자는 오래된 술(酉)에서 김(八)나는 모양 → 술이 숙성되는 모양 → 오래된 술
→ 오래되다, 오래된 사람 → 두목, 추장, 우두머리의 뜻

猪 | 특급 돼지 **저** | 개 견(犭) + 사람 자(者) 발음 역할
여러 무리(者)를 이루고 사는 짐승(犭) → 멧돼지 → (암)돼지의 뜻

※ 사람 자(者)자 갑골문을 보면 사탕수수에서 떨어지는 달콤한 즙을 받는 모양 → 놈, 사람 → 곳, 장소
→ 여러, 무리의 뜻

獅 | 1급 사자 **사** | 개 견(犭) + 스승 사(師) 발음 역할
짐승(犭)들중 스승(師)같은 동물의 왕 → 사자의 뜻

獐 | 2급 노루 **장** | 개 견(犭) + 글 장(章) 발음 역할
짐승(犭)중 사슴과 포유류 노루의 뜻

猖 | **1급** 미쳐날뛸 창 | 개 견(犭) + 창성할 창(昌) 발음 역할
짐승(犭)처럼 어지럽게(昌) 미쳐날 뛰는 모습 → 어지럽다, 미쳐 날뛰다는 뜻

※ 창성할 창(昌)자는 태양(日) 아래 입으로 노래(日)하는 모습 → (태양의 창성함을 노래함) → 창성하다, 번성하다
 → (번거롭게) 어지러워지다는 뜻

狂 | **3급** 미칠 광 | 개 견(犭) + 임금 왕(王) 발음 역할
갑골문을 보면 개가 날뛰는 모습 → 광견병 걸린 개 → 임금(王)이 개(犭)처럼 행동한다 → 사납다
→ 미치다 → 미친병의 뜻
- 광란(狂亂) : 미쳐 날뜀

猛 | **3급** 사나울 맹 | 개 견(犭) + 맏 맹(孟) 발음 역할
짐승(犭)의 우두머리(孟) → 우두머리는 굳세고 용맹(勇猛)스럽다
→ 강하다, 엄격하다, 사납다, 잔혹하다는 뜻
- 맹수(猛獸) : 사나운 짐승

※ 맏 맹(孟)자는 대야(皿)에 담긴 물로 아이(子)를 씻기는 모습 → 맏이, 우두머리, 맹자의 약칭

獨 | **5급** 홀로 독 | 개 견(犭) + 나라이름 촉(蜀) 발음 역할
무리 지어 지내지 않고 홀로 잘 지내는 개(犭) 특성 표현 → 혼자, 외로운 사람의 뜻
- 독자(獨子) : 외아들

狡 | **1급** 교활할 교 | 개 견(犭) + 사귈 교(交) 발음 역할
오고 가는(交) 발걸음이 빠른 짐승(犭) → 재빠르다 → 사납다 → 교활하다는 뜻
- 교활(狡猾) : 간사하고 음흉함

※ 사귈 교(交)자는 두 사람이 껴안고 있는 모습 → 사귀다 → 오고가다는 뜻

猾 | **1급** 교활할 활 | 개 견(犭) + 뼈 골(骨) 발음 역할
뼈 골격(骨)이 짐승(犭)처럼 바르지 않다 → 간사하다, 교활하다, 어지럽다는 뜻

猝 | **1급** 갑자기 졸 | 개 견(犭) + 마칠 졸(卒) 발음 역할
짐승(犭)들은 갑자기(卒) 공격하거나 행동이 예측불허하다 → 갑자기의 뜻
- 졸부(猝富), 졸지(猝地 : 갑작스러운 판)

※ 마칠 졸(卒)자는 병사들이 갑자기 죽다 → 졸지에 죽다 → 갑자기의 뜻

Ⅱ. 부수자

猜 | 1급 시기할 **시** | 개 견(犭) + 푸를 청(靑) 발음 역할
짐승(犭)들처럼 의심하고 시기하는 마음이 얼굴빛에 푸르게(靑) 나타나다
→ 의심하다, 혐오하다, 시기(猜忌)하다는 뜻

狹 | 1급 좁을 **협** | 개 견(犭) + 낄 협(夾) 발음 역할
개(犭)도 자나가다 낄(夾) 정도로 좁은 구멍 → 좁다는 뜻
예 편협(偏狹), 협소(狹小)

犯 | 4급 범할 **범** | 개 견(犭) + 병부 절(㔾)
짐승(犭) 앞에 무릎 꿇고 앉은 사람(㔾) → 짐승이 사람을 침범(侵犯)했다 → 범하다, 범인(犯人)
→ 공격하다는 뜻

※ 병부 절(㔾)자는 사람이 무릎 꿇고 임금님에게 신표(병부)를 받는 모습

獄 | 3급 옥 **옥** | 개 견(犭) + 말씀 언(言) + 개 견(犬)
두마리 개(犬, 犭)처럼 서로 큰 소리(言)로 으르렁거리며 싸우는 재판정의 모습 → 시비를 논쟁하다
→ (싸우는 사람 중 잘못 있는 사람은 감옥에 가야 함) 감옥의 뜻
예 감옥(監獄) : 교도소

猥 | 1급 외람할 **외** | 개 견(犭) + 두려워할 외(畏) 발음 역할
짐승(犭)처럼 하는 행동이 두렵게(畏) 한다 → 외람되다(생각이나 행동이 지나치다) → 함부로
→ 더럽다, 추하다는 뜻
예 외설(猥褻), 외람(猥濫)

獲 | 3급 얻을 **획** | 개 견(犭) + 잡을 획(蒦) 발음 역할
개(犭)를 풀어서 풀(艹) 속의 새(隹)를 손(又)으로 잡다 → 붙잡다, 얻다는 뜻
예 포획(捕獲) : 짐승이나 물고기를 잡음

狩 | 1급 사냥할 **수** | 개 견(犭) + 지킬 수(守) 발음 역할
개(犭)가 사냥한 짐승을 지키(守)는 모습 → 사냥하다, 정벌하다는 뜻
예 수렵(狩獵) : 사냥

※ 지킬 수(守)자는 손(寸)으로 집(宀)을 지키다는 뜻

獵　**3급** 사냥할 **렵** | 개 견(犭) + 목 갈기 렵(巤) 발음 역할
개(犭)가 마치 말(巤)을 타고 사냥감을 쫓아가는 모습 → 개(犭)가 야생 쥐(巤)를 사냥하는 모습
→ 사냥하다 → 섭렵하다
- 예 엽총(獵銃) : 사냥에 쓰는 총, 사냥총
  엽기적(獵奇的) : 기괴하고 이상한 일

※ 목갈기 렵(巤)자는 말이나 사자 따위의 목덜미에 난 긴 털 → 쥐 털의 뜻

※ 犭, 犬 자가 부수자는 아니지만 개 관련 글자로 사용된 글자
- 예 냄새 취(臭), 엎드릴 복(伏), 짖을 폐(吠), 울 곡(哭), 그릇 기(器), 갑자기 돌(突), 싫을 염(厭), 잠잠할 묵(默), 뽑을 발(拔), 터럭 발(髮)

 볼 견, 뵈올 현

갑골문을 보면 사람(儿) 머리에 눈(目)을 강조한 모습 → 보다, 드러나다는 뜻

※ 눈목(目)자가 주로 눈 관련 뜻으로, 볼견(見)자는 보다와 같은 행위에 주로 쓰임
※ 이쪽으로부터 보는 것을 볼 시(視), 저쪽으로부터 나타나 보이는 것을 볼 견(見)

覺　**4급** 깨달을 **각** | 절구 구(臼) + 점괘 효(爻) + 덮을 멱(冖) + 볼 견(見)
집(冖)에서 두 손(臼)으로 산가지(爻)를 들고 숫자를 배우는데, 눈으로 보면서(見) 깨닫다
→ 보고(見) 배운 것(學) → 자신이 미처 알지 못했던 것을 직접 보고 나서야 알게 됐다
→ 깨우치다, 터득하다, 깨닫는 뜻
- 예 각성(覺醒) : 잘못을 깨달아 정신을 차림

規　**5급** 법 **규** | 볼 견(見) + 사내 부(夫)
결혼한 성인(夫)이 보는(見) 판단의 기준이 법이다
→ 집안에 법규는 지아비(남편)며 가장(夫)이 보는 것(見)으로 한다 → 법, 법규(法規)의 뜻

視　**4급** 볼 **시** | 볼 견(見) + 보일 시(示) 발음 역할
사람(儿)은 눈(目)으로 현재를 보고(見), 귀신은 미래를 본다(示) → 신(示)이 보다(見)
→ 신(示)의 눈으로 보다(見) → 보다, 엿보다는 뜻
- 예 시선(視線) : 눈이 가는 방향

| 覽 | **4급 볼 람** | 볼 견(見) + 볼 감(監)의 변형자 발음 역할
살펴어(監) 본다(見) → 두루 보다는 뜻
㉎ 관람(觀覽), 유람(遊覽 : 구경하며 돌아다님)

| 觀 | **5급 볼 관** | 볼 견(見) + 황새 관(雚) 발음 역할
두 눈을 강조하여 만들어진 황새(雚) 눈으로 본다(見) → 보다 → 용모, 자태의 뜻
㉎ 명약관화(明若觀火) : 불을 보는 것처럼 밝다

| 覲 | **1급 뵐 근** | 볼 견(見) + 조금 근(堇) 발음 역할
바쁜 시간을 잠깐 시간(堇) 내어 웃어른을 보러가다(見) → 겨우 → 만나다, 뵈다, 알현하다는 뜻

※ 조금 근(堇)자는 진흙, 바르다, 조금, 약간, 시기, 때의 뜻

| 親 | **6급 친할 친** | 볼 견(見) + 매울 신(辛)의 변형자
나무(木)를 가까이서 가지치기(辛)하고 자주 살펴보는(見) 모습 → 가깝다 → (가까와져) 친해진다 → 어버이, 친척의 뜻
㉎ 친구(親舊), 친척(親戚 : 친족과 외척)

| 覡 | **1급 박수 격** | 볼 견(見) + 무당 무(巫)
여자 무당(巫)이 남자 무당을 쳐다보다(見) → 박수(남자 무당)의 뜻

| 覓 | **2급 찾을 멱** | 볼 견(見) + 손톱 조(爫)
손(爫)으로 더듬고 눈(見)으로 살피며 무언가 찾는 모습 → 곁눈질하다 → 찾다는 뜻

※ 見 자가 부수자는 아니지만 보다를 뜻하는 글자
㉎ 흔들 교(攪), 엿볼 규(窺)

 멀 경

동네에서 먼 국경을 통과하는 관문을 그린 것 → 멀다, 공허하다 → 주로 모양자 역할

| 冒 | **3급 무릅쓸 모** | 쓸게 모(冃) + 눈 목(目)
눈(目) 위로 모자(冃) 쓴 모습 → 모자 → 덮다, 쓰다 → (복면으로 얼굴을 가린 모습에서) 거짓으로 대다 → 무릅쓰다는 뜻

| 冕 | **2급** 면류관 **면** | 쓸게 모(冃) + 면할 면(免) 발음 역할
왕(王)이 정복(正服)에 갖추어 쓰던 관(冃) → 관을 쓰다 → 면류관의 뜻

| 再 | **5급** 두 **재** | 한 일(一) + 나아갈 염(冉)
갑골문을 보면 물고기가 숨을 쉬고자 물 수면(一) 위로 입을 반복하여 내미는 모양 → 반복하다
여러 번, 재차, 거듭 → 두, 두 번의 뜻

| 冊 | **4급** 책 **책** | 멀 경(冂) + 스물 입(卄)
갑골문을 보면 종이 나오기 전 죽간(대나무에 쓴 글)을 그린 모양 → 책, 문서, 칙서, 꾀, 계책의 뜻

  돼지머리 **계**

고슴도치나 돼지머리 머리를 의미하나 손의 모습을 나타내는 또 우(又)자의 변형자로도 더 많이 사용됨 → 손 관련 글자에 사용됨

※ 손가락 3개의 모습을 본떠 만든 글자 : 또 우(又), 왼손 좌(屮), 손톱 조(爪), 고슴도치 머리 계(彐), 마디 촌(寸) 등과 같이 5가지가 있는데, 모두 손가락을 편 방향에 따라 모양이 달라짐

| 彗 | **1급** 살별 **혜** | 돼지머리 계(彐) + 우거질 봉(丰) + 우거질 봉(丰)
풀로 만든 빗자루(丰丰)를 손(彐)으로 들고 있는 모습 → 빗자루 → 꼬리별 → 살별(혜성) 뜻

※ 우거질 봉(丰)자는 풀이 무성하게 우거진 모양 → 우거지다, 풍성하다, 예쁘다는 뜻
※ 지혜 혜(慧)자는 마음(心)에 걸리던 일을 깨끗하게 잘 쓸어(彗) 해결하는 능력 → 슬기롭다 → 총명하다 → 지혜의 뜻

| 彙 | **1급** 무리 **휘** | 돼지머리 계(彑) + 덮을 멱(冖) + 실과 과(果)
손(彑)으로 동일한 나무 열매(果) 무리끼리 모여 덮어놓다(冖) → 모여서 뭉친 한 동아리 → 동류, 무리 → 고슴도치의 뜻
 어휘(語彙)

※ 彑, 彐 자가 부수자는 아니지만 손과 관련 글자에 쓰인 글자
 붓 율(聿), 일 사(事), 글 서(書), 엄숙할 숙(肅), 미칠 이(隶), 잡을 병(秉), 겸할 겸(兼), 다스릴 윤(尹), 임금 군(君), 아내 처(妻), 눈 설(雪), 도장 인(印)

높을 고

갑골문을 보면 높이 지은 건물이나 누각이 그려져 있음 → 높다, 크다, 존경, 위엄의 뜻

※ 최고(最高), 고도(高度), 고령(高齡), 천고마비(天高馬肥)
※ 상용한자 내에서는 부수자로 쓰이는 글자 없음

 북 고

북(壴)을 두드리는(支) 모습 → 북 → 두드리다 → 격려하다, 독려하다 → 악기 연주하다는 뜻

※ 壴(악기이름 주)자는 받침대(丄)에 올려져 있는 북(口)과 북 장식(士)의 모양
※ 支(지탱할 지)자는 북채(十)를 들고 있는 손(又)의 모습
※ 상용한자 내에서는 부수자로 쓰이는 글자 없음

※ 鼓 자가 부수자는 아니지만 북, 두드리다는 뜻으로 사용된 글자
예 성씨 팽(彭), 부를 팽(膨), 기쁠 희(喜), 두드릴 고(敲), 세울 수(尌)

 골 곡

갑골문을 보면 물이 흐르는 계곡(溪谷)을 정면에서 그린 글자 → 물이 계곡 못(口)으로 모여드는 모양 → 골, 골짜기, 깊은 굴, 경혈, 동풍, 곡식의 뜻

※ 계곡(溪谷), 진퇴유곡(進退維谷)
※ 상용한자 내에서는 부수자로 쓰이는 글자 없음

 뼈 골

갑골문에서는 뼈와 관절이 서로 이어져 있는 모습
→ 금문에서는 여기에 고기 육[月, 肉]자가 더해져 뼈와 살을 함께 표현 → 뼈, 골격, 몸, 신체의 뜻

※ 부서진 뼈 알(歹/歺)자는 살점 하나 없는 앙상한 뼈, 뼈 골(骨)자는 살이 조금 붙어 있는 뼈를 뜻함

體　**6급 몸 체** | 뼈 골(骨) + 풍년 풍(豊)
뼈(骨)와 풍족한(豊) 살이 이룬 것 → 몸, 신체 → 물질, 물체 → 체험하다는 뜻
  예) 체육(體育), 단체(團體), 체험(體驗), 업체(業體)

※ 풍년 풍(豊)자는 제기 그릇(豆) 위에 곡식이 풍성하게 쌓여있는(曲) 모습 → 풍성하다, 풍성하다 → 풍년의 뜻

髓　**1급 뼛골 수** | 뼈 골(骨) + 따를 수(遂) 발음 역할
등뼈(骨) 깊은 속에 따라가면(遂) 척수가 있다 → 뼛속 깊은 곳 → 뼛골, 골수, 정수의 뜻
  예) 척수(脊髓 : 등골), 수액(髓液)

骸　**1급 뼈 해** | 뼈 골(骨) + 돼지 해(亥) 발음 역할
돼지(亥) 뼈(骨) → 짐승의 뼈 → 뼈, 백골, 몸뚱이의 뜻
  예) 해골(骸骨), 유해(遺骸), 잔해(殘骸)

 장인 공

갑골문을 보면 흙을 단단하게 다지는 도구(달구)를 그린 것 → 만들다 → 솜씨 → 뛰어나다
→ 정교하다 → 장인(匠人) → 공업, 일 → 관리의 뜻

※ 공업(工業), 공장(工場), 사농공상(士農工商)

巧　**3급 공교할 교** | 장인 공(工) + 공교할 교(丂) 발음 역할
장인(工)의 솜씨가 공교하다(丂) → 솜씨 있다, 교묘(巧妙)하게의 뜻

巨　**4급 클 거** | 자를 그린 것
금문을 보면 사람이 고대의 자를 잡는 모습 → 자, 곱자, 법도 → 크다, 많다
→ 저항하다, 항거(抗拒)하다는 뜻

左
7급 왼 좌 | 장인 공(工) + 왼 좌(ナ) 발음 역할
금문을 보면 장인(工)의 왼손(ナ)을 그린 것 → 그르다, 옳지 못하다 → 왼, 왼쪽의 뜻

差
4급 다를 차 | 장인 공(工) + 양 양(羊) + 삐침 별(丿)
금문을 보면 왼손(左)에 보리(麥)를 잡은 모양 → 다른 보리랑 성장에 문제 있어 살펴보다
→ 어긋나다, 선택하다, 차이 나다, 차별(差別), 다르다는 뜻

巫
1급 무당 무 | 장인 공(工) + 쫓을 종(从)
사람들(从) 사이에서 솜씨(工) 있게 길흉화복 점을 쳐주고, 굿도 해주는 사람 → 무당의 뜻

 받들 공

갑골문을 보면 두 손이 위로 향한 모습 → 무언가 두 손으로 받드는 모습 → 받들다 → 바치다
→ 스물의 뜻 → 손 관련 글자에 사용

※ 손을 의미하는 글자 : 손 수(手), 손 수(扌), 손톱 조(爪), 돼지머리 계(彑), 또 우(又), 왼손 좌(屮), 마디 촌(寸), 받들 공(廾), 절구 공(臼)
※ 칠 복(攴, 攵), 지탱할 지(支), 칠 수(殳)는 손(又)에 무언가 들고 있는 글자
※ 받들 공(廾)자는 열 십(十)자가 두 개 모여 20을 일컫는 스물 입(廿)자, 풀초(艹)자와 비슷

弄
3급 희롱할 농 | 받들 공(廾) + 구슬 옥(玉)
구슬(玉)을 두 손(廾)으로 가지고 놀고 있는 모습 → 놀다, 즐기다 → 희롱하다는 뜻
◎ 음풍농월(吟風弄月)

弊
3급 폐단 폐 | 받들 공(廾) + 해질 폐(敝) 발음 역할
해진 옷(敝)을 두 손으로 받들고(廾) 있는 모습 → 해지다 → 폐단, 폐해의 뜻
◎ 폐단(弊端), 폐해(弊害)

※ 옷해질 폐(敝)자는 해진 옷(㡀)을 또 너무 쳐서(攵) 해졌다는 뜻

※ 廾 자가 부수자는 아니지만 손 또는 변형된 글자
◎ 경계할 계(戒), 열 개(開), 장사 장(葬), 셈 산(算), 마주들 여(舁), 그 기(其), 군사 병(兵), 법 전(典), 갖출 구(具), 한가지 공(共), 도울 승(丞), 이을 승(承)

 오이 과

식물 중앙에 오이 1개와 양쪽으로 덩굴 2개, 위의 줄기에 달린 모양 → 덩굴 있는 박과 식물 → 오이, 참외, 수박, 호박, 박 → 외롭다는 뜻

※ 과년(瓜年), 과숙체락(瓜熟蒂落 : 오이가 익으면 꼭지는 자연히 떨어진다 → 때가 있다)
　과전불납리(瓜田不納履) : 오이밭에서는 신을 고쳐 신지 않는다 → 의심받을 짓은 하지 말라
※ 상용한자 내에서는 부수자로 쓰이는 글자 없음

 창 과

고대 중국 창 옆으로 도끼나 낫, 갈고리가 붙어 있는 모습 → 농사지을 때에는 농기구로 사용하다가 전쟁할 때는 무기로 사용 → 창(槍), 전쟁, 싸움, 도끼, 낫, 갈고리의 뜻으로 사용

※ 弋(주살 익)자는 말뚝 또는 주살(줄 달린 화살)의 모양을 본뜬 글자

戊　**3급** 천간 **무**
　창(戈)자루 옆에 반달 넓은 모양의 도끼날이 붙은 무기 → 창 → (가차하여 10干 중 다섯 번째) 천간
　→ 무성하다는 뜻

戌　**3급** 개 **술**, 열한째지지 **술**
　창(戈)자루 옆에 넓은 볼록한 형태 도끼날이 붙은 무기 → (가차하여 12지(支)의 하나로) 개 띠
　→ 서북쪽의 뜻

戉　**모양자** 도끼 **월**
　창(戈)의 왼쪽에 넓은 도끼날이 붙은 무기 → 도끼의 뜻

　※ 넘을 월(越)자는 달려가서(走) 도끼(戉)를 넘는 (훈련하는) 모습 → 넘다, 초과하다는 뜻

戍　**1급** 지킬 **수** ｜ 창 과(戈) + 사람 인(人)자 변형
　사람(人)이 창(戈)을 들고 지키다 → 수자리(변방을 지키는 일), 둔영 → 지키다는 뜻
　예 수루(戍樓 : 수자리 터에 짖은 망대), 위수(衛戍)

成 | 6급 이룰 성 | 창 모(戊) + 못 정(丁)
창(戊)으로 적을 평정하는 일(丁)을 끝냈다 → 적 굴복시키는것을 마무리하다 → 이루다
→ 완성하다, 갖추다는 뜻

戟 | 1급 창 극 | 창 과(戈) + 아침 조 변형(𠦝)
아침(𠦝)에 창(戈)을 들고 보초 서고 있는 병사 모습 → 갈라진 창, 창(槍)의 뜻
예 자극(刺戟)

戎 | 1급 병장기 융 | 창 과(戈) + 갑옷 갑(甲 → 十)
갑옷(十)과 창(戈)을 다 갖춘 병장기(兵仗器 병사들의 온갖 무기) → 오랑캐의 뜻
예 갑옷 갑(甲)자의 원래 갑골문 글자 형태는 十자 모양 → 딱딱한 껍질 옷의 뜻

戒 | 4급 경계할 계 | 창 과(戈) + 받들 공(廾)
창(戈)을 두 손으로 들고(廾) 경계하는 모습 → 경계(警戒)하다, 경비(警備)하다는 뜻

戚 | 3급 친척 척 | 천간 무(戊) + 콩 숙(叔)
갑골문을 보면 도끼날을 달린 창(戊)에 콩(叔)처럼 작은 핏방울이 묻어 있는 모양
→ 전쟁(戊)으로 한 가족(叔)이 되었다 → 겨레 → 친척(親戚)의 뜻
예 콩 숙(叔)자는 콩을 줍는 모습 → (콩은 하나의 깍지에 여러 개의 알이 들어 있어서) 한 가족
　　→ 아재비, 아저씨의 뜻

我 | 3급 나 아 | 창 과(戈) + 손 수(手)
창 앞쪽 날이 톱니처럼 생긴 삼지창 무기 → 손(手)에 창(戈)을 들고 나를 지킨다 → 나의 뜻

※ 나 아(我), 나 여(余), 나 오(吾), 나 짐(朕)

或 | 4급 혹시 혹 | 창 과(戈) + 입 구(口) + 한 일(一)
땅(一) 위에 있는 지역(口)을 창(戈)으로 지키는 지역, 나라
→ (혹 모를 적의 침입을 대비한다) 혹시(或是), 만약, 만일의 뜻

※ 여기서 지역의 뜻은 지경 역(域)자로, 나라의 뜻은 나라 국(國)으로 바뀜

戲 | 3급 놀이 희 | 창 과(戈) + 옛날 그릇 희(䖒) 발음 역할
솥(䖒) 옆에서 병사들이 창(戈)을 들고 검무(劍舞 칼춤, 창춤)를 즐기는 모습
→ 출정(出征)을 앞두고 승리를 기원하는(병사의 사기를 북돋기 위해) 축제를 벌이던 모습을 표현
→ 놀이하다 → 희롱하다 → 놀다 → 연극하다는 뜻
예 희극(戲劇) : 웃기는 장면이 많은 연극

※ 옛날 그릇 희(䖒)자는 제사 때 사용하던 호랑이 문양의 솥을 그린 것

| 戰 | 6급 싸울 **전** | 창 과(戈) + 홑 단(單) |

창(戈)과 돌팔매(單)를 들고 싸우는 것 → 전쟁(戰爭), 싸움의 뜻

※ 홑 단(單)자는 인류의 가장 오래된 무기며 사냥도구인 투석(돌팔매)을 그린 것

| 㦮 | 모양자 나머지 **잔** | 창 과(戈) + 창 과(戈) |

좋은 창은 다 갖고 나가고 작은 창(戈) 두 자루 쌓여있는 모습 → 나머지, 적다, 쌓다는 뜻

※ 돈 전(錢)자는 지폐보다 적은㦮 동전(金) → 엽전, 동전 → 돈, 화폐의 뜻

| 戠 | 모양자 찰흙 **치** | 창 과(戈) + 소리 음(音) |

소리(音)를 듣고 창(戈)으로 (진흙 위에) 글을 새기다, 적다 → 진흙의 뜻

※ 알 식(識)자는 말(言)을 머리에 새겨(戠) 넣는 것이 아는 것 → 표시, 기록, 알다, 지식(知識)의 뜻

| 截 | 1급 끊을 **절** | 다칠 재(𢦏) + 새 추(隹) |

창으로 새(隹)를 다치게(𢦏) 했다 → 새 목숨을 끊었다 → 끊다는 뜻

예 거두절미(去頭截尾)

| 戴 | 2급 일 **대** | 다칠 재(𢦏) + 다를 이(異) |

병사가 가면을 쓰고 창을 들고 춤을 추는 모습 → (구경하는 장수를) 받들다 → 떠 받들다
→ (머리에) 이다, 들다는 뜻

예 불구대천(不俱戴天), 남부여대(男負女戴)

※ 다를 이(異)자 갑골문을 보면 얼굴에 가면 쓴 사람 모습 → (일반인하고) 다르다, 기이하다는 뜻

| 戮 | 1급 죽일 **륙** | 창 과(戈) + 높이날 륙(翏) 발음 역할 |

창(戈)을 들고 높이 날아서(翏) 죽이다는 뜻

※ 戈 자가 부수자는 아니지만 무기 관련 글자
예 칠 벌(伐), 다 함(咸), 소리 함(喊), 위엄 위(威), 몇 기(幾), 옳을 의(義), 거동 의(儀), 숨길 장(臧), 감출 장(藏), 무인 무(武)

 입 구

갑골문을 보면 벌린 입을 모양 → 구멍, 사람, 인구(人口), 입구, 입으로 말하다, 먹다 입으로 먹는 것, 기타 입 관련 글자에 사용됨

※ 출입구(出入口), 인구(人口), 호구(戶口), 구상유취(口尙乳臭), 구밀복검(口蜜腹劍)
※ 입(口)모양 본뜬글자 가로왈(曰), 달감(甘), 허설(舌), 말씀언(言), 소리음(音), 이치(齒)

啓

3급 열 계 | 입 구(口) + 지게 호(戶) + 칠 복(攵)
갑골문을 보면 한쪽문(戶) 출입구(口)를 손(又)으로 여는 모습 → 열다
→ (소전에서 又자가 攵자로 바뀌면서) 입(口)으로 가르치고 매로 때리면서(攵) 깨우쳐준다는 뜻
예 계몽(啓蒙) : 어린아이나 무식한 사람을 깨우쳐 줌

否

4급 아닐 부 | 입 구(口) + 아닐 부(不) 발음 역할
아니(不)라고 말(口)하다 → 옳지 않다, 아니다, 부정하다, 불가하다는 뜻
예 가부(可否) : 옳고 그름의 여부

※ 아닐 부(不)자는 땅속으로 뿌리만 내리고 싹이 트지 못한 상태 → 아니다, 못하다, 없다 → 잘못되다
→ 하지 말라의 뜻

咀

1급 씹을 저 | 입 구(口) + 또 차(且)
입(口)으로 여러 번(且) 주문을 외워 저주(咀呪)한다 → 씹다, 맛보다는 뜻

※ 또 차(且)자는 비석을 그린 것 → (도마 위에 고기가 쌓여 있는 모양에서)또 → 장차의 뜻
※ 저주할 저(詛)자는 말(言)로 여러 번(且) 주문을 외워 저주한다는 뜻

嚼

1급 씹을 작 | 입 구(口) + 벼슬 작(爵) 발음 역할
입(口)으로 씹다, 맛보다는 뜻

問

7급 물을 문 | 입 구(口) + 문 문(門) 발음 역할
문(門) 입구에서 말(口)하는 모습 → 남의 집을 방문해 질문하는 모습 → 묻다, 방문하다는 뜻
예 불문곡직(不問曲直) : 굽고 곧은 것을 묻지 않는다 → 일의 옳고 그름을 묻지 않는다
경당문노(耕當問奴) : 농사일은 당연히 종에게 물어야 한다
→ 모든 일은 그 방면의 전문가에게 물어야 한다는 뜻

召

3급 부를 소 | 입 구(口) + 칼 도(刀) 발음 역할

수저(刀 → 匕)에 담긴 음식을 입(口)에 가져다 대는 모습 → 밥상 차려놓고 가족을 부르다 → 부르다 → 알리다는 뜻

※ 여기서 刀 자는 수저의 뜻을 가진 匕(비수 비) 풀이해야 함

예 소집(召集) : 불러 모음

※ 부를 초(招)자는 손(扌)을 흔들어 불러들인다(召)는 뜻
예 초대(招待)

喚

1급 부를 환 | 입 구(口) + 빛날 환(奐) 발음 역할

산모가 아파서 입(口)으로 울부짖는(奐) 모습 → 외치다, 부르다는 뜻

예 소환(召喚) : 법원이 피고인, 이나 증인을 오라고 명령하는 일
　　아비규환(阿鼻叫喚) : 불교에서 가장 고통스러운 아비지옥에서 울부짖는다
　　　　　　　　　　　→ 여러 사람들이 심한 고통으로 울부짖는 참상

※ 빛날 환(奐)자는 산모(産母) 가랑이에 두 손을 갖다 댄 모양
※ 바꿀 환(換)자는 산모의 아이를 받아내는(奐) 것을 손(扌)으로 도와주어 (새 생명이) 새롭게 태어난다
　→ 새로워지다, 바꾸다는 뜻

呼

4급 부를 호 | 입 구(口) + 어조사 호(乎) 발음 역할

소전을 보면 도끼 찍는(乎) 소리(口)가 울려 퍼져나가는 모습 → 부르짖다 → 부르다는 뜻

예 호흡(呼吸), 호소(呼訴), 호응(呼應), 호칭(呼稱)

吸

4급 마실 흡 | 입 구(口) + 미칠 급(及) 발음 역할

공기를 입(口)으로 끌어당기다(及) → 숨을 들여 마셔서 끌어당김 → 마시다, 빨다는 뜻

예 흡연(吸煙), 흡수(吸收), 흡착(吸着)

※ 미칠 급(及)자는 떠나는 사람을 뒤에서 끌어당기는 모습 → 미치다, 다다르다는 뜻

喫

1급 먹을 끽 | 입 구(口) + 맺을 계(契) 발음 역할

입술(口)을 합치며(契) 음료를 마시다 → 마시다, 먹다는 뜻

예 끽연(喫煙), 만끽(滿喫)

哺

1급 먹을 포 | 입 구(口) + 클 보(甫) 발음 역할

음식물 큰 것(甫)을 잘게 씹어서 아기 입(口)에 먹이다 → 입(口)으로 많은(甫) 음식을 먹었다는 뜻

예 반포(反哺) : 까마귀의 새끼가 자라서 먹이를 물어다가 늙은 어미에게 먹인다
　　　→ 자식이 커서 부모를 봉양함을 말함
　　함포고복(含哺鼓腹) : 배불리 먹고 배를 두드리며 즐겁게 지내는 것

※ 클 보(甫)자는 채소밭에서 싹이 자라는 모습 → 채소밭 → 크다, 많다는 뜻

| 呻 | **1급** 읊조릴 **신** | 입 구(口) + 거듭 신(申) 발음 역할
입(口)으로 거듭(申) 읊조리다, 웅얼거리다, 끙끙거리다는 뜻

| 吟 | **3급** 읊을 **음** | 입 구(口) + 이제 금(今) 발음 역할
입(口)과 입(今)이 서로 맞부딪쳐 말이 새어나가지 못하고 맴돌고 있다 → 읊다
→ (소리가 밖으로 새어 나오지 못하는 모습에서) 신음(呻吟)하다, 끙끙 앓다는 뜻
예 음풍영월(吟風咏月) : 맑은 바람을 읊조리고 밝은 달을 보며, 시를 짓고 흥취를 자아내어 즐겁게 함

※ 이제 금(今)자는 입을 거꾸로 그린 것

| 唄 | **1급** 염불소리 **패** | 입 구(口) + 조개 패(貝) 발음 역할
입(口)으로 돈(貝) 많이 벌게 해달라고 빌다 → 염불 소리의 뜻

| 可 | **5급** 옳을 **가** | 입 구(口) + 곡괭이 모양(丁)
곡괭이(丁)로 농사지을 때 어려움을 조금이라도 이겨내고자 흥얼거리던 노래(口)
→ 농요(農謠)를 표현 글자 → 노래하다 → 잘한다 → 옳다, 허락하다는 뜻

| 哥 | **1급** 노래 **가** | 옳을 가(可) + 옳을 가(可) 발음 역할
노동요(可)를 부르는 모습 → 노래의 뜻

※ 노래 가(歌)자는 하품(欠)하듯이 입을 크게 벌리고 노래하다(可)의 뜻

| 唱 | **5급** 노래 **창** | 입 구(口) + 창성할 창(昌) 발음 역할
입(口) 노래하다(昌) → (노래) 부르다는 뜻
예 부창부수(夫唱婦隨)

※ 창성할 창(昌)자는 태양 아래에서 아름다움을 노래하는 모습 → 노래하다, 번창하다는 뜻
※ 창녀 창(娼)자는 노래하는(昌) 여자(女) → 몸 파는 여자의 뜻

| 司 | **3급** 맡을 **사** | 옳을 가(可) + 한 일(一)
벼슬아치가 올바르게(可) 일하는 것이 첫째(一)라고 지시하는 모습 → 엿보다, 살피다, 지키다
→ 벼슬아치 → 맡다는 뜻

| 吹 | **3급** 불 **취** | 입 구(口) + 하품 흠(欠)
하품(欠)하듯이 입(口)을 크게 벌리고 입김을 불다는 뜻
예 취주(吹奏 : 입으로 불어 연주함), 고취(鼓吹)

| 呪 | **1급** 빌 **주** | 입 구(口) + 맏 형(兄)
사람(儿)이 입(口)으로 여러 번 주문을 외는 모습 → 빌다, 기원하다 → 주문(呪文), 주술의 뜻

哭

3급 울 곡 | 입 구(口) + 입 구(口) + 개 견(犬)

갑골문을 보면 머리를 헝클어트린 사람 양옆에 입구(口)자가 두 개 그려져 있음
→ 누군가의 죽음을 슬퍼하는 모습
→ (금문에서부터는 사람 대신 犬자가 쓰임) 개(犬) 여러 마리가 입(口, 口)으로 울부짖다
→ 울다, 곡하다는 뜻

예 통곡(痛哭) : 목놓아 큰 소리로 욺

喿

모양자 울 조 | 입 구(口) 3개 + 나무 목(木)

나무(木) 위에서 새 떼들이 입(口)들을 벌리고 우는 모습 → 울다는 뜻

※ 잡을 조(操), 마를 조(燥), 마름 조(藻), 조급할 조(躁), 야청 통견 조(繰)

呱

1급 울 고 | 입 구(口) + 오이 과(瓜) 발음 역할

아이가 외롭게(瓜) 입(口)으로 울고 있는 모습 → 울다는 뜻

※ 오이 과(瓜)자는 덩굴에 오이 하나 덩그렇게 달린 모양 → 오이의 뜻
※ 외로울 고(孤)자는 아들(子)이 외롭게(瓜) 있는 모습 → 외롭다, 고아의 뜻

啼

1급 울 제 | 입 구(口) + 임금 제(帝) 발음 역할

임금(帝)이 슬퍼서 입(口)으로 소리내어 울다 → 울부짖다 → 울다는 뜻

嚆

1급 울릴 효 | 입 구(口) + 쑥 호(蒿) 발음 역할

입(口)으로 외치다, 부르짖다 → 울리다는 뜻

예 효시(嚆矢) : 전쟁터에서 우는 화살을 쏘아 개전의 신호로 삼다 → 일의 시작

叫

3급 부르짖을 규 | 입 구(口) + 얽힐 구(丩) 발음 역할

끈에 묶여있는(丩) 사람이 도움을 요청(口)하는 모습 → 부르짖다는 뜻

예 절규(絶叫) : 힘을 다하여 부르짖음

※ 얽힐 구(丩)자는 糾(꼴 규)자의 본자(本字)로 끈(幺)이 엉켜(丩)있는 모습

咸

3급 다 함 | 입 구(口) + 개 술(戌)

고대에 큰 싸움을 앞두고 아군 사기를 높이고, 상대 적의 기선을 제압하기 위해 모든 병사에게 창(戌)을 들고 함성(口)을 지르게 하는 모습
→ (누구나 빠짐없이 힘껏 소리를 지른다는 의미에서) 모두, 남김없이, 다하다는 뜻

喊

1급 소리칠 함 | 입 구(口) + 다 함(咸) 발음 역할

병사들이 창(戌)을 들고 함성(口)을 다 함께(咸) 지르다 → 함성(喊聲) → 고함의 뜻

咆 | 1급 고함지를 **포** | 입 구(口) + 쌀 포(包) 발음 역할
입(口)으로 대포(砲 → 包) 소리를 내다 → 고함(高喊)지르다, 으르렁거리다는 뜻
예 포효(咆哮)

哮 | 1급 성낼 **효** | 입 구(口) + 효도 효(孝) 발음 역할
자식들이 효도(孝)를 못 해서 소리를 지르다 → 성내다는 뜻

嗔 | 1급 성낼 **진** | 입 구(口) + 참 진(眞) 발음 역할
참된 진실(眞)을 말(口)하라고 성내, 책망하다는 뜻

吠 | 특급 짖을 **폐** | 입 구(口) + 개 견(犬)
개(犬)가 입(口)으로 짖다 → 짖다, 욕하다는 뜻
예 계명구폐(鷄鳴狗吠) : 닭이 울고 개가 짖는다는 뜻

呵 | 1급 꾸짖을 **가** | 입 구(口) + 옳을 가(可) 발음 역할
옳은(可) 말(口)로 꾸짖다 → 헐뜯다, 비난하다 → 웃다는 뜻
예 가가대소(呵呵大笑) : 껄껄거리며 큰소리로 웃다

叱 | 1급 꾸짖을 **질** | 입 구(口) + 비수 비(匕)
비수(匕)를 들고 입(口)으로 큰소리로 성을 내다 → 혼내다 → 꾸짖다는 뜻
예 질책(叱責)

喝 | 1급 꾸짖을 **갈** | 입 구(口) + 어찌 갈(曷) 발음 역할
잘못한 사람에게 어찌(曷)된 이유인지 입(口)으로 나무라다 → 고함치다, 꾸짖다는 뜻
예 갈채(喝采), 공갈(恐喝), 갈취(喝取), 일갈(一喝)

吼 | 1급 울부짖을 **후** | 입 구(口) + 구멍 공(孔)
구멍(孔)에 빠진 사람이 입(口)으로 살려달라고 아우성치다 → 울부짖다는 뜻
예 사자후(獅子吼)

咳 | 1급 기침 **해** | 입 구(口) + 돼지 해(亥) 발음 역할
돼지(亥) 입(口)처럼 방긋 웃다 → 어린아이가 웃다 → 기침, 해수(咳嗽 : 기침)의 뜻

喘 | 1급 숨찰 **천** | 입 구(口) + 끝 단(耑)
숨이 헐떡여서 말(口)을 끝(耑)까지 못하다 → 숨차다는 뜻

噫
2급 한숨쉴 **희** | 입 구(口) + 뜻 의(意) 발음 역할
뜻(意)을 못 하여 입(口)으로 한숨을 쉬다 → 탄식하다는 뜻

嘆
특급 탄식할 **탄** | 입 구(口) + 탄식할 탄(歎) 변형 발음 역할
입(口)으로 어려움을 탄식(歎)하다 → 한숨 쉬다 → 한탄(恨嘆), 탄식(嘆息/歎息)의 뜻

嗟
1급 탄식할 **차** | 입 구(口) + 다를 차(差) 발음 역할
계획한 것보다 다르게(差) 되어 입(口)으로 탄식하다는 뜻

嘔
1급 게울 **구** | 입 구(口) + 구역 구(區) 발음 역할
입(口)에서 먹은 음식을 구분하여(區) 게우다 → 토하다는 뜻
예 구토(嘔吐) : 먹은 음식물을 토함

吐
3급 토할 **토** | 입 구(口) + 흙 토(土) 발음 역할
먹은 음식을 입(口)에서 흙(土)에 토하다는 뜻

嘗
3급 맛볼 **상** | 오히려 상(尙) + 뜻 지(旨)
오히려(尙) 더욱 맛있다(旨) → 맛보다는 뜻

※ 뜻 지(旨)자는 숟가락(匕)으로 입안에 맛있는 것(日)을 맛보다 → 맛있다 → 임금님의 뜻 → 뜻 의미

味
4급 맛 **미** | 입 구(口) + 아닐 미(未) 발음 역할
입(口)으로 먹은 음식의 맛을 가느다란(未) 미세한 차이를 느끼다 → 맛, 기분, 취향의 뜻
예 미각(味覺), 감탄고토(甘呑苦吐 : 달면 삼키고 쓰면 뱉는다
　→ 자기 비위에 맞으면 좋아하고, 맞지 않으면 싫어함)

※ 아닐 미(未)자는 가느다란 나뭇가지 → (아직 자라지 못하여) 아직~하지 못하다는 뜻

含
3급 머금을 **함** | 입 구(口) + 이제 금(今)
입(口)자를 더하여 무언가를 머금다(今) → 품다는 뜻
예 함축(含蓄 : 속에 간직하여 드러나지 아니함), 함분축원(含憤蓄怨 : 분함을 품고 원한을 쌓음)

※ 이제 금(今)자는 입안에 무언가를 머금고 있는 모습 → 머금다 → 이제, 지금의 뜻

唯
3급 오직 **유** | 입 구(口) + 새 추(隹)
새(隹)들이 서로 지저귄다(口) → 응답하다 → 새(隹)들은 오직 입(口)으로만 먹고, 지저귀다
→ (어조사) 오직, 다만의 뜻
예 유물론(唯物論) : 실재는 오직 물질뿐이라고 보는 이론

和
6급 화목할 화 | 입 구(口) + 벼 화(禾) 발음 역할
밥(禾)을 모두 함께 먹으니(口) 화목(和)하다는 뜻
㉠ 화합(和合) : 화목하게 어울림

喜
4급 기쁠 희 | 입 구(口) + 악기이름 주(壴)
북(壴)을 치면서 입(口)으로 노래를 부르니 기쁘다는 뜻
㉠ 희열(喜悅) : 기쁨

※ 壴(악기이름 주)자는 받침대(业)에 올려져 있는 북(口)과 북 장식(士)의 모습
※ 쌍희 희(囍)자는 기쁨 두 배의 뜻

嘉
1급 아름다울 가 | 악기이름 주(壴) + 더할 가(加) 발음 역할
입(口)으로 노래를 부르고 악기(壴) 반주를 더하니(加) 더욱 즐겁다 → 즐기다 → 아름답다는 뜻

吉
5급 길할 길 | 입 구(口) + 선비 사(士)
갑골문을 보면 신이나 죽은 사람의 이름을 적어놓던 위패를 그린 것 → 성스러운 신의 이름을 올린다
→ 선비(士)가 입(口)으로 하는 이야기가 좋다(吉) → 상서롭다 → 길하다는 뜻
㉠ 길흉(吉凶) : 길한 일과 흉한 일

名
7급 이름 명 | 입 구(口) + 저녁 석(夕)
저녁(夕)이 되어 어두워지면, 입(口)으로 이름(名)을 불러 분간하다 → 이름의 뜻
㉠ 명찰(名札) : 이름표

古
6급 옛 고 | 입 구(口) + 열 십(十)
부모의 입(口)에서 자식에게 수십(十)년전 전해 내려오는 전쟁 이야기를 듣는 모습 → 매우 오래되었다
→ 옛, 옛날의 뜻
㉠ 고전(古典)

※ 연고 고(故)자는 아주 오래전 옛날(古) 치고(攵)받던 전쟁 이야기 → 이미 지나간 일, 옛일 → 전쟁한 이유, 까닭
→ 연고, 사유의 뜻

噴
1급 뿜을 분 | 입 구(口) + 클 분(賁) 발음 역할
입(口)에서 크게 솟아오르다(賁) → 뿜어낸다는 뜻
㉠ 분출(噴出 : 세차게 뿜어 나옴), 분수(噴水), 분무기(噴霧器)

※ 클 분(賁)자는 풀 훼(卉)자와 조개 패(貝)자가 합쳐진 글자 → 풀과 조개 등으로 무덤을 꾸민다 → 크게 솟아오르다
→ 크다, 꾸미다는 뜻

吩

1급 뿜을 분 | 분부할 분 입 구(口) + 나눌 분(分) 발음 역할

아랫사람에게 말(口)로서 업무를 나누어(分) 주다 → 명령내리다, 분부(吩咐)하다 → 뿜다는 뜻

句

4급 글귀 구 | 입 구(口) + 쌀 포(勹)

갑골문을 보면 丩(얽힐 구)자 사이에 口자가 그려져 있음 → 말뚝에 끈을 묶어놓은 모습
→ (끈으로 말뚝을 휘감았다 하여) 굽다, 휘어지다
→ (금문에서부터는 끈의 형태를 勹자로 표현하여 여러 글이 뒤섞여 있는 것) 글귀, 구절의 뜻

예 구절(句節) : 긴 글의 한 부분인 토막 글

哨

2급 망볼 초 | 입 구(口) + 닮을 초(肖) 발음 역할

몸을 작게(肖) 감추고 망을 보다 적이 나타나면 입(口)으로 고함치다 → 망보다, 보초 서다는 뜻

예 초소(哨所)

※ 닮을 초(肖)자는 태어난 내 자녀의 몸(月) 작은(小) 부분이 닮았다(작은 나의 모습) → 작게(小) 쇠약해진 몸(月)
→ 닮다, 쇠약하다, 꺼지다는 뜻

品

5급 물건 품 | 여러 개 그릇 모양자

갑골문을 보면 여러 종류 그릇이 가지런히 놓여있는 모양 → 종류(種類), 물건(物件), 물품(物品)
→ 등급(等級), 차별(差別) → 품격(品格), 품위(品位)의 뜻

器

4급 그릇 기 | 입 구(口)자 4개 + 개 견(犬)

사냥한 짐승 고기 또는 개고기(犬)를 가운데 두고 네 명이 그릇(口)으로 덜어 먹는 모습 → 그릇 → 접시
→ 도구의 뜻

예 대기만성(大器晚成)

哲

3급 밝을 철 | 입 구(口) + 꺾을 절(折) 발음 역할

한마디 말(口)로 사람이 꺾게(折) 만들었다 → 다른 사람 말을 똑 부러지게 꺾어(折) 버리는 말(口)
→ 세상 이치를 잘 아는 사람 → (말 잘하는 사람이) 슬기롭다, 밝다는 뜻

예 철학(哲學) : 세계나 인생에 관한 근본 원리를 연구하는 학문

※ 꺾을 절(折)자 갑골문을 보면 도끼로 나무를 동강 낸 모습 → 손(扌)으로 도끼(斤)를 잡고 나무를 꺾다
→ 꺾이다, 부러지다, 할인하다는 뜻

君

4급 임금 군 | 입 구(口) + 다스릴 윤(尹)

말(口)로 다스리는(尹) 모습 → 군주가 명령 내리는 모습 → 임금, 군자의 뜻

예 군주(君主) : 임금

| 吳 | **2급** 성씨 **오** ｜ 입 구(口) + 큰 대(大) + 머리기우릴 열(矢)
갑골문을 보면 머리를 기울이고(矢) 떠들고(口) 놀고 있는 사람(大)모습 → 큰소리치다
→ 나라 이름(오) → 성씨(오)의 뜻 |

| 嗜 | **1급** 즐길 **기** ｜ 입 구(口) + 노인 노(耂) + 뜻 지(旨)
노인(耂)들이 맛을 입(口)으로 즐기(旨)는 모습 → 즐기다, 좋아하다, 탐하다는 뜻 |

| 向 | **6급** 향할 **향** ｜ 입 구(口) + 집 면(宀)
갑골문을 보면 집(宀)과 창문(口)만이 그려져 있음 → 창문 → 향하다, 나아가다
→ (들어오거나 나가는) 방향(方向)의 뜻 |

| 嚮 | **1급** 향할 **향** ｜ 시골 향(鄕) + 향할 향(向) 발음 역할
시골(鄕)로 향(向)하다 → 나아가다는 뜻
예 향도(嚮導) |

| 各 | **6급** 각각 **각** ｜ 입 구(口) + 걸을 쇠(夊)
갑골문을 보면 입구(口)를 향해 (사람들이) 각자 걸어서(夊) 도착하는 모습 → 도착하다 → 오다
→ 각각, 따로, 제각기, 각자(各自), 여럿의 뜻

※ 나갈 출(出)자 갑골문을 보면 출구에서 발이 가는 모습 → 나가다 → 떠나다는 뜻 |

| 唐 | **3급** 당나라 **당** ｜ 입 구(口) + 일곱째천간 경(庚)
탈곡기(庚)에서 떨어지는 곡식의 낱알을 받는 돗자리(口) 모양 → 허풍, 당황하다
→ (쌀을 풍족하게 받아먹는 모양) 풍요로운 나라 → 당나라의 뜻 |

| 叩 | **1급** 두드릴 **고** ｜ 입 구(口) + 병부 절(卩)
무릎을 꿇고(卩) 입(口)으로 환호하며 북을 두드리다, 때리다는 뜻 |

| 告 | **5급** 고할 **고** ｜ 입 구(口) + 소 우(牛)
고대의 제시 풍습과 관련된 글자 → 소(牛)를 제물로 바친 후 조상에게 입(口)으로 고하다
→ 하소연하다, 알리다, 아뢰다, 고발하다는 뜻
예 상고(上告 : 윗사람에게 아룀), 통고(通告 : 통지하여 알림), 무고(誣告) |

| 哀 | **3급** 슬플 **애** ｜ 입 구(口) + 옷 의(衣)
금문을 보면 옷(衣)고름에 입(口)을 가리며 우는 모습 → (장례를 치를 때 입는 옷) → 상복(喪服)
→ 슬프다 → 불쌍히 여기다 → 가엾다는 뜻
예 애수(哀愁) : 슬픈 시름 |

| 嗅 | **1급 맡을 후** | 입 구(口) + 냄새 취(臭)
코로 냄새(臭) 맡은 후에 입(口)으로 먹다 → 냄새를 맡는다는 뜻
예 후각(嗅覺) : 냄새를 맡는 감각

| 命 | **7급 목숨 명** | 입 구(口) + 병부 절(卩) + 지붕 모습(亼)
관청 지붕(亼) 아래에서 무릎을 꿇어앉아 있는 사람(卩)이 윗사람 말(口)을 듣고 있는 모습
→ 관청(亼)에 앉아 무릎 꿇은(卩) 신하에게 명령(口)을 내리는 사람
→ 상관의 명령은 반드시 목숨 걸고 완수해야 함 → 명령(命令), 목숨, 생명(生命), 운수(運數)의 뜻

| 只 | **3급 다만 지** | 입 구(口) + 여덟 팔(八)
입(口)으로 여덟 번(八)이나 강조하여 이야기하다 → (강조한 이유는) 오직하나, 뿐
→ 다만, 단지, 겨우, 한갓, 오직, 어조사의 뜻

| 咫 | **1급 여덟치 지** | 자 척(尺) + 다만 지(只) 발음 역할
다만(只) 한 자(尺) 거리처럼 가깝다 → 짧다, 길이 → 여덟 치의 뜻
예 지척지간(咫尺之間) : 매우 가까운 거리

| 吞 | **1급 삼킬 탄** | 입 구(口) + 일찍 죽을 요(夭)
어린아이가 일찍 죽어서(夭) 눈물을 입(口)으로 삼킨다 → 싸다는 뜻
예 감탄고토(甘吞苦吐) : 달면 삼키고 쓰면 뱉는다

| 台 | **2급 별 태** | 입 구(口) + 사사 사(厶)
사사로운(厶) 입(口) → 나, 기뻐하다 → 돈 대 → 태풍 → 별의 뜻

| 右 | **7급 오른쪽 우** | 입 구(口) + 왼 좌(ナ)
왼손(ナ)아닌 오른손으로 밥을 먹다(口) → 오른쪽, 오른손, 우익(右翼), 서쪽의 뜻

| 合 | **6급 합할 합** | 입 구(口) + 모일 집(亼)
갑골문을 보면 뚜껑 있는 찬합을 그린 것 → 뚜껑(亼)과 그릇(口)을 함께 결합하다 → 합하다는 뜻

| 同 | **7급 한가지 동** | 입 구(口) + 멀 경(冂) + 한 일(一)
갑골문을 보면 무릇 범(凡)자와 입 구(口)자 결합 모양 → 모두(凡) 함께 말하다(口)
→ 큰 테두리(冂)에서 하나(一)로 말하다(口) → 일치하다, 함께, 같다, 무리 → 한가지의 뜻

后
2급 임금 **후** | 입 구(口) + 주검 시(尸) 변형
의자(口)에 엉덩이(尸) 붙인 모습 → 엉덩이 → 사람 몸 뒤 똥구멍 → 뒤 후(後)자 간체자
→ 같은 음 제후 후(侯)로 가차됨 → 황후(皇后), 임금의 뜻

※ 여기서 입 구(口)자는 의자 모양자 역할, 주검 시(尸)자는 앉아있는 사람, 집, 엉덩이 모양자로 많이 쓰임
※ 제후 후(侯)자는 남자 임금, 임금 후(后)자는 여자 황후(皇后)의 뜻

史
5급 사관 **사** | 가운데 중(中) + 점 주(丶)
갑골문을 보면 신에게 지내는 제사를 주관한 사관이 주술 도구를 들고 있는 모습 → 사관
→ 나중 사관이 역사를 기록하는 역할을 담당함
→ 역사를 기록하는 사람은 가운데(中)에서 중심(丶)을 잡아야 한다 → 역사(歷史), 사기(史記)의 뜻

吏
3급 벼슬아치 **리** | 사관 사(史) + 한 일(一)
갑골문을 보면 신에게 지내는 제사를 주관한 사관이 주술 도구를 들고 있는 모습(史자와 같음)
→ 오직 하나(一)의 공적인 일을 기록하는 사람(史) → 관리(官吏), 벼슬아치의 뜻

※ 허신의 설문해자에 의하면 갑골문에서는 使, 史, 事, 吏 자가 동일한 뜻이었으나,
  나중에 사관 사(史)자는 '일을 기록하는 사람', 벼슬아치 리(吏)자는 '사람을 다스리는 자'로,
  事 자는 '직책', 하여금 사(使)자는 '다스림을 받는 사람, 하인, 심부름, 부리다는 뜻'으로 구분되었다고 함

呈
2급 드릴 **정** | 입 구(口) + 북방 임(壬)
사람이 몸을 구부리고(壬) 감사하다는 말(口)과 함께 윗사람에게 바치는 모습 → 드리다는 뜻
예 증정(贈呈)

※ 북방 임(壬)자는 한 명(一)의 선비(士) → 사람 → 북방(北方) → 아홉째 천간(天干)의 뜻

吾
3급 나 **오** | 입 구(口) + 다섯 오(五) 발음 역할
내가 같은 말(口)을 다섯 번(五)이나 이야기하다 → 글 읽는 소리 → 나의 뜻

呂
2급 성씨 **려** | 입 구(口) + 입 구(口) + 점 주(丶)
사람의 등뼈가 이어져 있는 모양 → 등뼈 → (몸의 중심) 법칙(法則) → 성씨(姓氏) 려의 뜻

咽
1급 목구멍 **인** | 입 구(口) + 인할 인(因) 발음 역할
목구멍으로 인하여(因) 음식물을 삼키다(口) → 목메다 → 목구멍의 뜻

喉
2급 목구멍 **후** | 입 구(口) + 제후 후(侯) 발음 역할
나라의 제후(侯)처럼 몸에서 요긴(要緊)한 곳 → 음식물을 삼키는 목구멍의 뜻

| 周 | **4급** 두루 **주** | 멀 경(冂) + 길할 길(吉)
갑골문을 보면 밭에 곡식이 두루 잘 자라고 있는 모양을 표현 → (밭의) 둘레
→ 먼 데(冂)까지 두루두루 길(吉)하다 → 골고루, 두루, 널리 → 나라 이름 주의 뜻

| 哉 | **3급** 어조사 **재** | 입 구(口) + 창 과(戈) + 열 십(十)
모든 재앙(災殃)은 여러 개(十) 창(戈)과 입(口)으로부터 시작된다 → 재난(災難) → 처음, 비롯하다
→ 어조사(語助辭)의 뜻

| 哄 | **1급** 떠들썩할 **홍** | 입 구(口) + 한가지 공(共) 발음 역할
함께(共) 말(口)하다 → 여러 사람이 함께 웃다 → 떠들썩하다는 뜻

| 喧 | **1급** 지껄일 **훤** | 입 구(口) + 베풀 선(宣)
임금이 은혜를 베풀어서(宣) 떠들썩하다 → 시끄럽다, 지껄이다는 뜻

| 員 | **4급** 인원 **원** | 입 구(口) + 조개 패(貝)
갑골문을 보면 솥(鼎 → 貝) 주변에 동그라미(口)가 그려져 있음
→ 솥 주변에서 배식(配食)받는 사람들을 표현 → 동그라미, 인원(人員), 관원(官員)의 뜻

| 唆 | **2급** 부추길 **사** | 입 구(口) + 천천히 걷는 모양 준(夋)
남에게 못된 일을 하도록 말(口)로서 선동(煽動)하다 → 교사(敎唆)하다 → 부추기다는 뜻

| 嗾 | **1급** 부추길 **주** | 입 구(口) + 겨레 족(族)
친척(族)에게 못된 일을 하도록 말(口)로서 꼬드이다 → 위협(威脅)하다 → 부추기다는 뜻

| 唾 | **1급** 침 **타** | 입 구(口) + 드리울 수(垂)
입(口)을 땅으로 기울이고(垂) 침을 뱉다 → 토하다, 침의 뜻

| 商 | **5급** 장사 **상** | 좌판위 물건 모양
갑골문을 보면 선반(內) 위에 물건(丄)이 놓여있는 모양
→ 금문에서는 좌판 위 물건 놓고 호객을 위하여 소리(口)를 지르는 모습 → 장사의 뜻

| 啞 | **1급** 벙어리 **아** | 입 구(口) + 버금 아(亞) 발음 역할
말(口)을 못 하다(亞) → 벙어리의 뜻

| 善 | **5급** 착할 **선** | 입 구(口) + 양 양(羊) + 초두머리 초(艹)
순한(羊) 말(口) → 좋다 → 착하다, 어질다, 잘하다는 뜻

Ⅱ. 부수자

| 喩 | **1급** 깨우칠 유 | 입 구(口) + 대답할 유(兪) 발음 역할
어려운 물음에 대하여 대답(兪)의 말(口)을 잘하다 → 기뻐하다 → 비유(比喩)하다, 깨닫다는 뜻

| 喪 | **3급** 잃을 상 | 옷 의(衣) + 부르짖을 훤(吅)
사람이 죽어 옷(衣)에 얼굴을 파묻고 울 부르짖는(吅) 모습 → 사망하다 → 상복(喪服)을 입다
→ 잃다, 잃어버리다는 뜻

| 喬 | **1급** 높을 교 | 높게 지어진 누각 모양
하늘(天 → 天) 높게 지어진 누각 모양(高) → 솟다, 뛰어나다 → 교만(驕慢)하다 → 높다는 뜻

| 單 | **4급** 홑 단 | 원시 무기 돌팔매 모양
갑골문을 보면 줄 양 끝에 돌을 매어 던져 짐승이나 사람이 줄에 감겨 산 채로 잡는 무기
→ 투석(돌팔매)을 그린 것 → (홀로 짐승을 잡을 수 있다) 홑, 홀로의 뜻
예 단독(單獨), 단일(單一), 단어(單語)

| 嗇 | **1급** 아낄 색 | 돌아올 회(回) + 흙 토(土) + 좇을 종(从)
수확한 보리(來)를 곳집(㐭)에 보관한 모양 → 곡식을 거두다(穡) → 아껴 쓰다, 아끼다 → 인색(吝嗇)하다
→ 탐내다는 뜻

| 嗚 | **3급** 슬플 오 | 입 구(口) + 까마귀 오(烏) 발음 역할
탄식(烏)하는 소리(口) → 흐느껴 울다, 목메어 울다 → 슬프다는 뜻

※ 까마귀 오(烏)자는 탄식(歎息)의 뜻도 있음

| 嗣 | **1급** 이을 사 | 입 구(口) + 책 책(冊) 변형 + 맡을 사(司) 발음 역할
입(口)으로 책(冊) 읽는 일을 맡다(司) → 배워 익히다 → 이어받다 → 후사(後嗣) 대를 잇는 자식
→ 잇다, 계승하다는 뜻

| 嘲 | **1급** 비웃을 조 | 입 구(口) + 아침 조(朝) 발음 역할
우습거나 형편(形便)없는 꼴새도 여겨 조롱(嘲弄)하고 놀리는 말(口)을 하다 → 비웃다는 뜻

| 嗤 | **1급** 비웃을 치 | 입 구(口) + 어리석을 치(蚩) 발음 역할
어리석은(蚩) 사람으로 여기고 놀리는 말(口)을 하다 → 비웃다, 조소(嘲笑)의 뜻

| 嚬 | **1급** 찡그릴 빈 | 입 구(口) + 자주 빈(頻) 발음 역할
자주(頻) 실수하여 눈살을 찌푸리고 나무라다(口) → 찡그리다는 뜻

嚴

4급 엄할 **엄** | 부르짖을 훤(吅) + 험준할 엄(厰) 발음 역할
산이 험준(厰)하여 울부짖다(吅) → 혹독(酷毒)하다 → 엄하다는 뜻

囊

1급 주머니 **낭** | 가운데 중(中) + 덮을 멱(冖) + 도울 양(襄) 발음 역할
옷 가운데(中)에서 물건 넣는 것을 도와(襄)주고 덮어주다(冖) → 주머니의 뜻

※ 도울 양(襄)자는 소전을 보면 상(喪) 당한 사람에게 위로의 말(口)과 두 손(廾)으로 도와주는 모습 → 도와주다는 뜻

囑

1급 부탁할 **촉** | 입 구(口) + 이을 촉(屬) 발음 역할
같은 무리(屬)에게 당부하는 말(口)을 하다 → 부탁하다는 뜻
예 촉탁(囑託), 위촉(委囑)

 # 나라 국, 에워쌀 위, 큰입구 몸

성벽등으로 사방을 에워싼 모습 → 에우다, 두르다 → 국가, 지역, 경계 → 세우다 → 둥글다는 뜻

※ 나라 국(國), 에워쌀 위(圍)의 옛글자
※ 입 구(口)자와 모양은 같으나, 좀 더 큰 모양

國

8급 나라 **국** | 에워쌀 위(囗) + 혹시 혹(或)
지켜야 할(或) 지역(囗) → 나라, 국가(國家)의 뜻

※ 혹시 혹(或)자는 땅(一) 위에 있는 지역(口)을 창(戈)으로 지켜야 하는 곳 → 나라, 지역
  → 혹시나 모를 적의 침입을 대비해야 한다 → 혹시, 만약의 뜻
※ 지역 역(域)자는 지켜야 하는(或) 땅(土) → 구역(區域), 지역(地域), 국토(國土), 국가의 뜻

因

5급 인할 **인** | 에워쌀 위(囗) + 큰 대(大)
갑골문을 보면 돗자리(囗) 위에 사람(大)이 누워 있는 모습 → 돗자리(茵) → (돗자리에) 의지하다
→ 친하게 지내다 → 인연 → 인하다 → 까닭 → 원인, 말미암다는 뜻

※ 자리 인(茵)자는 풀(艹)로 만든 돗자리(因) → 자리의 뜻

困

4급 곤할 **곤** | 에워쌀 위(囗) + 나무 목(木)
나무(木)가 울타리에 둘러싸여(囗) 자라지 못하다 → 곤란한 지경이 되었다 → 괴롭다, 지치다, 곤하다
→ 곤궁(困窮)하다는 뜻

| 圖 | **6급** 그림 **도** | 에워쌀 위(囗) + 꾀할 도(啚) 발음 역할
어떤 지역(囗) 내에 마을(啚)을 그린 지도 모습 → 그림 → (지도를 놓고 전략을) 꾀하다는 뜻

※ 마을 비(啚)자는 마을 안에 집이나 담(口)과 길(ㅗ) 그린 약도를 그린 것 → 그림, 마을 → 변방, 시골 → 더럽다
→ 인색(吝嗇)하다는 뜻

| 圍 | **4급** 에워쌀 **위** | 에워쌀 위(囗) + 가죽 위(韋) 발음 역할
지역(囗)을 둘러싸다(韋) → 포위(包圍)하다, 둘러싸다, 에워싸다는 뜻

<u>예</u> 분위기(雰圍氣) : 주변을 감도는 느낌

※ 가죽 위(韋)자는 성(口)의 아래위로 발[止 舛 자 변형]의 모습 → 성(口)을 포위하다, 둘러싸다 → 어긋나다
→ (나중에 음(音)을 빌어 무두질한) 가죽의 뜻

| 固 | **5급** 굳을 **고** | 에워쌀 위(囗) + 옛 고(古) 발음 역할
둘러싸인(囗) 채로 오래되면(古) 굳어져 버리다 → 견고하다 → 굳다, 단단하다는 뜻

<u>예</u> 고착(固着) : 굳게 들러붙음

| 圈 | **1급** 우리 **권** | 에워쌀 위(囗) + 말 권(卷) 발음 역할
말려 있는 책(卷)처럼 둘레를 둘러싸다(囗) → 우리, 울타리, 감방, 경계의 뜻

<u>예</u> 대기권(大氣圈) : 지구 둘레를 싸고 있는 층

※ 주먹 권(捲)자는 손(扌)을 말다(卷) → 주먹 → 말다 → 거두다는 뜻

| 園 | **6급** 동산 **원** | 에워쌀 위(囗) + 성씨 원(袁) 발음 역할
마음의 여유를 찾기 위해 둥글게(袁) 둘러싼(囗) 휴식 장소 → 울타리 → 정원(庭園)
→ 동산, 뜰, 별장, 담장, 구역의 뜻

※ 성씨 원(袁)자는 중앙에 달린 둥근 옥(ㅇ → 口)이 달린 헐렁헐렁한 옷 모습 → 옷이 길다, 여유 있다
→ 둥글다, 돌다 → 성씨(원)의 뜻
※ 멀 원(遠)자는 멀어서 여유롭게(袁) 돌아와야 할 길(辶) → 멀다, 깊다는 뜻

| 囚 | **3급** 가둘 **수** | 에워쌀 위(囗) + 사람 인(人)
갑골문을 보면 감옥(囗)에 사람(人)을 가둔 모습 → 죄수(罪囚), 수인(囚人) → 가두다, 갇히다는 뜻

| 囹 | **1급** 감옥 **영** | 에워쌀 위(囗) + 하여금 영(令) 발음 역할
법령, 규칙, 명령(令)을 어기여 감옥(囗)에 갇혔다는 뜻 → 옥, 감옥의 뜻

| 圄 | **1급** 감옥 **어** | 에워쌀 위(囗) + 나 오(吾) 발음 역할
에워싸인 감옥(囗) 갇힌 나(吾) → 옥, 감옥(監獄)의 뜻

<u>예</u> 영어(囹圄) : 감옥, 또는 감옥에 갇혀 있는 상태를 흔히 이르는 말

團 | **5급** 둥글 단 | 에워쌀 위(口) + 오로지 전(專)
테두리(口) 안에서 하나로 둥글게 뭉쳤다 → 둥글다, 모이다, 단체(團體), 집단의 뜻

※ 오로지 전(專)자는 둥근 실패를 손으로 잡고 있는 모습 → 실패가 오직 한쪽으로만 돌다 → 한쪽으로 전념하다
→ 오로지, 오직, 하나로, 단독(單獨)으로의 뜻

回 | **4급** 돌아올 회 | 에워쌀 위(口) + 둘러쌀 위(口)
갑골문을 보면 물이 빙글빙글 돌아가는 모습 → 돌다, 회전(回轉) → (돌다가 제자리로 옴) 돌아오다는 뜻
→ 迴(돌아올 회), 廻(돌 회)와 같은 의미 글자

圓 | **4급** 둥글 원 | 에워쌀 위(○ → 口) + 둥근 원(員) 발음 역할
둥근 원(○ → 口)을 바깥에 둘러싸서, 둥글다(員) → 동그라미 → 원만하다는 뜻

※ 둥근 원(員)자 갑골문을 보면 둥근 원(○) 아래에 둥근 솥(鼎 → 貝)이 그려져 있음 → 둥글다, 동그라미
→ 수효(數爻), 인원(人員)의 뜻

四 | **8급** 넉 사 | 에워쌀 위(口) + 여덟 팔(八)
갑골문을 보면 막대 4(三)개 모양이었으나 석 삼(三)자와 혼동되어
금문부터 콧구멍(四)을 그린 숨 쉬다 글자와 음이 같아 四자를 숫자 4를 뜻하게 됨

圃 | **1급** 채마밭 포 | 에워쌀 위(口) + 클 포(甫) 발음 역할
채마가 자라는 밭(甫) 둘레(口) → 채마밭의 뜻

※ 클 포(甫)자는 밭(田)에서 싹(屮)이 자라는 모양 → 채소밭, 채마밭 → (잘 자라다) 크다는 뜻

※ 口 자가 부수자는 아니지만 에워싸다를 뜻하는 글자
예 고을 읍(邑), 버섯 균(菌)

 위튼입 구

입을 벌린 모양, 위가 터진 그릇 모양 → 단순 모양자로 사용

出 | **7급** 날 출 | 그칠 지(止)의 변형자 + 집의 모양(凵)
갑골문을 보면 집 입구(凵)에서 나가다(止) → 나가다, 떠나다는 뜻
예 출입(出入) : 나감과 들어옴

| 凶 | **5급** 흉할 **흉** ｜ 위튼 입 구(凵) + 다섯 오(乂)
갑골문을 보면 함정(凵)에 빠져 안 좋다(乂) → 흉악(凶惡ㆍ兇惡)하다, 흉하다는 뜻 |

| 函 | **1급** 함 **함** ｜ 위튼 입 구(凵) + 한 일(一) + 물 수(氺)
상자(凵)에 물건(氺)을 넣고 뚜껑(一)을 닫다 → (물건을) 지니다, 넣다, 싸다 → 갑(匣), 상자(箱子)
→ 함(나무로 짠 궤)의 뜻 |

| 凹 | **1급** 오목할 **요**
중앙이 오목하게 들어간 형상 → 우묵하게 패어 들어간 곳, 가운데가 쑥 들어가다 → 오목하다는 뜻 |

| 凸 | **1급** 볼록할 **철**
중앙이 볼록하게 나온 형상 → 가운데가 볼록하다 → 볼록하다는 뜻 |

臼 절구 구

금문을 보면 절구 위에서 두 손이 아래로 뻗은 모습 → 절구질하다 → 절구, 구멍, 양손의 뜻에 사용

※ 절구 : 곡식을 빻거나 찧으며 떡을 치기도 하는 기구

| 臽 | **모양자** 함정 **함** ｜ 절구 구(臼) + 사람 인(人)
구멍(臼)에 사람(人)이 빠져 있는 모습 → 함정(陷穽) → 구덩이의 뜻 |

| 舀 | **모양자** 퍼낼 **요** ｜ 절구 구(臼) + 손톱 조(爫)
절구 구(臼)에서 손(爫)으로 곡식을 퍼내는 모습 → 퍼내다는 뜻 |

| 舁 | **특급** 마주들 **여** ｜ 절구 구(臼) + 받들 공(廾)
위에서 아래로 두 손이 뻗고(臼) 또 다른 두 손이 아래에서 맞잡은(廾) 모습 → 마주 잡다는 뜻 |

| 興 | **4급** 일 **흥** ｜ 마주들 여(舁) + 같이 동(同)
갑골문을 보면 큰 그릇을 4개의 손으로 마주 잡은 모습
→ 나라 번영과 부흥을 위해 여러 사람이 같이(同) 마주 들고(舁) 일어난다 → (함께) 일으키다
→ 창성하다 → 흥취, 흥겹다는 뜻
🔵 흥진비래(興盡悲來) : 즐거운 일이 다하면 슬픈 일이 온다 → 세상일이 돌고 돎을 일컬음 |

與
4급 줄 여 | 마주들 여(舁) + 줄 여(与) 발음 역할

금문을 보면 위에 두 손과 아래 두 손 사이에 물건이 있는 모습 → 서로 물건을 주고 받다
→ 마주 들어(舁)주다(与) → 주다, 더불다, 같이 하다, 참여하다, 찬양하다는 뜻

예 증여(贈與) : 남에게 금품을 줌

※ 줄 여(与)자는 새끼꼴 때 볏단을 주는 모습 → 주다, 같이하다, 참여하다는 뜻

舊
5급 옛 구 | 절구 구(臼) + 새 추(隹) + 풀 초(艹)

갑골문을 보면 새 둥지(臼)에 앉아 있는 눈썹(艹)이 짙은 새(隹) → 수리부엉이
→ [오랠 구(久)자와 음이 같아서] 오래되다 → 옛날, 옛의 뜻

舅
1급 시아버지 구 | 절구 구(臼) + 사내 남(男)

머리에 구멍(臼) 난 것처럼 머리가 많이 빠진 남자(男) → 시아버지, 장인, 외삼촌의 뜻

※ 臼 자는 부수자는 아니지만, 구멍, 양손을 뜻하는 글자
예 빠질 함(陷), 아첨할 첨(諂), 벼 도(稻), 헐 훼(毁), 배울 학(學), 깨달을 각(覺), 들 거(擧), 명예 예(譽), 수레 여(輿)

갈고리 궐

끝부분이 구부러지고 길쭉한 고리 모양 → 갈고리의 뜻

事
7급 일 사 | 돼지머리 계(彐) + 주술 도구 모양

갑골문을 보면 사관이 손(彐)에 주술 도구를 들고 일하는 모습 → 일, 직업, 관리 → 벼슬 → 다스리다
→ 부리다 → 섬기다는 뜻

예 사건(事件) : 문제가 되거나 관심을 끌 만한 일

予
3급 나 여 | 직기의 일부

갑골문을 보면 천을 짜는 직기의 일부를 그린 것 → (천을 짤 때 직기를 좌우로 보내 주기에) 주다
→ 하사(下賜)하다, 승인(承認)하다 → 나(余)의 뜻

了
3급 마칠 료 | 신생아 모습

소전을 보면 갓 태어난 신생아 모습 → 이제는 출산의 고통이 끝났다 → 마치다, 끝나다는 뜻

弓 활 궁

갑골문을 보면 구부러진 활과 활시위가 함께 그려져있음 → 활 → 당기다, 베풀다는 뜻

張 | 4급 베풀 장 | 활 궁(弓) + 길 장(長) 발음 역할
활줄(弓)을 길게(長) 당긴다 → 화살을 멀리 쏜다 → 널리 퍼트리다 → 베풀다는 뜻
예) 장력(張力) : 서로 끌어당기는 힘

弦 | 2급 활시위 현 | 활 궁(弓) + 검을 현(玄) 발음 역할
활(弓)에 맨 줄(糸) → 활대에 걸어서 켕기는 줄(糸) → 활시위 → 악기 줄의 뜻

※ 줄 현(絃)자는 활시위(玄)에서 줄(糸) → 끈 → 현악기의 뜻

弧 | 1급 활 호 | 활 궁(弓) + 오이 과(瓜)
덩굴식물(瓜)처럼 반원 모양의 활(弓) → 곡선 → 활의 뜻
예) 원호(圓弧) : 원둘레의 두 점 사이에 있는 한 부분

彈 | 4급 탄알 탄 | 활 궁(弓) + 홑 단(單) 발음 역할
탄알[돌팔매(單)]을 쏘는 활(弓) → (탄알) 쏘다 → 탄알(彈丸) → (탄알을) 튕기다 → 치다
→ 탄핵(彈劾)하다는 뜻

弛 | 1급 늦출 이 | 활 궁(弓) + 잇기 야(也) 발음 역할
활(弓)이 뱀처럼 구불구불(也)하다 → (활줄이)늘어지다, 풀리다, 늦추다, 느슨하다는 뜻
예) 이완(弛緩) : 풀리어 느슨해짐

弩 | 1급 쇠뇌 노 | 활 궁(弓) + 종 노(奴) 발음 역할
노비(奴) 어깨에 둘러매고 있던 활(弓) → 쇠뇌(여러 개의 화살이나 돌을 잇따라 쏘는 큰 활)의 뜻

弼 | 2급 도울 필 | 활 궁(弓) + 활 궁(弓) + 일백 백(百)
활(弓)과 활(弓)사이에서 틈이 나거나 뒤틀린 활을 바로 잡는 틀
→ 활이 바르게 발사되도록 도와주는 장치 → 도지개 → 돕다 → 보필(輔弼)하다는 뜻

引 | 4급 끌 인 | 활 궁(弓) + 뚫을 곤(丨)
갑골문을 보면 활 궁(弓)자에 큰 대(大)자 모습 → 사람(大) 활(弓)을 당기다는 뜻
예) 견인(牽引) : 끌어당 김

弘
3급 클 홍 | 활 궁(弓) + 사사 사(厶)
활시위(弓)를 팔(厶) 크게 당기는 모습
→ (화살이 아주 멀리 날아가거나, 화살 맞는 소리가) 크다, 넓다, 높다는 뜻
예 홍익인간(弘益人間)

※ 사사 사(厶)자는 사나이 팔뚝(厷)을 그린 것 → 팔뚝 → 크다, 넓다는 뜻

强 / 強
6급 강할 강 | 활 궁(弓) + 비롯 수(虽, 虫)
소전을 보면 클 홍(弘)자와 벌레 충(虫)자 결합 모양 → (강한 생명력 있는) 큰벌레의 뜻이 였으나
→ (해서부터 지금 글자) 화살이 멀리 날아 갔다 → 힘이 강하다 → 굳세다는 뜻

彊
2급 굳셀 강 | 활 궁(弓) + 지경 강(畺) 발음 역할
힘이 센 굳센(畺) 활(弓) → 굳세다는 뜻

※ 지경 강(畺)자는 밭과 밭(畕) 사이 경계(三) 표현 → 지경(地境) : 땅의 가장자리, 경계 → 굳은 땅 → 굳세다는 뜻

弱
6급 약할 약
장식을 해서 만든 의장용 활을 그린 것 → (의장용 활은 활시위) 힘이 약하다 → 쇠해지다는 뜻
예 약자(弱者)

弗
2급 아닐 불
끈으로 매어도 물건이 뒤로 젖히는 모양에 의하여 돌아온다는 뜻 → 음(音)을 빌어 아니다(不 불)
→ 영어 달러(Dollor)를 한자로 표시하며 달러[불(弗)]의 뜻

弟
8급 아우 제
갑골문을 보면 나무토막에 줄을 감은 모습 → 나무토막에 줄을 순서대로 묶는다 → 차례, 순서
→ [그러나 후에 형제(兄弟)간의 순서에서] 아우의 뜻

※ 第(차례 제)자는 대나무(竹)에 줄을 순서대로 묶다 → 차례, 순서의 뜻

弔
3급 조상할 조
갑골문을 보면 人(사람 인)자를 끈으로 둘러친 모습 → 죽은 사람 몸에 베를 감고 있는 모습
→ 죽은 사람 염한 모습 → 조문하다, 조상(弔喪)하다는 뜻

彌
2급 미륵 미 | 활 궁(弓) + 너 이(爾) 발음 역할
활(弓) 수명이 가깝다(爾) → 오래 되었다 → 활시위가 느슨하다
→ 드리우다(한쪽이 위에 고정된 천이나 줄 따위가 아래로 늘어지다), 늘어뜨리다
→ 다하다, 극에 다다르다 → 미륵(彌勒)의 뜻

彎　**1급** 굽을 만 | 활 궁(弓) + 어지러울 련(䜌)
　　활(弓)시위가 어지럽게 이어졌다(䜌) → 굽어지다, 굽다 → 물굽이의 뜻

　　※ 물굽이 만(灣)자는 물(氵)줄기가 굽었다(彎) → 물굽이의 뜻

 귀신 귀

갑골문을 보면 무릎을 꿇고 있는 사람이 가면을 쓰고 제사를 지내기 위해 귀신을 부르고 있는 모습
→ 귀신, 혼백(魂魄)의 뜻

※ 옛사람 생각에 혼백(魂魄) 중 혼(魂)은 정신적인 영(靈)으로 사람이 죽으면 하늘로 올라감
　→ 제사 지낼 때 향을 피우는 이유는 하늘의 정신[혼(魂)]을 부르기 위함 → 하늘에서 영원불멸함
※ 혼백 중 백(魄)은 육체적인 영(靈)으로 사람이 죽으면 땅으로 들어감
　→ 제사 지낼 때 흙과 풀이 들어있는 모삿그릇에 술을 붓는 이유는 땅에 있는 육체[백(魄)]를 부르기 위함 → 땅에서 썩어감

※ 혼백(魂魄)은 사람이 사는 동안 몸에 머물러 있는 기(氣) 개념으로 정신세계를 의미하며,
　현대 사람들은 육체에 대한 정신적인 것을 영혼[靈魂(넋)]이라고 부름
※ 귀신을 의미하는 글자는 귀신 귀(鬼)자 보다
　제사 지낼 때 제단을 그린 땅귀신 기(示)자가 귀신 관련되는 글자에 더 많이 사용됨

魂　**3급** 넋 혼 | 구름 운(云) + 귀신 귀(鬼)
　　사람이 죽어 영혼(鬼)이 육체를 떠나 구름(云)처럼 하늘을 떠돌다 → 넋(정신, 마음) 생각의 뜻
　　예 영혼(靈魂)

魄　**1급** 넋 백 | 귀신 귀(鬼) + 흰 백(白) 발음 역할
　　사람이 죽으면(鬼) 육체가 하얀(白) 뼈로 남는다 → 넋, 몸, 모양의 뜻
　　예 혼비백산(魂飛魄散 → 혼백이 날아 흩어진다 → 몹시 놀라 정신이 없다)

魔　**2급** 마귀 마 | 귀신 귀(鬼) + 삼 마(麻) 발음 역할
　　몸의 중추 신경을 마비 시키는 마(麻) 같은 요사스러운 귀신(鬼)
　　→ 사람들이 귀신(鬼)을 보면 놀라서 근육이 마비된다(麻) → 마귀(魔鬼), 악마(惡魔)의 뜻
　　예 호사다마(好事多魔 → 좋은 일에는 마귀가 많다 → 좋은 일에는 방해되는 것이 많다)

　　※ 삼 마(麻)자는 집에서 마(삼베옷 원료) 말리는 모습
　　　→ (마는 마취제와 진통제로 사용하기에) 마취, 마비, 마비되다는 뜻

魅 **2급** 도깨비 매 | 귀신 귀(鬼) + 아닐 미(未) 발음 역할
사람이 아닌(未) 귀신(鬼) 같다 → 사람이 아닌 귀신에 홀린 것처럼 매혹(魅惑)적이다 → 현혹되다
→ 도깨비, 요괴의 뜻
예) 매력(魅力) : 남의 마음을 호리어 사로잡는 야릇한 힘

魏 **2급** 나라이름 위 | 빼어날 외, 귀신 귀(鬼) + 맡길 위(委) 발음 역할
어려운 일은 귀신(鬼)처럼 일처리를 잘하는 사람에게 맡겨야(委) 한다 → 빼어나다 → 높고 큰 모양
→ (크고 빼어난 나라) 나라이름(위)의 뜻

魁 **1급** 괴수 괴 | 귀신 귀(鬼) + 말 두(斗)
못된 짓하는 귀신(鬼) 같은 무리 중 우두머리(斗) → 괴수(魁首)의 뜻

※ 말 두(斗)자는 말(용량 단위)은 곡식 잴 때 사용하던 용기 중 매우 큰 것

魃 **1급** 한귀 발 | 귀신 귀(鬼) + 달릴 발(犮) 발음 역할
오랜 기간 비가 오지 않을 때 하늘로 달려가는(犮) 귀신(鬼) → 한귀(旱鬼 : 가뭄 담당 귀신)의 뜻

 도끼 근

갑골문을 보면 세워 놓은 도끼의 모양 → 도끼 → 살피다, 삼가하다 → 베다, 나누다 → 근, 무게의 뜻

① 근 (중량 단위) → 1근 600그램   ② 자귀 → 나무를 깎아 다듬는 연장의 하나   ③ 삼가하다 → 몸가짐이나 언행을 조심하다
④ 근량(斤兩) → 무게 단위 근과 양, 근량(斤量) → 저울로 단 무게, 무게 중량   ⑤ 만근(萬斤) → 몹시 무거운 무게

斥 **3급** 물리칠 척
소전을 보면 广(집 엄)자에 屰(거스를 역)자를 그려져 있음 → 집에서 내쫓는 모습
→ 도끼(斤)에 피(丶) 묻은 모양 → 도끼로 적을 물리치다 → 내쫓다, 물리치다는 뜻
예) 배척(排斥) : 반대하여 물리침

※ 호소할 소(訴)자는 말(言)로 물리치다(斥) → 하소연하다, 소송하다는 뜻

斬 **2급** 벨 참 | 도끼 근(斤) + 수레 차(車) 발음 역할
수레(車)에 사지를 묶어, 사방에서 당겨 찢어 죽이기거나, 도끼(斤)로 머리를 자르거나
사지를 절단하는 형벌 모습 → 베다, 끊다는 뜻
예) 능지처참(陵遲處斬), 참수(斬首), 처참(處斬), 부관참시(剖棺斬屍)

斷

4급 끊을 단 | 도끼 근(斤) + 이을 계(㡭)

실타래로 이어진(㡭) 것을 도끼(斤)로 끊는다 → 끊다, 결단하다는 뜻

- 예 단기지계(斷機之戒) : 학문을 중도에서 그만두는 것은 마치 짜던 베의 날을 끊어 버리는 것과 같이 아무런 공이 없다는 뜻

新

6급 새 신 | 도끼 근(斤) + 나무 목(木) + 매울 신(辛) 발음 역할

갑골문을 보면 도끼(斤)로 자른 나무(木) → 땔감 → 도끼(斤)로 나무(木)를 자른 자리가 깨끗하고 새롭다 → 나무를 자르고 다듬어 새로운 물건을 만든다 → 새로운, 새롭다는 뜻

- 예 신입생(新入生) : 새로 입학한 학생

※ 섶나무 신(薪)자는 도끼(斤)로 베어진(艹) 나무(木) → 땔감 → 섶 → 잡초, 풀의 뜻

斧

1급 도끼 부 | 도끼 근(斤) + 아비 부(父) 발음 역할

도끼(斤)를 들고 있는 아버지(父), 모습 도끼(父)의 뜻

※ 아비 부(父)자는 돌도끼를 들고 있는 아버지 모습으로 아버지, 어른의 뜻

斯

3급 이 사 | 도끼 근(斤) + 그 기(其)

대나무를 잘라(斤) 바구니(其)를 만들다 → 쪼개다, 가르다 → (가차되어) 이, 이것, 잠시, 천하다는 뜻

※ 斤 자가 부수자는 아니지만 도끼, 베다는 뜻으로 사용된 글자
- 예 병사 병(兵), 바 소(所), 쪼갤 석(析), 밝을 석(晳), 꺾을 절(折), 밝을 철(哲)

 쇠 금, 성씨 김

금문에서 상단에는 뜨거운 열기가 빠져나가는 연통과 아래로는 불을 피우던 가마를 그린 것
→ 금속을 녹이던 고대 용광로 → 쇠, 금, 금속, 화폐 → 성씨(금, 김)의 뜻

※ 金자가 처음에는 금(金)·은(銀)·동(銅)·석(錫)·철(鐵)과 같은 다섯 가지 금속을 뜻했으나, 지금은 금속을 통칭하는 글자로 사용됨

銀

6급 은 은 | 쇠 금(金) + 그칠 간(艮)

금속(金) 중 최고로 귀중한 것에는 못 가고 그친 것(艮) → 금(金)보다 저렴한 것(艮) → 은
→ (은이 화폐로 사용되었기에) 돈, 화폐의 뜻

- 예 은행(銀行) : 은 본위 제도하에 은이 있는 곳 → 돈을 보관하고 빌려주는 곳

※ 그칠 간(艮)자는 허리를 굽힌 채 상전 눈을 못 쳐다보고 시선을 깔고 있는 하인 모습 → 낮다 → 한계
→ 멈추다, 그치다 → 가난하다는 뜻

銅 | 4급 구리 **동** | 쇠 금(金) + 같을 동(同) 발음 역할
부식이 적고, 다른 금속(金)과 함께(同) 잘 융합되는 광물 → 구리, 동기의 뜻

※ 같을 동(同)자 갑골문을 보면 모두(凡)가 다 함께 이야기(口)하는 모습 → 모두가 말하다 → 모두, 한가지, 같다 → 함께, 무리, 모이다, 합치다는 뜻

鉛 | 4급 납 **연** | 쇠 금(金) + 늪 연(㕣) 발음 역할
유연하지만 무거운(㕣) 금속(金) → 깊고 검푸른(㕣) 광물(金) → 납, 흑연, 연필심의 뜻

鋼 | 3급 강철 **강** | 쇠 금(金) + 산등성이 강(岡) 발음 역할
산등성이(岡)처럼 우직하고 강함 쇠(金) → 굳센(岡) 광물(金) → 강철 → 단단하다, 굳세다는 뜻

※ 산등성이 강(岡)자 소전을 보면 산에 그물을 친 모습 → 산등성이처럼 강한 그물 → 산등성이 → 고개 → 강하다, 굳세다는 뜻
※ 剛(굳셀 강)자는 굳센(岡) 칼(刀) → 굳세다는 뜻

鐵 | 5급 쇠 **철** | 쇠 금(金) + 구렁말 철(戴) 발음 역할
소전을 보면 용광로(金)에서 두 사람이 쇳물 녹이는 작업하는 모습(戴) → 강철(鋼鐵) → 쇠 → 무기, 갑옷 → 단단하다, 굳세다 → 곧다 → 검다는 뜻

錫 | 2급 주석 **석** | 쇠 금(金) + 바꿀 역(易) 발음 역할
다른 금속(金)과 합금이 쉬워 성질이 다른 금속으로 바꾸게(易) 만드는 광물 → 주석의 뜻

※ 주석(朱錫)은 쉽게 녹는 성질로 주조성이 좋고 은백색 광택이 나는 금속원소(Sn)

鍮 | 1급 놋쇠 **유** | 쇠 금(金) + 대답할 유(兪) 발음 역할
구리에 아연을 섞어 만든 쇠붙이(金) → 놋쇠의 뜻

錐 | 1급 송곳 **추** | 쇠 금(金) + 새 추(隹) 발음 역할
쇠(金)가 새(隹) 부리처럼 뾰족한 것 → 송곳의 뜻
예 입추지지(立錐之地) : 송곳 하나를 세울 만한 땅 → 매우 비좁음을 일컬음

鎚 | 1급 쇠망치 **추** | 쇠 금(金) + 쫓을 추(追) 발음 역할
쇠(金)로 만든 연장 → 쇠망치의 뜻

鏡
4급 거울 경 | 쇠 금(金) + 마침내 경(竟) 발음 역할
금속(金)의 면을 매끈하게 만드는 것을 마쳤다(竟) → 고대에는 청동 금속을 매끈하게 하여 거울로 사용
→ 거울의 뜻

예 명경지수(明鏡止水) : 맑은 거울과 고요한 물 → 마음이 맑고 깨끗함을 비유함

※ 마침내 경(竟)자 갑골문을 보면 노예(儿) 몸에 문신[辛 → 立]을 새기는 일을 끝낸 모습
  → 마치다, 마침내, 거울, 두루 마치다, 끝, 지경의 뜻

鑑 鑒
3급 거울 감 | 쇠 금(金) + 볼 감(監) 발음 역할
고대 청동 금속(金)의 면을 매끈하게 자신을 비추어 보는(監) 모습 → 거울의 뜻

※ 볼 감(監)자 갑골문을 보면 사람(人)이 눈(臣)으로 그릇(皿) 속의 물을 거울처럼 비추어보는 모습 → 거울 → 보다
  → 본보기 → 살피다 → (백성을 살펴보는) 관청의 뜻

錢
4급 돈 전 | 쇠 금(金) + 쌓일 전(戔) 발음 역할
진시황 때 쇠로 만든 엽전(반량전)은 작은 구멍에 줄을 뚫어서 묶음으로 가지고 다님
→ 쇠(金)로 된 돈이 쌓이다(戔) → 작은(戔) 쇠(金) 덩어리 → 엽전, 동전 → 화폐, 돈, 자금의 뜻

※ 쌓일 전(戔)자는 창 과(戈)자가 두 개 모인 글자
  → 좋은 창(戈)은 다 사용하고 상태가 좋지 않은 몇 개의 창만 남아 있는 모양
  → 나머지 → 적다. 작다. 깎다. 쌓이다. 해치다는 뜻

鍼
1급 침 침 | 쇠 금(金) + 다 함(咸) 발음 역할
모두(咸)가 사용이 편리한 쇠(金)로 만든 침(바늘)의 뜻

※ 다 함(咸)자는 큰 싸움을 앞두고 아군 사기를 높이고, 상대 적의 기선을 제압하기 위해
  모든 병사에게 창(戌)을 들고 함성(口)을 지르는 모습
  → (누구나 빠짐없이 힘껏 소리를 지른다) 모두, 남김없이, 다하다는 뜻

針
4급 바늘 침 | 쇠 금(金) + 열 십(十) 발음 역할
1자[丨 → 十]처럼 생긴 뾰족한 쇠(金) → 바늘, 침의 뜻

※ 열 십(十)자 갑골문을 보면 단순히 丨모양 → 소전부터 지금 모양 → 10, 열, 여럿, 전부의 뜻

釣
2급 낚시 조 | 쇠 금(金) + 구기 작(勺) 발음 역할
勺모양의 쇠(金) → 낚시 바늘 → 고기를 낚다 → 낚시 → 유혹하다는 뜻

鐘
4급 쇠북 종 | 쇠 금(金) + 아이 동(童) 발음 역할
무거운(童) 쇠(金) → 쇠로 만든 종 → 쇠북 종, 종 → (종소리로 시간을 알림) 시계의 뜻

※ 아이 동(童)자는 노예 몸에 문신 새기는 모습 → 노예, 아이의 뜻
  → 여기서는 모양자로서 매울 신[辛 맵다, 괴롭다]자와 동녘 동[東 꽁꽁 묶어 놓은 보따리 모양]
  → 무거워서 괴로운 보따리 → 무겁다는 뜻으로 해석해야 함

銃 | 4급 총 **총** | 쇠 금(金) + 채울 충(充) 발음 역할
소전에서는 도끼날을 감싸던 주머니 → 쇠(金)에다가 화약을 가득(充) 충전하여 발사하는 무기
→ 도끼 구멍 → 우렛소리(천둥소리) → 총의 뜻

鎖 | 3급 쇠사슬 **쇄** | 쇠 금(金) + 닮을 초(肖) 변형
닮은 작은(肖) 쇠(金)들을 연결한 것 → 쇠사슬 → 가두다 → 잠그다 → 자물쇠의 뜻
📕 쇄국정책(鎖國政策) : 나라 문을 잠그고 다른 나라와 통상, 교역을 하지 않는 외교정책

※ 닮을 초(肖)자는 내 아들이 나의 몸(月) 작은(小) 부분이 닮았다 → 같다는 뜻

釜 | 2급 가마 **부** | 쇠 금(金) + 아버지 부(父) 발음 역할
가마솥을 거꾸로 그린 모양 → 아버지(父) 쇠그릇(金) → 큰 솥 → 가마솥의 뜻

銳 | 3급 날카로울 **예** | 쇠 금(金) + 기뻐할 열(兌)
날카로운(兌) 쇠(金) → (쇠가) 날카롭다 → 예리하다 → 빠르다 → 민첩하다는 뜻

※ 기뻐할 열(兌)자는 환하게 웃고 있는 사람 모습 → 기쁘다, 바꾸다, 날카롭다는 뜻

錄 | 4급 기록할 **록** | 쇠 금(金) + 새길 록(彔) 발음 역할
옷감에 들인 색이 오래도록 남아있듯이 쇠(金)에 글을 각인(彔)하다
→ 주(周)나라 때 쇠(金)로 만든 솥이나 종(鐘) 등에 깎아(彔) 새긴 글자를 금석문자라고 함
→ 기록(記錄)하다 → 적다 → 기재하다는 뜻

※ 새길 록(彔)자 갑골문을 보면 보자기 아래로 물이 흘러내리는 모습 → 염색용 염료를 천에 넣고 짜는 모습
→ 염료는 주로 옷감에 색을 들이는 용도로 사용되고 한번 염색된 천은 오래도록 색이 유지됨 → 새기다는 뜻

銘 | 3급 새길 **명** | 쇠 금(金) + 이름 명(名) 발음 역할
금속판(金)에 이름(名)을 새긴다 → 명심(銘心)하다는 뜻
📕 명심불망(銘心不忘) : 마음에 새기어 잊지 않음

鈍 | 3급 둔할 **둔** | 쇠 금(金) + 진칠 둔(屯) 발음 역할
금속(金)으로 만든 칼, 도끼가 오래되어 무디다(屯) → 둔하다, 우둔(愚鈍)하다는 뜻

鑄 | 3급 불릴 **주** | 쇠 금(金) + 목숨 수(壽) 발음 역할
갑골문을 보면 양손으로 녹인 쇳물을 붓는 모습 → 쇠(金)를 부어 물건을 만들다
→ 쇠(金)에 목숨(壽)을 주다 → 불리다, 부어 만들다는 뜻
📕 주물(鑄物) : 쇠를 녹여서 거푸집에 부어 만든 물건

鍛
2급 불릴 단 | 쇠 금(金) + 층계 단(段) 발음 역할
쇠(金)를 두드리다(段) → (쇠를) 불리다는 뜻

※ 층계 단(段)자 금문을 보면 돌을 두드려 계단을 만드는 모습 → 두드리다, 절단하다, 구분하다
→ 절단, 단편, 층계(層階)의 뜻

鍊
3급 불릴 련 | 쇠 금(金) + 가릴 간(柬)
묶어 놓은 장작더미(柬)에 쇠(金)를 녹여 담금질하다
→ 여러 번 담금질해야 좋은 품질의 쇠가 만들어지듯 사람 신체나 정신력도 오랜 단련으로 강해진다
→ (몸 정신) 단련하다는 뜻
- 예) 단련(鍛鍊) : 쇠붙이를 불에 달구어 두드려서 단단하게 함

鑛
4급 광물 광 | 쇠 금(金) + 넓을 광(廣) 발음 역할
쇠붙이(金) 성분이 들어 있는 넓적한(廣) 돌 → 쇳돌, 광석의 뜻
- 예) 용광로(鎔鑛爐 : 쇳돌(鑛)에서 돌(石)과 쇠(金)로 분리하는 장치), 광부(鑛夫)

※ 礦(쇳돌 광)과 鑛 자는 같은 뜻

鋪
2급 펼 포 | 쇠 금(金) + 클 보(甫) 발음 역할
쇠(金)를 불에 달구어 두드려 크게(甫) 펴다 → 늘어놓다 → (팔 물건을 늘어놓은) 점포, 가게, 문고리의 뜻
- 예) 포장(鋪裝) : 콘크리트나 아스팔트 따위를 깔아 단단히 다져 꾸미는 일

※ 클 보(甫)밭(田)에 새싹(屮)이 돋아나는 형상 → 채소밭(田)의 새싹(屮)이 크고 있다 → 크다 → 많다, 채소밭의 뜻

錯
3급 어긋날 착 | 쇠 금(金) + 섞일 착(昔) 발음 역할
쇠(金)와 섞어서(昔) 도금하다 → 꾸미다 → (도금하기 위해 쇠를) 섞다 → (섞여서) 어긋나다, 어지럽다
→ 잘못되다 → 틀렸다는 뜻
- 예) 착각(錯覺), 착란(錯亂 : 정신이 어지럽고 어수선한 것)

※ 섞일 착(昔)자는 갑골문을 보면 세월(日)이 흘러간다(川)는 모습 → 어제, 옛날, 저녁 → 오래되다
→ (오랫동안) 말린고기, 포 → 섞이다, 쌓이다는 뜻

錦
3급 비단 금 | 쇠 금(金) + 비단 백(帛)
화려한 수를 넣고 금박(金)을 붙였다는 고급 비단(帛)의 뜻

※ 비단 백(帛)자는 무늬 없는 무명으로 만든 하얀(白) 천(巾) → 명주(明紬) : 명주실로 무늬 없이 짠 피륙
→ (무늬 없는 순수한) 비단의 뜻

釘
1급 못 정 | 쇠 금(金) + 고무래 정(丁) 발음 역할
목재 따위에 접합이나 고정에 쓰는 금속(金)으로 만든 뾰족한 물건 → 목의 뜻

| 鈴 | **1급** 방울 **령** | 쇠 금(金) + 하여금 령(令) 발음 역할
얇은 쇠붙이(金)를 둥글고 속이 비게 만들어 그 안에 단단한 물체를 넣은, 흔들면 소리(令)가 나는 물건
→ 방울의 뜻

| 鐸 | **1급** 방울 **탁** | 쇠 금(金) + 엿볼 역(睪) 발음 역할
죄수들을 살펴보기(睪) 위하여 감옥 문에 달아놓은 쇠(金)로 만든 방울 → 쇠방울 소리를 듣고 감시하다
→ 교령을 선포할 때 흔드는 큰 방울 → 방울 → 풍경의 뜻

| 鉉 | **2급** 솥귀 **현** | 쇠 금(金) + 검을 현(玄) 발음 역할
쇠(金)로 만든 큰 솥에 줄(玄)을 끼던 귀 → 솥귀 고리의 뜻

| 鉤 | **1급** 갈고리 **구** | 쇠 금(金) + 글귀 구(句) 발음 역할
쇠(金)로 만든 갈고리(句) → 갈고리, 올가미의 뜻

| 銖 | **2급** 저울눈 **수** | 쇠 금(金) + 붉을 주(朱) 발음 역할
붉은 나무(朱)에 붙어있는 쇠(金) → 저울 → 저울의 뜻

| 錘 | **1급** 저울추 **추** | 쇠 금(金) + 드리울 수(垂) 발음 역할
저울대 한쪽 쇳덩이리(金)와 다른 쪽 물건의 무게를 측정하는 데 기울려(垂) 지는 것을 평형으로 만들다
→ 저울추의 뜻

| 銓 | **1급** 사람가릴 **전** | 쇠 금(金) + 온전 전(全) 발음 역할
온전한(全) 금(金) 같은 사람을 뽑다 → 인재를 저울질하다 → 선발하다, 사람을 가리다는 뜻
예 전형(銓衡), 이조전랑(吏曹銓郞)

| 銜 | **1급** 재갈 **함** | 쇠 금(金) + 다닐 행(行)
말이 길을 달릴 때(行) 말을 잘 부리기 위하여 아가리에 가로 물리는 쇠붙이(金) → 재갈의 뜻

| 銑 | **1급** 무쇠 **선** | 쇠 금(金) + 먼저 선(先) 발음 역할
강철보다 먼저(先) 쉬 녹는 쇠(金) → 물쇠(무른 쇠) → 무쇠의 뜻

| 鋒 | **1급** 칼날 **봉** | 쇠 금(金) + 끌 봉(夆) 발음 역할
칼(金)의 얇고 날카로운(夆) 부분으로, 어떤 대상을 베거나 자르는 쪽 → 칼날의 뜻

| 錚 | **1급** 쇳소리 **쟁** | 쇠 금(金) + 다툴 쟁(爭) 발음 역할
쇠(金)가 서로 다투면서(爭) 부딪쳐서 나는 소리 → 쇳소리의 뜻

| 錠 | **1급** 덩이 **정** | 쇠 금(金) + 정할 정(定) 발음 역할
쇠붙이(金)를 정해진(定) 만큼 작게 뭉쳐서 만든 것 → 덩이 → 정제(錠劑)의 뜻

| 錮 | **1급** 막을 **고** | 쇠 금(金) + 굳을 고(固) 발음 역할
쇠붙이(金)로 단단히 굳게하다(固) → 감금하다, 가두다 → 막다는 뜻

| 鍍 | **1급** 도금할 **도** | 쇠 금(金) + 법도 도(度) 발음 역할
녹을 막거나 표면 장식을 위하여 금(金)을 도수(度)에 맞게 얇은 막을 입히다 → 도금(鍍金)의 뜻

| 鍵 | **2급** 열쇠 **건** | 쇠 금(金) + 세울 건(建) 발음 역할
쇠(金)로 만든 열쇠(建) → 열쇠, 자물쇠의 뜻

※ 세울 건(建)자는 세우다는 뜻이나 열쇠라는 뜻도 있음

| 鎔 | **2급** 쇠녹일 **용** | 쇠 금(金) + 얼굴 용(容) 발음 역할
쇠(金)를 녹여 부어 만들다 → 주조(鑄造)하다 → 쇠를 녹이다는 뜻

| 鎬 | **2급** 땅이름 **호** | 쇠 금(金) + 높을 고(高) 발음 역할
금(金)처럼 뛰어난(高) 도시 → 땅이름, 호경(鎬京)의 뜻

| 鎭 | **3급** 진압할 **진** | 쇠 금(金) + 참 진(眞) 발음 역할
진짜(眞) 쇠붙이(金)로 가득 메우다 → 누르다 → 진압(鎭壓)하다, 진정(鎭靜)하다는 뜻

| 鑽 | **2급** 뚫을 **찬** | 쇠 금(金) + 도울 찬(贊) 발음 역할
송곳 같은 쇠붙이(金) 도움(贊)으로 무언가 뚫다 → 뚫다는 뜻

| 鑿 | **1급** 뚫을 **착** | 쇠 금(金) + 뚫을 착(䥽) 발음 역할
뾰족한 쇠붙이(金)로 땅을 뚫다(䥽) → 파다, 뚫다, 깎다는 뜻

 기운 기

갑골문을 보면 구름이 흘러가는 모양
→ 기운, 기세, 힘, 숨, 공기, 냄새, 바람, 기후, 날씨, 자연현상, 기체의 뜻

※ 공통점은 분명히 무엇이 있기는 하지만 눈에 보이지 않는다는 것
※ 기(氣) 또는 기운(氣運)은 기의 움직임, 눈에 보이지 않으나 느낄 수 있는 모든 것들
※ 기백(氣魄), 공기(空氣), 기세(氣勢), 기후(氣候), 기체(氣體)

氣　**7급** 기운 **기** | 쌀 미(米) + 기운 기(气) 발음 역할
쌀(米)로 밥을 할 때 올라오는 수증기(气) 모양 → 쌀(米)로 밥을 만들어 먹으면 기운(气)이 난다
→ 기운, 기세, 힘의 뜻
예 수증기(水蒸氣)

 몸 기

구부러진 새끼줄 모양 → 굽은 것을 바로잡다 → 꿇어앉아 있는 사람의 몸과 비슷하여
→ 몸, 자기(自己), 자아 → 여섯째 천간(天干) → 사욕(私慾) → 어조사(語助辭) → 다스리다는 뜻

※ 자기(自己), 이기심(利己心), 애국심(愛國心), 이기주의(利己主義)

已　**3급** 이미 **이**
갑골문을 보면 배속에 다 자란 태아 모습 → 이미, 벌써, 너무의 뜻

巳　**3급** 뱀 **사**
갑골문을 보면 배속에 태아 모습 → 태아(胎兒) → 해서부터 지금 글자 → 뱀, 여섯째 지지의 뜻

巷　**3급** 거리 **항** | 뱀 사(巳) + 한가지 공(共)
소전을 보면 고을 읍(邑)자를 두 손으로 감싼 모양 → 함께 모여 사는 마을 → 거리, 시가(市街)의 뜻

巴　**1급** 꼬리 **파** | 뱀 사(巳) + 뚫을 곤(丨)
뱀이 똬리를 틀고 있는 모양 → 뱀, 소용돌이 → 뱀(巳) 꼬리(丨) → 꼬리의 뜻

女 여자 녀

갑골문을 보면 여자가 다소곳이 앉아 있는 모습 → 여자, 계집, 딸, 처녀(處女) → 너 → 작고 연약한 것 → 별의 이름 → 시집보내다 → 짝짓다 → 섬기다 → 부정적 의미의 뜻

婦
4급 아내 **부** | 여자 녀(女) + 빗자루 추(帚)
빗자루(帚)를 들고 집 안 청소하는 여자(女) → 아내, 며느리의 뜻
예) 부부(夫婦)

嬪
1급 아내 **빈** | 여자 녀(女) + 손 빈(賓) 발음 역할
손님(賓)을 잘 접대하는 여자(女) → 궁녀(宮女) → 남편에게 시집간 여자 → 아내의 뜻

妻
3급 아내 **처** | 여자 녀(女) + 돼지머리 계(⺕) + 열 십(十)
갑골문을 보면 손(⺕)으로 여자(女)의 머리(十)를 만지는 모습
→ 고대 중국 사회에서 감히 머리칼을 만져도 되는 여자 → 아내, 시집 보내다는 뜻
예) 처가(妻家) : 아내의 친정

妃
3급 왕비 **비** | 여자 녀(女) + 몸 기(己)
갑골문을 보면 여자가 아이를 바라보는 어머니 모습
→ 해서부터 지금 글자는 남편(임금) 앞에 꿇어앉아 있는(己) 여자(女)의 모습
→ 아내, 왕비(王妃) → 짝짓다(배)의 뜻

嫡
1급 정실 **적** | 여자 녀(女) + 밑동 적(商) 발음 역할
여러 부인(女) 중에서 원래 뿌리(商) → 본 마누라 → 첩 아닌 정실, 본처의 뜻
예) 적자(嫡子) : 정실(正室)의 몸에서 태어난 아들

妾
3급 첩 **첩** | 여자 녀(女) + 매울 신(辛 → 立)
고대 중국에서는 잡혀 온 여자(女)의 얼굴에 문신(辛)을 새겨 첩으로 삼았음 → 첩의 뜻
예) 첩실(妾室) : 첩을 점잖게 이르는 말

※ 매울 신(辛)자는 죄인이나 노예라는 표시를 위해 얼굴에 문신을 새기던 침의 모양 → 맵다, 고생하다
→ 죄인, 노예의 뜻

姑
3급 시어머니 **고** | 여자 녀(女) + 옛 고(古) 발음 역할
나이 먹어 오래된(古) 여자(女) → 시어머니, 고모, 시누이의 뜻
예) 고부(姑婦), 고모(姑母)

妣	**1급** 죽은어미 **비**	여자 녀(女) + 견줄 비(比) 발음 역할

죽은 할머니와 매우 닮은(比) 여자(女) → 죽은 어머니의 뜻

姨	**1급** 이모 **이**, 시누이 **고**	여자 녀(女) + 오랑캐 이(夷) 발음 역할

친척이면서 나랑 성씨가 다른(夷) 여자(女) → 이모(姨母)의 뜻

姉	**4급** 윗누이 **자**	여자 녀(女) + 저자 시(市)

여자 중 다 자라서 시장(市)에 장 보러 갈 수 있을 정도로 다 큰 여자(女) → 누이의 뜻

예 자매(姉妹) : 여형제

妹	**4급** 누이 **매**	여자 녀(女) + 아닐 미(未) 발음 역할

어린 누이가 아직은 어려서(未) 여자(女)가 아니다 → 손아래 여자 → 누이, 소녀의 뜻

예 매부(妹夫) : 누이의 남편, 자형(姉兄)

姐	**특급** 누이 **저**	여자 녀(女) + 공경스러울 저(且) 발음 역할

나보다 나이가 많은(且) 여자(女) → 내가 공경(且)해야 할 여자(女) → 누나, 언니의 뜻

예 소저(小姐) : 아가씨라는 뜻으로 젊은 여자를 일컫던 말

※ 공경스러울 저(且)자는 도마에 고기가 많이 쌓여있는 모양 → 많다, 도마, 공경스럽다 → 또, 또한의 뜻

嫂	**1급** 형수 **수**	여자 녀(女) + 찾을 수(叟) 발음 역할

집안에서 불을 관리(叟)하는 여자(女) → 형수(兄嫂)의 뜻

※ 찾을 수(叟)자는 손(又)에 불을 들고 있는 모습

姪	**3급** 조카 **질**	여자 녀(女) + 이를 지(至) 발음 역할

다음 세대에 이르게(至) 해줄 여자(女) → (고대 중국에서는 모계사회였기 때문에) 여자의 조카를 일컬음 → 조카, 질녀(姪女)의 뜻

婆	**1급** 할미 **파**	음역자 바 여자 녀(女) + 물결 파(波) 발음 역할

이마에 주름살(波) 있는 여자(女) → 할머니의 뜻

예 노파(老婆) : 늙은 할머니

孀	**1급** 홀어머니 **상**	여자 녀(女) + 서리 상(霜) 발음 역할

서리(霜) 맞은 여자(女) → 과부(寡婦), 홀어머니의 뜻

예 청상과부(靑孀寡婦) : 남편을 여읜 젊은 과부

姬 　**2급** 여자 희 | 여자 녀(女) + 턱 이(匝)
여자(女)가 노래(匝)하는 모습 → 가희(歌姬) : 여자 가수 → 여자의 뜻

娘 　**3급** 여자 낭 | 여자 녀(女) + 어질 량(良) 발음 역할
밝고 좋은(良) 여자(女) → 젊은 여자 → 아가씨의 뜻
　예 낭자(娘子) : 처녀를 점잖게 이르는 말

孃 　**2급** 아가씨 양 | 여자 녀(女) + 도울 양(襄) 발음 역할
옷(衣)에 장신구를 달고 있는 어린 여자(女) → 아가씨, 계집애의 뜻
　예 영양(令孃) : 남의 딸을 높이 일컫는 말

　※ 도울 양(襄)자는 옷(衣)에 장신구를 달고 있는 모습

嬰 　**1급** 어린아이 영 | 여자 녀(女) + 목치장 영(賏) 발음 역할
여자(女) 목에 목걸이를 걸어 목치장(賏)을 하다 → 목에 걸다 → 어린아이의 뜻

奴 　**3급** 종 노 | 여자 녀(女) + 오른손 우(又)
고대 전쟁 중 손(又)으로 잡아 온 여자(女) → 손(又)으로 일하는 여자(女) → 종의 뜻
　예 노비(奴婢) : 사내종과 계집종

　※ 성낼 노(怒)자는 종(奴)의 마음(心)이니까 성이 난다 → 성내다, 화나다는 뜻
　※ 힘쓸 노(努)자는 종(奴)이 힘(力)을 다하여 부지런히 일하다 → 힘쓰다는 뜻

婢 　**3급** 계집종 비 | 여자 녀(女) + 낮을 비(卑) 발음 역할
낮은(卑) 신분의 여자(女) → 계집종의 뜻

妓 　**1급** 기생 기 | 여자 녀(女) + 지탱할 지(支)
손에 부채 들고(支) 춤추는 여자(女) → 기생(妓生)의 뜻

娼 　**1급** 창녀 창 | 여자 녀(女) + 번창할 창(昌) 발음 역할
입으로 노래(唱 昌)를 부르고 있는 여자(女) → 노는 여자 → 창녀의 뜻

　※ 노래 창(唱)자는 태양 아래 노래 부르는 모습

姦 　**3급** 간음할 간 | 여자 녀(女) + 여자 녀(女) + 여자 녀(女)
여자들(女)은 간사하다 → 간통(姦通)하다, 간음(姦淫)하다는 뜻

奸 　**1급** 간사할 간 | 여자 녀(女) + 방패 간(干) 발음 역할
여자(女)가 정조를 방어(干)하지 못하고 간음하다 → 간사(奸詐)하다는 뜻

嫉 | 1급 미워할 질 | 여자 녀(女) + 병 질(疾) 발음 역할
여자(女)들의 병(疾) → 여자들이 누군가를 시기(猜忌)하는 병 → 시샘하다, 미워하다는 뜻

妬 | 1급 샘낼 투 | 여자 녀(女) + 돌 석(石)
여자(女)가 시샘하면 돌(石)을 던지면 싸운다 → 질투(嫉妬) → 샘내다는 뜻

妖 | 2급 요사할 요 | 여자 녀(女) + 어릴 요(夭) 발음 역할
젊은(夭) 여자(女)들은 요염하다 → 요망(妖妄)하다 → 요사(妖邪)하다는 뜻

※ 어릴 요(夭)자는 예쁘게 보이려고 고개를 삐딱하게 있는 젊은 여자의 모습

妄 | 3급 망령될 망 | 여자 녀(女) + 망할 망(亡) 발음 역할
여자(女)가 망조(亡)가 들었다 → 망령(妄靈)들다, 거짓, 제멋대로의 뜻

妙 | 4급 묘할 묘 | 여자 녀(女) + 적을 소(少)
젊은(少) 여자(女)가 예쁘다 → 묘하다(빼어나게 훌륭하다)는 뜻
예 미묘(微妙) : 섬세하고 묘함

妨 | 4급 방해할 방 | 여자 녀(女) + 모서리 방(方) 발음 역할
여자(女)는 남자가 일 하는데 거스린다(方) → 방해(妨害)의 뜻

※ 모서리 방(方)자는 네모, 방향, 두루, 거스르다는 뜻

嫌 | 3급 싫어할 혐 | 여자 녀(女) + 겸할 겸(兼) 발음 역할
여자(女)는 의심도 많고, 질투도 많다 → 여자(女)는 의심과 질투를 겸(兼)하고 있다
→ 의심하다, 싫어하다, 혐의(嫌疑)하다는 뜻

姞 | 특급 교활할 활 | 여자 여(女) + 혀 설(舌) 발음 역할
여자(女)의 혀(舌)는 교활(狡猾)하다 → 뻔뻔하다는 뜻

娑 | 1급 춤출 사 | 여자 여(女) + 모래 사(沙) 발음 역할
여자(女) 옷자락이 날리는 모양 → 너풀거리다 → 춤추다는 뜻
 사바(娑婆)

娟 | 특급 예쁠 연 | 여자 녀(女) + 장구벌레 연(肙) 발음 역할
여자(女)가 작은 애벌레(肙)처럼 귀엽다 → 예쁘다, 아름답다는 뜻

| 娥 | **특급** 예쁠 **아** | 여자 녀(女) + 나 아(我) 발음 역할
나(我) 보다 더 이쁜 여자(女)다 → 예쁘다, 아리땁다는 뜻
예 항아(姮娥) : 달에서 산다고 하는 선녀, 상궁 되기 전 어린 궁녀

| 妍 | **2급** 고울 **연** | 여자 녀(女) + 평평할 견(幵) 발음 역할
여자(女)가 가지런히 고르다(幵) → 곱다, 아름답다, 예쁘다는 뜻

| 嬉 | **2급** 아름다울 **희** | 여자 녀(女) + 기쁠 희(喜) 발음 역할
여자(女)가 기뻐하다(喜) → 즐거워하다 → 아름답다는 뜻

| 嬌 | **1급** 아리따울 **교** | 여자 녀(女) + 높을 교(喬) 발음 역할
미모와 콧대가 높은(喬) 여자(女)는 교태(嬌態)롭다 → 교만(驕慢)하다, 요염하다, 아리땁다는 뜻

| 媛 | **2급** 여자 **원** | 여자 녀(女) + 당길 원(爰) 발음 역할
자꾸 눈이 당겨(爰) 쳐다보게 되는 여자(女) → 여자, 미녀의 뜻
예 재원(才媛) : 재주 있는 젊은 여자

| 婉 | **1급** 순할 **완** | 여자 여(女) + 완연할 연(宛) 발음 역할
아주 뚜렷하게 완연한(宛) 여자(女) → 아름답다, 예쁘다 → 순하다는 뜻

| 媚 | **1급** 아첨할 **미** | 여자 여(女) + 눈썹 미(眉) 발음 역할
눈썹(眉)이 이쁜 여자(女)가 교태부리다 → 아양을 떨다 → 아첨(阿諂)하다는 뜻

| 如 | **4급** 같을 **여** | 여자 녀(女) + 입 구(口)
남자의 말(口)에 순종하는 여자(女) 모습 → 여자들(女) 말(口)은 똑같다 → ~와 같다는 뜻
예 여취여몽(如醉如夢) : 취한 것 같기도 하고, 꿈인 것 같기도 하고

| 姿 | **4급** 모양 **자** | 여자 녀(女) + 버금 차(次) 발음 역할
여자(女)에게 자세를 똑바로 하라고 침 튀어 가며 잔소리(次)하는 모습 → 모양, 맵시의 뜻
예 방자(芳姿 : 꽃다운 자태), 자태(姿態 : 맵시와 몸가짐)

| 好 | **4급** 좋을 **호** | 여자 녀(女) + 아들 자(子)
갑골문을 보면 어머니(女)가 자식(子)을 지그시 보는 모습 → 여자(女)가 아들(子)과 같이 있으니 좋다 → 사랑한다, 사이좋다, 좋다는 뜻

妥

3급 온당할 타 | 여자 녀(女) + 손톱 조(爪)

갑골문을 보면 손(爪)으로 여자(女) 머리채를 잡는 모습 → 집안이 평안 하려면 여자가 복종해야 한다
→ 약한 여자(女)는 남자의 손(爪)안에 있는 것이 마땅하다 → 타당(妥當)하다, 온당(穩當)하다
→ 편안(便安)하다는 뜻

예 타협(妥協) : 양쪽이 서로 좋도록 절충하여 협의함

姓

7급 성씨 성 | 여자 녀(女) + 날 생(生)

갑골문을 보면 여자(女)가 낳은(生) 아이를 표현
→ 고대 중국의 모계사회에서는 여자의 성(姓)을 따르게 함 → 성씨, 백성의 뜻

姜

2급 성씨 강 | 여자 여(女) + 양 양(羊)

양(羊)처럼 순한 여자(女) → 강하다 → 양(羊)을 많이 기르던 부족 → 성씨(강)의 뜻

媒

3급 중매 매 | 여자 여(女) + 아무 모(某) 발음 역할

어느(某) 모르는 여자(女)를 남자에게 소개하다 → 남녀 사이 중간에서 소개하다 → 중매(仲媒)의 뜻

婚

4급 혼인할 혼 | 여자 녀(女) + 어두울 혼(昏) 발음 역할

갑골문을 보면 신부가 신랑이 오는 발걸음 소리를 듣기 위해 귀를 쫑긋 세운 모습
→ (옛날에는 결혼을 어두운 밤에 했기에)해서부터는 여자(女)가 어두울(昏) 때 혼인한다
→ 결혼(結婚)하다는 뜻

姻

3급 혼인할 인 | 여자 녀(女) + 인할 인(因) 발음 역할

소전을 보면 침대에 누워있는 신랑(因) 옆에 신부(女)가 있는 모습
→ 해서부터 여자(女)가 인연(因)을 맺는 것이 혼인(婚姻)이다 → 인연, 연인의 뜻

※ 인할 인(因)자는 침대에 누워있는 모습 → (가차되어) 인하다. 말미암다는 뜻

媤

1급 시집 시 | 여자 녀(女) + 생각할 사(思)

여자(女)가 항상 마음속으로 생각(思)하는 것 → 시집이라는 뜻글자

예 시댁(媤宅) : 남편의 집, 시부모가 있는 집

嫁

1급 시집갈 가 | 여자 녀(女) + 집 가(家) 발음 역할

여자(女)가 혼인한 후에 가야 하는 집(家) → 시집 살러 가는 집 → 출가(出嫁)하다 → 시집가다는 뜻

※ 옛날 신랑은 신붓집에서 결혼 후 처갓집에서 일정 기간 머물면서 노동력 제공하였으며,
그 이후 신부를 본가(시집)로 데려감

娶
1급 장가들 **취** | 여자 여(女) + 가질 취(取) 발음 역할
결혼이 약탈의 일부였던 옛날 풍습을 보여주는 글자로 여자(女)를 취하여(取) 장가를 든다는 뜻

姙
특급 임신할 **임** | 여자 녀(女) + 맡길 임(任) 발음 역할
결혼한 여자(女)가 의무적(任)으로 해야 할 일 → 아기를 배다 → 임신(姙娠, 妊娠)의 뜻
예 임산부(姙産婦)

※ 임신할 임(姙, 妊), 임신할 배(胚), 아기밸 신(娠), 아기밸 잉(孕), 아기밸 태(胎)

娠
1급 아기밸 **신** | 여자 여(女) + 때 신(辰) 발음 역할
여자(女)가 아이를 임신하여 배가 움직인다(辰) → 잉태(孕胎)하다는 뜻

娩
2급 낳을 **만** | 여자 여(女) + 면할 면(免) 발음 역할
여자(女)가 출산 고통을 면하다(免) → 아이를 낳다 → 낳다, 해산(解産)하다, 번식(繁殖)하다는 뜻

娛
3급 즐길 **오** | 여자 녀(女) + 나라이름 오(吳) 발음 역할
놀(吳) 때에는 여자(女)가 있어야 한다 → 놀다, 즐기다, 농담(弄談)하다는 뜻
예 오락(娛樂)

※ 큰소리칠 화(吳)자는 떠들썩하게 노는 모습 → 큰소리 → 나라 이름 → 성씨(오)의 뜻

始
6급 비로소 **시** | 여자 녀(女) + 기쁠 이(台)
금문을 보면 엄마(女)가 아이 입(口)에 수저(匕)로 밥 먹이는 모습
→ 엄마(女)가 (뱃속) 아이에게 영양분을 주다 → 엄마(女)가 새 생명을 얻어 기쁘다(台)
→ 아이(새 생명) 삶이 시작(始作)되다 → 처음, 시초(始初) → 먼저, 비로소, 바야흐로, 근원, 근본의 뜻

委
4급 맡길 **위** | 여자 녀(女) + 벼 화(禾)
여자(女)가 벼(禾)를 관리하는 모습
→ 옛날 농경사회에서는 논에 물을 대거나 둑을 쌓는 것과 같은 중노동은 주로 남자들이 책임을 졌지만, 농작물 관리는 여자들이 맡았음 → 위임(委任)하다, 전담하다 → 맡기다, 맡게 하다는 뜻

威
4급 위엄 **위** | 여자 녀(女) + 개 술(戌)
왼쪽에 넓은 도끼날(戌)이 붙은 창(戈) 아래에 여자(女)가 있는 모습 → 도끼로 여자를 위협하고 있는 모습
→ 위협(威脅), 두려움 → 위엄, 권위, 세력의 뜻

※ 女 자가 부수자는 아니지만 여성을 뜻하는 글자
예 잡을 나(拏), 어미 모(母), 요긴할 요(要), 편안 안(安), 잔치 연(宴)

병들어기댈 녘(역), 병들어기댈 상

침대(爿) 누워 있는 아픈 사람(人)의 모습
→ (다치거나 질병과 아픔 관련된 글자에 사용) 병들어 기대다 → 앓다 → 병의 뜻

※ 나뭇조각 장(爿)자는 침대의 모습을 본떠 만든 글자

疾 **3급 병 질** | 병들어기댈 녘(疒) + 화살 시(矢) 발음 역할

갑골문을 보면 大자 옆으로 矢자가 그려 → 사람(大)이 화살(矢)에 맞았다
→ (금문에서부터 지금 글자) 질병, 괴로움의 뜻
예 괴질(怪疾 : 원인을 알 수 없는 이상야릇한 병), 질주(疾走 : 병을 고치려고 빨리 달림)

※ 시기할 질(嫉)자는 여자(女)들 시기도 일종의 병(疒)이다는 뜻

病 **6급 병 병** | 병들어기댈 녘(疒) + 남녘 병(丙) 발음 역할

갑골문을 보면 침대에 누워 땀 흘리고 있는 모습 → 병에 걸려 힘들다
→ 병(疒)이 나서 몸에 불(丙)이 나다 → 병(疒)이 더 분명해지다(丙) → 병, 질병(疾病)
→ 근심, 괴로워하다는 뜻

※ 남녘 병(丙)자는 제사상에 제물을 올리고 불을 밝힌 모양 → 불 → 밝다, 비추다 → (불빛처럼 따스한) 남쪽
→ [나중에 십간십이지의 십간(十干) 중 하나로 사용] 병(셋째 천간, 3번째) → 밝다 → 선명해지다, 분명해지다는 뜻

痼 **1급 고질병 고** | 병들어기댈 녘(疒) + 옛 고(古) 발음 역할

오래되어(古) 고치기 어려운 병(疒) → 고질병(痼疾病)의 뜻

症 **3급 증세 증** | 병들어기댈 녘(疒) + 바를 정(正) 발음 역할

병(疒)을 바로(正)잡기 위해 알아야 할 증상(症狀) → 증세(症勢)의 뜻

療 **2급 고칠 료** | 병들어기댈 녘(疒) + 밝을 료(尞) 발음 역할

병(疒)을 고쳐서 마음이 밝아(尞)졌다 → 병 고치다 → 치료하다는 뜻
 진료(診療) : 진찰하고 치료함

癒 **1급 병나을 유** | 병들어기댈 녘(疒) + 나을 유(愈) 발음 역할

병(疒)이 점점 나아지다(愈) → (병이) 낫다는 뜻

痛 | 4급 아플 통 | 병들어기댈 녁(疒) + 길 용(甬) 발음 역할
몸이 안 좋아 침대(疒)에 누워있으니 아픔이 솟아오른다(甬)
→ 병(疒)이 나서 통증(痛症)이 종소리(甬)처럼 온몸으로 퍼져나가는 모양
→ 병(疒)이 나서 아프다, 괴롭다, 슬프다, 고통, 사무치다는 뜻

※ 길 용(甬)자는 다용도로 쓰이는 통을 뜻하는 쓸 용(用)자 위에 손잡이(マ)를 붙인 형상
→ 글자 모양이 고리(マ) 달린 종(用) → 양쪽에 담을 쌓은 길 → 섬(용량 단위, 열 말) → 대롱
→ 꽃이 피는 모양 → 솟아 오르다 → 통하다는 뜻

疼 | 1급 아플 동 | 병들어기댈 녁(疒) + 겨울 동(冬) 발음 역할
추운 겨울(冬)이 오니까 몸이 욱신거리고, 쑤시다(疒) → 아프다

癌 | 2급 암 암 | 병들어기댈 녁(疒) + 바위 암(嵒) 발음 역할
산에 바위(嵒)가 붙어 있는 것처럼 사람 몸에 암 덩어리가 붙어있는 병(疒) → 암, 종기의 뜻
예) 항암(抗癌), 간암(肝癌)

※ 바위 암(嵒)자는 산(山) 위에 바위들(品)이 있는 모습을 본떠 만든 글자

痘 | 1급 역질 두 | 병들어기댈 녁(疒) + 콩 두(豆) 발음 역할
얼굴에 콩(豆)자국과 같은 곰보가 생기는 전염병(疒)중 하나
→ 천연두(天然痘), 역질(疫疾), 마마(媽媽)의 뜻

疝 | 1급 산증 산 | 병들어기댈 녁(疒) + 메 산(山) 발음 역할
배가 아파서 침대(疒)에 누워 움직이지 못하다(山) → 배 아프다 → 산증(疝症)의 뜻

疳 | 1급 감질 감 | 병들어기댈 녁(疒) + 달 감(甘) 발음 역할
달콤한것(甘)이 몹시 먹고 싶어서 애가 타는 병(疒) → 감질(疳疾)의 뜻

疸 | 1급 황달 달 | 병들어기댈 녁(疒) + 아침 단(旦) 발음 역할
담즙(膽汁)의 색소로 살갗과 오줌이 누렇게 되는 병(疒) → 황달(黃疸)의 뜻

疹 | 1급 마마 진 | 병들어기댈 녁(疒) + 숱 많고 검을 진(㐱) 발음 역할
얼굴과 몸에 좁쌀 같은 많은(㐱) 붉은 발진이 돋으면서 앓는 어린이의 전염병(疒) → 붉은(紅) 병(疫)
→ 홍역(紅疫) : 마마, 천연두, 두창 → 앓다는 뜻

痔 | 1급 치질 치 | 병들어기댈 녁(疒) + 절 사(寺) 발음 역할
똥구멍의 안팎에 나는 외과에 속하는 병(疒) → 치질(痔疾)의 뜻

痢 | **1급** 설사 **이** | 병들어기댈 녁(疒) + 이로울 이(利) 발음 역할
배탈(疒)이 나서 이롭지(利) 못한 묽은 똥을 누다 → 설사(泄瀉), 이질(痢疾)의 뜻

痰 | **1급** 가래 **담** | 병들어기댈 녁(疒) + 불꽃 염(炎) 발음 역할
기관지 또는 폐 염증(炎症)에 의한 병(疒)으로 생긴 것 → 가래, 담의 뜻

瘀 | **1급** 어혈질 **어** | 병들어기댈 녁(疒) + 어조사 어(於) 발음 역할
타박상 인하여(於) 살 속에 피가 맺힌 병(疒) → 어혈(瘀血)지다, 병(病), 앓다는 뜻

瘍 | **1급** 헐 **양** | 병들어기댈 녁(疒) + 볕 양(昜) 발음 역할
양(昜)의 기운이 많아 생기는 병(疒) → 피부가 곪아서 큰 부스럼이 생기다 → 종기(腫氣) → 부스럼 → 헐다는 뜻
예) 궤양(潰瘍), 종양(腫瘍)

瘡 | **1급** 부스럼 **창** | 병들어기댈 녁(疒) + 곳집 창(倉) 발음 역할
피부가 곪아서 푸르는(倉) 멍이 생긴 병(疒) → 부스럼, 종기, 상처(傷處)의 뜻

瘤 | **1급** 혹 **류** | 병들어기댈 녁(疒) + 머무를 류(留) 발음 역할
병(疒)이 생겨 몸에 머물고(留) 있는 군더더기 살덩어리 → 혹의 뜻

瘧 | **1급** 학질 **학** | 병들어기댈 녁(疒) + 모질 학(虐) 발음 역할
모기에게 물려서 모질고(虐) 두렵게 감염된 병(疒) → 학질(瘧疾), 말라리아의 뜻

瘙 | **1급** 피부병 **소** | 병들어기댈 녁(疒) + 벼룩 조(蚤) 발음 역할
벼룩(蚤)으로 인하여 몸이 가려운 병(疒) → 피부병(皮膚病)의 뜻

癢痒 | **1급** 가려울 **양** | 병들어기댈 녁(疒) + 기를 양(養), 양 양(羊) 발음 역할
기르는(養) 양(羊) 털이 피부에 다아서 근지러는 병(疒) → 가렵다는 뜻

癎 | **1급** 간질 **간** | 병들어기댈 녁(疒) + 사이 간(間) 발음 역할
사이사이(間) 간간히 경련을 일으키는 병(疒) → 간질(癎疾), 지랄병의 뜻

癖 | **1급** 버릇 **벽** | 병들어기댈 녁(疒) + 허물 벽(辟) 발음 역할
피하고 싶은 허물(辟)있는 나쁜 습관 병(疒) → 버릇의 뜻
예) 결벽(潔癖), 주벽(酒癖), 낭비 벽(浪費癖)

癩	**1급** 나환자 **나**	병들어기댈 녁(疒) + 의뢰할 뢰(賴) 발음 역할
	나균(癩菌)에 의하여 발생된 만성 감염병(疒) → 문둥병 → 나환자, 나병의 뜻

癲	**1급** 미칠 **전**	병들어기댈 녁(疒) + 넘어질 전(顚) 발음 역할
	이마가 엎드러져(顚) 머리가 이상하다(疒) → 말과 행동이 보통 사람과 다르게 되다 → 미치다는 뜻

疫	**3급** 전염병 **역**	병들어기댈 녁(疒) + 몽둥이 수(殳)
	마치 온몸을 몽둥이(殳)로 두들겨 맞은 것과 같은 병(疒) → 역귀(疫鬼)가 역병을 일으키다 → 전염병(傳染病), 역병(疫病), 돌림병의 뜻

痙	**1급** 경련 **경**	병들어기댈 녁(疒) + 물줄기 경(巠) 발음 역할
	몸에 물줄기(巠) 흐르듯 경련이 일어나는 것은 아픔(疒) → 경련(痙攣)의 뜻

痲	**2급** 저릴 **마**	병들어기댈 녁(疒) + 삼 마(麻) 발음 역할
	몸이 마비(麻)되는 아픔(疒) → 저리다, 마비되다는 뜻
	※ 삼 마(麻)자에서 마 잎과 꽃에는 감각을 일시적으로 마비(痲痺)시키는 성분이 있음

痺 痹	**1급** 저릴 **비**	병들어기댈 녁(疒) + 낮을 비(卑) 발음 역할
	신경이나 근육에 감각이 없거나 움직일 수 없는 병(疒) → 마비(痲痺)되다 → 저리다는 뜻

痍	**1급** 상처 **이**	병들어기댈 녁(疒) + 오랑캐 이(夷) 발음 역할
	오랑캐(夷)가 몸을 다치게하여 침대(疒)에 누워있다 → 상처(傷處)의 뜻

癡 痴	**1급** 어리석을 **치**	병들어기댈 녁(疒) + 알 지(知) 발음 역할
	평소 알고(知) 있는 능력에 병(疒)이 걸렸다 → 알아보지 못한다 → 어리석다는 뜻
	예) 백치(白痴, 白癡 : 바보, 천치), 치매(痴呆, 癡呆)

痕	**1급** 흔적 **흔**	병들어기댈 녁(疒) + 그칠 간(艮) 발음 역할
	병(疒)이 그친(艮) 자리에 흉터 흔적(痕跡) 남는다 → 흔적, 흉터의 뜻

瘦	**1급** 파리할 **수**	병들어기댈 녁(疒) + 늙은이 수(叟) 발음 역할
	병(疒)에 걸려서 늙은이(叟)처럼 여위다, 수척(瘦瘠)하다 → 파리하다는 뜻

瘠	**1급** 파리할 **척**	병들어기댈 녁(疒) + 등마루 척(脊) 발음 역할
	등골뼈(脊)가 드러날 정도로 몸이 병(疒) 들어 파리(여위다)하다는 뜻

疲 **4급** 피곤할 **피** | 병들어기댈 녁(疒) + 가죽 피(皮) 발음 역할
피부(皮)가 병(疒)든 것처럼 거칠고 피곤해 보임 → 지치다 → 피곤(疲困)하다 → 야위다는 뜻

 큰 대

갑골문을 보면 양팔을 크게 벌리고 있는 큰 사람 모습 → 크다, 높다, 많다, 사람의 뜻

夫 **7급** 지아비 **부** | 큰 대(大) + 비녀(一) 모양
옛날 중국 사람들은, 어른이 되면 머리에 비녀를 하는 풍습이 있었음
→ 어른 이 된 큰 사람(大)의 머리에 비녀(一)를 한 모습 → 지아비, 남편 → 사내의 뜻

失 **6급** 잃을 **실**
금문을 보면 손(扌)에서 물건(乀)을 떨어트리는 모양 → 화살(矢)이 과녁을 못 맞추고 빗나갔다 (丿)
→ 놓아주다 → 떠나다, 가다 → 잃다는 뜻

天 **7급** 하늘 **천** | 큰 대(大) + 한 일(一)
갑골문을 보면 사람(大) 머리 위로 동그란 하늘 모양 → (소전부터 지금 글자) 하늘, 천자의 뜻

夭 **1급** 일찍죽을 **요** | 큰 대(大) + 삐침 별(丿)
어린 사람(大)이 머리를 갸우뚱(丿)하며 요염하게 교태를 부리고 모습 → 어리다, 젊다, 예쁘다, 아름답다
→ 고개를 숙인다 → 고개가 꺾여 죽다 → 일찍 죽다 → 재앙의 뜻

太 **6급** 클 **태** | 큰 대(大) + 점(丶)
큰 대(大)에 점(丶)을 하나 찍으므로 크다는 의미를 분명히 한 지사문자 → 크다, 심하다는 뜻

奭 **2급** 클 **석** | 큰 대(大) + 이백 벽(皕)
수많은(皕) 사람 중 매우 큰(大) 사람 → 크다는 뜻

夾 **특급** 낄 **협** | 큰 대(大) + 사람 인(人) + 사람 인(人)
두 사람(人人) 사이에 큰 사람(大)이 끼어(夾) 있는 모습 → 끼다, 좁다는 뜻

夷 **3급** 오랑캐 **이** | 큰 대(大) + 활 궁(弓)
사람(大)의 어깨에 활(弓)을 메고 다니는 모습 → 오랑캐 → 동방 종족의 뜻

Ⅱ. 부수자

奔
3급 달릴 **분** | 큰 대(大) + 풀 훼(卉)
금문을 보면 사람(大)이 팔을 크게 휘두르며 달려가는(止) 모습
→ 소전에서 풀밭(卉)으로 사람(大)이 달려가는 모습 → 달리다, 급히 가다는 뜻

※ 풀 훼(卉)자는 풀(艹)이 여러 개 나온 모양

央
3급 가운데 **앙** | 큰 대(大) + 멀 경(冂)
갑골문을 보면 양팔을 벌린 사람(大)이 목에 冂모양의 가추(枷杻)를 차고 있는 모습
→ (가추는 죄수들이 도망가지 못하도록 목에 씌우던 나무칼로 가추의 중앙에 자리 잡은 모습에서) 가운데
→ (가추 쓴 죄인) 재앙의 뜻

奬
4급 장려할 **장** | 큰 대(大) + 장수 장(將) 발음 역할
크게(大) 도와서(將) 장려(奬勵)한다 → 칭찬하다, 권면하다는 뜻

※ 장수 장(將)자는 평상(爿)에서 손(寸)으로 고기(肉)를 들고 제사를 도와주고 있는 장수 모습 → 돕다, 장군
　→ (가차되어) 장차의 뜻

奢
1급 사치할 **사** | 큰 대(大) + 사람 자(者) 발음 역할
크게(大) 떠벌리는 사람(者) → 허풍떨다, 자랑하다 → 낭비하다, 사치(奢侈)의 뜻

奧
1급 깊을 **오** | 분별할 변(釆) + 집 면(宀) + 큰 대(大)
짐승의 발자국(釆)이 마당이 아닌 사람(大)이 있는 집(宀)안 깊숙한 곳에 찍혀있는 모양 → 깊숙한 안쪽
→ 깊숙하다 → 깊다는 뜻

奚
3급 어찌 **해** | 손톱 조(爪) + 작을 요(幺) + 큰 대(大)
갑골문을 보면 손(爪)에 머리채(幺)를 잡힌 여자(大) 노비 모습 → 주인에게 종속된 여자 종 표현
→ 종(하인) → 따라다니다 → (종이 자기 신세 탄식) 어찌, 무슨의 뜻

奮
3급 떨칠 **분**, 휘두를 **분** | 새 추(隹) + 큰 대(大) + 밭 전(田)
금문을 보면 大자가 아닌 衣(옷 의)자 그려져 있음 → 밭(田)에서 새(隹)가 날개(大)를 펼치고 비상하다
→ 날갯짓 → 떨치다, 명성을 드날리다는 뜻
◎ 분발(奮發) : 마음과 힘을 떨쳐 일으킴

奪
3급 빼앗을 **탈** | 새 추(隹) + 큰 대(大) + 마디 촌(寸)
금문을 보면 大자가 아닌 衣(옷 의)자 그려져 있음
→ 새(隹)의 날개(大)를 손(寸)으로 움켜잡아 새가 자유롭게 날아다닐 기회를 빼앗다, 약탈하다는 뜻
◎ 탈취(奪取)

奄
3급 문득 엄 | 큰 대(大) + 번개 전(电)
갑자기 커다란(大) 번개(电)가 치다 → 문득 → 가리다는 뜻

奇
4급 기특할 기 | 큰 대(大) + 옳을 가(可) 발음 역할
노래하면서 농사일(可)하는 사람(大) → 옳을(可) 일을 하는 사람(大) → 기특(奇特)하다, 뛰어나다 → 기이하다, 괴상(怪常)하다 → 의지(依支)하다는 뜻

奈
3급 어찌 나 | 큰 대(大) + 보일 시(示)
소전을 보면 능금나무 모양 → 능금나무 → 어떻게 이렇게 큰(大) 것을 한 번에 다 보여줄(示) 수 있겠는가 → 어찌의 뜻
예 막무가내(莫無可奈) : 도무지 어찌할 수 없음

奎
2급 별 규 | 큰 대(大) + 홀 규(圭) 발음 역할
큰 사람(大)이 가랑이를 벌리고 땅(圭) 위를 걷는 모습 → 가랑이 → 걷다 → 글, 문장 → 별, 별 이름의 뜻

奉
5급 받들 봉 | 큰 대(大) + 손 맞잡을 공(廾) 변형 + 우거질 봉(丰) 발음 역할
갑골문을 보면 귀한 약초를 두 손(廾)으로 누군가에게 바치는 모습 → 받들다 → 섬기다 → 받들 봉(捧)과 같은 뜻

奏
3급 아뢸 주 | 큰 대(大) + 손 맞잡을 공(廾) 변형 + 일찍 죽을 요(夭)
두 손(廾)으로 무언가를 누군가에게 바치는 모습 → 바치다 → 아뢰다 → 연주(演奏)하다는 뜻

套
1급 씌울 투 | 큰 대(大) + 긴 장(長)
크고(大) 긴(長) 것으로 덮다 → 씌우다는 뜻
예 봉투(封套)

契
3급 맺을 계 | 큰 대(大) + 교묘하게 새길 각(㓞)
사람(大) 간 중요한 약속을 나무에 새기다(㓞) → 굳은 약속, 결의, 언약, 계약 → 맺다는 뜻
예 계약(契約), 금란지계(金蘭之契)

奠
1급 제사 전 | 큰 대(大) + 우두머리 추(酋)
갑골문을 보면 양손(寸)으로 술병(酋)을 받든 모습 → 높은 분(조상)에게 술을 따르는 모습 → 공경하다, 존경하다 → 높이다, 우러러보다 쫓다는 뜻

※ 우두머리 추(酋)자는 술이 익어 술병(酉) 위로 술 향기가 솔솔 나는(八) 모습 → 술이 익다 → 이루다 → 성취하다 → 뛰어나다 → 우두머리의 뜻

刀 刂 칼 도

갑골문을 보면 고대 칼날 위에 뾰족한 날이 하나 더 있는 모양 → 칼, 화폐, 거룻배의 뜻

※ 일반 칼은 날이 한쪽, 양쪽 날로 사용하는 칼은 검(劍)이라고 함
※ 면도(面刀), 도상(刀傷 : 칼로 인한 상처)

刃
2급 칼날 인
칼(刀)의 날 쪽에 점(ヽ)을 찍어 날카로움을 표시 → 칼날의 뜻

※ 참을 인(忍)자는 날카로운 칼날(刃) 같은 아픔을 견디는 마음(心) → 심장을 찌르듯한 아픔, 감정을 참는다 → 참다, 잔인하다는 뜻

刻
4급 새길 각 | 칼 도(刂) + 돼지 해(亥)
도살된 돼지(亥)를 자른다(刂) → 벗기다, 깎다, 새기다는 뜻

※ 돼지 시(豕)자는 살아있는 돼지, 亥 자는 머리와 다리가 잘린 도살한 돼지를 그린 것

利
6급 이로울 이 | 칼 도(刂) + 벼 화(禾)
다 자란 벼(禾)를 칼(刂)로 베어 수확하니 이익(利益)이 생겼다 → 이롭다는 뜻

初
5급 처음 초 | 칼 도(刀) + 옷 의(衣)
옷(衣)을 만들기 위해 맨 처음 칼(刀)로 옷감을 자르는 일 → 시작, 처음, 비로서의 뜻

則
5급 법칙 칙 | 칼 도(刂) + 솥 정(鼎 → 貝)
금문을 보면 솥 정(鼎)자와 칼 도(刂)자 결합한 모양 → 칼로 제사 지내던 솥에 문자(규정)를 새겨 넣다
→ 법칙(法則), 준칙 → 본보기의 뜻

※ 금문(金文) : 솥같은 쇠(金)에 새겨진 글자(文)

劇
4급 심할 극 | 칼 도(刂) + 호피무늬 호(虍) + 돼지 시(豕)
소전에서는 虍, 豕, 力자 결합한 모양 → 호랑이(虎)와 산돼지(豕)가 힘(力)으로 싸우다
→ 해서에서 (力)자가 (刂)로 바뀌어 칼들고 심하게 싸우는 모습
→ 심(甚)하다, 극적(劇的), 연극(演劇), 대단하다, 바쁘다, 빠르다는 뜻

判
4급 판단할 판 | 칼 도(刂) + 반 반(半) 발음 역할
칼(刂)로 물건을 반(半)으로 쪼갠다 → 물건을 쪼개듯이 판단한다 → 판단(判斷)하다는 뜻

劍 | 3급 칼 검 | 칼 도(刂) + 다 첨(僉)
한쪽 날이 아닌 칼의 양쪽 모두 다(僉) 사용하는 칼(刂) → 양날 칼 → 검의 뜻
예) 검술(劍術)

※ 다 첨(僉) → 집 밖에 많은 사람들이 모여있는 모습 → 모두의 뜻

創 | 4급 다칠 창, 비롯할 창 | 칼 도(刂) + 곳집 창(倉) 발음 역할
금문을 보면 칼(刂)에 피가 묻은 모양 → 칼 부름은 어떤 원인에서 비롯되었을까 → 어떠한 원인
→ 소전부터는 창고(倉)에서 짐을 풀 때 묶은 끈을 칼(刂)로 끊음으로써 시작된다는 것으로 표현
→ 시작(始作)되다, 비롯되다, 다치다는 뜻
예) 창상(創傷 : 날이 있는 물건에 다친 상처), 창조(創造 : 처음 만듦)

剛 | 3급 굳셀 강 | 칼 도(刂) + 산등성이 강(岡) 발음 역할
칼(刂)이 굳세다(岡) → 강직하다, 단단하다는 뜻
예) 강경(剛硬) : 성품이 단단하고 꿋꿋함

※ 산등성이 강(岡)자는 산등성이 자체가 우직하고도 강직함의 뜻

刊 | 3급 새길 간 | 칼 도(刂) + 방패 간(干) 발음 역할
소전을 보면 칼(刂)로 나무를 평평하게(开 → 干) 깎다
→ 나무를 평평하게 깎아 목판에 글을 새겨 인쇄하다 → 새기다, (책을) 펴내다는 뜻
예) 출간(出刊)

券 | 4급 문서 권 | 칼 도(刂) + 밥 뭉칠 권(釆) 발음 역할
소전을 보면 계약서 작성하는 모습, 즉 먼 훗날 헷갈리지 않고 잘 분별(釆)하기 위해 칼(刀)을 놓고
서로 붓(帇 + 帇)을 들고 문서에 서명하는 모습
→ 해서부터 칼(刀)로 대나무 죽간(卷)에 글을 새겨 표시하다를 표현 → 계약서, 문서, 증서의 뜻

前 | 7급 앞 전 | 칼 도(刂) + 앞 전(歬)자 변형 발음 역할
금문을 보면 舟(배 주)자와 止(발 지)자가 결합한 歬(앞 전)자 모양 → (배가) 앞서나가다를 표현
→ 앞, 먼저 → 앞날 → 가위, 자르다는 뜻

剪 | 1급 자를 전 | 칼 도(刂) + 앞 전(前) 발음 역할
앞쪽(前)이 날카로운 칼날(刂) 같은 것 → 가위 → 자르다, 깎다, 끊다는 뜻

劑 | 2급 약제 제 | 칼 도(刂) + 가지런할 제(齊) 발음 역할
약초(藥草)를 작두(刂)로 가지런히(齊) 잘라서 한약을 조제하는 모습 → 약제의 뜻
예) 조제(調劑)

分
6급 나눌 분 | 칼 도(刀) + 여덟 팔(八)
칼(刀)로 사물을 반으로 나누다(八) → 베풀어 주다는 뜻
- 분별력(分別力) : 사리에 맞게 판단하는 힘

※ 여덟 팔(八)자는 나누다는 뜻

別
6급 나눌 별 | 칼 도(刂) + 헤어질 영(另)
갑골문을 보면 칼(刂)로 뼈에서 살을 발라내는(另) 모습 → 뼈와 살을 나누다
→ 헤어지다, 이별(離別), 차별(差別)의 뜻

剝
1급 벗길 박 | 칼 도(刂) + 새길 록(彔)
칼(刂)로 나무껍질을 깎아서 새기다(彔) → 벗긴다 → 깎다는 뜻
- 박제(剝製)

制
4급 절제할 제, 지을 제 | 칼 도(刂) + 아닐 미(未) 변형
금문을 보면 무성한 나뭇가지(未)를 마음대로 뻗지 못하게 칼(刂)로 다듬는 모습 → 짓다
→ 절제(節制)하다, 억제(抑制)하다 → 법도, 제도(制度), 법규의 뜻

※ 옷지을 제(製)자는 옷(衣)을 만들기 위해 가위(刂)로 다듬는(制) 모습 → 짓다, 만들다는 뜻

列
4급 벌일 렬 | 칼 도(刂) + 부서진 뼈 알(歹)
해서에서 칼(刂)로 짐승 뼈(歹)를 갈라서 벌려놓는 모양 → 벌리다, 분리(分離)하다
→ 진열(陳列)하다, 순서 매기다는 뜻
- 열거(列擧) : 여러 가지를 하나씩 들어 말함

※ 매울 렬(烈)자는 장작 불(灬)을 벌리니까(列) 불이 세차게 타오른다 → 불사르다
  → 대단하다, 사납다, 맵다, 빛나다, 아름답다는 뜻
※ 찢을 렬(裂)자는 옷(衣)이 벌어졌다(列) → 찢다, 해지다는 뜻
※ 법식 례(例)자는 사람들(亻)이 벌려서 있다(列) → 늘어서다, 순서대로 서 있다 → 사람이 지켜야 할 순서
  → 법칙, 규칙, 예, 보기의 뜻

割
3급 벨 할 | 칼 도(刂) + 해칠 해(害)
칼(刀)로 누군가를 해치다(害) → 베다, 자르다, 나누다는 뜻
- 할복(割腹) : 배를 가름

※ 해칠 해(害)자는 집안에서 큰 소리로 다투는 모습 → 해치다는 뜻

刺
3급 찌를 자 | 칼 도(刂) + 가시 자(朿) 발음 역할
가시(朿)같이 날카로운 칼(刂)로 찌르다, 나무라다 → 죽이다, 충고하다는 뜻
- 자객(刺客) : 사람을 몰래 찔러 죽이는 사람

剌 | **1급** 발랄할 **랄** | 칼 도(刂) + 묶을 속(束)
묶여(束)있는 나뭇더미를 칼(刂)로 풀어헤치니 어지럽게 되다 → 발랄(潑剌)하다는 뜻

切 | **5급** 끊을 **절**, 온통 **체** | 칼 도(刀) + 일곱 칠(七)
칼(刀)로 자르다(七) → 끊다, 베다라는 뜻
예 ① 일체(一切) : 명사로 모든 것을 의미함(안주 일체)
　② 일절(一切) : 부사로 전혀, 도무지, 도통의 뜻으로 사물을 부인하거나 금지하는 의미
　　　　　　　　(일절 소식이 없다)

※ 일곱 칠(七)자는 자르다는 뜻 → 숫자 7의 의미로 변함

削 | **3급** 깎을 **삭** | 칼 도(刂) + 닮을 초(肖)
칼(刂)로 고기(月)를 작게(小) 다진다 → 깎다, 빼앗다는 뜻
예 삭탈관직(削奪官職), 첨삭(添削), 삭감(削減), 삭제(削除), 삭발(削髮)

剋 | **1급** 이길 **극** | 칼 도(刂) + 이길 극(克) 발음 역할
칼(刂)로 이겼다(克) → 깎다, 새기다 → 극복하다, 참고 견디다는 뜻

剖 | **1급** 쪼갤 **부** | 칼 도(刂) + 떼 부(咅) 발음 역할
칼(刂)로 여러 개(咅) 조각으로 해부(解剖)하다 → 쪼개다, 가르다는 뜻

劈 | **1급** 쪼갤 **벽** | 칼 도(刂) + 피할 피, 임금 벽(辟) 발음 역할
칼(刂)로 피하고(辟) 싶은 것을 잘라 내다 → 구별하다 → 가르다, 쪼개다는 뜻

副 | **4급** 버금 **부** | 칼 도(刂) + 가득할 복(畐) 발음 역할
가득 찬 것(畐)을 칼(刂) 쪼개다 → (쪼개서 가득 차지 않았다) 버금 → 둘째
→ (둘째의 사람이 첫 번째 사람을) 돕다 → 보좌하다는 뜻

劃 | **3급** 그을 **획**, 쪼갤 **획** | 칼 도(刂) + 그림 화(畫)
칼(刂)로 그림을 그리다(畫) → 칼(刂)로 긋다(畫) → 쪼개다 → 구획(區劃)하다 → 기획(企劃)하다는 뜻

刎 | **특급** 목벨 **문** | 칼 도(刂) + 말 물(勿) 발음 역할
칼(刂)로 목을 베다(勿) → 목을 자르다는 뜻
예 문경지교(刎頸之交)

※ 말 물(勿)자 갑골문을 보면 칼로 무언가 쳐서 피가 튀는 모습 → ~(을)를 하지 말라는 뜻

刮
1급 깎을 **괄**, 비빌 **괄** | 칼 도(刀) + 혀 설(舌)
나쁜 점, 비리를 말(舌)로 칼(刀)처럼 파헤치다 → 폭로하다 → 도려내다 → 깎다
→ (파헤친 것을 눈을 비비고 보다) 비비다 → (바람이) 분다는 뜻
- 예 괄목상대(刮目相對) : 눈을 비비고 상대방을 본다
→ 남의 학식이나 재주가 놀랄 만큼 갑자기 향상됨을 일컫는 말

刑
4급 형벌 **형** | 칼 도(刂) + 우물 정(井)의 변형자
죄수를 감옥(井)에 가두고 칼(刂)로 지키는 모습 → 형벌(刑罰), 죽이다는 뜻

※ 여기서 井(우물 정)자는 죄수를 압송하거나 가두어 두던 나무 우리를 표현한 모양자

剩
1급 남을 **잉** | 칼 도(刂) + 탈 승(乘)
나무에 올라가(乘) 나뭇가지를 자른(刂) 후 보기 좋게 남은 나무 → 나머지, 남다는 뜻
- 예 잉여(剩餘 : 다 쓰고 난 나머지), 과잉(過剩 : 필요한 수량보다 많음, 지나침)

刷
3급 인쇄할 **쇄** | 칼 도(刂) + 주검 시(尸) + 수건 건(巾)
소전을 보면 천(巾)을 들고 있는 사람(尸) 모습 → 천을 털다 → 박다 → 인쇄(印刷)하다는 뜻

到
5급 이를 **도** | 칼 도(刂) + 이를 지(至)
금문을 보면 至자와 人자 결합 모양 → 사람(人)이 어느 지점에 도달(至)했다
→ 소전에서 人자가 刂자로 바뀜 → 이르다, 닿다는 뜻
- 예 도달(到達), 도착(到着)

刹
2급 절 **찰** | 칼 도(刂) + 죽일 살(杀) 발음 역할
승려가 불상을 모셔 놓고 불도(佛道)를 수행하여 교법을 펴는 장소 → 사찰(寺刹)의 뜻

剽
1급 겁박할 **표** | 칼 도(刂) + 표 표(票) 발음 역할
칼(刂)로 증표(票)를 내놓으라고 위협하다 → 겁박(劫迫)하다는 뜻

劉
2급 죽일 **류** | 칼 도(刂) + 토끼 묘(卯) 변형 + 쇠 금(金)
보끼(刂)를 쇠(金)로 만든 칼(刂)로 숙이다 → 살해(殺害)하다 → 성씨(류)의 뜻

※ 刂, 刀 자가 부수자가 아니지만 칼, 나누다는 뜻으로 쓰인 글자
- 예 나눌 반(班), 풀 해(解)

 콩 두

갑골문을 보면 제사를 지낼 때 콩을 담은 제기 그릇 모양 → 콩(菽) → 제기, 제수
→ 술그릇, 식기(食器)의 뜻

※ 두부(豆腐), 두유(豆乳), 호두(胡豆)

豈 **3급 어찌 기** | 콩 두(豆) + 메 산(山)
소전을 보면 장식한 북 그림 → 전쟁 승리를 축하 노래하다 → 개선가(凱旋歌) → (어떻게 승리 했나?)
→ 어찌하여, 어찌의 뜻

豊 **4급 풍년 풍** | 콩 두(豆) + 굽을 곡(曲)
제기 그릇(豆) 위에 곡식이 풍성하게 쌓여있는(曲) 모습 → 풍성하다, 풍성하다 → 풍년의 뜻

 말 두

갑골문을 보면 곡식이나 물을 푸는 국자 모양 → (양을) 재다, 용량, 구기 → 말(용량 단위)의 뜻

※ 북두칠성(北斗七星) : 북(北)쪽에 있는 국자(斗) 모양의 일곱(七) 개 별(星)

料 **5급 헤아릴 료** | 말 두(斗) + 쌀 미(米)
국자(斗)로 쌀(米)을 퍼내는 모습 → 헤아리다, 되질하다 → 수효의 뜻
예 재료(材料) : 물건을 만드는 원료

斜 **3급 비낄 사** | 말 두(斗) + 나 여(余)
곡식을 퍼 담(斗)을 때는 자신(余)에게 유리하게 더 많이 치우치게 된다 → 기울다, 비슴하다는 뜻
예 경사(傾斜) : 한쪽으로 기울어짐

※ 나 여(余)자는 나무 위에 지은 집을 그린 것 → 오두막 → 여분 → (가차되어) 나의 뜻

斟 **1급 짐작할 짐** | 말 두(斗) + 심할 심(甚) 발음 역할
술을 넘치게 따르다 → 용량(斗)이 심하게(甚) 넘침 → 헤아리지 못했다 → 짐작(斟酌)하다는 뜻

斡 ┃ 1급 돌 알 ┃ 말 두(斗) + 햇빛 빛나는 모양 간(倝)
아침(倝)부터 사람(人)들이 돌아가면서 바가지(斗)로 물을 퍼내다 → 빙빙 돌다, 돈다는 뜻
예 알선죄(斡旋罪)

※ 斗 자가 부수자는 아니지만 바가지를 뜻하는 글자
예 과목 과(科)

 솥 력, 막을 격

갑골문을 보면 세 개의 다리가 있고 아래로는 불을 지필 수 있는 공간이 있는 솥 모양 → 솥 → 막다, 잡다 → 노예의 뜻

※ 솥 정(鼎)자가 신에게 음식을 바치는 도구였다면 솥 력(鬲)자는 음식을 조리하기 위한 실생활에서 사용했던 솥
※ 상용 글자 이내에서는 부수자로 사용된 글자가 없음

※ 鬲 자가 부수자가 아니지만 솥, 막다를 뜻하는 글자
예 바칠 헌(獻), 사이뜰 격(隔), 녹을 융(融)

 힘 력(역)

농사짓는 농기구(쟁기) 모양 → (농사일은 매우 힘든 일이므로)힘, 힘쓰다는 뜻

加 ┃ 5급 더할 가 ┃ 힘 력(力) + 입 구(口)
쟁기질(力)하는 사람에게 입(口)으로 더 잘하라고 독려하다 → 더하다, 가하다는 뜻

劣 ┃ 3급 못할 렬(열) ┃ 힘 력(力) + 적을 소(少)
힘(力)이 적어(少) 남보다 뒤떨어진다 → 어리석다 → 졸렬하다 → (수준이) 낮다는 뜻
예 열등(劣等 : 낮은 등급), 열세(劣勢 : 상대편보다 힘이 적음)

劦
모양자 힘합할 **협** | 힘 력(力) + 힘 력(力) + 힘 력(力)
힘(力)을 여러 개 합쳐 협력(劦力)한다 → 합하다는 뜻

※ 화합할 협(協)자는 여러(十) 힘을 합하다(劦) → 합하다, 돕다 → 화합(和合)하다는 뜻

勞
5급 일할 **로(노)** | 힘 력(力) + 등불 형(熒)
밤에도 등불(熒) 아래에서 힘(力)써 일한다 → 힘쓰다는 뜻
예 노력(勞力), 노동(勞動)

※ 등불 형(熒)자는 불(火)이 3개 켜져 있는 횃불 모습 → 등불, 반딧불이, 빛나다, 어지럽다는 뜻

勝
6급 이길 **승** | 힘 력(力) + 나 짐(朕)
나라를 이끌어가는 천자(朕)가 힘(力)을 발휘하여 싸움에서 승리(勝利)했다
→ 전쟁에서 이기거나 나라를 훌륭하게 만든다 → 이기다, 뛰어나다, 훌륭하다는 뜻

※ 나 짐(朕)자는 노를 저어 배를 움직이는 모습 → 천자가 자신을 뱃사공에 비유하여 나라를 이끌어간다
→ (가차되어 천자가 자신을 지칭하는 말) 나의 뜻

動
4급 움직일 **동** | 힘 력(力) + 무거울 중(重) 발음 역할
무거운(重) 것은 힘(力)이 있어야 움직인다는 뜻

勤
4급 부지런할 **근** | 힘 력(力) + 진흙 근(堇) 발음 역할
축축한 진흙(堇)을 쟁기로 열심히 다지는(力) 모습 → 축축한 진흙을 다지는 매우 힘든 일을 하는 모습
→ 부지런하다, 힘쓰다는 뜻
예 근면(勤勉)

勉
4급 힘쓸 **면** | 힘 력(力) + 면할 면(免) 발음 역할
열심히 일(力)하여 가난을 면(免)하라고 독려하다 → 힘쓰다, 권하다는 뜻
예 면학(勉學 : 학문에 힘씀), 권면(勸勉 : 타일러 힘쓰게 함)

※ 면할 면, 해산할 문(免)자는 여성(亻) 자궁(穴)에서 아기 발(儿)이 나오는 모습 → 여성이 아이를 낳는 것
→ (산모의 고통에서) 벗어나다는 뜻

努
4급 힘쓸 **노** | 힘 력(力) + 종 노(奴) 발음 역할
힘(力)쓰는 일은 종(奴)이 해야한다 → 힘쓰다, 부지런히 일하다는 뜻

勵
3급 힘쓸 **려** | 힘 력(力) + 갈 려(厲) 발음 역할
돌을 갈아 연마하는 데 큰 노력과 시간이 필요하다 → 힘쓰다 → 권장하다는 뜻

※ 갈 려(厲)자는 전갈이 집게발로 바위를 부수는듯한 모습 → 갈다, 힘쓰다는 뜻

務
4급 힘쓸 무 | 힘 력(力) + 힘쓸 무(敄) 발음 역할
창(矛)과 몽둥이(攵)를 가지고 힘쓰는(力) 모습 → (무언가를 지키기 위해서) 힘쓰다는 뜻
㉠ 사무실(事務室) : 일을 하는 방

功
6급 공 공 | 힘 력(力) + 장인 공(工) 발음 역할
달구(工)로 열심히 힘(力)쓰며 땅을 다지며 성벽 또는 둑을 쌓고 있는 모습
→ 전쟁이나 치수를 중시했던 옛날에는 성과 둑을 쌓는 일은 나랏일에 중요한 공공사업
→ (나랏일에 힘써 준다는 의미에서) 공로 → 업적 → 사업의 뜻
㉠ 공로(功勞) : 어떤 일에 이바지한 공적과 노력

※ 장인 공(工)자는 달구(땅을 단단하게 다져 성벽이나 둑을 쌓던 도구)를 그린 것

勳
2급 공 훈 | 힘 력(力) + 불길 훈(熏) 발음 역할
힘들여서(力) 불길(熏)을 피운 모습 → 고대에는 불 피우는 일은 매우 중요한 일
→ 공(功), 공로(功勞), 공적(功績)의 뜻
㉠ 훈구파(勳舊派), 훈장(勳章)

助
4급 도울 조 | 힘 력(力) + 또 차(且)
비석(且) 세우는 것을 옆에서 힘(力)으로 도와주는 모습 → 원조(援助), 돕다, 기리다는 뜻

勸
4급 권할 권 | 힘 력(力) + 황새 관(雚) 발음 역할
권세(雚) 있는 사람이 아래 사람들에게 힘(力)들여 열심히 일하라고 권하는 모습 → 권하다 → 권장하다
→ 힘쓰다 → 권고(勸告)의 뜻

※ 권세 권(權)자는 황새(雚)가 나무(木) 위에 앉아 있는 모습
　→ 황새는 자태가 아름다워 예로부터 기품이 있는 새로 알려짐 → 나무 위에 올라가 있는 황새의 자태가 권세롭다
　→ 위세 → 권세 → 권한의 뜻

勇
6급 용감할 용 | 힘 력(力) + 길 용(甬) 발음 역할
무거운 쇠 종(甬)을 들 수 있는 정도의 힘(力)과 용기, 결단력을 표현 → 날래다, 용감하다 → 강하다는 뜻
㉠ 용강(勇剛 : 날쌔고 굳셈), 용감(勇敢 : 씩씩하고 겁이 없으며 기운참)

※ 길 용(甬)자는 고리가 달린 쇠로 만든 무거운 종을 그린 것

劫
1급 위협할 겁 | 힘 력(力) + 갈 거(去) 발음 역할
힘(力)으로 위협하여 못 가게(去) 한다 → 위협하다 → 겁탈(劫奪)하다는 뜻

劾
1급 캐물을 **핵** | 힘 력(力) + 돼지 해(亥) 발음 역할
돼지(亥) 목청을 돋우어 가며 힘(力) 있게 꾸짖는 모습 → 강제적인 강한 힘(폭력)으로 캐물어 보다
→ 꾸짖다, 캐묻다, 조사하다는 뜻
예 탄핵(彈劾) : 죄상을 들추어 꾸짖음

勅
1급 칙서 **칙** | 힘 력(力) + 묶을 속(束)
힘(力)으로 묶어(束) 놓다 → 꾸짖다 → 다스리다 → 칙서(勅書), 조서(詔書), 조칙(詔勅)의 뜻

勃
1급 노할 **발** | 힘 력(力) + 살별 패(孛)
살피다가 화가 나서(孛) 힘(力) 뻐치다 → 발끈하다 → 발기(勃起)하다 → 노하다, 갑자기의 뜻

勢
4급 형세 **세** | 힘 력(力) + 심을 예(埶)
나무자라는 것(埶)이 힘(力)이 있다 → 나무가 힘차게 자란다 → 세, 기세의 뜻
예 세력(勢力) : 주위를 마음대로 할 수 있는 힘

※ 심을 예(埶)자는 나무를 심다 → 나무가 자라는 일 잘한다 → 심다. 재주의 뜻
※ 재주 예(藝)자는 무릎 꿇어앉아 있는 사람[云 자 모양]이 땅(土) 위에 나무(无)를 심는 사람(丸)의 모습
→ [나무나 풀(艹)을 심어 잘 키우는 사람] 재주, 심다, 기예, 법도의 뜻

募
3급 모을 **모** | 힘 력(力) + 없을 막(莫)
일손이 없어(莫) 힘(力)을 쓸 사람을 구하다 → 모집(募集)하다 → 모으다, 뽑다라는 뜻

※ 없을 막(莫)자는 해(日)가 수풀(艹) 사이에 들어가서 없다는 뜻

勒
1급 굴레 **륵** | 힘 력(力) + 가죽 혁(革)
말이나 소의 힘(力)을 통제하기 위해 머리에 씌워 고삐에 연결한 가죽(革)으로 만든 물건
→ 굴레, 재갈, 억누르다는 뜻

勘
1급 헤아릴 **감** | 힘 력(力) + 심할 심(甚) 발음 역할
매우(甚) 힘(力)들고 어려운 일을 견디다 → 감당(堪當)하다 → 평정하다, 바로잡다 → 헤아리다는 뜻
예 감안(勘案), 마감(磨勘)

※ 力 자가 부수자는 아니지만 힘 관련 글자
예 사내 남(男), 어릴 유(幼), 화합할 협(協), 위협할 협(脅)

耂 老 늙을 로(노)

글자 위쪽은 긴 머리카락 아래쪽은 사람(人)이 지팡이(l)를 잡은 모습
→ 머리카락이 긴 노인이 지팡이를 잡은 모습 → 늙다, 쇠약하다, 공경하다, 노련하다는 뜻

※ 긴 머리 노인의 모습을 본떠 만든 노인 로(老)자는 지팡이가 있고, 긴 장(長)자는 지팡이가 없음

考 **5급 생각할 고** | 노인 노(耂) + 공교할 교(丂) 변형

갑골문을 보면 머리가 세고 허리가 굽은 노인의 모습 → 늙은이
→ 오랜 경험과 연륜을 통해 교묘하게(丂) 깊이 헤아려 생각할 줄 아는 노인(耂)
→ 깊이 헤아리다, 생각하다는 뜻
📗 고려(考慮) : 생각하여 헤아림

者 **6급 사람 자** | 노인 노(耂) + 스스로 자(自) 변형

갑골문을 보면 이파리가 뻗은 나무줄기 아래로 그릇 모양
→ 이것은 사탕수수에서 떨어지는 달콤한 즙을 받는 모습
→ (나중에 가차되어) 놈, 사람, 곳, 것, 장소의 뜻

耆 **2급 늙을 기** | 노인 노(耂) + 뜻 지(旨)

노인(耂)들이 맛을 즐기다(旨) → 늙다, 늙은이, 어른 → 즐기다, 좋아하다는 뜻

※ 뜻 지(旨)자는 숟가락(匕)을 입[口 → 日]으로 핥다 → 맛있는 음식 → 맛 → 뜻 의미

※ 耂 자가 부수자는 아니지만 노인 관련 글자
📗 효도 효(孝), 즐길 기(嗜)

鹿 사슴 록

수사슴의 뿔·머리·네 발의 모양
→ 사슴은 네발 달린 짐승 중에 유일하게 십장생(十長生)에 포함될 정도로 장수를 상징하는 동물이며, 중국을 상징하는 용의 뿔도 사슴의 뿔로 표현하고 있을 만큼 사슴은 신비로운 짐승 → 사슴
→ 상서롭다, 길하다는 뜻

麗 **4급** 고울 려 | 사슴 록(鹿) + 고울 려(丽) 발음 역할
큰뿔(丽)이 다 자란 수사슴(鹿)의 아름다운 자태 → 아름답다, 곱다, 맑다, 짝짓다는 뜻
예) 화려강산(華麗江山) : 빛나고 아름다운 강산

※ 고울 려(丽)자는 수사슴 뿔을 그린 것 → 곱다, 맑다, 짝짓다는 뜻 → 麗 자의 간체자

麒 **2급** 기린 기 | 사슴 록(鹿) + 그 기(其) 발음 역할
사슴(鹿)처럼 마땅히(其) 상서로운 동물 → 수컷 기린(麒麟)의 뜻
예) 기린아(麒麟兒) : 슬기와 재주가 남달리 뛰어난 젊은이

麟 **2급** 기린 린 | 사슴 록(鹿) + 도깨비불 린(粦) 발음 역할
사슴(鹿)처럼 빛이 나는(粦) 아름다운 동물 → (암) 기린의 뜻
예) 기린(麒麟) : 수컷 기린과 암컷 기린

※ 도깨비불 린(粦)자는 무당(大 → 十)이 인을 바르고 두발(舛)로 춤추는 모습 → 인으로 불빛이 번쩍이다
→ 도깨비 불, 반딧불이, 인의 뜻

麓 **1급** 산기슭 록 | 사슴 록(鹿) + 수풀 림(林)
숲속(林)에 사슴(鹿)이 노니는 모습 → 산 숲속의 비탈이 끝나는 비스듬한 부분 → 산기슭의 뜻

麝 **1급** 사향노루 사 | 사슴 록(鹿) + 쏠 사(射) 발음 역할
사슴(鹿)인지 알고 화살을 쏘아(射) 맞혔는데 사슴과 궁노루였다 → 사향노루의 뜻

※ 鹿 자가 부수자는 아니지만 사슴 관련 글자
예) 경사 경(慶), 드릴 천(薦)

용 룡(용), 언덕 롱(농), 얼룩 망, 은총 총

갑골문을 보면 용을 그린 그림 → 용(龍)은 비늘을 가진 동물 중에서 가장 힘세고 신령스러운 동물로 중국인들이 가장 숭배하며 중국 상징 → 임금 → 명마(名馬) → 훌륭한 사람, 언덕, 은총의 뜻

※ 일본식 한자(약자) 竜 / 중국식(간체자) 龙
※ 용문(龍門 : 명망이 높은 사람의 비유 → 입신출세의 관문), 복룡(伏龍 : 숨어서 세상에 드러나지 아니한 재사나 호걸)
　용안(龍顔 : 임금님 얼굴)

龐　**2급** 어지러울 **방** | 용 용(龍) + 집 엄(广)
집(广)이 훌륭하다(龍) → 언덕(龍) 위의 집(广) → 견실(堅實)하다, 높은 집, 우람하고 크다
→ (방수가 너무 많고 커서) 어지럽다는 뜻

 마을 리

밭(田)과 흙(土)이 있어 농사를 지을 수 있어 사람들이 모여 사는 곳 → 마을 → 거리, 안쪽의 뜻

※ 중국 소규모의 행정구역 1리(里)는 25가구, 거리를 재는 단위 1리는 약 400m

野　**6급** 들 **야** | 마을 리(里) + 나 여(予)
갑골문을 보면 땅(土) 위에 숲(林)이 있는 모습 → 숲이 우거져 있는 땅
→ (소전부터 지금 글자) 마을(里) 밖에 나가서 활동을 허락(予)한 지역 → 성 밖, 교외, 들판, 야생의 뜻

　※ 나 여(予)자는 실패를 그린 것 → (천을 짤 대 실을 주기에) 주다, 허락하다 → 나의 뜻

重　**7급** 무거울 **중** | 동여맨 보따리 모양
금문을 보면 무거운 짐(東)을 멘 사람(亻)의 모습 → 무겁다
→ (무거운 보따리에는 소중한 곡식이 담겨 있음) 소중(所重)하다 → 귀중(貴重)하다 → 많다
→ 두 번, 다시, 겹치다, 중복의 뜻

　※ 동녘 동(東)자는 보따리를 꽁꽁 묶어놓은 모습 → 무거운 자루 → 나중에 나무(木) 위로 해(日) 뜨는 모양으로 해석
　　→ 해 뜨는 곳 → 동녘의 뜻

| 量 | **5급** 헤아릴 **량** | 마을 리(里) + 아침 단(旦)
갑골문을 보면 보따리(東) 위에 깔때기(口)를 그려 곡식 담는 모습 표현
→ 보따리에 곡식을 담으며 양을 헤아리다 → 헤아리다, 재다, 달다는 뜻
예 도량(度量), 질량(質量), 아량(雅量), 측량(測量)

| 釐 | **1급** 다스릴 **리** | 마을 리(里) + 쪼갤 리(斄) 발음 역할
마을(里)을 8가구로 쪼개서(斄) 관리하다 → 아주 작은 수 → 정리하다, 다스리다는 뜻

※ 里 자가 부수자는 아니지만 마을, 안쪽, 모양자 역할 한 글자
예 아이 동(童), 묻을 매(埋), 속 리(裏), 다스릴 리(理)

 설 **립(입)**, 자리 **위**

갑골문을 보면 땅(一)에 두 팔을 벌린 사람(大)이 서 있는 모습 → (똑바로) 서다 → 임하다는 뜻
→ 노예에게 문신 또는 침놓은 것을 뜻하는 辛(매울 신)자 생략형으로도 많이 사용함

| 竝 並 | **3급** 나란할 **병** | 설 립(立) + 설 립(立)
두 사람이 나란히 서 있는 모습 → 나란히, 모두 → 합병(合倂)하다는 뜻

| 竣 | **1급** 마칠 **준** | 설 립(立) + 갈 준(夋) 발음 역할
건물 등을 세워(立) 가는(夋) 것을 마쳤다 → 마치다, 멈추다, 그치다는 뜻
예 준공(竣工) : 공사를 마침

※ 갈 준(夋)자는 사람이 천천히 걸어가는 모습 → 가다, 걷다는 뜻

| 端 | **4급** 끝 **단** | 설 립(立) + 시초 단(耑) 발음 역할
갑골문을 보면 止(발 지)자와 耑자가 결합한 모습 → 식물이 처음부터(耑) 끝까지 바르게 나아가다(止)
→ (소전부터 지금 글자) 처음부터(耑) 바르게 끝까지 잘 서다(立) → 시초(始初) → 단초(端初) → 끝
→ 바르다 → 단정(端正)하다는 뜻

※ 시초 단(耑)자는 식물의 뿌리와 이파리 처음부터 끝까지 바르게 자란다 → 시초, 끝의 뜻

| 站 | **1급** 역마을 **참** | 설 립(立) + 점령할 점(占) 발음 역할
점령(占)하여 서다(立) → 우두커니 서다 → 머무르는 곳 → 역참(驛站) → 역(驛)마을의 뜻

堅 | **1급** 세울 수 | 설 립(立) + 굳을 간(臤)
굳게(臤) 서다(立) → 곧다, 세우다는 뜻
◎ 횡설수설(橫說竪說)

竭 | **1급** 다할 갈 | 설 립(立) + 어찌 갈(曷) 발음 역할
엎드려 빌던 일(曷)을 끝내고 일어서다(立) → 끝나다, 다하다 → 마르다는 뜻

童 | **6급** 아이 동 | 매울 신(辛 → 立) + 마을 리(里)
갑골문을 보면 노예(土)의 눈(目)을 찌르는(辛 → 立) 모습
→ 고대 중국 일부 지역에서는 노예의 한쪽 눈을 멀게 하여 저항하지 못하도록 한 엽기적 글자
→ 노예 → 노복 → 아이의 뜻

※ 매울 신(辛)자는 (고대 노예 또는 죄인 구분 표시를 하기 위해 문신을 새겼는데) 문신을 새기던 도구를 그린 것
　→ 아프다 → 맵다, 고생, 노비, 죄인의 뜻

章 | **6급** 글 장 | 매울 신(辛 → 立) + 일찍 조(早)
금문을 보면 辛(매울 신)자 아래로 둥그런 표식 모양 → 도구로 표식을 새겼다 → 표시하다
→ 표시하다, 새기다 → 글, 문장(文章), 새기다는 뜻

※ 일찍 조(早)자는 아침 일찍 나무 위로 해뜨는 모습 → 일찍, 서두르다는 뜻

竟 | **3급** 마침내 경 | 어진사람 인(儿) + 소리 음(音)
갑골문을 보면 놀라는 사람(兄) 머리 위에 문신을 새기는(辛) 모습
→ 노예 표시를 위해 문신 새기는 것을 마쳤다 → 마치다, 마침내, 거울의 뜻

※ 형 형(兄)자 갑골문을 보면 사람(儿)이 입(口)을 벌려 축문을 읽는 모습 → 제사 때 축문은 가장 큰형이 읽었기에
　→ (큰)형, 맏이의 뜻
※ 지경 경(境)자는 나라 땅(土)이 마침내 끝나는(竟) 곳 → 영토 끝자락 → 지경(地境), 경계의 뜻

競 | **5급** 다툴 경 | 마침내 경(竟) + 마침내 경(竟) 발음 역할
노예 두 명이 다투는 모습 → 귀족들이 자신들 유흥을 위해 노예(辛 → 立)끼리 힘겨루기를 시키는 모습
→ 다투다, 겨루다 → 경쟁(競爭)하다는 뜻

※ 立 자가 부수자는 아니지만 辛의 간략형 모양자로 쓰인 글자
◎ 자리 위치(位), 첩 첩(妾)

 삼 마

집안(广)에서 삼껍질(林)을 올려놓고 말리는 모양 → 삼, 베, 상복, 마비시키다는 뜻

※ 삼베옷은 마(麻)로 만든 베이고, 고대 중국에서는 비단이나 무명보다 먼저 만듦
※ 대마초(大麻草)의 환각 성분으로 인해, 마취제(麻醉劑)로도 사용함

麾 | **1급** 기 휘 | 삼 마(麻) + 터럭 모(毛)
천(麻) 둘레에 짐승 털(毛)을 붙인 모양 → 지휘하는 깃발 → 기(旗)의 뜻

 말 마

갑골문을 보면 말의 옆모습으로 큰 눈과 갈기가 그려져 있음
→ 해서에서는 다리가 점 4개로 표기하여 지금 글자 → 말은 사냥과 전쟁에 이용됨
→ (말을) 타고 가다 → 말의 행위, 동작과 관계된 의미를 전달함

騎 | **3급** 말탈 기 | 말 마(馬) + 기이할 기(奇) 발음 역할
갑골문을 보면 말(馬)을 탄 사람(奇) 모습 → 말에 의지하다 → 말을 타다, 걸터앉다는 뜻

※ 기이할 기(奇)자는 노래하면서 농사일(可)하는 사람(大) → 기특하다, 뛰어나다 → 기이하다, 괴상하다
→ 의지하다 → (마치 사람(大)이 곡괭이(丁) 위에 올라가 있는 듯한 모습에서) 타다의 의미

驚 | **4급** 놀랄 경 | 말 마(馬) + 공경할 경(敬) 발음 역할
몽둥이(敬)를 갖고 다가가자, 말(馬)이 놀라는 모습
→ 말은 다른 동물에 비해 쉽게 놀라고, 놀랄 때는 앞발을 들고 펄쩍 뜀
→ 놀라다, 두려워하다, 경계하다는 뜻

※ 공경할 경(敬)자는 개(苟)를 몽둥이(攵)를 들고 훈련 시키는 모습 → 말을 잘 듣는다 → (주인에게) 순종하다
→ 공경하다 → 예의 뜻
※ 진실로 구(苟)자 갑골문을 보면 귀를 쫑긋 세우고 주변을 경계하고 있는 개 모양 → 진실로 → 참으로
→ 구차하다는 뜻

駭 | **1급** 놀랄 해 | 말 마(馬) + 돼지 해(亥) 발음 역할
말(馬)이 돼지(亥) 무리가 나타나자 놀라 뒷걸음 치다 → 놀라다는 뜻

| 驩 | **1급** 기뻐할 환 | 말 마(馬) + 황새 관(雚) 발음 역할 |

말(馬)이 황새(雚)를 관찰하다 → 사이좋게 지내다 → 즐거워하다, 기뻐하다는 뜻

| 驗 | **4급** 시험 험 | 말 마(馬) + 다 첨(僉) 발음 역할 |

여러(僉) 종류의 말(馬) 중에 이번 사냥 또는 전쟁에 함께 나갈 우수한 말을 뽑다 → 시험(試驗)한다 → 검증, 검사, 효과, 조사의 뜻

※ 다 첨(僉)자는 마을 회관 같은 곳에 모여 여러 사람이 한꺼번에 다 같은 목소리를 내는 모습
  → 다, 여러, 모두, 함께의 뜻

| 馳 | **1급** 달릴 치 | 말 마(馬) + 잇기 야(也) |

말(馬) 무리가 연이어서(也) 달리는 모습 → 빨리 몰다, 질주(疾走)하다 → 달리다는 뜻

| 驅 | **3급** 몰 구 | 말 마(馬) + 구분할 구(區) 발음 역할 |

수레 짐칸에 있는 물건(區)을 옮기기 위해 말(馬)이 수레를 끄는 모습 → (마차를 끄는 모습) 몰다 → 빨리 달리다 → 내쫓다는 뜻

※ 구분할 구(區)자는 물건(品)을 종류별로 구분(匚)해 놓은 모습 → 구분하다 → 구역, 지경의 뜻

| 駿 | **2급** 준마 준 | 말 마(馬) + 갈 준(夋) 발음 역할 |

잘 달리(夋)는 좋은 말(馬) → 준마((駿馬), 준걸, 뛰어나다, 높다, 험하다, 굳세다는 뜻

| 騏 | **2급** 준마 기 | 말 마(馬) +그 기(其) 발음 역할 |

빠르게 잘 달리는 말(馬)에 깃발(其) 단 모습 → 준마(駿馬)의 뜻

※ 그 기(其)자는 곡식을 까부르는 키의 모양 → 깃발 나부끼는 모양 → 그, 그것 → 만약(萬若) → 어찌 → 마땅히
  → 기약하다(期約) → 어조사의 뜻

| 驥 | **2급** 천리마 기 | 말 마(馬) + 바랄 기(冀) 발음 역할 |

하루 천리를 달릴 수 있는 아주 빠르고 좋은 말(馬)을 바라다(冀) → 천리마(千里馬), 준마의 뜻

| 驕 | **1급** 교만할 교 | 말 마(馬) + 높을 교(喬) 발음 역할 |

말(馬)은 다른 가축과는 달리 사람을 보더라도 아는 체하지 않고 높은(喬)체하여
→ 교만(驕慢)하다, 오만하다는 뜻

| 駒 | **1급** 망아지 구 | 말 마(馬) + 글귀 구(句) 발음 역할 |

아직 어려서 몸이 쭉 펴지지 않고 굽어(句) 있는 말(馬) → 새끼말, 망아지의 뜻

| 駐 | **2급** 머무를 주 | 말 마(馬) + 주인 주(主) 발음 역할 |

말(馬)이 머무르다(住 → 主) → 머무르다 → 주둔(駐屯)하다는 뜻

驛 | 3급 역 **역** | 말 마(馬) + 엿볼 역(睪) 발음 역할
옛날에 말(馬)을 지키면서 엿보던(睪) 곳
→ 말(馬)을 엿보다가(睪) 건강하고 튼튼한 말을 골라 갈아타고 가는 곳
→ 역 → 역참(驛站) → 정거장의 뜻

※ 엿볼 역(睪)자는 눈(目)으로 죄인(辛)을 살펴보다 → 엿보다는 뜻

騰 | 3급 오를 **등** | 말 마(馬) + 나 짐(朕) 발음 역할
말(馬) 등에 밀어(朕) 올라타다 → 도약하다 → 날다, 뛰다는 뜻

※ 나 짐(朕)자는 배(月)를 미는(关) 모습 → 배가 가는 방향을 이끌다 → 진시황이 황제 자신을 짐이라고 호칭
→ 짐(천자), 나 → 밀어 올리다 → 조짐, 징조, 전조의 뜻

騷 | 3급 떠들 **소** | 말 마(馬) + 벼룩 조(蚤) 발음 역할
말(馬)이 몸에 벼룩(蚤)이 있어서 소동을 일으키다 → 떠들썩하다 → 소동(騷動)의 뜻

※ 벼룩 조(蚤)자는 손(叉)으로 벌레(虫)를 잡는 모양 → 벼룩의 뜻

馴 | 1급 길들일 **순** | 말 마(馬) + 내 천(川) 발음 역할
말(馬)을 물 흐르듯(川) 자연스럽게 따르게 하다 → 길들이다 → 순(順)하다는 뜻

駁 | 1급 논박할 **박** | 말 마(馬) + 사귈 효(爻)
말(馬)이 어긋나게(爻) 달리자 혼내다 → 어긋나다 → 논박(論駁)하다는 뜻

駑 | 1급 둔할말 **노** | 말 마+ 종 노(奴) 발음 역할
종(奴) 같은 말(馬) → 종처럼 둔(鈍)한 말 → 재능(才能)이 없고 미련한 모양 → 느리다, 무디다는 뜻

駕 | 1급 멍에 **가** | 말 마(馬) + 더할 가(加) 발음 역할
수레를 끌기 위하여 말(馬)의 목에 얹는(加) 구부러진 막대 → 멍에의 뜻

駙 | 1급 곁마 **부** | 말 마(馬) + 줄 부(付) 발음 역할
마차 옆에 따라(付, 附)붙은 말(馬) → 곁마의 뜻
예 부마(駙馬) : 임금의 사위

駱 | 1급 낙타 **낙** | 말 마(馬) + 각각 각(各) 발음 역할
말처럼 사람들 이동 수단에 사용되지만, 말(馬)과는 다른(各) 짐승 → 낙타(駱駝)의 뜻

駝 | 1급 낙타 **타** | 말 마(馬) + 다를 타(它) 발음 역할
말처럼 사람들 이동 수단에 사용되지만, 말(馬)과는 다른(它) 짐승 → 낙타(駱駝)의 뜻

騙 **1급** 속일 **편** | 말 마(馬) + 납작할 편(扁) 발음 역할
말에 뛰어 올라타다 → 뛰어오르다 → 속여 빼앗다, 속이다는 뜻
◉ 편취(騙取)

※ 馬 자가 부수자는 아니지만 말 관련 글자
◉ 도타울 독(篤), 꾸짖을 매(罵)

 그물 **망**

갑골문을 보면 얼기설기 실을 엮어 만든 그물을 그린 글자
→ (그물은 물고기나 새를 잡는 용도로 사용했기 때문에) 잡다는 뜻

※ 다른 글자 위(상단)에서 罒, 罓, 㓁 모양으로 변형되어 사용됨
 → 잘못한 사람을 꾸짖거나 형벌을 주는 뜻과 종종 눈 목(目)자를 90도 돌려 놓은 글자로 사용됨

罷 **3급** 놓을 **파** | 그물 망(罒) + 능할 능(能)
그물(罒)에 걸린 곰(能)의 형상 → 그물에 걸린 곰을 놓아주거나, 감옥 갇힌 사람을 풀어 준다
→ 놓아주다 → 마치다는 뜻
◉ 파면(罷免) : 직장 또는 직위를 관두게 하는 벌

※ 능할 능(能)자는 곰의 모습을 본떠 만든 글자 → 능하다는 뜻
 → (곰이라는 뜻을 분명히 밝히기 위해 곰의 네다리를 추가하여 곰 웅(熊)자, 큰곰 비(羆)자를 만듦

罔 **3급** 없을 **망** | 그물 망(罒) + 망할 망(亡) 발음 역할
그물(罒)이 망가져서(亡) 고기들이 없다 → 그물 → 속이다 → (사리에) 어둡다는 뜻
◉ 망극(罔極) : 은혜가 끝이 없음
  망극지통(罔極之痛) : 끝이 없는 큰 슬픔 → 임금이나 어버이가 돌아가심에 대하여 이르는 말

※ 그물 망(網)자는 줄(糸)로 얼기설기 얽혀(罔) 만든 그물의 뜻

置 **4급** 둘 **치** | 그물 망(罒) + 값 치(直) 발음 역할
그물(罒)로 고기 잡기 위해 바르게(直) 배치하다
→ 그물로 사람을 가두지 않고 그냥 내버려두어서, 죄를 묻지 않고 풀어준다(사면)는 뜻
◉ 배치(配置) : 물건을 알맞은 자리에 나누어 둠

※ 값 치(直)자는 똑바로 보다 → 곧다, 똑바로 세우다, 바르다 → 가격의 뜻
※ 값 치(値)자는 사람(人)이 눈(目)으로 똑바로 보다 → 사람(人)이 물건의 가치를 똑바로(直) 평가한 것이 가격이다
 → 값어치, 가격의 뜻

罫 | **1급** 줄 괘 | 그물 망(罒) + 점괘 괘(卦) 발음 역할
점괘(卦)에 감옥(罒) 간다고 나와서 꺼림직하다 → 엇갈리게 친 줄 → 줄, 그물눈의 뜻

羅 | **4급** 그물 라 | 그물 망(罒) + 벼리 유(維)
갑골문을 보면 网자에 새를 뜻하는 隹(새 추)자만이 그려져 있음 → 새를 잡기 위해 그물을 펼쳐놓은 모습 → 벌리다, 늘어서다, 그물 치다는 뜻

罰 | **4급** 죄 벌 | 그물 망(罒) + 말씀 언(言) + 칼 도(刂)
죄인을 잡아(网) 말로 꾸짖고(言) 형벌(刂)을 내린다 → 벌, 죄의 뜻

罪 | **5급** 허물 죄 | 그물 망(罒) + 아닐 비(非)
잘못(非)을 저지른 사람을 잡아 감옥(网)에 가두다 → 죄, 허물, 과실의 뜻
예 죄수(罪囚) : 형무소에 들어간 죄인

※ 아닐 비(非)자는 새의 날개가 서로 엇갈려 있는 모습 → 등지다 → 배반하다 → 아니다는 뜻

罵 | **1급** 꾸짖을 매 | 그물 망(罒) + 말 마(馬) 발음 역할
말(馬)이 잘못하여 입에 그물(罒)을 물리고 꾸짖고 있는 모습 → 꾸짖다, 욕하다는 뜻
예 매도(罵倒) : 몹시 꾸짖음

署 | **3급** 관청 서 | 그물 망(罒) + 사람 자(者) 발음 역할
죄를 지은 사람(者)을 감옥(罒)에 가두는 일을 하는 곳
→ 사람(者)들 사이에 얼기설기 얽힌(罒) 여러 방면에 일을 처리하는 곳
→ 관청, 관아 → 부서 → 마을의 뜻

罕 | **1급** 드물 한 | 그물 망(罒) + 방패 간(干) 발음 역할
그물(罒)로 짐승을 막다(干) → 드물게 잡히다 → 드물다는 뜻
예 희한(稀罕) : 귀할 만큼 드묾

罹 | **1급** 걸릴 리 | 그물 망(罒) + 생각할 유(惟)
오직(惟) 나만 병에 걸리다(罒) → 앓다, 걸리다는 뜻
예 이재민(罹災民)

羈 | **1급** 굴레 기 | 그물 망(罒) + 으뜸 패(覇)
말(馬)을 다루기 위하여 목에서 고삐에 걸쳐 얽어매는(罒) 가죽(革) 줄 → 말고삐, 굴레의 뜻

※ 罒 자가 부수자는 아니지만 그물, 형벌, 눈(目)자 변형을 뜻하는 글자
예 살 매(買), 꿈 몽(夢), 놀라서 볼 경(罠), 엿볼 역(睪), 나라이름 촉(蜀), 산등성이 강(岡), 강철 강(鋼)

Ⅱ. 부수자

 보리 맥

중앙아시아로부터 온 보리(來)를 밟는(夊) 모습 → 보리의 뜻

※ 올래(來)자는 익은 보리의 모습 → 보리 → (보리가 중앙아시아로부터 중국에 들어온 식물이라서) 오다는 뜻

麵 **1급** 밀가루 **면** | 보리 맥(麥) + 가릴 면(丏) 발음 역할
밀을 빻아서 만든 가루 → 밀가루의 뜻 → 밀가루 면(麵) 같은 뜻

 덮을 멱

머리에 덮어쓰는 모자(혹은 두건)를 본뜬 모습 → 덮다, 가리다는 뜻

※ 단순히 모양자 역할만을 하는 경우가 많음

冥 **3급** 어두울 **명** | 덮을 멱(冖) + 날 일(日) + 여섯 륙(六)
갑골문을 보면, 산모를 두 손(六)으로 잡고 벌리고 있는 다리(冖) 사이로 아기(日)가 나오는 모습
→ 어두운 방에서 아이를 낳는다 → 지금도 태어난 아이는 어두운 방에 두어 빛에 조금씩 적응시킴
→ 해서부터 구름이 해(日)를 덮어(冖) 어둡다 → 저녁 여섯(六) 시가 되어 태양(日) 덮어(冖) 어둡다는 뜻

冠 **3급** 갓 **관** | 덮을 멱(冖) + 으뜸 원(元) + 마디 촌(寸)
사람의 머리(元) 위에 손(寸)으로 관을 덮어쓰는(冖) 모습 → 갓, 관, 관례의 뜻
예 왜구(倭寇) : 일본 도둑이란 의미

※ 도둑 구(寇)자는 집(宀)에 있는 사람의 머리(元)를 흉기로 치는(攴) 모습 → 도적의 뜻

冤 **1급** 원통할 **원** | 덮을 멱(冖) + 토끼 토(兔)
토끼(兔)를 그물로 덮었다(冖) → 토끼를 잡았다 → (토끼 입장에서) 억울하다, 원통(冤痛)하다는 뜻

※ 冖 자가 부수자는 아니지만 덮다, 가리다는 뜻으로 사용된 글자
예 무릅쓸 모(冒), 군사 군(軍)

집 면

갑골문을 보면 지붕과 기둥이 함께 그려져 있었음 → 고대 중국집의 지붕 모양 → 집 → 궁궐 → 잠자는 일과 관련되는 글자에 사용됨

※ 집 엄(广)자는 지붕과 담벼락을 함께 그린 글자 → 큰집 → 넓다 → 크다는 뜻
※ 집 엄(广)자는 기슭을 뜻하는 기슭 엄(厂)자와 발음과 모양이 비슷

■ 집을 의미하는 18개 한자
室 집 실, 家 집 가, 堂 집 당, 宅 집 택, 院 집 원, 屋 집 옥, 宮 집 궁, 戶 집 호, 閣 집 각, 官 집 관, 館 집 관, 舍 집 사, 宇 집 우, 宙 집 주, 軒 집 헌, 邸 집 저, 齋 집 재, 房 집 방

宮
4급 집 궁 | 집 면(宀) + 풍류 려(呂)
소전을 보면 지붕(宀) 아래에 방이 여러 개(呂) 이어져 있는 큰집 모습 → 집, 가옥 → 대궐, 궁궐(宮闕)의 뜻

※ 풍류 려(呂)자는 입(口)과 입(口)이 닿았다 → 풍류 → 등뼈 → 법칙, 음률 → 성씨(려)의 뜻

家
7급 집 가 | 집 면(宀) + 돼지 시(豕)
집(宀) 안에 돼지(豕)가 있는 형상 → 고대 또는 현재 중국 소수민족에서 돼지우리를 반지하에 두고, 그 위로는 사람이 함께 사는 특이한 구조의 집 모양 → (돼지는 집안에 소중한 재산이므로 도둑이 훔쳐 가지 못하도록 하고 사람들의 분뇨와 음식 찌꺼기를 먹여 키움) → 집, 가족, 가문의 뜻

※ 돼지 돈(豚)자는 돼지(豕)고기(肉) → (새끼) 돼지의 뜻

宇
3급 집 우 | 집 면(宀) + 어조사 우(于) 발음 역할
전통 가옥(宀) 지붕 아래 처마의 굽은(于) 모양 → (지붕의 넓은 면적에 비유) 크다, 넓다는 뜻
예) 우주(宇宙) : 넓은 온 세계를 둘러싸고 있는 공간

宙
3급 집 주 | 집 면(宀) + 말미암을 유(由)
지붕(宀)을 떠받치고 있는 마룻대(由) → 동량(棟梁) → 집, 주거지 → 하늘, 천지 사이의 뜻

※ 말미암을 유(由)자는 등잔에 불이 붙어있는 모양
  → 여기서는 지붕을 떠받치는 마룻대, 동량의 모양을 표현한 모양자 역할

室
8급 집 실 | 집 면(宀) + 이를 지(至)
집(宀)안 실내에 이르다(至) → 실내 당도했다 → 실내(室內), 안채 → 집, 거실의 뜻

※ 이를 지(至)자는 화살이 땅에 도달하여 박힌 모양 → 이르다는 뜻

宅

5급 집 택, 댁 댁 | 집 면(宀) + 맡길 탁(乇) 발음 역할

갑골문을 보면 마치 집(宀)안에 초목이 뿌리를 내리는(乇) 모습

→ 내가 살아가야 할 집(宀) 터전을 자리 잡았다(乇) → 자리 잡다, 의지하다

→ 주거, 집 → 댁(남의 집을 높이는 말, 남의 아내)의 뜻

예 택배(宅配), 저택(邸宅), 시댁(媤宅)

※ 맡길 탁(乇)자 초목이 땅으로 뿌리를 내린 모양 → 잎 → 맡기다, 부탁하다는 뜻

※ 부탁할 탁(託)자는 말(言)로 부탁하다(乇)의 뜻

宗

4급 마루 종 | 귀신 기(示) + 집 면(宀)

갑골문을 보면 큰집(宀)에서 제사(示) 지내는 모습 → 제사를 지내는 집

→ (제사를 지내는 것은 혈족의 장손이 하여) 마루, 으뜸, 제사, 일족, 근본, 종묘(宗廟)의 뜻

※ 높을 숭(崇)자는 으뜸(宗) 산(山) → 크고 높은 산 → (웅장한 산 기백에) 우러러보다 → 존중하다 → 높다 → 숭상(崇尙)하다는 뜻

宿

5급 잘 숙 | 집 면(宀) + 사람 인(人) + 일백 백(百)

집(宀)안에서 사람(人)이 이불(百) 위에서 자는 모습 → 자다, 숙박하다는 뜻

※ 일백 백(百)자는 숫자 100, 여러, 모두를 뜻하나 여기서는 단순 이불 모양자

寢

4급 잘 침 | 집 면(宀) + 나뭇조각 장(爿) + 비 추(帚)

집(宀)의 침상(爿)에서 잠자리에 들기 전에 빗자루(帚)로 주위를 정돈하고 잠을 잔다

→ (잠을) 자다 → 寑(잠잘 침)자와 같은 뜻

예 침실(寢室) : 잠자는 방

※ 비 추(帚)자는 손(彐)에 빗자루(巿)를 들고 있는 모습 → 빗자루의 뜻

寐

1급 잘 매 | 집 면(宀) + 나뭇조각 장(爿) + 아닐 미(未) 발음 역할

집(宀)의 침상(爿)에 아직(未) 있다 → 자다, 적적하다는 뜻

예 오매불망(寤寐不忘) : 자나 깨나 잊지 못함

※ 아닐 미(未)자는 나뭇잎이 무성하다(많다) → 아직, 없다는 뜻

寤

1급 잠깰 오 | 집 면(宀) + 나뭇조각 장(爿) + 나 오(吾) 발음 역할

집(宀)의 침상(爿)에서 잠이 깨어 글 읽는 소리(吾)가 들린다 → 깨다, 각성하다는 뜻

※ 나 오(吾)자는 글 읽는 소리 → 나의 말 → 나, 우리의 뜻

安
7급 편안 안 | 집 면(宀) + 여자 녀(女)
여자(女)는 집(宀)에 있으면 안전하다 → 편안(便安)하다는 뜻

※ 책상 안(案)자는 책 읽기에 편안(安)한 나무(木)로 만든 것 → 책상, 생각의 뜻

寂
3급 고요할 적 | 집 면(宀) + 아재비 숙(叔)
집(宀)에 콩이 떨어지는(尗) 소리까지 들릴 정도로 조용하다 → 고요하다 → 적막(寂寞)하다
→ 죽다, 한가롭다는 뜻

※ 아재비 숙(叔)자의 금문을 보면 싹 아래로 떨어져 있는 콩을 줍는 모습 → 콩, 줍다
→ (콩깍지 하나에 여러 개의 알이 들어있고, 콩깍지를 가족에 비유하면서) 아저씨, 작다, 젊다, 어리다는 뜻

寞
1급 고요할 막 | 집 면(宀) + 없을 막(莫) 발음 역할
집(宀)에 아무도 없으니(莫) 쓸쓸하다 → 적막(寂寞)하다는 뜻

寥
1급 쓸쓸할 료 | 집 면(宀) + 높이 날 료(翏) 발음 역할
집(宀)안에 멀리서 불어오는 바람 소리(翏)로 휑하다 → 쓸쓸하다, 적막(寂寞)하다는 뜻

※ 높이 날 료(翏)자는 (멀리서 불어오는) 바람 소리 → 높이 날다는 뜻

容
4급 얼굴 용 | 집 면(宀) + 골 곡(谷)
갑골문을 보면 內(안 내)자에 항아리가 하나 그려져 있음 → 창고(宀)에 물건(谷)을 보관하여 편안하다
→ (나중 글자 모양이 마치 사람의 얼굴과도 같아) 얼굴, 몸가짐 → 용모(容貌) 뜻

寧
3급 편안할 녕 | 집 면(宀) + 마음 심(心) + 그릇 명(皿) + 못 정(丁)
갑골문을 보면 탁자(丁) 위에 그릇(皿)이 놓여 있는 집(宀)이 그려져 있음 → 집에 먹을 것이 풍족하다
→ (금문에서는 心 자가 더해져 심리적으로도 매우) 안정적이다
→ 심리적으로나 물질적으로 매우 만족스러운 상태 → 편안하다, 문안하다는 뜻
예 안녕(安寧) : 인사말 ~편안하고 편안하지

※ 못 정(丁)자는 못을 뜻하나 여기서는 탁자를 그린 모양자

定
6급 정할 정 | 집 면(宀) + 바를 정(正) 발음 역할
집(宀)이 올바르다(正) → 집이 편안하다 → 집안이 무탈하여 매우 안정적이다
→ 집(宀)에 발(疋)이 머물다 → 정하다 → 바로잡다 → 평정하다는 뜻
예 정처(定處) : 자거나 머무르기로 정한 곳

※ 바를 정(正)자는 성을 진격하는 모습 → 정벌하다 → 전쟁하는 명분을 정당하다 → 바로잡다, 평정하다
→ 바르다 → 올바르다는 뜻

察
4급 살필 찰 | 집 면(宀) + 제사 제(祭)
집안(宀)에서 제사(祭)를 지내기에 앞서 빠진 것이 없는지 두루 살펴본다 → 두루 조사하다
→ 자세히 알다, 살피다는 뜻
◉ 경찰(警察) : 마을을 경계하고 살펴보는 임무를 가진 공무원

宰
3급 재상 재 | 집 면(宀) + 매울 신(辛)
관청(宀)에서 죄인(辛)에게 형벌을 주는 사람 → 노예들을 관리하던 우두머리 → 관원(官員)
→ 벼슬아치 → 재상(宰相), 가신의 뜻

官
4급 벼슬 관 | 집 면(宀) + 언덕 부(阜 → 㠯)
언덕(阜 → 㠯) 위처럼 높은 곳에 지어진 집(宀) → 나랏일을 하는 높은 집 → 관청(官廳)
→ 관직(官職) → 벼슬, 벼슬아치, 일, 직무의 뜻

※ 집 관(館)자는 벼슬아치(官)가 잠자고 밥(食) 먹는 곳 → 관사, 관사 → 집의 뜻

宦
1급 벼슬 환 | 집 면(宀) + 신하 신(臣)
신하들(臣)이 있는 집(宀) → 벼슬하는 사람 → 환관(宦官), 벼슬의 뜻

寶
4급 보배 보 | 집 면(宀) + 구슬 옥(玉) + 장군 부(缶) + 조개 패(貝)
집(宀) 안에 값비싼 구슬(玉), 도자기(缶), 돈(貝)이 있다 → 보배(寶貝), 보물의 뜻

寒
5급 찰 한 | 집 면(宀) + 풀 초(艹) 쌓아 놓은 모양 + 얼음 빙(冫)
금문을 보면 집(宀)안에서 볏단으로 둘러쳐진 안에 사람(人)들이 있고, 그 아래에 얼음(冫)이 있는 모습
→ 추운 겨울 변변한 이불도 없이 차가운 방 안에 있는 사람이 얼었다 → 차다, 춥다, 떨다는 뜻
◉ 한파(寒波) : 기온이 급작스레 내려가 추운 현상

宴
3급 잔치 연 | 집 면(宀) + 편안 안(妟)
금문을 보면 집(宀)에 손님들이 편안하게(妟) 있는 모습
→ 집(宀)에서 잔치하기 위해서 날(日)을 잡고, 여자(女)가 있어야 한다
→ (손님이 편안하게 즐길 수 있도록 잔치를 베푼다) 잔치하다, 술자리를 베풀다, 즐기다
→ 연회(宴會 : 잔치)의 뜻

※ 편안 안(妟)자는 햇살(日)이 여자(女)를 편안하게 비추는 모습 → 편안하다는 뜻

守
4급 지킬 수 | 집 면(宀) + 마디 촌(寸)
집(宀) 안에 손(寸)이 있는 모습 → 손으로 집을 지킨다 → 보호하다, 다스리다는 뜻
◉ 수비(守備) : 지키어 막음

※ 사냥 수(狩)자는 개(犭)가 사냥한 짐승을 지키(守)는 모습 → 사냥하다, 정벌(征伐) 하다, 수렵(狩獵)의 뜻

實
5급 열매 실 | 집 면(宀) + 꿸 관(貫)
금문을 보면 집(宀), 밭(田) 재물(貝)이 있으니 매우 풍족하다를 표현
→ 소전부터 집(宀)에 돈뭉치가 꽉 차 있다(貫) → 부유하다 → 결과가 좋다
→ 열매, 재물, 과실(果實), 내용의 뜻

審
3급 살필 심 | 집 면(宀) + 차례 번(番)
금문을 보면 집안(宀)에 찍힌 짐승 발자국(番)이 찍혀있어 어떤 짐승인지 설왕설래하고 있는 모습
→ 고찰하다 → 자세히 알아보다 → 살피다, 주의하여 보다는 뜻
🔵 심문(審問) : 자세히 따져서 물음

完
5급 완전할 완 | 집 면(宀) + 으뜸 원(元)
집(宀)을 으뜸(元)으로 지었다 → 집을 잘 지었다 → 공사가 마무리 잘됨 → 끝내다 → 일을 완결짓다
→ 완전(完全)하다는 뜻

※ 으뜸 원(元)자는 사람의 머리를 강조해 그린 것 → 으뜸, 처음의 뜻

富
4급 부유할 부 | 집 면(宀) + 가득할 부(畐) 발음 역할
집안(宀)에 재물이 가득하다(畐) → 부유하다, 부자(富者)의 뜻

※ 가득할 부(畐)자는 항아리에 술이나 물건이 가득 차 있는 모습 → 가득하다는 뜻

客
5급 손 객 | 집 면(宀) + 각각 각(各)
금문을 보면 집 입구에 발이 들어오는 모습
→ (해서부터 지금의 글자) 집(宀)에 각각[各 따로따로] 오는 사람이 손님 → 나그네의 뜻
🔵 객사(客舍) : 손님으로 묵는 집

寓
1급 붙어살 우 | 집 면(宀) + 원숭이 우(禺) 발음 역할
임시로 더불어(禺) 집(宀)에 붙어 산다 → 부치다, 맡기다는 뜻

※ 원숭이 우(禺)자는 원숭이를 그린 글자 → 가끔 몸 쉬는 곳, 임시 사는곳, 더불어 산다는 뜻

寄
4급 부칠 기 | 집 면(宀) + 기이할 기(奇) 발음 역할
정상적인 가족이 아닌 사람이 집(宀)에 임시로 얹혀살다(奇) → 기거(寄居)하다 → 부치다
→ 의지하다, 기대다는 뜻
🔵 기생충(寄生蟲) : 다른 생물에 기거하면서 살아가는 동물

※ 기이할 기(奇)자는 곡괭이 위에 사람이 올라가 있는 기이한 모습 → 기이하다, 괴상하다는 뜻

害 | **5급** 해로울 해 | 집 면(宀) + 예쁠 봉(丰) + 입 구(口)
집(宀)안에 어지러운(丰) 말(口)다툼이 일어나고 있는 모습 → 상해를 입히다
→ 해치거나 난장판이 벌어지고 있다 → 해치다, 해롭다는 뜻
- 예 해충(害蟲) : 해로운 벌레

※ 예쁠 봉(丰)자는 풀이 무성하게 올라오는 모습 → 여기에는 어지럽다는 뜻

寇 | **1급** 도둑 구 | 집 면(宀) + 칠 복(攴) + 으뜸 원(元)
집(宀)에 있는 사람의 머리(元)를 흉기로 치는(攴) 모습 → 도적의 뜻
- 예 왜구(倭寇) : 일본 도둑이란 의미

※ 비슷한 글자 관 관(冠)자

密 | **4급** 빽빽할 밀 | 메 산(山) + 잠잠할 밀(宓) 발음 역할
산(山)에 수목이 우거져 빽빽하다(宓) → 빈틈이 없다, 꼼꼼하다, 철두철미의 뜻
- 예 밀림(密林) : 큰 나무들이 빽빽하게 들어선 수풀

※ 잠잠할 밀(宓)자는 잠잠하다, 편안하다, 고요하다, 빽빽하다, 비밀의 뜻

※ 꿀 밀(蜜)자는 꿀벌(虫)의 꿀이 빽빽하게(宓) 들어선 벌집 → 벌꿀, 달콤하다는 뜻
- 예 첨밀밀(甛蜜蜜) : (영화 제목) 꿀처럼 달콤하다

寅 | **3급** 범 인 | 셋째 지지 인
갑골문에서 화살(矢)이 과녁을 뚫고 지나가는 모습 → 깊다 → 십이지지의 셋째 → 범(호랑이)의 뜻

寬 | **3급** 너그러울 관 | 집 면(宀) + 뿔가는산양 환(萈) 발음 역할
소전을 보면 산양(萈)이 뛰어놀 정도로 매우 커다란 집(宀) 모양 → 넓다, 광활하다 → 너그럽다
→ 관대(寬大)하다는 뜻

宥 | **1급** 너그러울 유 | 집 면(宀) + 있을 유(有) 발음 역할
있는(有) 집(宀)이 너그럽고 어질다 → 너그럽다, 용서(容恕)하다는 뜻

宋 | **2급** 성씨 송 | 집 면(宀) + 나무 목(木)
집(宀)에 나무(木)가 있는 모습 → 송나라 → 성씨(송)의 뜻

宏 | **1급** 클 굉 | 집 면(宀) + 클 굉(厷) 발음 역할
집(宀)이 광대하다(厷) → 크다, 넓다는 뜻
- 예 굉장(宏壯) : 퍽 크고 훌륭함

宕 　**1급** 호탕할 **탕** | 집 면(宀) + 돌 석(石)
돌(石)로 지은 집(宀) → 넓다, 광대(廣大)하다 → 호탕하다, 대범하다는 뜻
　예 호탕(豪宕), 질탕(跌宕)

宛 　**1급** 완연할 **완** | 집 면(宀) + 누워뒹굴 원(夗) 발음 역할
집(宀)에서 뒹굴다(夗) → 원통하다, 굽다, 완연(宛然)하다 → 동산의 뜻

宣 　**3급** 베풀 **선** | 집 면(宀) + 베풀 선(亘) 발음 역할
궁궐(宀)에 사는 천자의 은혜가 널리 펴지다(亘) → 궁전, 임금님의 말 → 떨치다, 밝히다, 푼다는 뜻
　예 선전(宣傳), 선언(宣言), 선양(宣揚), 선포(宣布), 선서(宣誓)

※ 베풀 선(亘)자는 하늘(一)과 땅(一) 사이에 태양 빛(日) 두루 널리 펼치다 → 뻗치다, 베풀다는 뜻

宜 　**3급** 마땅 **의** | 집 면(宀) + 또 차(且)
갑골문을 보면 도마(且) 고기가 올려져 있는 모양
→ (해서부터) 집에서 도마 위에 고기를 올려놓고 신에게 음식을 올리는 것이 마땅하다
→ 당연하다, 알맞다, 마땅히의 뜻
　예 의당(宜當), 편의점(便宜店)

寡 　**3급** 적을 **과** | 집 면(宀) + 머리 혈(頁) + 칼 도(刀)
금문을 보면 집안(宀)에 눈빛이 처량한 사람(頁) 모습
→ 남편 없이 집안에 홀로 앉아 있는 처량한 노인을 표현 → 외롭다
→ 홀어머니, 과부(寡婦) → 적다, 작다는 뜻
　예 과묵(寡默), 독과점(獨寡占)

寫 　**5급** 베낄 **사** | 집 면(宀) + 까치 작(舄)
인장에 새를 새겨놓은 모양 → 본뜨다, 새기다, 베끼다 → 쏟는다는 뜻

寮 　**1급** 동관 **료** | 집 면(宀) + 횃불 료(尞) 발음 역할
같은 관청(宀)에서 같이 빛나는(尞) 사람 → 같은 관청에 같은 계급의 관리 → 동관 → 벼슬아치의 뜻

寵 　**1급** 사랑할 **총** | 집 면(宀) + 용 룡(龍)
궁궐(宀)에 있는 임금님이 아끼는 훌륭한 사람(龍) → 괴다(특별히 귀여워하고 사랑하다)
→ 사랑하다는 뜻
　예 은총(恩寵), 총애(寵愛)

※ 宀 자가 부수자가 아니지만 집 관련 뜻의 글자
　예 우레 뢰(牢), 안 내(內), 향할 향(向), 손 빈(賓)

 낯 면

갑골문을 보면 길쭉한 타원형 안에 하나의 눈(目)만 그려져 있음 → 사람의 얼굴을 표현한 것
→ (해서부터 지금 글자) 얼굴의 뜻

※ 상용한자 내에서는 부수자로 쓰이는 글자 없음

 그릇 명

그릇의 옆 모습 그린 것 → 그릇, 술잔, 담다는 뜻

盒   **1급**   합 합 | 그릇 명(皿) + 합할 합(合) 발음 역할
여러 층 그릇(皿)을 서로 합(合)해지도록 만든 그릇 → 찬합(饌盒), 소반 뚜껑의 뜻

盞   **1급**   잔 잔 | 그릇 명(皿) + 적을 전(戔) 발음 역할
적은(戔) 그릇(皿) → 중국 독주를 마시는 술잔은 유난히 매우 작음 → 술잔의 뜻

※ 적을 전(戔)자는 좋은 창(戈)은 사용 중이고 나머지 적은 몇 개 창(戈)이 쌓여 있는 모습 → 나머지, 적다, 작다는 뜻

盃   **2급**   잔 배 | 그릇 명(皿) + 아니 부(不) 발음 역할
그릇(皿)처럼 크지 않은(不) 그릇 → 술잔의 뜻
예 고배(苦盃) : 쓴 술잔 → 실패, 패배의 뜻

※ 세글자 잔잔(盞), 잔배(盃), 잔 배(杯) 모두 같은 뜻

盆   **1급**   동이 분 | 그릇 명(皿) + 나눌 분(分) 발음 역할
그릇(皿) 중에서 큰(分) 그릇 → 동이(아가리가 큰 질그릇)이다는 뜻
예 화분(花盆), 분재(盆栽)

※ 나눌 분(分)자는 나누다는 뜻 이외 크다는 뜻으로도 일부 쓰임

盤   **3급**   소반 반 | 그릇 명(皿) + 일반 반(般) 발음 역할
그릇(皿)에 음식을 담아 올려놓는 작은 밥상(般) → 소반(小盤), 쟁반(錚盤)의 뜻

※ 일반 반(般)자는 그릇에 담긴 음식을 수저로 푸는 모습 → 소반(작은 밥상)
→ 밥을 먹는 일은 매우 일상적이다) 일반적의 뜻

盧 | 2급 성씨 **로** | 그릇 명(皿) + 범 호(虍)자 변형 발음 역할
호랑이(虎) 그림이 그려져있는 밥그릇(皿) → 화로(火爐) → 성씨(노)의 뜻

※ 생각할 려(慮)자는 호랑이(虎)가 나타날까봐 생각하다(思) → 걱정하다는 뜻

盈 | 2급 찰 **영** | 그릇 명(皿) + 이문 얻을 고(夃)
그릇(皿)에 음식이 차고 넘친다(夃) → 가득하다, 충만하다는 뜻

益 | 4급 넘칠 **익** | 그릇 명(皿) + 물 수(水)
그릇(皿)에 물(水)이 넘치는 모습 → 윗부분이 물 수(水)를 90도 회전한 것 → 더한다는 뜻
예 이익(利益) : 이롭고 도움이 되는 일

盜 | 4급 도둑 **도** | 그릇 명(皿) + 버금 차(次)
밥그릇(皿)을 보고 침(氵)을 흘리며 입을 크게 벌리고(欠) 있는 사람 → 도적(盜賊), 도둑의 뜻

監 | 4급 볼 **감** | 그릇 명(皿) + 누울 와(臥)
누워(臥)있는 그릇(皿) 속의 물을 거울삼아 비추어 보다 → 살핀다는 뜻
예 감독(監督) : 보살피고 독려하고 총괄 관리하는 사람

盛 | 4급 성할 **성** | 그릇 명(皿) + 이룰 성(成) 발음 역할
갑골문을 보면 그릇(皿) 주위로 여러 개의 점이 찍혀있고 창(成)을 들고 서 있는 모습
→ 전쟁에 나가기 전 신에게 제사를 지내서 승리를 기원하는 모습 → 제기 의식이 성대하다 → 크다는 뜻

盟 | 3급 맹세 **맹** | 그릇 명(皿) + 밝을 명(明) 발음 역할
고대에는 제후들이 동맹을 약속할 때 술을 그릇(皿)에 담아 함께 마시며 천지신명 앞에 맹세했음
→ 밝은(明) 곳에서 술을 그릇(皿)에 담아 함께 마시며 굳은 결의를 약속하다
→ 동맹(同盟), 맹세(盟誓), 약속(約束)의 뜻

盡 | 4급 다할 **진** | 수세미 모양(聿灬) + 그릇 명(皿)
손에 수세미(聿灬)를 들고 그릇(皿)을 씻는 모습 → 그릇을 깨끗하게 씻는다 → 식사 대접이 끝났다
→ 정성을 다하여 모셨다 → 다하다, 완수하다는 뜻
예 흥진비래(興盡悲來) : 즐거운 일이 다하면 슬픈 일이 온다는 말

※ 皿 자가 부수자는 아니지만 그릇 관련 글자
예 피 혈(血), 따뜻할 온(溫), 덮을 개(蓋), 맏 맹(孟), 사나울 맹(猛)

 털 모

사람의 눈썹이나 머리털이나 짐승의 털 모양 → 깃털, 터럭, 모피의 뜻

毫 **3급** 가는털 **호** | 털 모(毛) + 높을 고(高) 변형
높게(高) 자란 털(毛) → (길게 자란 털일수록 끝이 더 가늘게 보여) 털끝, 가늘다, 조금의 뜻
예 추호(秋毫) : 가을철에 가늘어진 짐승의 털 → 매우 적음의 뜻

氈 **1급** 모전 **전** | 털 모(毛) + 믿음 단(亶)
추위를 막아 주는 믿음직한(亶) 털(毛) → 모전(毛氈) : 솜털로 만든 모직물, 융단, 담요의 뜻

※ 毛 자가 부수자는 아니지만 털을 뜻하는 글자
예 꼬리 미(尾), 겉 표(表)

 나무 목

갑골문을 보면 나무줄기와 가지 모양 → 나무, 목재의 뜻

※ 은(殷), 주(周) 시대에는 쇠가 없어 일상 생활용품이 거의 모두 나무로 만들어져 나무 관련 글자에 많이 사용됨

桑 **3급** 뽕나무 **상** | 나무 목(木) + 땅이름 약(叒)
갑골문을 보면 나무(木) 위에 여러 잎(叒) 모양
→ 소전부터 나무(木) 위에 여러 명의 손(又)이 뽕잎을 따고 있는 모습 → 뽕잎 → 뽕나무의 뜻
예 상전벽해(桑田碧海) : 뽕나무밭이 푸른 바다가 되었다 → 세상일이 덧없이 많이 바빴다

李 **6급** 오얏 **이** | 나무 목(木) + 아들 자(子)
갑골문을 보면 오얏(자두)나무(木) 아래에서 아이늘(子)이 자두를 따려고 서 있는 모습
→ 오얏(자두)나무 → 심부름꾼 → 성씨(이)의 뜻
예 이하부정관(李下不整冠) : 오얏나무 밑에서 갓을 고쳐 쓰지 않는다
→ 남에게 의심받을 만한 짓은 하지 말라

杏 **2급** 살구 **행** | 나무 목(木) + 입 구(口)
나무(木) 아래로 떨어지는 은행(살구)을 받으려고 깔아놓은 돗자리(口) 모양 → 은행(銀杏)나무
→ 살구나무의 뜻

松 | 4급 소나무 송 | 나무 목(木) + 공평할 공(公) 발음 역할
사시사철 변함없이(公) 늘푸른나무(木) → 소나무의 뜻
예 송림(松林) : 소나무의 숲

※ 공평할 공(公)자는 사물(厶)을 공평하게 나누다(八) → 공평하다, 함께하다 → 변함없다는 뜻

梅 | 3급 매화나무 매 | 나무 목(木) + 매양 매(每) 발음 역할
추운 겨울을 이기고 이른 봄이면 매번(每) 꽃을 피우는 나무(木) → 매화(梅花)나무의 뜻
예 매란국죽(梅蘭菊竹) : 사군자

※ 매양 매(每)자는 갑골문을 보면 비녀(人) 꽂은 어머니(母) 모습 → 한결같은 어머니 마음 → 늘, 항상
 → 매양, 매번의 뜻

楊 | 3급 버드나무 양 | 나무 목(木) + 볕 양(昜) 발음 역할
태양이 나무(木)를 밝게 비추는(昜) 모습 → 버드나무 → 성씨(양)의 뜻
예 수양(垂楊) : 수양버들 나무

柳 | 4급 버드나무 유 | 나무 목(木) + 토끼 묘(卯)
나뭇(木)가지가 토끼 귀(卯)처럼 무성하게 축축 늘어진 버드나무의 뜻
예 유관순(柳寬順)

朴 | 6급 순박할 박 | 나무 목(木) + 점 복(卜) 발음 역할
거북의 등처럼 갈라진(卜) 모습의 나무(木) → 후박나무, 순박하다 → 성씨(박)의 뜻

梨 | 3급 배나무 이 | 나무 목(木) + 이로울 리(利) 발음 역할
맛있는 과실로 이로움(利) 주는 나무(木) → 배나무의 뜻
예 이화(梨花) : 배나무의 꽃

※ 이로울 리(利)자는 벼(禾)를 칼(刂)로 베는 모습 → 곡식을 수확하니 이롭다는 뜻

梧 | 2급 오동나무 오 | 나무 목(木) + 나 오(吾) 발음 역할
꽃받침은 5개(吾)로 갈라진 나무(木) → 오동(梧桐)나무의 뜻

桐 | 2급 오동나무 동 | 나무 목(木) + 한가지 동(同) 발음 역할
나뭇결이 한결같이 바른(同) 나무(木) → 오동나무다는 뜻

※ 한가지 동(同)자는 모두(凡)가 같은 말(口)을 하다 → 같다, 함께, 무리의 뜻

橙 | 1급 등나무 등 | 나무 목(木) + 오를 등(登) 발음 역할
줄기가 뻗어 나가는(登) 나무(木) → 등자나무 → 귤, 오렌지의 뜻

| 枸 | **1급** 구기자나무 **구** | 나무 목(木) + 글귀 구(句) 발음 역할
가지가 아래로 길게 늘어지는(句) 모양의 나무(木) → 구기자(枸杞子)나무의 뜻

| 杞 | **1급** 구기자 **기** | 나무 목(木) + 몸 기(己) 발음 역할
가지가 아래로 길게 굽어진(己) 모양의 나무(木) → 구기자(枸杞子)나무의 뜻
   예 기우(杞憂) : 열자의 천서편에 나오는 이야기로,
              옛날 기나라 어떤 사람이 하늘이 무너질까 봐 걱정했다 → 쓸데없는 걱정의 뜻

| 柑 | **1급** 귤 **감** | 나무 목(木) + 달 감(甘) 발음 역할
달콤(甘)한 과일이 열리는 나무(木) → 감귤(柑橘) → 감자(사탕수수)의 뜻

| 橘 | **1급** 귤나무 **귤** | 나무 목(木) + 속일 휼(矞) 발음 역할
과실이 물이 많고 맛이 시면서도 달곰쌉쌀한(矞) 나무(木) → 귤나무의 뜻
   예 남귤북지(南橘北枳) : 강남의 귤을 강북에 옮겨 심으면 탱자나무로 변한다
              → 사람은 환경에 따라 변하게 된다는 뜻

| 桂 | **3급** 계수나무 **계** | 나무 목(木) + 홀 규(圭)
상서로운(圭) 나무(木) → 성스러운 좋은 나무 → 계수(桂樹)나무, 월계수의 뜻

| 柏 | **2급** 측백 **백** | 나무 목(木) + 흰 백(白) 발음 역할
열매가 솔방울처럼 알알이 박혀 껍질을 까면 하얀 씨 모양을 하는 나무 → 잣나무 → 동백(冬柏)나무
→ 측백나무의 뜻

| 槿 | **2급** 무궁화 **근** | 나무 목(木) + 진흙 근(堇) 발음 역할
진흙(堇) 같은 척박한 땅에서도 잘 자라는 나무(木) → 근화(槿花), 무궁화(無窮花)의 뜻

| 檀 | **4급** 박달나무 **단** | 나무 목(木) + 믿음 단(亶) 발음 역할
마을을 지켜주는 신령이 깃들어 있다고 생각하여 제사(亶)를 지내는 나무(木) → 당산나무
→ 믿음을 주는 단단한 나무 → 박달나무(자작나뭇과)의 뜻
   예 단군(檀君 : 우리 겨레의 시조로 받드는 태초의 임금)

※ 믿음 단(亶)자는 제기 그릇을 보관하는 창고를 그린 것 → 믿음, 도탑다는 뜻
※ 단 단(壇)자는 흙(土)으로 높이 쌓아 믿음(亶) 비는 곳 → 제단, 강단, 장소의 뜻

| 枳 | **1급** 탱자나무 **지** | 나무 목(木) + 다만 지(只) 발음 역할
과실이 오직(只) 신맛만 나는 나무(木) → 탱자나무의 뜻

桃
3급 복숭아 **도** | 나무 목(木) + 조짐 조(兆) 발음 역할
재앙(兆)을 물리치는 나무(木) → 귀신 쫓는 나무 → 복숭아나무의 뜻
- 예) 무릉도원(武陵桃源) : 도연명의 도화원기에 나오는 별천지, 사람들이 행복하게 살 수 있는 이상향

楚
2급 초나라 **초** | 수풀 림(林) + 발 소(疋) 발음 역할
옛 모양은 도끼로 작은 나무를 베고 있는 모양 → 잘라 모아진 작은 나무의 뜻 → 가시나무
→ 옛날에는 죄인들을 때리는 매로 가시나무를 사용 → 회초리 → 매질하다 → 아프다, 괴롭다
→ 우거진 모양 → 춘추 전국시대의 나라 이름(초)

※ 주춧돌 추(礎)자는 건물의 기초를 다지기 위해 첫돌(石)을 내디딘다(楚) → 초석(礎石)을 다진다
→ 주춧돌, 기초의 뜻
※ 여기서 楚 자는 숲(林) 우거진 곳에 발(疋)을 내디딘다로 해석

棘
1급 가시 **극** | 가시 자(朿) + 가시 자(朿)
가시가 많은 나무 표현 → 가시(나무)의 뜻
- 예) 형극(荊棘), 극성(棘城)

棗
1급 대추 **조** | 가시 자(朿) + 가시 자(朿)
대추가 열린 모양 → 대추(나무)의 뜻

柿
1급 감나무 **시** | 나무 목(木) + 저자 시(市) 발음 역할
시장(市)에서 많이 팔고 사는 나무(木) 열매 → 감(나무)의 뜻

栗
3급 밤 **률** | 나무 목(木) + 덮을 아(襾)
갑골문을 보면 나무(木)에 밤(襾)이 달린 모양(由) → 가시로 덮여(襾) 있는 밤 → 밤(나무)의 뜻
- 예) 조율이시(棗栗梨柿)

棉
1급 목화 **면** | 나무 목(木) + 비단 백(帛)
비단(帛)처럼 의복에 많이 사용하는 꽃나무(木) → 목화(木花)의 뜻

棠
1급 아가위 **당** | 나무 목(木) + 오히려 상(尚) 발음 역할
아름다운 나무(木)보다는 오히려 귀한(尚) 약재로 많이 사용되는 열매 나무
→ 산사나무(아가위) 산사자(山査子)의 뜻

櫻
1급 앵두 **앵** | 나무 목(木) + 어린아이 앵(嬰) 발음 역할
미녀의 아름다운 빨간 입술 같은 앵두나무의 뜻

柚	**1급** 유자 **유** ǀ 나무 목(木) + 말미암을 유(由) 발음 역할
	나무(木)에 유자가 달린 모양(由) → 유자(나무)의 뜻

楓	**3급** 단풍 **풍** ǀ 나무 목(木) + 바람 풍(風) 발음 역할
	가을바람(風)에 나부끼는 아름답게 물든 나무(木) → 단풍(丹楓)의 뜻

楸	**2급** 가래나무 **추** ǀ 나무 목(木) + 가래 추(秋) 발음 역할
	농기구 가래와 모양새가 닮은 나무, 호두와 모양이 비슷하고 쓰임도 같은 나무 → 가래(나무)의 뜻

槐	**2급** 회화나무 **괴** ǀ 나무 목(木) + 귀신 귀(鬼) 발음 역할
	귀신(鬼)을 막아주는 나무(木) → 홰나무(느티나무), 회화나무의 뜻
	※ 옛날에는 괴목(槐木)이라 불리는 느티나무를 나쁜 귀신을 막아 준다고 하여 마을 입구에 심어 놓았음

樺	**2급** 벚나무 **화** ǀ 나무 목(木) + 빛날 화(華) 발음 역할
	봄밤에 화려하게(華) 빛나는 꽃나무(木) → 벚나무의 뜻

樵	**1급** 땔나무 **초** ǀ 나무 목(木) + 탈 초(焦) 발음 역할
	불태울(焦) 나무(木)를 하다 → 나무하다, 불사르다, 땔 나무의 뜻

柴	**2급** 섶 **시** ǀ 나무 목(木) + 이 차(此) 발음 역할
	땔감으로 쓸 나무(木)를 베거나(匕) 주워(止) 모으다 → 섶(땔나무를 통틀어 이르는 말)의 뜻

枯	**3급** 마를 **고** ǀ 나무 목(木) + 옛 고(古) 발음 역할
	나무(木)가 오래되었다(古) → 마르고 약해졌다 → 마르다, 시들다, 약하다는 뜻
	📕 고목(枯木 : 말라 죽은 나무), 고목(古木 : 오래 묵은 나무)

樹	**6급** 나무 **수** ǀ 나무 목(木) + 세울 주(尌) 발음 역할
	나무(木)를 세우는(尌) 모습 → (나무를) 심다, 세우다, 막다는 뜻
	※ 세울 주(尌)자는 손(寸)으로 북(壴)을 받침대 위에 올려 세우는 모습 → 세우다 → 하인의 뜻
	※ 주방 주(廚)자는 집(广)에서 하인(尌)이 일하고 있는 곳 → 주방, 부엌의 뜻

核	**4급** 씨 **핵** ǀ 나무 목(木) + 돼지 해(亥) 발음 역할
	나무(木) 핵심(亥) → 과일 알맹이 → 열매의 씨 → (가장 중요한) 핵심(核心)의 뜻
	📕 핵폭탄(核爆彈) : 핵반응이 일어날 때 생기는 엄청난 에너지를 이용하여 만든 폭탄
	※ 돼지 해(亥)자는 돼지 팔다리를 잘라 먹을 수 있는 핵심만 남겨놓은 모양 → 돼지 → 핵심, 알맹이의 뜻
	※ 돼지 시(豕)자는 살아있는 돼지 모양

根 　6급 **뿌리 근** | 나무 목(木) + 그칠 간(艮) 발음 역할
나무(木)의 낮은(艮) 곳 → 뿌리(나무를 지탱하는 가장 든든한 곳) → 근본, 밑동의 뜻

※ 그칠 간(艮)자는 신분이 낮은 사람이 허리를 굽힌 채 시선이 낮은 곳을 보고 있는 모습 → 낮다 → 가난하다
　→ (신분이 낮아) 그치다, 한계, 어긋나다는 뜻

本 　6급 **뿌리 본** | 나무 목(木) + 한 일(一)
나무(木) 밑을 아래 선(一)으로 표시 → 뿌리, 근본의 뜻

末 　5급 **끝 말** | 나무 목(木) + 한 일(一)
나무(木)의 위 끝에 선(一)으로 표시 → 나뭇가지 → 끝의 뜻

未 　4급 **아닐 미** | 나무 목(木) + 한 일(一)
나무(木) 위에 나뭇가지를 하나(一) 덧붙인 모습 → 가지가 무성한 나무가 아직은 아니다
→ 아니다, 아직, 못하다는 뜻

朱 　4급 **붉을 주** | 나무 목(木) + 삐침 별(丿) 변형
갑골문을 보면 나무(木) 중간에 표시(丿) → 나무 중심
→ 적심목(赤心木) : 건물을 지을 때 중요하게 사용하던 붉은빛을 가진 나무 → 주목(朱木) → 붉다는 뜻

株 　3급 **그루 주** | 나무 목(木) + 붉을 주(朱) 발음 역할
나무(木)의 중심(朱) → 나무를 지탱하는 든든한 곳 → 나무 밑동 → 그루터기 → 근본 → 주식의 뜻
　예 수주대토(守株待兎) : 그루터기에서 토끼를 기다린다 → 융통성이 없는 행동 하다는 뜻
　　→ (한비자의 오두편) 송나라의 한 농부가 나무뿌리에 걸려 죽은 토끼를 보고,
　　　다시 토끼가 걸리기를 마냥 기다렸다는 이야기에서 유래

柯 　2급 **가지 가** | 나무 목(木) + 옳을 가(可) 발음 역할
도끼(可) 구멍에 끼우는 나무(木) → (도끼) 자루 → 줄기 → 가지 → 모밀잣밤나무의 뜻
　예 남가일몽(南柯一夢) : 덧없이 지나간 한때의 헛된 부귀나 행복

※ 옳을 가(可)자는 곡괭이 자루(또는 도낏자루)로 일할 때 잘하라고 잘한다, 옳다, 옳다 하는 모습에서
　→ 옳다, 허락한다는 뜻

條 　4급 **가지 조** | 나무 목(木) + 바 유(攸)
나뭇(木)가지 회초리로 사람을 때리는(攸) 모습 → 법(法)을 안 지킨 사람을 나뭇가지로 때리다
→ 법규(法規), 조목(條目) → 가지의 뜻
　예 조건(條件), 금과옥조(金科玉條), 조리(條理), 조례(條例), 조약(條約)

※ 바 유(攸)자는 사람(亻)이 회초리(丨)를 들고 때리는(攵) 모습 → 위태롭다 → 바(所), 곳, 장소의 뜻

Ⅱ. 부수자

枝 | 3급 가지 **지** | 나무 목(木) + 지탱할 지(支) 발음 역할
나뭇(木)가지를 손으로 붙잡고(支) 있는 모습 → (나뭇가지에) 지탱하다, 버티다, 지지(地支)하다
→ 가지의 뜻
예) 일지매(一枝梅 : 매화나무 한 가지), 연리지(連理枝), 금지옥엽(金枝玉葉)

梢 | 1급 나무끝 **초** | 나무 목(木) + 닮을 초(肖) 발음 역할
나무(木) 말단 가늘어진(肖) 부분 → 꼬리, 나뭇가지 끝의 뜻
예) 말초적(末梢的)

梗 | 1급 줄기 **경** | 나무 목(木) + 고칠 경(更) 발음 역할
나무(木)로 만든 탁자 앞에 회초리 든 모습(更) → 재앙(災殃), 굳세다 → 줄기, 가지 → 막히다는 뜻
예) 뇌경색(腦梗塞), 생경(生梗)

※ 고칠 경(更)자 갑골문을 보면 탁자 앞에 회초리 든 모습 → 잘못을 매로 바로 잡다 → 고치다
→ 개선(改善)하다 → 다시의 뜻

梁 | 3급 들보 **량** | 나무 목(木) + 물 수(水) + 비롯할 창(刅)
금문을 보면 개울물 사이에 널빤지(다리)가 놓여있는 모습
→ 개울물(氵)을 건너기 위해 나무(木)로 만든(刅) 다리 → 나무다리, 징검다리 → 교량, 제방
→ 들보, 대들보(기둥과 기둥 사이에 건너지른 큰 들보) → 나라이름(양) → 성씨(양)의 뜻
예) 양상군자(梁上君子) : 대들보 위에 군자 → 도둑의 뜻

※ 비롯할 창(刅)자는 칼(刀)로 사람 또는 짐승을 찔러 피(冫)가 묻은 모양 → 다치다, 상하다 → 칼질하다
→ (칼로 무언가 잘라서) 만들다 → 시작되다, 비롯하다는 뜻

案 | 5급 책상 **안** | 나무 목(木) + 편안 안(安) 발음 역할
일, 공부할 때 편리한(安) 나무(木) → 책상 → 생각 → 안건(案件) → 장부, 공문서의 뜻

机 | 1급 책상 **궤** | 나무 목(木) + 안석 궤(几) 발음 역할
나무(木)로 만든 안석(几) 모양 책상(冊床)의 뜻

櫃 | 1급 궤 **궤** | 나무 목(木) + 상자 궤(匱) 받은 역할
나무(木)로 만든 네모나게 생긴(匚) 곳에 귀한 것(貴)을 넣다 → 상자(箱子) → 궤, 함(函)의 뜻

樑 | 2급 들보 **량** | 나무 목(木) + 들보 량(梁) 발음 역할
칸과 칸 사이의 두 기둥을 건너질러(梁)는 나무(木) → 들보의 뜻
예) 동량지재(棟樑之材), 상량식(上樑式)

材
2급 재목 **재** | 나무 목(木) + 재주 재(才) 발음 역할
바탕(才)이 되는 나무(木) → 재질이 좋은(才) 나무(木) → 재목, 재료, 재능, 수완의 뜻

※ 재주 재(才)자는 갑골문을 보면 싹이 올라오는 모습 → 새싹이 보인다
  → (어떤 분야에 탁월한 능력을 갖춘 아이들을 보고) 싹수가 보인다 → 바탕 → 근본 → (사람의 바탕인) 재주
  → 재능이 있는 사람 → 있다 → 좋다는 뜻

柱
3급 기둥 **주** | 나무 목(木) + 주인 주(主) 발음 역할
집에서 우두머리(主) 나무(木) → 중심되는 나무 → 기둥 → 줄기 → 버티다, 괴다는 뜻
- 예) 사주(四柱) : 4개의 기둥 → 사람이 태어난 연월일시를 근거로 길흉화복(吉凶禍福)의 점치는 것
  → 운수(運數), 사성(四星)

※ 주인 주(主)자는 심지에 불이 붙은 촛불 모양 → (집안을 밝혀야 할) 가장, 주인 → 우두머리 → 임금
  → 가장 주요한, 주관자의 뜻

樞
1급 지도리 **추** | 나무 목(木) + 나눌 구(區) 발음 역할
나무 기둥[문설주(木)]과 문짝을 구분(區)하여 두 부분을 연결하는 지도리(돌쩌귀)
→ (문에서) 가장 중요한 부분 → 국가의 정권의 뜻
- 예) 중추(中樞), 추기경(樞機卿), 추밀(樞密)

椅
1급 의자 **의** | 나무 목(木) + 의지할 의(奇) 발음 역할
의지하는(奇) 나무(木) → 나무(木)로 만든 편안하게 의지하게(奇) 해주는 기특한 것
→ 의자(椅子), 걸상의 뜻

※ 기특할 기, 의지할 의(奇)자는 많이(大) 일하다(可) → 기특(奇特)하다, 기이(奇異)하다 → 크게(大) 옳다(可)
  → 뛰어나다 → 알아주다 → 의지하다 → 성씨(기)의 뜻

格
5급 격식 **격** | 나무 목(木) + 각각 각(各) 발음 역할
나무(木)에 다가가서(各) 가지치기하는 모습 → (나뭇가지를) 바로잡다, 고치다 → 격식(格式)
→ (잘 다듬어진) 인격(人格)의 뜻
- 예) 격물치지(格物致知) : 대학(大學)의 팔조목(八條目)에 나오는 말로서,
           사물의 이치를 규명하여 자기의 지식을 확고하게 하는 것

樓
3급 누각 **루** | 나무 목(木) + 포갤 루(婁) 발음 역할
나무(木)를 여러 개 포개(婁) 만든 집 → 복층 집 → 다락 → 여러 층으로 지어진 집 → 누각(樓閣)
→ 높이 지은 망루(望樓)의 뜻
- 예) 마천루(摩天樓), 사상누각(沙上樓閣), 신기루(蜃氣樓)

II. 부수자

欄 | 3급 난간 **란** | 나무 목(木) + 가로막을 란(闌) 발음 역할
문 입구를 가로막고(闌) 있는 나무(木) → 빗장 → 난간(欄干), 울타리의 뜻

※ 가로막을 란(闌)자는 문 입구에서 사람을 가로막고 가리다(柬) → 가로막다는 뜻

檻 | 1급 난간 **함** | 나무 목(木) + 볼 감(監) 발음 역할
가축을 감시(監)하기 위하여 나무(木)로 가두는 곳을 만들다 → 우리 → 덫, 함정(陷穽) → 막다, 닫다 → 난간(欄杆)의 뜻

架 | 3급 시렁 **가** | 나무 목(木) + 더할 가(加) 발음 역할
기존 나무(木) 지지대에 나무를 더하다(加) → 시렁(긴나무를 가로질러 선반처럼 만든 것) → 횟대 → 가설(架設)하다는 뜻

桀 | 2급 홰 **걸** | 나무 목(木) + 어그러질 천(舛)
나무(木)에 어그러진 양 발(舛) → 사람이 나무 위에 올라가 있는 당당한 모습
→ 용감하다, 씩씩하다, 뛰어나다
→ 홰(닭이나 새가 올라앉도록 닭장이나 새장 속에 가로지른 나무 막대)의 뜻

※ 뛰어날 걸(傑)자는 사람(人)의 자태가 위풍당당하다(桀) → 뛰어나다, 출중하다 → 호걸(豪傑)의 뜻

橫 | 3급 가로 **횡** | 나무 목(木) + 누를 황(黃) 발음 역할
문을 가로로(黃) 잠그기 위해 만든 누런 나무(木) → 빗장 → (빗장은 가로 문 잠그는 방식) 가로 → 옆 → 섞이다 → 비정상적인 → 가리다는 뜻
ⓔ 종횡무진(縱橫無盡) : 행동이 마음 내키는 대로 자유자재임

樂 | 5급 노래 **악**, 즐거울 **요**, 즐길 **락** | 나무 목(木) + 흰 백(白) + 작을 유(幺)
갑골문을 보면 나무(木) 위에 실(幺)을 매어 만든 현악기(거문고) 모양 → 악기(樂器) → 풍류(락)
→ 노래, 음악(音樂) → 즐겁다(요)는 뜻
ⓔ 요산요수(樂山樂水) : 자연을 즐긴다는 뜻

槍 | 1급 창 **창** | 나무 목(木) + 곳집 창(倉) 발음 역할
긴 나무(木)자루 끝에 뾰족한(倉) 칼날이 있는 무기 → 창의 뜻

棍 | 1급 곤장 **곤** | 나무 목(木) + 맏 곤(昆) 발음 역할
나무(木)가 덩어리로 함께 섞여(昆) 있는 모양 → 함께(혼) → 묶다(혼) → 동여매다(혼) → 몽둥이(곤)
→ 곤장(棍杖)의 뜻

※ 맏 곤(昆)자는 해(日) 아래 사람들(比)이 함께 섞여서 줄 서 있는 모습 → 함께(곤) → 뒤섞이다(혼) → 덩어리(혼)
→ 종족(곤) → 자손(곤) → 맏(곤), 형(곤)의 뜻

| 棒 | 1급 몽둥이 **봉** | 나무 목(木) + 받들 봉(奉) 발음 역할 |

나라에서 녹봉[俸 → 奉] 받던 벼슬아치들이 들고 다니던 나무(木)
→ (포도청 포졸들의) 육모 방망이(곤봉) → 몽둥이의 뜻

예 침소봉대(針小棒大) : 바늘만 한 것을 몽둥이만 하다고 한다 → 심하게 과장하여 말하는 것
→ 사건을 부풀려 크게 말함

※ 받들 봉(奉)자는 갑골문을 보면 귀한 약초를 두 손(廾)으로 누군가에게 바치는 모습 → 받들다, 섬기다는 뜻
※ 녹 봉(俸)자는 벼슬이 있는 사람(亻)을 받들기(奉) 위해 주는 급료 → 녹봉의 뜻

| 榜 | 1급 방붙일 **방** | 나무 목(木) + 곁 방(旁) 발음 역할 |

여러 사람에게 두루(旁) 알리기 위해 나무(木)로 된 게시판 → 방을 붙이다 → 알리다 → 고시하다는 뜻

※ 곁 방(旁)자는 사방(方)에 두루(凡) 넓게 서 있다 → 널리, 두루 → 옆, 도움, 보좌의 뜻

| 檄 | 1급 격문 **격** | 나무 목(木) + 노래할 교(敫) 발음 역할 |

어떤 일을 여러 사람에게 널리 알리기 위해 나무(木)로 만든 안내판에 방문(榜文)을 붙이다
→ 격문(檄文)의 뜻

| 杖 | 1급 지팡이 **장** | 나무 목(木) + 어른 장(丈) 발음 역할 |

어른(丈)이 손에 들고 있는 나무(木) → 지팡이, 몽둥이의 뜻

※ 어른 장(丈)자는 소전을 보면 지팡이를 들고 있는 노인 모습 → 어른, 남자의 뜻

| 板 | 5급 널빤지 **판** | 나무 목(木) + 돌이킬 반(反) 발음 역할 |

앞뒤로 뒤집어(反)쓸 수 있는 얇고 넓은 나무(木) → 널빤지의 뜻

| 機 | 4급 틀 **기** | 나무 목(木) + 기미 기(幾) 발음 역할 |

나무(木)로 만든 베 짜는 기계(幾) → 베틀, 틀의 뜻

| 械 | 3급 기계 **계** | 나무 목(木) + 경계할 계(戒) 발음 역할 |

나무(木)로 만든 형틀을 경계(戒)하는 모습 → 구속하다, 다스리다 → 틀, 기계, 무기의 뜻

| 槽 | 1급 구유 **조** | 나무 목(木) + 무리 조(曹) 발음 역할 |

짐승들 무리(曹)가 함께 먹이를 먹는 나무(木)로 만든 그릇 → 구유(가축에게 먹이를 주는 그릇)
→ 술통, 물통, 절구의 뜻

| 柵 | 1급 울타리 **책** | 나무 목(木) + 책 책(冊) 발음 역할 |

나무(木)를 죽간(冊)처럼 엮어 만든 것 → 울타리, 잔교, 목책의 뜻

| 橋 | **5급** 다리 교 | 나무 목(木) + 높을 교(喬) 발음 역할
나무(木)로 높이(喬) 설치한 다리, 교량, 가마의 뜻

| 概 | **3급** 대개 개 | 나무 목(木) + 이미 기(既) 발음 역할
쌀(既)을 되로 잴 때, 그 위를 밀어서 고르게 하는 원기둥 모양의 나무(木) 방망이인 평미레
→ 고르게 하다 → 대개의 뜻
예 개요(概要) : 대강의 요점

| 杯 | **3급** 잔 배 | 나무 목(木) + 아닐 불(不) 발음 역할
나무(木)로 만든 그릇(皿) 아니라(不) 술잔의 뜻
예 축배(祝杯) : 축하의 술을 마시는 술잔

| 枕 | **3급** 베개 침 | 나무 목(木) + 망설일 유(尢)
나무(木)로 만든 목침(木枕)에 머리가 머물다(尢) → 베개의 뜻

※ 옛날에는 나무로 만든 베개(목침)가 많았음
※ 망설일 유(尢)자 갑골문을 보면 사람(儿)이 베개(一)를 베고 있는 모습 → 망설이다는 뜻

| 果 | **6급** 열매 과 | 나무 목(木) + 밭 전(田)
나무(木) 위에 열매(田)가 달린 모습
→ (열매는 농사를 짓고 난 결과로 얻어지는 수확물이라서) 결과, 열매, 과실(果實)의 뜻
예 인과응보(因果報應)

| 榮 | **4급** 영화 영 | 나무 목(木) + 등불 형(熒) 변형 발음 역할
나무(木) 위에 횃불(熒)처럼 활활 타는 듯한 꽃
→ [나무(木)에 꽃이 많이 피는 것을 영(榮), 풀(艹)에 피는 것을 화(華)] 꽃 → 피다
→ 영화(榮華) → 명예의 뜻

| 束 | **5급** 묶을 속 | 나무 목(木) + 입 구(口)
나무(木) 중간을 끈(口)으로 묶은 모양 → (나무를) 동여매다 → 결박하다, 묶다는 뜻
예 속박(束縛) : 사람 행동의 자유를 빼앗음

| 東 | **8급** 동녘 동 | 나무 목(木) + 해 일(日)
나무(木) 중간으로 해(日)가 보이는 모습 → (해 뜨는) 동쪽, 동녘의 뜻
예 동서고금(東西古今) : 모든 때와 모든 지역

| 某 | **3급** 아무 **모** | 나무 목(木) + 달 감(甘) |

나무(木)에 맞있는(甘) 매실이 열려있는 모습 → 매화나무 → (가차되어) 아무, 어느의 뜻

예 모처(某處) : 아무 곳, 어떤 곳

| 林 | **7급** 수풀 **림** | 나무 목(木) + 나무 목(木) |

나무(木)와 나무(木)가 많다를 표현 → 나무숲을 이룬다 → 수풀의 뜻

| 森 | **3급** 빽빽할 **삼** | 나무 목(木) + 나무 목(木) + 나무 목(木) |

나무 3개를 그려 나무가 많다를 표현 → 빽빽하다는 뜻

| 梵 | **1급** 불경 **범** | 수풀 림 + 무릇 범(凡) 발음 역할 |

무릇 보리수나무(林) 아래서 깨달음 → 불교(佛敎)의 경전(經典) → 불경(佛經), 범어(梵語)의 뜻

| 杜 | **2급** 막을 **두** | 나무 목(木) + 흙 토(土) |

땅(土)에 나무(木)를 심어서 길을 막다 → 홍수를 막다 → 막다는 뜻

| 植 | **7급** 심을 **식** | 나무 목(木) + 곧을 직(直) 발음 역할 |

나무(木)를 수직으로 곧게(直) 심다 → 세우다는 뜻

예 식목일(植木日) : 해마다 나무를 심도록 정한 4월 5일

| 栽 | **3급** 심을 **재** | 나무 목(木) + 농기구 모양(戈) |

갑골문을 보면 삽 같은 농기구로 나무를 심는 모습 → 심다는 뜻

예 재배(栽培) : 심어서 기름

| 析 | **3급** 쪼갤 **석** | 나무 목(木) + 도끼 근(斤) |

도끼(斤)로 나무(木)를 쪼개다, 가르다는 뜻

예 분석(分析) : 복합된 사물을 그 요소나 성질에 따라서 가르는 일

| 棄 | **3급** 버릴 **기** | 나무 목(木) + 버릴 기(弃) 발음 역할 |

갑골문을 보면 죽은 아이를 버리는 모습 → 나무로(木) 만든 키(其)에 죽은 아이를 담아서 버리다 → 돌보지 않다 → 포기하다는 뜻

| 構 | **4급** 얽을 **구** | 나무 목(木) + 짤 구(冓) 발음 역할 |

나무(木)로 짜다(冓) → 얽어 짜내다 → 얽다 → 맺다 → 집을 짓다는 뜻

| 標 | **4급** 표할 **표** | 나무 목(木) + 표 표(票) 발음 역할
고대 중국에서는 칼로 새기기 쉬운 나무(木)에다 간단한 표시(票)를 하다 → 표시(標示)하다 → 기록하다
→ 높은 나뭇가지 → 나무 끝의 뜻

| 楷 | **1급** 본보기 **해** | 나무 목(木) + 다 개(皆) 발음 역할
모두 함께 다(皆) 본받아야 할 사항을 나무(木)에 본뜨다 → 본보기, 모범(模範), 해서(楷書)의 뜻

| 檢 | **4급** 검사할 **검** | 나무 목(木) + 다 첨(僉)
고대 중국에서 문서를 조사할 때,
조사가 다(僉) 끝낸 문서는 나무(木) 상자에 넣고 봉하여 검사 완료 표시를 함
→ 문서의 모든 검사를 완료했다 → 조사하다, 검사하다, 봉하다는 뜻

| 極 | **4급** 다할 **극** | 나무 목(木) + 빠를 극(亟) 발음 역할
갑골문을 보면 땅에 딛고 머리로 하늘을 바치고 있는 거인 모습 → 나무 기둥이 하늘을 떠받치다
→ 다다르다 → 다하다, 극진하다는 뜻
예 태극기(太極旗)

| 杰 | **2급** 뛰어날 **걸** | 나무 목(木) + 연화발 화(灬)
나무(木) 위에서 발재간 부리는(灬) 모습 → 재주와 슬기가 매우 뛰어난 사람
→ 준걸(俊傑), 출중(出衆)하다 → 뛰어날 걸(傑)자의 속자의 뜻

| 村 | **7급** 마을 **촌** | 나무 목(木) + 마디 촌(寸) 발음 역할
손(寸)으로 나무(木)를 규칙적으로 심는 모양 → 옛날에는 나무를 심어 마을과 마을의 구역 나눔
→ 나무(木) 구역 안에 촌수(寸)를 이루다 → 씨족 집단으로 구성된 농촌사회 → 씨족공동체
→ 마을, 시골 → 농막 → 촌스럽다, 꾸밈이 없다는 뜻

※ 마디 촌(寸)자는 촌수, 혈족의 뜻도 있음

| 杳 | **1급** 아득할 **묘** | 나무 목(木) + 날 일(日)
해(日)가 나무(木) 밑으로 떨어졌다 → 어둡다, 희미(稀微)하다 → 아득하다는 뜻

| 染 | **3급** 물들 **염** | 나무 목(木) + 샘 궤(氿)
나무(木) 물(氿)로 물들이다 → 물들다, 염색(染色)하다 → 전염(傳染)되다는 뜻

| 柔 | **3급** 부드러울 **유** | 나무 목(木) + 창 모(矛)
봄이 되어 나무(木)에서 새순(矛)이 나오는 모양 → 새순은 부드럽고 연약(軟弱)하다 → 순(順)하다
→ 부드럽다는 뜻
예 외유내강(外柔內剛), 우유부단(優柔不斷), 유연(柔軟)

査
5급 조사할 **사** | 나무 목(木) + 또 차(且)
나무(木)를 겹겹이 쌓아서(且) 만든 뗏목 → (뗏목을 타기 전에 안전을 위하여) 조사한다는 뜻
예 수사(搜査), 검사(檢査), 조사(調査), 사돈(査頓), 답사(踏査), 심사(審査), 고사(考査)

枚
2급 낱 **매** | 나무 목(木) + 칠 복(攵)
얇고 넓적한 나무(木)를 손으로 세다(攵) → 낱, 장(張: 얇고 넓적한 물건을 세는 단위)의 뜻

業
6급 업 **업** | 나무 목(木) + 풀 무성할 착(丵)
금문을 보면 악기의 일종 석경(石磬)을 그린 것 → (악사들의) 생업(生業) → 일, 직업(職業)의 뜻

※ 나무(木)에 풀이 무성한 모양(丵) → 곡식을 무성하게 자라게 한다 → 일의 뜻으로도 이해

札
2급 편지 **찰** | 나무 목(木) + 숨을 은(乚)
나무(木)에 글을 쓴 패 → 조각 → 편지(便紙·片紙)의 뜻
예 응찰(雁札), 낙찰(落札), 입찰(入札)

朽
1급 썩을 **후** | 나무 목(木) + 공교할 교(丂)
나무(木)가 굽어진 모양(丂) → 나무가 썩었다 → 부패(腐敗)하다는 뜻
예 불후(不朽), 노후(老朽), 조후(雕朽, 彫朽)

枉
1급 굽을 **왕** | 나무 목(木) + 임금 왕(王) 발음 역할
임금님 앞에 복종(服從)하다 → 굽다, 휘다는 뜻
예 교왕과정(矯枉過正), 왕림(枉臨 : 남이 자기 있는 곳으로 찾아오는 일)

棺
1급 널 **관** | 나무 목(木) + 벼슬 관(官) 발음 역할
사람이 죽으면 들어가는, 나무(木)로 만든 집(官) → 널, 관의 뜻

柩
1급 널 **구** | 나무 목(木) + 널 구(匛) 발음 역할
시체를 보관하는 나무(木)로 만든 관(匚) → 널(匛, 柩, 棺)의 뜻

槨
1급 외관 **곽** | 나무 목(木) + 둘레 곽(郭) 발음 역할
나무(木) 관 외곽의 가장자리 둘레(郭) → 외관(外棺)의 뜻

校
6급 학교 **교** | 나무 목(木) + 사귈 교(交) 발음 역할
소전을 보면 죄인이 양다리를 꼬고 앉아(交) 나무(木)로 만든 차꼬에 손발을 끼고 있는 모습
→ 형구 → (죄인을) 조사하다 → (죄인을) 가르치다 → 학교의 뜻

Ⅱ. 부수자

| 桎 | **1급** 차꼬 **질** ｜ 나무 목(木) + 이를 지(至) 발음 역할
나무(木)로 가두게(至) 만든 형틀 → 차꼬의 뜻
예 질곡(桎梏) : 차꼬(桎)와 수갑(梏) → 고통의 상태를 뜻함
※ 차꼬는 두 개의 나무토막을 맞대어 그 사이에 구멍을 파서 죄인의 손목이나 발목을 넣고 자물쇠를 채우는 형구 |

| 梏 | **1급** 수갑 **곡** ｜ 나무 목(木) + 고할 고(告) 발음 역할
죄인을 나무(木)로 만든 수갑을 채웠다고 고하다(告) → 수갑(手匣), 쇠고랑의 뜻 |

| 柄 | **2급** 자루 **병** ｜ 나무 목(木) + 남녘 병(丙) 발음 역할
제사상(丙) 위에 제사를 주관하던 제사장이 들고 있던 나무(木) 자루가 놓여있는 모양
→ 자루, 권력, 근본, 재료의 뜻 |

| 栓 | **1급** 마개 **전** ｜ 나무 목(木) + 온전 전(全) 발음 역할
나무(木)로 만든 온전한(全) 빗장 → 마개의 뜻
예 혈전(血栓), 소화전(消火栓), 방화전(防火栓) |

| 桶 | **1급** 통 **통** ｜ 나무 목(木) + 길 용(甬) 발음 역할
나무(木)로 만든 대롱(甬) → 통(무엇을 담는 그릇)의 뜻 |

| 棋 | **2급** 바둑 **기** ｜ 나무 목(木) + 그 기(其) 발음 역할
나무(木)로 만든 장기알 → 나중에는 장기(將棋) 또는 바둑의 뜻 |

| 棟 | **2급** 마룻대 **동** ｜ 나무 목(木) + 동녘 동(東) 발음 역할
집 지붕 가운데 동쪽(東)에서 뜨는 해를 가장 먼저 맞이하는 나무(木)
→ 지붕에서 가장 높은 수평 마루, 용마루 → (건물 한 채, 아파트) 동의 뜻 |

| 梯 | **1급** 사다리 **제** ｜ 나무 목(木) + 아우 제(弟) 발음 역할
차례, 순서(弟)대로 올라가는 나무(木) → 오르다 → 사다리의 뜻 |

| 棧 | **1급** 사다리 **잔** ｜ 나무 목(木) + 나머지 잔(戔) 발음 역할
어딘가에 기대거나 매달아서 높은 곳과 낮은 곳 사이를 디디면서 오르고 내릴 수 있도록 만든 도구
→ 잔교(棧橋) → 사다리의 뜻 |

| 棚 | **1급** 사다리 **붕** ｜ 나무 목(木) + 벗 붕(朋) 발음 역할
나무(木)가 무리를 이루다(朋) → 선반, 사다리의 뜻 |

| 棲 | 1급 깃들일 **서** | 나무 목(木) + 아내 처(妻) 발음 역할
수컷 새가 암컷 새(妻)와 같이 서식(棲息)하기 위하여 나무(木) 위에 보금자리를 짓다
→ 거처(居處)하다, 살다 → 깃들이다는 뜻

| 椎 | 1급 쇠몽치 **추** | 나무 목(木) + 새 추(隹) 발음 역할
짤막하고 단단한 몽둥이 → 쇠몽치, 몽치 → 등골, 등뼈의 뜻
예 척추(脊椎), 경추(頸椎), 요추(腰椎)

| 槌 | 1급 망치 **퇴(추)** | 나무 목(木) + 쫓을 추(追) 발음 역할
못을 칠 때 쓰는 연장 망치의 뜻

| 椽 | 1급 서까래 **연** | 나무 목(木) + 판단할 단(彖)
마룻대에서 도리 또는 보에 걸쳐 지른 나무 → 서까래의 뜻

| 楕 | 1급 길고둥글 **타** | 나무 목(木) + 左(왼 좌) + 月(달 월)
길쭉하다 → 길고 둥글다는 뜻
예 타원형(楕圓形)

| 模 | 4급 본뜰 **모** | 나무 목(木) + 없을 막(莫) 발음 역할
없는(莫) 물건을, 나무틀(木)을 만들어 모형품을 만들다 → 나무(木)를 깎아 실제 모습을 똑같이 무늬
→ 본뜨다 → 본보기 → (본보기가 되는) 법의 뜻
예 모양(模樣) : 겉으로 본 생김새나 형상

| 樣 | 4급 모양 **양** | 나무 목(木) + 길 영(永) + 양 양(羊) 발음 역할
강줄기(羕)처럼 길게 늘어져 있는 양 떼를 나무(木)에 조각하다
→ 모양, 견본, 형태, 본보기, 상수리나무의 뜻

| 樽 | 1급 술통 **준** | 나무 목(木) + 술그릇 준(尊) 발음 역할
나무(木)로 만든 술단지를 들고(尊) 있는 모습 → 술그릇, 술통의 뜻

| 檣 | 1급 돛대 **장** | 나무 목(木) + 아낄 색(嗇)
돛을 달기 위하여 배 바닥에 세운 기둥 → 돛대의 뜻

| 櫛 | 1급 빗 **즐** | 나무 목(木) + 마디 절(節) 발음 역할
나무(木) 마디 마디(節)를 이용하여 머리를 빗다 → 머리빗의 뜻

權　**4급** 권세 권 | 나무 목(木) + 황새 관(藿) 발음 역할
황새(藿)가 나무(木) 위에 앉아 있는 모습 → 황새는 자태가 아름다워 예로부터 기품이 있는 새로 알려짐
→ 나무 위에 올라가 있는 황새의 자태가 권세가 있다 → 위세 → 권세(權勢) → 권한(權限)의 뜻

桓　**2급** 굳셀 환 | 나무 목(木) + 뻗칠 긍(亘) 발음 역할
나뭇가지(木)가 위풍당당(威風堂堂)하게 뻗쳐나가는(亘) 모양 → 굳세다, 크다는 뜻
예 환웅(桓雄), 환인(桓因), 환공(桓公)

※ 뻗칠 긍(亘)자는 하늘(一)과 땅(一) 사이에 태양 빛(日) 두루 널리 펼치다 → 뻗치다, 베풀다는 뜻

※ 木 자가 부수자는 아니지만 나무를 뜻하는 글자
예 평상 상(床), 평상 상(牀), 새집 소(巢), 울 조(臬), 잎 엽(葉), 곤할 곤(困), 불사를 불(焚), 쉴 휴(休), 캘 채(採), 모을 집(集), 모을 축(築), 목욕할 목(沐)

 눈 목

갑골문을 보면 사람의 눈과 눈동자가 잘 표현함 → (나중 한자 세워 쓰기 표기)
→ 눈의 상태, 눈 관련 글자 → 잠자는 것 → 그물 망(罒) 변형자, 鼎(솥 정)자 생략형으로도 사용함

看　**4급** 볼 간 | 눈 목(目) + 손수(手)
눈(目) 위에 손(手)을 대고 멀리 살펴보는 모습 → 보다, 살피다, 헤아리다는 뜻
예 간호사(看護師), 주마간산(走馬看山)

睹　**1급** 볼 도 | 눈 목(目) + 놈 자(者)
눈(目)으로 사람(者)을 분별하다 → 분간(分揀)하다 → 가리다, 보다의 뜻
예 목도(目睹)

瞻　**1급** 볼 첨 | 눈 목(目) + 이를 첨(詹) 발음 역할
눈(目)이 이르르(詹) 곳을 쳐다보다 → 살피다, 관찰(觀察)하다 → 보다는 뜻
예 첨성대(瞻星臺)

眺　**1급** 바라볼 조 | 눈 목(目) + 억조 조(兆) 발음 역할
조짐(兆) 있는 곳을 바라보다(目) → 살피다, 바라보다는 뜻
예 조망(眺望)

| 瞰 | **1급** 굽어볼 **감** | 눈 목(目) + 감히 감(敢) 발음 역할
감히(敢) 쳐다보다(目) → 엿보다, 살피다 → 내려다보다, 굽어보다는 뜻
예 부감(俯瞰), 조감도(鳥瞰圖)

| 省 | **6급** 살필 **성**, 덜 **생** | 눈 목(目) + 적을 소(少)
가늘게(少) 눈(目)을 뜨고 자세히 살피는 모습 → 살피다, 성찰(省察) → (덜거나 덜다) 생략(省略)
→ (백성들 안위를 살피는 곳) 관청 → 중국 상위 행정 구역의 뜻

| 眷 | **1급** 돌볼 **권** | 눈 목(目) + 밥뭉칠 권(龹) 발음 역할
한집에 거느리고 사는 식구(龹)를 보살피다(目) → 권속(眷屬), 식솔(食率), 권솔(眷率) → 돌보다는 뜻

| 督 | **4급** 감독할 **독** | 눈 목(目) + 아재비 숙(叔)
콩(叔)처럼 작은 것까지 세심하게 보다(目) → 자세히 살핀다 → 살펴보다, 감독(監督)하다 → 거느리다
→ 통솔하다 → 우두머리의 뜻

| 眈 | **1급** 노려볼 **탐** | 눈 목(目) + 망설일 유(尤)
눈(目)으로 무언가를 한참 동안 머무르다(尤) → 천천히 보다 → 노려보다는 뜻
예 호시탐탐(虎視眈眈) : 호랑이가 노려본다
　　　　　　　　　　→ 틈만 있으면 덮치려고 기회를 노리며 형세를 살핌을 일컬음
※ 즐길 탐(耽)자는 귀(耳)에 감미로운 소리가 머무르다(尤) → 즐기다는 뜻

| 睪 | **모양자** 엿볼 **역** | 눈 목(目) + 다행 행(幸)
눈(目)으로 죄수(幸)를 엿보면서 감시하는 모습 → 몰래 훔쳐보다는 뜻
※ 다행 행(幸)자는 옛날 수갑을 모양 → 죄수 → (죄수를 잡아) 천만다행 → 요행, 기쁘다, 행복의 뜻

| 眄 | **1급** 곁눈질할 **면** | 눈 목(目) + 가릴 면(丏) 발음 역할
눈 하나를 가리고(丏) 쳐다보다(目) → 흘기다 → 곁눈질하다는 뜻
예 좌면우고(左眄右顧)

| 相 | **3급** 서로 **상** | 눈 목(目) + 나무 목(木)
갑골문을 보면 재목을 고르기 위해 나무(木)를 살펴보는(目) 모습 → (나무와 눈이 서로 마주 본다) 서로
→ 나무에 올라 멀리 넓게 보는 모습 → 목표를 가만히 보다
→ 보고 정하는 일, 또는 보는 상대, 상대의 모습 → (살펴보면서) 시중드는 사람
→ 정승, 재상 → 살펴보다 → (살펴볼) 상대 → 기원하다, 빈다는 뜻

睘
특급 놀라볼 경 | 그물 망(罒) + 옷길 원(袁)
눈(目/罒)으로 옷(衣) 중앙에 달린 둥근 옥(○ → 口)을 내려다보는 모습
→ 옷길 원(袁)자 위에 눈(目/罒)이 붙어 있는 모습이 변형된 형태 → (둥근 옥처럼) 둥글다
→ (둥글게) 돌다 → (돌아서) 돌아오다 → 놀라서 보다 → 근심하다 → 외롭다는 뜻

直
7급 곧을 **직**, 값 **치** | 눈 목(目) + 열 십(十) + 숨을 은(乚)
갑골문을 보면 눈 목(目)자 위에 수직선(丨)을 하나 그어, 눈(目)으로 똑바로(丨) 보다
→ 금문부터는 十(십)과 目(목)과 乚(숨을 은)의 결합자
→ 十(십)과 目(목)을 합(合)하여 열 개(여러 개)의 눈(많은 사람)으로 숨어 있는(乚) 것을
바르게 볼 수 있다 → 바로, 바르다, 곧다, 옳다 → (정확히 해야하는) 가격 → 값(치)의 뜻

眞
4급 참 **진** | 눈 목(目) + 비수 비(匕) + 숨을 은(乚) + 여덟 팔(八)
소전을 보면 솥 정(鼎)자와 비수 비(匕)자가 결합한 모양
→ 제사를 지낼 때 사용하던 큰 솥(鼎)에서 수저(匕)로 음식을 바치다
→ 신에게 정성스러운 마음으로 음식을 바친다 → 진리(眞理), 진실(眞實), 참의 뜻

眉
3급 눈썹 **미** | 눈 목(目) + 눈썹 모양
갑골문을 보면 눈(目) 위에 눈썹이 있는 모습 → 눈썹, 노인, 미녀의 뜻
예 미간(眉間) : 눈썹과 눈썹 사이
　　백미(白眉) : 촉나라 때 마량(馬良)의 5형제 중 흰 눈썹을 가진 량(良)의 재주가 가장 뛰어남
　　　　　　→ (여러 중에) 가장 으뜸이다는 뜻

眼
4급 눈 **안** | 눈 목(目) + 그칠 간(艮) 발음 역할
눈(目)으로 보다(艮) → 눈에 그치다 → 눈, 눈동자, 보다의 뜻
예 안하무인(眼下無人), 천리안(千里眼), 백안시(白眼視)

※ 그칠 간(艮)자는 허리를 구부린 채 윗사람 시선을 마주하지 못하고 땅을 쳐다보는 신분 낮은 사람을 그린 것으로
　여기에서는 단순히 보다는 뜻

睛
1급 눈동자 **정** | 눈 목(目) + 푸를 청(靑) 발음 역할
눈(目)에서 가장 맑은(靑) 곳 → 눈동자의 뜻
예 화룡점정(畵龍點睛)

瞳
1급 눈동자 **동** | 눈 목(目) + 아이 동(童) 발음 역할
어린아이(童)의 해맑은 눈(目) → 눈동자의 뜻

睡
3급 졸음 **수** | 눈 목(目) + 드리울 수(垂) 발음 역할
눈(目)꺼풀이 드리워지다(垂) → 눈이 늘어지다 → 졸음이 쏟아지다 → 수면(睡眠) → 자다는 뜻

眠 | 3급 잘 **면**, 쉴 **면** | 눈 목(目) + 백성 민(民) 발음 역할
눈(目)이 먼다(民) → 눈을 감고 졸다 → 잠 → 자다, 쉬다는 뜻

※ 백성 민(民)자 갑골문을 보면 노예의 눈(目)을 송곳(十)으로 찔러 눈을 멀게 하여 저항 못 하게 한 모습
  → 노예 → (나중 국가의 백성이 되어) 백성, 사람의 뜻

睦 | 3급 화목할 **목** | 눈 목(目) + 언덕 륙(坴)
눈매(目)가 친근감(坴) 있다 → 눈빛이 온화하다 → 친하다, 도탑다 → 가깝다, 밀접하다
→ 화목(和睦)하다는 뜻

※ 언덕 륙(坴)자는 흙(土)과 흙(土)이 쌓여 있는 언덕, 흙덩이의 뜻 → 여기서는 친하다는 뜻

盲 | 3급 장님 **맹** | 눈 목(目) + 망할 망(亡) 발음 역할
눈(目)을 잃다(亡) → 눈이 망했다 → 소경 → 맹인(盲人), 장님의 뜻

盾 | 2급 방패 **순** | 방패 그림
적의 무기로부터 자신을 보호하기 위해 몸과 눈(目) 가린(厂) 모습 → 방패(防牌·旁牌)의 뜻
예 자기모순(自己矛盾)

眩 | 1급 어지러울 **현** | 눈 목(目) + 검을 현(玄) 발음 역할
아주 작고 검은 실오라기(玄) 같은 것을 쳐다보니 눈(目)이 침침하다 → 아찔하다, 어지럽다는 뜻
예 현혹(眩惑), 현기증(眩氣症)

着 | 5급 붙을 **착** | 눈 목(目) + 양 양(羊) + 삐침 별(丿)
눈(目)에 손(丿)을 올리고 양(羊)을 살펴보다 → 보살피다 → 붙어있다 → 붙다 → 나타나다는 뜻
예 도착(到着), 집착(執着), 봉착(逢着), 교착(膠着), 현저(顯著), 저자(著者), 저명(著名), 저술(著述)

※ 나타날 저(著)자는 붙다, 나타나다는 뜻으로 着 자와 같은 뜻으로 사용

睿 | 2급 슬기 **예** | 눈 목(目) + 점 복(卜) + 덮을 멱(冖) + 한 일(一) + 여덟 팔(八) + 사람 인(人)
여덟(八) 사람(人)이 하나로(一) 덮어(冖) 미래 점괘(卜)를 내다보다(目) → 헤아리다, 사리가 밝다
→ 슬기롭다 → 임금의 언행(言行)의 뜻
예 예지(睿智), 예릉(睿陵), 예종(睿宗), 예덕(睿德)

瞞 | 1급 속일 **만** | 눈 목(目) + 평평할 만(㒼) 발음 역할
눈(目)이 평평(㒼)하다 → 눈이 흐리다, 게슴츠레하다 → 속이다는 뜻
예 기만(欺瞞)

| 瞥 | **1급** 깜짝할 **별** | 눈 목(目) + 해질 폐(敝) 발음 역할
눈 깜짝할 사이 별안간 얼핏 보다 → 깜짝하다는 뜻
◉ 별안간(瞥眼間)

| 瞬 | **3급** 깜짝일 **순** | 눈 목(目) + 순임금 순(舜) 발음 역할
임금님이 눈 깜짝할 사이 갑자기 나타나다 → 깜짝하다는 뜻
◉ 순식간(瞬息間), 순간적(瞬間的)

| 瞭 | **1급** 밝을 **료** | 눈 목(目) + 횃불 료(尞) 발음 역할
횃불(尞)로 인하여 뚜렷하게 바라보다(目) → 맑다, 밝다는 뜻

※ 目 자가 부수자는 아니지만 눈과 관련된 글자
◉ 볼 견(見), 낯 면(面), 두려워할 구(懼), 꿈 몽(夢), 애벌레 촉(蜀), 덕 덕(德), 고리 환(環), 무릅쓸 모(冒)

※ 眞(참 진), 貞(곧을 정), 則(법칙 칙)자에서 目 자는 솥 정(鼎)자 생략형

 말 무

금문을 보면 어머니(母) 가슴에 획 하나(一) 그어서 여성 가슴을 만지는 것을 금한다
→ 없다, 말다, 아니다는 뜻

| 母 | **8급** 어머니 **모**, 없을 **무** | 계집 녀(女) + 젖꼭지를 의미하는 두 점
갑골문을 보면 계집 녀(女)자의 가슴 부분에 젖꼭지를 의미하는 두 점을 찍어 만든 글자
→ 어머니, 할머니, 유모(乳母), 근원, 업신여기다, 없다
◉ 모자(母子)

| 每 | **7급** 매양 **매** | 비녀 꽂은 어머니
갑골문을 보면 비녀를 꽂고 있는 어머니 모습 → 어머니 마음 → 늘, 항상, 매양의 뜻
◉ 매년(每年), 매사(每事), 매번(每番)

| 毒 | **4급** 독 **독** | 어머니 모(母) + 풀 초(艸) 변형
(아이 젖을 위하여) 어머니(母)가 먹지 말아야 할 풀(艸) → 독(毒), 해독(害毒), 해악(害惡)

文 글월 문

갑골문을 보면 양팔 벌린 사람 가슴에 문신을 한 사람의 모습 → 문신 → 무늬, 꾸미다
→ 빛나다, 화려하다 → 글자 → 학문 → 문화의 뜻

※ 문장(文章), 문화(文化), 산문(散文), 운문(韻文)

斑
1급 아롱질 반 | 글월 문(文) + 쌍옥 각(玨)
한 쌍의 구슬(玨)에 무늬(文)가 생겼다 → 얼룩, 아롱지다는 뜻

門 문 문

갑골문을 보면 양쪽으로 여닫는 큰 대문 모양 → 문 → 집안, 문별 → 전문의 뜻

※ 戶(지게 호)자 방으로 들어가는 외닫이 문 모양
※ 지게란 외짝 문을 의미하는 순수한 우리말

閱
3급 셀 열 | 문 문(門) + 날카로울 예(兌) 발음 역할
성문이나 대궐 문(門)에 들어갈 때 날카롭게(兌) 검열(檢閱)하다, 세다, 조사하다는 뜻

開
6급 열 개 | 문 문(門) + 손 맞잡을 공(廾) + 한 일(一)
문(門)과 두 손(廾)으로 문의 빗장(一)을 들고 있는 모습 → 양손으로 빗장 푸는 모습 → 열다
→ 펴다 → 피다 → 개척하다는 뜻
㉠ 개폐(開閉), 개발(開發)

闢
1급 열 벽 | 문 문(門) + 임금 벽(辟) 발음 역할
임금님(辟) 행차가 잘 지나가도록 대문(門)을 열어 놓다 → 열다, 넓히다는 뜻
㉠ 개벽(開闢)

閉
4급 닫을 폐 | 문 문(門) + 재주 재(才)
갑골문을 보면 대문에 빗장이 걸려있는 모습 → 해서부터 지금의 글자
→ 문(門)에 빗장을 질러놓은(才) 모습 → 닫다, 막다, 감추다는 뜻
㉠ 폐문(閉門 : 문을 닫음), 폐쇄(閉鎖)

| 閑 | **4급** 막을 **한**, 한가할 **한** | 문 문(門) + 나무 목(木)
문(門) 입구를 나무(木)로 막다 → 소, 돼지가 멋대로 도망치지 못하게 우리(짐승을 가두어 키우는 곳)
→ 목책(木柵), 울타리, 마구간 → (외부와 단절되어) 등한시하다 → 막다 → 한가(閑暇)하다
→ 틈의 뜻

| 閼 | **2급** 가로막을 **알** | 문 문(門) + 슬플 오(於) 발음 역할
지나가지 못하게 문(門)을 가로막아 탄식하다(於) → 막다는 뜻

※ 슬플 오(於)자는 탄식하다(오) → 의지하다 → 어조사(어), ~에, ~에서의 뜻

| 闇 | **1급** 숨을 **암** | 문 문(門) + 소리 음(音) 발음 역할
문(門) 여는 소리(音)를 듣고 조용히 숨다는 뜻

| 閘 | **1급** 수문 **갑** | 문 문(門) + 갑옷 갑(甲) 발음 역할
물의 흐름을 막거나(甲) 유량을 조절하기 위해 여닫을 수 있게 만든 문(門) → 수문(水門)의 뜻

| 間 | **7급** 사이 **간** | 문 문(門) + 날 일(日)
금문과 소전에서 어두운 밤에 달빛이 문틈으로 들어오는 모습 → 閒(틈 한, 한가할 한)
→ (해서부터 지금 글자) 문(門)틈 사이로 햇볕(日)이 들어온다 → 사이, 틈새의 뜻

| 閏 | **3급** 윤달 **윤** | 문 문(門) + 임금 왕(王)
옛날 임금(王)이 조상신을 모시고 종묘에서 제사를 지낼 때, 평달에는 종묘의 문밖에서 제사를 지냈으나,
윤달에는 문(門) 안에 들어가 제사를 지냈음 → 윤달 → 잉여(剩餘)의 뜻

| 閥 | **2급** 문벌 **벌** | 문 문(門) + 칠 벌(伐) 발음 역할
적을 정벌(伐)하여 가문(門)을 빛내다 → 공훈(功勳), 가문(家門), 문벌(門閥)의 뜻

| 闊 | **1급** 넓을 **활** | 문 문(門) + 살 활(活) 발음 역할
매우 넓어 막힌 데가 없게 만들어진 시원한 문(門) → 넓다는 뜻
예 광활(廣闊), 활엽수(闊葉樹)

| 閣 | **3급** 집 **가**, 누가 **가** | 문 문(門) + 각각 각(各) 발음 역할
문(門)을 열고 사람이 들어오는(各) 모습 → 큰집, 층집 → 다락집, 누각(樓閣) → 마을, 궁전, 행정부
→ 내각(內閣)의 뜻

※ 각각 각(各)자는 어느 한 지점으로 발이 들어오는 모습 → 각각 들어오다는 뜻

| 閭 | **1급** 마을 **여** | 문 문(門) + 법칙 려(呂) 발음 역할
동네 입구에 문(門) 세워 주민만 들어가고 나가게 하는 것이 원칙(呂)이다 → 이문(里門), 동네의 뜻

閻 | 2급 마을 **염** | 문 문(門) + 함정 함(臽) 발음 역할
마을 입구에 구덩이(臽)를 파고 문(門)을 세우다 → 이문(里門) → 여염(閻閻), 마을의 뜻

閨 | 2급 안방 **규**, 색시 **규** | 문 문(門) + 홀 규(圭) 발음 역할
안방 속 깊은 문(門)안에 네모난(圭) 방 → 안방 → 색시의 뜻

※ 홀 규(圭)자는 천자가 제후에게 내려 준 땅(土)을 헤아려서(土) 다스리다 → 흙덩어리, 땅
→ 서옥(瑞玉) : 상서로운 구슬 → 홀[제후를 봉(封)할 때 사용하던 신인(信印)] → 모서리, 귀퉁이
→ 규표(圭表) → 결백하다, 깨끗하다는 뜻

閔 | 2급 성씨 **민** | 문 문(門) + 글월 문(文)
대문(門)에 상(喪)을 알리는 표시(文)가 있는 모양 → (불행한 일을) 위문하다 → 근심하다
→ 불쌍히 여기다, 성씨(민)의 뜻
예 민비(閔妃)

關 | 5급 문빗장 **관**, 당길 **완** | 문 문(門) + 실사(絲) + 쌍상투 관(丱) 발음 역할
문(門)에 있는 빗장[丱 모양자 역할]을 끈(絲) 묶은 모습 → 닫다, 가두다
→ (둘 이상의 친밀한 관계가 단단히 묶여있음) 관계하다는 뜻
예 관문(關門 : 그곳을 지나야만 드나들 수 있는 중요한 길목), 관계(關係 : 서로 관련됨),
관건(關鍵 : 빗장과 자물쇠)

闕 | 2급 대궐 **궐** | 문 문(門) + 상기 궐(欮) 발음 역할
걸으면 숨이 찰(欮) 정도로 큰 대문(門) 있는 곳 → 대궐, 조정의 뜻

※ 상기 궐(欮)자는 상기병(上氣 : 피가 머리로 몰리는 병)을 표현한 글자
→ 사람(大)이 거꾸로 서서(屰) 입을 크게 벌리고 하품(欠)하는 모습
→ 거꾸로 있으면 숨이 차고, 숨이 차면 하품하듯이 입을 크게 벌리다

闡 | 1급 밝힐 **천** | 문 문(門) + 홀 단(單) 발음 역할
문(門)밖까지 홀로(單) 늘리고 넓혀 충실하게 하다 → 확충(擴充)하다 → 열다, 밝히다는 뜻
예 천명(闡明), 천양(闡揚)

閃 | 1급 번쩍일 **섬** | 문 문(門) + 사람 인(人)
문(門)밖에 사람(人)이 언뜻 보이다 → 엿보다 → 번쩍이다는 뜻
예 섬광(閃光) : 번쩍이는 빛

 쌀 미

벼에 낱알들이 촘촘히 달린 모양 → 쌀, 곡식 → 곡식을 가공한 제품의 뜻

※ 비슷한 의미의 벼 화(禾)자는 벼 이삭이 축 늘어진 모양을 본떠 만든 글자

粉 **4급** 가루 **분** | 쌀 미(米) + 나눌 분(分) 발음 역할
쌀(米)을 잘게 나누다(分) → 쌀을 가루로 만들다 → 가루, 빻다 → (바르는)분의 뜻
⑩ 분골쇄신(粉骨碎身) : 뼈는 가루가 되고 몸은 부서진다 → 목숨을 걸어, 있는 힘을 다함

粹 **1급** 순수할 **수** | 쌀 미(米) + 마칠 졸(卒) 발음 역할
쌀(米)을 가루로 빻아서 마치게(卒)하다 → 빻다 → (빻은 쌀은) 정밀하다 → 순수(純粹)하다는 뜻

粘 **1급** 붙을 **점**, 끈끈할 **점** | 쌀 미(米) + 점 점(占) 발음 역할
쌀(米)에 끈기가 차지했다(占) → 지은 밥이 차지다 → 점성(粘性)이 있다 → 음식이 끈기가 많다
→ 끈끈하다, 붙다는 뜻

粧 **3급** 단장할 **장** | 쌀 미(米) + 농막 장(庄) 발음 역할
갑골문을 보면 화장대에 여인이 앉아 있는 모습 → 화장대(庄)에서 가루로 만든 분(米) 바르다
→ (옛날에는 피부를 좋게 하기 위해 쌀뜨물로 세수함) 화장(化粧)하다, 꾸미다
→ 단장(丹粧)하다, 분장(扮裝)하다는 뜻

粒 **1급** 쌀알 **립** | 쌀 미(米) + 설 립(立) 발음 역할
쌀(米)의 껍질을 벗기지 아니한 곡식의 알(立) → 쌀의 낟알의 뜻
⑩ 미립자(微粒子 : 매우 미세한 입자), 과립(顆粒)

糧 **4급** 양식 **량** | 쌀 미(米) + 헤아릴 량(量) 발음 역할
쌀(米)이 담겨있는 보따리(量) → 식량(食糧) → 양식, 식량 → 급여의 뜻

※ 헤아릴 량(量)자 갑골문을 보면 곡식 담은 보따리 위에 깔때기를 그려 곡식 담는 모습
→ 보따리에 곡식을 담으며 양을 헤아리다 → 헤아리다, 재다, 달다는 뜻

梁 **1급** 기장 **량** | 쌀 미(米) + 비롯할 창(刅) + 물 수(氵)
벼를 베어서(刅) 탈곡 후 깨끗한 물(氵)에 씻어 윤기가 흐르는 쌀(米) → 좋은 곡식(穀食), 기장의 뜻
⑩ 고량진미(膏粱珍味) : 기름진 고기와 좋은 곡식으로 만든 맛있는 음식

※ 들보 량(梁)과 글자가 비슷

糖

3급 엿 **당** | 쌀 미(米) + 당나라 당(唐) 발음 역할

옛날에는 쌀이나 찹쌀, 맥아를 끓여 농축한 것을 당화시켜 엿으로 만듦
→ 쌀(米)을 가공(唐)하여 단맛을 내다
→ 엿(곡식으로 밥을 지어 엿기름으로 삭힌 뒤 고아 만든 달고 끈적끈적한 음식) → 설탕, 사탕의 뜻

㉠ 당뇨병(糖尿病) : 혈액 속에 포도당이 많아져서 당뇨가 계속되는 병

※ 당나라 당(唐)자는 곡식을 가공하는 탈곡기(庚)에서 떨어지는 곡식 낟알을 받아먹는 입(口) 모양
→ 큰소리치다, 허풍, 당황하다 → 풍요로운 나라 → 당나라의 뜻

精

4급 정할 **정** | 쌀 미(米) + 푸를 청(靑) 발음 역할

수확 후 탈곡, 도정 과정 거친 깨끗한(靑) 쌀(米) → (곱게 찧어) 세밀하다 → 정밀(精密)하다
→ 정성스럽다, 훌륭하다 → [옛사람들은 곱게 찧은 쌀(米)로 만든 밥을 먹어야 사람의 온갖 정기와 정신이 나온다고 생각함] 정기, 정신(精神)의 뜻

粗

1급 거칠 **조** | 쌀 미(米) + 도마 조(且) 발음 역할

수확 후 방아 찧기 전 쌀(米)을 겹겹이 쌓아놓은(且) 모습 → 쌀을 정미(精米)하지 않았다
→ 거칠다, 크다, 대강(大綱)의 뜻

㉠ 조잡(粗雜) : 거칠고 엉성함

糊

1급 풀 **호** | 쌀 미(米) + 턱밑살 호(胡) 발음 역할

쌀(米)에 물을 붓고 오랫동안(古) 끓였다 → 쌀(米)이 아래로 늘어지다(胡) → 풀칠하다
→ 바르다 → (죽을) 먹다 → 풀의 뜻

㉠ 호구지책(糊口之策) : 입에 풀칠할 방책 → 겨우 먹고 살아가는 방책의 뜻

粟

3급 조 **속** | 쌀 미(米) + 덮을 아(覀)

큰 알갱이[覀 모양자 역할] 모양의 곡식(米) → 강아지풀과 생김새가 비슷한 큰 알갱이 모양의 곡식
→ 조, 좁쌀 → 오곡의 뜻

※ 밤 율(栗)자와 글자가 비슷

粕

1급 지게미 **박** | 쌀 미(米) + 흰 백(白) 발음 역할

쌀(米)로 만든 술을 거르고 남은 찌꺼기 → 지게미의 뜻

糟

1급 지게미 **조** | 쌀 미(米) + 무리 조(曹) 발음 역할

쌀(米)로 만든 술을 거르고 남은 찌꺼기 → 지게미의 뜻

糠 **1급** 겨 강 | 쌀 미(米) + 편안할 강(康) 발음 역할
탈곡기(庚)에서 쌀(米)의 낱알(米)이 떨어지다 → 곡식의 껍데기 → 쌀겨의 뜻

예 조강지처(糟糠之妻)

※ 편안할 강(康)자는 탈곡기(庚)에서 곡식(米)의 낱알이 떨어지는 모습
→ (털어낸 곡식으로 곳간도 채울 수 있었으니 마음 또한 편안해졌다) 편안하다 → 즐거워하다는 뜻

糞 **1급** 똥 분 | 쌀 미(米) + 다를 이(異)
쌀(米)이 다른(異) 것으로 변했다 → 똥 → 비료의 뜻

예 분뇨(糞尿) : 똥오줌

※ 米 자가 부수자는 아니지만 쌀을 뜻하는 글자
예 헤아릴 료(料), 기운 기(氣), 미혹할 미(迷), 똥 시(屎)

 터럭 발, 늘어질 발

노인(長)이 몸에 난 긴 털(彡)을 길게 늘어트린 모습 → 터럭, 늘어지다는 뜻

※ 털의 뜻으로 髟 자 보다는 터럭 모(毛)자가 많이 사용됨

髮 **4급** 터럭 발 | 늘어질 표(髟) + 달릴 발(犮) 발음 역할
늙은 사람의 늘어트린 머리털(髟)과 달리는 개(犮)의 몸에 난 긴 털 → 터럭, 머리 털, 기르다는 뜻

※ 달릴 발(犮)자는 개가 달리는 모습

 등질 발, 등질 발

갑골문을 보면 양발이 좌우로 등져 나란히 그려져 있음 → 등지다, 걸어가다 → 걷다는 뜻

※ 발을 그린 걷다는 뜻 : 그칠 지(止), 발 족(足), 걸을 발(癶)

登 **7급** 오를 등 | 걸을 발(癶) + 콩 두(豆)
갑골문을 보면 제기 그릇(豆)을 들고 제단 위로 올라가는(癶) 모습 → 숭상하다, 오르다는 뜻

癸

3급 북방 **계** | 걸을 발(癶) + 하늘 천(天)

발(癶)과 화살(矢 → 天)로 거리를 재는 모습 → 헤아리다 → 북방(北方) → 열째 천간(天干)의 뜻

예 계축(癸丑), 계묘(癸卯)

發

6급 필 **발** | 걸을 발(癶) + 활 궁(弓) + 몽둥이 수(殳)

갑골문을 보면 등지고 도망가는(癶) 사람을 향해 활(弓)을 쏘는(殳) 모습 → 활과 몽둥이를 들고 쫓아가다 → 발자국을 추격하다 → 쏘다, 피다, 일어나다, 나타나다는 뜻

예 발전(發展), 도발(挑發), 계발(啓發), 발굴(發掘)

方 모 방

갑골문을 보면 소가 끄는 쟁기를 그린 것으로 방향을 조절하는 손잡이와 봇줄이 함께 그려져 있음
→ 방향 → 나가다 → (밭이 사각형이기 때문에) 네모 → 모 → 모서리 → 가장자리 → 변방
→ 지방, 방향, 방위, 방법, 장소, 본뜨다는 뜻

※ 방안(方案), 방향(方向), 변방(邊方), 지방(地方), 방침(方針), 방법(方法)
※ 소리글자로 사용될 때는 글자의 오른쪽(防, 紡, 訪, 妨 등)이나 아래(房, 芳, 旁 등)에 위치함
　놓을 방(放)자도 예외적으로 소리글자
※ 부수로 사용될 때는 모두 글자의 왼쪽(旅, 旗, 族, 施)에 위치
※ 나부낄 언(㫃)자는 깃발을 그린 것 → 깃발, 전쟁, 여행 관련 글자에 쓰임

旅

5급 나그네 **려** | 나부낄 언(㫃) + 쫓을 종(从 → 氏)

갑골문을 보면 깃발(㫃) 아래 군사(从)들이 있는 모습 → 군대
→ (군대는 전쟁터를 떠돌아다니므로) 나그네 → 여행의 뜻

예 여단(旅團), 여행(旅行)

族

6급 겨레 **족** | 나부낄 언(㫃) + 화살 시(矢)

갑골문을 보면 깃발(㫃) 아래 화살(矢)이 그려져 있음
→ 금문에는 깃발 아래(㫃) 사람이 그려져 있다가 해서부터 지금 글자
→ 전쟁이 많았던 고대 깃발 아래 화살을 들고 모인 사람들 → 하나의 공동체를 표현
→ 무리, 겨레, 혈연, 일가, 친척의 뜻

예 족장(族長), 가족(家族)

旌
2급 기 **정** | 나부낄 언(㫃) + 날 생(生)
깃발이 활기차게(生) 나부끼는(㫃) 모양 → 왕명을 받은 신하에게 신임의 표시로 주던 기 → 기의 뜻

旗
7급 기 **기** | 나부낄 언(㫃) + 그 기(其) 발음 역할
갑골문을 보면 단순히 깃발(㫃)만 그려져 있음 → 대장 숙소를 표시하는 그곳(其)에 세워진 깃발(㫃)
→ 기, 표시, 군대의 뜻
예 기수(旗手) : 기를 드는 사람

旋
3급 돌 **선** | 나부낄 언(㫃) + 발 소(疋)
갑골문을 보면 깃발(㫃) 아래 발(疋)이 그려져 있음
→ 깃발 가진 기수 주위를 빙빙 돌고 있는 군인들 발을 표현 → 돌다, 회전하다는 뜻
예 선회(旋回) : 원을 그리며 돎

施
4급 베풀 **시** | 나부낄 언(㫃) + 이것 이(也)
갑골문을 보면 깃발(㫃) 아래 적군을 줄에 매달아 놓은 모습
→ 적군의 사기를 떨어뜨리고 아군의 용맹성을 표현 → 뽐내다, 기뻐하다, 드러내다
→ 베풀다, 실시하다는 뜻
예 시혜(施惠) : 은혜를 베풂

於
3급 어조사 **어**
금문을 보면 까마귀 소리를 표현 → 까마귀 → 탄식하다 → 아아 → 어조사(~에, ~에서, ~보다)의 뜻
예 청출어람(靑出於藍 : 쪽에서 나온 푸른빛이 쪽보다 푸르다
　　→ 흔히 제자가 스승보다 더 나아짐을 일컫는 뜻 : 순자에 나오는 글귀)

旁
2급 곁 **방** | 모 방(方) + 설 립(立) 변형
사방(方)에 두루 넓게 서 있다(立) → 널리, 두루 → 옆, 곁 → (옆에서) 돕다, 보좌의 뜻

※ 方가 부수자는 아니지만 방향, 네모, 모서리, 모양자 관련 글자
예 막을 방(防), 길쌈 방(紡), 찾을 방(訪), 방해할 방(妨), 놓을 방(放), 방 방(房), 꽃다울 방(芳), 가 변(邊),
놀 유(遊), 격할 격(激), 곁 방(傍), 거만할 오(傲), 본뜰 방(倣), 펼 부(敷), 헤엄칠 유(游), 동네 방(坊),
맞을 요(邀), 옥 선(璇), 가로막을 알(閼), 혹 췌(贅), 헐뜯을 방(謗), 네모 질 릉(楞), 가는대 족(簇), 격문 격(檄),
헤맬 방(彷), 부추길 주(嗾), 밝을 방(昉), 다목 방(枋), 오줌통 방(膀), 살찔 방(肪), 어혈질 어(瘀)

분별할 **변**, 갖출 **판**, 두루 **편**

갑골문을 보면 동물의 발자국이나 발바닥 모양
→ 사냥꾼들은 짐승의 발자국을 보고 어떤 동물이 지나갔었는지를 식별 → 분별하다, 구분하다는 뜻

釋　**3급** 풀 **석**, 해석할 **석** | 분별할 변(采) + 엿볼 역(睪)
　　동물의 발자국(采)을 살펴 보고(睪) 어떤 짐승인지 설명하다 → 분별하다 → 해석(解釋), 풀다
　　→ 기뻐하다, 용서하다 → 석방(釋放)하다는 뜻

※ 采 자가 부수자가 아니지만 발자국의 뜻으로 사용된 글자
예) 훔칠 절(竊), 차례 번지(番), 살필 심(審), 다 실(悉), 깊을 오(奧)

 삐침 **별**

사물을 본뜬 것이 아닌 단순히 글자의 획을 구성하기 위해 만든 것,
특별한 의미는 없고 단순 모양자 역할을 함

乘　**3급** 탈 **승** | 삐침별(丿) + 나무 목(木) + 등 배(北)
　　갑골문을 보면 사람(大)이 나무(木)에 올라가 있는 모습
　　→ 사람이 등(北)을 보이면서 나무(木)에 있는 가지(丿)를 잡고 오르는 모습 → 오르다 → 타다는 뜻

乖　**1급** 어그러질 **괴**, 떨어질 **괴** | 삐침별(丿) + 나무 목(木) 변형 + 등 배(北)
　　사람 등(北)을 보이고 나무에 올라가 앉아 있었는데 나무 아래 가지가 부러져 땅에 떨어진 모습
　　→ 끊어지다, 단절되다 → 어긋나다, 거스르다는 뜻
　　예) 괴리(乖離) : 서로 등지어 떨어짐

之　**3급** 갈 **지** | 한 일(一) + 그칠 지(止)의 변형자 발음 역할
　　갑골문을 보면 도착선(一)으로 가다(止) → 이른다 → (어조사)~의, ~에라는 뜻

　　※ 갈 거(去)자는 집 문밖으로 나가는 모습 → 가다, 내쫓다는 뜻

乃　**3급** 이에 **내**
　　갑골문을 보면 마치 새끼줄이 구부러진 것과 같은 모습 → 너, 당신 → 비로소, 이에, 곧의 뜻

乎
3급 어조사 **호**
갑골문을 보면 도끼 찍는 소리가 울려 퍼지는 모습 → 어조사(語助辭) ~느냐, ~랴의 뜻

乏
1급 모자랄 **핍** | 삐침별(丿) + 갈 지(之)
힘없이 삐뚤삐뚤(丿) 걸어가다(之) → 힘이 없다 → 부족(不足)하다, 결핍(缺乏)되다, 모자라다는 뜻

久
3급 오랠 **구**
소전을 보면 측면으로 누워있는 사람의 등에 뜸을 뜨는 모습
→ 뜸을 놓은 이후에는 약효가 스며들 때까지 한참을 기다리다 → 오래 기다리다 → 오래다는 뜻

※ 뜸 구(灸)자는 불(火)에 오래(久) 지지다 → 뜸의 뜻

 흰 **백**, 말할 **백**

갑골문을 보면 촛(日)불(')을 그린 것 → 밝다, 빛나다, 희다, 으뜸, 크다, 깨끗하다
→ 글자 가로왈(曰)짜와 닮아서 → 말하다는 뜻

※ 고백(告白), 명백(明白), 독백(獨白), 자백(自白), 결백(潔白)

的
5급 과녁 **적** | 흰 백(白) + 잔 작(勺) 발음 역할
화살 쏠 때 과녁의 중간(10점) 흰(白) 가죽 부분을 떠내는(勺) 모양 → 과녁, 목표의 뜻
예 적중(的中), 목적(目的), 필연적(必然的), 과학적(科學的), 지적(知的)

※ 勺 자는 구기의 뜻으로 많이 쓰이나 (술을) 떠내다는 뜻도 있음

皇
3급 임금 **황** | 흰 백(白) + 임금 왕(王) 발음 역할
금문을 보면 촛대 위에 불이 밝혀진 모습 → 빛나다(煌) → 왕(王) 중에서 최고 으뜸(白)
→ 임금 → 봉황, 면류관의 뜻
예 황국협회(皇國協會 . 황제(皇)의 나라(國)를 시시하는 협회), 황제(皇帝)

皓
2급 흴 **호** | 흰 백(白) + 고할 고(告) 발음 역할
빛나는 태양(日 → 白) 아래 하늘신에게 제사(告)를 지내는 모양 → (빛나는 태양이) 밝다, 희다
→ 깨끗하다는 뜻
예 단순호치(丹脣皓齒) : 붉은 입술과 흰 이빨 → 아름다운 여자의 얼굴

※ 告 자는 신에게 제물로 소(牛)를 바치고 입(口)으로 고하는 모습

皆

3급 다 **개** | 흰 백(白) + 比(견줄 비)
금문을 보면 사람 두 명이 다 함께 우측을 보고 있는 모습(比)과 말씀 왈(曰)짜 결합된 모양자
→ 함께 똑같이(比) 목소리(曰 → 白)를 내다 → 다, 모두, 함께의 뜻
예 개근생(皆勤生)

百

7급 일백 **백** | 흰 백(白) + 한 일(一)
첫 번째(一) 으뜸(白) → 여러 모두 중 으뜸 → 온갖 → 일백(一百)의 뜻

皎

1급 달밝을 **교** | 흰 백(白) + 사귈 교(交) 발음 역할
휘황찬란하게 하얀(白) 달빛 아래 사귀(交)는 벗들 → 달이 밝다는 뜻

攵 攴 두드릴 복, 칠 복

막대기(卜)를 손(又)에 쥔 모습 → 치다, 때리다 → 전쟁과 북 치는 관련 글자
→ 기르고, 가르치고, 다스리다는 뜻을 가진 글자에 사용

※ 비슷한 글자 支(지탱할 지)는 지탱하다, 가르다는 뜻

救

5급 구원할 **구** | 칠 복(攵) + 구할 구(求) 발음 역할
적은 쳐서(攵) 이겨 아군을 구한다(求) → 어려움에 빠진 사람을 막대기(攵)를 던져 구하다(求)
→ 건지다, 돕다 → 구원(救援)하다 → 고치다, 치료하다는 뜻

※ 구할 구(求)자 갑골문을 보면 옷 모양에 털이 그려져 있음 → (비싼) 털 옷은 추운 겨울에 사람 몸을 보호해 준다
→ 구해주다 → 구하다 → 탐하다, 취하다는 뜻

敢

4급 감히 **감** | 귀 이(耳) + 칠 공(攻)
갑골문을 보면 무서운 짐승 꼬리를 붙잡고 있는 용맹한 모습
→ 옛날에는 전쟁(攻)에서 자신이 죽인 사람의 귀(耳)를 잘라 오면, 귀의 숫자에 따라 공과를 정했음
→ 적진을 공격하여(攻) 적의 귀(耳)를 가져오니 용감(勇敢)하다
→ 용맹스럽다, 감히, 함부로, 구태여의 뜻

攻

4급 칠 **공** | 칠 복(攵) + 장인 공(工) 발음 역할
흙을 세차게 다지(工)듯이 적을 세차게 치다(攵) → 공격(攻擊)하다는 뜻

Ⅱ. 부수자

| 敵 | **4급** 원수 **적** ｜ 칠 복(攵) + 밑동 적(啇) 발음 역할
뿌리(啇)까지 쳐서(攵) 없애야 할 적 → 원수 → 대적하다는 뜻

| 故 | **4급** 연고 **고** ｜ 칠 복(攵) + 옛 고(古) 발음 역할
옛날(古)에 다른 나라 성을 쳤던(攵) 이야기하다 → 옛일, 옛날
→ (전쟁했던 이유) 연고(緣故), 까닭, 본래의 뜻

| 放 | **6급** 놓을 **방** ｜ 달아날 방, 칠 복(攵) + 모서리 방(方) 발음 역할
죄인을 때려서(攵) 변방(方)으로 내쫓다 → 추방하다 → 형벌 → 석방(釋放)하다 → 떠나가다
→ 달아나다 → 멋대로 하다는 뜻

| 斂 | **1급** 거둘 **렴** ｜ 칠 복(攵) + 다 첨(僉) 발음 역할
사람을 때려서(攵) 세금 등 모든 걸 다(僉) 거두다, 모으다는 뜻

| 收 | **4급** 걷을 **수** ｜ 칠 복(攵) + 얽힐 구(丩) 발음 역할
몽둥이(攵)로 죄인을 잡아 줄(丩)로 포박했다 → 거두다, 잡다는 뜻

| 敲 | **1급** 두드릴 **고** ｜ 칠 복(攴) + 높을 고(高) 발음 역할
손에 막대기를 들고 소리 높게(高) 북을 두드리(攴)는 모습 → 두드리다는 뜻

| 改 | **5급** 고칠 **개** ｜ 칠 복(攵) + 몸 기(己)
잘못한 어린아이를 꿇어앉혀(己) 놓고 매로 때려서(攵) 잘못된 것을 가르치다 → 고치다, 바꾸다는 뜻

| 政 | **4급** 바를 **정**, 정사 **정** ｜ 칠 복(攵) + 바를 정(正) 발음 역할
정복한 부족 백성을 때려서(攵) 바르게(正) 다스림 → 치다, 정벌하다, 정사, 정치(政治)의 뜻

| 效 | **5급** 본받을 **효** ｜ 칠 복(攵) + 사귈 교(交) 발음 역할
사귀는 친구(交)를 가르치다(攵) → 배우게 하다 → 본받다 → (배운) 보람 → (배운) 효과(效果)의 뜻

| 敏 | **3급** 민첩할 **민** ｜ 칠 복(攵) + 매양 매(每)
고대 중국에는 여자(每)를 제일 먼저 신속하게 낚아채는[又 → 攵] 사람하고 결혼을 했다 → 힘쓰다
→ 매일(每) 때려서 가르치니(攵) 빨라졌다 → 재빠르다 → 민첩(敏捷)하다는 뜻

| 散 | **4급** 흩을 **산** ｜ 흩어질 산(㪔) 변형 + 육달 월(月)
고기(月)를 두드려 흩어지게 하다(㪔) → 고기를 두드려 연하게 만들다 → 산적(散炙) → 흩어지다
→ 헤어지다 → 달아나다 → 산문의 뜻

※ 흩어질 산(㪔)자는 나무(木)들을 나뭇가지(攴)로 흩트리다 → 벗기다는 뜻

敗 | **5급** 패할 **패**, 부술 **패** | 칠 복(攵) + 솥 정(鼎 → 貝)
갑골문을 보면 신성한 솥(鼎)이 전쟁(攵)에서 깨졌다 → 조개[돈(貝)]를 깨뜨렸다(攵)
→ 패하다 → 무너지다, 부수다는 뜻

整 | **4급** 가지런할 **정** | 칠 복(攵) + 묶을 속(束) + 바를 정(正) 발음 역할
흐트러진 것을 묶고(束) 쳐서(攵) 바르게(正) 하다
→ 가지런히 하다, 정리(整理)하다, 정돈하다, 단정하다는 뜻

敎 | **8급** 가르칠 **교** | 아들 자(子) + 사귈 효(爻) + 칠 복(攵)
아이(子)가 공부를 배우도록(爻) 때리는(攵) 모습 → 가르치다, 가르침의 뜻

數 | **7급** 셀 **수** | 칠 복(攵) + 포갤 루(婁) 발음 역할
손에 든 산가지(攵)로 여러(婁) 개의 숫자를 세다 → 헤아리다 → 생각하다
→ (나에게 좋은 수가 있다) 꾀, 방법 → (산가지로 점을 치는) 운수(運數)의 뜻

敍 | **3급** 펼 **서**, 나열할 **서**, 차례 **서** | 칠 복(攵) + 나 여(余) 발음 역할
정자(余)를 짓기 위해 손(又)에 나뭇가지(卜)를 차례대로 주는 모습 → 나열하다 → 차례
→ (차례대로) 서술(敍述)하다 → 베푼다는 뜻

敦 | **3급** 도타울 **돈** | 칠 복(攵) + 누릴 향(享)
서로의 행복을 누리도록(享) 다독거리다(攵) → 서로의 관계에 사랑이나 인정이 많고 깊다 → 도탑다는 뜻
예 돈독(敦篤), 돈의문(敦義門)

敬 | **5급** 공경 **경** | 칠 복(攵) + 진실로 구(苟)
개(苟)와 함께 몽둥이(攵)를 들고 주변을 경계(警戒)하고 있는 모습 → 조심하다, 삼가하다
→ 예(禮) → 공경(恭敬)하다는 뜻

※ 진실로 구(苟)자는 갑골문을 보면 양쪽 귀를 쫑긋 세우고 있는 개가 주변을 경계하는 모습
→ 진실(眞實)로, 참으로, 구차(苟且)하다는 뜻

敷 | **2급** 펼 **부** | 칠 복(攵) + 모 방(方) + 클 보(甫) 발음 역할
사방(方)으로 크게(甫) 손(攵)을 뻗는다 → 펴다, 두루, 널리의 뜻
예 부연(敷衍), 고수부지(高水敷地)

※ 攵 자가 부수자는 아니지만 때리다를 뜻하는 글자
예 용서할 사(赦), 변할 변(變), 도둑 구(寇), 작을 미(微), 부를 징(徵)

점 **복**, 무 **복**, 짐바리 **짐**

고대 중국은 거북의 배딱지를 달궈진 쇠꼬챙이로 지져 갈라진 모양과 소리에 따라 길흉을 점쳤는데, 卜 자는 이때 갈라진 모습 → 점, 점괘 → 추측하다, 헤아리다는 뜻

※ 한자의 시작 갑골문은 거북의 배딱지(腹甲)에 나온 점괘를 새겨 기록한 것
※ 兆(억조 조)자는 거북의 껍질 전체에 나타난 무늬를 그린 것으로 앞으로 일어날 조짐 → 점괘 → 빌미
　→ 숫재[조 : 억의 만 배]의 뜻

占　**4급** 점 **점** | 점 복(卜) + 입 구(口)
점(卜)을 보면서 입(口)으로 주문을 외는 모습 → 점(卜) 본 결과를 입(口)으로 말하다 → 점괘 → 점치다
→ 차지하다, 점령(占領)하다
　예 점성술(占星術) : 별의 밝기나 자리 등을 보고, 점을 치는 술법

※ 글자 모양이 한 지점에 깃발을 꽂아놓은 것처럼 보이기 때문에 점령의 뜻

卦　**1급** 점괘 **괘** | 점 복(卜) + 홀 규(圭) 발음 역할
상서로운(圭) 점(卜) → 점을 쳐서 나오는 점괘(占卦)의 뜻

※ 걸 괘(掛)자는 점괘(卦)를 손(扌)으로 걸어 놓다 → 걸다, 매달다는 뜻

卞　**2급** 성씨 **변** | 점 복(卜) + 돼지해머리 두(亠)
머리에 쓰는, 위 끝이 뾰족하게 생긴 모자(亠)를 쓰고 점(卜)을 치다 → 고깔
→ 분별할 변(辨)자와 발음이 같아 분별(分別)하다 → 법(法), 법도(法度) → 성씨(변)의 뜻

※ 卜 자가 부수자가 아니지만 점 관련 글자
예 바깥 외(外), 높을 탁(卓), 곧을 정(貞), 다다를 부(赴), 부고 부(訃), 성씨 박(朴)

 장군 **부**, 두레박 **관**

배가 불룩하고 목이 좁은 아가리 있는 항아리 모양 용기를 뚜껑과 함께 그린 것
→ 토기, 장군(술이나 간장 따위의 액체를 담는 용기), 기와의 뜻

缸　**1급** 항아리 **항** | 장군 부(缶) + 장인 공(工) 발음 역할
장인(工)이 진흙을 다져 만든 목이 좁은 아가리 있는 모양의 용기(缶) → 항아리의 뜻
　예 어항(魚缸), 부항(附缸)

| 名 | **모양자** 질그릇 요 | 장군 부(缶) + 육달 월(月)
항아리(缶) 위에 고기(月)가 있는 모양 → 고기 담는 그릇 → 질그릇의 뜻

| 缺 | **4급** 이지러질 결 | 장군 부(缶) + 터놓을 쾌(夬)
항아리(缶)의 한쪽이 떨어져(夬) 나간 모습 → 떨어져 나갔다 → 없어지다 → 모자라다
→ 부족하다, 이지러지다는 뜻
예 결석(缺席 : 출석하지 않음), 결점(缺點 : 단점)

※ 터놓을 쾌(夬)자는 央 자의 한 면이 떨어져 나간 모양 → 나누다, 터놓다, 정하다는 뜻

※ 缶 자가 부수자는 아니지만 토기 관련 글자
예 질그릇 도(陶), 흔들 요람(搖), 보배 보(寶)

언덕 부

고대 중국인들의 언덕에 있는 반지하식 움집을 오르내리는 계단의 모습
→ 언덕, 크다, 높다, 막히다, (언덕에) 진치다, 계단, 섬돌 관련 글자에 사용됨

※ 간략형 언덕 부(阝)자는 항상 왼쪽에, 고을 읍(邑) 간략형 고을 읍(阝)자는 오른쪽에 사용됨

| 阿 | **3급** 언덕 아, 굽을 아 | 언덕 부(阝) + 옳을 가(可) 발음 역할
이정도 언덕이면 가히 언덕(阝)으로 인정하는 것이 옳다(可) → 언덕 → (언덕 등선이) 굽다
→ (굽은 마음으로) 아첨(阿諂)하다는 뜻
예 곡학아세(曲學阿世) : 학문을 왜곡하여 세상에 아첨하여 인기를 끌고자 함

| 陵 | **3급** 언덕 릉 | 언덕 부(阝) + 언덕 릉(夌) 발음 역할
갑골문에서는 단순히 언덕 위로 오르는 사람 모습 → 소전에서는 언덕(阝)을 발(夂)로 올라가는 모습
→ 언덕, 무덤, 오르다는 뜻
예 왕릉(王陵) : 언덕처럼 큰 임금의 무덤

※ 언덕 릉(夌)자는 발(夂)을 강조한 사람(人)이 머리에 무엇(土)을 이고 걸어가는 모습

| 陸 | **5급** 뭍 륙 | 언덕 부(阝) + 언덕 륙(坴) 발음 역할
흙, 산(坴), 언덕(阝)이 있는 육지(陸地) → 땅, 뭍의 뜻

※ 언덕 륙(坴)자는 흙과 산을 그린 것 → 언덕의 뜻

| 險 | **4급** 험할 험 | 언덕 부(阝) + 다 첨(僉) 발음 역할
모두다(僉) 언덕(阝)뿐이다 → 다(僉) 언덕(阝)처럼 험준하다 → 험하다, 위태롭다는 뜻
예 험담(險談) : 남을 헐뜯어서 말함

| 阻 | **1급** 막힐 조 | 언덕 부(阝) + 또 차, 도마 조(且) 발음 역할
언덕(阝)을 지났는데 또(且) 언덕이 나타났다 → 험하다, 막히다는 뜻

| 陀 | **1급** 비탈질 타 | 언덕 부(阝) + 다를 타(它) 발음 역할
언덕(阝)은 평지와는 다르게(它) 가파르다 → 비탈지다, 벼랑, 험하다는 뜻

| 隆 | **4급** 높을 륭 | 언덕 부(阝) + 하늘에 예 지낼 륭(夆) 발음 역할
금문을 보면 해가 뜬 날 산을 오르는 모습 → 날씨 좋은 날 정상에 오르다 → 정상, 높다는 뜻
예 융기(隆起 : 높이 솟아오름), 융성(隆盛 : 대단히 번성함)

| 陟 | **2급** 오를 척 | 언덕 부(阝) + 걸음 보(步)
언덕(阝) 위로 걸어(步) 올라간다 → 오르다 → 등극하다는 뜻
예 진척(進陟 : 일이 진행되어 나감), 척강(陟降 : 오르락내리락 함)

※ 걸음 보(步)자는 갑골문을 보면 그칠 지(止) 두 개를 위아래로 붙인 모양
→ 왼발과 오른발을 그려서 사람이 걷는 모습 → 걸음, 걸음걸이, 걷다는 뜻

| 隋 | **2급** 수나라 수 | 언덕 부(阝) + 왼좌(左) + 육달 월(月)
언덕(阝) 위에서 손(左)으로 고기(月)를 올리고 제사를 지내다 → 떨어지다 → 나라이름(수)의 뜻

| 隨 | **3급** 따를 수 | 갈 착(辶) + 수나라 수(隋) 발음 역할
제사를 지낸 제사장(隋)을 따라가는(辶) 모습 → 따르다, 추종하다는 뜻
예 수행(隨行) : 높은 지위에 있는 사람을 따라감

| 際 | **4급** 즈음 제 | 언덕 부(阝) + 제사 제(祭) 발음 역할
제사(祭)를 지내기 위해 언덕(阝)에 모이다 → (옛사람은 단이나 언덕에서 제사를 지냄)
→ 만나다, 사귀다 → 사이 → 즈음 → 변두리의 뜻
예 국제(國際) : 여러 나라, 나라와 나라 사이의 관계

| 陶 | **3급** 질그릇 도, 가마 도 | 언덕 부(阝) + 질그릇 도(匋) 발음 역할
모든 가마는 아래에서 불을 때고 윗부분으로 연기가 나가야 하기에 언덕(阝)을 따라 비스듬히 만듦
→ 언덕(阝) 아래 질그릇(缶)을 만드는 가마(勹) 모양 → 질그릇, 도공의 뜻
예 도자기(陶瓷器 : 사기그릇, 질그릇), 도요지(陶窯址 : 도자기를 굽던 가마터)

※ 질그릇 도(匋)자는 질그릇을 굽기 위해 질그릇(缶)을 둘러 싸고(勹) 있는 가마 모양 → 기와 굽는 가마 → 질그릇의 뜻

陰

4급 그늘 음 | 언덕 부(阝) + 이를 운(云) + 이제 금(今) 발음 역할

큰 언덕(阝)과 구름(云)은 햇볕을 차단해 그늘을 만든다 → 응달, 음지(陰地)의 뜻

陽

6급 볕 양 | 언덕 부(阝) + 빛날 양(昜) 발음 역할

언덕(阝) 앞쪽으로 햇살(昜)이 비추다 → 양지(陽地), 볕, 양기, 따뜻하다는 뜻

※ 빛날 양(昜)자는 태양(日) 아래로 햇살(勿)이 비치는 모습 → 볕, 양지, 태양, 남성, 하늘의 뜻

陷

3급 빠질 함, 함정 함 | 언덕 부(阜) + 구덩이 함(臽) 발음 역할

언덕(阝) 사이의 틈이나 구덩이(臽)에 빠지다 → 함정(陷穽) → 함락(陷落)당하다는 뜻

예 함정(陷穽) : 파 놓은 구덩이

※ 구덩이 함(臽)자는 구멍(臼)에 사람(人 → 刀)이 빠져 있는 모습

隱

4급 숨길 은 | 언덕 부(阝) + 삼갈 은(㥯) 발음 역할

언덕(阝) 뒤에 숨는다(㥯) → 숨다, 수수께끼 → 음흉하다는 뜻

예 은인자중(隱忍自重) : 괴로움을 감추어 참고 몸가짐을 신중히 함

※ 삼가 은(㥯)자는 두 손(爪, 彐) 사이에 무언가(工)를 숨기려는 마음(心) → 급하다, 빠르다 → 재촉하다 → 삼가하다 → 슬퍼하다는 뜻

院

5급 집 원 | 언덕 부(阝) + 완전할 완(完) 발음 역할

언덕(阝)처럼 튼튼한 담장을 가진 잘 지어진 집(完) → (규모가 큰) 집의 뜻

예 병원(病院) : 병을 치료하는 집

隣

3급 이웃 린, 가까울 린 | 언덕 부(阝) + 도깨비 불 린(粦) 발음 역할

도깨비 불 린(粦)글자 아래는 발이 어긋난 모양으로 이렇게 발이 엇갈려 있는 모습
→ 이웃(阝) 간에 서로 왕래가 잦다(粦) → 이웃, 인접하다는 뜻

예 인접(隣接) : 가까이 붙어있음

※ 쌀(米)을 꿔주고 받을 수 있도록 두발(舛)로 왕래가 자주 할 수 있는 이웃(阝)으로도 해석
※ 고대 중국에서는 집들이 홍수를 피해 언덕(阝) 위에 위치해 있었음

附

3급 붙을 부, 의지할 부 | 언덕 부(阝) + 줄 부(付) 발음 역할

소전을 보면 계단(阝) 위아래서 무언가 건네주는(付) 모습 → 언덕(阝)에 의지하여(付) 붙어 있다
→ 붙다, 의탁하다, 부합하다는 뜻

예 부가(附加) : 덧붙임

隔 | 3급 막을 격 | 언덕 부(阝) + 막을 격(鬲) 발음 역할
언덕(阝)과 언덕 사이를 막다(鬲) → 동떨어져 있다 → 가리다, 사이가 뜨다 → 거리의 뜻

※ 막을 격(鬲)자는 세 개 다리가 있는 옛날 솥을 그린 것 → 솥 → 가로막다는 뜻

防 | 4급 막을 방 | 언덕 부(阝) + 모서리 방(方) 발음 역할
언덕(阝)이 나아가는(方) 것을 막다 → 방어하다, 맞서다, 둑의 뜻
예 방화(防火) : 화재를 막음

限 | 4급 한정 한 | 언덕 부(阝) + 그칠 간(艮) 발음 역할
땅이 그친(艮) 곳에 언덕(阝)으로 막혀 땅이 한정되다 → 한계(限界)의 뜻

障 | 4급 막힐 장 | 언덕 부(阝) + 글 장(章) 발음 역할
언덕(阝)을 쌓아 더 이상 나아가지 못함을 표시하다(章) → 둑 → 가로막다 → 장애(障碍)의 뜻

階 | 4급 섬돌 계 | 언덕 부(阝) + 다 개(皆) 발음 역할
모두 다(皆) 돌로 만든 계단(阝) → 섬돌 → 계단(階段), 층계(層階), 품계, 차례의 뜻

陛 | 1급 대궐섬돌 폐 | 언덕 부(阝) + 섬돌 비(坒) 발음 역할
섬돌(坒)이 여러 개 차례대로 계단(阝)을 이루고 있는 모습 → 대궐의 섬돌 → 층계의 뜻
예 폐하(陛下) : 황제나 황후를 높여 일컫던 말

※ 섬돌 비(坒)자는 흙(土)이 차례대로(比) 계단을 이루는 모양

陳 | 3급 베풀 진 | 언덕 부(阝) + 동녘 동(東)
언덕(阝) 위에 짐보따리(東)를 풀어 늘어놓다 → 늘어놓다 → 베풀다는 뜻
예 진열(陳列) : 물건을 죽 벌여 놓음

陣 | 4급 진칠 진 | 언덕 부(阝) + 수레 차(車)
옛날에는 전쟁할 때 언덕(阜)이 평지보다 전략상 유리하여 언덕 위에 수레(車)를 배열하여 진을 침
→ 언덕(阝) 위에 수레(車)를 배열한 모습 → 진치다, 전쟁, 대열의 뜻
예 배수진(背水陣), 장사진(長蛇陣)

降 | 4급 내릴 강, 항복할 항 | 언덕(阜) + 내릴 강(夅) 발음 역할
두 발(舛)로 언덕(阜)을 내려오다 → 적에게 투항하려 언덕(진지)에서 내려오다 → 내려오다
→ 항복(降伏)하다는 뜻
예 강수량(降水量) : 비에 내린 분량

隊
4급 무리 **대**, 길 **수** | 언덕 부(阝) + 따를 수(㒸) 발음 역할
갑골문을 보면 언덕 아래로 떨어지는 사람이 모습 → 떨어지다
→ 언덕(阝)에 멧돼지(豕)가 떼를 이루는 모습 → 무리(떼), 떨어지다, 길, 부대의 뜻

※ 따를 수(㒸)자는 멧돼지가 풀숲을 헤치고 나가는 모습 → 따르다, 나가다는 뜻

阪
2급 언덕 **판** | 언덕 부(阝) + 돌이킬 반(反) 발음 역할
언덕(阝)으로 돌아오는(反) 모습 → 비탈, 언덕의 뜻

阮
1급 나라이름 **완** | 언덕 부(阝) + 으뜸 원(元) 발음 역할
커다란 으뜸(元) 언덕(阝) → 나라이름(완)의 뜻

陋
1급 더러울 **루** | 언덕 부(阝) + 남녘 병(丙) + 숨을 은(乚)
밝은(丙) 곳을 피하여 언덕(阝) 같은 곳에 숨다(乚) → 은닉(隱匿)하다, 숨다 → 좁다, 볼품없다
→ 추(醜)하다, 못생기다 → 더럽다는 뜻
📖 비루(鄙陋) : 행동이나 성질이 더럽고 추하다

除
4급 덜 **제** | 언덕 부(阝) + 나 여(余)
언덕(阝) 위에 여분의 내 집(余)에서 휴식하다 → 치료하다 → 면제(免除)하다, 덜다, 없애다는 뜻
📖 제외(除外), 제거(除去), 배제(排除), 삭제(削除), 해제(解除)

陪
1급 모실 **배** | 언덕 부(阝) + 침 뱉을 부(咅) 발음 역할
언덕(阝) 위에 흙덩이를 더하다(咅) → 보태주다, 돕다 → 보좌하다, 모시다는 뜻

隅
1급 모퉁이 **우** | 언덕 부(阝) + 긴꼬리원숭이 우(禺) 발음 역할
언덕(阝) 네모진 구석에서 원숭이(禺)를 만나다 → 모퉁이의 뜻

隕
1급 떨어질 **운** | 언덕 부(阝) + 인원 원(員) 발음 역할
동그란 것(員)은 언덕(阝)에서 잘 굴러떨어진다 → 떨어지다, 죽다, 둘레의 뜻
📖 운석(隕石), 운명(隕命, 殞命)

隘
1급 좁을 **애** | 언덕 부(阝) + 더할 익(益) 발음 역할
언덕(阝) 넘어 언덕이 더해(益) 있다 → 막히다, 험하다 → 협소(狹小)하다, 좁다는 뜻
📖 협애(狹隘), 애로(隘路)

隙　**1급** 틈 극 | 언덕 부(阝) + 틈 극(㝵) 발음 역할

언덕(阝) 구석 빈틈(㝵) → 놀리고 있는 땅 → 틈, 벌어진 틈, 구멍, 홈의 뜻

※ 틈 극(㝵)자는 작고(小) 작은(小) 구멍 사이로 햇빛(日)이 들어오다 → 틈의 뜻

※ 阜 자가 부수자는 아니지만 언덕을 뜻하는 글자
예) 장수 수(帥), 스승 사(師), 부두 부(埠)

 견줄 비

갑골문을 보면 두 사람이 같은 방향을 보고 있는 형상
→ 두 사람이 달리기를 겨루기 위해 출발선에 서 있는 모습 → 견주다, 경쟁하다, 본뜨다, 고르다는 뜻

※ 비교(比較), 대비(對比), 비례(比例), 비중(比重)

毖　**2급** 삼갈 비 | 견줄 비(比) + 반드시 필(必) 발음 역할
남하고 겨루기(比)하기 전에는 반드시(必) 몸가짐과 언행을 조심하라 → 근신하다, 삼가다는 뜻
예) 징비록(懲毖錄)

 아닐 비, 어긋날 비

갑골문을 보면 새의 좌우 양쪽으로 펼친 날개 모양
→ (양 날개가 서로 반대 방향을 향해 있다고 해서) 아니다, 비방하다, 허물의 뜻

※ 비행(非行), 비상(非常), 비리(非理), 시비(是非), 비단(非但 : 부정 → 오직, 다만의 뜻), 비명(非命)

靡　**2급** 쓰러질 미 | 아닐 비(非) + 삼 마(麻) 발음 역할
옳지 않은(非) 마(麻)를 먹고 비틀 거리다 → 쓰러지다, 쏠리다는 뜻
예) 풍미(風靡), 미녕(靡寧)

 비수 비

갑골문을 보면 손을 올린 사람 모습 → 해서에서 지금의 글자로 변화됨 → (글자 생김새 때문에)
→ 사람, 비수(匕首 : 날이 예리하고 짧은 칼), 수저(숟가락)의 뜻

北 **8급** 북녘 **북**, 등 **배**, 달아날 **배** | 비수 비(匕)의 변형자 + 비수 비(匕)
갑골문을 보면 두 사람이 서로 등을 맞댄 모습 → 등지다, 배후
→ (나중 가옥의 형태가 남향으로 되어 남향의 반대 방향) 북쪽
→ (싸움에서 졌을 때 등지고 달아나는 모습에서) 패배(敗北)의 뜻

化 **5급** 될 **화** | 비수 비(匕) + 사람 인(人)
갑골문을 보면 바로 서 있는 산 사람(亻)과 거꾸로 서 있는 죽은 사람(匕)을 그려 윤회사상을 표현
→ 되다, 변화(變化)한다는 뜻

匙 **1급** 숟가락 **시** | 숟가락 비(匕) + 바를 시(是) 발음 역할
바르게(是) 숟가락(匕)질하다 → 숟가락, 열쇠의 뜻
예 시저(匙箸) : 수저 → 숟가락과 젓가락

※ 匕 자가 부수자는 아니지만 사람, 수저를 뜻하는 글자
예 죽을 사(死), 견줄 비(比), 이 차(此), 잠깐 경(頃), 뜻 지(旨)

 코 비

코(自)가 공기를 폐로 주는(畀) 모습 → 코가 호흡하는 것을 표현 → 코의 뜻
예 비염(鼻炎) : 코의 점막에 생기는 염증

※ 상용한자 내에서는 부수자로 쓰이는 글자 없음

얼음 빙, 이수 변

갑골문을 보면 평평했던 강의 얼음이 깨지면서 위로 솟구친 모습(冫)
→ 금문에서는 물(水)이 얼었다(冫) → (冰 → 氷) → 얼음, 얼다, 엉기다, 기름의 뜻

冬
7급 겨울 **동** | 얼음 빙(冫) + 뒤처져올 치(夂)
갑골문을 보면 긴 끈의 양쪽 끝을 묶어놓은 모습(귀걸이 모양) → (한해) 일을 마무리했다
→ (해서부터 지금 글자) 한해를 천천히 걸어와(夂) 마무리하는 물이 어는(冫) 겨울의 뜻
예) 동지(冬至) : 이십사절기의 하나로 12월 22일경

※ 마칠 종(終)자는 한해 마무리를 겨울(冬)로 끝내듯 → 실타래(糸) 끝을 매듭으로 끝냈다(冬) → 끝내다
→ 마치다 → 죽다는 뜻

冷
5급 찰 **랭** | 얼음 빙(冫) + 하여금 령(令) 발음 역할
군주가 얼음(冫)처럼 차가운 명령(令)내리고 모습 → 차다, 식히다, 쌀쌀하다, 얼다는 뜻
예) 냉장고(冷藏庫), 냉혈한(冷血漢)

冰
모양자 얼음 **빙** | 얼음 빙(冫) + 물 수(水)
물(水)이 얼었다(冫) → 얼음의 뜻

凜
1급 찰 **름** | 얼음 빙(冫) + 곳집 름(稟) 발음 역할
곳집(稟)이 차가운(冫) 날씨에도 늠름한 모양 → 차갑다, 춥다는 뜻

凄
1급 쓸쓸할 **처** | 얼음 빙(冫) + 아내 처(妻) 발음 역할
아내(妻)가 차가운 날씨에 얼어(冫)있는 모습
→ 쓸쓸하다, 차갑다, 처량하다, 서글프다, 애처롭다, 차다, 싸늘하다는 뜻
예) 처절(悽絶) : 더할 나위 없이 애처로움

凉
특급 서늘할 **량** | 얼음 빙(冫) + 서울 경(京) 발음 역할
추워서 큰 건물(京) 처마 밑으로 고드름이 얼었다(冫) → 서늘하다, 외롭다, 쓸쓸하다 → 涼 같은 뜻
예) 납량(納凉) : 여름에 더위를 피하여 서늘함을 맛봄(납량특집극)

※ 서울 경(京)자는 언덕 위에 큰건물을 그린 것 → 높다, 크다 → (큰 건물이 많은) 서울, 도읍, 수도의 뜻

凍 | 3급 얼 동 | 얼음 빙(冫) + 동녘 동(東) 발음 역할
너무 추워 몸이 얼어서(冫) 보따리처럼 꽁꽁 묶어(東)진 모습 → 너무 추워 움츠러든 모습
→ 얼다, 춥다, 차다는 뜻
예 동빙한설(凍氷寒雪)

※ 동녘 동(東)자는 갑골문을 보면 자루의 위아래를 꽁꽁 묶어 놓은 곡식이 꽉 찬 보따리 모양 → 무겁다
→ (해서 글자 모양) 나무(木) 위로 해(日)가 뜨는 모양 → 동쪽, 동녘의 뜻

凝 | 3급 엉길 응 | 얼음 빙(冫) + 의심 의(疑) 발음 역할
물이 얼음(冫)처럼 한데 뭉친(疑) 모습 → 엉기다, 얼어붙다는 뜻
예 응고(凝固) : 엉기어 굳어짐, 액체나 기체가 고체로 변함

※ 의심할 의(疑)자 노인이 지팡이를 들고 길을 찾지 못해 멈추어선 모습 → 멈추다 → 한데 뭉치다
→ 헷갈리다 → 의심하다는 뜻

凌 | 1급 업신여길 능, 얼음 릉 | 얼음 빙(冫) + 언덕 릉(夌) 발음 역할
언덕(夌)이 얼어서(冫) 걸어 올라가기 어렵다 → 얼음 → 심하다 → (보통 보다) 훨씬 뛰어나야 한다
→ 능가(凌駕)하다 → (뛰어난 사람이 못한 사람을) 하찮게 여기다 → 업신여기다

冶 | 1급 풀무 야 | 얼음 빙(冫) + 대 대(台)
얼어붙은(冫) 돈대(台)에서 불을 피우는 모양 → 불을 피울 때 바람을 일으키는 기구 → 풀무의 뜻

※ 다스릴 치(治)자는 농경사회에서 물(氵)을 잘 다스리는(台) 것이 중요하다 → 다스리다는 뜻

凋 | 1급 시들 조 | 얼음 빙(冫) + 두루 주(周) 발음 역할
두루두루(周) 얼어버렸다(冫) → 시들다는 뜻

准 | 2급 준할 준 | 얼음 빙(冫) + 새 추(隹) 발음 역할
얼음(冫)이 얼 즈음 철새(隹)가 앞의 새를 따라 어김없이 날아가다 → 본보기로 삼다, 준하다는 뜻
예 비준(批准), 인준(認准)

※ 冫 자가 부수자는 아니지만 얼음을 뜻하는 글자
예 찰 한(寒)

사사 사, 아무 모

팔을 안으로 굽힌 모습 → 팔을 안으로 굽혀 무언가를 끌어당겨 자신이 소유한다 → 사사롭다
→ 나 → 모양자로 많이 사용

去 5급 **갈 거** | 사사 사(厶) + 큰 대(大)
갑골문을 보면 사람(大 → 土)이 문(口 → 厶)밖으로 나가는 모습 → 떠나다, 버리다는 뜻
㉠ 과거(過去), 제거(除去), 거래(去來), 거취(去就)

參 5급 **참여할 참, 석 삼** | 사사 사(厶) 3개 + 사람 인(人) + 터럭 삼(彡) 발음 역할
갑골문을 보면 사람(人)의 머리 위에 3개의 별의 모양(厶) → 오리온 별자리 → 숫자 석삼(三)
→ 인삼 모양 → 세 개 → (세 명이) 참여(參與)하다는 뜻

※ 厶 자가 부수자는 아니지만, 사람, 팔모양 글자
㉠ 클 홍(弘), 공평할 공(公), 사사 사(私)

 실 사, 가는실 멱

누에고치에서 뽑은 실을 묶어 만든 실타래를 그린 것
→ 누에고치 하나에서 생산되는 너무 가늘어서 여러 개의 실 가닥을 엮어야 비단을 생산할 수 있음
→ 잇다 → 적다는 뜻을 강조하기 위해 작을 요(幺)와 작을 소(小)를 결합한 글자 → 가는 실
→ 가늘다 → 적다는 뜻

絲 4급 **실 사** | 실 사(糸) + 실 사(糸) 발음 역할
실 사(糸) 글자 두 개가 만나 실의 의미 강조 → 실의 뜻
㉠ 잠사(蠶絲) : 누에고치에서 뽑은 실

線 6급 **줄 선** | 실 사(糸) + 샘 천(泉)
실패에 감긴 실(糸)이 끊임없이 나오듯 샘물(泉)이 끊임없이 흘러내리는 모습 → 길게 이어져 있는 실
→ 길게 이어진다 → 줄, 선, 실의 뜻
㉠ 곡선(曲線) : 부드럽게 굽은 선

※ 샘 천(泉)자 갑골문에서는 돌 틈 사이로 물이 쏟아져 나오는 모습 → 해서에서 지금 글자 맑은(白) 물(水)
→ 물줄기가 시작되는 곳 → 샘, 지하수의 뜻

維
3급 벼리 **유** | 실 사(糸) + 새 추(隹) 발음 역할
갑골문을 보면 새(隹)를 끈(糸)으로 묶어 놓은 모양 → 밧줄, 매다
→ (새를 묶여있어 날아가지 못하고) 유지(維持)하다
→ 벼리(그물코를 꿴 굵은 줄·일이나 글의 뼈대가 되는 줄거리) → 오직, 생각하다는 뜻

絃
3급 줄 **현** | 실 사(糸) + 검을 현(玄) 발음 역할
소전을 보면 玄자에 弓(활 궁)자를 결합한 弦(시위 현) → (해서부터 지금 글자) 활(弓 → 玄)의 줄(糸)
→ 활시위, 줄 → 끈 → 현악기(絃樂器)의 뜻

緒
3급 실마리 **서** | 실 사(糸) + 사람 자(者) 발음 역할
솥(者)에서 수증기로 찐 고치에서 실(糸)을 뽑기 위한 한 가닥 실마리를 뽑는 모습 → 실의 첫머리
→ 시초 → 순서, 계통 → 나머지의 뜻
예 단서(端緒), 두서(頭緒)

純
4급 순수할 **순**, 검은비단 **치** | 실 사(糸) + 진칠 둔(屯) 발음 역할
누에에서 뽑은 실(糸)로 누이지 않은 상태로 머물고(屯)있는 순수 한 실
→ (가공하지 않아) 순수(純粹)하다, 순박하다는 뜻

※ 진칠 둔(屯)자 갑골문을 보면 땅(一)을 어렵게 뚫고 나온 풀(屮)을 그려 놓은 모양 → 봄, 어렵다
→ (풀이 나는) 언덕, (어렵게 언덕에) 진을 치다 → 머물다, 많다, 무리를 이루다는 뜻

繩
2급 줄 **승** | 실 사(糸) + 힘쓸 민(黽) 발음 역할
실(糸)로 꼬아 떨어지지 않게 힘써(黽) 길게 이어지게 만든 노끈 → 새끼, 줄의 뜻
예 포승(捕繩) : 죄인을 묶는 노끈

※ 힘쓸 민(黽)자 갑골문을 보면 맹꽁이를 그린 것 → (열심히 울어대는 맹꽁이로 인하여) 힘쓰, 노력하다는 뜻

給
5급 줄 **급**, 넉넉할 **급** | 실 사(糸) + 합할 합(合) 발음 역할
그릇(合)에 있는 실(糸)을 실패로 계속 공급해 주는 모양 → 실에 다른 실을 이어서 주다
→ 없어져 가는 것을 보급하다 → 더하다 → 주다 → 공급(供給)하다 → 실(糸)을 합해(合) 주다
→ 넉넉하다는 뜻

紹
2급 이을 **소** | 실 사(糸) + 부를 소(召) 발음 역할
실(糸)과 실(糸)을 불러서(召) 묶어주다(이어주다) → 잇다, 돕다는 뜻
예 소개(紹介) : 모르는 사이를 알고 지내도록 중간에서 관계를 맺어 줌

絡
3급 이을 **락** | 실 사(糸) + 각각 각(各) 발음 역할
각각(各) 떨어져 있는 것을 실(糸)로 연결하다 → 잇다, 얽다 → 포괄하다는 뜻
예 연락(連絡) : 정보 따위를 전함

繼 | **4급** 이을 계 | 실 사(糸) + 이을 계(𢇇) 발음 역할
여러 개 실(糸)을 잇다(𢇇) → 이어가다 → 계속(繼續)하다는 뜻

※ 이을 계(𢇇)자는 여러 개의 실(糸)이 이어져 있는 모습 → 계속하다, 잇다
※ 끊을 단(斷)자는 이어져(𢇇) 있는 것을 도끼(斤)로 끊다는 뜻

續 | **4급** 이을 속 | 실 사(糸) + 팔 매(賣)
물건을 끊임없이 사고 되팔고(賣) 있는 모양을 실(糸)처럼 이어가다 → 계속(繼續)하다, 잇다는 뜻

※ 팔 매(賣)자는 물건 사서(買) 다시 내보내다(出 → 士) → 팔다는 뜻

紡 | **2급** 실뽑을 **방**, 길쌈 **방** | 실 사(糸) + 모서리 방(方) 발음 역할
실(糸)을 내어 옷감을 짜는 모든(方) 일 → 길쌈의 뜻

📗 방직(紡織) : 실을 만드는 일과 직물을 짜는 일

※ 모서리 방(方)은 원래는 네모, 방위 뜻으로 많이 쓰이나, 모두, 함께의 뜻도 있음

績 | **4급** 길쌈할 **적**, 공 **적** | 실 사(糸) + 꾸짖을 책(責) 발음 역할
물레질할 때 재촉하여(責) 실(糸)을 뽑아내다 → 뽑다, 길쌈 → 일, 성과, 공적(功績)의 뜻

📗 공적(功績 : 쌓은 공로, 공로의 실적), 실적(實績 : 실제의 공적이나 업적)

※ 길쌈은 주로 집에서 삼, 누에, 목화 등 원료에서부터 삼베, 명주, 무명 등의 베를 짜는 모든 과정
※ 꾸짖을 책(責)자 갑골문을 보면,
  빌려준 돈(貝)을 제때 갚지 않아 가시나무(朿) 채찍으로 때리면서 재촉하거나 꾸짖는 모습 → 가시가 돋친 돈
  → (빚을) 재촉하다 → 꾸짖다 → 책임, 빚의 뜻

縛 | **1급** 얽을 박 | 실 사(糸) + 펼 부(尃) 발음 역할
펼쳐(尃)있는 것을 실(糸)로 묶다 → 얽다는 뜻

📗 자승자박(自繩自縛) : 자기가 만든 줄로 자신을 묶는다

纏 | **1급** 얽을 전 | 실 사(糸) + 가게 전(廛) 발음 역할
실(糸)을 묶다(廛) → 얽다는 뜻

📗 전대(纏帶), 전족(纏足)

※ 가게 전(廛)자는 전방(廛房), 가게, 얽다, 묶음의 뜻

編 | **3급** 엮을 편 | 실 사(糸) + 작을 편(扁) 발음 역할
갑골문을 보면 책[죽간冊 → 篇 → 扁]을 만들기 위해 대나무(冊)를 실(糸)로 엮은 모양
→ 엮다, 얽다, 만들다 → 책의 뜻

※ 책 편(篇)자는 옛날에 대나무(竹) 만든 책 → 죽간의 뜻

綴

1급 엮을 **철** | 실 사(糸) + 연할 철(叕) 발음 역할

실(糸)이 잇닿아 있다(叕) → 잇다, 엮다, 연결하다는 뜻

※ 연할 철(叕)자는 연하다(連 : 잇닿아 있다)의 뜻

絆

1급 얽어맬 **반** | 실 사(糸) + 반 반(半) 발음 역할

양쪽 실(糸) 반(半)을 가운데서 얽어매다 → 묶다는 뜻

縫

2급 꿰맬 **봉** | 실 사(糸) + 만날 봉(逢) 발음 역할

붙일 것들을 서로 만나게(逢) 하여 실(糸)로 꿰맨다 → 기었다는 뜻

예 봉제(縫製) : 재봉틀 따위로 박아서 만듦

結

5급 묶을 **결** | 실 사(糸) + 길할 길(吉) 발음 역할

길쌈(糸)하는 일을 좋게 잘(吉) 매듭(마무리)했다 → 맺다, 모으다, 묶다는 뜻

예 결초보은(結草報恩) : 풀을 묶어 은혜에 보답한다 → 죽어서도 은혜를 잊지 않고 갚음

約

5급 묶을 **약**, 맺을 **약** | 실 사(糸) + 잔 작(勺) 발음 역할

실타래(糸)를 한 묶음(勺)으로 묶다 → 매듭을 맺다

→ 술잔(勺)을 앞에 놓고 우리가 지켜야 할 사항을 실타래(糸)처럼 단단히 묶다 → 약속하다, 조약의 뜻

예 약혼(約婚) : 결혼하기로 서로 약속함), 약정(約定), 약속(約束)

總

4급 묶을 **총** | 실 사(糸) + 바쁠 총(悤) 발음 역할

바쁘게(悤) 실(糸)을 모두 묶다 → 모으다 → 모두, 다 → 합하다 → 총괄하다는 뜻

예 총각(總角) : 머리를 두 갈래로 하여 뿔(角)처럼 묶은 머리를 한 아이
　　　　　　 → 결혼하지 않은 성년 남자를 일컬음

　　총계(總計) : 전체를 모두 묶어서 합산함

※ 귀 밝을 총(聰)자는 바쁜(悤) 귀(耳) → 귀(耳)가 밝아 말귀를 잘 알아듣다 → 잘 기억하다 → 총명하다는 뜻

累

3급 묶을 **누** | 실 사(糸) + 밭 전(田)

소전을 보면 여러 개 베틀에 매달아 놓은 추(田)에 매달린 실(糸)이 그려져 있는 모양

→ 천을 짜기 위해서는 베틀 추가 여러 번 반복해서 움직여야 하기에 → 반복한다

→ 여러, 자주, 거듭되다 → 묶다는 뜻

예 누적(累積 : 포개어 쌓음), 누란지세(累卵之勢)

繃

1급 묶을 **붕** | 실 사(糸) + 무너질 붕(崩) 발음 역할

몸이 무너진(崩) 곳, 다친 곳을 실(糸)로 동여매다 → 묶다는 뜻

예 붕대(繃帶)

| 緘 | **1급** 봉할 함 | 실 사(糸) + 다 함(咸) 발음 역할
모두 다(咸) 실(糸)로 꿰매어 봉하다 → 꿰매다는 뜻
예 함구무언(緘口無言) : 입을 다물고 말이 없음

| 繫 | **3급** 맬 계 | 실 사(糸) + 맬 계(毄) 발음 역할
가축을 실(糸)로 매어 기르다(毄) → 묶다, 매다는 뜻
예 연계(連繫), 계류(繫留)

| 系 | **4급** 맬 계 | 실 사(糸) + 삐침 별(丿)
갑골문을 보면 실(糸) 위로 손톱(爪) 모습 → 소전에서 爪(손톱 조)자가 삐침 별(丿)로 간략화됨
→ 손(丿)으로 실타래(糸)를 묶는 모습 → 매다, 잇다는 뜻
예 직계(直系) : 친족 사이의 이어지는 계통

※ 손자 손(孫)자는 아들(子)을 이어(系) 나가다 → 손자

| 綜 | **2급** 모을 종 | 실 사(糸) + 마루 종(宗) 발음 역할
베틀의 날실을 끌어올리도록 가장 굵은(宗) 실(糸) → 잉아(베틀의 굵은 실)
→ (잉아가 위에서 날실을 하나로 모으므로) 모으다는 뜻

| 纂 | **1급** 모을 찬 | 실 사(糸) + 셈 산(算)자 변형
흩어져 있는 실(糸)을 셈(算)하기 위하여 모으다 → 모으다 → 편집(編輯)하다, 편찬(編纂)하다는 뜻

| 繕 | **2급** 기울 선 | 실 사(糸) + 착할 선(善) 발음 역할
떨어지거나 해어진 옷을 좋은(善) 실(糸)로 꿰매다 → 깁다, 수선(修繕)하다는 뜻

| 紐 | **1급** 맺을 뉴(유) | 실 사(糸) + 소 축(丑)
끈(糸)으로 소(丑)를 묶어 놓다 → 매듭, 묶다 → 맺다는 뜻
예 유대(紐帶), 결뉴(結紐)

| 締 | **2급** 맺을 체 | 실 사(糸) + 임금 제(帝) 발음 역할
나무로 만든 선반(帝)을 고정되게 끈(糸)으로 묶다 → 맺다, 체결(締結)하다는 뜻

| 絶 | **4급** 끊을 절 | 실 사(糸) + 칼 도(刀) + 꼬리 파(巴)
갑골문을 보면 본래는 絲(실 사)자 사이에 여러 개의 칼이 그려져 있었음
→ 소전에서는 刀자가 色자로 바뀜 → 사람이 꿇어앉아(巴) 칼(刀)로 실(糸)을 자른다
→ 끊다, 단절(斷絶)의 뜻

繹
1급 풀 **역** | 실 사(糸) + 엿볼 역(睪) 발음 역할
엉켜있는 실(糸)의 실마리를 엿보아(睪) 찾아서 끌어내다 → 실 뽑다 → 푼다는 뜻

綻
1급 터질 **탄** | 실 사(糸) + 정할 정(定) 발음 역할
가지런히 정해(定)졌던 실밥(糸)이 떨어졌다 → 터지다, 기었다는 뜻
- 예 파탄(破綻), 탄로(綻露)

終
5급 끝날 **종** | 실 사(糸) + 겨울 동(冬) 발음 역할
한해 마무리를 겨울(冬)로 끝내 듯이 실타래(糸)를 매듭으로 끝냈다 → 끝내다 → 마치다 → 죽다는 뜻
- 예 종말(終末) : 맨 끝

練
5급 익힐 **련** | 실 사(糸) + 가릴 간(柬) 발음 역할
수많은 고치에서 뽑은 실(糸)을 분류하다(柬) → (분류하는 일은 매우 힘든 일이기에) 능숙하다
→ 익히다 → (경험이) 풍부하다는 뜻

※ 가릴 간(柬)자는 나뭇단을 묶어 놓은 것에 누구 것인지 가리기(분간하기) 위해 양쪽 점을 찍어 모습
→ 가리다, 분간하다는 뜻

素
4급 흴 **소** | 실 사(糸) + 드리울 수(垂)의 변형
금문에는 실(糸) 위로 양손이 그려져 있음 → 누에고치에서 갓 뽑은 실타래를 묶는 모습
→ 갓 뽑은 가장 순수하고도 원초적인 것 → 본디, 바탕, 성질 → 희다는 뜻
- 예 소복(素服 : 흰옷), 소박(素朴 : 꾸밈이 없이 그대로임)

紅
4급 붉은 **홍** | 실 사(糸) + 장인 공(工) 발음 역할
실(糸) 만들다(工) → 실로 염색하여 만든 중국 사람들이 제일 좋아하는 색 → 붉다, 좋다, 주홍의 뜻
- 예 홍삼(紅蔘) : 수삼을 쪄서 말린 붉은 빛깔의 인삼

綠
6급 푸를 **록** | 실 사(糸) + 새길 록(彔) 발음 역할
실(糸)에 자연의 색을 새기다(彔) → 초록빛 → 푸르다 → 푸른색의 뜻
- 예 녹색(綠色) : 파랑과 노랑의 중간색

※ 새길 록(彔)자는 자연에서 채취한 염료를 가공한 후 보자기에 넣어 쥐어짜는 모습 → 새기다 → 원래, 근본의 뜻

紫
3급 자줏빛 **자** | 실 사(糸) + 이 차(此) 발음 역할
자연 가까운 곳을 걸어(止)가서 칼(匕)로 연료를 채취하여 실(糸)에 물들이다 → 자주(紫朱)
→ 자줏빛, 자줏빛 옷의 뜻

※ 이 차(此)자는 이곳이나 이것과 같은 가까운 곳을 뜻하는 글자

Ⅱ. 부수자

紺 | **1급** 감색 감 | 실 사(糸) + 달 감(甘) 발음 역할
실(糸)을 잘 좋게(甘) 염색하여 어두운 남색 빛을 내다 → 감색, 연보라의 뜻

縮 | **4급** 줄일 축, 오그라들 축 | 실 사(糸) + 잘 숙(宿) 발음 역할
실(糸)을 오래 묵(宿)혔더니 오그라들었다 → 줄이다, 감축하다는 뜻
예 수축(收縮) : 줄거나 오그라듦

緩 | **3급** 느릴 완 | 실 사(糸) + 당길 원(爰) 발음 역할
실(糸)을 잡아당기니까(爰) 느슨해졌다 → 느리다, 늦추다는 뜻
예 완충(緩衝) : 충격이나 중간에서 완화시킴

※ 당길 원(爰)자는 손(爫)과 손(又) 사이에 무언가를 잡아당기는 모습

緊 | **3급** 팽팽할 긴 | 실 사(糸) + 어질 간(臤) 발음 역할
줄(糸)이 굳다(臤) → 줄이 팽팽하다 → 줄이 팽팽한 모습은 매우 급한 상황을 연상 → 긴장(緊張)하다
→ 팽팽하다 → 급박하다는 뜻

※ 어질 간(臤)자는 신하(臣) 손(又) → 어질다, 굳다는 뜻

細 | **4급** 가늘 세 | 실 사(糸) + 밭 전(田)
소전을 보면 가는(囟) 실(糸) 모습 → 해서에서 囟(정수리 신)자가 밭 전(田)자로 바뀜
→ 미세(微細)하다 → 드물다, 가늘다는 뜻

※ 정수리 신(囟)자는 아이의 정수리에 있는 혈 구멍을 표현
　→ 옛사람들은 눈에는 보이지 않지만, 사람의 머리에는 미세한 기가 흘러나온다고 믿음

纖 | **2급** 가늘 섬 | 실 사(糸) + 사람 인(人) + 인(人) + 부추 구(韭) + 창 과(戈)
한사람(人)이 가는 부추(韭) 들고, 다른 한사람(人)은 가는 창(戈)을 들고 있고 가는 실(糸)과 결합한 글자
→ 가늘 것 세 개가 결합하여 가늘다는 것을 강조 → 가늘다는 뜻
예 섬유(纖維), 섬섬옥수(纖纖玉手)

綿 | **3급** 솜 면 | 실 사(糸) + 비단 백(帛)
하얀(帛) 천(糸) → 솜은 굳이 염색과 같은 가공을 할 필요가 없음 → 원료 그대로 사용하던 솜을 뜻함
→ (솜을 꼬아 실을 만들기도 했기 때문에) 이어지다, 끊어지지 않다는 뜻

絹 | **3급** 비단 견 | 실 사(糸) + 장구벌레 연(肙) 발음 역할
누에(肙)가 만든 실(糸) → 비단의 뜻
예 견사(絹絲) : 누에고치에서 뽑은 실

※ 장구벌레 연(肙)자는 입이 큰 장구벌레를 뜻하나 여기서는 누에 벌레를 의미함

紗 | **1급** 비단 **사**, 작을 **묘** | 실 사(糸) + 적을 소(少)
얇고 가벼운(少) 옷감[생사 糸]으로 짠 비단 → 깁의 뜻
- 예 분벽사창(粉壁紗窓) : 하얗게 꾸민 벽과 얇은 비간으로 바른 창 → 아름다운 여자 처소

※ 기운 여름옷으로, 명주실로 바탕을 조금 거칠게 짠 비단

緋 | **1급** 비단 **비** | 실 사(糸) + 아닐 비(非) 발음 역할
거친 명주실(糸)이 아닌(非) 고운 비단이라는 뜻
- 예 비단(緋緞) : 명주실로 두껍고 광택이 나게 짠 피륙을 통틀어 이르는 말

緞 | **1급** 비단 **단** | 실 사(糸) + 조각 단(段) 발음 역할
실(糸)과 구분(段)되는 헝겊 조각 → (신 뒤축에 붙인) 헝겊 → 비단의 뜻
- 예 공단(貢緞) : 감이 두껍고 무늬가 없는 비단

※ 조각 단(段)자는 망치로 계단을 만드는 모습 → 조각, 단편, 구분, 층계의 뜻

綺 | **1급** 비단 **기** | 실 사(糸) + 기특할 기(奇) 발음 역할
옷감(糸) 중 무늬가 기특하게(奇) 아름답고 좋은 것 → 곱다, 아름답다 → 비단(緋緞)의 뜻
- 예 기라성(綺羅星)

綾 | **1급** 비단 **릉** | 실 사(糸) + 언덕 릉(夌) 발음 역할
다른 옷감(糸)에 비하여 뛰어나게 높게 능가(夌)된 아름답고 좋은 것 → 비단(緋緞)의 뜻
- 예 능라도(綾羅島)

絨 | **1급** 가는베 **융** | 실 사(糸) + 병장기 융(戎) 발음 역할
옷감(糸)을 가위(戎) 따위로 가늘게 베서 짜다 → 솜털이 일어나게 짠 피륙 → 융, 가는 베의 뜻
- 예 융단(絨緞)

統 | **4급** 거느릴 **통** | 실 사(糸) + 채울 충(充) 발음 역할
가득 채워진(充) 실(糸) 중에서 실마리를 찾다 → 줄기, 거느리다, 계통의 뜻
- 예 대통령(大統領), 전통(傳統), 통일(統一), 통제(統制)

組 | **4급** 짤 **조** | 실 사(糸) + 도마 조(且) 발음 역할
실(糸)로 천을 짜서 엇갈려 쌓아놓은(且) 모습 → (베를) 짜다 → 조직하다는 뜻
- 예 조직(組織) : 날실과 씨실을 걸어 천을 짜는 일 → 집합체

織
4급 짤 직 | 실 사(糸) + 찰흙 시(戠)
베틀로 직물을 만들기 위해 실(糸)을 진흙(戠)처럼 얼기설기 엮은 모양 → 실을 엉키게 하다
→ 직물을 짜다 → 조직 → 체계 → 만들다는 뜻
예 직물(織物) : 섬유로 짠 물건

※ 찰흙 시(戠)자는 진흙이 엉겨 붙어있는 모양 → 찰흙의 뜻
※ 직책 직(職)자는 소리(音)를 귀(耳)로 듣고 머리에 얼기설기 새기다(戈) → 기록한다 → (기록하는 일) 직책, 직분의 뜻

經
4급 날 경 | 실 사(糸) + 물줄기 경(巠) 발음 역할
날실(糸)이 지나다(巠) → (베를 짜듯이 기초를 닦고 일을 해 나간다는 의미에서) 다스리다 → 경영하다
→ (그물이나 베를 짤 때 세로로 들어가는 실) 날줄의 뜻
예 경도(經度)

※ 물줄기 경(巠)자는 물줄기 그린 것 → 여기서는 베틀 사이로 날실이 지나가는 모습 의미

緯
3급 씨 위 | 실 사(糸) + 가죽 위(韋) 발음 역할
실(糸)을 두르다(韋) → 날실을 실패에 빙 둘러 감는다 → 실을 가로 방향으로 휘감는다 → 가로
→ 씨줄 → 짜다는 뜻
예 위도(緯度), 경위(經緯 : 그물이나 베의 날줄과 씨줄이라는 뜻으로, 일이 전개되어 온 과정을 일컬음)

※ 가죽 위(韋)자는 성(城 → 口) 주위를 맴도는 발자국을 그린 것

縱
3급 세로 종 | 실 사(糸) + 좇을 종(從) 발음 역할
앞사람 뒤를 실처럼 이어서(糸) 좇아가는(從) 발걸음 → 발자취, 늘어지다 → 세로 → 놓아주다는 뜻
예 종횡무진(縱橫無盡), 칠종칠금(七縱七擒), 조종사(操縱士), 종단(縱斷)

綱
3급 벼리 강 | 실 사(糸) + 산등성이 강(岡) 발음 역할
강한(岡) 줄(糸) → 튼튼한 줄 → 굵고 강한 줄 → 벼리, 대강, 줄 → 사물을 총괄한다는 뜻
예 삼강오륜(三綱五倫) : 유교의 도덕에서 지켜야 할 3가지 강령(삼강)과 5가지 인륜(오륜)

※ 벼리 : 그물코를 꿴 중심이 되는 굵은 줄 · 일이나 글의 뼈대가 되는 줄거리
※ 산등성이 강(岡)자는 산 위에 그물을 쳐놓은 모습을 그린 것으로 산등성이라는 뜻이 있지만,
　다른 글자와 결합할 때는 주로 강하다는 뜻

紀
4급 벼리 기 | 실 사(糸) + 몸 기(己) 발음 역할
여러 개의 실(糸) 가닥에서 하나를 뽑아내다(己) → 어떠한 것의 시작점 → 실마리 → 단서 → 벼리
→ 밑바탕의 뜻
예 기강(紀綱) : 중요한 규율과 질서

※ 몸 기(己)자는 몸 또는 자기의 뜻 → 끈을 늘어놓은 모습
　→ 여기서는 베를 짜기 위해서는 먼저 묶여있는 실타래에서 한 가닥의 실을 뽑아내야 함을 의미

綸
1급 벼리 윤 | 실 사(糸) + 둥글 륜(侖) 발음 역할
그물코를 꿴 굵은(侖) 줄(糸) → 일이나 글의 뼈대가 되는 줄거리 → 벼리의 뜻
- 예 경륜(經綸), 천륜(天綸)

網
2급 그물 망 | 실 사(糸) + 그물 망(罔) 발음 역할
그물(罔) 줄(糸) → 그물 → 포위망, 조직 → 계통의 뜻
- 예 일망타진(一網打盡) : 한번 그물을 쳐서 물고기를 다 잡는다 → 어떤 무리를 한꺼번에 모조리 다 잡음

索
3급 찾을 색 | 실 사(糸) + 열 십(十) + 덮을 멱(冖)
갑골문을 보면 끝이 갈라진 실타래 양옆으로 손이 그려져 있음 → 새끼줄을 꼬는 모습 → 꼬다
→ 새끼줄 → (손을 비비는 동작이 마치 무언가를 더듬어 찾는 모습) 더듬다, 찾다는 뜻
- 예 삭막(索莫 : 황폐하여 쓸쓸함),
  색인(索引 : 책 뒤에 낱말을 쉽게 찾아볼 수 있도록 일정한 차례를 따라 만든 목록)

絞
2급 목맬 교 | 실 사(糸) + 사귈 교(交) 발음 역할
죄인의 목을 밧줄(糸)로 매니까, 몸이 축 늘어진 모양(交) → 목매다, 묶다는 뜻
- 예 교수형(絞首刑) : 사형수의 목을 매어 죽이는 형벌

※ 사귈 교(交)자는 사람의 종아리가 교차해 있는 모양 → 여기서는 몸이 늘어진 모습

縊
1급 목맬 액 | 실 사(糸) + 더할 익(益) 발음 역할
나뭇가지에 노끈(糸)을 더하여(益) 목을 매다 → 목을 졸라 죽이다 → 목매다는 뜻

縣
3급 매달 현, 고을 현 | 이을 계(系) + 매달 현(県) 발음 역할
금문을 보면 나무 옆으로 눈이 줄에 매달려 있는 모습 → 이것은 죄인의 머리가 나무에 매달려 있는 모습
→ 효시(嚆矢)하다 → 매달다 → (가차되어) 고을의 뜻
- 예 현수막(懸垂幕) : 선전이나 광고를 위해 매달아 놓은 장막

※ 달 현(懸)자는 매달린(縣) 마음(心) → 매달다는 뜻

紊
2급 어지러울 문 | 실 사(糸) + 글월 문(文) 발음 역할
실(糸)로 무늬(文)를 수놓다 → (수놓은 모양이) 어지럽다 → 문란(紊亂)하다는 뜻

紛
3급 어지러울 분 | 실 사(糸) + 나눌 분(分) 발음 역할
소전을 보면 칼로 실타래를 자르는 모습
→ 묶어 놓은 실타래(糸)를 칼로 자르면(分) 이리저리 뒤엉키게 됨 → 실타래가 헝클어져 어지럽다
→ 어지럽다, 번잡하다는 뜻
- 예 분쟁(紛爭) : 서로 어지럽게 다툼

糾 | **3급** 얽힐 **규**, 꼴 규 | 실 사(糸) + 얽힐 구(丩) 발음 역할
갑골문을 보면 밧줄이나 실(糸)이 엉켜있는(丩) 모습 → 얽히다, 꼬다, 모으다는 뜻
예 노사분규(勞使紛糾) : 노동자와 사용자 간에 의견이 대립해 싸우는 일

紙 | **7급** 종이 **지** | 실 사(糸) + 뿌리 씨, 성씨 씨(氏) 발음 역할
고대 중국에서는 실(糸)로 짠 천 또는 대나무(氏)로, 종이로 사용 → 천 또는 대나무가 종이를 대신했다 → 종이의 뜻
예 제지(製紙) : 종이를 만드는 것

※ 뿌리 씨, 성씨 씨(氏)자는 나무뿌리가 땅속으로 뻗어있는 모습 → 뿌리 → 성씨 → 여기서는 대나무를 뜻함

級 | **6급** 등급 **급** | 실 사(糸) + 미칠 급(及) 발음 역할
실(糸)이 좋고 나쁜 것을 등급(及)으로 매기다 → 등급의 뜻
예 등급(等級) : 좋고 나쁨의 차를 여러 층으로 나눈 급수

※ 미칠 급(及)자는 등급, 차례, 층계의 뜻

紋 | **3급** 무늬 **문** | 실 사(糸) + 글월 문(文) 발음 역할
실(糸)로 베의 무늬(文)를 만들다 → 무늬의 뜻
예 파문(波紋) : 수면에 이는 물결의 무늬

絢 | **1급** 무늬 **현** | 실 사(糸) + 열흘 순(旬) 발음 역할
열흘간 두루(旬) 이어서(糸) 밝게 비추다 → 문채(文彩), 현혹시키다 → 무늬의 뜻
예 현란(絢爛)

繡 | **1급** 수놓을 **수** | 실 사(糸) + 엄숙할 숙(肅) 발음 역할
실(糸)로 엄숙하게 수놓는(肅) 모습 → 수놓다는 뜻
예 금수강산(錦繡江山)

繪 | **1급** 그림 **회** | 실 사(糸) + 모일 회(會) 발음 역할
수많은 실(糸)을 모아서(會) 채색하다 → 그리다, 그림의 뜻
예 회화(繪畵), 회사후소(繪事後素)

紳 | **2급** 큰띠 **신** | 실 사(糸) + 펼 신(申) 발음 역할
실(糸)로 만든 혁대(申) → 혁대는 옛날의 높은 사람의 복장에 사용
→ (큰 띠를 맨 사람이 벼슬아치이다에서) 큰 띠, 벼슬아치의 뜻
예 신사(紳士) : 높은 교양을 가진 점잖은 남자

納
4급 들일 **납** | 실 사(糸) + 안내 내, 들일 납(內) 발음 역할
물이 천(糸) 안(內)으로 스며든다 → (거두어)들이다 → 바치다 → 보내다는 뜻
예 納入(납입) : 물건이나 돈을 바침

緣
4급 인연 **연** | 실 사(糸) + 판단할 단(彖) 발음 역할
줄(糸)로 묶다(彖) → 사람 간의 보이지 않는 줄 → 인연(因緣), 연분(緣分)의 뜻
예 연목구어(緣木求魚) : 나무에 올라가 물고기를 구한다 → 불가능한 일을 하고자 할 때 비유하는 말

※ 판단할 단(彖)자는 돼지(豕)를 묶어 놓은 모양 → 판단하다는 뜻

緻
1급 빽빽할 **치** | 실 사(糸) + 빽빽할 치(致) 발음 역할
줄(糸)이 빽빽하게(致) 이르렀다 → 촘촘하다, 빽빽하다는 뜻

紂
1급 주임금 **주** | 실 사(糸) + 마디 촌(寸)
껑거리 막대의 양 끝에 매어(寸) 길마의 뒷가지와 연결하는 줄(糸) → 껑거리 끈 → 주 임금 주의 뜻
예 걸주(桀紂)

繁
3급 번성할 **번** | 실 사(糸) + 민첩할 민(敏)
금문을 보면 어머니가 많은 실(糸)타래를 갖고 빠르게(敏) 일하고 있는 모습 → 많다 → 번성(繁盛)하다
→ 많은 실(糸)로 재빠르게(敏) 만들다가 엉키다 → 복잡하다는 뜻

 선비 사

갑골문을 보면 허리춤에 차고 다니던 자루 없는 도끼 모양 무기 → 고대 감옥을 지키는 형관
→ 무관(武官) → 선비, 관리, 남자의 뜻

※ 단순 모양자 역할 하는 글자도 많이 있음

壯
4급 장할 **장** | 선비 사(士) + 나뭇조각 장(爿) 발음 역할
나무 평상(爿) 위에 서 있는 무사(士)가 씩씩하고 굳세다 → 장하다, 웅장하다는 뜻
예 장사(壯士) : 힘이 센 사람

壺
특급 항아리 **호**, 병 **호** | 선비 사(士) + 버금 아(亞) 변형
아가리가 작고 중배가 부른 항아리 단지의 모양, 윗부분 士는 뚜껑 모양자 → 병, 술병, 단지의 뜻

壹

2급 한 **일** | 선비 사(士) + 덮을 멱(冖) + 콩 두(豆)
항아리 술 단지에 가득 술을 넣어 마개를 꼭 닫은 모양 → 마음을 하나로 하다 → 오로지 하나
→ 나중에 음(音)이 같고 둘 다 하나로 뭉뚱그리다는 뜻이 있기에 숫자 一(일)의 뜻으로 쓰임
예 일이삼(壹貳參) : 1, 2, 3

壽

3급 목숨 **수** | 선비 사(士) + 구결자 야(丆) + 장인 공(工) + 한 일(一) + 마디 촌(吋)
금문을 보면 갈아 놓은 밭의 한 두둑과 한 고랑을 아울러 이르는 이랑을 가리키는 노인 모습
→ 노인 → 목숨, 수명(壽命), 장수(長壽)의 뜻

壬

3급 북방 **임** | 선비 사(士) + 삐침 별(丿)
선비(士)가 눈에 손(丿)을 대고 북쪽을 쳐다보다 → 사람 → 아홉째 천간 북방(北方)의 뜻

壻

1급 사위 **서** | 선비 사(士) + 서로 서(胥) 발음 역할
고기(月)를 들고 오는 선비(士)의 발걸음(疋) → 선비 같은 사람 → 사위의 뜻
예 동서(同壻), 질서(姪壻)

※ 士 자가 부수자는 아니지만 선비, 사내를 뜻하는 글자
예 길할 길(吉), 섬길 사(仕), 뜻 지(志), 대 대(臺)

메 산

갑골문을 보면 산의 봉우리가 뾰족뾰족하게 이어지는 모양
→ 산의 이름, 산의 기세 높다, 산, 언덕에 관련된 글자에 사용됨

島

5급 섬 **도** | 메 산(山) + 새 조(鳥)의 변형자
새가 많이 드나드는 섬의 특성을 나타낸 글자로 새(鳥)가 날아서 갈 수 있는 바다 위의 산(山) 같은 곳
→ (큰) 섬 → 섬 도(嶋)의 뜻
예 도서산간(島嶼山間) : 큰 섬(島)과 작은 섬(嶼) 사이에 있는 산악 지역

嶼

1급 섬 **서** | 메 산(山) + 더불 여(與) 발음 역할
물가 주변으로 작은 산(山) 모양 섬들이 더불어(與) 모여있는 모습 → (작은) 섬의 뜻

崔

2급 높을 **최** | 메 산(山) + 새 추(隹) 발음 역할
산(山)에서 새(隹)가 높이 나는 모습 → 높이 날다 → 높다는 뜻

| 崇 | **4급** 높을 **숭** | 메 산(山) + 마루 종, 종묘 종(宗) 발음 역할
으뜸인 산 → 크고 높은(宗) 산(山) → (웅장한 산의 기백에 비유해) 존중하다, 우러러보다는 뜻
- 예 숭례문(崇禮門) : 예를 숭배하는 문, 남대문, 한양 정문, 국보 1호,
  숭배(崇拜) : 훌륭히 여겨 마음으로부터 우러러 공경함

※ 마루 종(宗)자 갑골문을 보면 집(宀)에서 제사(示) 지내는 모습 → 제사를 지내는 집
  → (제사를 지내는 것은 혈족의 장손이 하게 되어 있어) 마루, 으뜸, 제사, 일족 근본의 뜻

崚 | **2급** 높을 **준** | 메 산(山) + 갈 준(夋) 발음 역할
험하고 높아서 천천히 걸어가야(夋) 하는 산(山) → 높다, 가파르다, 준엄하다는 뜻
- 예 준령(峻嶺) : 높고 험한 고개

巍 | **1급** 높고클 **외** | 메 산(山) + 빼어날 외(魏) 발음 역할
높고 빼어난(魏) 산(山) → 높고 크다는 뜻

※ 빼어날 외(魏)자는 높다, 좋다, 크다, 빼어나다 → 대궐 → 나라이름(위)의 뜻

崎 | **1급** 험할 **기** | 메 산(山) + 기특할 기(奇) 발음 역할
산(山)길이 기이할(奇) 정도로 구불구불하다 → 험하다, 사납다는 뜻
- 예 기구(崎嶇)

嶇 | **1급** 험할 **구** | 메 산(山) + 구분할 구(區) 발음 역할
작은 산과 구별(區)되는 높고, 험한 산(山) → 험난하다, 가파르다, 험하다는 뜻

岳 | **3급** 큰산 **악** | 메 산(山) + 언덕 구(丘)
언덕(丘)이 많고 산세(山)가 가파르고 높은 큰 산 → 嶽의 옛글자의 뜻

岡 | **2급** 산등성이 **강** | 메 산(山) + 그물 망(罒) 발음 역할
작은 산(山)들이 그물처럼 얼기설기 얽혀있는(罒) 산등성이 → 고개, 비탈길의 뜻

嶽 | **특급** 큰산 **악** | 메 산(山) + 옥 옥(獄) 발음 역할
감옥(獄)처럼 큰 산(山)으로 가두어진 험악한 큰 산의 뜻
- 예 설악산(雪嶽山)

※ 옥 옥(獄)자는 두마리 개(犭 犬)가 으르렁거리며(言) 싸우는 모양 → 시비를 논쟁하다 → (시비 논쟁 끝에) 감옥 가다
  → 감옥, 송사, 판결의 뜻

岩 | **특급** 바위 **암** | 메 산(山) + 돌 석(石)
산(山)에 있는 돌(石) → 암석(岩石) → 바위 → 바위 암(巖)의 약자
- 예 암석(岩石) : 바윗돌

| 巖 | **3급** 바위 **암** | 메 산(山) + 엄할 엄(嚴) 발음 역할
갑골문자를 보면 산봉우리에 돌이 올려져 있는 모양 → (산 중턱에 있는) 바위, 벼랑
→ (소전에서 지금 글자로 바뀜) 산세가 가파른 곳의 뜻

| 峰 峯 | **특급** 봉우리 **봉** | 메 산(山) + 이끌 봉(夆) 발음 역할
여러 산(山)들을 이끄는(夆) 것 → 산봉우리의 뜻
㉘ 고봉준령(高峯峻嶺) : 높이 솟은 산봉우리와 험한 산마루

| 峽 | **2급** 골짜기 **협** | 메 산(山) + 낄 협(夾) 발음 역할
여러 산(山)들을 사이에 좁게 끼어(夾) 있는 것 → 골짜기의 뜻
㉘ 협곡(峽谷) : 좁고 험한 골짜기

| 崖 | **1급** 언덕 **애** | 메 산(山) + 언덕 애(厓) 발음 역할
산(山) 아래 언덕(厓) → 벼랑, 낭떠러지 끝, 모서리, 언덕의 뜻
㉘ 애로(崖路) : 절벽 위나 산허리의 좁고 험한 길,
단애청벽(丹崖靑壁) : 붉은 바위의 낭떠러지와 푸른 돌의 벽 → 고상한 인품을 일컬음

| 岸 | **3급** 언덕 **안** | 메 산(山) + 기슭 엄(厂) + 방패 간(干) 발음 역할
산(山)기슭(厂)에서 바람, 또는 물을 막아(干)주는 것 → 언덕의 뜻
㉘ 해안(海岸) : 육지와 바다가 닿은 기슭

| 嶺 | **3급** 고개 **령** | 메 산(山) + 거느릴 령(領) 발음 역할
여러 산(山)을 거느리고(領) 있는 모양 → 연속한 산 → 산맥
→ (산과 산을 연결하는 줄기) 고개, 재, 산마루, 산봉우리의 뜻
㉘ 추풍령(秋風嶺), 대관령(大關嶺), 죽령(竹嶺)

※ 두령 령(領)자 소전을 보면 명령(令)을 내리는 사람 옆에 무릎 꿇고 있는 사람(頁) 모습
→ 거느리다. 다스리다. 우두머리. 옷깃의 뜻

| 岐 | **2급** 갈림길 **기** | 메 산(山) + 지탱할 지(支) 발음 역할
산(山)이 가로막아 갈라지(支) 길 → 갈림길의 뜻
㉘ 기로(岐路)

| 岬 | **2급** 곶 **갑** | 메 산(山) + 갑옷 갑(甲) 발음 역할
산(山)에서 제일 첫째(甲) → 산허리 → 산과 산 사이 → 줄지어 잇닿은 모양 → 곶(串), 갑(岬)의 뜻

※ 곶은 바다 쪽으로 부리 모양으로 길게 쑥 내민 육지 → 황해도의 장산곶(長山串)이나 강화도의 갑곶(甲) 등

崩 **3급** 무너질 **붕** | 메 산(山) + 친구 붕(朋) 발음 역할
줄이 끊어져 마노 조개(朋)가 쏟아지듯이 산(山)의 토사가 무너져 내린 모양 → 붕괴(崩壞)되다
→ 무너지다는 뜻

※ 친구 붕(朋)자 갑골문을 보면 두 갈래 줄에 마노 조개를 엮어 놓은 모습 → (고대 마노 조개를 화폐로 사용) 돈뭉치
→ (같이 몰려 다니는) 친구, 벗의 뜻

崙 **2급** 산이름 **륜** | 메 산(山) + 생각할 륜(侖) 발음 역할
중국 사람들이 상상 속에 생각(侖)하는 산(山) → 중국 전설상의 높은 산 → 곤륜산(崑崙山)의 뜻

※ 山 자가 부수자는 아니지만 산 관련 글자
예 신선 선(仙), 숯 탄(炭), 빽빽할 밀(密)

 터럭 삼

사람이나 짐승의 몸에 난 긴 털 모양 → 터럭, 털, 모양자, (붓으로 그린) 무늬, 빛나다는 뜻

彩 **3급** 채색 **채** | 터럭 삼(彡) + 캘 채(采) 발음 역할
나무(木)에 손(爪)으로 붓(彡)을 잡고 채색하는 모습 → 무늬, 채색(彩色), 윤기의 뜻

※ 캘 채(采)자는 나무에서 열매를 따는 모습 → 캐다, (열매로 색칠하여) 무늬의 뜻

彫 **2급** 새길 **조**, 꾸밀 **조** | 터럭 삼(彡) + 두루 주(周) 발음 역할
칼로 나무를 파서 골고루(周) 아름답게 무늬를 새기는(彡) 모습 → 칼 따위로 파다 → 조각(彫刻)
→ 새기다 → 수식하다 → 刷(새길 조)와 같은 뜻

彬 **2급** 빛날 **빈** | 터럭 삼(彡) + 수풀 림(林)
숲(林)속에 햇빛이 비추는(彡) 모양 → 밝다, 빛나다는 뜻

形 **6급** 모양 **형** | 터럭 삼(彡) + 평평할 견(幵)
높이가 같은 물건(幵) 두 개가 모양(彡) 비슷하다 → 모양, 형상(形狀)의 뜻

※ 평평할 견(幵)자는 같은 높이의 두 개 방패(干)를 이어 놓은 모양

影 | **3급** 그림자 **영** | 터럭 삼(彡) + 볕 경(景) 발음 역할

햇볕이 건물(景)을 비추게 되면 그림자(彡)가 생긴다 → 그림자, 형상의 뜻

㉠ 무영탑 (無影塔) : 경주 불국사의 석가탑(釋迦塔)으로, 백제의 공인(工人) 아사달과
그를 찾아온 부인 아사녀의 전설에서 그림자(影)가 없는(無) 탑(塔)이라는 뜻

※ 볕 경(景)자는 높은 건물(京) 위에서 햇볕(日)이 내리쬐는 모습

彦 | **2급** 선비 **언** | 터럭 삼(彡) + 글월 문(文)의 변형자 + 기슭 엄(厂)

집(厂)에서 붓(彡)으로 학문(文)을 익힌 훌륭한 사람 → 선비(학식은 있으나 벼슬하지 않은 사람)
→ 크다는 뜻

※ 언문 언(諺)자는 선비(彦)들이 막 하던 말(言) → 공손하지 못하다 → 속담 → 상말(점잖지 않고 상스러운 말)
  → 언문(諺文 한글을 속되게 이르는 말)의 뜻

彰 | **2급** 드러날 **창** | 터럭 삼(彡) + 글 장(章) 발음 역할

글(章)이 아름답게 빛나다(彡) → 문채(文彩) → 밝다, 선명하다 → 드러내다, 나타내다는 뜻

㉠ 표창장(表彰狀), 창의문(彰義門)

彭 | **2급** 성씨 **팽** | 터럭 삼(彡) + 북 주(壴)

받침대 위에 올려놓은 북(壴)에서 힘차게 소리(彡)가 나오는 모양 → 북 치는 소리 → 띵띵(팽팽)하다
→ 부풀어 오르다, 팽창(膨脹)하다 → 성씨(팽)의 뜻

㉠ 팽배(彭湃, 澎湃) : 기세나 사조가 맹렬한 기세로 일어남

※ 북 고(鼓)자는 북(壴)을 두드리는(支) 모습 → 북, 북소리의 뜻
※ 북 주(壴)자는 장식대(士) 있는 북(口)을 받침대(ㅛ) 위에 올려놓은 모습
※ 부을 팽(膨)자는 배(月)가 부르다(彭) → 부풀다, 불룩하다는 뜻

※ 彡 자가 부수자는 아니지만 털, 모양자를 뜻하는 글자
㉠ 수염 수(須), 터럭 발(髮), 닦을 수(修), 참여할 참(參), 삼 삼(蔘), 참혹할 참(慘), 스며들 삼(滲)

 날 생

갑골문을 보면 땅(土) 위에 어린 새싹이 올라오는 모양 → 생기다, 만들다 → 태어나다, 낳다
→ 사람, 선비, 백성, 삶의 뜻

※ 발생(發生), 생활(生活), 학생(學生), 고생(苦生)

產 **5급 낳을 산** | 날 생(生) + 낳을 산(产) 발음 역할
소전을 보면 집(厂)에서 아이(文)를 낳은(生) 모습 → 사람(生)을 낳다(产) → 낳다, 출생, 생기다, 자라다
→ 생산하다 → 생업, 산물, 가축의 뜻
예 산업(産業), 생산(生産), 수산(水産), 재산(財産), 출산(出産), 산모(産母)

※ 글월 문(文)자는 문신한 사람을 뜻하나 여기서는 아이를 표현

甥 **1급 생질 생** | 날 생(生) + 사내 남(男)
여동생이 남자(男)아이를 낳다(生) → 자매의 아들 → 생질(甥姪)의 뜻

甦 **1급 깨어날 소** | 날 생(生) + 다시 갱(更)
다시(更) 낳다(生) → 되살아나다 → 소생(蘇生·甦生)하다 → 깨어나다는 뜻

 저녁 석

갑골문을 보면 초승달의 모습 → 달 월(月)의 옛글자 → 저녁, 밤, 꿈의 뜻

※ 모양자 부수 글자로 사용된 글자도 있음

外 **8급 바깥 외** | 저녁 석(夕) + 점 복(卜)
고대 중국 사람들은 점(卜)을 아침에 쳐야 잘 맞고 저녁(夕)에 치면 잘 맞지 않는다
→ (점괘가) 벗어나다 → 겉, 밖, 표면의 뜻

※ 높을 탁(卓)자는 고대 중국 사람들은 아침 일찍(早)치는 점(卜)의 적중률이 높다는 뜻

| 夢 | **3급** 꿈 **몽** | 저녁 석(夕) + 풀 초(艹) + 눈 목(目) + 덮을 멱(冖)
갑골문을 보면 단순히 침대에 누워있는 사람의 눈(目)을 강조한 모습
→ 소전부터 밤(夕)에 침대(冖)에서 눈꺼풀(艹)과 눈(目)이 감겼다 → (밤에 꾸는) 꿈 → 공상의 뜻
예) 비몽사몽(非夢似夢) : 꿈이 아니면서 꿈과 비슷하다
→ 꿈 속 같기도 하고 꿈을 깬 상태 같기도 한 어렴풋한 상태를 일컬음

| 夜 | **6급** 밤 **야** | 저녁 석(夕) + 또 역(亦)의 변형자
금문을 보면 사람의 겨드랑이(亦)에 달(夕)이 그려져 있음
→ 이것은 하루 마무리가 사람 머리라면 겨드랑이까지 왔다, 즉 하루가 끝나간다는 뜻
→ 밤, 한밤중, 저녁 무렵의 뜻
※ 또 역(亦)자는 사람의 겨드랑이에 점을 찍어놓은 모습 → 또한의 뜻

| 多 | **6급** 많을 **다** | 고기 육(肉 → 月 → 夕)의 변형자 두 개
갑골문을 보면 고기(肉)가 두 개 겹쳐놓은 모습 → 저녁과는 상관없음 → 고기 쌓아 놓은 모습
→ 겹치다 → 많다는 뜻
예) 다다익선(多多益善) : 많으면 많을수록 좋다

| 夙 | **1급** 이를 **숙** | 저녁 석(夕) + 한 일(一) + 새 나는 모양 수(几)
새가 아침부터 저녁(夕)까지 오직(一) 날라다녔다(几) → 이른 아침, 일찍 → 빠르다, 이르다는 뜻
예) 숙성(夙成), 숙흥야매(夙興夜寐), 숙야(夙夜)

※ 夕 자가 부수자는 아니지만 저녁을 뜻하는 글자
예) 이름 명(名), 새길 명(銘), 진 액(液), 완연할 완(宛), 나라 동산 원(苑), 팔뚝 완(腕), 겨드랑이 액(腋), 술취할 명(酩)

 돌 석

갑골문을 보면 벼랑 끝에 매달려 있는 돌덩이 그림
→ 금문에서는 벼랑[산기슭 엄(厂)] 아래로 돌[바위(口)모양]떨어진 모습
→ 돌의 종류, 돌의 상태, 돌의 성질, 돌로 만든 것에 사용되는 부수자

| 碑 | **4급** 비석 **비** | 돌 석(石) + 낮을 비(卑) 발음 역할
바윗돌 보다 낮은(卑) 돌(石) → 비석(碑石), 묘비(墓碑), 공덕비(업적을 알리기 위한 비석), 기념비
→ 돌기둥, 석주의 뜻

礎 | 3급 주춧돌 초 | 돌 석(石) + 회초리 초(楚) 발음 역할
건물의 기초를 다지기 위해 첫돌(石)을 내디딘다(楚) → 초석(礎石)을 다진다 → 주춧돌
→ 기초(基礎) → 밑의 뜻

※ 여기서 楚 자는 숲(林) 우거진 곳에 발(疋)을 내딛다로 해석

砲 | 4급 대포 포 | 돌 석(石) + 쌀 포(包) 발음 역할
돌(石)을 감싸고(包) 있다가 멀리 던지는 무기 → 대포(大砲)의 뜻

磁 | 2급 자석 자, 사기그릇 자 | 돌 석(石) + 무성할 자(玆) 발음 역할
쇠들이 달라붙어 증가하는[滋 → 玆] 광물(石) → 자석, 자기(사기그릇)의 뜻

※ 자석(磁石)이라는 말 자체에 돌 석(石)자가 들어간 것을 보면,
옛 중국 사람들은 자석이 금속의 일종이 아니라 돌의 일종으로 생각한 것 같음

碧 | 3급 옥돌 벽, 푸른 벽 | 돌 석(石) + 호박 백, 호박 박(珀) 발음 역할
광물(石) 중에서 흠이 없고 깨끗하게(白) 으뜸으로 빛나는 구슬(玉/王)
→ (옥은 대체로 푸르기에) 푸른 옥 → 푸른빛의 뜻

※ 호박 박(珀)자는 소나무 송진이 화석화된 가치가 높은 보석 호박의 뜻
※ 벽안(碧眼 : 눈동자가 파란 눈), 벽오동(碧梧桐 : 푸른색의 오동나무)

硅 | 1급 규소 규 | 돌 석(石) + 서옥 규, 홀 규(圭) 발음 역할
지각을 구성하는 토양에 풍부하게(圭) 존재하는 원소로
대부분 산소 원자와의 결합형으로 존재하는 광물(石) → 규소(硅素·珪素)의 뜻

※ 서옥 규, 홀 규(圭)자는 옥으로 만든 홀(笏) 모양 → 중국에서 천자가 제후를 봉하거나 신을 모실 때 썼음
→ 서옥(瑞玉: 상서로운 구슬)의 뜻
※ 여기서 圭 자는 흙(土)이 풍부하게 쌓여있는 모양자 역할

硝 | 1급 화약 초 | 돌 석(石) + 닮을 소(肖) 발음 역할
광물(石) 닮은(肖) 염 → 초석(硝石 : 질산칼륨) → (화약 만드는데 사용) 화약의 뜻

硫 | 2급 유황 류 | 돌 석(石) + 깃발 류, 거칠 황(㐬) 발음 역할
독이 있어 잘못 먹으면 죽음(㐬)에 이르는 광물(石) → 유황(硫黃)의 뜻

※ 깃발 류, 거칠 황(㐬)자는 荒 자의 약자 → 풀 한 포기(艹) 물 한 모금(川)조차 없는(亡) 거친 황무지
→ 거칠다, 흉년 → 폐기하다, 멸망하다 → (위험지역 표시) 깃발의 뜻

砒 | 1급 비상 비 | 돌 석(石) + 견줄 비(比) 발음 역할
독과 같은(比) 광물(石) → 비상(砒霜) → 비소(砒素) → 독약의 뜻

| 礬 | **1급** 명반 **반** | 돌 석(石) + 울타리 번(樊) 발음 역할
정팔면체의 무색 광물(石) → 명반(明礬), 백반(白礬)의 뜻

| 硼 | **1급** 붕사 **붕** | 돌 석(石) + 벗 붕(朋) 발음 역할
연하고 가벼운 무색의 결정성 광물(石) → 붕사(硼砂)의 뜻
예 붕소(硼素), 붕산(硼酸)

| 碎 | **1급** 부술 **쇄** | 돌 석(石) + 마칠 졸(卒) 발음 역할
돌(石)을 작게(卒) 부수다 → 돌이 가루가 되다 → 돌(石)이 죽다(卒) → 부수다, 분쇄(粉碎)하다는 뜻

| 破 | **4급** 깨뜨릴 **파** | 돌 석(石) + 가죽 피(皮) 발음 역할
돌(石)로 가죽(皮)을 벗기다 → 돌을 깨부순다 → (일을) 망치다 → 흩트리다는 뜻
예 파죽지세(破竹之勢) : 대나무 결을 따라 쪼개질 때와 같은 형세
　　　　　　　　　　→ 막을 수 없을 정도로 맹렬히 무찌르는 기세

| 研 | **4급** 갈 **연** | 돌 석(石) + 평평할 견(幵) 발음 역할
돌(石) 평평하게(幵) 만들다 → 돌을 갈다 → 연마(研磨)하다
→ (돌도 다듬어야 좋은 석재 되듯이 학문도 갈고닦아야 좋은 성과를 얻을 수 있다) 연구한다는 뜻

| 磨 | **3급** 갈 **마** | 돌 석(石) + 삼 마(麻) 발음 역할
삼베옷은 삼을 그늘에 말리고(麻) 돌(石)로 두드려 만든다 → 돌로 문지르다 → 문지르다, 갈다
→ 고생하다는 뜻
예 마멸(磨滅 : 갈려서 닳아 없어짐), 연마(研磨 : 갈고 닦음)
※ 삼 마(麻)자는 집(广)의 그늘진 곳에서 삼(林)을 말리는 모습 → 삼의 뜻

| 磬 | **1급** 경쇠 **경** | 돌 석(石) + 소리 성, 경쇠 경(殸) 발음 역할
소리(殸) 나는 돌(石) → 돌(石)로 만든 악기(殸) → 경쇠의 뜻

| 磋 | **특급** 갈 **차** | 돌 석(石) + 어긋날 차(差) 발음 역할
어긋나고 차이 나던(差) 것을 돌(石)로 갈다 → 갈다, 연마하다는 뜻
예 절차탁마(切磋琢磨) : 학문이나 덕행을 힘써 닦음

| 硬 | **3급** 단단할 **경** | 돌 석(石) + 고칠 경(更) 발음 역할
망가진 것을 돌(石)로 고쳐(硬) 단단하고 굳게 했다 → 고치다 → 굳다, 단단하다는 뜻
예 강경(剛硬) : 성품이 단단하고 꿋꿋함

| 確 | **4급** 굳을 **확** | 돌 석(石) + 새 높이 나를 확, 두루미 학 (隺) 발음 역할
두루미(隺)처럼 지조 있고 강한 돌(石) → 견고하다, 확고하다 → 확실(確實)하다는 뜻

| 砂 | **특급** 모래 **사** | 돌 석(石) + 모래 사(沙) 발음 역할
돌(石)이 깨어져 작게(少) 만들어진 것 → 모래의 뜻
예 황사(黃砂) : 중국 북부에서 불어오는 모래바람

※ 모래 사(沙)자는 물(氵)가에 작게(少) 부수어진 모래의 뜻

| 碩 | **2급** 클 **석** | 돌 석(石) + 머리 혈(頁)
머리(頁)가 바위(石)처럼 크다 → (머리가 커서 들어 있는 것이 많다) 똑똑하다는 뜻
예 석사(碩士) : 대학원을 마치면 주는 학위

| 磻 | **2급** 강이름 **반** | 돌 석(石) + 차례 번(番) 발음 역할
중국 산시성에 있는 강태공이 낚시했던 강 → 반계(磻溪) → 강 이름의 뜻

| 礪 | **2급** 숫돌 **려** | 돌 석(石) + 갈 려(厲) 발음 역할
돌(石)로 갈다(厲) → 연장을 갈아(厲) 날을 세우는 데 쓰는 돌(石) → 숫돌의 뜻

| 乭 | **2급** 이름 **돌** | 돌 석(石) + 새 을(乙) 발음 역할
우리나라에서 만든 한자로 돌, 이름의 뜻

| 碌 | **1급** 푸른돌 **록** | 돌 석(石) + 새길 록(彔) 발음 역할
돌(石)에 나뭇잎이 새겨지다(彔) → 녹(綠)이 끼다 → 푸른빛, 푸른 돌의 뜻

| 磊 | **1급** 돌무더기 **뢰** | 돌 석(石) + 돌 석(石) + 돌 석(石)
돌이 많이 쌓인 모양 → 돌무더기의 뜻

| 礫 | **1급** 조약돌 **력** | 돌 석(石) + 노래 악(樂) 발음 역할
돌끼리 부딪쳐서 노랫(樂)소리가 나는 듯한 작고 동글동글한 돌(石) → 자갈, 조약돌의 뜻

| 碇 | **1급** 닻 **정** | 돌 석(石) + 정할 정(定) 발음 역할
정해진(定) 돌(石)에 배를 멈추어 있게 갈고리가 달린 기구 걸다 → 닻을 내리다 → 닻의 뜻

| 礁 | **1급** 암초 **초** | 돌 석(石) + 탈 초(焦) 발음 역할
숨은 바윗돌 → 암초(暗礁)의 뜻

| 砧 | **1급** 다듬잇돌 **침** | 돌 석(石) + 점령할 점(占) 발음 역할
옷감을 다듬거나 바로잡을 때 밑에 받치는 돌 → 밑에 점령(占)한 돌(石) → 다듬잇돌의 뜻

硯 **2급** 벼루 연 | 돌 석(石) + 볼 견(見) 발음 역할
잘 보면서(見) 먹을 가는 돌(石) → 문지르다, 갈다 → 벼루의 뜻
  例 연적(硯滴) → 벼루(硯)의 물방울(滴) → 벼루에 먹을 갈 때 쓰는 물그릇, 필연(筆硯)

礙 **2급** 거리낄 애 | 돌 석(石) + 의심할 의, 멈출 익(疑) 발음 역할
碍 가던 길이 의심스러워 바윗돌(石)에서 멈추다(疑) → 막다, 그치다 → 거리끼다, 장애(障礙)가 되다는 뜻

※ 石 자가 부수자는 아니지만 돌을 뜻하는 글자
例 바위 암(岩), 넓힐 척(拓), 샘낼 투(妬)

 혀 설

갑골문을 보면 입(口)에서 Y자로 갈라져 혀가 나온 주위로 침이 튄 모습 → 혓바닥
→ 말과 관련된 글자와 모양자에 주로 사용됨

※ 입(口) 모양 본뜬 글자: 가로 왈(曰), 달 감(甘), 혀 설(舌), 말씀 언(言), 소리 음(音), 이 치(齒)

舍 **4급** 집 사, 버릴 사, 벌여놓을 석
금문을 보면 집을 받치는 토대 위에 기둥(舌)과 지붕(人)이 얹어져 있는 간이 쉼터 모양
→ 휴식하다, 여관 → 집, 가옥의 뜻

※ 여기서 舌(혀 설)자는 집 토대와 기둥 모양자 역할

舒 **2급** 펼 서 | 집 사(舍) + 나 여(予) 발음 역할
집(舍)이 좌우(予)로 펼쳐져 있다 → 펴다, 신장시키다는 뜻

※ 舌 자가 부수자는 아니지만 혀, 말을 뜻하는 글자
例 말씀 화(話), 쉴 게(憩), 교활할 활(姡), 살 활(活), 깎을 괄(刮), 넓을 활(闊), 달 첨(甛)

小 작을 소

갑골문을 보면 작은 파편이 튀는 모습 → (크기가) 작다, 좁다는 뜻

少 [7급] 적을 소
갑골문을 보면 작은 파편 4개가 튀는 모습 → 작다, (양이) 적다, 젊다는 뜻
- 예) 소년(少年) : 나이(年)가 적은(少) 남자아이

尖 [3급] 뾰족할 첨 | 작을 소(小) + 클 대(大)
위가 작고(小), 아래가 큰(大) 뾰족한 모양 → 뾰족하다, 날카롭다 → 꼭대기, 산봉우리의 뜻
- 예) 첨단(尖端) : ① 물건의 뾰족한 끝 ② 시대사조, 유행 같은 것에 앞장서는 일

尙 [3급] 오히려 상 | 작을 소(小) + 들 경(冋)
금문을 보면 기와(八), 창문 있는 집(向) 모양 → 집 → 높이 지은 건물 → 높다 → 숭상하다 → 오히려 → 자랑하다, 풍습의 뜻
- 예) 숭상(崇尙), 상궁(尙宮), 고상(高尙), 가상(嘉尙)

※ 小 자가 부수자는 아니지만 작다는 뜻으로 사용된 글자
- 예) 쇠할 소, 닮을 초(肖), 깎을 삭(削), 못할 렬(劣), 살필 성(省), 묘할 묘(妙), 모래 사(沙), 뽑을 초(抄), 분초 초(秒), 아득할 묘(渺), 춤출 사(娑), 비단 사(紗), 볶을 초(炒), 모래 사(砂)

疋 발 소, 짝 필, 바를 아

갑골문을 보면 止(발 지)자와 비슷한 발의 모양
→ (단독으로 쓰일 때) 짝, 배필, 필(비단 따위의 천 또는 말이나 소를 세는 단위)
→ (부수로 활용될 때) 止(발 지)자, 足(발 족)자처럼 → 발의 동작, 발의 상태의 뜻

疏 [3급] 트일 소 | 발 소(疋) + 흐를 류(㐬)
빽빽하지 않고 트여 있어서, 발걸음(疋)이 물처럼 잘 흐른다(㐬) → 발걸음을 자주 왕래한다 → 소통(疏通) → 트이다 → 疎자와 같은 뜻
- 예) 소통(疏通), 소원(疏遠), 소외(疏外), 소홀(疏忽), 생소(生疏)

疎　**1급** 성길 소 | 발 소(疋) + 묶을 속(束) 발음 역할
묶여(束) 있지 않고 발걸음(疋) 트이다 → 드물다, 성기다 → 소통(疏通)하다는 뜻

※ 疏 자와 疎 자는 같은 뜻

疑　**4급** 의심할 의 | 발 소(疋) + 비수 비(匕) + 화살 시(矢) + 창 모(矛)의 머리
갑골문을 보면 갈림길에서 지팡이를 든 노인이 길을 잃고 어디로 가야 할지 머뭇거리는 모습
→ 길을 헤매다 → 머뭇거리다, 헷갈리다, 의심(疑心)하다는 뜻

 夂　천천히걸을 쇠

소전을 보면 발걸음이 멈추었거나 천천히 걷고 있음을 표현한 글자

※ 발모양 본뜬 글자 : 천천히 걸을 쇠(夂), 뒤처져올 치(夂), 발 지, 그칠 지(止)

夋　**모양자** 천천히걷는모양 준 | 걸을 쇠(夂) + 맏 윤, 진실로 윤(允)
진실한 사람(允)이 천천히 걷고(夂) 있는 모습 → 가다라는 뜻

※ 맏 윤(允)자는 내개(厶) 어진 사람(儿)이다 → 진실, 믿음(있는) 맏아들의 뜻

夏　**7급** 여름 하 | 걸을 쇠(夂) + 머리 경(頁)의 변형자
① 금문을 보면 머리(頁), 손, 발만 그려져 있음 → 머리에 탈을 쓰고 춤추는 모양
　→ 여름에 기우제를 지내는 무당의 모습 → 여름의 뜻
　예 춘하추동(春夏秋冬) : 봄, 여름, 가을, 겨울
② 춤추는 화하족(華夏族) 모습 → 한족(漢族) → 하나라 → 중국의 뜻
　※ 하(夏)나라 : 우왕(禹王)이 세운 중국 최초 왕조

复　**모양자** 회복할 복, 다시 부
발(夂)로 풀무레질을 하는 모습
→ [발로 눌렀다 떼기를 반복하여, 왕복(往復) 운동을 반복하는 데에서] 가고 온다, 반복
→ 회복, 돌아오다는 뜻

※ 회복할 복(復)자는 회복할 복(复)자에 걸을 척(彳)자를 첨가하여 회복하다. 돌아오다는 뜻을 확실히 함

夌 　**모양자** 언덕 릉 | 걸을 쇠(夂) + 흙 토(土) + 사람 인(人)

사람(人)이 머리에 무엇(土)을 이고 언덕을 걸어가는(夂) 모습 → 넘다, 높다는 뜻

※ 언덕 릉(陵)자는 언덕(夌)에 언덕(阜)자를 첨가하여 큰 언덕 → 능, 무덤의 뜻

※ 夂 자가 부수자는 아니지만 발, 걷다를 뜻하는 글자
예) 준걸 준, 순임금 순(俊), 보리 맥(麥), 각각 각(各), 겨울 동(冬), 경사 경(慶), 근심할 우(憂), 사랑 애(愛), 곳 처(處), 언덕 릉(陵), 업신여길 릉(凌), 모날 릉(稜), 비단 릉(綾)

 몽둥이 수, 칠 수

갑골문을 보면 손에 둥근 몽둥이를 들고 있는 모습 → 몽둥이, 창, 지팡이 → 치다, 때리다는 뜻

※ 攴(칠 복)자와 비슷한 의미, 단순 모양자 역할도 함
※ 殳 자는 갖은등글월 문으로도 불림

殺 　**4급** 죽일 살 | 칠 수(殳) + 죽일 살(杀) 발음 역할

몽둥이(殳)로 죽이다(杀) → 죽다, 없애다, 지우다 → 빠르다(쇄)는 뜻
예) 살해(殺害) : 남을 죽임

※ 죽일 살(杀)자 갑골문을 보면 짐승의 목에 칼이 꽂혀있는 모습 → 죽이다라는 뜻

毀 　**특급** 헐 훼 | 칠 수(殳) + 절구 구(臼) + 장인 공(工)

절구통(臼)에 담긴 쌀을 절구공(工)으로 절구질(殳)하다가 절구통을 깨뜨렸다 → 헐다
→ 부수다 → 훼손하다는 뜻
예) 훼손(毀損) : 체면이나 명예를 손상함

殷 　**2급** 성할 은, 나라이름 은 | 칠 수(殳) + 몸 신(身)의 변형자

몸(身)에 무기(殳)를 들고 성대하게 춤추는 모습 → 칼춤[검무(劍舞)] 추는 모습이 성대하다, 성(盛)하다
→ 나라이름(은)의 뜻
예) 은허(殷墟) : 고대 중국 은나라의 도읍지인 하남성 안양현에 있는 유적

毆 　**1급** 때릴 구 | 칠 수(殳) + 구역 구(區) 발음 역할

때려서(殳) 구분시키는(區) 모습 → 구타(毆打)의 뜻

殿

3급 전각 전 | 칠 수(殳) + 볼기 둔(屍)

소전을 보면 의자(共)에 앉아 있는 사람 엉덩이(尸)를 몽둥이(殳)로 때리는 모습 → 죄인 볼기를 때리다 → 볼기를 맞다 → 죄인을 벌주는 큰집 → 전각 → 궁궐, 대궐의 뜻

※ 볼기 둔(臀)자는 몸(月) 중에서 볼기(屍) → 엉덩이의 뜻

段

4급 층계 단 | 몽둥이 수(殳) + 삐침 별(丿) + 뚫을 곤(丨) + 석 삼(三)

금문을 보면 암벽의 돌을 몽둥이(殳)로 깎는 모습 → 조각, 단편 → (돌을 깎아 만든) 계단(階段), 층계 → 구분하다는 뜻

殼

1급 껍질 각 | 칠 수(殳) + 껍질 각(壳) 발음 역할

곡식의 단단한 껍질(壳)을 벗기는(殳) 모습 → 껍질의 뜻
예 지각(地殼), 탈각(脫殼)

毅

1급 굳셀 의 | 몽둥이 수(殳) + 성나털일어날 의(豙) 발음 역할

성이 나서(豙) 몽둥이(殳)를 들고 때리려고 하다 → 성을 발끈 내다 → 강인(强靭)하다, 굳세다는 뜻
예 강의목눌(剛毅木訥), 의연(毅然)

※ 殳 자가 부수자는 아니지만 몽둥이, 치다를 뜻하는 글자
예 던질 투(投), 소리 성(聲), 의원 의(醫), 부릴 역(役), 곡식 곡(穀)

手 扌 손 수

다섯 손가락을 편 모양 → 손의 기능과 역할 전달 → 손, 재주, 수단, 방법, 전문가, 권한의 뜻

※ 손을 의미하는 글자 : 손 수(手, 扌), 손톱 조(爪), 돼지머리 계(彐), 또 우(又), 왼손 좌(屮), 마디 촌(寸), 받들 공(廾), 절구 구(臼)
※ 손(又)에 무언가 들고 있는 글자 : 칠 복(攴/攵), 지탱할 지(支), 칠 수(殳)

打

5급 칠 타 | 손 수(扌) + 못 정(丁)

손(扌)으로 못(丁)을 박는 모습 → 치다, 때리다는 뜻
예 타자(打者)

擊 | **4급** 칠 **격** | 손 수(手) + 부딪칠 격(毄) 발음 역할

손(手)으로 전차를 몰며 전차끼리 부딪치는(毄) 모습 → 전차를 몰며(毄) 손(手)으로 창을 휘두르는 모습 → 공격하다, 치다는 뜻

㋙ 공격(攻擊)

※ 부딪칠 격(毄)자는 수레(車) 위에서 말을 때리면서(殳) 수레를 몰다가 바퀴 앞에 무언가(山) 부딪칠 모양 → 부딪치다는 뜻
※ 수레끌 차(軗)자는 수레(車) 위에서 말을 때리면서(殳) 수레를 끄는 모습

搏 | **1급** 칠 **박** | 손 수(扌) + 펼 부(尃) 발음 역할

손(扌)으로 쳐서 펼치다(尃) → 치다 → 두드리다는 뜻

㋙ 박살(搏殺) : 손으로 쳐서 죽임

※ 펼 부(尃)자는 펴다, 퍼지다, 두루알리다는 뜻

批 | **4급** 비평할 **비** | 손 수(扌) + 비교할 비(比) 발음 역할

비교(比)하여 바로 잡다(扌) → 바로잡다 → 비평하다는 뜻

㋙ 비판(批判) : 옳고 그름을 따져 말함

撞 | **1급** 칠 **당** | 손 수(扌) + 아이 동(童) 발음 역할

어린아이(童)를 손으로 때려서(扌) 훈계하다 → 때리다, 찌르다 → 치다는 뜻

㋙ 당구(撞球)

拍 | **4급** 칠 **박**, 손뼉칠 **박** | 손 수(扌) + 흰 백(白) 발음 역할

손(扌)의 하얀(白)부분이 손바닥 → 손바닥을 마주치다(손뼉 치다) → 으뜸(白)인 사람을 손(扌)으로 박수(拍手)쳐서 칭찬해 주는 것을 표현 → 치다, 박자의 뜻

撲 | **1급** 칠 **박** | 손 수(扌) + 번거로울 복(業) 발음 역할

번거로운 것(業)을 치우다(扌) → 때리다, 치다, 두드리다는 뜻

㋙ 박멸(撲滅), 상박(相撲), 타박(打撲), 박살(撲殺)

拷 | **1급** 칠 **고** | 손 수(扌) + 생각할 고(考) 발음 역할

노인이 지팡이를 손(扌)으로 치다(考) → 두드리다, 때리다는 뜻

㋙ 고문(拷問), 고신(拷訊)

撻 | **1급** 때릴 **달** | 손 수(扌) + 통달할 달(達) 발음 역할

손(扌)으로 양을 몰아 이르게 하다(達) → 매질하다 → 빠르다, 때리다는 뜻

㋙ 편달(鞭撻)

| 排 | **3급** 물리칠 **배** | 손 수(扌) + 아닐 비(非) 발음 역할
바르지 않은 것(非)을 손(扌)으로 밀쳐내는 모습 → 물리치다, 밀어내다는 뜻
  예 배구(排球)

| 攘 | **1급** 물리칠 **양** | 손 수(扌) + 도울 양(襄) 발음 역할
손(扌)으로 돕다(襄) → 겸손(謙遜)하다 → 사양(辭讓)하다 → 물리치다, 내쫓다는 뜻

| 推 | **4급** 밀 **추** | 손 수(扌) + 새 추(隹) 발음 역할
앞으로 나가기(隹) 위해 손(扌)으로 미는 모습 → 밀다 → 옮다 → 변천하다는 뜻
  예 추천(推薦) : 좋다고 생각되는 것을 남에게 권함

※ 새 추(隹)자는 후퇴 없이 앞으로만 나아가는 새의 특성을 그린 글자
※ 나아갈 진(進)자는 앞으로(隹) 나아가다(辶) → 다가가다 → 오르다는 뜻

| 拾 | **3급** 주울 **습**, 열 **십** | 손 수(扌) + 합할 합(合) 발음 역할
손(扌)으로 물건을 합하여(合) 주어 모으는 모습 → 줍다, 거두다 → 습득(拾得)하다 → 모으다
→ 모아진 많은 것 → 열 십(十) → 바꾸다(겁) → 오르다(섭)의 뜻

※ 합할 합(合)자는 뚜껑이 있는 그릇 모양 → 합하다, 모으다는 뜻

| 擧 | **5급** 들 **거** | 손 수(手) + 줄 여(與)
갑골문을 보면 아이를 양손으로 번쩍 든 모습 → 손 5개(舁 + 手)가 함께 무언가(与)를 들고 있는 모습
→ 들다 → 일으키다는 뜻
  예 일거양득(一擧兩得)

※ 줄 여(與)자는 금문을 보면 위에 두 손과 아래 두 손 사이에 물건이 있는 모습 → 서로 물건을 주고받다
  → 마주 들어(舁) 주다(与) → 더불다, 같이하다, 참여하다, 찬양하다는 뜻
※ 줄 여(与)자는 새끼꼴 때 볏단을 주는 모습 → 주다, 같이하다, 참여하다는 뜻

| 抱 | **3급** 안을 **포** | 손 수(扌) + 쌀 포(包) 발음 역할
손(扌)으로 감싸안다(包) → (가슴으로) 품다, 안다 → 던지다, 가지다는 뜻
  예 포옹(抱擁)

※ 쌀 포(包)자는 태아(巳)가 태보(勹)에 들어 있는 모습 → 싸다 → 감싸다는 뜻

| 握 | **2급** 쥘 **악** | 손 수(扌) + 집 옥, 휘장 악(屋) 발음 역할
손(扌)으로 휘장(屋)을 거머쥐다 → 손아귀, 쥐다 → 악수(握手), 장악(掌握)하다는 뜻
  예 악발토포(握髮吐哺)

扼
1급 잡을 **액** | 손 수(扌) + 액 액(厄) 발음 역할
불행한 일(厄)을 손(扌)으로 잡다 → 멍에 → 움켜쥐다 → 잡다는 뜻

把
3급 잡을 **파** | 손 수(扌) + 꼬리 파(巴) 발음 역할
손(扌)으로 꼬리(巴)를 잡다 → 잡다, 가지다, 묶다는 뜻
예 파악(把握) : 손에 쥔다 → 어떤 일을 잘 이해하여 확실하게 앎

※ 꼬리 파(巴)자 갑골문을 보면 무릎을 꿇고 있는 사람이 긴 손을 내밀어 무언가를 잡으려는 모습 → 잡다 → 꼬리의 뜻

捕
3급 잡을 **포** | 손 수(扌) + 클 보(甫) 발음 역할
손(甫)으로 붙잡아 묶는다(甫) → 죄인을 체포(逮捕)하다 → 잡다는 뜻
예 포획(捕獲) : 짐승이나 물고기를 잡음

※ 클 보(甫)자는 논밭에 초목이 크게 올라와 있는 모습을 그린 것으로
크다, 많다, 채소밭을 뜻하나 여기서는 큰 것을 묶는다는 의미

攝
3급 잡을 **섭** | 손 수(扌) + 소곤거릴 섭(聶) 발음 역할
한 손(扌)에 귀(耳) 여러 개를 몰아 잡은 모양 → 여러 귀(耳)를 잘 듣도록 끌어(扌) 당김
→ 잡다 → 당기다 → 거느리다, 다스리다는 뜻
예 섭취(攝取 : 자기 것으로 받아들임)

拏
1급 붙잡을 **라** | 손 수(手) + 종 노(奴) 발음 역할
손(手)으로 여자 종(奴)을 잡아 오는 모습 → 붙잡다는 뜻
예 한라산(漢拏山) : 은한(銀漢 : 은하수)을 붙잡을(拏) 수 있을 정도로 높은 산(山)
나포 (拏捕) : 붙잡고 잡다

操
5급 잡을 **조** | 손 수(扌) + 새떼로울 조(喿) 발음 역할
나무에서 지저귀는 새(喿)를 손(扌)으로 잡으려는 모습 → 새를 잡을 때는 행동을 조심해야 한다
→ 잡다, 조심하다는 뜻
예 조종(操縱) : 마음대로 다루어 부림

※ 새떼로울 조(喿)자는 나무(木) 위에 새들이 떼 지어 지저귀(品)는 모습

捉
3급 잡을 **착** | 손 수(扌) + 발 족(足)
도망가는 사람 발(足)을 손(扌)으로 사로잡다 → 체포(逮捕)하다 → 잡다, 쥐다는 뜻
예 포착(捕捉)

摯
1급 잡을 **지** | 손 수(手) + 잡을 집(執) 발음 역할
손(扌)으로 죄인을 잡다(執) → 거칠다, 사납다 → 잡다, 손으로 쥐다는 뜻
예 진지(眞摯)

拿

1급 잡을 **나** | 손 수(手) + 합할 합(合)
손(手)을 합(合)하여 잡다 → 포획(捕獲)하다 → 붙잡다는 뜻
㉠ 나포(拿捕)

擒

1급 사로잡을 **금** | 손 수(扌) + 날짐승 금(禽) 발음 역할
손(扌)으로 날짐승(禽)을 사로잡는다 → 생포하다는 뜻

※ 날짐승 금(禽)자 갑골문을 보면 단순 그물만 그려져 있음
→ 해서에서 뚜껑(今)있는 그물(凶)에 짐승 발자국(内)이 그려져있음 → 덫으로 들짐승을 잡은 모양
→ 새, 날짐승의 뜻

擄

1급 노략질할 **로** | 손 수(扌) + 사로잡을 로(虜) 발음 역할
손(扌)으로 사로잡다(虜) → 사로잡다, 포획, 노략질하다는 뜻
㉠ 포로(捕擄) : 적에게 사로잡힌 군인

※ 사로잡을 로(虜)자는 그물(冊)과 힘(力)으로 호랑이(虍)를 사로잡다는 뜻

掠

3급 노략질할 **략** | 손 수(扌) + 서울 경(京)
손(扌)으로 큰 건물(京)에 있는 것을 도둑질하다 → 노략(擄掠)질하다, 탈취하다는 뜻

拘

3급 잡을 **구** | 손 수(扌) + 글귀 구(句) 발음 역할
올가미로 손(扌)을 얽혀 묶었다(句) → 묶었다, 잡다, 체포하다 → 구속(拘束)하다는 뜻

※ 글귀 구(句)자 갑골문을 보면 말뚝(口)에 끈을 묶어놓은(勹) 모습 → 굽다 → 휘어지다
→ (여러 글이 뒤섞여있는 것을 뜻하는) 글귀, 구절의 뜻

持

4급 가질 **지** | 손 수(扌) + 절 사, 관청 시(寺) 발음 역할
손(扌)으로 모신다(寺) → (높은 분을) 지키다 → 유지하다, 지니다는 뜻

※ 절 사, 관청 시(寺)자 금문을 보면 止(발 지)자와 又(또 우)자가 그려져 있음
→ 손(又)과 발(止)을 다하여 높은 분을 모신다는 의미 → (왕을 모시고 나랏일을 하던) 관청
→ (부처님을 모시는) 절, 사찰(寺刹) → 마을 → 내시의 뜻

技

5급 재주 **기** | 손 수(扌) + 지탱할 지(支) 발음 역할
나무를 손(扌)으로 잡아서 잘 지탱하고 유지(支)시키다 → 능력과 재능이 뛰어나다 → 손재주
→ 솜씨, 재간, 재능의 뜻
㉠ 기능(技能) : 기술적인 능력이나 재능

※ 지탱할 지(支)자는 나무가 잘 지탱하고 버티어 유지하는 모습

拳

3급 주먹 **권** | 손 수(手) + 문서 권(卷)의 변형자 발음 역할
금문을 보면 3개의 손 수(手)자 위로 八(여덟 팔)자와 十(열 십)자가 그려져 있음
→ 여러 개의 손이 그려 주먹질하는 모습 → 권투(拳鬪)하다 → 주먹 → 권법(拳法)의 뜻

指 **4급** 가르킬 **지** | 손 수(扌) + 맛있을 지(旨) 발음 역할
숟가락(旨)을 들고 있는 손(扌) → 손가락 → (손가락으로 가리키는) 방향 → 가리키다
→ 지시하다 → 뜻, 마음, 조서의 뜻
예 지적(指摘) : 꼭 집어서 가리킴

※ 맛있을 지(旨)자는 수저를 입에 가져대는 모습 → 맛이 있다 → 임금님의 뜻 → 뜻, 마음, 조서의 뜻

掌 **3급** 손바닥 **장** | 손 수(手) + 오히려 상(尙) 발음 역할
손바닥(手) 위로 무언가 뻗어 나가는(尙) 모습 → (손의 위쪽) 손바닥
→ (손바닥을 폈다가 쥐는 것과 같은 행위에서) 맡다 → 장악하다는 뜻

※ 오히려 상(尙)자는 집 위로 무언가 뻗어 나가는 모습 → 숭상(崇尙)하다 → 자랑하다
　→ 높이다 → 오히려, 더욱이의 뜻

投 **4급** 던질 **투** | 손 수(扌) + 칠 수(殳)
갑골문을 보면 투호(投壺)하는 모습
→ 소전에서 손(扌)에 잡고있던 것을 던지다(殳), 투호, 주다, 뛰어들다는 뜻
예 투수(投手), 투호(投壺)

抛 **2급** 던질 **포** | 손 수(扌) + 포(尥) 발음 역할
힘세게(尥) 손(扌)으로 던지다 → 던지다는 뜻

※ 포(尥)자는 아홉(九)개의 힘(力) → 힘세다는 뜻

擲 **1급** 던질 **척** | 손 수(扌) + 정나라 정(鄭) 발음 역할
손(扌)으로 받치다(鄭) → 내버리다 → 던지다는 뜻

掃 **4급** 쓸 **소** | 손 수(扌) + 빗자루 추(帚)
갑골문을 보면 손(扌)으로 빗자루(帚)를 들고 있는 모습 → 쓸다, 제거하다는 뜻
예 청소(淸掃) : 깨끗이 쓸고 닦음

探 **4급** 찾을 **탐** | 손 수(扌) + 점점 미(罙)
갑골문을 보면 사람(大 → 木)이 동굴(穴)속을 손(扌)으로 더듬는 모습
→ 동굴속을 점점 (罙) 들어가면서 손(扌)으로 만져보면서 무언가 찾다
→ 탐색(探索)하다 → 찾다 → 연구하다는 뜻
예 탐험(探險) : 위험을 무릅쓰고 미지의 세계를 찾아다니며 살핌

※ 점점 미(罙)자는 횃불을 들고 동굴 속 깊은 곳을 들어가는 모습 → 점점의 뜻

Ⅱ. 부수자

搜 | **3급** 찾을 수 | 손 수(扌) + 찾을 수(叟) 발음 역할
손(扌)으로 찾다(叟) → 뒤지다 → 탐구하다 → 빠르다는 뜻

🅔 수사(搜査) : 찾아서 조사함

※ 찾을 수(叟)자는 집안에서 손(又)에 횃불(火 → 臼)을 들고 무언가를 찾고 있는 모습 → 찾다
→ (집안에서 불 관리하는 사람) 늙은이, 어른의 뜻

描 | **1급** 그릴 묘 | 손 수(扌) + 모 묘(苗) 발음 역할
손(扌)으로 모(苗)를 뜨거나 심는 모습 → 본뜨다 → 묘사(描寫)하다, 그리다는 뜻

採 | **4급** 캘 채 | 나무 손 수(扌) + 캘 채(采) 발음 역할
나무(木)에서 손(爪)으로 과일을 채집(采)하다 → 채집(採集)하다 → 캐다, 뜯다라는 뜻

※ 캘 채(采)자는 손(爪)으로 나무(木)에 있는 과일을 채집하는 모습

援 | **4급** 도울 원 | 손 수(扌) + 당길 원(爰) 발음 역할
구덩이에 빠진 사람을 손(扌)으로 당겨(爰) 구원하다 → 돕다는 뜻

🅔 원조(援助) : 도와줌

授 | **4급** 줄 수 | 손(扌) + 받을 수(受) 발음 역할
손(扌)으로 주다(受) → 전수(傳受)하다 → 수여(授與)하다 → 가르치다 → 주다라는 뜻

🅔 수수(授受) : 주고받음

※ 받을 수(受)자 갑골문을 보면 배에서 위의 손(爪)과 아래의 손(又) 어떤 물건을 주고받는 모습 → 받다, 얻다는 뜻

據 | **4급** 근거 거, 의지할 거 | 손 수(扌) + 원숭이 거(豦) 발음 역할
원숭이(豦)가 손(扌)으로 나무에 매달린 모습 → 매달리다 → 붙잡다, 의지하다는 뜻

🅔 의거(依據) : 어떠한 사실을 근거로 함

※ 원숭이 거(豦)자는 호랑이와 돼지를 함께 그린 것 → (무서운 돼지) 멧돼지 → 원숭이의 뜻

招 | **4급** 부를 초 | 손 수(扌) + 부를 소(召) 발음 역할
손짓(扌)하며 부른다(召) → 손짓하다는 뜻

🅔 초빙(招聘)

※ 부를 소(召)자 갑골문을 보면 刀 자는 칼이 아닌 수저 → 수저에 담긴 음식을 입(口)에 가져다 대는 모습
→ 음식을 대접하기 위해 손님을 부른다는 뜻

抵 3급 막을 **저** | 손 수(扌) + 밑 저(氐) 발음 역할
손(扌)으로 밑바닥(氐)까지 밀쳐서 막다 → 손으로 근본부터 막다 → 거스리다는 뜻
㉠ 저항(抵抗) : 맞서서 버팀

※ 밑 저(氐)자는 나무뿌리(氏) 아래에 줄(一)을 그어 → 밑, 낮다 → 근본의 뜻
※ 성씨 씨(氏)자는 나무뿌리와 씨를 그린 것 → 씨, 성씨 → 각시의 뜻

扶 1급 도울 **부** | 손 수(扌) + 지아비 부(夫) 발음 역할
갑골문을 보면 大(큰 대)자의 손 부분에 획이 하나 그려져 있음 → 아버지(夫)를 손(扌)으로 부축하는 모습
→ 부축하다 → 돕다는 뜻
㉠ 부조(扶助) : 남을 도와줌

接 4급 접할 **접**, 대접할 **접**, 이을 **접** | 손 수(扌) + 첩 첩(妾) 발음 역할
손(手)으로 첩(妾)을 만지다 → 가까이하다 → 접촉(接觸)하다 → 잇다 → 대접하다는 뜻

捲 1급 말 **권** | 손 수(扌) + 책 권(卷) 발음 역할
손(扌)을 둘둘 감아 말다(卷) → 주먹(拳) → 말다, 거두다는 뜻

※ 책 권(卷)자 금문을 보면 양손에 무언가를 쥐고 있는 모습 → 죽간(竹簡)을 손으로 마는 모습 → 말다, 두루마리
→ (대나무를 말아 놓은) 죽간, 책의 뜻

掘 2급 팔 **굴** | 손 수(扌) + 굽을 굴(屈) 발음 역할
굽혀서(屈) 손(扌)으로 굴을 파다 → 파내다는 뜻
㉠ 도굴(盜掘), 발굴(發掘)

※ 굽을 굴(屈)자는 굴(尸)에서 나오다(出) → 굴에서 나올 때 몸을 굽히다 → 구부리다는 뜻

抽 3급 뽑을 **추** | 손 수(扌) + 말미암을 유(由)
등잔 심지(由)를 손(扌)으로 뽑다 → 빼다 → 싹이 나오다는 뜻
㉠ 추첨(抽籤) : 제비를 뽑음

※ 말미암을 유(由)자는 등잔과 심지를 그린 것 → 말미암다, 좇다, 꾀하다는 뜻

拔 3급 뽑을 **발** | 손 수(扌) + 달아날 발(犮) 발음 역할
갑골문에서는 양손으로 나무를 잡아당기는 모습에서 땅에 박힌 것을 손(手)으로 빼다
→ (해서부터 지금 글자) 개 주인이 사냥 나가기 전에 여러 명 개(犬)에게 손(扌)을 벌리니까
그중 제일 잘 달려온 개(犮)를 그날 사냥을 같이 갈 사냥개로 뽑았다는 뜻
㉠ 선발(選拔), 발군(拔群), 발본색원(拔本塞源)

※ 달아날 발(犮)자는 개가 달려가는 모습

擢 | **1급** 뽑을 **탁** | 손 수(扌) + 꿩 적(翟) 발음 역할
꿩(翟)을 삶기 위해 꿩 털을 손(扌)으로 제거(除去)하다 → 뽑다, 뽑아 내다, 뽑아 버리다는 뜻
예 발탁(拔擢)

抄 | **3급** 뽑을 **초** | 손 수(扌) + 적을 소(少) 발음 역할
많은 것 중 소수(少) 필요한 것만을 손(扌)으로 뽑아서 기록하다 → 초록(抄錄) → 뽑다는 뜻
예 초본(抄本), 발초(拔抄), 별초군(別抄軍)

挑 | **3급** 돋울 **도** | 손 수(扌) + 조짐 조(兆) 발음 역할
여러 점괘(兆) 중 손(扌)으로 가려 추려내다 → 도드라지다, 끌어내다, 돋우다, 부추기다는 뜻
예 도전(挑戰)

※ 조짐 조(兆)자는 고대에 점을 볼 때 거북 배딱지 갈라진 모양 → 점괘, 조짐의 뜻

擦 | **1급** 문지를 **찰** | 손 수(扌) + 살필 찰(察) 발음 역할
제사를 지내기 위해 제기 그릇을 살피면서(察) 손(扌)으로 문지르다 → 마찰(摩擦)하다는 뜻

摩 | **2급** 문지를 **마** | 손 수(手) + 삼 마(麻) 발음 역할
삼을 손(手)으로 문지르다(麻) → 갈다, 연마하다는 뜻
예 마찰(摩擦) : 무엇에 대고 문지름

※ 삼 마(麻)자는 집안(广)에 삼 껍질(林)을 올려놓고 말리는 모양 → 삼, 베, 상복, 마비시키다는 뜻

捨 | **3급** 버릴 **사** | 손 수(扌) + 집 사(舍) 발음 역할
임시로 지었던 쉼터(舍)를 손(扌)으로 철거하다 → 버리다, 포기하다는 뜻

※ 집 사(舍) 금문을 보면 집을 받치는 토대 위에 기둥(舌)과 지붕(人)이 얹어져 있는 간이 쉼터 모양
→ 휴식하다, 여관 → 집, 가옥의 뜻

擇 | **4급** 가릴 **택** | 손 수(扌) + 엿볼 역(睪) 발음 역할
잡혀 온 죄수를 눈으로 살펴보고(睪) 죄가 있는지 없는지 판단하여 손(扌)으로 가려내다
→ 분별하다, 구별하다, 뽑다, 고르다는 뜻
예 선택(選擇) : 마음에 드는 것을 골라 뽑음

掩 | **1급** 가릴 **엄** | 손 수(扌) + 문득 엄(奄) 발음 역할
갑자기 문득(奄) 손(扌)으로 숨기다 → 엄습(掩襲)하다 → 가리다는 뜻
예 엄폐(掩蔽), 엄호(掩護)

揀   **1급** **가릴 간** | 손 수(扌) + 가릴 간(柬) 발음 역할
손(扌)으로 가리다(柬) → 구별(區別)하다, 분별(分別)하다, 분간(分揀)하다는 뜻
- 예 간택(揀擇)

折   **4급** **꺾을 절** | 손 수(扌) + 도끼 근(斤)
갑골문을 보면 손(扌)으로 도끼(斤)를 들고 나무를 자르는 모습 → 꺾다, 부러지다는 뜻
- 예 골절(骨折), 백절불굴(百折不屈), 구절양장(九折羊腸), 절충(折衷), 절충(折衝), 요절(夭折)

挫   **1급** **꺾을 좌** | 손 수(扌) + 앉을 좌(坐) 발음 역할
손(扌)으로 강제로 앉히다(坐) → 기세가 꺾이다 → 꺾다, 부러지다는 뜻
- 예 좌절(挫折) : 뜻이나 기운 따위가 꺾임

掛   **3급** **걸 괘** | 손 수(扌) + 점괘 괘(卦) 발음 역할
점괘(卦)를 손(扌)으로 걸어 놓다 → 걸다, 매달다는 뜻
- 예 괘도(掛圖) : 걸어놓고 보는 학습용의 그림이나 지도

※ 점괘 괘(卦)자는 상서로운(圭) 점(卜) → 점을 쳐서 나오는 점괘(占卦)의 뜻

抗   **4급** **막을 항** | 손 수(扌) + 목 항(亢) 발음 역할
손(扌)으로 들어 올리다(亢) → 무기를 들어 올려 적에게 대항하다 → 항거(抗拒)하다
→ 저지하다 → 막다 → 겨루다는 뜻

※ 목 항(亢)자는 양다리(几)에 줄(ㅗ)을 매고 나무에 오르는 모습 → 올라가다 → 높다 → 목(목구멍)
   → 지나치다 → 겨루다 → 덮다 → 용마루의 뜻

拒   **4급** **막을 거** | 손 수(扌) + 클 거(巨) 발음 역할
커지는 것(巨)을 손(扌)으로 막다 → 거부하다, 거절하다는 뜻
- 예 거부(拒否) : 승낙하지 않음

抹   **1급** **지울 말** | 손 수(扌) + 끝 말(末) 발음 역할
손(扌)으로 보잘것없는(末) 것을 지우다는 뜻
- 예 말살(抹殺) : 없애 버림

※ 끝 말(末)자는 나무(木) 맨 끝을 표시(一) → 끝 → 마지막 → 보잘것없다는 뜻

擴   **3급** **넓힐 확** | 손 수(扌) + 넓을 광(廣)
손(扌)으로 면적을 넓히다(廣) → 늘리다, 확대하다는 뜻
- 예 확대(擴大) : 늘여서 크게 함

※ 넓을 광(廣)자는 황제(黃)가 살만한 넓은 집(广) → 크고 넓다는 뜻

Ⅱ. 부수자

拓 | 3급 넓힐 **척** | 손 수(扌) + 돌 석(石)
척박한 땅에 뒹구는 돌(石)을 손(扌)으로 골라내다 → 황무지를 개간하다 → 넓히다
→ 개척(開拓)하다는 뜻
예 간척(干拓)

搭 | 1급 탈 **탑** | 손 수(扌) + 작은콩 답(荅) 발음 역할
손(扌)으로 물건을 층층이 합하여(合) 싣다 → 손으로 싣다 → 태우다 → 타다는 뜻
예 탑재(搭載 : 물건을 실음), 탑승(搭乘 : 올라탐)

摘 | 3급 딸 **적** | 손 수(扌) + 밑동 적(啇) 발음 역할
손(扌)으로 밑바닥(啇)까지 들추어내다 → 제거하다 → 따다는 뜻
예 적발(摘發 : 들추어냄), 적요(摘要 : 요점을 뽑아 적음)

損 | 4급 덜 **손**, 잃을 **손** | 손 수(扌) + 인원 원(員)
손(扌)으로 인원(員)수를 덜어내다 → 줄이다 → 감소하다 → 손해보다 → 손상하다 → 비난하다는 뜻
예 손해(損害) : 밑지거나 해가 됨

擔 | 4급 멜 **담** | 손 수(扌) + 이를 첨(詹)
소전을 보면 사람이 짐을 메고 있는 모습 → 해서에서 손(扌)으로 짐에 이르다(詹) → 메다 → 짊어지다
→ 맡다 → 책임지다는 뜻
예 담당(擔當) : 일을 맡음

抑 | 3급 누를 **억** | 손 수(扌) + 오를 앙(卬)
갑골문을 보면 무릎 꿇은 사람(卬) 머리를 손(扌)으로 짓누르다 → 누르다, 숙이다, 가라앉다는 뜻
예 抑壓(억압) : 억지로 누름

換 | 3급 바꿀 **환** | 손 수(扌) + 빛날 환(奐) 발음 역할
손(扌)으로 바꾸다(奐) → 고치다는 뜻
예 환전(換錢) : 종류가 다른 돈과 돈을 교환하는 일

※ 현금으로 바꿀 수 있는 어음, 수표, 증서 따위를 환(換)이라고 함

捷 | 1급 빠를 **첩**, 승리할 **첩** | 손 수(扌) + 빠를 녑(疌)
두 손(扌 크)을 흔들면서 달리는(走) 모습 → 빠르다, 날래다
→ (빨리 달려서)이기다, 승리(勝利)하다, 노획물의 뜻
예 살수대첩(薩水大捷 : 을지문덕 장군이 대승을 거둔 싸움), 첩경(捷徑 : 지름길), 민첩(敏捷)

※ 빠를 녑(疌)자는 손(扌 + 크)과 발(足)이 빠르게 달리는 모습

承
4급 이을 **승**
갑골문을 보면 두 손(廾)으로 사람(卩)을 떠받드는 모습
→ 사람(了)을 양쪽 두 손(了자 양쪽의 글자)으로 받들고 아래에 손(手)으로 받들다
→ 받들다 → 받아들이다 → 계승하다는 뜻
예 승인(承認 : 옳다고 인정하여 허락함), 승계(承繼 : 뒤를 이음)

搖
3급 흔들 **요** | 손 수(扌) + 질그릇 요(䍃) 발음 역할
질그릇에서 고기(月)를 손(扌)으로 꺼내는 과정에서 항아리(缶)가 흔들리다 → 움직이다 → 어지럽다는 뜻
예 요람(搖籃), 동요(動搖), 요란(搖亂)

攪
1급 어지럽힐 **교** | 손 수(扌) + 깨달을 각(覺) 발음 역할
손(扌)으로 흔들면서 깨닫도록(覺) 독촉하는 모습 → 흔들다, 어지럽다는 뜻

揮
4급 휘두를 **휘** | 손 수(扌) + 군사 군(軍)
손(扌)으로 군대(軍)를 지휘하다 → 휘두르다 → 지휘(指揮)하다는 뜻

擡
1급 들 **대** | 손 수(扌) + 들 대(臺) 발음 역할
손(扌)으로 받침대(臺)를 들어올리다 → 들다는 뜻
예 대두(擡頭)

拜
4급 절 **배** | 손 수(手) + 一 한 일(一) + 예쁠 봉(丰)
남에게 공경하는 뜻으로 양손(手手) 모으고 몸을 굽혀 인사하는 모습 → 굽히다, 절하다는 뜻
예 배상(拜上 : 절하여 올림), 백배사죄(百拜謝罪)

攀
5급 더위잡을 **반** | 손 수(扌) + 울타리 번(樊) 발음 역할
높은 산을 오를 때 손(扌)으로 울타리(樊) 따위를 붙잡고 오르다
→ 더위잡다(높은 곳에 오르려고 무엇을 끌어 잡다) → 매달리다는 뜻
예 등반(登攀)

才
6급 재주 **재**
갑골문을 보면 싹이 올라오는 모습 → 새싹이 보인다
→ (어떤 분야에 탁월한 능력을 갖춘 아이들을 보고) 싹수가 보인다 → 바탕
→ 근본 → (사람의 바탕인) 재주 → 재능이 있는 사람 → 있다 → 좋다는 뜻

托
3급 맡길 **탁** | 손 수(扌) + 부탁할 탁(乇) 발음 역할
손(扌)으로 악수하며 잘 봐달라고 부탁하다(乇) → 부탁(付託)하다 → 의탁(依托)하다, 맡기다는 뜻
예 탁발(托鉢), 탁란(托卵)

| 扮 | **1급** 꾸밀 **분** | 손 수(扌) + 나눌 분(分) 발음 역할
손(扌)으로 나누어(分) 구분하다 → 아우르다 → 꾸미다, 분장(扮裝)하다는 뜻

| 抒 | **1급** 풀 **서** | 손 수(扌) + 나 여, 줄 여(予) 발음 역할
손(扌)으로 실을 차례대로 줄다(予) → 풀어놓다 → 푸다, 퍼내다는 뜻
예 서정시(抒情詩)

| 扱 | **1급** 미칠 **급**, 꽂을 **삽** | 손 수(扌) + 미칠 급(及) 발음 역할
손(扌)으로 어떤 정도나 범위에 미치게 하다(及) → 이르다, 미치다 → 거두다(흡) → 꽂다(삽)는 뜻
예 취급(取扱), 삽시(扱匙, 揷匙 : 제사 지낼 때 숟가락을 밥그릇에 꽂는 의식)

| 揷 | **2급** 꽂을 **삽** | 손 수(扌) + 가래 삽(臿) 발음 역할
손(扌)으로 농기구 가래(臿)를 땅에 꽂아놓다 → 꽂다, 끼우다는 뜻
예 삽시(揷匙), 삽입(揷入), 삽화(揷畫)

| 披 | **1급** 헤칠 **피** | 손 수(扌) + 가죽 피(皮) 발음 역할
손(扌)으로 가죽(皮)을 펴다 → (끈을) 풀다, 헤치다 → 찢다, 폭로(暴露)하다는 뜻
예 창피(猖披), 피력(披瀝), 피로연(披露宴)

| 拇 | **1급** 엄지손가락 **무** | 손 수(扌) + 어머니 모(母) 발음 역할
손가락 중 어머니(母) 손가락(扌) → 엄지손가락의 뜻
예 무지(拇指), 무인(拇印)

| 押 | **3급** 누를 **압** | 손 수(扌) + 갑옷 갑(甲) 발음 역할
손(扌)으로 갑옷(甲)을 쪼여 입다 → (쪼여서) 압박(壓迫)하다 → 누르다는 뜻
예 압수(押收), 압류(押留)

| 按 | **1급** 누를 **안** | 손 수(扌) + 편안 안(安) 발음 역할
손(扌)으로 편안하게(安) 어루어만지다 → 누르다, 억누르다는 뜻
예 안주(按酒), 안마(按摩), 안배(按排, 按配)

| 捺 | **1급** 누를 **날** | 손 수(扌) + 어찌 내(奈) 발음 역할
손(扌)으로 억누르는 것을 견디다(奈) → 누르다는 뜻
예 서명날인(署名捺印), 날염(捺染)

| 拭 | **1급** 씻을 **식** | 손 수(扌) + 법 식(式) 발음 역할
손(扌)으로 닦다(式) → 씻다는 뜻

振 | 3급 떨칠 진 | 손 수(扌) + 별 진, 때 신(辰) 발음 역할
손(扌)으로 흔들다(辰) → 진동(振動)하다 → 떨치다는 뜻
예) 사기진작(士氣振作), 불진(不振), 진폭(振幅), 진흥(振興)

拂 | 3급 떨칠 불 | 손 수(扌) + 아닐 불(弗) 발음 역할
아닌 것(弗)을 손(扌)으로 걷어 올리다 → 사악(邪惡)함을 털다 → 거스르다 → 떨치다, 치르다는 뜻
예) 지불(支拂), 불식(拂拭), 체불(滯拂), 환불(還拂), 후불(後拂)

拙 | 3급 옹졸할 졸 | 손 수(扌) + 날 출(出) 발음 역할
어리석은 사람을 손(扌)으로 내쫓다(出) → 서툴다, 둔하다 → 옹졸(壅拙)하다는 뜻
예) 졸속(拙速), 졸렬(拙劣), 치졸(稚拙)

拐 | 1급 후릴 괴 | 손 수(扌) + 헤어질 령(另)
손(扌)으로 떨어지게 하다(另) → 유인(誘引)하다 → 꾀어내다, 후리다는 뜻

拗 | 1급 우길 요 | 손 수(扌) + 어릴 유(幼) 발음 역할
손(扌)으로 무언가 만드는 일이 미숙하다(幼) → 어긋나다 → 고집스럽다, 우기다는 뜻
예) 집요(執拗)

括 | 1급 묶을 괄 | 손 수(扌) + 혀 설(舌) 발음 역할
손(扌)과 혀(舌)로 묶다 → 동여매다는 뜻
예) 개괄(概括), 괄호(括弧), 포괄(包括), 총괄(總括), 일괄(一括), 괄약(括約)

拱 | 1급 팔짱낄 공 | 손 수(扌) + 한가지 공(共) 발음 역할
양손(扌)을 함께(共)하다 → 껴안다 → 팔짱을 끼다, 수수방관(袖手傍觀)하다는 뜻
예) 공읍(拱揖) : 손을 마주 모아 잡고 인사 예

揖 | 1급 읍할 읍 | 손 수(扌) + 소곤거릴 집(咠) 발음 역할
손(扌)으로 귀를 잡고 소곤거리다(咠) → 남을 헐뜯다 → 사양(辭讓)하다 → 인사하다, 읍하다는 뜻
예) 읍양(揖讓), 읍예(揖禮)

挺 | 1급 빼어날 정 | 손 수(扌) + 조정 정(廷) 발음 역할
조정(廷)에서 뛰어난 솜씨를 가진 사람을 뽑다(扌) → 빼어나다는 뜻
예) 정신대(挺身隊)

挽 **1급** 당길 **만** | 손 수(扌) + 면할 면(免) 발음 역할
손(扌)으로 놓아주다(免) → 말아 올리다, 말리다, 끌다 → 당기다는 뜻
● 만류(挽留), 만회(挽回)

控 **특급** 당길 **공** | 손 수(扌) + 빌 공(空) 발음 역할
비어 있는 곳(空)을 채우기 위해 손(扌)으로 당겨 놓다 → 채우다, 당기다는 뜻
● 공제(控除), 제공(提控)

挾 **1급** 낄 **협** | 손 수(扌) + 낄 협(夾) 발음 역할
부상당한 사람 옆구리를 손(扌)으로 끼고(夾) 부축하다 → 끼다는 뜻
● 협잡(挾雜), 협공(挾攻), 협격(挾擊)

擁 **3급** 낄 **옹** | 손 수(扌) + 화할 옹(雍) 발음 역할
화합(雍)을 위해 서로 손(扌)으로 박수 치다 → 호위(護衛)하다 → 끼다는 뜻
● 옹호(擁護), 포옹(抱擁), 옹립(擁立), 옹벽(擁壁)

捏 **1급** 꾸밀 **날** | 손 수(扌) + 날 일(日) + 흙 토(土)
날(日)에 흙(土)을 반죽하여 손(扌)으로 무언가 만들다 → 꾸미다는 뜻
● 날조(捏造)

捐 **1급** 버릴 **연** | 손 수(扌) + 장구벌레 연(肙) 발음 역할
손(扌)에 붙은 벌레(肙)를 떨쳐내다 → 없애다, 버리다 → 주다, 기부(寄附)의 뜻
● 출연(出捐), 의연금(義捐金)

捧 **1급** 받들 **봉** | 손 수(扌) + 받들 봉(奉) 발음 역할
손(扌)으로 받들다(奉) → 부축하다, 받들다, 섬기다는 뜻

措 **2급** 둘 **조** | 손 수(扌) + 예 석(昔)
물건을 손(扌)으로 오랜 기간(昔) 놓아두다 → 놓다, 두다, 섞다는 뜻
● 조치(措置)

揶 **1급** 야유할 **야** | 손 수(扌) + 어조사 야(耶) 발음 역할
바르지 않은(耶) 말에 손(扌)을 휘두르다 → 희롱(嘲弄)하다, 희롱(戲弄)하다, 야유하다는 뜻

揄 **1급** 끌 **유** | 손 수(扌) + 대답할 유(俞) 발음 역할
대답(俞)하는 말이 마음에 안 들어 손(扌)을 휘두르다 → 빈정거리다, 희롱(戲弄)하다 → 끌다는 뜻
● 야유(揶揄)

拉 | 2급 끌 랍 | 손 수(扌) + 설 립(立) 발음 역할
혼자 서있는(立) 사람을 손(扌)으로 강제 끌고 가다 → 치다, 끌고 가다는 뜻
예 납치(拉致), 피랍(被拉)

提 | 4급 끌 제 | 손 수(扌) + 옳을 시(是) 발음 역할
손(扌)으로 옳은(是) 곳으로 이끌다 → 끌다는 뜻
예 기술제휴(技術提携), 제공(提供), 제고(提高), 제기(提起), 제안(提案), 보리수(菩提樹)

携 | 3급 이끌 휴 | 손 수(扌) + 살찐고기 전(隽)
사냥에서 살찐(乃) 새(隹)를 손(扌)으로 잡아 가지고 있다 → 들다 → 잇닿아 있다 → 이끌다 → 휴대(携帶)하다 → 떨어지다, 흩어지다는 뜻

※ 살찐고기 전(隽)자는 가슴이 살찐(乃) 새(隹) 모양 → 살찐 고기, (맛이) 좋다는 뜻

揭 | 2급 높이들 게 | 손 수(扌) + 어찌 갈(曷)
어찌(曷)하여 손(扌)으로 깃발을 하늘 높이 거느냐? → 게시(揭示)하다 → 높이 들다는 뜻
예 게양(揭揚), 게재(揭載), 게시판(揭示板)

揚 | 3급 올릴 양 | 손 수(扌) + 빛날 양(昜) 발음 역할
금문을 보면 두 손(扌)으로 태양(昜)신을 찬양하며 떠받치는 모습 → 쳐들다, 칭송하다, 칭찬하다 → 올리다, 날리다 → 애도하다는 뜻
예 부양(浮揚) : 가라앉은 것이 떠오름

搔 | 1급 긁을 소 | 손 수(扌) + 벼룩 조(蚤) 발음 역할
벼룩(蚤)에게 물리어 간지러워 손(扌)으로 긁다 → 소란(騷亂)스럽다는 뜻
예 격화소양(隔靴搔癢), 소파(搔爬)

搗 | 1급 찧을 도 | 손 수(扌) + 섬 도(島) 발음 역할
새처럼 손(扌)으로 곡식을 찧다는 뜻
예 도정(搗精)

搬 | 2급 옮길 반 | 손 수(扌) + 가지 반(般) 발음 역할
배를 손(扌)으로 운반(般)하다 → 옮기다는 뜻
예 운반(運搬), 반출(搬出), 반입(搬入), 반송(搬送)

搾 | 1급 짤 착 | 손 수(扌) + 좁을 착(窄) 발음 역할
좁은(窄) 곳에서 손(扌)으로 술을 거르거나 짜내다 → 짜다, 거르다는 뜻
예 착취(搾取), 착유(搾乳)

II. 부수자

摸 |1급| 본뜰 **모** | 손 수(扌) + 없을 막(莫)
없는(莫) 것을 손(扌)으로 더듬으며 찾다 → 탐색(探索)하다 → 없는(莫) 것을 손(扌)으로 만들다
→ 본뜨다, 베끼다는 뜻
◎ 암중모색(暗中摸索), 모방(摸倣), 모의(摸擬)

撐 |1급| 버틸 **탱** | 손 수(扌) + 버틸 탱(牚) 발음 역할
손(扌)으로 버팀목(牚)을 심다 → 버티다는 뜻
◎ 상하탱석(上下撐石), 지탱(支撐), 탱주(撐柱), 분기탱천(憤氣撐天)

撓 |1급| 어지러울 **요** | 손 수(扌) + 높을 요(堯) 발음 역할
높은(堯) 곳에서 손(扌)을 휘젓다 → 흔들리다, 어지럽다 → 굽히다, 굴복(屈服)하다는 뜻
◎ 불요불굴(不撓不屈)

擾 |1급| 시끄러울 **요** | 손 수(扌) + 근심 우(憂) 발음 역할
손(扌)으로 근심(憂)거리를 만들다 → 시끄럽다, 어지럽히다 → 침략(侵略)하다는 뜻
◎ 소요(騷擾), 병인양요(丙寅洋擾), 요란(擾亂, 搖亂)

撒 |1급| 뿌릴 **살** | 손 수(扌) + 흩을 산(散) 발음 역할
손(扌)으로 흩어지게(散) 하다 → 흩어져 떨어지다, 뿌리다, 흩뜨리다는 뜻
◎ 살포(撒布), 살수차(撒水車)

播 |3급| 뿌릴 **파** | 손 수(扌) + 차례 번, 날랠 파(番) 발음 역할
손(扌)으로 곡식의 씨를 차례대로(番) 심다 → 퍼뜨리다, 뿌리다는 뜻
◎ 전파(傳播), 파종(播種), 아관파천(俄館播遷)

撤 |2급| 거둘 **철** | 손 수(扌) + 기를 육(育) + 칠 복(攵)
손(扌)으로 잘 기르기(育) 위해 때려서(攵) 훈육하다 → 거두다, 그만두다, 철수하다, 제거하다는 뜻
◎ 불철주야(不撤晝夜), 철회(撤回), 철수(撤收), 철거(撤去), 철폐(撤廢)

擺 |특급| 열 **파** | 손 수(扌) + 마칠 파(罷) 발음 역할
손(扌)으로 놓아주다(罷) → 물리치다, 털다 → 벌여놓다, 열다는 뜻
◎ 파발마(擺撥馬)

撥 |1급| 다스릴 **발** | 손 수(扌) + 필 발(發) 발음 역할
손(扌)으로 피어나도록(發) 다스리다는 뜻
◎ 반발(反撥)

撫
1급 어루만질 **무** | 손 수(扌) + 없을 무(無) 발음 역할

없어진(無) 소 잃은 사람을 손(扌)으로 어루만지다 → 위로(慰勞)하다는 뜻

예 무마(撫摩), 애무(愛撫)

撰
1급 지을 **찬** | 손 수(扌) + 부드러울 선(巽) 발음 역할

부드러운 사람을 손(扌)으로 가리다 → 뽑다 → 잡다 → 짓다는 뜻

예 두찬(杜撰), 찬술(撰述)

擬
1급 비길 **의** | 의심할 의(疑) 발음 역할

손(扌)으로 의심스러운(疑) 것을 비교해 보다 → 흉내 내다, 헤아리다, 비기다는 뜻

예 의제(擬制), 모의(模擬, 摸擬), 의사(擬似), 의태(擬態), 의인(擬人)

水 氵 氺 물 수

갑골문을 보면 시냇물 주위로 빗방울이 떨어지는 모습
① 강 ② 바다 ③ 호수와 늪 ④ 물이 넘침
⑤ 물이 깊고 얕음 ⑥ 물에 젖거나 질펀함 ⑦ 물에 빠지거나 잠김 ⑧ 물이 깨끗하고 맑음
⑨ 물이 더러움 ⑩ 몸에서 분비되는 물 ⑪ 배를 대는 항구 ⑫ 물을 건너감
⑬ 물로 씻음 ⑭ 물결, 파도
⑮ 물의 흐름, 물과 땅(흙), 물의 상태, 물과 같은 액체, 바다의 밀물과 썰물, 물이 넓음,
    물에 잠기고 사라짐 등에 사용됨

※ 상용한자 중 가장 많이 사용, 부수 사용 빈도 1위

江
7급 강 **강** | 강, 물 수(氵) + 장인 공(工) 발음 역할

강(氵)에 흙을 높이 쌓고 다져(工) 제방을 만들다 → 범람하는 강물을 다스린다 → 치수(治水)사업
→ 양쯔강[장강(長江)] → 큰 하류, 강의 뜻

예 강호(江湖) : 강과 호수 → 세상의 뜻

※ 장인 공(工)자는 땅을 단단하게 다지던 도구인 달구 그림 → 장인의 뜻

渠
1급 개천 **거** | 물 수(氵) + 클 거(巨) + 나무 목(木)

땅을 파고 길게(巨) 판목으로(木) 두르고 개골창 물이 흐르도록 한곳 → 해자(垓子) → 개천의 뜻

河 **5급** 물 하 | 물 수(氵) + 옳을 가(可) 발음 역할
갑골문을 보면 물(氵)을 다스리기 위해 가래(方)로 둑을 쌓는 모습 → 물(氵)을 옳게(可) 다스리다
→ 황하(黃河) → 물, 강의 뜻

泉 **4급** 샘 천 | 물 수(水) + 흰 백(白)
갑골문을 보면 돌 틈 사이로 물이 쏟아져 나오는 모양 → 가장 깨끗한(白) 으뜸의 물(水) → 맑은 샘물
→ 샘, 지하수 → 황천(黃泉), 저승의 뜻
예 구천(九泉), 귀천(歸泉), 원천(源泉), 온천(溫泉)

溪 **3급** 시내 계 | 물 수(氵) + 어찌 해(奚) 발음 역할
소전에서는 골짜기(谷)를 따라(奚) 흘러가는 물 → 해서부터 지금 글자 → 시냇물의 뜻
예 계곡(溪谷 : 물이 흐르는 골짜기), 벽계수(碧溪水)

※ 어찌 해(奚)자는 머리채(幺)를 잡힌(爫) 여자 노비(大) 모습 → 노비는 평생 주인을 따라야 하다(종속되어야 한다)
 → 노비 자식은 노비가 되어야 한다 → 종, 하인 → 어찌, 무슨의 뜻

澗 **1급** 산골물 간 | 물 수(氵) + 사이 간(間) 발음 역할
산 계곡 틈 사이(間)를 흐르는 물(氵) → 산골짜기, 산골 물의 뜻

瀆 **1급** 도랑 독 | 물 수(氵) + 팔 매(賣) 발음 역할
팔(賣) 수도 없는 매우 더러운 물(氵) → 더럽히다 → 매우 좁고 작은 개울 → 도랑의 뜻
예 모독(冒瀆), 독직(瀆職)

溝 **1급** 도랑 구 | 물 수(氵) + 짤 구(冓) 발음 역할
음푹 파인 매우 좁고 작은 개울 → 구렁, 개골창 → 도랑의 뜻

洋 **6급** 큰바다 양 | 물 수(氵) + 양 양(羊) 발음 역할
양(羊)처럼 크게 무리를 지어 다니는 물(氵) → 큰물 → 큰 바다 → 서양, 외국의 뜻
예 오대양(五大洋) : 지구상의 다섯 대양

海 **7급** 바다 해 | 물 수(氵) + 매양 매(每) 발음 역할
물(氵)의 어머니(每) → 바다는 뜻
예 해양(海洋) : 넓은 바다

※ 고대 모계사회에서는 대지나 바다를 어머니로 비유
※ 매양 매(每)자는 비녀로 머리를 단정하게 묶고 있는 어머니 모습 → 늘 한결같은 어머님 → 늘, 항상 → 매양의 뜻

溟 **1급** 바다 명 | 물 수(氵) + 어두울 명(冥) 발음 역할
물(氵)이 너무 깊어 어둡게(冥) 보인다 → 어둡다, 아득하다 → 바다는 뜻

渤 | 2급 바다이름 발 | 물 수(氵) + 노할 발(勃) 발음 역할
바다의 파도가 노한(勃) 것처럼 물결(氵)이 솟아오르는 모양 → 바다 이름, 발해(渤海)의 뜻

滄 | 2급 큰바다 창 | 물 수(氵) + 곳집 창(倉) 발음 역할
검푸른(倉) 큰물(氵) → 푸른 바다 → 큰 바다는 뜻
- 예 창해일속(滄海一粟), 만경창파(萬頃滄波)

※ 곳집 창(倉)자 갑골문을 보면 지붕(人), 외닫이 문(戶), 주춧돌(口)을 그린 창고 모양 → 곳간, 선창 → 푸르다는 뜻

灘 | 2급 여울 탄 | 물 수(氵) + 어려울 난(難) 발음 역할
물살(氵)이 세게 흘러 건너가기가 어려운(難) 곳
→ 여울(바닥이 얕거나 폭이 좁아 물살이 세게 흐르는 곳)의 뜻
- 예 한탄강(漢灘江) : 임진강(臨津江) 지류

湖 | 5급 호수 호 | 물 수(氵) + 턱밑살 호(胡) 발음 역할
물(氵)이 넓게(胡) 괴어 있는 큰 못 → 호수의 뜻
- 예 호수(湖水) : 늪보다도 넓고 깊게 물이 괴어 있는 곳

※ 턱밑살 호(胡)자는 수염, 구레나룻을 표현 → 오랑캐 → 멀다 → 크다는 뜻

澤 | 3급 못 택, 은덕 택, 풀 석 | 물 수(氵) + 엿볼 역(睪) 발음 역할
물(氵)의 가장자리(睪) → 물이 괴어 있는 곳 → 못, 택지, 늪 → 축축하다, 습하다
→ (습지에서는 농사가 잘되기 때문에) 은혜, 은덕의 뜻
- 예 혜택(惠澤) : 은혜와 덕택
  우로지택(雨露之澤) : 비와 이슬의 큰 혜택 → 임금의 넓고 큰 은혜를 일컬음

※ 엿볼 역(睪)자는 한쪽 가장자리에서 죄인을 몰래 보는(엿보는) 모습

淵 | 2급 못 연 | 물 수(氵) + 못 연(開) 발음 역할
물(氵)이 괴어 있는 넓고 오목하게 파여있는 곳(開) → 소(沼: 늪), 웅덩이, 모이는 곳 → 못의 뜻

池 | 3급 못 지 | 물 수(氵) + 잇달을 이(也)
주전자처럼 잇달아(也) 물(水)이 흘러나오는 도랑 → 연못의 뜻
- 예 천지(天池) : 백두산 정상에 있는 못

※ 잇기 야(也)자 소전을 보면 주둥이가 있는 주전자에서 물이 나오는 모습 → 잇달아 있다 → 잇기
  → 어조사(~이다, ~구나)의 뜻
※ 주전자 이(匜)자는 물이 잇달아(也) 흘러나오는 용기(匚) → 주전자의 뜻

潭
2급 못 **담** | 물 수(氵) + 깊을 담(覃) 발음 역할
물(氵)이 깊이(覃) 고여있는 곳 → 못, 소(沼), 웅덩이의 뜻
예 백담사(百潭寺) : 설악산에 있는 백 개의 못이 있는 절

※ 깊을 담(覃)자는 깊다, 고요하다는 뜻

沼
2급 못 **소** | 물 수(氵) + 부를 소(召) 발음 역할
숟가락 모양의 웅덩이(召)에 물(氵)이 고여있다 → 물(氵)을 불러(召) 연못을 이루다 → 못, 늪의 뜻
예 소택(沼澤) : 못

※ 여기서 召 자는 숟가락(匕 → 刀) 모양의 웅덩이(口) 모양자 역할 함

洑
1급 보 **보** | 물 수(氵) + 엎드릴 복(伏) 발음 역할
물(氵)을 감추다(伏) → 논밭의 물 가두는 곳 → 보의 뜻

沿
3급 물을따라내려갈 **연** | 물 수(氵) + 산속의 늪 연(㕣) 발음 역할
물(氵)이 흘러가는 곳을 따라다 어느 한 지점 늪(㕣)에 이르다 → 물을 따라가다 → 좇다
→ 내력 → 언저리, 가장자리의 뜻
예 연안(沿岸 : 바닷가·강가·호숫가의 육지), 연혁(沿革 : 변천되어 온 내력)

※ 산속의 늪 연(㕣)자는 물길과 웅덩이를 함께 그린 것 → 늪의 뜻

浦
3급 개 **포**, 물가 **포** | 물 수(氵) + 클 보(甫) 발음 역할
하천 지류가 강이나 바다(氵)로 들어가는 근처에 큰(甫) 지역 → 개(강이나 내에 조수가 드나드는 곳)
→ 물가, 바닷가의 뜻
예 포구(浦口) : 배가 드나드는 개의 어귀

※ 클 보(甫)자는 밭에 초목이 올라온 모습 → 크다 → 채소밭의 뜻

津
2급 나루 **진** | 물 수(氵) + 붓 율(聿)
강가(氵)를 그리다(聿) → 강변에 배가 떠나는 곳을 세우다 → 나루터의 뜻

涉
3급 건널 **섭** | 물 수(氵) + 걸음 보(步)
물(氵)을 건너다(涉) → 섭렵하다 → 간섭하다는 뜻
예 섭외(涉外) : 외부와 교섭하는 일

※ 걸음 보(步)자 갑골문을 보면 발(止) 두 개가 걸어가는 모습 → 걸음걸이, 걸음의 뜻

渡 | **3급** 건널 **도** | 물 수(氵) + 법도 도(度) 발음 역할
물(氵) 위로 돌을 던지는(度) 모습 → (돌을 던져 돌을 밟고) 건너가다는 뜻
예 도하(渡河) : 도강(渡江), 강을 건넘

※ 법도 도(度)자는 집 주위로 돌멩이를 던지는 모습

濟 | **4급** 건널 **제** | 물 수(氵) + 가지런할 제(齊) 발음 역할
물가(氵)에 가지런히(齊) 놓여있는 징검다리를 밟고 건너간다 → 돕다, 구제하다는 뜻
예 거제도(巨濟島) : 경상남도에 있는 섬으로, 큰 나루터가 있는 섬이라는 의미

※ 가지런할 제(齊)자 갑골문을 보면 곡식의 이삭이 나란히 있는 모양 → 가지런하다는 뜻

港 | **4급** 항구 **항** | 물 수(氵) + 거리 항(巷) 발음 역할
사람들이 함께 모여 사는(巷) 물가(氵)라는 뜻 → 항구(港口), 강어귀, 뱃길의 뜻

※ 거리 항(巷)자 소전에서는 사람들이 함께(共) 모여 사는 마을(邑) 표현 → 나중 지금 글자로 바뀜
→ 거리, 마을, 동네, 집의 뜻

泊 | **3급** 배댈 **박**, 머무를 **박** | 물 수(氵) + 흰 백(白) 발음 역할
경치가 제일 으뜸(白)이고 좋은 물가(氵)에 배를 댄다(정박) → 머무르다는 뜻
예 숙박(宿泊) : 남의 집에서 자고 머무름

※ 흰 백(白)자는 촛불을 그린 것 → 희다 → 깨끗하다 → 빛나다 → 으뜸, 최고의 뜻

泣 | **3급** 울 **읍** | 물 수(氵) + 설 립(立) 발음 역할
홀로 서 있는 사람(立)이 눈물(氵) 흘리다 → 울다는 뜻
예 읍참마속(泣斬馬謖)

涕 | **1급** 눈물 **체** | 물 수(氵) + 아우 제(弟) 발음 역할
죽은 사람이 있어 조상(弔)하며 눈물(氵) 흘리고 있는 아우(弟) → 울다, 눈물의 뜻
예 최루탄(涕淚彈)

淚 | **3급** 눈물 **루** | 물 수(氵) + 어그러질 려(戾)
문에 갇힌 개(戾)가 밖으로 나가기 위해 발버둥 치며 눈물(氵) 흘리다 → 운다 → 눈물의 뜻
예 최루탄(催淚彈)

※ 어그러질 려(戾)자는 문(戶)에 갇혀있는 개(犬) 모습 → 어그러지다, 거스르다는 뜻

漏 | **3급** 샐 **루** | 물 수(氵) + 지붕 시(尸) + 비 우(雨) 발음 역할
비(雨)가 와서 지붕(尸)에 물(氵)이 새다 → 새다, 틈이 나다, 구멍의 뜻
예 누수(漏水 : 물이 샘), 누수기(漏水器 : 물시계)

Ⅱ. 부수자

| 洩 | **1급** 샐 **설**, 퍼질 **예** | 물 수(氵) + 끌 예(曳) 발음 역할
물통을 끌고(曳) 오다가 물(氵)이 흘러나오다 → 새다, 퍼지다는 뜻
예 누설(漏洩, 漏泄)

| 泄 | **1급** 샐 **설** | 흩어질 예, 물 수(氵) + 대 세(世) 발음 역할
물(氵)이 뻗어 나오는(世) 모습을 표현 → 새다, 싸다, 설사하다는 뜻

※ 대 세(世)자는 나뭇가지에서 뻗어 나온 새순의 모습 → 일생, 생애, 세대의 뜻

| 渫 | **1급** 파낼 **설** | 물 수(氵) + 나뭇잎 엽(枼) 발음 역할
나뭇가지에서 나뭇잎(枼)이 나오듯 물(氵)이 새어 나오다 → 파내다, 준설(浚渫)하다는 뜻

| 浚 | **2급** 깊게할 **준** | 물 수(氵) + 천천히 걷는 모양 준(夋) 발음 역할
물가(氵)를 천천히 걷는 모양(夋) → 깊게 하다는 뜻

| 瀉 | **1급** 쏟을 **사** | 물 수(氵) + 베낄 사(寫) 발음 역할
물(氵)을 쏟다(寫) → 설사(泄瀉)하다 → 쏟아지는 뜻

※ 베낄 사(寫)자는 인장에 새를 새겨놓은 모양 → 본뜨다, 새기다, 베끼다 → 쏟는 뜻

| 汗 | **3급** 땀 **한** | 물 수(氵) + 방패 간(干) 발음 역할
나무를 엮어 만든 방패(干)로는 햇빛을 차단 못 하여 땀(氵)이 난다 → 땀의 뜻
예 한증막(汗蒸幕) : 목욕탕에 땀을 내기 위하여 만든 시설

| 漆 | **3급** 옻 **칠** | 물 수(氵) + 옻 칠(桼) 발음 역할
옻나무(桼)에서 액(氵)을 받다 → 옻나무의 진액 → 옻, 옻칠 → 검은 칠의 뜻
예 칠흑(漆黑) : 옻칠처럼 검음

※ 옻 칠(桼)자는 나무(木)에 새겨놓은 칼자국(八)에서 떨어지는 수액(氺)을 받는 모양 → 옻 → 옻나무 → 옻칠
 → 검은 칠의 뜻

| 油 | **6급** 기름 **유** | 물 수(氵) + 말미암을 유(由) 발음 역할
등잔(由)에 불을 밝히기 위해서는 기름(氵)을 넣다 → 기름, 유막, 광택의 뜻
예 유전(油田) : 석유가 나는 곳

※ 말미암을 유(由)자는 등잔을 그림 → (등잔으로 인하여 밝다) 말미암다 → 좇다는 뜻

| 汁 | **1급** 즙 **즙** | 물 수(氵) + 열 십(十) 발음 역할
물 수(氵) + 열 십(十) 발음 역할

液

4급 즙 **액**, 진 **액** | 물 수(氵) + 밤 야(夜) 발음 역할
겨드랑이(夜) 액체(氵) → 즙(汁), 진액(津液), 겨드랑이의 뜻
예 액체(液體) : 부피는 일정하나 모양이 유동하고 변형하는 물질

※ 밤 야(夜)자 금문을 보면 겨드랑이 아래 점과 달(月) 그림 → 밤, 저녁, 즙의 뜻

淸

6급 맑을 **청** | 물 수(氵) + 푸를 청(靑) 발음 역할
물(氵)이 푸르게(靑) 보일 정도로 맑다는 뜻
예 청탁(淸濁) : 맑음과 흐림

※ 푸를 청(靑)자는 우물가에 핀 푸른 초목 그림 → 푸르다는 뜻

淑

3급 맑을 **숙** | 물 수(氵) + 콩 숙(叔) 발음 역할
물(氵)이 맑아 작은 콩(叔)도 잘 보인다 → 맑다, 깨끗하다는 뜻
예 정숙(貞淑), 숙녀(淑女)

淡

3급 맑을 **담** | 물 수(氵) + 불꽃 염, 아름다울 담(炎) 발음 역할
물(氵)이 아름답다(炎) → (물이) 맑다, 담백(淡白)하다는 뜻

澈

2급 맑을 **철** | 물 수(氵) + 거둘 철(撤) 생략자 발음 역할
물(氵) 위 나뭇잎을 거두니(撤) 환하게 내다보이도록 맑다는 뜻

澄

1급 맑을 **징** | 물 수(氵) + 오를 등(登) 발음 역할
높은(登) 등급의 물(氵) → (물이) 맑다는 뜻

澹

1급 맑을 **담** | 물 수(氵) + 이를 첨, 넉넉할 담(詹) 발음 역할
물 수(氵) + 이를 첨, 넉넉할 담(詹) 발음 역할

湜

2급 물맑을 **식** | 물 수(氵) + 이 시, 옳을 시(是) 발음 역할
옳은(是) 물(氵) → (물이) 맑다는 뜻

瀅

2급 물맑을 **형** | 물 수(氵) + 의혹할 형, 밝을 영(瑩) 발음 역할
물(氵)이 밝다(瑩) → 물이 맑다는 뜻

淨

3급 깨끗할 **정** | 물 수(氵) + 다툴 쟁(爭) 발음 역할
물(氵)의 다툼(爭) → 깨끗함을 유지하기 위한 정화(淨化) 과정을 표현 → 물의 다툼이 끝나서 요하다
→ 오염되지 않은 깨끗한 물 → 깨끗하다, 맑다 → 사념이 없다는 뜻

※ 다툴 쟁(爭)자는 손(爪)과 손(크) 사이에 줄(亅)을 놓고 서로 팽팽하게 잡아당기는 모습 → 다투다 → 논쟁하다는 뜻

潔　**4급** 깨끗할 **결** | 물 수(氵) + 깨끗할 결(絜) 발음 역할
　　물(氵)로 물건을 깨끗하게(絜) 닦다 → 깨끗하다, 맑다, 간결하다는 뜻

　　※ 깨끗할 결(絜)자는 우리의 맹세를 칼(刀)로 표시(丰)하고 실(糸)로 묶다 → 재다 → 헤아리다
　　　　→ 결백하다 → 깨끗하다는 뜻

混　**4급** 섞일 **혼** | 물 수(氵) + 벌레 곤, 뒤섞일 혼(昆) 발음 역할
　　물(氵)이 뒤섞이다(昆) → 흐리다, 혼탁하다는 뜻
　　예 혼합(混合) : 뒤섞어 합함

　　※ 벌레 곤, 뒤섞일 혼(昆)자는 태양(日) 아래로 사람들(比)이 모여 있는 모습 → 뒤섞이다, 뒤얽히다 → 벌레
　　　　→ 맏, 형의 뜻

沌　**1급** 엉길 **돈** | 물 수(氵) + 진칠 둔(屯) 발음 역할
　　물(氵)이 오랜 기간 진치다(屯) → 물이 한 덩어리가 되면서 굳어지다 → 엉기다는 뜻

渾　**1급** 흐릴 **혼** | 물 수(氵) + 군사 군(軍) 발음 역할
　　대규모 군대(軍) 무리가 시냇물(氵)을 지나가서 물이 흐려졌다 → 혼탁(渾濁, 混濁)하다, 흐르다는 뜻
　　예 혼연일치(渾然一致), 혼연(渾然), 혼신(渾身), 혼돈(渾沌)

濁　**3급** 흐릴 **탁** | 물 수(氵) + 벌레 촉(蜀) 발음 역할
　　애벌레(蜀)가 살 정도로 탁한 물(氵) → 흐리다 → 혼탁하다 → 더럽다는 뜻
　　예 탁주(濁酒 : 막걸리)
　　　　일어탁수(一魚濁水) : 물고기 한 마리가 물을 흐린다
　　　　　　　　　　→ 한 사람의 잘못으로 여러 사람이 피해를 보게 됨

　　※ 벌레 촉(蜀)자는 몸통과 눈이 강조된 애벌레를 그린 것

濊　**2급** 더러울 **예** | 물 수(氵) + 해 세(歲) 발음 역할
　　오랜 기간 흘러온 세월(歲)의 강(氵) → (지난 세월 기억이) 흐리다 → 더럽다 → 예맥(濊貊)족 이름

汚　**3급** 더러울 **오** | 물 수(氵) + 땅이름 울(亐) 발음 역할
　　흙땅(亐) 물(氵) → 흙탕물 → 더럽다, 추하다는 뜻
　　예 탐관오리(貪官汚吏), 오염(汚染), 오점(汚點)

滓　**1급** 찌꺼기 **재** | 물 수(氵) + 재상 재(宰) 발음 역할
　　쓸 만하거나 값어치가 있는 것을 골라낸 나머지 → 찌꺼기의 뜻
　　예 잔재(殘滓), 즙재(汁滓)

汨 **1급** 골몰할 골 | 물 수(氵) + 날 일(日)
태양(日)이 강물(氵)에 빠졌다 → 한곳에 빠져들다 → 가라앉다 → 골몰(汨沒)하다는 뜻

沒 **3급** 빠질 몰 | 물 수(氵) + 칼도 도(⺈) + 또 우(又)
소전을 보면 물(氵) 소용돌이 속에 손(又)으로 허우적대는 모습 → 물에 빠지다, 잠수하다 → 가라앉다
→ 없어지다 → 죽다 → 没(빠질 몰)과 같은 글자의 뜻
예 침몰(沈沒), 신출귀몰(神出鬼沒)

溺 **2급** 빠질 닉(익) | 물 수(氵) + 약할 약(弱) 발음 역할
물(氵)이 침범(弱)하여 사람이 물에 빠지다는 뜻
예 익사(溺死) : 물에 빠져 죽음

※ 약할 약(弱)자는 활(弓)시위가 늘어진 모양 → 활시위가 약해졌다 → 침범하다는 뜻

淪 **1급** 빠질 륜 | 물 수(氵) + 생각할 륜(侖) 발음 역할
물(氵)에 빠지다(侖) → 스며들다 → 잠기다는 뜻
예 윤락(淪落) : 타락하여 몸을 파는 처지에 빠짐

※ 생각할 륜(侖)자는 집(亼)에서 책(冊)을 읽고 생각에 빠지다는 뜻

潛 **3급** 잠길 잠 | 물 수(氵) + 일찍 참(朁) 발음 역할
물(氵)에서 자맥질(朁)을 하면서 수면 아래로 가라앉아 보이지 않다 → 감추다, 숨기다는 뜻
예 잠수함(潛水艦)

※ 일찍 참(朁)자는 사람들이 크게 하품하는 모습, 여기서는 수영하며 숨을 내쉰다는 뜻
※ 자맥질 : 물속에 들어가서 팔다리를 놀려 떴다 잠겼다 하는 일
※ 누에 잠(蠶)자는 하품하는(朁) 벌레(虫) → 잠이 많은 누에의 뜻
※ 누에는 유충때 잠자는 횟수에 따라 3면잠, 4면잠, 5면잠으로 분류하기도 함

沈 **2급** 잠길 침, 성씨 심 | 물 수(氵) + 망설일 유(冘) 발음 역할
갑골문을 보면 제사를 지낸 후 소(牛)를 물(氵)속에 제물로 바치는 모습
→ 소전에서 소(牛) 대신 목에 칼을 찬 죄수로 바뀌고 → 해서에서 지금 글자
→ 물(氵)에 제물로 바치는 죄수가 머뭇거리(冘)는 모습 → 잠기다, 가라앉다는 뜻
예 침몰(沈沒 : 물에 빠져 가라앉음), 심청전(沈淸傳)

浸 **3급** 잠길 침 | 물 수(氵) + 손에 빗자루 든 모양(㝱)
손에 빗자루 들고(㝱) 빗물(氵)을 쓸어내는 모습 → 씻다 → 적시다 → 잠기다는 뜻
예 침투(浸透), 침식(浸蝕), 침례교(浸禮敎)

Ⅱ. 부수자

湮
1급 묻힐 **인** | 물 수(氵) + 막을 인(垔) 발음 역할
강물(氵)이 길을 막았다(垔) → 빠지다, 잠기다 → 묻히다, 매몰(埋沒)되다는 뜻
예 인멸(湮滅), 증거인멸(證據湮滅), 인몰(湮沒)

浮
3급 뜰 **부** | 물 수(氵) + 미쁠 부(孚) 발음 역할
물(氵)에 빠진 아이의 머리채(孚)를 잡아 끌어올리다 → (물에) 뜨다, 가볍다는 뜻
예 부력(浮力) : 물에 뜨려는 힘

※ 미쁠 부(孚)자는 아이의 머리에 손을 올린 모습 → 빛나다 → 미쁘다(믿음성이 있다)는 뜻

漂
3급 떠다닐 **표** | 물 수(氵) + 표 표, 불똥 튈 표(票) 발음 역할
물(氵) 위를 가볍게(票) 둥둥 떠다닌다 → 유랑하다 → 표백하다는 뜻
예 부표(浮標 : 물 위에 떠 있는 표시), 표류(漂流 : 물에 떠서 떠돌아다님)

※ 표 표, 불똥 튈 표(票)자 소전을 보면 불(火) 위에 불똥을 손으로 잡는 모습 → (재가 날아오르듯이 매우) 가볍다 → (동전보다 가벼운) 지폐, 증서의 뜻

泛
1급 뜰 **범** | 물 수(氵) + 모자랄 핍(乏) 발음 역할
물건을 띄워 보내기에는 물(氵)이 모자라다(乏) → 뜨다는 뜻

泳
3급 헤엄칠 **영** | 물 수(氵) + 길 영(永) 발음 역할
물(氵)을 가르고 합치고(永) 하는 모습 → 수영(헤엄)의 뜻
예 배영(背泳) : 뒤로 누워서 치는 헤엄

※ 길 영(永)자는 여러 갈래로 흐르는 물의 줄기 모양 → 물줄기가 합쳐지고 갈라지며 멀리 흘러간다 → 길다는 뜻

游
1급 헤엄칠 **유** | 물 수(氵) + 놀 유(斿) 발음 역할
물(氵)에서 놀다(斿) → 헤엄치다는 뜻
예 유어부중(游於釜中)

漲
1급 넘칠 **창** | 물 수(氵) + 베풀 장(張) 발음 역할
물(氵)이 부족한 곳에 도와주어서 베풀게(張) 하다 → 베풂이 넘치다 → 넘치다는 뜻
예 창일(漲溢)

溢
1급 넘칠 **일** | 물 수(氵) + 더할 익(益) 발음 역할
물(氵) 더하여(益) 넘치다 → 가득차다는 뜻
예 해일(海溢) : 큰 물결이 일어 해안을 덮치는 일

※ 더할 익(益)자는 그릇(皿)에 물(氵)이 넘치는 모습 → 넘치다, 더한다는 뜻

濫
3급 넘칠 **람** | 물 수(氵) + 볼 감(監) 발음 역할
대얏물에 자기 얼굴을 살피다가(監) 물(氵)이 넘친 모습 → 지나치자, 넘치다 → 남발(濫發)하다 → 남용(濫用)하다는 뜻
- 범람(汎濫, 氾濫) : 물이 차서 넘쳐흐름

※ 볼 감(監)자는 대얏(皿)물에 비친(一) 자신(人)의 얼굴을 큰 눈으로(臣) 살피는 모습
 → (옛날에는 대얏물로 거울을 대신했는데) 거울을 보다 → 비추어 보다는 뜻

氾
1급 넘칠 **범** | 물 수(氵) + 병부 절(㔾) 발음 역할
물이 흘러넘치다 → 범람(氾濫, 汎濫)하다 → 넘치다, 흐르다는 뜻

滔
1급 물넘칠 **도** | 물 수(氵) + 퍼낼 요(舀) 발음 역할
물(氵)이 흘러넘쳐 퍼내다(舀) → 물이 넘치다는 뜻

漸
3급 점점 **점** | 물 수(氵) + 벨 참(斬) 발음 역할
물길(氵)이 끊기다(斬) → 스미다 → 천천히 나아가다 → 차츰, 점점의 뜻
- 점입가경(漸入佳境), 점차(漸次)

滿
4급 찰 **만** | 물 수(氵) + 평평할 만(㒼) 발음 역할
물(氵) 나갈 틈이 없이 평평하다(㒼) → 가득 차다 → 차다는 뜻
- 여유만만(餘裕滿滿), 자신만만(自信滿滿)

添
3급 더할 **첨** | 물 수(氵) + 더러울 첨(忝) 발음 역할
강물(氵)이 범람하여 강가 주변을 더럽히다(忝) → 더하다, 보태다, 덧붙이다는 뜻
- 첨가(添加) : 덧붙여 보탬

※ 더러울 첨(忝)자는 더럽히다 → 욕보이다는 뜻

減
4급 덜 **감** | 물 수(氵) + 다 함, 짤 함, 덜 감(咸) 발음 역할
소금기가 많아 짠(咸)데 물(氵)을 더하니 덜 짜다 → 감소(減少)하다, 덜다, 줄다는 뜻

※ 다 함, 짤 함, 덜 감(咸)자는 큰 전쟁을 앞두고 아군 사기를 위해 창(戊)을 들고 다 함께 함성(口)을 지르는 모습
 → 모두(다) → 짜다, 덜하다는 뜻

灌
1급 물댈 **관** | 물 수(氵) + 황새 관(雚) 발음 역할
물가(氵)에 황새(雚)가 있는 모양 → 물이 많이 흐르는 모양 → 물을 대다는 뜻

漑
1급 물댈 **개** | 물 수(氵) + 이미 기(既) 발음 역할
논바닥에 이미(既) 물(氵)이 들어왔다 → 물을 대다는 뜻
- 관개(灌漑)

注
6급 물댈 **주** | 물 수(氵) + 주인 주(主) 발음 역할
등불(主)에 기름(氵)을 주입하다 → 채워 넣다 → 붓다, 대다, 두다라는 뜻
예 주사(注射), 주입(注入)

※ 主 자는 촛대, 또는 등불 그림 → 집안을 밝히는 사람 → 주인, 임금의 뜻

沃
2급 기름질 **옥**, 물댈 **옥** | 물 수(氵) + 어릴 요(夭) 발음 역할
물(氵)을 대니까 땅이 비옥해지고 식물이 무성하게 자라(夭)는 모양 → 관개(灌漑)하다
→ 기름지다, 비옥(肥沃)하다는 뜻

※ 어릴 요(夭)자는 어린아이가 머리를 갸우뚱하게 하고 요염하게 교태를 부리고 있는 모양
→ 일찍 죽다, 어리다, 젊다 → 한창때를 만나다 → 무성하게 자라다는 뜻

決
5급 결단할 **결**, 물꼬틀 **결** | 물 수(氵) + 터놓을 쾌(夬) 발음 역할
물(氵)줄기를 터놓다(夬) → 물줄기를 바꾸다 → 결단(決斷)하다, 결정하다는 뜻

※ 터놓을 쾌(夬)자는 재앙 앙(央)의 한쪽 면을 터놓은 모양 → 터놓다는 뜻
※ 재앙 앙(央)자는 사람(大)이 가추(冂)를 쓰고 있는 모습
→ 죄수들이 도망가지 못하도록 목에 씌우던 나무칼인 가추를 쓴 모습 → 죄를 짓다
→ 재앙(災殃) → 가운데 중간의 뜻

滯
3급 막힐 **체** | 물 수(氵) + 띠 대(帶)
물(氵)을 묶어두다(帶) → 허리띠로 조르듯이 물의 흐름이 원활하지 않다 → 막히다, 엉기다는 뜻
예 교통체증(交通滯症) : 교통이 막힘

※ 띠 대(帶)자는 고대 벼슬아치가 옷(巾)을 묶는 허리띠를 그린 것 → 허리띠의 뜻

汎
2급 넓을 **범** | 물 수(氵) + 무릇 범(凡) 발음 역할
물(氵)에 떠 있는 돛(凡)단배 → 뜨다 → 넓다 → 가볍다 → 두루의 뜻
예 범람(汎濫) : 물이 차서 넘쳐흐름

浩
3급 넓을 **호** | 물 수(氵) + 고할 고(告) 발음 역할
강물(氵)이 넓고 넓게 흐르고 있다고 고하다(告) → 광대하다, 크다 → 넓다는 뜻
예 호연지기(浩然之氣), 호탕(浩蕩), 호기(浩氣)

洪
3급 홍수 **홍**, 넓은 **홍** | 물 수(氵) + 함께 공(共) 발음 역할
홍수(氵)를 막기 위해서는 모두(共)가 방재 작업에 나서야 해서
모두(共)가 손을 맞대어야 하는 큰물(水) → 홍수 → 넓다, 크다는 뜻

※ 함께 공(共)자는 제기 그릇을 같이 들고 있는 모습 → 함께, 같이의 뜻

泓 | **2급** 물깊을 **홍** | 물 수(氵) + 클 홍(弘) 발음 역할
강물(水)이 매우 넓고 크다(弘) → 물이 깊다는 뜻

滉 | **2급** 깊을 **황** | 물 수(氵) + 밝을 황(晃) 발음 역할
물(氵) 빛이 밝게(晃) 빛나다 → 물결치다, 물이 깊고 넓다 → 깊다는 뜻

濬 | **2급** 깊을 **준** | 물 수(氵) + 슬기 예(睿)
물(氵)길이 깊고 밝다(睿) → 심오하다, 깊다는 뜻

洽 | **1급** 흡족할 **흡** | 물 수(氵) + 합할 합(合) 발음 역할
두 물줄기(氵)를 합하다(合) → 넉넉하게 하다 → 흡족(洽足)하다는 뜻
㉠ 미흡(未洽)

泰 | **3급** 클 **태** | 물 수(水) + 받들 공(廾) + 큰 대(大) 발음 역할
사람(大)이 물(水)에 양손 공(廾)을 뻗고 있는 모습 → 물에 손을 씻다 → (가차되어) 편안하다
→ 안정되다 → 크다는 뜻

流 | **5급** 흐를 **류** | 물 수(氵) + 깃발 유(㐬) 발음 역할
임산부가 아기를 낳을 때 양수(川)가 흘러나와 물(氵)이 흥건하다 → 흐르다는 뜻
㉠ 상류(上流) : 강물 따위가 흘러내리는 위쪽

※ 깃발 유(㐬)자는 임산부(㐬)가 아이를 낳을 때 양수(丨)가 터지다 → 버리다 → 폐기하다 → 거칠다
→ (버려진 땅 표시) 깃발 → 흉년 → 빠지다는 뜻

派 | **4급** 갈래 **파** | 물 수(氵) + 물갈래 흐르는 모양
갑골문을 보면 물(氵)이 갈라져 흐르는 모양(𠂢) → (물의) 갈래 → 지류 → 가르다 → 학파(學派)
→ 종파(宗派) → 보내다, 파견(派遣)하다는 뜻
㉠ 파벌(派閥), 당파(黨派)

※ 줄기 맥(脈)자는 몸(肉)에 혈관이 물갈래처럼 갈라져 흐르다 → 혈맥(血脈), 맥박(脈搏), 줄기의 뜻

渦 | **1급** 소용돌이 **와** | 물 수(氵) + 입삐뚜러질 와(咼) 발음 역할
물(氵)이 소용돌이(咼)치는 모양 → 소용돌이의 뜻
㉠ 와류(渦流) : 소용돌이치며 흐르는 물

泡 | **1급** 거품 **포** | 물 수(氵) + 쌀 포(包) 발음 역할
물(氵)이 돌멩이를 감싸고(包) 돌면서 흘러갈 때 생기는 거품의 뜻
㉠ 포말(泡沫) : 물거품, 덧없는 일을 비유하여 이르는 말

沫 | **1급** 물거품 **말** | 물 수(氵) + 끝 말(末) 발음 역할
나무 끝(末)에 생기는 물(氵) → 물방울 → 물거품의 뜻

滴 | **3급** 물방울 **적** | 물 수(氵) + 밑동 적(商) 발음 역할
나무줄기 밑동(商)에 물(氵)을 줄 때 생기는 물방울의 뜻
예 연적(硯滴) : 벼룻물을 담는 그릇

波 | **4급** 물결 **파** | 물 수(氵) + 가죽 피(皮) 발음 역할
물(氵)의 겉 표면(皮) → 물결 → 주름 → 진동하다, 주름지다, 요동치다는 뜻
예 일파만파(一波萬波) : 한 사건이 잇달아 많은 사건으로 번지는 것을 비유

※ 가죽 피(皮)자는 동물의 가죽, 겉껍질의 뜻

浪 | **3급** 물결 **랑** | 물 수(氵) + 어질 량(良) 발음 역할
물(氵)의 겉 표면이 봉긋이 솟구침(良) → 물결, 파도 → 유랑하다, 함부로, 허망하다는 뜻
예 파랑(波浪 : 큰 물결과 작은 물결), 방랑(放浪)=유랑(流浪)

※ 어질 량(良)자의 갑골문을 보면 지붕이 있는 복도인 회랑(回廊)이 그려져 있기에 봉긋이 솟구친 모양
→ 아름답다, 좋다 → 어질다는 뜻

濤 | **1급** 물결 **도**, 파도 **도** | 물 수(氵) + 목숨 수(壽) 발음 역할
밭고랑(壽)처럼 일렁거리는 물결(氵) → 파도(波濤), 조수의 뜻

※ 목숨 수(壽)자는 금문을 보면 갈아 놓은 밭의 한 두둑과 한 고랑을 아울러 이르는 이랑을 가리키는 노인 모습
→ 목숨, 수명, 장수의 뜻
※ 여기서는 목숨 수(壽)자는 이랑 주(疇)자 생략형

瀾 | **1급** 물결 **란** | 물 수(氵) + 가로막을 란(闌) 발음 역할
큰 물결(氵)의 파도를 가로막다(闌) → 물결의 뜻
예 파란(波瀾), 파란만장(波瀾萬丈)

湃 | **1급** 물결칠 **배** | 물 수(氵) + 절 배(拜) 발음 역할
바다의 큰 파도 물결(氵)이 굽이치다(拜) → 물결치다는 뜻
예 팽배(彭湃, 澎湃)

澎 | **1급** 물소리 **팽** | 물 수(氵) + 성씨 팽(彭) 발음 역할
물(氵)이 부풀어 오르게 하다(彭) → 팽창(膨脹)하다 → 물소리의 뜻

瀑   **1급** 폭포 **폭** | 물 수(氵) + 사나울 폭, 쬘 폭(暴) 발음 역할

물(氵)이 사납게 내리쬐려는(暴) 모양 → 폭포의 뜻

㉠ 폭포수(瀑布水) : 낭떠러지에서 쏟아져 내리는 물

※ 사나울 폭(暴)자는 두 손으로(廾) 널어놓은 쌀(米)에 햇볕(日)이 사납게 내리 쬐는 모양
  → (햇빛에 쌀을) 말리다, 쬐다 → 사납다, 난폭하다는 뜻

激   **4급** 격할 **격** | 물 수(氵) + 노래할 교(敫) 발음 역할

물(氵)이 바위에 부딪쳐 물보라가 사방으로 튀기는(敫) 모양 → 거친 물결이 여기저기 몰아치다
→ 결렬하다 → 부딪치다, 격하다, 심하다, 세차다는 뜻

㉠ 자격지심(自激之心) : 자기가 한 일에 대하여 스스로 미흡하다는 생각을 가짐

※ 노래할 교(敫)자는 몽둥이(攵)를 들고 사방(方)으로 휘두르다 → 합창을 지휘하다 → 노래하다 → 성씨(교)의 뜻

演   **4급** 펼 **연** | 물 수(氵) + 범 인, 세째지지 인(寅) 발음 역할

물(氵)이 멀리 펼쳐져 나가는(寅) 모양 → 넓게 미치다, 스며들다 → 펴다, 늘리다는 뜻

㉠ 연극(演劇), 강연(講演) = 강의(講義)

※ 범 인, 세째지지 인(寅)자 갑골문을 보면 화살이 과녁을 뚫고 지나가는 모습 → 멀리 나가다, 펼쳐지다
  → 범, 셋째 지지의 뜻

永   **6급** 길 **영**, 영원할 **영**

갑골문을 보면 긴 물줄기가 굽이쳐 흐르는 모습 → 작은 하천이 큰 물줄기로 뻗어 나가는 모양
→ 길다, 멀다 → 영원(永遠)의 뜻

氷   **5급** 얼음 **빙**

갑골문을 보면 얼음이 깨지면서 부풀어 오른 모양 → 冫(얼음 빙)자 모양 → 얼음 빙[冰 = 氷]자
→ 얼음, 얼다, 고체의 뜻

滅   **3급** 다할 **멸** | 물 수(氵) + 멸할 멸(威) 발음 역할

물(氵), 불(火), 창(戌)으로 적을 멸망(滅亡)시켜 버린다 → 꺼지다, 멸하다는 뜻

※ 멸할 멸(威)자는 창(戌)과 불(火)로 적을 섬멸했다는 뜻

濕   **3급** 젖을 **습** | 물 수(氵) + 드러날 현(㬎)

축축히 젖어있는 명주실(㬎)이 아직도 물기(氵)가 많이 있다 → 젖었다, 말리다는 뜻

㉠ 습기(濕氣) : 축축한 기운

※ 드러날 현(㬎)자는 젖은 명주실(絲)을 햇볕(日)에 말리는데 물기(灬)가 떨어지는 모양 → 말리다
  → 드러나다, 밝다는 뜻

潤 | **3급** 불을 윤, 윤택할 윤 | 물 수(氵) + 윤달 윤(閏) 발음 역할
물(氵)에 충분히 남을(閏) 만큼 젖어서 부었다 → 물이 사물의 표면에 젖어 윤기가 나는 모습에서
→ 윤택(潤澤)하다 → 젖다, (은혜를) 받다는 뜻

※ 윤달 윤(閏)자는 여분의 날 → 윤달 → 남다 → 잉여(여분)의 뜻

法 | **5급** 법 법 | 물 수(氵) + 갈 거(去)
법은 물(氵) 흘러가듯이(去) 자연의 법칙을 따라가야 한다 → 당연한 이치 → 법의 뜻
예 법률(法律) : 사회생활을 유지하기 위한 강제적인 규범

準 | **4급** 준할 준 | 물 수(氵) + 송골매 준(隼) 발음 역할
평평한 물(氵) 위를 일직선으로 송골매(隼) 날아가고 있는 모양 → 곧게 날아가다 → 평평하다
→ 정밀(정확)하다 → 기준 → 규격, 표준(標準) → 본받다, 준하다는 뜻

源 | **4급** 근원 원 | 물 수(氵) + 언덕 원(原) 발음 역할
강물(氵)이 처음 시작(原)한 곳 → 발원지(發源地), 원천(源泉), 기원(起源), 근원(根源)의 뜻

※ 언덕 원(原)자는 기슭(厂)에서 흘러나오는 샘(泉) → 언덕, 본래, 근원의 뜻

漁 | **5급** 고기잡을 어 | 물 수(氵) + 물고기 어(魚) 발음 역할
갑골문을 보면 낚싯대로 물고기를 잡는 모습 → 물(氵)에서 고기(魚)를 잡다는 뜻
예 어부(漁父) : 고기 잡는 사람

治 | **4급** 다스릴 치 | 물 수(氵) + 기쁠 이(台)
물(氵)을 잘 다스려 백성들을 기쁘게 먹여(台) 살린다
→ 농경사회에서는 강이나 하천의 물(氵)을 잘 다스리는 치수(治水) 사업이 중요 → 다스리다는 뜻

※ 기쁠 이(台)자는 저(厶)를 입(口)에 가져가는 모습 → 기뻐하다 → 별 → 먹이다는 뜻

潮 | **4급** 밀물 조 | 물 수(氵) + 아침 조(朝) 발음 역할
아침(朝)에 밀려오는 바닷물(氵) → 물의 흐름(밀물) → 큰 파도 → 조수의 뜻
예 조수(潮水) : 해와 달의 인력에 의해서 주기적으로 들어왔다 나갔다 하는 바닷물

※ 조수 석(汐)자는 저녁(夕) 때 간조(干潮) 현상 → 썰물의 뜻

淺 | **3급** 얕을 천 | 물 수(氵) + 나머지 잔(戔) 발음 역할
물(氵)이 적다(戔) → 얕다, 엷다 → 부족하다는 뜻
예 심천(深淺) : 깊음과 얕음

※ 나머지 잔(戔)자는 다른 창(戈)은 사용하고 있는데 나머지 창(戈)이 적게 쌓여있는 모양
→ 나머지, 적다, (작은) 동전의 뜻

深 | 4급 깊을 심 | 물 수(氵) + 점점 미(罙)
물(氵)이 깊다(罙) → 심하다 → 무성하다, 우거지다는 뜻

※ 점점 미(罙)자 갑골문을 보면 굴(穴) 안에 사람이 횃불(木)을 들고 점점 깊이 들어가는 모습 → 점점, 깊다는 뜻

洗 | 5급 씻을 세 | 물 수(氵) + 먼저 선(先) 발음 역할
갑골문을 보면 물(氵)로 발(先)을 씻는 모습 → (발을) 씻다 → 설욕하다, 깨끗이 하다 → 다듬다라는 뜻
㉠ 세수(洗手), 세면(洗面)

※ 먼저 선(先)자는 사람(儿)의 머리 위에 발(止)을 그림 → 먼저 가는 사람 → 미리, 먼저, 앞서의 뜻

滌 | 1급 씻을 척 | 물 수(氵) + 가지 조(條) 발음 역할
나뭇가지(條)를 물(氵)로 씻다 → 닦다, 씻다는 뜻
㉠ 세척(洗滌)

濯 | 3급 씻을 탁 | 물 수(氵) + 꿩 적(翟)
물가(氵)에서 꿩(翟)이 날갯짓하다 → 새가 물가에서 날갯짓으로 몸을 깨끗이 하다 → 씻다는 뜻
㉠ 세탁기(洗濯機), 탁족(濯足)

澣 | 1급 빨래할 한 | 물 수(氵) + 줄기 간(幹) 발음 역할
나무줄기(幹)를 물(氵)로 씻다 → 닦다, 빨다 → 빨래하다는 뜻

湯 | 3급 끓일 탕 | 물 수(氵) + 볕 양(昜) 발음 역할
물(氵)에 뜨거운 햇볕이 내리 쬐어(昜) 물이 끓다 → 끓인 물, 온천의 뜻

※ 볕 양(昜)자는 햇살이 내리 쬐는 볕 → 태양, 양지의 뜻

沸 | 1급 끓을 비 | 물 수(氵) + 아닐 비(弗) 발음 역할
물(氵)이 끓어서 수증기가 되어 더 이상 물이 아니다(弗) → 끓다, 들끓다는 뜻
㉠ 비등(沸騰)

沐 | 2급 머리감을 목 | 물 수(氵) + 나무 목(木) 발음 역할
나무(木) 옆에 흐르는 물(氵)에 머리 감는 모습 → 머리 감다 → 씻다는 뜻

浴 | 5급 목욕할 욕 | 물 수(氵) + 계곡 곡(谷)
계곡(谷)에 흐르는 물(氵)에서 목욕(沐浴)하는 모습 → 목욕, 몸을 씻다는 뜻

※ 계곡 곡(谷)자는 산등성이 아래로 흐르는 물줄기 모양 → 골짜기, 계곡의 뜻

沙 | **3급** 모래 **사** | 물 수(氵) + 적을 소(少)
강변(氵)에 작게 부서진(少) 돌가루 → 모래의 뜻

※ 모래 사(砂)자는 돌(石)이 작게(少) 부서져 만들어진 모래의 뜻
※ 물(氵)이 없는 곳(莫) → 사막(沙漠·砂漠) → 광막(廣漠)하다, 넓다는 뜻

渴 | **3급** 목마를 **갈** | 물 수(氵) + 어찌 갈(曷) 발음 역할
금문을 보면 갈라진 혓바닥을 내밀고 있는 모양 → 목마르다 → 갈증(渴症) 나다는 뜻

洞 | **7급** 마을 **동** | 물 수(氵) + 같을 동(同) 발음 역할
옛날 사람들은 하천(氵)을 중심으로 같이 함께(同) 모여 산다 → 동네, 마을의 뜻

泥 | **3급** 진흙 **니** | 물 수(氵) + 여승 니(尼) 발음 역할
흙과 물(氵)이 뒤섞여(尼) 있다 → 오니(汚泥 : 더러운 흙) → 진흙의 뜻

※ 여승 니(尼)자는 두 사람이 등을 맞대어 섞여 있는 모습

涅 | **1급** 개흙 **열** | 물 수(氵) + 막을 열(坴) 발음 역할
물(氵)길이 진흙으로 막혔다(坴) → 개흙 → 열반(涅槃)의 뜻

潟 | **1급** 개펄 **석** | 물 수(氵) + 신 석(舃) 발음 역할
바닷가(氵) 진흙에 신(舃) 발자국 모양 → 개펄의 뜻
예 석호(潟湖), 간석지(干潟地)

漫 | **3급** 질펀할 **만** | 물 수(氵) + 끌 만(曼) 발음 역할
진흙이 뒤섞인 물(氵)이 자꾸 잡아끌다(曼) → 질펀하다는 뜻
예 낭만(浪漫) : roman의 일본식 한자 표기

※ 끌 만(曼)자는 모자를 쓴 사람의 눈을 잡아끄는 모습 → 끌다는 뜻

測 | **4급** 헤아릴 **측** | 물 수(氵) + 법칙 칙(則) 발음 역할
비(氵)가 얼마나 왔는지를 일정 기준(則)으로 알아보는 모양 → 강수량을 측정하다
→ 측량(測量)하다, 측정(測定)하다, 헤아리다, 재다는 뜻

滲 | **1급** 스며들 **삼** | 물 수(氵) + 간여할 참(參) 발음 역할
물(氵)이 간여(參)하여 스며들었다 → 스미다, 배다, 적시다는 뜻

活	**7급** 살 **활**, 물콸콸흐를 **괄**	물 수(氵) + 혀 설(舌) 발음 역할

혀(舌)에 수분(水)이 있다 → 살아있다 → (몸속 혈액의 흐름이) 원활하다 → 콸콸 흐르다
→ 생기 있다, 살다, 생존하다는 뜻
예 사활(死活) : 죽음과 삶

濠 **2급** 호주 **호** | 물 수(氵) + 호걸 호(豪) 발음 역할

물(氵)가에 이루어진 매우 큰 섬에 뛰어난 호걸(豪)들이 살고 있는 곳 → 나라 이름 호주(濠洲)의 뜻

洲 **2급** 물가 **주** | 물 수(氵) + 고을 주(州) 발음 역할

강물(川)에 실려 온 흙이 모래톱(모래사장)을 이루고 있는 모습 → 물(氵)가에 이루어진 섬
→ 삼각주(三角洲), 모래톱, 물가, 섬 → 뭍, 대륙의 뜻

涯 **3급** 물가 **애** | 물 수(氵) + 언덕 애(厓) 발음 역할

물(氵)가에 언덕(厓) → 강기슭 → 물가, 끝, 한계의 뜻
예 생애(生涯) : 살아있는 한평생

洙 **2급** 물가 **수** | 물 수(氵) + 붉을 주(朱) 발음 역할

강물(氵) 얕은 곳(朱) → 물이 있는 곳의 가장자리 → 물가의 뜻

汀 **2급** 물가 **정** | 물 수(氵) + 고무래 정(丁) 발음 역할

작은 물줄기 → 물이 있는 곳의 가장 자리 → 물가의 뜻

瀕 **1급** 물가 **빈** | 물 수(氵) + 자주 빈(頻) 발음 역할

강물(氵) 자주 가는 가까운 곳(頻) → 가깝다 → 물가의 뜻
예 빈사(瀕死)

濱 **1급** 물가 **빈** | 물 수(氵) + 손 빈(賓) 발음 역할

물이 있는 곳의 가장자리 → 가깝다 → 물가의 뜻

汶 **2급** 물이름 **문** | 물 수(氵) + 글월 문(文) 발음 역할

물가(氵) 어지러운 곳(文) → 물 이름의 뜻

洛 **2급** 물이름 **락** | 물 수(氵) + 각각 각(各) 발음 역할

강물(氵) 이름을 각각(各) 붙이다 → 물 이름 락의 뜻

沂 **2급** 물이름 **기** | 물 수(氵) + 근 근(斤) 발음 역할

중심지에서 멀리 떨어진 가장자리 지역 → 변방(邊方), 변두리, 지경(地境) → 고을 이름, 물 이름의 뜻

| 淮 | **2급** 물이름 **회** | 물 수(氵) + 새 추(隹) 발음 역할
강물(氵)에서 노니는 새(隹) → 물 이름, 강 이름의 뜻

| 沔 | **2급** 물이름 **면** | 물 수(氵) + 가릴 면(丏) 발음 역할
물(氵)에 빠지다(丏) → 물이 흐르다 → 물 이름의 뜻

| 泗 | **2급** 물이름 **사** | 물 수(氵) + 넉 사(四) 발음 역할
사방(四)이 물(氵)이다 → 물 이름의 뜻

| 漢 | **7급** 한수 **한** | 물 수(氵) + 진흙 근(堇) 변형
진흙(堇)이 많은 강물(氵) → 중국 한 나라 강 한수(漢水) → 한 나라 → 은하수(銀河水) → 놈, 사람의 뜻
  예) 문외한(門外漢 : 전문 지식이 없는 사람), 한자(漢字), 한강(漢江),
      한라산(漢拏山 : 은하수를 잡을 수 있을 정도로 높은 산)

| 汝 | **3급** 너 **여** | 물 수(氵) + 여자 녀(女) 발음 역할
물 이름 → 너의 뜻
  예) 오심즉여심(吾心卽汝心 : 내 마음이 곧 너의 마음), 여의도(汝矣島)

| 汲 | **1급** 길을 **급** | 물 수(氵) + 미칠 급(及) 발음 역할
물(氵)이 필요한 곳에 이르도록(及) 하다 → 끌어당기다 → (물을) 긷다, 푸다 → 힘쓰는 모양의 뜻
  예) 급수(汲水), 황급(遑汲), 급급(汲汲)

| 汽 | **5급** 물끓는김 **기** | 물 수(氵) + 기운 기(气) 발음 역할
물(氵)의 기운(气) → 수증기(水蒸氣·水烝氣) → 물 끓는 김의 뜻
  예) 기차(汽車), 기적(汽笛), 기선(汽船), 기압(汽壓)

| 沖 | **2급** 화할 **충** | 물 수(氵) + 가운데 중(中) 발음 역할
물(氵)의 가운데(中) → 깊다 → 따뜻하고 부드럽다 → 화(和) → 부딪치다는 뜻
  예) 상충(相沖)

| 淘 | **1납** 쌀일 **노** | 물 수(氵) + 질그릇 도(匋) 발음 역할
질그릇(匋)에 물(氵)과 쌀을 넣고 흔들어서 쓸 것과 못 쓸 것을 가려내다 → 쌀 일다, 씻다는 뜻
  예) 자연도태(自然淘汰)

| 汰 | **1급** 일 **태** | 물 수(氵) + 클 태(太) 발음 역할
물(氵)속에서 크고(太) 좋은 것을 가려 뽑다 → 쓸 것과 못 쓸 것을 가려내다 → 일다라는 뜻
  예) 산사태(山沙汰)

沛

1급 비쏟아질 **패** | 물 수(氵) + 저자 시(市) 발음 역할

시장(市)에 빗물(氵)이 쏟아지는 모양 → (비가) 쏟아지다는 뜻

況

4급 상황 **황** | 물 수(氵) + 형 형(兄) 발음 역할

형(兄)이 눈물(氵)을 흘리고 있는 형편 → 상황(狀況), 정황(情況) → 하물며의 뜻

泌

2급 분비할 **비** | 물 수(氵) + 반드시 필(必) 발음 역할

샘물(氵)이 졸졸 흘러서 반드시(必) 땅 밑으로 스며드는 모양 → 스며들다 → 분비하다는 뜻

예 비뇨기관(泌尿器科), 분비물(分泌物)

瀝

1급 스밀 **역** | 물 수(氵) + 지날 력(歷) 발음 역할

물(氵)이 흐르다가(지나다가 歷) 땅속으로 스며들다 → 스미다는 뜻

예 피력(披瀝), 여력(餘瀝)

洶

1급 용솟음칠 **흉** | 물 수(氵) + 오랑캐 흉(匈) 발음 역할

물(氵)소리가 떠들썩하다(匈) → 물 따위가 매우 세찬 기세로 위로 나오다 → 용솟음치다는 뜻

涌

1급 물솟을 **용** | 물 수(氵) + 길 용(甬) 발음 역할

땅(甬)에서 물(氵)이 솟아오르다 → 솟구치다는 뜻

消

6급 사라질 **소** | 물 수(氵) + 꺼질 소(肖) 발음 역할

물(氵)로 불을 꺼지게 하다(肖) → 소멸(消滅)하다, 소모(消耗)하다, 사라지다는 뜻

예 소식(消息), 소화(消化), 소비(消費), 취소(取消), 해소(解消), 소방(消防), 소화기(消火器)

涵

1급 젖을 **함** | 물 수(氵) + 지닐 함(函) 발음 역할

물기(氵)를 지니다(函) → 물기를 머물다 → 적시다 → 너그럽다, 포용하다는 뜻

예 함양(涵養) : 서서히 차차 길러냄

涼

3급 서늘할 **량** | 물 수(氵) + 서울 경(京) 발음 역할

비(氵)를 피하여 큰 건물(京) 처마 밑에 서 있는 모양 → (비를 맞아) 서늘하다, 쓸쓸하다는 뜻

淋

3급 임질 **임** | 물 수(氵) + 수풀 림(林) 발음 역할

오랜 기간 비(氵)가 무성하게 많이(林) 내리다 → 적시다, 장마 → 임질(淋疾・痳疾)의 뜻

예 임파선(淋巴腺)

| 淫 | **3급** 음란할 **음** | 물 수(氵) + 가까이할 임(㸒) 발음 역할
물(氵)을 가까이하다(㸒) → 빠지다, 간사하다 → 음란(淫亂)하다는 뜻
예 간음(姦淫), 음탕(淫蕩), 음담패설(淫談悖說)

| 淳 | **2급** 순박할 **순** | 물 수(氵) + 누릴 향, 삶을 팽(享) 발음 역할
물(氵)로 삶아서(享) 깨끗하다 → 맑다 → 순박(淳朴‧淳樸‧醇朴)하다는 뜻

| 渺 | **1급** 아득할 **묘** | 물 수(氵) + 애꾸눈 묘(眇) 발음 역할
한쪽 눈이 멀어서 애꾸눈(眇)으로 바닷물(氵)을 쳐다보다 → 멀다, 아득하다는 뜻
예 묘연(渺然)

| 溫 | **6급** 따뜻할 **온** | 물 수(氵) + 가둘 수(囚) + 그릇 명(皿)
갑골문을 보면 큰 그릇(皿)에서 사람(人)이 더운물(氵)을 덮어쓰며(囗) 목욕하는 모습
→ 데우다, 온난(溫暖)하다, 온순(溫順)하다 → 따뜻하다는 뜻

| 溶 | **2급** 녹을 **용** | 물 수(氵) + 얼굴 용(容) 발음 역할
계곡(容)으로 물(氵)이 흘러내리는 모양 → 도도히 흐르다 → 녹다 → 용해(溶解)하다는 뜻

| 滋 | **2급** 불을 **자** | 물 수(氵) + 무성할 재(玆) 발음 역할
물(氵) 무성하게 붇다(玆) → 무성하다, 붇다, 늘다, 증가(增加)하다는 뜻
예 자양(滋養)

| 滑 | **2급** 미끄러울 **활** | 물 수(氵) + 뼈 골(骨) 발음 역할
몸(骨)에 땀(氵)이 흐르는 모양 → 미끄럽다, 부드럽게 하다는 뜻
예 원활(圓滑), 윤활유(潤滑油), 활강(滑降)

| 溜 | **1급** 낙숫물 **류** | 물 수(氵) + 머무를 류(留) 발음 역할
처마 끝에서 머물던(留) 물(氵)이 떨어지는 모양 → 낙숫(落水)물의 뜻
예 증류(蒸溜, 烝溜), 잔류(殘溜)

| 漕 | **1급** 배로실어나를 **조** | 물 수(氵) + 무리 조(曹) 발음 역할
뗏목 무리(曹)를 강물(氵)에 띄우다 → 배로 실어 나르다는 뜻
예 조정(漕艇), 조선(漕船 : 물건을 실어 나르는 배)

| 潑 | **1급** 물뿌릴 **발** | 물 수(氵) + 필 발(發) 발음 역할
물(氵)줄기 기운이 땅에서 솟아나다 → 활발(活潑)하다 → 물뿌리다는 뜻
예 발랄(潑剌)

| 灑 | **1급** 뿌릴 **쇄** | 물 수(氵) + 고울 려(麗) 발음 역할
물(氵)을 뿌려서 깨끗하게(麗) 하다 → 씻다, 깨끗하다, 뿌리다는 뜻

| 沮 | **2급** 막을 **저** | 물 수(氵) + 또 차(且) 발음 역할
비석(且)같이 생긴 바위를 또 쌓아서 물길(氵)을 막다 → 저지(沮止)하다, 막다는 뜻
예 저해(沮害), 저상(沮喪)

| 澁 | **1급** 떫을 **삽** | 물 수(氵) + 떫을 삽(歮) 발음 역할
물(氵) 맛이 떫다(歮) → 꺼리다, 떫다는 뜻

| 潰 | **1급** 무너질 **궤** | 물 수(氵) + 귀할 귀(貴) 발음 역할
귀한(貴) 물건이 바닷물(氵)에 빠졌다 → (억장이) 무너진다 → 허물다, 무너지다는 뜻
예 궤양(潰瘍), 궤멸(潰滅)

| 澱 | **1급** 앙금 **전** | 물 수(氵) + 전각 전(殿) 발음 역할
녹말 따위의 아주 잘고 부드러운 가루가 물에 가라앉다 → 마음속에 남아 있는 개운치 않은 감정
→ 찌꺼기, 앙금의 뜻
예 침전(沈澱), 전분(澱粉)

| 濾 | **1급** 거를 **여** | 물 수(氵) + 생각할 려(慮) 발음 역할
이리저리 잘 생각(慮)하여 물(氵)로 씻어내다 → 맑게하다 → 거르다, 여과(濾過)하다는 뜻

| 濃 | **2급** 짙을 **농** | 물 수(氵) + 농사 농(農) 발음 역할
논농사(農)를 위해 논에 물(氵)을 대주는 마음 → 두텁다, 깊다 → 짙다는 뜻
예 농후(濃厚), 농담(濃淡), 농도(濃度), 농염(濃艶), 농축(濃縮), 농액(濃液)

| 灣 | **2급** 물굽이 **만** | 물 수(氵) + 굽을 만(彎) 발음 역할
강물(氵)이 굽이지어(彎) 흐르다 → 굽다, 물굽이의 뜻
예 대만(臺灣), 항만(港灣)

| 求 | **4급** 구할 **구**
갑골문을 보면 털이 나 있는 옷의 모양 → 털 가죽옷
→ (털옷은 추운 겨울을 이겨낼 수 있는 옷이었지만 쉽게 구하지도 못했을 뿐만 아니라 가격도 비쌌음)
→ (비싼 털옷을 구하거나 원하다) 구하다 → 탐하다 → 청하다는 뜻

※ 氵 자가 부수자는 아니지만 물 관련 글자
예 술 주(酒), 오줌 뇨(尿)

 머리 수

코(自)가 있는 얼굴에 머리털을 강조한 모습 → 머리 → 우두머리의 뜻

※ 으뜸 원(元)자도 사람 몸에 머리를 강조한 글자 → 머리, 우두머리의 뜻
예 원수(元首) : 국가의 최고 통치권자

※ 상용한자 내에서는 부수자로 쓰이는 글자 없음

 보일 시, 땅귀신 기

갑골문을 보면 제사를 지내는 제단을 그린 것 → (신에게 제사를 지내면 길흉이 나타난다) 보이다 → 신, 귀신, 제사, 길흉, 두다, 베풀다는 뜻

※ 제단 : 제사를 지낼 때 제물을 올려놓던 단(壇)
※ 부수로 쓰일 때는 礻(示)자, 衣(옷 의)자의 부수자 衤 자와는 구분해야 함
※ 귀신을 뜻하는 귀신 귀(鬼)보다는, 땅 귀신 기(示)자가 훨씬 더 많이 사용됨

祭
4급 제사 제 | 귀신 기(示) + 또 우(又) + 고기 육(月)
제단(示)에서 고기(肉 → 月)를 손(又)으로 올리는 모습 → 제사 → 잔치의 뜻
예 기우제(祈雨祭), 제사(祭祀)

祀
3급 제사 사 | 귀신 기(示) + 뱀 사(巳) 발음 역할
제단(示)앞에서 무릎을 꿇고 제사(祭祀)를 지내는 사람(巳)의 모습 → 제사의 뜻

社
6급 모일 사 | 귀신 기(示) + 흙 토(土)
토지(土)의 신에게 제사(示) 지내기 위해 많은 사람들이 모여서 제사를 지내다 → 토지의 신 → 제사 지내다 → 모이다는 뜻
예 사직(社稷) : 고대 중국에서 나라를 세울 때, 임금이 단을 쌓아 제사를 지내던 토신(土神)과
　　　　　　　곡신(穀神)을 일컬음 → 이후 나라 또는 조정이란 의미)

祠

1급 사당 사 | 귀신 기(示) + 시킬 사(司) 발음 역할

조상 제사상(示)을 잘 차리도록 지시(司)하는 모습 → 제사 지내다 → 사당(祠堂)의 뜻

※ 시킬 사(司)자 갑골문을 보면 높은 직책의 사람이 팔 나를 높이 들고 말(口)로 명령 내리는 모습
→ (제사 또는 행사를) 주관하다, 관리하다, 맡다, 살피다 → 엿보다 → 벼슬의 뜻

祝

5급 빌 축 | 귀신 기(示) + 맏 형(兄)

형(兄)이 제단(示)에 무릎을 꿇고 축문(祝文)을 읽는 모습
→ 제사 지낼 때는 맏형이 축문을 읽어 신에게 제사가 시작됨을 고(告)한다 → 빌다, 기원하다는 뜻

예) 축복(祝福) : 행복하기를 빔

祈

3급 빌 기 | 귀신 기(示) + 도끼 근(斤) 발음 역할

금문에서는 깃발 아래로 單(홀 단)자와 도끼(斤)자가 함께 그려져 있음
→ 소전 부터 깃발이 제단으로 바뀌고 單(홀 단)자가 빠진 지금의 글자 모양
→ 무기(斤)들을 단(示)에 놓고 전쟁이나 사냥에서의 성공을 빌고 있는 모습
→ 기원하다, 빌다 → 기도(祈禱)의 뜻

禱

1급 빌 도 | 귀신 기(示) + 목숨 수(壽) 발음 역할

신(示)에게 오래 살게(壽) 해달라고 빔 → 빌다, 기원하다, 소망하다는 뜻

祿

3급 복 록 | 귀신 기(示) + 새길 록(彔) 발음 역할

신(示)에게 복을 내려(彔)달라고 비는 모습 → (신이 준) 복(福) → (신이 준) 선물
→ 녹봉(祿俸) → 봉급(俸給)의 뜻

※ 새길 록(彔)자는 나무를 깎아 새겨서 (고로쇠) 물이 흘러 내리는 모습 → (나무에 깎아) 새기다
→ 원래, 본디, 근본의 뜻

福

5급 복 복 | 귀신 기(示) + 가득할 복(畐) 발음 역할

제단(示)에 있는 술잔에 술(畐)을 따르고 있는 모습
→ (신에게 정성을 다해 제사를 지내는 것으로 복을 기원하므로) 복, 행복의 뜻

※ 가득할 복(畐)자는 술이 가득 담긴 항아리를 그린 것 → 가득하다는 뜻

祉

1급 복 지 | 귀신 기(示) + 그칠 지(止) 발음 역할

신(示)에게 하늘에서 내리는 행복을 그치지(止) 말라고 빌다 → 행복(幸福), 복(福)의 뜻

예) 복지사회(福祉社會)

祥 | **3급** 상서 **상** | 귀신 기(示) + 양 양(羊) 발음 역할
신(示)이 내려주는 좋은 일(羊) → 행복 → 제사를 통해 좋은 일이 이루어지길 바란다
→ 상서롭다 → 조짐 → 자세하다는 뜻

※ 양 양(羊)자는 신에게 바치는 제물 희생양(犧牲羊)으로 상서(祥瑞)롭다, 좋은 조짐의 뜻

祖 | **7급** 조상 **조** | 귀신 기(示) + 도마 조(且) 발음 역할
조상 묘 비석(且) 앞에서 제사(示) 지내는 모습 → 조상(祖上), 사당 → 할아버지 → 시초, 근본의 뜻

※ 도마 조(且) 조상의 묘 앞 표시석 비석을 그린 것 → 조상
  → (비석 앞 도마에 음식물이 겹겹이 쌓여 있어) 도마, 또한, 우선, 공경스럽다는 뜻

神 | **6급** 귀신 **신** | 귀신 기(示) + 납 신(申) 발음 역할
하늘 신(示)의 뜻으로 번갯불(申) 치다 → 신, 신령, 귀신(鬼神)의 뜻

※ 납 신(申)자는 갑골문을 보면 번개 치는 모습 → 번개 → (번개 치는 것은) 하늘 신의 뜻 → 하늘 신
  → (번개가 칠 때에는 한 번만 치지 않고 여러 번) 거듭하다 → (번개가) 펴지다 → 베풀다 → 알리다
  → 말하다 → (십이간지에 들어가면서 12마리의 동물 중) 원숭이의 뜻

禮 | **6급** 예절 **예** | 귀신 기(示) + 풍년 풍(豊)
제사(示) 지낼 때 음식을 풍족하게(豊) 갖추는 것이 예의다 → 예절(禮節)의 뜻

※ 풍년 풍(豊)자는 제사 룻(豆) 위에 음식(曲)을 풍족하게 올려놓은 모습 → 풍부하다는 뜻

禁 | **4급** 금할 **금** | 귀신 기(示) + 수풀 림(林) 발음 역할
울창한 숲(林) 속에 귀신(示)을 모시는 곳으로, 이런 곳에서 귀신 옮길까 봐 가기를 꺼린다
→ 금지(禁止)한다, 금기(禁忌)의 뜻

禪 | **3급** 고요할 **선** | 귀신 기(示) + 홀 단(單) 발음 역할
제단(祭壇)을 설치하여 하늘에 홀로(單) 제사(示)를 지내다
→ (제사를 지낼 때 조용히 지냈기 때문에) 고요하다
→ (불교에서 마음을 고요히 하여 진리를 찾기에) 좌선(坐禪)의 뜻

禍 | **3급** 재화 **화** | 귀신 기(示) + 입삐뚤어질 와(咼) 발음 역할
신(示)이 삐뚤어진(咼) 결과를 주었다 → 신이 내린 벌 → 신의 문책, 노여움 → 재앙, 벌의 뜻
㉠ 원화소복(遠禍召福) : 화를 멀리하고 복을 불러들임

※ 입삐뚤어질 와(咼)자 갑골문을 보면 앙상한 뼈와 입을 함께 그린 것 → 재앙의 뜻

祕

3급 숨길 **비** | 귀신 기(示) + 반드시 필(必) 발음 역할
신(示)의 뜻은 너무나도 오묘하여 반드시(必) 알기 어렵다 → 신묘(神妙)하여 알기가 어렵다
→ (신의 뜻이) 숨어있다 → 숨기다 → 신비(神祕)하다 → 숨길 비(秘)와 같은 글자
- 예) 비밀(祕密), 비결(祕訣), 변비(便祕), 비기(祕記)

票

4급 표 **표** | 귀신 기(示) + 덮을 아(襾)
소전을 보면 불(火) 위에 불똥을 손으로 잡는 모습 → (재가 날아오르듯이 매우) 가볍다
→ (동전보다 가벼운) 지폐, 증서, 증표(證票)의 뜻
- 예) 투표(投票), 우표(郵票), 부표(付票), 매표(買票), 득표(得票)

禦

1급 막을 **어** | 귀신 기(示) + 거느릴 어(御) 발음 역할
지체 높은 사람이 호위병을 거느리고(御) 걷고 있는데, 호위병이 많은 사람들을 막고
앞길이 잘 보이도록(示) 하다
→ 막다, 방어(防禦), 방해(妨害), 방비(防備)의 뜻

※ 示 자가 부수자는 아니지만 귀신, 제사의 뜻으로 사용된 글자
- 예) 재계할 재(齋), 마루 종(宗)

 주검 시

갑골문을 보면 죽은 사람의 영혼이 승천하는 모습 → 주검, 시체
→ (모양이 비슷하여) 엉덩이, 집, 지붕 → 모양자로 많이 사용

屍

2급 주검 **시** | 주검 시(尸) + 죽을 사(死)
죽어서(死) 영혼이 승천하다(尸) → 주검, 시체(屍體), 송장의 뜻

屠

1급 죽일 **도** | 주검 시(尸) + 사람 자(者) 발음 역할
사람(者)이 죽어 시체(尸)가 되다 → 죽이다 → 잡다는 뜻
- 예) 도살(屠殺) : 사람이나 짐승을 마구 죽임

尿

2급 오줌 **뇨** | 주검 시(尸) + 물 수(水)
갑골문을 보면 서 있는 사람(尸)의 엉덩이에서 오줌(水)이 나오는 모습 → 오줌, 소변의 뜻
- 예) 분뇨(糞尿) : 똥오줌

屎　**특급** 똥 시 | 주검 시(尸) + 쌀 미(米)
갑골문을 보면 사람(尸)의 엉덩이에서 쌀(米)이 변하여 똥 나오는 모습 → 쌀이 똥으로 변했다
→ 똥, 대변(大便)의 뜻

※ 똥 분(糞) 쌀(米)이 다르게(異) 변했다 → 똥의 뜻

尾　**3급** 꼬리 미 | 주검 시(尸) + 털 모(毛)
갑골문을 보면 엉거주춤 서 있는 사람의 엉덩이(尸)에 털(毛)이 나 있는 모습
→ 축제를 벌일 때 동물의 꼬리를 매달은 모습 → 꼬리, 끝, 뒤쪽의 뜻
예 미행(尾行 : 남의 뒤를 몰래 따라감), 용두사미(龍頭蛇尾)

屈　**4급** 굽을 굴 | 주검 시(尸) + 나올 출(出) 발음 역할
금문을 보면 꼬리(尾)가 엉덩이에 나와(出) 축 늘어진 모습 → (해서부터 지금 글자) 꼬리가 움츠러들다
→ 굴(집 尸)에서 나올(出) 때 몸을 굽히다 → 오그라들다, 움츠리다는 뜻
예 굴곡(屈曲) : 이리저리 굽어 꺾여 있음

尺　**3급** 자 척
갑골문을 보면 사람의 다리 하나 그림 → 발로 길이를 재는 모습 → 길이, 자의 뜻

尹　**2급** 다스릴 윤 | 돼지머리 계(彐) + 막대기(丿) 모양
일을 관리 감독하는 사람이 손(彐)에 막대기(丿)를 들고 다스리는 모습 → 다스리다 → 바로잡다
→ 벼슬 → 성씨(윤)의 뜻

展　**5급** 펼 전 | 주검 시(尸) + 스물 입(廾) + 옷의변 의(衣)
갑골문을 보면 도기가 늘여놓은 모양 → 탁자(尸) 위에 스물(廾)개 옷(衣)을 펼쳐 놓다 → 벌이다
→ 늘이다, 펴다는 뜻
예 발전(發展), 전망(展望), 전시(展示), 전개(展開)

屛　**3급** 병풍 병 | 주검 시(尸) + 아우를 병(幷) 발음 역할
흙벽돌(尸)을 쌓아서 아우르다(幷) → 울타리, 담 → 병풍(屛風)의 뜻

尼　**2급** 여승 니 | 주검 시(尸) + 비수 비(匕) 발음 역할
비구니(比丘尼)를 뜻하는 글자 → 승니(僧尼) → 여승(女僧)의 뜻
예 중니(仲尼), 인니(印尼)

| 屋 | **5급** 지붕 **옥**, 집 **옥** | 주검 시(尸) + 이를 지(至)
집(尸)에서 가장 위에 이르는(至) 곳 → 지붕 → 집, 주거 공간의 뜻
예 옥상(屋上) : 지붕 위

| 履 | **3급** 신 **리**, 밟을 **리** | 주검 시(尸) + 돌아올 복(復)
금문을 보면 사람(頁)이 배(舟)를 타기 위해 걸어가는(足) 모습 → 소전부터 집(尸)으로 돌아오는(復) 모습
→ 신발 → 밟다, 행하다, 겪다라는 뜻

| 屢 | **3급** 여러 **루** | 주검 시(尸) + 포갤 루(婁) 발음 역할
집(尸)의 창문이 여러 개 포개어져(婁) 달려 있다 → 여러, 자주의 뜻
예 누차(屢次) : 여러 차례, 여러 번

| 居 | **4급** 살 **거** | 주검 시(尸) + 옛 고(古) 발음 역할
금문을 보면 집(尸)안에 앉아 있는(古) 모양 → 앉다, 자리를 잡다 → 살다, 거주(居住)하다는 뜻

| 層 | **4급** 층 **층** | 주검 시(尸) + 거듭 증(曾) 발음 역할
집(尸)이 여러 개 겹쳐져(曾) 있다 → 여러 층 집, 큰집
→ (여러 층의 집에 들어갈 때) 계단(階段), 층계(層階), 층, 겹의 뜻

| 局 | **5급** 판 **국**
금문을 보면 장기판 위에 말 모양 → 판(장기, 바둑), 판세 → 당면한 사태, 재간 → 관청, 부서, 마을의 뜻
예 편집국(編輯局 : 신문사나 방송사에서 편집하는 부서)

| 屬 | **4급** 이을 **촉** | 주검 시(尸) + 애벌레 촉(蜀) 발음 역할
소전을 보면 동물 꼬리(尾)에 애벌레(蜀)들이 붙어 있는 모양 → 동물이 무리를 거느리고 다니다
→ (무리를) 거느리다 → 피붙이, 잇다, 복종하다, 무리, 혈족의 뜻
예 예속(隸屬), 속성(屬性), 금속(金屬), 소속(所屬), 부속(附屬), 권속(眷屬), 존속(尊屬), 귀속(歸屬)

矢 화살 시

갑골문을 보면 화살촉과 깃을 그린 것 → 화살 → 곧다는 뜻

※ 화살 시(矢)자는 큰것(大)을 막은(厂) 모양 → 작다, 적다, 짧다는 뜻으로도 쓰임
※ 箭(화살 전) : 화살의 뜻

知 | **5급** 알 지 | 화살 시(矢) + 입 구(口)
화살(矢)이 과녁을 맞추듯 정확하게 말(口)하다 → 화살(矢)이 활에서 나가듯이 입(口)에서 나오는 말 → 많이 알고 있어 화살(矢)처럼 말(口)이 빨리 나가다 → 알다, 앎, 지식(知識) → 나타내다는 뜻

※ 지혜 지(智)자는 알고 있는 지식(知)이 세월(日)이 지나면 지혜(智慧)롭게 된다 → 슬기, 지혜 재능의 뜻
※ 어리석을 치(痴)자는 지(知)적인 능력이 병(疒)에 걸렸다 → 어리석다(癡 약자)의 뜻

短 | **6급** 짧을 단 | 화살 시(矢) + 콩 두(豆)
화살(矢) 사정거리가 짧다(豆) → 짧다, 가깝다는 뜻
예 장단(長短) : 길고 짧음

矮 | **1급** 난쟁이 왜 | 화살 시(矢) + 맡길 위(委) 발음 역할
여자에게 맡겨진(委) 작은 화살(矢) → 짧다 → 작다 → 난쟁이의 뜻
예 왜소(矮小)

矯 | **3급** 바로잡을 교 | 화살 시(矢) + 높을 교(喬) 발음 역할
뛰어나게(喬) 잘 고쳐진 화살(矢) → 휘어진 화살을 바로 잡다 → 바로잡다, 거짓의 뜻
예 교정(矯正) : 바로잡아 고침
  교각살우(矯角殺牛) : 뿔을 고치려다 소를 죽인다 → 작은 일에 힘쓰다가 큰 일을 망치다

矣 | **3급** 어조사 의 | 화살 시(矢) + 사사 사(厶)
금문을 보면 화살(矢) 위로 줄이 엉켜(丩)있는 모습 → 화살이 날아가지 못하고 멈추어 버리다 → (가차되어 어조사로 쓰임)~었다, ~리라, ~여라는 뜻
예 여의도(汝矣島)

矩 | **1급** 모날 구 | 화살 시(矢) + 클 거(巨) 발음 역할
화살(矢)로 곱자(巨)처럼 거리를 재다 → 곱자(ㄱ자 모양의 자) → 새기다 → 법도(法度) → 사각형, 네모, 모서리 → 모나다는 뜻
예 구보(矩步 : 올바른 걸음걸이), 구척(矩尺 : 곱자)

※ 矢 자가 부수자는 아니지만 화살을 뜻하는 글자
예 이를 지(至), 병 질(疾), 의원 의(醫), 의심할 의(疑), 범 인(寅)

 돼지 시

갑골문을 보면 통통하게 살이 오른 살아있는 돼지 모습 → 몸집 큰 짐승의 뜻

※ 돼지 해(亥)자는 머리와 다리에 획이 그어져 있음 → 머리와 다리를 잘라 도축한 돼지 → 가공한 돼지를 표현 → 열두째 지지 → 돼지의 뜻

豚 | 3급 돼지 **돈** | 돼지 시(豕) + 고기 육(肉)
돼지(豕) 고기(肉) → 식용 돼지 → 돼지 새끼의 뜻
예) 양돈(養豚) : 돼지를 기름

豬 | 1급 돼지 **저** | 돼지 시(豕) + 놈 자(者) 발음 역할
사람(者)과 같이 사는 짐승(犭) → 돼지 저(猪)와 같은 돼지의 뜻

※ 제육(豬肉, 猪肉)볶음 표기는 잘못, 저육볶음이 맞음

豪 | 3급 호걸 **호** | 돼지 시(豕) + 높을 고(高)의 변형자 발음 역할
뛰어난(高) 멧돼지(豕) → 우두머리(高) 돼지(豕) → 호걸(豪傑), 호저, 귀인, 우두머리의 뜻

象 | 4급 코끼리 **상**
갑골문을 보면 코가 긴 코끼리를 그린 것 → 코끼리 → 모양, 형상(形象, 形像), 꼴의 뜻
예) 삼라만상(森羅萬象), 상아탑(象牙塔)

豫 | 4급 미리 **예** | 코끼리 상(象) + 나 여(予) 발음 역할
코끼리(象)는 자신(予)이 죽을 것을 미리 알고, 무덤을 찾아가는 특성을 표현
→ 의심 많은 코끼리는 행동 전 미리 생각한다 → 미리, 앞서, 먼저, 대비하다는 뜻
예) 유예(猶豫), 예상(豫想), 예측(豫測), 예방(豫防), 예산(豫算), 예약(豫約), 예비(豫備)

※ 미리 예, 맡길 예(預) : 예금(預金), 예탁(預託), 예치(預置)

※ 豕 자가 부수자는 아니지만 돼지를 뜻하는 글자
예) 집 가(家), 쫓을 축(逐), 심할 극(劇), 드디어 수(遂), 어두울 몽(蒙)

食 食 食 亽 밥 식, 먹을 식, 먹이 사

갑골문을 보면 밥 뚜껑(△), 밥그릇(日), 받침대(丱)가 있는 밥그릇의 모양 → 밥, 음식, 먹다, 굶다는 뜻

飯
3급 밥 **반** | 먹을 식(食) + 되돌릴 반(反) 발음 역할
손으로 숟가락을 들고(反) 밥(食)을 먹는 모습 → 밥, 식사, 먹다라는 뜻

※ 되돌릴 반(反)자는 손으로 무언가를 잡는 모습

饌
1급 반찬 **찬** | 먹을 식(食) + 뽑을 손(巽) 발음 역할
음식(食) 중에서 맛있는 것을 뽑아(巽) 제단에 올리다 → 반찬(飯饌), 음식(飮食)의 뜻

※ 뽑을 손(巽)자는 탁자(共) 위에 공손하게 머리를 숙이고 꿇어 앉아 있는 두 명의 사람(巳巳) 모습
→ 공손하다, 가리다, 뽑다, 유순하다, 부드럽다, 64괘(卦) 중 하나, 동남쪽, 사양하다는 뜻

飮
6급 마실 **음** | 먹을 식(食) + 하품할 흠(欠) 발음 역할
갑골문을 보면 술병(酉) 앞에 입 입리고(欠) 있는 모습 → 술 마시다, 음주(飮酒)
→ (해서에서 지금 글자) 입을 크게 벌리고(欠) 먹을 것(食)을 마시는 모습 → 마시다, 음료(飮料)의 뜻
예 음주(飮酒), 음식(飮食)

※ 하품 흠(欠)자는 입을 벌리고 있는 사람을 그린 것

飽
3급 배부를 **포** | 먹을 식(食) + 쌀 포(包) 발음 역할
임신한 것(包)처럼 밥(食)을 많이 먹어 배가 부른 모습 → 배부르다, 속이 꽉 차다는 뜻
예 포만감(飽滿感) : 배가 부른 느낌

※ 쌀 포(包)자는 자궁에 있는 아이를 그린 것 → 싸다, 감싸다는 뜻

飼
2급 먹일 **사**, 기를 **사** | 먹을 식(食) + 맡을 사(司) 발음 역할
먹는 것(食)을 맡다(司) → 사육(飼育)하다 → 먹이다, 기르다는 뜻

※ 맡을 사(司)자 갑골문을 보면 높은 직책의 사람이 팔 하나를 높이 들고 말(口)로 명령 내리는 모습
→ (제사 또는 행사를) 주관하다, 관리하다, 맡다, 살피다 → 엿보다 → 벼슬의 뜻

餐
2급 먹을 **찬** | 먹을 식(食) + 뼈를 추릴 찬(歺) 발음 역할
고기 먹을 때 손(又)으로 뼈(歹)를 추리면서 맛있게 먹다(食) → 먹다 → 음식, 밥의 뜻
예 만찬(晚餐)
풍찬로숙(風餐露宿) : 바람 부는 데서 먹고, 이슬을 맞으며 잔다
→ 큰의 뜻을 이루려는 사람이 어려움을 겪는 모습)

※ 뼈를 추릴 찬(歺)자는 손(又)에 뼈(歹)를 들고 있는 모습

養
5급 기를 **양** | 먹을 식(食) + 양 양(羊) 발음 역할
양(羊) 먹여서(食) 기르다 → 먹이다는 뜻
예 양육(養育) : 돌보아 길러 자라게 함

館
3급 집 **관**, 객사 **관** | 먹을 식(食) + 집 관(官) 발음 역할
옛날 객사(여관)에서는 잠도 자고 식사도 겸함 → 자고 먹는(食) 집(官) → 객사(客舍), 관사(官舍)
→ 여관(旅館) → 집의 뜻

餘
4급 남을 **여** | 먹을 식(食) + 나 여, 남을 여(余) 발음 역할
먹을 것(食) 남아(余)있다 → 남다, 나머지 → 여분(餘分), 여가(餘暇)의 뜻

饒
1급 넉넉할 **요** | 먹을 식(食) + 높을 요, 요 임금 요(堯) 발음 역할
먹을 것(食)이 많다(堯) → 풍요(豊饒)롭다 → 넉넉하다는 뜻

餓
3급 주릴 **아** | 먹을 식(食) + 나 아(我) 발음 역할
내가(我) 몹시 굶주렸다(食) → 굶주림 → 주리다는 뜻
예 아사(餓死) : 굶어 죽음

饉
1급 주릴 **근** | 먹을 식(食) + 진흙 근(堇) 발음 역할
먹지(食) 못해 굶주려서 힘들다(堇) → 흉년들다 → 기근(飢饉) → 주리다는 뜻

飢
3급 주릴 **기** | 먹을 식(食) + 책상 궤(几) 발음 역할
먹지(食) 못해 굶주려서 책상(几)에 앉다 → 기아(飢餓) → 굶기다 → 주리다는 뜻

饑
특급 주릴 **기** | 먹을 식(食) + 기미 기(幾) 발음 역할
먹지(食) 못해 굶주려서 죽을 기미(幾)가 있다 → 기아(饑餓) → 주리다는 뜻

飾
3급 꾸밀 **식** | 먹을 식(食) + 사람 인(人) + 수건 건(巾)
갑골문을 보면 큰 식기 앞에 빗자루가 그려져 있음 → 제사 전에 정돈한다
→ (해서부터 지금 글자)사람(人)이 식탁보(巾)로 식탁을 꾸미다 → 장식(裝飾)하다
→ 단장(丹粧)하다 → 꾸밈의 뜻

饗
1급 잔치할 **향** | 먹을 식(食) + 시골 향(鄕) 발음 역할
사람을 초대(鄕)하여 식사(食)를 함께하다 → 잔치하다 → 접대(接待)하다는 뜻
예 상향(尙饗), 향연(饗宴), 흠향(歆饗)

餞
1급 보낼 **전** | 먹을 식(食) + 나머지 잔(戔) 발음 역할

먹고(食) 남은(戔) 것을 보내주다 → 전송(餞送)하다, 전별(餞別)하다, 보내다는 뜻

예 영전(迎餞)

饅
1급 만두 **만** | 먹을 식(食) + 길게끌 만(曼) 발음 역할

밀가루 반죽을 길게 늘여서(曼) 만두(饅頭) 껍질을 만들어 먹다(食) → 만두의 뜻

餠
1급 떡 **병** | 먹을 식(食) + 아우를 병(幷) 발음 역할

아울러(幷) 먹는 것(食) → 아우르는 음식 → 떡의 뜻

예 화중지병(畫中之餠), 전병(煎餠)

몸 신

갑골문을 보면 배가 볼록한 임신한 여자 모습 → 아기 배다 → (아기) 몸의 상태, 몸, 신체의 뜻

예 신체(身體), 자신(自身), 당신(當身), 수신(修身)

躬
1급 몸 **궁** | 몸 신(身) + 활 궁(弓) 발음 역할

자기 몸(身)을 활(弓)처럼 굽히고 있는 모습 → 자기, 자신 → 몸, 신체의 뜻

軀
1급 몸 **구** | 몸 신(身) + 구분할 구(區) 발음 역할

몸(身)에서 뼈와 구분되는(區) 허우대 → 몸, 신체(身體)의 뜻

예 거구(巨軀), 노구(老軀)

신하 신

갑골문을 보면 눈을 땅 아래로 깔고 있는 신하 모습
→ 고개 숙인 사람, 신하, 노예, 눈 관련 글자에 사용

臧
특급 착할 **장** | 신하 신(臣) + 나뭇조각 장(爿) + 창 과(戈)

창(戈)을 피해 평상(爿) 뒤로 숨어 있는 노예(臣)의 모습 → 숨다 → 착하다는 뜻

※ 감출 장(藏)자는 풀(艹)에 숨기다(臧) → 감춘다는 뜻

臨
3급 임할 임 | 신하 신(臣) + 사람인(亻) 변형 + 물건 품(品)
금문을 보면 사람(亻)이 세잔의 술잔(品)을 내려다(臣)보며 손으로 잡으려는 모습
→ 전쟁에 임하여 군사들 사기를 북돋기 위하여 출전 바로 직전 술을 권하다 → 곧 전쟁에 직면하다
→ 임하다 → 내려다보다 → 다스리다는 뜻
예) 임전무퇴(臨戰無退), 임기응변(臨機應變), 임박(臨迫), 임시(臨時), 강림(降臨), 임종(臨終)

臥
3급 누울 와 | 신하 신(臣) + 사람 인(人)
사람(人)이 굽어(臣) 있다 → 엎드리다 → 눕다는 뜻
예) 와신상담(臥薪嘗膽), 와룡(臥龍)

辛 매울 신

죄인이나 노예라는 표시를 위해 얼굴에 문신을 새기던 도구(침)를 그린 것 → 죄인, 노예
→ (노예 생활이) 맵다, 고생하다, 괴롭다는 뜻

※ 다행 행(幸)자는 죄인의 손이나 발, 혹은 목에 채우는 차꼬(차꾸)를 그린 것으로 죄인을 잡아 다행이다는 뜻

辭
4급 말씀 사 | 매울 신(辛) + 어지러울 난(亂) 변형
금문에서는 손을 들고, 명령을 내리는 모습
→ 소전에서는 관료들이 죄인(辛) 간에 어지럽게(亂) 얽힌 문제(송사)를 말로 판결하다
→ 말씀, 알리다는 뜻
예) 사령장(辭令狀), 사양(辭讓 : 겸손하여 받지 않거나 응하지 아니함)

辯
4급 말씀 변, 논쟁할 변 | 매울 신(辛) + 매울 신(辛) + 말씀 언(言)
두 명의 죄인(辛辛)이 서로 소송하며 싸울 때 두 사람 중 누가 잘못했는지를 가지고 다투며 말(言)하다
→ 다투다, 논쟁하다, 변론(辯論)하다, 변호(辯護)하다 → 말씀 → 말의 뜻

※ 따질 변(辡)자는 두 명의 죄인이 따지다, 고소하다는 뜻

辨
3급 분별할 변 | 매울 신(辛) + 매울 신(辛) + 칼 도(刀)
두 명의 죄인(辛辛)이 서로 소송하며 싸울 때 두 사람 중 누가 잘못했는지를 칼처럼 분별(刀)하다
→ 둘 사이를 갈라 잘못을 판가름하다 → 변별(辨別)하다 → 구분하다, 분별하다, 밝히다는 뜻

辦 | **3급** 힘들일 판 | 매울 신(辛) + 매울 신(辛) + 힘 력(力)
두 명의 죄인(辛辛)이 서로 싸울 때 힘쓰다(力) → 힘들이다는 뜻
  예) 매판(買辦)

辜 | **1급** 허물 고 | 매울 신(辛) + 옛 고(古) 발음 역할
옛날(古) 어릴 때 모르고 저질은 잘못(辛) → 허물, 죄(罪)의 뜻

辣 | **1급** 매울 랄 | 매울 신(辛) + 묶을 속(束) 발음 역할
입안에 매운(辛)맛이 묶여(束) 있다 → 맵다는 뜻
  예) 신랄(辛辣), 악랄(惡辣)

※ 辛 자가 부수자는 아니지만 문신, 죄인 관련 글자
예) 아이 동(童), 첩 첩(妾), 글 장(章), 재상 상(宰), 새 신(新), 친할 친(親)

   마음 심

사람의 심장을 그린 것 → 마음, 생각, 심장, 중앙, 감정을 뜻하는 글자에 사용

※ 교육부 지정 상용한자 중 부수 사용 빈도수 3위

思 | **5급** 생각할 사, 그리워할 사 | 마음 심(心) + 밭 전(田)
머리(囟 → 田)와 마음(心)으로 생각한다 → 생각, 심정, 정서, 사상(思想)의 뜻

※ 글자 위에 있는 밭 전(田)자는 머리 모양을 그린 정수리 신(囟)자가 변형된 것

想 | **4급** 생각할 상 | 마음 심(心) + 서로 상(相) 발음 역할
자신의 내면(心)을 자세히 들여다본다(相) → 생각하다 → 상상(想像)하다 → 그리워하다 → 생각의 뜻

※ 서로 상(相)자는 재목을 고르기 위해 눈(目)으로 나무(木)를 바라보다 → 살펴보는 모습 → 자세히 보다
  → 관찰하다 → 서로의 뜻

志 | **4급** 뜻 지 | 마음 심(心) + 갈 지(之 → 士) 발음 역할
금문을 보면 갈 지(之)자와 마음 심(心)자가 결합한 모양 → 가고자(之 → 士) 하는 마음(心)
→ 자기의 뜻을 실천하고자 하는 의지 → (해서에서) 뜻이란 선비(士)의 마음(心) → 뜻, 마음, 감정의 뜻
  예) 의지(意志) : 목적이 뚜렷한 생각

意 6급 뜻 의 | 마음 심(心) + 소리 음(音)
소리(音)를 듣고, 마음(心)으로 뜻을 안다 → 마음(心)의 소리(音)
→ 옛사람들은 생각은 머리가 아닌 마음이 하는 것이라고 믿음 → 마음에서 우러나오는 소리
→ 뜻, 의미, 생각, 헤아리다는 뜻
예 의견(意見) : 어떤 일에 대한 생각

念 5급 생각할 념 | 마음 심(心) + 이제 금(今) 발음 역할
말이 밖으로 새어나가지 못하고(今) 심장(心)으로 들어가는 모양
→ (옛사람들은 생각은 머리가 아닌 심장이 하는 것이라 믿음) 생각이 밖으로 나오지 못하는 모습
→ 생각하다, 외우다는 뜻
예 염려(念慮) : 걱정함

※ 이제 금(今)자는 입을 거꾸로 그린 것 → 입안에 머금다 → 이제, 곧, 현재, 오늘의 뜻

慮 4급 생각할 려 | 생각 사(思) + 범 호(虎) 변형자
산길을 걸어가면서 호랑이(虎)가 나타날까 봐 생각(思)하는 모습
→ (호랑이를 만나면 죽을 수 있기에) 걱정하다, 생각하다는 뜻
예 고려(考慮 : 생각하여 헤아림), 조불려석(朝不慮夕 : 아침에 저녁 일을 생각하지 못한다
    → 당장 걱정으로 바로 그다음 일을 생각할 겨를이 없음)

憶 3급 생각할 억 | 마음 심(忄) + 뜻 의(意)
생각(意)하고 또 생각하다(忄) → 더 깊은 생각 → 생각하다, 기억(記憶)하다 → 추억(追憶)하다는 뜻

※ 억 억(億)자는 사람(人)은 수많은 생각(意)을 한다 → 사람의 생각은 무수히 많다 → 헤아리다
   → 많은 수 → 억 → 추측하다 → 편안하다는 뜻

惟 3급 생각할 유 | 마음 심(忄) + 새 추(隹) 발음 역할
새(隹)의 생각(忄) → 새는 오로지 앞으로만 가며, 입으로만 소리를 낸다
→ 오직, 오로지, 생각하다, 생각건대의 뜻
예 사유(思惟 : 논리적으로 생각함), 유일(唯一, 惟一 : 오직 하나밖에 없음)

情 5급 뜻 정 | 마음 심(忄) + 푸를 청(靑) 발음 역할
마음(忄)이 맑다(靑) → 순수하다 → 뜻, 사랑, 인정의 뜻
예 감정(感情) : 느끼어 일어나는 심정(心情)

息 4급 숨쉴 식, 생겨날 식 | 마음 심(心) + 스스로 자(自)
호흡을 위해 공기가 코(自)를 통해 심장(心)속으로 들어가는 과정을 표현 → 숨 쉬다
→ 호흡하다, 쉬다, 생존하다 → 휴식소(休息所), 여관(旅館)의 뜻

Ⅱ. 부수자

憩 | 2급 쉴 게 | 마음 심(心) + 혀 설(舌) + 숨쉴 식(息)
먼 길을 달려와 혀(舌)를 내빼고 숨을 쉬며(息) 쉬고 있는 모습 → 쉬다, 휴식하다는 뜻
  예) 휴게실(休憩室) : 잠깐 휴식을 위해 마련한 방

  ※ 숨쉴 식(息)자는 호흡을 위해 공기가 코(自)를 통해 심장(心)으로 들어가다 → 숨쉬다 → 쉬다, 휴식하다는 뜻

悳 | 2급 큰덕 덕 | 마음 심(心) + 곧은 직(直)
곧은(直) 마음(心) → 의지대로 행동할 수 있는 인격적 능력 → 덕(德) → 크다, 행복의 뜻

  ※ 덕 덕(德)자는 곧은(直) 마음(心)을 따라간다(彳) → 덕, 크다, 행복의 뜻

恩 | 4급 은혜 은 | 마음 심(心) + 인할 인(因) 발음 역할
의지(因)가 되는 마음(心) → 은혜(恩惠) → 온정의 뜻

  ※ 인할 인(因)자는 침대(口)에 누워있는 사람(大) 모습 → ~로 인하여 → 의지하다 → 말미암다라는 뜻

惠 | 4급 은혜 혜 | 마음 심(心) + 오로지 전(專)의 변형자
오로지(專) 한결같은 마음(心)으로 남에게 은혜를 베푼다 → 은혜(恩惠), 사랑, 자애(慈愛)의 뜻

  ※ 오로지 전(專)자 갑골문을 보면 이 방추(누에고치나 목화에서 뽑은 실을 감아 두던 도구)를 손으로 돌리는 모습
  → 구르다, 돌다, 오로지의 뜻

忘 | 3급 잊을 망 | 마음 심(心) + 망할 망(亡) 발음 역할
마음(心)에서 없어지다(亡) → 잊다, 상실하다, 망령(妄靈)되다는 뜻
  예) 망각(忘却 : 기억이 희미해져 잊어버림), 망년회(忘年會)

  ※ 망할 망(亡)자는 날이 부러진 칼을 그린 것 → 망하다. 잃다, 없어지다는 뜻

忙 | 3급 바쁠 망 | 마음 심(忄) + 망할 망(亡) 발음 역할
너무 바빠서 마음(忄)의 여유를 잃다(亡) → 바쁘다, 분주하다는 뜻
  예) 망중한(忙中閑) : 바쁜 가운데 한가한 여유

惑 | 3급 미혹할 혹 | 마음 심(心) + 혹시 혹(或) 발음 역할
혹시나(或)하고 의혹(疑惑)을 가지는 마음 심(心) → 미혹하다, 의심하다는 뜻

  ※ 혹시 혹(或)자는 창(戈)을 들고, 성(口)을 지킨다 → 성(城)을 경계하는 모습 → 혹시, 만일의 뜻

惜 | 3급 아낄 석 | 마음 심(忄) + 옛 석(昔) 발음 역할
옛날 큰 피해가 있던 대홍수(昔)를 안타까워하는 마음(忄) → 아끼다, 아깝다, 애석(哀惜)하다는 뜻

  ※ 옛 석(昔)자는 갑골문을 보면 태양(日)이 물(巛)에 잠길 정도로 강물이 범람했다
  → 4,300년 전 중국에서 발생했던 대홍수를 표현 → 옛날 대홍수 → 옛날 옛적 → 옛날, 오래다는 뜻

慣
3급 버릇 관 | 마음 심(忄) + 꿸 관(貫) 발음 역할

고정(貫)되어 있는 마음(忄) → 익숙하다 → 버릇되다 → 관례(慣例), 습관, 버릇의 뜻

※ 꿸 관(貫)자는 毌(꿰뚫을 관)자와 貝(조개 패)자가 결합한 글자 → 줄을 엮어 엽전을 꿰뚫다 → 돈꿰미 → 꿰다, 뚫다는 뜻

悟
3급 깨달을 오 | 마음 심(忄) + 나 오(吾) 발음 역할

내(吾) 마음(忄) 내가 알다 → (내가) 깨닫다 → (내가) 깨우치다는 뜻

예 각오(覺悟) : 마음의 준비를 함

憬
1급 깨달을 경 | 마음 심(忄) + 볕 경(景) 발음 역할

어둡던 내 마음(忄)속으로 햇볕(景)이 들어왔다 → 깨닫다 → 동경(憧憬)하다는 뜻

慧
3급 슬기로울 혜, 지혜 혜 | 마음 심(心) + 빗자루 혜(彗) 발음 역할

마음(心)에 복잡하고 엉킨 것을 빗자루(彗)로 쓸어버려 마음이 깨끗해짐 → 마음이 밝아짐 → 사리에 밝다 → 지혜(智慧, 知慧)롭다 → 슬기롭다 → 총명하다는 뜻

※ 빗자루 혜(彗)자는 손에 빗자루를 쥐고 있는 모습

憙
2급 기뻐할 희 | 마음 심(心) + 기쁠 희(喜) 발음 역할

기뻐(喜)하는 마음(心) → 기뻐하다는 뜻

悅
3급 기쁠 열 | 마음 심(忄) + 바꿀 태, 기쁠 태, 날카로울 예(兌)

마음(心)이 환하게 웃고(兌) 있는 모습 → 매우 기쁜 심정 → 기뻐하다는 뜻

예 열락(悅樂) : 기뻐하고 즐거워함

※ 기쁠 태(兌)자는 兄(맏 형)자 위로 八(여덟 팔)자 결합 글자, 환하게 웃는 모습을 그린 것
※ 말씀 설, 기쁠 열(說)자는 웃으며(兌) 말(言)하는 모습 → 이야기하다, 서술하다, 유세하다는 뜻

懲
3급 징계할 징, 혼날 징 | 마음 심(心) + 부를 징(徵) 발음 역할

왕이 군대 소집(徵) 명령을 어기면 혼내주겠다는 마음(心) → 징계(徵)하는 마음(心) → 벌주다 → 혼내다, 징계(懲戒)하다, 응징하다는 뜻

※ 부를 징(徵)자는 적을 치기(攵) 위해 전쟁에 필요한 인력을 왕명(王)으로 소집하면 가야(彳)한다 → 부르다, 징집하다, 소집하다는 뜻

慰
4급 위로할 위 | 마음 심(心) + 벼슬 위(尉) 발음 역할

마음(心)으로 위로(尉)하다 → 안심하다는 뜻

※ 벼슬 위(尉)자는 높은 사람이 제단(示) 위에 죽은 사람(尸)을 손(寸)으로 어루만지는 모습 → 위로(慰勞)하다 → 벼슬의 뜻

應
4급 응할 응 | 마음 심(心) + 매 응(雁) 발음 역할
주인 마음(心)에 응하다(雁) → 응답(應答)하다 → 대답하다는 뜻

※ 매 응(雁)자는 매를 그린 것 → 매는 사냥을 끝내면 잡은 짐승을 가지고 주인에게 되돌아와서 요구에 응해 준다
→ 매(鷹)의 뜻

慶
4급 경사 경 | 마음 심(心) + 뒤처져올 치(夂) + 사슴 록(鹿)
경사(慶事)가 있는 곳에 비싸고 귀한 사슴(鹿) 가죽을 선물로 가지고 가서(夂) 축하하는 마음(心)을 전하다 → 경사(慶事)롭다, 축하하다, 다복(多福)의 뜻

憺
1급 편안할 담 | 마음 심(忄) + 이를 첨, 넉넉할 담(詹) 발음 역할
마음(心)이 넉넉함에 이르다(詹) → 편안(便安)하다, 편온(平穩)하다 → 참담(慘澹·慘憺)하다는 뜻

愉
1급 즐거울 유 | 마음 심(忄) + 점점 유(兪) 발음 역할
점점 좋아져서 편안(兪)해지는 마음(心) → 유쾌(愉快)하다 → 즐겁다, 기뻐하다는 뜻

※ 점점 유(兪)자는 배(月)가 강가(巜)를 헤치고 나아가는(入) 모습 → 점점 → 나아지다 → 좋아지다
→ 병이 낫다 → 편안하다는 뜻

快
4급 쾌할 쾌 | 마음 심(忄) + 정할 쾌(夬) 발음 역할
서로 마음(心)을 터놓다(夬) → (답답했던) 마음이 홀가분하다 → 시원하다, 상쾌(爽快)하다는 뜻

※ 정할 쾌(夬)자는 활시위를 당겼다가 놓다 → 터놓다는 뜻

愁
3급 근심 수 | 마음 심(心) + 가을 추(秋) 발음 역할
근심(秋)하는 마음(心) → 근심, 시름의 뜻

※ 가을 추(秋)자는 가을에 벼(禾) 익어가는(火) 모양 → 추수가 끝나면 세금 걱정, 곧 겨울이 오니까 마음이 뒤숭숭
→ 수심(愁心)가 득하다 → 근심, 걱정의 뜻

患
5급 근심 환 | 마음 심(心) + 꿸 관(串) 발음 역할
꼬챙이(串)가 심장(心)까지 관통하다 → 근심이 마음을 아프게 하다 → 근심, 걱정, 질병의 뜻
예 환자(患者)

※ 곶 곶(串)자는 꼬챙이(丨)로 사물(吕)을 꿰고 있는 모습 → 꿰다, 꼬챙이
→ 곶(바다 쪽으로, 부리 모양으로 뾰족하게 뻗은 육지)의 뜻

憂
3급 근심할 우 | 마음 심(心) + 머리 혈(頁) + 덮을 멱(冖) + 걸을 쇠(夊)
사람이 머리(頁)가 아프고, 심장(心)을 짓누르고(冖), 발걸음(夊) 불편하다 → 마음이 무겁다
→ 근심, 걱정의 뜻
예 우려(憂慮) : 근심하거나 걱정함

憫
3급 근심할 민 | 마음 심(忄) + 위문할 민(閔) 발음 역할
상중인 가족들에 대한 걱정과 불쌍히 여기는 마음 → 위문하는(閔) 마음(忄) → 근심하다, 고민하다
→ 민망(憫憫)하다는 뜻

※ 위문할 민(閔)자는 문(門)에 상(喪)중임을 알리는 문구(文)를 적어놓은 것 → 상(喪)을 치르는 집표시
→ 근심, 위문하다는 뜻

悶
1급 번민할 민 | 마음 심(心) + 문 문(門) 발음 역할
문중(門)의 복잡하고 번거로운 마음(心) → 답답하다, 번민하다는 뜻
예 번민(煩悶) : 마음이 번거롭고 답답하여 괴로워함

惱
3급 번뇌할 뇌 | 마음 심(忄) + 골 뇌(𡿺) 발음 역할
마음(忄)과 머리 정수리(囟) 위에 열(巛)이 나 있는 모습 → 번뇌하다, 괴로워하다는 뜻
예 백팔 번뇌(百八煩惱) : 불교에서 이르는 108가지의 번뇌

悲
4급 슬플 비 | 마음 심(心) + 아닐 비(非) 발음 역할
마음(心)이 영 아니다(非) → 기분이 좋지 않다 → 슬픈 감정을 표현 → 가엾이 여기는 마음
→ 슬프다, 서럽다는 뜻
예 비련(悲戀) : 이루어지지 못하고 비극으로 끝나는 사랑

悼
2급 슬퍼할 도 | 마음 심(忄) + 높을 탁(卓) 발음 역할
너희 마음(心)은 높고 멀기(卓)만 하다 → 슬퍼하다는 뜻
예 애도(哀悼), 추도(追悼), 사도(思悼)

惻
1급 슬퍼할 측 | 마음 심(忄) + 법칙 칙(則) 발음 역할
본받아야 할 법칙(則)을 지키지 못하는 마음(忄) → 사무쳐 슬프다, 슬퍼하다 → 가엾게 여기다는 뜻
예 측은지심(惻隱之心)

悽
2급 슬퍼할 처 | 마음 심(忄) + 아내 처(妻) 발음 역할
야윈 아내(妻)의 마음(忄) → 구슬픈 생각이 들다 → 차갑다 → 슬퍼하다는 뜻
예 처참(悽慘), 처절(悽絶)

※ 쓸쓸할 처(凄)자 : 처량(凄涼 : 마음이 구슬퍼질 만큼 쓸쓸함)

慨
3급 슬퍼할 개 | 마음 심(忄) + 이미 기(旣) 발음 역할
즐거움이 벌써 이미(旣) 끝나서 아쉬움 마음(忄) → 슬퍼하다 → 분개(憤慨·憤愾)하다는 뜻
예 감개무량(感慨無量), 비분강개(悲憤慷慨), 개탄(慨歎)

| 慷 | **1급** 강개할 **강** | 마음 심(忄) + 편안 강(康) 발음 역할
편안(康)하지 못하고 공허한 마음(忄) → 의기가 북받치어 원통하고 슬프다 → 강개(慷慨)하다는 뜻

| 慟 | **1급** 서러워할 **통** | 마음 심(忄) + 움직일 동(動) 발음 역할
흔들리는(動) 놀라운 마음(忄) → 서러워하다는 뜻
예 통곡(慟哭), 비통(悲慟), 애통(哀慟)

| 愾 | **1급** 성낼 **개** | 마음 심(忄) + 기운 기(氣) 발음 역할
마음(忄)에서 기운(氣)이 빠치다 → 성낸 기분이 가득하다 → 성내다 → 분개(憤愾)하다는 뜻
예 적개심(敵愾心)

| 惡 | **5급** 악할 **악**, 싫어할 **오** | 마음 심(心) + 버금 아(亞) 발음 역할
사방이 꽉 갇혀(亞)있는 마음(心) → 안 좋은(亞) 마음(心) → 못한 마음 → 악하다, 나쁘다, 더럽다
→ 미워하다(오), 싫어하다(오)의 뜻
예 악마(惡魔 : 나쁜 마귀), 혐오(嫌惡 : 싫어하고 미워함)

※ 버금 아(亞)자는 저택을 그린 것 → 저택은 궁궐보다 못하다 → 버금(으뜸의 바로 아래), 못하다
　→ 누르다(압) → 흰 흙(악)의 뜻

| 憎 | **3급** 미워할 **증** | 마음 심(忄) + 거듭 증(曾) 발음 역할
마음(忄)속에 쌓여있던 분노가 올라오다(曾) → 분노 표출 → 미워하다 → 증오(憎惡)하다는 뜻

※ 거듭 증(曾)자는 구멍이 뚫린 찜기(시루) 위로 증기가 올라오는 모습 → 일찍, 이미, 거듭의 뜻

| 憔 | **1급** 파리할 **초** | 마음 심(忄) + 탈 초(焦) 발음 역할
마음(忄)속이 타다(焦) → 애태우다 → 시달리다 → 수척(瘦瘠)하다 → 파리하다는 뜻

| 悴 | **1급** 파리할 **췌** | 마음 심(忄) + 마칠 졸(卒) 발음 역할
억지로 전쟁해야 하는 군대 졸병(卒) 마음(忄) → 근심하다, 핏기가 전혀 없다 → 파리하다는 뜻
예 초췌(憔悴)

| 怒 | **4급** 성낼 **노** | 마음 심(心) + 종 노(奴) 발음 역할
종에게 화내는 모습 → 종(奴)의 마음(心)은 화가나 있다 → 성내다, 화내다는 뜻
예 분노(憤怒) : 분하여 몹시 성을 냄

※ 종 노(奴)자는 손(又)으로 잡아 온 여자(女) → 종, 노예의 뜻

憤

4급 분할 **분** | 마음 심(忄) + 클 분, 꾸밀 분(賁) 발음 역할

마음(心)속에 끓어오르다(賁) → 분노(憤怒)하다 → 분하다, 성내다는 뜻

※ 클 분, 꾸밀 분(賁)자는 조개, 화폐, 재물(貝)을 풀(卉)로 덮어놓은 모양 → 왕릉을 그린 것 → 크다
  → 큰북 모양과 비슷 → 전쟁을 치르기 전에 북소리로 사기를 북돋웠었기 마음속에 뭉쳐 있는 것이 솟아오른다
  → 끓어오르다 → 노하다, 성내다는 뜻

忌

3급 꺼릴 **기** | 마음 심(心) + 몸 기(己) 발음 역할

증오나 질투는 모두 자신(己)의 마음(心)에서 비롯된다 → 증오나 질투가 생기는 마음을 꺼리자
→ 질투(嫉妬)하다 → 시기(猜忌)하다, 미워하다는 뜻

예 기제사(忌祭祀 : 죽은 날에 지내는 제사), 금기(禁忌 : 꺼리어 안 하거나 피함)

憚

1급 거릴 **탄** | 마음 심(忄) + 홀 단(單) 발음 역할

마음(心)속에 오직(單) 자기만 홀로 생각하다 → (가까이 가기가) 두렵다, 꺼리다는 뜻

예 기탄(忌憚), 과즉물탄개(過則勿憚改)

怨

4급 원망할 **원** | 마음 심(心) + 누워뒹굴 원(夗) 발음 역할

너무도 분하고 원통하여 바닥에 누워 뒹구(夗)는 심정(心) → 원망(怨望)하다 → 미워하다는 뜻

※ 누워뒹굴 원(夗)자는 달이 뜬 어두운 저녁(夕)에 뒹구는(㔾) 모습
※ 원앙 수컷 원(鴛)자는 금슬(琴瑟)이 좋아 함께 누워 뒹굴(夗) 새(鳥) → 원앙(鴛鴦)

怏

1급 원망할 **앙** | 마음 심(忄) + 가운데 앙(央) 발음 역할

옛날 재앙(央)을 마음(忄)속에 가운데 두고있다 → 앙심(怏心)을 먹다 → 원망(怨望)하다는 뜻

예 앙숙(怏宿)

戀

3급 사모할 **연** | 마음 심(心) + 어지러울 연(䜌) 발음 역할

그리워하고 사랑하는 감정(心)이 어지럽게 엉켜(䜌) 있다 → 그리워하다, 연애(戀愛)하다는 뜻

※ 어지러울 연(䜌)자는 실타래(絲)처럼 말(言)이 엉켜 있어 어지럽다는 뜻
※ 변할 변(變)자는 어지럽고 혼란스러운(䜌) 상황을 몽둥이로 때려서(攵) 바로 잡는다 → 변하다 → 변화(變化)하다
  → 고치다는 뜻

慕

3급 사모할 **모** | 마음 심(㣺) + 없을 막(莫)

석양이 지는 저녁(莫) 하늘을 바라보면 마음(㣺)이 적적하여 보고 싶은 사람을 그리워하다
→ 보고 싶은 사람이 옆에 없어서(莫) 마음(㣺)으로 그리워하다 → 사모(思慕)하다는 뜻

예 연모(戀慕), 추모(追慕), 흠모(欽慕)

憧

1급 그리워할 **동** | 마음 심(忄) + 아이 동(童) 발음 역할

어릴 때 아이(童)의 마음(心)으로 돌아가고 싶다 → 그 시절을 그리워하다 → 동경(憧憬)하다는 뜻

慈

3급 사랑 자 | 마음 심(心) + 검을 자(玆) 발음 역할

모든 것을 포용하면서도 베푸는 사랑인 무성한(玆) 마음(心)

→ (남녀 간 사랑이 아닌 여러 사람에게 베푸는) 인정, 자비(慈悲)의 뜻

※ 검을 자(玆)자는 실타래가 드리워진 모습을 그린 것 → 무성하다는 뜻

愛

6급 사랑 애 | 마음 심(心) + 걸을 쇠(夊) + 손톱 조(爪) + 덮을 멱(冖)

좋아하는 마음(心)을 손(爪)으로 덮고(冖) 다가설까 말까(夊) 망설이다 → 사랑, 자애(慈愛)의 뜻

懼

3급 두려워할 구 | 마음(忄) + 놀랄 구(瞿) 발음 역할

놀라거나 두려운(瞿) 마음(心) → 두 눈(目目)을 크게 뜨고 놀라는 작은 새(隹)의 마음(心)

→ 놀라다 → 두려워하다는 뜻

㉠ 공구(恐懼) : 심히 두려움

※ 놀랄 구(瞿)자는 새(隹)의 큰 눈(昍)을 크게 그려진 것 → 놀라다 → 두근거리다는 뜻

怖

2급 두려워할 포 | 마음 심(忄) + 펼 포(布) 발음 역할

숨기고 싶은 마음(忄)이 드러날(布)까 봐 두렵다 → 놀라게 하다는 뜻

㉠ 공포(恐怖) : 무서움

※ 펼 포(布)자는 삼베를 넓게 펴서 다듬는 모습 → 베 → 펴다. 베풀다, 드러내다는 뜻

恐

3급 두려울 공 | 마음 심(心) + 굳을 공(巩) 발음 역할

마치 달구로 심장(心)을 내리치는(巩)듯한 모습 → 공포에 떨어 심장이 쿵, 쿵 거리다

→ 두렵다, 무서워하다 → 위협하다는 뜻

㉠ 공룡(恐龍) : 중생대의 거대한 파충류 동물

※ 굳을 공(巩)자는 토담틀(凡)에 있는 흙을 다지는 도구 달구(工)를 들고, 땅을 치는 모습

悚

1급 두려울 송 | 마음 심(忄) + 묶을 속(束) 발음 역할

묶여있는(束) 갇힌 마음(忄) → 두려워하다, 송구(悚懼)스럽다는 뜻

㉠ 죄송(罪悚), 황송(惶悚)

惶

1급 두려울 황 | 마음 심(忄) + 임금 황(皇) 발음 역할

임금(皇)을 대해야 하는 떨린 마음(忄) → 어찌할 바를 모르다, 급하다 → 당황(唐慌·唐惶)하다

→ 황공(惶恐)해하다 → 두려워하다는 뜻

慄　**1급** 떨릴 율 | 마음 심(忄) + 밤 률, 두려워할 률(栗) 발음 역할
두려워하는(栗) 마음(忄) → 두려워하다 → 떨리다는 뜻
例 전율(戰慄)

慘　**3급** 참혹할 참 | 마음 심(忄) + 참여할 참(參) 발음 역할
주변 사람들의 불필요한 간섭(參)이 사람 마음(忄)을 비참하게 만든다 → 참혹(慘酷)하다는 뜻

※ 참여할 참(參)자는 사람의 머리 위로 별을 그려 넣은 것 → 오리온 → (가차되어) 참여하다, 간여하다는 뜻

怯　**1급** 겁낼 겁 | 마음 심(忄) + 갈 거(去) 발음 역할
돌보지 않고 내몰까봐(去) 겁내는 마음(忄) → 비겁(卑怯)하다는 뜻

※ 갈 거(去)자는 가다, 내몰다, 돌보지 않다는 뜻

感　**6급** 느낄 감 | 마음 심(心) + 다 함(咸) 발음 역할
마음(心)의 모든(咸) 감정 → 오감(五感)을 느낀다 → 모조리 느끼다 → 느끼다 → 감동(感動)하다는 뜻
例 감상(感想) : 마음에 느끼어 생각함

※ 다 함(咸)자는 모두, 남김없이, 함께의 뜻

憾　**2급** 섭섭할 감 | 마음 심(忄) + 느낄 감(感) 발음 역할
원망스러운 마음(心)을 느끼다(感) → 섭섭하다는 뜻
例 유감(遺憾), 감회(憾悔)

恨　**4급** 원망할 한 | 마음 심(忄) + 그칠 간(艮) 발음 역할
어긋나고 그쳐진(艮) 마음(忄) → 유감이다, 원망스럽다, 억울하다는 뜻
例 한탄(恨嘆) : 한숨을 지음

※ 그칠 간(艮)자는 신분이 낮은 사람이 허리를 조아리는 모습 → 어긋나다, 그치다, 한계의 뜻

恕　**3급** 용서할 서 | 마음 심(心) + 같을 여(如)
마음(心)을 같게(如)하다 → 평정심을 유지한다 → 용서(容恕)하다 → 동정하다는 뜻

愼　**3급** 삼가할 신 | 마음 심(忄) + 참 진(眞) 발음 역할
정성스럽고(眞) 조심스럽게 신에게 제물을 바치는 마음(心) → 삼가다 → 근신(謹愼)하다는 뜻

※ 참 진(眞)자는 신에게 바칠 음식을 정성스럽게 준비했다 → 참되다는 뜻

恪　**1급** 삼갈 각 | 마음 심(忄) + 각각 각(各) 발음 역할
서로 간 각자(各)의 몸가짐이나 언행을 조심하는 마음(心) → 삼가하다는 뜻

Ⅱ. 부수자

| 憐 | 3급 불쌍히여길 **련** | 마음 심(忄) + 도깨비 불린련(粦) 발음 역할
어두운 밤에 잠시 나타났다가 사라지는 도깨비 불(粦)처럼 금세 사라진 가엾고 측은한 사람의 마음(忄)
→ 불쌍히 여기다, 가엾게 여기다, 귀여워하다, 동정(同情)의 뜻

| 恤 | 1급 불쌍할 **휼** | 마음 심(忄) + 피 혈(血) 발음 역할
피눈물(血)을 흘리는 마음(忄) → 불쌍하다 → 구휼(救恤)하다는 뜻

| 恥 | 3급 부끄러울 **치** | 마음 심(心) + 귀 이(耳) 발음 역할
부끄러워 귀(耳)가 빨갛게 달아오른 마음(心) → 창피를 주다 → 치욕(恥辱)의 뜻
예 불치하문(不恥下問) : 아래 사람에게 묻는 것을 부끄러워하지 않음

| 愧 | 3급 부끄러워할 **괴** | 마음 심(忄) + 귀신 귀(鬼) 발음 역할
제사를 지낼 때 여자들이 탈(鬼)을 쓰고 보조 역할하다
→ 가면(鬼)을 쓰고, 자신을 드러내지 않는 마음(忄) → 부끄워하다 → 수치를 느끼다는 뜻
예 자괴지심(自愧之心) : 스스로 부끄러워하는 마음

| 慚 | 3급 부끄러울 **참** | 마음 심(心) + 벨 참(斬) 발음 역할
베어진(斬) 마음(忄) → 내 마음을 몰라주다 → 부끄럽다는 뜻

| 悔 | 3급 뉘우칠 **회** | 마음 심(忄) + 매양 매(每) 발음 역할
매일매일(每) 뉘우치는 마음(忄)으로 살자 → 후회, 잘못의 뜻
예 참회(慚悔) : 부끄럽게 여겨 뉘우침

| 懺 | 1급 뉘우칠 **참** | 마음 심(忄) + 부추 섬(韱) 발음 역할
가늘고 섬세한(韱) 마음(忄) → 스스로 깨달아 반성하는 마음 → 뉘우치다, 회개(悔改)하다는 뜻
예 참회록(懺悔錄) : 지나간 잘못을 적은 기록

| 悛 | 1급 고칠 **전** | 마음 심(忄) + 천천히 걷는 모양 준(夋) 발음 역할
거만하게 천천히 걷는(夋) 마음(忄) → (거만함을) 고쳐야 한다 → 고치다는 뜻
예 개전(改悛)

| 懦 | 1급 나약할 **나** | 마음 심(忄) + 쓰일 수, 약할 난(需) 발음 역할
약한(需) 마음(忄) → 부드럽다, 무기력하다 → 나약(懦弱)하다는 뜻

| 性 | 5급 성품 **성** | 마음 심(忄) + 날 생(生) 발음 역할
타고난(生) 심성(忄) → 마음(忄)에서 생겨(生)난 것 → 성품(性品)의 뜻

懷 | 3급 품을 회 | 마음 심(忄) + 품을 회(襄) 발음 역할
마음(忄) 속에 품다(襄) → 임신(妊娠·姙娠)하다 → 품다는 뜻
예 감회(感懷), 허심탄회(虛心坦懷), 회벽유죄(懷璧有罪), 회포(懷抱), 회의(懷疑), 회임(懷妊)

慾 | 3급 욕심 욕 | 마음 심(心) + 바랄 욕(欲) 발음 역할
바라는(欲) 마음(心)이 커지면 욕심(慾心)이 된다 → 욕정(慾情), 탐내다는 뜻

忠 | 4급 충성 충 | 마음 심(心) + 가운데 중(中) 발음 역할
마음(心)의 중심(中)이 서 있다 → 어느 한쪽에도 치우치지 않는다
→ 마음(心)이 좌우로 흔들림이 없이 중심(中)을 잡고 충성(忠誠)한다는 뜻

怠 | 3급 게으를 태 | 마음 심(心) + 별 태(台) 발음 역할
높아져서(台) 거만해진 마음(心)을 표현 → 태만(怠慢)하다 → (거만해져) 마음이 게으르다는 뜻

※ 별 태(台)자는 높고 평평한 건축물을 그린 것 → 돈대 → (높이 있는) 별의 뜻

慢 | 3급 게으를 만 | 마음 심(忄) + 길게 끌 만(曼) 발음 역할
마음(忄)이 게으르고 일을 항상 질질 끌어서(曼) 빨리 끝내지 못하다 → 거만하다 → 게으르다는 뜻
예 만만디(慢慢的) : 중국 사람들이 매사에 느리다 → 느릿느릿한 사람의 뜻

※ 길게 끌 만(曼)자는 해(日)가 떴는데 마지못해 늦게 일어나서 손(又)으로 눈(罒)을 뜨게 하는 모습 → 게으르다 → 길게끌다라는 뜻

懈 | 1급 게으를 해 | 마음 심(忄) + 풀 해(解) 발음 역할
마음(忄)이 풀(解)어졌다 → 마음이 느슨해졌다 → 나태(懶怠)하다, 게으르다는 뜻
예 불권불해(不倦不懈), 해태(懈怠)

懶 | 1급 게으를 라 | 마음 심(忄) + 의뢰할 뢰(賴) 발음 역할
의뢰한 일을 나태하게(賴) 하는 마음(忄) → 게으르다는 뜻

惰 | 1급 게으를 타 | 마음 심(忄) + 왼 좌(左) + 달 월(月)
오른손 아닌 왼손(左)으로 일하는 마음(忄) → 소홀히 하다 → 게으르다는 뜻
예 타성(惰性), 나타(懶惰), 권타(倦惰)

忽 | 3급 소홀히할 홀 | 마음 심(心) + 말 물(勿)
마음(心)에 두지 않는다(忽) → 아무 관심도 없고 마음에 두지 않는다면 자칫 무시하는 것처럼 느껴짐
→ 소홀(疏忽)히 하다 → 경시하다 → 갑자기, 돌연히, 문득의 뜻

※ 말 물(勿)자는 칼(刀)로 무언가를 쪼개면서 파편이 튀는 모습 → (칼 사용을 함부로) ~하지 마라의 뜻

恍 | **1급** 황홀할 **황** | 마음 심(忄) + 빛 광(光) 발음 역할
번쩍거리는 빛(光) 마음(心)속에 들어오다 → 마음을 빼앗겨 멍하다 → 황홀하다는 뜻

惚 | **1급** 황홀할 **홀** | 마음 심(忄) + 소홀히 할 홀(忽) 발음 역할
갑자기, 돌연히(忽) 나타나는 마음(心) → 황홀(恍惚·慌惚)하다는 뜻

慌 | **1급** 어리둥절할 **황** | 마음 심(忄) + 거칠 황(荒) 발음 역할
마음(心)이 거칠다(荒) → 흐릿하다 → 어렴풋하다, 황홀하다 → 어리둥절하다는 뜻
㉠ 공황(恐慌), 황망(慌忙), 당황(唐慌)

恣 | **3급** 방자할 **자** | 마음 심(心) + 버금 차(次) 발음 역할
말을 함부로(次) 하는 마음(心) → 방자(放恣)하다 → 제멋대로의 뜻

※ 버금 차(次)자는 입을 벌려 침을 튀기며 말하는 모습 → (입을 함부로) 마음대로, 비방하다는 뜻

愚 | **3급** 어리석을 **우** | 마음 심(心) + 원숭이 우(禺) 발음 역할
원숭이(禺)처럼 머리가 나쁘고 어리석은 마음(心) → 어리석다 → 고지식하다는 뜻
㉠ 우공이산(愚公移山) : 어리석은 사람이 산을 옮긴다
　　　　　　　　　　→ 아무리 우직하다 해도 쉬지 않고 노력하면 큰 일도 해낼 수 있음을 일컬음

※ 원숭이 우(禺)자는 꼬리가 긴 원숭이를 그린 것

急 | **6급** 급할 **급** | 마음 심(心) + 미칠 급(及)의 변형자 발음 역할
도망가는 사람을 빨리 붙잡고자(刍) 하는 마음(心) → 초조한 마음 → 급하다, 재촉의 뜻
㉠ 급사(急死) : 갑자기 죽음

※ 미칠 급(刍)자는 及(미칠 급)자가 변형된 글자로 사람을 뒤에서 붙잡는 모습

慓 | **1급** 급할 **표** | 마음 심(忄) + 표 표(票) 발음 역할
증표(票)처럼 가볍게 나르는 마음(心) → (가볍게) 빨리, 재빠르다 → 급한다는 뜻
㉠ 표독(慓毒)

忍 | **3급** 참을 **인** | 마음 심(心) + 칼날 인(刃) 발음 역할
심장(心)에 칼날(刃)이 꽂혀 있으나 참는다 → 칼날의 아픔을 참고 견디는 마음
→ (심장을 찌를 듯이 아픈 감정을) 참다, 인내하다, 잔인하다는 뜻
㉠ 목불인견(目不忍見) : 눈 뜨고 차마 볼 수 없음 → 몹시 참혹하거나 처참함

※ 알 인(認)자는 참는(忍) 말(言) → (너의 말을) 인정한다 → 알다, 인식하다는 뜻

恭
3급 공손할 공 | 마음 심(㣺) + 함께 공(共) 발음 역할
갑골문을 보면 용을 두 손으로 떠받드는 모습(龔) → 신성한 용을 경배하는 모습 → 함께(共)하는 마음(㣺) → 공손(恭遜)하다 → 받들다는 뜻

悖
1급 거스릴 패 | 마음 심(忄) + 살별 패(孛) 발음 역할
마음(忄)이 어그러진(孛) 모양 → 거스르다, 어지럽다는 뜻
📖 패륜아(悖倫兒) : 사람으로 마땅히 지켜야 할 도리에 어긋난 짓을 하는 사람

※ 살별 패(孛)자는 열매꼭지 밑의 씨방이 크게 부푼 모양 → 빛이 환히 빛나는 모양
   → 안색 변하다, 어지럽히다, 어그러지다는 뜻

悉
1급 다 실 | 마음 심(心) + 분별할 변(釆)
짐승의 숨겨진 본래의 마음(心)을 다 분별(釆)하기는 어렵다 → 다, 남김 없이의 뜻

必
5급 반드시 필 | 마음 심(心) + 삐침 별(丿)
마음(心)속에 오로지 삐침(丿)이 있다 → 반드시, 틀림없이, 꼭의 뜻
📖 사필귀정(事必歸正), 신상필벌(信賞必罰), 필사즉생(必死則生)

悠
3급 멀 유 | 마음 심(心) + 바 유(攸) 발음 역할
아득한(攸) 마음(心) → 아득하다, 멀다는 뜻
📖 유유자적(悠悠自適), 유구(悠久), 유원(悠遠)

惹
2급 이끌 야 | 마음 심(心) + 같을 약(若) 발음 역할
같은(若) 마음(心) → 같은 마음이고자 설득하다 → (같은쪽으로) 이끌다는 뜻
📖 야기(惹起), 야단(惹端)

態
4급 모습 태 | 마음 심(心) + 능할 능(能)
곰처럼 능(能)히 할 수 있는 마음(心) → 몸짓, 모습, 태도(態度)의 뜻

憑
1급 기댈 빙 | 마음 심(心) + 업신여길 빙(馮) 발음 역할
의지하는(馮) 마음(心) → 의지(依支)하다, 기대다는 뜻
📖 빙자(憑藉), 빙의(憑依), 증빙(證憑)

憲
4급 법 헌 | 마음 심(心) + 집 면(宀) + 그물망 망(罒) + 예쁠 봉(丰)
금문을 보면 우산을 쓴 지체 높은 관리(宀)가 매서운(丰) 눈(罒)으로 백성들을 감시하는 마음(心)을 표현 → 감시하다 → 법을 지켜야 한다 → 관리, 관청, 법의 뜻
📖 헌법(憲法), 문헌(文憲), 사법부(司憲府)

懇　**3급** 간절할 **간** | 마음 심(心) + 간절할 간(豤) 발음 역할
　　간절한(豤) 마음(心) → 간절(懇切)하다는 뜻
　　예) 간구(懇求), 간담회(懇談會), 간곡(懇曲), 간청(懇請)

懸　**3급** 달 **현** | 마음 심(心) + 매달 현(縣) 발음 역할
　　매달린(縣) 마음(心) → 달다, 매달다, 달아매다는 뜻
　　예) 묘두현령(猫頭懸鈴), 현안(懸案), 현수막(懸垂幕), 현판(懸板)

怪　**3급** 괴이할 **괴** | 마음 심(忄) + 힘쓸 골(圣) 발음 역할
　　괜시리 열심히 힘쓰는(圣) 마음(心) → 의심스럽다 → 괴상(怪常)하다, 괴이(怪異)하다는 뜻

恒　**3급** 항상 **항** | 마음 심(忄) + 뻗칠 긍, 베풀 선(亘)
　　항상 베푸는(亘) 마음(心) → 항상(恒常)의 뜻
　　예) 항산항심(恒産恒心), 항성(恒星), 항구(恒久)

恢　**1급** 넓을 **회** | 마음 심(忄) + 재 회(灰) 발음 역할
　　마음(心)에 재(灰)만 남았다 → 실망감이 크다 → 넓다 → 회복(回復·恢復)하다는 뜻

恰　**1급** 흡사할 **흡** | 마음 심(忄) + 합할 합(合) 발음 역할
　　합해진(合) 마음(心) → 사이가 좋다, 융화(融和)하다 → 비슷하다 → 흡사(恰似)하다는 뜻

 열 십

갑골문을 보면 단순히 丨자 모양 → 소전부터 지금 모양 → 10, 열, 여럿, 전부의 뜻

※ 단순 모양자 역할 부수자로 사용된 경우가 많음

協　**4급** 화합할 **협** | 열 십(十) + 합할 협(劦) 발음 역할
　　여러 개(十) 힘(力)을 합쳐 협력한다 → 화합하다, 돕다는 뜻
　　예) 협력(協力) : 서로 힘을 합침

※ 옆구리 협, 협박할 협(脅) → 신체(肉)에 여러 힘(劦)을 가하다 → 힘으로 옆구리를 찌르다 → 위협하다
　　 → 옆구리, 겨드랑이, 갈빗대 → 으르다, 꾸짖다는 뜻

| 廿 | **특급** 스물 **입** | 열 십(十) + 열 십(十) 발음 역할
열 십(十)자가 두 개 모여 숫자 20 → 스물, 이십의 뜻

| 博 | **4급** 넓을 **박** | 열 십(十) + 펼 부(尃) 발음 역할
많은(十) 지역에 두루 넓게 펴지다(尃) → 많다, 넓다, 깊다는 뜻
예 박이부정(博而不精 : 많은 것을 알고 있으나 정밀하지 못함), 박사(博士)

| 卓 | **5급** 높을 **탁** | 점 복(卜) + 일찍 조(早)
아침 일찍(早) 치는 점(卜)의 적중률이 높다(卓) → 높다, 멀다, 뛰어나다는 뜻
예 탁월(卓越) : 남보다 훨씬 뛰어남

| 千 | **7급** 일천 **천** | 열 십(十) + 삐침 별(丿)
여러 개(十) 숫자중 최고 위(丿) → 여러 번, 수효(數爻)가 많다 → 일천의 뜻

| 午 | **7급** 낮 **오**
갑골문을 보면 절구공이를 그린 것 → 절굿공이같은 막대를 꽂아 그림자 없는 한낮임 알음
→ 정오(正午) → 낮 → 일곱째 지지(地支)의 뜻

| 升 | **2급** 오를 **승** | 받들 공(廾) + 삐침 별(丿)
무언가(丿)를 두 손으로 받든(廾) 모습 → 바치다 → 물건을 재는 모습 → 분량을 헤아리는 데 쓰는 그릇
→ 되 → 바치다 → 헌납(獻納)하다 → 오르다는 뜻

| 半 | **6급** 반 **반** | 열 십(十) + 한 일(一) + 여덟 팔(八)
금문을 보면 소(牛)를 반(八)으로 나눈 모습 → 가운데 → 반, 절반(折半)의 뜻

| 卑 | **3급** 낮을 **비** | 열 십(十) + 흰 백(白) + 삐침 별(丿)
갑골문을 보면 큰 부채를 들고 있는 모습 → 하인이 큰 부채로 주인에게 시중들다
→ (하인의 신분이) 낮다, 비천(卑賤)하다는 뜻
예 등고자비(登高自卑), 남존여비(男尊女卑), 존비귀천(尊卑貴賤), 비겁(卑怯), 비열(卑劣)

| 卒 | **5급** 마칠 **졸**
갑골문을 보면 무늬(爻) 있는 병졸의 옷(衣) 모양 → 군사(軍士), 병졸(兵卒)
→ (병졸들은 갑자기 잘 죽는다) → 갑자기, 죽다, 마치다는 뜻
예 오합지졸(烏合之卒), 졸수(卒壽), 졸업(卒業), 뇌졸중(腦卒中), 졸도(卒倒)

南 | **8급** 남녘 **남** | 열 십(十) + 멀 경(冂) + 찌를 임(羊)
갑골문을 보면 남향집 문에 달린 종 모양 → 남녘의 뜻
㉑ 남남북녀(南男北女), 남면(南面), 영남(嶺南)

卉 | **1급** 풀 **훼** | 열 십(十) + 풀 초(艹) 변형
풀(艹)이 여러 개(十) 나온 모양 → 풀, 초목의 뜻
㉑ 화훼(花卉)

卍 | **1급** 만자 **만**
부처의 가슴에 있는 길상의 표시 → 만자(卍字)의 뜻

氏 각시 씨, 성씨 씨, 나라이름 지

갑골문을 보면 나무뿌리와 씨를 그린 것 → 혈통, 종족, 뿌리 → 성씨, 각시의 뜻

氐 | **특급** 근본 **저** | 뿌리 씨(氏) + 한 일(一)
나무뿌리(氏) 아래에 줄(一) 표시 → 밑, 낮다 → 근본, 이르다는 뜻

※ 다른 글자와 만나면 낮을 저(低), 밑 저(底), 막을 저(抵)자와 같이 소리글자 역할을 함

民 | **8급** 백성 **민**
갑골문을 보면 노예의 눈(目)을 송곳(十)으로 찔러 눈을 멀게 해 저항 못 하게 한 모습 → 노예 → (나중 국가의 백성이 되어) 백성, 사람의 뜻

※ 氏 자가 부수자는 아니지만 뿌리, 성씨를 뜻하는 글자
㉑ 어두울 혼(昏), 가래 파(派), 줄기 맥(脈), 종이 지(紙)

 덮을 아

그릇의 뚜껑을 그린 것 → 가리어 덮다 → 덮다는 뜻

※ 모양자로 많이 쓰임

西 　**8급** 서녘 서 | 새집 모양
갑골문을 보면 나뭇가지를 엮어 만든 새집을 그린 것 → (가차 되어) 서쪽의 뜻
　예) 동문서답(東問西答), 동서고금(東西古今), 동분서주(東奔西走)

要 　**5급** 요긴할 요 | 덮을 아(覀) + 계집 녀(女)
갑골문을 보면 여자(女)가 허리에 손을 얹고 춤추는 모습 → 허리 → 허리가 신체에서 중요하다
→ 구하다, 원하다, 중요(重要)하다는 뜻

　※ 要 자가 허리의 원래의 뜻을 분명히 하기 위해 고기 육(月)자가 추가되어 허리 요(腰)자가 되었음

覆 　**3급** 덮을 부, 다시 복 | 덮을 아(覀) + 회복할 복, 다시 부(復) 발음 역할
다시(復) 덮다(覀) → 엎어지다, 넘어지다 → 다시, 도리어의 뜻
　예) 복거지계(覆車之戒), 복수불수(覆水不收), 복철(覆轍), 복개(覆蓋)

 어금니 아

금문을 보면 동물의 앞니가 서로 맞물리는 모습 → 이빨, 어금니의 뜻

예) 상아(象牙) : 코끼리(象)의 어금니(牙), 아성(牙城) : 옛날에 임금이나 대장이 거처하는 성(城)에 상아(牙)로
　　　장식한 깃발이 있었던 데에서, 상아처럼 매우 단단해서 깨뜨리기 어려운 성(城)을 의미함

※ 이 치(齒)자는 입에 머물고(止) 있는 얼굴 앞에서 본 앞니의 모양
※ 상용한자 내에서는 부수자로 쓰이는 글자 없음

 살바른뼈 **알**, 죽을사 **변**

갑골문을 보면 사람이나 짐승의 뼈만 앙상하게 남은 모습 → 뼈, 죽음의 뜻

※ 뼈 골(骨) : 살(몸) 속에 있는 뼈

※ 뼈발라낼 과(冎)와 살바른뼈 알(歺, 歹) : 살이 없는 뼈

死 | **6급** 죽을 사 | 부서진 뼈 알(歹) + 비수 비(匕)
갑골문을 보면 죽은 사람(歹) 옆에 산 사람(人) 모습
→ (해서에서 지금 글자) 죽은 사람(歹) 옆에 죽음을 애도하고 사람(匕) 모습 → 죽다, 다하다는 뜻
예 생사(生死) : 삶과 죽음

殘 | **4급** 잔인할 **잔**, 나머지 **잔** | 부서진 뼈 알(歹) + 나머지 잔(戔) 발음 역할
죽은 사람(歹)을 창(戈) 두 자루를 가지고 찔러서(戔) 확인 사살하다 → 잔인하다, 해치다, 멸하다는 뜻
예 잔인(殘忍 : 인정이 없고 몹시 모짊), 잔해(殘骸 : 남은 뼈, 남아 있는 물체)

殉 | **3급** 따라죽을 **순** | 부서진 뼈 알(歹) + 열흘 순(旬) 발음 역할
옛날에 왕이나 귀족이 죽었을 때 신하나 종이 죽으면 다시 태어난다는 윤회사상을 믿고
열흘(旬) 안에 따라 죽는(歹) 풍습을 표현 → 순장(殉葬)하다, 따라 죽다는 뜻

※ 열흘 순(旬)자 갑골문을 보면 열십(十)자가 둥글게(勹) 회전하는 모양
  → 생명 있는 것은 세월(日)이 흐르며 죽고 다시 돌아와(勹) 태어난다(윤회사상)
  → 고대 중국에서는 천간(天干)이라 하여, 10가지의 때를 갑(甲), 을(乙), 병(丙), 정(丁), …과 같은 순서로 말함
  → 열흘, 열 번, 십 년의 뜻

殮 | **1급** 염습할 **렴** | 부서진 뼈 알(歹) + 다 첨(僉)
죽은(歹) 사람 몸을 모두 다(僉) 깨끗하게 염습(殮襲)하다 → 염하다는 뜻

殃 | **3급** 재앙 **앙** | 부서진 뼈 알(歹) + 가운데 앙(央) 발음 역할
죽음(歹)을 앞둔 가추(央)를 쓴 사형수 모습 → 재앙(災殃) → 하늘의 벌의 뜻

※ 가운데 앙(央)자 갑골문을 보면 사람 목에 가추(枷杻 죄수들이 도망가지 못하도록 목에 씌우던 나무칼을 말함)를 가운데 차고 있는 모습 → 가운데의 뜻

殊 | **3급** 죽을 **수**, 다를 **수** | 부서진 뼈 알(歹) + 붉을 주(朱) 발음 역할
죽어가는(歹) 사람이 붉은(朱) 피를 흘리는 모습 → 참수(斬首), 죽다, 끊어지다 → 거의 죽다
→ 다르다 → 유달리 → 특히의 뜻
예 특수(特殊) : 보통과 아주 다름

殆 | **3급** 위태로울 **태** | 부서진 뼈 알(歹) + 별 태(台) 발음 역할
거의 죽음(歹)에 미치다(台) → 거의 죽음에 이르다 → 거의 → 위태(危殆)하다는 뜻

※ 여기서 태 자는 迨(미치다 태)자가 생략된 것으로 해석해야 함

殞 | **1급** 죽을 **운** | 부서진 뼈 알(歹) + 인원 원, 더할 운(員) 발음 역할
한 명 죽음(歹)으로 인하여 인원(員)이 한 명 줄었다로 해석 → 죽다, 없어지다는 뜻
예 운명(殞命) : 사람의 목숨이 끊어짐

殁 | **1급** 죽을 **몰** | 부서진 뼈 알(歹) + 칼 도(⺈) + 또 우(又)
오른손(又)에 칼(⺈)을 들고 죽이다(歹) → 죽다, 끝내다는 뜻
예 전몰장병(戰殁將兵), 생몰(生殁)

殯 | **1급** 빈소 **빈** | 부서진 뼈 알(歹) + 손 빈(賓) 발음 역할
죽은(歹) 사람을 모시는 곳에서 손님(賓)을 맞이하다 → 빈소(殯所)의 뜻

※ 손 빈(賓)자는 집(宀)에 선물(貝)을 들고 걸어서(止 자 변형) 오는 사람 → 손님의 뜻

殖 | **2급** 불릴 **식** | 부서진 뼈 알(歹) + 곧을 직(直) 발음 역할
죽은(歹) 사람이 묻힌 무덤가 근처에 초목들이 곧게(直) 자라는 모습
→ (초목이)번식(繁殖·蕃殖·蕃息)하다 → 자라다 → 붇다, 번성(蕃盛·繁盛)하다는 뜻
예 증식(增殖), 양식(養殖)

殲 | **1급** 다죽을 **섬** | 부서진 뼈 알(歹) + 부추 섬(韱) 발음 역할
죽은(歹) 사람의 뼈가 가늘다(韱) → 다하다, 없애다 → 다 죽이다 → 섬멸(殲滅)하다는 뜻

※ 歹 자가 부수자가 아니지만 죽음을 뜻하는 글자
예 벌일 렬(列), 장사 장(葬)

 양 **양**

갑골문을 보면 구부러진 뿔을 가진 양의 머리를 정면에서 바라본 모습 → 상서로운 짐승
→ 제사에 쓰이는 희생양 → 아름다움, 상서로움, 권력, 자세하다는 뜻

예 희생양(犧牲羊), 양두구육(羊頭狗肉) : 양(羊)의 머리(頭)를 내걸어 놓고 실제로는 개(狗)의 고기(肉)를 판다
→ 겉은 훌륭해 보이나 속은 그렇지 못한 것

Ⅱ. 부수자

美	**6급** 아름다울 **미** ｜ 양 양(羊) + 큰 대(大)

갑골문을 보면 사람(大) 머리에 양(羊)가죽을 쓰고 있는 모습 → 상서로운 제사장 모습
→ 아름다운(羊) 사람(大) → 아름답다 → 맛나다는 뜻

　예 미인(美人), 미녀(美女)

羞	**1급** 부끄러울 **수** ｜ 양 양(羊) + 둘째지지 축(丑)

양(羊)을 제물로 바치기 위해 손(丑)으로 잡은 모습 → 희생양
→ (음식) 올리다, 부끄러워하다, 수줍어하다, 치욕, 음식, 맛있다는 뜻

　예 진수성찬(珍羞盛饌), 수치(羞恥 : 부끄러움), 수오지심(羞惡之心)

羨	**1급** 부러워할 **선**, 무덤길 **연** ｜ 양 양(羊) + 침 연(次) 발음 역할

맛있는 양(羊)고기 앞에서 침(次) 흘리는 모습 → 탐내다, 부러워하다 → 무덤길의 뜻

　예 선망(羨望)

義	**4급** 옳을 **의** ｜ 양 양(羊) + 나 아(我)

갑골문을 보면 도끼날이 달린 창(我)에 양(羊)의 뿔로 장식한 모양
→ 부족장의 권위를 상징하는 의장용 창 → 옳다, 의롭다, 바르다는 뜻

　※ 거동 의(儀)자는 사람(人)이 갖추어야 할 장식(義) → 사람의 격식, 의로운 사람 행동
　　→ 거동, 본보기, 법도, 예절, 헤아리다는 뜻

群	**4급** 무리 **군** ｜ 양 양(羊) + 임금 군(君) 발음 역할

양 떼(羊) 무리를 몰고 있는(君) 모습 → 무리, 떼의 뜻

　예 군집(群集) : 한곳에 떼를 지어서 모임

　※ 임금 군(君)자는 손에 지팡이를 들고 명령하는 모습

羹	**1급** 국 **갱** ｜ 양 양(羊) + 불 화(灬) + 아름다울 미(美)

물을 붓은 양(羊)을 불(灬)로 맛있게(美) 끓여서 만든 국물 요리 → 끓이다, 삶다, 국의 뜻

 물고기 **어**

갑골문을 보면 주둥이와 지느러미가 제대로 그려진 물고기 모양 → 물고기의 뜻

鰍	**1급** 미꾸라지 **추** ｜ 물고기 어(魚) + 가을 추(秋) 발음 역할

주로 쌀쌀한 가을(秋)에 원기 보충을 위해 먹는 물고기(魚) → 미꾸라지의 뜻

　예 추어탕(鰍魚湯) : 미꾸라지를 넣고 끓인 국

鰕 | 특급 새우 **하** | 물고기 어(魚) + 빌릴 가(叚) 발음 역할
몸집이 굽어(叚) 있는 물고기(魚) → 새우(鰕)의 뜻
  예 대하(大鰕) : 보리새웃과의 새우

鰒 | 1급 전복 **복** | 물고기 어(魚) + 회복할 복(复) 발음 역할
원기를 회복(复)시켜 주는 물고기(魚) → 전복(全鰒)의 뜻

鯨 | 1급 고래 **경** | 물고기 어(魚) + 서울 경(京) 발음 역할
큰 건물처럼 매우 커다란(京) 물고기(魚) → 고래의 뜻
  예 포경선(捕鯨船) : 고래잡이배

鯖 | 특급 청어 **청** | 물고기 어(魚) + 푸를 청(靑) 발음 역할
푸르고(靑) 싱싱한 물고기(魚) → 청어의 뜻

鰐 | 특급 악어 **악** | 물고기 어(魚) + 시끄럽게다툴 악(咢) 발음 역할
시끄럽게 다투는(咢) 물고기(魚) → 악어의 뜻

鮮 | 5급 고울 **선**, 깨끗할 **선** | 물고기 어(魚) + 양 양(羊)
좋은(羊) 물고기(魚) → 신선(新鮮)한 물고기 → 날것 물고기 → 싱싱하다 → 깨끗하다 → 곱다는 뜻

鯡 | 특급 인어 **인** | 물고기 어(魚) + 사람 인(人) 발음 역할
사람(人) 닮은 물고기(魚) → 인어의 뜻

鰻 | 1급 뱀장어 **만** | 물고기 어(魚) + 길게끌 만(曼) 발음 역할
몸이 기다란(曼) 물고기(魚) → 장어(長魚)의 뜻

鱗 | 1급 비늘 **린** | 물고기 어(魚) + 도깨비불 린(粦) 발음 역할
물고기(魚)에서 번쩍(粦)이는 것 → 비늘의 뜻
  예 역린(逆鱗) : 거꾸로 나 있는 비늘 → 군주의 노여움을 일으키는 일을 비유한 말

鮑 | 2급 절인어물 **포** | 물고기 어(魚) + 쌀 포(包) 발음 역할
포(包) 뜨기 전에 절인 물고기(魚) → 절인 물고기 → 혁공(革工) → 갖바치의 뜻
  예 관포지교(管鮑之交) : 중국 춘추 시대에 관중(管仲)과 포숙아(鮑叔牙)의 사귐이 매우 친밀하였다는
                      고사에서 유래, 아주 친한 친구 사이의 사귐

魯

2급 나라이름 **노** | 물고기 어(魚) + 달 감(甘) 변형자

중국 동쪽 위치한 공자가 살았던 노나라 해안에서 잡은 물고기(魚)가 맛[甘 → 曰]있다
→ 나라 이름(노) → 성씨(노) → 노둔하다, 미련하다는 뜻

※ 魚 자가 부수자는 아니지만 물고기를 뜻하는 글자
- 예) 차조기 소(蘇)

 말씀 언

갑골문을 보면 나팔을 부는 모습, 또는 말소리가 퍼져나가는 모습 → 말, 지혜, 알다는 뜻

※ 말, 소리를 뜻하는 글자 : 소리 음(音), 말씀 언(言), 가로 왈(曰), 혀 설(舌)
※ 白(흰백)자는 희다, 으뜸, 깨끗하다는 뜻 이외도 말하다는 뜻도 있음 → 고백(告白), 독백(獨白)

話

7급 말씀 **화** | 말씀 언(言) + 혀 설(舌)

혀(舌)로 말(言)을 하다 → 말씀, 이야기, 말하다는 뜻
- 예) 대화(對話)

語

7급 말씀 **어** | 말씀 언(言) + 나 오(吾) 발음 역할

나의(吾) 말(言) → 자신이 하는 말 → 말씀, 말하다는 뜻
- 예) 어불성설(語不成說) : 하는 말이 사리에 맞지 않음

說

5급 말씀 **설**, 달랠 **세**, 기뻐할 **열**, 벗을 **탈** | 말씀 언(言) + 기쁠 태(兌) 발음 역할

누군가에게 웃으며(兌) 말(言)하는 모습 → 기뻐하다 → 이야기하다, 서술하다 → 유세(遊說)하다는 뜻
- 예) 학이시습지 불역열호(學而時習之 不亦說乎) : 배우고 때로 익히면, 또한 기쁘지 아니한가
  (논어 첫 구절)

※ 기쁠 태(兌)사는 입을 벌려 웃는 모습 → 기쁘다는 뜻
※ 기쁠 열(悅)자는 마음(心)이 기쁘다(兌) → 기뻐하다는 뜻

談

5급 말씀 **담** | 말씀 언(言) + 불꽃 염, 아름다울 담(炎) 발음 역할

아름다운(炎) 말(言) → 말씀, 농담(弄談) → 불꽃(炎) 같은 열정적인 말(言)
→ 언론(言論), 담판(談判), 담합(談合)의 뜻
- 예) 가담항설(街談巷說), 속담(俗談), 담소(談笑), 상담(相談), 간담회(懇談會), 덕담(德談)

譚
1급 말씀 담 | 말씀 언(言) + 깊을 담(覃) 발음 역할
깊은(覃) 말(言) → 말씀, 깊다, 크다는 뜻
📘 민담(民譚)

詞
3급 말 사 | 말씀 언(言) + 맡은 사(司) 발음 역할
직무를 맡은(司) 관리의 말(言) → 높은 사람의 말 → 말씀 → 시문, 문체, 문장의 뜻
📘 부사(副詞), 가사(歌詞), 동사(動詞)

謁
3급 뵐 알 | 말씀 언(言) + 어찌 갈(曷) 발음 역할
허리를 조아리는 모습 → 공손하게 인사를 드리다 → 아뢰는(曷) 말(言) → 뵈다, 아뢰다
→ 고하다, 청하다는 뜻
📘 알현(謁見) : 높은 사람을 찾아뵘

※ 아뢰다 : 신분이 높으신 분을 찾아뵈며 인사드리는 것
※ 어찌 갈(曷)자는 허리를 굽혀 구걸하는 모습 → 아뢰다는 뜻

諺
1급 언문 언, 상말 언 | 말씀 언(言) + 선비 언(彦) 발음 역할
선비(彦)들은 잘 쓰지 않던 말(言) → 언문[諺文 : 한문에 대하여 한글로 된 글을 낮추어 이르던 말]
→ 상말 → 속담(俗談) → 공손(恭遜)하지 못하다는 뜻

訓
6급 가르칠 훈 | 말씀 언(言) + 내 천(川)
말씀(言)하는 것이 시냇물(川) 흐르는 것처럼 자연스럽다 → 자연 이치에 맞다 → 청산유수(靑山流水)다
→ 말을 조리 있게한다 → 인도하다 → 가르치다 → 타이르다 → 훈계(訓戒)의 뜻

計
6급 헤아릴 계 | 말씀 언(言) + 열 십(十)
1에서 10(十)까지 말(言)로 셈한다 → 십(十)까지 말(言)을 할 수 있으니 숫자를 헤아릴(計) 수 있다
→ (수를 헤아릴 수 있으니) 계산(計算)한다는 뜻
📘 망자계치(亡子計齒) : 죽은 자식 이빨 세기
→ 이미 지나간 쓸데없는 일을 생각하며 애석히 여긴다는 뜻

識
5급 알 식 | 말씀 언(言) + 찰흙 시(戠) 발음 역할
갑골문에서는 단순히 창(戈)에 깃발이 걸려있는 모습
→ (해서부터 지금 글자) 말(言)로, 소리(音)로, 창에 달린 깃발(戈)로 알다
→ 표식, 식별 → 알다, 지식(知識) → 표시하다는 뜻
📘 식자우환(識字憂患) : 아는 것이 도리어 근심을 사게 된다

訪 | **4급** 찾을 방 | 말씀 언(言) + 모서리 방(方) 발음 역할
의견(言)을 얻기 위해 여러 방향(方)으로 동분서주한다 → 찾다 → 탐구하다는 뜻
- 방문(訪問) : 어떤 사람을 찾아가서 만나거나 봄

※ 모서리 방(方)자는 밭을 가는 도구인 가래를 그린 것 → 방향, 사방의 뜻

謀 | **3급** 꾀 모 | 말씀 언(言) + 아무 모(某) 발음 역할
일을 처리해야 할 계획들을 어느 것(某)이나 말(言)하게 하여 계략을 짜는 모양 → 꾀, 계책의 뜻
- 권모술수(權謀術數) : 목적 달성을 위해서는 수단과 방법을 가리지 않고, 때와 형편에 따라 둘러맞추는 모략이나 술책
- 중상모략(中傷謀略) : 중상(터무니없는 말로 남을 헐뜯어 명예를 손상시킴)과 모략(남을 해치려고 속임수를 써서 일을 꾸밈)

※ 아무 모(某)자는 달콤한(甘) 나무(木) → 매실나무 → 梅(매화나무 매) → 아무, 어느 아무개의 뜻

誤 | **4급** 그르칠 오 | 말씀 언(言) + 나라이름 오(吳) 발음 역할
말(言)이 기울다(吳) → 말이 잘못됐다 → (말, 행동, 태도가 잘못됨) 틀렸다, 그르치다, 잘 못하다는 뜻
- 오판(誤判 : 잘못 판단함), 오류(誤謬 : 생각이나 지식 등의 그릇된 일)

※ 나라이름 오(吳)자는 머리가 기울어진 사람을 그린 것 → 지껄이다 → 큰소리 → 성씨(오)의 뜻

記 | **7급** 기록할 기 | 말씀 언(言) + 몸 기(己) 발음 역할
말(言)을 나(己)의 머릿속에 기억한다 → 기록(記錄)하다 외우다, 표지의 뜻

誌 | **4급** 기록할 지 | 말씀 언(言) + 뜻 지(志) 발음 역할
사실(志)을 말(言)하다 → 사실을 기록한다 → 적다 → 기록하다는 뜻
- 일지(日誌) : 그날그날의 직무상 기록을 적은 책

※ 뜻 지(志)자 금문을 보면 之(갈 지)자와 心(마음 심)자가 결합한 모양 → 마음(心) 가는 대로 행동으로 실행(之)하다 → 본심, 사실의 뜻

證 | **4급** 증거 증 | 말씀 언(言) + 오를 등(登) 발음 역할
말(言)보다는 어떤 사실을 증명하기 위해 올리는(登) 근거 → 증거(證據)의 뜻
- 증권(證券), 증명(證明), 영수증(領收證), 검증(檢證), 인증(認證)

譜 | **3급** 족보 보 | 말씀 언(言) + 넓을 보(普) 발음 역할
두루(普) 적어 놓아 알리다(言) → 씨족 관계를 오랜 기간 기록하다 → 적다 → 족보(族譜), 계보(系譜) → 악보(樂譜)의 뜻

諜
2급 염탐할 **첩** | 말씀 언(言) + 잎 엽(枼) 발음 역할
나뭇잎(枼) 뒤에서 몰래 숨어서 살펴본 내용을 말(言)로 전한다 → 염탐하다는 뜻
예 간첩(間諜) : 스파이

註
1급 글뜻풀 **주** | 말씀 언(言) + 주인 주(主) 발음 역할
말(言)의 가장 기본적이고 중요한(主) 부분을 밝힌다(主) → 뜻을 안다 → 글의 뜻을 풀이(해석) 해준다
→ 주석(註釋) → 주해(註解), 해석(解釋)의 뜻

※ 주인 주(主)자는 촛대를 그린 것 → (집안을 밝히는) 주인의 뜻

診
2급 진찰할 **진** | 말씀 언(言) + 숱많은 진(㐱) 발음 역할
병의 원인을 밝히기(㐱) 위해서 말(言)로 물어보는 모양 → 진찰(診察)하다는 뜻

※ 숱 많은 진(㐱)자는 검고 많은 머리숱이 윤기가 나고 밝게 빛나는 모습
※ 보배 진(珍)자는 윤기(㐱)가 나는 구슬(玉)이 보배다는 뜻

訊
1급 물을 **신** | 말씀 언(言) + 빨리 날 신(卂) 발음 역할
빨리(卂) 말하다(言) → 알리다, 다스리다 → 묻다는 뜻
예 신문(訊問), 고신(拷訊)

詰
1급 물을 **힐** | 말씀 언(言) + 길할 길(吉) 발음 역할
좋지(吉) 않게 말하다(言) → 따지다, 꾸짖다 → 묻다는 뜻
예 힐난(詰難), 힐책(詰責)

諮
2급 물을 **자** | 말씀 언(言) + 물을 자(咨) 발음 역할
궁금한 사항을 말(言)로 묻다(咨) → 묻다, 의논하다, 상의(相議)하다는 뜻
예 자문(諮問)

詩
4급 시 **시** | 말씀 언(言) + 절 사(寺) 발음 역할
절(寺)에서 불경 읊조리듯 소리(言)를 흥얼거리다 → 옛시조들은 가락에 맞춘 음률이 있었음
→ 읊다, 짖다 → 시, 시경의 뜻
예 동시(童詩) : 어린이를 위한 시

謠
4급 노래 **요** | 말씀 언(言) + 질그릇 요(䍃) 발음 역할
질그릇(䍃) 소리(言) → 노래하다는 뜻
예 가요(歌謠), 서동요(薯童謠), 민요(民謠)

謳
1급 노래 **구** | 말씀 언(言) + 구분할 구(區) 발음 역할
말(言)과 구분되는(區) 소리 → 노래의 뜻
예 구가(謳歌)

訴
3급 호소할 소 | 말씀 언(言) + 물리칠 척(斥)
말(言)로 물리치기(斥) 위해 소송(訴訟)한다 → 하소연하다, 호소하다는 뜻

※ 물리칠 척(斥)자의 소전을 보면 집(广) 밖으로 사람을 내쫓는(屰) 모습 → 물리치다. 내쫓는다는 뜻

訟
3급 송사할 송 | 말씀 언(言) + 공평할 공(公) 발음 역할
말(言)을 공평하게(公) 하다 → 분쟁 시 말(言)을 어느 한쪽이라도 치우치지 않게 공정하게(公) 하다
→ 송사(訟事)하다, 소송하다 → 고소(告訴)하다는 뜻

許
5급 허락할 허, 이영차 호 | 말씀 언(言) + 낮 오(午)
절굿공이(午)를 내려치며 힘을 모으는 소리(言) → 이영차 → 말을 모으다 → 들어주다, 바치다
→ 허가(許可)하다 → 허락(許諾)하다 → 승락(承諾)하다는 뜻

※ 낮 오(午) 갑골문을 보면 절굿공이 모양 → (햇빛이 그림자가 없는) 정오, 낮의 뜻
※ 공이 저(杵)자는 나무로 만든 절굿공이(절구에 곡식 따위를 빻거나 찧거나 할 때에 쓰는 공이) → 공이(처)의 뜻

諾
3급 허락할 낙(락) | 말씀 언(言) + 같을 약(若) 발음 역할
말(言)로서 바라는 바를 허락(若)해 달라는 모습 → 승락하다는 뜻

※ 같을 약(若)자 갑골문을 보면 무릎 꿇고 두 손을 머리 위로 올리는 종교 의식을 행하는 모습
또는 양손으로 머리를 빗어 올리는 여자 모습 → 온순하다, 순종하다 → 순종하는 말(口) → 허락하다
→ 같은 마음 → 같다, 만약의 뜻

讚
4급 기릴 찬 | 말씀 언(言) + 도울 찬(贊) 발음 역할
높은 분을 찾아뵈며(先) 공덕을 선물(貝)과 말(言)로서 칭송하는 모습 → 기리다 → 찬양하다는 뜻
예 자화자찬(自畵自讚) : 자기 그림을 자기가 칭찬하다 → 자기가 한 일을 자기 스스로 칭찬함

※ 도울 찬(贊)자는 선물(貝)을 들고 서로 앞다투어 걸어가고(先) 있는 모습. 선물을 주고받다 → 선물을 주다
→ 뵙다, 돕다 → 천거하다, 추천하다는 뜻

誘
3급 꾈 유 | 말씀 언(言) + 빼어날 수(秀)
빼어난(秀) 말(言)로 남을 꾀거나 유혹(誘惑)하다 → 꾀다, 유혹하다는 뜻

※ 빼어날 수(秀)자는 벼(禾)가 살이 쪘다(乃) → 벼가 잘 자랐다 → 무성하다, 뛰어나다, 빼어나다는 뜻
※ 乃 는 살진 모양
① 살찐고기 전(隼)자는 살찐(乃) 새(隹) → 살찌다는 뜻
② 아이 밸 잉(孕)자는 아이(子)를 배어서 배가 불룩(乃)하다 → 임신하다는 뜻
③ 찰 영(盈)자는 그릇(皿)에 불룩하게(乃) 가득 채우다 → 피둥피둥하다 → 충만하다, 가득하다 → 차다(盈)의 뜻

請
4급 청할 청 | 말씀 언(言) + 푸를 청(靑) 발음 역할
깨끗하게(靑) 말(言)하다 → 정중하게 말하다 → 부탁하는 정중한 말 → 아뢰다 → 청하다, 바라다는 뜻
예 요청(要請) : 필요한 일을 해 달라고 부탁함

講 | **4급** 외울 **강**, 얽을 **구** | 말씀 언(言) + 짤 구(冓) 발음 역할
말(言)을 조리 있게 짜서(冓) 교육할 내용을 강론(講論)하다 → 강의(講義) → 외우다, 암송하다는 뜻

※ 짤 구(冓)자는 나무를 쌓고 재차(再) 쌓으며 틀을 짠다는 뜻

論 | **4급** 논할 **논** | 말씀 언(言) + 둥글 륜(侖) 발음 역할
어떠한 사안에 대해 둥글게(侖) 돌아가면서 서로의 의견(言)을 주고받는 모습 → 논의(論議)하다
→ 서술하다, 말하다, 의견, 견해의 뜻

※ 둥글 륜(侖)자는 죽간을 둥글게 말아놓은 모양 → 둥글다는 뜻

議 | **4급** 의논할 **의** | 말씀 언(言) + 옳을 의(義) 발음 역할
신에게 올바른(義) 것을 묻는다(言) → 의결(議決)하다 → 의논(議論)하다, 토의(討議)하다는 뜻

※ 옳을 의(義)자 갑골문을 보면 제사 때 사용하던 창 위에 양(羊) 머리를 매단 의장용 창(我) 모양
→ 족장의 권위를 상징 → 옳다, 의롭다는 뜻

誰 | **3급** 누구 **수** | 말씀 언(言) + 새 추(隹) 발음 역할
까치 새(隹)가 지저귀며 우니까(言) 반가운 손님 누가 올렸나 → 누구냐고 묻다 → 누구의 뜻

詛 | **1급** 저주할 **저** | 말씀 언(言) + 도마 저(且) 발음 역할
누군가를 원망하여 말(言)로 거듭(且)하여 잘 못 되기를 주문 외우는 모습 → 저주(詛呪)하다는 뜻

※ 도마 저(且)자는 도마 위에 고기를 수북이 쌓아 신에게 바치다 → 공손하다, 또한 거듭, 쌓다는 뜻
※ 씹을 저(咀)자는 입(口)으로 거듭(且) 씹다 → 맛보다 → (말로 거듭 잘못 되길)저주하다는 뜻

設 | **4급** 베풀 **설** | 말씀 언(言) + 몽둥이 수(殳)
갑골문을 보면 전쟁에서 획득한 무기를 진열해 놓고 축하하는 모습 → 진열된 무기(殳) 설명(言)하다
→ 진열하다 → 베풀다 → 연회, 잔치 → 세우다, 설립하다는 뜻

諧 | **1급** 화할 **해** | 말씀 언(言) + 다 개(皆) 발음 역할
함께 다 같이(皆) 어우러져 말(言)을 나누다 → 어울리다, 화(和)하다 → 농담(弄談)하다
→ 해학(諧謔)하다는 뜻

託 | **2급** 부탁할 **탁** | 말씀 언(言) + 부탁 할 탁(乇) 발음 역할
말(言)로 부탁(乇)하다 → 의지하다 → 부탁(付託)하다 → 의탁(依託)하다는 뜻

※ 부탁 할 탁(乇)자는 땅을 뚫고, 풀잎을 피운 식물 모양 → 땅에 의지했기에 부탁하고 있다는 뜻
※ 맡길 탁(托)자는 손(扌)에 든 것을 남에게 부탁(乇)하여 맡긴다는 뜻
※ 집 택(宅)자는 내몸을 의지하고 맡기는(乇) 집(宀)의 뜻

誹
1급 헐뜯을 **비** | 말씀 언(言) + 아닐 비(非) 발음 역할
나쁘고 옳지 않은(非) 말(言)로 남을 비방(誹謗)하다 → 헐뜯다는 뜻

謗
1급 헐뜯을 **방** | 말씀 언(言) + 두루 방(旁) 발음 역할
두루두루(旁) 남의 안 좋은 점을 비방(誹謗)하는 말(言)을 하고 다니는 모양 → 헐뜯다는 뜻

評
4급 평할 **평** | 말씀 언(言) + 평평할 평(平) 발음 역할
말(言)을 고르게(平) 하다 → 어느 한쪽에도 치우치지 않고 공정하게 평가(評價)하다
→ 품평(品評)하다, 평론(評論)하다는 뜻

※ 평평할 평(平)자는 공평하게(干) 나누어(八)주고 고르다 → 평평하다. 고르다는 뜻
※ 땅 평(坪)자는 땅(土)이 평평하다(平) → 평평한 땅 → 들 → 땅 → 평(지적 단위)의 뜻

認
4급 알 **인** | 말씀 언(言) + 참을 인(忍) 발음 역할
남의 말(言)을 잘 참고(忍) 들으면 내용을 이해하고 말하는 사람을 인정(認定)하게 된다
→ 알다, 인식(認識)하다 → 쓰다의 뜻

訣
3급 이별할 **결**, 비결 **결** | 말씀 언(言) + 터놓을 쾌(夬) 발음 역할
상대방에게 관계를 깨뜨리(夬)는 말(言)을 하다 → 이별을 고하다
→ 이별 (離別), 결정, 비결(祕訣), 비방(祕方)의 뜻
📖 결별(訣別) : 기약 없는 이별
토정비결(土亭祕訣) : 토정 이지함이 지었다는 책으로 일 년 신수를 보는 책

※ 터놓을 쾌(夬)자는 가운데(央) 한쪽이 터진 모양으로 터졌다, 깨졌다, 나누다는 뜻

謝
4급 사례할 **사** | 말씀 언(言) + 쏠 사(射) 발음 역할
갑골문을 보면 단순히 양손에 무언가를 주는(射) 있는 모습
→ 누군가에게 고맙다는 말(言)하면서 선물을 손으로 전해주는(射) 모습
→ 사례하다, 양보하다, 사양하다는 뜻
📖 감사(感謝) : 고맙게 여김

※ 쏠 시(射)지는 화살을 쏜다 → 여기서는 몸(身)의 손(寸)으로 무언가를 주는 모습으로 해석

訂
3급 바로잡을 **정** | 말씀 언(言) + 못 정(丁) 발음 역할
말(言)로 잘못된 부분을 바로잡는다(丁) → 고치다는 뜻

※ 못 정(丁)자는 못을 그린 것으로, 못으로 목재를 서로 이어 고정시키고 바로 잡는다 → 고무래처럼 생겨 고무래의 뜻
※ 못 정(釘)자는 쇠(金)로 만든 못(丁) → 못의 뜻
※ 고무래 : 곡식을 긁어모으고 펴거나, 밭의 흙을 고르거나 아궁이의 재를 긁어모으는 데에 쓰는 丁 자 모양의 기구

讀
6급 읽을 **독**, 구절 **두** | 말씀 언(言) + 팔 매(賣) 발음 역할
물건을 팔고(賣) 돈을 세다(言) → 세다, 읽다, 이해하다는 뜻
예 우이독경(牛耳讀經) : 소 귀에 경 읽기

誇
3급 과장할 **과** | 말씀 언(言) + 자랑할 과(夸) 발음 역할
자신을 칭찬(夸)하는 말(言) → 자랑하다 → 뽐내다라는 뜻

※ 자랑할 과(夸)자는 몸을 크게 벌려 자랑하거나 자만하는 모습 → 자만하다, 자랑하다는 뜻

詭
1급 속일 **궤** | 말씀 언(言) + 위태할 위(危) 발음 역할
위태로운(危) 말(言)로 헐뜯다 → 꾸짖다 → 어그러지다 → 속이다는 뜻
예 궤변(詭辯)

誣
1급 속일 **무** | 말씀 언(言) + 무당 무(巫) 발음 역할
무당(巫)의 말(言) → 과장하다, 왜곡하다 → 속이다는 뜻
예 혹세무민(惑世誣民), 무고죄(誣告罪)

詐
3급 속일 **사** | 말씀 언(言) + 잠깐 사(乍) 발음 역할
갑자기 잠깐(乍)의 말(言)에 속다 → 거짓, 말을 꾸미다, 속이다는 뜻
예 사기(詐欺), 사칭(詐稱)

謙
3급 겸손할 **겸** | 말씀 언(言) + 겸할 겸(兼) 발음 역할
말(言)에 인격과 교양이 두루 겸(兼)하여 갖추어져 있다
→ 인격과 교양이 두루(兼) 갖춰진 사람이 자신을 낮추고, 말(言)을 공손하게 하다
→ 겸손(謙遜)하다 → 겸허(謙虛)하다는 뜻

※ 겸할 겸(兼)자는 벼 여러 다발(秝)을 손(⺕)에 쥐고 있는 모습 → 아우르다 → 겸하다는 뜻

讓
3급 사양할 **양** | 말씀 언(言) + 도울 양(襄) 발음 역할
힘든 상황에 놓인 사람을 말(言)로 도와주다(襄)
→ (힘든 일을 겪고 있는 사람에게 많은 것을) 양보해 주다 → 사양(辭讓)하다는 뜻

※ 도울 양(襄)자 소전을 보면 상(喪) 당한 사람에게 위로의 말(口)과 두 손으로 도와주는 모습
→ 도와주다, 오르다, 옮기다, 치우다는 뜻

誠
4급 정성 **성** | 말씀 언(言) + 이룰 성(成) 발음 역할
말(言)에 인품을 갖추다(成) → 말을 참되게 하다 → 정성(精誠), 진실의 뜻
예 지성감천(至誠感天) : 정성을 다하면 하늘도 감동시킨다

※ 이룰 성(成)자는 창(戊)으로 바로(丁)잡다 → 평정하다 → 이루다, 갖추다는 뜻

Ⅱ. 부수자

謹 | 3급 삼갈 근 | 말씀 언(言) + 진흙 근(堇) 발음 역할
어려운 일(堇)을 당한 사람에게 태도나 언행(言)을 조심해야 한다 → 삼가다, 자성(自省)하다는 뜻
예 근하신년(謹賀新年) : 삼가 새해를 축하합니다 → 연하장에 쓰는 새해 인사말

※ 진흙 근(堇)자는 진흙 위에 사람 모습 → 진흙에서 빠져나오기 어렵다 → 어렵다 → 진흙의 뜻

警 | 4급 경계할 경 | 말씀 언(言) + 공경할 경(敬) 발음 역할
말(言)로써 조심스럽게 경계(敬)하다 → 주의를 환기한다 → 깨우치다, 경계하다는 뜻

※ 공경할 경(敬)자는 귀를 쫑긋 세우고 있는 개와 몽둥이를 함께 그린 모양
  → 개(苟)와 함께 몽둥이(攵)를 들고, 주변을 경계(警戒)하고 있는 모습 → 조심하다, 삼가다
  → 예(禮) → 공경(恭敬)하다는 뜻

詳 | 3급 자세할 상 | 말씀 언(言) + 양 양(羊) 발음 역할
양(羊)을 신에게 희생물로 바치면서 바라는 것을 빠짐없이(상세히) 신에게 아뢰는(言) 모습
→ 상서로운(羊) 말(言) → 상서(祥瑞)롭다 → 상세(詳細)하다 → 자세히의 뜻

試 | 4급 시험 시 | 말씀 언(言) + 법 식(式) 발음 역할
건물 공사를 하면서 관리 감독하는 사람이 설계대로 규칙(式)을 지키라고 말(言)로서 지시하는 모습
→ 살피다 → 검사하다 → 비교하다 → 시험(試驗)하다는 뜻

課 | 5급 과정 과 | 말씀 언(言) + 실과 과(果) 발음 역할
좋은 결과(果)를 말(言)로서 칭찬하다 → 성과를 위해 노력하다 → 과정(科程) → 공부하다
→ 시험(試驗)하다 → (결실에 대하여) 세금을 부과(賦課)하다는 뜻
예 과제(課題), 과세(課稅), 과장(課長), 과정(課程)

誨 | 1급 가르칠 회 | 말씀 언(言) + 매양 매(每) 발음 역할
매일(每) 말(言)로 가르치다 → 인도하다, 가르침의 뜻

誓 | 3급 맹세할 서 | 말씀 언(言) + 꺾을 절(折)
반대 의견을 단칼에 꺾으며(折) 강한 말(言)로서 군령을 내리다
→ (군령을 기필코 지킬 것을) 맹세(盟誓)하다 → 서약(誓約)하다는 뜻

諂 | 1급 아첨할 첨 | 말씀 언(言) + 함정 함(臽) 발음 역할
말(言)의 함정(臽)에 빠지게 하다 → 아첨(阿諂)하다, 아양 떨다는 뜻

譽 | 3급 명예 예 | 말씀 언(言) + 줄 여(與) 발음 역할
공적을 말(言) 기리다(與) → 말로 찬양하다 → 명예(名譽), 영예(榮譽), 좋은 평판의 뜻

變
5급 변할 **변** | 어지러울 련(䜌) + 칠 복(攴)
어지럽고(䜌) 혼란스러운 상황을 때려서(攴) 바로 잡다 → 고쳤다 → 변화(變化)의 뜻

※ 어지러울 련(䜌)자는 말(言)이 실(絲)처럼 꼬여 어지럽다는 뜻
※ 사모할 연(戀)자 마음(心)이 심란하고 어지러운(䜌) 상태 → 그리워하다 → 연애(戀愛)하다
　→ 사모하다, 그리움, 사랑의 뜻

訃
1급 부고낼 **부** | 말씀 언(言) + 점 복(卜) 발음 역할
점괘(卜)를 말하다(言) → 알리다, 통보하다 → 부고의 뜻
예 부고(訃告) : 사람의 죽음을 알리는 말이나 글

訌
1급 어지러울 **홍** | 말씀 언(言) + 장인 공(工) 발음 역할
잘 만들어진(工) 말(言)들의 잔치 → 왁자지껄한 소리 → 집안싸움 → 내홍(內訌) → 어지럽다는 뜻

討
4급 칠 **토** | 말씀 언(言) + 마디 촌(寸)
법도(寸)가 있는 말(言) → 법도(寸)가 없는 상대를 말(言)로 혼내준다
→ 상대방 적에게 말(言)로 기선 제압하고 혼내주고 손(寸)으로 치다 → 치다, 공격하다는 뜻
예 토벌(討伐) : 군대를 보내어 적을 침,
　토론(討論) : 어떤 논제를 둘러싸고 여러 사람이 각각 의견을 말하며 의논함

訛
1급 그릇될 **와** | 말씀 언(言) + 될 화, 잘못 와(化) 발음 역할
사실과 다른 말(言)이 잘못되어 변하여(化) 전달되었다
→ 와전(訛傳), 유언비어(流言蜚語), 요사(妖邪)스러운 말 → 그릇되다, 잘못되다

謬
2급 그르칠 **류** | 말씀 언(言) + 높이날 류(翏) 발음 역할
높이 날아(翏) 다니는 말(言) → 미친 소리, 틀리다 → 어긋나다, 그르치다는 뜻
예 오류(誤謬), 와류(訛謬)

訥
1급 말더듬거릴 **눌** | 말씀 언(言) + 안 내(內)
말(言)소리가 안(內)에서 나오지 아니하다 → 말을 더듬거리다, (입이 무거워) 말수가 적다는 뜻
예 눌언민행(訥言敏行), 강의목눌(剛毅木訥), 눌변(訥辯), 어눌(語訥)

訝
1급 의심할 **아** | 말씀 언(言) + 어금니 아(牙) 발음 역할
곧지 않은(牙) 말(言) → 의아(疑訝)하다, 의심(疑心)하다는 뜻

詔
1급 조서 **조** | 말씀 언(言) + 부를 소(召) 발음 역할
왕이 중요한 말(言)을 부를(召) 때 글로서 기록하다 → 조서(詔書)

| 詠 | **3급** 읊을 **영** | 말씀 언(言) + 길 영, 읊을 영(永) 발음 역할
길게 읊은(永) 말(言) → 읊다 → 시가(詩歌) → 노래하다는 뜻
예 영가(詠歌), 영송(詠誦)

| 詣 | **1급** 이를 **예** | 말씀 언(言) + 뜻 지(旨) 발음 역할
마음속의 뜻(旨)을 말(言)에 이르게 하다 → 닿다, 이르다, 다다르다는 뜻
예 조예(造詣)

| 該 | **3급** 갖출 **해** | 말씀 언(言) + 돼지 해(亥) 발음 역할
모든 것을 알고 있어 해박하게 말하다 → 모두, 갖추다, 마땅히, 모조리의 뜻
예 해당(該當), 해박(該博)

| 誅 | **1급** 벨 **주** | 말씀 언(言) + 붉을 주(朱) 발음 역할
말(言)로서 형벌을 지시하여 피가 붉게(朱) 흐르다 → 형벌, 베다는 뜻
예 가렴주구(苛斂誅求), 주살(誅殺), 주륙(誅戮)

| 誕 | **3급** 낳을 **탄**, 거짓 **탄** | 말씀 언(言) + 늘일 연(延)
길게 늘어(延)놓은 말(言) → 거짓말 → 낳다 → 탄생(誕生)하다는 뜻
예 성탄절(聖誕節), 탄신(誕辰)

| 誦 | **3급** 외울 **송** | 말씀 언(言) + 길 용(甬) 발음 역할
스님이 종(甬)소리(言)에 맞추어 불경 읊조리다 → 읽다, 노래하다 → 암송(暗誦)하다, 외우다라는 뜻
예 낭송(朗誦)

※ 길 용(甬)자는 종을 그린 것 → 대롱, 길의 뜻

| 調 | **5급** 고를 **조** | 말씀 언(言) + 두루 주(周) 발음 역할
여러 사람들에게 두루(周) 골고루 이야기(言)해 주다 → 헤아리다 → 조절(調節)하다, 고르다는 뜻
예 조사(調査), 조화(調和), 조정(調整), 동조(同調), 조정(調停), 조리(調理)

| 誼 | **1급** 정 **의** | 말씀 언(言) + 마땅 의(宜) 발음 역할
마땅히 알맞은(宜) 말(言) → 옳다, 도리(道理) → 정(情), 정의 뜻
예 우의(友誼), 후의(厚誼)

| 諒 | **3급** 살펴알 **양** | 말씀 언(言) + 서울 경(京) 발음 역할
크고 높은(京) 근심 어린 말(言) → 살피다, 진실로, 믿다는 뜻
예 혜량(惠諒), 양해(諒解)

諦
1급 살필 체 | 말씀 언(言) + 임금 제(帝) 발음 역할
임금님(帝)에게 민심에 대하여 자세히 알게 하다 → 진실, 살피다는 뜻
❹ 체념(諦念), 요체(要諦)

諫
1급 간할 간 | 말씀 언(言) + 가릴 간(柬) 발음 역할
웃어른이나 임금에게 옳지 못하거나 잘못된 일을 고치도록 가려서(柬) 간략히 말하다(言) → 간언(諫言)하다 → 간하다는 뜻
❹ 사간원(司諫院), 대사간(大司諫)

諡
1급 시호 시 | 말씀 언(言) + 작은쟁반 혜(盍) 발음 역할
예전에, 임금이나 정승, 유현들이 죽은 뒤에 그들의 공덕을 칭송하여 주던 이름 → 시호(諡號)의 뜻

譬
1급 비유할 비 | 말씀 언(言) + 피할 피, 비유할 비(辟) 발음 역할
임금님에게 어려운 말을 피하여 쉽게 비유하여(辟) 말하다(言) → 비유(比喩・譬喩)하다는 뜻

諱
1급 꺼릴 휘 | 말씀 언(言) + 가죽 위(韋) 발음 역할
현실과 너무 어긋난(韋) 말(言) → 싫어하다 → 꺼리다, 숨기다 → 제삿날의 뜻
❹ 기휘(忌諱), 피휘(避諱)

諷
1급 풍자할 풍 | 말씀 언(言) + 바람 풍(風) 발음 역할
바람(風)처럼 멋대로, 거리낌 없이 말(言) → 풍자(諷刺)하다는 뜻

諸
3급 모두 제 | 말씀 언(言) + 놈 자(者) 발음 역할
여러 무리의 사람(者)들의 말(言) → 무릇 → 모든, 모두의 뜻
❹ 제후(諸侯), 제반(諸般), 제군(諸君)

謂
3급 이를 위 | 말씀 언(言) + 밥통 위(胃) 발음 역할
마음(胃)속에 말(言)을 겉으로 표현하다 → 이르다, 설명(說明)하다는 뜻
❹ 소위(所謂)

諛
1급 아첨할 유 | 말씀 언(言) + 잠깐 유(臾) 발음 역할
잠깐(臾)의 말(言)로 현혹시키다 → 비위를 맞추는 말 → 아첨(阿諂)하다는 뜻

謔
1급 희롱할 학 | 말씀 언(言) + 모질 학(虐) 발음 역할
모질고(虐) 사납게 하는 말(言) → 약 올리다 → 희롱(戲弄)하다는 뜻
❹ 해학(諧謔), 희학(戲謔)

| 謄 | **2급** 베낄 **등** | 말씀 언(言) + 밀어올릴 등(朕) 발음 역할
말(言)을 종이에 올려(朕) 베껴 쓰다는 뜻
> 예) 등본(謄本), 등사(謄寫), 등기(謄記)

| 謐 | **1급** 고요할 **밀** | 말씀 언(言) + 그릇 닦는 기구 밀(㊎) 발음 역할
제사 지낼 때 말(言)을 삼가고 그릇(皿)은 반드시(必) 깨끗하게 해야 한다 → 삼가다
→ 조용하다 → 고요하다는 뜻
> 예) 정밀(靜謐)

| 謫 | **1급** 귀양갈 **적** | 말씀 언(言) + 밑동 적(啇) 발음 역할
적(敵 → 啇)에게 유리한 말(言)을 하다 → 꾸짖다, 책망하다 → 귀양을 가다는 뜻

| 譴 | **1급** 꾸짖을 **견** | 말씀 언(言) + 보낼 견(遣) 발음 역할
허물을 말(言)로 혼내서 보내다(遣) → 질책(叱責), 책망(責望), 견책(譴責), 꾸짖다는 뜻

| 諭 | **1급** 타이를 **유** | 말씀 언(言) + 대답할 유(兪) 발음 역할
어려운 질문에 대답(兪)하는 말(言) → 깨닫다 → 비유하다, 타이르다는 뜻

| 譏 | **1급** 비웃을 **기** | 말씀 언(言) + 몇 기(幾) 발음 역할
거의(幾) 위태로운 수준의 말(言) → 나무라다 → 비웃다는 뜻

| 譯 | **3급** 번역할 **역** | 말씀 언(言) + 엿볼 역(睪) 발음 역할
다른 나라 말을 엿보고(睪) 우리나라 말(言)로 풀이하다 → 번역(飜譯·翻譯)하다는 뜻
> 예) 통역(通譯), 역관(譯官), 역주(譯註)

| 護 | **4급** 도울 **호** | 말씀 언(言) + 잡을 확(蒦) 발음 역할
윗사람의 말(言) 뜻을 잘 잡아서(蒦) 그 뜻을 지키다 → 돕다 → 보호(保護)하다는 뜻
> 예) 변호사(辯護士), 옹호(擁護), 간호사(看護師), 호위(護衛)

| 讒 | **1급** 참소할 **참** | 말씀 언(言) + 약은 토끼 참(毚) 발음 역할
남을 헐뜯어서 죄가 있는 것처럼 꾸며 윗사람에게 말하다(言) → 헐뜯다, 참소(讒訴)하다는 뜻

| 讖 | **1급** 예언 **참** | 말씀 언(言) + 부추 섬(韱) 발음 역할
자기의 잘못에 대하여 깨닫고 깊이 뉘우치는 말(言) → 참회(懺悔)하다, 예언하다는 뜻
> 예) 도참(圖讖)

※ 言 자가 부수자는 아니지만 말을 뜻하는 글자
> 예) 옥 옥(獄), 믿을 신(信)

 기슭 엄, 민호 엄

갑골문을 보면 산이나 강기슭에 돌이 붙어 있는 모습 → 기슭, 언덕, 절벽, 석굴, 집의 뜻

厓 **특급** 언덕 애 | 기슭 엄(厂) + 흙 토(土) + 흙 토(土)
흙(土)과 흙(土)이 쌓여서 절벽(厂)처럼 만들어진 곳 → 언덕의 뜻

原 **5급** 언덕 원, 근원 원 | 기슭 엄(厂) + 샘 천(泉)
산기슭(厂) 돌 틈에서 흘러나오는 샘(泉) → 물길의 시작 → 강의 발원지 → 언덕, 근원, 근본
→ 근원 원(源)자와 동일한 뜻
예 원시인(原始人) : 고대 인류

厄 **3급** 액 액 | 기슭 엄(厂) + 병부 절(卩)
절벽(厂)에서 굴러떨어져 다쳐서 쪼그리고 있는 사람(卩) → 불행하고 나쁜 일 → 불행한 일, 액
→ 액운(厄運) → 재앙의 뜻

厚 **4급** 두터울 후 | 기슭 엄(厂) + 가로 왈(曰) + 아들 자(子)
갑골문을 보면 집(厂)에 무겁고 큰 절구 받침(子) 위에 절구통(曰) 있는 모양 → 무겁다, 두텁다
→ (절구통에 곡식을 빻는 것을) 정성스럽게 대하다 → 훌륭하다 → 후하다는 뜻

厥 **3급** 그 궐 | 기슭 엄(厂) + 상기 궐(欮) 발음 역할
갑골문을 보면 양 또는 소등의 가축을 몰던 도구 모양 → 유목민 → 돌궐(突厥)족
→ (오랑캐를 얕잡아 부르는 말) 그, 그것 → 상기(上氣 피가 머리로 몰리는 병)의 뜻

厭 **2급** 싫을 염 | 기슭 엄(厂) + 개 견(犬) + 달 감(甘) 변형 + 고기 육(月)
집(厂)에 있는 개(犬)가 맛있는(甘 → 日) 고기(月)를 실컷 먹어 싫증이 났다 → 싫다, 물리다는 뜻
예 염증(厭症) : 싫증

※ 厂 자가 부수자는 아니지만 기슭, 언덕을 뜻하는 글자
예 언덕 안(岸), 물가 애(涯), 언덕 애(崖), 위태할 위(危)

 집 **엄**, 엄 호

집과 담벼락을 함께 그린 모양 → 큰집 → 건축물 관련 글자에 사용

廟　**3급** 사당 **묘** ㅣ 집 엄(广) + 아침 조(朝)
아침(朝)에 맨 먼저 조상님의 신주를 모신 집(广)으로 인사 가야 한다 → 위패 → 사당, 묘당의 뜻

※ 사당(祠堂) : 조상의 신주를 모신 곳, 묘당(廟堂) : 종묘와 명당의 합성어

庫　**4급** 곳집 **고** ㅣ 집 엄(广) + 수레 거(車)
수레(車)를 넣어 두는 집(广) → 곳간(庫間), 곳집, 창고(倉庫)의 뜻

庾　**2급** 곳집 **유** ㅣ 집 엄(广) + 잠깐 유(臾) 발음 역할
잠시, 잠깐, 임시(臾)로 지어놓은 집(广) → 곳간의 뜻

※ 잠깐 유(臾)자는 사람(人)의 양손(臼)을 잠깐 잡은 모습 → 잠시, 잠깐, 권하다는 뜻

店　**5급** 가게 **점** ㅣ 집 엄(广) + 점 점(占) 발음 역할
시장 한쪽 부분을 차지한(占) 집(广) → 상점(商店) → 가게의 뜻

※ 점 점(占)자는 점(卜)치면서 주문을 외다(口) → 점괘, 점치다 → 점령하다는 뜻

廚　**1급** 주방 **주** ㅣ 집 엄(广) + 하인 주(尌) 발음 역할
집(广)에서 하인(尌)이 일하고 있는 곳 → 주방(廚房) → 부엌의 뜻

※ 하인 주(尌)자는 악기(壴)를 세우는(寸) 하인 모습 → 종 → 세우다는 뜻
※ 나무 수(樹)자는 나무(木)를 세우다(尌) → 나무가 서있다 → 나무, 심다, 세우다는 뜻

庵　**1급** 암자 **암** ㅣ 집 엄(广) + 문득 엄(奄) 발음 역할
큰 절에서 작게나마 지어진 집(广)으로 가려져(奄) 있다 → 암자(庵子)의 뜻

廁　**특급** 뒷간 **측** ㅣ 집 언(广) + 법치 칙(則) 발음 역할
옛날에는 화장실을 집 밖에 별도로 만들어야 했으며, 화장실은 집(广) 뒤에 있어야 법(則)
→ 측간(廁間, 厠間) → 변소의 뜻

府　**4급** 마을 **부** ㅣ 집 엄(广) + 줄 부(付) 발음 역할
언제든지 사람에게 내어 줄(付) 수 있도록 물건을 모아 두는 집(广) → 나중에 문서를 넣어 두는 곳간
→ 창고 → (문서를 취급하는) 관청(官廳) → 마을, 도읍의 뜻

예 의정부(議政府) : 조선 시대 최고 행정 관청

廳
4급 관청 **청** | 집 엄(广) + 들을 청(聽) 발음 역할
귀와 마음으로 소리를 듣는(聽) 집(广) → 백성의 목소리에 귀 기울여야 하는 곳
→ 관아, 관청(官廳) → 마루, 마을의 뜻

※ 들을 청(聽)자는 보고(直) 듣고(耳) 느끼는(心) 사람(壬) → 듣다는 뜻

廊
3급 사랑채 **랑** | 집 엄(广) + 사내 랑(郎) 발음 역할
사내(郎)들이 거처하는 집(广) → 사랑채, 별채, 행랑(行廊) → 복도(複道)의 뜻
- 예) 낭하(廊下 : 복도), 회랑(回廊 : 집을 둘러싸 있는 복도)

※ 사내 랑(郎)자는 좋은(良) 마을(阝) → 궁(노나라 때 황제의 시종들이 거처했던 곳)
 → 사내, 남편, 행랑(行廊 : 대문 옆방)의 뜻

廬
2급 오두막집 **려** | 집 엄(广) + 그릇 로(盧) 발음 역할
화로(盧)가 있는 오두막집(广) → 농막(農幕) 집의 뜻

※ 성씨 로(盧)자는 호랑이(虎) 그림이 그려져 있는 밥그릇(皿) → 화로(火爐) → 성씨(노)의 뜻

床
4급 평상 **상** | 집 엄(广) + 나무 목(木)
갑골문을 보면 평상(爿) 모양 → 집(广) 안에 있는 나무(木) 조각 → 평상(平床, 平牀) → 침대의 뜻
- 예) 동상이몽(同床異夢)

庶
3급 무리 **서** | 집 엄(广) + 빛 광(灮)
갑골문을 보면 기슭(厂)에서 무언가를 삶는(灮) 모습 → 삶다
→ (산기슭에서 삶는 소박한 모습) 소박하다, 천하다, 서민(庶民)
→ 맛있는(甘) 음식과 따뜻한 불(火)이 있는 집(广)안에 무리(庶)지어 모여있다
→ 비천하다, 여러, 무리의 뜻

序
5급 차례 **서** | 집 엄(广) + 나 여(予) 발음 역할
큰집(广) 좌우(予)로 펼쳐져 있는 부속 건물을 표현 → (건물이) 펼쳐져 있다 → (건물을 차례로) 지나가다
→ 차례 → (차례대로) 서술하다 → 서문의 뜻
- 예) 서열(序列) : 일정한 순서에 따라 늘어선 순서

座
4급 자리 **좌** | 집 엄(广) + 앉을 좌(坐) 발음 역할
집(广)안에 앉아(坐) 있는 곳 → 좌석(座席) → 자리 → 지위의 뜻

底
4급 밑 **저** | 집 엄(广) + 밑 저(氐) 발음 역할
집(广)의 밑(氐) 바닥 → 건축물의 가장 아래쪽 → 낮다 → 밑, 바닥의 뜻
- 예) 저의(底意) : 속에 품고 있는 뜻

廣 | 5급 넓을 광 | 집 엄(广) + 누를 황(黃) 발음 역할
황제(黃)가 살던 궁전(广) → (규모가 크고 넓었기에) 넓다, 널찍하다는 뜻
예 광야(廣野) : 넓은 벌판

※ 누를 황(黃)자는 옛 중국의 귀족들이 허리에 누런색 장신구 패옥(佩玉)을 가로로 차고 있는 모습
→ 중국 옥들은 대체로 누런색 패옥 → 누런색 → 누렇다 → (누런색은) 황제 → 늙은이의 뜻

廉 | 3급 검소할 렴 | 청렴할 렴, 집 엄(广) + 겸할 겸(兼) 발음 역할
집(广)에서 두 벽이 겸(兼)하는 모서리 → 모나다 → (소신이) 바르다 → 검소하다
→ 결백하다 → 청렴(淸廉)하다는 뜻

庭 | 6급 뜰 정 | 집 엄(广) + 조정 정(廷) 발음 역할
계단을 올라갈(廷) 정도로 큰집(广)에 있는 뜰, 마당 → 관청, 궁중의 뜻

※ 조정 정(廷)자 금문을 보면 계단을 올라가는(廴) 사람(壬) 모습 → 계단을 올라갈 정도로 큰집, 큰 거실
→ 조정, 관청, 뜰, 앞마당, 마을의 뜻

廢 | 3급 폐할 폐 | 집 엄(广) + 쏠 발(發)
발전(發)해 나가는 것을 지붕(广)을 씌워서 한쪽으로 기울다 → 무너지다
→ [몽둥이와 화살(發)을 맞아서 집(广)이 망가지다] 못 쓰게 되다 → 버리다 → 폐하다
→ 쇠퇴하다 → 고질병의 뜻
예 폐광(廢鑛) : 광산이나 탄광의 채굴을 폐지함

※ 쏠 발(發)자 갑골문을 보면 도망가는 사람을 향해 활을 쏘는 모습 → 손(又)에 화살을 들고 (殳) 활(弓)을 쏜다
→ 발사한다 → 쏘다 → 떠나다 → 나타나다 → 드러내다 → 일어나다 → 펴다라는 뜻
※ 창 수(殳)자는 손(又)에 창이나 연장, 막대기, 화살 등을 들고 있는 모습

庚 | 3급 별 경
갑골문에 탈곡기와 막대기가 하나 그려져 있음 → 별 → 일곱째 천간(天干)의 뜻

※ 곳집 유(庾)자와 비슷

康 | 4급 편안할 강 | 일곱째천간 경(庚) + 쌀 미(米)의 변형자
탈곡기(庚)에서 곡식(米)이 낱알이 떨어지는 모습
→ (털어낸 곡식으로 곳간도 채울 수 있었으니 마음 또한 편안해졌다) 편안하다 → 즐거워하다는 뜻

庸 | 3급 떳떳할 용, 쓸 용 | 일곱째천간 경(庚) + 쓸 용(用) 발음 역할
탈곡기(庚) 아래로 나무통(用)을 받쳐놓은 모양 → 탈곡기를 사용한다
→ (사람을) 쓰다, 채용(採用)하다, 고용(雇用)하다 → 떳떳하다는 뜻

※ 품팔 용(傭)자는 일정한 보수를 주고 사람(亻)을 쓰다(庸) → 품을 팔다는 뜻

庇 **1급** 덮을 **비** | 집 엄(广) + 견줄 비(比) 발음 역할
집(广)안에 두 명의 사람(比) 있는 모습 → (집에) 의탁하다 → 감싸다, 덮다는 뜻
예) 비호(庇護)

度 **6급** 법 **도** | 집 엄(广) + 스물 입(廿) + 또 우(又)
소전을 보면 손(又)에 돌멩이(廿)를 들고 집(广) 주변으로 담을 쌓는 모습 → (돌멩이를) 헤아리다, 나르다 → (쌓는)기준, 법도(法度) → 자, 도구(道具), 모양의 뜻
예) 제도(制度), 태도(態度), 속도(速度), 도량(度量)

廓 **1급** 둘레 **곽** | 집 엄(广) + 둘레 곽(郭) 발음 역할
집(广) 둘레(郭) → 둘레, 울타리, 지역 → 넓히다, 크다는 뜻
예) 윤곽(輪廓), 확연(廓然 : 넓고 텅 빈 모양)

廛 **1급** 가게 **전** | 집 엄(广) + 마을 리(里) + 사람 인(人) + 흙 토(土)
마을(里) 사람(人)들이 자주 찾아오는 땅(土) 위에 지은 집(广) → 집터 → 가게, 전방(廛房)의 뜻

廠 **1급** 공장 **창** | 집 엄(广) + 시원할 창(敞) 발음 역할
시원하게 크고 널찍한(敞) 집(广) 모양 → 헛간 → 공장(工場)의 뜻

※ 广 자가 부수자는 아니지만 집 모양자 역할을 한 글자
예) 자리 석(席), 당나라 당(唐)

  구슬 옥

실에 옥으로 만든 구슬 3개를 꿰어 놓은 모습 → 三은 구슬을 ㅣ은 실을 나타내고
→ 해서부터 임금 왕(王)자와 구분하기 위해 점을 하나 더해 놓았음
→ 보석, 구슬, 옥, 장신구, 노리개 관련 글자에 사용

※ 모양자 부수로도 많이 사용됨
※ 부수로 사용될 때 임금 왕(王)자로 표기

琥 **1급** 호박 **호** | 구슬 옥(玉) + 범 호(虎) 발음 역할
호랑이(虎) 모양을 한 옥(玉) → 호박의 뜻
예) 호박(琥珀) : 보석의 일종으로 나무의 진 따위가 땅속에 굳어진 누런색 광물

| 珀 | 1급 호박 박 | 구슬 옥(玉) + 흰 백(白) 발음 역할
빛나는(白) 구슬(玉) → 호박의 뜻

※ 흰백(白)자는 빛나다, 으뜸의 뜻도 있음

| 珊 | 1급 산호 산 | 구슬 옥(玉) + 깎을 산(刪) 변형 발음 역할
깎여(冊) 놓인 듯한 보석(玉) → 산호(珊瑚)의 뜻

| 瑚 | 1급 산호 호 | 구슬 옥(玉) + 턱밑살 호(胡) 발음 역할
바닷물에 있는 보석(玉) → 산호의 뜻

| 珍 | 4급 보배 진 | 구슬 옥(玉) + 숱많을 진(㐱) 발음 역할
윤기 나는(㐱) 구슬(玉) → 보석 → 보배 → 소중히 여기다 → 맛있는 음식의 뜻
예 진수성찬(珍羞盛饌)

| 璧 | 1급 구슬 벽 | 구슬 옥(玉) + 임금 벽(辟) 발음 역할
임금님(辟)의 구슬(玉) → 구슬, 둥근 옥의 뜻
예 완벽(完璧)

| 璿 | 2급 구슬 선 | 구슬 옥(玉) + 슬기 예(睿) 발음 역할
깊고 밝은(睿) 빛의 구슬(玉) → 구슬, 옥의 뜻

| 瑗 | 2급 구슬 원 | 구슬 옥(玉) + 당길 원(爰) 발음 역할
눈길(爰)이 당겨질 정도로 아름다운 구슬(玉) → 구슬, 옥의 뜻

| 璣 | 2급 구슬 기 | 구슬 옥(玉) + 몇 기(幾) 발음 역할
세계에서 몇 개(幾) 안 될 정도로 아름다운 구슬(玉) → 구슬의 뜻

| 珪 | 2급 홀 규 | 구슬 옥(玉) + 홀 규(圭) 발음 역할
제후를 봉(封) 할 때 사용하던 옥(玉)으로 만든 홀(圭) → 서옥(瑞玉: 상서로운 구슬), 홀(笏)의 뜻

| 璋 | 2급 홀 장 | 구슬 옥(玉) + 글 장(章) 발음 역할
제후를 봉(封) 할 때 사용하던 옥(玉)으로 만든 표시(章) → 홀(笏)의 뜻

| 琮 | 2급 옥홀 종 | 구슬 옥(玉) + 마루 종(宗) 발음 역할
제후가 조회할 때 천자가 지니던 최고(宗) 좋은 옥(玉)으로 만든 홀 → 옥홀의 뜻

| 瓊 | **2급** 옥 **경** | 구슬 옥(玉) + 멀 형(夐) 발음 역할
구하기가 어려운(夐) 보석(玉) → 옥 → 구슬의 뜻

| 珉 | **2급** 옥돌 **민** | 구슬 옥(玉) + 백성 민(民) 발음 역할
모든 사람(民)이 좋아하는 보석(玉) → 옥돌의 뜻

| 玖 | **2급** 옥돌 **구** | 구슬 옥(玉) + 오랠 구(久) 발음 역할
옛날 아주 오래전(久)부터 사람들이 좋아하는 옥(玉) → 옥돌의 뜻

| 瑩 | **2급** 옥돌 **옥**, 의혹할 **형**, 밝을 **영** | 구슬 옥(玉) + 등불 형(熒) 발음 역할
구슬(玉)과 등불(熒)처럼 밝다 → 맑다, 투명하다 → 의혹(疑惑)하다는 뜻

| 玫 | **2급** 옥무늬 **문** | 구슬 옥(玉) + 글월 문(文) 발음 역할
무늬(文)가 아름다운 옥(玉) → 아름다울 돌, 옥돌의 뜻

| 瑛 | **2급** 옥빛 **영** | 구슬 옥(玉) + 꽃부리 영(英) 발음 역할
꽃(英)처럼 아름다운 옥(玉)빛 → 옥빛의 뜻

| 璟 | **2급** 옥빛 **경**, 옥빛 **영** | 구슬 옥(玉) + 볕 경(景) 발음 역할
햇볕(景)에 반짝이는 구슬(玉) → 옥(玉)의 광채(光彩), 옥빛의 뜻

| 璨 | **2급** 옥빛 **찬** | 구슬 옥(玉) + 정미 찬(粲) 발음 역할
깨끗하게 빛나는 구슬(玉) → 빛나다, 옥빛의 뜻

| 玲 | **2급** 옥소리 **영** | 구슬 옥(玉) + 하여금 령(令) 발음 역할
방울소리(令)처럼 청량한 옥(玉) 소리 → 영롱(玲瓏)하다, 투명하다 → 옥소리의 뜻

| 瓏 | **1급** 옥소리 **롱** | 구슬 옥(玉) + 용 룡(龍) 발음 역할
옥(玉)으로 만든 용(龍) 모양이 아름답다 → 아름다운 소리 → 옥소리의 뜻

| 璇 | **2급** 옥 **선** | 구슬 옥(玉) + 돌 선(旋) 발음 역할
동그란(旋) 옥(玉) → 옥의 뜻

| 璽 | **1급** 옥새 **쇄** | 구슬 옥(玉) + 너 이(爾)
옥(玉)으로 만든 국새 → 국가의 동장(인장) → 옥새(玉璽), 인장(印章)의 뜻

| 琦 | **2급** 옥이름 **기** | 구슬 옥(玉) + 기특할 기(奇) 발음 역할
매우 기이(奇)하고 진기한 옥(玉) → 기이(奇異)하다, 진기(珍奇)하다 → 옥 이름의 뜻

| 珽 | **2급** 옥이름 **정** | 구슬 옥(玉) + 조정 정(廷) 발음 역할
제후가 조정(廷)에서 조회할 때 천자가 지니던 옥(玉)으로 만든 홀 → 옥홀, 옥 이름의 뜻

| 珣 | **2급** 옥이름 **순** | 구슬 옥(玉) + 열흘 순(旬) 발음 역할
두루 고르게(旬) 아름다운 옥(玉) → 옥그릇, 옥 이름의 뜻

| 瓚 | **2급** 옥잔 **찬** | 구슬 옥(玉) + 도울 찬(贊) 발음 역할
술 올릴 때 도와(贊)주는 옥(玉)으로 만든 그릇 → 술 받침대, 제기(祭器) → 옥잔(玉盞)의 뜻

| 瑾 | **2급** 아름다운옥 **근** | 구슬 옥(玉) + 조금 근(堇) 발음 역할
조금(堇) 아름다운 옥(玉) → 아름다운 옥의 뜻

| 琪 | **2급** 아름다운옥 **기** | 구슬 옥(玉) + 그 기(其) 발음 역할
마땅히(其) 아름다운 옥(玉) → 아름다운 옥의 뜻

| 琯 | **2급** 옥피리 **관** | 구슬 옥(玉) + 벼슬 관(官) 발음 역할
벼슬아치들(官)이 갖고 있는 옥(玉)피리 → 옥피리의 뜻

| 瑢 | **2급** 패옥소리 **용** | 구슬 옥(玉) + 얼굴 용(容) 발음 역할
몸가짐(容)을 바로 하기 위해 허리띠에 차는 옥(玉) → 패옥(佩玉)의 뜻

| 瑄 | **2급** 도리옥 **선** | 구슬 옥(玉) + 베풀 선(宣) 발음 역할
선정을 베푸는(宣) 벼슬아치의 관모에 붙이던 옥(玉)관자 → 도리옥의 뜻

| 琉 | **1급** 유리 **류** | 구슬 옥(玉) + 깃발 류(㐬) 발음 역할
투명하고 깨지기 쉬운 유리(琉璃)의 뜻

| 玩 | **1급** 희롱할 **완** | 구슬 옥(玉) + 으뜸 원(元) 발음 역할
으뜸(元) 구슬(玉)을 가지고 있다 → 둥근 구슬을 손바닥으로 가지고 놀다 → 만지작거리다
→ 장난하다 → 희롱(戲弄)하다 → 놀이하다는 뜻
예 완구(玩具) : 장난감

球 | 6급 공 구 | 구슬 옥(玉) + 구할 구(求) 발음 역할
귀하여 갖고(求)싶은 공처럼 생긴 둥근 구슬(玉) → 둥근 옥 → 둥글다 → (둥근) 공의 뜻
예) 배구(排球), 축구(蹴球), 지구(地球)

※ 구할 구(求)자 갑골문을 보면 털 가죽옷 그림 → 비싼 털 가죽옷 갖고 싶다 → 탐하다, 구하다는 뜻

珠 | 3급 진주 주 | 구슬 옥(玉) + 붉을 주(朱) 발음 역할
장신구나 노리개용 둥근 구슬(玉) → 붉다 → 방울 → 진주(珍珠)의 뜻

環 | 4급 고리 환 | 구슬 옥(王) + 놀라서 볼 경(睘)
옷에 있는 둥근 구슬(王)을 내려다보는(睘) 모습 → 옥(玉)으로 만든 둥근(睘) 반지 → 고리 → 둥글다, 돌다, 둘레 → 둘러싸이다 → 두루 미치다라는 뜻
예) 순환(循環), 환경오염(環境汚染)

※ 돌아올 환(還)자는 둥글게(睘) 돌아서 온다(辶) → 둥글다, 회전하다는 뜻

珥 | 2급 귀고리 이 | 구슬 옥(玉) + 귀 이(耳) 발음 역할
귀(耳)에 걸던 옥(玉)으로 만든 고리 → 귀고리, 귀걸이의 뜻

班 | 6급 나눌 반 | 구슬 옥(玉) + 칼 도(刂) + 구슬 옥(玉)
옥(玉) 덩어리를 칼(刂)로 나누어 두 조각으로 나누어 놓은 모양 → 나누다는 뜻
예) 반장(班長) : 학년을 쪼개어 만든 각 반의 대표자

瑞 | 2급 상서로울 서 | 구슬 옥(玉) + 시초 단(耑) 발음 역할
임금이 제후를 처음(耑) 봉할 때 주는 옥(玉)으로 만든 신표 → 홀(圭) → 서옥(瑞玉 : 상서로운 구슬) → 상서(祥瑞) → 경사스럽다는 뜻

現 | 6급 나타날 현 | 구슬 옥(玉) + 볼 견(見) 발음 역할
옥(玉)의 바라보고(見) 있는 모습 → 옥의 광채를 봄 → 옥(玉)에서 빛이 나타난다 → 드러내다라는 뜻
예) 실현(實現) : 실제로 나타나거나 나타냄

瑕 | 1급 허물 하 | 구슬 옥(玉) + 빌릴 가, 성씨 하(叚) 발음 역할
옥(玉)에 거짓(叚)이 있는 부분 → 옥(玉)의 티(叚) → 안 좋은 부분, 하자(瑕疵), 흠, 결점 → 허물의 뜻

※ 빌릴 가(叚)자는 빌리다, 거짓이라는 뜻

| 理 | 6급 다스릴 **리** | 구슬 옥(玉) + 마을 리(里) 발음 역할
옥(玉) 안쪽(里)에 무늬를 그리는 일 → 그리다, 다스리다 → 옥의 원석
→ 원석 속에 숨어 있는 고운 결을 잘 갈아내다 → 이치, 사리, 도리의 뜻
예 이성(理性) : 이치를 논리적으로 생각하고 판단하는 마음

※ 마을 리(里)자는 밭(田)과 흙(土)이 있는 농사를 지을 수 있는 곳 → 마을 → 사리가 바르다 → 규칙 바르다
→ 속에 숨어 있다 → 안쪽의 뜻

| 琢 | 2급 다듬을 **탁** | 구슬 옥(玉) + 발 얽은 돼지 걸음 축(豖)
옥(玉)을 쪼아서(剢 → 豖) 잘 다듬다 → 쪼다, 다듬다, 연마(研磨・練磨・鍊磨)하다는 뜻

| 頊 | 2급 삼갈 **욱** | 구슬 옥(玉) + 머리 혈(頁)
옥(玉)으로 만든 머리(頁)띠를 두르다 → 몸가짐이나 언행을 조심하다 → 삼가다는 뜻

| 玨 | 2급 쌍옥 **각**, 쌍옥 **곡** | 구슬 옥(玉) + 임금 왕(王)
옥(玉) 2개 모양 → 쌍옥(雙玉)의 뜻

| 琴 | 3급 거문고 **금** | 쌍옥 곡(玨) + 이제 금(今) 발음 역할
거문고의 몸통(今)과 현악기 두 줄(玨)을 그린 것 → 거문고의 뜻
예 가야금(伽倻琴 : 가야의 우륵이 만들었다는 우리나라 고유의 현악기)

| 瑟 | 2급 큰거문고 **슬** | 쌍옥 곡(玨) + 반드시 필(必) 발음 역할
거문고의 몸통(必)과 현악기 두 줄(玨)을 그린 것 → 큰 거문고, 비파의 뜻
예 금슬(琴瑟) : 두 거문고의 음이 서로 잘 어울리는 악기 → 부부 사이의 좋은 사랑의 뜻

| 琵 | 1급 비파 **비** | 쌍옥 곡(玨) + 견줄 비(比) 발음 역할
비파의 몸통(比)과 현악기 줄(玨) 모양 → 비파(琵琶)의 뜻

| 琶 | 1급 비파 **파** | 쌍옥 곡(玨) + 꼬리 파(巴) 발음 역할
비파의 몸통(巴)과 현악기 줄(玨) 모양 → 비파(琵琶)의 뜻

※ 玉 자가 부수자는 아니지만 구슬을 뜻하는 글자
예 푸를 벽(碧), 희롱할 롱(弄), 보배 배(寶), 아롱질 반(斑)

 가로 왈

입(口)에 혀(一)로 말하다 → (옛날 말투) 가로되, 가라사대 → 말한다 또는 단순 모양자로 쓰임

※ 태양을 뜻하는 날 일(日)자와 비슷함에 유의

書
6급 글 서 | 가로 왈(曰) + 붓 율(聿)
손으로 잡은 붓(聿)과 벼루(曰)의 모습 → 말(曰)을 글로 적는다(聿) → 쓰다 → 글씨의 뜻

最
5급 가장 최 | 무릅쓸 모(冃)의 변형자 + 취할 취(取) 발음 역할
위험을 무릅쓰고(冃 → 曰) 귀를 제일 많이 잘라 오는(取) 사람이 가장 최고(最高)
→ 최상(最上), 으뜸, 제일의 뜻

會
6급 모일 회 | 가로 왈(曰) + 모일 집(亼) + 나라 국(囗) + 작을 소(⺌)
갑골문을 보면 뚜껑과 받침 사이에 음식을 보관하는 찬합을 그린 것
→ (찬합의 결합 모양에서) 모으다, 모임, 만나다는 뜻
예 사회(社會), 기회(機會), 회계(會計), 간담회(懇談會)

曾
3급 일찍 증 | 가로 왈(曰) + 여덟 팔(八) + 나라 국(囗) + 작을 소(⺌)
갑골문을 보면 떡이나 쌀 따위를 찔 데 쓰는 시루를 그린 것 → 찌다
→ (시루 위로 증기가 올라오는 모양에서) 날아오르다, 거듭 → 일찍, 이미의 뜻
예 미증유(未曾有), 증조(曾祖), 증손(曾孫)

更
4급 고칠 경, 다시 갱 | 가로 왈(曰) + 한 일(一) + 다섯 오(乂)
갑골문을 보면 탁자 앞에서 손에 회초리를 들고 있는 모습 → 잘못한 사람을 회초리로 나무라다
→ (잘못을) 바로 잡다 → 개선(改善)하다, 변경(變更)하다 → 고치다, 다시의 뜻
예 갱신(更新), 경질(更迭), 갱생(更生), 갱년기(更年期)

替
3급 바꿀 체 | 가로 왈(曰) + 함께갈 반(龰)
금문을 보면 두 명의 사람이 하품(欠欠)하는 입(曰) 모양 → 피곤해하다 → (일하는 사람을) 바꿔주다
→ 교차(交替)하다, 대체(代替)하다 → 바꾸다는 뜻

曲
5급 굽을 곡 | 가로 왈(曰) + 뚫을 곤(丨) + 뚫을 곤(丨)
갑골문을 보면 L자 모양에 눈금이 그려진 길이를 측정하는 '자'를 그린 모양
→ (굽어있는 모양에서) 굽다 → 바르지 않다, 불합리하다 → 가락, 악곡(樂曲)의 뜻
예 시비곡직(是非曲直), 가곡(歌曲), 왜곡(歪曲), 곡절(曲折), 간곡(懇曲)

曹
1급 무리 조, 성씨 조 | 가로 왈(曰) + 한 일(一) + 굽을 곡(曲)
하나로(一) 뭉쳐 가락(曲)을 노래하다(曰) → 모여 뭉친 동아리 → 무리 → 조나라 → 성(姓)씨 조의 뜻

曺
2급 성씨 조 | 가로 왈(曰) + 열 십(十) + 날 일(日)
밝은 날(日)에 여럿이(十) 모여 말하다(曰) → 모여 뭉친 동아리 → 무리 → 조나라 → 성(姓)씨 조의 뜻

曳
1급 끌 예 | 가로 왈(曰) + 파임 불(㇏) + 삐침 별(丿)
무거운 짐(曰)을 끈(㇏)으로 끌고 뒤에서 밀다(丿) → 끌어당기다, 끌다는 뜻
예 예인(曳引), 예선(曳船)

 작을 **요**

누에고치에서 뽑은 실타래를 그린 것
→ 糸(실사)자가 실타래를 3번 꼬아 만든 '실'이라며 幺 자는 이보다는 적게 꼬인 것
→ 작다, 어리다는 뜻

幼
3급 어릴 유 | 작을 요(幺) + 힘 력(力)
작은(幺) 힘(力) → 힘이 적다 → 어리다 → 미숙하다 → 작다 → 어린아이의 뜻
예 유치원(幼稚園)

幾
3급 몇 기 | 작을 유(幺幺) + 창 과(戈) + 사람 인(人)
사람(人)이 베틀(戈)에서 실(幺幺)로 옷감을 짜다 → 베틀
→ (베틀로 옷감을 짜기 위해서는 날실을 수없이 올렸다가 내려야 해야 한다) 몇, 얼마, 자주, 수
→ (베틀에서 옷감 짤 때 실이 끊어지지 않도록 작은 낌새도 주의해야 한다) → 기미(幾微)
→ 조짐(兆朕), 징조(徵兆), 기회(機會) → 자세히 살펴보다, 바라다는 뜻

幽
3급 그윽할 유, 검을 유 | 작을 유(幺幺) + 메 산(山)
산(山)속 깊은 곳에 작게(幺幺) 보인다 → 그윽하다 → 아득하다 → 깊다, 숨다는 뜻
예 심산유곡(深山幽谷) : 깊은 산속의 깊은 골짜기

幻
2급 헛보일 환
작은(幺) 실오라기가 하늘거리다(㇀) → 헛보이다 → 어지럽다 → 미혹하다 → 허깨비, 환상(幻想)의 뜻

※ 幺 자가 부수자는 아니지만 작다, 실을 뜻하는 글자
예 검을 현(玄), 이을 계(繼), 끊을 단(斷)

又 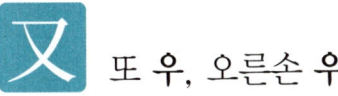또 우, 오른손 우

오른 손가락 모양 → 중국에서는 오른쪽이 옳고 바르다 생각하여 어릴 때부터 오른손잡이가 되도록 함 → (자주 쓰는 오른손에서) 자주 사용한다 → 또, 자주, 다시, 손의 뜻

※ 손가락 3개의 모양 : 또 우(又), 왼손 좌(屮), 손톱 조(爪), 돼지머리 계(크), 마디 촌(寸) 등과 같이 5가지가 있는데, 모두 손가락을 편 방향에 따라 모양이 달라졌음

叉
1급 갈래 **차** | 또 우(又) + 손가락 모습(·)
손(又)에 다른 손을 깍지 낀 모습, 중간의 점은 깍지 낀 손가락 → 갈래, 깍지, 교차(交叉)의 뜻

叟
특급 늙은이 **수** | 또 우(又) + 불 화(火 → 臼)
집안에서 손(又)에 횃불(火)을 들고 무언가를 찾고 있는 모습 → 찾다 → 집안에서 불을 맡고 있는 사람 → 어른 → 늙은이 → 움직이는 모양의 뜻

※ 찾을 수(搜)자는 손(扌)으로 찾다(叟) → 뒤지다 → 탐구하다는 뜻

取
4급 가질 **취** | 또 우(又) + 귀 이(耳)
손(又)으로 귀(耳)를 잡으려는(取) 형상
→ (옛날에는 전쟁에서 자신이 죽인 사람의 귀를 잘라 오면, 귀의 숫자에 따라 공과를 정함) 취하다
→ 이기다, 가지다, 취하다는 뜻
🔹 취사선택(取捨選擇) : 쓸 것과 버릴 것을 가림

※ 뜻 취(趣)자는 달려가서(走) 가지고(取) 싶은 것 → 뜻, 취지, 재미, 취미의 뜻

叢
1급 떨기 **총** | 취할 취(取) + 풀 무성할 착(丵)
무성하게 자란 풀(丵)을 한 움큼 잡고(取) 있는 모습
→ 떨기(식물의 한 뿌리에서 여러 개의 줄기가 나와 더부룩하게 된 무더기) 모으다
→ 모이다, 더부룩하다, 숲의 뜻

※ 풀 무성할 착(丵)자는 풀이 여러 개의 줄기가 나와 더부룩하게 된 무더기 모양

反
6급 돌이킬 **반**, 반대 **반** | 또 우(又) + 기슭 엄(厂)
손(又)으로 기어서 절벽(厂)을 되돌아 올라간다 → 돌이키다 → 뒤집다
→ 배반(背反)하다, 반대(反對)하다, 어렵다(번)뜻

叛
3급 배반할 **반** | 돌이킬 반(反) + 반 반(半) 발음 역할
마음의 반(半)이 돌아섰다(反) → 배반(背反·背叛)하다는 뜻
🔹 반란(叛亂), 반역(叛逆), 반기(叛起), 모반(謀叛), 위반(委叛)

友

5급 벗 우 | 또 우(又) + 왼 좌(ナ)

갑골문을 보면 친한 벗들이 손(又)과 손(ナ)을 맞잡고 있는 모습 → 가까이하다 → 친구, 벗의 뜻

예 죽마고우(竹馬故友), 붕우유신(朋友有信), 우정(友情)

及

3급 미칠 급 | 또 우(又) + 주검 시(尸)

갑골문을 보면 마치 사람(人)이 누군가를 손(又)으로 붙잡으려는 듯한 모습 → 누군가에게 다다르다 → 미치다, 이르다, 도달하다는 뜻

예 급제(及第), 과유불급(過猶不及), 급기야(及其也)

※ 급할 급(急)자 사람을 붙잡고(及 자 변형) 싶은 마음(心) → 초조한 마음 → 급하다, 재촉하다는 뜻

叔

4급 콩 숙, 아저씨 숙 | 또 우(又) + 콩 숙(朩) 발음 역할

금문을 보면 손(又)으로 콩(朩)을 따는 모습 → 콩 → 줍다

→ (콩깍지가 같이 모여 사는 한 가족으로 비유되면서 아버지의 형제를 일컫는) 아재비, 아저씨의 뜻

※ 아재비 숙(朩)자는 덩굴(上)에 달린 콩(小)을 모습 → 콩, 아재비, 시동생의 뜻

※ 콩 숙(菽)자는 식물(艹) 중 콩(朩)을 뜻하는 글자

受

4급 받을 수 | 또 우(又) + 손톱 조(爪) + 물건의 모습(冖)

갑골문을 보면 배에서 위의 손(爪)과 아래의 손(又) 어떤 물건(冖)을 주고받는 모습

→ 받다, 주다, 얻다, 들어주다는 뜻

※ 又 자가 부수자는 아니지만 손을 뜻하는 글자

 예 외짝 척(隻), 두 쌍(雙), 지탱할 지(支), 칠 복(攴), 몽둥이 수(殳), 가죽 피(皮), 종 노(奴), 뽕나무 상(桑), 제사 제(祭)

 소 우

갑골문을 보면 소의 양쪽 뿔이 잘 그려져 있음 → 해서부터 한쪽 뿔 모양

① 농경 생활에서 소는 논, 밭 가는 데에 매우 중요하여 농사일 관련 글자

② 신에게 바치는 제물로 사용되어 제물(祭物), 희생 관련 글자에 사용함

※ 우리나라와 달리, 중국은 돼지고기를 주로 요리로 이용하기에 중화요리 이름에 고기 육(肉)이 들어간 것은 돼지고기 요리를 의미함(소고기는 잘 안 먹고 맛이 없음, 양고기를 잘 먹음)

| 牽 | 3급 이끌 견 | 소 우(牛) + 덮을 멱(冖) + 검을 현(玄)
소(牛)의 코뚜레(冖)에 고삐(玄)가 걸려있는 모양 → 끌다, 이끌다, 강제하다는 뜻
예 견인(牽引) : 끌어당김

※ 여기서 덮을 멱(冖)자는 코뚜레, 검을 현(玄)자는 고삐의 모양자 역할
※ 쇠코뚜레는 소의 코청을 꿰뚫고 거기에 끼는 고리 모양의 나무, 고삐는 줄

| 牢 | 1급 우리 뢰 | 소 우(牛) + 집 면(宀)
소(牛)의 집(宀) → 우리(소를 넣어두는 건물) → 감옥의 뜻
예 망양보뢰(亡羊補牢) : 양을 잃고 우리를 고친다

| 牧 | 4급 칠 목 | 소 우(牛) + 칠 복(攴)
풀어 놓은 소(牛)를 우리로 몰기 위해 회초리(攵)를 휘두르는 모습 → 치다
→ 소나 양과 같은 가축을 잘 기르는 사람 → 다스리다, 통치하다 → 목장(牧場)의 뜻

| 犀 | 1급 무소 서 | 소 우(牛) + 주검 시(尸) + 물 수(水)의 변형자
무소뿔 모양 → 무소(코뿔소), 무소뿔의 뜻

※ 더딜 지(遲)자는 느긋하게 걷는(辶) 무소(犀)의 모습 → 지연(遲延), 지체(遲滯)하다 → 더디다는 뜻

| 特 | 6급 특별할 특 | 소 우(牛) + 모실 시(寺)
옛날 관청(寺)에서 중대한 일을 결정할 때는 보통(普通) 것보다 크고 힘센 특별(特別)한 수소(牛)를
신의 제단에 바침 → 제물로 바칠 수소(牛)를 특별하게 모셔야(寺) 한다 → 특별하다, 수컷의 뜻

| 犧 | 1급 희생 희 | 소 우(牛) + 복희씨 희(羲) 발음 역할
정의롭게(義) 제물로 바쳐지는 양(羊)과 소(牛) → 희생(犧牲)하다는 뜻

※ 복희씨는 중국 전설상 삼황 중 하나로, 동이족 출신, 복희란 대홍수 시절 되살아나 희생(제사에 쓰이는 짐승)을 길러서
  붙여진 이름

| 牲 | 1급 희생 생 | 소 우(牛) + 날 생(生) 발음 역할
소(牛)는 태어나면서(生)부터 사람을 위해 희생하는 가축 → 제사에 쓰는 소 → 희생의 뜻

| 物 | 7급 물건 물 | 소 우(牛) + 말 물(勿) 발음 역할
부정한 것이 없는(勿) 깨끗한 소(牛)를 제물에 사용하다 → 소(牛)를 도축(勿)하여 상품화시키는 모습
→ 제품 → 상품 → 만물 → 물건(物件)의 뜻

※ 말 물(勿)자는 짐승을 칼(刀)로 내리쳐서 피 묻은 모습

| 牟 | **2급** 소 우는 소리 **모** | 소 우(牛) + 사사 사(厶)
눈이 가려진(厶) 소(牛)가 울부짖다 → 소가 우는 소리 → 보리의 뜻

| 牡 | **1급** 수컷 **모** | 소 우(牛) + 흙 토(土)
새끼를 배지 않는 수컷 소(牛)의 뜻

※ 牛 자가 부수자는 아니지만 소를 뜻하는 글자
예) 풀 해(解), 물건 건(件), 고할 고(告)

 깃 우

갑골문을 보면 두 개의 새 깃털 모양 → 날개, 새, 날개, 부채, 편지
→ (깃털은 새가 하늘을 날 수 있도록 돕기에) 돕다는 뜻

| 習 | **6급** 익힐 **습** | 깃털 우(羽) + 흰 백(白)
갑골문을 보면 해(日 → 白) 뜨는 아침에 어린 새가 나르는(羽) 연습을 하다 → 익히다, 배우다는 뜻
예) 강습(講習 : 학문이나 기술 등에 대한 교육), 습관(習慣)

| 翌 | **1급** 다음날 **익** | 깃털 우(羽) + 세울 립(立) 발음 역할
아침이면 새들이 깃털(羽)을 세우고(立) 난다 → 다음날 → 이튿날의 뜻
예) 익일(翌日) : 이튿날

| 翟 | **특급** 꿩 **적** | 깃털 우(羽) + 새 추(隹)
깃털(羽)이 아름다운 새(隹) → 꿩의 뜻

| 耀 | **2급** 빛날 **요** | 꿩 적(翟) + 빛날 광(光)
꿩(翟)의 깃털이 아름답게 빛나다(光) → 광채, 빛나다 → 영광스럽다는 뜻

| 翼 | **3급** 날개 **익** | 깃털 우(羽) + 다를 이(異) 발음 역할
새는 서로 다른(異) 양쪽 날갯(羽)짓으로 멋지게 하늘을 난다 → 돕다 → 날개의 뜻
예) 좌익(左翼) : 왼쪽 날개 → 사회주의나 공산주의적인 사상 것

※ 다를 이(異)자 갑골문을 보면 얼굴에 가면을 쓴 채 양손을 벌리고 있는 사람 모습 → (일반인과는) 다르다, 뛰어나다
  → 기이하다는 뜻

翻 | **특급** 날 **번** | 깃털 우(羽) + 차례 번(番) 발음 역할
새 날개(羽)를 퍼덕이며 차례(番)로 뒤집는다 → 다른 나라 말을 우리말로 뒤집는다
→ 번역(翻譯, 飜譯)의 뜻

※ 차례 번(番)자는 밭(田)에 짐승 발자국(釆)이 차례로 나 있는 모양 → 차례, 횟수, 분별하다는 뜻

翔 | **1급** 날 **상** | 깃털 우(羽) + 양 양(羊) 발음 역할
새가 하늘을 빙빙 날면서(羽) 배회(羊)하는 모습 → 빙빙 돌아 날다 → 돌다, 날다는 뜻
예 비상(飛翔 : 새 따위가 하늘을 낢)

※ 양 양(羊)자는 양, 상서롭다, 배회하다는 뜻

翰 | **2급** 편지 **한** | 깃털 우(羽) + 사람 인(人) + 붓 몸체 모양(車)
깃털(羽) 있는 붓(車)으로 글 쓰는 모양 → 붓, 모필(毛筆) → 편지, 문서의 뜻

翁 | **3급** 늙은이 **옹** | 깃털 우(羽) + 공평할 공(公)
노인(公) 턱에 난 털(羽) → (새의) 목털 → 어르신네 → 늙은이의 뜻
예 새옹지마(塞翁之馬) : 변방 늙은이의 말 → 인생의 길흉화복은 항상 바뀌어 미리 헤아릴 수가 없다

※ 공평할 공(公)자 갑골문을 보면 사물(厶)을 공평하게 나눈 모양(八) → 공평하다, 공정하다
→ (공정하게 나누는 직책이) 높은 사람 → 벼슬, 귀인, 노인의 뜻

翡 | **1급** 물총새 **비** | 깃털 우(羽) + 아닐 비(非) 발음 역할
산속이 아닌(非) 강이나 호수에 사는 아름다운 깃털(羽)을 가진 새 → 물총새의 뜻

翠 | **1급** 푸를 **취** | 깃털 우(羽) + 마칠 졸(卒)
파랑새목 물총샛과에 속한 새, 비취를 뜻하는 글자 → 비취색(翡翠色), 푸르다는 뜻

寥 | **1급** 쓸쓸할 **요** | 집 면(宀) + 높이 날 료(翏) 발음 역할
지붕(宀)이 높이 날다(翏) → 휑하다 → 쓸쓸하다, 적막(寂寞)하다는 뜻

翊 | **2급** 도울 **익** | 깃털 우(羽) + 설 립(立)
새 깃털(羽)이 똑바로 세워(立) 잘 날도록 돕다 → 보좌(補佐·輔佐)하다, 돕다는 뜻

※ 羽 자가 부수자는 아니지만 날개를 뜻하는 글자
예 부채 선(扇), 빛날 요(曜)

 비 우

갑골문을 보면 구름 아래로 빗방울이 떨어지는 모양 → 기상 현상
→ 구름, 이슬, 벼락, 전기, 노을, 눈, 무지개 관련 글자에 사용됨

雪 | **6급** 눈 **설** | 비 우(雨) + 비 혜(彗 → 크) 변형자

금문을 보면 하늘에서 내리는 눈(雨)을 빗자루(彗 → 크)로 쓰는 모습 → 손(크)으로 쓸어야 하는 비(雨)
→ 내리다 → 눈의 뜻

※ 빗자루 혜(彗)자는 풀이 무성하게 우거진(丰丰) 모양 → 풀로 만든 빗자루(丰丰)를 손(크)으로 들고 있는 형상
→ 빗자루 → 쓸다 → 살별 → 혜성(彗星)의 뜻

電 | **7급** 번개 **전** | 비 우(雨) + 펼 신(申)의 변형자

비구름(雨) 사이로 벼락(申)치는 모양 → 번개 → 전기(電氣) → 번쩍이다 → 빠르다는 뜻

雷 | **3급** 우레 **뢰** | 비 우(雨) + 밭 전(田)

갑골문을 보면 논밭(田) 사이로 소리가 휘돌아 나가는 모양 → 비구름(雨) 사이로 번개와 벼락이 치다
→ 낙뢰(落雷)가 치다 → 우레, 천둥, 사나움의 뜻

雲 | **5급** 구름 **운** | 비 우(雨) + 이를 운, 구름 운(云) 발음 역할

비(雨) 구름(云) 떠 있는 모양 → 구름 → 습기 → 높다, 많다는 뜻

※ 구름 운(云)자는 갑골문을 보면 구름의 모양 → 구름 → 이른다는 뜻

露 | **2급** 이슬 **로**, 드러날 **로** | 비 우(雨) + 길 로(路) 발음 역할

길에 맺힌 맑고 깨끗한 이슬 → 길(路)가 풀잎에 비(雨)처럼 깨끗한 물이 맺었다 → 이슬
→ 새벽이슬처럼 맑고 깨끗한 물 → 좋은 술 → 드러나다는 뜻
예 노천(露天 : 지붕 없어 가리지 않아 이슬 내리는 바깥, 한데), 노출(露出 : 겉으로 드러남)

霜 | **3급** 서리 **상** | 비 우(雨) + 서로 상(相) 발음 역할

이른새벽 물방울(雨)이 서로(相) 언 모양 → 수증기가 얼어서 하얀 서리가 만들어지다 → 서리
→ 하얀 가루 → 하얀 머리 → 세월의 뜻
예 설상가상(雪上加霜) : 눈 위에 또 서리가 더해짐

霧 | **3급** 안개 **무** | 비 우(雨) + 일 무(務) 발음 역할

공기 중의 수증기(雨)가 지면에 닿아 부옇게 떠 있는 안개로 일(務)하기가 힘들다 → 안개의 뜻
예 오리무중(五里霧中) : 다섯 리에 걸쳐 안개 속이라는 뜻으로, 갈피를 잡기 어려움을 일컬음

雰 | 1급 눈날릴 **분** | 비 우(雨) + 나눌 분(分) 발음 역할
빗방울(雨)이 잘게 나누어져(分) 공기 중에 떠다니는 것 → 눈이 날리다 → 안개가 끼다 → 안개의 뜻
예) 분위기(雰圍氣) : 주변을 감도는 느낌

震 | 3급 우레 **진** | 비 우(雨) + 떨칠 진(振 → 辰) 변형 발음 역할
비(雨)가 오면서 산천초목이 진동(振 → 辰)하는 모양 → 천둥이 치면 산천초목이 떨리다 → 벼락 치다
→ 우레, 벼락 → 지진(地震) → 떨다 → 진동(震動)하다는 뜻

※ 떨칠 진(振)자 갑골문을 보면 발(止)이 길(彳)을 걸을 때 진동(辰) 있는 모습 → 떨치다는 뜻

霞 | 1급 노을 **하** | 비 우(雨) + 빌릴 가, 성씨 하(叚) 발음 역할
대기 중에 떠 있는 물방울(雨)이 햇빛을 빌려(叚) 반원형으로 나타나는 일곱 색깔의 띠 → 무지개
→ 붉다, 아름답다 → 노을의 뜻

靄 | 1급 아지랑이 **애** | 비 우(雨) + 뵐 알(謁) 발음 역할
태양 광선이 강한 날, 물안개(雨)가 피어오르는 듯 사물이 아른거리는 것처럼 보이는(謁) 현상
→ 아지랑이, 운무(雲霧)의 뜻

霑 | 1급 젖을 **점** | 비 우(雨) + 젖을 점(沾) 발음 역할
빗방울(雨)이 더하여 젖었다(沾) → 적시다, 젖다는 뜻

零 | 3급 떨어질 **령** | 비 우(雨) + 하여금 령(令) 발음 역할
비(雨)가 아래로 떨어진다(令) → 비가 오다 → 떨어지다 → 기호 영(0)의 뜻
예) 영하(零下) : 온도가 0℃ 이하

※ 하여금 령(令)자는 관청 같은 큰집(亼)에 있는 높은 사람이 무릎 꿇고 있는 사람(卩)에게 명령을 내리다
→ 추상(秋霜)같은 명령이 떨어지다 → 장관, 관아, 우두머리 → 명령 → 하여금의 뜻

需 | 3급 쓰일 **수** | 비 우(雨) + 말이을 이(而)
갑골문을 보면 비(雨)를 많이 맞은 사람(大 → 而) 겨드랑이 사이로 빗방울이 떨어지는 모습
→ (비 안 맞게 하려면 우산이) 필요하다 → (우산을) 구하다, 쓰다, 쓰이다는 뜻

※ 선비 유(儒)자는 꼭 필요한(需) 사람(人) → 선비의 뜻

靈 | 3급 신령 **영** | 비 우(雨) + 입구(口)3개 + 무당 무(巫)
금문을 보면 비 내리는 제단 위에 술잔 세 개가 있는 모양 → 소전에서는 무당(巫)이 비(雨)를 내려 달라고
신에게 입으로 여러 번(口口口) 주문 모습 → 신에게 기우제를 드리다 → 신령(神靈)
→ 혼령(魂靈), 유령(幽靈), 영기(靈氣)의 뜻

霸　**2급**　으뜸 패 ｜ 비 우(雨) + 으뜸 패(朝) 발음 역할
부족의 우두머리(朝)가 비(雨) 내려달라고 빌다 → 두목, 으뜸이 되다는 뜻
예) 패도(霸道), 패자(霸者), 패기(霸氣), 연패(連霸), 패권(霸權)

※ 雨 자가 부수자는 아니지만 비관련 글자
예) 샐 루(漏), 선비 유(儒), 나약할 나(懦), 흐릴 담(曇), 콩잎 곽(藿), 홀어머니 상(孀)

 　육달 **월**, 고기 **육**

갑골문을 보면 고깃덩어리에 칼집을 낸 모양을 그린 것 → 잘라놓은 고기에 힘줄이 있는 모양
→ 고기 육(肉) → 신체에 관련된 의미 글자에 사용

※ 肉 자는 부수자로는 쓰일 때 月(육달 월)자로 주로 글자 왼쪽, 아래쪽에 쓰임

臟　**3급**　오장 장 ｜ 고기 육(月) + 감출 장(藏) 발음 역할
신체(肉 → 月) 안에 감추어진(藏) 장기 → 오장(五臟)의 뜻
예) 오장(五臟) : 간(肝 간장), 심(心 심장), 비(脾 지라), 폐(肺), 신(腎 신장)

腑　**1급**　육부 부 ｜ 고기 육(月) + 마을 부(府) 발음 역할
신체(肉 → 月) 여섯 기관(府) → 육부(六腑)
→ 오장육부(五臟六腑: 담, 위, 대장, 소장, 방광, 삼초의 여섯 가지 내장 기관)의 뜻

肝　**3급**　간 간 ｜ 고기 육(月) + 방패 간(干) 발음 역할
몸(肉 → 月)의 방패(干) 역할을 하는 것 → (우리 몸에 독을 분해하는) 간 → 간장의 뜻
예) 간담상조(肝膽相照) : 간과 쓸개가 서로 비추어준다 → 서로의 마음이 통하고 알려 짐
　　　　　　　　　　　→ 서로 마음을 터놓고 진실하게 사귐

脾　**1급**　지라 비 ｜ 고기 육(月) + 낮을 비(卑) 발음 역할
신체(月) 중 위의 왼쪽이나 뒤쪽에서 림프구를 만드는 어려운 일(卑)하는 지라(비장)의 뜻
예) 비위(脾胃 : 지라와 위), 비장(脾臟)

肺　**3급**　허파 폐 ｜ 고기 육(月) + 저자 시(市)
신체(月) 중 저잣(市 : 시장)거리처럼 바쁜 곳 → 신체 중 바쁘게 움직이면서 호흡을 담당하는 기관
→ 허파, 속마음의 뜻
예) 폐병(肺病) : 폐결핵

腎	**2급** 콩팥 **신**	고기 육(月) + 굳을 간(臤) 발음 역할

신체(月)중 단단한(臤) 강낭콩 모양으로 좌우에 한 쌍이 있으며,
체내에 생긴 불필요한 물질을 몸 밖으로 배출하는 곳 → 신장(腎臟), 콩팥의 뜻

膽	**2급** 쓸개 **담**	고기 육(月) + 이를 첨(詹) 발음 역할

신체(月) 중 매우 중요하고 어려운 일을 담당(詹)
→ 간에서 분비되는 쓸개즙을 일시적으로 저장·농축하는 쓸개주머니 → 담낭, 담력의 뜻
   예 와신상담(臥薪嘗膽) : 섶나무 위에서 엎드리고(자고), 쓸개를 맛본다
                     → 월왕 구천이 오왕 부차에게 원수를 갚고자 고생을 참고 견딤)

胃	**3급** 밥통 **위**	고기 육(月) + 밭 전(田)

신체(肉 → 月) 중 밥통(田)을 그린 것 → 위장(胃臟) → 위의 뜻
   예 위통(胃痛 : 위가 아픈 증세)

胴	**1급** 큰창자 **동**	고기 육(月) + 같을 동(同) 발음 역할

신체(月) 중 음식물이 모이는(同) 곳 → 큰창자 → 대장(大腸)의 뜻
   예 비행기 동체(胴體) : 비행기 몸통

腸	**4급** 창자 **장**	고기 육(月) + 빛날 양(昜) 발음 역할

신체(月)중 창자에서 소화된 음식물이 온몸으로 퍼져나간다(昜) → 창자 → 충심의 뜻

※ 빛날 양(昜)자는 마치 햇볕이 대지 아래로 퍼지는 듯한 모습

脹	**1급** 창자 **장**	부을 창, 고기 육(月) + 긴 장(長) 발음 역할

신체(月)중 가장 긴(長) 장기 → 창자 → 배부르다, 붓다, 늘어나다는 뜻
   예 팽창(膨脹) : 길이, 면적, 부피가 늘어남

膀	**1급** 오줌통 **방**	고기 육(月) + 곁 방(旁) 발음 역할

신체(月) 중 콩팥을 도와서(旁) 오줌을 배출하는 오줌통(방광)의 뜻

※ 곁 방(旁)자는 사방(方)에 두루(凡) 넓게 서 있다 → 널리, 두루 → 옆, 곁 → (옆에서) 돕다, 보좌의 뜻

胱	**1급** 오줌통 **광**	고기 육(月) + 빛 광(光) 발음 역할

신체(月) 중 오줌을 저장하였다가 일정한 양이 되면 요도를 통하여 몸 밖으로 배출시키는(光) 곳
→ 오줌통 → 방광(膀胱)의 뜻

肛	**1급** 항문 **항**	고기 육(月) + 빈 공(工) 발음 역할

신체(月)중 뒷일을 잘 처리(工)하는 항문(肛門)

| 膣 | **1급** 음도 **질** | 고기 육(月) + 막힐 질(窒) 발음 역할
사람의 몸(肉→月)에서 끝이 막힌 구멍(窒) → 여자 음문(陰門)의 뜻

※ 막힐 질(窒)자는 굴이나 구멍(穴) 끝에 이르다(至) → 막혀 있다, 멈추다는 뜻

| 腦 | **3급** 골 **뇌** | 고기 육(月) + 정수리 신(囟) + 머리털 모양(巛)
신체(肉→月) 중 머리(囟) 위에 머리털(巛)이 나 있는 모양 → 머리 → 뇌수(腦髓), 뇌 → 골, 머릿골의 뜻
예 뇌파(腦波) : 뇌에서 발생하는 전류

※ 고민할 뇌(惱)자는 머리(甾)와 마음(忄)으로 고민하다 → 괴로워하다 → 번뇌(煩惱)하다는 뜻

| 膵 | **1급** 췌장 **췌** | 고기 육(月) + 모을 췌(萃) 발음 역할
에너지 대사의 조절에 중요한 역할을 하는 인슐린을 분비하는 내분비기관 → 췌장(膵臟)의 뜻

| 肖 | **3급** 쇠할 **소**, 닮을 **초** | 고기 육(月) + 작을 소(小) 발음 역할
작은(小) 나의 몸(月) → 태어난 아이의 작은(小) 몸(月)이 나와 닮았다 → 닮다 → 쇠약하다는 뜻
예 초상화(肖像畫) : 사람의 얼굴을 닮게 (똑같이) 그린 그림

| 膚 | **2급** 살갗 **부** | 고기 육(月) + 범무늬 로(虍)
신체(月)의 무늬(虍) → 겉껍질, 표피 → 피부(皮膚), 살갗의 뜻

| 肌 | **1급** 살가죽 **기** | 고기 육(月) + 안석 궤, 몇 기(几) 발음 역할
몸(月) 전체를 싸고 있는 껍질 → 살가죽, 살, 피부의 뜻

| 肩 | **3급** 어깨 **견** | 고기 육(月) + 집 호(戶) 어깨 모양
신체(月) 중 어깨(戶) 모양 → 어깨, 짊어지다는 뜻
예 오십견(五十肩) : 오십 세 전후에 어깨에 통증이 나는 병의 일종

| 肋 | **1급** 힘줄 **근**, 갈비 **륵** | 고기 육(月) + 힘 력(力)
신체(月) 중 힘(力)줄이 드러나는 근육을 표현 → 힘줄, 갈빗대, 늑골(肋骨)의 뜻

| 腱 | **1급** 힘물 **건** | 고기 육(月) + 세울 건(建) 발음 역할
전신적으로 근육과 뼈가 연결되는 부분에 위치하여 신체(月)를 바로 세우는(建) 역할을 돕고
근육의 기초가 되는 희고 질긴 살의 줄 → 힘줄의 뜻

| 胸 | **3급** 가슴 **흉** | 고기 육(月) + 오랑캐 흉(匈) 발음 역할
신체(月) 중 장기들을 품는(匈) 곳 → 가슴, 마음의 뜻
예 흉상(胸像) : 사람의 머리에서 가슴까지를 나타낸 조각상

※ 오랑캐 흉(匈)자는 흉(凶)한 마음을 품고(勹) 있다 → 오랑캐, 가슴, 품다는 뜻

| 膺 | **1급** 가슴 **응** │ 고기 육(月) + 매 응(雁) 발음 역할
신체(月)의 어깨로부터 시작해 명치에 이르는 부분 → 가슴, 흉부의 뜻
예 응징(膺懲) |

| 臆 | **1급** 가슴 **억** │ 고기 육(月) + 뜻 의(意)
신체(月) 중 마음속의 뜻(意)을 품는 곳 → 가슴 → 마음, 생각의 뜻 |

| 膈 | **1급** 가슴 **격** │ 고기 육(月) + 막을 격(鬲) 발음 역할
신체(月) 중 심장과 비장 사이의 칸막이(鬲) → 가슴의 뜻
예 격막(膈膜), 흉격(胸膈) |

| 膜 | **2급** 꺼풀 **막** │ 고기 육(月) + 없을 막(莫) 발음 역할
신체(月) 중 잘 보이지 않는(莫) 얇은 막 → 꺼풀의 뜻
예 망막(網膜) : 시신경(視神經)이 그물(網)처럼 분포된 막(膜) |

| 腹 | **3급** 배 **복** │ 고기 육(月) + 돌아올 복(复) 발음 역할
사람의 몸(月)이 호흡할 때 나왔다가 들어가기를 반복하는(复) 곳 → 배의 뜻
예 면종복배(面從腹背) : 얼굴 앞에서는 복종하고 등 뒤에서는 배신한다
→ 겉으로는 복종하는 체하면서 속으로는 배반함) |

| 背 | **4급** 등 **배** │ 고기 육(月) + 북녘 북(北)
신체(月) 중 등(北)을 보이고 달아나다 → 등 → 배반(背反)하다 → 물러나다는 뜻

※ 북녘 북, 달아날 배(北)자는 사람이 서로 등지고 있는 모양 → 적에 등을 보이고 달아나다 → 패배(敗北)하다
→ 등지다, 도망가다 → 집(남향)의 반대쪽(북쪽)으로 도망가다 → 북쪽의 뜻 |

| 脊 | **1급** 등마루 **척** │ 고기 육(月) + 등뼈의 상형
글자 윗부분은 등뼈를 그린 것으로 신체(肉 → 月) 중 등뼈를 표현 → 등골뼈의 뜻
예 척추(脊椎 : 등뼈), 척수(脊髓 : 등골)

※ 파리할 척(瘠)자는 병이 들어서 침대(疒)에 등뼈(脊)를 대고 누워있는 모습 → 파리하다, 여위다 → 메마르다는 뜻 |

| 膝 | **1급** 무릎 **슬** │ 고기 육(月) + 옻 칠(桼) 발음 역할
신체(月) 중 아랫(桼) 부분 → 무릎의 뜻
예 슬하(膝下) : 무릎 아래 → 어버이의 곁

※ 옻 칠(桼)자는 나무 아래 부문에서 액을 받는 모양 |

| 脛 | **1급** 정강이 **경** │ 고기 육(月) + 물줄기 경(巠) 발음 역할
신체(月) 중 무릎 아래에서 앞 뼈가 있는 부분 → 정강이, 종아리의 뜻 |

脚 | 3급 다리 **각** | 고기 육(月) + 물리칠 각(却) 발음 역할
신체(月) 중 무릎(却) 아래 → 종아리 → 다리의 뜻
예 각선미(脚線美 : 다리 곡선의 아름다움), 각광(脚光), 각색(脚色)

※ 물리칠 각(却)자는 계곡에서 무릎 꿇은 모습 → 가는 것(去)을 포기하고 무릎 꿇다(卩) → 포기하다 → 돌아가다 → 피하다 → 물리치다는 뜻

股 | 1급 넓적다리 **고** | 고기 육(月) + 몽둥이 수(殳)
몽둥이(殳)처럼 굵은 살(月)이 있는 다리에서 무릎 관절 위의 부분 → 넓적다리의 뜻
예 고굉지신(股肱之臣), 자고현량(刺股懸梁)

腿 | 1급 넓적다리 **퇴** | 고기 육(月) + 물러날 퇴(退) 발음 역할
신체(月) 중 넓적다리(退) → 다리 살, 정강이의 뜻
예 대퇴부(大腿部) : 넓적다리 부위

※ 물러날 퇴(退)자 금문을 보면 길가에서 두 다리가 어긋나있는 모양 → 왔던 길을 어긋나서 뒤돌아 오다 → 물러나다는 뜻

肢 | 1급 팔다리 **지** | 고기 육(月) + 지탱할 지(支) 발음 역할
사람의 신체(月)에서 가지(支)가 뻗어 나간 것 → 사지(四肢), 팔다리의 뜻

臂 | 1급 팔 **비** | 고기 육(月) + 피할 피(辟) 발음 역할
신체(月) 중 어깨와 손목 사이의 부분 → 팔의 뜻

肱 | 1급 팔 **굉** | 고기 육(月) + 팔꿈치 굉(厷) 발음 역할
신체(月) 중 팔꿈치(厷) → 팔뚝의 뜻

※ 팔꿈치 굉(厷)의 갑골문을 보면 손(扌)의 아래에 있는 팔꿈치 부분을 볼록 솟아 나오게 표시(厶)하여 팔꿈치를 표현

腕 | 1급 팔뚝 **완** | 고기 육(月) + 완연할 연(宛) 발음 역할
신체(月) 중 팔을 굽혔을 때 핏줄이 완연한(宛) 곳 → 팔뚝의 뜻
예 수완(手腕), 완장(腕章), 완력(腕力)

膊 | 1급 팔뚝 **박** | 고기 육(月) + 펼 부(尃) 발음 역할
신체(月) 중 펼칠 수(尃) 있는 곳 → 팔뚝의 뜻
예 이두박근(二頭膊筋)

腋 | 1급 겨드랑이 **액** | 고기 육(月) + 밤 야(夜) 발음 역할
신체(月) 중 액체(夜)가 나오는 곳 → 겨드랑이의 뜻

※ 밤 야(夜)자는 밤, 저녁, 즙, 진액, 액체의 뜻

| 脅 | **3급** 겨드랑이 **협**, 협박할 **협** | 고기 육(月) + 힘합할 협(劦) 발음 역할
누군가의 신체(月)에 여러 힘을 가한다(劦) → 위협하다 → 으르다
→ 협박(脅迫)할 때 옆구리(肉)를 힘(力)으로 쿡쿡 찌르다 → 협박한다 → 겨드랑이, 옆구리의 뜻

※ 힘합할 협(劦)자는 세 개의 힘(力)을 합하다 → 힘이 위협적이다 → 힘을 합하다는 뜻

| 臀 | **1급** 볼기 **둔** | 고기 육(月) + 전각 전(殿) 발음 역할
신체(月) 중 큰(殿) 살덩이가 있는 부분 → 궁둥이, 볼기의 뜻
◉ 둔부(臀部)

| 胞 | **4급** 세포 **포** | 고기 육(月) + 쌀 포(包) 발음 역할
태아를 싸고(包) 있는 막과 태반 → 태보(胎褓) → 세포(細胞), 포자(胞子)의 뜻

| 脯 | **1급** 포 **포** | 고기 육(月) + 클 보(甫) 발음 역할
커다란(甫) 살고기를 얇게 저미어서 양념하여 말린 고기 → 포육(脯肉), 포(脯)의 뜻

| 膿 | **1급** 고름 **농** | 고기 육(月) + 농사 농(農) 발음 역할
살갗(月)이 부풀어 오름(農) → 살갗이 헐어서 문드러지다 → 짓무르다, 썩어 문드러지다 → 고름의 뜻

| 腫 | **1급** 종기 **종** | 고기 육(月) + 무거울 중(重) 발음 역할
소중한(重) 살가죽(月)이나 어떤 기관이 부풀어 오르다 → 부르트다 → 부스럼, 종기(腫氣)의 뜻
◉ 종양(腫瘍), 부종(浮腫)

| 腰 | **3급** 허리 **요** | 고기 육(月) + 요긴할 요(要) 발음 역할
신체(月)중 중요한 곳(要) → 허리의 뜻
◉ 요통(腰痛)

※ 요긴할 요(要)자 갑골문을 보면 여자(女)가 허리에 손을 얹고 있는 모습 → 허리 → (허리가 신체에서) 중요하다
→ 구하다, 원하다는 뜻

| 胡 | **3급** 되 **호**, 오랑캐 **호** | 고기 육(月) + 옛 고(古) 발음 역할
신체(月) 중 구레나룻(古) 표현 → (수염을 길게 기른 유목민족의 특징 때문에) 오랑캐의 뜻

※ 육달 월(月)이 부수로 쓰일 때는 왼쪽 또는 아래 쓰이는데 胡 자는 예외임

Ⅱ. 부수자

脣 | 3급 입술 순 | 고기 육(月) + 별 진(辰) 발음 역할
신체(月) 중 조개(辰) 모양을 닮은 입술의 뜻
- 예 순망치한(脣亡齒寒) : 입술이 없으면 이가 시리다 → 이웃이 망하면 자신도 위험하다
  단순호치(丹脣皓齒) : 붉은 입술과 흰 이 → 여자의 아름다운 얼굴

※ 별 진(辰)자는 조개 모양의 농기구를 그린 것

脈 | 4급 줄기 맥 | 고기 육(月) + 물갈래 파(派) 변형
몸(月)의 혈관이 여러 갈래로 갈라지는(派) 모습 → 줄기, 혈관, 맥박(脈搏)의 뜻
- 예 문맥(文脈) : 문장이 서로 연결됨
  맥락(脈絡) : 사물이 이어져 서로 연관되어 있다
  동맥(動脈) : 심장에서 나온 혈액을 온몸으로 보내는 혈관
  맥박(脈搏) : 심장의 박동에 따라 일어나는 혈관의 주기적인 파동
  동맥(動脈) : 심장의 나온 혈액을 온몸으로 보내는 혈관

膏 | 1급 기름 고 | 고기 육(月) + 높을 고(高)의 변형자 발음 역할
신체(月) 중 번지르르하고 좋아(高) 보이다 → 살진 고기 → 기름 → 지방의 뜻
- 예 고황(膏肓) : 사람 몸의 가장 깊은 곳, 불치병(이곳에 병이 들면 약효가 미치지 못해 고치지 못함)

脂 | 2급 기름 지 | 고기 육(月) + 맛있을 지(旨) 발음 역할
고기(月)에서 맛있는(旨) 부분 → 기름, 비계의 뜻
- 예 탈지유(脫脂乳) : 지방분을 뺀 우유

肥 | 3급 살찔 비 | 고기 육(月) + 꼬리 파(巴)
손으로 앞에 있는 고기(月)를 끌어당기는(巴) 모습 → 식탐을 부리는 모습을 표현 → 살찌다는 뜻
- 예 비만(肥滿) : 살이 쪄서 몸이 뚱뚱함

※ 꼬리 파(巴)자는 손을 앞으로 쭉 내밀고 모습 → 꼬리의 뜻

肪 | 1급 살찔 방 | 고기 육(月) + 두루 방(方) 발음 역할
신체(月) 두루두루(方)에 퍼져있는 지방(脂肪) → 기름, 비계, 살찌다는 뜻

脫 | 4급 벗을 탈 | 고기 육(月) + 기쁠 태(兌) 발음 역할
육체(月)적인 속박에서 벗어나 크게 기뻐(兌)하는 모습 → 풀다, 벗어나다, 나오다는 뜻
- 예 탈출(脫出) : 도망감

腐 | 3급 썩을 부 | 고기 육(肉) + 돌집 엄(广) + 줄 부(付) 발음 역할
관청(府)이나 고기(肉)가 잘 부패(腐敗)한다는 뜻

膾
1급 회 **회** | 고기 육(月) + 모일 회(會) 발음 역할
모여있는(會) 고기(月)를 얇게 썬 고기 → 회의 뜻
예 육회(肉膾) : 소의 살코기를 얇고 가늘게 썰어 갖은양념을 한 회

肯
3급 즐길 **긍**
짐승 발(止) 뼈에 붙은 살(月) 모양 → 족발
→ (짐승 뼈에는 살이 붙어있는 것이) 당연하다, 긍정(肯定)하다, 수긍(首肯)하다 → 즐기다는 뜻

膨
1급 부를 **팽** | 고기 육(月) + 부을 팽, 성씨 팽(彭) 발음 역할
신체(月) 중 배가 부어오르다(彭) → 부르다, 부풀다, 불룩하다는 뜻
예 팽만(膨滿)

膳
1급 선물 **선** | 고기 육(月) + 착할 선(善) 발음 역할
좋은(善) 고기(月)를 남에게 주다 → 올리다 → 선물(膳物) → (고기로 맛나게 만들다) 반찬(飯饌)의 뜻

胥
1급 서로 **서** | 고기 육(月) + 발 소(疋) 발음 역할
내몸(月)이 앞 사람 발자국(疋)을 따라가다 → 추종하다 → (앞사람, 뒤사람)서로, 함께(하다)의 뜻

腔
1급 속빌 **강** | 고기 육(月) + 빌 공(空) 발음 역할
신체(月) 중 비어 있는(空) 곳 → 속이 비다, 빈 속, 빈 곳의 뜻
예 비강(鼻腔), 구강(口腔), 강장(腔腸)

脆
1급 연할 **취** | 고기 육(月) + 위태할 위(危) 발음 역할
살갗(月)이 약하다(危) → 부드럽다 → 무르다, 연하다는 뜻
예 취약(脆弱), 연취(軟脆)

胄
1급 투구 **주**, 자손 **주** | 고기 육(月) + 말미암을 유(由) 발음 역할
몸(月)에 투구(由) 쓴 모습 → 투구 → 선조들 몸(月)으로 말미암아(由) 후손을 잇다 → 자손(子孫)의 뜻
예 주윤(胄胤), 주예(胄裔)

胤
2급 자손 **윤**
선조들 몸(月)을 이어 여러 대가 지난 뒤의 후손(後孫) → 자손(子孫)의 뜻

胚
1급 임신할 **배** | 고기 육(月) + 클 비(丕) 발음 역할
몸(月)이 예전보다 크다(丕) → 몸이 불룩하다 → 아기를 배다 → 임신(妊娠・姙娠)하다는 뜻
예 배아(胚芽)

胎   2급   **아이밸 태** | 고기 육(月) + 기쁠 태(台) 발음 역할
모든 생명은 어머니 몸(月)에 아기를 임신하는 것으로 시작된다(始 → 台)
→ 여자가 몸(月)에 아기를 가져서 기쁘다(台) → 아이를 배다 → 잉태(孕胎)하다는 뜻
- 예) 태아(胎兒) : 태(胎) 안에서 자라고 있는 아기, 환골탈태(換骨奪胎)

※ 임신 1개월 된 아기를 배(胚)라고 부르고, 임신 3개월이 지난 아이를 태(胎)라고 함

腺   1급   **샘 선** | 고기 육(月) + 샘 천(泉) 발음 역할
생물체(月) 내에서 분비(泉) 작용을 하는 기관 → (몸 안의) 샘의 뜻
- 예) 임파선(淋巴腺), 편도선(扁桃腺), 전립선(前立腺)

育   7급   **기를 육**
갑골문을 보면 아이를 낳고 있는 어머니 모습 → 낳다 → 자라다, 기르다는 뜻
- 예) 교육(教育), 양육(養育), 육성(育成), 육아(育兒), 사육(飼育)

能   5급   **능할 능**
갑골문을 보면 곰을 그린 것 → 곰이 재주를 피다 → (곰의) 재능, 능력, 능하다는 뜻
- 예) 전지전능(全知全能), 가능(可能), 능률(能率), 예능(藝能), 기능(技能), 수능(修能)

膠   2급   **아교 교** | 고기 육(月) + 높이 날 료(翏) 발음 역할
동물의 가죽·힘줄·창자·뼈 등을 고아 만든 점착성 물질 → 아교(阿膠)의 뜻

朕   1급   **나 짐** | 고기 육(月) + 웃음 소(关)
배(月)를 미는(关) 모습 → 배가 가는 방향을 이끌다 → 진시황이 황제 자신을 짐이라고 호칭
→ 짐(천자), 나 → 밀어 올리다 → 조짐, 징조, 전조의 뜻

服   6급   **옷 복** | 고기 육(月) + 병부 절(卩) + 손 우(又)
갑골문을 보면 무릎 꿇고 앉은 사람(卩)을 손(又)으로 배(舟 → 月)에 태우는 모습
→ 죄인(포로)을 배에 태워 호송하는 모습 → 복종(服從)시키다, 항복(降伏, 降服)하다
→ 꿇어앉은(卩) 사람 몸(月)에 손(又)으로 옷 입히다 → 의복(衣服), 복장(服裝)· 옷의 뜻

朋   3급   **벗 붕** | 고기 육(月) + 고기 육(月)
갑골문을 보면 두 갈래 줄에 마노 조개를 엮어 놓은 모습 → (고대 마노 조개를 화폐로 사용) 돈뭉치
→ (같이 몰려다니는 돈처럼 소중한) 친구, 벗의 뜻

臘

1급 섣달 **랍** | 고기 육(月) + 목 갈기 렵(巤) 발음 역할

납일(臘日)에, 그 한 해 동안 지은 농사 형편과 그 밖의 일들에 대해서 신에게 알리는 제사
→ 납향(臘享) → 설이 드는 달 → 섣달(음력 12월)의 뜻

예 구랍(舊臘)

※ 月 자가 부수자는 아니지만 고기를 뜻하는 글자
예 돼지 돈(豚), 구울 자(炙), 그럴 연(然), 많을 다(多), 제사 제(祭), 장수 장(將)

月 달 월

갑골문을 보면 초승달을 그린 것 → 달, 세월, 밝다는 뜻

※ 부수자로 사용될 때는 달 월(月)자는 글자 오른쪽에, 고기 육(肉)자의 간략형(月)자는 주로 글자 왼쪽이나 아래쪽에 사용됨
※ 달의 모습을 본떠 만든 글자 저녁 석(夕)자는 달 월(月)의 옛글자임

望

5급 바랄 **망** | 달 월(月) + 망할 망(亡) + 천간 임(壬)

갑골문을 보면 사람(人)이 무엇을 바라보는(目) 모습
→ 사람이 바로 서서(壬) 달(月)을 쳐다보면서 이루지 못한(亡) 무언가를 이루어지기를 바라는 모습
→ 망보다, 엿보다 → 바라보다, 바라다, 기대하다는 뜻

朝

6급 아침 **조** | 달 월(月) + 해 일(日) + 풀 초(艹)

갑골문을 보면 초목(艹) 사이로 떠오르는 해(日)와 아직 채 가시지 않은 달(月)이 함께 있는 모양
→ 이른 아침 의미 → 아침, 왕조, 조정(朝廷)의 뜻

※ 조수 조(潮)자는 아침(朝)에 밀려오는 바닷물(氵) → 물의 흐름(밀물) → 큰 파도 → 조수의 뜻

朔

3급 초하루 **삭** | 달 월(月) + 거스를 역(屰)

달(月)이 반대로(屰) 나타나다 → 한 달(月)이 다 지나가고, 다시 거슬러(屰) 올라가 초하루가 되다
→ 초하루, 음력 매월 1일 → 처음, 시초의 뜻

예 삭망(朔望) : 음력 초하루와 보름, 삭일과 망일, 삭망전 → 옛날에는 조상에게 제사를 지냄

※ 거스를 역(屰)자의 갑골문을 보면 사람(大)을 거꾸로 세워 놓은 모습 → 거스르다는 뜻
※ 거스를 역(逆)자는 거슬러(屰) 간다(辶) → 역행(逆行)하다 → 거역(拒逆)하다, 거절(拒絕)하다는 뜻

朗　**5급** 밝을 **랑** ｜ 달 월(月) + 어질 량(良) 발음 역할
달빛(月)이 아름답고(良) 밝게 비추다 → 아름답고 맑게 밝음 → 밝다, 맑다는 뜻
㉠ 명랑(明朗) : 맑고 밝음

期　**5급** 기약할 **기** ｜ 달 월(月) + 그 기(其) 발음 역할
옛날 사람은 달이 변하는 것을 보고 날짜 가는 것을 앎 → 달을 모양을 보고 날짜를 계산함
→ 달(月) 모양이 변하여 다시 그(其) 모양이 되었을 때 다시 만나자 → 달이 차고 지는 한 달
→ 기간(期間), 기한(期限) → 기약(期約)하다, 약속(約束)하다는 뜻

有　**7급** 있을 **유** ｜ 달 월(月) + 왼 좌(ナ)
금문을 보면 손(ナ)에 고기(肉 → 月)를 들고 있는 모습 → (값비싼 고기를 내가 가졌다)
→ 차지하다, 소유(所有) → 존재, 있다는 뜻

※ 月 자가 부수자는 아니지만 달을 뜻하는 글자
㉠ 밝을 명(明)

 가죽 **위**, 둘러쌀 **위**

성(口) 위에 발(止 자 변형)과 아래 발(舛 자 변형)의 모습 → 성(口)을 포위하다, 둘러싸다
→ 어긋나다 → (나중에 음(音)을 빌어 무두질한) 가죽의 뜻

韓　**8급** 나라 **한**
소전을 보면 아침 햇살(倝)이 성을 에워싸서(韋) 비추는 모습 → 아침의 나라 → 대한민국 약칭
→ 나라 이름(한국)의 뜻

※ 아침해빛날 간(倝)자는 풀숲(艹) 사이로 해(日)가 떠오르는(人) 모습
→ 아침에 해가 뜰 때 햇빛이 찬란하게 빛나는 모양

 닭 **유**, 열째지지 **유**

갑골문을 보면 뚜껑이 덮인 술항아리 모양 → 술, 발효 관련 글자에 쓰임
→ 십이지(十二支)의 열째 글자 닭의 뜻

酒
4급 술 **주** | 술 유(酉) + 물 수(氵)
술을 빚어 항아리(酉)에 담긴 액체(氵) → 술 → 잔치의 뜻
예) 소주(燒酒), 주지육림(酒池肉林)

醫
6급 의원 **의** | 술 유(酉) + 앓는 소리 예(殹)
다쳐서 앓는 소리(殹)를 내는 환자를 알코올(酉)로 소독하며 치료하는 모습
→ 화살이나 몽둥이에 맞아 다친 환자를 알코올로 치료하다 → 의원(醫員), 의사(醫師)
→ 의술(醫術), 의학(醫學)의 뜻

※ 앓는소리 예(殹)자는 몸에 꽂혀있던 화살(矢)을 빼내어 상자에 담아놓은(匚) 모습과 다친 상처(殳)로 앓는 소리 내는 것을 표현

酬
1급 갚을 **수** | 술 유(酉) + 고을 주(州) 발음 역할
경조사 때 찾아온 고을(州) 사람들에게 감사의 뜻으로 술(酉)을 돌리다
→ 대접하다, 보답(報答)하다, 갚음, 갚다는 뜻
예) 보수(報酬), 응수(應酬), 수작(酬酌)

酌
3급 술부을 **작**, 잔질할 **작** | 술 유(酉) + 잔 작(勺) 발음 역할
술(酉)을 잔(勺)에 따르다 → 술을 붓다 → (술을) 따르다, 마시다는 뜻
예) 작부(酌婦) : 술집에서 손님을 접대하며 술을 따라 주는 여자

酩
1급 술취할 **명** | 술 유(酉) + 이름 명(名) 발음 역할
자기 이름(名)도 모를 정도로 술(酉)에 취했다는 뜻
예) 명정(酩酊) : 술에 몹시 취함

酊
1급 술취할 **정** | 술 유(酉) + 못 정(丁) 발음 역할
정신을 못 가눌 정도로 술 취했다는 뜻

醉
3급 술취할 **취** | 술 유(酉) + 마칠 졸(卒)
술(酉)을 없어질(卒) 때까지 마셔 취했다 → 죽을 만큼 술에 취해있다는 뜻
예) 취중진담(醉中眞談) : 술에 취하면 진짜 속마음을 털어놓음을 일컬음

※ 마칠 졸(卒)자는 마치다, 죽다, 마지막 → 군사(졸병)의 뜻

醜
3급 더러울 **추** | 술 유(酉) + 귀신 귀(鬼)
술(酉)에 취하여 인사불성 되어 귀신(鬼) 같다 → 못생겼다 → 더럽다 → 추하다는 뜻
예) 추녀(醜女), 추행(醜行), 추잡(醜雜), 추태(醜態)

| 醒 | 1급 깰 성 | 술 유(酉) + 별 성(星) 발음 역할
술(酉)에 취해있다가 새벽 별(星)을 보니까 술이 깬다는 뜻
예 각성(覺醒) : 깨어나 정신을 차림

| 酷 | 2급 심할 혹 | 술 유(酉) + 알릴 고(告) 발음 역할
술(酉)이 독하다고 말하다(告) → 독하다 → 심하다는 뜻
예 혹독(酷毒) : 지나치게 심함

| 配 | 4급 짝 배 | 술 유(酉) + 몸 기(己)
술(酉)을 마시며 나의(己) 배우자(配偶者)와 혼례를 치르다
→ 혼례 때 술을 나누어 마시며, 나와 인연을 맺는 사람 → 나누다 → 아내, 짝지다, 걸맞다, 짝의 뜻

| 醋 | 1급 초 초 | 술 유(酉) + 옛 석(昔)
옛날(昔)에 담근 오래된 술(酉)이 발효되었다 → 술이 시었다 → 식초(食醋) → 잔을 돌리다는 뜻

| 酸 | 2급 실 산 | 술 유(酉) + 갈 준(夋)
술(酉)의 맛이 갔다(夋) → 시다, 신맛 → 식초(食醋), 산소(酸素)의 뜻

| 醱 | 1급 술괼 발 | 술 유(酉) + 쏠 발(發) 발음 역할
술(酉)이 발효하여 거품이 일어나는(發) 모양 → 술을 괴다, 술을 빚다, 술이 익다는 뜻
예 발효(醱酵) : 효모, 세균, 곰팡이 등의 작용으로 유기물이 분해 또는 산화, 환원하여 알코올이나 탄산가스 등으로 변하는 현상

| 酵 | 1급 삭힐 효 | 술 유(酉) + 효도 효(孝) 발음 역할
술(酉) 담그는 일에 정성(孝)을 다하다 → 술밑(술 만드는 원료)을 삭히다 → 발효(醱酵)하다는 뜻
예 효모균(酵母菌 : 당분을 알코올과 탄산가스로 분해하는 발효 작용을 하므로, 술 따위의 양조와 빵 제조에 널리 쓰임), 효소(酵素)

| 醯 | 1급 식혜 혜 | 술 유(酉) + 깃발 류(㐬) + 그릇 명(皿)
밥을 엿기름으로 삭혀서(酉) 감미가 나도록 만든 음료로서 그릇(皿)에 밥알이 떠 돌아다니는(㐬) 모양
→ 식혜(食醯)의 뜻

| 醴 | 2급 단술 례 | 술 유(酉) + 풍년 풍(豊) 발음 역할
엿기름을 우린 물에 밥알을 풍부하게(豊) 넣어 삭혀서 끓인 단맛 나는 술(酉) 같은 음식
→ 단술, 감주(甘酒)의 뜻

酪 | 1급 쇠젖 **낙** | 술 유(酉) + 각각 각(各) 발음 역할
유즙을 발효(酉)시켜다 → 소의 젖 → 타락(駝酪), 쇠젖(소의 젖)의 뜻
예 낙농(酪農) : 젖을 짜고 발효시켜 버터, 치즈 따위의 유제품을 만드는 농업

※ 타락 : 우유 또는 양유를 끓여 만든 음료

醬 | 1급 장 **장** | 술 유(酉) + 장수 장(將) 발음 역할
콩을 오랜 기간 발효(酉)시켜 만든 것 → 된장, 간장의 뜻
예 염장(鹽醬) : 소금과 간장

釀 | 1급 술빚을 **양** | 술 유(酉) + 도울 양(襄) 발음 역할
발효를 도와(襄) 술(酉)을 빚다 → 양조(釀造)의 뜻

醇 | 1급 전국술 **순** | 술 유(酉) + 순박할 순(淳 → 享) 변형 발음 역할
제사 지낸 후에 군물을 타지 아니한 진국의 술(酉) 맛을 누리다(享) → 진한 술, 전국 술의 뜻
예 순화(醇化)

醵 | 1급 추렴할 **갹**, 추렴할 **거** | 술 유(酉) + 큰돼지 거(豦) 발음 역할
술값을 여럿이 각각 얼마씩의 돈을 내어 거두다 → 갹출(醵出)하다 → 추렴(出斂)하다는 뜻

酋 | 1급 우두머리 **추** | 술 유(酉) + 여덟 팔(八)
술이 익어 술병(酉) 위로 술 향기가 솔솔 나는(八) 모습 → 술이 익다 → 이루다 → 성취하다
→ 뛰어나다 → 우두머리 → 두목 → [뜻과 음(音)을 차용 하여] 추장(酋長)의 뜻

 붓 **율**

손(크)으로 붓자루(丨)을 잡고 붓털(二)로 글을 쓰는 모습 → 붓 → 그리다 → 마침내, 드디어
→ 따르다, 빠르다는 뜻

肅 | 4급 엄숙할 **숙** | 붓 율(聿) + 못 연(𣶒)
갑골문을 보면 붓(聿)으로 경건하고도 엄숙하게(肅) 글을 써 내려가는 모습
→ 엄숙(嚴肅)하다, 정숙(靜肅)하다는 뜻

※ 못 연(𣶒)자는 연못을 그린 것이나 → 여기서는 연못물이 정체되어 적막하고 엄숙한 장소를 표현함

肇　1급 비롯할 조 | 붓 율(聿) + 열 계(攵)
드디어, 마침내(聿) 문을 열다(攵) → (문을 여는 것으로) 시작하다, 비롯되다는 뜻
예 조추(肇秋), 조업(肇業), 조시(肇始)

※ 聿 자가 부수자가 아니지만 붓, 그리다를 뜻하는 글자
예 글 서(書), 그림 화(畵), 낮 주(晝), 다할 진(盡), 그을 획(劃), 붓 필(筆), 세울 건(建), 법 율(律), 나루 진(津)

 소리 음, 그늘 음

입(曰)에서 소리가 퍼져나가는(立) 모양 → 소리, 말, 음악의 뜻

※ 말, 소리를 뜻하는 글자 : 소리 음(音), 말씀 언(言), 가로 왈(曰), 혀 설(舌), 흰 백(白)

韻　3급 운 운 | 소리 음(音) + 수효 원(員) 발음 역할
목소리(音)가 둥그렇다(員) → 소리가 고르게 울린다 → 아름다운 소리의 울림 → 운율(韻律), 여운(餘韻)
→ 소리, 운 → 정취(情趣), 운치(韻致)의 뜻

響　3급 울릴 향 | 소리 음(音) + 시골 향(鄕) 발음 역할
잔치(鄕)할 때 잔잔한 음악 소리(音) → 시골(鄕) 소리(音) → 울리는 메아리 소리 → 울리다는 뜻
※ 시골 향(鄕)자 갑골문을 보면 사람들을 초대하여 식사를 함께하는 모습 → 잔치하다 → 정감 있다
→ 시골, 고향, 메아리, 울림, 접대(잔치), 음향(音響)의 뜻
※ 잔치할 향(饗)자는 사람을 초대(鄕)하여 식사(食)를 함께하다 → 잔치하다, 접대(接待)하다는 뜻

※ 音 자가 부수자는 아니지만 소리를 뜻하는 글자
예 뜻 의(意), 마칠 경(竟), 찰흙 치(埴)

  고을 읍

갑골문을 보면 성(城)이나 지역(口)에 사람이 꿇어앉아(㔾) 있는 모습 → 성안(마을, 고을)에 사람들이
모여 살고 있다 → 성, 도읍(都邑) → 읍내(邑內) → 고을, 마을의 뜻

※ ① 행정구역　② 나라나 지역　③ 땅이름으로 사용됨
※ 고을 읍(邑) 간략형 읍(阝)자는 언덕 부(阜/阝)자의 간략형과 똑같이 생김
※ 언덕 부(阜/阝)자는 항상 왼쪽(阿, 險, 隔, 障)에, 고을 읍(阝)자는 항상 오른쪽(鄭, 郡, 都, 郞)에 사용됨

鄕
4급 시골 **향** | 고을 읍(阝) + 작을 요(幺) + 밥 먹는 모습(白+匕)
갑골문을 보면 식기를 두고 양옆에 앉아 있는 모습 → 사람을 초대해 술과 음식을 대접한 모습
→ 잔치하다 → 옛날 부모님하고 같이 식사하던 곳(정감이 넘치는 마을) 고향(故鄕), 시골의 뜻

※ 잔치할 향(饗)자는 잔치하다, 흠향(歆饗)하다, 대접하다는 뜻

部
6급 떼 **부**, 거느릴 **부** | 고을 읍(阝) + 침 부(咅) 발음 역할
커다란(咅) 언덕(阝) → 큰(咅) 마을(阝) → 이 마을과 저 마을이 모여있다 → 부락 → 무리, 떼
→ 분야, 분류, 구분 → (마을을) 통솔하다, 거느리다 → (통솔하는) 관청 → 부서(部署)의 뜻

郡
6급 고을 **군** | 고을 읍(阝) + 임금 군(君) 발음 역할
군주(君)가 다스리는 마을(阝) → 고을의 뜻

都
5급 도읍 **도** | 고을 읍(阝) + 사람 자(者) 발음 역할
여러 사람(者)이 모여서 고을(阝)을 이루었다 → 물가(渚 → 者) 근처에 공동체 생활 → 못(池), 웅덩이
→ 도읍(都邑), 도시(都市)의 뜻

※ 사람 자(者)자는 여러, 무리, 사람, 곳, 장소의 뜻

邯
2급 땅이름 **감**, 조나라서울 **한** | 고을 읍(阝) + 달 감(甘) 발음 역할
달콤한(甘) 감귤(柑橘)을 비롯한 많은 농산물의 집산한 마을(邑) → 한단(邯鄲)의 뜻
예 한단(邯鄲) : 춘추시대 조나라 수도로 허베이성 타이항산맥 동쪽에 있는 농산물 집산지(현재 중공업)이
며, 베이징에서 허난성, 정저우와 뤄양 등 지역을 가는 남북 노선 간 중요 교통 요충지
한단지몽(邯鄲之夢) : 한단에서 꾼 노생의 꿈 → 세상 부귀영화는 일장춘몽처럼 허무함의 뜻

鄲
특급 조나라서울 **단** | 고을 읍(阝) + 홑 단(單) 발음 역할
조나라 수도 지역 이름의 뜻

鄭
2급 정나라 **정** | 고을 읍(阝) + 제사지낼 전(奠) 발음 역할
제사(奠)를 잘 지내는 고을(阝) → 춘추시대의 나라 이름(정 나라)의 뜻

郞
3급 사내 **랑** | 고을 읍(阝) + 어질 량(良) 발음 역할
중국 춘추전국 시대에 노(魯)나라의 지명 → 훌륭한 황제 시종들이 머물던 궁궐 → 좋은(良) 고을(阝)
→ (좋은) 사내, 남편의 뜻

邙
특급 북망산 **망** | 고을 읍(阝) + 망할 망(亡) 발음 역할
죽어서(亡) 가는 마을(阝) → 중국 허난성 낙양의 북쪽에 있는 산으로 무덤이 많은 북망산(北邙山) → 사람이 죽어서 가는 곳 → 뫼의 뜻

郭
3급 성곽 **곽** | 고을 읍(阝) + 누릴 향(享)
갑골문을 보면 고대 성곽의 바깥 양쪽 출입구 모양 → 성곽, 둘레, 가장자리의 뜻

郵
4급 우편 **우** | 고을 읍(阝) + 변방 수(垂) 발음 역할
성(城)안에 있는 마을(阝)과 변방(垂)이 서로 문서를 전달하다 → 역참, 역말, 우편(郵便)의 뜻

※ 드리울 수(垂)자는 풀잎이 드리워져 있는 모양 → 드리우다 → 가장자리 → 변방의 뜻

邦
3급 나라 **방** | 고을 읍(阝) + 우거질 봉(丰)
갑골문을 보면 밭 전(田) 위로 풀(丰)이 올라온 모양 → 밭에 농작물이 무성히(丰) 자라는 마을(阝) → 사람들이 터전을 잡은 곳 → 나라, 수도의 뜻

예 우방(友邦 : 가까이 사귀고 있는 나라), 유방(劉邦 : 한 나라 시조)

郊
3급 들 **교** | 고을 읍(阝) + 사귈 교(交) 발음 역할
성(城)에 있는 마을(阝) 밖 주변을 오다가다(交) 하던 곳 → 교외(郊外) → 성곽, 성 주변 → 들, 야외, 근교(近郊), 시골의 뜻

※ 사귈 교(交)자는 다리를 꼬고 서 있는 사람(大) 모습 → 양다리를 교차하다 → 주고받다 → 오고 가다 → 교제(交際) → 사귀다는 뜻

邱
2급 언덕 **구** | 고을 읍(阝) + 언덕 구(丘) 발음 역할
옛 중국은 언덕(丘)에 마을(阝)이 많이 형성 → 산등성이 지역, 산마을 → 언덕, 구릉의 뜻

邪
3급 간사할 **사** | 고을 읍(阝) + 어금니 아(牙) 발음 역할
고대 중국의 낭야군(琅邪郡)을 지칭하던 지명(阝) → 바르지 못한(牙) 지역(邑) → 바르지 못하다 → 사악(邪惡)하다는 뜻

예 사무사(思無邪) : 생각에 사악한 것이 없음 → 마음이 올바름을 일컬음 (논어)

※ 어금니 아(牙)자는 이빨을 드러낸 모습 → (이빨이) 바르지 못하다 → 사특하다는 뜻

邕
2급 막힐 **옹** | 고을 읍(邑) + 내 천(巛)
홍수로 내 천(巛) 둑이 터져 마을(邑) 길이 막혔다 → 막히다는 뜻

那
3급 어찌 **나** | 고을 읍(阝) + 나아갈 염(冄)
성(阝) 밖에 살던 서역인(冄) → (중국에서는) 저것, 저것들의 뜻 → (우리나라에서는) 어찌, 어떤의 뜻

※ 나아갈 염(冄)자는 양 갈래로 늘어트린 머리칼과 수염을 그린 것으로 서역에 사는 사람을 표현

邸

1급 집 저 | 고을 읍(阝) + 근본 저(氐) 발음 역할

고을(阝) 아래(氐)에 있는 집 → 높은 사람 저택(邸宅) 아래 사는 사람
→ 관저(官邸), 종친(宗親), 여관(旅館), 주막, 가게, 곳집의 뜻

예 사저(私邸), 저하(邸下)

鄙

1급 마을 비, 더러울 비 | 고을 읍(阝) + 인색할 비(啚) 발음 역할

시골(啚) 마을(阝) → 촌스럽다 → (행동, 성질이) 더럽다, 비누(鄙陋)하다는 뜻

예 비천(鄙淺), 비열(鄙劣, 卑劣)

陋

1급 더러울 누 | 고을 읍(阝) + 더러울 누(㔷) 변형 발음 역할

시골 마을(阝)이 더럽다(㔷) → 좁다, 거칠다, 더럽다, 천하다, 낮다는 뜻

衣 衤 옷 의

갑골문을 보면 옷깃, 양쪽 소매, 옷 몸체가 그려져 있음 → 윗옷 → 옷, 베, 수건 관련 글자에 사용

※ 상의는 衣(옷 의)자로, 하의는 裳(치마 상)자 구분함
※ 주의해야 할 것은 衣 자가 부수로 쓰일 때는 衤 자로 바뀌기 때문에 보일 시(示 = 礻)자의 부수자와 혼동될 수 있음

袍

1급 도포 포 | 옷 의(衤) + 쌀 포(包) 발음 역할

몸을 감싸안는(包) 옷(衤) → 도포(道袍), 두루마기의 뜻

裳

3급 치마 상 | 옷 의(衣) + 오히려 상(尚) 발음 역할

집(尚)에서 항상 입는 옷(衣) → 아랫도리 → 치마의 뜻

예 의상(衣裳) : 겉에 입는 저고리와 아래 치마

※ 오히려 상(尚)자는 집 위로 무언가 퍼져나가는 모습 → 집 → 숭상하다 → 증가하다, 더욱, 오히려의 뜻
※ 의복(衣服), 옷, 모든 옷 총칭

襤

특급 헌누더기 람 | 옷 의(衤) + 볼 감(監) 발음 역할

옷(衤)이 해진 곳이 있는지 살펴보는(監) 모습 → 헌 누더기, 해진 옷의 뜻

예 남루(襤褸) : 옷 따위가 때 묻고 해어져 너절함

褸

특급 헌누더기 루 | 옷 의(衤) + 포갤 루(婁) 발음 역할

옷(衤)이 해져 겹쳐서(婁) 꿰매는 모양 → 헌 누더기, 해진 옷의 뜻

袈

1급 가사 가 | 옷 의(衣) + 더할 가(加) 발음 역할

승려가 입는 법의 → 장삼 위에 더하여(加) 왼쪽 어깨에서 오른쪽 겨드랑이 밑으로 걸치는 긴 네모로 된 천(衣)으로 몇 개의 천을 이어서 만드는 옷 → 가사(袈裟)의 뜻

衷

2급 속마음 충 | 옷 의(衣) + 가운데 중(中) 발음 역할

가운데(中)에 입는 옷(衣) → 속옷 → 속마음 → 진실한 마음(忠)의 뜻

📖 충심(衷心) : 마음속에서 우러나온 참된 마음

製

4급 지을 제 | 옷 의(衣) + 지을 제(制) 발음 역할

옷(衣)을 만들기 위해 다듬는(制) 것을 하는 모습 → (옷을) 짓다, 만들다는 뜻

📖 제조(製造) : 제품을 만듦

※ 지을 제(制)자는 나뭇가지를 다듬는 모습 → 절제하다, 억제하다, 짓다, 만들다는 뜻

裁

3급 옷마를 재 | 옷 의(衣) + 해할 재(𢦏) 발음 역할

옷(衣)을 만들기 위해 천을 치수에 맞게 자르다(𢦏) → (옷을) 마르다(치수에 맞게 자르다), 만들다는 뜻

📖 재단(裁斷) : 마름질

裂

3급 찢을 렬 | 옷 의(衣) + 벌일 렬(列) 발음 역할

옷(衣)을 벌리는(列) 모양 → 옷을 찢다 → 찢다, 쪼개다, 분할하다는 뜻

📖 분열(分裂) : 여럿으로 갈라짐

補

3급 기울 보 | 도울 보, 옷 의(衤) + 클 보(甫) 발음 역할

옷(衤)의 해지거나 떨어져 헐렁한(甫) 부분을 꿰맨다 → 돕다, 깁다, 고치다는 뜻

📖 보수(補修) : 찢어지거나 부서진 부분을 손질하여 고침

衲

1급 기울 납 | 옷 의(衤) + 안 내, 들일 납(內) 발음 역할

떨어지거나 해어진 옷(衤)의 안쪽(內)에서 바늘을 들여 꿰매다 → 깁다는 뜻

襲

3급 엄습할 습 | 옷 의(衣) + 용 용(龍)

죽은 사람에게 입히는 옷(衣), 수의(龍)를 그린 것 → 바다와 하늘을 오가는 용(龍)의 옷(衣)

→ 염습(殮襲) → (옷을) 입다 → 껴입다 → 거듭하다 → 물려받다

→ 엄습(掩襲 : 뜻하지 아니하는 사이에 습격하다)하다 → 불의에 치다는 뜻

※ 염습(殮襲) : 죽은 사람을 관에 넣기 전에 몸을 씻긴 다음, 삼베옷[염포(殮布)]을 입히고 홑이불로 싸는 일로 죽은 분에게 옷 의(衣)을 입힌다는 뜻

表　6급 　겉 표 | 옷 의(衣) + 털 모(毛)자의 변형자
소전을 보면 털(毛)로 만든 옷(衣) 모양 → 털옷, 겉옷 → 외투 → 바깥, 겉, 용모, 나타내다는 뜻
㉠ 표면(表面) : 겉면

裏
裡　3급 　속 리 | 옷 의(衣) + 마을 리(里) 발음 역할
옷(衣)의 안쪽(里) → 속, 내부, 안쪽의 뜻
㉠ 표리부동(表裏不同) : 겉과 속이 다름

※ 마을 리(里)자는 밭(田)과 흙(土)을 함께 있는 곳 → 마을 → 안쪽의 뜻

袖　1급 　소매 수 | 옷 의(衤) + 말미암을 유(由) 발음 역할
윗옷(衤)의 좌우에 있는 소매에 두 팔을 넣는 것으로 말미암아(由) 옷을 입다 → 소매의 뜻
㉠ 수수방관(袖手傍觀) : 옷소매에 손을 넣고 바라만 보고 도와주지 않음

袂　1급 　소매 메 | 옷 의(衤) + 터놓을 쾌(夬) 발음 역할
두 팔을 내밀기 위해 윗옷(衤)의 좌우를 터놓은(夬) 곳 → 소매의 뜻

襟　1급 　옷깃 금 | 옷 의(衤) + 금할 금(禁) 발음 역할
저고리나 옷(衤) 따위의 목에 둘러대어 앞에서 여밀 수 있게 된 부분 → 옷깃의 뜻

袴　1급 　바지 고 | 옷 의(衤) + 자랑할 과(夸) 발음 역할
가랑이를 벌려 서서(夸) 입는 아래옷(衤) → 바지의 뜻

襪　1급 　버선 말 | 옷 의(衤) + 업신여길 멸(蔑) 발음 역할
더러운 발에서 욕(蔑)보는 천(衤) → 버선의 뜻
㉠ 양말(洋襪)

衾　1급 　이불 금 | 옷 의(衣) + 이제 금(今) 발음 역할
사람 몸이 머무르(今)도록 천(衣)으로 만든 것 → 이불의 뜻
㉠ 원앙금침(鴛鴦衾枕) : 원앙 이불과 원앙 베개를 아울러 이르는 말로
　　　　　　　　　　　신혼부부가 쓰던 이불과 베개를 뜻함

※ 이제 금(今)자 갑골문을 보면 입안에 무언가가 들어가 있는 것을 표현 → 머금다 → 이제, 곧의 뜻

袋　1급 　자루 대 | 옷 의(衣) + 대신할 대(代) 발음 역할
주머니를 대신(代)하여 여러 물건을 담기 위해 헝겊(衣)으로 만든 것
→ 포대(包袋), 자루, 부대(負袋), 가방, 전대의 뜻

裝 | 4급 꾸밀 **장** | 옷 의(衣) + 장할 장(壯) 발음 역할
외출 전 옷(衣)을 입고 화장대(壯)에 앉아 치장(治裝)하는 모습
→ 꾸미다, 행장(行裝), 옷차림, 옷, 장식(裝飾), 꾸밈의 뜻

※ 여기서 壯 자는 탁자(爿) 위 화장대(士)를 그린 것

被 | 3급 입을 **피** | 옷 의(衤) + 가죽 피(皮) 발음 역할
가죽옷처럼 겉(皮)에 덮는 옷(衤) → 덮어 씌우다, 옷을 입다 → 씌우다 → 덮다 → 당하다는 뜻
예 피해(被害 : 손해를 입는 일), 피고인(被告人 : 소송에서 공소 제기를 당한 사람)

※ 가죽 피(皮)자는 동물의 가죽을 벗기는 모습 → 가죽, 겉면의 뜻

複 | 4급 겹칠 **복** | 옷 의(衤) + 갈 복(复) 발음 역할
옷(衤)을 여러 번 반복하여(复) 겹쳐 입는 옷 → 겹옷 → 겹치다 → 거듭되다는 뜻
예 복사(複寫) : 사진, 그림 따위를 그대로 본떠서 만듦

裕 | 3급 넉넉할 **유** | 옷 의(衤) + 계곡 곡(谷)
옷(衤)이 산속 계곡(谷)처럼 헐렁하다 → 옷(衤)이 넉넉하다(谷) → 여유(餘裕)
→ 느긋하다, 관대(寬大)하다는 뜻

裸 | 2급 벗을 **라(나)** | 옷 의(衤) + 실과 과(果)
옷(衤) 결실(果)이 전혀 없다 → 옷(衤)을 벗다(果) → 알몸 → 벌거숭이, 벌거벗다, 무일푼의 뜻
예 적나라(赤裸裸) : 몸에 아무것도 걸치지 않은 발가벗은 상태 → 그대로 숨김이 없다

※ 적라라 또는 적나나가 아니고 적나라로 읽음

※ 실과 과(果)자는 나무에 열매가 맺힌 모양 → 결실, 실과, 결과 → (열매가 나무 위로) 드러내다
→ 벗다(벗다는 뜻으로 쓰일 경우 벗을 라)

衰 | 3급 쇠할 **쇠** | 옷 의(衣) + 옷이 너덜너덜한 모양
금문을 보면 모자 아래 도롱이(마른풀을 엮어 만든 비옷)를 그린 것
· 도롱이는 풀로 만들어 볼품없고, 비도 잘 못 막아주고, 금방 망가짐
→ 소전에서는 옷이 너덜너덜해진 모습 → 쇠하다, 약하나는 뜻
예 쇠잔(衰殘) : 힘(세력)이 점점 약해짐

袁 | 2급 성씨 **원** | 옷 의(衣)자의 변형자 + 입 구(口)
옷(衣) 중앙에 달린 둥근 옥(O → 口)이 달린 모습을 본떠 만든 글자 → 옷이 길다, 옷이 넉넉하다(크다)
→ 둥글다, 돌다 → 성씨의 뜻

袞 | 1급 곤룡포 **곤** | 옷 의(衣) + 공평할 공(公 → 公) 변형 발음 역할
공평할 공(公)자에 옷 의(衣)자가 중간에 들어간 모양 → 임금이 공(公)적으로 입었던 옷(衣)
→ 곤룡포(袞龍袍) → 곤룡포 곤(袞)자와 같은 뜻

裔 | 1급 후손 **예** | 옷 의(衣) + 빛날 경(冏)
옷(衣)자락 끝의 빛나는(冏) 가장자리를 안으로 접어 감친 부분 → 옷단 → 변방 → 후손(後孫)의 뜻

裵 | 2급 성씨 **배** | 옷 의(衣) + 아닐 비(非) 발음 역할
옷(衣)이 너무 치렁치렁하여 옷 같지 않다(非) → 성씨(배)의 뜻

褒 | 1급 기릴 **포** | 옷 의(衣) + 지킬 보(保) 발음 역할
비싸고 보관이 어려운 두루마기 옷(衣)을 잘 지키고 보존했다(保) → 칭찬(稱讚)하다, 기리다는 뜻
예 포폄(褒貶), 포상(褒賞)

裨 | 1급 도울 **비** | 옷 의(衤) + 낮을 비(卑) 발음 역할
신분이 낮은(卑) 하인이 옷(衤) 만드는 것을 돕다 → 보좌(補佐·輔佐)하다, 돕다는 뜻

襄 | 2급 도울 **양**
소전을 보면 상(喪) 당한 사람에게 위로의 말(口)과 두 손(廾)으로 도와주는 모습
→ 도와주다, 오르다, 옮기다, 치우다는 뜻

褐 | 1급 갈색 **갈** | 옷 의(衤) + 어찌 갈(曷) 발음 역할
칡(葛 → 曷)으로 물들인 갈색 옷(衤) → 갈색, 베옷, 굵은 베의 뜻
※ 칡 갈(葛)자는 물을 항상 갈구(曷)하는 풀(艹) 덩굴 같은 나무 → 칡의 뜻

褪 | 1급 바랠 **퇴** | 옷 의(衤) + 물러날 퇴(退) 발음 역할
옷(衤)의 빛이 물러났다(退) → 퇴색(退色·褪色)되다, 바래다, 엷어지다는 뜻

※ 衤, 衣 자가 부수자가 아니지만 옷을 뜻하는 글자
예 처음 초(初), 놀라서 볼 경(睘), 슬플 애(哀), 구할 구(求)

 귀 **이**

갑골문을 보면 오른쪽 귀의 귓바퀴와 귓불을 그린 것 → 귀, 듣다는 뜻

| 聖 | **4급** 성인 **성** | 귀 이(耳) + 입 구(口) + 줄기 정(壬)
갑골문을 보면 큰 귀(耳)를 가진 사람(壬)이 누군가의 말(口)을 귀 기울여 듣고 있는 모습
→ 타인의 말에도 귀를 기울일 줄 아는 현명한 사람, 총명한 사람 → 성인(聖人) → 거룩하다는 뜻

| 聲 | **4급** 소리 **성** | 귀 이(耳) + 칠 수(殳) + 소리 성(声) 발음 역할
갑골문을 보면 석경(声)을 쳐서(殳) 귀(耳)로 듣는다 → 소리, 노래의 뜻

예 성량(聲量) : 목소리의 크기

※ 석경(石磬)이란 돌에 구멍을 뚫어 줄로 매달아 막대기로 쳐서 소리는 내는 타악기
※ 소리 성(声)자는 줄에 매달려 있는 돌의 모습(석경)을 본떠 만든 글자

| 職 | **4급** 직분 **직** | 귀 이(耳) + 찰흙 치(戠) 발음 역할
귀(耳)로 듣고 새겨서 기록(戠)하다 → 잘 듣고 처리하다 → 맡은 일을 잘하다
→ (맡은 업무를 잘 처리하는) 벼슬, 직책(職責), 직분(職分)의 뜻

※ 찰흙 치(戠)자는 소리(音)를 듣고 창(戈)으로 진흙 위에 글을 새기다. 적다, 표시 → 진흙의 뜻

| 聘 | **3급** 부를 **빙** | 귀 이(耳) + 말이잴 병(甹) 발음 역할
어떤 사람이 불려와 등잔 옆에서 무릎 꿇고(丂) 다른 사람 말을 열심히 듣고(耳) 있는 모습 → 찾아가다
→ 안부를 묻다 → 부르다 → 초빙(招聘)하다는 뜻

※ 말이잴 병(甹)자는 등잔(由) 옆에서 무릎 꿇고(丂) 말을 빠르게 하는 사람 말을 듣고 있는 모습
 → 성급(性急)하게 말하다. 말이 재다는 뜻

| 聞 | **6급** 들을 **문** | 귀 이(耳) + 문 문(門) 발음 역할
갑골문을 보면 사람의 귀가 크게 그려져 있음 → 문(門)밖에서 나는 소리에 귀(耳) 기울여 듣고 있는 모습
→ 듣다 → 소문(所聞)나다 → 견문(見聞)의 뜻

| 聰 | **3급** 귀밝을 **총** | 귀 이(耳) + 바쁠 총(悤) 발음 역할
바쁜(悤) 귀(耳) → 귀(耳)가 밝아 말귀를 다(總 → 悤)잘 알아듣는다 → 잘 기억하다 → 귀가 밝다
→ 총명(聰明)하다는 뜻

※ 바쁠 총(悤)자는 창문(囱)에 달(夕)이 뜨고 저녁이 와서 마음(心)이 급하다 → 바쁘다는 뜻

| 聾 | **1급** 귀먹을 **롱** | 귀 이(耳) + 용 룡(龍) 발음 역할
용(龍)의 귀(耳) → 용은 귀가 없어서 소리를 귀로 못 듣고, 뿔로 소리를 듣다
→ 귀머거리, 캄캄하다, 어리석다는 뜻

예 농아(聾啞) : 귀머거리와 벙어리

耽
2급 즐길 **탐** | 귀 이(耳) + 망설일 유(尤)
귀(耳)에 아름다운 소리가 오랫동안 남아(尤) 있다 → 귀로 소리를 즐김 → 즐기다, 빠지다는 뜻
예 탐닉(耽溺) : 어떤 일을 지나치게 즐겨 거기에 빠짐

※ 망설일 유(尤)자는 사람이 망설이고, 머뭇거리는 모양
※ 노려볼 탐(眈)자는 눈(目)으로 오랜 기간(尤) 쳐다보다 → 노려본다는 뜻

聽
4급 들을 **청** | 귀 이(耳) + 덕 덕(悳)의 변형자 + 줄기 정(壬)
똑바로 보고(直), 잘 듣고(耳), 마음(心)으로 느끼는 사람(壬) → 잘 듣는 사람
→ 듣다, 들어 주다, 결정하다, 다스리다, 용서하다는 뜻
예 청문회(聽聞會) : 필요한 증언을 듣는 회의

※ 관청 청(廳)자는 민원인의 말을 잘 들어(聽)주는 집(广) → 관청, 관아의 뜻

聯
3급 연이을 **련** | 귀 이(耳) + 실 사(絲)의 변형자
양쪽 귀(耳)에 귀고리(絲)를 매달다 → 귀걸이를 연잇다 → 연결하다 → 나란히 하다 → 연계하다는 뜻
예 연합(聯合), 연관성(聯關性), 관련성(關聯性)

耶
3급 어조사 **야** | 귀 이(耳) + 고을 읍(阝)
마을(阝)에 이상한 소문이 들린다(耳) → 간사(奸邪)하다 → 그런가 → 어조사(語助辭)의 뜻

聚
2급 모을 **취** | 무리 중(乑) + 가질 취(取) 발음 역할
동아리 무리(乑)를 가지다(取) → 회원을 모으다 → 함께, 다 같이 → 모으다는 뜻
예 취합(聚合), 취락(聚落), 취렴(聚斂)

聊
1급 기울 **료** | 귀 이(耳) + 토끼 묘(卯) 발음 역할
토끼(卯)처럼 귀(耳)를 쫑긋하고 말을 듣다 → 귀 기울이다 → 이명(耳鳴)나다 → 귀가 울다는 뜻

聳
1급 솟을 **용** | 귀 이(耳) + 쫓을 종(從) 발음 역할
밤에 조용히 뒤를 쫓아(從) 가는 사람이 앞사람 말을 듣기 위해 귀(耳)를 세워 듣다 → 솟다는 뜻

※ 耳 자 부수자가 아니지만 귀 관련 글자
예 부끄러울 치(恥), 가질 취(取), 감히 감(敢), 잡을 섭(攝), 가장 최(最), 떨기 총(叢), 장가들 취(娶)

隶 미칠 이

금문을 보면 손(크)으로 짐승의 꼬리(氺)를 잡는 모습
→ 짐승을 쫓아가서 손(크)으로 꼬리(氺)를 잡다 → 닿다 → 이르다(미치다)의 뜻

※ 잡을 체(逮)자는 뒤따라 가서(辶) 이르러면(隶) 잡다(逮) → 체포(逮捕)의 뜻

隸
3급 종 례 | 미칠 이(隶) + 선비 사(士) + 보일 시(示)
소전을 보면 임금처럼 소중한 능금나무(柰)를 특별히 미치어(隶) 지키는 모습 → 붙어있다, 지키다
→ 종속(從屬)하다 → 남의 집에 딸려 천한 일을 하던 사람 → 종의 뜻

而 수염 이

갑골문을 보면 사람의 턱수염을 그린 것 → 수염, 구레나루 → 말을 잇다는 뜻

 사이비(似而非), 화이부동(和而不同), 이립(而立), 박이부정(博而不精)

耐
3급 견딜 내 | 수염 이(而) + 마디 촌(寸)
어린 손자가 손(寸)으로 할아버지 턱수염(而)을 가지고 장난치는 모습
→ 손자 수염을 잡아당기면 아프지만 인내해야 한다는 의미에서 → 견디다, 감당하다는 뜻
 인내(忍耐), 감내(堪耐), 내진(耐震), 내성(耐性), 내구(耐久)

儿 어진사람 인

소전을 보면 사람이 꿇어앉아 있는 모습 → 어진 사람 → 나이 어린 사람 → 사람의 뜻

兒
5급 아이 아 | 어진사람 인(儿) + 절구 구(臼)
갑골문을 보면 아직 머리 혈이 닫히지 않은 아이의 머리와 젖니(臼) 모양의 어린 사람(人 → 儿) 모습
→ 아이, 젖먹이의 뜻

克 3급 이길 극 | 어진사람 인(儿) + 입 구(口) + 열 십(十)
갑골문을 보면 맹수(儿) 입(口)을 벌려 돌도끼(十)로 때리는 모습 → 짐승 잡는 모습 → 승리를 거두다
→ 이기다, 해내다, 참고 견디다는 뜻
예 극복(克服) : 싸움 또는 곤란을 이겨냄

※ 깎을 극(剋)자는 칼(刂)로 이긴다(克) → 칼로 깎는다 → 이기다, 새기다는 뜻

兢 2급 떨릴 긍 | 이길 극(克) + 이길 극(克) 발음 역할
이기고(克) 또 이기다(克) → 굳세다 → (기뻐서) 떨리다 → 두려워하다는 뜻
예 전전긍긍(戰戰兢兢)

免 3급 면할 면
갑골문을 보면 어른 여성(人)이 다리를 벌리고 자궁(ㄱㄷ)에서 아이(儿)를 낳는 모습
→ 벗어나다, 해산하다, 어떤 상태를 면하다, 벗다, 힘쓰다, 허가하다는 뜻
예 면세(免稅) : 세금을 면제함

※ 뜻을 분명히 하기 위해 계집 녀(女)자를 붙여 해산할 만(娩)자가 됨

兔 3급 토끼 토
토끼를 그린 모습 → 토끼 → 토끼 토(兎), 토끼 묘(卯)와 같은 뜻
예 수주대토(守株待兔), 토사구팽(兔死狗烹)

允 2급 맏 윤 | 어진사람 인(儿) + 사사 사(厶)
나는(厶) 참으로 어진 사람(儿)이다 → 믿음, 진실 → (믿음직한) 아들, 맏의 뜻
예 윤허(允許)

兄 8급 형 형 | 어진사람 인(儿) + 입 구(口)
갑골문을 보면 제사를 주관하는 사람(儿)이 하늘을 향해 입(口)을 벌리고 있는 모습
→ 제사 지낼 때 축문 읽는 모습 → (축문은 가장 연장자 맏형이 읽어야 하기에) 맏형, 형의 뜻

※ 빌 축(祝)자는 제단(示) 앞에서 제주인 맏형(兄)이 제사를 지내면서 비는 모습 → 빌다, 기원(祈願)하다는 뜻

充 5급 채울 충 | 어진 사람 인(儿) + 갓난아이가 거꾸로 있는 모양
소전을 보면 단순히 배가 불룩한 사람의 모습
→ 글자 아래 여성(儿)과 윗부분 갓난아이가 거꾸로 있는 모양 → 배가 만삭이 되어 아기가 나오기 직전
→ 임산부 배가 가득 차 있다 → 가득 차다, 채우다는 뜻
예 충만(充滿) : 가득하게 참

兌 | 2급 기쁠 태, 날카로울 예 | 어진사람 인(儿) + 입 구(口) + 여덟 팔(八)
입(口)의 좌우에 주름(八)이 생기도록 웃고 있는 사람(儿)의 모습 → 기쁘다, 바꾸다, 날카롭다는 뜻

※ 말씀 설(說)자는 기쁘게(兌) 말하다(言) → 말씀(설), 기뻐하다(열), 달래다(세), 벗다(탈)의 뜻

光 | 6급 빛 광 | 어진사람 인(儿) + 불 화(火)의 변형자
갑골문을 보면 사람(儿)이 불(火)을 들고 있는 모습 → 사람이 횃불을 들고 주위를 밝게 비추다 → 빛
→ 빛나다 → 경치를 보다 → 경치, 풍경 → 영화롭다 → 영예, 명예 → 크다, 넓다는 뜻
- 예 광명(光明) : 밝고 환함

元 | 5급 으뜸 원 | 어진사람 인(儿) + 둘 이(二)
갑골문에서는 사람(儿)의 머리(二) 부분을 강조한 그림 → 머리 → 모든 일은 머리에서 시작된다
→ 머리가 으뜸이다 → 시작, 으뜸, 시초, 근본(근원), 우두머리의 뜻
- 예 원조(元祖 : 맨 처음 조상), 장원(壯元 : 과거에서 1등을 하는 것)

※ 여기서 둘 이(二)자는 사람 몸 위 머리를 표시한 것

先 | 8급 먼저 선 | 어진사람 인(儿) + 그칠 지(止)의 변형자
갑골문을 보면 먼저 걸어 간(止) 사람(儿)을 표현 → 먼저, 미리의 뜻
- 예 선생(先生 : 먼저 태어나 남을 가르치는 사람)

※ 그칠 지(止)자 갑골문을 보면 발을 길게 뻗은 모양 → 가다. 이동하다 → 그치다. 멈추다는 뜻

兆 | 3급 억조 조
고대에 점을 볼 때 거북 배딱지 갈라진 모양 → 점괘(占卦), 조짐(兆朕), 징조(徵兆)
→ (나쁜 점괘를) 피하다, 도망가다 → 조(억의 만배)의 뜻

※ 고대에 거북 배의 껍질이나 소뼈가 갈라지는 형태를 보고 점(占)을 쳤는데, 이때 거북 배의 껍질나 소뼈가 갈라지는 형태가 간단한 모양이 복(卜)자이고, 복잡한 모양이 조(兆)자

兇 | 1급 흉악할 흉 | 어진사람 인(儿) + 흉할 흉(凶) 발음 역할
흉한(凶) 사람(儿) 모습 → 흉악(凶惡・兇惡)한 사람 → 흉악하다, 모질다, 사납다는 뜻

兜 | 1급 투구 두
적의 무기로부터 머리를 보호하기 위하여 사람(儿) 머리에 쓰던 쇠모자 쓴 모습 → 투구의 뜻

※ 儿 자가 부수자는 아니지만 사람을 뜻하는 글자
- 예 귀신 귀(鬼), 볼 견(見), 마침내 경(竟), 요임금 요(堯)

길게걸을 인

사거리(行) 왼쪽 면만을 그린 걸을 척(彳)자의 획을 길게 늘여진 모양 → 길게 걷다
→ 발을 천천히 옮겨가며 걷는다 → 걷다, 길의 뜻

※ 걷다, 멈추다 의미 글자
① 발 지(止)자는 발 모양
② 다닐 행(行)자는 네모난 사거리 모양
③ 걸을 척(彳)자는 사거리 한쪽 부분 모양
④ 쉬엄쉬엄 갈 착(辵, 辶)자는 彳 자와 止 자가 결합

建 **5급** 세울 건 | 길게걸을 인(廴) + 붓 율(聿)
길이나 도로(廴)를 그리다(聿) → 도로를 건설하다 → 세우다, 일으키다, 건설(建設)하다는 뜻

廻 **2급** 돌 회 | 길게걸을 인(廴) + 돌아올 회(回) 발음 역할
돌아서(回) 걸어오다(廴) → (빙빙) 돌다 → 선회하다는 뜻
예) 우회(迂廻) : 돌아서 옴

※ 迴(돌아올 회), 廻(돌 회), 回(돌 회) 세글자 모두 같은 의미 글자

延 **4급** 늘일 연 | 길게걸을 인(廴) + 그칠 지(止)의 변형자
갑골문을 보면 조금 걷다(彳)가 발(止) 멈추다 → 걷다(彳)가 정해진 선(一)에서 발(止) 멈추다
→ 쉬엄쉬엄 걸어간다 → 지체(遲滯)하다, 지연(遲延)하다 → 길다, 늘이다, 끌다는 뜻

廷 **3급** 조정 정 | 길게걸을 인(廴) + 줄기 정(壬) 발음 역할
금문을 보면 계단을 올라가는(廴) 사람(壬) 모습 → 계단을 올라갈 정도로 큰집, 큰 거실
→ 조정(朝廷), 관청, 뜰, 앞마당, 마을의 뜻

※ 뜰 정(庭)자는 큰집(广)에나 있을법한 뜰(廷) → 마당의 뜻

 사람 인

팔을 약간 앞으로 내밀고 있는 왼쪽 옆 사람 모습
→ ① 사람의 신분이나 직업 ② 형제 ③ 짝이나 곁의 사람 ④ 건강과 아름다움
⑤ 사람의 성격이나 품성 ⑥ 사람의 풍속이나 법식 ⑦ 벼슬이나 상하 관계 ⑧ 쉬거나 거주함
⑨ 믿음과 거짓 ⑩ 사람의 행동 글자에 사용됨

※ 상용한자 중에 부수 사용 빈도수 2위

假
4급 거짓 가 | 사람 인(亻) + 빌릴 가(叚) 발음 역할
사람(亻)이 무언가 빌리다(叚) → 빌리다, 임시 → (빌린 것은 본인 것이 아니기에) 거짓, 가짜의 뜻

※ 빌릴 가(叚)자 금문을 보면 언덕(厂) 위아래서 무언가를 빌려주는 손(크)과 받는 손(又) 모습
→ 물건을 빌리거나 빌려주는 것을 표현 → 빌려주다는 뜻

僞
3급 거짓 위 | 사람 인(亻) + 할 위(爲) 발음 역할
사람(亻)이 인위적으로 하다(爲) → 자연스럽지 못하다 → 작위(作爲)적이다 → 거짓, 잘못의 뜻

예 위선(僞善) : 겉으로만 착한 체함

※ 할 위(爲)자 갑골문을 보면 손(爪)으로 코끼리를 조련하는 모습 → 길들이다 → 코끼리에게 무언가 하게 하다
→ 하다, 위하다는 뜻

偏
3급 치우칠 편 | 사람 인(亻) + 작을 편(扁) 발음 역할
사람(亻)의 마음이나 언행이 한쪽(扁)으로 치우치다 → 편향(偏向)되다, 편중(偏重)되다, 외곬의 뜻

예 편견(偏見 : 공정하지 못하고 한쪽으로 치우친 생각), 편협(偏狹 : 생각이 치우치고 좁다)

※ 작을 편(扁)자는 외짝 문(戶)을 만들기 위해 대나무들을 책(冊)처럼 납작하게 연결한 모습
→ 작다, 좁다, 납작하다, 넓적하다, 두루, 널리의 뜻
※ 門(문 문)자는 양쪽 여닫이 큰 대문이며 戶 자는 외닫이 작은 문(지게)

信
6급 믿을 신 | 사람 인(亻) + 말씀 언(言)
사람(亻)의 말(言)은 신임(信任)이 있어야 한다 → 믿음, 신용(信用), 신의(信義)의 뜻

便
7급 편할 편, 똥오줌 변 | 사람 인(亻) + 고칠 경(更)
사람(亻)이 불편해하는 것을 고친다(更) → 사람이 불편한 것(똥오줌)을 해결하다 → 똥오줌
→ 오줌을 누다 → 편하다 → 휴식하다는 뜻

예 편안(便安 : 몸이나 마음이 편하고 좋음), 변소(便所 : 대소변 해결하는 곳)

※ 고칠 경(更)자는 탁자에 기댄 사람을 채찍으로 때리는 모습 → 잘못한 사람을 매로 바로 잡다 → 개선(改善)시키다
→ 변경하다 → 고치다는 뜻

仁
4급 어질 인 | 사람 인(亻) + 둘 이(二) 발음 역할
두(二) 사람(亻)이 친하게 지내야 한다 → 인간의 근본적인 마음가짐
→ (공자가 仁은 사람의 도덕 중심이라 함) → 어질다 → 자애롭다, 인자(仁慈)하다는 뜻

예 인자무적(仁者無敵) : 어진 사람은 적이 없다

佳
3급 아름다울 가 | 사람 인(亻) + 홀 규(圭) 발음 역할
상서로운 옥(圭)을 받은 훌륭한 사람(亻) → 아름답다, 좋다, 훌륭하다는 뜻

예 가인박명(佳人薄命)

※ 홀 규(圭)자는 천자가 제후를 봉할 때 하사하던 긴 막대 모양 → 서옥, 홀 → 상서로운 옥의 뜻

僉 | 1급 다 **첨** | 모일 집(亼) + 부르짖을 훤(吅) + 좇을 종(从)
모인(亼) 사람들이 다같이 좇아서(从) 부르짖다(吅) → 모두, 다, 여러의 뜻
예) 첨지(僉知) : 모두 다 아는 사람 → 나이 많은 사람

儉 | 4급 검소할 **검** | 사람 인(亻) + 다 첨(僉) 발음 역할
모든(僉) 것을 아끼는 사람(亻) → 절약(節約)하다 → 검소(儉素)하다는 뜻

償 | 3급 갚을 **상** | 사람 인(亻) + 상줄 상(賞) 발음 역할
공을 세우고 선행을 베푼 사람(亻)이 상(賞)으로 보상(補償)받다 → 공로를 되돌려 받다 → 갚다
→ 상환(償還)하다, 배상(賠償), 보상(報償)의 뜻

※ 상줄 상(賞)자는 자랑스러운 사람에게 숭상(尙)하여 재물(貝)을 주다 → 숭상하다, 상주다 → (상을 주며) 칭찬하다
  → (상을 받아) 즐기다는 뜻

健 | 5급 굳셀 **건** | 사람 인(亻) + 세울 건(建) 발음 역할
사람(亻) 몸을 튼튼하게 세워야(建) 한다 → 굳세다, 건강(健康)하다 → 튼튼하다는 뜻

※ 세울 건(建)자는 건물, 도로, 법률 등을 튼튼하게 세운다는 뜻

佐 | 3급 도울 **좌** | 사람 인(亻) + 왼쪽 좌(左) 발음 역할
높은 사람 왼쪽(左)에 있는 사람(亻) → 옆에서 도와주는 사람 → 보좌(補佐)하다 → 돕다는 뜻

佑 | 2급 도울 **우** | 사람 인(亻) + 오른쪽 우(右) 발음 역할
높은 사람 오른쪽(右)에 있는 사람(亻) → 옆에서 도와주는 사람 → 보좌, 돕다는 뜻
예) 천우신조(天佑神助) : 하늘이 돕고 신이 도움

依 | 4급 의지할 **의** | 사람 인(亻) + 옷 의(衣) 발음 역할
갑골문을 보면 옷(衣) 속에 사람(亻)이 그려져 있음 → 추위를 피하고자 옷을 입었다
→ 사람(人)이 날씨(추위)를 옷(衣)에 의지한다 → 의지(依支)하다, 기대다, 좇다는 뜻

備 | 4급 갖출 **비** | 사람 인(亻) + 화살통 그림
갑골문을 보면 화살통에 화살이 담겨있는 모습
→ 금문에서 사람(亻)이 화살을 다 만들어 전쟁 준비를 마쳤음 → 갖추다, 준비(準備)하다는 뜻

偕 | 1급 함께 **해** | 사람 인(亻) + 다 개(皆) 발음 역할
사람(亻)이 모두 다 함께(皆) 하자 → 같이, 두루, 함께의 뜻
예) 백년해로(百年偕老) : 부부가 사이좋게 함께 늙음

※ 다 개(皆)자 금문을 보면 서로 나란히 서 있는 사람들(比)이 한목소리(曰)를 내고 있는 모습 → 다, 다 같이
  → 모두, 함께의 뜻

俱
3급 함께 **구** | 사람 인(亻) + 갖출 구(具) 발음 역할
사람(亻)이 모두 다 갖추다(具) → 함께, 모두, 구비하다는 뜻

※ 갖출 구(具)자는 鼎(솥 정)자와 廾(받들 공)자가 결합한 모습 → 제기 그릇(술잔)을 양손에 맞잡고 있는 모습
  → 제사 지낼 준비 마쳤다 → 갖추다, 함께, 구비(具備)하다는 뜻

催
3급 재촉할 **최** | 사람 인(亻) + 높을 최(崔) 발음 역할
사람(亻)이 빨리 갈려고 서두르다(崔) → 독촉(督促)하다, 재촉하다는 뜻
예 최고(催告 : 법률상 상대편의 행위 또는 불행위를 재촉하는 일), 개최(開催), 최촉(催促)

※ 높을 최(崔)자는 높은 산(山)을 빠르게 날아가는 새(隹) 모양 → 높다, 서두르다 → 성씨(최)의 뜻

促
3급 재촉할 **촉** | 사람 인(亻) + 발 족(足) 발음 역할
성(城)을 함락하기 위해 사람(亻)의 발걸음(足)을 재촉하는 모습 → 다그치다, 재촉하다, 다가오다
→ 촉박(促迫)하다, 촉진(促進)하다는 뜻

傾
4급 기울 **경** | 사람 인(亻) + 머리기울 경(頃) 발음 역할
사람(亻)의 머리를 기울이다(頃) → 기울다, 비스듬하다, 바르지 않다는 뜻
예 경국지색(傾國之色) : 임금을 유혹하여 나라를 기울게 하는 정도의 미인

※ 머리 기울 경(頃)자는 머리(頁) 앞에 숟가락(匕)이 있는 형상 → 숟가락에 있는 밥을 먹기 위해 머리를 기울이다
  → 머리를 기울 정도의 짧은 시간 → 잠깐, 잠시(暫時) → 이랑의 뜻

作
6급 지을 **작**, 만들 **작** | 사람 인(亻) + 지을 작(乍) 발음 역할
사람(亻)이 물건을 짓다(乍) → 작품(作品) → 만들다는 뜻

※ 지을 작(乍)자는 칼(도구)로 무언가 자르는 모습 → 짓다 → 옷을 짓다 → 만들다 → 잠깐의 뜻
※ 어제 작(昨)자는 시간(日)이 만든(乍) 어제의 뜻

保
4급 지킬 **보** | 사람 인(亻) + 지킬 보(呆) 발음 역할
갑골문을 보면 아이(呆)를 등에 업고 있는 사람(亻) 모습 → 포대기
→ 지키다, 보호(保護)하다, 보전(保全)하다 → 보험(保險)의 뜻

※ 지킬 보(呆)자는 강보(口)에 싸인 아기(子)의 모습 → 어리석다, 지키다는 뜻

倒
3급 넘어질 **도** | 사람 인(亻) + 이를 도(到) 발음 역할
사람(亻)이 화살과 칼에 맞아 쓰러졌다(到) → 넘어지다, 거꾸로 되다 → 도산(倒産)의 뜻
예 전도(顚倒), 주객전도(主客顚倒)

※ 이를 도(到)자는 화살이 땅에 박힌 모양인 이를 지(至)자와 칼 도(刂)자가 결합한 글자 → 이르다, 닿다, 미치다는 뜻

傅 **2급** 스승 **부** | 사람 인(亻) + 펼 부(尃) 발음 역할
사람(亻)을 가르치고 이끌어 꿈을 펼치게(尃) 하다 → 스승, 사부(師傅)의 뜻

住 **7급** 살 **주** | 사람 인(亻) + 주인 주(主) 발음 역할
사람(亻)이 주인(主)이다
→ (잠시 머무르는 사람 또는 기거하는 사람이 아닌) 이곳의 주인(主)으로 살고 있는 사람(亻)
→ 살다, 거주(居住)하다는 뜻

停 **5급** 머무를 **정** | 사람 인(亻) + 정자 정(亭) 발음 역할
사람(亻)이 잠시 머물다(亭) → 머무르다, 정지(停止)하다 → 휴식하다는 뜻

※ 정자 정(亭)자는 휴식을 위해 간단하게 지어진 정자를 그린 것 → 정자, 여인숙 → 머무르다는 뜻

値 **3급** 값 **치** | 사람 인(亻) + 곧을 직(直)
사람(亻)이 물건을 똑바로(直) 평가하다 → 곧바르게 보다 → 곧다 → 상당한 값어치 있다
→ 가치(價値) → 값, 가격(價格)의 뜻

※ 곧을 직(直)자는 目(눈 목)자에 획을 하나 그은 것 → 곧바로 보다 → 값, 가격의 뜻
※ 둘 치(置)자는 그물(罒)에 곧게(直) 배치(配置)하다 → 두다는 뜻

價 **5급** 값 **가** | 사람 인(亻) + 값 가(賈) 발음 역할
사람(亻)간에 정당한 가격(賈)으로 거래하는 것 → 거래 할 때 적당한 값어치 → 값, 가격(價格)의 뜻

※ 값 가(賈)자는 재화(貝)를 펼쳐놓고(襾) 물건을 팔다 → 장사하다 → 가격, 값의 뜻
※ 값 가(賈), 값 치(値), 값 가(價, 价), 값 치, 곧을 직(直) 4글자 모두 똑같이 값, 가격의 뜻

侵 **4급** 침노할 **침** | 사람 인(亻) + 비 추(帚) 변형
갑골문을 보면 밭에 들어온 소(牛)를 빗자루(帚)로 쫓아내는 모습
→ 금문에서는 침입자 한 사람(亻) 내쫓는(帚) 모습 → 침범하다, 습격하다는 뜻
㉠ 침략(侵掠) : 쳐들어가 노략질함

傳 **5급** 전할 **전** | 사람 인(亻) + 오로지 전(專) 발음 역할
사람(亻)이 방추(專)를 전해주는 모습 → 전하다 → 전해 내려오다는 뜻
㉠ 전달(傳達) : 다른 사람에게 무엇을 전하여 이르게 함
  유전(遺傳) : 부모의 형질이 자식에게 전해지는 현상

※ 오로지 전(專)자는 방추(紡錘)에 감긴 실을 돌리는 모습

倫 **3급** 인륜 **륜** | 사람 인(亻) + 둥글 륜(侖) 발음 역할
사람(亻)들이 세상을 둥글게(侖) 살자 → 세상 사는 도리와 윤리 → 인륜(人倫), 윤리(倫理), 도리의 뜻

倣 | 3급 본뜰 방 | 사람 인(亻) + 놓을 방(放) 발음 역할
떠나서(放) 없는 사람(亻)을 흉내 내다 → 본받고 싶은 사람이 닮았다
→ (내가 닮고 싶어 하는 인물을) 본받다, 배우다는 뜻

※ 놓을 방(放)자는 떠나가다, 내치다, 내쫓다, 본뜨다는 뜻

仰 | 3급 우러를 앙 | 사람 인(亻) + 나 앙(卬) 발음 역할
우러러(卬)보는 사람(亻) → 우러러보다, 경모하다는 뜻
예 추앙(推仰) : 높이 받들어 우러름

※ 나 앙(卬)자 갑골문을 보면 서 있는 사람과 무릎을 꿇고 있는 사람을 함께 그린 것
→ (누군가를 우러러보는 모습) 우러러보다 → 나 자신, 위풍당당한 모습의 뜻

俗 | 4급 풍속 속 | 사람 인(亻) + 계곡 곡(谷) 발음 역할
산골짜기(谷) 고을마다 가지고 있는 고유의 풍습을 가진 사람(亻)들이 있다 → 풍속(風俗), 관습
→ 대중적이다는 뜻

例 | 6급 법식 례 | 사람 인(亻) + 벌일 열(列)
사람(亻)이 지켜야 할 순서(列) 지키다 → 법식, 규칙의 뜻
예 예문(例文)

※ 벌일 렬(列)자는 뼈를 분리한 후에는 부위별로 늘어놓다 → 늘어서다, 순서를 매기다는 뜻

仙 | 5급 신선 선 | 사람 인(亻) + 메 산(山)
속세를 떠나 산(山)에 사는 사람(亻) → 신선(神仙)의 뜻

儒 | 4급 선비 유 | 사람 인(亻) + 구할 수(需) 발음 역할
유교 시대 꼭 필요한(需) 사람(亻) → 선비(벼슬 않는 지식인), 유교(儒敎), 학자의 뜻

※ 구할 수(需)자 갑골문을 보면 비(雨)를 흠뻑 맞아 겨드랑이에서 빗물(而)이 떨어지는 모습
→ 비 올 때는 우산이 필요하다 → 구하다 → 쓰다는 뜻

佛 | 4급 부처 불 | 사람 인(亻) + 아닐 비(弗)
사람(亻)이 아닌(弗) 성스러운 성자 → 석가모니, 부처 → 불교(佛敎), 불경(佛經)의 뜻

俳 | 2급 배우 배 | 사람 인(亻) + 아닐 비(非) 발음 역할
자신이 아닌(非) 다른 사람이 되어 연기하는 사람(亻) → 광대, 배우(俳優)의 뜻

倡 | 1급 광대 창 | 사람 인(亻) + 창성할 창(昌) 발음 역할
사람(亻)이 창성(昌)해 가서 기뻐 노래하다 → 부르다 → 가무, 기생 → 광대(廣大)의 뜻

傀

2급 허수아비 **괴** | 사람 인(亻) + 귀신 귀(鬼) 발음 역할

무당이 죽은사람(亻)의 영혼(鬼) 역할을 하는 모습 → 괴이(怪異)하다, 크다
→ 귀신(鬼)처럼 넋이 빠진 사람(亻) → 꼭두각시다, 괴뢰(傀儡) → 허수아비의 뜻

儡

1급 꼭두각시 **뢰** | 사람 인(亻) + 밭 갈피 뢰(畾) 발음 역할

곡식을 축내는 새나 짐승을 막으려고 막대기와 짚 등으로 사람(亻) 모양을 만들어 밭 사이(畾)에 세우다
→ 허수아비 → 꼭두각시, 괴뢰(傀儡)의 뜻

僧

3급 중 **승** | 사람 인(亻) + 일찍 증(曾) 발음 역할

고대인도 언어인 산스크리트어 말 → 아침 일찍(曾) 일어나는 사람(亻) → 승려(僧侶), 중의 뜻

僕

1급 종 **복** | 사람 인(亻) + 번거로울 복(菐) 발음 역할

번거로운(菐) 일을 담당하는 사람(亻) → 사내종을 뜻함

예 복비(僕婢) : 사내종과 계집종

※ 노비(奴婢 : 사내종과 계집종)

伯

3급 맏 **백** | 사람 인(亻) + 흰 백(白) 발음 역할

밝게(白) 빛나는 사람(亻) → 으뜸인 사람 → 무리 중 우두머리 → (형제 중 으뜸) 큰아버지, 맏이의 뜻

※ 흰 백(白)자는 엄지손가락을 그린 것으로 희다, 밝다, 으뜸의 뜻

伴

3급 짝 **반** | 사람 인(亻) + 반 반(半) 발음 역할

갑골문을 보면 마치 두 사람이 손을 맞잡고 있는 함께 갈 반(扶)자 모양
→ 나의 나머지 반쪽(半)인 사람(亻) → 절반의 사람 → 짝, 반려자(伴侶者) → 동반자(同伴者)
→ 따르다는 뜻

※ 짝 반(伴), 짝 려(侶), 짝 배(配), 짝 우(偶), 짝 필(疋), 짝 필(匹)은 모두 짝의 뜻

偶

3급 짝 **우** | 사람 인(亻) + 원숭이 우(禺) 발음 역할

사람(亻)의 모습 흉내 내는 원숭이(禺) → 허수아비 또는 인형 → 나와 닮은 반쪽 → 짝, 배필의 뜻

예 배우자(配偶者) : 부부로 짝이 되는 상대자

侶

1급 짝 **려** | 사람 인(亻) + 성씨 여, 풍류 여(呂) 발음 역할

풍류(呂)를 같이 즐기는 사람(亻) → 짝, 벗의 뜻

僚

3급 동료 **료** | 사람 인(亻) + 밝을 료(寮) 발음 역할

밝게 빛나는(寮) 사람(亻) → 사리에 밝은(寮) 사람(亻) → 관료, 관리, 벗, 동료(同僚)의 뜻

※ 밝을 료(寮)자는 불길이 두 번이나 타오르는 모습을 그린 것 → 횃불, 밝게 빛나다는 뜻

他
5급 다를 **타** | 사람 인(亻) + 어조사 야(也) 발음 역할
다른 사람(亻)과 손잡고 잇달다(也) → 겹치다 → 타인(他人) → 다르다, 다른의 뜻

※ 어조사 야(也)자는 서로 다른 새끼줄을 묶어서 매듭지은 모양
→ 잇기(한곳에 대어 있거나 한 곳에 닿아서 붙는 일), 잇달다
→ 어조사, ~이다, ~느냐?, ~도다, ~구나, 또한, 역시의 뜻

來
7급 올 **래** | 나무 목(木) + 좇을 종(从)
갑골문을 보면 익은 보리의 모습 → 보리
→ (보리가 중앙아시아로부터 중국에 들어온 식물이라서) 오다, 돌아오다는 뜻
예 고진감래(苦盡甘來), 흥진비래(興盡悲來), 왕래(往來)

夾
특급 낄 **협** | 사람 인(人) + 사람 인(人) + 클 대(大)
두 사람(人人) 사이에 큰 사람(大)이 끼어(夾) 있는 모습 → 끼다, 좁다는 뜻

俠
1급 의기로울 **협** | 사람 인(亻) + 낄 협(夾) 발음 역할
사람들 사이에 끼어(夾) 기세가 좋은 적극적인 사람(亻) 모습 → 의기(意氣)롭다는 뜻
예 협객(俠客), 의협심(義俠心), 호협(豪俠)

介
3급 낄 **개** | 갑옷입을 개
사람(人)들 사이에 끼어(儿)있다 → 사이에 끼다, 소개(紹介)하다, 의지하다, 도와주다는 뜻

价
2급 클 **개** | 사람 인(亻) + 낄 개(介) 발음 역할
사람(亻)들 사이에 끼어(介) 도와주다 → 착하다 → (마음이) 크다는 뜻

偉
5급 클 **위** | 사람 인(亻) + 가죽 위(韋) 발음 역할
성안에서 가죽옷(韋) 입은 사람(亻) → (옛날 가죽옷은 신분이 높은 사람만 입었음) → 위인(偉人)
→ 인물 됨됨이가 성의 둘레(韋)만큼 큰 사람(亻) → 위대(偉大)하다 → 크다, 훌륭하다는 뜻

傑
4급 뛰어날 **걸** | 사람 인(亻) + 홰 걸(桀) 발음 역할
사람(亻)의 자태가 위풍당당하다(桀) → 호걸(豪傑), 준설(俊傑) → 뛰어나다, 출중하다 우뚝하다는 뜻

※ 홰 걸(桀)자는 나무(木)에 어그러진 양발(舛) → 사람이 나무 위에 올라가 있는 당당한 모습
→ 용감하다, 씩씩하다, 뛰어나다 → 홰(닭이나 새가 올라앉도록 닭장이나 새장 속에 가로지른 나무 막대)의 뜻

俊
3급 준걸 **준**, 순임금 **순** | 사람 인(亻) + 천천히 걷는 모양 준(夋) 발음 역할
천천히 느긋하면서도 기품 있게 걷고(夋) 있는 사람(亻) 모습 → 당당하다, 풍채 있다
→ 뛰어나다, 준수(俊秀)하다, 걸출하다 → 순임금(순)의 뜻

優 　4급 넉넉할 **우** | 사람 인(亻) + 근심할 우(憂) 발음 역할
삶이 넉넉하여 여유롭게 느릿하게 걸어가는(憂) 사람(亻) → 넉넉하다, 뛰어나다는 뜻

※ 근심할 우(憂)자는 근심·걱정을 하며 느릿하게 걸어가는 모습

伎 　1급 재간 **기** | 사람 인(亻) + 지탱할 지(支) 발음 역할
사람(亻)이 손에 나뭇가지를 들고(支) 재주를 부리는 모습 → 광대 → 재간, 재능의 뜻
예 기량(伎倆), 잡기(雜伎)

倆 　1급 재주 **량** | 사람 인(亻) + 두 량(兩) 발음 역할
두(兩) 사람(亻) 기량이 나란히 동등하다 → 두 사람 → 기량, 재주, 재능, 솜씨의 뜻

仕 　5급 섬길 **사** | 사람 인(亻) + 선비 사(士) 발음 역할
고대사회에서 선비(士)는 학식과 무예를 겸비하고 있던 사람(亻) → 학식(士)을 갖춘 사람(亻)
→ 임금을 모시던 관리 → 섬기다, 벼슬의 뜻
예 사환(仕宦) : 벼슬살이를 함

侍 　3급 모실 **시** | 사람 인(亻) + 모실 시(寺) 발음 역할
높은 분을 모시는(寺) 사람(亻) → 시종(侍從) → 시중들다 → 모시다, 받든다는 뜻

※ 모실 시(寺)자는 손(寸) 위에 발(止 → 士)을 받고 있는 모습 → 높은 사람을 손발로 받들어 모시다
→ (높은 사람을 모셔야 하는) 관청 → (부처님을 모시는) 절의 뜻
※ 기다릴 대(待)자는 길(彳)에서 오는 사람을 모시기(寺) 위해 기다리다 → 관청(寺)에 가다(彳)
→ (관청에 가면 오래 기다리게 된다) 기다리다는 뜻

任 　5급 맡길 **임** | 사람 인(亻) + 북방 임(壬) 발음 역할
갑골문을 보면 사람(亻) 등에 짐(壬)자를 짊어지고 있는 모습 → 맡기다, 맡다는 뜻
예 임명(任命) : 직무를 맡김

使 　6급 하여금 **사**, 부릴 **사** | 사람 인(亻) + 벼슬아치 리(吏)
갑골문을 보면 사관(나랏일, 역사 기록, 제사 주관을 담당했던 관료)이 점을 치는 주술 도구를 쥐고 있는
모습 → 사신(使臣), 시키다, 부리다, 쓰다, 하여금의 뜻

※ 벼슬아치 리(吏)자 갑골문을 보면 손에 주술 도구를 들고 있는 모습
→ (고대에는 제정일치 사회이므로) 관리(官吏), 벼슬아치의 뜻
※ 은나라 갑골문자 시대에는 使(부릴 사), 史(사관 사)자, 事(일 사)자, 吏(관리 리)자는 모두 같은 뜻의 글자였는데
각자 다른 뜻으로 변화됨(허신의 설문해자)

低 | 4급 낮을 저 | 사람 인(亻) + 밑 저(氐) 발음 역할
사람(亻)의 신분이 낮다(氐) → 낮다, 약하다, 숙이다는 뜻
예 저질(低質) : 질이 낮음

※ 밑 저(氐)자는 땅속으로 뻗은 나무뿌리(氏)에 점(一)을 찍어서 낮다는 것을 표현

休 | 7급 쉴 휴 | 사람 인(亻) + 나무 목(木)
갑골문을 보면 나무(木)에 등을 기대고 있는 사람(亻) 모습 → 사람(亻)이 나무(木)그늘 아래에서 쉰다 → 쉬다, 멈추다 → 휴식(休息)하다는 뜻

偈 | 1급 쉴 게 | 사람 인(亻) + 막을 알(曷)
사람(亻)이 몸을 구부리고(勹) 입에서 혀를 내밀다(曰) → 숨을 가쁘게 쉬다
→ 사람(亻)이 하던 일을 막다(曷) → 일을 멈추다 → 하던 일을 그만둠, 잠깐 쉼
→ 쉬다, 휴식(休息), 불시(佛詩) → 게송(偈頌 : 부처님 찬미 노래) → 굳세다는 뜻

位 | 5급 자리 위 | 사람 인(亻) + 설 립(立)
소전을 보면 옆으로 서 있는 사람(亻)과 팔을 벌린채 서 있는 사람(立) 결합 글자
→ 사람(亻)이 서 있는(立) 곳이 자리(位)다 → 자리, 위치(位置), 직위(職位)의 뜻

伏 | 4급 엎드릴 복, 안을 복 | 사람 인(亻) + 개 견(犬)
금문을 보면 개(犬)가 사람(亻) 옆에 엎드려 복종하고 있는 모습
→ 복종하다, 엎드리다, 굴복(屈伏)하다, 안다, 품다는 뜻

付 | 3급 줄 부 | 사람 인(亻) + 마디 촌(寸)
금문을 보면 사람(亻)이 손(寸)으로 물건을 건네 주는(付) 모습
→ 주다, 부탁(付託)하다, 맡기다, 넘기다는 뜻
예 부탁(付託) : 어떤 일을 하여 달라고 요청함

件 | 5급 물건 건 | 사람 인(亻) + 소 우(牛)
농경사회에서는 소가 중요한 재산이있기 때문에 소(牛)는 사람(亻)의 재산
→ 사람(亻)이 칼로 소(牛)를 분해하다 → 물건(物件), 사건(事件), 나누다는 뜻

企 | 3급 꾀할 기 | 사람 인(人) + 그칠 지(止)
갑골문을 보면 사람(人)의 발(止)을 강조한 모습 → 사람(人)이 발돋움(止) 한다
→ (목표를 세우고 실행에 옮긴다는 것을 의미)바라다, 계획하다, 꾀하다, 도모하다는 뜻
예 기획(企劃) : 일을 꾸미어 꾀함), 기업(企業)

代
6급 대신할 **대** | 사람 인(亻) + 주살 익(弋)
사람(亻)이 끈처럼 연결(弋)되어 있다 → 세대(世代) → 대신(代身)하다, 교체하다는 뜻

※ 주살 익(弋)자 갑골문을 보면 단순히 줄을 묶어 놓던 말뚝을 그린 것
　→ (말뚝과 줄이 서로 연결되어 있으므로) 이어지다 → 주살(화살촉에 구멍을 뚫어 줄을 매달아 놓은 것)의 뜻

借
3급 빌릴 **차** | 사람 인(亻) + 예 석(昔)
옛날(昔)부터 함께한 사람(亻) → 아끼다 → 돕다, 빌리다는 뜻
예) 가차(假借 : 임시로 빌리다), 대차(貸借), 차관(借款), 임차(賃借), 차변(借邊)

伐
4급 칠 **벌** | 사람 인(亻) + 창 과(戈)
갑골문을 보면 사람(亻)이 창(戈)에 찔린 모습 → (적을 창으로 찔러) 물리친다
→ 찔러 죽이다, 치다, 베다, 정벌(征伐)하다는 뜻

※ 창 과(戈)자는 낫이 달린 창을 그린 것 → 창의 뜻
※ 지킬 수(戍)자는 사람(亻)이 창(戈)을 들고 지키다 → 수 자리(변방을 지키는 일), 둔영(屯營)의 뜻

伸
3급 펼 **신** | 사람 인(亻) + 펼 신(申) 발음 역할
사람(亻)이 몸을 늘려 펼친다(申) → 자신의 의지나 포부를 넓게 펼친다 → 기지개를 켜다
→ 펴다, 내뻗다 → 늘어나다, 늘이다는 뜻
예) 신축(伸縮) : 늘이고 줄임

俯
1급 구부릴 **구** | 사람 인(亻) + 마을 부(府) 발음 역할
마을(府) 사람(亻)들이 몸을 구부리고 관청으로 들어오다 → 숙이다, 구부리다는 뜻
예) 부앙(俯仰), 앙천부지(仰天俯地)

※ 마을 부(府)자는 마을, 관청, 구부리다는 뜻

俸
2급 녹 **봉** | 사람 인(亻) + 받들 봉(奉) 발음 역할
사람(亻)을 섬기(奉)는 대가로 주던 급여(給與) → 녹봉(祿俸: 벼슬아치에게 주던 급료)의 뜻

※ 받들 봉(奉)자 갑골문을 보면 산삼 같은 약초를 양손으로 떠받치고 모습 → (높은 관리에게) 귀한 약초를 바치다
　→ 섬기다 → 받을 봉(捧)자와 같은 뜻

何
3급 어찌 **하** | 사람 인(亻) + 옳을 가(可) 발음 역할
갑골문을 보면 사람(亻)이 어깨에 보따리를 멘(可) 모습 → 메다
→ (짐을 싸 들고 길을 나서게 된 데는 피치 못할 사정이 있었기 때문에) 어찌, 어느의 뜻
예) 하여간(何如間) : 어찌하였든지, 어쨌든

※ 영어의 의문문 what, where, when, why, how의 뜻
※ 멜 하(荷)자가 메다는 뜻을 대신함

側 3급 곁 측 | 사람 인(亻) + 법칙 칙(則) 발음 역할
금문을 보면 솥(鼎) 양옆으로 두 명의 사람(人 人)이 그려져 있음
→ 제사를 지내기 위해 솥 주변에 대기하고 있는 사람들 모습
→ (솥 주변에 사람들이 가까이 있는 모습에서) 곁, 가까이의 뜻
  예 측근(側近) : 곁에서 모시는 사람

傍 3급 곁 방 | 사람 인(亻) + 곁 방(旁) 발음 역할
곁(旁)에서 두루 도와주는 사람(亻) → 모시다 → 가까이, 곁, 옆의 뜻
  예 방약무인(傍若無人), 수수방관(袖手傍觀), 방계(傍系)

傷 4급 다칠 상 | 사람 인(亻) + 화살 시(矢)자의 변형자 + 볕 양(昜)
사람(亻)이 화살(矢)을 맞아 치명상을 입게 되어 몸에 열(昜)이 나는 모습 → 아프다
→ 상처(傷處) 다치다, 상하다는 뜻
  예 상처(傷處) : 몸의 다친 자리

※ 글자 상단은 화살시(矢)자가 변형, 昜(볕 양)는 볕, 양지, 뜨거움의 뜻

修 4급 닦을 수 | 사람 인(亻) + 바 유(攸) + 빛날 삼(彡)
땀(彡) 흘리며 열심히 수련(攸)하는 모습 → 닦다, 익히다 → 뛰어나다 → 다스리다 → 베풀다 → 높다는 뜻

※ 바 유(攸)자는 매를 맞아가며(攵), 땀을 흘려가면서(丨), 열심히 수련(修鍊)하는 사람(亻)의 모습 → 몽둥이질, 수련하다, 배우다 → (가차되어) 바(所), 곳, 장소(場所), 이, 이에의 뜻

傲 3급 거만할 오 | 사람인(亻) + 놀 오(敖) 발음 역할
거만하게 놀고(敖) 있는 사람(亻) → 놀고 있네 → 오만(傲慢)하다, 거만(倨慢)하다는 뜻

※ 놀 오(敖)자 금문을 보면 머리에 깃털을 꽂고 손에는 악기를 들어 한바탕 놀아제치는 모습
  → 이리 뛰고 저리 뛰고(出) 사방 뛰면서(方), 치고받고(攵, 攴) 하며 신나게 놀다 → 희롱하다 → 거만하다는 뜻

倨 1급 거만할 거 | 사람인(亻) + 살 거(居) 발음 역할
사람(亻)이 오랜 기간 자리를 차지(居)하고 살다 → 걸터앉다 → 거만(倨慢)하다는 뜻

倦 1급 게으를 권 | 사람 인(亻) + 책 권(卷) 발음 역할
몸을 말아서(卷) 잘 움직이지 않고 있는 사람(亻) → 일 안 하고 구부려 있는 사람 → 게으르다는 뜻
  예 권태(倦怠)

今 6급 이제 금
갑골문을 보면 입안에 무언가가 들어가 있다는 것을 표현 → 머금다
→ 지금, 이제, 곧, 바로, 현재, 만약, 이것의 뜻
  예 지금(只今), 작금(昨今 : 어제와 오늘), 금방(今方), 금세(今世), 방금(方今)

令
5급 하여금 령 | 병부 절(卩) + 지붕 모습(亼)
관청 지붕(亼) 아래에서 무릎을 꿇어앉아 있는 사람(卩)의 모습 → 윗사람 명령(命令)을 듣고 있는 모습
→ 명령하다 → 부리다 → (명령으로)하여금 → (명령하는) 우두머리 → 벼슬 → 법령(法令)의 뜻

侯
3급 제후 후 | 사람 인(亻) + 화살 시(矢) + 모양자(厂) + 한 일(一)
제후(亻)가 화살(矢)을 쏘아 맞추어(一) 도달한 지역(厂)이 본인이 다스리는 영토다 → 과녁
→ 제후(諸侯), 후작(侯爵)의 뜻

※ 봉건 시대에 일정한 영토를 가지고 그 영내의 백성을 지배하는 권력을 가지던 제후는 자신의 영토를 정할 때 왕이 정한 곳에서 사방에 화살을 쏘아 화살 도달한 지역까지 자신이 다스리게 되는 영토로 정했다고 함

候
4급 기후 후 | 제후 후(侯) + 뚫을 곤(丨)
제후(侯)가 화살을 쏠 때 바람을 감안하여 잘 뚫도록(丨) 쏘아야 한다 → 상황(狀況), 상태(狀態)
→ 조짐(兆朕), 징후(徵候), 살피다 → 기다리다 → 기후(氣候)의 뜻
예 후보(候補), 척후(斥候, 斥堠), 증후군(症候群)

個
4급 낱 개 | 사람 인(亻) + 굳을 고(固)
많은 사람(亻)의 숫자를 셀 때 움직이지 말고, 굳은(固) 상태로 세어야 헷갈리지 않는다 → 낱낱
→ 하나, 단독 → (숫자) 개의 뜻
예 개인(個人), 개성(個性), 개별(個別), 개체(個體), 개당(個當), 별개(別個), 각개(各個)

以
5급 써 이
갑골문을 보면 탯줄을 그린 것 → 사람은 탯줄로부터 생명이 시작된다 → ~로써, ~에 따라, ~부터
→ ~때문에, ~까닭에, ~로 인하여의 뜻
예 이상(以上), 소이(所以 : 까닭), 이후(以後), 이전(以前)

似
3급 닮을 사 | 사람 인(亻) + 써 이(以)
후손들은 오래전 사람(亻)들, 선조들이 있었기 때문에(以) 이어진다 → 잇다, 상속하다
→ (후손은 선조들과 비슷하다) 닮다, 같다 → 흉내 내다는 뜻
예 사이비(似而非), 비몽사몽(非夢似夢), 춘래불사춘(春來不似春)

但
3급 다만 단 | 사람 인(亻) + 아침 단(旦) 발음 역할
아침 일찍 해가 떠올라서(旦) 사람(亻) 모습을 드러내다 → (아직은 어둡다) → 거짓
→ 다만, 오직 단지(但只), 기탄(忌憚)없이, 거리낌 없이, 그러나의 뜻
예 단서(但書), 비단(非但 : 다만, 오직)

儀
4급 거동 의 | 사람 인(亻) + 옳을 의(義) 발음 역할
옳은(義) 사람(亻)의 행동은 다른 사람의 본보기다 → 본받다 → 법도, 예절 → 거동(擧動)의 뜻
예 부의(賻儀), 예의(禮儀), 의식(儀式), 조의(弔儀)

像
3급 모양 상 | 사람 인(亻) + 코끼리 상(象) 발음 역할
사람(亻)이 코끼리 형상(象)을 조각하다 → 본떠 그린 모양 → 닮다, 모방하다 → 모양, 규범의 뜻
예 상상(想像), 영상(映像), 우상(偶像), 초상(肖像), 화상(畫像), 현상(現像), 동상(銅像), 기상(氣像)

仗
1급 의장 장 | 사람 인(亻) + 어른 장(丈) 발음 역할
여러 사람(亻) 중 제일 높은 어른(丈)이 행차할 때 위엄을 보이기 위하여 격식을 갖추어 세우는 물건 → 의장(儀仗), 병장기(兵仗器), 지팡이 → 호위(護衛)의 뜻

供
3급 이바지할 공 | 사람 인(亻) + 한가지 공(共) 발음 역할
사람(亻)이 두 손으로 무언가를 올려바치는 모습(共) → 올리다, 주다, 공물(供物) → 받들다, 모시다 → 베풀다 → 이바지하다는 뜻
예 공급(供給), 제공(提供), 공양(供養)

係
4급 맬 계 | 사람 인(亻) + 맬 계(系) 발음 역할
사람(亻)이 실타래를 손으로 매는 모습(系) → 매다, 엮다, 묶다, 잇다 → 끈, 줄 → 혈통(血統)의 뜻
예 관계(關係), 인사계(人事係)

仲
3급 버금 중 | 사람 인(亻) + 가운데 중(中) 발음 역할
가운데(中) 사람(亻) → 둘째 → 가운데, 중간 → 버금(으뜸의 바로 아래)의 뜻
예 백중지세(伯仲之勢), 백중숙계(伯仲叔季)

債
3급 빚 채 | 사람 인(亻) + 꾸짖을 책, 빚 채(責) 발음 역할
빚을 못 갚아 꾸지람(責)을 당하는 사람(亻) → 빚진 사람 → 책임, 빚, 부채(負債)의 뜻
예 채권(債券), 채무(債務), 채권(債權)

倉
3급 곳집 창
갑골문을 보면 지붕과 외닫이 문, 그리고 주춧돌이 함께 그린 창고 모습 → 창고(倉庫), 선창(船倉) → 곳간(庫間)으로 지은 집 → 곳집의 뜻

侮
3급 업신여길 모 | 사람 인(亻) + 매양 매(每) 발음 역할
사람들은 매일(每) 항상 가까이 있는 사람(亻)을 소홀히 여기는 경우가 많다 → 업신여기다, 조롱(嘲弄)하다는 뜻
예 모멸(侮蔑), 모욕(侮辱), 수모(受侮) : 업신여김(侮)을 받다(受)

| 僅 | **3급** 겨우 **근** | 사람 인(亻) + 진흙 근(堇) 발음 역할
입에 풀칠조차 힘든(堇) 매우 가난한 사람(亻)을 진흙이 묻은 처량한 모습
→ 사람(亻)이 진흙밭(堇)에서 몸을 겨우 빼내는 모습 → 겨우, 근근의 뜻

| 伊 | **2급** 저 **이** | 사람 인(亻) + 다스릴 윤(尹)
다스리는(尹) 사람(亻) → 그 사람, 그이, 그녀 → 저, 이, 그의 뜻

| 僻 | **2급** 궁벽할 **벽** | 사람 인(亻) + 피할 벽(辟) 발음 역할
사람(亻)이 형벌을 피하다(辟) → 멀리하다, 피하다 → 치우치다 → 편벽하다 → 천하다 → 후미지다
→ 외따로 떨어져 구석지고 몹시 으슥하다 → 궁벽(窮僻)하다는 뜻
  예 벽지(僻地), 괴벽(乖僻), 산간벽지(山間僻地), 벽촌(僻村)

| 倭 | **2급** 왜나라 **왜** | 사람 인(亻) + 맡길 위(委) 발음 역할
창고를 맡고(委) 있는 말단 사람(亻) → 유순하다
→ 키 작은 사람(난쟁이 왜(矮)와 발음이 같아서 왜나라, 일본의 뜻
  예 임진왜란(壬辰倭亂), 왜구(倭寇), 왜검(倭劍), 왜관(倭館)

| 倂 | **2급** 아우를 **병** | 사람 인(亻) + 아우를 병(幷) 발음 역할
사람들(亻)이 어울려 서 있는(幷) 모습 → 아우르다, 나란히 서다는 뜻

| 做 | **1급** 지을 **주** | 사람 인(亻) + 연고 고(故) 발음 역할
옛날부터(故) 직무를 맡아오던 사람(亻) → 맡다 → (일을 맡은 사람이) 만들다 → 짓다는 뜻
  예 간주(看做)

| 傭 | **2급** 품팔 **용** | 사람 인(亻) + 떳떳할 용, 쓸 용(庸) 발음 역할
떳떳하게(庸) 일하는 사람(亻) → 채용하여 쓰여진(庸) 사람(亻) → 돈을 받고 채용된 사람 → 품삯
→ 품팔이꾼, 품을 판다는 뜻
  예 고용(雇傭), 용병(傭兵)

| 俛 | **2급** 힘쓸 **면** | 사람 인(亻) + 면할 면, 해산할 문(免) 발음 역할
어머니(亻)가 아기를 힘써서 해산하다(免) → 노력하다, 힘쓰다 → 숙이다, 굽히다라는 뜻

| 僭 | **1급** 주제넘을 **참** | 사람 인(亻) + 일찍이 참(替) 발음 역할
아래 사람(亻)이 일찍(替) 못 오고 늘 지각하다 → 주제넘다, 분수 넘다 → 참람(僭濫)하다는 뜻

| 佚 | **1급** 편안할 **일** | 사람 인(亻) + 잃을 실, 놓을 일(失) 발음 역할
사람(亻)이 마음을 놓다(失) → 방탕(放蕩)하다 → 잃다 → (속박에서 벗어나다) 편안하다는 뜻

| 伍 | **1급** 다섯사람 **오** | 사람 인(亻) + 다섯 오(五) 발음 역할
다섯(五) 사람(亻) → 다섯 → 대오(隊伍), 대열(隊列)의 뜻
예 낙오(落伍)

| 什 | **1급** 열사람 **십**, 세간 **십** | 사람 인(亻) + 열 십(十) 발음 역할
열(十) 사람(亻) → 여러 가지, 다종다양(多種多樣)한 → 세간(집안 살림에 쓰는 온갖 물건)의 뜻
예 십장(什長)

| 億 | **5급** 억 **억** | 사람 인(亻) + 뜻 의(意)
사람(亻) 마음의 뜻(意)은 헤아리기가 어렵다 → 깊다, 헤아리다 → 많다 → (많은 수) 억의 뜻
예 억조창생(億兆蒼生), 억장(億丈), 억겁(億劫), 억대(億臺)

| 倍 | **5급** 곱 **배** | 사람 인(亻) + 침 뱉을 부(咅) 발음 역할
사람(亻)이 많아(咅)졌다 → 배가하다 → 곱, 갑절 → 더욱, 점점 더의 뜻
예 배가(倍加), 배율(倍率), 배수(倍數), 공배수(公倍數)

※ 침 뱉을 부(咅)자는 식물의 줄기 아랫부분(口)이 일어나고(立) 있는 모양 → 많이 먹어서(口) 배가 불룩 일어섰다(立)
→ 부풀어 오르다 → 커지다 → 많다 → 글자 모양이 입(口)에서 침 뱉는(立) 모습과 비슷하여
→ 침, 침을 뱉는 소리의 뜻

| 俄 | **1급** 아까 **아** | 사람 인(亻) + 나 아(我) 발음 역할
나(我)를 아끼는 사람(亻)이 갑자기 많아졌다 → 갑자기, 아까, 잠시(暫時) → 러시아의 뜻
예 아관파천(俄館播遷)

| 佩 | **1급** 찰 **패**
사람(亻)이 두루마기(冂) 입고 혁대에 패옥을 찬 모양(巾) → 노리개 → 차다, 달다, 휴대하다는 뜻

| 仇 | **1급** 원수 **구** | 사람 인(亻) + 아홉 구(九) 발음 역할
오래된(九) 사람(亻) → 짝 → 오랜 기간(九) 원한이 잊히지 않는 사람(亻) → 원수(怨讐)의 뜻

※ 아홉 구(九)자는 아홉, 많은 수, 오래된 것, 늙다, 모으다는 뜻

| 侈 | **1급** 사치할 **치** | 사람 인(亻) + 많을 대(多)
많은(多) 것을 소비하는 사람(亻) → 호사(豪奢), 사치(奢侈)의 뜻

| 偵 | **2급** 염탐할 **정** | 사람 인(亻) + 곧을 정(貞) 발음 역할
돌보는 사람(亻)이 곧게(貞) 행동하도록 엿보다 → 살피다 → 염탐(廉探)하다, 정탐(偵探)하다는 뜻

| 僑 | **2급** 더부살이 **교** | 사람 인(亻) + 높을 교(喬) 발음 역할
사람(亻)이 크고 높은 집(喬)에 더부살이하다 → 타관살이하다는 뜻
예 교포(僑胞), 화교(華僑), 교민(僑民)

| 伽 | **2급** 절 **가** | 사람 인(亻) + 더할 가(加) 발음 역할
보통 사람(亻)보다 더(加) 존경받는 사람 → 승가(僧伽) → 절, 사찰(寺刹) → 가야(伽倻·伽耶)의 뜻

※ 범어(梵語. 옛 인도말인 산스크리트어)인 가(Gha)의 음을 표현하기 위해 만든 글자로, 외래어를 한자로 만들 때 사람 인(亻)자를 붙이는 경향이 있음

| 倻 | **2급** 가야 **야** | 사람 인(亻) + 어조사 야(耶) 발음 역할
사람(亻) 귀(耳) 모양처럼 생긴 고을(阝) → 땅이름, 나라 이름 → 가야(伽倻·伽耶·加耶)의 뜻

| 仔 | **1급** 자세할 **자** | 사람 인(亻) + 아들 자(子) 발음 역할
부모(亻)가 아들(子)에게 예의에 대하여 자세하게 설명하다 → 자세(仔細·子細)하다는 뜻

| 僥 | **1급** 요행 **요** | 사람 인(亻) + 요임금 요, 높을 요(堯) 발음 역할
높은(堯) 사람(亻)처럼 속이다 → 요행(僥倖·徼幸)의 뜻

| 儼 | **1급** 엄연할 **엄** | 사람 인(亻) + 엄할 엄(嚴) 발음 역할
성격이 엄격(嚴)한 사람(亻) → 근엄(謹嚴)하다 → 의젓하다 → 엄연(儼然)하다는 뜻

| 儺 | **1급** 푸닥거리 **나** | 사람 인(亻) + 어려울 난(難) 발음 역할
부정적인 어려운(難) 일을 당한 사람(亻)의 살풀이를 위해 하는 굿 → 푸닥거리의 뜻

| 余 | **3급** 나 **여**
갑골문을 보면 외기둥(干)에다 버팀목(八)을 받쳐 지붕덮개(人)를 씌운 정자(亭子) 모양
→ 경치 좋은 곳에 놀거나 쉬기 위해 지은 집 → 여유로운 휴식 공간 → 오두막 → 나머지, 다른, 여유
→ 나만의 공간 → 나(자신)의 뜻

| 佾 | **2급** 춤출 **일** | 사람 인(亻) + 여덟 팔(八) + 육달월 월(月)
여덟 명(八)의 사람(亻)들이 줄지어 몸(月)으로 추는 춤 → 팔일무(八佾舞) → 춤 줄의 뜻

| 儆 | **2급** 경계할 **경** | 사람 인(亻) + 공경 경(敬) 발음 역할
사람(亻)을 공경(敬)하고 삼가다 → 주의시키다 → 경계(警戒)하다는 뜻

傘　**2급** 우산 **산** | 염려할 우(㑆) + 우산 산(㐅) 발음 역할
비 또는 햇빛을 피하고자 커다란 우산(㐅) 속에 모여있는 사람들(㑆) 모습
→ 우산(雨傘), 일산(日傘)의 뜻

※ 人 자가 부수자는 아니지만 사람을 뜻하는 글자
예 앉을 좌(坐), 달릴 주(走), 누울 와(臥), 뜻 취(趣), 넘을 초(超), 험할 험(險), 시험 험(驗), 칼 검(劍), 검사할 검(檢), 검소할 검(儉), 자리 좌(座), 다다를 부(赴)

한 일

갑골문을 보면 막대기 하나 모양 → 하나, 일, 첫째 → 오로지, 모든의 뜻

丞　**1급** 도울 **승**
구덩이(U → 一)에 빠진 사람(了)을 두 손(了자 양쪽의 글자)으로 구해주는 모습 → 돕는 사람
→ 정승(政丞) → 구하다, 구제(救濟)하다는 뜻

丈　**3급** 어른 **장** | 또 우(又)자의 변형자 + 지팡이 모습(十)
갑골문을 보면 손에 나뭇가지를 들고 있는 모습 → 지팡이
→ (지팡이를 짚고 다니는) 어른, 장자(長子 : 맏아들), 장인(丈人 : 아내 아버지)의 뜻

※ 지팡이 장(杖)자는 나무(木)로 만든 지팡이(丈) → 지팡이, 몽둥이의 뜻

世　**7급** 인간 **세**
열 십(十)자 세 개 합쳐서 30년 → 한 세대(대개 30년), 인간, 일생의 뜻

不　**7급** 아닐 **부**
갑골문을 보면 땅 밑으로 뿌리만 그려져 있음
→ (아직 싹이 자라지 못했다) 아니다, 없다, 못하다, 말라의 뜻

丕　**2급** 클 **비** | 한 일(一) + 아니 불(不)
하나(一)만 아니다(不) → 여러 개 있다 → 많다 → 크다 → 으뜸 → 처음의 뜻

丁 4급 고무래 정
갑골문에서는 네모난 모양 → 금문에서는 둥그런 못의 머리 모양
→ 소전에서는 뜻을 명확히 하기 위해 못의 측면을 그린 형태 → 해서에서 지금의 못 정(丁)자 모양
→ (못질의 노동 주체 인) 일꾼, 장정(壯丁) → (丁자 모양의) 고무래, 넷째 천간의 뜻
예 목불식정(目不識丁)

上 7급 윗 상
갑골문을 보면 땅 위 하늘 표시 모양 → 위, 높다는 뜻

下 7급 아래 하
갑골문을 보면 땅 밑 아래 표시 → 아래, 밑, 낮다는 뜻

三 8급 석 삼
갑골문을 보면 막대기 세 개 모양 → 셋, 석 → 재삼 → 자주, 거듭의 뜻

七 8급 일곱 칠
갑골문을 보면 열십자(十) 모양 → 자르다
→ 해서부터 열십자(十)와 구분하기 위해 끝을 구부려 현재 글자(七) → (가차되어) 일곱, 일곱 번의 뜻

且 3급 또 차
갑골문을 보면 조상의 묘 비석 앞 도마에 음식물이 겹겹이 쌓여 있는 모양
→ 조상, 비석, 도마, 또한, 우선, 공경스럽다는 뜻

丑 3급 소 축
갑골문을 보면 조류의 날카로운 발톱을 그린 것 → 물갈퀴 → 둘째 지지(地支) 소의 뜻

丙 3급 남녘 병
큰 제사상에 제물을 올리고 불을 밝힌 모양 → 불 → 밝다, 비추다 → (불빛처럼 따스한) 남쪽
→ [나중에 십간십이지의 십간(十干) 중 하나로 사용되면서] 병(셋째 천간, 3번째) → 밝다
→ 선명해지다, 분명해지다는 뜻

丘 3급 언덕 구
갑골문을 보면 작은 산등성을 그린 것 → 언덕, 구릉의 뜻

 날 일

둥근 태양을 그린 것 → 시간, 때, 날짜, 밝기(밝고, 어두움, 빛), 날씨 관련 글자에 사용됨

※ 갑골문은 딱딱한 거북의 껍질에 글자를 새기기 때문에 둥근 모양 그리기에 어려움이 있어 태양을 네모난 형태로 그려져 있음

明 **6급** 밝을 **명** | 날 일(日) + 달 월(月)
낮을 밝히는 해(日)와 밤을 밝히는 달(月)이 함께 있는 모양 → 밝다, 나타나다, 명료하다는 뜻
예 명암(明暗) : 밝음과 어두움

昭 **3급** 밝을 **소**, 비출 **조** | 날 일(日) + 부를 소(召) 발음 역할
해(日)를 부르다(召) → 비추다 → 밝게 빛나다, 밝다는 뜻

※ 부를 소(召)자 갑골문에서는 칼(刀) 아닌 수저(匕)에 담긴 음식을 입(口)에 가져다 대는 모습
→ 음식을 대접하기 위해 손님을 불러들인다 → 부르다는 뜻

晳 **2급** 밝을 **석** | 날 일(日) + 쪼갤 석(析) 발음 역할
해(日)가 어두움을 가르고(析) 밝음을 밝힌다 → 밝다, 명백하다, 희고 깨끗하다는 뜻
예 명석(明晳) : 똑똑함

晙 **2급** 밝음 **준** | 날 일(日) + 천천히 걷는 모양 준(夋) 발음 역할
아침 일찍 태양(日)이 천천히(夋) 떠오르다 → 좋은(夋) 날(日) → 맑은 날 → 밝다, 이르다, 일찍의 뜻

晟 **2급** 밝을 **성** | 날 일(日) + 이룰 성(成) 발음 역할
해(日)가 이루다(成) → 해가 일어나다 → 해(日)가 커지다(成) → 성하다, 밝다, 환하다, 빛나다는 뜻

晧 **2급** 밝을 **호** | 날 일(日) + 고할 고(告) 발음 역할
태양(日)신에게 고하는(告) 모습 → (미래가) 밝다, 빛나다는 뜻

昞
昺 **2급** 밝을 **병** | 날 일(日) + 남녘 병(丙) 발음 역할
햇빛(日)이 빛나다(丙) → 불꽃, 빛나다, 밝다, 환하다는 뜻

※ 남녘 병(丙)자는 큰 제사상에 제물을 올리고 불을 밝힌 모양 → 불 → 밝다, 비추다
→ (불빛처럼 따스한) 남쪽, 남녘의 뜻

晃 **2급** 밝을 **황** | 날 일(日) + 빛 광(光) 발음 역할
태양(日) 빛(光) → 밝다, 빛나다, 환하다는 뜻

| 昉 | **1급** 밝을 방 | 날 일(日) + 모 방(方) 발음 역할
두루 사방(方)으로 햇빛(日)이 비치다 → 밝다 → 찾다는 뜻

| 曠 | **1급** 밝을 광 | 날 일(日) + 넓을 광(廣) 발음 역할
넓은 지역에 널리 햇빛(日)이 비추다 → 밝다 → 공허(空虛)하다, 비다는 뜻

| 昂
昻 | **1급** 밝을 앙 | 날 일(日) + 나 앙(卬) 발음 역할
특급 태양(日)이 떠 오르다(卬) → 높다 → 밝다는 뜻

※ 나 앙(卬)자는 고개를 들다, 우러르다, 오르다, 높다 → 나, 자신(自身)의 뜻

| 昴 | **1급** 별이름 묘 | 날 일(日) + 토끼 묘(卯) 발음 역할
토끼(卯)가 사는 별(日) → 별자리의 이름 → 별의 이름(昴星)의 뜻

| 昱 | **2급** 햇빛밝을 욱 | 날 일(日) + 설 립(立)
태양(日)이 바로 서서 나타나다(立) → 밝게 비추다 → 햇빛이 밝다는 뜻

| 暹 | **2급** 햇살치밀 섬 | 날 일(日) + 나아갈 진(進)
태양(日) 세차게 복받쳐 떠 오르다(進) → 해가 돋다, 햇살이 치밀다 → 섬라(暹羅 : 태국)의 뜻

| 旭 | **2급** 아침해 욱 | 날 일(日) + 아홉 구(九)
아홉(九) 개의 해(日) → 요(堯)임금 시절 천제(天帝) 준(俊)이 낳은 10개의 태양 때문에 너무 더워지자
명궁인 후예를 불러 아홉(九) 개의 해(日)를 활로 쏘아 떨어지게 한 신화에서
→ 밝다, 환하다, 빛나다, 아침 해, 돋은 해의 뜻

| 曜 | **5급** 빛날 요 | 해 일(日) + 깃털 우(羽) + 새 추(隹)
아침 햇살(日)에 꿩(翟)의 깃털이 아름답게 빛나는 모양 → 햇빛, 햇살 → 빛나다 → 빛나는 날(日)들
→ 요일(曜日) → 칠요(七曜) → 일월성신(日月星辰: 해와 달과 별을 통틀어 이르는 말)의 뜻

| 映 | **4급** 비칠 영 | 날 일(日) + 가운데 앙(央) 발음 역할
태양(日)이 하늘 중앙(央)에서 세상을 밝게 비춘다 → 비치다, 반사하다는 뜻
예 영화(映畵)

| 暎 | **2급** 비칠 영 | 날 일(日) + 꽃부리 영, 뛰어날 영(英) 발음 역할
화려하게(英) 비추는 햇살(日) → 비추다는 뜻

景
5급 볕 경 | 날 일(日) + 서울 경(京) 발음 역할
높은 건물(京) 위에 해(日)가 떠 있는 모습 → 볕, 햇빛 → (볕이 비치는) 경치(景致)의 뜻

※ 그림자 영(影)자는 햇빛(景)으로 인해 생긴 그림자가 퍼져나가는 모습(彡)

昜
특급 볕 양
햇빛(勿)이 내리쏟아지는 모양 → 볕, 양지(陽地)의 뜻

※ 볕 양(陽)자는 언덕(阝)에 햇빛(勿)이 내리쏟아지는 모양 → 볕, 양지(陽地)의 뜻

暢
3급 화창할 창 | 거듭 신(申) + 볕 양(昜)
햇볕(昜)이 거듭하여 펼쳐지다(申) → 햇살이 맑고 따뜻하다 → 화창(和暢)하다는 뜻

易
4급 바꿀 역, 쉬울 이
갑골문을 보면 구름 사이로 비치는 햇빛(勿) 모양 → 구름 때문에 날이 갰다 어두웠다
→ 햇살이 자주 바뀌다 → 새로워지다 → 쉽다는 뜻
- 용이(容易 : 쉬움), 무역(貿易 : 국가 간 돈이나 물건을 서로 바꿈)

晶
2급 맑을 정 | 날 일(日) + 일(日) + 일(日)
해(日)가 세 개 합쳐 빛나다 → 밝다 → 날씨가 쾌청하게 맑은 날 → 맑다, 깨끗하다, 수정(水晶)의 뜻

昌
3급 창성할 창 | 날 일(日) + 가로 왈(曰)
태양(日) 아래에서 아름다움을 노래(曰)하는 모습 → 노래하다
→ 농업을 중시했던 고대 중국에서는 태양은 풍성함과 가득함을 상징
→ 번창(繁昌)하다, 아름답다, 창성하다는 뜻

※ 노래 창(唱)자는 입(口)으로 노래하다(昌) → (노래) 부르다는 뜻

暴
4급 쬘 폭
해(日)가 나오면(出) 두 손(廾)으로 쌀(米)을 꺼내 햇볕에 쬐어 말리다 → 햇볕을 쬐다
→ (햇빛이) 사납다 → (햇볕에) 나타내다 → 드러나다 → 포악하다, 사납다는 뜻

曝
1급 사나울 포, 쬘 폭 | 날 일(日) + 쬘 폭(暴) 발음 역할
햇볕(日)이 뜨겁게 사납다(暴) → 난폭(亂暴)하다는 뜻
- 폭양(曝陽) : 뜨겁게 내리쬐는 햇볕

暑
3급 더울 서 | 날 일(日) + 사람 자(者) 발음 역할
무더위에 땀을 흘리는 모습 → 사람(者)이 해(日) 아래 있어 덥다 → 더위, 여름의 뜻
- 피서지(避暑地) : 더위를 피하기 위해 가는 곳

暖 | **4급** 따뜻할 **난** | 날 일(日) + 당길 원(爰)
햇빛(日)을 당기다(爰) → 따뜻하다 → 따뜻할 난(煖)자와 같은 뜻
예) 온난(溫暖) : 따뜻함

※ 당길 원(爰)자 갑골문을 보면 위의 손(爪)이 아래의 손(又)에 덩굴 같은 것을 던져주고 잡아당기는 모습
→ 당기다 → 끌다 → 이에의 뜻

旺 | **2급** 왕성할 **왕** | 날 일(日) + 임금 왕(王) 발음 역할
햇빛(日)이 아름답고, 왕성하게(王) 빛나다 → 왕성(旺盛)하다, 곱다, 아름답다는 뜻

暫 | **3급** 잠깐 **잠** | 날 일(日) + 벨 참(斬) 발음 역할
날(日)을 베어서(斬) 작게 만든 시간 → 짧다 → 잠간(暫間), 잠시(暫時)의 뜻

晴 | **3급** 갤 **청** | 날 일(日) + 푸를 청(靑) 발음 역할
해(日)가 나와 하늘이 푸르다(靑) → 맑다, 개다는 뜻
예) 청명(晴明) : 하늘이 개어 맑음

旱 | **3급** 가물 **한** | 날 일(日) + 방패 간(干) 발음 역할
구름이 없어 비도 안 오고 햇빛(日)만 있어 건조하다(干) → 가물다는 뜻
예) 한재(旱災) : 가물 때문에 생기는 재앙

※ 방패 간(干)자는 방패(막다), 줄기, 마르다, 건조(乾燥)하다는 뜻

昇 | **3급** 오를 **승** | 날 일(日) + 되 승(升) 발음 역할
마치 태양(日)을 위로 떠받쳐(升) 올리는 듯한 모습 → 해가 떠오른다 → 오른다는 뜻
예) 승진(昇進)

※ 되 승(升)자는 양손(廾)으로 무언가를 떠받치는 듯한 모습

星 | **4급** 별 **성** | 날 일(日) + 날 생(生) 발음 역할
태양(日)에서 태어난(生) 것 → 별 → 세월의 뜻
예) 성좌(星座) : 별자리

普 | **4급** 넓을 **보** | 날 일(日) + 나란히 병(並)
태양(日)이 모든 사람에게 골고루 두루(並) 비추다 → 널리, 두루, 넓다, 광대하다는 뜻

※ 나란히 병(並)자는 두 사람을 나란히 서 있는 모습(竝) → 나란히, 아우르다, 모두, 견주다, 곁의 뜻

晨
3급 새벽 **신** | 해 일(日) + 별 진(辰) 발음 역할
갑골문을 보면 새벽에 낫으로 풀이나 벼를 베는 모습
→ 해서부터 해(日)가 뜨고 아직도 별(辰)이 하늘에 남아 있다 → 새벽의 뜻

曉
3급 새벽 **효** | 날 일(日) + 요임금 요(堯) 발음 역할
평평한 땅(堯) 위로 해(日)가 뜨기 시작하는 때 → 새벽의 뜻
- 예 효성(曉星) : 샛별, 새벽하늘의 별

※ 요임금 요(堯)자는 흙 수북하게 쌓인(垚) 곳을 높고 위가 평평하게(兀) 만든 제단 모양 → 높다 → 멀다
→ 임금 이름(요)의 뜻

曙
1급 새벽 **서** | 날 일(日) + 마을 서(署) 발음 역할
아침 일찍 마을(署)에 해(日)가 떠오르는 모양 → 동이 트다 → 밝다 → 새벽의 뜻
- 예 서광(曙光)

早
4급 이를 **조**
갑골문을 보면 나무 위에 태양이 떠 있는 모습 → (해가 나무 위에 자리 잡은) 이른 아침
→ 일찍, 이르다, 새벽, 서두르다, 젊다는 뜻

※ 아침 조(朝)자 갑골문을 보면 초목(艹) 사이로 떠오르는 해와 아직 채 가시지 않은 달(月)이 그려져 있음
→ 태양과 달이 함께 있는 이른 아침 → 아침, 왕조의 뜻

旦
3급 아침 **단** | 날 일(日) + 한 일(一)
아침에 해(日)가 지평선(一) 위로 떠오르는 모양 → 아침의 뜻
- 예 원단(元旦) : 설날 아침

晝
6급 낮 **주** | 날 일(日) + 한 일(一) + 붓 율(聿)
갑골문을 보면 붓(聿)으로 글공부하기 좋은 시간(日)을 표현 → 대낮, 정오의 뜻
- 예 주야(晝夜) : 밤과 낮

晚
3급 늦을 **만** | 해 일(日) + 면할 면(免) 발음 역할
여름날 날이 저물어 뜨거운 해(日)를 면하다(免) → 해가 저물다, 저녁, 늦다, 늙는다는 뜻
- 예 만시지탄(晚時之歎) : 저물 때의 한탄 → 시기에 뒤늦었음

晏
1급 늦을 **안** | 날 일(日) + 편안 안(安) 발음 역할
한여름 낮 무더웠던 태양(日)이 편안(安)해졌다 → 날이 저물어 햇살이 순하다 → 저물다, 늦다는 뜻

暝
1급 저물 **명** | 날 일(日) + 어두울 명(冥) 발음 역할
해(日)가 어두워졌다(冥) → (해가) 지다 → (날이) 어둡다 → 저물다는 뜻

暮 | 3급 저물 **모** | 날 일(日) + 없을 막(莫) 발음 역할
해(日)가 풀 속 사이로 저물어 없어지다(莫) → (날이) 저물다, (시간에) 늦다는 뜻
예) 조삼모사(朝三暮四) : 간사한 꾀로 남을 속이고 농락하는 것

晦 | 1급 그믐 **회** | 날 일(日) + 매양 매(每) 발음 역할
해(日)가 풀이 우거진(每) 곳으로 들어가다 → 희미하다 → 감추다 → 어둠, 그믐의 뜻

昏 | 3급 어두울 **혼**, 힘쓸 **민** | 해 일(日) + 뿌리 시(氏)
해(日)가 나무뿌리 밑(氏) 땅속으로 들어갔다 → 날이 저물다, 어두워지다 → 희미(稀微)하다
→ 어둡다 → 힘쓰다는 뜻
예) 황혼(黃昏) : 해가 지고 어둑어둑할 때

暗 | 4급 어두울 **암** | 날 일(日) + 소리 음(音) 발음 역할
해(日)가 없는 어두운 곳에서는 소리(音)만 들릴 뿐 아무것도 보이지 않는다 → 어둡다, 보이지 않다
→ 남몰래 → 어리석다는 뜻
예) 암흑(暗黑) : 주위 일대가 어둡고 캄캄함

昧 | 1급 어두울 **매** | 날 일(日) + 아닐 미(未) 발음 역할
해(日)가 아직 뜨지 않았다(未) → 어둡다 → 어둑새벽의 뜻

昶 | 2급 해길 **창** | 날 일(日) + 길 영(永)
한여름 해(日)가 오랜 시간 길게(永) 떠 있다 → 해가 길다는 뜻

曇 | 1급 흐릴 **담** | 날 일(日) + 구름 운(雲)
해(日)가 먹구름(雲) 속으로 들어갔다 → 구름이 끼다 → 흐르다는 뜻

曖 | 1급 희미할 **애** | 날 일(日) + 사랑 애(愛) 발음 역할
첫사랑(愛) 날(日)들이 흐릿하다 → 해(日)가 어렴풋하다(愛) → 가려지다 → 희미(稀微)하다는 뜻
예) 애매모호(曖昧模糊) : 사물 이치가 희미하고 분명치 않다

※ 사랑 애(愛)자는 사랑, 자애, 그리워하다, 어렴풋하다는 뜻

時 | 7급 때 **시** | 날 일(日) + 모실 시(寺) 발음 역할
갑골문에서는 해(日)와 발(止)만 그려져 있음 → 시간(日)이 흘러간다(止) → 때, 시간(時間)의 뜻

暇 | 4급 겨를 **가**, 틈 **가** | 날 일(日) + 빌릴 가(叚) 발음 역할
시간(日)을 빌리다(叚) → 시간에 여유가 생기다 → 겨를, 틈, 휴가(休暇)의 뜻

Ⅱ. 부수자

曆 | 3급 책력 **력** | 날 일(日) + 다스릴 력(厤) 발음 역할
갑골문에서 보면 歷자 모양 → 숲속(林)을 지나간다(止) → 금문에서는 태양(日)을 다스리다(厤)
→ 태양이 일 년 단위로 지나가다 → 역법, 달력 → 책력(冊曆)의 뜻

※ 지나갈 력(歷)자 갑골문을 보면 숲속(林) 지나가는(止) 모습 → 지나다, 발자취, 겪다는 뜻

旬 | 3급 열흘 **순** | 날 일(日) + 쌀 포(勹)
갑골문을 보면 둥근 획과 열 십(十)자가 함께 그려져 있음 → 열흘(十) 날자(日) 묶다(勹) → 열흘
→ 열 번 → 십 년의 뜻
예 초순(初旬) : 초하루부터 초열흘까지의 동안

昔 | 3급 예 **석**, 섞일 **착** | 날 일(日) + 내 천(川)자의 변형자
갑골문을 보면 태양(日)이 물(巛)에 잠길 정도로 강물이 범람했다를 표현
→ 4,300년 전 중국에서 발생했던 대홍수를 의미 → 옛날 대홍수 → 옛날, 오래다 → 저녁 → 섞이다는 뜻
예 금석(今昔) : 지금과 옛날

※ 아낄 석(惜)자는 옛날 큰 피해가 있던 대홍수(昔)를 안타까워하는 마음(忄) → 아끼다, 아깝다 → 애처롭게 여기다
→ 애석(哀惜)하다는 뜻

昨 | 6급 어제 **작** | 날 일(日) + 잠깐 사, 일어날 작(乍) 발음 역할
잠깐(乍) 전에 지나간 날(日) → 어제, 지난날의 뜻
예 작년(昨年) : 지난해

※ 잠깐 사(乍)자는 옷깃을 바느질하는 모습 → 잠깐 하는 일 → 잠깐, 만들다는 뜻

春 | 7급 봄 **춘**
갑골문을 보면 따스한 봄 햇살(日)을 받고 올라오는 새싹(屯)과 초목(艸)을 함께 그린 것 → 봄
→ 젊은 나이 → 정욕의 뜻

※ 진칠 둔(屯)자는 새싹이 올라오는 모습

智 | 4급 지혜 **지** | 날 일(日) + 일 지(知) 발음 역할
화살(矢)이 순식간에 과녁(口)을 맞추는 것을 말(曰)하는 것을 표현
→ 알고 있는 지식(知)이 세월(日)이 지나면 지혜가 된다 → 슬기, 지혜(智慧), 재능의 뜻

※ 해 일(日)자가 부수로 지정되어 있지만, 말씀 왈(曰)로 해석해야 함

旨 | 2급 뜻 **지** | 맛있을 지, 달 감(甘) 변형 + 비수 비(匕)
숟가락(匕)으로 단(甘 → 日) 음식을 입에 넣고 맛있게 먹다 → 맛있다 → 맛있는 음식 → 임금님의 뜻
→ 조서 → 아름답다 → 뜻의 뜻

※ 기름 지(脂)자는 고기(肉)에서 맛있는(旨) 부분이 기름(脂)이다는 뜻

是
4급 이 **시**, 옳을 **시** | 날 일(日) + 짝 필(疋)
금문을 보면 태양(日)이 바르게(正 → 疋) 뜨고 정확히 진다 → 태양의 주기가 바르게 간다
→ 옳다, 바르다 → 여기, 이것, 무릇의 뜻

旼
2급 화할 **민**, 하늘 **민** | 날 일(日) + 글월 문(文) 발음 역할
가을 하늘에 해(日)가 높이 떠 있고 구름이 무늬(文)를 만든 모양 → 가을 하늘
→ 햇빛(日) 비쳐 날씨가 따뜻하다 → 온화하다, 하늘의 뜻

旻
2급 가을하늘 **민** | 날 일(日) + 글월 문(文) 발음 역할
가을 하늘에 해(日)가 높이 떠 있고 구름이 무늬(文)를 만든 모양 → 가을 하늘의 뜻

昊
2급 하늘 **호** | 날 일(日) + 하늘 천(天)
하늘(天)에 해(日)가 떠 있는 모양 → 하늘, 허공(虛空) → 여름 하늘의 뜻

昆
1급 맏 **곤**, 벌레 **곤**, 뒤섞일 **혼** | 날 일(日) + 견줄 비(比)
태양(日) 아래로 사람들(比)이 모여 있는 모습 → 뒤섞이다, 뒤얽히다 → 벌레 → 맏, 형의 뜻
예 곤충(昆蟲)

暈
1급 무리 **훈** | 날 일(日) + 군사 군(軍) 발음 역할
태양(日) 둘레에 불그스름한 빛의 둥근테(軍) → 햇무리 → 달무리 → 안개 → 희미(稀微)하다
→ 어지럽다는 뜻

晋
2급 진나라 **진** | 날 일(日) + 버금 아(亚)
태양(日)이 따사로운 땅에 무리(亚) 모여있는 곳 → 진나라 → 진나라 진(晉)과 같은 글자

 들 입

고대 움집 출입구 모양 → 고개를 숙인 사람의 모습 → 들어가다, 들이다, 들다는 뜻

全
7급 온전 **전** | 들 입(入) + 임금 왕(王)
옥(玉 → 王)을 들일 때(入) 흠이 없는지 살펴야 한다 → 흠이 없는 옥 → 온전(穩全)하다, 모두의 뜻

內
7급 안 **내** | 들 입(入) + 멀 경(冂)
갑골문을 보면 집안 내부 모습 → 집(宀 → 冂)안에 사람(人 → 入)이 있다 → 안, 속 → 대궐, 국내의 뜻

Ⅱ. 부수자

兩   **4급** 두 **량** | 나란히 들어갈 량(从) + 두를 잡(帀)
금문을 보면 수레를 끌던 말의 등에 씌우던 멍에와 고삐고리를 함께 그린 것
→ 두 개의 멍에가 있다는 것은 말 두 필이 마차를 끌고 있다 → 둘, 짝, 무게의 단위, 수량 단위의 뜻
㉠ 일거양득(一擧兩得), 진퇴양난(進退兩難)

兪   **2급** 대답할 **유** | 들 입(入) + 한 일(一) + 달 월(月) + 큰 도랑 괴(巜)
배(舟 → 月)들이 모여(스) 강(巜)에서 물살을 헤치고 앞으로 점점 나아가는 모습 → 통나무배
→ 점점 나아가다 → 더욱, 병이 낫다 → 대답하다, 응답하다, 수긍하다는 뜻

 새 을

구부러진 모습 → 새 부리 모양과 비슷 → 새 → 둘째 천간의 뜻

※ 단순 모양자로 많이 쓰임

乳   **4급** 젖 **유** | 손톱 조(爪) + 아들 자(子) + 새 을(乙)의 변형자
손(爪)으로 아들(子)을 잡고 젖(乙)을 먹이는 모습 → 젖, 유방(乳房), 젖꼭지, 수유(授乳)하다는 뜻
㉠ 유아(乳兒 : 젖먹이), 유아(幼兒 : 어린아이)

亂   **4급** 어지러울 **란** | 엉킨실타래 푸는 모양 + 새 을(乙)
엉킨 실타래를 손으로 풀고 있는 모습 → 어지럽다 → 음난(淫亂)하다는 뜻

乾   **3급** 하늘 **건**, 마를 **간** | 새 을(乙) + 아침해빛날 간(倝) 발음 역할
아침 햇살(倝)을 받고 자라나는 초목(乙)의 모양 → 하늘로 솟아오르다 → 하늘
→ (하늘은 물에 젖어 있는 바다와 반대) 마르다는 뜻
㉠ 건조체(乾燥體), 건성(乾性), 건배(乾杯), 건달(乾達)

※ 아침해빛날 간(倝)자는 풀숲 사이로 해가 떠오르는 모습 → 아침에 해가 뜰 때 햇빛이 빛나는 모양

乞   **3급** 빌 **걸** | 새 을(乙) + 사람 인(人 → 厂) 변형
사람(人 → 厂)이 구부려 있는 모습(乙) → 구걸(求乞)하다, 빌다 → 가난하다는 뜻
㉠ 애걸복걸(哀乞伏乞), 걸신(乞神)

九   **8급** 아홉 **구**
구부린 팔을 그린 것 → (가차되어) 아홉의 뜻

也　**3급** 어조사 **야**
서로 다른 새끼줄을 묶어서 매듭지은 모양 → 잇기(한곳에 대어 잇거나 한곳에 닿아서 붙는 일), 잇달다 → 어조사, ~이다, ~느냐?, ~도다, ~구나, 또한, 역시의 뜻

 아들 자

포대기에 싸여있기에 양팔과 머리만이 그려진 어린아이 모습 → 아이, 자식 → 남자아이 → 아들, 사람 → 상대를 존칭하는 말의 뜻

孫　**6급** 손자 **손** ｜ 아들 자(子) + 이을 계(系)
아들(子)이 계속 이어지다(系) → 자손(子孫), 후손(後孫) → 손자(孫子)의 뜻

學　**8급** 배울 **학** ｜ 절구 구(臼) + 집 면(宀) + 사귈 효(爻) + 아들 자(子)
갑골문을 보면 배움(爻)을 주는 집(宀) 모습 → 금문에서는 子자가 더해지면서 아이가 배움을 얻는 집 → 집(宀)에서 아이(子)가 양손(臼)에 산가지(爻)를 가지고 산수 배우다, 공부하다
→ 학교(學校), 학문(學問)의 뜻

※ 사귈 효(爻)자는 아이들에게 숫자를 가르치던 막대기(산가지)를 그린 것 → 배우다. 육효 → 수효(數爻)
　 → 가르치다 → 가로 긋다 → 사귀다 → 본받다는 뜻

孝　**7급** 효도 **효** ｜ 아들 자(子) + 노인 노(老)의 변형자
아들(子)이 늙은(老) 어버이를 업고 있는 모습 → 효도(孝道), 부모를 섬기다는 뜻

孟　**3급** 맏 **맹** ｜ 아들 자(子) + 그릇 명(皿) 발음 역할
금문을 보면 대야(皿)에 담긴 물로 아이(子)를 씻기는 모습 → 맏아들 → 우두머리
→ 맹자(孟子) 약칭의 뜻

孤　**4급** 외로울 **고** ｜ 아들 자(子) + 오이 과(瓜) 발음 역할
홀로 덩그러니 매달려 있는 오이(瓜) 같은 아이(子) → 외롭고 고독한 아이
→ 외롭다, 고아(孤兒), 홀로, 어리석다는 뜻

※ 오이 과(瓜)는 덩굴줄기에 매달려 있는 열매 모양 → 오이, 참외의 뜻

字　**7급** 글자 **자** ｜ 아들 자(子) + 집 면(宀)
집(宀)에서 아이(子)를 기른다 → 가르치다 → 글자, 문자(文字)의 뜻

孕 **1급** 아이밸 잉 | 아들 자(子) + 이에 내(乃)
가슴(乃) 아래에 아이(子)가 들어 있는 모습 → 아이를 배다, 잉태(孕胎)
→ 임신(姙娠) 품다, 분만 하다는 뜻

※ 이에 내(乃)자는 가슴이 살진 모습 → 뜻밖에, 이에의 뜻

孚 **특급** 미쁠 부 | 손톱 조(爪) + 아들 자(子)
손(爪)으로 어린아이(子)를 돌보는 모습 → 안전하다 → 미쁘다(믿음성이 있다)는 뜻
예 견부(堅孚) : 확고한 믿음

孵 **1급** 알깔 부 | 손톱 조(爪) + 아들 자(子) + 알 란(卵)
달걀(卵)에서 병아리 새끼(子)가 알을 깨고 손(爪)을 내밀며 나오는 모습 → 알을 까다
→ 부화(孵化)하다 → 기르다, 자라다는 뜻

孔 **4급** 구멍 공 | 아들 자(子) + 새 을(乙)의 변형자
어머니 가슴 젖(乙)을 먹고 있는 아들(子) 모습 → 젖가슴 → 구멍 → 공자(孔子)의 뜻

存 **4급** 있을 존 | 아들 자(子) + 재주 재(才)의 변형자
아이(子)가 재능(才)이 있는지 묻다 → 아이가 건강하게 잘 있는지 묻다 → 살펴보다 → (재능) 있다
→ 존재(存在)하다 → 편안하다 → 살아있다는 뜻

※ 재주 재(才)자는 갑골문을 보면 땅속을 뚫고 올라오는 새싹이 그려져 있음 → 힘 있게 올라오는 새싹
→ 싹수가 보인다 → 재주, 재능, 근본, 있다는 뜻

季 **4급** 계절 계 | 아들 자(子) + 벼 화(禾)
갑골문을 보면 다 자라지 않은(子) 어린(子) 벼(禾)모양
→ (계절이 지나야 벼가 팬다) 계절(季節), 젊다, 막내의 뜻

孰 **3급** 누구 숙, 누릴 향 | 삶을 팽(享) + 둥글 환(丸)
갑골문을 보면 사당(享)에서 구부리고(丸) 제사 지내는 모습
→ 누군가 제사를 지내기 위해 구부리고(丸) 희생양을 삶고(享) 있는 모습
→ 누구, 익다, 숙련(熟鍊・熟練)하다는 뜻

※ 子 자가 부수자는 아니지만 아이를 뜻하는 글자
예 가르칠 교(敎), 젖 유(乳)

 스스로 자

갑골문에서는 코와 콧구멍이 그대로 묘사되어 있음 → 코
→ 코는 사람 얼굴의 중심이자 손가락이 자신을 가리키는 위치 있기에 → 자기 → 스스로의 뜻

※ 얼굴에 있는 눈(目), 코(自), 귀(耳) 모양이 비슷함

臭 **3급** 냄새 **취** | 스스로 자(自) + 개 견(犬)
갑골문을 보면 후각이 예민한 개(犬)가 코(自)로 냄새 맡는 모양 → 냄새를 맡다 → 냄새, 썩다는 뜻
예) 악취(惡臭), 체취(體臭)

※ 自 자가 부수자는 아니지만 코, 모양자 역할을 한 글자
예) 맡을 후(嗅), 코 비(鼻), 머리 수(首), 머리 혈(頁), 숨쉴 식(息), 쉴 게(憩)

 나뭇조각 장, 나뭇조각 상

갑골문을 보면 다리가 있는 평상이나 침대를 90도 돌려놓은 모습 → 평상 → (큰) 조각의 뜻

※ 오른쪽을 그린 片(조각 편)자는 (작은) 조각의 뜻
※ 나중에 원래의 뜻을 살리기 위해 나무 목(木)자가 추가되어 평상 상(牀)자가 됨
※ 조각 편(片)자는 패 패(牌)자, 편지 첩(牒)자, 판목 판(版)자와 같이 조그마한 나뭇조각과 관련되는 글자에 사용됨
※ 상용한자 내에서는 부수자로 쓰이는 글자 없음

※ 爿 자가 부수자는 아니지만 침대, 잠자다는 뜻글자
예) 잘 침(寢), 잘 매(寐), 잠 깰 오(寤)

 긴 장, 어른 장, 우두머리 장

갑골문을 보면 긴 머리카락의 노인 모습 → 길다, 어른, 우두머리, 자라다는 뜻

※ 상용한자 내에서는 부수자로 쓰이는 글자 없음

赤 붉을 적

갑골문을 보면 불(火) 위에 사람(大) 모습 → 붉게 타다 → 멸하다, 몰살시키다 → 붉은빛 → 붉다 → 벌거벗다는 뜻

赦
2급 용서할 사 | 붉을 적(赤) + 칠 복(攵)
갑골문을 보면 너무 때려서(攵) 붉은 피(赤)를 흘리는 모습 → 때려서(攵) 벌을 준 후 용서(容恕)해 주다 → 풀어주다 → 사면(赦免)의 뜻

赫
2급 빛날 혁 | 붉을 적(赤) + 붉을 적(赤)
붉은빛(赤)을 강조한 모양자(赫) → 붉은 모양, 빛나는 모양 → 빛나다, 밝다는 뜻
예) 혁혁지공(赫赫之功)

田 밭 전

갑골문을 보면 밭 모양을 그린 것 → 밭, 농사, 지역, 단순 모양자로 부수자로 쓰임

男
7급 사내 남 | 밭 전(田) + 힘 력(力)
쟁기(力)로 밭(田)을 가는 남자 → 밭에서 힘써서 일하는 사람 → 사내, 남자, 아들의 뜻

畓
3급 논 답 | 밭 전(田) + 물 수(水)
밭(田)에 물(水)을 대다 → 수전(水田) → 논의 뜻
예) 전답(田畓) : 밭과 논

※ 중국에서는 논과 밭을 구분하지 않음 → 논 답(畓)자는 우리나라만 사용

界
6급 지경 계 | 밭 전(田) + 끼일 개(介) 발음 역할
밭(田) 사이에 끼어(介) 있는 것 → 경계(境界) → 지경(地境: 땅의 가장자리)의 뜻

疆
2급 지경 강 | 굳셀 강(彊) + 흙 토(土)
땅(土)의 가장자리(彊) → 지경, 경계의 뜻

※ 굳셀 강(彊)자는 활(弓)이 굳세다(畺) → 굳세다, 힘쓰다 → 땅의 경계 → 국경의 뜻
※ 지경 강(畺)자는 밭(田)과 밭(田) 사이에 경계를 나타내는 선(三) 그었다 → 땅의 경계, 끝, 한계, 굳세다는 뜻

番 | 6급 차례 **번**, 번지수 **번** | 밭 전(田) + 분별할 변(釆) 발음 역할
여러 개의 짐승의 발자국(釆)이 밭(田)에 찍혀있는 모양 → 차례로 찍혀있다
→ (차례대로 번호를 매겨) 차례, 번지(番地), 번호(番號), 횟수의 뜻

※ 분별할 변(釆)자 갑골문을 보면 동물의 발자국이나 발바닥 모양
→ 사냥꾼들은 짐승의 발자국을 보고 어떤 동물이 지나갔었는지를 식별 → 분별하다, 구분하다는 뜻

當 | 5급 마땅 **당** | 밭 전(田) + 오히려 상(尙) 발음 역할
건물(尙)을 짓기 위해 땅을 다진 모양(田) → 밑바탕 → (밑바탕을) 맡다 → (맡아서) 대하다
→ (맡기에) 마땅하다 → 대등하다는 뜻

畿 | 3급 경기 **기** | 밭 전(田) + 기미 기(幾) 발음 역할
수도(서울)에서 가까운(幾)의 지역(田) → 고대 중국에서는 수도를 중심으로 천 리 이내의 지역
→ 우리나라는 오백 리 이내를 경기도(京畿道)라 함 → 경기(京畿)의 뜻

※ 몇 기(幾)자는 천을 짜는 베틀을 그린 것 → 자주, 몇, 가깝다 → 기미(幾微)의 뜻

甸 | 2급 경기 **전** | 밭 전(田) + 쌀 포(勹)
왕궁 주변을 감싸있는(勹) 지역(田) → 수도 주변 500리 이내 지역 → 경기의 뜻

略 | 4급 다스릴 **략**, 간략할 **략** | 밭 전(田) + 각각 각(各) 발음 역할
개인별로 제각각(各) 밭(田)을 구분해 놓다 → 다른 집 밭을 침범 하다 → 노략질하다, 꾀
→ 대략(大略), 생략(省略)하다, 다스리다는 뜻
예 약도(略圖), 전략(戰略), 약취(略取)

留 | 4급 머무를 **류** | 밭 전(田) + 토끼 묘(卯)의 변형자
밭(田)이 있는 농작물을 바꾸기(卯) 위해 기다리다 → 머물다 → 지체하다는 뜻
예 체류(滯留) : 오래 머물러 있음

由 | 6급 말미암을 **유**
갑골문을 보면 방안에 불을 밝히던 등잔과 심지를 함께 그린 것
→ (등잔으로 말미암아 집안이 밝아지다) 말미암다 → 좇다, 행하다, 꾀하다는 뜻

異 | 4급 다를 **이** | 밭 전(田) + 함께 공(共)
갑골문을 보면 얼굴에 가면을 쓴 채 양손을 벌리고 춤을 추는 기이한 귀신의 모습 → 기이(奇異) 하다
→ 뛰어나다 → (다른 사람과는) 다르다는 뜻

※ 귀신 귀(鬼)의 윗부분도 귀신의 머리 모양

畵畫

6급 그림 화, 그을 획 | 밭 전(田) + 붓 율(聿) + 한 일(一)
갑골문을 보면 붓(聿)으로 꽃무늬(田)를 그리는 모습 → 그림을 그리다
→ 그림, 그리 다, 긋다, 나누다, 계획하다는 뜻
예 서화(書畵) : 글과 그림

畜

3급 짐승 축 | 밭 전(田) + 검을 현(玄)
갑골문을 보면 끈(玄)으로 묶은 동물의 밥통(田)과 창자가 그려져 있음
→ 소의 창자(玄)와 소의 위(田)에 점이 찍혀 → 소 위에 음식물이 들어가 있다(되새김 표현)
→ (음식을) 쌓다, 모이다, 비축(備蓄)하다 → 짐승, 가축(家畜)의 뜻

※ 모을 축(蓄)자는 풀더미(艹)를 쌓다(畜) → 비축하다 → 모으다, 저축(貯蓄)의 뜻

甲

4급 갑옷 갑
갑골문을 보면 十자 모양 → 소전부터 거북 껍질의 모습을 본떠 만든 글자 → 갑옷, 껍질 → 딱지
→ 손톱 → 첫째 천간 → 새싹이 트다는 뜻

申

4급 거듭 신
갑골문을 보면 번개 치는 모습 → 번개 → (번개 치는 것은)하늘 신의 뜻, 하늘 신
→ (번개가 칠 때에는 한 번만 치지 않고 여러 번) 거듭하다 → (번개가) 펴지다 → 베풀다 → 알리다
→ 말하다 → (십이간지에 들어가면서 12마리의 동물 중) 원숭이의 뜻

畢

3급 마칠 필 | 밭 전(田) + 뜰채 모양(𠦒)
갑골문을 보면 밭(田) 아래 뜰채 모양(𠦒) → 옛날에 논 농사지을 때 잉어 또는 미꾸라지를 논에 넣어
키웠는데 이는 잉어와 미꾸라지가 해충을 잡아먹고 배설물이 거름이 되기 때문
가을에 벼를 수확하면, 잉어와 미꾸라지도 뜰채를 잡아 한 해 농사를 마무리 짓는다 → 그물질하다
→ 마치다, 끝내다, 마침내, 다하다는 뜻
예 필경(畢竟), 미필(未畢), 검사필(檢査畢)

畏

3급 두려워할 외 | 밭 전(田) + 옷 의(衣)
갑골문을 보면 가면(田)을 쓴(衣) 제사장이 주술 도구를 들고 있는 모습
→ 신과 소통을 대변하던 제사장은 사람들에게 경외와 공포의 대상
→ 두려워하다, 경외(敬畏)하다, 꺼리다는 뜻

畝

1급 이랑 무 | 이랑 무(亩) + 오랠 구(久) 발음 역할
오랜 기간(久) 농사지어온 밭이랑(亩) → 이랑, 백 평의 뜻

※ 이랑 무(亩)자는 밭이랑(田)의 두둑한 부분(亠) → 밭두렁, 밭두둑 → 이랑 → 백 평의 뜻

疇 | **2급** 이랑 **주** | 밭 전(田) + 목숨 수(壽) 발음 역할
밭(田)에서 노인(壽) 주름 같은 이랑 → 떼, 무리, 누구의 뜻
예) 범주(範疇) : 분류

※ 이랑은 갈아 놓은 밭의 한 두둑(볼록한 부분)과 한 고랑(오목한 부분)을 아울러 이르는 말
※ 목숨 수(壽)자는 금문을 보면 밭을 가리키고 있는 노인 모습 → 밭에 나와 이것저것을 참견하던 노인을 표현
→ 노령, 노인 → 목숨, 수명, 장수의 뜻

畔 | **1급** 밭두둑 **반** | 밭 전(田) + 반 반(半) 발음 역할
밭(田)의 반(半) 부분은 두둑(볼록한 부분)과 다른 부분은 고랑(오목한 부분) → 이랑
→ 밭두둑, 밭두렁 → 지경(地境), 물가의 뜻

町 | **1급** 밭두둑 **정** | 밭 전(田) + 고무래 정(丁) 발음 역할
고무래(丁) 같은 농기구로 밭(田)에 있는 흙을 모아 두둑하게 만들다
→ 밭두둑, 밭두렁(밭이랑의 두둑한 부분) → 밭, 경작지(耕作地), 경계(境界)의 뜻
예) 정보(町步), 정당(町當)

畸 | **1급** 뙈기밭 **기**, 불구 **기** | 밭 전(田) + 기이할 기(奇) 발음 역할
구획정리가 끝나고 기이하게(奇) 남아있는 작은 밭(田) → 뙈기밭(큰 토지에 딸린 작은 밭)
→ 나머지 → 기이(奇異)하다, 불구(不具), 병신(病身)의 뜻

疊 | **1급** 거듭 **첩** | 밭 갈피 뢰(畾) + 마땅 의(宜)
좁은 산비탈에 마땅의(宜) 밭들이 연이어서(畾) 있는 모습 → 밭들 사이가 겹쳐서 있다
→ 포개다 → 겹치다, 거듭의 뜻
예) 첩첩산중(疊疊山中)

※ 田 자가 부수자는 아니지만 밭 또는 모양자 역할을 한 글자
예) 모 묘(苗), 생각 사(思), 밥통 위(胃), 묶을 누(累)

 병부 **절**

갑골문을 보면 신하가 무릎을 꿇고 병부를 받으려는 모습 → 병부, 신표의 뜻

※ 병부(兵符)란 군대를 동원할 수 있는 신표(信標)로 왕과 관리가 각각 반으로 나누어 보관함

危 | **4급** 위태할 위 | 액 액(厄) + 사람 인(人)
절벽(厂) 위에 서 있는 사람(人 → 刀)을 아래 있는 사람(卩)이 위태롭게 쳐다보는 모습
→ 위험(危險)하다 → 위태(危殆)롭다, 불안(不安)하다는 뜻

却 | **3급** 물리날 각 | 병부 절(卩) + 갈 거(去)
꿇어앉은(卩) 채로, 뒷걸음질로 물러가다(去) → 피하다 → 물리치다는 뜻

卷 | **4급** 책 권 | 병부 절(卩) + 양손으로 꿇어앉히는 모습(釆 + 廾)의 변형자
금문을 보면 사람(卩)을 양손으로 꿇어앉히는 모습(釆 + 廾) → 굽히다 → 말리다 → 말다
→ (말아 놓은) 죽간 → 두루마리 → 책, 문서의 뜻
예) 권두언(卷頭言 : 책의 머리말), 석권(席卷)

印 | **4급** 도장 인 | 병무 절(卩) + 돼지머리 계(彐)
갑골문을 보면 손(彐)으로 눌러 무릎을 꿇기 사람 모습(卩) → 누르다, 억압하다
→ (중국에서 도장 문화가 발달하면서 누르는) 도장의 뜻
예) 인장(印章) : 도장

※ 抑(누를 억)자는 손(扌)으로 누르다는 뜻

卬 | **특급** 나 앙 | 병무 절(卩) + 사람 인(亻) 변형
소전을 보면 왼쪽에 서 있는 사람(亻)에게 오른쪽에 무릎 꿇어앉아 있는 사람(卩)이 우러러보는 모습
→ 우러러보다, 오르다 → 위풍당당한 모습 → 나, 자신의 뜻

卯 | **3급** 토끼 묘
갑골문을 보면 양쪽 문을 열어놓은 모양, 또는 물건을 두 개로 갈라놓은 모양 → 두 물건을 서로 바꾸다
→ 바꾸다 → 십이지(十二支) 간지(干支) 중 토끼(넷째 지지)의 뜻

卵 | **4급** 알 란 | 토끼 묘(卯) + 점 주(丶) + 점 주(丶)
소전을 보면 두 그루 나무에 곤충알이 각각 있는 모양 → 알의 뜻
예) 계란유골(鷄卵有骨), 누란지위(累卵之危)

卿 | **3급** 벼슬 경 | 토끼 묘(卯) + 향기로울 급(皀) 변형
갑골문을 보면 밥 식기(皀)를 가운데 놓고 양쪽 두 사람이 무릎을 꿇고(卯) 음식을 준비하는 모습
→ 임금님의 수라상을 준비하다 → 임금님을 가까이서 보필하고 모시다 → 관직, 벼슬의 뜻

※ 향기로울 급(皀)자는 밥그릇 모양, 먹을 식(飠, 食)의 변형 → (밥맛이) 고소하다 → 향기롭다는 뜻

卽　**3급** 곧 즉 ｜ 병부 절(卩) + 향기로울 급(皀)
갑골문을 보면 밥그릇(皀) 앞에 밥을 먹으려고 막 꿇어 앉아(卩) 있는 모습 → 막 먹다
→ 막, 방금, 즉시(卽時), 곧, 가까이의 뜻

※ 卩 자가 부수자가 아니지만 무릎 꿇은 모습을 뜻하는 글자
예) 말 권(捲), 게으를 권(倦), 하여금 령(令), 목숨 명(命), 액 액(厄), 범할 범(犯), 옷 복(服), 알릴 보(報)

 가지런할 제, 제나라 제, 재계할 재

갑골문을 보면 곡식의 이삭이 나란히 가지런이 그려져 있음
→ 가지런하다, 단정하다, 빠르다, 다스리다 → 나라이름(제) → 옷자락 → 자르다는 뜻

齋　**1급** 재계할 재 ｜ 귀신 기(示) + 가지런할 제(齊) 발음 역할
제사(示)를 지내기 전에 몸과 마음을 가지런히(齊) 하고, 부정한 일을 경계한다
→ 재계, 정진한다, 공경하다 → 집, 방의 뜻
예) 목욕재계(沐浴齋戒) : 제사를 지내기 전에 목욕하고 몸가짐을 깨끗이 함

 손톱 조

갑골문을 보면 손톱으로 무언가를 긁는 모습 → 손, 손톱의 뜻

※ 손가락 3개의 모습을 본떠 만든 5글자 : 또 우(又), 왼손 좌(屮), 손톱 조(爪), 돼지머리 계(크), 마디 촌(寸) 두 손가락을 편 방향에 따라 모양이 달라졌음

爲　**4급** 할 위 ｜ 손톱 조(爪) + 코끼리 모습
갑골문을 보면 코끼리를 조련하는 모습 → 길들이다 → 하다, 위하다는 뜻

爵　**3급** 벼슬 작
삼각대의 받침이 있는 참새 부리 모양의 술잔을 손으로 잡는 모습 → 술잔
→ (이러한 고급 술잔은 왕이나 고관들만이 쓸 수 있었기에) 벼슬, 작위(爵位)의 뜻

爭

5급 다툴 쟁 | 손톱 조(爪) + 고슴도치 머리 계(크) + 어떤 물건(丨)
위의 손(爪)과 아래의 손(크)이 어떤 물건(丨)을 쟁취(爭取)하려고 하는 모습
→ 다투다, 경쟁(競爭)하다, 논쟁하다는 뜻

爰

특급 당길 원 | 손톱 조(爪) + 또 우(又) + 덩굴(于) 모양
갑골문을 보면 위의 손(爪)이 아래의 손(又)에 덩굴(于) 같은 것을 던져주고 잡아당기는 모습
→ 구덩이에 빠진 사람을 구해주는 모습 → 당기다, 끌다 → 이에, 아아의 뜻

※ 도울 원(援)자는 구덩이에 빠진 사람을 손(扌)으로 덩굴 같은 것을 던져 당겨주다(爰) → 끌어당기다
 → 구원(救援)하다. 돕다는 뜻

爬

1급 긁을 파 | 손톱 조(爪) + 꼬리 파(巴) 발음 역할
손톱(爪)으로 긁고 꼬리(巴)로 문지르다 → 긁다, 잡다, 기다는 뜻
㉠ 파충류(爬蟲類), 마고소양(麻姑爬癢), 소파(搔爬)

※ 爪 자가 부수자가 아니지만 손을 뜻하는 글자
㉠ 도울 원(援), 뜰 부(浮), 젖 유(乳), 캘 채(采), 온당할 타(妥), 어찌 해(奚), 닭 계(鷄), 시내 계(溪), 일컬을 칭(稱), 받을 수(受), 줄 수(授), 어지러울 난(亂), 말씀 사(辭)

 새 조

갑골문을 보면 두꺼운 부리와 큰 눈이 묘사된 새 모양 → 새의 종류, 새 관련 글자에 사용

※ 일반적으로 隹(새 추)자가 작은 새, 鳥(새 조)자는 큰 새를 의미함

鷄

4급 닭 계 | 새 조(鳥) + 어찌 해(奚)
이미를 띠리디니는(奚) 새(鳥) → 어미 닭을 쫓아다니는 닭 특성을 표현 → 닭의 뜻
㉠ 양계(養鷄 : 닭을 기름)

鶴

3급 학 학 | 새 조(鳥) + 두루미 학(寉) 발음 역할
신성하고 고상한(寉) 새(鳥) → 학, 두루미의 뜻
㉠ 군계일학(群鷄一鶴) : 무리의 닭 중에 한 마리의 학 → 평범한 사람 중에 홀로 뛰어난 사람을 일컬음

※ 두루미 학(寉)자는 학을 그린 것 → 학(순우리말 두루미) → 고상하다, 높이 날다는 뜻

鴻 | 3급 기러기 **홍** | 새 조(鳥) + 강 강(江)
강가(江)에서 먹이를 잡아먹는 새(鳥) → 기러기 특성 표현 → (큰) 기러기의 뜻
예 홍곡(鴻鵠) : 큰 기러기와 고니, 큰 인물을 가리키는 말

※ 작은 기러기의 뜻으로는 기러기 안(雁)자가 주로 쓰임

鷹 | 2급 매 **응** | 새 조(鳥) + 매 응(䧹) 발음 역할
집(广)에서 사람(人)과 같이 생활하는 새(鳥) → 매, 송골매의 뜻

鳩 | 1급 비둘기 **구** | 새 조(鳥) + 아홉 구(九) 발음 역할
모이를 뿌리면 잘 모이는(九) 새(鳥) → 비둘기의 뜻
예 구수회담(鳩首會談) : 비둘기들처럼 모여서 머리를 맞대고 회의를 하는 모습

※ 아홉 구(九)자는 숫자 9인데, 모이다라는 뜻도 있음

鷗 | 2급 갈매기 **구** | 새 조(鳥) + 나눌 구(區) 발음 역할
산새(鳥)와 구분(區)되는 물가의 새 → 물새, 갈매기의 뜻
예 압구정(狎鷗亭 : 서울 강남구 압구정), 압구정(鴨鷗亭 : 한명회 호)

鴨 | 2급 오리 **압** | 새 조(鳥) + 갑옷 갑(甲) 발음 역할
부리가 딱딱한(甲) 껍질을 가진 새(鳥) → 오리의 뜻
예 압구정동(鴨鷗亭洞) : 한명회가 지은, 오리와 갈매기가 날아드는 정자가 있던 동네의 뜻

鴛 | 1급 원앙 **원** | 새 조(鳥) + 누워뒹굴 원(夗) 발음 역할
암수 두마리가 금실이 좋아 함께 누워 뒹구(夗)는 새(鳥) → 원앙새(수컷)의 뜻

※ 원앙(鴛鴦)새는 암수가 늘 같이 다니기 때문에 화목하고 금실이 좋은 부부로 비유함

鴦 | 1급 원앙 **앙** | 새 조(鳥) + 가운데 앙(央) 발음 역할
새(鳥) 종류 가운데(央) 암수가 늘 같이 다니기 때문에 화목하고 금실이 좋은 새 → 원앙새(암컷)의 뜻

鵠 | 1급 고니 **곡** | 새 조(鳥) + 고할 고(告) 발음 역할
울음소리가 고음으로 울 때 하늘에 고(告)하는듯한 새(鳥) → 고니, 백조(오릿과의 물새)의 뜻

鵲 | 1급 까치 **작** | 새 조(鳥) + 옛 석(昔)
옛날(昔)부터 우리나라 사람과 친했던 새(鳥) → 까치의 뜻
예 오작교(烏鵲橋)

鳶
1급 솔개 **연** | 새 조(鳥) + 주살 익(弋)
커다란 날개(弋)로 하늘 높이 나는 새(鳥) → 주살(弋) 같은 부리로 먹이를 사냥하는 새(鳥)
→ 솔개(수릿과의 새) → 연(공중에 높이 날리는 장난감)의 뜻

鷺
2급 백로 **로** | 새 조(鳥) + 길 로(路) 발음 역할
길(路)에서 본 아름답고 하얀 새(鳥) → 백로, 해오라기의 뜻

鶯
1급 꾀꼬리 **앵** | 새 조(鳥) + 등불 형(熒)
울음소리가 맑고 곱고, 노란 깃털이 빛나는(熒) 새(鳥) → 휘파람새, 꾀꼬리의 뜻

鵑
1급 두견이 **견** | 새 조(鳥) + 장구벌레 연(肙) 발음 역할
벌레(肙)를 잡아먹는 새(鳥) → 두견이(杜鵑), 접동새, 진달래의 뜻

鵬
2급 붕새 **붕** | 새 조(鳥) + 무릇 범(凡凡 → 朋) 변형
배의 돛처럼 큰 날개(凡凡)를 가진 큰 새(鳥) → 대붕(大鵬) → 봉황(鳳凰)의 뜻
예 붕정만리(鵬程萬里) : 대붕은 가는 길이 만 리나 된다 → 앞길이 매우 멀고도 큼
→ 머나먼 노정, 사람의 앞날이 매우 요원하다는 뜻

※ 무릇 범(凡)자는 바람으로 가는 배의 돛 모습 → 바람 → 무릇. 모두다. 크다. 보통. 대강. 관습의 뜻
※ 여기서 친구 붕(朋)자는 배의 돛처럼 큰 새의 양쪽 날개(凡凡)를 그린 모양자로 해석함
※ 대붕(大鵬)은 장자 소요유편에 나오는 큰 새로 하루 9만 리 날아간다는 상상 속의 새

鳳
3급 봉새 **봉** | 새 조(鳥) + 무릇 범(凡) + 한 일(一)
배의 돛처럼 큰 날개(凡)를 가진 제일 첫 번째(一) 으뜸 새(鳥) → 수컷 봉새(봉황)의 뜻

※ 봉황(鳳凰)은 전설에 나오는 상서롭고 고귀한 상상의 새로서 수컷은 봉(鳳), 암컷은 황(凰)
※ 봉황 황(凰)자는 많은 무리(凡) 새 중에서 임금(皇) 새 → 암컷 봉황의 뜻

鸞
1급 난새 **난** | 새 조(鳥) + 어지러울 난(䜌) 발음 역할
중국 전설에 나오는 상상이 어려운(䜌) 새(鳥) → 난새의 뜻

鳴
4급 울 **명** | 새 조(鳥) + 입 구(口)
갑골문을 보면 수탉이 우는 모양 → 새(鳥)가 부리로 소리 내어 운다(口) → 소리 내다 → 울다는 뜻

※ 鳥 자가 부수자가 아니지만 새를 뜻하는 글자
예 까마귀 오(烏), 어찌 언(焉)

 발 족

갑골문을 보면 성(口)을 향해 걸어가는(止) 모습 → 발, 발의 동작, 가다는 뜻

※ 그칠 지(止)자 갑골문을 보면 엄지발가락을 그린 것 → 가다. 이동하다 → 그치다. 멈추다. 끝나다는 뜻
※ 발 지(趾)자는 발과 발가락이 합해진 글자 → 발, 발가락, 자취, 짓밟다, 멈추다는 뜻

路   **6급** 길 로 | 발 족(足) + 각각 각(各)
금문을 보면 오고(各) 가는(足) 모습 → (통행이 빈번한) 길, 도로의 뜻

跆   **1급** 밟을 태 | 발 족(足) + 별 태(台) 발음 역할
발(足)로 이르다(台) → 밟다는 뜻

※ 별 태(台)자는 지극히 개인적인 사사로운 (厶) 말(口) → 자기(自己)
→ 맛있는 음식이 담긴 수저(厶)가 입(口)에 이르는 모습 → 기뻐하다, 이르다(治), 먹다, 먹이다 → (가차되어) 별의 뜻

踏   **3급** 밟을 답 | 발 족(足) + 겹칠 답(沓) 발음 역할
양쪽 발(足)이 겹치며(沓) 빨리 가는 모양 → 디디다 → 밟다는 뜻
◉ 답습(踏襲), 답사(踏査), 답보(踏步)

踐   **3급** 밟을 천 | 발 족(足) + 적을 전(戔) 발음 역할
창을 들고 적을 해치고자(戔) 성으로 진격(足)하는 모습 → 발을 디디다 → 작은 발걸음(足) 쌓이다(戔)
→ 밟다, 해치다, 짓밟다, 실천하다는 뜻
◉ 실천(實踐)

※ 적을 전(戔)자는 창 과(戈)자가 두 개 모인 글자
→ 좋은 창(戈)은 다 사용하고 있고 상태가 좋지 않은 몇 개의 창만 남아 있는 모양
→ 나머지 → 적다, 작다, 깎다, 쌓이다, 해치다는 뜻

跋   **1급** 밟을 발 | 발 족(足) + 달릴 발(犮) 발음 역할
달리(犮)는 발(足) 모양 → 넘어가다 → 밟다, 짓밟다는 뜻

蹈   **1급** 밟을 도 | 발 족(足) + 퍼낼 요(舀)
절구(臼)를 손(爫)에 들고 달리는(足) 모습 → 뛰어들다 → 밟다는 뜻
◉ 무도(舞蹈), 족도(足蹈)

蹂   **1급** 밟을 유 | 발 족(足) + 부드러울 유(柔) 발음 역할
부드러운(柔) 발걸음(足) → 빠르다 → 짓밟다는 뜻

| 躙 | **1급** 짓밟을 **린** | 발 족(足) + 골풀 린(藺) 발음 역할
골풀(藺)을 밟고가다(足) → 짓밟다, 유린(蹂躙)하다는 뜻

| 蹤 | **특급** 발자취 **종** | 발 족(足) + 좇을 종(從) 발음 역할
앞사람 발걸음(足)을 좇다(從) → 좇다 → 발자취, 흔적, 사적의 뜻

| 跡 | **1급** 발자취 **적** | 발 족(足) + 또 역(亦) 발음 역할
사람(亦)의 발걸음(足) → 발자취 → 행적(行跡・行績・行蹟)의 뜻
  ㉠ 기적(奇跡), 궤적(軌跡), 유적(遺跡), 추적(追跡), 종적(蹤跡), 흔적(痕跡), 잠적(潛跡)

| 踪 | **3급** 자취 **종** | 발 족(足) + 마루 종(宗) 발음 역할
과거 조상들(宗)의 발(足)이 지나가고 남은 것 → 발자취, 사적(史跡・史蹟)의 뜻
  ㉠ 실종(失踪)

| 蹟 | **3급** 자취 **적** | 발 족(足) + 꾸짖을 책(責) 발음 역할
과거 일을 재촉하며(責) 좇아가서(足) 모습
→ 좇다, (발)자취, 업적, 행적, 흔적, 관습, 길, 명성, 살펴보다는 뜻

| 踵 | **1급** 발꿈치 **종** | 발 족(足) + 무거울 중(重) 발음 역할
더디고 무거운(重) 발걸음(足) → 행동(行動)이 불편(不便)한 모양 → 뒤밟다 → 발꿈치의 뜻

| 蹄 | **1급** 굽 **제** | 발 족(足) + 임금 제(帝) 발음 역할
임금님(帝) 말 발(足) 끝에 있는 두껍고 단단한 발톱 → 굽 → 발, 밟다는 뜻

| 跳 | **3급** 뛸 **도**, 뛸 **조** | 발 족(足) + 조짐 조(兆) 발음 역할
나쁜 조짐(兆)을 피하기 위해 발(足)로 뛰어 도망가다 → 도약하다는 뜻
  ㉠ 도약(跳躍)

| 躍 | **3급** 뛸 **약** | 발 족(足) + 꿩 적(翟) 발음 역할
꿩(翟)이 땅에서 발(足)로 폴짝폴짝 뛰어다니다 → 뛰다는 뜻
  ㉠ 대약진운동(大躍進運動), 약동(躍動)

※ 꿩 적(翟)자는 꼬리 깃털이 매우 길고 멋있는 새 → 깃털(羽)이 돋보이는 새(隹) → 꿩 → 빛나다, 아름답다
  → 뛰어나다 → 폴짝폴짝 뛰다는 뜻

| 踊 | **1급** 뛸 **용** | 발 족(足) + 길 용(甬) 발음 역할
길(甬)을 발(足)로 뛰어가다 → 발(足)이 솟아오르다(甬) → 신발 → 뛰다, 오르다, 춤 추다다
→ 심히, 미리의 뜻
  ㉠ 무용(舞踊)

| 距 | **3급** 상거할 거 | 발 족(足) + 클 거(巨) 발음 역할
닭의 뒷발 톱 → 며느리 발톱 → 닭의 앞발톱(足)과 뒷발톱이 서로 멀리(巨) 떨어져 있다
→ 발(足)이 크게(巨) 떨어지다 → 떨어져 있다, 상거하다 → 뛰어넘다, 막다라는 뜻

| 踰 | **2급** 넘을 유 | 발 족(足) + 대답할 유(兪) 발음 역할
점점(兪) 더 뛰어가다(足) → 지나가다 → 넘어가다 → 멀다는 뜻

| 蹴 | **2급** 찰 축 | 발 족(足) + 나아갈 취(就) 발음 역할
나아가는(就) 발(足) → 다가가다 → (발로) 차다는 뜻
예 축구(蹴球), 일축(一蹴), 시축(始蹴)

| 蹶 | **1급** 넘어질 궐 | 발 족(足) + 그 궐(厥) 발음 역할
발(足)이 미끄러워 거꾸러지다(厥) → 넘어지다, 일어서다는 뜻
예 궐기(蹶起), 궐연(蹶然)

| 蹉 | **1급** 미끄러질 차 | 발 족(足) + 다를 차(差) 발음 역할
양발(足)이 각각 어긋나서(差) 넘어지다 → 미끄러지다는 뜻

| 跌 | **1급** 거꾸러질 질 | 발 족(足) + 잃을 실(失) 발음 역할
발(足)이 실수로 어긋나서 갈 길을 잃다(失) → 틀리다, 지나치다 → 넘어지다, 거꾸러지다는 뜻
예 차질(蹉跌), 질탕(跌宕)

| 跛 | **1급** 절름발이 파 | 발 족(足) + 가죽 피(皮) 발음 역할
발(足)이 계단 아래로 떨어지다(皮) → 절룩거리다 → 절름발이의 뜻
예 파행(跛行)

※ 가죽 피(皮)자는 동물 가죽을 손으로 벗겨내는 모습 → 벗기다, 떨어지다 → 가죽, 겉, 표면의 뜻

| 躁 | **1급** 조급할 조 | 발 족(足) + 울 조(喿) 발음 역할
소란스럽고(喿) 바쁘게 걸어(足)가는 모습 → 조급하다, 성급하다, 빨라진다, 떠들다, 시끄럽다는 뜻
예 조급(躁急), 조울병(躁鬱病), 조급증(躁急症)

| 躊 | **1급** 머뭇거릴 주 | 발 족(足) + 목숨 수(壽) 발음 역할
노인(壽) 발걸음(足)처럼 머뭇거리다 → 주저(躊躇)하다는 뜻

| 躇 | **1급** 머뭇거릴 저 | 발 족(足) + 나타날 저, 붙을 착(著) 발음 역할
발걸음(足)이 땅에 붙은 것(著) 같다 → 머뭇거리다는 뜻

 배 주

갑골문을 보면 작은 배를 그린 것 → 배의 종류, 옮기다, 움직이다는 뜻

船 **5급 배 선** | 배 주(舟) + 산속 늪 연(㕣)
물을 따라 흘러내려 가는(㕣) 배(舟) → 선박(船舶)의 뜻

※ 여기서 산속 늪 연(㕣)자는 물따라갈 연(沿)자로 해석해야 → 물을 따라 굽어 내려가다는 뜻

舶 **2급 배 박** | 배 주(舟) + 흰 백(白) 발음 역할
큰(白) 배(舟) → 선박(船舶 : 상당히 큰 규모의 배)의 뜻

※ 흰 백(白)자는 희다, 깨끗하다, 크다는 뜻

航 **4급 배 항** | 배 주(舟) + 오를 항(亢) 발음 역할
갑골문을 보면 배를 타고 노를 젓는 사람 모습 → 배(舟)가 높은 곳을 향해 오르다(亢) → 배, 선박 → 항해(航海)하다, 건너다는 뜻

※ 길을 가는 것이 다닐 행(行), 물 위를 가는 것 항(航)이라고 했음

艇 **2급 배 정** | 배 주(舟) + 조정 정(廷) 발음 역할
배(舟)를 탄 사람(壬)이 물결 저어 나아가는(廴) 모습 → 거룻배(돛 없는 작은 배)의 뜻

艦 **2급 큰배 함** | 배 주(舟) + 볼 감(監) 발음 역할
본보기(監)가 되는 큰배(舟) → 싸움배, 전함(戰艦), 군함(軍艦)의 뜻
예 잠수함(潛水艦), 항공모함(航空母艦)

舷 **특급 뱃전 현** | 배 주(舟) + 검을 현(玄) 발음 역할
배(舟)를 정지시킬 때 줄(玄)을 묶어 놓는 곳 → 뱃전(배의 양쪽 가장자리 부분)의 뜻
예 좌현(左舷), 우현(右舷) : 배의 왼쪽 뱃전, 오른쪽 뱃전

舵 **1급 키 타** | 배 주(舟) + 다를 타(它) 발음 역할
배(舟)의 방향을 다른 쪽(它)으로 조정하는 키의 뜻
예 조타(操舵) : 배가 나아가게 키를 조종함

艙 **1급 부두 창** | 배 주(舟) + 곳집 창(倉) 발음 역할
배(舟)들의 창고(倉) → 배들이 주차되어 있는 곳 → 선창(船艙) → 부두의 뜻

般　**3급** 가지 **반**, 일반 **반** | 배 주(舟) + 칠 수(殳)

갑골문에서는 지금 글자와 전혀 다른 밥그릇과 수저가 함께 그려져 있음 → 소반(小盤)
→ 밥 먹는 것은 매우 일상적이다 → 일반(一般) → 가지런한 모양, 나르다, 평평하다는 뜻

※ 반석 반(磐)자는 넓고 평평(般)한 돌(石) → 너럭바위, 반석(盤石, 磐石)의 뜻

 달릴 주

갑골문을 보면 양팔을 휘두르며 달리는 사람 모습 → 뛰다, 달리다는 뜻

超　**3급** 뛰어넘을 **초** | 달릴 주(走) + 부를 소(召) 발음 역할

누군가의 부름(召)에 재빨리 달려가는(走) 모습 → 뛰다, 뛰어넘다, 빠르다는 뜻

예 초월(超越) : 어떤 한계를 뛰어넘음

越　**3급** 넘을 **월** | 달릴 주(走) + 도끼 월(戉) 발음 역할

군인들이 달려가서(走) 도끼(戉)를 넘는 훈련하는 모습 → 넘다, 초과(超過)하다는 뜻

예 추월(追越) : 뒤따라가서 앞지름

趨　**2급** 달아날 **추** | 달릴 주(走) + 꼴 추(芻) 발음 역할

달아나면서(走) 지푸라기(芻)를 흘리는 모습 → 달아나다, 재촉하다, 추구하다는 뜻

예 추세(趨勢) : 대세의 흐름이나 경향

※ 병아리 추(雛)자는 지푸라기(芻) 속에서 놀고 있는 새(隹) → 병아리의 뜻

赴　**3급** 다다를 **부** | 달릴 주(走) + 점 복(卜)

점괘(卜) 결과를 알려주기 위해 달려가다(走) → 나아가다, 다다르다, 부고(訃告)의 뜻

예 부임(赴任) : 임명을 받아 임지(任地)로 나아감

趣　**4급** 뜻 **취** | 달릴 주(走) + 취할 취(取) 발음 역할

남보다 먼저 가지기(取) 위해 빨리 달려가다(走) → 마음이 쏠리는 방향 → 빨리 가다 → 향하다
→ 취미(趣味), 뜻, 재미, 취지(趣旨)의 뜻

起　**4급** 일어날 **기** | 달릴 주(走) + 몸 기(己) 발음 역할

꿇어앉아 있는 사람(己)이 가기(走) 위해 몸을 일으켜 세우다 → 일어나다는 뜻

예 기상(起牀) : 잠자리에서 일어남

Ⅱ. 부수자

趙　**2급** 나라 **조** | 달릴 주(走) + 닮을 소(肖) 발음 역할
달리기를 잘하는 사람을 본받아(肖) 날쌔게 달린다(走) → 빠르다 → 나라 이름(조), 성씨(조)의 뜻
⑩ 조자룡(趙子龍) : 삼국지에 나오는 촉나라 장수

※ 走 자가 부수자는 아니지만 달리다를 뜻하는 글자
⑩ 무리 도(徒), 빠를 첩(捷)

 대나무 죽

대나무와 잎사귀가 함께 표현 → 대나무, 죽간, 종이(책)의 뜻으로 부수자 사용

※ 후한(後漢) 중기의 채륜(蔡倫)이 종이 발견 전에는 종이(책) 대용으로 죽간(竹簡)이 많이 사용됨

筆　**5급** 붓 **필** | 대나무 죽(竹) + 붓 율(聿)
대나무(竹)로 만든 붓(聿) → 붓, 글씨, 필법(筆法)
⑩ 일필휘지(一筆揮之) : 한숨에 죽 쓴 그림이나 글씨

※ 붓 율(聿)자는 손(크)에 붓(ㅣ)과 붓털(二)을 잡는 모습 → 붓의 뜻

竿　**1급** 낚싯대 **간** | 대나무 죽(竹) + 방패 간(干) 발음 역할
대나무(竹) 줄기(干)로 만든 장대 → 낚싯대의 뜻
⑩ 백척간두(百尺竿頭) : 백자나 되는 높은 장대 끝(머리)에 서 있다 → 매우 위태롭고 어려운 지경에 빠짐

※ 방패 간(干)자는 방패 또는 줄기의 뜻

筒　**1급** 대통 **통** | 대나무 죽(竹) + 같을 동(同) 발음 역할
대나무(竹)로 만든 한통속에 함께(同) 있는 대통(대나무로 만든 통)의 뜻

管　**4급** 대롱 **관**, 피리 **관** | 대나무 죽(竹) + 벼슬 관(官) 발음 역할
대나무(竹)를 관통(官)한 통소 → 대롱, 관 → 벼슬아치(官)가 나랏일을 잘 다스리다
→ 맡다, 주관 하다는 뜻
⑩ 관현악단(管絃樂團) : 오케스트라

※ 벼슬 관(官)자는 높은(阜) 곳에 지어진 집(宀) → 관사(館舍), 관청(官廳) → 벼슬의 뜻
※ 대롱은 파이프(pipe)의 순우리말 → 옛날에는 대롱을 대나무로 만듦

| 籠 | **2급** 대바구니 **농** | 대나무 죽(竹) + 용 용(龍) 발음 역할
대나무(竹)로 만든 대그릇 → 새장, 대바구니의 뜻
    예) 농구(籠球) : 대나무로 만든 바구니에 공을 넣는 데서 유래

| 籃 | **1급** 대바구니 **람** | 대나무 죽(竹) + 볼 감(監) 발음 역할
아기를 보면서(監) 놀게 하거나 재우기 위해 대나무(竹)로 만든 것 → 덮어씌우는(監) 대바구니(竹)
→ 대광주리 → 바구니의 뜻
    예) 요람(搖籃), 남여(籃輿 : 대로 만든 뚜껑 없는 가마)

| 筵 | **1급** 대자리 **연** | 대나무 죽(竹) + 늘일 연(延) 발음 역할
대나무(竹)를 여러 개 늘여서(延) 만든 자리 → 대자리, 좌석의 뜻

| 簡 | **4급** 대쪽 **간** | 대나무 죽(竹) + 사이 간(間) 발음 역할
글이 새겨진 대나무(竹)들 사이(間)를 두다 → 대나무들을 이어 엮어 묶지 않다 → 간단한 책
→ 대 조각(대쪽) → 서간(書簡), 편지 → 간략(簡略)하다는 뜻

| 答 | **7급** 대답 **답** | 대나무 죽(竹) + 합할 합(合) 발음 역할
보내온 대나무(竹) 쪽에 쓴 편지와 합하다(合) → 회답(回答)하다
→ 대답(對答), 답신(答信), 답장(答狀) → 응대하다는 뜻

| 箸 | **1급** 젓가락 **저** | 대나무 죽(竹) + 사람 자(者) 발음 역할
대나무(竹) 줄기(者)로 만든 젓가락의 뜻
    예) 시저(匙箸) : 숟가락과 젓가락 → 수저의 원래 말

※ 사람 자(者)자 갑골문을 보면 사탕수수 나무줄기 아래로 통(口)이 그려져 있음 → 사람의 뜻

| 簾 | **1급** 발 **렴** | 대나무 죽(竹) + 청렴할 렴(廉) 발음 역할
햇빛 등을 가리기 위해 대나무(竹)를 여러 개 겹쳐서(廉) 만든 것 → 발(가리개)의 뜻

| 箔 | **1급** 발 **박** | 대나무 죽(竹) + 머무를 박(泊) 발음 역할
햇빛이 머무르지(泊) 못하도록 대나무(竹)로 엮어 만든 것 → 발(가리개) → 금박(鉑)의 뜻
    예) 금박(金箔), 은박(銀箔)

| 簞 | **1급** 소쿠리 **단** | 대나무 죽(竹) + 홀 단(單) 발음 역할
대나무(竹) 여러 개를 엮어 하나(單)의 그릇을 만들다 → 소쿠리의 뜻

※ 소쿠리 : 대나 싸리로 엮어 테가 있게 만든 그릇

| 箱 | **2급** 상자 **상** | 대나무 죽(竹) + 서로 상(相) 발음 역할
여러 대나무(竹)를 서로(相) 엮어서 만든 상자(箱子)의 뜻

箭
1급 화살 전 | 대나무 죽(竹) + 앞 전(前) 발음 역할
앞(前)으로 나가는 대나무(竹) → 화살(矢)의 뜻

簇
1급 가는대 족 | 대나무 죽(竹) + 겨레 족(族) 발음 역할
대나무(竹) 많은 무리(族) 중 가느다란 것으로 화살촉 만들다 → 가는 대, 화살촉의 뜻
예) 족자(簇子), 족두리(簇頭里)

笠
1급 삿갓 립 | 대나무 죽(竹) + 설 립(立) 발음 역할
바로 서 있는(立) 대나무(竹)로 만든 삿갓의 뜻

箕
2급 키 기 | 대나무 죽(竹) + 그 기(其) 발음 역할
대나무(竹)로 만든 키(其) → 키(곡식을 까부르는 데 쓰는 기구)의 뜻

※ 그 기(其)자 갑골문을 보면 키를 그린 것 → (가차되어) 그, 그것, 아마, 만약, 어찌의 뜻

筏
2급 뗏목 벌 | 대나무 죽(竹) + 칠 벌(伐) 발음 역할
대나무(竹) 여러 개를 쳐서(伐) 엮어 만든 뗏목의 뜻

等
6급 무리 등 | 대나무 죽(竹) + 관청 새(寺)
관청(寺)에서 대나무(竹)로 만든 책 → 죽간(竹簡)을 같은 종류의 책끼리 가지런히 정리하다
→ 절(寺) 뒷산에 대나무(竹)가 무리 지어 있는 모양 → 분류하다, 구별하다
→ 등급(等級), 무리, 같다는 뜻

篇
4급 책 편 | 대나무 죽(竹) + 작을 편(扁) 발음 역할
대나무(竹)로 만든 죽간을 넓적하게(扁) 펼친 모양 → 책(册) → 서책 → 편(1편, 2편, 3편...책 구분 단위)
→ 편액의 뜻

箋
1급 기록할 전 | 대나무 죽(竹) + 적을 전(戔) 발음 역할
대나무(竹)에 창 같은 날카로운 것으로 깎아서(戔) 글을 적어놓다 → 기록하다는 뜻
예) 처방전(處方箋)

籍
4급 문서 적 | 대나무 죽(竹) + 친경할 적(耤) 발음 역할
갑골문을 보면 농기구(竹)로 밭을 갈고(耤) 있는 사람이 모습
→ 토지를 경작(耤)하던 노비들의 명부와 교대 시간에 관한 것들을 죽간(竹) 기록
→ 장부, 문서, 호적(戶籍), 서적(書籍)의 뜻

※ 친경할 적(耤)자는 짓밟다, 친경(親耕)하다는 뜻

| 簿 | **3급** 문서 **부** | 대나무 죽(竹) + 펼 부(溥) 발음 역할
마을 공동체의 관련된 일들을 얇은 대나무(竹)에 두루(溥) 기록한 장부 → 문서 → 다스리다는 뜻

※ 펼 부(溥)자는 논밭에 모종을 심고 물(氵)이 퍼져나가는(専) 모습 → 얇다, 두루, 넓다, 펴다라는 뜻

| 符 | **3급** 부호 **부** | 대나무 죽(竹) + 줄 부(付) 발음 역할
병력을 이동하는 데 쓰였던 증표를 대나무(竹)로 만들어 주다(付) → 대나무 증표 주다 → 증거, 증표
→ 기호, 부호(符號), 공문, 부적(符籍)의 뜻

| 笏 | **1급** 홀 **홀** | 대나무 죽(竹) + 말 물(勿) 발음 역할
대나무(竹)에 천자의 말씀에 어긋나지(勿) 않도록 경구(警句)를 써놓다
→ 천자가 제후를 봉할 때 쓰던 신표 → 홀(笏, 圭, 珪)의 뜻

| 篆 | **1급** 전자 **전** | 대나무 죽(竹) + 판단할 단(彖) 발음 역할
대나무(竹)에 잘 판단(彖)하여 새긴 글 → 전자(篆字: 한자 글씨체의 하나)의 뜻
예 전서(篆書), 소전(小篆)

| 纂 | **1급** 모을 **찬** | 대나무 죽(竹) + 눈 목(目) + 클 대(大) + 실 사(糸)
눈(目)여겨 보아 실(糸)중에서 큰것(大)만 골라서 대나무(竹)에 묶다 → 꾸미다, 수놓다
→ 편집(編輯)하다, 편찬(編纂)하다 → 모으다는 뜻

| 簒 | **1급** 빼앗을 **찬** | 대나무 죽(竹) + 눈 목(目) + 클 대(大) + 사사 새(厶)
눈(目)여겨보아 대나무(竹) 중에서 큰 것(大)만 골라서 내 것(厶)으로 하다 → 고르다, 선택(選擇)하다
→ 강탈(強奪)하다 → 빼앗다는 뜻

| 籤 | **1급** 제비 **첨** | 대나무 죽(竹) + 산부추 섬(韱) 발음 역할
대나무(竹)로 만든 작고 가느다란(韱) 쪽지 → 대꼬챙이 → 제비(승부나 차례를 결정하는 방법), 쪽지
→ 서명하다는 뜻
예 당첨(當籤), 낙첨(落籤), 추첨(抽籤), 첨지(籤紙), 첨통(籤筒)

| 籬 | **1급** 울타리 **리** | 대나무 죽(竹) + 떠날 리(離) 발음 역할
짐승이 떠나가지(離) 못하도록 대나무(竹)로 만든 담장 모양 → 울타리의 뜻
예 위리(圍籬)

| 簪 | **1급** 비녀 **잠** | 대나무 죽(竹) + 일찍이 잠(朁) 발음 역할
아침 일찍(朁) 여자의 쪽 찐 머리가 풀어지지 않게 꽂는 대나무(竹)로 만든 장신구 → 비녀의 뜻

| 簫 | **1급** 퉁소 **소** | 대나무 죽(竹) + 엄숙할 숙(肅) 발음 역할
대나무(竹)로 만든 맑고 엄숙한(肅) 소리가 나는 악기 → 퉁소(洞簫 : 동소가 원말)의 뜻
예 태평소(太平簫)

| 範 | **4급** 법 **범** | 대나무 죽(竹) + 법 범(范)의 변형 발음 역할
왕의 병부(㔾)를 받고 타고 갈 수레(車) 옆에서 대나무(竹)에 새겨진 지켜야 할 기준을 들고 있는 모습
→ 법도, 규범(規範), 모범(模範), 본보기의 뜻

| 算 | **7급** 셈 **산** | 대나무 죽(竹) + 눈 목(目) + 손맞잡을 공(廾)
두 손(廾)으로 대나무(竹)로 만든 주판(目)으로 수를 셈하는 모습 → 주판 위에 두 손 모습 → 셈하다
→ 산수(算數), 계산(計算), 계획하다는 뜻

※ 주판은 중국 한(漢) 나라 말기부터 최근까지 사용하던 계산기

| 策 | **3급** 꾀 **책** | 대나무 죽(竹) + 가시 자(朿)
죄인들을 때리는 데 사용한 대쪽(竹)이나 가시나무(朿)로 만든 채찍 → 대쪽 → (대로 만든) 책, 문서
→ (대로 만든) 산가지 → (숫자를) 헤아리다 → 예측하다 → 꾀, 계책(計策), 책략(策略)의 뜻

| 筍 | **1급** 죽순 **순** | 대나무 죽(竹) + 열흘 순(旬) 발음 역할
대나무(竹) 싹은 다른 나무 십 년에 자랄 것을 열흘(旬)에 자란다 → 죽순의 뜻
예 우후죽순(雨後竹筍) : 비 온 뒤의 대나무 죽순
→ 비 온 뒤의 죽순이 많이 솟아나는 것처럼 어떤 일이 일시에 많이 생김의 비유

※ 죽순(竹筍)은 대나무의 땅속줄기에서 돋아나는 어리고 연한 싹으로, 자라는 속도는 무척이나 빨라서 하루에 1m 이상 자라기도 함

| 節 | **5급** 마디 **절** | 대나무 죽(竹) + 곧 즉(卽) 발음 역할
대나무(竹) 여러 마디가 곧바로(卽) 연결되어 있다 → 마디 → 관절(關節) → 예절(禮節), 절개(節槪)
→ 절도 → 절약하다는 뜻

| 笞 | **1급** 볼기질 **태** | 대나무 죽(竹) + 별 태(台) 발음 역할
대나무로 볼기를 치다 → 태형의 뜻

※ 태형(笞刑): 대나무 채찍으로 볼기를 치는 형벌
※ 장형(杖刑)은 곤장으로 때리는 형벌

| 笑 | **4급** 웃음 **소** | 대나무 죽(竹) + 어릴 요(夭) 발음 역할
바람에 흔들리는 대나무(竹)의 소리가 웃는 소리와 비슷하고, 어린아이(夭)가 잘 웃는다 → 웃다
→ 비웃다, 조소하다는 뜻
예 박장대소(拍掌大笑) : 손뼉을 치며 크게 웃음

築　**4급** 모을 **축** | 나무 목(木) + 쌓을 축(筑) 발음 역할
담벼락을 쌓을 때 나무(木)와 대나무(竹)로 목판을 세우고 흙벽을 쌓다(筑) → 짓다, 다지다라는 뜻
예 건축(建築) : 건물을 쌓아 만듦

※ 쌓을 축(筑)자는 대나무(竹)를 넣고 흙벽을 쌓는 모습 → 쌓다는 뜻

第　**6급** 차례 **제** | 대나무 죽(竹) + 아우 제(弟) 발음 역할
대나무(竹) 마디에 줄을 순서(弟)대로 묶다 → 차례(次例), 순서(順序)의 뜻

篤　**3급** 도타울 **독** | 대나무 죽(竹) + 말 마(馬)
대나무(竹)로 만든 말(馬)을 타고 놀던 도타운 친구 → 도탑다(서로의 관계에 사랑이나 인정이 많고 깊다) → 돈독(敦篤)하다 → 두텁다는 뜻

筋　**4급** 힘줄 **근** | 대나무 죽(竹) + 갈빗대 늑, 힘줄 근(肋) 발음 역할
대나무(竹)처럼 몸의 근육의 기초가 되는 희고 질긴 살의 힘줄(肋) → 힘줄의 뜻
예 근육(筋肉), 근력(筋力), 철근(鐵筋), 근골(筋骨)

笛　**3급** 피리 **적** | 대나무 죽(竹) + 말미암을 유(由) 발음 역할
대나무(竹) 구멍으로 말미암아(由) 소리 나는 악기 → 피리의 뜻
예 기적(汽笛), 만파식적(萬波息笛), 경적(警笛)

箴　**1급** 경계 **잠** | 대나무 죽(竹) + 다 함(咸) 발음 역할
대나무(竹) 무기를 들고 적의 기습을 대비하여 주의를 다하다(咸) → 경계(警戒)의 뜻
예 잠언(箴言)

箇　**1급** 낱 **개** | 대나무 죽(竹) + 굳을 고(固) 발음 역할
대나무(竹)로 낱낱이 고정(固)시키다 → 낱, 개(個 : 물건을 세는 단위)의 뜻

支 지탱할 지

소전을 보면 손(又)에 나뭇가지(十)를 들고 있는 모습 → (나무의) 가지 → 갈라지다
→ (손에 든 막대기로) 치다 → (나뭇가지로) 괴다 → 지탱(支撐)하다는 뜻

※ 상용한자 내에서는 부수자로 쓰이는 글자 없음

 이를 지

갑골문을 보면 땅(一) 위에 화살 시(矢)자가 거꾸로 있는 모양
→ (화살이 땅에 떨어지는 모습) 이르다, 도달하다 → (도달하여 더 이상 갈 수 없다) 막히다
→ (스스로 자(自)자처럼) ~부터(from) ~까지(to)의 뜻

예 하지(夏至), 동지(冬至), 자초지종(自初至終)

臺　**3급** 대 **대** | 이를 지(至) + 높을 고(高) 변형
높은(高) 곳에 도달했다(至) → 주위의 동정을 살피는 망루나 높은 단상
→ (사람이 올라가 있을 정도의 높고 평평한 곳) 무대(舞臺), 돈대의 뜻
예 돈대(墩臺 : 조금 높직한 평지), 해운대(海雲臺), 태종대(太宗臺)

致　**5급** 이를 **치** | 이를 지(至) + 뒤처져올 치(夂) 변형자 발음 역할
소전을 보면 발걸음(夂) 어딘가에 도착(至)했다는 것을 표현 → 이르다, 보내다는 뜻
예 치사(致死 : 죽음에 이름), 치명(致命 : 목숨을 다함)

※ 至 자가 부수자는 아니지만 도달하다는 뜻으로 쓰인 글자
예 집 옥(屋), 이를 도(到), 넘어질 도(倒), 막힐 질(窒), 음도 질(膣)

 발 지, 그칠 지

갑골문을 보면 엄지발가락이 길게 뻗어 있는 발 모양
→ 그치다, 멈추다는 뜻, 다른 글자와 결합할 때는 가다, 이동하다, 발자취의 뜻으로 사용

※ 발 모양 본뜬 글자 : 천천히걸을 쇠(夊), 뒤처져올 치(夂), 그칠 지(止)

正　**7급** 바를 **정** | 그칠 지(止) + 한 일(一)
갑골문을 보면 군인들이 다른 나라 성(口)을 치러 가다(止)
→ 다른 나라를 정복하러 가기(止) 위해서는 첫째(一) 바른 명분이 있어야 한다
→ 바르다, 정당(正當)하다는 뜻

歪
4급 기울 **왜** | 그칠 지(止) + 한 일(一) + 아닐 부(不)
바르지(正) 아니하다(不) → 비뚤다는 뜻
◉ 왜곡(歪曲) : 비틀어 곱새김

武
4급 호반 **무** | 그칠 지(止) + 과(戈)의 변형자
창(戈)을 가지고 전쟁터에 나가는(止) 모습 → 무사가 창을 들고 가다 → 무사, 예, 무인, 호반의 뜻
◉ 무사도(武士道), 무예(武藝), 무술(武術)

※ 호반(虎班) : 무신반열(武臣班列), 무관(武官), 무반(武班), 서반(西班)

步
4급 걸음 **보** | 그칠 지(止) + 그칠 지(止)의 변형자
갑골문을 보면 그칠 지(止) 두 개를 위아래로 붙인 글자 → 아래의 지(止)가 좌우가 뒤집어져 있음
→ 왼발과 오른발을 그려서 사람이 걷는 모습 → 걸음, 걸음걸이의 뜻
◉ 오십보백보(五十步百步), 호시우보(虎視牛步)

歸
4급 돌아올 **귀** | 그칠 지(止) + 언덕 부(阜) + 빗자루 추(帚)
갑골문을 보면 집안에 쌓인 먼지를 털어내는 모습 → 시집간 여자가 집안일하다 → 시집가다
→ 고대에는 처갓집에서 일정 기간 노동력 제공 후 자기 집으로 돌아감
→ 빗자루(帚) 들고 걸어서(止) 자기 집으로 돌아간다 → 돌아오다는 뜻
◉ 귀환(歸還 : 돌아옴), 귀향(歸鄕)

此
3급 이 **차** | 그칠 지(止) + 비수 비(匕)
갑골문을 보면 사람(匕)이 서 있는(止) 모습 → 사람(匕)이 멈추어 서 있는(止) 곳
→ 이곳 → 여기, 이것의 뜻
◉ 차후(此後), 여차여차(如此如此), 피차일반(彼此一般), 어차피(於此彼), 차일피일(此日彼日)

歷
5급 지날 **력** | 그칠 지(止) + 다스릴 력(厤) 발음 역할
갑골문을 보면 숲(林)으로 걸어(止) 들어가는 모습 → 지나다 → 겪다, 세월, 발자취의 뜻
◉ 역사(歷史), 경력(經歷)

歲
5급 해 **세** | 걸음 보(步) + 개 술(戌)
창(戌)을 들고 싸우면서 보내온(步) 시간 → 고대에는 평생을 전쟁터에서 보낸 사람들이 많았음
→ 한평생 → 해 → 세월(歲月), 나이의 뜻

※ 개 술(戌)자는 전쟁을 의미하는 도끼를 그린 것 → 십이지 열한 번째(개)의 뜻

※ 止 자가 부수자는 아니지만 발 관련 글자
◉ 발 족(足), 갈 지(之), 먼저 선(先), 달릴 주(走), 오를 척(陟), 날 출입(出), 꾀할 기(企), 즐길 긍(肯)

 별 진, 때 신

갑골문에서 농사를 짓던 농기구를 그린 것
→ (가차되어) 십이지(十二支)에서는 용(龍), 때, 시간, 일(日)
→ 떨리거나 움직이다, 별의 이름, 수성(水星)의 뜻

※ 辰 자는 커다란 조개가 껍데기 사이로 발을 내민 모양
※ 고대에 커다란 조개는 농기구로도 사용

辱 | **3급** 욕될 **욕** | 별 진(辰) + 마디 촌(寸)
갑골문을 보면 손(寸)에 농기구(辰)를 잡고 일하는 모습 → 밭일하는 모습 → 풀을 베다, 일을 한다
→ (일하는 모양에서) 욕봤다 → 욕되다 → 더럽히다 → 모욕하다는 뜻
예 모욕(侮辱), 치욕(恥辱), 굴욕(屈辱), 욕설(辱說), 설욕(雪辱), 영욕(榮辱)

農 | **7급** 농사 **농** | 별 진(辰) + 굽을 곡(田 → 曲)
갑골문을 보면 林(수풀 림)자에 辰 자만 그려져 있음
→ 금문에서 밭 전(田)자가 더해지면서 농기구(辰)로 밭(田)을 가는 모습 → 해서부터 지금 글자
→ 농사(農事), 농부(農夫), 힘쓰다는 뜻

※ 짙을 농(濃) → 농후(濃厚), 농담(濃淡), 농도(濃度), 농염(濃艶), 농축(濃縮)
※ 고름 농(膿) → 농액(膿液), 축농증(蓄膿症)

 수레 차, 수레 거

갑골문을 보면 수레가 그려져 있음 → 수레, 수레바퀴, 가마, 이동 수단, 전차(전쟁)의 뜻글자에 사용

輪 | **4급** 바퀴 **륜** | 수레 차(車) + 둥글 륜(侖) 발음 역할
수레(車)에서 둥근(侖) 것 → 바퀴의 뜻
예 오륜기(五輪旗) : 올림픽 기, 흰 바탕에 5개의 원이 있음

軌 | **3급** 바큇자국 **궤** | 수레 차(車) + 아홉 구(九)
옛날에 수레(車)만 다니던 길에는 바퀴가 들어갈 수 있게끔 구멍이 파여 있던 모 양 → 궤도(軌道)
→ 바퀴 자국 → 길, 도로 → 법도, 규범의 뜻

| 轍 | **1급** 바퀴자국 **철** | 수레 차(車) + 통할 철(徹) 변형 발음 역할
수레바퀴(車)가 관통(徹)하여 생긴 자국 → 지나간 바퀴의 자국 → 궤도, 차도의 뜻
㉑ 전철(前轍) : 앞서 지나간 수레바퀴의 자국

※ 전철(電鐵) : 전기 철도

| 輻 | **1급** 바퀴살 **복(폭)**, 몰려들 **부** | 수레 차(車) + 찰 복(畐) 발음 역할
바퀴 중앙에서 테를 향하여 부챗살 모양으로 뻗친 가느다란 막대 → 수레의 바큇살의 뜻
㉑ 복사(輻射) : 열이나 빛이 한 점으로부터 사방으로 바큇살처럼 퍼지는 현상

| 輳 | **1급** 몰려들 **주** | 수레 차(車) + 아뢸 주, 달릴 주(奏) 발음 역할
수레(車)들이 달려드는(奏) 모양 → 몰려들다, 모이다는 뜻
㉑ 폭주(輻輳)

| 輾 | **1급** 돌아누울 **전** | 수레 차(車) + 펼 전(展) 발음 역할
수레(車)가 뒹굴다(展) → 돌아눕다 → 삐걱거리다는 뜻
㉑ 전전반측(輾轉反側)

| 轉 | **4급** 구를 **전** | 수레 차(車) + 오로지 전(專) 발음 역할
수레(車)가 굴러가다(專) → 구르다 → 회전(回轉)하다 → 옮기다 → 바꾸다라는 뜻
㉑ 전화위복(轉禍爲福) : 화가 바뀌어 오히려 복이 된다 → 나쁜 일이 계기가 되어 오히려 좋은 일이 생김

| 軋 | **1급** 삐걱거릴 **알** | 수레 차(車) + 새 을(乙) 발음 역할
수레바퀴(車)가 구부러져(乙) 삐걱거리는 모양 → 삐걱거리다는 뜻
㉑ 알력(軋轢) : 조직 내부에서 삐걱거린다는 뜻 → 의견이 맞지 않아 서로 충돌함

| 轢 | **특급** 칠 **력** | 수레 차(車) + 즐길 락(樂) 발음 역할
수레바퀴(車)가 삐걱거리며 음악 소리를 연주(樂)하는 모양 → 삐걱거리다
→ (수레바퀴에) 치다, 짓밟다는 뜻

| 輿 | **3급** 수레 **여** | 수레 차(車) + 줄 여(與) 발음 역할
많은 사람 함께 손(與)으로 수레(車)를 마주 드는 모습 → 수레 → 가마, 상여(喪輿) → 마주 들다
→ 실어 나르다 → 여론(輿論)의 뜻

| 軻 | **2급** 수레 **가** | 수레 차(車) + 옳을 가(可) 발음 역할
수레(車) 위에서 말에게 옳게 가라고 독려(可)하는 모습 → 수레 → 높다 → 맹자(孟軻)의 뜻

Ⅱ. 부수자

| 輛 | **2급** 수레 **량** ｜ 수레 차(車) + 두 량(兩) 발음 역할
수레(車)의 끄는 말 수(兩) → 수레를 세는 단위의 뜻
예 차량(車輛) : 차 → 기차의 한 칸 혹은 한 량(輛)

※ 두 량(兩)자의 금문을 보면 수레를 끌던 말의 등에 씌우던 멍에와 고삐고리를 함께 그린 것
→ 두 개의 멍에가 있다는 것은 말 두 필이 마차를 끌고 있다 → 둘, 짝, 무게의 단위, 수량 단위의 뜻

軾 | **2급** 수레앞턱가로댄나무 **식** ｜ 수레 차(車) + 법 식(式) 발음 역할
수레(車)는 앞턱에 가로 댄 나무를 대는 것이 법(式)이다 → 수레 앞턱 가로 댄 나무의 뜻

輦 | **1급** 가마 **련** ｜ 수레 차(車) + 함께갈 반(夫夫)
가마(車)를 마주들고 함께 가는(夫夫) 모습 → 가마, 손수레의 뜻

轎 | **1급** 가마 **교** ｜ 수레 차(車) + 높을 교(喬) 발음 역할
지체 높은(喬) 사람들이 이동할 때 수레(車)처럼 타던 것 → 가마의 뜻

軒 | **3급** 집 **헌** ｜ 수레 차(車) + 방패 간(干) 발음 역할
대부 이상의 고관들이 타고 다니던 수레인 초헌(軺軒)을 뜻하는 글자
→ 초헌은 햇빛을 막는(干) 차양막이 있는 마차(車) → (지붕이 있는) 집 → 처마, 난간, 추녀, 초헌의 뜻
예 오죽헌(烏竹軒) : 강원도 강릉의 율곡(栗谷) 이이(李珥)가 태어난 집

輸 | **3급** 보낼 **수** ｜ 수레 차(車) + 점점 유(兪) 발음 역할
수레(車)와 배(兪)로 물건을 운반하는 모양 → 보내다, 실어내다, 나르다는 뜻

※ 점점 유(兪)자는 배(舟 → 月)들이 모여(亼) 강(巛)에서 물살을 헤치고 앞으로 점점 나아가는 모습 → 통나무배
→ 점점 나아가다 → 대답하다, 응답하다, 수긍하다는 뜻

載 | **3급** 실을 **재** ｜ 수레 차(車) + 해할 재(㦰) 발음 역할
수레(車)에 물건을 싣는(㦰) 모습 → 싣다, 오르다, 등재(登載)하다 → 해, 년(年)의 뜻

輕 | **5급** 가벼울 **경** ｜ 수레 차(車) + 물줄기 경(巠) 발음 역할
수레(車)가 가볍게(巠) 지나간다 → 마차의 중량이 가볍다 → 가벼이 여기다 → 가볍다, 빠르다는 뜻
예 경차(輕車) : 경승용차

※ 물줄기 경(巠)자는 방직기 사이로 날실이 가볍게 지나가는 모습

較 | **3급** 비교할 교 | 수레 차(車) + 사귈 교(交) 발음 역할
수레(車) 좌우의 널빤지 위에 직각으로 교차하는(交) 나무 앞으로 나온 부분으로
수레 안에 서 있을 때 잡는 곳 → 수레 위 상자처럼 된 부분 전체를 가리키는 말
→ 수레의 크기를 비교(比較)하다 → 비교하다, 견주다는 뜻

輩 | **3급** 무리 배 | 수레 차(車) + 아닐 비(非) 발음 역할
좌우로 펼친 새의 날개(非)처럼 진용을 갖춘 수레(車)의 무리 → 무리, 떼지다 → 순서의 뜻
예 폭력배(暴力輩 : 폭력을 휘두르는 불량배 무리)

※ 아닐 비(非)자는 새의 좌우 양쪽으로 펼친 날개 모양
　→ (좌우 양 날개가 서로 반대 방향을 향해 있다고 해서) 아니다는 뜻

軟 | **3급** 연할 연 | 수레 차(車) + 하품 흠(欠) 발음 역할
일반적으로 사람 신체 상태가 약해지고 피곤하면 하품하는데, 수레(車)가 약해진 상태(欠)를 표현
→ 약하다, 연하다는 뜻
예 연착륙(軟着陸 : 비행체가 충격을 피하면서 사뿐히 착륙하는 일), 연골(軟骨)

軍 | **8급** 군사 군 | 수레 차(車) + 덮을 멱 (冖)
금문을 보면 전차(車)가 두루[勻 → 勹 → 冖] 고르게 배치된 모습 → 진치다
→ 군사(軍士), 군인(軍人), 군대(軍隊), 군영(軍營 : 군대가 주둔하는 곳)의 뜻

輝 | **3급** 빛날 휘 | 군사 군(軍) + 빛 광(光)
군(軍) 진영을 밝히던 횃불(光) 모습 → 빛, 빛나다, 비추다는 뜻
예 휘석(輝石 :빛나는 돌), 휘황찬란(輝煌燦爛 : 빛나고, 빛나고, 빛나고, 빛나다)

軸 | **2급** 굴대 축 | 수레 차(車) + 말미암을 유(由)
수레(車)바퀴 양쪽 한가운데에 뚫린 구멍에 끼우는 긴 막대로 말미암아(由) 바퀴가 회전한다
→ 굴대(한가운데에 뚫린 구멍에 끼우는 긴 나무 막대나 쇠 막대), 축의 뜻
예 회전축(回轉軸), 천방지축(天方地軸), 추축(樞軸), 주축(主軸)

輯 | **2급** 모을 집 | 수레 차(車) + 소곤거릴 집(咠) 발음 역할
수레(車) 위에 사람들이 소곤거리다(咠) → 화하다(서로의 뜻이 맞아 사이좋은 상태가 되다)
→ 합치다 → 모으다는 뜻
예 편집(編輯), 수집(蒐輯)

輔 | 2급 도울 보 | 수레 차(車) + 클 보(甫) 발음 역할
수레(車)에 무거운 짐을 실을 때 바퀴에 묶어 바퀴를 튼튼하고 크게(甫) 하던 덧방나무 → 돕는다는 뜻
예) 보필(輔弼), 보좌관(輔佐官), 보국안민(輔國安民)

轄 | 1급 다스릴 할 | 수레 차(車) + 해할 해(害) 발음 역할
수레(車)가 해롭지(害) 않도록 잘 관리하다 → 관할(管轄)하다 → 다스리다는 뜻

輓 | 1급 끌 만 | 수레 차(車) + 면할 면(免) 발음 역할
사람이 힘을 쓰지 않도록(免) 무거운 짐을 수레(車)가 끌다 → 끌어당기다, 끌다는 뜻

轟 | 1급 울릴 굉 | 수레 차(車) + 수레 인(轟)
수레 여러 대가 달리면서 떠들썩하다 → 수레의 소리 → 울리다는 뜻

※ 車 자가 부수자는 아니지만 수레 관련 글자
예) 옮길 운(運), 잇닿을 련(連), 연꽃 연(蓮), 잔물결 연(漣), 진 칠 진(陣), 칠 격(擊), 맬 계(繫), 휘두를 휘(揮), 벨 참(斬), 잠깐 잠(暫), 구덩이 참(塹), 점점 점(漸), 부끄러울 참(慙), 곳집 고(庫), 법 범(範), 흐릴 혼(渾), 무리 훈(暈), 빛날 휘(輝)

辵 辶 쉬엄쉬엄갈 착

彳(조금걸을 척)자와 止(발 지)자가 결합한 글자 → 천천히 길을 걷는다
→ 거리, 길, 발의 움직임을 뜻하는 글자에 부수자로 사용

※ 발 모양 본뜬 글자
① 夊 천천히걸을 쇠   ② 夂 뒤처져올 치   ③ 止 그칠 지

道 | 7급 길 도 | 갈 착(辶) + 머리 수(首)
우두머리(首)가 가는 길(辶) → 사람(首)이 다니는 길(辶) → 인도하다 → 사람이 가야 할 올바른 바른길
→ 길, 도리, 이치의 뜻

※ 여기서 首(머리 수)자는 머리가 아닌 우두머리 또는 사람으로 해석
※ 인도할 도(導)자는 가야 할 길(道)을 손(寸)으로 가리키며 이끌다 → 인도(引導)하다는 뜻

途
3급 길 도 | 갈 착(辶) + 흙 토(土) + 나 여(余)
내(余)가 다니는 길(辶) → 보행길(고대에는 수레, 사람이 다니는 길이 각각 구분되어 있었음)
→ 길, 도로(道路)의 뜻
- 예 도중(途中) : 길을 가는 중간

逵
1급 길거리 규 | 갈 착(辶) + 언덕 륙(坴)
사람이나 차가 많이 다니는 시원하게(坴) 넓은 길(辶) → 한길 → 길거리의 뜻

※ 언덕 륙(坴)자는 언덕, 흙덩이, 시원한 땅의 뜻

達
4급 통달할 달 | 갈 착(辶) + 어린 양 달(羍)의 변형자 발음 역할
갑골문을 보면 큰(大) 길(辶) 모양 → 길에 아무도 없이 지나기가 매우 수월하다 → 막힘이 없다
→ 양(羊)을 몰고 다닐 정도로 막힘이 없다 → 통하다 → 통달(通達)하다, 통용(通用)되다는 뜻

※ 어린 양 달(羍)자는 양(羊)을 모는 사람(大)의 뜻

迂
1급 에돌 우(오) | 갈 착(辶) + 어조사 우(于) 발음 역할
나가는 길(辶)이 굽어서(于) 나가기 어렵다 → 기세가 꺾여서 나가기 싫다
→ 에돌다(선뜻 나아가지 아니하고 멀리 피하여 돌다), 굽다, 멀다, 기세를 꺾다는 뜻

※ 어조사 우(于)자 갑골문을 보면 막대기 중간부터 아래까지 굽어진 모양 → 굽다 → ~에서의 뜻
※ 집 우(宇)자는 지붕(宀)의 처마가 굽은(于) 모습을 표현 → 집, 지붕의 뜻

逸
3급 달아날 일 | 갈 착(辶) + 토끼 토(兔)
토끼(兔)가 달아나기 위해 뛰어간다(辶) → 달아나다, 없어지다, 숨다, 편안하다는 뜻
- 예 일탈(逸脫) : 달아나고 벗어남

逃
4급 도망할 도 | 갈 착(辶) + 조짐 조(兆) 발음 역할
나쁜 조짐(兆)을 피해 달아나다(辶) → 도망(逃亡)가다는 뜻

※ 조짐 조(兆)자는 점칠 때 거북 배 갈라진 모양 → 점괘(占卦), 조짐(兆朕)의 뜻
※ 은나라 때 거북 배의 껍질이나 소뼈가 갈라지는 형태를 보고 점(占)을 쳤는데,
이때 거북 배의 껍질이나 소뼈가 갈라지는 형태가 간단한 모양이 복(卜)자이고, 복잡한 모양이 조(兆)자

逋
1급 도망갈 포 | 갈 착(辶) + 클 보(甫) 발음 역할
커다란(甫) 걸음으로 달아나는(辶) 모습 → 도망가다는 뜻

避 | **4급** 피할 피 | 갈 착(辶) + 피할 피(辟) 발음 역할
피하여(辟) 도망가다(辶) → 회피하다, 벗어나다, 피하다는 뜻
- 예 피마골(避馬골 → 피맛골) : 종로3가 거리(조선시대 서민들이 말과 양반을 피해 다니던 길)

※ 피할 피(辟)자 갑골문을 보면 尸 자, 口 자, 辛 자 결합한 모양
→ 죄인(辛)이 형벌을 피해 벽(尸 + 口)에 숨어있는 모습 → 피하다, 숨다, 벗어나다는 뜻

違 | **3급** 어긋날 위 | 갈 착(辶) + 가죽 위(韋) 발음 역할
포위된(韋) 곳에서 달아나다(辶) → 피하다 → 어기다 → 어긋나다 → 다르다는 뜻
- 예 위반(違反) : 어기거나 지키지 아니함

※ 가죽 위(韋)자는 원래 성(口)의 아래위로 발의 모습 → 성(城)을 포위하다, 둘러싸다 → 가죽, 어긋나다는 뜻

遵 | **3급** 좇을 준 | 갈 착(辶) + 높을 존(尊) 발음 역할
존경(尊)하기에 순순히 따라간다(辶) → 좇다, 따르다는 뜻
- 예 준수(遵守) : 법이나 명령을 그대로 좇아서 지킴

※ 높을 존(尊)자는 제사상에서 손(寸)으로 조상에게 술(酋)을 올리고 있는 모습
→ (조상을 소중히 생각하다) 공경하다, 존경(尊敬)하다 → 높이다는 뜻

逐 | **3급** 쫓을 축 | 갈 착(辶) + 돼지 시(豕)
사람이 도망가는 돼지(豕)를 잡으러 쫓아가는(辶) 것을 그린 모습 → 쫓다는 뜻
- 예 축출(逐出) : 쫓아냄

遂 | **3급** 따를 수 | 갈 착(辶) + 드디어 수(㒸) 발음 역할
돼지가 드디어(㒸) 달아나다(辶) → 탈출에 성공했다 → 드디어, 마침내의 뜻
- 예 수행(遂行) : 일을 계획한 대로 해냄

※ 드디어 수(㒸)자 갑골문을 보면 돼지(豕)가 풀숲을 가르며(八) 달아나는 모습

追 | **3급** 따를 추, 쫓을 추, 갈 퇴 | 갈 착(辶) + 언덕 부(阜)
갑골문을 보면 언덕(阜)을 향해 올라가는(辶) 모습
→ 산능성이 너머로 노망간 적이나 산짐승을 주격(追擊)하다 → 쫓다, 거슬러 올라가다는 뜻

逮 | **3급** 잡을 체 | 갈 착(辶) + 미칠 이(隶)
뒤따라가서(辶) 짐승 꼬리를 붙잡았다(隶) → 잡다, 체포(逮捕)하다는 뜻

※ 미칠 이(隶)자는 손(彐)으로 짐승의 꼬리(氺)를 잡는 모습

進 | **4급** 나아갈 진 | 갈 착(辶) + 새 추(隹)
새(隹)는 앞으로만 걸어가다(辶) → (새는 뒤로 걸어갈 수도, 날아갈 수도 없다) 나아가다는 뜻

退 | 4급 물러날 **퇴** | 갈 착(辶) + 그칠 간(艮)
앞으로 가는(辶) 것을 그치고(艮) 뒤로 물러나다는 뜻

逝 | 3급 갈 **서** | 갈 착(辶) + 꺾을 절(折)
사람 목숨이 꺾여(折) 저승으로 가는 길(辶) → 인생이라는 길이 끊어졌다 → 가다, 죽다, 날다는 뜻
예 서거(逝去) : 죽음의 높임말

※ 꺾을 절(折)자는 손(扌)에 도끼(斤)를 들고 나무를 꺾다는 뜻

遲 | 3급 더딜 **지** | 갈 착(辶) + 무소 서(犀)
느릿느릿하게 가는(辶) 무소(犀)의 모습 → 더디다 → 지체(遲滯)하다는 뜻

※ 무소 서(犀)자는 무소뿔(코뿔소의 뿔)을 표현 → 무소(코뿔소), 무소뿔의 뜻

逆 | 4급 거스를 **역** | 갈 착(辶) + 거스를 역(屰) 발음 역할
거슬러(屰) 가는(辶) 모습에서 거스르다는 뜻
예 역적(逆賊) : 반역한 사람

※ 거스를 역(屰)자 갑골문을 보면 사람(大)을 거꾸로 세워 놓은 모습

遡 | 1급 거스릴 **소** | 갈 착(辶) + 초하루 삭(朔) 발음 역할
거슬러(朔) 올라가다(辶) → 거스리다는 뜻
예 소급(遡及)

返 | 3급 돌이킬 **반** | 갈 착(辶) + 돌이킬 반(反) 발음 역할
반대(反)로 오다(辶) → 되돌아오다 → 돌이키다, 돌아오다는 뜻
예 반환(返還) : 되돌려줌

※ 돌이킬 반(反)자는 손으로 사물을 뒤집는 모습 → 돌이키다, 반대하다는 뜻

透 | 3급 사무칠 **투** | 갈 착(辶) + 빼어날 수(秀) 발음 역할
길을 잘(秀) 찾아가다(辶) → 가는 길을 잘 알고 있다 → 꿰뚫다, 투과(透過)하다, 투명(透明)하다, 통하다 → 사무치다 → 놀라다(숙)의 뜻

過 | 5급 지날 **과** | 재앙 화, 갈 착(辶) + 입삐뚜러질 와(咼) 발음 역할
삐뚤어진(咼) 길을 지나왔다(辶) → 지나다 → 경과(經過)하다 → 초과(超過)하다 → 지나치다 → 허물 → 잘못 → 재앙(災殃)의 뜻

通

6급 통할 **통** | 갈 착(辶) + 길 용(甬) 발음 역할
속이 텅 빈 대나무 통(甬)처럼 뻥 뚫려있는 길을 가고(辶)있는 모습 → 통하다, 내왕하다, 알리다
→ 통(편지 따위를 세는 단위, 한 통, 두 통...)의 뜻
- 통과(通過 : 통하여 지나감), 통로(通路 : 통해서 갈 수 있는 길)

※ 길 용(甬)자는 대나무로 만든 통의 모습 → 길, 대롱, 섬(용량 단위)의 뜻

週

5급 돌 **주** | 갈 착(辶) + 두루 주(周) 발음 역할
두루(周) 돌아다니다(辶) → 돌다, 회전하다, 일주일의 뜻
- 주유천하(周遊天下) : 천하를 두루 다니며 구경함

※ 두루 주(周)자 갑골문을 보면 田(밭 전)자에 점을 찍어 놓아 두루(골고루) 농사가 잘되었음을 표현
→ 두루, 널리, 골고루, 둘레 → 주나라의 뜻

還

3급 돌아올 **환** | 갈 착(辶) + 둥근 옥 환(睘) 발음 역할
둥글게(睘) 돌아서 온다(辶) → 원을 그리다, 회전하다 → 돌아오다는 뜻
- 환갑(還甲), 금의환향(錦衣還鄉), 반환(返還), 상환(償還), 환수(還收)

運

6급 옮길 **운** | 갈 착(辶) + 군사 군(軍) 발음 역할
군대(軍)가 이동하다(辶) → 움직이다, 옮기다
→ 운반(運搬), 운전(運轉), 운수(運數), 기운(氣運), 운명(運命)의 뜻

遷

3급 옮길 **천** | 갈 착(辶) + 옮길 천(䙴) 발음 역할
헌 집을 떠나(辶) 새집으로 옮기다(䙴) → 터전을 옮기다 → 떠나가다는 뜻
- 천도(遷都), 맹모삼천(孟母三遷)

※ 옮길 천(䙴)자 금문을 보면 邑(고을 읍)자 옆에 새집을 옮기는 모습 → 옮기다, 떠나가다는 뜻

逼

1급 핍박할 **핍** | 갈 착(辶) + 가득할 폭, 막을 핍(畐) 발음 역할
가는 길(辶)을 막다(畐) → (가는 길을 막아) 좁아지다 → 몰아내다, 급박하다 → 핍박하다는 뜻

迫

3급 핍박할 **박** | 갈 착(辶) + 흰 백(白) 발음 역할
갑자기 가까이 다가와서(辶) 얼굴을 하얗게(白) 만들다 → 다가오다 → 닥치다 → 다급하다
→ 궁하다 → 핍박(逼迫)하다는 뜻
- 개봉박두(開封迫頭) : 새 영화 상영 날이 가까이 다가옴

迅

1급 빠를 **신** | 갈 착(辶) + 빨리 날 신(卂) 발음 역할
빨리(卂) 날아가다(辶) → 빠르다, 신속(迅速)하다, 뛰어넘다는 뜻

※ 빨리 날 신(卂)자는 큰 새가 날개를 활짝 펴고 날라가는 모양 → 빨리 날다는 뜻

速
6급 빠를 **속** | 갈 착(辶) + 묶을 속(束) 발음 역할
어딘가 가기 위해 발목의 고름을 단단히 묶고(束) 빠르게 가는(辶) 모습
→ 빠르다, 자주, 도래(到來)하다는 뜻
예 속도(速度) : 빠르기

※ 묶을 속(束)자는 나뭇단을 묶어 놓은 모습 → 묶다는 뜻

遑
1급 급할 **황** | 갈 착(辶) + 임금 황(皇) 발음 역할
임금님(皇)이 불러서 허둥지둥 가는(辶) 모습 → 허둥거리다, 급(急)하다, 두려워하다는 뜻
예 황급(遑急)

連
4급 잇닿을 **련** | 갈 착(辶) + 수레 차(車)
수레(車)들이 줄을 지어 가는(辶) 모습 → 잇닿다, 연속(連續)하다, 연결(連結)하다는 뜻

逢
3급 만날 **봉** | 갈 착(辶) + 이끌 봉(夆) 발음 역할
금문을 보면 길가에 있는 나무(만나는 장소를 의미)에 당도한 누군가를 향해
양팔 벌려 환영하는 모습을 표현 → 만나다, 맞이하다는 뜻
예 상봉(相逢) : 서로 만남

※ 이끌 봉(夆)자는 끌다, 만나다, 봉우리(산과 산이 만나는 곳)의 뜻

遇
4급 만날 **우** | 갈 착(辶) + 원숭이 우(禺) 발음 역할
길(辶)을 가다가 우연히 원숭이(禺)를 만나다 → 상봉(相逢)하다, 만나다, 조우(遭遇)하다
→ 예우(禮遇)하다, 대접하다는 뜻
예 천재일우(千載一遇) : 천 년에 한 번 만난다 → 좀처럼 만나기 어려운 좋은 기회

遭
1급 만날 **조** | 갈 착(辶) + 무리 조(曹) 발음 역할
같은 동반자 무리(曹)를 찾아가다(辶) → 만나다는 뜻
예 조우(遭遇), 조난(遭難)

邂
1급 만날 **해** | 갈 착(辶) + 풀 해(解) 발음 역할
오해를 풀려고(解) 가는(辶) 도중 우연히 만나다 → 우연(偶然) → 요행(僥倖)의 뜻
예 해후상봉(邂逅相逢) : 우연히 만남

逅
1급 만날 **후** | 갈 착(辶) + 임금 후(后) 발음 역할
임금님(后)을 찾아뵈러 가다(辶) → 만나다, 우연(偶然)히 만나다는 뜻

適
4급 맞을 적 | 갈 착(辶) + 밑동 적(啇) 발음 역할
정통 뿌리(啇)를 따라가는(辶) 것이 마땅하다 → 맞다는 뜻
- 예 적재적소(適材適所) : 어떤 일에 알맞은 재능을 가진 사람에게 알맞은 임무를 맡기는 일

※ 밑동 적(啇)자는 밑동, 뿌리, 물방울, 장사의 뜻

邀
1급 맞을 요 | 갈 착(辶) + 노래할 교(敫) 발음 역할
길을 가다(辶) 부딪치다(敫) → 마주치다, 만나다, 맞다는 뜻
- 예 요격(邀擊)

迎
4급 맞을 영 | 갈 착(辶) + 오를 앙(卬) 발음 역할
오는(辶) 사람을 우러러보며(卬) 정중히 맞이하다 → 영접(迎接)하다는 뜻
- 예 송구영신(送舊迎新) : 묵은해를 보내고 새해를 맞이함

※ 오를 앙(卬)자는 왼쪽에 서 있는 사람(亻)에게 오른쪽에 무릎 꿇어앉아 있는 사람(卩)이 우러러보는 모습 → 우러러보다, 오르다 → 위풍당당한 모습 → 나, 자신의 뜻

送
4급 보낼 송 | 갈 착(辶) + 불씨 선(关) 변형
떠나가는(辶) 사람을 불(关)을 밝히고 배웅하는 모습 → 손님이 돌아가는 길을 밝혀 안내하다
→ 보내다, 전송(餞送)하다, 전달하다, 배웅하다는 뜻
- 예 송별(送別) : 멀리 떠나는 사람을 이별하여 보냄

※ 불씨 선(关)자는 양손에 불씨를 들고 있는 모습을 그린 것

遣
3급 보낼 견 | 갈 착(辶) + 흙덩어리 견(𠳋) 발음 역할
갑골문을 보면 제기 그릇에 귀한 물건을 놓는 모습 → 놓아주다, 떨쳐버리다, 보내다
→ 금문에서 귀한 물건(𠳋)을 보내다(辶) → 파견(派遣)하다는 뜻

遺
4급 남길 유 | 갈 착(辶) + 귀할 귀(貴)
귀한(貴) 물건을 보낸다(辶) → 남긴다는 뜻
- 예 유산(遺産)

※ 귀할 귀(貴)자 갑골문을 보면 두 손(臼)으로 흙에서 귀한(貝) 것을 꺼내는 모습 → 귀하다는 뜻

遮
2급 가릴 차 | 갈 착(辶) + 여러 서(庶) 발음 역할
마차를 타고 갈(辶) 때 여러 개(庶) 돗자리로 햇빛을 차단하다 → 막다, 가리다, 감추다, 속이다는 뜻
- 예 차단(遮斷), 차양(遮陽), 차광(遮光)

選 | 5급 가릴 선 | 갈 착(辶) + 뽑을 손(巽) 발음 역할
뽑은(巽) 사람을 데리고 제단으로 가는(辶) 것을 표현 → 뽑힌 사람
→ 가리다, 뽑다, 고르다, 선택(選擇)의 뜻

※ 뽑을 손(巽)자는 제단(共) 위에 제물로 바쳐지기 위해
 꿇어앉아 머리를 숙이고 있는 두 명의 사람(巳巳) 중 한 명을 뽑으려는 모습

述 | 3급 펼 술 | 갈 착(辶) + 재주 술(朮) 발음 역할
길가(辶)에서 자신의 재주(朮)를 펼쳐 보이다 → 펴다, 서술(敍述)하다 → 따르다 → 전술하다는 뜻

※ 재주 술(朮)자는 손에 나무 막대기를 들고 손재주는 부리는 모습 → 재주, 꾀, 계략 → 차조의 뜻
※ 재주 술(術)자는 길거리(行)에서 재주(朮)를 부리는 모습 → 술수(術數), 꾀, 재주, 수단의 뜻

迷 | 3급 미혹할 미 | 갈 착(辶) + 쌀 미(米) 발음 역할
소전을 보면 쌀알처럼 길이 여러 갈래(米)라서 어디로 가야(辶) 할지 갈피를 잡지 못하는 상황을 표현
→ 길을 헤매다, 길을 잃다 → 망설이다
→ (마음이 갈피를 잡지 못하여) 미혹(迷惑)하다, 심취(心醉)하다는 뜻

※ 여기서 쌀 미(米)자는 흩어진 쌀알처럼 여러 갈래 길을 표현

遊 | 4급 놀 유 | 갈 착(辶) + 깃발 유(斿) 발음 역할
깃발(斿)을 들고 다니면서(辶) 노는 모습 → 여행가이드 깃발 따라다니는 여행객 표현
→ 놀다, 떠돌다, 여행(旅行)하다는 뜻
例 유람(遊覽) : 구경하며 돌아다님

※ 깃발 유(斿)자는 깃발 아래 어린아이(子)가 놀고 있는 모습

遍 | 3급 두루 편 | 갈 착(辶) + 납작할 편(扁) 발음 역할
넓은 지역을 두루(扁) 다니다(辶) → 두루, 횟수, 전반적인의 뜻

逍 | 1급 노닐 소 | 갈 착(辶) + 닮을 초, 꺼질 소(肖) 발음 역할
여러 날을 한가롭게 놀러만 다니다가(辶) 몸이 쇠약해(肖)졌다 → 여러 개 길(辶) 닮았다(肖)
→ 소요(逍遙)하다 → 한가롭다 → 배회하다 → 거닐다 → 노닐다는 뜻

遙 | 3급 멀 요 | 갈 착(辶) + 질그릇 요(䍃) 발음 역할
큰 항아리(䍃)를 들고 먼 곳으로, 물길로 가는(辶) 모습 → 가는 길(辶)이 멀다 → 흔들거리다
→ 아득하다 → 소요(逍遙)하다는 뜻

遠
6급 멀 **원** | 갈 착(辶) + 옷 길 원(袁) 발음 역할
옷(袁)을 제대로 입고 가야 할 먼 길(辶) → 길(辶) 길다(袁) → (길이) 멀다는 뜻

※ 옷 길 원(袁)자는 옷(衣) 중앙에 달린 둥근 옥(o → 口)이 달린 모습을 본떠 만든 글자 → 옷이 길다
→ 옷이 넉넉하다(크다) → 둥글다. 돌다는 뜻

遼
2급 멀 **요** | 갈 착(辶) + 횃불 료(尞) 발음 역할
등불(尞)을 들고 가야 할 정도로 멀리 가야 하는 길(辶) → 멀다는 뜻
예 요원(遼遠), 요동(遼東)

遐
1급 멀 **하** | 갈 착(辶) + 빌릴 가(叚) 발음 역할
남에게 무언가 빌리려고(叚) 가는 길(辶)이 멀게 느껴진다 → 멀다, 요원하다 → 떠나가다, 가다
→ 멀리하다 → 변방의 뜻
예 승하(昇遐) : 임금님이 세상을 떠남

邁
1급 멀리갈 **매** | 갈 착(辶) + 일만 만(萬) 발음 역할
일만 리(萬)를 가야 하는 먼 길(辶) → 멀리 가다, 힘쓰다는 뜻
예 매진(邁進)

近
6급 가까울 **근** | 갈 착(辶) + 도끼 근(斤) 발음 역할
도끼(斤)를 가지러 갔다 오는 길(辶)이 가깝다 → 가까워 금방 오다
→ 길(辶)을 나누듯이(斤) 거리를 줄이다 → 가깝다, 근처(近處)의 뜻

※ 옛날에는 도끼 사용하는 일이 많아 집안 가까이 두고 사용함

邊
4급 가 **변** | 갈 착(辶) + 보이지않을 면(臱) 발음 역할
갑골문을 보면 코와 입술만 그려져 있음 → 아주 가깝다, 보이지 않는다
→ 금문에서 길가(辶)의 가장 가까운 곳(臱) → 길(辶)에서 보이지 않는 곳(臱)
→ 가장자리, 측면, 변방(邊方)의 뜻

造
4급 지을 **조** | 갈 착(辶) + 고할 고(告) 발음 역할
금문을 보면 집에서 배를 만들고 무사 안전 운행을 비는 모습
→ 신 앞에 나아가(辶) 고(告)하면서 소원을 빌다 → (소원을)이루다 → 만들다
→ 짓다 → 성취하다 → 조작하다는 뜻
예 창조(創造), 제조(製造), 조형(造形), 조작(造作), 조선소(造船所)

遞
3급 갈릴 **체** | 갈 착(辶) + 뿔범 사(虒) 발음 역할
전설상 동물 뿔범(虒)처럼 가다(辶) → 전설을 전(傳)하다 → 서로 번갈아들다 → 갈리다는 뜻
예 우체국(郵遞局), 체신(遞信)

迭
1급 번갈아들 **질** | 갈 착(辶) + 잃을 실(失) 발음 역할
도망가다가(辶) 신발을 잃어버리다(失) → 달아나다
→ (도망가면서) 왼발, 오른발을 번갈아 뛰어가는 모양 → 번갈아 들다라는 뜻
예 경질(更迭, 更佚)

遜
1급 겸손할 **손** | 갈 착(辶) + 손자 손(孫) 발음 역할
손자(孫)처럼 가다(辶) → 뒤따르다 → 겸손(謙遜)하다는 뜻
예 공손(恭遜)

逞
1급 쾌할 **령** | 갈 착(辶) + 드릴 정(呈) 발음 역할
윗사람에게 좋은 소식을 드리려(呈) 가다(辶) → 마음이 유쾌하다, 즐겁다 → 쾌(快)하다는 뜻

迹
1급 자취 **적** | 갈 착(辶) + 또 역(亦) 발음 역할
앞사람 발자취를 똑같이(亦) 가다(辶) → 좇다 → 발자취, 자취의 뜻
예 표적(表迹), 흔적(痕迹, 痕跡), 궤적(軌迹, 軌跡), 기적(奇迹, 奇跡), 조적(鳥迹, 鳥跡)

遁
1급 숨을 **둔** | 갈 착(辶) + 방패 순(盾) 발음 역할
전쟁에서 방패(盾) 뒤에 숨어 뒷걸음 치며 도망가다(辶) → 도망(逃亡)가다, 숨다는 뜻
예 은둔(隱遁), 둔갑(遁甲)

迦
2급 부처이름 **가** | 갈 착(辶) + 더할 가(加) 발음 역할
마음을 더하여(加) 가다(辶)
→ 범어(梵語 : 옛 인도말인 산스크리트어)인 가(ka)의 음을 표현하기 위해 만든 글자 → 부처 이름의 뜻
예 석가(釋迦) → 석가모니(釋迦牟尼) → 부처님 → 이름은 싯다르타의 뜻

遝
1급 뒤섞일 **답** | 갈 착(辶) + 뒤따를 답(眔) 발음 역할
뒤따라(眔)가다(辶) → 따라붙다 → 뒤섞이다, 모이다는 뜻
예 답지(遝至)

邏
1급 순라 **라** | 갈 착(辶) + 벌일 라(羅) 발음 역할
벌이어(羅) 놓여있는 초소를 두루 돌아 다니며(辶) 사정을 살피다 → 돌다
→ 순찰(巡察)하다, 순행(巡行)하다 → 순라(巡邏 : 순찰하는 사람)의 뜻

 캘 채

나무(木)에서 손(爪)으로 과일을 따는 모습 → 채집(採集)하다 → 가리다, 선택하다, 분간하다
→ 벼슬 → 풍채(風采)의 뜻

※ 캘 채(采)자 부수자는 분별할 변(釆)
※ 상용한자 내에서는 부수자로 쓰이는 글자 없음

※ 캘 채(采)자가 부수자는 아니지만 캐다를 뜻하는 글자
예 캘 채(採), 채색 채(彩), 나물 채(菜), 사패지 채(埰)

 조금걸을 척, 두인 변

사거리를 모습은 본떠 만든 글자인 행(行)자에서 왼쪽 반만 취한 것
→ 천천히 걷는다, 길 관련 글자에 부수자로 사용

徒 **4급** 무리 **도** | 걸을 척(彳) + 달릴 주(走)
갑골문을 보면 흙(土)길을 발(止)로 내디디며 걸어가고 있는 모습 → 금문에서는 흙길(彳)을 걷다(止)
→ 해서에서 같은 길(彳)을 함께 걸어가는(走) 사람들 → 무리, 제자의 뜻
예 도당(徒黨 : 떼를 지은 무리), 학도(學徒 : 학생의 무리, 학문을 닦는 사람), 도보(徒步 : 걸어서 감), 교도(教徒 : 종교를 믿는 사람이나 그 무리)

從 **4급** 좇을 **종** | 걸을 척(彳) + 발 지(止)의 변형 + 좇을 종(从) 발음 역할
길(彳)을 따라 뒷사람이 앞사람 발자국(止)을 좇아 간다(从) → 좇다, 따르다는 뜻
예 여필종부(女必從夫) : 아내는 반드시 남편의 뜻에 좇아야 한다

※ 좇을 종(从)자는 사람을 나란히 그린 것으로 뒷사람(人)이 앞사람(人)을 좇아가다는 뜻

彷 **1급** 헤맬 **방** | 걸을 척(彳) + 모서리 방(方) 발음 역할
여러 갈래 길(彳)에서 어느 방향(方)으로 갈지 갈피를 못 잡는 상황을 표현 → 비슷하다
→ 헤매다, 거닐다, 배회(徘徊)하다는 뜻

※ 모서리 방(方)자는 네모, 방위, 방향, 두루두루의 뜻

徨 | **1급** 헤맬 **황** | 걸을 척(彳) + 임금 황(皇) 발음 역할
여러 갈래 길(彳)에서 머뭇거리며(皇) 어느 방향으로 갈지 갈피를 못 잡는 상황을 표현
→ 방황(彷徨)하다 → 헤매다, 거닐다, 배회하다는 뜻

※ 임금 황(皇)자는 임금의 뜻으로 많이 쓰이나 머뭇거리다는 뜻도 있음

彿 | **1급** 비슷할 **불** | 걸을 척(彳) + 아닐 불(弗) 발음 역할
여러 갈래 길(彳)이 비슷하여 아닌(弗) 길을 가다 → 비슷하다, 흡사(恰似)하다, 방불(彷彿)하다는 뜻

徘 | **1급** 어정거릴 **배** | 걸을 척(彳) + 아닐 비(非) 발음 역할
지금 걷고 있는 길(彳)이 올바르지 않은(非) 방향 같아서 어정거리는 상황을 표현
→ 어정거리다, 거닐다, 배회하다, 방황하다는 뜻

徊 | **1급** 머뭇거릴 **회** | 걸을 척(彳) + 돌 회(回) 발음 역할
가는 길(彳)을 못 찾아, 왔던 길을 자꾸 빙빙 도는(回) 모습 → 머뭇거리다, 노닐다, 배회하다, 돌다
→ 어정거리다는 뜻

※ 돌 회(回)자 갑골문을 보면 물이 빙글빙글 돌아가는 모습 → 돌다, 돌아오다는 뜻

徐 | **3급** 천천히할 **서** | 걸을 척(彳) + 나 여(余) 발음 역할
천천히 여유(余) 있게 걸어가는(彳) 모습 → 천천히 하다, 평온하다는 뜻
예 서행(徐行) : 천천히 나아감

※ 나 여(余)자는 나, 나머지, 여유의 뜻

征 | **3급** 칠 **정**, 부를 **징** | 걸을 척(彳) + 바를 정(正) 발음 역할
적을 정벌(正)하기 위해 길(彳)을 떠나는 모습을 표현 → 정벌(征伐)하다, 치다는 뜻
예 정복(征服) : 싸움하여 복종시킴

※ 바를 정(正)자는 성(城)을 향해 정벌하러 가다 → (정벌하는 명분이) 바르다는 뜻

循 | **3급** 돌 **순** | 걸을 척(彳) + 방패 순(盾) 발음 역할
갑골문을 보면 도로(彳)를 바르게 쳐다보는(直) 모습 → 도로(彳)를 보호하기 위해 방어(盾) 역할 하다
→ 도로를 순찰하며 질서가 잘 지켜지는지 바른 눈으로 감시한다 → 돌아다닌다 → 돌다는 뜻
예 순환(循環) : 돌아서 다시 먼저의 자리로 돌아옴

徑 | **3급** 길 **경**, 지름길 **경** | 걸을 척(彳) + 물줄기 경(巠) 발음 역할
날실(巠)처럼 빠르게 걸어가는(彳) 모습 → 빠르다 → 지름길의 뜻
예 첩경(捷徑) : 지름길), 반경(半徑 : 반지름)

※ 물줄기 경(巠)자는 베틀 사이로 날실이 지나가는 모습 → 지나다 → 물 흐르는 모양 → 물줄기의 뜻

復
4급 회복할 **복**, 다시 **부** | 걸을 척(彳) + 갈 복(复) 발음 역할
갔던 길(彳)을 다시 되돌아(复)오다 → 회복(回復)하다 → 중복되다는 뜻

※ 갈 복(复)자는 풀무질하는 모습 → 돌아오다 → 회복하다 → 반복하다 → 다시 (반복하다), 고하다
→ 중복(重複)되다, 되풀이하다, 머무르다는 뜻

後
7급 뒤 **후** | 걸을 척(彳) + 작을 요(幺) + 뒤처져올 치(夂)
갑골문을 보면 죄수의 발(夂)에 족쇄를 묶여(幺) 끌고 가는(彳) 모습 → (끌려가는 죄수는 족쇄로 뒤처져서 늦게 간다) 늦다 → 뒤의 뜻
예 전후(前後) : 앞과 뒤

往
4급 갈 **왕** | 걸을 척(彳) + 주인 주(主) 발음 역할
주인(主)을 향해 가다(彳) → 향하다 → 가다는 뜻
예 왕복(往復) : 갔다가 돌아옴

徹
3급 통할 **철** | 걸을 척(彳) + 철저할 철(育夂) 발음 역할
철저하고 완벽하게(育夂) 잘 만들어진 길(彳) → 관철(貫徹), 관통하다 → 꿰뚫다 → 통하다는 뜻

※ 철저할 철(育夂)자 갑골문을 보면 손(又)으로 제사에 사용할 솥(鬲)을 철저하게 닦는 모습
→ 철저(徹底)하다, 완전하다는 뜻

御
3급 거느릴 **어** | 걸을 척(彳) + 풀 사(卸)
마차로 길(彳)을 가면서 채찍질(卸)하는(卸) 모습 → 마차를 몰고 가다 → (하인들을 거느리고 가기에) 거느리다 → 통솔하다 → 길들이다 → 막다, 저지하다 → 맞다는 뜻
예 어가(御街 : 대궐로 가는 길), 어가(御駕 : 임금이 타는 수레)

※ 풀 사(卸)자는 사람이 마차에 앉아 채찍질하는 모습 → 풀다 → 부리다는 뜻

得
4급 얻을 **득** | 걸을 척(彳) + 조개 패(貝 → 旦)자 변형 + 마디 촌(寸)
갑골문을 보면 마노 조개(貝)를 손(寸)에 쥐고 있는 모습 → 길(彳)에서 손(寸)으로 돈(貝 → 旦)을 줍다
→ 획득(獲得)하다 → 얻다, 손에 넣다, 탐하다 → 이득(利得)의 뜻

待
6급 기다릴 **대** | 걸을 척(彳) + 모실 시(寺) 발음 역할
먼길(彳)에서 오는 손님을 모시기(寺) 위해 기다리다 → 대접(待接)하다, 대우(待遇)하다는 뜻
예 진인사이대천명(盡人事而待天命), 기대(期待), 초대(招待), 학대(虐待), 대기(待機)

律
4급 법 **률** | 걸을 척(彳) + 붓 율(聿) 발음 역할
사람이 바르게 가야 할 길(彳)을 붓(聿)으로 적어 놓다 → 법 → 법령을 만들어 널리 공포하다
→ 법률(法律), 법칙(法則), 법령(法令), 계율(戒律)의 뜻

德
5급 클 덕, 덕 덕 | 걸을 척(彳) + 덕 덕(悳)의 변형자 발음 역할

곧은(直) 한가지(一) 마음가짐(心)으로 길을 가다(彳) → 바르게 인생(삶)을 사는 사람
→ 행실이 바르다, 큰 사람 → 베풀다 → 은덕(恩德) → 덕, 도덕(道德) → 크다는 뜻

※ 덕 덕(悳)자는 곧은(直) 마음(心) → 바른 마음을 가진 사람 → 의지대로 행동할 수 있는 인격적 능력자
→ 덕 덕(德)자와 동일한 뜻

彼
3급 저 피 | 걸을 척(彳) + 가죽 피(皮) 발음 역할

길(彳) 바깥쪽(皮)으로 걷다 → 저, 저쪽, 그의 뜻

예 피차일반(彼此一般) : 저것이나 이것이나 마찬가지임

※ 가죽 피(皮)자는 동물의 겉 생가죽을 벗겨내는 모습 → 가죽, 겉의 뜻

微
3급 작을 미 | 걸을 척(彳) + 가늘 미(散) 발음 역할

가늘(散) 길(彳) → 좁은 길, 오솔길 → 작다, 정교하다는 뜻

예 미소(微笑), 미세(微細), 기미(幾微), 희미(稀微), 미묘(微妙), 미시(微視)

※ 가늘 미(散)자는 가느다란 머리칼을 빗어 넘기는 여자를 그린 것 → 가늘다는 뜻

徽
2급 아름다울 휘 | 걸을 척(彳) + 메 산(山) + 맬 계(系) + 칠 복(攵)

걸어가는 길(彳)이 높은(山) 신분이나 직무를 나타내기 위해 옷이나 모자에 손(攵)으로 매어(系) 놓은 표식
→ 휘장(徽章), 표기(標旗) → 훌륭하다, 아름답게 하다, 아름답다는 뜻

徵
3급 부를 징, 음률이름 치 | 걸을 척(彳) + 임금 왕(王) + 칠 복(攵)

왕명(王)으로 군사를 모으거나 노역을 시키기 위해 무력(攵)으로 따르도록 하다(彳)
→ 강제로 징집(徵集)하다 → 부르다, 징집하다, 소집하다, 밝히다, 증명하다는 뜻

※ 징계할 징(懲)자는 왕명으로 큰 벌을 징집(徵集)하는 마음(心) → 징계(懲戒)하다 → 응징하다 → 벌주다는 뜻

役
3급 부릴 역 | 걸을 척(彳) + 칠 수(殳)

갑골문을 보면 사람(人) 뒤에 몽둥이(殳)를 들고 일을 시키는 모습 → 사람을 때려서(殳) 움직이게(彳) 하다
→ (노예를) 부린다 → 일을 시키다는 뜻

예 부역(賦役) : 국가나 공공 단체가 국민에게 의무적으로 지우는 노역

徙
1급 옮길 사 | 걸을 척(彳) + 걸음 보(走)

길(彳)을 걷다(走) → (발을) 옮기다, 거닐다 → 이사(移徙)하다는 뜻

※ 걸음 보(走)자는 걸음 보(步)와 같은 뜻글자

川 巛 내 천

갑골문을 보면 물이 굽이쳐 흐르는 모습을 형상화한 것으로 하천을 따라 흐르는 물이 잘 표현됨
→ 물길, 따라 돌다, 마을(고을)의 뜻글자에 부수자로 사용

※ 중국은 주로 하천(강)을 경계로 마을이나 행정구역을 구분함
※ 물 수(水)자는 물의 성질이나 특성, 내 천(川)자는 하천의 특징 관련 글자에 사용

州　**5급** 고을 **주** | 내 천(川) + 섬의 모습
갑골문을 보면 강물(川) 흘러가는 사이 삼각주 모양이 그려져 있음
→ 고대 인류는 물길이 완만한 하천을 중심으로 고을이 생기고 행정구역을 경계하고 있음
→ 모여 살다 → 고을, 마을의 뜻
㉠ 경주(慶州) : 신라의 수도

巡　**3급** 돌 **순** | 갈 착(辶) + 내 천(巛)의 옛글자
물(巛)이 천천히 돌면서 흘러가는(辶) 모양 → 순행(巡行)하다, 돌다는 뜻
㉠ 순찰(巡察 : 순회하며 살핌), 순방(巡訪)

　2급 새집 **소** | 내 천(川) + 실과 과(果)
나무(木) 위에 바구니 모양 보금자리 → 새집, 집의 뜻
㉠ 이소(離巢) : 새끼 새가 자라 집을 떠나는 것

※ 川 자가 부수자가 아니지만 하천(물) 관련 글자
㉠ 물가 주(洲), 재앙 재(災), 가르칠 훈(訓), 순할 순(順)

舛 어그러질 천

금문을 보면 발(止) 서로 엇갈려 있음 → 양발을 서로 엇갈린 모습 → 어그러지다, 어지럽다
→ 부수자에서는 그냥 발동작, 발로 해석함

舞　**4급** 춤출 **무** | 어그러질 천(舛) + 없을 무(無) 변형
발동작(舛)을 현란하게 움직이며 춤(無)을 추다 → 발(舛)이 안 보인다(無) → 춤추다, 무용(舞踊)의 뜻

※ 없을 무(無)자 갑골문을 보면 양손에 깃털을 들고 춤추는 모습 → 춤추다 → 없다, 아니다는 뜻

舜　**2급**　순임금 **순** ｜ 손톱 조(爪) + 덮을 멱(冖) + 어그러질 천(舛)
나팔꽃이 무성하게 어긋맞게(舛) 피어있는 모양 → 무궁화, 나팔꽃 → 순임금의 뜻
예 요순시절(堯舜時節) : 요와 순의 두 임금이 다스리던 시절 → 나라가 태평한 시절을 일컬음

※ 舛 자가 부수자는 아니지만 발동작을 뜻하는 글자
예 해 걸(桀), 뛰어날 걸(傑), 도깨비불 린(粦), 이웃, 린(隣), 불쌍히 여길 련(憐), 내릴 강(降)

 푸를 청

금문을 보면 生(날 생)자와 井(우물 정)자가 결합한 모양 → 우물가에 푸른 싹이 자라는 모양
→ (우물과 초목처럼 맑고) 푸름, 푸르러 보인다, 푸르다, 젊다, 고요하다는 뜻

※ 청춘(青春), 청년(青年), 청소년(青少年), 청출어람(青出於藍)

靜　**4급**　고요할 **정** ｜ 푸를 청(青) + 다툴 쟁(爭) 발음 역할
시끄러웠던 다툼(爭)이 끝나서 고요하다(青) → 조용하다는 뜻
예 정지(靜止), 정숙(靜肅), 냉정(冷靜), 안정(安靜), 정맥(靜脈)

靖　**1급**　편안할 **정** ｜ 푸를 청(青) + 설 립(立)
고요하게(青) 서 있다(立) → 조용하다 → 편안(便安)하다, 평안(平安)하다는 뜻
예 숙정문(肅靖門), 정릉(靖陵)

※ 푸를 청(青)자가 부수자는 아니지만 관련 글자
예 뜻 정(情), 맑을 청(清), 정할 정(精), 갤 청(晴), 청할 청(請), 눈동자 정(睛), 시기할 시(猜)

 풀 초

땅 위로 올라온 초목 모양 → 식물, 식물의 성장 과정, 풀, 꽃, 풀로 덮거나 숨긴다는 뜻

草　**7급**　풀 **초** ｜ 풀 초(艹) + 일찍 조(早) 발음 역할
다른 식물에 비하여 일찍(早) 자란 풀(艹) → 풀, 잡초, 초원(草原), 시초의 뜻

※ 풀 초(艹)자는 부수자에 사용, 草(풀 초)자는 단독으로 풀이라는 뜻으로 사용됨

| 卉 | **1급** 풀 훼 | 풀 초(艹) + 열 십(十)
초원에 풀(艹)이 많다(十) → 풀, 초목(草木) → 풀 훼(卉)와 같은 뜻

| 芻 | **1급** 꼴 추 | 쌀포(勹) + 왼손 좌(屮) + 쌀포(勹) + 왼손 좌(屮)
추수후 벼의 낟알을 떨어내고 남은 줄기(屮)를 겹쳐서 쌓아놓은(勹) 모양 → 짚
→ 꼴(말이나 소에게 먹이는 풀), 꼴꾼의 뜻

| 菜 | **3급** 나물 채 | 풀 초(艹) + 캘 채(采) 발음 역할
사람들이 캐서(采) 먹는 풀(艹) → 나물, 푸성귀, 반찬의 뜻
예 채소(菜蔬) : 밭에 가꾸어 먹는 온갖 푸성귀

※ 캘 채(采)자는 나무(木)에서 손(爫)으로 열매를 따는 모습에서 캐다는 뜻

| 蔬 | **3급** 나물 소 | 풀 초(艹) + 트일 소(疏) 발음 역할
풀(艹) 중에서 사람이 먹을 수 있고 소화가 잘되는(疏) 나물
→ 푸성귀, 낟(곡식의 알), 변변치 못하다는 뜻
예 소반(蔬飯) : 변변하지 못한 음식

※ 트일 소(疏)자는 길(疋)을 걷는 것이 물 흐르듯이(㐬) 매우 순조롭다 → 소통하다, 트이다는 뜻

| 芽 | **3급** 싹 아 | 풀 초(艹) + 어금니 아(牙) 발음 역할
땅 위로 송곳니(牙)처럼 새싹 풀(艹)이 돋아나는 모양 → 싹, (싹이) 트다, 처음(시작)의 뜻
예 발아(發芽), 맹아(萌芽: 식물에 새로 트는 싹 → 사물의 시초), 태아(胎芽), 단아(單芽)

※ 어금니 아(牙)자는 짐승의 송곳니를 그린 것

| 萌 | **1급** 움 맹 | 풀 초(艹) + 밝을 명, 땅 이름 맹(明) 발음 역할
밝은 땅(明)에서 자란 풀(艹)이나 나무에 새로 돋아 나오는 싹 → 싹, 움 → 시작되다, 시초(始初)의 뜻
예 맹아(萌芽)

| 苛 | **1급** 가혹할 가 | 풀 초(艹) + 옳을 가(可) 발음 역할
좋은(可) 약초(艹)가 쓰다 → 맵다 → 가혹(苛酷)하다, 모질다는 뜻

| 藥 | **6급** 약 약 | 풀 초(艹) + 노래 락(樂) 발음 역할
병을 치료해 주어서 즐겁게(樂) 해주는 풀(艹) → 약초(藥草) → 약의 뜻

※ 노래 락(樂)자 갑골문을 보면 나무(木)와 줄(絲) 모양 → 거문고를 연주하는 모습 → 음악이 즐겁다
→ 음악(音樂), 악기(樂器) → 즐겁다는 뜻

苗

3급 모 묘 | 풀 초(艹) + 밭 전(田)
논밭(田)에 모종(艹)이 나 있는 모습 → 밭에 어린싹이 심겨 있는 모습으로
→ 모종(벼를 논에 심기 전에 미리 싹을 틔운 것)의 뜻
예 묘목(苗木) : 어린나무

※ 중국에는 논과 밭을 모두 밭 전(田)자를 사용. 논 답(畓)은 한국에서 만든 글자

荷

3급 멜 하 | 풀 초(艹) + 어찌 하(何) 발음 역할
소전을 보면 숲속(艹)으로 사람이 어깨에 짐을 메고(何) 어디론가 떠나는 모습
→ 메다, 짊어지다, 짐, 화물, 연꽃의 뜻

※ 어찌 하(何)자는 갑골문을 보면 어깨에 보따리 맨 모습
 → 사람(亻)이 어깨에 짐(可)을 메고 어디론가 떠나는 모습 → 어디로, 어찌 떠나는지, 어느
 → 영어 의문문(what, where, when, why, how) → 꾸짖다는 뜻

蔘

2급 삼 삼 | 풀 초(艹) + 석 삼(參) 발음 역할
여럿이 가지런히(參) 자라는 사람처럼 생긴 풀(艹) → 인삼의 뜻
예 산삼(山蔘) : 산에서 자라는 두릅나뭇과의 여러해살이풀

蘇

3급 차조기 소, 되살아날 소 | 풀 초(艹) + 물고기 어(魚) + 벼 화(禾)
환자가 차조기 약초(艹), 생선(魚), 쌀밥(禾) 먹고 회복하다 → 깨어나거나 소생(蘇生)한다는 뜻

※ 차조기 : 소화기나 호흡기 질환을 다스리고 신경계와 피부병 증상에도 효험이 있는 약재

苦

6급 쓸 고 | 풀 초(艹) + 옛 고(古) 발음 역할
씀바귀 풀(艹)은 맛이 쓰다 → 풀(艹)이 오래(古)되면 쓰다 → 쓴나물 → 씀바귀 → 쓰다 → 괴롭다는 뜻
예 고통(苦痛), 고진감래(苦盡甘來)

花

7급 꽃 화 | 풀 초(艹) + 될 화(化) 발음 역할
풀(艹)이 변화(化)하여 꽃이 된다 → 꽃의 뜻
예 화초(花草), 화훼(花卉)

※ 풀 훼(卉)자는 풀(艹)이 여러 개(十) 나온 모양 → 풀, 초목의 뜻

葯

1급 꽃밥 약 | 풀 초(艹) + 맺을 약(約) 발음 역할
화초(艹)의 생식세포인 꽃가루를 맺게(約) 하는 곳 → 꽃가루주머니, 꽃밥의 뜻

英

6급 꽃부리 영 | 풀 초(艹) + 가운데 앙(央) 발음 역할
화초(艹)의 가운데(央) → 꽃부리(꽃잎 전체를 일컫는 말) → 명예, 뛰어나다는 뜻
예 영국(英國)

| 芳 | 3급 꽃다울 **방** | 풀 초(艹) + 모 방(方) 발음 역할
사방(方) 으로 향기가 나는 풀(艹)의 → 향초(香草) → 향기(香氣) → (향기가) 나다 → 꽃답다
→ 청춘 → 빛나다 → (맛이) 좋다는 뜻
예 방년(芳年) : 여자의 18살 안팎의 꽃다운 나이

| 芬 | 2급 향기 **분** | 풀 초(艹) + 나눌 분(分) 발음 역할
풀(艹)을 칼로 가르면(分) 향기가 난다 → 화초(艹)가 향기를 나누다(分) → 향기의 뜻

| 華 | 4급 빛날 **화** | 풀 초(艹) + 드리울 수(垂) 변형
금문을 보면 꽃잎을 활짝 펼친 꽃 그림 모양 → 화초(艹)가 꽃봉오리를 드리우다(垂)
→ 화려(華麗)하다, 호화(豪華)롭다 → 빛나다는 뜻
예 영화(榮華) → 나무(木)에 꽃이 많이 피는 것을 영(榮), 풀(艹)에 피는 것을 화(華)
→ 권력과 부귀를 마음껏 누리다는 뜻

※ 61세를 화갑(華甲)이라고 하는 이유는 華 자의 획이 6개의 十 자와 1개의 一 자가 있기 때문

| 蘭 | 3급 난초 **란** | 풀 초(艹) + 난간 란(闌) 발음 역할
집 난간(闌) 위에 키우는 화초(艹) → 난초의 뜻
예 매란국죽(梅蘭菊竹) : 사군자를 일컬음

| 芍 | 1급 함박꽃 **작** | 풀 초(艹) + 구기 작(勺) 발음 역할
여인의 함박웃음(勺)같이 생긴 꽃(艹) → 함박꽃, 작약(芍藥)의 뜻

| 荀 | 2급 풀이름 **순** | 풀 초(艹) + 열흘 순(旬) 발음 역할
열흘(旬) 이상 피어 있는 화초(艹) → 풀의 이름 → 사람의 이름(荀子 : 순자)의 뜻

| 苟 | 3급 진실로 **구** | 풀 초(艹) + 글귀 구(句) 발음 역할
갑골문을 보면 개가 귀를 세우고 있는 모습 → 개가 주변을 철저히 경계하여 기특하다
→ 진실로, 참으로 → (가차되어) 다만, 겨우, 간신히, 구차하다는 뜻
예 구차(苟且) : 몹시 가난하고 궁색함

| 葡 | 2급 포도 **포** | 풀 초(艹) + 길 포(匍) 발음 역할
기어다니는 덩굴(匍) 풀(艹) 같은 나무 → 포도(葡萄)나무의 뜻

| 萄 | 1급 포도 **도** | 풀 초(艹) + 질그릇 도(匋) 발음 역할
포도과에 속한 낙엽 덩굴나무 → 포도나무의 뜻

| 芭 | **1급** 파초 **파** | 풀 초(艹) + 꼬리 패(巴) 발음 역할
파초(芭蕉) : 파초과의 여러해살이풀의 뜻

| 蕉 | **1급** 파초 **초** | 풀 초(艹) + 탈 초(焦) 발음 역할
파초(芭蕉) : 파초과의 여러해살이풀의 뜻

| 菊 | **3급** 국화 **국** | 풀 초(艹) + 움켜 뜰 국(匊) 발음 역할
쌀알이 한움큼(匊) 박혀 있는 모양의 꽃(艹) → 국화(菊花)의 뜻

※ 움켜 뜰 국(匊)자는 허리를 굽혀 벼 이삭을 줍는 모습 → 움켜쥐다, 움큼의 뜻

| 蓮 | **3급** 연꽃 **연** | 풀 초(艹) + 이을 연(連) 발음 역할
여러해살이 수생식물로 연못이나 습지에서 연이어(連) 군체를 이루며 자라는 꽃(艹) → 연꽃의 뜻

※ 이을 연(連)자는 수레가 연이어 지나가는 모양 → 잇닿다, 연속하다는 뜻

| 芙 | **1급** 연꽃 **부** | 풀 초(艹) + 지아비 부(夫) 발음 역할
수련과에 속한 여러해살이 물풀 → 연꽃의 뜻

| 蓉 | **1급** 연꽃 **용** | 풀 초(艹) + 얼굴 용(容) 발음 역할
연못안에 가득 연이어서(容) 피어 있는 꽃(艹) → 연(蓮)꽃의 뜻
예 부용(芙蓉)

| 薔 | **1급** 장미 **장** | 풀 초(艹) + 아낄 색(嗇) 발음 역할
담장(嗇)에 피어 있는 꽃(艹) → 장미(薔薇)의 뜻

| 薇 | **1급** 장미 **미** | 풀 초(艹) + 작을 미(微) 발음 역할
줄기에 작은(微) 가시가 있는 꽃(艹) → 장미(薔薇)의 뜻

| 葵 | **1급** 해바라기 **규** | 풀 초(艹) + 북방 계(癸) 발음 역할
해를 헤아리는(癸) 꽃(艹) → 해바라기의 뜻

| 薯 | **1급** 감자 **서** | 풀 초(艹) + 마을 서(署) 발음 역할
땅속에서 자란 덩이줄기 → 가짓과의 여러해살이풀(艹) → 감자, 마, 고구마의 뜻
예 서동요(薯童謠), 감서(甘薯)

| 荊 | **1급** 가시나무 **형** | 풀 초(艹) + 형벌 형(刑) 발음 역할
형벌(刑)을 가시나무(艹)를 때리다 → 곤장(棍杖) → 가시나무의 뜻

| 葛 | **2급** 칡 **갈** | 풀 초(艹) + 어찌 갈(曷) 발음 역할
항상 목이 말라 물을 갈구(曷)하는 풀(艹) → 칡의 뜻
예 갈등(葛藤)

| 藤 | **2급** 등나무 **등** | 풀 초(艹) + 물 솟을 등(滕) 발음 역할
길게 뻗어 나가는(滕) 식물의 줄기(艹) → 덩굴 → 등나무의 뜻

| 蔓 | **1급** 덩굴 **만** | 풀 초(艹) + 길게 끌 만(曼) 발음 역할
길게 뻗어(曼) 나가는 식물의 줄기(艹) → 덩굴의 뜻
예 만연(蔓延, 蔓衍)

| 菽 | **1급** 콩 **숙** | 풀 초(艹) + 콩 숙(叔) 발음 역할
손(又)으로 콩(朩)과 콩잎(艹)을 따는 모습 → 콩의 뜻

| 藿 | **1급** 콩잎 **곽** | 풀 초(艹) + 콩잎 곽, 빠를 곽(霍) 발음 역할
식용할 수 있는 콩의 잎 → 콩잎의 뜻

| 蔗 | **1급** 사탕수수 **자** | 풀 초(艹) + 여러 서(庶)
줄기(艹)에 즙이 많은(庶) 농작물 → 감자(甘蔗), 사탕수수의 뜻

| 菖 | **1급** 창포 **창** | 풀 초(艹) + 창성할 창(昌) 발음 역할
천남성과의 여러해살이풀 → 창포(菖蒲)의 뜻

| 蒲 | **1급** 부들 **포** | 풀 초(艹) + 개 포(浦) 발음 역할
물가(浦)나 연못, 늪지에 주로 서식하는 외떡잎식물(艹) → 부들 → 창포(菖蒲)의 뜻

| 萍 | **1급** 부평초 **평** | 풀 초(艹) + 물소리 평(泙) 발음 역할
거센 물결(泙)을 따라 떠도는 풀잎(艹)
→ 의지할 데가 없어 정처 없이 떠도는 신세를 비유적으로 이르는 말 → 떠돌다
→ 부평초(浮萍草: 개구리밥)의 뜻

| 菩 | **1급** 보살 **보** | 풀 초(艹) + 침 뱉을 부(咅) 발음 역할
향초(香草)의 이름 → 보리(세속적인 번뇌를 끊고 얻는 깨달음의 경지) → 보살(菩薩)의 뜻

| 薩 | **1급** 보살 **살** | 풀 초(艹) + 좌부변 부(阝) + 낳을 산(産) 발음 역할
보리(세속적인 번뇌를 끊고 얻는 깨달음의 경지) → 보살(菩薩)의 뜻

繭	**1급** 고치 **견** ｜ 풀 초(艹) + 수건 건(巾) + 가는 실 멱(糸) + 벌레 훼(虫)
	벌레(虫)가 실(糸)을 내어 지은 집(巾)을 풀잎(艹)으로 덮어놓은 모양 → 고치, 누에고치의 뜻

莖	**1급** 줄기 **경** ｜ 풀 초(艹) + 물줄기 경(巠) 발음 역할
	뿌리와 잎을 이어 물과 양분이 흐르는(巠) 식물(艹)의 중요 부분 → 줄기의 뜻

薑	**1급** 생강 **강** ｜ 풀 초(艹) + 지경 강(畺) 발음 역할
	맛이 매운(畺) 여러해살이풀(艹) → 생강(生薑)의 뜻

芥	**1급** 겨자 **개** ｜ 풀 초(艹) + 낄 개(介) 발음 역할
	맛이 매우 매운 풀(艹) → 겨자 → 작다, 티끌의 뜻

藻	**1급** 마름 **조** ｜ 풀 초(艹) + 씻을 조(澡) 발음 역할
	바늘꽃과에 속하는 한해살이의 물(澡)에서 자라는 풀(艹) → 수초 → 마름의 뜻

菱	**1급** 마름 **릉** ｜ 풀 초(艹) + 언덕 릉(夌) 발음 역할
	바늘꽃과에 속하는 한해살이의 수초 → 마름의 뜻

蓬	**2급** 쑥 **봉** ｜ 풀 초(艹) + 만날 봉(逢) 발음 역할
	봄에 산과 들에서 자주 만나는(逢) 좋은 풀(艹) → 쑥, 뜸의 뜻

艾	**2급** 쑥 **애** ｜ 풀 초(艹) + 벨 예(乂) 발음 역할
	산과 들에 있는 풀(艹)을 베어(乂) 좋은 약초로 쓰다 → 쑥, 약쑥의 뜻

芝	**2급** 지초 **지** ｜ 풀 초(艹) + 갈 지(之) 발음 역할
	좋은 염료나 약재로 이용되기에 산속이라도 찾아가서(之) 캐와야 하는 풀(艹) → 영지(靈芝 : 불로초 과의 버섯), 지초(芝草)의 뜻
	예 지란지교(芝蘭之交)

茅	**2급** 띠 **모** ｜ 풀 초(艹) + 창 모(矛) 발음 역할
	볏과에 속한 여러해살이풀 → 띠, 띳집의 뜻

蘆	**2급** 갈대 **로** ｜ 풀 초(艹) + 그릇 로(盧) 발음 역할
	습지에서 잘 자라는 볏과에 속한 여러해살이풀 → 갈대의 뜻

萊	**2급** 명아주 **래** ｜ 풀 초(艹) + 올 래(來) 발음 역할
	모두 오고(來) 가며 흔하게 볼 수 있는 야생초(艹) → 잡초(雜草) → 명아주의 뜻

蓑 | 1급 도롱이 **사** | 풀 초(艹) + 쇠할 쇠, 도롱이 사(衰) 발음 역할
짚, 띠(艹) 따위로 엮어 허리나 어깨에 걸쳐 두르는 비옷(衰) → 덮다, 도롱이의 뜻

薪 | 1급 섶 **신** | 풀 초(艹) + 새 신(新) 발음 역할
땔나무(新)와 풀잎(艹)으로 땔감을 만들다 → 땔감 → 섶(땔나무를 통틀어 이르는 말)의 뜻
예 와신상담(臥薪嘗膽)

※ 새 신(新)자는 도끼(斤)로 자른 나무(木) → 땔감 → 도끼(斤)로 나무(木)를 자른 자리가 깨끗하고 새롭다
  → 나무를 자르고 다듬어 새로운 물건을 만든다 → 새로운, 처음, 친하다는 뜻

菌 | 3급 버섯 **균** | 풀 초(艹) + 곳집 균(囷) 발음 역할
습기가 많은 곳집(囷)에 풀(艹)이 자라는 모양 → 곰팡이가 피었다 → 균, 버섯, 세균(細菌), 죽순의 뜻

※ 곳집 균(囷)자는 수확한 벼를 보관하던 창고를 그린 것 → 곳집의 뜻

苔 | 1급 이끼 **태** | 풀 초(艹) + 별 태(台) 발음 역할
습기 많은 곳에서 자라는 풀(艹)의 일종 → 이끼의 뜻
예 해태(海苔) : 바다에서 나는 이끼, 즉 김을 지칭함

藍 | 2급 쪽 **람** | 풀 초(艹) + 볼 감(監) 발음 역할
진한 푸른색 물감을 만들고자 여러 풀(艹) 중 살피어(監) 고르다 → 쪽(마디풀과의 한해살이풀), 남빛
→ 남루하다는 뜻
예 청출어람(靑出於藍)

葬 | 3급 장사지낼 **장** | 풀 초(艹) + 죽을 사(死) + 손맞잡을 공(廾)
죽은 사람(死)을 풀(艹)로 덮고 두 손(廾)으로 들고 있는 모습 → 장사(葬事) 지내다 → 매장(埋葬)하다
→ 장사, 장례(葬禮)의 뜻

藏 | 3급 감출 **장** | 풀 초(艹) + 숨길 장(臧) 발음 역할
숨은(臧) 포로(臣)를 풀(艹)로 덮어 준다 → 감추다, 숨다는 뜻
예 장서(藏書 : 간직하고 있는 책)

※ 숨길 장(臧)자는 창(戈)에 찔린 포로(臣)가 평상(爿) 뒤에 숨은 모습 → 숨기다는 뜻

蓋 | 3급 덮을 **개** | 풀 초(艹) + 덮을 합(盍)
덮어있는(盍) 것을 풀(艹)로 추가로 덮다 → 덮어씌우다 → 대략, 모두의 뜻

※ 덮을 합(盍)자는 뚜껑(去)이 있는 그릇(皿) → 보관함, 덮다, 합하다, 뚜껑의 뜻

蔽 | 3급 덮을 폐 | 풀 초(艹) + 해질 폐(敝) 발음 역할
해질 옷(敝)이 창피하여 풀(艹)로 덮어서 숨기다 → 덮다, 가리다는 뜻
예 은폐(隱蔽) : 덮어 숨김

※ 해질 폐(敝)자는 손(攵)으로 옷을 해지게 하다 → 해지다, 깨지다는 뜻

蒙 | 3급 어두울 몽 | 풀 초(艹) + 덮어쓸 몽(冡) 발음 역할
어리석고 우둔한 돼지(豕) 눈을 덮어(艹) 쓰여 보이지 않다 → 사리에 어둡다, 어리석다, 어리다는 뜻
예 무지몽매(無知蒙昧) : 아는 것이 없고 사리에 어두움

※ 덮어쓸 몽(冡)자는 어리석은 돼지(豕)의 눈을 덮어(冖)썼다 → 덮어쓰다, 어둡다는 뜻

茂 | 3급 무성할 무 | 풀 초(艹) + 천간 무(戊) 발음 역할
풀(艹)이 무성하다(戊) → 무성(茂盛)하다는 뜻

※ 천간 무(戊)자는 낫 모양의 도끼 창을 그린 것 → 창 → 무성하다는 뜻

茲 | 특급 무성할 자 | 풀 초(艹) + 작을 유(幺) 발음 역할
들판에 작은(幺幺) 풀(艹)이 무성하다 → 무성하다는 뜻

※ 검을 현(玆)자와 비슷한 글자며 같이 혼용하여 쓰기도 함

蕃 | 1급 우거질 번 | 풀 초(艹) + 차례 번(番) 발음 역할
들판에 풀(艹)들이 차례대로 무성하게 자라는 모양 → 많다, 번성(蕃盛·繁盛)하다 → 우거지다는 뜻

藩 | 1급 울타리 번 | 풀 초(艹) + 넘칠 번, 성씨 반(潘) 발음 역할
넘치지(潘) 않도록 풀(艹)을 엮어 에워싸다 → 경계(境界), 울타리의 뜻

蔭 | 1급 그늘 음 | 풀 초(艹) + 그늘 음(陰) 발음 역할
키 큰 풀 나무(艹)가 그늘(陰)을 만들다 → 뜨거운 햇빛을 막아주어 고맙다
→ 그늘, 해그림자, 덮어 가리다 → 조상의 그늘, 음사(조상의 덕택에 의한 벼슬)의 뜻
예 문음(門蔭 : 가문이나 조상의 덕택), 음서(蔭敍 : 조상의 덕택으로 차례를 서다)

藝 | 4급 재주 예 | 풀 초(艹) + 이를 운(云) + 심을 예(埶) 발음 역할
무릎을 꿇어앉아(云) 이 새싹(艹)을 심는(埶) 모습 → 새싹을 잘 심었다 → 재주, 기예의 뜻
예 예술(藝術) : 아름다움을 표현하는 인간의 활동

※ 심을 예(埶)자는 땅(土) 위에 나무(朮)를 심는 사람(丸)이 재능 있다 → 심다, 재주의 뜻

落 | 5급 떨어질 **락** | 풀 초(艹) + 물이름 락(洛) 발음 역할
가을에 나뭇잎(艹)이 비(氵)처럼 각각(各) 떨어지는 모양 → 떨어지다는 뜻
예) 낙엽(落葉)

薄 | 3급 엷을 **박** | 풀 초(草) + 넓을 부(溥)
풀(艹)이 넓게(溥) 떼 지어 자라다 → 얇다, 엷다는 뜻

※ 넓을 부(溥)자는 강 옆 넓은 논밭에 모종을 펼쳐 심는 모습 → 넓다, 펴다는 뜻

蒼 | 3급 푸를 **창** | 풀 초(艹) + 곳집 창(倉) 발음 역할
창고(倉) 지붕 위에 풀(艹)이 무성한 모습 → (풀이) 푸르다, 우거지다는 뜻
예) 창공(蒼空) : 푸른 하늘

※ 곳집 창(倉)자는 곡식을 저장하던 창고를 그린 것

莫 | 3급 없을 **막** | 풀 초(艹) + 날 일(日) + 풀 초(艸 → 大)
갑골문을 보면 풀(艹) 사이로 해(日)가 지는 모양 → 해가 저물다 → 해가 저물고 없어졌다
→ 저물다 → 어둡다 → 없다, 불가하다는 뜻

※ 저물 모(暮)자는 해(日)가 없어졌다(莫) → 저물다는 뜻

芒 | 1급 까끄라기 **망** | 풀 초(艹) + 망할 망(亡) 발음 역할
물이 없는(亡) 곳에서 자란 풀(艹) → 까끄라기(벼, 보리 따위의 깔끄러운 수염), 가시, 억새의 뜻
예) 설망우검(舌芒于劍) : 혀는 칼보다 날카로움

茫 | 3급 아득할 **망** | 풀 초(艹) + 황급할 망, 아득할 망(汒) 발음 역할
들판에 풀(艹)이 매우 드넓게 펼쳐져 있는 모양 → 멀어서 아득하다 → 아득하다는 뜻
예) 망연자실(茫然自失), 망막(茫漠)

荒 | 3급 거칠 **황** | 초(艹) + 내 천(川) + 망할 망(亡)
풀(艹)도 물(川)도 없는(亡) 땅 → 황무지(荒蕪地) → 황폐(荒廢)해지다 → 거칠다 → 폐기(廢棄)하다
→ 흉년(凶年)이 들다 → 어둡다 → 허황(虛荒)되다는 뜻

萬 | 8급 일만 **만** | 풀 초(艹) + 긴꼬리원숭이 우, 어리석을 우(禺)
갑골문을 보면 앞발을 든 전갈 모양 → 숲속(艹)에 수많은 원숭이(禺)가 뛰어놀다 → 많다, 일만의 뜻
예) 일파만파(一波萬波), 만수무강(萬壽無疆), 만사여의(萬事如意)

蕪 | 1급 거칠 **무** | 풀 초(艹) + 없을 무(無) 발음 역할
땅에 풀(艹)이 없어서(無) 험하다 → 거칠다는 뜻

葉 | **5급** 잎 **엽** | 풀 초(艹) + 대 세(世) + 나무 목(木)
나무(木) 위에 나뭇잎(世)이 달린 형상
→ 나뭇잎의 뜻을 명확하게 하려고 풀 초(艹)가 나중에 추가됨 → 낙엽(落葉), 나뭇잎, 꽃잎
→ (낙엽이 떨어지면 한 해가 가고) 세대의 뜻

著 | **3급** 나타날 **저** | 풀 초(艹) + 사람 자(者) 발음 역할
사람(者)이 풀(艹)로 만든 옷을 입다 → (옷이 몸에 착 달라) 붙다 → (옷을) 짓다
→ (옷을 입어 눈에 잘 띄어) 나타나다 → 입다 → 쌓다 → 저술하다 → 뜻의 뜻
㉑ 현저(顯著), 저서(著書), 저작권(著作權)

莊 | **3급** 엄할 **장** | 풀 초(艹) + 장할 장(壯) 발음 역할
풀(艹)이 씩씩하다(壯) → 풀이 씩씩하게 자라 나간다 → (풀이) 무성하다
→ 장중(莊重)하다, 엄숙(嚴肅)하다, 엄하다 → 장원(莊園) → 별장(別莊)의 뜻

茶 | **3급** 차 **다**, 차 **차** | 풀 초(艹) + 사람 인(𠆢) + 나무 목(木)
소전을 보면 집(余)에서 약차(艹)를 마시는 모습 → 사람(𠆢)이 나무(木) 위에 앉아 약차(艹)를 마시다
→ 차의 뜻
㉑ 다반사(茶飯事), 항다반(恒茶飯), 다례(茶禮), 다과(茶菓), 다산(茶山)

菓 | **2급** 과자 **과** | 풀 초(艹) + 열매 과(果) 발음 역할
옛날에는 풀(艹)이나 열매(果)가 과자였다 → 과일, 실과, 과자의 뜻

蔡 | **2급** 성씨 **채**, 풀 **채** | 풀 초(艹) + 제사 제(祭) 발음 역할
풀밭(艹) 위에서 산신에게 제사(祭)를 지내는 모습 → 풀 → 성씨(채)의 뜻

芮 | **2급** 성씨 **예** | 풀 초(艹) + 안 내(內)
풀(艹) 안(內)에서 사는 사람 모습 → 숲속에 사는 사람 → 나라 이름, 종족 이름 → 성씨(예)의 뜻

范 | **2급** 성씨 **범** | 풀 초(艹) + 넘침 범(氾) 발음 역할
강물이 흘러넘치지(氾) 않도록 강가 풀(艹)들이 막아주다 → (강물이 잘 흐르는 것이) 법(法), 규범(規範)
→ 풀이름 → 성씨(범)의 뜻

薛 | **2급** 성씨 **설** | 초(艹) + 피할 피(辟) 변형
숲속 풀(艹)을 피하여(辟) 살다 → 나라 이름 → 성씨(설)의 뜻

蔣 | **2급** 성씨 **장**, 줄 **장** | 초(艹) + 장수 장(將) 발음 역할
연못이나 냇가에서 튼튼하게(將) 잘 자라는 풀(艹) → 줄(볏과의 여러해살이풀) → 깔개, 주다
→ 나라 이름 → 성씨(장)의 뜻

| 董 | **2급** 감독할 **동** | 풀 초(艹) + 무거울 중(重) 발음 역할
소중(重)한 화초(艹)를 관리하다 → 감독(監督)하다, 동독(董督)하다는 뜻
예 골동품(骨董品)

※ 무거울 중(重)자는 무겁다, 소중(所重)하다, 귀중(貴重)하다, 겹치다는 뜻

| 薰 | **2급** 향초 **훈** | 풀 초(艹) + 불길 훈(熏) 발음 역할
화초(艹)의 향기가 연기(熏)처럼 피어오르다 → 태우다, 향기(香氣)롭다 → 향초(香草), 교훈(教訓)의 뜻

※ 불길 훈(熏)자는 불길, 연기(煙氣), 황혼(黃昏), 향료(香料)를 바르다는 뜻

| 蔚 | **2급** 고을이름 **울** | 초(艹) + 위로할 위(尉)
산지에서 흔하게 자라는 사람을 위로(尉)해 주는 편안한 풀(艹) → 제비쑥 → 고을 이름의 뜻
예 울산(蔚山), 울주(蔚州), 울진(蔚珍)

※ 위로할 위(尉)자는 위로(慰勞)하다, 편안(便安)하다, 벼슬의 뜻

| 苑 | **2급** 나라동산 **원** | 초(艹) + 누워뒹굴 원(夗) 발음 역할
동물들이 초원(艹)에서 누워 뒹굴고(夗) 노니는 곳 → 동산, 나라 동산의 뜻
예 비원(祕苑), 상림원(上林苑)

| 蘊 | **1급** 쌓을 **온** | 초(艹) + 헌솜 온(縕) 발음 역할
풀(艹)들이 여기저기 어지럽다(縕) → 풀이 많이 쌓여있다 → (초목이) 우거지다, 쌓다는 뜻

※ 헌솜 온(縕)자는 헌솜, 뜸, 풍부하다, 어지럽다는 뜻

| 蕭 | **1급** 쓸쓸할 **소** | 초(艹) + 엄숙할 숙(肅) 발음 역할
풀잎(艹) 소리들이 엄숙(肅)하다 → (바람이) 불다 → 쓸쓸하다는 뜻

| 茸 | **1급** 풀날 **용**, 버섯 **이** | 풀 초(艹) + 귀 이(耳) 발음 역할
풀(艹)들 귀(耳)처럼 솟아나 있다 → 싹나다 → 풀이 나다 → 녹용(鹿茸), 버섯의 뜻

| 葺 | **1급** 기울 **즙** | 풀 초(艹) + 소곤거릴 집(咠) 발음 역할
풀잎(艹) 소리가 소곤거리다(咠) → 소리를 잡다 → 겹치다 → 깁다(떨어진 곳, 해진 곳을 꿰매다)의 뜻

| 蓄 | **4급** 모을 **축** | 풀 초(艹) + 가축 축(畜) 발음 역할
가을 추수 끝나고 건초(艹) 더미를 쌓는(畜) 모습 → 모으다, 쌓다, 저축(貯蓄)의 뜻

※ 가축 축(畜)자 갑골문을 보면 끈을 묶은 동물의 밥통과 창자가 그려져 있음
→ 소의 창자(玄)와 위(田)에 점이 찍혀 있음 → 소위에 음식물이 들어가 있다(되새김 표현)
→ (음식을) 쌓다, 비축하다 → 짐승, 가축(家畜)의 뜻

萃
1급 모을 췌 | 풀 초(艹) + 마칠 졸(卒) 발음 역할
적진을 습격하기 위해 수풀(艹) 속에 군사(卒)들이 모여있다 → 모으다, 모이다는 뜻
예 발췌(拔萃)

蒐
1급 모을 수 | 풀 초(艹) + 귀신 귀(鬼) 발음 역할
수풀(艹) 속에 도깨비(鬼)들이 숨어있다 → 모여있다, 모으다, 모이다는 뜻
예 수집(蒐集 : 취미나 연구를 위해 여러 가지를 모으기), 수집(蒐輯 : 재료를 모아 책을 편집함)

莞
2급 빙그레웃을 완 | 풀 초(艹) + 완전할 완(完) 발음 역할
풀(艹)로 방석이나 돗자리를 잘 만들었다(元) → (돗자리 재료) 왕골
→ (돗자리를 잘 만들어서) 빙그레 웃다는 뜻
예 완도(莞島), 완초(莞草)

萎
1급 시들 위 | 풀 초(艹) + 맡길 위(委) 발음 역할
맡겨놓은(委) 화초(艹)가 오래되어 시들다 → 마르다는 뜻
예 위축(萎縮)

※ 맡길 위(委)자는 맡기다, 쌓이다, 시들다는 뜻

蕩
1급 방탕할 탕 | 풀 초(艹) + 끓을 탕(湯) 발음 역할
끓는 뜨거운 물(湯)에 채소(艹)를 넣어 흐느적거리는 모양 → 허물어 뜨리다, 씻어내다 → 움직이다
→ 흔들이다 → 방종하다, 방탕하다는 뜻
예 탕아(蕩兒), 탕진(蕩盡)

藉
1급 깔 자, 짓밟을 적 | 풀 초(艹) + 짓밟을 적(耤) 발음 역할
풀(艹)을 짓밟고(耤) 가는 모습 → 짓밟다 → 깔다, 깔개, 빌리다, 의지하다는 뜻
예 빙자(憑藉), 낭자(狼藉), 위자료(慰藉料)

蔑
2급 업신여길 멸 | 풀 초(艹) + 눈목 목(罒) + 개 술(戌)
눈(罒)과 눈썹(艹)을 가리고 창(戌) 같은 뾰족한 것으로 찌르다 → 욕되게 하다, 업신여기다는 뜻
예 모멸(侮蔑), 능멸(凌蔑, 陵蔑), 멸시(蔑視), 경멸(輕蔑)

若
3급 같을 약 | 풀 초(艹) + 오른쪽 우(右)
갑골문을 보면 무릎 꿇고 두 손을 머리 위로 올리는 종교의식을 행하는 모습
또는 양손으로 머리를 빗어 올리는 여자 모습 → 온순하다, 순종하다 → 순종하는 말(口)
→ 허락하다 → 같은 마음 → 같다, 만약(萬若)의 뜻

蒸 **3급** 찔 증 | 풀 초(艹) + 김오를 증(烝)
찜통(烝)에 불(灬)을 가하자 김(艹)이 올라오는 모양 → 찌다, 데우다, 김이 오르다는 뜻
예 수증기(水蒸氣) : 물이 증발하여 생긴 기체

※ 김오를 증(烝)자는 불(灬) 위에 놓인 그릇(U → 一) 안에 담긴 물(水)을 끓이는 모습 → 김이 오르다 → 찌다는 뜻
※ 도울 승(丞)자는 구덩이(U → 一)에 빠진 사람(了)을 두 손(양쪽의 了 자)으로 구해주는 모습 → 돕다 → 정승의 뜻

薦 **3급** 드릴 천 | 풀 초(艹) + 해태 치(廌)
금문에서 보면 사슴(鹿)처럼 상서로운 해태(廌)가 몸을 치켜세워 풀(艹)을 뜯어먹고 있는 모습
→ (몸을 치켜세운 해태의 모습에서) 올리다 → 천거(薦擧)하다는 뜻

※ 해태(獬豸) : 시비와 선악을 판단하여 안다고 하는 상상의 사슴 닮은 동물

마디 촌

금문을 보면 손 끝부분에 점을 찍은 지사문자
① (손)마디, 촌수   ② 손끝에서 맥박이 뛰는 곳까지의 길이
③ (시간) 헤아린다 (맥박 한번 뛰는데 1초)
④ (길이의 기준은 반드시 지켜야 하는 규칙) 법도, 규칙의 뜻   ⑤ 부수로 사용 시 손의 뜻

※ 손을 의미하는 글자
 ① 손 수(手)   ② 손 수(扌)   ③ 손톱 조(爪)   ④ 돼지머리 계(크)   ⑤ 또 우(又)
 ⑥ 왼손 좌(屮)   ⑦ 마디 촌(寸)   ⑧ 받들 공, 손 맞잡을 공(廾)   ⑨ 절구 구(臼)   ⑩ 칠 복(攴/攵)
 ⑪ 지탱할 지(支)   ⑫ 칠 수(殳)
※ 손가락 3개를 편 방향에 따른 글자(又, 屮, 爪, 크, 寸), 손에 무언가 들고 있는 글자(攴/攵, 支, 殳)

尊 **4급** 높을 존 | 마디 촌(寸) + 술익을 추(酋)
제사상에서 손(寸)으로 조상에게 술(酋)을 올리고 있는 모습 → 술 그릇
→ (조상을 소중히 생각하다) 공경하다, 존경하다 → 높이다는 뜻이 파생됨

※ 우두머리 추(酋)자는 술이 익어 술병(酉)에서 냄새(八)가 나다 → 묵은 술 → 우두머리, 추장의 뜻
※ 좇을 준(遵)자는 존경(尊)하기에 순순히 따라간다(辶) → 좇다, 따르다는 뜻

射 **4급** 쏠 사 | 마디 촌(寸) + 몸 신(身)
갑골문을 보면 활(弓 → 身)에 장전된 화살을 손(寸)으로 잡는 모습 → 쏘다, 사수(射手)의 뜻

封
3급 봉할 **봉** ㅣ 마디 촌(寸) + 홀 규(圭)
손(寸)으로 흙을 쌓아서(圭) 국경 경계를 만들어 제후로 봉하다
→ 제후(諸侯)가 손(寸)을 내밀어 천자로부터 홀(圭)을 받는 모습 → 신표를 하사받다 → 봉하다는 뜻
예 봉건제도(封建制度) : 고대 주나라에서 천자가 경기(京畿, 반경 오백 리의 직할지) 이외의 지역에 토지를 나누어주고 제후를 봉하던 제도

寺
4급 관청 **시**, 절 **사** ㅣ 마디 촌(寸) + 흙 토(土)
손(寸) 위에 발(止 → 土)을 받들고 있는 모습 → 높은 사람을 손발로 받들어 모시다 → 모시다
→ (높은 사람을 모셔야 하는) 관청 → (부처님을 모시는) 절의 뜻

專
4급 오로지 **전** ㅣ 마디 촌(寸) + 실패(叀)의 모습
손(寸)에 실패(叀)를 잡고 돌리는 모습 → 돌리다 → (둥근 실패를 손으로 돌리다) 둥글다
→ (한쪽으로만 도는 모습에서) 오로지
→ (이와 같이 오로지 한 가지만 전문적으로 하는) 전문가(專門家)의 뜻

尃
특급 펼 **부** ㅣ 마디 촌(寸) + 클 보(甫)
논밭(甫)에 모종을 손(寸)으로 심는 모습 → 모종을 펼쳐 심다 → 두루, 얇다, 넓다, 펴다라는 뜻

※ 펄 부(溥)자는 논에 물(氵)을 펼쳐 대다 → 두루 미치다 → 펴다, 베풀다 → 포구(溥口)의 뜻

尉
2급 벼슬 **위**, 위로할 **위** ㅣ 마디 촌(寸) + 주검 시(尸) + 보일 시(示)
높은 사람이 제단(示) 위에 죽은 사람(尸)을 손(寸)으로 어루만지는 모습 → 위로(慰勞)하다 → 벼슬
→ 다리다 → 편안히 하다는 뜻

※ 위로할 위(慰)자는 상주를 마음(心)으로 위로(尉)하다 → 안심하다는 뜻

導
4급 인도할 **도** ㅣ 마디 촌(寸) + 길 도(道) 발음 역할
가야할 길(道)을 손(寸)으로 가리키며 이끌다 → 인도(引導)하다는 뜻

將
4급 장수 **장** ㅣ 마디 촌(寸) + 고기 육(肉 → 月) + 나뭇조각 장(爿) 발음 역할
평상(爿)에서 손(寸)으로 고기(肉)를 들고 제사를 도와주고 있는 장수 모습 → 돕다
→ 장수(將帥), 장군(將軍) → (가차되어) 장차의 뜻

尋
3급 찾을 **심** ㅣ 마디 촌(寸) + 또 우(又 → 크) + 장인 공(工) + 입 구(口)
갑골문에서는 어두운 곳에서 무언가를 찾기 위해 벽을 더듬는 모습
→ 해서에서 윗 손(크)과 아래 손(寸)으로 중간에 있는 무언가(口, 工)를 찾는 모습 → 찾다, 캐묻다는 뜻

對

6급 대할 대 | 마디 촌(寸) + 풀 무성할 착(丵)

갑골문을 보면 여러 개의 초가 꽂힌 긴 촛대(丵)를 손(寸)에 들고 있는 모습
→ 어두운 밤에 촛대를 들고 손님을 마중 나가다 → 마주하다, 대하다
→ 대답(對答)하다, 대조(對照)하다, 대구(對句)의 뜻

※ 寸 자가 부수자는 아니지만 손을 뜻하는 글자
- 예) 지킬 수(守), 줄 부(付), 칠 토(討), 견딜 내(耐), 욕될 욕(辱), 마을 촌(村), 벼슬 작(爵), 갓 관(冠), 장려할 장(獎), 가질 지(持), 얻을 득(得), 빼앗을 탈(奪)

隹 새 추, 높을 최

갑골문을 보면 어린 새의 머리, 날개, 꼬리가 함께 그려져 있음 → 새가 높이 날다
→ (작은) 새, 높다는 뜻

※ 새 조(鳥)자는 새 이름에 많이 사용

雀

1급 참새 작 | 새 추(隹) + 작을 소(小)

작은(小) 새(隹) → 참새의 뜻
- 예) 연작(燕雀) : 제비와 참새라는 뜻으로 옹졸한 사람을 비유하여 이르는 말

雇

2급 뻐꾸기 호, 품팔 고 | 새 추(隹) + 지게 호(戶) 발음 역할

남의 둥지(戶)에 알 낳는 얌체새(隹) → 뻐꾸기
→ (봄철에 뻐꾸기가 울면 농사일을 시작하기에) 품을 판다 → 고용하다는 뜻
- 예) 고용(雇用 : 보수를 주고 사람을 부림), 해고(解雇 : 고용한 사람을 내보냄)

雁

3급 기러기 안 | 새 추(隹) + 사람 인(亻) + 기슭 엄, 기슭 한(厂) 발음 역할

강기슭(厂)에 사람(亻)의 덕성을 갖춘 새(隹) → 기러기의 뜻
- 예) 평사낙안(平沙落雁), 전안례(奠雁禮 : 기러기로 제사를 지내는 예식)

雉

2급 꿩 치 | 새 추(隹) + 화살 시(矢)

나는 것이 마치 화살(矢) 같은 새(隹) → 꿩의 뜻
- 예) 치악산(雉岳山)

雙   **3급** 두 **쌍** | 새 추(隹) + 새 추(隹) + 또 우(又)
손(又) 위에 새가 두 마리 있는 모습 → 새 두 마리 → 암수 한 쌍 → 한 쌍, 쌍쌍의 뜻

隻   **2급** 새한마리 **척** | 새 추(隹) + 또 우(又)
손(又) 위에 새(隹)가 한 마리 있는 모습 → 손에 잡은 새 한 마리 → 하나의 뜻
㉠ 배 한 척(隻) : 배를 헤아리는 단위로도 쓰임

集   **4급** 모을 **집** | 추(隹) + 나무 목(木)
새(隹)가 나무(木) 위에 여러 마리 앉아 있는 모양
→ 원래는 나무 목(木) 위에 새 추(隹)자가 3개나 있는 글자 모양(雧) → 모이다는 뜻
㉠ 집합(集合) : 한군데로 모음

雜   **4급** 섞일 **잡** | 추(隹) + 옷 의(衣 → 卒) 변형 + 나무 목(木)
갑골문을 보면 단순히 새가 세 마리 그려져 있음(雥) → 해서부터 지금 글자
→ 나무(木) 위에 옷(衣 → 卒)색이나 품종이 다른 여러 마리의 새(隹)가 뒤섞여 있다
→ 섞이다, 뒤섞이다, 어수선하다는 뜻
㉠ 잡초(雜草) : 잡풀

離   **4급** 떠날 **리** | 새 추(隹) + 흩어질 리(离) 발음 역할
갑골문을 보면 그물 위쪽으로 새 한 마리가 도망가는 모양 → 새를 놓쳤다
→ 새 추(隹)가 덫에서 도망치다(离) → 새(隹)가 흩어지다(离) → 떠나다, 흩어지다는 뜻

※ 흩어질 리(离)자는 함정(凶) 뚜껑(亠)을 열고 도망가는 짐승 발자국(内)을 표현
→ 짐승의 발자국이 덫 주변에 흩어져있다 → 떠나다, 분산하다는 뜻

雅   **3급** 맑을 **아** | 새 추(隹) + 어금니 아(牙) 발음 역할
이빨(牙)이 날카로운 새(隹) → 띠(메) 까마귀 → 띠 까마귀 우는 소리가 맑다 → 맑다, 바르다
→ 우아하다 → 아담(雅淡)하다는 뜻

雌   **2급** 암컷 **자** | 새 추(隹) + 이 차(此) 발음 역할
새(隹) 뒤를 발걸음(此) 총총 따라가는 모양 → 따라가는 새 → 새(隹) 부부(此) 중 암컷의 뜻
㉠ 자웅(雌雄) : 암컷과 수컷

※ 이 차(此)자는 발(止)과 사람(匕)을 그린 것 → 사람(匕)이 멈추어(止) 있는 곳 → (가까운 곳) 이곳, 이것
→ (가까운 사이) 부부의 뜻

雄
5급 수컷 웅 | 새 추(隹) + 팔꿈치 굉(厷)
수컷(厷) 새(隹) → 굳세다 → 용감하다, 뛰어나다는 뜻
- 예 영웅(英雄) : 재능과 지혜가 뛰어나 대중을 영도하고 세상을 이끌어가는 사람

※ 팔꿈치 굉(厷)자는 큰 팔꿈치를 그린 것 → 팔뚝 → (팔뚝이 큰) 수컷의 뜻

難
4급 어려울 난 | 새 추(隹) + 진흙 근(堇) 변형
진흙(堇)에 빠진 작은 새(隹)가 빠져나오기 어렵다는 뜻
- 예 재난(災難), 수난(受難), 난해(難解), 고난(苦難), 난형난제(難兄難弟)

雖
3급 비록 수 | 새 추(隹) + 비록 수(虽) 발음 역할
금문을 보면 도마뱀(虽)을 잡아먹는 새(隹) 모습 → (비록 작은 새라도 뱀을 잡아먹기에) 비록
→ 아무리 ~하여도, 그러나의 뜻

※ 비록 수(虽)자는 도마뱀을 그린 것 → 도마뱀 → (가차되어) 비록, 아무리~하여도의 뜻

雍
2급 화할 옹 | 새 추(隹) + 돼지머리 두(亠) + 시골 향(乡)
새장을 나갔던 새(隹)가 다시 자기 태어난 보금자리(乡)로 돌아와 넣어두었다(亠) → 기뻐하다
→ 껴안다, 모으다, 막다 → 화(和)하다, 화목(和睦)하다

※ 隹 자가 부수자가 아니지만 새 관련 글자
- 예 나아갈 진(進), 두려워할 구(懼), 떨칠 분(奮), 빼앗을 탈(奪), 얻을 획(獲), 오직 유(唯), 생각할 유(惟), 어릴 치(稚)

※ 새 종류를 뜻하는 글자
- 예 비둘기 구(鳩), 꿩 치(雉), 까치 간(鴿), 기러기 안(雁), 도요새 금(雂), 매 응(鷹), 구관조 구(雊), 수리부엉이 락(雒), 비둘기 합(鴿), 송골매 최(觜), 독수리 조(雕), 까치 작(鵲), 닭 계(雞), 제비 휴(鷦), 메추라기 안(鵪), 앵무새 앵(鸚), 황새 관(鸛), 병아리 추(雛), 학 학(鶴)

벌레 충

갑골문을 보면 유충(또는 뱀)의 머리와 몸통이 함께 그려져 있음 → 벌레의 뜻

※ 곤충, 파충류(뱀, 개구리, 자라 등), 갑각류(새우 등), 연체동물(조개, 달팽이) 등을 모두 벌레로 표현
곤충, 생물, 동물에 두루두루 사용

蟲 | 4급 벌레 **충** | 벌레 충(虫) + 벌레 충(虫) + 벌레 충(虫) 발음 역할
벌레(虫)가 여러 마리(蟲)가 있는 모습 → 벌레의 뜻
예) 해충(害蟲 : 사람이나 농작물에 해가 되는 벌레), 충치(蟲齒 : 벌레 먹은 이)

蚤 | 특급 벼룩 **조** | 벌레 충(虫) + 손톱 조(叉) 발음 역할
매우 작은(叉) 벌레(虫) → 벼룩, 손톱의 뜻

※ 손톱 조(叉)자는 손(又)에 점(')을 찍어 손톱을 표현 여기서 매우 작다는 것을 의미

蜀 | 2급 애벌레 **촉**, 나라이름 **촉** | 벌레 충(虫) + 눈 목(目 → 罒) + 쌀 포(勹)
몸(勹)에 붙은 머리(目 → 罒) 크게 강조한 벌레(虫) → 해바라기 벌레 → 애벌레 → 촉나라의 뜻
예) 위촉오(魏蜀吳) : 삼국지에 나오는 세 나라

蝶 | 3급 나비 **접** | 벌레 충(虫) + 나뭇잎 엽(枼) 발음 역할
날개가 나뭇잎(枼)처럼 생긴 벌레(虫) → 나비의 뜻

※ 나뭇잎 엽(枼)자는 나무(木)줄기 위로 잎(世)이 올라온 모습 → 나뭇잎의 뜻

蝴 | 특급 나비 **호** | 벌레 충(虫) + 수염 호(胡) 발음 역할
수염 호(胡)자 음(音)을 빌려 벌레(虫) 중 나비를 뜻함 → 호접(蝴蝶 : 나비)의 뜻
예) 호접지몽(蝴蝶之夢) : 나비의 꿈 → 자기와 외부 세계와의 구분을 잊어버린 경지를 일컫는 말(장자)

蜂 | 3급 벌 **봉** | 벌레 충(虫) + 이끌 봉(夆) 발음 역할
날카로운(夆) 침을 가진 벌레(虫) → 벌의 뜻
예) 양봉(養蜂) : 꿀벌을 치는 일

※ 이끌 봉(夆)자는 끌다, 만나다는 뜻이지만 날카롭다는 뜻도 있음
※ 칼날 봉(鋒)자는 날카로운(夆) 쇠(金) → 뾰족한 끝 → 칼날의 뜻

螳 | 1급 사마귀 **당** | 충(虫) + 집 당(堂) 발음 역할
당당한(堂) 모습의 벌레(虫) → 사마귀의 뜻

※ 집 당(堂)자는 집을 뜻하는 글자로 많이 사용되지만, 당당하다는 뜻도 있음

螂 | 특급 사마귀 **랑** | 충(虫) + 사내 랑(郎) 발음 역할
사내 남자 같이 당당한(郎) 벌레(虫) → 사마귀의 뜻
예) 당랑거철(螳螂拒轍) : 당나귀가 수레바퀴를 막으려고 한다
→ 제힘으로 당하지 못할 것을 생각지 않고 대적하려 함

Ⅱ. 부수자

螢
3급 반딧불이 **형** | 벌레 충(虫) + 등불 형(熒) 변형 발음 역할
등불(熒)처럼 밝은 벌레(虫) → 반딧불이(개똥벌레)의 뜻
- 예 형설지공(螢雪之功) : 반딧불과 눈의 공
  → 고생을 이기고 공부하여 성공함 중국 진(晉)나라 손강(孫康)과 차윤(車胤) 이야기

※ 등불 형(熒)자는 불이 켜져 있는 횃불의 모습을 본떠 만든 글자

蚊
1급 모기 **문** | 벌레 충(虫) + 글월 문(文) 발음 역할
벌레(虫)인 모기에 물리면 몸에 문신(文)처럼 자국이 남는다 → 모기의 뜻
- 예 견문발검(見蚊拔劍) : 모기를 보고 칼을 뺀다는 의미로
  대단치 않은 일에 쓸데없이 크게 화를 내는 사람을 일컫는 말

蠶
2급 누에 **잠** | 벌레 충(虫) + 벌레 충(虫) + 일찍 참(朁) 발음 역할
잠(朁)을 많이 자는 벌레(虫) → 누에의 뜻
- 예 잠실(蠶室 : 누에를 치는 방), 잠사(蠶絲 : 누에고치에서 뽑은 실)

※ 일찍 참(朁)자는 하품하는 모습에서 잠자는 것을 표현
※ 누에는 유충 때 잠자는 횟수에 따라 3면잠, 4면잠, 5면잠으로 분류하기도 함

蛇
3급 긴뱀 **사** | 벌레 충(虫) + 뱀 사, 다른 타(它) 발음 역할
벌레(虫) 중 뱀(它)을 뜻하는 글자 → 뱀의 뜻
- 예 독사(毒蛇), 백사(白蛇), 사족(蛇足 : 뱀을 발 → 쓸데없는 일)

※ 뱀 사(它)자 갑골문을 보면 몸을 세워 목 부분을 평평하게 펼친 뱀을 그린 것 → 뱀
  → 다르다, 딴 사람 → 어지럽다는 뜻
※ 뱀 사(巳)자 갑골문을 보면 태아 그림 → 뱀 닮았다 → 태아(胎兒) → 뱀 → 주로 뱀띠의 뜻으로 사용

蜈
특급 지네 **오** | 벌레 충(虫) + 오나라 오(吳) 발음 역할
오(吳)의 음(音)을 빌려 벌레(虫) 중 지네를 뜻하는 글자
- 예 오공(蜈蚣) : 한방의 말린 지네

蚣
특급 지네 **공** | 벌레 충(虫) + 공평할 공(公) 발음 역할
공(公)의 음(音)을 빌려 벌레(虫) 중 지네를 뜻하는 글자

蚓
1급 지렁이 **인** | 벌레 충(虫) + 끌 인(引) 발음 역할
자기 몸을 땅에 끌고(引) 다니는 환형동물(虫) → 지렁이의 뜻

蛔
1급 회충 **회** | 벌레 충(虫) + 돌 회(回) 발음 역할
뱀처럼 빙빙 돌아(回) 말린 모습의 벌레(虫) → 회충(蛔蟲)의 뜻

| 蝦 | **1급** 새우 하 | 벌레 충(虫) + 빌릴 가(叚) 발음 역할
음(音)을 나타내는 叚(가 → 하)와 벌레 충(虫)자가 합하여 → 새우 → 새우 하(鰕)와 같은 뜻
예 대하(大蝦) : 보리새웃과의 새우

| 蛤 | **1급** 대합조개 합 | 벌레 충(虫) + 합할 합(合) 발음 역할
껍질 두 개가 합해진(合) 어패류(虫) → 대합(大蛤)조개의 뜻

| 蜃 | **1급** 큰조개 신 | 벌레 충(虫) + 별이름 진, 때 신(辰) 발음 역할
백합과 대합(辰)조개(虫) → 큰 조개의 뜻
예 신기루(蜃氣樓)

※ 별이름 진, 때 신(辰)자는 커다란 조개가 껍데기 사이로 발을 내민 모양 → 별 이름, 때, 시각의 뜻

| 螺 | **1급** 소라 라 | 벌레 충(虫) + 묶을 루(累) 발음 역할
포개서(累) 빙빙 감아 말린 나선 모양의 조개(虫) → 소라, 고동, 다슬기의 뜻
예 나사(螺絲), 나선(螺旋)

※ 묶을 루(累)자는 묶다, 결박하다, 거듭되다, 포개다는 뜻

| 蝸 | **1급** 달팽이 와 | 벌레 충(虫) + 입비뚤어질 와(咼) 발음 역할
몸이 咼자처럼 생긴 어패류(虫) → 달팽이, 고동의 뜻
예 와각지쟁(蝸角之爭) : 달팽이 뿔(觸角)끼리 싸운다

| 蛙 | **특급** 개구리 와 | 벌레 충(虫) + 서옥 규(圭) 발음 역할
음(音)을 나타내는 圭(규 → 와)와 벌레 충(虫)자가 합하여 개구리를 뜻하는 글자
예 정저지와(井底之蛙) : 우물안에 개구리

| 蟾 | **2급** 두꺼비 섬 | 벌레 충(虫) + 이를 첨(詹) 발음 역할
커다란 눈으로 두리번거리며 쳐다보는(詹) 양서류(虫) → 두꺼비의 뜻
예 섬진강(蟾津江) : 두꺼비(蟾)가 사는 나루터(津)가 있는 강(江)

※ 이를 첨(詹)자는 언덕 위에서 위태롭게 서 있는 사람(产)에게 크게 말(言)하는 모습 → 이르다
→ 쳐다보다, 수다스럽다, 말이 많다 → 넉넉하다 → 두꺼비의 뜻

| 蜚 | **1급** 바퀴 비 | 벌레 충(虫) + 아닐 비(非) 발음 역할
벌레(虫)가 나르는(非) 모양 → 날다 → (날아다니는 벌레) 바퀴의 뜻
예 유언비어(流言蜚語)

螟　1급 멸구 **명** | 충(虫) + 어두울 명(冥) 발음 역할
벌레(虫)중 농사에 어둡게(冥) 방해하는 해충 → 멸구, 배추벌레의 뜻

蛟　1급 교룡 **교** | 벌레 충(虫) + 사귈 교(交) 발음 역할
몸이 뒤틀어져(交) 있는 상상 속 동물(虫) → 교룡(蛟龍)의 뜻

蝕　1급 좀먹을 **식** | 벌레 충(虫) + 먹을 식(食) 발음 역할
벌레(虫)가 갉아 먹었다(食) → 벌레 먹었다 → 좀 먹다 → 일식(日蝕), 월식(月蝕)의 뜻

蟄　1급 숨을 **칩** | 벌레 충(虫) + 잡을 집(執) 발음 역할
벌레(虫)들이 겨울철에 동면(冬眠)하기 위해 잡혀있는(執) 것처럼 숨어있다는 뜻
　예 경칩(驚蟄) : 24절기 중 세 번째 절기, 봄비에 놀라 땅속의 벌레들이 놀라(驚)
　　　　　　　겨울잠(蟄)에서 깨어나온다고 함
　　칩거(蟄居) : 벌레 따위가 땅속에서 동면을 함, 나가지 않고 거처에 들어박혀 있음

※ 잡을 집(執)자 갑골문을 보면 죄수의 손에 수갑을 찬 모습에서 잡다는 뜻

蜜　3급 꿀 **밀** | 벌레 충(虫) + 잠잠할 밀(宓) 발음 역할
벌집에 꿀이 빽빽하게(宓) 있는 모양 → 벌이 꿀을 깊숙이(必) 숨겨놓다 → 꿀, 꿀벌, 달콤하다는 뜻
　예 구밀복검(口蜜腹劍) : 입속에는 꿀을 담고 뱃속에는 칼을 지녔다

※ 잠잠할 밀(宓)자는 집안(宀)에 그릇이 많이(必) 있는 모양 → 빽빽하다, 잠잠하다, 편안하다는 뜻
※ 빽빽할 밀(密)자는 깊은 산속(山)에 나무가 빽빽하다(宓)의 뜻

融　2급 녹을 **융** | 벌레 충(虫) + 솥 력(鬲)
솥(鬲)에 먹는 곤충(虫)을 삶는 모양 → 삶아 김이 빠지다 → 녹다 → 융합하다는 뜻

蠻　2급 오랑캐 **만** | 벌레 충(虫) + 어지러울 련(䜌)
어지러운(䜌) 벌레(虫) 같은 부족 → 미개(未開) 민족(民族) → 야만적이다 → 오랑캐의 뜻
　예 이만융적(夷蠻戎狄) : 동남서북쪽 오랑캐의 뜻

蠟　1급 밀 **랍** | 벌레 충(虫) + 목 갈기 렵(巤) 발음 역할
꿀 찌꺼기를 끓여서 짜낸 기름 → 밀랍(蜜蠟), 봉랍(蜂蠟)의 뜻

蛋　1급 새알 **단** | 벌레 충(虫) + 짝 필(疋)
새(虫)가 짝(疋)을 이룬 후 새알 낳다 → 새알의 뜻
　예 단백질(蛋白質)

蠢

1급 꾸물거릴 **준** | 벌레 충(虫) + 벌레 충(虫) + 봄 춘(春) 발음 역할

봄(春)이 되니까 벌레들(蚰)이 꿈틀거린다 → 꾸물거리다는 뜻

예 준동(蠢動)

蟠

1급 서릴 **반** | 벌레 충(虫) + 차례 번, 땅 이름 반(番) 발음 역할

벌레(虫)들이 땅에 헝클어지지 않고 차례대로 둘러서(番) 포개어 감아 있다 → 빙감다, 서리다는 뜻

虹

1급 무지개 **홍** | 벌레 충(虫) + 장인 공(工) 발음 역할

하늘(工)에 걸린 긴 뱀(虫)처럼 생긴 무지개 → 어지럽다는 뜻

豸 벌레 치, 해태 채, 해태 태

갑골문을 보면 고양이나 표범, 호랑이와 같은 고양잇과 동물 모양 → 해치(해태의 원말) → 벌레 → 웅크리고 노려보다는 뜻

※ 해태(獬豸 : 시비와 선악을 판단하여 안다고 하는 상상의 동물)

貌

3급 모양 **모** | 해태 태(豸) + 모양 모(皃) 발음 역할

무릎을 꿇고 앉아 있는(豸) 모양(皃) → 예모(禮貌 : 예절에 맞는 몸가짐), 모양, 얼굴, 자태(姿態)의 뜻

예 용모(容貌), 외모(外貌), 미모(美貌)

貊

2급 맥국 **맥** | 해태 태(豸) + 일백 백(百) 발음 역할

백 마리(百) 해태(豸)처럼 용감하고 무서운 백의민족
→ 고대 중국의 동북부와 한반도 북부 지역에 거주한 민족으로
일명, 예맥(濊貊) 혹은 예(濊, 穢, 薉)로도 불림 → 맥국 → 옛 우리나라 민족을 일컫는 말

豹

1급 표범 **표** | 해태 태(豸) + 구기 작(勺)

고양잇과의 동물(豸)이 웅크리고(勺) 있는 모양 → 표범의 뜻

貂

1급 담비 **초** | 해태 태(豸) + 부를 소(召) 발음 역할

털이 부드러운 족제빗과의 동물(豸) → 담비의 뜻

豺

1급 승냥이 **시** | 해태 태(豸) + 재주 재(才) 발음 역할

사냥 재주(才)가 뛰어난 최강 포식자로 갯과 포유동물(豸) → 승냥이의 뜻

 흙 토

갑골문을 보면 평지 위로 둥근 것이 올라온 모양 → 흙덩어리가 뭉쳐있는 모양 → 흙, 토양, 땅 → 장소(곳), 흙으로 만든 것, 단순 모양자로 사용됨

坤 **3급** 땅 곤 | 흙 토(土) + 펼 신(申)
흙(土)이 끝없이 펼쳐져(申) 있는 곳 → 땅 → 만물의 힘이 깃든 땅 → 괘(卦) 이름의 뜻
예 건곤감리(乾坤坎離) : 하늘, 땅, 달, 해를 의미 → 태극의 4괘

※ 펼 신(申)자는 번개가 내려치는 모양 → 하늘의 신 → 펴다는 뜻

地 **7급** 땅 지 | 흙 토(土) + 이것 이(也)
흙(土)이 연이어(也) 깔린 땅 → 대지, 장소 → 영토, 국토 → 바탕, 기본 → 신분, 처지의 뜻
예 천지(天地) : 하늘과 땅

場 **7급** 마당 장 | 흙 토(土) + 빛날 양(昜)
햇볕이 비치는(昜) 땅(土) → 마당, 장소(場所), 무대의 뜻

域 **4급** 지경 역 | 흙 토(土) + 혹 혹(或) 발음 역할
지키는(或) 장소(土) → 지역(地域), 구역(區域), 지경, 나라의 뜻

※ 혹 혹(或)자는 땅(一) 위에 있는 지역(口)을 창(戈)으로 지키다 → 나라, 지역 → 혹시의 뜻
※ 나라 국(國)자는 지키는(或) 지역(口) → 나라의 뜻

境 **4급** 지경 경 | 흙 토(土) + 마칠 경(竟) 발음 역할
땅(土)이 끝나서 마치는(竟) 곳 → 영토 끝자락 → 지경(地境), 경계(境界)의 뜻

※ 마칠 경(竟)자 갑골문을 보면 노예(儿) 몸에 문신[辛 → 立]을 새기는 일을 끝낸 모습
  → 마치다, 마침내, 거울, 두루 마치다, 끝, 지경의 뜻

垠 **2급** 지경 은 | 흙 토(土) + 괘이름 간, 그칠 간(艮)
땅(土)이 그친 곳(艮) → 지경(地境: 땅의 가장자리 경계) → 땅끝 → 가장자리 → 낭떠러지 → 자취의 뜻

基 **5급** 터 기 | 흙 토(土) + 그 기(其) 발음 역할
갑골문을 보면 키(其)로 흙(土)을 퍼 나르는 모습 → 건물 짓기 시작은 땅을 파고 흙 다지기
→ 건물을 짓기 전에 터를 다진다 → 터, 기반(基盤), 기초(基礎), 토대(土臺) 근본의 뜻

※ 그 기(其)자는 벼나 곡식의 껍데기를 걸러내던 키를 그린 것
  → 여기서는 키와 비슷한 모양의 삼태기(흙을 담아 나르는 그릇) 해석

址 | 2급 터 지 | 흙 토(土) + 그칠 지(止) 발음 역할
땅(土)이 그친 곳(止)에 돌을 받쳐 놓다 → 기둥 밑에 기초로 받쳐 놓은 돌 → 주춧돌 → 터의 뜻
예) 기지(基址)

墟 | 1급 터 허 | 흙 토(土) + 빌 허(虛) 발음 역할
비어(虛) 있는 땅(土)을 채우다 → 구렁(움쑥하게 팬 땅) → 다지다 → 터 → 황폐하게 하다는 뜻
예) 폐허(廢墟)

垈 | 2급 집터 대 | 흙 토(土) + 대신할 대(代) 발음 역할
땅(土) 위에 건물과 연결(代)하는 → 터(집이나 건물을 짓는 자리) → 대지(垈地)의 뜻

※ 대신할 대(代)자는 사람(人)이 끈처럼 연결(弋)되어 있다 → 세대 → 교체하다, 대신하다는 뜻
※ 주살 익(弋)자 갑골문을 보면 단순히 줄을 묶어 놓던 말뚝을 그린 것
  → (말뚝과 줄이 서로 연결되어 있으므로) 이어지다 → 주살(화살촉에 구멍을 뚫어 줄을 매달아 놓은 것)의 뜻

塊 | 3급 덩어리 괴 | 흙 토(土) + 귀신 귀(鬼) 발음 역할
금문을 보면 바구니에 흙덩이가 담겨있는 모습 → 덩어리, 흙덩이, 뭉치의 뜻
예) 금괴(金塊) : 금덩이

壤 | 3급 흙덩이 양 | 흙 토(土) + 도울 양(襄) 발음 역할
경작이 가능한 비옥한 땅(土)을 만들기 위해 땅을 복돋우다(襄) → 부드러운 흙 → 흙덩어리
→ 땅, 경작지 → 국토의 뜻
예) 천양지차(天壤之差) : 하늘과 땅 사이의 차이 → 커다란 차이

※ 도울 양(襄)자 소전을 보면 옷 의(衣)자 위에 도구를 든 두 손을 그림
  → 옷에 장식을 달거나 수선하는 모습에서 도와주다는 뜻

壞 | 3급 무너질 괴 | 흙 토(土) + 그리워할 회(褱) 발음 역할
절벽의 흙(土)이 눈물처럼 흘러내리다(褱) → 땅이 무너지다 → 허물어지다 → 파괴하다는 뜻
예) 붕괴(崩壞 : 허물어져 무너짐), 파괴(破壞)

※ 그리워할 회(褱)자는 옷 의(衣)자 중간에 눈 목(目 → 罒)자와 물 수(水/氺)자가 들어 있는 글자
  → 눈(目 → 罒)에서 눈물(氺)이 나와 옷(衣)을 적시며 그리워하다 → 품다 → 임신하다는 뜻

壇 | 5급 단 단 | 흙 토(土) + 믿음 단(亶) 발음 역할
제사를 지내는 흙(土)으로 쌓은 제단과 창고(亶)를 그린 것 → 제단(祭壇), 마루, 강단, 장소의 뜻

※ 믿음 단(亶)자는 제사 도구 제기(祭器)를 보관하던 창고를 그린 것

Ⅱ. 부수자

埠 | 1급 부두 **부** | 흙 토(土) + 언덕 부(阜) 발음 역할
바닷가에 흙(土)으로 언덕(阜)처럼 쌓아놓은 부두 → 부두(埠頭), 선창의 뜻

墨 | 3급 먹 **묵** | 흙 토(土) + 검을 흑(黑)
옛날에는 검은(黑) 진흙(土)으로 먹을 만듦 → 그을음 → 먹의 뜻

※ 검을 흑(黑)자는 아궁이를 그린 것 → 불꽃의 검은 그을음으로 → 검다는 뜻

墳 | 3급 무덤 **분** | 흙 토(土) + 클 분(賁) 발음 역할
흙(土)을 크게(賁) 솟아오르게 한 것 → 무덤, 봉분(封墳)의 뜻

※ 클 분(賁)자는 풀 훼(卉)자와 조개 패(貝)자가 합쳐진 글자 → 풀(卉)과 조개(貝) 등으로 무덤을 → 크게 솟아오르다 → 크다 → 꾸미다는 뜻

墓 | 4급 무덤 **묘** | 흙 토(土) + 없을 막(莫)
흙(土) 위에 봉분이 없는(莫) 평평한 무덤 → 묘지(墓地)의 뜻
예) 분묘(墳墓) : 무덤 분(墳)자는 땅 위로 솟아오른 무덤,
　　　　　　　무덤 묘(墓)자는 원래는 땅 위에 봉분이 없는 평평한 무덤을 의미함

塚 | 1급 무덤 **총** | 흙 토(土) + 덮을 멱(冖) + 돼지 시(豕)
흙(土)으로 돼지(豕)를 덮다(冖) → 무덤의 뜻
예) 칠백의총(七百義塚)

城 | 4급 재 **성** | 흙 토(土) + 이룰 성(成) 발음 역할
높은 곳에 흙(土)으로 성벽을 쌓고 창(戌)을 들고 지킨 모습
→ 높은 고개에 흙(土)으로 성벽을 쌓았다(成) → 재(높은 산의 고개), 성, 도읍, 나라, 지키다는 뜻
예) 수성(守城) : 성을 지킴

堡 | 1급 작은성 **보** | 흙 토(土) + 지킬 보(保) 발음 역할
지켜야 할(保) 흙(土) → 둑, 방죽, 작은성의 뜻
예) 보루(堡壘), 교두보(橋頭堡)

壘 | 1급 보루 **루** | 흙 토(土) + 밭갈피 루(畾) 발음 역할
흙(土)을 성채처럼 쌓아놓은 모양(畾) → 보루(적의 침입을 막기 위해 튼튼하게 쌓은 구축물)의 뜻
예) 본루(本壘), 잔루(殘壘), 이루(二壘)

塏 | 2급 높은땅 **개** | 흙 토(土) + 어찌 기, 개가 개(豈) 발음 역할
산이 어찌(豈) 이리 높은 땅(土)인가 → 높은 땅의 뜻

埈 | 2급 높을 준 | 흙 토(土) + 천천히 걷는 모양 준(夋) 발음 역할

뛰어난(夋) 땅(土) → 높다, 험하다, 가파르다는 뜻

※ 천천히 걷는 모양 준(夋)자는 믿음직한 사람(允)이 천천히 걷는(夂) 모습 → 천천히 걷다, 뛰어난 사람, 좋다는 뜻

堯 | 2급 요임금 요 | 흙 토(土)3개 + 어진사람 인(儿)

흙(土)이 수북하게 쌓인 모양의 높을 요(垚)자와 높고 위가 평평(平平)한 모양의 우뚝할 올(兀)자 결합자 → 매우 높다 → 멀다 → 임금 이름(요)의 뜻

예 요순시절(堯舜時節) : 요와 순의 두 임금이 다스리던 시절 → 나라가 태평한 시절을 일컬음

坡 | 2급 언덕 파 | 흙 토(土) + 가죽 피(皮) 발음 역할

흙(土)의 껍질(皮)이 거칠고 높이 쌓여있는 곳 → 비탈, 언덕, 고개, 제방의 뜻

예 파평(坡平), 파주(坡州), 송파(松坡)

壟 | 1급 밭두둑 롱 | 흙 토(土) + 용 룡(龍) 발음 역할

언덕(龍)처럼 불룩 튀어나온 흙(土) → 밭의 고랑 사이에 흙을 높게 올려서 만든 두둑한 곳 → 밭이랑, 밭두둑, 밭두렁의 뜻

예 농단(壟斷 : 이익을 독점 함), 구롱(丘壟)

塔 | 3급 탑 탑 | 흙 토(土) + 작은콩 답(荅) 발음 역할

고대 중국에서 흙(土)을 합하여 만든 탑(荅)을 의미하는 글자

예 석탑(石塔 : 돌로 쌓은 탑)

堂 | 6급 집 당 | 토(土) + 오히려 상(尙) 변형 발음 역할

흙(土) 위에 지은 건물(尙) → 집, 사랑채의 뜻

예 당상관(堂上官) : 임금의 집(堂)에 올라갈(上) 수 있는 벼슬(官), 조선시대 정3품 이상, 식당(食堂), 서당(書堂), 사당(祠堂), 강당(講堂)

※ 오히려 상(尙)자는 금문을 보면 기와(八), 창문 있는 집(向) 모양 → 집 → 높이 지은 건물 → 높다 → 숭상하다 → 오히려 → 자랑하다, 풍습의 뜻

墻 | 3급 담 장 | 흙 토(土) + 아낄 색(嗇) 발음 역할

흙(土)으로 울타리를 만들어 수확한 곡식을 안전하게 보관하다(嗇) → 경계, 담장(牆)의 뜻

예 장벽(墻壁) : 담과 벽

※ 아낄 색(嗇)자는 수확한 보리(來)를 곳집(向)에 보관한 모양 → 곡식을 거두다(穡) → 아껴 쓰다 → 인색(吝嗇)하다 → 탐내다라는 뜻

Ⅱ. 부수자

| 堵 | **1급** 담 도 | 흙 토(土) + 놈 재(者) 발음 역할
사람(者)이 흙(土)으로 쌓아 만든 것
→ 집의 둘레나 일정한 공간을 막기 위하여 여러(者) 흙(土), 돌 따위로 쌓아 올린 것 → 담장의 뜻

| 塼 | **특급** 벽돌 전 | 흙 토(土) + 오로지 전(專) 발음 역할
고대 중국에서 모래가 아닌 오로지(專) 흙(土)으로 만든 벽돌을 의미하는 글자
- 예 전탑(塼塔) : 경주 분황사 탑처럼 벽돌로 쌓은 탑

| 壁 | **4급** 벽 벽 | 흙 토(土) + 피할 벽(辟) 발음 역할
도둑이나 적으로부터 피하기(辟) 위해 흙(土)으로 쌓은 것 → 벽 → 낭떠러지, 성의 외곽의 뜻
- 예 벽장(壁欌), 적벽대전(赤壁大戰)

※ 피할 벽(辟)자는 언덕(阜)에 죄인(辛)이 형벌을 피해 숨어있는 모습 → 피하다, 숨다, 벗어나다 → 임금
　→ 허물 → 비유하다는 뜻
※ 피할 피(避)자는 죄인이 형벌을 피해(辟) 도망가다(辶) → 벗어나다, 물러나다는 뜻

| 堤 | **3급** 둑 제 | 흙 토(土) + 바를 시(是)
물 흐름을 바르게(是) 하려고 흙(土)으로 제방(堤防)을 쌓다 → 둑, 방죽, (둑을)쌓다는 뜻
- 예 제방(堤防), 방파제(防波堤), 제천(堤川), 김제(金堤), 벽골제(碧骨堤)

※ 옳을 시(是)자는 태양(日)이 일정 주기로 바르게(正 → 疋) 뜨고 진다 → 정확하고 바르다 → 옳다, 바르다
　→ 여기, 이것, 무릇의 뜻

| 堰 | **1급** 둑 언 | 흙 토(土) + 눕힐 언(匽) 발음 역할
높은 길을 내려고 기다랗게(匽) 흙(土)을 쌓은 언덕 → 둑, 방죽, 보(洑)의 뜻

| 塞 | **3급** 막을 색, 변방 새
갑골문을 보면 집처럼 생긴 상자 안에 물건이 꽉 들어차 있는 모양(寔) → 막혔다, 쌓였다
→ 소전에서 땅(土)이 막혔다(寔) → 변방, 보루, 요새(要塞)의 뜻
- 예 새옹지마(塞翁之馬)

| 壅 | **1급** 막힐 옹 | 흙 토(土) + 하할 옹(雍) 발음 역할
식물의 뿌리를 싸고 있는 흙(土)을 도와(雍) 높아지게 하다 → 북 → 가리다 → 막다는 뜻
- 예 옹졸(壅拙), 옹색(壅塞), 옹고집(壅固執)

| 堆 | **1급** 쌓을 퇴 | 흙 토(土) + 새 추, 높을 최(隹) 발음 역할
흙(土)을 높이(隹) 쌓다 → 흙무더기 → 쌓이다는 뜻
- 예 퇴적(堆積), 퇴비(堆肥)

增
4급 더할 증, 겹칠 증 | 흙 토(土) + 거듭 증(曾) 발음 역할

집이나 담벼락을 만들기 위해 흙(土)을 층층이(曾) 다져나가는 모양 → 흙을 층층이 쌓다
→ 많아지고 있다 → 더하다, 증가(增加)하다 → 거듭나다, 늘다, 미워하다는 뜻

※ 거듭 증(曾)자 갑골문을 보면 음식을 찌는 시루에서 올라오는 증기(八)의 모습
→ (금문부터 시루를 겹쳐 놓아) 거듭하다, 겹치다, 늘어나다 → (나중에 가차되어) 일찍, 이전에의 뜻

壓
4급 누를 압 | 흙 토(土) + 싫어할 염(厭) 발음 역할

흙(土)으로 누르다(厭) → 압박(壓迫)하다, 억압(抑壓)하다, 진압(鎭壓)하다는 뜻

※ 싫어할 염(厭)자는 집에 있는 개가 고기를 배불리 먹는 모습 → 싫어하다, 누르다, 물리다는 뜻

坐
3급 앉을 좌 | 흙 토(土) + 사람 인(人) + 인(人)

소전에서는 사람들(人, 人)이 땅(土) 위에 앉아 있는 모습 → 앉다, 무릎을 꿇다는 뜻

예 좌선(坐禪) : 불교에서 조용히 앉아서 수행을 닦는 것

※ 자리 좌(座)자는 집(广)안에 앉아(坐) 있는 곳 → 자리 → 계급, 지위의 뜻

坪
2급 들 평 | 흙 토(土) + 평평할 평(平) 발음 역할

평평(平)한 땅(土) → 평평하다 → 들(편평하고 넓게 트인 땅) → 평수(지적 단위)의 뜻

※ 평평할 평(平)자는 악기 소리 울림이 고르게 퍼져나가는 모양 → 평평하다. 고르다. 가지런하다
→ 안정되다, 화목하다 → 들, 평원(平原)의 뜻

※ 평할 평(評)자는 말(言)을 고르게(平) 하다
→ 어느 한쪽에도 치우치지 않고 공정하게 평가(評價)하다, 평론(評論)하다는 뜻

培
3급 북을돋울 배 | 흙 토(土) + 침 부(咅) 발음 역할

식물이 잘 자라게 하려고 흙(土)을 불룩하게(咅) 해주다
→ 북(식물의 뿌리를 싸고 있는 흙)을 돋우다(도드라지거나 높아지게 하다) → 배양(培養)하다
→ 양성하다 → 불리다 → 기운을 더 높여주다 → 언덕(부), 담, 울타리의 뜻

※ 침 부(咅)자는 식물의 줄기 아랫부분(口)이 일어나고(立) 있는 모습
→ 많이 먹어서(口) 배가 불룩 일어섰다(立) → 부풀어 오르다 → 커지다 → 많다
→ [글자 모양이 입(口)에서 침 뱉는(立) 모습과 비슷하여] 침, 침을 뱉는 소리의 뜻

均
4급 고를 균 | 흙 토(土) + 고를 균(勻) 발음 역할

땅(土)이 고르다(勻) → 평평하다 → 가지런히 하다 → 균등(均等)하다는 뜻

※ 고를 균(勻)자는 두 개(二) 비슷한 것 감싸다(勹) → 균형이 잡히다 → 고르다, 가지런하다는 뜻

堅
4급 굳을 견 | 흙 토(土) + 굳을 간(臤) 발음 역할
땅(土)을 굳었다(臤又) → 땅이 단단하다 → 굳다, 굳세다는 뜻

※ 굳을 간(臤)자는 신하(臣)의 손(又)이 굳건하다, 어질다는 뜻

在
6급 있을 재 | 흙 토(土) + 재주 재(才) 발음 역할
땅(土)에서 새싹이 나오는(才) 모양 → 싹이 있다
→ 모든 사물은 땅(土)을 바탕(才)으로 존재(存在)한다 → 있다, 찾다 → 곳, 장소의 뜻

※ 재주 재(才)자 갑골문을 보면 싹이 올라오는 모습 → 새싹이 보인다
→ (어떤 분야에 탁월한 능력을 갖춘 아이들을 보고) 싹수가 보인다 → 바탕 → 근본
→ (사람의 바탕인) 재주 → 재능이 있는 사람 → 있다 → 좋다는 뜻

埋
3급 묻을 매 | 흙 토(土) + 마을 리(里) 발음 역할
마을(里) 가까운 곳에 있는 흙(土)에 묻었다 → (땅에) 묻다 → 장사 지내다, 감추다는 뜻
예 매립(埋立) : 땅을 메워 쌓음

※ 마을 리(里)자는 밭(田)과 흙(土)이 있어 농사를 지을 수 있어 모여 사는 사람들이 곳 → 마을 → 거리, 안쪽의 뜻

報
4급 알릴 보, 갚을 보 | 다행 행(幸) + 병부 절(卩) + 손 우(又)
금문을 보면 무릎 꿇고 앉아 있는 죄인(卩)에게 손(又)으로 수갑(幸)을 채운 모습
→ 죄수를 붙잡아둔 모습 → 죄인을 잡았다고 알리다 → 보고(報告)하다
→ (벌을 받아 죗값을 치르므로) 갚다 → 알리다 → 대답하다는 뜻

塗
3급 칠할 도 | 흙 토(土) + 길 도(涂) 발음 역할
강가 주변 길(涂)이 있는 흙(土) → (강변에는 진흙이 많아) 진흙
→ (옛날 황토집 벽은 진흙으로 바르기 때문에) 칠하다 → 더럽히다, 괴로움의 뜻

※ 길 도(涂)자는 강가(氵)에 길(止 → 余) → 길, 도로 → 진흙 → 칠하다 → 괴롭다는 뜻

執
3급 잡을 집 | 흙 토(土) + 둥글 환(丸)
갑골문을 보면 죄수의 손에 수갑(幸)을 차고 구부려 앉은 모습(丸) → 잡다는 뜻
예 집필(執筆), 집착(執着), 집사(執事), 아집(我執), 집요(執拗), 고집(固執), 집념(執念)

垂
3급 드리울 수
갑골문을 보면 식물잎이 늘어진 모양 → 드리우다, 기울다 → 가장자리 → 변방의 뜻
예 수렴(垂簾), 수직(垂直), 수양(垂楊), 현수교(懸垂橋)

墜

1급 떨어질 추 | 흙 토(土) + 무리 대, 떨어질 추(隊) 발음 역할

땅(土)으로 떨어지다(隊) → 떨어지다, 낙하(落下)하다는 뜻

예 추락(墜落), 실추(失墜), 격추(擊墜)

※ 무리 대, 떨어질 추(隊)자 갑골문을 보면 언덕 아래로 떨어지는 사람이 모습 → 떨어지다
→ 언덕(阝)에 멧돼지(豖)가 떼를 이루는 모습 → 무리(떼), 떨어지다, 길, 부대의 뜻

墮

3급 떨어질 타 | 흙 토(土) + 수나라 수, 떨어질 타(隋) 발음 역할

땅(土)으로 떨어지다(隋) → 떨어지다, 낙하(落下)하다는 뜻

예 타락(墮落)

※ 수나라 수, 떨어질 타(隋)자는 언덕(阝) 위에서 손(左)으로 고기(月)를 올리고 제사를 지내는 모습
→ 떨어지다 → 나라 이름(수)의 뜻

圭

2급 서옥 규 | 흙 토(土) + 흙 토(土)

천자가 제후에게 내려 준 땅(土)을 잘 다스리는 영토(土) → 흙(土) 위에 흙(土) → 흙덩어리, 땅
→ 서옥(瑞玉 : 상서로운 구슬) → 홀 → 모서리, 귀퉁이 → 규표(圭表) → 결백하다 → 깨끗하다는 뜻

※ 홀 : 천자가 제후를 봉(封)할 때 사용하던 신인(信印)

堪

1급 견딜 감 | 흙 토(土) + 심할 심(甚) 발음 역할

심하게(甚) 거칠고 황폐한 땅(土)을 받다 → 참아내다 → 감당(堪當)하다, 견디다는 뜻

예 감내(堪耐), 난감(難堪)

型

2급 모형 형 | 흙 토(土) + 형벌 형(刑) 발음 역할

만들려는 물건 모양(开) 대로 흙(土)에 칼(刂)로 속을 비게 하여 거기에 쇠붙이를 녹여 붓도록 하는 틀
→ 거푸집 → 모형(模型・模形), 본보기, 모범(模範)의 뜻

예 전형(典型), 유형(類型), 원형(原型), 이상형(理想型)

塡

1급 메울 전 | 흙 토(土) + 참 진(眞) 발음 역할

흙(土)처럼 무거운 것으로 누르다(眞) → (참된 것으로) 구멍을 메우다 → (손해를) 보전한다
→ (부족한 것을 보태어) 채우다는 뜻

예 보전(補塡), 충전(充塡), 장전(裝塡)

坊

1급 동네 방 | 흙 토(土) + 모 방(方) 발음 역할

국토(土) 전국 사방(方)에 있는 마을 → 동네, 마을, 집, 제방의 뜻

垢
1급 때 **구** | 흙 토(土) + 뒤 후(后) 발음 역할
몸 뒤(后) 엉덩이에 흙(土)이 묻었다 → 때 묻다, 더럽다 → 때, 티끌의 뜻
예 순진무구(純眞無垢), 구예(垢穢), 오구(汚垢)

埃
2급 티끌 **애** | 흙 토(土) + 어조사 의(矣) 발음 역할
땅(土)에 화살(矢)이 막혀(厶) 흙먼지가 일어나다 → 먼지 → 더러움, 티끌의 뜻

塵
2급 티끌 **진** | 흙 토(土) + 사슴 록(鹿)
사슴(鹿)이 흙(土)먼지를 휘날리며 달려가는 모습 → 자취 → 먼지 → 때 묻다, 티끌의 뜻
예 몽진(蒙塵), 풍진(風塵), 진애(塵埃), 홍진(紅塵)

壑
1급 골 **학** | 흙 토(土) + 골 학(叡) 발음 역할
움쑥하게 팬 구렁(叡) 땅(土) → 도랑 → 골, 산골짜기의 뜻
예 천봉만학(千峯萬壑), 계학지욕(溪壑之慾)

坦
1급 평탄할 **탄** | 흙 토(土) + 아침 단(旦) 발음 역할
지평선(土)으로 아침 해가 떠오르는(旦) 모습 → 평탄하다, 평평하다는 뜻
예 탄탄대로(坦坦大路), 허심탄회(虛心坦懷), 순탄(順坦), 평탄(平坦)

塘
2급 못 **당** | 흙 토(土) + 당나라 당(唐) 발음 역할
제방(唐)으로 막은 땅(土)에 물이 고여 있다 → 방죽, 둑 → 연못, 못의 뜻

※ 당나라 당(唐)자는 당황하다, 당나라, 둑, 제방의 뜻

壙
1급 뫼구덩이 **광** | 흙 토(土) + 넓을 광(廣) 발음 역할
흙(土)을 넓게(廣) 파서 시체가 놓이는 무덤의 구덩이 부분 모양 → 광중(壙中), 뫼 구덩이의 뜻

坑
2급 구덩이 **갱** | 흙 토(土) + 높을 항(亢) 발음 역할
땅이 움푹하게 파인 곳을 흙(土)으로 덮은(亢) 구덩이의 뜻
예 갱도(坑道), 갱목(坑木), 분서갱유(焚書坑儒)

※ 높을 항(亢)자는 양다리(几)에 줄(亠)을 매고 나무에 오르는 모습 → 올라가다 → 높다 → 목(목구멍) → 지나치다 → 겨루다 → 덮다 → 용마루의 뜻

塹
1급 구덩이 **참** | 흙 토(土) + 벨 참(斬) 발음 역할
땅(土)을 베다(斬) → (땅을 파서 만든) 구덩이, 파다는 뜻

壕
2급 해자 **호** | 흙 토(土) + 호걸 호(豪) 발음 역할
호걸(豪) 우두머리 명으로 성 밖을 둘러싼 흙(土)을 파서 못을 만들다 → 해자의 뜻
◎ 참호(塹壕, 塹濠)

墾
1급 개간할 **간** | 흙 토(土) + 간절할 간(貇) 발음 역할
황무지 같은 거친땅(土)을 논밭으로 개간되길 간절히(貇) 바라는 모습 → 개간(開墾)하다
→ 김매다, 힘써 일하다는 뜻

塑
1급 흙빚을 **소** | 흙 토(土) + 초하루 삭(朔) 발음 역할
흙(土)으로 시작하다(朔) → 만들다 → 흙 빚다는 뜻
◎ 소성(塑性), 조소(彫塑), 소조(塑造), 소상(塑像)

埰
2급 사패지 **채** | 흙 토(土) + 풍채 채, 캘 채(采) 발음 역할
임금이 풍채 좋은 땅(土)을 채택(采)하여 내려준 땅 → 사패지(賜牌地), 사전(賜田), 영지(領地)의 뜻

塾
1급 글방 **숙** | 흙 토(土) + 누구 숙, 익힐 숙(孰) 발음 역할
책상 위 책(享)을 보고 구부려 앉아(丸) 있는 곳(土) → 글을 익히(孰)는 곳(土)
→ 학당(學堂), 서당(書堂) → 글방의 뜻

堊
1급 흰흙 **악** | 흙 토(土) + 버금 아, 누를 압, 흰 흙 악(亞) 발음 역할
황토(黃土)가 가장 좋은 흙이고 백토(白土)가 버금(亞)으로 좋은 흙(土)이다 → 백토(흰 흙)의 뜻
◎ 백악관(白堊館), 백악기(白堊紀) : 흰(白) 백토(堊)의 지층을 가진 연대(紀)

壎
2급 질나발 **훈** | 흙 토(土) + 불길 훈(熏) 발음 역할
(연기처럼) 소리가 나오는(熏) 흙(土)으로 만든 악기 → 질나발의 뜻

 여덟 **팔**

사물이 둘로 나누어져 있는 모양 → 나누다는 뜻 → (나중에 가차되어) 여덟의 뜻

※ 받들 공(廾) 변형과 모양자로 주로 많이 사용됨

兵
5급 군사 **병** | 받들 공(廾 → 八) 변형 + 도끼(斤)
두 손(廾) 위에 도끼(斤)를 들고 있는 모습 → 무기, 싸움 → 병사(兵士), 죽이다는 뜻

其 **3급** 그 기 | 받들 공(卄 → 八) 변형 + 키 모양
곡식을 까부르는 키를 두 손(卄)으로 잡은 모습 → 키(箕) → (가차되어) 그, 그것 → 만약, 만일
→ 어찌, 아마, 장차의 뜻

典 **5급** 법 전 | 받들 공(卄 → 八) 변형 + 책 책(冊)
두 손(卄)으로 공손하게 죽간(冊)을 잡고 있는 모습 → 매우 중요한 책 → 법전(法典), 경전(經典)
→ 서적 → 법, 의식의 뜻

※ 죽간은 종이 발명하기 전에 대나무로 만든 책(冊)

具 **5급** 갖출 구 | 받들 공(卄 → 八) 변형 + 솥 정(鼎 → 貝)
두 손(卄)으로 솥(鼎 → 貝)을 들고 있는 모습 → 제사 준비가 모두 완료됐다 → 갖추다
→ 구비(具備)하다 → 온전하다, 모두, 차림의 뜻

※ 솥 정(鼎)자는 조개 패(貝)자로 단순화되어 자주 사용됨

共 **6급** 함께 공 | 받들 공(卄 → 八) 변형 + 제사상 모형
갑골문을 보면 두 손(卄)으로 제사상을 공손히 받아 들고 있는 모습
→ (두 손으로 함께 들고 있다고 해서) 함께, 같이 → 공손(恭遜)하다, 공경(恭敬)하다는 뜻

兼 **3급** 겸할 겸 | 여덟 팔(八) + 돼지머리 계(크) + 벼 화(禾) + 벼 화(禾)
벼(禾) 두 단의 허리를 손(크)으로 잡은 형상 → 겸하다, 포개다, 합치다, 얻다는 뜻
@ 겸임(兼任) : 두 가지 이상의 직무를 겸하여 맡아봄

公 **6급** 공평할 공 | 여덟 팔(八) + 나 사(厶)
갑골문을 보면 8명(八)이 사물(口)을 정확히 나눈 모습
→ 금문에서는 八 밑에 둥그런 원 모양 광장 표현 → 이곳에서 종교적인 의례나 재판이 행해짐
→ (여러 사람의 공공의 장소) 여러, 공평하다 → (이곳에서 제사를 행하는 사람) 귀인의 뜻

六 **8급** 여섯 육 | 여덟 팔(八) + 돼지머리 해(亠)
갑골문을 보면 작고 허름한 움집 모양 → (가차되어) 여섯(숫자) → 죽이다는 뜻

兮 **3급** 어조사 혜 | 여덟 팔(八) + 공교할 교, 숨 내쉴 고(丂)
숨을 내쉴(丂) 때 입김(八) 모양 → 감탄사(感歎詞) → 어조사(語助辭)의 뜻

冀 **2급** 바랄 기 | 북녘 북(北) + 다를 이(異) 발음 역할
북방(北) 이민족(異)이 따뜻한 남쪽 나라를 바라보다 → 바라다, 바라건데의 뜻
@ 기원(冀願), 기망(冀望)

 조개 패

갑골문에서는 껍질이 벌어진 마노 조개 모양 → 은(殷)나라 시기 마노 조개를 화폐로 사용했기에
→ 재화, 화폐, 돈, 재물의 뜻

※ 금속화폐는 전국시대부터 보편화됨
※ 조개 패(貝)자가 솥 정(鼎), 법칙 칙(則), 둥글 원(員), 곧을 정(貞), 갖출 구(具)자의 간략형으로도 쓰임

財　**5급** 재물 재 │ 조개 패(貝) + 재주 재(才) 발음 역할
　　돈(貝)이나 값어치가 나가는 좋은(才) 물건 → 재물(財物), 재산(財産), 보물의 뜻

貨　**4급** 재물 화 │ 조개 패(貝) + 될 화(化) 발음 역할
　　내가 필요로 하는 것과 바꿀(化) 수 있는 돈(貝)이나 물건
　　→ 돈은 상품(商品)으로, 상품은 다시 돈으로 서로 바꿈[변화(變化)]이 가능하다
　　→ 재화(財貨), 재물(財物), 화폐(貨幣), 돈 → 상품의 뜻

資　**4급** 재물 자 │ 조개 패(貝) + 버금 차(次) 발음 역할
　　돈(貝) 앞에서 침 흘리(次)는 모습 → 돈(貝) 많이 벌어 오라고 잔소리(次)하다 → 재물, 자본(資本)의 뜻

　　※ 버금 차(次)자는 하품(欠)하듯이 입을 크게 벌리고 침(氵 → 冫)을 튀겨가면서 남을 나무라는 (잔소리) 모습
　　→ 마음대로, 비방하다, 머뭇거리다 → (가치되어) 버금(으뜸) → 다음 → 차례(次例) → 줄지어 세우다는 뜻

貴　**5급** 귀할 귀 │ 조개 패(貝) + 절구 구(臼 → 中) 변형
　　갑골문을 보면 두 손(臼 → 中)으로 흙에서 금과 같은 귀한 것을 꺼내는 모습 → 귀하다, 비싸다, 높다
　　→ 귀중(貴重)하다는 뜻
　　예 귀공자(貴公子) : 귀한 집안에 태어난 남자

貧　**4급** 가난할 빈 │ 조개 패(貝) + 나눌 분(分)
　　돈(貝)을 여러 사람에게 나누어(分) 주어서 돈이 없다 → 모자라다, 부족하다
　　→ 가난하다, 빈궁(貧窮)하다는 뜻

貶　**1급** 낮출 폄 │ 조개 패(貝) + 모자랄 핍(乏) 발음 역할
　　돈(貝)이 모자라서(乏) 힘이 없다 → (격이) 떨어지다 → 낮추다, 폄하다는 뜻
　　예 폄훼(貶毀), 폄하(貶下), 포폄(褒貶)

賤 | 3급 천할 천 | 조개 패(貝) + 적을 전(戔) 발음 역할
돈(貝)이 적다(戔) → 가난한 사람은 천하다 → 업신여기다 → 경멸하다는 뜻

※ 적을 전(戔)자는 창 과(戈)자가 두 개 모인 글자로
　좋은 창(戈)은 다 사용하고 상태가 좋지 않은 몇 개의 창만 남아 있는 모양 → 나머지 → 적다, 깎다는 뜻

費 | 5급 쓸 비 | 조개 패(貝) + 아닐 불(弗)
돈(貝)을 뿌리치고(弗) 허비하다 → 이제 돈(貝)이 아니다(弗) → 소비(消費)하다, 손상하다, 닳는다는 뜻

※ 아닐 불(弗)자는 나무 받침에 끈을 묶어 힘차게 뿌리치는 모양 → 아니다, 어긋나다 → 달러의 뜻

貫 | 3급 꿸 관 | 조개 패(貝) + 꿸 관(毌) 발음 역할
돈(貝) 보관 및 휴대하기 좋게 구멍을 뚫어 줄을 꿰다(毌) → 엽전 꾸러미 모양 → 꿰다, 뚫다는 뜻
◉ 관통(貫通) : 이쪽에서 저쪽 끝까지 꿰뚫음

※ 꿸 관(毌)자는 물건을 고정하기 위해 긴 막대기를 꿰뚫은 모습을 그린 것
※ 열매 실(實)자는 집(宀)에 돈뭉치(貫)가 가득 채워졌다 → 넉넉하다 → 열매의 뜻

貞 | 3급 곧을 정 | 솥 정 간략형(鼎 → 貝) + 점 복(卜)
솥(鼎 → 貝)을 놓고 제사를 지내며 신에게 길흉의 점치다(卜)
→ 점(卜)을 칠 때 곧은 마음으로 임하면 돈(貝)이 들어온다 → 지조가 곧다, 지조가 굳다
→ 정조(貞操), 정숙(貞淑), 정절(貞節)의 뜻

賢 | 4급 어질 현 | 조개 패(貝) + 어질 간(臤)
어진 사람(臤)이 돈(貝)이 많아 여러 사람에게 나누어 주다 → 어질다 → 현명(賢明)하다는 뜻

※ 어질 간(臤)자는 일 잘하는 신하(臣)의 손(又) → 굳건하다, 현명하다는 뜻

質 | 5급 바탕 질, 질권 질 | 조개 패(貝) + 모탕 은(斦)
도끼(斦)를 맡기고 돈(貝)을 빌리다 → 저당물
→ 질권(質權)을 설정할 도끼들의 품질이나 바탕이 좋은가(저당물의 가치)를 확인
→ 바탕, 품질(品質), 본질(本質)의 뜻

※ 모탕 은(斦)자는 두 자루의 도끼를 그린 것, 옛날에 도끼는 생활 필수품이 매우 중요힌 물긴

賈 | 2급 값 가, 장사 고 | 조개 패(貝) + 덮을 아(襾)
값어치 있는 물건을 덮어(襾) 놓고 돈(貝)을 받고 주다 → 값어치, 값, 가격(價格) → 장사의 뜻

買 | 5급 살 매 | 조개 패(貝) + 그물 망[网 → 罒]
그물(罒)로 재물(貝)을 담다 → 그물(罒)로 조개(貝)를 잡아 물건을 사다 → 세내다, 고용하다는 뜻
◉ 매매(賣買) : 팔고 삼

購 | **2급** 살 구 | 조개 패(貝) + 쌓을 구(冓) 발음 역할
돈(貝)으로 물건을 사서 쌓아 놓다(冓) → 사다, 구하다는 뜻
예 구매(購買) : 물건을 사들임

※ 쌓을 구(構)자는 나무(木)가 쌓여(冓) 얽혀 있다 → 짜내다 → 맺다, 짓다는 뜻

賣 | **5급** 팔 매 | 살 매(買) + 날 출(出 → 士)
물건을 팔면 돈(貝)이 들어오고, 물건은 나간다(出) → 팔다 → 속이다, 배신하다는 뜻
예 매점매석(買占賣惜) : 상품의 값이 오를 것을 예상하여 한꺼번에 많이 사두고 팔지 않으려 하는 일

※ 팔 매(賣)는 나가는(出) 것이 있으니까 팔고, 살 매(買)는 나가는(出) 것이 없으니까 산다는 뜻

販 | **3급** 팔 판 | 조개 패(貝) + 되돌릴 반(反) 발음 역할
돈으로 산 물건을 팔아, 돈(貝)을 되돌려(反) 받다 → 장사한다 → 팔다는 뜻
예 판매(販賣) : 상품을 팖

※ 되돌릴 반(反)자는 손으로 무언가를 뒤집는 모습 → 되돌리다는 뜻

貯 | **5급** 쌓을 저 | 조개 패(貝) + 쌓을 저(宁) 발음 역할
갑골문을 보면 네모(금고) 안에 조개(貝)가 그려져 있음 → 집(宀)안에 금고에 돈이나 재물을 넣어놨다
→ 재물(貝)을 모아 쌓아 두다(宁) → 저축(貯蓄)하다는 뜻

※ 쌓을 저(宁)자는 금고을 그린 것 → 쌓다는 뜻 → 편안할 녕(寧)자의 간체자로도 쓰임

貰 | **2급** 세낼 세 | 조개 패(貝) + 인간 세(世) 발음 역할
돈(貝)을 내면 무엇인가를 일정 기간(世) 빌려준다 → 세내다, 빌리다는 뜻
예 전세(專貰) : 약속한 기간 동안 돈을 받고 빌려주는 일

賃 | **3급** 품삯 임 | 조개 패(貝) + 맡길 임(任) 발음 역할
남의 일을 맡아(任) 주고 돈(貝)을 받는 것 → 품삯(품팔이) → (남의 힘을) 빌다 → 세내다는 뜻
예 임대(賃貸) : 돈을 받고 자기 물건을 상대편에게 사용하게 하는 일

※ 맡길 임(任)자는 등에 무언가를 짊어지고 있는 사람을 그린 것 → 맡기다 → (일에) 능하다는 뜻

貸 | **3급** 빌릴 대 | 조개 패(貝) + 대신할 대(代) 발음 역할
돈(貝)을 내는 대신(代) 물건을 빌리다 → 꾸다는 뜻
예 대출(貸出) : 돈을 은행에서 빌려줌

賠 | **2급** 물어줄 배 | 조개 패(貝) + 갑절 배(倍 → 咅) 생략형 발음 역할
손해를 끼쳐서 돈(貝)으로 갑절(倍 → 咅)로 물어주다 → 배상(賠償)하다, 보상(報償)하다는 뜻

貿 | 3급 무역할 무 | 조개 패(貝) + 토끼 묘(卯) 변형
돈(貝)이 열린 문 사이(卯)로 왔다 갔다 하다 → 돈(貝)으로 두 개의 비슷한 물건을 바꾸다(卯)
→ 무역(貿易)하다는 뜻

賜 | 3급 줄 사 | 조개 패(鼎 → 貝) + 바꿀 역(易) 모양
솥(鼎 → 貝)에 그릇에 있는 것을 담아주는(易) 모습 → 남에게 무언가를 주다 → 하사(下賜)하다는 뜻

贈 | 3급 줄 증 | 조개 패(貝) + 거듭 증(曾) 발음 역할
재물(貝)을 거듭 더해주다(曾) → 선물이나 마음, 감정을 남에게 준다 → 주나, 보내다, 선사하다는 뜻
예 증여세(贈與稅), 기증(寄贈)

貢 | 3급 바칠 공 | 조개 패(貝) + 장인 공(工) 발음 역할
정교하게(工) 잘 만든 재물(貝) → (잘 만들어진 공물은 조정에) 바치다 → 공물(貢物)의 뜻

賭 | 1급 내기 도 | 조개 패(貝) + 사람 자(者) 발음 역할
사람(者)이 돈(貝)이 많으면 노름한다 → 도박(賭博), 내기의 뜻

貪 | 3급 탐낼 탐 | 조개 패(貝) + 이제 금(今) 발음 역할
재물(貝)을 머금다(今) → 남의 재물(貝)을 집어삼키는(今) 모양 → 탐내다, 탐욕(貪慾) → 바라다는 뜻

※ 이제 금(今)자는 갑골문을 보면 입을 거꾸로 그려 무언가를 집어삼키는 모습 → 입안에 머금다(含)
→ 지금, 이제, 곧, 바로, 현재, 만약, 이것의 뜻

賊 | 4급 도적 적 | 조개 패(貝) + 병기 융(戎)
금문을 보면 재물(貝) 앞에 창(戈)을 들고 있는 사람(人) 모습 → 무력(戎)으로 재물(貝)을 빼앗았다
→ 도적(盜賊)질하다 → 도둑, 역적의 뜻

贓 | 특급 장물 장 | 조개 패(貝) + 숨길 장(臧) 발음 역할
훔쳐 숨겨(臧) 놓은 재물(貝) → 장물(贓物)의 뜻

賂 | 1급 뇌물 뇌 | 조개 패(貝) + 각각 각(各) 발음 역할
높은 사람 또는 권력 있는 사람에게 따로 각각(各) 몰래 재물(貝)을 주는 모습 → 뇌물(賂物)의 뜻

賄 | 1급 뇌물 회 | 조개 패(貝) + 있을 유(有) 발음 역할
권력 있는(有) 재물(貝)을 주는 모습 → 예물(禮物), 선물(膳物), 재물(財物), 뇌물(賂物)의 뜻
예 회뢰(賄賂)

贖
1급 속죄할 **속** | 조개 패(貝) + 팔 매(賣) 발음 역할
지난날 속여서 물건을 판(賣) 죄를 면하기 위하여 돈(貝)을 돌려주다 → 속죄(贖罪)하다는 뜻

贊
3급 도울 **찬** | 조개 패(貝) + 나아갈 신(兟) 발음 역할
높은 사람에게 재물(貝)을 들고 가는(兟) 모습 → 선물을 주고 도움을 받는다 → 뵙다, 전달하다
→ 천거하다, 추천하다는 뜻
예 찬조금(贊助金) : 찬조의 뜻으로 내는 돈

※ 나아갈 신(兟)자는 먼저 간 사람(儿)의 발(止) 2명 모습 → 발을 내밀어 앞으로 나아가다는 뜻

責
5급 빚 **책**, 꾸짖을 **책** | 조개 패(貝) + 가시 자(束)의 변형
빌려준 돈(貝)을 제때 갚지 않아 가시나무 채찍(束)으로 때리면서 독촉하다 → 빚 → 빚을 재촉하다
→ 꾸짖다 → 책임(責任)을 지우다는 뜻

※ 가시나무 자(束)는 가시나무를 그린 것으로 → 가시, 동여매다는 뜻

負
4급 질 **부** | 조개 패(貝) + 사람 인(人)
소전을 보면 허리를 굽히고 있는 사람(人)이 돈(貝)을 짊어진 모양
→ 갚아야 할 돈(貝)으로 빚의 부담(負擔)에 허덕이는 모습 → 짐 지다 → 빚지다는 뜻

賦
3급 부세 **부** | 조개 패(貝) + 굳셀 무(武) 발음 역할
고대에는 국가가 백성들에게 많은 명목의 세금을 거두었는데
돈(貝)으로 내는 세금을 내든지 몸으로 때우는 노동력, 군역(武)으로 때워야 했다
→ 부세(賦稅), 매기다는 뜻
예 부역(賦役) : 국가가 국민에게 세금과 마찬가지로 의무적으로 지우는 노역

賻
1급 부의 **부** | 조개 패(貝) + 펼 부(尃) 발음 역할
두루(尃) 알려온 초상난 집에 도우려고 보내는 재물(貝) → 부의(賻儀)의 뜻

賀
3급 하례할 **하** | 조개 패(貝) + 더할 가(加) 발음 역할
경사(慶事) 있는 사람에게 축하 인사와 함께 재물(貝)을 더해준다(加) → 축하(祝賀) 인사하다
→ 경축(慶祝)하다 → 하례(賀禮)하다는 뜻

賞
5급 상줄 **상** | 조개 패(貝) + 오히려 상(尙) 발음 역할
공을 세운 자랑스러운(尙) 사람에게 재물(貝)을 주다 → 상주다 → (상을 주며) 칭찬하다
→ (상을 받아) 즐기다는 뜻

※ 오히려 상(尙)자는 높이 지은 건물의 모양 → 높다 → 숭상(崇尙)하다 → 오히려 → 자랑하다는 뜻

賓 **3급** 손님 **빈** | 조개 패(貝) + 집 면(宀) + 발 지(止)
　　갑골문을 보면 집(宀)에 온(止) 사람(人 → 一) → 손님
　　→ 나중에 재물을 의미하는 조개 패(貝)자가 더해져 재물을 가지고 오는 손님
　　→ 귀한 손님 → 빈객(賓客)의 뜻

賴 **3급** 의뢰할 **뢰** | 조개 패(貝) + 칼 도(刀) + 묶을 속(束)
　　남에게 나의 소중한 돈(貝)을 잘 묶어(束) 놓고 칼(刀)을 들고 잘 지켜달라고 부탁하다
　　→ 의뢰(依賴)하다, 의지(依支)하다는 뜻
　　예 신뢰(信賴), 무뢰한(無賴漢), 무뢰배(無賴輩)

貳 **2급** 두 **이** | 조개 패(貝) + 두 이(弍) 발음 역할
　　돈(貝)을 두 번(弍) 주다 → 거듭하다 → 버금(으뜸의 바로 아래) → 두, 둘의 뜻

貼 **1급** 붙일 **첩** | 조개 패(貝) + 점령할 점, 점칠 점(占) 발음 역할
　　돈(貝)으로 점령하다(占) → 저당 잡히다 → 보태주다 → 붙이다, 붙다는 뜻
　　예 분첩(粉貼), 첩지(貼紙)

贅 **1급** 혹 **췌** | 조개 패(貝) + 거만할 오(敖) 발음 역할
　　놀고(敖) 있는 돈(貝) → 군더더기 → 혹(병적으로 불거져 나온 살덩이) → 데릴사위의 뜻
　　예 췌서(贅壻 : 데릴사위), 췌언(贅言 : 쓸데없는 군더더기 말)

 조각 **편**

갑골문을 보면 나무의 오른쪽 작은 가지를 그린 모양 → 작은 조각, 한쪽, 쪼개다, 절반의 뜻

　예 편린(片鱗), 파편(破片), 일엽편주(一葉片舟)

版 **3급** 판목 **판** | 조각 편(片) + 돌이킬 반(反) 발음 역할
　　글자나 그림을 새기기 위하여 앞뒤로 뒤집어(反)쓸 수 있는 널빤지를 쪼갠 나뭇조각(片)
　　→ 판목, 널빤지(板) → 책, 편지, 이름표, 호적부의 뜻
　　예 출판(出版), 판목(版木), 목판(木版), 판도(版圖)

牌 1급 패 **패** | 조각 편(片) + 낮을 비(卑) 발음 역할
이름·특징 등을 알릴 목적으로 글씨를 쓰거나 어떤 표식을 한 작은(卑) 나뭇조각(片) → 패
→ 명찰, 부적, 부신, 간판 → 방, 포고문의 뜻
예) 호패(號牌), 마패(馬牌), 사패기지(賜牌基地), 방패(防牌), 위패(位牌)

牒 1급 편지 **첩** | 조각 편(片) + 잎 엽(枼) 발음 역할
종이가 없던 시절에 나뭇조각(片)을 나뭇잎(枼)처럼 얇게 만들어 글을 쓴 것
→ 편지(便紙·片紙), 문서(文書), 장부(帳簿·賬簿)의 뜻
예) 청첩장(請牒狀), 통첩(通牒)

 쌀 포

무엇인가를 둘러싸고 있는 모양 → 싸다는 뜻

※ 단순히 모양자만을 표현하는 경우 있음

勺 1급 구기 **작**
술(丶)이 뜨는 국자(자루가 달린 술 따위를 푸는 용기) 모양 → 구기, 잔, 푸다, 떠내다는 뜻

※ 비슷한 뜻글자 : 枃(구기 작), 汋(샘솟을 작), 酌(술 부을 작), 盞(잔 잔)

勿 3급 말 **물**
갑골문을 보면 칼(刀)로 무언가를 내리쳐서 피가 튀는 모양 → (칼 사용을 함부로) 하지 마라
→ 없다, 아니다는 뜻
예) 물망초(勿忘草) : 나를 잊지(忘) 말라(勿)는 풀(草), 영어의 Forget-me-not

※ 한문 부정사 : 不(아닐 불), 無(없을 무), 毋(말 무), 勿(말 물), 莫(없을 막), 未(아닐 미), 亡(망할 망)
  → 아니다, 없다, ~하지 말라, 불가하다는 뜻

匋 특급 기와굽는가마 **요**, 질그릇 **도** | 쌀 포(勹) + 항아리 부(缶)
질그릇을 굽기 위해 질그릇(缶)을 둘러 싸고(勹) 있는 가마 모양 → 기와 굽는 가마 → 질그릇의 뜻

※ 항아리 부(缶)는 항아리 모양 질그릇(잿물을 덮지 아니한, 진흙만으로 구워 만든 그릇) 그림
※ 질그릇 도(陶)자에서 모든 가마는 아래에서 불을 때고 윗부분으로 연기가 나가야 하기에
   언덕(阝)을 따라 비스듬히 만듦 → 언덕(阝) 아래 질그릇(缶)을 만드는 가마(勹) 모양
   → 빚어 만들다 → 질그릇, 도공(옹기장이)의 뜻

| 匍 | **1급** 길 **포** | 쌀 포(勹) + 클 보, 채마밭 포(甫) 발음 역할
채소밭(甫)을 감싸안은(勹) 모양 → 기다는 뜻
예 포복(匍匐), 포구(匍球)

| 包 | **4급** 쌀 **포** | 쌀 포(勹) + 병부 절(卩)
갑골문을 보면 둥그런 원안에 사람(人)이 그려져 있음 → 여성 자궁에 있는 아이를 표현
→ 꿇어앉은 사람(巳)을 둘러싼(勹) 모습 → (둘러) 싸다, 아이를 배다, 감싸다, 보따리의 뜻
예 포장(包裝 : 물건을 싸서 꾸림)

| 匈 | **2급** 가슴 **흉**, 오랑캐 **흉** | 쌀 포(勹) + 흉할 흉(凶) 발음 역할
갈비뼈로 둘러싸여 있는(勹) 내장(凶) 모양 → 가슴 → 흉(凶)한 마음을 품고(勹) 있다 → 오랑캐의 뜻
예 흉노(匈奴) : 기원전 2세기경에 몽골 지방에서 활약하던 유목 민족

※ 凶 자는 원래 함정을 그린 것이나 여기서는 내장의 모양자 역할
※ 가슴 흉(胸)자는 신체(月) 중 장기들을 품는(匈) 곳 → 가슴, 마음의 뜻

가죽 피

금문을 보면 손(又)으로 짐승의 가죽을 벗기는 모습 → 껍질, 가죽, 표면, 피부의 뜻

※ 피(皮)자는 짐승으로부터 벗긴 채로의 가죽, 혁(革)자는 털을 뽑아 만든 가죽, 가죽 위(韋)자는 다시 가공한 무두질한 가죽
※ 상용한자 내에서는 부수자로 쓰이는 글자 없음

※ 皮 자가 부수자는 아니지만 껍질, 표면으로 사용된 글자
예 波(물결 파), 被(입을 피), 저 피(彼), 언덕 파(坡), 자못 파(頗)

다닐 행, 항렬 항

갑골문을 보면 사람이나 마차가 다니던 네 방향으로 갈라진 사거리 모양
→ 다니다, 가다, 돌다, 항렬, 줄 → 길, 도로의 뜻

※ 걷다, 멈추다 의미 글자
① 발 지(止) → 발 모양 ② 다닐행(行) → 네모난 사거리 ③ 걸을 척(彳) → 사거리 한쪽 부분
④ 쉬엄쉬엄 갈 착(辵 / 辶) → 彳 자와 止 자가 결합

街 | 4급 거리 가 | 다닐 행(行) + 홀 규(圭) 발음 역할
사람이나 마차가 다니는 사거리(行) 땅(圭) → 네거리 → 거리, 길, 시가(市街)의 뜻

※ 홀 규(圭)자는 천자가 제후에게 주단 신표의 뜻으로 많이 쓰나 여기서는 땅(土)을 두 개 포개어 이룬 글자로 흙덩어리의 뜻

衢 | 1급 네거리 구 | 다닐 행(行) + 놀랄 구(瞿) 발음 역할
놀랄(瞿) 정도로 크고 넓고 복잡한 사거리(行) → 네거리, 갈림길, 기로의 뜻
예 강구연월(康衢煙月 : 태평한 세상에 평화로운 풍경), 통구(通衢)

衝 | 3급 찌를 충 | 다닐 행(行) + 무거울 중(重) 발음 역할
무거운(重) 것을 지고 가다가(行) 길에서 무엇인가와 부딪친 모습 → 부딪치다, 치다 → 찌르다는 뜻
예 충돌(衝突) : 서로 맞부딪침

※ 무거울 중(重)자는 등에 봇짐을 지고 있는 모습 → 무겁다는 뜻

衛 | 4급 지킬 위 | 다닐 행(行) + 가죽 위(韋) 발음 역할
왕이나 높은 사람들이 길을 다닐 때(行) 전후좌우로 둘러싸(韋) 호위하는 모습 → 지키다
→ 보위(保衛)하다, 호위(護衛)하다는 뜻

※ 가죽 위(韋)자는 성(城) 주위를 발자국 모양 → 둘러싸다는 뜻

術 | 6급 재주 술 | 다닐 행(行) + 차조 출(朮) 발음 역할
길거리(行)에서 재주(朮)를 부리는 모습 → 술수(術數), 꾀, 재주, 수단의 뜻

※ 차조 출(朮)자 갑골문을 보면 又(또 우)자 주위로 획이 여러 개 그어져 있음
  → 손이 빠르게 움직이고 있는 것을 표현 → 손으로 재주를 부리는 모습

衡 | 3급 저울대 형 | 가로 횡, 다닐 행(行) + 뿔 각(角)의 변형자 + 큰 대(大)
금문을 보면 길(行)을 갈 때 큰(大) 뿔(角)이 달린 소가 사람을 공격하지 못하도록
뿔에 긴 나무를 묶어 놓았다를 표현 → 뿔막이 나무, 쇠코뚜레
→ 뿔에 매달은 평평한 나무가 저울을 닮았다 → 저울질하다 → 평평하다 → 고르다, 가로지르다는 뜻
예 균형(均衡) : 어느 한쪽으로 기울거나 치우치지 아니하고 고른 상태

衍 | 2급 넓을 연 | 다닐 행(行) + 물 수(氵)
물(氵)이 길가(行)에 흘러넘쳐 흐르다 → 퍼지다 → 질펀하다 → 넉넉하다 → 넓다는 뜻
예 부연(敷衍, 敷演 : 덧붙여 자세히 설명함), 만연(蔓衍, 蔓延 : 나쁜 현상이 널리 퍼짐)

衙 | 1급 마을 아 | 다닐 행(行) + 나 오(吾) 발음 역할
나(吾)의 길(行) → 내가 자주 걷는 길 → 마을 길 → 마을, 관아(官衙), 궁궐(宮闕)의 뜻

衒 　**1급** 자랑할 **현** | 다닐 행(行) + 검을 현(玄) 발음 역할
길거리(行)에서 물건을 팔면서, 검은(玄) 속마음으로 속여 팔다 → 돌아다니며 팔다 → 자기를 선전하다
→ 자랑하다는 뜻
예 현학(衒學)

 향기 **향**

갑골문을 보면 입(口) 위에 쌀(禾)이 그려져 있음 → 밥 짓는 향기가 좋다 → 밥 먹은 모습
→ 밥맛이 감미롭다 → 향기롭다 → 향기(香氣), 향료의 뜻

馥 　**2급** 향기 **복** | 향기 향(香) + 돌아올 복(复) 발음 역할
향기(香)가 계속 반복하여(复) 나다 → 향기(롭다)의 뜻

　　※ 돌아올 복(复)자는 풀무질하는 모습 → (풀무는 주로 발을 반복하여 움직여 바람을 일으키기 때문에)
　　　풀무에 발(夊)로 눌렀다 떼 었기를 반복하는 모습에서 가고 오다 → 돌아오다, 반복하다, 다시, 되풀이하다는 뜻
　　※ 풀무는 대장간에서 화덕에 가정집 부엌에서는 아궁이에 불이 잘 피우도록 공기를 불어 넣는 기구

馨 　**2급** 꽃다울 **형** | 향기 향(香) + 소리 성(殸) 발음 역할
소리(殸)가 향기(香)롭다 → 소리가 좋다, 꽃처럼 아름답다 → 꽃답다는 뜻

　　※ 소리 성(殸)자는 옛날 옥이나 돌로 만든 악기 경쇠(声)를 두드리는(殳) 모양 → 경쇠(磬) → 소리의 뜻

 검을 **현**

갑골문을 보면 실이 꼬여 있는 모양 → 줄, (활) 시위
→ (물건이나 사람이 멀리 있어서 실처럼 가늘게 보이기 때문에) 멀다 → 아득하다
→ 깊다 → 고요하다 → 심오하다 → 오묘하다 → (멀리 있는) 하늘 → (하늘이) 빛나다
→ 아득하다 → (하늘이) 검다는 뜻

※ 천지현황(天地玄黃), 현미(玄米), 현손(玄孫 손자의 손자)

茲

3급 검을 현, 무성할 자 | 검을 현(玄) + 검을 현(玄) 발음 역할

검고(玄) 검다(玄) → 검다, 이에, 여기, 지금, 무성하다는 뜻

※ 茲 자와 비슷한 무성할 자(茲)는 작은 풀(艹)이 무성하다(絲) → 이에, 이곳, 무성하다, 돗자리의 뜻

率

3급 거느릴 솔, 비율 률

갑골문을 보면 튼튼한 실타래(玄)를 끌 때(十) 주변으로 부스러기(氺)가 튀는 모양 → 동아줄 → 이끌다, 좇다 → 거느리다 → 우두머리 → 비율(比率)의 뜻

예) 솔선수범(率先垂範), 경솔(輕率), 효율(效率), 솔직(率直), 통솔(統率), 인솔(引率), 환율(換率)

 구멍 혈, 굴 휼

갑골문을 보면 동굴(宀) 입구에 늘어져 있는 나뭇가지(八) 모양
→ 동굴은 깊고 어두운 곳이며 거주지(집)로도 사용 → 구멍, 어둡다, 심오하다, 집의 뜻

空

7급 빌 공 | 구멍 혈(穴) + 장인 공(工) 발음 역할

흙을 다져(工) 구멍(穴)을 만들었다 → 공간(空間), 비다, 헛되다, 공허(空虛)하다는 뜻

※ 장인 공(工)자는 흙을 다지는 도구인 달구를 그린 것 → 장인, 기교, 기예의 뜻

穹

1급 하늘 궁 | 구멍 휼(穴) + 활 궁(弓) 발음 역할

하늘 높이 활(弓)을 쏘아 구멍(穴)을 뚫자 → (하늘) 높이 솟다 → 하늘의 뜻

穿

1급 뚫을 천 | 구멍 혈(穴) + 어금니 아(牙)

송곳니처럼 뾰족한 도구(牙)로 구멍(穴)을 뚫다 → 개통하다, 관통하다는 뜻

예) 천공(穿孔) : 구멍을 뚫음

穽

1급 함정 정 | 구멍 혈(穴) + 우물 정(井) 발음 역할

땅에 우물(井)같이 구멍(穴)을 뚫은 구덩이 → 허방다리 → 함정(陷穽)의 뜻

窟

2급 굴 굴 | 구멍 혈(穴) + 굽을 굴(屈) 발음 역할

몸을 굽혀야(屈) 나올 수 있는 구멍(穴) → 굴, 동굴(洞窟), 소굴(巢窟)의 뜻

※ 굽을 굴(屈)자 금문을 보면 굴에서 꼬리(尾)가 나온(出) 모양 → 굽히고 나오다 → 움츠리다는 뜻

突
3급 갑자기 돌 | 개 견(犬) + 구멍 혈(穴)
어두운 동굴(穴)에서 개(犬)가 갑자기 툭 튀어나왔다 → 쑥 나오다 → 갑자기의 뜻
예 돌출(突出 : 갑자기 튀어나옴), 돌발(突發 : 갑자기 일어남)

窒
2급 막힐 질 | 구멍 혈(穴) + 이를 지(至) 발음 역할
굴이나 구멍(穴) 끝에 이르면(至) 막혀 있다 → 막다, 멈추다, 차다는 뜻
예 질식(窒息) : 숨이 막힘

※ 여자 질(膣)자는 여자 신체(肉) 구멍 끝이 막혀 있는 것(窒) → 여자 음문 → 막히다, 멈추다는 뜻

窮
4급 다할 궁, 궁할 궁 | 구멍 혈(穴) + 몸 궁(躬) 발음 역할
갑골문을 보면 집(宀)에 뼈(呂)가 앙상한 사람(人)이 있는 모습
→ 집(宀)에 몸(身)이 구부정한(弓) 한 사람이 있다 → 가난하고 어렵다 → 다하다, 궁하다는 뜻
예 궁지(窮地 : 막다른 골목, 매우 어려운 일을 당한 처지), 궁도(窮途 : 막힌 길)

窘
1급 군색할 군 | 구멍 혈(穴) + 임금 군(君) 발음 역할
움막 굴(穴)에 사는 가난한 사람들을 다스려야(君) 한다 → 움막 굴(穴)에 사는 임금(君)
→ 고생하다 → 군색(窘塞)하다, 가난하다, 궁(窮)하다는 뜻
예 군졸(窘拙), 궁군(窮窘), 군핍(窘乏), 곤군(困窘)

窄
1급 좁을 착 | 구멍 혈(穴) + 잠깐 사, 일어날 작(乍) 발음 역할
동굴(穴) 입구가 겨우(乍) 근근이 사람이 들어갈 정도로 좁다 → 비좁다는 뜻
예 협착증(狹窄症)

窈
1급 고요할 요 | 구멍 혈(穴) + 어릴 유, 그윽할 요(幼) 발음 역할
동굴(穴) 안이 그윽하다(幼) → 어둡다 → 조용하고 잠잠하다 → 고요하다는 뜻
예 요조숙녀(窈窕淑女)

究
4급 연구할 구 | 구멍 혈(穴) + 아홉 구(九) 발음 역할
갑골문을 보면 동굴(穴) 속을 팔을 구부려(九) 더듬는 모습
→ 깊고 어두운 곳을 손으로 더듬으며 찾아간다 → 끝나다, 다하다 → 연구(研究)하다, 헤아리다는 뜻

※ 아홉 구(九)자는 구부린 팔을 그린 것 → 아홉의 뜻

窓
6급 창 창, 굴뚝 총 | 구멍 혈(穴) + 창 창(囱) 이체자 발음 역할
소전을 보면 집(穴)에 창(囱) 있는 모양 → 집에 있는 창문(窓門)
→ 우리나라는 窗(창 창)자의 이체자(異體字)로 窓자를 쓰고 있음, 중국은 아직도 窗자가 창문이라는 뜻

※ 창 창(囱)자 창문에 달이 뜬 모양 → 창의 뜻

竊 | 3급 훔칠 **절** | 구멍 혈(穴) + 분별할 변(釆) + 벌레 설(卨) 발음 역할
쌀벌레가 쌀을 갉아 먹는 모양 → 곡식 창고(穴)에 있는 쌀(米)을 벌레(卨)가 먹어 치운다
→ 훔치다 → 도둑질하다, 절취하다는 뜻
예) 절도(竊盜) : 남의 물건을 몰래 훔치는 짓

※ 釆 자는 소전에서 米(쌀 미)였는데 해서체에서 잘못 옮겨져 釆 자 됨

窺 | 1급 엿볼 **규** | 구멍 혈(穴) + 사내 부(夫) + 볼 견(見)
남자(夫)가 동굴(穴) 안을 살펴보다(見) → 엿보다, 훔쳐보는 뜻

窯 | 1급 기와굽는가마 **요** | 구멍 혈(穴) + 새끼양 고(羔) 발음 역할
새끼 양을 굽는(羔) 아궁이 구멍(穴) → 기와 굽는 굴뚝 → 기와 가마의 뜻
예) 도요(陶窯), 요업(窯業), 요지(窯址)

 머리 **혈**

갑골문을 보면 사람의 큰 머리와 머리카락이 강조되어 있음
→ 사람의 코가 있는 얼굴(自), 머리(一), 다리(八)가 그린 것 → 머리, 얼굴, 사람, 우두머리의 뜻

頂 | 3급 정수리 **정** | 머리 혈(頁) + 고무래 정(丁) 발음 역할
머리(頁) 꼭대기 못(丁) 모양 정수리 → 꼭대기, 이마의 뜻
예) 정문일침(頂門一針 : 따끔한 충고), 정상(頂上), 산정(山頂)

頭 | 6급 머리 **두** | 머리 혈(頁) + 콩 두(豆) 발음 역할
금문을 보면 사람 머리(頁)를 강조한 모습 → 머리, 우두머리의 뜻
예) 두상(頭上), 두한족열(頭寒足熱 : 머리는 차갑게 발은 따뜻하게 하다), 용두사미(龍頭蛇尾)

額 | 4급 이마 **액** | 머리 혈(頁) + 손 객(客) 발음 역할
소전을 보면 사람들(頁) 각각(各)의 모습 → 사람 각자 → 손님(客) 사람(頁)의 숫자
→ 머릿수, 수량(數量), 수효(數爻) → 일정한 액수 → 이마의 뜻
예) 금액(金額), 잔액(殘額), 액수(額數)

顚 | 1급 이마 **전**, 엎드러질 **전** | 머리 혈(頁) + 참 진(眞) 발음 역할
머리(頁)에서 참된(眞) 곳 → 최상부 정수리 → 이마(앞머리) → (이마가 땅에) 닿다 → 넘어지다
→ 엎드러지다 → 뒤집히다는 뜻
예) 주객전도(主客顚倒), 칠전팔기(七顚八起)

顔 3급 낯 **안** | 머리 혈(頁) + 선비 언(彦) 발음 역할
선비(彦) 같은 얼굴(頁) → (선비 같은) 염치, 명예, 체면 → 낯, 얼굴의 뜻
예 안면(顔面), 안색(顔色), 동안(童顔), 용안(龍顔), 안료(顔料)

頰 1급 뺨 **협** | 머리 혈(頁) + 낄 협(夾) 발음 역할
머리(頁) 양쪽에 끼고(夾) 있는 곳 → 뺨, 볼의 뜻

顴 1급 광대뼈 **관** | 머리 혈(頁) + 황새 관(雚) 발음 역할
얼굴 중앙 코의 좌우 양쪽 뺨을 튀어나오게 만드는 뼈로서 얼굴(頁)의 위엄과 권세(雚)를 나타내는 뼈
→ 광대뼈, 관골(顴骨)의 뜻

頸 1급 목 **경** | 머리 혈(頁) + 물줄기 경(巠) 발음 역할
머리(頁)를 가볍게(巠) 흔들 수 있는 → 목의 뜻
예 문경지교(刎頸之交) : 목(頸)이 베이는(刎) 한이 있어도 마음이 변하지 않고 사귀는(交) 친한 사이

頹 1급 무너질 **퇴**, 턱 **퇴** | 머리 혈(頁) + 대머리 독(禿)
머리(頁)가 대머리(禿)가 되었다 → 머리가 벗어지다 → 무너지다, 쇠퇴(衰退·衰頹)하다 → 턱의 뜻
예 퇴폐(頹廢), 퇴속(頹俗), 퇴락(頹落)

顎 1급 턱 **악** | 머리 혈(頁) + 놀랄 악(咢) 발음 역할
놀라서(咢) 얼굴(頁) 아래턱이 빠지다 → 턱의 뜻

項 3급 항목 **항** | 머리 혈(頁) + 장인 공(工) 발음 역할
사람 얼굴(頁) 아래 목덜미(工) → 목덜미(목) → (문장 윗부분) 항목, 조목의 뜻
예 항목(項目), 다항식(多項式)

須 3급 수염 **수** | 모름지기 수, 머리 혈(頁) + 터럭 삼(彡)
갑골문을 보면 턱수염이 난 사람 모습 → 얼굴(頁) 턱에 터럭(彡)이 나 있는 것 → 수염
→ 고대 중국, 중국에서 수염은 남성의 상징, 성인의 증표
· (남자는 누구나 낭연하게 수염을 기르려 했기에) 모름지기, 틀림없이의 뜻
예 필수(必須) : 반드시 있어야 하는 것

題 6급 제목 **제** | 머리 혈(頁) + 옳을 시(是)
소전을 보면 바른 얼굴 모습 → 바른(是) 머리(頁) → 이마
→ (이마는 사람 얼굴의 제일 앞에 있기에 책의 제일 앞에 나와 있는 부분) 제목(題目), 머리말
→ 글을 쓰다는 뜻
예 주제(主題), 출제(出題), 숙제(宿題) : 집에서 하루 자고(宿) 오면서 풀어야 할 문제(問題)

順
5급 순할 **순** | 머리 혈(頁) + 내 천(川)

물(川)은 위(머리 頁)에서 아래로 흐른다 → 자연 이치를 머리가 따른다
→ 머리(頁)로 생각하는 것이 물(川) 흐르듯이 한다
→ 사람이 까다롭지 않고 물 흐르듯이 순응하며 잘 따른다 → 순종(順從)하다
→ 유순(柔順)하다, 순응(順應)하다는 뜻

願
5급 원할 **원** | 머리 혈(頁) + 언덕 원(原) 발음 역할

머리(頁) 근본(原) → 사람(頁)이 끊임없이(原) 바라는 것 → 원하다, 바라다는 뜻

예 기원(祈願), 염원(念願), 소원(所願), 기원(冀願), 지원(志願), 민원(民願)

頃
3급 잠깐 **경** | 머리 혈(頁) + 숟가락 비(匕)

머리(頁) 앞에 숟가락(匕)이 있는 모습 → 숟가락에 있는 밥을 먹기 위해 머리를 기울여야 한다
→ 기울다 → 머리를 기울 정도의 짧은 시간 → 잠깐, 잠시의 뜻

예 경각(頃刻) : 아주 짧은 동안

※ 기울 경(傾)자 사람(人)이 머리를 기울이다(頃) → 기울다, 바르지 않다는 뜻

領
5급 거느릴 **령** | 머리 혈(頁) + 하여금 령(令) 발음 역할

소전을 보면 명령(令)을 내리는 사람 옆에 무릎 꿇고 있는 사람(頁) 모습
→ 거느리다, 다스리다, 우두머리, 옷깃의 뜻

예 대통령(大統領), 소령(少領), 영주(領主), 영토(領土), 수령(受領), 영수증(領收證)

顯
4급 나타날 **현** | 머리 혈(頁) + 드러날 현(㬎) 발음 역할

금문을 보면 햇빛에 널은 실타래가 밝게 드러나는 것(㬎)을 바라보는 사람(頁) 모습
→ (밝게) 드러나다 → 뚜렷하다, 나타나다는 뜻

예 파사현정(破邪顯正), 현저(顯著), 현고(顯考), 현충일(顯忠日), 현미경(顯微鏡)

類
5급 무리 **류** | 머리 혈(頁) + 쌀 미(米) + 개 견(犬)

소전을 보면 개밥(米)에 몰려드는 개(犬) 떼들을 보고 있는 사람(頁) 모습 → 무리, 동아리의 뜻

예 유유상종(類類相從), 종류(種類), 유사(類似), 유추(類推), 파충류(爬蟲類)

顧
3급 돌아볼 **고** | 머리 혈(頁) + 품팔 고(雇) 발음 역할

소전을 보면 제비(雇)와 사람(頁) 모습
→ 제비가 봄에 다시 돌아오듯(雇) 사람 머릿(頁)속에 생각을 되돌아보라
→ 돌아보다, 생각건대, 돌보다, 지난날을 생각하다는 뜻

예 삼고초려(三顧草廬), 고문(顧問), 고객(顧客), 회고록(回顧錄)

頗
3급 자못 **파** | 머리 혈(頁) + 가죽 피(皮) 발음 역할
생가죽을 벗기는(皮) 징그러운 모습을 보고 얼굴(頁)을 찡그리다 → (머리를) 기울다 → 삐뚤어지다
→ 편파적이다, 치우치다 → 매우, 꽤, 상당히 → 자못(생각보다 매우)의 뜻
- 예 편파(偏頗), 파다(頗多 : 생각보다 매우 많다)

頻
3급 자주 **빈** | 머리 혈(頁) + 걸음 보(步)
사람(頁)의 발자국(步) 모양 → 사람들 왕래가 빈번하다를 표현 → 빈번(頻繁)히, 자주의 뜻
- 예 빈삭(頻數), 빈도(頻度), 빈출(頻出), 빈발(頻發)

頌
4급 칭송할 **송** | 머리 혈(頁) + 공평할 공(公) 발음 역할
조직내 우두머리가 공평하게 공적(公)인 일을 잘 처리하고 얼굴(頁)도 잘 겨 칭찬하다 → 얼굴
→ 칭송하다, 기리다는 뜻
- 예 송덕비(頌德碑), 찬송가(讚頌歌) : 하느님을 찬송 하고(讚) 기리기(頌) 위한 노래(歌)

頓
2급 조아릴 **돈** | 머리 혈(頁) + 진칠 둔(屯) 발음 역할
머리(頁)가 땅에 머물다(屯) → 조아리다 → 가지런히 하다, 갑자기의 뜻
- 예 정돈(整頓), 돈호법(頓呼法) : 시(詩)에서 갑자기(頓) 부르는(呼) 방법(法)

預
2급 맡길 **예**, 미리 **예** | 머리 혈(頁) + 나 여(予) 발음 역할
머리(頁)로 좌우(予) 앞뒤를 생각하여 미리 예상하다 → 미리 준비하다, 맡기다, 즐기다, 놀다는 뜻
- 예 유예(猶豫), 예금(預金)

頑
1급 완고할 **완** | 머리 혈(頁) + 으뜸 원(元) 발음 역할
자기가 으뜸(元)이라고 생각하는 사람(頁) → 무디다 → 완고(頑固)하다는 뜻

頒
1급 나눌 **반** | 머리 혈(頁) + 나눌 반(分) 발음 역할
흰색과 검은색이 반반(分)의 머리(頁)털 → 반백(半白), 구분하다, 나누다 → 반포(頒布)하다는 뜻

項
2급 삼가 **욱** | 머리 혈(頁) + 임금 왕(王)
임금님(王) 얼굴(頁)을 함부로 보는 것을 삼가해야 한다 → 삼가다(몸가짐, 언행을 조심하다)는 뜻

顫
1급 떨 **전** | 머리 혈(頁) + 믿음 단(亶) 발음 역할
제단에서 믿음이 약하여 머리(頁)를 머뭇거리며(亶) 흔들다 → 머리가 비뚤어지다 → 떨다는 뜻
- 예 수전증(手顫症), 설전음(舌顫音)

顆
1급 낱알 **과** | 머리 혈(頁) + 열매 과(果) 발음 역할
과일(果) 머리(頁) 숫자를 세다 → 쪽수를 세다 → 낱알, 과립(顆粒)의 뜻

血 피 혈

갑골문을 보면 제사를 지낼 때 희생된 동물의 피(')를 그릇(皿)에 담아 놓은 모양 → 피의 뜻

衆
4급 무리 중 | 피 혈(血) + 무리 중(乑) 발음 역할
갑골문을 보면 태양(日) 아래 여러 사람의 무리가 나란히(乑) 서 있는 모습 → 핏줄(血) 같은 무리(乑)
→ 백성(百姓), 대중, 무리, 서민(庶民)의 뜻
예) 중구난방(衆口難防), 중과부적(衆寡不敵), 출중(出衆), 군중(群衆), 중생(衆生), 청중(聽衆)

虍 범 호

갑골문자를 보면 호랑이의 몸집과 얼룩무늬가 그대로 표현되어 있었으나 소전에서는 획이 변형되면서 지금의 虎 자가 만들어짐 → 호랑이, 용맹스럽다, 두려움, 무섭다는 뜻

虎
3급 범 호
갑골문을 보면 호랑이 몸집에 호피 무늬가 그대로 표현 → 호랑이, 용맹스럽다는 뜻
예) 호가호위(狐假虎威), 호구(虎口), 호위(虎威), 호피(虎皮), 맹호(猛虎)

號
6급 이름 호 | 범 호(虎) + 부르짖을 호(号) 발음 역할
호랑이(虎)가 울 부르짖다(号) → 명령, 부호(符號) → (부르는) 이름의 뜻
예) 호령(號令 : 지휘하여 명령함 → 큰소리로 꾸짖음), 번호(番號), 신호(信號)

處
4급 곳 처 | 범 호(虍) + 곳 처 (処) 발음 역할
호랑이(虍)가 천천히 걷다가(夂) 잠시 쉬기 위해 기댄(几) 곳 → 거주하다, 살다 → (거주하는) 곳
→ (거주하며) 다스리다 → (다스리며) 처리하다 → 처하다는 뜻
예) 거처(居處) : 자리 잡고 사는 곳

※ 곳 처(処)자 갑골문을 보면 止(발 지)자와 ㄱ(덮을 멱)자 그려져 있음
→ 안석(几)또는 탁자에 사람 발이 걸쳐져 있는 모습 → 쉬다, 집 안에 있다, 거주하다는 뜻

虛
4급 빌 허 | 범 호(虍) + 언덕 구(丘) 변형
금문을 보면 큰 언덕(丘)에 호랑이(虍)가 서 있는 모습
→ 호랑이(虍) 때문에 다른 짐승들은 다 도망가서 텅 비었다 → 공허하다, 틈의 뜻
예) 허공(虛空), 허영(虛榮), 허비(虛費), 허무(虛無), 허허실실(虛虛實實)

虔

1급 공경할 **건** | 범 호(虍) + 글월 문(文)
호랑이(虍) 무늬(文)의 옷을 입은 우두머리 → (우두머리를) 우러르고 받드는 마음으로 삼가고 조심하다 → 공경(恭敬)하다, 삼가다는 뜻

虞

1급 염려할 **우** | 범 호(虍) + 성씨 오, 큰소리칠 화, 땅 이름 우(吳) 발음 역할
호랑이(虍)가 나타나자 크게 소리 지르다(吳) → 염려하다 → 속이다 → 즐기다 → 나라 이름(우)의 뜻
예 우범지대(虞犯地帶), 우미인(虞美人)

虐

2급 모질 **학** | 범 호(虍) + 손톱 조(爪) 변형
호랑이(虍) 손톱(爪) → 사납다, 잔학(殘虐)하다, 학대(虐待)한다, 모질다는 뜻

虜

1급 사로잡을 **로** | 범 호(虍) + 꿸 관(毌) + 힘 력(力)
힘(力)으로 잡은 호랑이(虍)를 밧줄로 꿰어(毌) 데려온다 → 사로잡다 → 생포하다는 뜻

※ 虍 자가 부수자는 아니지만 호랑이 관련 글자
예 심할 극(劇), 드릴 헌(獻)

※ 이외 虍모양자
 근거 거(據), 놀이 희(戱), 생각할 려(慮), 갈릴 체(遞), 농막집 려(廬), 살갗 부(膚), 갈대 로(蘆), 희롱할 학(謔), 펼 터(攄), 추렴할 갹(醵), 거를 려(濾), 학질 학(瘧)

戶 집 호, 지게 호

갑골문을 보면 작은 방으로 들어가는 외닫이 문의 모양 → 지게(외짝 문)
→ 집, 방, 외짝문, 출입구, 막다는 뜻

※ 문 문(門) : 양 문을 열고 들어가는 대문

房

4급 방 **방** | 지게문 호(戶) + 모서리 방(方) 발음 역할
작은 문(戶)으로 들어간 네모(方)난 곳이 방 → 거실, 가옥의 뜻
예 방문(房門) : 방으로 드나드는 문

※ 方 자는 소가 끄는 쟁기를 그린 것으로 방향, 네모, 두루의 뜻

扉 **1급** 사립문 **비** | 지게문 호(戶) + 아닐 비(非) 발음 역할
싸리(非)를 얼기설기 엮어 만든 문(戶) → 사립문, 문짝, 집, 가옥의 뜻

所 **2급** 곳 **소**, 바 **소** | 집 호(戶) + 도끼 근(斤)
고대 중국에는 집(戶)마다 도끼(斤)가 있었음, 도끼를 놓아두는 곳 → 일정한 지역 → 처소
→ 바(일의 방법이나 방도)의 뜻
예 소재(所在) : 있는 곳

扇 **1급** 부채 **선** | 지게문 호(戶) + 깃털 우(羽)
날개 깃털(羽)들을 문짝(戶)처럼 넓게 펼쳐 만든 것 → 부채의 뜻
예 선풍기(扇風機)

※ 부채질할 선(煽)자는 부채(扇)를 들고 더운 열기(火)를 쫓는 모습 → 부채질하다, 부추기다는 뜻
예 선정적(煽情的) : 어떤 감정을 북돋아 일으킴

扁 **2급** 작을 **편** | 지게문 호(戶) + 책 책(冊)
외짝 문(戶)을 만들기 위해 대나무들을 책(冊)처럼 납작하게 연결한 모습 → 작다 → 좁다
→ 납작하다 → 두루, 널리의 뜻

戾 **1급** 어그러질 **려** | 지게문 호(戶) + 개 견(犬)
지게문(戶)에 걸려 집 밖으로 못 나오고 있는 개(犬) 모습 → 어그러지다, 거스르다는 뜻
예 반려(返戾), 괴려(乖戾), 패려(悖戾)

扈 **2급** 따를 **호** | 집 호(戶) + 고을 읍(邑)
배웅을 하기 위하여 마을(邑) 문(戶)까지 따라 나가다 → (호위하며) 뒤따르다 → 마부, 하인의 뜻
예 발호(跋扈), 호종(扈從), 호위(扈衛)

※ 이외 戶 모양자
예 어그러질 려(戾), 눈물 루(淚), 어깨 견(肩), 열 계(啓)

 벼 **화**

갑골문을 보면 벼가 여물어 고개를 숙인 모양 → 모든 곡식을 총칭
→ 곡식의 종류나 가치, 돈, 세금 관련된 글자에 사용됨

種 **5급** 씨 종 | 벼 화(禾) + 무거울 중(重) 발음 역할
벼(禾)에서 가장 무거운(重) 것을 씨로 쓴다 → 씨를 뿌리다 → 심다 → 종자(種子)의 뜻

移 **4급** 옮길 이 | 벼 화(禾) + 많을 다(多)
모(禾)가 모판에서 자라서 많아지면(多) 논으로 옮겨 심다 → 모내기하다 → 옮기다
→ 바꾸다, 늦추다는 뜻
예 이사(移徙), 이전(移轉)

秧 **1급** 모 앙 | 벼 화(禾) + 가운데 앙(央) 발음 역할
벼(禾) 모양이 선명(央)하다 → 묘목(苗木) → 모, 볏모 → 모내기 하다는 뜻
예 이앙법(移秧法) : 못자리에서 일정 기간 모를 키운 후 논으로 옮겨 재배하는 농법)

稼 **1급** 심을 가 | 벼 화(禾) + 집 가(家) 발음 역할
봄에 집안(家) 사람 모두가 벼(禾)를 심다 → 일하다, 농사, 심다 → 곡식(穀食), 양식(糧食)의 뜻
예 가동(稼動)

稀 **3급** 드물 희 | 벼 화(禾) + 바랄 희(希) 발음 역할
모를 심을 때 간격을 너무 촘촘하게 하면 바람이 통하지 않아 벼가 썩게 되므로 드문드문(希) 성기게 벼(禾)를 심었다 → 드물다, 성기다는 뜻
예 인생칠십고래희(人生七十古來稀) : 사람이 70세까지 사는 것은 예로부터 드물다 (두보의 곡강시)

※ 바랄 희(希)자는 베(布)의 올 성기게(爻) 자수한 모양 → 드물다 → 자수한 옷은 드물고 비싸다 → 갖기를 동경하다
 → 바라다 → 희망(希望)의 뜻
※ 시원할 상(爽)자는 큰 사람(大)이 성긴 올의 옷(爻爻)을 두르고 있는 모습 → 시원하다 → 기분이 좋다
 → 상쾌(爽快)하다는 뜻
※ 爻 자는 글자에서 모양자 역할 함. 자수는 바느질로 천에 문양을 새겨넣는 것

稚 **3급** 어릴 치 | 벼 화(禾) + 새 추(隹) 발음 역할
벼(禾)가 작은 새(隹) 발의 피만큼 작다 → 벼가 아직 덜 자라 어린다 → 작은 벼 → 어리다는 뜻
예 유치원(幼稚園) : 초등학교에 들어가기 전의 어린이를 가르치는 곳

秀 **4급** 빼어날 수 | 벼 화(禾) + 이에 내(乃)
벼(禾)가 살이 졌다(乃) → 벼알이 통통하고, 잘 자랐다 → 이삭 → 무성하다, 뛰어나다, 빼어나다는 뜻
예 수재(秀才) : 머리가 좋고 재주가 뛰어난 사람

穫 **3급** 거둘 확 | 벼 화(禾) + 자 확(蒦) 발음 역할
벼(禾)를 베어 거두어들인다(蒦) → 베다, 거두다 → 수확(收穫)하다는 뜻

※ 자 확(蒦)자는 풀숲(艹)에 있는 새(隹)를 손(又)으로 잡다 → 획득(獲得)하다 → 재다 → 자(길이를 재는 도구)의 뜻

秉
2급 잡을 **병** | 벼 화(禾) + 고슴도치 머리 계(크)
벼(禾)의 허리를 손(크)으로 잡은 형상 → 한 움큼의 볏단 → 손잡이 → 잡다, 쥐다, 장악하다, 권력의 뜻
> 예 이병철(李秉喆) : 삼성그룹이 창업자

秩
3급 차례 **질** | 벼 화(禾) + 잃을 실(失) 발음 역할
볏단(禾)을 가지런히 떨어트려 놓아두다(失)
→ 벼를 수확하면 일정 분량을 묶어 차례대로 쌓아놓는 모양 → 차례, 순서
→ 옛날에는 녹봉(월급)을 벼로 받고 벼슬이 높고 낮음에 차례를 정함 → 녹봉, 벼슬 → 관직의 뜻
> 예 질고(秩高 : 녹봉이나 벼슬이 높음), 질서(秩序 : 일정한 차례나 규칙)

※ 잃을 실(失)자 금문을 보면 손(扌)에서 물건(乀)을 떨어트리는 모양 → 화살(矢)이 과녁을 못 맞추고 빗나갔다
→ 놓아주다 → 떠나다, 가다 → 잃다는 뜻

稿
3급 볏짚 **고**, 원고 **고** | 벼 화(禾) + 높을 고(高) 발음 역할
볏짚(禾)을 높이(高) 쌓았다 → 원고 쓸 때 종이 뭉치를 볏짚처럼 높이 쌓다 → 볏짚, 원고(原稿)의 뜻

穀
4급 곡식 **곡** | 벼 화(禾) + 껍질 각(殼) 변형
벼(禾) 껍질(殼)을 벗겨내어 먹게 좋게 만들다 → 곡식(穀食)의 뜻

※ 껍질 각(殼)자는 단단한 껍질을 벗기는 모습을 표현 글자

稻
3급 벼 **도** | 벼 화(禾) + 퍼낼 요(舀)
손(爪)으로 항아리(臼)에 있는 벼(米 → 禾)를 퍼내는 모습 → 벼의 뜻
> 예 입도선매(立稻先賣) : 아직 논에서 자라고 있는 벼를 미리 파는 것 → 미리 돈 받고 팖

※ 퍼낼 요(舀)자는 항아리(臼)에서 손(爪)으로 무언가 퍼내는 모습 → 퍼내다는 뜻

穗
1급 이삭 **수** | 벼 화(禾) + 은혜 혜(惠) 발음 역할
태양의 은혜(惠)로 벼(禾) 이삭이 패다 → 이삭의 뜻
> 예 낙수(落穗)

積
4급 쌓을 **적** | 벼 화(禾) + 꾸짖을 책(責) 발음 역할
수확한 벼(禾)를 재촉하여(責) 쌓아두다 → 쌓이다, 저축의 뜻
> 예 적금(積金) : 돈을 은행에 정기적으로 저축하여 모음

※ 꾸짖을 책(責)자 갑골문을 보면 빌려준 돈(貝)을 제때 갚지 않아 가시나무 채찍(束)으로 때리면서 재촉하는 모습
→ 꾸짖다, 재촉하다는 뜻

科
6급 과목 **과** | 벼 화(禾) + 말 두(斗)
바가지(斗)로 쌀(禾)을 퍼내는 모습 → 벼(禾)의 양의 재기(斗) 위해 먼저 품질에 따라 분류하다
→ 과목(科目), 과정(科程), 분류, 품등(品等)의 뜻

程 | 4급 한도 정, 길 정 | 벼 화(禾) + 드릴 정(呈) 발음 역할
세금으로 받을 벼(禾)의 무게를 재기 위해 벼슬아치(士)가 허리를 숙인(丿) 채 공손히 말(口)하다
→ 공평하게 평가하다 → 무게나 양을 헤아리다 → 일정한 분량, 정도(程度), 한도, 측량
→ (헤아리는) 계량기 → (계량하는) 규정(規程) → 법칙 → (법칙대로 따라가는) 길의 뜻

※ 드릴 정(呈)자는 벼슬아치(士)가 허리를 숙인(丿) 채 공손히 말(口)을 건네는 모습 → 윗사람에게 바치다 → 나타내다
→ 드리다 → 한도, 한정의 뜻

秋 | 7급 가을 추 | 벼 화(禾) + 불 화(火)
갑골문을 보면 메뚜기를 불(火)에 굽는 모습 → 가을은 메뚜기를 구워 먹는 계절
→ 벼(禾)가 불(火)타듯이 익는다 → 가을에 벼(禾)를 수확한 후 논바닥을 태운다(火)
→ 가을, 시기, 해, 일 년의 뜻
예 일일삼추(一日三秋) : 하루가 삼 년 같다 → 몹시 지루하거나 애태우며 기다림

季 | 특급 해 년 | 벼 화(禾) + 사람 인(人 → 千)
갑골문을 보면 사람(人 → 千)이 벼(禾)를 지고 가는 모습 → 추수가 끝났으니 한해 가 다 갔다
→ 한 해, 나이, 연령, 때, 아첨하다는 뜻 → 글자가 변하여 해 년(年)자가 주로 쓰임

私 | 4급 사사 사 | 벼 화(禾) + 나 사(厶) 발음 역할
정전제(井田制)가 실시되었던 고대 중국에서 자신(厶)이 재배하는 벼(禾) → 개인 가지다
→ 사사(私事)롭다 → 가족, 집안의 뜻
예 사립학교(私立學校) : 개인이 설립하여 경영하는 학교

※ 나 사(厶)자는 팔을 안으로 굽힌 모습 → 내 것 → 사사롭다 → 나, 자신 → 아무의 뜻

秒 | 3급 까끄라기 묘, 분초 초 | 벼 화(禾) + 적을 소(少) 발음 역할
벼(禾)의 아주 적은(少) 조각 → 작은 까끄라기 → 끝, 말단 → 초(작은 시간 단위) → 분초(分秒)의 뜻

※ 까끄라기란 벼 · 보리 등의 낱알 겉껍질에 붙어있는 작은 수염

祕 | 특급 숨길 비 | 벼 화(禾) + 반드시 필(必)
도적으로부터 벼(禾)를 깊숙이(必) 숨겨두다 → 숨기다 → 신비(神祕)하다는 뜻

※ 반드시 필(必)자는 깊은 우물에서 두레박으로 물을 떠 물이 튀는 모양 → 깊숙하다, 기필코의 뜻
※ 숨길 비(祕)자는 귀신(示)은 눈에 보이지 않고 깊숙이(必) 숨어 있다는 뜻

秦 | 2급 나라이름 진 | 벼 화(禾) + 두 손으로 절굿공이를 들고 있는 모습
두 손으로 절굿공이를 들고 벼(禾)를 찧고 있는 모습 → 평야가 넓고 땅이 비옥하여
쌀이 풍부한 중국 섬서 지역 → 진나라 → 성씨 진 → 중국 통칭(차이나)의 뜻
예 진시황제(秦始皇帝) : 중국 진(秦)나라 왕

稜 | 1급 모날 **릉** | 벼 화(禾) + 언덕 릉(夌) 발음 역할
평지 아닌 언덕(夌) 모서리에 벼(禾)를 심다 → 모나다는 뜻
예 능선(稜線)

秤 | 1급 저울 **칭** | 벼 화(禾) + 평평할 평(平)
세금으로 낼 벼(禾)의 무게를 측정하기 위해 저울 양쪽이 평평하게 하다(平)
→ 평형(平衡)을 이루게 잰다 → 무게를 달다, 저울질하다 → 저울의 뜻 → 稱자의 약자

稱 | 4급 저울 **칭** | 벼 화(禾) + 들 칭(爯) 발음 역할
곡식(禾)의 무게를 달다(爯) → (무게를 달아 가격을 제시하다) 일컫다, 부르다 → 저울
→ (무게를 공평하게 잘 재어서) 칭찬(稱讚)하다 → 좋다, 훌륭하다, 알맞다는 뜻

※ 들 칭(爯)자는 손(爪)으로 두 개의 물건 양쪽이 대칭인 천칭(冉)을 들어 올리는 모습 → 둘을 한꺼번에 들다
→ 무게를 달다, 저울질하다는 뜻

租 | 3급 조세 **조** | 벼 화(禾) + 도마 조(且) 발음 역할
세금을 벼(禾)로 내기 위해 벼를 쌓아(且) 놓은 모양 → 세금, 조세(租稅), 쌓다는 뜻

※ 도마 조(且)자는 조상 묘 비석 앞 도마 위에 음식이 쌓여있는 모양 → 조상, 도마, 비석, 또한의 뜻

稅 | 4급 세금 **세**, 벗을 **탈** | 벼 화(禾) + 기쁠 태(兌)
벼(禾)를 추수하고 웃는 모습(兌) → 벼(禾)로 바꾸어(兌)내다 → 세금을 거두다 → 세금을 벗어 기쁘하다
→ 세금(稅金) 책임에서 벗어났다 → 세금, 벗다, 기쁘하다는 뜻

※ 기쁠 태(兌)자는 입(口)의 좌우에 주름(八)이 생기도록 웃고 있는 어진 사람(儿)의 모습 → 기쁘다
→ (가차되어) 바꾸다, 날카롭다, 예리하다는 뜻

穩 | 2급 편안할 **온** | 벼 화(禾) + 삼갈 은(㥯) 발음 역할
벼(禾)를 추수하고 깊숙한 곳에 숨겨 놓다(㥯) → 편안(便安)하다, 평온(平穩)하다는 뜻
예 온전(穩全), 온건(穩健), 평온(平穩), 온화(穩和)

※ 삼가 은(㥯)자는 두 손(爪, 크) 사이 무언가(工)를 숨기려는 마음(心) → 급하다, 빠르다 → 재촉하다 → 삼가하다
→ 슬퍼하다는 뜻

稷 | 2급 피 **직** | 벼 화(禾) + 밭 전(田) + 어진사람 인(儿) + 뒤쳐져올 치(夂)
벼(禾)를 관리하기 위해 밭(田)으로 걸어오는(夂) 사람 모습(儿) → 농관(農官) → 피를 뽑다 → 피
→ 기장 → 곡신(穀神: 오곡의 신)의 뜻
예 종묘사직(宗廟社稷)

秕 | 1급 쭉정이 **비** | 벼 화(禾) + 견줄 비(比) 발음 역할
좋은 벼(禾)에 비하여(比) 껍질만 있고 속에 알맹이가 들지 아니한 벼 → 쭉정이 → 나쁘다는 뜻

Ⅱ. 부수자

稗　1급 피 패 | 벼 화(禾) + 낮을 비(卑) 발음 역할
등급이 낮은(卑) 벼(禾) → 피, 작다, 잘다는 뜻
예 패관(稗官), 패설(稗說)

稙　2급 올벼 직 | 벼 화(禾) + 곧을 직(直) 발음 역할
보통 벼보다 철 이르게[바로 直] 익은 벼(禾) → 올벼의 뜻

稟　1급 여쭐 품 | 벼 화(禾) + 곳집 늠(㐭) 발음 역할
벼(禾)를 추수한 하인들이 주인에게 곳집(㐭)에 보관하냐고 물어보다 → 여쭈다, 아뢰다는 뜻
예 품의(稟議), 기품(氣稟)

穆　2급 화목할 목 | 벼 화(禾) + 잔무늬 목(㣎) 발음 역할
작게(小) 빛나는(彡) 흰(白) 쌀밥(禾)을 먹다 → 기쁘게 하다, 아름답다 → 화목(和睦)하다는 뜻

稍　1급 점점 초 | 벼 화(禾) + 닮을 초(肖) 발음 역할
벼(禾)가 점차 곡식으로 닮아(肖)간다 → 차츰차츰, 점점, 이미, 벌써의 뜻

穢　1급 더러울 예 | 벼 화(禾) + 해 세(歲) 발음 역할
벼(禾)를 심어 놓고 한 해(歲)가 지나도록 관리도 안 하고 수확도 안 하다 → 잡초, 더럽다는 뜻

禿　1급 대머리 독 | 벼 화(禾) + 어진사람 인(儿)
사람(儿) 머리털이 벼(禾) 몇 송이 있는 것처럼 민둥민둥하다 → 대머리의 뜻
예 독두(禿頭), 독산(禿山), 독옹(禿翁)

稠　1급 빽빽할 조 | 벼 화(禾) + 두루 주(周) 발음 역할
벼(禾)농사가 두루두루(周) 잘되었다 → (논에 벼가) 빽빽하다, 많다는 뜻

火 灬 불 화

활활 타는 불의 모양 → 불, 빛, 음식 조리를 의미하는 글자에 사용

焚　1급 불사를 분 | 불 화(火) + 수풀 림(林)
숲(林)이 불타는(火) 모양 → 불사르다 → 불태우다 → 타다는 뜻
예 분서갱유(焚書坑儒) : 중국의 진나라 시황제가 정치에 대한 비판을 금하려고
　　　　　　　　　 책을 불사르고 학자들을 산 채로 구덩이에 묻어 죽인 일

燒
3급 불사를 소 | 불 화(火) + 요 임금 요(堯) 발음 역할
나무 장작을 높이(堯) 쌓아 불(火)태우는 모양 → 소각(燒却) → 불사르다, 타다 → 소주(燒酒)의 뜻

※ 요임금 요(堯)자는 흙덩이(垚)가 높이 쌓여있는 곳에 어진 사람(兀)이 있는 모습 → 높은(垚) 사람(兀) → 요임금의 뜻

灼
1급 불사를 작 | 불 화(火) + 잔 작(勺) 발음 역할
불(火)이 더 잘 타도록 술잔(勺)에 있는 알코올을 붓다 → 타오르다 → 불사르다, 밝히다는 뜻
예) 작열(灼熱) : 뜨겁게 타오름

炊
2급 불땔 취 | 불 화(火) + 하품 흠(欠) 발음 역할
입을 크게 벌리고(欠) 불씨(火)를 불어 불 피우는 모습 → 불을 피우다 → 불다는 뜻
예) 취사(炊事) : 불을 때어 음식을 장만하는 일

※ 불 취(吹)자는 하품(欠)하듯이 입(口)을 크게 벌리고 불다는 뜻
※ 하품 흠(欠)자는 입을 크게 벌린 사람 모양 → 하품하다는 뜻

燃
4급 탈 연 | 불 화(火) + 그럴 연(然) 발음 역할
불(火)을 태우며 그을음이 나는 것은 당연하다(然) → 그을리다 → 불이 타다, 불사르다, 붙이다는 뜻
예) 연소(燃燒) : 물질이 공기 속의 산소와 화합하여 빛과 열을 내는 현상

煖
1급 더울 난 | 불 화(火) + 당길 원(爰)
불(火)길을 댕기니까(爰) 따뜻해졌다 → 온난(溫暖)하다, 덥다, 따뜻하다 → 따뜻할 난(暖)과 같은 뜻

※ 당길 원(爰)자 위손(爪)과 아래 손(又) 사이 덩굴(于) 같은 것을 던져주고 잡아당기는 모양

燈
4급 등 등 | 불 화(火) + 오를 등(登) 발음 역할
제단에 오를(登) 때 주변을 밝히는(火) 등불 → 등, 등잔, 촛불의 뜻
예) 등화가친(燈火可親) : 등잔불과 친해진다 → 책을 읽기가 좋은 가을철
풍전등화(風前燈火) : 바람 앞의 등불 → 매우 위태로운 처지를 일컬음

※ 오를 등(登)자는 제사음식을 들고 제단(豆)에 두 발로 오르는(癶) 모습 → 오르다, 올리다
→ 등재(登載)하다, 등용(登用)하다는 뜻

燭
3급 촛불 촉 | 불 화(火) + 벌레 촉(蜀) 발음 역할
손에 들고(蜀) 있는 불(火) → 촛불, 등불의 뜻
예) 촉루(燭淚) : 초의 눈물 → 촛농의 뜻

※ 벌레 촉(蜀)자는 애벌레를 그린 것 → 애벌레 → 벌레와, 접촉(接觸)하다 → 손에 닿다 → 나라 이름(촉)
→ 고을 이름의 뜻

災
5급 재앙 재 | 불 화(火) + 내 천(川)의 옛글자
홍수(川)와 화재(火)로 불행이 발생했다 → 화재(火災), 재앙(災殃)의 뜻

Ⅱ. 부수자

燎
1급 횃불 **료** | 불 화(火) + 횃불 료(尞) 발음 역할
횃불(尞)이 밝게 타오르다(火) → 밝다, 비추다 → 횃불의 뜻
예 요원지화(燎原之火), 촉료(燭燎)

爐
3급 화로 **로** | 불 화(火) + 그릇 로(盧) 발음 역할
호랑이 무늬가 있는 불(火)을 지피는 화로(盧) 모양 → 화로(火爐), 목로(木爐), 향로(香爐)의 뜻

※ 그릇 로(盧)자는 불을 지피는 용도로 사용하던 호랑이 무늬가 있는 화로를 그린 것 → 화로(火爐) → 목로 → 밥그릇 → 눈동자 → 성씨(노)의 뜻

烽
1급 봉화 **봉** | 불 화(火) + 이끌 봉(夆) 발음 역할
산봉우리(夆)에 불(火) 피워서 신호하는 횃불 → 봉화(烽火)의 뜻

※ 이끌 봉(夆)자는 산과 산을 이끌어 봉우리를 만들다 → 이끌다 → 봉우리의 뜻

烙
1급 지질 **락** | 불 화(火) + 각각 각(各) 발음 역할
사람은 많은데 불길이 크지 않아 각자(各)가 돌아가면서 불(火)길을 쐬는 모습 → (불로) 지지다 → 불에 달군 쇠로 몸을 지지다 → 단근질하다는 뜻
예 낙인(烙印) : 불에 달구어 찍는 쇠도장

燥
3급 마를 **조** | 불 화(火) + 새떼로울 조(喿) 발음 역할
불(火)로 말리다(喿) → (입안에 침이) 마르다 → 애태우다 → 초조(焦燥)하다는 뜻
예 건조(乾燥) : 습기나 물기가 없는 마른 상태

※ 새떼로울 조(喿)자는 나무(木) 위에서 여러 마리 새 떼가 입들(品)을 벌리며 우는 모양 → 울다, 떠들썩하다 → 다급하다, 초조하다는 뜻

爆
4급 터질 **폭** | 불 화(火) + 사나울 폭(暴) 발음 역할
폭발하여 터질 때 불(火)의 기세가 사납게(暴) 난다 → 폭발(爆發)하다 → 터지다는 뜻

※ 사나울 폭(暴)자는 햇볕(日)이 나오면(出) 두 손(廾)으로 쌀(米)을 꺼내 쬐어 말리다 → 햇볕을 쬐다 → (햇볕이) 사납다 → (햇볕에) 나타내다 → 드러나다는 뜻

烟
특급 연기 **연** | 불 화(火) + 인할 인(因) 발음 역할
불(火)길로 인하여(因) 연기(煙氣)가 난다 → 그을음, 연기, 안개의 뜻

煙
4급 연기 **연** | 불 화(火) + 막을 인(垔) 발음 역할
아궁이에 불(火)이 타오를 때 틀어막았다(垔) → 연기가 나고 그을음이 있다 → 연기, 그을음 → 담배 → 제사 지내다는 뜻

※ 막을 인(垔)자는 아궁이에 불이 타오를 때 틀어막아 연기가 나고 그을음 있다 → 막다는 뜻

燻 | 특급 연기낄 **훈** | 불 화(火) + 불길 훈(熏) 발음 역할
불(火)이나 검은(黑) 연기가 그을음(屮 → 千) 내며 올라가는 모양 → 연기 끼다, 질식하다는 뜻
예 훈제(燻製) : 소금에 절인 고기 따위를 연기에 그을려 말림

煤 | 1급 그을음 **매** | 불 화(火) + 아무 모, 매화 매(某) 발음 역할
불(火)이 매화나무(某)를 태우다 → 그을음의 뜻
예 매연(煤煙), 매탄(煤炭)

炫 | 2급 밝을 **현** | 불 화(火) + 검을 현(玄) 발음 역할
어두운 곳(玄)에서 불(火)을 켜니 밝아지다 → 등잔 심지(玄)에서 불빛(火)이 빛나다 → 밝다는 뜻

灸 | 1급 뜸 **구** | 불 화(火) + 오랠 구(久) 발음 역할
병을 고치기 위해 약쑥을 혈이 위치한 살 위에 놓고 불(火)을 붙여 오랫동안(久) 지지는 치료 법
→ 뜸, 지지다는 뜻
예 침구(鍼灸)

炙 | 1급 구울 **자** | 불 화(火) + 고기 육(肉 → 月)
불(火) 위에 고기(肉 → 月)를 굽는 모습 → 고기구이 → 굽다는 뜻
예 회자(膾炙) : 육회와 구운 고기 → 널리 많은 사람들의 입에 많이 오름

炭 | 5급 숯 **탄** | 불 화(火) + 메 산(山) + 기슭 엄(厂)
나무가 있는 산(山)기슭(厂)에서 불(火)로 숯을 만드는 곳 → 숯의 뜻
예 빙탄지간(氷炭之間), 도탄지고(塗炭之苦)

灰 | 4급 재 **회** | 불 화(火) + 왼 좌(ナ)
타고 있는 불(火)을 덮자(ナ) 불이 꺼지고 불타고 남는 가루 모양만 남다 → 재, 석회(石灰)의 뜻

營 | 4급 경영할 **영** | 불 화(火) + 불 화(火) + 집 궁(宮)
궁(宮)에 등불(火)이 여러 개 켜져 있는 모양 → (밤늦게까지) 일하다 → (국가를) 경영하다는 뜻
예 영업(營業), 운영(運營), 자영(自營), 경영(經營)

煩 | 3급 번거로울 **번** | 불 화(火) + 머리 혈(頁)
소전을 보면 머리(頁)에 열불(火)이 나는 모습 → 번잡(煩雜)하다, 번민(煩悶), 번거롭다는 뜻

煉 | 2급 달굴 **련** | 불 화(火) + 가릴 간(柬) 발음 역할
묶어 놓은 장작더미(柬)의 불(火)이 잘 타오르는 모양 → 달구다 → 이기다(두드리다) → 다듬다
→ 제련(製鍊), 용해 → 단련(鍛鍊)하다는 뜻

| 炸 | **1급** 터질 **작** | 불 화(火) + 지을 작(乍) 발음 역할
불(火)을 만들다(乍) → 폭발하다, 터지다 → (중국요리에서) 튀기다는 뜻
예 작계(炸鷄) : 닭튀김, 작두부(炸豆腐) : 자더우푸, 두부튀김, 자장면(炸醬麵)

| 熾 | **1급** 성할 **치** | 불 화(火) + 찰흙 치, 모일 직(戠) 발음 역할
불(火)을 모으다(戠) → 불사르다 → (불) 기운이나 세력이 한창 왕성하다 → 성(盛)하다는 뜻
예 치열(熾烈 : 세력이 불길처럼 맹렬함), 치열(熾熱 : 아주 뜨거움)

| 燐 | **1급** 도깨비불 **린** | 불 화(火) + 도깨비불 린(粦) 발음 역할
도깨비(粦)처럼 갑자기 번쩍이는 불(火) → 도깨비불, 반딧불, 인의 뜻
예 인비(燐肥 : 인산비료), 인화(燐火 : 도깨비불, 반딧불)

| 熔 | **2급** 쇠녹일 **용** | 불 화(火) + 얼굴 용(容) 발음 역할
쇠 항아리에 많은 것을 넣어(容) 불(火)에 녹이다 → 주조하다는 뜻
예 용융(熔融) : 불에 녹고(熔) 녹는다(融), 용암(熔岩)

| 煽 | **1급** 부채질할 **선** | 불 화(火) + 부채 선(扇) 발음 역할
부채(扇)를 들고 더운 열기(火)를 쫓는 모습 → 부채질하다, 부추기다는 뜻
예 선정적(煽情的 : 어떤 감정을 북돋아 일으킴), 선동(煽動)

| 熄 | **1급** 불꺼질 **식** | 불 화(火) + 쉴 식(息) 발음 역할
불(火)이 타오르다 휴식하다(息) → 불이 꺼지다, 소멸(消滅)하다는 뜻
예 종식(終熄)

| 燼 | **1급** 불탄끝 **신** | 불 화(火) + 다할 진(盡) 발음 역할
불(火)이 타오르 것이 다했다(盡) → 깜부기불(타다가 남은 것), 불탄 끝의 뜻

| 炒 | **1급** 볶을 **초** | 불 화(火) + 적을 소(少) 발음 역할
짧은(少) 시간에 강한 불(火)로 볶는다는 뜻
예 초육(炒肉 : 차오러우, 돼지볶음), 초면(炒麵 : 차우멘, 볶음국수)

| 燉 | **2급** 불빛 **돈** | 불 화(火) + 도타울 돈(敦) 발음 역할
불길(火)이 왕성하게 도탑다(敦) → (불이) 이글이글하다, 따뜻하다 → 불빛의 뜻

| 爀 | **2급** 불빛 **혁** | 불 화(火) + 빛날 혁(赫) 발음 역할
불(火)이 성대하게 빛나다(赫) → 불빛의 뜻

炎 　**3급** 불꽃 **염** | 아름다울 담, 불 화(火) + 화(火)
불(火)이 뜨겁게 활활 타오르다(火) → 태우다, 불타다 → 불꽃, 더위, 덥다, 아름답다는 뜻
예 폭염(暴炎) : 큰 더위

焰 　**1급** 불꽃 **염** | 불 화(火) + 함정 함(臽) 발음 역할
불(火)의 구덩이(臽) → 불의 기세 → 불꽃, 불빛의 뜻
예 홍염(紅焰), 염초(焰硝), 화염(火焰), 기염(氣焰)

燮 　**2급** 불꽃 **섭** | 불길 세찰 개(炏) + 말씀 언(言) + 또 우(又)
불길이 너무 세차게(炏) 타오르는 것을 말(言)하고 손(又)으로 진화하는 모습 → 불꽃의 뜻
예 섭리(燮理)

煥 　**2급** 불꽃 **환** | 불 화(火) + 빛날 환(奐) 발음 역할
불(火)이 빛나다(奐) → 불꽃의 뜻

炳 　**2급** 불꽃 **병** | 불 화(火) + 남녘 병(丙) 발음 역할
불(火)이 선명하게 빛나다(丙) → 불꽃, 빛나다, 밝다, 환하다는 뜻

煜 　**2급** 빛날 **욱** | 불 화(火) + 햇빛 밝을 욱(昱) 발음 역할
불길(火) 환하게 타오르고 햇빛이 밝게(昱) 빛나다 → 비치다는 뜻

炯 　**2급** 빛날 **형** | 불 화(火) + 들 형(冏) 발음 역할
들판(冏)에 불길(火) 타오르다 → 밝다, 빛나다는 뜻

燁 　**2급** 빛날 **엽** | 불 화(火) + 빛날 화(華)
불(火)이 화려하게 빛나다(華) → 성하다, 빛나다는 뜻

炅 　**2급** 빛날 **경** | 불 화(火) + 날 일(日)
불(火)이 태양(日)처럼 밝게 빛나다 → 나타나다, 환하다는 뜻

煇 　**특급** 빛날 **휘** | 불 화(火) + 군사 군(軍) 발음 역할
횃불(火)이 무리를 이루어 진(軍)을 치고 있는 모습 → 빛나다, 햇무리, 태우다는 뜻
예 휘황찬란(輝煌燦爛) : 광채가 눈부시게 빛나다

※ 군사 군(軍)자는 금문을 보면 전차(車)가 고르게 배치된 모양 → 진치다
→ 군사(軍士), 군인(軍人), 군대(軍隊)의 뜻

煌 　**1급** 빛날 **황** | 불 화(火) + 임금 황(皇) 발음 역할
임금님(皇)의 면류관이 화려하게 빛나다(火) → 아름답다, 빛나다는 뜻

燦 | **2급** 빛날 **찬** | 불 화(火) + 정미 찬(粲) 발음 역할
불(火)이 선명하게(粲) 번쩍번쩍하다 → 찬란(燦爛·粲爛)하다, 빛나다는 뜻
- 예 호화찬란(豪華燦爛)

爛 | **2급** 빛날 **란** | 불 화(火) + 가로막을 란(闌) 발음 역할
바람을 막지(闌) 않아서 불(火)이 잘 타오르는 모습
→ 문안에 여러 개 나무를 동여매어서(闌) 불(火)을 붙이다 → 빛나다, 밝다는 뜻

※ 가로막을 란(闌)자는 문(門)을 동여매다[束 : 나무 묶은 모양] → 가로막다는 뜻

熙 | **2급** 빛날 **희** | 불 화(灬) + 기뻐할 희(巸) 발음 역할
불(灬)이 아름답게(巸) 빛나는 모습 → 빛나다 → 기뻐하다, 화락하다는 뜻
- 예 박정희(朴正熙) : 대통령 이름

※ 기뻐할 희(巸)자는 젖꼭지가 있는 가슴과 아기(巳)의 모습 → 어머니가 아기에게 젖 먹이는 모습
→ 아름답다, 즐거워하다, 기뻐하다는 뜻

熹 | **2급** 빛날 **희** | 불 화(灬) + 기쁠 희(喜) 발음 역할
불(灬)이 기운차게(喜) 밝게 비추다 → 빛나다는 뜻

熏 | **2급** 불길 **훈** | 검을 흑(黑) + 일천 천(千)
불을 지피니까 굴뚝 위로 검은(黑) 그을음(屮 → 千)이 퍼져나가는 모습 → 연기(煙氣)가 끼다
→ 태우다 → 불길의 뜻

然 | **7급** 그럴 **연** | 불 화(灬) + 고기 육(肉 → 月) + 개 견(犬)
불(灬)에 개(犬)고기(肉 → 月)를 굽는 형상 → 불타다 → 그을리다
→ 개고기는 반드시 불에 익혀 먹는 것이 당연(當然)하다
→ 그러하다, 틀림없다, 명백하다, 분명하다는 뜻
- 예 자연(自然) : 스스로 그러하다 → 꾸밈이 없는 자연스러움을 일컬음

熱 | **5급** 더울 **열** | 불 화(灬) + 재주 예(埶) 발음 역할
불(火)이 기세(埶)가 매우 거세다 → 매우 덥다 → 불(火) 옆에 구부리고(埶) 있었더니 매우 덥다
→ 열 → 더위, 따뜻하다는 뜻
- 예 열사(熱沙 : 여름 햇볕에 뜨거워진 모래), 이열치열(以熱治熱 : 열로써 열을 다스린다
→ 힘에는 힘으로, 강한 것에는 강한 것으로 상대함을 일컬음)

※ 재주 예(埶)자는 어린 초목을 땅에 구부리고 심고 있는 모습 → 재주, 재능, 심다, 기세, 권세의 뜻

熟 | **3급** 익을 **숙** | 불 화(灬) + 누구 숙(孰) 발음 역할
무언가 삶고 있는 솥(亨) 옆에서 구부리고(丸) 있는 모습 → 익다, 여물다, 익숙하다, 숙련(熟鍊)의 뜻

照 　**3급** 비칠 **조** | 불 화(灬) + 밝을 소(昭) 발음 역할
금문을 보면 햇불을 들고 있는 모습 → 해(日)와 불(灬)을 부르니(召) 환하다 → 밝다, 비추다는 뜻
예 조명(照明) : 빛으로 비추어 밝게 함

※ 밝을 소(昭)자는 해(日)를 부르니(召) → 밝다, 밝게 빛나다는 뜻

烈 　**4급** 세찰 **렬** | 매울 열, 불 화(灬) + 벌일 렬(列) 발음 역할
모여있는 불씨(灬)를 바람이 잘 통하도록 벌려(列)놓으니까, 불길이 세차게 타오르다
→ 덥다, 세차다 → 사납다는 뜻
예 열사(烈士) : 나라를 위하여 절의를 굳게 지켜 죽은 사람

※ 벌일 렬(列)자는 짐승이나 가축에서 칼(刂)로 뼈(歹)를 갈라서 벌려 놓다 → 벌리다는 뜻

焦 　**2급** 탈 **초** | 불 화(灬) + 새 추(隹) 발음 역할
불(灬) 위에 작은 새(隹)를 굽는 모양 → 새를 굽는 동안 타지 않을까 초조(焦燥)해하다 → 타다는 뜻
예 초점(焦點) : 반사경이나 렌즈에 평행으로 들어와 반사·굴절한 광선이 모이는 점
　　노심초사(勞心焦思) : 애를 쓰고 속을 태움

煎 　**1급** 달일 **전** | 불 화(灬) + 앞 전(前) 발음 역할
술 또는 물이 나오는 입구가 앞(前)에 있는 그릇(용기)을 불(灬) 위에 올려놓은 모양
→ 주전자(酒煎子)를 불에 달이다 → 졸이다, 끓다는 뜻

烹 　**특급** 삶을 **팽** | 불 화(灬) + 형통할 형(亨)
불(灬)을 음식을 삶다(亨) → 불로 삶아 죽이다 → 익힌 음식 → 삶다는 뜻
예 토사구팽(兎死狗烹) : 토끼를 다 잡으면 사냥개를 삶는다 → 요긴할 때는 소중히 여기다가도
　　　　　　　　　　　 쓸모가 없게 되면 천대하고 쉽게 버린다 (사마천 사기)

※ 형통할 형(亨)자 갑골문을 보면 조상의 위패나 비석을 모셔놓은 사당이 그린 것
→ 조상신에게 제사를 지냄으로써 모든 일이 잘 풀리다 → 형통(亨通)하다, 통달하다, (제사) 올리다 → 삶다는 뜻

煮 　**1급** 삶을 **자** | 불 화(灬) + 사람 자(者) 발음 역할
솥에 달콤한 즙(者)을 넣고 삶는(灬) 모습 → 삶다, 끓이다, 익다는 뜻
예 자두연기(煮豆燃萁) : 콩깍지(萁)를 태워(燃) 콩(豆)을 삶는다(煮)는 뜻으로, 형제가 서로 싸우고
　　　　　　　　　　　 시기함을 이르는 말, 조조의 두 아들 이야기

　자장(煮醬) : 장조림

煞
1급 죽일 살 | 불 화(灬) + 꼴 추(芻) + 칠 복(攵)
짐승의 먹이인 꼴(芻)을 불(灬)로 태워 없애고, 몽둥이로 두드려서(攵) 없앤다 → 죽이다 → 빠르다
→ 흉신(凶神·兇神 : 사람을 해치는 독한 기운)의 뜻
- 예 급살(急煞), 원진살(元嗔煞), 도화살(桃花煞), 망신살(亡身煞)

烋
2급 아름다울 휴 | 불 화(灬) + 쉴 휴(休) 발음 역할
세차게 타오르던 불길(灬)이 평화롭게 휴식(休)을 하다 → 경사롭다, 아름답다는 뜻

無
5급 없을 무
갑골문을 보면 양팔에 깃털을 들고 춤추는 사람 모습 → 무당이나 제사장이 춤추는 모습 → 춤추다(舞)
→ 없다, 아니다는 뜻

烏
3급 까마귀 오 | 새 조(鳥) – 눈동자의 형상(-)
새 조(鳥)자에서 눈동자의 형상(-)을 뺀 모양
→ 까마귀는 몸과 눈동자가 까매서 흡사 눈이 없는 새처럼 보이는 것을 표현 → 까마귀 → 탄식의 뜻
- 예 오합지졸(烏合之卒) → 우두머리 없는 까마귀처럼 질서가 없이 우왕좌왕하는 병졸들의 뜻,
오비이락(烏飛梨落) : 까마귀 날자 배 떨어진다 → 우연한 일치로 남의 의심을 받게 됨

焉
3급 어찌 언 | 새 조(鳥)의 변형자 + 바를 정(正)
금문을 보면 긴 꼬리를 가진 새 모양 → 긴 꼬리새 → (나중 음이 가차되어) 어찌, 어떻게의 뜻

熊
2급 곰 웅 | 불 화(灬) + 능할 능(能)
네 다리(灬)로 걷는 곰(能) 모양 → 곰 → 빛나다는 뜻
- 예 웅담(熊膽) : 말린 곰의 쓸개로 한약재 등으로 사용된다

※ 능할 능(能)자는 곰의 모양 → (곰이 재주가 능하다) → 능하다는 뜻

燕
3급 제비 연
갑골문을 보면 긴 꽁지가 특징인 제비가 그려져 있는 모습 → 제비, 잔치, 연회(宴會)의 뜻

※ 灬 자가 부수자는 아니지만 불을 뜻하는 글자
- 예 붉을 적(赤), 찔 증(蒸)

※ 네 점(灬)이 불을 의미하지 않고 다른 뜻의 모양자로 역할한 경우
- 예 새의 꼬리 의미 : 새 조(鳥), 까마귀 오(烏), 제비 연(燕)
다리 의미 : 말 마(馬), 할 위(爲), 곰 웅(熊), 큰곰 비(羆), 큰곰 비(羆)
춤을 추는 사람의 모습 : 없을 무(無)
지느러미 의미 : 물고기 어(魚)

 누를 황

옛 중국의 귀족들이 허리에 누런색 장신구 패옥(佩玉)을 가로로 차고 있는 모습
→ 중국 옥들은 대체로 누런색 패옥 → 누런색 → 누렇다 → (누런색은) 황제 → 늙은이의 뜻

※ 璜(서옥 황)자는 '패옥'이라는 뜻을 대신함
※ 황옥(黃玉), 황토(黃土), 황도(黃道) : 누런색(黃)의 태양이 지나가는 길(道),
  태양이 천구(天球) 위에 그리는 궤도(軌道)

  황체(黃體) : 누런색(黃)의 몸체
※ 상용한자 내에서는 부수자로 쓰이는 글자 없음

 사귈 **효**, 가로그을 **효**, 점괘 **효**

나무 막대기 4개를 좌우로 엇갈린 모양 → 수를 셈하기 위해 사용하는 산(算) 가지 → 배우는 모습
→ 육효(六爻: 주역(周易)의 점 괘(卦)를 이룬 가로획) → 점 관련 글자 → 사귀다, 본받다
→ 단순 모양자 역할을 함

 1급 너 이 | 산가지 효(爻) + 여덟 팔(八) + 두를 잡(帀)
아름답게 빛나는 꽃 그림 → 아름다운 꽃 → (가차되어) 너(汝) → 어조사 → 같이의 뜻

爽 **1급** 시원할 상 | 산가지 효(爻) + 산가지 효(爻) + 큰 대(大)
사람(大)이 창살(爻爻)로 들어오는 바람과 빛을 쬐는 모습
→ 큰 사람(大)이 성긴 올의 옷(爻爻)을 두르고 있는 모습 → 시원하다 → 기분이 좋다
→ 상쾌(爽快)하다, 밝다, 맑다는 뜻

※ 爻 자가 부수자는 아니지만 배우다는 뜻과 모양자 역할을 한 글자
예 배울 학(學), 깨달을 각성(覺), 가르칠 교육(敎), 바랄 희(希)

黑 검을 흑

금문을 보면 불(火)을 땔 때 굴뚝 위로 연기가 빠져나가는 모양
→ 연기로 인하여 주위가 꺼멓게 거슬리게 되다
→ 검다, 꺼멓게 되다, 나쁘다, 악독하다, 횡령하다는 뜻

默 3급 잠잠할 **묵** | 검을 흑(黑) + 개 견(犬)
깜깜한(黑) 밤에 개(犬)소리도 없고 고요하다 → 개가 짖지 않는다 → 조용하다, 잠잠하다, 묵묵하다는 뜻
예 묵념(默念) : 조용히 마음속으로 빎

點 4급 점 **점** | 검을 흑(黑) + 점 점(占) 발음 역할
굴뚝에서 나오는 검은(黑) 연기 속에 재 덩어리(占)가 함께 날아가는 모양 → 점, 얼룩 → 불붙이다
→ 흠 → 조사하다는 뜻
예 점선(點線) : 점을 찍어서 이루어진 줄

※ 점 점(占)자는 점괘를 의미하나 여기서는 검은 연기와 함께 날아다니는 재 덩어리 모양자

黨 4급 무리 **당** | 검을 흑(黑) + 오히려 상(尙)
건물(尙)에 많은 사람들이 모여 있는 모습을 보고 까맣다(黑) 표현
→ 검은(黑) 무리가 큰 건물(尙)에 모여 있다 → 무리, 한동아리 → 마을, 일가의 뜻
예 당파(黨派) : 이해를 같이하는 사람끼리 뭉쳐진 단체

黜 1급 내칠 **출** | 검을 흑(黑) + 날 출(出) 발음 역할
나쁜 검은(黑) 무리를 내쫓다(出) → 내치다, 물리치다, 내쫓기다는 뜻
예 출척(黜陟), 방출(放黜), 출당(黜黨)

 하품 **흠**, 이지러질 **결**

사람이 입을 크게 벌리고 하품하는 모습 → 하품
→ (하품은 산소 부족으로 생김, 돈이 부족하다는 것을 연상하여) 빚 → 부족, 결함의 뜻
→ 이지러질 결(缺)자의 약자

次 4급 버금 **차** | 하품 흠(欠) + 물 수(氵)의 변형
하품(欠)하듯이 입을 크게 벌리고 침(氵 → 冫)을 튀겨가면서 남을 나무라는 모습 → 마음대로
→ 비방하다 → 머뭇거리다 → 버금 → 다음 → 차례(次例) → 줄지어 세우다는 뜻

歎 4급 탄식할 **탄** | 하품 흠(欠) + 진흙 근(堇) 변형
입을 크게 벌리고(欠) 어려움(堇)을 탄식(歎息)하다 → 한탄(恨歎) → 嘆(탄식할 탄)과 같은 뜻

※ 진흙 근(堇)자는 진흙에 빠져 있는 어려움에 빠진 모습 → 진흙, 바르다는 뜻

歡 4급 기뻐할 **환** | 하품 흠(欠) + 황새 관(雚) 발음 역할
입을 크게 벌리고(欠) 놀라며(雚) 눈웃음치고 즐겁게 기뻐하는 모습 → 기쁘다 → 좋아하다는 뜻
예 환호(歡呼) : 기뻐서 부르짖음

※ 황새 관(雚)자는 큰 눈과 눈썹이 강조한 잘 놀라는 황새를 그린 것

欣 1급 기쁠 **흔** | 하품 흠(欠) + 도끼 근(斤) 발음 역할
숨 가쁘게 도끼질(斤)을 마치고 입을 크게 벌리고(欠) 숨 쉬다
→ 일을 마쳐 입을 크게 벌리고 웃으며 즐거워하다
→ 전쟁에 이겨 무기(斤)를 놓고 소리 지르며(欠) 즐거워하다 → 기뻐하다는 뜻
예 흔쾌(欣快) : 기쁘고도 상쾌함

歌 7급 노래 **가** | 하품 흠(欠) + 노래 가(哥) 발음 역할
하품(欠)하듯이 입을 크게 벌려 노래(哥)하다 → 노래, 가곡(歌曲), 가사(歌詞)의 뜻

欲 3급 바랄 **욕**, 욕심 **욕** | 하품 흠(欠) + 계곡 곡(谷)
큰 계곡(谷)에서 흘러나오는 물을 입을 크게 벌려(欠) 마치 다 받아 마시려는 듯한 모습
→ 욕심을 내다 → 지나치게 탐내다 → 욕심(欲心)의 뜻

※ 욕심 욕(慾)자는 욕심(欲)내는 마음(心) → 욕심의 뜻

歐 2급 토할 **구** | 하품 흠(欠) + 구분할 구(區) 발음 역할
입 벌리고(欠) 토한 것을 숨기다(區) → 토(吐)하다, 구토(嘔吐) → 치다(毆) → 구라파의 뜻
예 구라파(歐羅巴 : 유럽), 구미(歐美 : 유럽과 미국), 서구(西歐 : 서유럽)

欺 3급 속일 **기** | 하품 흠(欠) + 그 기(其) 발음 역할
입을 크게 벌려(欠) 그럴싸하게 얼기설기(其) 이야기하면서 남을 속이는 모습
→ 속이다, 업신여기다 → 거짓, 허위, 기만(欺瞞)의 뜻
예 사기(詐欺) : 못된 목적으로 남을 속임

※ 그 기(其)자는 얼기설기 대나무를 엮어 만든 키를 그린 것

歇 1급 쉴 **헐** | 하품 흠(欠) + 어찌 갈(曷) 발음 역할
어찌(曷) 하품(欠)을 자주 하는가? 어제 밤새워 일해 피곤합니다, 그러면 가서 쉬거라 → 쉬다는 뜻
예 간헐적(間歇的)

款 | 2급 항목 관 | 하품 흠(欠) + 선비 사(士) + 보일 시(示)
선비(士)가 밤늦게까지 글을 문서에 새기다 피곤하여 하품(欠)을 보이다(示) → 새긴 글자, 인장(印章)
→ 항목(項目), 조목(條目) → 정성(精誠)의 뜻
예) 낙관(落款), 차관(借款), 정관(定款), 약관(約款), 관대(款待)

欽 | 2급 공경할 흠 | 하품 흠(欠) + 쇠 금(金) 발음 역할
본인도 돈(金)이 부족(欠)한데 남을 돕는 모습 → 흠모(欽慕)하다, 공경(恭敬)하다, 존경(尊敬)의 뜻

歆 | 1급 흠양할 흠 | 하품 흠(欠) + 소리 음(音) 발음 역할
제사장이 신에게 차려 놓은 음식을 드시라고 입 벌려(欠) 소리(音)치다 → 제물(祭物)을 바치다
→ 흠양(歆饗)하다 → 감동(感動)하다는 뜻

III 소리한자

Ⅲ 个体与人

家 집 가

갑골문을 보면 집에 돼지가 있는 모습 → 집, 가족의 뜻

다른 글자와 만나면 [가]로 소리 남

| 가 | 稼 심을 가 | 嫁 시집갈 가 |

叚 빌릴 가

금문을 보면 언덕(阜) 위에 있는 손(又 자 변형)과 아래 손(又)과 무언가를 서로 주고받는 모습 → 물건을 빌리거나 빌려주는 것 표현 → 빌리다, 빌려주다, 층계의 뜻

다른 글자와 만나면 [가·하]로 소리 남

| 가 | 假 거짓 가 | 暇 겨를 가 |
| 하 | 蝦 새우 하 | 瑕 허물 하 | 遐 멀 하 | 霞 노을 하 |

加 더할 가

쟁기질(力)하는 사람에게 입(口)으로 더 잘하라고 말하다 → 더하다는 뜻

다른 글자와 만나면 [가·하]로 소리 남
※ 힘 력(力)자는 농기구 쟁기를 그린 것

| 가 | 架 시렁 가 | 伽 절 가 | 迦 부처이름 가 | 袈 가사 가 | 駕 멍에 가 | 嘉 아름다울 가 |
| 하 | 賀 하례할 하 |

Ⅲ. 소리한자   513

可　옳을 가

갑골문을 보면 곡괭이(丁)로 농사를 지을 때 입(口)으로 부르는 노래
→ 농요(農謠), 노동요(勞動謠)를 표현
→ (힘든 농사일에 노래를 부르면 쉽게 일을 할 수 있다고 해서) 가능(可能)하다, 옳다는 뜻

다른 글자와 만나면 [가 · 아 · 하]로 소리 남

※ 옳을 가(可) → 기특할 기(奇) 소리글자 : 부칠 기(寄), 옥이름 기(琦), 비단 기(綺), 험할 기(崎), 말탈 기(騎), 때기밭 기(畸), 의자 의(椅)

各　각각 각

갑골문을 보면 집 입구(口)에 발(夂)이 그려져 있음 → 개인별로 각각 집 입구(口)로 들어오다(夂)
→ 각각, 따로, 다른, 제각기의 뜻

다른 글자와 만나면 [각 · 객 · 격 · 락 · 략 · 로 · 뢰]로 소리 남

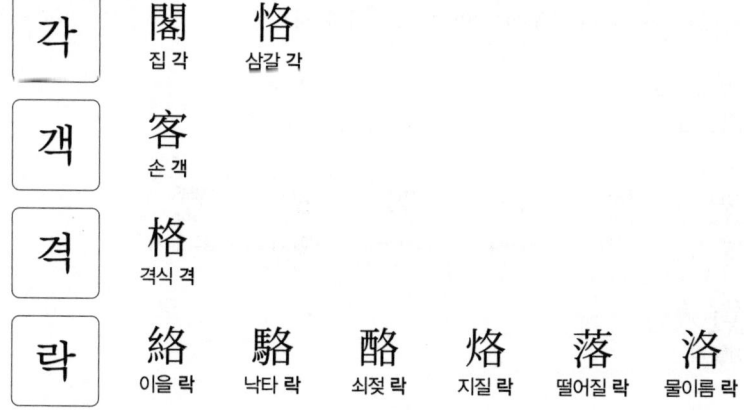

| 략 | 略 간략할 략 |

| 로 | 路 길로 | 露 이슬 로 | 鷺 백로 로 |

| 뢰 | 賂 뇌물 뢰 |

倝 빛날 간

풀숲 사이로 해가 떠오르는 모습 → 아침에 해가 뜰 때 햇빛이 빛나는 모양

다른 글자와 만나면 [간·한]으로 소리 남

| 간 | 幹 줄기 간 | 乾 마를 간 / 하늘 건 | 斡 주장할 간 / 돌 알 |

| 한 | 韓 나라 한 | 翰 편지 한 | 澣 빨래할 한 |

臤 굳을 간

노예나 신하(臣)의 손(又)을 표현 → (신하의 손이) 굳건하다, 어질다는 뜻

다른 글자와 만나면 [견·긴·신·현·수]로 소리 남

견	堅 굳을 견
긴	緊 긴할 긴
신	腎 콩팥 신

| 현 | 賢 어질 현 |
| 수 | 竪 세울 수 |

干 방패 간

갑골문을 보면, Y자 모양으로, V자 부분은 짐승이나 상대방을 밀쳐 가까이 오지 못하게 하는
방패(防牌) 구실 → 방패, 마르다, 범하다, 간섭하다는 뜻

다른 글자와 만나면 [간·안·한·헌]으로 소리 남
※ 干 자는 방패 간, 마를 건 자로 소리 남

※ 干 자가 부수자로 쓰인 경우 : 다행 행(幸), 해 년(年), 평평할 평(平), 줄기 간(幹), 평평할 견(开)

柬 가릴 간

동녘 동(東)자나 묶을 속(束)자처럼 자루를 아래위로 묶은 모양 → 가운뎃점은 종류별 표시
→ 자루 속의 물건을 종류별로 나누다 → 가려서 뽑다 → 가리다, 고르다, 편지의 뜻

다른 글자와 만나면 [간·란·련]으로 소리 남

艮 그칠 간

신분이 낮은 사람(人) 눈(目)이 땅 아래를 향한 모습 → 상전의 시선을 마주하지 못하는 하인의 모습 → 외면하다 → 배신하다 → 거스르다 → 그치다 → 어렵다, 한계, 못하다, 가난하다는 뜻

다른 글자와 만나면 [간·근·안·은·한·흔]으로 소리 남

간	懇 간절할 간	懇 간절할 간	墾 개간할 간	艱 어려울 간
근	根 뿌리 근
안	眼 눈 안
은	銀 은 은	垠 지경 은
한	限 한할 한	恨 한 한
흔	痕 흔적 흔

※ 그칠 간(艮) 부수자 : 어질 량(良), 어려울 간(艱)
※ 그칠 간(艮) → 어질 량(良) 소리글자 : 밝을 랑(朗), 물결 랑(浪), 사내 랑(郞), 사랑채 랑(廊), 이리 랑(狼), 여자 낭(娘)
※ 그칠 간(艮) → 밥 식(食) 부수자 : 기를 양(養), 밥 찬(餐), 잔치할 향(饗)
※ 그칠 간(艮) → 물러날 퇴(退) : 넓적다리 퇴(腿), 바랠 퇴(褪)

曷 어찌 갈

빌듯이(勾) 말하다(曰) → 갈구하다, 바라다 → 아뢰다
→ (나중에 가차되어) 어찌, 언제, 누가, 막다는 뜻

다른 글자와 만나면 [갈·게·알]로 소리 남
※ 勾(빌 개, 빌 갈)자는 가난한 사람(匕)이 엎드려서(勹) 구걸하다 → 빌다, 베풀다는 뜻

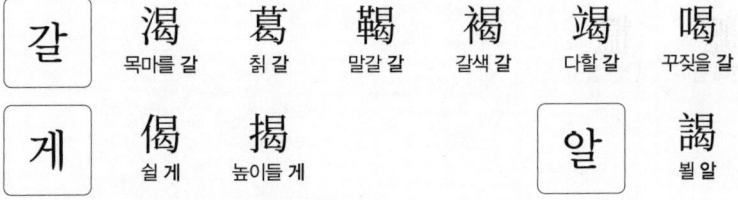

갈	渴 목마를 갈	葛 칡 갈	鞨 말갈 갈	褐 갈색 갈	竭 다할 갈	喝 꾸짖을 갈
게	偈 쉴 게	揭 높이들 게
알	謁 뵐 알

※ 어찌 갈(曷) 모양자 : 쉴 헐(歇), 아지랑이 애(靄)

敢 감히 감

갑골문을 보면 맹수의 꼬리를 잡은 모습 → 용감하다 → 감히, 구태여, 함부로의 뜻

다른 글자와 만나면 [감·엄·암]으로 소리 남

감	瞰 굽어볼 감	
엄	嚴 엄할 엄	儼 엄연할 엄
암	巖 바위 암	

監 볼 감

갑골문을 보면 사람(人)이 눈(臣)으로 그릇(皿) 속의 물을 거울처럼 비추어 보는 모습 → 거울 → 보다 → 본보기 → 살피다 → (백성을 살펴보는) 관청의 뜻

다른 글자와 만나면 [감·람·염·함]으로 소리 남

감	鑑 거울 감			
람	覽 볼 람	濫 넘칠 람	藍 쪽 람	籃 대바구니 람
염	鹽 소금 염			
함	艦 큰배 함	檻 난간 함		

甘 달 감

갑골문을 보면 입안에 음식이 들어있는 모습 → 먹다, 맛있다 → 달다는 뜻

다른 글자와 만나면 [감]으로 소리 남

감	堪	勘	邯	柑	紺	疳
	견딜 감	헤아릴 감	땅이름 감	감귤 감	감색 감	감질 감

※ 달 감(甘) 부수자 : 심할 심(甚)
※ 달 감(甘) 모양자 : 짐작할 짐(斟), 아무 모(某), 꾀 모(謀), 중매 매(媒), 그을음 매(煤)

甲 갑옷 갑

갑골문을 보면 十 자 모양 → 소전부터 거북 껍질의 모양 → 갑옷, 껍질 → 딱지 → 손톱 → 첫째 천간 → 새싹이 트다는 뜻

다른 글자와 만나면 [갑·압]으로 소리 남

갑	鉀	岬	匣	閘
	갑옷 갑	곶 갑	갑 갑	수문 갑

압	押	鴨
	누를 압	오리 압

岡 산등성이 강

산(山)등성이를 그물(网)로 덮어놓은 모양 → 언덕, 고개, 작은 산 → 비탈길 → 강하다는 뜻

다른 글자와 만나면 [강]으로 소리 남

강	鋼	剛	綱	崗
	강철 강	굳셀 강	벼리 강	언덕 강

※ 산등성이 강(岡) → 그물 망(网) 소리글자 : 그물 망(網), 멍할 망(惘)

畺 지경 강

밭(田)과 밭(田) 사이 경계를 나타내는 3개의 선(三) → 땅의 경계, 끝, 한계, 굳세다는 뜻

다른 글자와 만나면 [강]으로 소리 남

| 강 | 彊 굳셀 강 | 疆 지경 강 | 薑 생강 강 |

※ 지경(地境)은 땅의 경계라는 뜻

皆 다 개

금문을 보면 여러 사람이 다 함께 한목소리 내는 모습 → 모두, 다 함께, 다는 뜻

다른 글자와 만나면 [계·해]로 소리 남

| 계 | 階 섬돌 계 |

| 해 | 偕 함께 해 | 諧 화할 해 | 楷 본보기 해 |

去 갈 거

갑골문을 보면 큰 사람(大)의 다리 사이에 출입구(口) 모양 → 출입구에서 걸어 나오는 사람 → 가다 → 버리다 → 내쫓다 → 물리치다 → 피하다 → 과거(過去)의 뜻

다른 글자와 만나면 [겁·법·각·개]로 소리 남

| 겁 | 劫 위협할 겁 | 怯 겁낼 겁 |
| 법 | 法 법 법 |

| 각 | 却 물리칠 각 | 脚 다리 각 |
| 개 | 蓋 덮을 개 |

巨 클 거

갑골문을 보면 목수들이 사용하는 곱자(ㄷ)를 손(ㅁ)으로 들고 있는 사람 모습
→ 큰 사람이 큰 자를 들고 있는 모습 → 크다, 많다, 저항하다는 뜻

다른 글자와 만나면 [거 · 구]로 소리 남

| 거 | 拒 막을 거 | 距 상거할 거 | 渠 개천 거 |

| 구 | 矩 법도 구 |

見 볼 견

갑골문을 보면 사람(儿) 머리에 눈(目)을 강조한 모습 → 보다, 드러나다는 뜻

다른 글자와 만나면 [연 · 현]으로 소리 남

| 연 | 硯 벼루 연 |

| 현 | 現 나타날 현 | 峴 고개 현 |

※ 볼 견(見) 부수자 : 깨달을 각(覺), 법 규(規), 볼 시(視), 친할 친(親), 볼 람(覽), 볼 관(觀), 흔들 교(攪), 너그러울 관(寬), 찾을 멱(覓), 엿볼 규(窺), 뵐 근(覲), 박수 격(覡), 볼 도(覩)

兼 겸할 겸

금문을 보면 벼 두 포기(秝)를 손(彐)으로 잡은 모습 → 겸하다, 아우르다는 뜻

다른 글자와 만나면 [겸 · 렴 · 혐]으로 소리 남

| 겸 | 謙 겸손할 겸 |

| 렴 | 廉 청렴할 렴 | 簾 발 렴 | 濂 물이름 렴 |

| 혐 | 嫌 싫어할 혐 |

睘 놀라서볼 경

눈(目/罒)으로 옷(衣) 중앙에 달린 둥근 옥(○ → 口)을 내려다보는 모습
→ 옷길 원(袁)자 위에 눈(目/罒)이 붙어 있는 모습이 변형된 형태(睘) → (둥근 옥처럼) 둥글다
→ (둥글게) 돌다 → (돌아서) 돌아오다 → 놀라서 보다 → 근심하다 → 외롭다는 뜻

다른 글자와 만나면 [환]으로 소리 남

환	環	還
	고리 환	돌아올 환

※ 睘 자는 놀라서 볼 경, 둥근옥 환으로 소리 남

巠 물줄기 경

날줄이 걸려 있는 베틀의 모양 → 베틀의 실 → 가볍다 → 지나가다 → 물줄기(巛)의 뜻

다른 글자와 만나면 [경]으로 소리 남

경	輕	經	徑	頸	痙	勁	莖	脛
	가벼울 경	날 경	지름길 경	목 경	경련 경	굳셀 경	줄기 경	정강이 경

京 서울 경

갑골문을 보면 높은 기둥 위에 지은 집 모양 → 높을 고(高)자나 높을 교(喬)자와 비슷
→ 큰집, 높다, 크다 → (서울에 높은 건물이 많아) 서울, 도읍 → 근심, 경관, 경치
→ 경(조의 일만 배)의 뜻

다른 글자와 만나면 [경·영·략·량]으로 소리 남

경	景	璟	鯨	憬
	볕 경	옥빛 경	고래 경	깨달을 경

영	影
	그림자 영

| 략 | 掠 노략질할 략 |

| 량 | 凉 서늘할 량 | 諒 살펴알 량 |

※ 서울 경(京) 모양자 : 나아갈 취(就), 찰 축(蹴)

敬 공경 경

금문을 보면 귀를 쫑긋 세우고 있는 개와 회초리를 모습 → 순종하는 개 모습 → 삼가하다 → 정중하다, 공경하다는 뜻

다른 글자와 만나면 [경]으로 소리 남

| 경 | 驚 놀랄 경 | 警 깨우칠 경 | 儆 경계할 경 |

竟 마침내 경

갑골문을 보면 노예(儿) 몸에 문신(辛 → 立)을 새기는 일을 끝낸 모습 → 마치다, 마침내 → 거울 → 두루 마치다 → 끝, 지경의 뜻

다른 글자와 만나면 [경]으로 소리 남

| 경 | 競 다툴 경 | 境 지경 경 | 鏡 거울 경 |

更 고칠 경

갑골문을 보면 탁자 앞에 회초리 든 모습 → 잘못을 나무라다 → 고치다, 개선하다는 뜻

다른 글자와 만나면 [경·편]으로 소리 남
※ 更 자는 고칠 경, 다시 갱으로 소리 남

| 경 | 硬 굳을 경 | 梗 줄기 경 |

| 편 | 便 편할 편 / 똥오줌 변 | 鞭 채찍 편 |

※ 고칠 경(更) 모양자 : 깨어날 소(甦)

开 열 개

두 손(廾)으로 대문 열쇠(一)를 여는 모양 → 열다, 평평하다는 뜻

다른 글자와 만나면 [개·형]으로 소리 남

개	開 열 개

| 형 | 形 모양 형 | 刑 형벌 형 | 型 모형 형 | 邢 나라이름 형 | 荊 가시나무 형 |

介 낄 개

두 사람 사이에 끼어들다를 표현 → 소개하다 → 끼다는 뜻

다른 글자와 만나면 [계·개]로 소리 남

| 계 | 界 지경 계 |

| 개 | 价 클 개 | 芥 겨자 개 |

系 맬 계

갑골문을 보면 손으로 실타래를 묶는 모습 → 매달다, 묶다, 매다는 뜻

다른 글자와 만나면 [계·손·현]으로 소리 남

| 계 | 係 맬 계 | 繫 맬 계 |

| 손 | 孫 손자 손 | 遜 겸손할 손 |

| 현 | 縣 매달 현 | 懸 달 현 |

㓞 맺을 계

갑골문을 보면 칼(刀)로 무늬를 새기는(丰) 모양 → 나무에 칼(刀)로 글을 새기다(丰) → 교묘히 새기다 → 약속한 것 새기다, 표시하다 → 약속, 언약, 계약 → 맺다는 뜻

다른 글자와 만나면 [계 · 결 · 끽]으로 소리 남

계	契 맺을 계
결	潔 깨끗할 결
끽	喫 먹을 끽

癸 북방 계

발걸음과 화살로 거리를 재는 모습 → 헤아리다 → (가차되어) 북방, 겨울, 천간 열 번째의 뜻

다른 글자와 만나면 [규]로 소리 남

규	揆 헤아릴 규 葵 해바라기 규

古 옛 고

옛날이야기가 부모의 입(口)에서 자식의 입으로 열(十) 번이나 전해 내려와 매우 오래되었다 → 예(옛), 잠시, 선조, 순박, 우선의 뜻

다른 글자와 만나면 [고 · 거 · 호]로 소리 남

고	苦 쓸 고	固 굳을 고	故 연고 고	枯 마를 고	姑 시어머니 고	辜 허물 고	錮 막을 고	痼 고질 고
거	居 살 거	倨 거만할 거	據 근거 거					

호	胡	祜	湖	瑚	糊	蝴
	되 호	복 호	호수 호	산호 호	풀칠할 호	나비 호

※ 옛 고(古) 모양자 : 낱 개(個), 낱 개(箇)

告 고할 고

소(牛)를 제물로 바친 후 신에게 입(口)으로 고(告)하다
→ 제사를 지내면서 조상을 뵙고 소원이 이루어지도록 요청하다 → 묻다, 청하다는 뜻

다른 글자와 만나면 [곡 · 조 · 호 · 혹]으로 소리 남

곡	梏	鵠	牿
	수갑 곡	고니 곡	우리 곡
조	造		
	지을 조		
호	浩	晧	皓	澔
	넓을 호	밝을 호	흴 호	넓을 호
혹	酷		
	심할 혹		

高 높을 고

갑골문을 보면 높이 지은 건물이나 누각이 그려져 있음 → 높다, 크다, 존경, 위엄의 뜻

다른 글자와 만나면 [고 · 호 · 효]로 소리 남

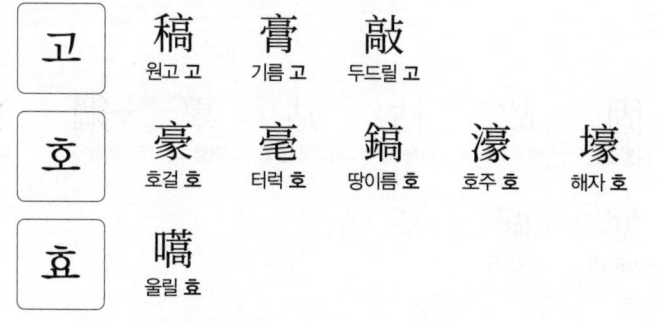

고	稿	膏	敲
	원고 고	기름 고	두드릴 고
호	豪	毫	鎬	濠	壕
	호걸 호	터럭 호	땅이름 호	호주 호	해자 호
효	嚆				
	울릴 효				

谷 골곡

갑골문을 보면 물이 흐르는 계곡(溪谷)을 정면에서 그린 글자
→ 물이 계곡 못(口)으로 모여드는 모양 → 골, 골짜기, 깊은 굴, 경혈, 동풍, 곡식의 뜻

다른 글자와 만나면 [속·욕·용·유]로 소리 남

속	俗 풍속 속					
욕	浴 목욕할 욕	欲 하고자할 욕	慾 욕심 욕			
용	容 얼굴 용	蓉 연꽃 용	溶 녹을 용	熔 쇠녹을 용	鎔 쇠녹을 용	瑢 패옥소리 용
유	裕 넉넉할 유					

昆 맏 곤

햇볕(日) 아래 사람들(比)이 모여 있는 모습 → 뒤섞이다 → 벌레 → 함께 → 종족, 맏의 뜻

다른 글자와 만나면 [곤·혼]으로 소리 남

곤	棍 몽둥이 곤		혼	混 섞을 혼

※ 昆 자는 맏 곤, 벌레 곤, 뒤섞일 혼으로 소리 남

公 공평할 공

갑골문을 보면 八(8명)이 사물(口)을 정확히 나눈 모습
→ 금문에서는 八 밑에 둥그런 원 모양의 광장 그림 → 이곳에서 종교적인 의례나 재판이 행해짐
→ 여러 사람의 공공의 장소 → 여러, 공평하다 → (이곳에서 제사를 행하는 사람) 귀인의 뜻

다른 글자와 만나면 [곤·송·웅]으로 소리 남

곤	袞 곤룡포 곤
송	松 소나무 송	頌 기릴 송	訟 송사할 송
옹	翁 늙은이 옹

共 한가지 공

갑골문을 보면 제기 그릇(廿)을 두 손(廾)으로 공손히 받들고 있는 모습 → 함께 물건을 받치다 → 함께, 같이, 바치다, 공손하다, 베풀다 → 한 가지의 뜻

다른 글자와 만나면 [공·홍·항]으로 소리 남

공	恭 공손할 공	供 이바지할 공	拱 팔짱낄 공
홍	洪 넓을 홍	哄 떠들썩할 홍
항	巷 거리 항	港 항구 항

※ 한가지 공(共) → 다를 이(異) 모양 및 소리글자 : 날개 익(翼), 일 대(戴), 똥 분(糞), 바랄 기(冀), 천리마 기(驥)
※ 한가지 공(共) → 부드러울 손(巽) 소리글자 : 가릴 선(選), 지을 찬, 가릴 선(撰), 반찬 찬(饌)

工 장인 공

갑골문을 보면 흙을 단단하게 다지는 도구(달구)를 그린 것 → 만들다 → 솜씨 → 뛰어나다 → 정교하다, 장인(匠人) → 공업, 일 → 관리의 뜻

다른 글자와 만나면 [공·강·항·홍]으로 소리 남

| 공 | 空 빌 공 | 功 공 공 | 攻 칠 공 | 貢 바칠 공 | 恐 두려울 공 | 鞏 굳을 공 |
| 강 | 江 강 강 | 腔 속빌 강 |

항	項	缸	肛	
	항목 항	항아리 항	항문 항	

홍	紅	虹	訌	鴻
	붉을 홍	무지개 홍	어지러울 홍	기러기 홍

※ 장인 공(工) → 왼 좌(左) 소리글자 및 모양자 : 도울 좌(佐), 따를 수(隨), 수나라 수(隋), 뼛골 수(髓), 떨어질 타(墮), 게으를 타(惰), 길고 둥글 타(楕)

果 열매 과

나무(木) 위에 열매(田)가 달린 모양 → 열매는 농사를 짓고 난 결과로 얻어지는 수확물이라서
→ 결과, 열매, 과실의 뜻

다른 글자와 만나면 [과·나]로 소리 남

과	課	菓	顆
	과정 과	과자 과	낱알 과

나	裸
	벗을 나

※ 열매 과(果) 모양자 : 새집 소(巢), 무리 휘(彙)

瓜 오이 과

식물 중앙에 오이 1개와 양쪽으로 덩굴 2개, 위의 줄기에 달린 모양 → 덩굴 있는 박과 식물
→ 오이, 참외, 수박, 호박, 박 → 외롭다는 뜻

다른 글자와 만나면 [고·호]로 소리 남

고	孤	呱	觚
	외로울 고	울 고	술잔 고

호	狐	弧
	여우 호	활 호

Ⅲ. 소리한자

雚　황새 관

새(隹)가 두리번거리는 두 눈(吅)과 머리 위의 깃털 모습(艹)을 가진 황새의 모양 → 황새(鸛)
→ 박주가리, 물억새 → 골짜기(瞿)에 핀 풀(艹)로 왕골 풀, 물억새의 뜻

다른 글자와 만나면 [관·권·환]으로 소리 남

| 관 | 觀 볼 관 | 灌 물댈 관 | 顴 광대뼈 관 | 鸛 황새 관 | 瓘 옥 관 |

| 권 | 權 권세 권 | 勸 권할 권 |

| 환 | 歡 기쁠 환 | 驩 기뻐할 환 | 懽 기뻐할 환 |

官　벼슬 관

언덕(阜) 위에 우뚝 솟은 집(宀) → 언덕(阜)처럼 높은 집(宀) → 관청(官廳)
→ (관청에서 일하는) 벼슬아치 → 벼슬의 뜻

다른 글자와 만나면 [관]으로 소리 남

| 관 | 管 대롱 관 | 館 집 관 | 棺 널 관 | 琯 옥피리 관 |

※ 비슷한 글자 집 궁(宮)자는 집(宀) 안에 방(口)이 여러 개 있다 → 집, 궁전, 대궐의 뜻

光　빛 광

갑골문을 보면 사람 주위로 횃불이 밝게 빛나는 모습 → 비추다, 빛의 뜻

다른 글자와 만나면 [황·광·휘·요]로 소리 남

| 황 | 恍 황홀할 황 | 晃 밝을 황 | 滉 깊을 황 |

광	胱 오줌통 광
휘	輝 빛날 휘
요	耀 빛날 요

厷 팔뚝 굉

팔뚝을 접은 모양 → 감싸다 → 활 → 둥글다 → 팔뚝의 뜻

다른 글자와 만나면 [굉·웅]으로 소리 남

| 굉 | 肱 팔뚝 굉 | 宏 클 굉 |
| 웅 | 雄 수컷 웅 |

交 사귈 교

갑골문을 보면 양다리를 꼬고 앉아 있는 사람(大)을 본떠 만든 글자
→ (양다리가 교차 되어) 교차하다 → 주고받다 → 오고 가다 → 사귀다, 교제, 우정의 뜻

다른 글자와 만나면 [교·효]로 소리 남

| 교 | 校 학교 교 | 較 견줄 교 | 郊 들 교 | 絞 목맬 교 | 狡 교활할 교 | 蛟 교룡 교 | 皎 달밝을 교 | 咬 물 교 |
| 효 | 效 본받을 효 |

喬 높을 교

높이 서 있는 건물이나 누각을 본떠 만든 글자 → 지붕 꼭대기에는 깃발이 나부끼고 있음
→ 높다, 솟다, 뛰어나다, 교만하다는 뜻

다른 글자와 만나면 [교]로 소리 남

교	橋	矯	僑	驕	嬌	轎
	다리 교	바로잡을 교	더부살이 교	교만할 교	아리따울 교	가마 교

※ 높을 고(高)자도 마찬가지로 높은 누각그린 글자 → 높다, 크다, 고상하다는 뜻

敫 노래할 교

입에서 소리(白)가 나가는(放) 모습 → 두드리다, 치다 → 노래하다 → 삼가다는 뜻

다른 글자와 만나면 [격 · 요]로 소리 남

격	激	檄		요	邀
	격할 격	격문 격			맞을 요

※ 敫 자는 삼갈 격으로도 소리 남

丩 얽힐 구

실이 꼬여 얽힌 모양 → 얽히다, 꼬다 → (덩굴이 얽혀 있는) 넝쿨 뻗다는 뜻

다른 글자와 만나면 [규 · 수]로 소리 남

규	糾	叫		수	收
	꼴 규	부르짖을 규			거둘 수

冓 짤 구

나무를 쌓아 올린 더미의 옆 모양 → 나무가 쌓여 얽혀 있다 → 짜다, 쌓다, 수(數)의 뜻

다른 글자와 만나면 [구]로 소리 남

구	構	講	購	溝
	얽을 구	얽을 구 외울 강	살 구	도랑 구

區 구분할 구

갑골문을 보면 물건(品)을 구분(匚)해 놓은 모양 → 물건(品)의 감추어(匚) 구분하다
→ (물건을 종류에 따라) 구분하여 나누어 놓다 → 따로따로 갈라놓다 → 구분하다
→ 구부러지다 → 자잘하다 → 숨기다는 뜻

다른 글자와 만나면 [구·추]로 소리 남

| 구 | 驅 몰 구 | 歐 구라파 구 | 鷗 갈매기 구 | 毆 때릴 구 | 軀 몸 구 | 嘔 게울 구 | 謳 노래 구 | 嶇 험할 구 |

| 추 | 樞 지도리 추 |

※ 감출 혜(匚)자는 감추다, 덮다는 뜻. 물건 품(品)자는 물건을 쌓아놓은 모양 물건, 등급의 뜻

句 글귀 구

갑골문을 보면 말뚝(口)을 끈(勹)으로 휘 감아놓은 모양 → 올가미, 갈고리 → 굽다, 휘어지다
→ 잡아당기다 → 글귀 → 문장의 단락, 구절, 마디의 뜻

다른 글자와 만나면 [구]로 소리 남

| 구 | 拘 잡을 구 | 狗 개 구 | 苟 진실로 구 | 枸 구기자 구 | 鉤 갈고리 구 | 駒 망아지 구 |

求 구할 구

갑골문을 보면 털가죽 옷을 그린 것 → (추운 겨울에 비싼 털 옷을 구하고 싶다) 구하다, 탐하다

다른 글자와 만나면 [구]로 소리 남

| 구 | 球 공 구 | 救 구원할 구 |

久 오랠 구

소전을 보면 사람 등 뒤에 뜸을 들이는 모습 → 뜸질 → 오래 기다리다, 길다는 뜻

다른 글자와 만나면 [구]로 소리 남

| 구 | 灸 뜸 구 | 柩 널 구 | 玖 옥돌 구 |

※ 오랠 구(久) 모양자 : 이랑 무, 이랑 묘(畝)

九 아홉 구

갑골문을 보면 사람의 구부린 사람의 팔뚝을 그린 것 → 팔꿈치 → 모으다 → 아홉의 뜻

다른 글자와 만나면 [구]로 소리 남

| 구 | 仇 원수 구 | 究 연구할 구 | 鳩 비둘기 구 |

※ 아홉 구(九) 모양자 : 둥글 환(丸), 아침해 욱(旭), 물들 염(染), 바큇자국 궤(軌), 섞일 잡(雜), 던질 포(抛)
※ 아홉 구(九) → 누구 숙(孰) 소리글자 : 익을 숙(熟), 글방 숙(塾)
※ 아홉 구(九) → 잡을 집(執) 소리글자 : 잡을 지(摯), 동면할 칩(蟄)
※ 아홉 구(九) → 재주 예, 형세 세(埶) 소리글자 : 재주 예(藝), 형세 세(勢), 더울 열(熱)

圭 홀 규

천자가 제후에게 내려 준 땅(土)을 헤아려서(土) 다스리다 → 흙(土) 위에 흙(土) → 흙 덩어리, 땅 → 서옥(瑞玉, 상서로운 구슬) → 홀 → 모서리, 귀퉁이 → 규표(圭表) → 결백하다 → 깨끗하다는 뜻

다른 글자와 만나면 [가·규·계·괘·방·봉·애·와]로 소리 남

| 가 | 佳 아름다울 가 | 街 거리 가 |

| 규 | 奎 별 규 | 珪 서옥 규 | 閨 인방 규 | 硅 규소 규 |

계	桂 계수나무 계		
괘	卦 점괘 괘	掛 걸 괘	罫 줄 괘
방	幇 도울 방		
봉	封 봉할 봉		

애	崖 언덕 애	涯 물가 애
와	蛙 개구리 와	

君 임금 군

갑골문을 보면 군주(尹)가 입(口)으로 명령을 내리는 모습 → 영주, 군주, 임금, 군자
→ 자네, 그대의 뜻

다른 글자와 만나면 [군]으로 소리 남

| 군 | 郡 고을 군 | 群 무리 군 | 窘 군색할 군 |

軍 군사 군

금문을 보면 전차(車)가 두루[勻 → 勹 → 冖] 고르게 배치된 무리 모양 → 진을 치다, 군사의 뜻

다른 글자와 만나면 [운·휘·혼]으로 소리 남

운	運 옮길 운	暈 어지러운 운 / 무리 훈
휘	揮 휘두를 휘	輝 빛날 휘	煇 빛날 휘
혼	渾 흐릴 혼		

𠔼 밥뭉칠 권

양손(臼)으로 마른 모습 → 말다 → 밥을 뭉치다는 뜻

다른 글자와 만나면 [권]으로 소리 남

권	卷	倦	捲	券	拳	圈	眷
	책 권	게으를 권	거둘 권	문서 권	주먹 권	우리 권	돌볼 권

※ 밥뭉칠 권(𠔼) 모양자 : 이길 승(勝), 오를 등(騰), 등나무 등(藤), 베낄 등(謄), 물 솟을 등(滕), 봉할 등(縢)

欮 숨찰 궐

사람이 거꾸로(屰) 물구나무서서 호흡(欠)이 가쁜 모양 → 숨차다는 뜻

다른 글자와 만나면 [궐]로 소리 남

궐	厥	闕	蹶
	그 궐	대궐 궐	넘어질 궐

鬼 귀신 귀

갑골문을 보면 얼굴에 탈을 쓴 사람 제사 지내는 모습 → 귀신, 죽은 사람의 넋 → 혼백(魂魄) → 도깨비의 뜻

다른 글자와 만나면 [괴]로 소리 남

괴	愧	塊	傀	槐	魁
	부끄러울 괴	덩어리 괴	허수아비 괴	회화나무 괴	괴수 괴

※ 귀신 귀(鬼)자가 부수자로 쓰인 경우 : 넋 혼(魂), 마귀 마(魔), 나라이름 위(魏), 매혹할 매(魅), 넋 백(魄), 괴수 괴(魁), 한귀 발(魃)

※ 귀신 귀(鬼)자가 모양자로 쓰인 경우 : 추할 추(醜), 모을 수(蒐), 높고클 외(巍)

貴 귀할 귀

갑골문을 보면 소중한 흙을 감싸는 모습 → (농경사회에서) 흙이 귀중함
→ 소전에서 재물을 감싸는 모습 → 재물(貝)이 중심(中) → 귀하다, 비싸다, 높다는 뜻

다른 글자와 만나면 [유·궤]로 소리 남

| 유 | 遺 남을 유 | | 궤 | 潰 무너질 궤 | 櫃 궤 궤 |

堇 진흙 근

갑골문을 보면 심한 기근으로 기우제 지낼 때 사람을 묶인 채로 불(火 → 土)로 태우는 모습
→ 비가 안 와서 논과 밭의 땅(土)이 노랗다(黃) → (노란) 진흙
→ (비가 안 와서, 진흙에 빠져서) 어렵다 → 겨우, 약간, 조금의 뜻

다른 글자와 만나면 [근·한·간·난·탄]으로 소리 남

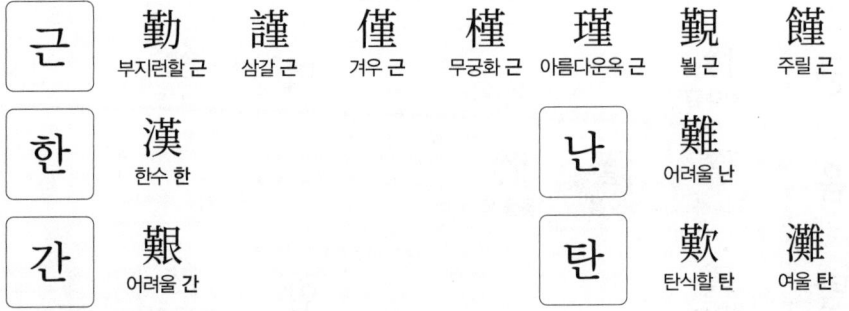

斤 도끼 근

갑골문을 보면 세워 놓은 도끼의 모양 → 근 → 무게 → 도끼 → 자귀 → 살피다 → 삼가하다
→ 베다, 나누다는 뜻

다른 글자와 만나면 [근·흔·기]로 소리 남

| 근 | 近 가까울 근 |
| 흔 | 欣 기쁠 흔 |

| 기 | 祈 빌 기 | 沂 물이름 기 |

※ 도끼 근(斤)자 부수자 : 물리칠 척(斥), 벨 참(斬), 끊을 단(斷), 새 신(新), 도끼 부(斧), 이 사(斯)

※ 도끼 근(斤)자가 부수자는 아니지만 베다, 도끼의 뜻글자 : 병사 병(兵), 바 소(所), 쪼갤 석(析), 밝을 석(晳), 꺾을 절(折), 밝을 철(哲), 호소할 소(訴), 바탕 질(質), 맹세할 서(誓), 점점 점(漸), 갈 서(逝), 잠깐 잠(暫), 부끄러울 참(慙), 섶 신(薪), 장인 장(匠), 구덩이 참(塹)

※ 도끼 근(斤) 모양자 : 언덕 구(丘), 큰산 악(岳), 언덕 구(邱)

今 이제 금

갑골문을 보면 입안에 무언가가 들어가 있다는 것 표현 → 머금다
→ 지금, 이제, 곧, 바로, 현재, 만약, 이것의 뜻

다른 글자와 만나면 [금·긍·념·음·탐·함]으로 소리 남

금	琴 거문고 금	禽 새 금	衾 이불 금	擒 사로잡을 금
긍	矜 자랑할 긍
념	念 생각 념
음	陰 그늘 음	蔭 그늘 음	吟 읊을 음
탐	貪 탐할 탐
함	含 머금을 함

及 미칠 급

갑골문을 보면 앞에서 도망가는 사람(人)을 손(又)으로 붙잡는 모습 → (손이) 닿다
→ 다다르다, 이르다 → 미치다 → 함께, 더불어 → ~와의 뜻

다른 글자와 만나면 [급·흡]으로 소리 남

급	急	級	扱	汲
	급할 급	등급 급	미칠 급	길을 급

흡	吸
	마실 흡

气 기운 기

갑골문을 보면 구름이 흘러가는 모양
→ 기운, 기백, 기세, 힘, 숨, 공기, 냄새, 바람, 기후, 날씨, 자연 현상, 기체의 뜻

다른 글자와 만나면 [기·개]로 소리 남

기	氣	汽		개	愾
	기운 기	물끓는 김 기			성낼 개

※ 공통점은 분명히 무엇이 있기는 하지만 눈에 보이지 않는다는 것

其 그 기

곡식을 까부르는 키의 모양 → 깃발 나부끼는 모양 → 그, 그것 → 만약(萬若), 만일(萬一)
→ 아마도, 혹은(그렇지 아니하면) → 어찌, 어째서 → 장차(將次), 바야흐로 → 이미 → 마땅히
→ 이에, 그래서 → 기약하다(期約) → 어조사(語助辭)의 뜻

다른 글자와 만나면 [기]로 소리 남

기	旗	期	基	欺	麒	騏	棋	箕
	기 기	기약할 기	터 기	속일 기	기린 기	준마 기	바둑 기	키 기
	淇	碁	琪					
	물이름 기	돌 기	아름다운옥 기					

※ 그 기(其) 모양자 : 이 사(斯)

奇 기특할 기

소전을 보면 곡괭이(可) 들고 일하는 사람(大) → 기특하다, 뛰어나다, 기이하다는 뜻

다른 글자와 만나면 [기·의]로 소리 남
※ 奇 자는 의지할 의자로도 소리 남

기	琦	寄	騎	畸	綺	崎
	옥이름 기	부칠 기	말탈 기	때기밭 기	비단 기	험할 기

의	椅
	의자 의

※ 소리글자 기특할 기(奇)자는 소리글자 옳을 가(可)에서 파생됨

己 몸 기

구부러진 새끼줄 모양 → 굽은 것 바로잡다 → 꿇어앉아 있는 사람의 몸과 비슷하여
→ 몸, 자기(自己), 자아 → 여섯째 천간(天干) → 사욕(私慾) → 어조사(語助辭) → 다스리다는 뜻

다른 글자와 만나면 [기·개·비·배]로 소리 남

기	記	起	紀	忌	杞
	기록할 기	일어날 기	벼리 기	꺼릴 기	구기자 기

개	改
	고칠 개

비	妃
	왕비 비

배	配
	짝 배

※ 몸 기(己)자 부수자 : 이미 이(已), 뱀 사(巳), 거리 항(巷)

幾 몇 기

사람(人)이 베틀(戈)에서 실(糸糸)로 베를 짜다
→ (베틀에서 베를 짤 때 실이 끊어지지 않도록 조그마한 기미에도 주의해야 한다) 기미 → 작다
→ 몇, 얼마, 어느 정도, 자주, 가깝다 → 거의 → 낌새, 조짐(兆朕), 징조, 기회 → 자세히 살펴보다
→ 바라다는 뜻

다른 글자와 만나면 [기]로 소리 남

기	機	畿	譏	璣	饑
	틀 기	경기 기	비웃을 기	구슬 기	주릴 기

旣 이미 기

음식을 이미 실컷 먹고 음식 그릇(皀)에서 고개(旡)를 돌린 모습 → 이미, 벌써
→ 이전에, 원래, 처음부터 → 그러는 동안에, 이윽고 → 다하다, 다 없애다 → 쌀(희)의 뜻

다른 글자와 만나면 [개]로 소리 남

개	概	慨	溉
	대개 개	슬퍼할 개	물댈 개

豈 어찌 기

소전을 보면 전쟁에서 사용하던 북을 그린 모양 → 전쟁에 승리를 알리다 → 개선가
→ (전쟁에서 어떻게 이기다) 어찌하여, 어찌의 뜻

다른 글자와 만나면 [개]로 소리 남

개	凱	塏	愷
	개선할 개	높은땅 개	편안할 개

※ 豈 자는 어찌 기, 개가 개로 소리 남

吉 길할 길

갑골문을 보면 신 또는 죽은 조상의 이름을 적어놓은 위패를 그린 것
→ 성스러운 신의 이름을 올리고 좋은 일을 빌다 → 상서롭다, 길하다, 좋다는 뜻

다른 글자와 만나면 [길·결·철·힐]로 소리 남

| 길 | 拮 일할 길 | | 철 | 喆 밝을 철 |
| 결 | 結 맺을 결 | | 힐 | 詰 꾸짖을 힐 |

女 여자 녀

갑골문을 보면 여자가 다소곳이 앉아 있는 모습 → 여자, 딸, 처녀(處女) → 너 → 작고 연약한 것
→ 별의 이름 → 시집보내다 → 짝짓다 → 섬기다 → 부정적 의미의 뜻

다른 글자와 만나면 [여·서]로 소리 남

| 여 | 如 같을 여 汝 너 여 | | 서 | 恕 용서할 서 |

※ 여자 녀(女)자 부수자 : 아내 부(婦), 시어머니 고(姑), 아내 처(妻), 이모 이(姨), 정실 적(嫡), 누이 매(妹), 누이 저(姐), 형수 수(嫂), 조카 질(姪), 할미 파(婆), 홀어머니 상(孀), 여자 낭(娘), 아가씨 양(孃), 왕비 비(妃), 윗누이 자(姉), 종 노(奴), 계집종 비(婢), 기생 기(妓), 창녀 창(娼), 간음할 간(姦), 미워할 질(嫉), 시샘 투(妬), 요사할 요(妖,), 망령될 망(妄), 간사할 간(奸), 묘할 묘(妙), 방해할 방(妨), 싫어할 염(嫌), 예쁠 연(娟), 고을 연(姸), 예쁠 아(娥), 모양 자(姿), 여자 원(媛), 아리따울 교(嬌), 좋을 호(好), 온당할 타(妥), 성씨 성(姓), 혼인할 혼(婚), 혼인할 인(姻), 시집 시(媤), 시집갈 가(嫁), 임신할 임(妊), 즐길 오(娛), 비로소 시(始), 맡길 위(委), 첩 첩(妾)

※ 여자 녀(女)자가 부수자는 아니지만 여성을 뜻하는 글자 : 붙잡을 라(拏), 어머니 모(母), 요긴할 요(要), 편안 안(安), 잔치 연(宴)

奴 종 노

갑골문을 보면 여자(女) 노비에게 손(又)으로 일을 지시하는 모습
→ 여자를 손으로 잡아와 노비로 만들었다 → 노비 → 종(사내종), 놈의 뜻

다른 글자와 만나면 [노·나]로 소리 남

노	怒 성낼 노	努 힘쓸 노	弩 쇠뇌 노	駑 둔한말 노
나	拏 붙잡을 나			

農 농사 농

갑골문을 보면 농작물과 농기구 그림 → 밭(田)을 가는 농기구(辰)를 표현 → 농사, 농부
→ 농사짓다, 힘쓰다는 뜻

다른 글자와 만나면 [농]으로 소리 남

농	濃 짙을 농	膿 고름 농

賴 의뢰할 뇌

칼(刀)로 빼앗은 돈(貝)을 동여매다(束) → 속여서 빼앗다 → 이익을 얻다 → 힘입다
→ 의뢰(依賴)하다, 의지(依支)하다는 뜻

다른 글자와 만나면 [나]로 소리 남

나	懶 게으를 나	癩 나환자 나

單 홀 단

줄 양 끝에 돌을 매어 던져 짐승이나 사람이 줄에 감겨 산 채로 잡는 무기 → 투석(돌팔매)을 그린 것
→ (오랑캐들이 이런 무기를 사용했기에) 오랑캐 이름 선 → (홀로 열심히 일하는 모습) 홀, 홀로의 뜻

다른 글자와 만나면 [선 · 전 · 탄 · 단 · 천]으로 소리 남

선	禪 고요할 선	嬋 고울 선		
전	戰 싸움 전		단	簞 소쿠리 단
탄	彈 탄알 탄	憚 꺼릴 탄	천	闡 밝힐 천

旦 아침 단

갑골문을 보면 지평선(一) 위로 해(日)가 떠오르니 아침이라는 뜻

다른 글자와 만나면 [단·탄·전·천]으로 소리 남

단	亶 믿음 단	壇 단 단	檀 박달나무 단	但 다만 단
탄	坦 평탄할 탄			
전	顫 떨 전	氈 모전 전	천	擅 멋대로할 천

彖 판단할 단

돼지(豕)의 머리(彑) 모양 → 돼지, 달아나다 → 판단하다는 뜻

다른 글자와 만나면 [연·전·훼]로 소리 남

연	緣 인연 연	椽 서까래 연		
전	篆 전자 전		훼	喙 부리 훼 / 부리 달

代 대신할 대

사람(人)이 끈처럼 연결(弋)되어 있다 → 세대 → 대신하다, 교체하다는 뜻

다른 글자와 만나면 [대]로 소리 남

대	貸	垈	袋
	빌릴 대	터 대	자루 대

※ 주살 익(弋)자 갑골문을 보면 단순히 줄을 묶어 놓던 말뚝을 그린 것 → 말뚝과 줄이 서로 연결되어 있다 → 이어지다 → 주살(화살촉에 구멍을 뚫어 줄을 매달아 놓은 것의 뜻

刀 칼 도

갑골문을 보면 고대 칼날 위에 뾰족한 날이 하나 더 있는 모양 → 칼, 화폐, 거룻배의 뜻

다른 글자와 만나면 [도·소]로 소리 남
※ 刀 와 刂는 같은 글자
※ 보통 사용하는 칼은 날이 한쪽, 전쟁에서 사용하는 칼은 양날로 검(劍)이라고 함

도	到	倒		소	召
	이를 도	넘어질 도			부를 소

※ 칼 도(刀)자 부수자 : 칼날 인(刃), 새길 각(刻), 이로울 이(利), 처음 초(初), 법칙 칙(則), 심할 극(劇), 쪼갤 판(判), 칼 검(劍), 비롯할 창(創), 굳셀 강(剛), 새길 간(刊), 앞 전(前), 약제 제(劑), 나눌 분(分), 절제할 제(制), 벌일 렬(列), 나눌 별(別), 벗길 박(剝), 벨 할(割), 찌를 자(刺), 끊을 절(切), 깎을 삭(削), 이길 극(剋), 쪼갤 부(剖), 목 벨 문(刎), 긁을 괄(刮), 형벌 형(刑)
※ 칼 도(刀)자가 부수자는 아니지만 칼 관련 글자 : 나눌 반(班), 풀 해(解)

度 법도 도

소전을 보면 집(广) 주변에 담을 쌓기 위해 돌(廿)을 손(又)으로 던지는 모습 → 건네다 → 나르다 → 헤아리다, 횟수 → 법도의 뜻

다른 글자와 만나면 [도]로 소리 남

도	渡	鍍
	건널 도	도금할 도

Ⅲ. 소리한자

同 한가지 동

갑골문을 보면 모두(凡)가 말(口)하는 모습 → 이야기를 함께 나누다
→ 함께, 같다, 무리, 한가지, 모이다는 뜻

다른 글자와 만나면 [동·통]으로 소리 남

| 동 | 洞 골동 | 銅 구리동 | 桐 오동나무동 | 胴 큰창자동 |

| 통 | 筒 대통통 |

東 동녘 동

갑골문자를 보면 자루에 물건을 채워 아래위를 묶은 모양 → 보따리
→ 나중에 같은음(音)을 빌려서 → (방향을 의미하는) 동쪽, 동녘의 뜻

다른 글자와 만나면 [동·중·진]으로 소리 남

| 동 | 凍 얼동 | 棟 마룻대동 |

| 중 | 重 무거울중 | | 진 | 陳 묵을진 |

童 아이 동

갑골문을 보면 노예 이마에 문신을 새기는 모습 → 노예, 종 → 아이의 뜻

다른 글자와 만나면 [동·당·종]으로 소리 남

| 동 | 憧 동경할동 | 瞳 눈동자동 |

| 당 | 撞 칠 당 | | 종 | 鐘 쇠북 종 |

※ 立 자가 부수자로 쓰일 경우 매울 신(辛)자 생략형인 경우가 많음

豆 콩 두

갑골문을 보면 제사를 지낼 때 주로 콩을 담은 제기 그릇 모양 → 콩(菽) → 제기, 제수
→ 술 그릇, 식기(食器)의 뜻

다른 글자와 만나면 [두·단·등·증]으로 소리 남

※ 콩 두(豆) 부수자 : 어찌 기(豈), 풍년 풍(豊)
※ 콩 두(豆) 모양자 : 놀 희(戱), 싸울 투(鬪), 한 일(壹)
※ 콩 두(豆) → 어찌 기(豈) 소리글자 : 개선할 개(凱), 높은 땅 개(塏), 편안할 개(愷)
※ 콩 두(豆) → 풍년 풍(豊) 소리글자 : 예도 례(禮), 단술 례(醴), 몸 체(體), 고울 염(艶)

屯 진칠 둔

갑골문을 보면 땅(一)을 어렵게 뚫고 나온 풀(屮)을 그려 놓은 모양 → 봄, 어렵다
→ (풀이 나는) 언덕 → (언덕에 어렵게) 진을 치다 → 머물다, 많다, 무리를 이루다는 뜻

다른 글자와 만나면 [둔·돈·순·춘]으로 소리 남

良 어질 량

갑골문을 보면 궁궐의 건물과 건물을 연결하는 회랑[사랑채 랑(廊)]를 그린 것, 건물 중심부 → 좋다 → 어질다 → 착하다, 곧다 → 잠시, 잠깐 → 남 → 진실로, 참으로의 뜻

다른 글자와 만나면 [량·낭]으로 소리 남

| 량 | 朗 밝을 량 | 浪 물결 량 | 郞 사내 량 | 廊 사랑채 량 | 狼 이리 량 |

| 낭 | 娘 여자 낭 |

※ 어질 량(良) 모양자 : 밥 식(食), 밥 찬(餐), 기를 양(養), 잔치할 향(饗)

列 벌일 렬

짐승의 뼈(歹)에서 살을 칼(刂)로 발라내는 모습 → 분리하다 → 벌이다는 뜻

다른 글자와 만나면 [렬·례]로 소리 남

| 렬 | 烈 세찰 렬 | 裂 찢을 렬 | 洌 맑을 렬 |

| 례 | 例 법식 례 |

鬣 목갈기 렵

말이나 사자 따위의 목덜미에 난 긴 털 → 쥐 털의 뜻

다른 글자와 만나면 [렵·랍]으로 소리 남

| 렵 | 獵 사냥 렵 | | 랍 | 蠟 밀 랍 | 臘 섣달 랍 |

令 하여금 령

큰 건물 지붕(亼) 아래에서 무릎을 꿇어앉아 있는 사람(卩)의 모습
→ 관청 높은 사람으로부터 명령(命令)을 듣고 있는 모습 → 명령하다 → 부리다
→ 하여금 → (명령하는) 우두머리 → 벼슬 → 법령의 뜻

다른 글자와 만나면 [령·랭]으로 소리 남

| 령 | 領 거느릴 령 | 嶺 고개 령 | 零 떨어질 령 | 齡 나이 령 | 囹 옥 령 | 玲 옥소리 령 | 鈴 방울 령 |

| 랭 | 冷 찰 랭 |

盧 성씨 로

호랑이 그림이 그려진 화로(火爐)의 모양 → 호랑이(虍) 그림 있는 그릇(皿)
→ 화로, 밥그릇, 목로 → 눈동자 → 갈대 → 성씨의 뜻

다른 글자와 만나면 [로·려]으로 소리 남

| 로 | 爐 화로 로 | 蘆 갈대 로 |

| 려 | 慮 생각할 려 | 廬 오두막집 려 | 濾 거를 려 |

彔 새길 록

나무를 깎아 고로쇠 물이 흘러 내리는 모양 → 나무에 깎아 새기다 → 원래, 본디, 근본의 뜻

다른 글자와 만나면 [록·박]으로 소리 남

| 록 | 綠 푸를 록 | 錄 기록할 록 | 祿 녹 록 | 碌 푸른돌 록 |

| 박 | 剝
벗길 박

尞 횃불 료

하늘에 제사 지내기 위해 섶에 불길이 두 번 타오르는 모양
→ 제물로 바쳐지는 사람(大)을 불태우는 모양 → 밝다, 불놓다, 제사 지내다, 횃불, 박다는 뜻

다른 글자와 만나면 [료]로 소리 남

| 료 | 僚 동료 료 | 療 고칠 료 | 遼 멀 료 | 寮 동관 료 | 燎 횃불 료 | 瞭 밝을 료

翏 높이날 료

깃털에 숱이 많은 새가 날개를 펼치고 높이 날아가는 모습 → 높이 날다는 뜻

다른 글자와 만나면 [교·류·륙·료]으로 소리 남

| 교 | 膠 아교 교
| 류 | 謬 그릇될 류
| 륙 | 戮 죽일 륙
| 료 | 寥 쓸쓸할 료

龍 용 룡

갑골문을 보면 용의 모습을 간략히 그림
→ 용(龍)은 비늘을 가진 동물 중에서 가장 힘세고 신령스러운 동물로
중국인들이 가장 숭배하며 중국을 상징 → 임금 → 명마 → 훌륭한 사람, 언덕, 은총의 뜻

다른 글자와 만나면 [롱·습·총]으로 소리 남

| 롱 | 籠 대바구니 롱 | 聾 귀먹을 롱 | 龐 충실할 롱 | 壟 밭두둑 롱 | 瓏 옥소리 롱 |

| 습 | 襲 엄습할 습 |

| 총 | 寵 사랑할 총 |

婁 포갤 루

毋(여성 가슴에 획 하나 그린 것, 中(중), 女(녀)의 결합자 → 여성 두 명이 위아래로 그린 모습 → 끌다, 포개다, 거두다, 자주, 별 이름(28수 중 16번째)의 뜻

다른 글자와 만나면 [루·수]로 소리 남

| 루 | 樓 다락 루 | 屢 여러 루 |

| 수 | 數 셈 수 / 자주 삭 |

㐬 깃발 류

어머니 몸에서 양수가 터져 아이가 태어난 모습 → 양수가 흐르다 → 깃발의 뜻

다른 글자와 만나면 [류·소]로 소리 남

| 류 | 流 흐를 류 | 硫 유황 류 | 琉 유리 류 |

| 소 | 疏 소통할 소 | 蔬 나물 소 | 梳 얼레빗 소 |

※ 깃발 류(㐬)자 모양자 : 식혜 혜(醯)

Ⅲ. 소리한자

侖 둥글 륜

모을 집(亼)자와 책 책(冊)자가 합쳐진 글자
→ 죽간으로 된 책(冊)을 둥글게 말아 모아(亼) 놓은 모양
→ 책(冊)을 모아(亼) 읽고 생각을 정리하는 일
→ 둥글다, 책, 생각하다, 조리, 차례, 빠지다, 몰락하다는 뜻

다른 글자와 만나면 [륜·론]으로 소리 남

| 륜 | 輪 바퀴 륜 | 倫 인륜 륜 | 崙 산이름 륜 | 綸 벼리 륜 | 淪 빠질 륜 |

| 론 | 論 논할 론 |

夌 언덕 릉

걸어 넘어가기에는 힘든 땅 → 넘다, 높다 → 언덕의 뜻

다른 글자와 만나면 [릉]으로 소리 남

| 릉 | 陵 언덕 릉 | 凌 얼음 릉 | 稜 모날 릉 | 菱 마름 릉 | 綾 비단 릉 |

离 떠날 리

덫(凶) 밖에 짐승 발자국(厹)에 그린 모습 → 흩어지다 → 도망가다 → 떠나다는 뜻

다른 글자와 만나면 [리]로 소리 남

| 리 | 離 떠날 리 | 籬 울타리 리 | 璃 유리 리 |

※ 떠날 리(离) → 새 금(禽) 소리글자 : 사로잡을 금(擒), 능금나무 금(檎)

里 마을 리

밭(田)과 흙(土)이 있어 농사를 지을 수 있는 곳 → 마을, 고향, 이웃의 뜻

다른 글자와 만나면 [리 · 매]로 소리 남

| 리 | 理 다스릴 리 | 俚 속될 리 | 裏 속 리 | 釐 다스릴 리 | 裡 속 리 |

| 매 | 埋 묻을 매 |

※ 마을 리(里)자 모양자 : 들 야(野), 헤아릴 량(量), 가게 전(廛), 얽을 전(纏)

立 설 립

갑골문을 보면 땅 위에 사람이 서 있는 모습 → 서다, 자리의 뜻

다른 글자와 만나면 [립 · 랍 · 읍]으로 소리 남
※ 立 자가 부수자로 쓰일 경우 매울 신(辛)자 생략형인 경우가 많음

| 립 | 粒 낟알 립 | 笠 삿갓 립 |

| 랍 | 拉 끌 랍 |

| 읍 | 泣 울 읍 |

※ 설 립(立)자가 모양자 또는 부수자로 쓰인 경우 : 자리 위(位), 함께 병(竝), 글 장(章), 역마을 참(站), 햇빛 밝을 욱(昱), 끝 단(端), 다툴 경(競), 다할 경(竟), 마칠 준(竣), 다할 갈(竭), 다음날 익(翌), 세울 수(竪), 소리 음(音)

舜 도깨비불 린

무당(大 → 十)이 몸에 인을 바르고 두발(舛)로 춤을 추는 모습 → 인으로 인하여 불빛이 번쩍임 → 도깨비불, 반딧불, 빛이 번쩍이다, 인(화학 원소)의 뜻

다른 글자와 만나면 [린 · 련]으로 소리 남

| 린 | 隣 이웃 린 | 麟 기린 린 | 鱗 비늘 린 | 燐 도깨비불 린 |

| 련 | 憐 불쌍할 련 |

麻 삼 마

집안(广)에서 삼 껍질(林)을 올려놓고 말리는 모양 → 삼, 베, 상복, 마비시키다는 뜻

다른 글자와 만나면 [마]로 소리 남

| 마 | 磨 갈 마 | 痲 저릴 마 | 摩 문지를 마 | 魔 마귀 마 |

※ 삼 마(麻)자 모양자 : 쓰러질 미(靡), 기 휘(麾)

莫 없을 막

갑골문을 보면 풀숲 사이에 해가 그려져 있음
→ 해서에서 풀(艹, 大) 사이로 해(日)가 없어졌다를 표현 → 날이 저물었다 → 없다, 말다는 뜻

다른 글자와 만나면 [막 · 모 · 묘]로 소리 남

| 막 | 漠 사막 막 | 幕 장막 막 | 膜 꺼풀 막 | 寞 고요할 막 |

| 모 | 模 본뜰 모 | 慕 그릴 모 | 募 모을 모 | 暮 저물 모 | 謨 꾀 모 | 糢 모호할 모 | 摸 더듬을 모 |

| 묘 | 墓 무덤 묘 |

曼 길게끌 만

해(日)가 떴는데 늦게 일어나 손(又)으로 눈(目 → 罒)을 비비는 모습 → 늦게 기상하다
→ 길게 끌다, 멀다, 곱다는 뜻

다른 글자와 만나면 [만]으로 소리 남

만	慢	漫	饅	蔓	鰻
	거만할 만	질펀할 만	만두 만	덩굴 만	뱀장어 만

末 끝 말

나무(木) 꼭대기를 표시(一)하는 지사 문자 → 마지막, 꼭대기, 끝의 뜻

다른 글자와 만나면 [말]로 소리 남

말	沫	靺	抹
	물거품 말	말갈 말	지울 말

亡 망할 망

갑골문을 보면 부러진 칼의 모양 → 싸움에 패배했다
→ 소전에서 亾(망할 망) 글자로 변화되어 사람(人)이 싸움에 패하여 도망 와서 숨는다
→ 멸망(滅亡)하다 → 도망하다 → 없어지다, 잃다 → 죽다, 잊다는 뜻

다른 글자와 만나면 [망·맹·황]으로 소리 남

망	望	忘	忙	妄	罔	網	茫	惘
	바랄 망	잊을 망	바쁠 망	망령될 망	없을 망	그물 망	아득할 망	멍할 망

芒
까끄라기 망

맹	盲
	맹인 맹

황	荒
	거칠 황

每 매양 매

갑골문을 보면 결혼한 여자만 꽂는 비녀(人) 꽂은 어머니(母) 모습
→ 어머니(母)가 매번 어린아이(人)에게 젖을 먹인다 → 한결같은 어머니 마음
→ 어머니, 늘, 매양, 비록, 탐내다, 우거지다, 항상, 한결같다는 뜻

다른 글자와 만나면 [매·모·민·번·해·회]로 소리 남

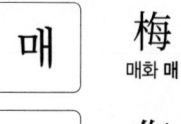

매	梅 매화 매
모	侮 업신여길 모
민	敏 민첩할 민

번	繁 번성할 번
해	海 바다 해
회	悔 뉘우칠 회	誨 가르칠 회	晦 그믐 회

賣 팔 매

그물(罒)로 조개(貝)를 잡아 내놓다(出 → 士) → 팔다는 뜻

다른 글자와 만나면 [독·속]으로 소리 남

| 독 | 讀 읽을 독 | 瀆 도랑 독 |
| 속 | 續 이을 속 | 贖 속죄할 속 |

免 면할 면

갑골문자를 보면 여성(人)이 벌린 다리(冖) 사이로 아이(儿)가 나오는 모습 → 해산하다
→ 임신의 어려움, 출산의 고통을 면하다 → 벗어나다, 힘쓰다, 허가하다는 뜻

다른 글자와 만나면 [면·만]으로 소리 남

| 면 | 勉 힘쓸 면 | 俛 힘쓸 면 | 冕 면류관 면 |

| 만 | 晚 늦을 만 | 娩 낳을 만 | 挽 당길 만 | 輓 끌 만 |

※ 면할 면(免) → 빛날 환(奐) 소리글자 : 바꿀 환(換), 빛날 환(煥), 부를 환(喚)
※ 면할 면(免) → 토끼 토(兔, 兎) 모양자 : 달아날 일(逸), 참소할 참(讒), 원통할 원(冤)

卯 토끼 묘

갑골문을 보면 양쪽 문을 열어놓은 모양, 또는 물건을 두 개로 갈라놓은 모양
→ 두 물건을 서로 바꾸다 → 바꾸다 → 십이지(十二支) 간지 중 토끼 (넷째 지지)의 뜻

다른 글자와 만나면 [묘·무·류·료]로 소리 남

無 없을 무

갑골문을 보면 양팔에 깃털을 들고 춤추는 무당 모습 → (무당의 점괘가 영 아니다) 아니다
→ 없다는 뜻

다른 글자와 만나면 [무]로 소리 남

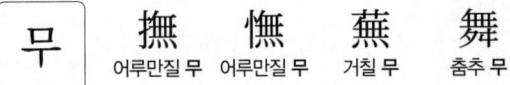

文 글월 문

갑골문을 보면 양팔 벌린 사람 가슴에 문신을 한 사람의 모습 → 문신 → 무늬, 꾸미다
→ 빛나다, 화려하다 → 글자 → 학문 → 문화의 뜻

다른 글자와 만나면 [문·민]으로 소리 남

문	紋 무늬 문	紊 어지러울 문	汶 물 이름 문	蚊 모기 문	
민	閔 위로할 민	憫 민망할 민	旻 가을 하늘 민	旼 온화할 민	玟 아름다운돌 민

※ 글월 문(文) 모양자 : 아낄 린(吝), 아롱질 반(斑), 낳을 산(産), 보살 살(薩), 낯 안(顔), 언문 언(諺), 공경할 건(虔)

勿 말 물

갑골문을 보면 칼(刀)로 무언가를 내리쳐서 피가 튀는 모양 → (칼 사용을 함부로) 하지 마라 → 없다, 아니다는 뜻

다른 글자와 만나면 [물·문·홀]로 소리 남

물	物 물건 물			
문	刎 목 벨 문			
홀	忽 갑자기 홀	惚 황홀할 홀	笏 홀 홀	

未 아닐 미

갑골문을 보면 나무 목(木) 위에 나뭇가지를 하나(一) 덧붙인 모양
→ 가지가 무성한 나무에서 열린 과일이 맛있다
→ (나중에 가차되어) 아니다, 아직, 못하다, 하지 못하다 → 십이지 중 8번째(양)의 뜻

다른 글자와 만나면 [미·매]로 소리 남

미	味 맛 미			
매	妹 누이 매	魅 매혹할 매	昧 어두울 매	寐 잘 매

般 가지 반

갑골문을 보면 밥그릇과 수저를 들고 있는 모습 → (밥 먹는 것) 일반 → (반찬 여러 종류) 가지의 뜻

다른 글자와 만나면 [반]으로 소리 남

| 반 | 盤 소반 반 | 槃 쟁반 반 | 搬 옮길 반 |

半 절반 반

소(牛)를 반으로 나누다(八) → 가르다 → 절반, 가운데, 나누다, 조각의 뜻

다른 글자와 만나면 [반·판]으로 소리 남

| 반 | 伴 짝 반 | 叛 배반할 반 | 畔 밭두둑 반 | 拌 버릴 반 | 絆 얽어맬 반 |

| 판 | 判 판단할 판 |

反 돌이킬 반

손(又)으로 기어서 절벽(厂)으로 되돌아 올라가다(내려가다) → 돌아오다, 반대로 → 배반하다 → 후퇴하다 → 되풀이(반복)하다 → 보답하다 → 어렵다는 뜻

다른 글자와 만나면 [반·판]으로 소리 남

| 반 | 飯 밥 반 | 返 돌이킬 반 | 叛 배반할 반 |

| 판 | 板 널빤지 판 | 版 판목 판 | 販 팔 판 | 阪 언덕 판 |

癶 등질 발

갑골문을 보면 양발이 좌우로 등져 나란히 그려져 있음 → 등지다, 걸어가다 → 걷다는 뜻

다른 글자와 만나면 [발·폐]로 소리 남

발: 發 필 발, 醱 술괼 발, 潑 물뿌릴 발, 撥 다스릴 발

폐: 廢 폐할 폐

※ 등질 발(癶) → 북방 계(癸) 소리글자 : 헤아릴 규(揆), 해바라기 규(葵)
※ 콩 두(豆) → 오를 등(登) 소리글자 : 증거 증(證), 맑을 징, 나뉠 등(澄), 등 등(燈), 귤 등(橙), 나라이름 등(鄧)

方 모 방

갑골문을 보면 소가 끄는 쟁기를 그린 것으로 방향을 조절하는 손잡이와 봇줄이 함께 그려져 있음
→ 방향 → 나가다 → (밭이 사각형이기 때문에) 네모 → 모 → 모서리 → 가장자리 → 변방
→ 지방, 방향, 방위, 방법, 장소, 본뜨다는 뜻

다른 글자와 만나면 [방]으로 소리 남

방: 放 놓을 방, 倣 본뜰 방, 彷 헤멜 방, 坊 동네 방, 防 막을 방, 房 방 방, 訪 찾을 방, 妨 방해할 방
芳 꽃다울 방, 紡 길쌈 방, 肪 살찔 방, 昉 밝을 방, 枋 다목 방, 旁 두루 방, 傍 곁 방, 謗 헐뜯을 방
膀 오줌통 방, 榜 방붙일 방

※ 모 방(方)자가 소리글자로 사용될 때는 글자의 오른쪽(防, 紡, 訪, 妨 등)이나 아래 (房, 芳, 旁 등)에 위치
  [놓을 방(放)자만 예외]
※ 모 방(方)자가 부수로 사용될 때는 모두 글자의 왼쪽(旅, 旗, 族, 施)에 위치
※ 모 방(方) 부수자 : 나그네 려(旅), 겨레 족(族), 기 기(旗), 돌 선(旋), 베풀 시(施), 어조사 어(於)
※ 모 방(方) 모양자 : 가 변(邊), 펼 부(敷)
※ 모 방(方) → 노래할 교, 삼갈 격(敫) 소리글자 : 격할 격(激), 격문 격(檄), 맞을 요(邀)
※ 모 방(方) → 나부낄 언(㫃) 소리글자 : 나그네 려(旅), 기 기(旗), 기 정(旌), 옥 선(璇), 돌 선(旋), 베풀 시(施),
  어조사 어(於), 어혈질 어(瘀), 가로막을 알(閼), 놀 유(斿), 놀 유(遊), 헤엄칠 유(游), 겨레 족(族), 가는대 족(簇),
  부추길 주(嗾)
※ 모 방(方) → 거만할 오(敖) 소리글자 : 거만할 오(傲), 혹 췌(贅)

白 흰 백

갑골문을 보면 촛(日) 불(')을 그린 것 → 밝다, 빛나다, 희다, 으뜸, 크다, 깨끗하다
→ 글자 가로왈(日)자와 닮아서 → 말하다는 뜻

다른 글자와 만나면 [백·맥·박·벽]으로 소리 남

백	百 일백 백	伯 맏 백	柏 측백 백	魄 넋 백	帛 비단 백
맥	貊 맥국 맥				
박	拍 칠 박	迫 핍박할 박	泊 배댈 박	舶 큰배 박	粕 지게미 박	珀 호박 박
벽	碧 푸를 벽				

※ 흰 백(白) → 비단 백(帛) 소리글자 : 비단 금(錦), 솜 면(綿), 목화 면(棉), 달밝을 교(皎)

番 차례 번

금문을 보면 밭(田)에 동물 발자국(釆)이 여러 차례 있는 모습 → 횟수, 차례의 뜻

다른 글자와 만나면 [번·반·파·심]으로 소리 남

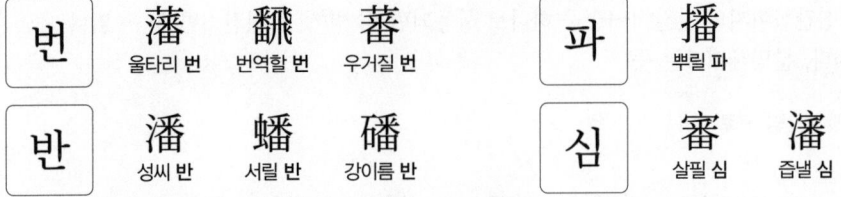

| 번 | 藩 울타리 번 | 飜 번역할 번 | 蕃 우거질 번 | 파 | 播 뿌릴 파 |
| 반 | 潘 성씨 반 | 蟠 서릴 반 | 磻 강이름 반 | 심 | 審 살필 심 | 瀋 즙낼 심 |

※ 분별할 변(釆) 모양자 : 다 실(悉), 풀 석(釋), 훔칠 절(竊)
※ 분별할 변(釆) → 깊을 오(奧) 소리글자 : 물가 오(墺), 한할 오(懊)

凡 무릇 범

바람으로 가는 배의 돛 모양 → 바람 → (가차되어) 무릇, 모두다, 크다, 보통, 대강, 관습의 뜻

다른 글자와 만나면 [범·봉·풍]으로 소리 남

| 범 | 汎 넓을 범 | 帆 돛 범 | 梵 불경 범 |

| 봉 | 鳳 봉새 봉 |

| 풍 | 風 바람 풍 | 楓 단풍 풍 |

辡 따질 변

죄인 두 명이 상대방이 잘못했다고 서로 싸우는 모습 → 따지다, 고소하다는 뜻

다른 글자와 만나면 [변·판]으로 소리 남

| 변 | 辨 분별할 변 | 辯 말씀 변 |

| 판 | 辦 힘들일 판 |

丙 남 병

큰 제사상에 제물을 올리고 불을 밝힌 모양 → 불 → 밝다, 비추다 → (불빛처럼 따스한) 남 → [나중에 십간십이지의 십간(十干) 중 하나로 사용되면서] 병(셋째 천간 3번째) → 밝다 → 선명해지다, 분명해지다는 뜻

다른 글자와 만나면 [병]으로 소리 남

| 병 | 病 병 병 | 柄 자루 병 | 炳 밝을 병 | 昺 밝을 병 | 昞 밝을 병 |

※ 남 병(丙) 모양자 : 더러울 누(陋)

幷 아우를 병

두 사람이 (방패를 가지고) 나란히 서 있는 모습 → 가리다, 아우르다, 어울리다
→ 합하다, 겸하다, 물리치다는 뜻

다른 글자와 만나면 [병]으로 소리 남

| 병 | 屏 병풍 병 | 餠 떡 병 | 甁 병 병 | 倂 아우를 병 |

普 넓을 보

소전을 보면 햇볕(日)이 두 사람(竝 → 並)을 비추는 모습 → 햇볕이 고루 두루 비추다
→ 널리, 두루 → 넓다는 뜻

다른 글자와 만나면 [보]로 소리 남

| 보 | 譜 족보 보 | 潽 물이름 보 |

甫 클 보

밭(田)에 새싹(屮)이 돋아나는 형상 → 채소밭(田)의 새싹(屮)이 크고 있다
→ 채마밭, 채소밭 → 크다, 많다, 겨우, 막, 갓의 뜻

다른 글자와 만나면 [보·포]로 소리 남

보	補 기울 보	輔 도울 보
포	浦 개 포	捕 잡을 포	葡 포도 포	鋪 펼 포	哺 먹일 포	脯 포 포	逋 도망갈 포	圃 채마밭 포
	匍 길 포	蒲 부들 포

※ 클 보(甫) → 펼 부(尃) 소리글자 : 넓을 박(博), 부의 부(賻), 스승 부(傅), 얽을 박(縛), 두드릴 박(搏), 팔뚝 박(膊), 펼 부(溥), 엷을 박(薄), 장부 부(簿)

※ 클 보(甫) → 펼 부(勇).소리글자 : 펼 부(敷)

复 돌아올 복

풀무질하는 모습 → (풀무는 주로 발을 반복하여 움직여 바람을 일으키기 때문에)
풀무에 발(夊)로 눌렀다가 떼기를 반복하는 모습에서 가고 오다 → 돌아오다
→ 회복하다 → 반복하다 → 다시, 고하다, 중복되다, 되풀이하다, 머무르다는 뜻

다른 글자와 만나면 [복]으로 소리 남

복	復	複	覆	腹	馥	鰒
	회복할 복	겹칠 복	다시 복	배 복	향기 복	전복 복

※ 돌아올 복(复)자는 부로도 소리 남 : 다시 부(復), 다시 부(復), 겹칠 부(複), 덮을 부(覆)
※ 돌아올 복(复)자 모양자 : 밟을 리(履), 강퍅할 팍(愎)

畐 가득할 복

항아리에 술이 가득 차 있는 모양 → 가득 차 있다 → 가득하다, 항아리의 뜻

다른 글자와 만나면 [복·부]로 소리 남

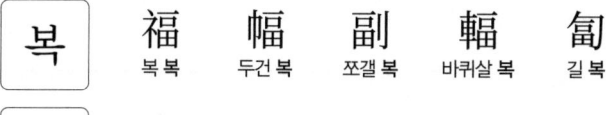

복	福	幅	副	輻	匐
	복 복	두건 복	쪼갤 복	바퀴살 복	길 복

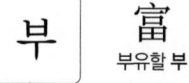

부	富
	부유할 부

※ 가득할 복(畐)자는 폭, 부로도 소리 남 : 폭 폭(幅), 버금 부(副) 몰려들 부(輻)
※ 가득할 복(畐)자 모양자 : 핍박할 핍(逼)

丰 예쁠 봉

흙덩이 위에 풀이 무성하게 우거져 있는 모양
→ 우거지다, 풍채, 풍족(풍부)하다, 위대하다, 예쁘다, 아름답다는 뜻

다른 글자와 만나면 [봉]으로 소리 남

봉	夆 끌 봉	逢 만날 봉	峰 봉우리 봉	峯 봉우리 봉	蜂 벌 봉	縫 꿰맬 봉	蓬 쑥 봉	烽 봉화 봉
	奉 받들 봉	俸 녹 봉	棒 막대 봉	鋒 칼날 봉	捧 받들 봉			

音 침뱉을 부

식물의 줄기 아랫부분(口)이 일어나고(立) 있는 모양 → 많이 먹어서(口) 배가 불룩 일어섰다(立) → 부풀어 오르다 → 커지다 → 많다 → 글자 모양이 입(口)에서 침 뱉는(立) 모습과 비슷하여 → 침, 침을 뱉는 소리의 뜻

다른 글자와 만나면 [부·배·보]로 소리 남

尃 펼 부

모종(艹)을 논밭(田)에 손(寸)으로 펼쳐 심는 모습 → 펴다, 깔다, 얇다, 두루, 넓다는 뜻

다른 글자와 만나면 [부·박]으로 소리 남

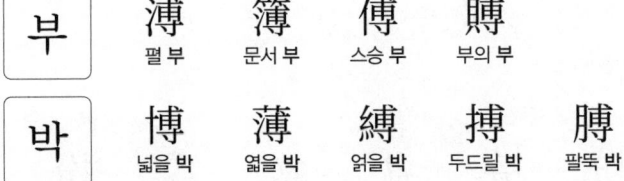

※ 클 보(甫) → 펼 부(尃) → 펼 부(勇) 소리글자 : 펼 부(敷)

不 아닐 부

갑골문을 보면 땅 밑으로 뿌리만 그려져 있음
→ (아직 싹이 자라지 못했다) 아니다, 없다, 못하다, 말라의 뜻

다른 글자와 만나면 [부·비·배]로 소리 남

부	否 아닐 부
비	丕 클 비

배	杯 잔 배	胚 임신할 배	盃 잔 배

付 줄 부

금문을 보면 손(寸)으로 사람(亻)에게 무언가 주는 모습 → 주다 → 맡기다 → 부탁하다
→ 의지하다 → 붙이다 등의 뜻 생김

다른 글자와 만나면 [부]로 소리 남

부	府 마을 부	腐 썩을 부	符 부호 부	附 붙을 부	咐 분부할 부	駙 곁마 부	腑 육부 부	俯 구부릴 부

分 나눌 분

칼(刀)로 물건을 나누다(八) → 헤어지다 → 구분하다는 뜻

다른 글자와 만나면 [빈·분·반]으로 소리 남

빈	貧 가난할 빈

분	紛 어지러울 분	粉 가루 분	芬 향기 분	盆 동이 분	忿 성낼 분	雰 눈날릴 분	扮 꾸밀 분	吩 뿜을 분

| 반 | 頒 나눌 반 |

賁 클 분

풀 훼(卉)자와 조개 패(貝)자가 합쳐진 글자 → 풀과 조개 등으로 무덤을 꾸민다
→ 크게 솟아오르다 → 크다, 꾸미다는 뜻

다른 글자와 만나면 [분]으로 소리 남

| 분 | 憤 분할 분 | 墳 무덤 분 | 噴 뿜을 분 |

弗 아닐 불

활(弓) 위에 화살이 두 개(丨丨) 올려져 있는 모양 → (활과 화살 방향이 서로 다르므로) 어긋나다
→ (화살이 잘 못 맞으면) 아니 된다, 아니다, 근심하다, 말다
→ (화살이 쏜살같이) 떨쳐버리다, 빠른 모양, 세찬 모양 → 달러($)의 뜻

다른 글자와 만나면 [불·비]로 소리 남

| 불 | 佛 부처 불 | 拂 떨칠 불 | 彿 비슷할 불 |
| 비 | 費 쓸 비 | 沸 끓을 비 |

朋 벗 붕

갑골문을 보면 조개 꾸러미를 양쪽으로 엮은 모양 → 돈뭉치 → 뭉쳐있는 모습
→ 끼리끼리 뭉쳐 다니는 친구들 → 무리, 벗, 친구의 뜻

다른 글자와 만나면 [붕]으로 소리 남

붕	崩	鵬	硼	繃	棚
	무너질 붕	붕새 붕	붕사 붕	묶을 붕	사다리 붕

卑 낮을 비

갑골문을 보면 부채(田)를 손(又)으로 들고 있는 모습 → 큰 부채를 들고 주인을 섬기는 시종 모습
→ (시종의 신분이) 낮다, 천하다, 비루하다, 왜소하다는 뜻

다른 글자와 만나면 [비·패]로 소리 남

비	碑	婢	裨	脾	痺
	비석 비	계집종 비	도울 비	지라 비	저릴 비

패	牌	稗
	패 패	피 패

比 견줄 비

갑골문을 보면 두 사람이 같은 방향을 보고 있는 형상
→ 두 사람이 달리기를 겨루기 위해 출발선에 서 있는 모습 → 견주다, 경쟁하다, 본뜨다, 고르다는 뜻

다른 글자와 만나면 [비]로 소리 남

비	批	毗	毘	琵	砒	庇	毖	妣
	비평할 비	도울 비	도울 비	비파 비	비상 비	덮을 비	삼갈 비	죽은어머니 비

	秕	枇
	쭉정이 비	비파나무 비

※ 견줄 비(比) → 다 개(皆) 소리글자 : 섬돌 계(階), 화할 해(諧), 함께 해(偕), 본보기 해(楷)
※ 견줄 비(比) → 맏 곤(昆) 소리글자 : 섞을 혼, 오랑캐 곤(混), 몽둥이 곤(棍)
※ 견줄 비(比) 모양자 : 대궐 섬돌 폐(陛), 사슴 록(鹿), 티끌 진(塵), 고울 려(麗), 기린 린(麟), 뿌릴 쇄(灑), 참소할 참(讒), 검은말 려(驪), 산기슭 록(麓), 기린 기(麒)

非 아닐 비

갑골문을 보면 새의 좌우 양쪽으로 펼친 날개 모양
→ (양 날개가 서로 반대 방향을 향해 있다고 해서) 아니다, 그러하다, 비방하다, 허물의 뜻

다른 글자와 만나면 [비·배]로 소리 남

| 비 | 悲 슬플 비 | 匪 비적 비 | 緋 비단 비 | 扉 사립문 비 | 誹 헐뜯을 비 | 翡 물총새 비 | 蜚 바퀴 비 |
| 배 | 輩 무리 배 | 排 밀칠 배 | 俳 배우 배 | 裵 성씨 배 | 徘 어정거릴 배 | | |

※ 아닐 비(非) 모양자 : 허물 죄(罪), 쓰러질 미(靡)

賓 손 빈

집(宀)으로 돈(貝) 들고 걸어오는(止) 모습 → 방문객, 손님, 손의 뜻

다른 글자와 만나면 [빈]으로 소리 남

| 빈 | 濱 물가 빈 | 嬪 아내 빈 | 殯 빈소 빈 |

頻 자주 빈

사람(頁)이 자주 발걸음(步)하다를 표현 → 자주, 빈번히의 뜻

다른 글자와 만나면 [빈]으로 소리 남

| 빈 | 瀕 물가 빈 | 嚬 찡그릴 빈 |

司 맡을 사

갑골문을 보면 높은 직책의 사람이 팔 하나를 높이 들고 입(口)로 명령 내리는 모습
→ (제사 또는 행사를) 주관하다, 관리하다, 맡다, 살피다 → 엿보다 → 벼슬의 뜻

다른 글자와 만나면 [사]로 소리 남

| 사 | 詞 말 사 | 飼 기를 사 | 祠 사당 사 | 嗣 이을 사 |

寺 절 사

금문을 보면 손(寸) 위에 발(止 → 土)을 받들고 있는 모습
→ (손과 발을 다하여 높은 사람을 받들어) 모시다 → (높은 사람을 모셔야 하는) 관청
→ (부처님을 모시는) 절, 사찰의 뜻

다른 글자와 만나면 [시 · 지 · 치]로 소리 남

시	時 때 시	詩 시 시	侍 모실 시
지	持 가질 지		
치	峙 언덕 치	痔 치질 치	

※ 절 사(寺) 모양자 : 무리 등(等), 기다릴 대(待), 특별할 특(特)

杀 죽일 살

갑골문을 보면 짐승의 목에 칼이 꽂혀 있는 모습 → 죽이다 → 빠르다는 뜻

다른 글자와 만나면 [살 · 찰 · 시]로 소리 남
※ 杀 자는 죽일 살, 빠를 쇄, 윗사람죽일 시로도 소리 남

| 살 | 殺 죽일 살 |

570

| 찰 | 刹 절 찰 | | 시 | 弑 윗사람죽일 시 |

參 석 삼

갑골문을 보면 사람 머리 위에 별 세 개를 그려 오리온(Orion) 별자리 표현
→ 터럭 삼(彡)자를 추가하여 → 삼(三), 셋 → (세 명이) 섞이다 → (한패에 끼다) 참가하다
→ 비교하다는 뜻

다른 글자와 만나면 [삼 · 참]으로 소리 남
※ 參 자는 석 삼, 참여할 참으로도 소리 남

| 삼 | 蔘 삼 삼 | 滲 스며들 삼 | | 참 | 慘 참혹할 참 |

象 코끼리 상

갑골문을 보면 코끼리를 그린 모양 → 코끼리 → 형상, 모양, 꼴의 뜻

다른 글자와 만나면 [예 · 상]으로 소리 남

| 예 | 豫 미리 예 | | 상 | 像 모양 상 |

尙 오히려 상

금문을 보면 기와(八), 창문 있는 집(向) 모양 → 집 → 높이 지은 건물 → 높다 → 숭상하다 → 오히려
→ 자랑하다, 풍습의 뜻

다른 글자와 만나면 [상 · 장 · 당 · 창]으로 소리 남

| 상 | 賞 상줄 상 | 償 갚을 상 | 常 떳떳할 상 | 裳 치마 상 | 嘗 맛볼 상 |

장	掌 손바닥 장			
당	堂 집 당	當 마땅할 당	黨 무리 당	螳 사마귀 당
창	敞 시원할 창	廠 공장 창		

※ 오히려 상(尚) 모양자 : 버틸 탱(撐)

相 서로 상

갑골문을 보면 재목을 고르기 위해 나무(木)를 살펴보는(目) 모습 → 나무와 눈이 서로 마주 본다
→ 서로 → (살펴보면서) 시중드는 사람 → 정승, 재상 → 살펴보다 → (살펴볼) 상대
→ 기원하다, 빌다는 뜻

다른 글자와 만나면 [상]으로 소리 남

상	想 생각 상	霜 서리 상	箱 상자 상	孀 홀어머니 상

嗇 아낄 색

수확한 농작물을 창고에 보관한 모습 → 곡식을 거두다(穡) → 보관하다 → 아끼다 → 인색하다
→ 탐내다 → 더럽다는 뜻

다른 글자와 만나면 [장]으로 소리 남

장	墙 담 장	牆 담 장	薔 장미 장	檣 돛대 장

生 날 생

갑골문을 보면 땅(土) 위에 어린 새싹이 올라오는 모양 → 생기다, 만들다 → 태어나다, 낳다
→ 사람, 선비, 백성, 삶의 뜻

다른 글자와 만나면 [생·성·정]으로 소리 남

생	牲 희생 생	甥 생질 생		
성	姓 성씨 성	性 성품 성	星 별 성	醒 깰 성
정	旌 기 정			

※ 날 생(生) 부수자 및 모양자 : 낳을 산(産), 깨어날 소(甦), 높을 융(隆), 보살 살(薩)

昔 옛 석

갑골문을 보면 날 일(日)자와 내 천(川)자 결합 모습 → 세월(日)이 흘러간다(川)
→ 어제, 옛날, 저녁 → 오래되다 → (오랫동안) 말린고기, 포 → 섞이다, 쌓이다는 뜻

다른 글자와 만나면 [석·적·작·착·차·초·조]로 소리 남

석	惜 아낄 석			
적	籍 문서 적	藉 짓밟을 적 / 깔 자	차	借 빌릴 차
작	鵲 까치 작		초	醋 초 초
착	錯 어긋날 착		조	措 둘 조

善 착할 선

갑골문을 보면 양과 눈이 그려져 있음 → 양의 눈 → 선한 눈 → 착하다는 뜻

다른 글자와 만나면 [선]으로 소리 남

| 선 | 膳 선물 선 | 繕 기울 선 | 饍 반찬 선 |

先 먼저 선

갑골문을 보면 사람(儿) 앞에 발(止) 모양 → 앞으로 가다 → 먼저 가다 → 먼저, 미리의 뜻

다른 글자와 만나면 [선·세·찬]으로 소리 남

| 선 | 銑 무쇠 선 | | 세 | 洗 씻을 세 |
| 찬 | 贊 도울 찬 | 讚 기릴 찬 | 鑽 뚫을 찬 | 瓚 옥잔 찬 |

亘 베풀 선

하늘과 땅 사이에 태양이 떠 있는 모양 → 뻗치다, 두루, 널리 → 베풀다는 뜻

다른 글자와 만나면 [선·항·환·훤]으로 소리 남
※ 亘 자는 베풀 선, 뻗칠 긍으로 소리 남

| 선 | 宣 베풀 선 | 瑄 도리옥 선 | | 환 | 桓 굳셀 환 |
| 항 | 恒 항상 항 | | | 훤 | 喧 지꺼릴 훤 |

韱 부추 섬

두 사람(从)이 낫(戈)으로 부추(韭)를 자르는 모양
→ 부추(韭)를 베어 낸(戈)자리에 다시 잇달아 좇아(从) 나오는 부추
→ (부추처럼) 가늘다, 섬세하다는 뜻

다른 글자와 만나면 [섬·참·첨]으로 소리 남

섬	纖 가늘 섬	殲 다죽일 섬
참	懺 뉘우칠 참	讖 예언 참
첨	籤 제비 첨

成 이룰 성

갑골문을 보면 무기 창(戈)으로 적을 평정한 후 못(丁) 박듯이 일을 마무리했다를 표현 → 정리되다
→ 완성되다, 성숙하다 → 갖추다, 이루어지다는 뜻

다른 글자와 만나면 [성]으로 소리 남

| 성 | 城 재 성 | 盛 성할 성 | 誠 정성 성 | 晟 밝을 성 |

召 부를 소

갑골문을 보면 칼이 아닌 수저(刀)에 담긴 음식을 입(口)에 가져다 대는 모습
→ 음식을 대접하기 위해 손님을 불러들인다는 뜻

다른 글자와 만나면 [소·조·초]로 소리 남

| 소 | 昭 밝을 소 | 沼 못 소 | 紹 이을 소 | 邵 땅이름 소 |
| 조 | 照 비칠 조 | 詔 조서 조 |

초	招 超 貂
	부를 초　뛰어넘을 초　담비 초

少 적을 소

갑골문을 보면 작은 파편 4개가 튀는 모양 → 작다(小), 적다(少)의 뜻

다른 글자와 만나면 [초 · 묘 · 사]로 소리 남

초	抄 秒 炒
	뽑을 초　분초 초　볶을 초

묘	妙		사	沙 紗
	묘할 묘			모래 사　비단 사

※ 적을 소(少) 모양자 : 못할 열(劣), 살필 성, 덜 생(省)

肖 꺼질 소

태어난 내 자녀의 몸(月) 작은(小) 부분이 닮았다 → 작은 나의 모습 → 작게(小) 쇠약해진 몸(月) → 닮다, 쇠약하다, 꺼지다는 뜻

다른 글자와 만나면 [소 · 조 · 설 · 삭 · 초]로 소리 남
※ 肖 자는 꺼질 소, 닮을 초, 같을 초

소	消 宵 逍		설	屑
	사라질 소　밤 소　노닐 소			가루 설

조	趙		삭	削
	나라이름 조			깎을 삭

초	哨 稍 硝 梢
	망볼 초　점점 초　화약 초　나뭇가지끝 초

疋 발 소

갑골문을 보면 止(발 지)자와 비슷한 발의 모양
→ (단독으로 쓰일 때) 짝, 배필, 필(비단 따위의 천 또는 말이나 소를 세는 단위)
→ (부수로 활용될 때) 止(발 지)자, 足(발 족)자처럼 → 발의 동작, 발의 상태의 뜻

다른 글자와 만나면 [소 · 초 · 서]로 소리 남
※ 疋 자는 발 소, 짝 필, 바를 아

| 소 | 疏 소통할 소 | 蔬 푸성귀 소 | 疎 성길 소 |

| 초 | 楚 초나라 초 | 礎 주춧돌 초 |

| 서 | 壻 사위 서 | 胥 서로 서 |

※ 짝 소(疋) → 옳을 시(是) 모양자 : 끌 제(提), 제목 제(題), 둑 제(堤), 숟가락 시(匙), 물맑을 식(湜)
※ 짝 소(疋) → 의심할 의(疑) 모양자 : 엉길 응(凝), 거리낄 애(礙), 헤아릴 의(擬), 어리석을 치(癡)
※ 짝 소(疋) → 정할 정(定) 소리글자 : 터질 탄(綻), 덩이 정(錠), 닻 정(碇)
※ 짝 소(疋) 모양자 : 돌 선(旋), 옥 선(璇), 새알 단(蛋)

巽 부드러울 손

탁자(共) 위에 공손하게 머리를 숙이고 꿇어앉아 있는 두 명의 사람(巳巳) 모습
→ 공손하다, 가리다, 뽑다, 유순하다, 부드럽다, 64괘(卦) 중 하나, 동남, 사양하다는 뜻

다른 글자와 만나면 [선 · 찬]으로 소리 남

| 선 | 選 가릴 선 | 撰 가릴 선 |

| 찬 | 撰 지을 찬 | 饌 반찬 찬 |

叟 늙은이 수

집안에서 손(又)에 횃불(火 → 臼)을 들고 무언가를 찾고 있는 모습 → 찾다
→ 집안에서 불을 관리하는 사람 → 늙은이, 어른의 뜻

다른 글자와 만나면 [수]로 소리 남

| 수 | 搜 찾을 수 | 瘦 여윌 수 | 嫂 형수 수 |

壽 목숨 수

금문을 보면 밭을 가리키고 있는 노인 모습 → 밭에 나와 이것저것 참견하던 노인을 표현 → 노령, 노인 → 목숨, 수명, 장수의 뜻

다른 글자와 만나면 [주 · 도]으로 소리 남

| 주 | 鑄 불릴 주 | 疇 이랑 주 | 躊 머뭇거릴 주 |
| 도 | 燾 비출 도 | 禱 빌 도 | 濤 물결 도 |

垂 드리울 수

갑골문을 보면 식물의 가지와 잎이 늘어져 있는 모습 → 늘어뜨리다, 드리우다는 뜻

다른 글자와 만나면 [수 · 우 · 추 · 타]로 소리 남

| 수 | 睡 졸음 수 | | 추 | 錘 저울추 추 |
| 우 | 郵 우편 우 | | 타 | 唾 침 타 |

※ 드리울 수(垂) 변형 → 빛날 화(華) 소리글자 : 자작나무 화(樺), 탐스러울 화(嬅), 빛날 엽(燁)

需 기다릴 수

갑골문을 보면 비를 흠뻑 맞은 사람이 겨드랑이 사이로 비가 떨어지는 모습 → (비 피할 장소 또는 우산이) 필요하다, 구한다 → 기다리다 → 약하다, 연하다는 뜻

다른 글자와 만나면 [유]로 소리 남

| 유 | 儒 선비 유 | 懦 나약할 유 / 나약할 나 |

※ 需 자는 쓰일 수, 기다릴 수, 연할 연, 약할 난, 연할 유로도 소리 남

叔 콩 숙

금문을 보면 싹 아래 떨어져 있는 콩(朩)을 손(又)으로 줍는 모습 → 콩, 줍다 → (콩깍지 하나에 여러 개의 알이 들어있어, 콩깍지를 가족에 비유하면서) 아저씨, 작다, 젊다, 어리다는 뜻

다른 글자와 만나면 [숙·독·적·척]으로 소리 남

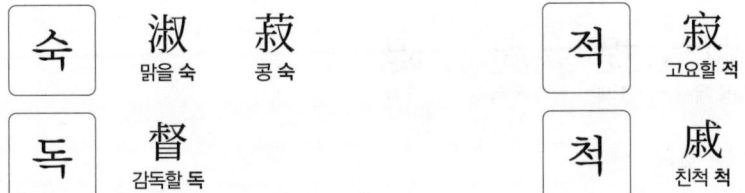

孰 누구 숙

갑골문을 보면 사당에서 제사를 지내는 사람 모습 → (제사를 지내는 사람) 누구의 뜻

다른 글자와 만나면 [숙]으로 소리 남

| 숙 | 熟 익을 숙 | 塾 글방 숙 |

旬 열흘 순

갑골문을 보면 둥근 획과 十(열 십)자가 함께 그려져 있음
→ (고대에는 날짜를 10일 단위로 끊어서 말했기 때문에 천간이 한 바퀴가 돌고 난 후에 다시 시작한다는 의미) → 금문에서 날짜(日)를 묶다(勹) → 열흘 → 열 번 → 십 년의 뜻

다른 글자와 만나면 [순]으로 소리 남

| 순 | 殉 따라죽을 순 | 荀 풀이름 순 | 珣 옥이름 순 | 洵 참으로 순 / 멀 현 | 筍 죽순 순 | 絢 끈 순 / 무늬 현 |

是 옳을 시

금문을 보면 태양(日)이 바르게(正 → 疋) 뜨고 정확히 진다 → 태양의 주기가 바르게 간다
→ 옳다, 바르다, 여기, 이것, 무릇의 뜻

다른 글자와 만나면 [시·제]로 소리 남

| 시 | 匙 숟가락 시 |

| 제 | 題 제목 제 | 提 끌 제 | 堤 둑 제 | 隄 둑 제 |

※ 옳을 시(是) 모양자 : 물맑을 식(湜)

式 법 식

소전을 보면 장인(工)이 동물을 잡는 주살(弋)을 들고 있는 모습
→ (동물을 잘 잡는 장인은 일정한 법칙이 있다) 법, 제도 → 본받다는 뜻

다른 글자와 만나면 [시·식]으로 소리 남

| 시 | 試 시험 시 | 弑 윗사람죽일 시 |

| 식 | 拭 씻을 식 | 軾 수레앞턱가로댄나무 식 |

申 거듭 신

갑골문을 보면 번개 치는 모습 → 번개 → (번개 치는 것) 하늘 신의 뜻 하늘 신
→ (번개가 칠 때에는 한 번만 치지 않고 여러 번) 거듭하다 → (번개가) 펴지다 → 베풀다
→ 알리다 → 말하다 → (십이간지에 들어가면서 12마리의 동물 중) 원숭이의 뜻

다른 글자와 만나면 [신]으로 소리 남

신	神	伸	紳	呻
	귀신 신	펼 신	큰띠 신	읊조릴 신

※ 거듭 신(申) 모양자 : 땅 곤(坤)

失 잃을 실

금문을 보면 손에서 무언가 떨어뜨리는 모습 → 해서에서 화살이 빗나가는 모습
→ 잃다, 달아나다는 뜻

다른 글자와 만나면 [질]로 소리 남

질	秩	迭	跌	帙	佚
	차례 질	번갈아들 질	거꾸러질 질	책권차례 질	방탕할 질 / 편안할 일

十 열 십

갑골문을 보면 단순히 丨로 모양 → 소전부터 지금 모양 → 10, 열, 여럿, 전부의 뜻

다른 글자와 만나면 [십·침·즙]으로 소리 남

십	什
	열사람 십

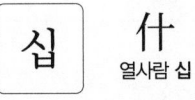

침	針
	바늘 침

즙	汁
	즙 즙

※ 十자가 부수자로 사용된 경우 : 화합할 협(協), 스물 입(卄), 넓을 박(博), 일천 천(千), 오를 승(升), 반 반(半), 낮을 비(卑), 마칠 졸(卒), 높을 탁(卓), 남 남南)

氏 성씨 씨

갑골문을 보면 나무뿌리 모양 → (뿌리는 나무의) 씨 → 성씨의 뜻

다른 글자와 만나면 [민·면·혼·지]으로 소리 남
※ 氏 자는 성씨 씨, 나라이름 지, 고을이름 정

| 민 | 民 백성 민 珉 옥돌 민 | 혼 | 昏 어두울 혼 婚 혼인할 혼 |
| 면 | 眠 잘 면 | 지 | 紙 종이 지 |

※ 성씨 씨(氏) → 근본 저(氐) 소리글자 : 밑 저(底), 막을 저(抵), 낮을 저(低), 큰집 저(邸), 닿을 저(舐)

亞 버금 아

갑골문을 보면 사면을 둘러싼 규모가 큰 고대 중국의 주택 모습
→ 이러한 저택은 규모가 크기는 했지만, 궁궐에 비교할 바는 되지 못하다 → 버금(으뜸 바로 아래)
→ 다음가는, 제2의 → 부족한, 못한, 누르다, 동서(同壻), 동아리, 곱사의 뜻

다른 글자와 만나면 [아·악·오]로 소리 남

| 아 | 啞 벙어리 아 | | |
| 악 | 堊 흰흙 악 惡 악할 악 | 오 | 惡 미워할 오 |

牙 어금니 아

금문을 보면 동물의 앞니가 서로 맞물리는 모습 → 이빨, 어금니의 뜻

다른 글자와 만나면 [아·사]로 소리 남

| 아 | 雅 맑을 아 芽 싹 아 訝 맞이할 아 | 사 | 邪 간사할 사 |

※ 어금니 아(牙) 모양자 : 뚫을 천(穿), 버틸 탱(撑)

吅 시끄럽게다툴 악

턱 위에 입을 바쁘게 여닫으며 다투는 모습 → 시끄럽게 다투다는 뜻

다른 글자와 만나면 [악]으로 소리 남

악	愕	顎	鰐
	놀랄 악	턱 악	악어 악

安 편안 안

갑골문을 보면 집(宀)에 여자(女)가 다소곳이 앉아 있는 모습
→ (여자는 집 안에 있어야) 안정적이다, 편안하다는 뜻

다른 글자와 만나면 [안]으로 소리 남

안	案	按	晏	鞍
	책상 안	누를 안	늦을 안	안장 안

卬 나 앙

소전을 보면, 서 있는 사람(亻)과 꿇어앉아 있는 사람(卩)이 있는 모습
→ (꿇어앉아 있는 사람이 서 있는 사람을 올려 보며) 우러러본다
→ 나, 자신(自身), 오르다, 바라다는 뜻

다른 글자와 만나면 [앙·영·억]으로 소리 남

앙	仰	昂
	우러를 앙	밝을 앙

영	迎
	맞을 영

억	抑
	누를 억

央 가운데 앙

갑골문을 보면 죄수들이 도망가지 못하도록 목에 씌우던 나무칼(가추)을 중앙에 차고 있는 모습
→ 가운데, 선명한 모양, 재앙(災殃)의 뜻

다른 글자와 만나면 [앙·영]으로 소리 남

也 잇기 야

금문을 보면 끝이 뾰족하고 굽은 모양의 갈고리를 그린 것 → 연결고리
→ 잇기(한곳과 다른 곳을 연결하여 붙는 일) → 어머니, 시작
→ (어조사)~이다, ~느냐?, ~도다, ~구나, 또한, 역시의 뜻

다른 글자와 만나면 [이·시·지·타·치]로 소리 남

若 같을 약

여자가 머리를 단정히 빗고 입으로 순종하는 모습 → 순종하다, 허락하다 → 따르다 → 같다는 뜻

다른 글자와 만나면 [야·낙·닉]으로 소리 남

야	惹 이끌 야
낙	諾 허락할 낙
닉	匿 숨길 닉

※ 같을 약(若) 모양자 : 사특할 특(慝)

易 볕 양

태양(日) 아래로 햇살(勿)이 비치는 모습 → 볕, 양지, 태양, 남, 하늘, 인간, 세상의 뜻

다른 글자와 만나면 [양·장·상·창·탕]으로 소리 남

羊 양 양

갑골문을 보면 구부러진 뿔을 가진 양의 머리를 정면에서 바라본 모습 → 상서로운 짐승
→ 제사에 쓰이는 희생양 → 아름다움, 상서로움, 권력, 자세하다는 뜻

다른 글자와 만나면 [양·강·상·선]으로 소리 남

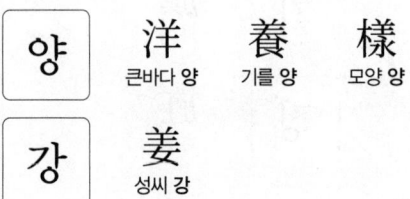

| 상 | 詳 자세할 상 | 祥 상서 상 | 庠 학교 상 | 翔 날 상 |

| 선 | 鮮 고울 선 | 羨 부러워 선 |

※ 양 양(羊)자 부수자 : 아름다울 미(美), 부끄러울 수(羞), 옳을 의(義), 무리 군(群), 복희씨 희(羲)
※ 양 양(羊) → 착할 선(善) 소리글자 : 선물 선(膳), 기울 선(繕), 반찬 선(饍)

襄 도울 양

소전을 보면 상(喪) 당한 사람에게 위로의 말(口)과 두 손(廾)으로 도와주는 모습
→ 도와주다, 오르다, 옮기다, 치우다는 뜻

다른 글자와 만나면 [양·낭]으로 소리 남

| 양 | 讓 사양할 양 | 壤 흙덩이 양 | 孃 아가씨 양 | 釀 술빛을 양 | 攘 물리칠 양 |

| 낭 | 囊 주머니 낭 |

㫃 나부낄 언

깃발이 바람에 펄럭이는 모양 → 나부끼다, 쓰러지다는 뜻

다른 글자와 만나면 [어·알·여·유·시·선·기·정·족·주]로 소리 남

어	於 어조사 어	瘀 어혈질 어
알	閼 가로막을 알
여	旅 나그네 여

선	旋 돌 선	璇 옥 선
기	旗 기 기
정	旌 기 정

厂 기슭 엄

갑골문을 보면 산이나 강기슭에 돌이 붙어 있는 모습 → 기슭, 언덕, 절벽, 석굴, 집의 뜻

다른 글자와 만나면 [안·염·언·산]으로 소리 남

안	雁 기러기 안	顔 낯 안
염	厭 싫어할 염
언	彦 선비 언	諺 언문 언
산	産 낳을 산

※ 厂 자가 부수자로 쓰인 경우 : 언덕 애(厓), 언덕 원(原), 액 액(厄), 두터울 후(厚), 그 궐(厥)
※ 厂 자가 부수자는 아니지만 언덕을 뜻하는 경우 : 언덕 안(岸), 물가 애(涯), 언덕 애(崖), 위태할 위(危)

予 나 여

갑골문을 보면 베틀에서 사용하는 북 모양
→ (북은 날줄 사이로, 좌우로 건네주다라고 해서) 주다, 하사하다 → 승인하다, 허락하다
→ (가차되어) 나의 뜻

다른 글자와 만나면 [서·예·야]로 소리 남

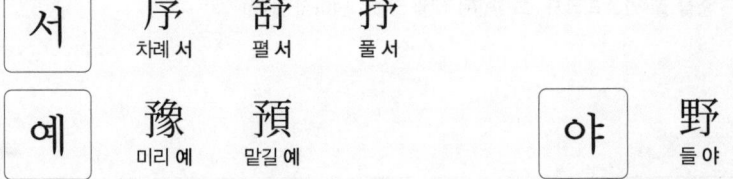

Ⅲ. 소리한자

余 나 여

갑골문을 보면 외기둥(干)에다 버팀목(八)을 받쳐 지붕덮개(人)를 씌운 정자(亭子) 모양
→ 경치 좋은 곳에 놀거나 쉬기 위해 지은 집 → 여유로운 휴식 공간 → 오두막
→ 나머지, 다른, 여유 → 나만의 공간 → 나(자신)의 뜻

다른 글자와 만나면 [여·서·사·제·도]로 소리 남

屰 거스를 역

사람이 거꾸로(屰) 물구나무선 모습 → 거스르다는 뜻

다른 글자와 만나면 [역·삭·소]로 소리 남

※ 거스를 역(屰) → 숨찰 궐(欮) 소리글자 : 그 궐(厥), 대궐 궐(闕), 넘어질 궐(蹶)

睪 엿볼 역

눈(罒 → 目)으로 죄수(幸)를 엿보면서 감시하다 → 기뻐하다 → 연못, 물가의 뜻

다른 글자와 만나면 [역·석·탁·택]으로 소리 남

| 역 | 驛 역 역 | 譯 번역할 역 | 繹 실뽑을 역 | | 탁 | 鐸 방울 탁 | |
| 석 | 釋 풀 석 | | | | 택 | 擇 가릴 택 | 澤 못 택 |

兮 늪 연

갑골문을 보면 계곡(八)의 물이 고이는 산속의 늪(口)을 나타낸 것 → 늪, 공평하다는 뜻

다른 글자와 만나면 [연·선]으로 소리 남

| 연 | 鉛 납 연 | 沿 물따라갈 연 | | 선 | 船 배 선 |

炎 불꽃 염

갑골문을 보면 아래위 두 개의 불(火)이 타는 모양 → 불타다, 불길이 뜨겁다
→ 불꽃, 더위, 덥다, 아름답다는 뜻

다른 글자와 만나면 [담]으로 소리 남

| 담 | 談 말씀 담 | 淡 맑을 담 | 毯 담요 담 | 痰 가래 담 |

葉 나뭇잎 엽

나무(木) 위에 나뭇잎(世)이 달린 형상 → 나뭇잎의 뜻

다른 글자와 만나면 [엽·접·첩·설]로 소리 남

| 엽 | 葉 잎 엽 | | 첩 | 諜 염탐할 첩 | 牒 편지 첩 |
| 접 | 蝶 나비 접 | | 설 | 渫 파낼 설 |

III. 소리한자

埶 심을 예

갑골문을 보면 두 손을 앞으로 내밀고 꿇어앉아 있는 사람(丸)이 땅(土) 위에 나무(朮)를 심는 모습
→ 심다 → (나무를 심어 잘 키우는 사람이 재주가 있다) 재주의 뜻

다른 글자와 만나면 [예·세·열]로 소리 남

예	藝 재주 예
세	勢 형세 세
열	熱 더울 열

五 다섯 오

갑골문에서는 二 사이에 X자를 넣은 방식으로 표기 → 해서부터 五 모양
→ 다섯, 다섯 곱절, 오행, 별 이름, 여러 번 하다는 뜻

다른 글자와 만나면 [오·어]로 소리 남

| 오 | 伍 다섯사람 오 | 吾 나 오 | 悟 깨달을 오 | 寤 잠깰 오 | 梧 오동나무 오 |
| 어 | 語 말씀 어 | 圄 옥 어 |

※ 다섯 오(五) 모양자 : 마을 아(衙)

吳 나라이름 오

머리가 기울어진 사람(矢)이 입(口)으로 큰소리를 지르는 모습
→ 큰소리치다, 떠들썩하다, 지껄이다 → 성씨(오) → 나라 이름(오)의 뜻

다른 글자와 만나면 [오·우]로 소리 남

| 오 | 誤 그릇칠 오 | 娛 즐길 오 |
| 우 | 虞 염려할 우 |

敖 거만할 오

집 밖으로(土) 풀어놓다(放) → 나가 놀다 → 거만하다는 뜻

다른 글자와 만나면 [오·췌]로 소리 남

| 오 | 傲 거만할 오 |
| 췌 | 贅 혹 췌 |

雍 화할 옹

새들이 서로 모여서 어울리는 모습 → 서로의 뜻 맞다 → 화(和)하다, 화목하다는 뜻

다른 글자와 만나면 [옹]으로 소리 남

| 옹 | 擁 낄 옹 | 壅 막을 옹 | 甕 독 옹 |

咼 입비뚤어질 와

입(口)으로 살을 발라내어 앙상한 뼈(咼)만 남 모양 → 쓸데없는 말(口) 하다
→ 입 비뚤어지다, 부정(否定) → 화(和)하다, 쪼개다, 재앙의 뜻

다른 글자와 만나면 [와·과·화]로 소리 남

와	渦 소용돌이 와	蝸 달팽이 와
과	過 지날 과
화	禍 재앙 화

※ 입 삐뚤어질 와(咼) 모양자 : 사람 이름 설(卨)

王 임금 왕

갑골문을 보면 서 있는 사람 모습 → 금문에서는 자루가 없는 큰 도끼날의 모양
→ 도끼는 무력(권력)을 상징 → 왕, 수령, 할아비, 으뜸, 크다, 옥(玉)의 뜻

다른 글자와 만나면 [왕 · 광 · 황]으로 소리 남

왕	往 갈 왕	汪 넓을 왕	旺 왕성할 왕	柱 굽을 왕		
광	狂 미칠 광					
황	皇 임금 황	煌 빛날 황	凰 봉황 황	遑 급할 황	惶 두려울 황	徨 헤멜 황

※ 임금 왕(王) → 주인 주(主) 소리글자 : 부을 주(注), 살 주(住), 기둥 주(柱), 머무를 주(駐), 글뜻풀 주(註), 심지 주(炷)

䍃 질그릇 요

큰 항아리의 모양 장군 부(缶)자와 고기 육(肉/月)자가 합쳐진 글자
→ 큰 항아리(缶)에 고기(月)가 담긴 모양 → (고기를 담는) 질그릇의 뜻

다른 글자와 만나면 [요]로 소리 남

요	謠 노래 요	遙 멀 요	搖 흔들 요

堯 요임금 요

흙(土)이 수북하게 쌓인 모양의 높을 요(垚)자와
높고 위가 평평(平平)한 모양의 우뚝할 올(兀)자의 결합자 → 매우 높다 → 멀다 → 요임금 이름의 뜻

다른 글자와 만나면 [요 · 효 · 소]로 소리 남

| 요 | 饒 넉넉할 요 | 僥 요행 요 | 撓 어지러울 요 |

| 효 | 曉 새벽 효 |

| 소 | 燒 불사를 소 |

夭 일찍죽을 요

어린 사람(大)이 머리를 갸우뚱(丿)하며 요염하게 교태를 부리고 모습
→ 어리다, 젊다, 예쁘다, 아름답다 → 고개를 숙인다 → 고개가 꺾여 죽다 → 일찍 죽다 → 재앙의 뜻

다른 글자와 만나면 [요 · 소 · 옥]으로 소리 남

| 요 | 妖 요사할 요 | 殀 일찍죽을 요 |

| 소 | 笑 웃음 소 |

| 옥 | 沃 기름질 옥 |

※ 일찍죽을 요(夭) 모양자 : 삼킬 탄(呑)

容 얼굴 용

갑골문을 보면 內(안 내)자에 항아리가 하나 그려져 있음 → 창고(內)에 많은 물건을 보관하다
→ 속에 든 것 그릇에 넣다 → 용량
→ (글자 모양이 많은 표정을 담고 있는 사람의 얼굴과 비슷하여) 얼굴, 용모
→ 받아들이다, 용서하다는 뜻

다른 글자와 만나면 [용]으로 소리 남

| 용 | 熔 쇠녹일 용 | 鎔 쇠녹일 용 | 溶 녹일 용 | 瑢 패옥소리 용 | 蓉 연꽃 용 |

甬 길 용

다용도로 쓰이는 통을 뜻하는 쓸 용(用)자 위에 손잡이(マ)를 붙인 형상
→ 글자 모양이 고리(マ) 달린 종(用) → 양쪽에 담을 쌓은 길 → 섬(용량 단위, 열 말들이)
→ 대롱 → 꽃이 피는 모양 → 솟아오르다 → 통하다는 뜻

다른 글자와 만나면 [용·통·송]으로 소리 남

용	勇	踊	湧	涌
	날랠 용	뛸 용	물솟을 용	물솟을 용

통	通	痛	桶
	통할 통	아플 통	통 통

송	誦
	외울 송

禺 원숭이 우

긴꼬리원숭이나 나무늘보 모양 → 긴꼬리원숭이, 허수아비 → 땅이름, 성씨(우)의 뜻

다른 글자와 만나면 [우]로 소리 남

우	遇	愚	偶	寓	隅	嵎
	만날 우	어리석을 우	짝 우	부칠 우	모퉁이 우	산굽이 우

※ 원숭이 우(禺) 모양자 : 일만 만(萬), 멀리갈 매(邁)
※ 원숭이 우(禺) → 갈 려(厲) 소리글자 : 힘쓸 려(勵), 숫돌 려(礪)

云 구름 운

갑골문을 보면 구름이 하늘을 떠다니는 모양 → 구름 → 운행하다, 떠돌다 → 이르다, 도달하다
→ 말하다, 일컫다는 뜻

다른 글자와 만나면 [운·혼]으로 소리 남

운	雲	芸	耘
	구름 운	평지 운	김맬 운

혼	魂
	넋 혼

※ 구름 운(云) 모양자 : 흐릴 담(曇), 그늘 음(陰), 그늘 음(蔭), 재주 예(藝)

夗 누워뒹굴 원

달(夕) 아래 쪼그리고 누워 뒹굴고 있는 사람(㔾) 모습
→ 밤이 되어 잠을 청하나 불면증으로 잠을 못 이루는 모습 → 누워 뒹굴다는 뜻

다른 글자와 만나면 [원·완]으로 소리 남

원	怨 원망할 원	鴛 원앙 원	苑 나라동산 원
완	腕 팔뚝 완	婉 순할 완	宛 완연할 완

元 으뜸 원

갑골문에서는 사람(人)의 머리(二) 부분을 강조한 그림 → 머리, 사람
→ (모든 일은 머리부터 시작되고 머리가 으뜸이기에) 으뜸, 시초, 근본(근원), 우두머리의 뜻

다른 글자와 만나면 [완·원·관]으로 소리 남

완	完 완전할 완	莞 왕골 완	玩 희롱할 완	頑 완고할 완	阮 나라이름 완

원	院 집 원

관	冠 갓 관

※ 으뜸 원(元) 모양자 : 도적 구(寇)

員 인원 인

갑골문을 보면 솥을 뜻하는 鼎 자 위로 동그라미가 그려져 있음
→ 솥 주변으로 사람들이 둥글게 모여있는 모습 → 둥글다 → (모여있는) 인원, 수효
→ 생계(口)를 위해 돈(貝)을 받고 일하는 사람 → 관원, 수효의 뜻

다른 글자와 만나면 [원·운·손]으로 소리 남

원	圓 둥글 원				
운	韻 운 운	殞 죽을 운	隕 떨어질 운	손	損 덜 손

※ 인원 원(員) 모양자 : 상줄 상(賞), 갚을 상(償)

爰 당길 원

갑골문을 보면 위의 손(爪)이 아래의 손(又)에 덩굴 같은 것 던져주고 잡아당기는 모습
→ 구덩이에 빠진 사람을 구해주는 모습 → 당기다 → (가차하여) 이에의 뜻

다른 글자와 만나면 [원·완·난]으로 소리 남

원	援 도울 원	媛 여자 원	瑗 구슬 원
완	緩 느릴 완		
난	暖 따뜻 난	煖 더울 난	

袁 옷길 원

옷(衣) 위에 둥근원(○ → 口)을 그려서 옷이 헐렁하다 → 옷이 크다 → 여유 있다
→ 옷이 치렁치렁하다 → 옷이 길다 → 둥글다, 돌다 · 성씨(원)의 뜻

다른 글자와 만나면 [원]으로 소리 남

원	園 동산 원	遠 멀 원	猿 원숭이 원

韋 가죽 위

성(口) 위에 발(止 자 변형)과 아래 발(舛 자 변형)의 모습 → 성(口)을 포위하다, 둘러싸다
→ 어긋나다 → (나중에 음(音)을 빌어 무두질한) 가죽의 뜻

다른 글자와 만나면 [위·휘]로 소리 남

| 위 | 偉 클 위 | 衛 지킬 위 | 圍 에워쌀 위 | 緯 씨 위 | 違 어긋날 위 |

| 휘 | 諱 꺼릴 휘 |

※ 가죽 위(韋) 모양자 : 나라 한(韓)

兪 대답할 유

배(舟 → 月)들이 모여(亼) 강(巜)에서 물살을 헤치고 앞으로 점점 나아가다 → 좋아지다
→ 병이 낫다 → 편안하다 → 대답하다 → 응답하다 → 수긍하다 → 성씨(유)의 뜻

다른 글자와 만나면 [유·수]로 소리 남

| 유 | 愉 즐거울 유 | 愈 나을 유 | 踰 넘을 유 | 楡 느릅나무 유 | 喩 깨우칠 유 | 諭 깨우칠 유 | 癒 병나을 유 | 揄 끌 유 |
| | 鍮 놋쇠 유 |

| 수 | 輸 보낼 수 |

攸 바 유

매를 맞아가며(攵), 땀을 흘려가면서(丨), 열심히 수련하는 사람(亻)의 모습
→ 몽둥이질, 수련하다, 배우다 → (가차되어) 바(所), 곳, 장소(場所), 이, 이에의 뜻

다른 글자와 만나면 [유·수·조·척]으로 소리 남

由 말미암을 유

갑골문을 보면 방안에 불을 밝히던 등잔과 심지를 함께 그린 것
→ (등잔으로 말미암아 밝아지다) 말미암다 → 좇다, 행하다, 꾀하다는 뜻

다른 글자와 만나면 [유·주·수·추·축·적]으로 소리 남

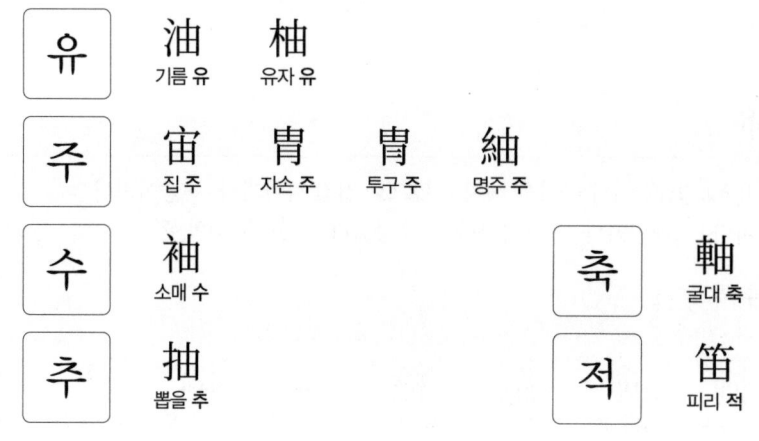

臾 잠깐 유

사람(人)이 두 손(臼)으로 물건을 받쳐 드는 모습 → 잠깐 들고 있다 → 잠깐의 뜻

다른 글자와 만나면 [유·]로 소리 남

| 유 | 庾 곳집 유 | 諛 아첨할 유 |

尢 망설일 유

갑골문을 보면 사람(儿)이 베개(一)를 베고 있는 모습 → 머뭇거리다, 망설이다는 뜻

다른 글자와 만나면 [침·탐]으로 소리 남

| 침 | 沈 잠길 침 | 枕 베개 침 |

| 탐 | 耽 즐길 탐 | 眈 노려볼 탐 |

育 기를 육

갑골문을 보면 女(여자 여)자와 子(아들 자)가 함께 그려져 있음 → 어머니가 자녀를 보살피는 모습 → 해서에는 자녀의 몸(育) 표현 → (자녀를) 낳다, 어리다, 기르다, 자라다, 양육하다는 뜻

다른 글자와 만나면 [철]로 소리 남

| 철 | 徹 통할 철 | 撤 거둘 철 | 澈 맑을 철 | 轍 바퀴자국 철 |

音 소리 음

금문을 보면 입에서 소리가 퍼져나가는 모양을 표현 → 소리의 뜻

다른 글자와 만나면 [암·운·향·흠]으로 소리 남

| 암 | 暗 어두울 암 | 闇 어두울 암 |

| 향 | 響 울릴 향 |

| 운 | 韻 운 운 |

| 흠 | 歆 흠향할 흠 |

※ 소리 음(音) → 마침내 경(竟) 소리글자 : 지경 경(境), 거울 경(鏡), 다툴 경(競)
※ 소리 음(音) → 의 뜻의(意) 소리글자 : 생각할 억(憶), 가슴 억(臆), 억 억(億), 한숨실 희(噫)
※ 소리 음(音) → 찰흙 치(戠) 소리글자 : 알 식, 적을 지(識), 짤 직(織), 직분 직(職), 성할 치(熾), 깃발 치(幟)

意 뜻 의

마음(心)의 소리(音) → (옛사람들은 생각은 머리가 아닌 마음이 하는 것이라고 믿음)
마음에서 우러나오는 소리 →의 뜻 의미, 생각, 헤아리다, 기억하다는 뜻

다른 글자와 만나면 [희·억]으로 소리 남

噫
한숨쉴 희

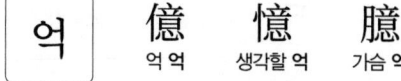
億 憶 臆
억 억 생각할 억 가슴 억

疑 의심할 의

갑골문을 보면 갈림길에서 지팡이를 든 노인이 길을 잃고 어디로 가야 할지 머뭇거리는 모습
→ 머뭇거리다, 헷갈리다, 의심하다는 뜻

다른 글자와 만나면 [의·애·응·치]로 소리 남

義 옳을 의

도끼날이 달린 창(我)에 장식용 양이 머리(羊)가 달린 모습 → 의장용으로 사용하던 창의 모습
→ 상서로움을 뜻하는 양 머리를 창에 꽂아 권위의 상징 → 권력자의 역할 → 옳다, 바르다
→ 의장 → 의식 → 예절 → 거동의 뜻

다른 글자와 만나면 [의·희]로 소리 남

異 다를 이

갑골문을 보면 가면 쓰고 있는 사람 모습 → (일반인과 다른 행동) 기이하다, 다르다는 뜻

다른 글자와 만나면 [익·기]로 소리 남

| 익 | 翼 날개 익 |
| 기 | 糞 바랄 기　驥 천리마 기 |

※ 다를 이(異) 모양자 : 일 대(戴), 똥 분(糞)

益 더할 익

갑골문을 보면 그릇 위로 물이 흘러넘치는 모습 → 넘치다 → 더하다는 뜻

다른 글자와 만나면 [일·애·액]으로 소리 남

일	溢 넘칠 일　鎰 무게이름 일
애	隘 좁을 애
액	縊 목맬 액

※ 益 자는 더할 익, 넘칠 일의 뜻

堙 막을 인

흙(土)과 뚜껑(西)으로 덮은 모습 → 덮다 → 막다는 뜻

다른 글자와 만나면 [인·연·견]으로 소리 남

인	湮 묻힐 인
연	煙 연기 연
견	甄 질그릇구울 견

Ⅲ. 소리한자　601

因　인할 인

돗자리(口) 위에 사람이 큰대(大)자로 누워 있는 모습 → 돗자리(茵) → (돗자리에) 의지하다
→ 친하게 지내다 → 인연 → 인하다 → 까닭 → 원인, 말미암다는 뜻

다른 글자와 만나면 [인·은]으로 소리 남

壬　북방 임

실패에 실 감아 있는 모양 → 나중에 천간(天干) 중 아홉번째로 사용되면서 천간 임(壬)자
→ 천간(天干)은 방향 중 북쪽을 가리키면서 북방 임(壬)자 → 다른 글자와 결합해 사람과 관계된의 뜻

다른 글자와 만나면 [임·음]으로 소리 남

※ 줄기 정(壬)자 와 북방 임(壬)자는 소전에서는 완전히 다른 글자 모양이었으나 예서부터는 구분 없이 똑같은 글자 모양으로 현재까지 사용 중 (줄기 정 소리글자 참조)

委　맡길 위

갑골문을 보면 벼(禾)를 관리하는 여자(女) 모습 → 농작물은 여자가 관리한다
→ 여자가 곡식을 맡아서 관리하다 → 위임하다, 맡다는 뜻

다른 글자와 만나면 [위·외·왜]로 소리 남

위	萎 魏
	시들 위　나라이름 위

외	巍
	높고클 외

왜	倭 矮
	왜나라 왜　난장이 왜

※ 맡길 위(委) 모양자 : 빼어날 수(秀), 통할 투(透), 꾈 유(誘), 두근거릴 계(悸)

危　위태할 위

소전을 보면 산 절벽 아래로 굴러떨어진 사람을 위에서 쳐다보는 모습 → 위험하다, 위태롭다는 뜻

다른 글자와 만나면 [궤 · 취]로 소리 남

궤	詭
	속일 궤

취	脆
	연할 취

朿　가시 자

가시나무의 모습 → 가시, 찌르다 → (자루를 묶은 모양) 묶다, 매다, 합치다 → 단속하다는 뜻

다른 글자와 만나면 [자 · 책]으로 소리 남

자	刺
	찌를 자

책	策 責
	꾀 책　꾸짖을 책

※ 가시 자(朿) 모양자 : 가시 극(棘), 대추 조(棗)

茲　이 자

검고(玄) 검다(玄) → 검다, 이에, 여기, 지금, 무성하다는 뜻

다른 글자와 만나면 [자]로 소리 남

자	慈 滋 磁
	사랑 자　불을 자　자석 자

者 놈 자

갑골문을 보면 이파리가 뻗은 나무줄기 아래로 그릇 모양(口)
→ 이것은 사탕수수에서 떨어지는 달콤한 즙을 받는 모습
→ (나중에 가차되어) 놈, 사람, 곳, 것 장소의 뜻

다른 글자와 만나면 [자·저·제·서·사·도]로 소리 남

자	煮 삶을 자				
저	著 나타날 저	箸 젓가락 저	豬 돼지 저	躇 머뭇거릴 저	
제	諸 모두 제				
서	署 마을 서	緒 실마리 서	暑 더울 서	曙 새벽 서	薯 마 서
사	奢 사치할 사				
도	都 도읍 도	屠 죽일 도	賭 노름 도	睹 볼 도	堵 담 도

乍 일어날 작

칼(도구)로 무언가 자르는 모습 → 옷깃을 바느질하는 모습 → 짓다, 만들다, 잠깐(어뜩, 차라리, 별안간, 일어나다는 뜻

다른 글자와 만나면 [작·사·조·착]으로 소리 남
※ 乍 자는 일어날 작, 잠깐 사의 뜻

| 작 | 昨 어제 작 | 作 지을 작 | 炸 터질 작 |
| 조 | 祚 복 조 | | |

| 사 | 詐 속일 사 |

| 착 | 窄 좁을 착 | 搾 짤 착 |

勺 구기 작

술(丶)이 뜨는 국자(자루가 달린 술 따위를 푸는 용기) 모양 → 구기, 잔, 푸다, 떠내다는 뜻

다른 글자와 만나면 [작 · 적 · 약 · 조]로 소리 남

| 작 | 酌 술부을 작 | 芍 함박꽃 작 | 杓 구기 작 | 灼 불사를 작 |

| 적 | 的 과녁 적 |

| 약 | 約 맺을 약 | 葯 꽃밥 약 |

| 조 | 釣 낚을 조 |

※ 杓 자는 구기 작, 북두자루 표, 표준 적의 뜻
※ 구기 작(勺) 모양자 : 고를 균(均), 표범 표(豹)

뉘 나뭇조각 장

갑골문을 보면 다리가 있는 평상, 침대를 90도 돌려놓은 모습 → 평상 → (큰) 조각의 뜻

다른 글자와 만나면 [장]으로 소리 남
※ 片(조각 편)자는 작은 조각의 뜻, 나무 관련 글자로 쓰임 : 패 패(牌)자, 편지 첩(牒)자, 판목 판(版)

| 장 | 將 장수 장 | 壯 장할 장 | 莊 엄할 장 | 裝 꾸밀 장 | 狀 문서 장 / 형상 상 | 蔣 줄풀 장 | 醬 장 장 | 獎 장려할 장 |

| | 藏 감출 장 | 臟 오장 장 | 贓 장물 장 | 漿 즙 장 |

※ 뉘 자가 부수자는 아니지만 침대 관련 글자 : 잘 침(寢), 잘 매(寐), 잠깰 오(寤)

長 긴 장

갑골문을 보면, 긴 머리카락이 노인의 모습 → 길다, 어른, 우두머리, 자라다는 뜻

다른 글자와 만나면 [장·창]으로 소리 남

| 장 | 張 베풀 장 | 帳 장막 장 |

| 창 | 脹 부을 창 | 漲 넘칠 창 |

章 글 장

금문을 보면 노예 몸에 문신을 새기던 도구 모양 → 새기다, 표시하다 → 글, 문장의 뜻

다른 글자와 만나면 [장·창]으로 소리 남

| 장 | 障 막을 장 | 獐 노루 장 | 璋 홀 장 |

| 창 | 彰 드러날 창 |

丈 어른 장

소전을 보면 손에 지팡이를 들고 있는 모습 → (지팡이를 들고 있는) 노인, 어른, 남의 뜻

다른 글자와 만나면 [장]으로 소리 남

| 장 | 杖 지팡이 장 | 仗 의장 장 |

※ 어른 장(丈) 모양자 : 벼슬아치 리(吏), 부릴 사(使)

戈 다칠 재

창(戈)이 열(十)로 재주 부리는 모습 → 창(戈)으로 사람을 해치다, 다치다
→ (뾰족한 창, 농기구, 가위 등으로 재주를 부리다) 무언가 만들거나 하는 것의 뜻

다른 글자와 만나면 [재·대]로 소리 남

| 재 | 栽 심을 재 | 裁 옷마를 재 | 載 실을 재 | 哉 어조사 재 |

| 대 | 戴 일 대 |

※ 다칠 재(戈) 모양자 : 쇠 철(鐵), 끊을 절(截)

才 재주 재

갑골문을 보면 싹이 올라오는 모습 → 새싹이 보인다
→ (어떤 분야에 탁월한 능력을 갖춘 아이들을 보고) 싹수가 보인다
→ 바탕 → 근본 → (사람의 바탕인) 재주 → 재능이 있는 사람 → 있다 → 좋다는 뜻

다른 글자와 만나면 [재·시]로 소리 남

| 재 | 在 있을 재 | 材 재목 재 | 財 재물 재 | | 시 | 豺 승냥이 시 |

※ 재주 재(才) 모양자 : 닫을 폐(閉)

爭 다툴 쟁

위의 손(爪)과 아래의 손(ㅋ)이 어떤 물건(亅)을 쟁취(爭取)하려고 서로 → 다투다, 경쟁하다
→ 싸움, 어찌, 하소연의 뜻

다른 글자와 만나면 [쟁·정]으로 소리 남

| 쟁 | 錚 쇳소리 쟁 |

| 정 | 靜 고요할 정 | 淨 깨끗할 정 | 瀞 깨끗할 정 |

氐 근본 저

나무뿌리(氏) 아래에 줄(一)을 그은 지시 문자 → 밑, 낮다 → 근본, 이르다는 뜻

다른 글자와 만나면 [저]로 소리 남
※ 氏 자는 근본 저, 땅이름 지로 소리 남

| 저 | 低 낮을 저 | 底 밑 저 | 抵 막을 저 | 邸 집 저 | 舐 닿을 저 |

啇 밑동 적

꽃잎이 피어나는(立) 땅(冂) 아래 뿌리와 씨(古) 모양자 → 밑동, 뿌리, 물방울, 장사의 뜻

다른 글자와 만나면 [적]으로 소리 남

| 적 | 敵 대적할 적 | 適 맞을 적 | 摘 딸 적 | 嫡 정실 적 | 滴 물방울 적 | 謫 귀양갈 적 |

翟 꿩 적

꼬리 깃털이 매우 길고 멋있는 새 → 깃털(羽)이 돋보이는 새(隹) → 꿩 → 빛나다, 아름답다
→ 뛰어나다 → 팔짝팔짝 뛰다는 뜻

다른 글자와 만나면 [약·요·탁]으로 소리 남

| 약 | 躍 뛸 약 |

| 요 | 曜 빛날 요 | 耀 빛날 요 | | 탁 | 濯 씻을 탁 | 擢 뽑을 탁 |

戔 나머지 전

창 과(戈)자가 두 개 모인 글자
→ 좋은 창(戈)은 다 사용하고 있고 상태가 좋지 않은 몇 개의 창만 남 있는 모양
→ 나머지 → 적다, 작다, 깎다, 쌓이다, 해치다는 뜻

다른 글자와 만나면 [전·천·잔]으로 소리 남

| 전 | 錢 돈 전 | 餞 보낼 전 | 箋 찌지 전 |
| 천 | 踐 밟을 천 | 淺 얕을 천 | 賤 천할 천 |

| 잔 | 盞 잔 잔 | 殘 남 잔 | 棧 잔교 잔 |

專 오로지 전

손(寸)에 실패(叀)를 잡은 모습 → (베를 짜는 사람은 베만 오로지 만든다) 오로지
→ (오로지 한 가지만 전문적으로 일하는 모습) 전문가
→ (둥근 실패를 손으로 잡은 모습) 둥글다, 회전하다는 뜻

다른 글자와 만나면 [전·단]으로 소리 남

| 전 | 傳 전할 전 | 轉 구를 전 | 塼 벽돌 전 | | 단 | 團 둥글 단 |

※ 專 자는 오로지 전, 모일 단으로 소리 남

占 점칠 점

점 복(卜)자와 입 구(口)자가 합쳐진 회의 문자
→ 거북 배 껍질이나 소뼈가 갈라지는 형태(卜)를 보고, 점친의 뜻 입(口)으로 말하다
→ (글자 모양이 점령한 한 지점에 깃발을 꽂아 놓은 형태) 차지하다, 점령하다는 뜻

다른 글자와 만나면 [점 · 참 · 첩 · 침]으로 소리 남

| 점 | 店 가게 점 | 點 점 점 | 粘 붙을 점 | 霑 젖을 점 |

| 참 | 站 억마을 참 |

| 첩 | 帖 문서 첩 | 貼 붙일 첩 | | 침 | 砧 다듬이돌 침 |

※ 점칠 점(占) → 소금 로(鹵) 모양자 : 소금 염(鹽), 짤 함(鹹)

折 꺾을 절

갑골문을 보면 도끼로 나무를 두 동강 낸 모습 → 부러지다 → 꺾다는 뜻

다른 글자와 만나면 [철 · 서]로 소리 남

| 철 | 哲 밝을 철 | | 서 | 誓 맹세할 서 | 逝 갈 서 |

壬 줄기 정

높은 흙(土) 위에 사람(人)이 서 있는 모습 → 나타내다, 드러내다 → (나중에 가차되어)
→ 우뚝 서다 → 줄기의 뜻

다른 글자와 만나면 [정 · 성 · 청]으로 소리 남

※ 줄기 정(壬)자 와 북방 임(壬)자는 소전에서는 완전히 다른 글자 모양이었으나 예서부터는 구분 없이 똑같은 글자 모양으로 현재까지 사용 중

| 정 | 廷 조정 정 | 庭 뜰 정 | 程 한도 정 | 呈 드릴 정 | 艇 배 정 | 珽 옥이름 정 | 挺 빼어날 정 |

| 성 | 聖 성인 성 |

| 청 | 聽 들을 청 | 廳 관청 청 |

※ 壬 자 모양자 : 쾌할 령(逞), 드리울 수(垂), 졸음 수(睡), 우편 우(郵), 침 타(唾), 저울추 추(錘), 바랄 망(望)

丁　넷째천간 정

갑골문에서는 네모난 모양, 금문에서는 둥그런 못의 머리 모양,
소전에서는 뜻을 명확히 하기 위해 못의 측면을 그린 형태, 해서에서 지금의 못 정(丁)자 모양
→ (못질의 노동 주체인) 장정, 일꾼 → (丁 자 모양의) 고무래, 넷째 천간의 뜻

다른 글자와 만나면 [정·녕·저·타]로 소리 남
※ 고무래 : 곡식을 그러모으고 펴거나, 밭의 흙을 고르거나 아궁이의 재를 긁어모으는 데에 쓰는 丁 자 모양의 기구

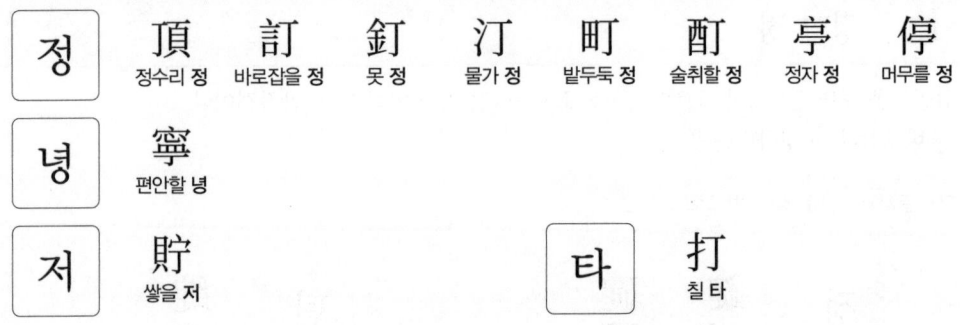

| 정 | 頂 정수리 정 | 訂 바로잡을 정 | 釘 못 정 | 汀 물가 정 | 町 밭두둑 정 | 酊 술취할 정 | 亭 정자 정 | 停 머무를 정 |

| 녕 | 寧 편안할 녕 |

| 저 | 貯 쌓을 저 |　　| 타 | 打 칠 타 |

井　우물 정

갑골문을 보면 우물을 지을 때 흙벽이 무너지지 않도록 돌을 쌓고 우물 난간을 만들어 놓은 모습
→ 우물, 우물 난간의 뜻

다른 글자와 만나면 [정·경]으로 소리 남

| 정 | 井 우물 정 | 穽 함정 정 |　　| 경 | 耕 밭갈 경 |

Ⅲ. 소리한자

正 바를 정

갑골문을 보면 성(城)을 표현한 네모(口) 아래에 발(止)을 그려,
정벌(征伐)에 나선 군인들의 발(止)을 표현 → 다른 나라(口)를 치러 가다(止)
→ 소전에서 네모(口) 대신 한일(一)자로
→ (다른 나라를 치기 위해서는 명분이) 바르다, 정당하다는 뜻

다른 글자와 만나면 [정·증]으로 소리 남

| 정 | 征 갈 정 | 政 정사 정 | 整 가지런할 정 | 定 정할 정 |

| 증 | 症 증세 증 |

定 정할 정

갑골문을 보면 집(宀)이 바르다(正)를 표현 → (집이) 편안하다 → 안정적이다
→ 바로잡다 → 정하다는 뜻

다른 글자와 만나면 [정·탄]으로 소리 남

| 정 | 錠 덩이 정 | 碇 닻 정 |

| 탄 | 綻 터질 탄 |

貞 곧을 정

갑골문을 보면 솥 정(鼎)자 모양 → 금문에서 솥을 놓고 점(卜)을 치는 모습 → 점치다
→ (점칠 때는 곧을 마음, 바른 마음이어야 한다) → 곧다, 바르다는 뜻

다른 글자와 만나면 [정]으로 소리 남

| 정 | 偵 염탐할 정 | 禎 상서로울 정 | 楨 광나물 정 | 幀 책꾸밀 정 / 그림족자 탱 |

帝 임금 제

갑골문을 보면 천자에게 제사를 지낼 때 사용하던 탁자(제단)를 그린 것
→ (천자에게 제사 지낸다) → 천자 → 임금의 뜻

다른 글자와 만나면 [제·체]로 소리 남

제	蹄 굽 제	啼 울 제

체	締 맺을 체	諦 살필 체

弟 아우 제

갑골문을 보면 나무토막에 차례로 줄을 감아놓은 모습 → 차례, 순서 → 아우의 뜻

다른 글자와 만나면 [제·체]로 소리 남

제	第 차례 제	悌 공손할 제	梯 사다리 제	娣 손아래누이 제

체	涕 눈물 체

祭 제사 제

갑골문을 보면 제단(示) 위에 고기(月)를 손(又)으로 올리는 모습 → 제사를 지내다
→ 제사 → 잔치의 뜻

다른 글자와 만나면 [제·찰·채]로 소리 남

제	際 이음새 제

찰	察 살필 찰	擦 문지를 찰

채	蔡 풀 채

Ⅲ. 소리한자

齊 가지런할 제

갑골문을 보면 곡식의 이삭이 나란히 가지런히 그려져 있음
→ 가지런하다, 단정하다, 빠르다, 다스리다 → 나라 이름(제) → 옷자락 → 자르다는 뜻

다른 글자와 만나면 [제·재]로 소리 남

| 제 | 濟 건널 제 | 劑 약제 제 | | 재 | 齋 재계할 재 |

喿 울 조

나무(木) 위에서 여러 마리 새 떼가 입들(品)을 벌리며 우는 모양
→ (새가 무리 지어) 울다, 떠들썩하다, 소란스럽다는 뜻

다른 글자와 만나면 [조]로 소리 남

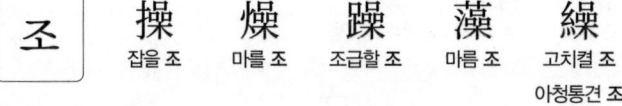

조 操 잡을 조 燥 마를 조 躁 조급할 조 藻 마름 조 繰 고치켤 조 / 아청통견 조

曹 무리 조

모여서 뭉친 한 동아리 → 무리 → 성씨 (조)의 뜻

다른 글자와 만나면 [조]로 소리 남

조 曹 무리 조 遭 만날 조 槽 구유 조 糟 지게미 조 漕 배로실어나를 조

兆 조 조

은나라 때 거북 배와 소뼈로 점(占)을 쳤는데,
이때 거북 배의 껍질이나 소뼈가 갈라지는 형태가 복잡한 모양자 조(兆)
→ (점으로 미래의 일을 예측하는) 점괘(占卦), 조짐(兆朕)
→ (나쁜 조짐을) 달아나다, 피하다, 드러내다 → 조(억의 만 배)의 뜻

다른 글자와 만나면 [도·요·조]으로 소리 남

※ 거북 배의 껍질이나 소뼈가 갈라지는 형태가 간단한 모양자는 점 복(卜)자

且 도마 조

조상의 묘 비석 앞 도마에 음식물이 겹겹이 쌓여 있는 모양
→ 조상, 비석, 도마, 또한, 우선, 공경스럽다는 뜻

다른 글자와 만나면 [조·저·사]로 소리 남
※ 且 자는 도마 조, 또 차, 공경스러울 저로 소리 남

※ 도마 조(且) 모양자 : 마땅 의(宜), 옳을 의(誼), 적을 과(寡), 겹칠 첩(疊)

卒 마칠 졸

갑골문을 보면 衣(옷 의)자 안에 ㄨ 자가 그려져있음
→ (이것 관노(官奴) 또는 병졸 옷에 X자 문양을 넣어 신분을 구분) → (계급이 가장 낮은) 병졸
→ (병졸들은 장군들보다 잘 죽어서) 마치다, 죽다 → 갑자기(별안간)의 뜻

다른 글자와 만나면 [졸·취·쇄·수·췌]로 소리 남

從 좇을 종

금문을 보면 사람 뒤를 좇아(从) 걸어가는(彳) 발(止)을 표현 → 좇아가다 → 따르다는 뜻

다른 글자와 만나면 [종·용]으로 소리 남

宗 마루 종

갑골문을 보면 집(宀)에서 제사(示) 지내는 모습 → 제사를 지내는 집
→ (제사를 지내는 것 혈족의 장손이 하게 되어 있어) 마루, 으뜸, 제사, 일족, 근본의 뜻

다른 글자와 만나면 [종·숭]으로 소리 남

| 종 | 琮 옥홀 종 | 綜 모을 종 | 踪 발자취 종 | | 숭 | 崇 높을 숭 |

左 왼 좌

금문을 보면 왼손에 공구를 쥔 모습 → 왼쪽 → 옳지 못하다는 뜻

다른 글자와 만나면 [수·타]로 소리 남

| 수 | 隨 따를 수 | 隋 수나라 수 | 髓 뼛골 수 | | 타 | 墮 떨어질 타 | 惰 게으를 타 | 楕 길고둥글 타 |

※ 왼 좌(左) 모양자 : 도울 좌(佐)

主 주인 주

소전을 보면 긴 촛대 위에 심지가 그려져 있음 → 심지 → (집안을 밝혀야 할 사람) 가장 주요한 → 주인, 주체, 임금 → 여호와의 뜻

다른 글자와 만나면 [주·왕]으로 소리 남

| 주 | 住 살 주 | 注 부을 주 | 柱 기둥 주 | 炷 심지 주 | 駐 머무를 주 | 註 글뜻 주 |
| 왕 | 往 갈 왕 |

周 두루 주

갑골문을 보면 밭 전(田)자 안에 점이 4개 찍혀 있음 → 밭(田) 농작물이 두루, 골고루 잘되었다 → [금문에서 입 구(口)자가 추가되어] 둘레, 돌다, 진실의 뜻

다른 글자와 만나면 [주·조]로 소리 남

| 주 | 週 돌 주 |
| 조 | 調 고를 조 | 彫 새길 조 | 凋 시들 조 | 稠 빽빽할 조 |

朱 붉을 주

갑골문을 보면 木 자 중간에 점이 찍혀져 있음 → 나무의 중심
→ 적심목[赤心木 건물 지을 때 사용하던 붉은색 나무] → 붉다, 줄기, 그루터기, 난장이, 적토의 뜻

다른 글자와 만나면 [주·수]로 소리 남

| 주 | 珠 구슬 주 | 株 그루 주 | 誅 벨 주 |
| 수 | 殊 다를 수 | 洙 물가 수 | 銖 저울눈 수 |

夋 갈 준

믿음직한 사람(允)이 천천히 걷는(夊) 모습 → 천천히 걷다, 뛰어난 사람, 좋다, 가다는 뜻

다른 글자와 만나면 [준·사·산·전]으로 소리 남
※ 진실로 윤(允)자는 厶(사사 사)와 儿(어진사람 인) 결합 글자 → 맏(아들), 진실, 믿음, 승낙하다는 뜻
※ 천천히 걸을 쇠(夊)자는 (편안히) 천천히 걷는 모습

준	俊 준걸 준	埈 높을 준	峻 높을 준	駿 준마 준	晙 밝을 준	竣 마칠 준	浚 깊게할 준
사	唆 부추길 사
산	酸 실 산
전	悛 고칠 전

中 가운데 중

갑골문을 보면 군대 진영(口) 가운데 깃발(l)이 펄럭이는 모양 → 가운데, 중앙
→ 속, 안 → 마음 → 사물의 중심의 뜻

다른 글자와 만나면 [중·충]으로 소리 남

| 중 | 仲 버금 중 |

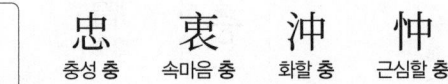

| 충 | 忠 충성 충 | 衷 속마음 충 | 沖 화할 충 | 忡 근심할 충 |

重 무거울 중

금문을 보면 무거운 짐(東)을 멘 사람(亻)이 그려져 있음 → 무겁다
→ (무거운 보따리에는 소중한 곡식 또는 씨앗이 담겨 있음)소중(所重)하다
→ 귀중(貴重)하다 → 많다 → 두 번, 다시, 겹치다, 중복의 뜻

다른 글자와 만나면 [종·동·충·통]으로 소리 남

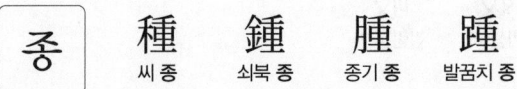

| 종 | 種 씨 종 | 鍾 쇠북 종 | 腫 종기 종 | 踵 발꿈치 종 |

| 동 | 動 움직일 동 | 董 바로잡을 동 |

| 충 | 衝 찌를 충 | | 통 | 慟 서러워할 통 |

※ 東 자는 보따리를 꽁꽁 묶어놓은 모습 → 무거운 자루 모습

曾 일찍 증

갑골문을 보면 음식을 찌는 시루에서 올라오는 증기(八)의 모습
→ (금문부터 시루를 겹쳐 놓아) 거듭하다, 겹치다, 늘어나다 → (나중에 가차되어) 일찍, 이전에의 뜻

다른 글자와 만나면 [증·승·층]으로 소리 남

| 증 | 增 더할 증 | 憎 미울 증 | 贈 줄 증 | 繒 비단 증 |

| 승 | 僧 중 승 |

| 층 | 層 층 층 |

支 지탱할 지

손(又)에 나뭇가지(十)를 들고 있는 모습 → (나무의) 가지 → 갈라지다
→ (손에 든 막대기로) 치다 → (나뭇가지로) 괴다 → 지탱하다는 뜻

다른 글자와 만나면 [지·기]로 소리 남

| 지 | 枝 가지 지 | 肢 팔다리 지 |

| 기 | 技 재주 기 | 伎 재간 기 | 妓 기생 기 | 岐 갈림길 기 |

※ 지탱할 지(支) 모양자 : 북 고(鼓)

至 이를 지

보면 땅(一) 위에 화살 시(矢)자가 거꾸로 있는 모양
→ (화살이 땅에 떨어지는 모습)이르다, 도달하다 → (도달하여 더 이상 갈 수 없다) 막히다
→ (스스로 자(自)자처럼) ~부터(from), ~까지(to)의 뜻

다른 글자와 만나면 [질·실]로 소리 남

| 질 | 姪 조카 질 | 窒 막힐 질 | 膣 음도 질 | 桎 차꼬 질 |

| 실 | 室 집 실 |

※ 이를 지(至) 부수자 : 대 대(臺), 이를 치(致)
※ 이를 지(至)자가 부수자는 아니지만 도달하다는 뜻으로 쓰인 경우 : 빽빽할 치(緻), 들 대(擡), 집 옥(屋), 쥘 악(握), 이를 도(到), 넘어질 도(倒)

旨 뜻 지

숟가락(匕)으로 단(甘 → 日) 음식을 먹으니 맛있다 → (가차되어) 뜻, 조서, 맛의 뜻

다른 글자와 만나면 [**지** · **기**]로 소리 남

| 지 | 脂 기름 지 | 指 가르킬 지 |

| 기 | 耆 늙을 기 | 嗜 즐길 기 |

直 곧을 직

갑골문을 보면 눈 목(目)자 위에 수직선(丨)을 하나 그어, 눈(目)으로 똑바로(丨) 보다
→ 금문부터는 十(열 십)과 目(눈 목)과 乚[숨을 은(隱)의 옛자)]의 결합자
→ 열 개(十)의 눈(目)으로 숨어 있는(乚) 것 바르게 볼 수 있다 → 바로, 바르다, 곧다는 뜻

다른 글자와 만나면 [**직** · **식** · **치** · **덕**]으로 소리 남

| 직 | 稙 올벼 직 |

| 식 | 植 심을 식 | 殖 불릴 식 |

| 치 | 置 둘 치 | 値 값 치 |

| 덕 | 悳 덕 덕 |

彡 숱많고검은 진

사람(人) 몸에 윤기 있는 털(彡)이 많이 나 있는 모습 → 머리털 숱 많은 사람
→ 숱 많고 검다 → (털이 검고) 윤기가 있다는 뜻

다른 글자와 만나면 [진]으로 소리 남

진	珍	診	疹
	보배 진	진찰할 진	마마 진

※ 숱 많고 검은 진(彡) → 높이 날 료(翏) 소리글자 : 아교 교(膠), 그릇될 류(謬), 죽일 륙(戮), 쓸쓸할 료(寥)

眞 참 진

숟가락(匕)과 솥(鼎 → 貝)이 결합 글자 → 여기서 鼎 자는 제사를 지낼 때 사용하던 큰 솥
→ (신에게 바치는 음식은 참되면서도 정성이 담겨야 하기에) 참되다, 진실되다는 뜻

다른 글자와 만나면 [진·신·전]으로 소리 남

진	嗔	鎭
	성낼 진	진압할 진

신	愼
	삼갈 신

전	顚	塡	癲
	정수리 전	메울 전	미칠 전

辰 별이름 진

갑골문에서 농사를 짓던 농기구를 그린 것 → (가차 되어) ① 십이지(十二支)에서는 용(龍)
→ ② 때, 시간, 일(日) → ③ 떨리거나 움직이다 → ④ 별의 이름, 수성(水星)의 뜻

다른 글자와 만나면 [진·신·순]으로 소리 남
※ 辰 자는 커다란 조개가 껍데기 사이로 발을 내민 모양. 고대에 커다란 조개는 농기구로도 사용

진	振	震
	떨칠 진	우레 진

| 신 | 晨 새벽 신 | 娠 아기밸 신 | 蜃 큰조개 신 | 宸 대궐 신 |

| 순 | 脣 입술 순 |

※ 별이름 진(辰) 부수자 : 욕될 욕(辱), 농사 농(農)
※ 별이름 진(辰) 모양자 : 짙을 농(濃), 고름 농(膿)

朕 나 짐

배(月)를 미는(关) 모습 → 배가 가는 방향을 이끌다 → 진시황이 황제 자신을 짐이라고 호칭 → 짐(천자), 나 → 밀어 올리다 → 조짐, 징조, 전조의 뜻

다른 글자와 만나면 [등·승]으로 소리 남

| 등 | 騰 오를 등 | 藤 등나무 등 | 謄 베낄 등 |

| 승 | 勝 이길 승 |

聑 소곤거릴 집

귀(耳)에 대고 말(口)하다 → 소곤거리다, 귓속말의 뜻

다른 글자와 만나면 [읍·집·즙]으로 소리 남

| 읍 | 揖 읍할 읍 |

| 집 | 輯 모을 집 |

| 즙 | 葺 기울 즙 |

執 잡을 집

갑골문을 보면 죄수(幸)를 잡은(丸) 모습 → 붙잡다, 체포하다, 잡다는 뜻

다른 글자와 만나면 [지·칩]으로 소리 남

| 지 | 摯 잡을 지 | | 칩 | 蟄 동면할 칩 |

差 다를 차

금문을 보면 보리를 왼손에 들고 있는 모습 → (보리는 쌀과) 다르다 → 차이 있다는 뜻

다른 글자와 만나면 [차]로 소리 남

| 차 | 蹉 미끄러질 차 | 嗟 탄식할 차 |

次 버금 차

하품(欠)하듯이 입을 크게 벌리고 침(冫 → 冫)을 튀겨가면서 남 나무라는(잔소리) 모습 → 마음대로, 비방하다, 머뭇거리다 → (가차되어) 버금(으뜸 다음) → 다음 → 차례(次例) → 줄지어 세우다는 뜻

다른 글자와 만나면 [자]로 소리 남

| 자 | 姿 모양 자 | 資 재물 자 | 恣 방자할 자 | 諮 물을 자 | 瓷 사기그릇 자 |

此 이 차

갑골문을 보면 사람(匕)과 발(止)을 그려 놓은 모습 → 사람이 서 있는 곳 → 가까운 곳 → 이곳, 여기, 지금의 뜻

다른 글자와 만나면 [자·사·시]로 소리 남

| 자 | 疵 허물 자 | 紫 자줏빛 자 | 雌 암컷 자 |

| 사 | 些 적을 사 | | 시 | 柴 섶 시 |

贊 도울 찬

금문을 보면 재물을 들고 가는 모습 → 선물을 주다 → 선물을 주고 도움을 받다
→ 추천하다 → 돕다는 뜻

다른 글자와 만나면 [찬]으로 소리 남

| 찬 | 讚 기릴 찬 | 鑽 뚫을 찬 | 瓚 옥잔 찬 |

朁 일찍이 참

입 벌리고 하품하는 모습 → 일찍 일어나다 → 일찍이의 뜻

다른 글자와 만나면 [잠·참]으로 소리 남

| 잠 | 蠶 누에 잠 | 簪 비녀 잠 | 潛 잠길 잠 | | 참 | 僭 주제넘을 참 |

斬 벨 참

수레(車)와 도끼(斤)로 머리를 자르거나 사지를 절단하는 형벌 → 베다, 끊다는 뜻

다른 글자와 만나면 [참·잠·점]으로 소리 남

| 참 | 塹 구덩이 참 | 慙 부끄러울 참 |

Ⅲ. 소리한자

| 잠 | 暫 잠깐 잠 | | 점 | 漸 점점 점 |

昌 창성할 창

갑골문을 보면 태양 아래 노래하는 모습 → 노동요 → 태양이 곡식을 풍요롭게 익게하다
→ 풍성함, 번성하다 → 창성하다는 뜻

다른 글자와 만나면 [창]으로 소리 남

| 창 | 唱 부를 창 | 菖 창포 창 | 猖 미쳐날뛸 창 | 倡 광대 창 | 娼 창녀 창 |

倉 곳집 창

갑골문을 보면 지붕(ㅅ), 문(戶), 주춧돌(口)을 그린 창고 모습 → 곳간, 창고의 뜻

다른 글자와 만나면 [창]으로 소리 남

| 창 | 創 비롯할 창 | 蒼 푸를 창 | 滄 큰바다 창 | 艙 부두 창 | 槍 창 창 | 瘡 부스럼 창 | 愴 슬플 창 |

采 캘 채

나무(木)에서 손(爪)으로 과일을 따는 모습 → 캐다, 채집하다 → 고르다, 가리다, 선택하다
→ 채색하다 → 벼슬, 풍채의 뜻

다른 글자와 만나면 [채]로 소리 남

| 채 | 採 캘 채 | 菜 나물 채 | 彩 채색 채 | 埰 사패지 채 | 綵 비단 채 |

責 꾸짖을 책

갑골문을 보면 빌려준 돈(貝)을 제때 갚지 않아
가시나무(朿) 채찍으로 때리면서 재촉하거나 꾸짖는 모습 → 가시가 돋친 돈
→ (빚을) 재촉하다 → 꾸짖다 → 책임, 빚의 뜻

다른 글자와 만나면 [적·채]로 소리 남

| 적 | 績 길쌈할 적 | 積 쌓을 적 | 蹟 자취 적 | 채 | 債 빚 채 |

泉 샘 천

갑골문을 보면 돌 틈 사이로 물이 흘러내리는 모습 → 샘의 뜻

다른 글자와 만나면 [선·원]으로 소리 남

| 선 | 線 줄 선 | 腺 샘 선 | 원 | 原 언덕 원 |

僉 모두 첨

지붕(스) 아래에 두 사람(从)이 입(吅)을 벌리고 서 있는 모습 → 집안에 여러 사람이 있다
→ 한곳(스)에서 여러 사람(从)이 한목소리(吅)를 내다 → 다(모두), 여럿의 뜻

다른 글자와 만나면 [검·험·렴]으로 소리 남

| 검 | 檢 검사할 검 | 儉 검소할 검 | 劍 칼 검 |
| 험 | 驗 시험 험 | 險 험할 험 | 렴 | 斂 거둘 렴 | 殮 염할 렴 |

Ⅲ. 소리한자

詹 이를 첨

언덕 위에서 위태롭게 서 있는 사람(产)에게 크게 말(言)하는 모습 → 이르다
→ 쳐다보다, 수다스럽다, 말이 많다 → 넉넉하다 → 두꺼비의 뜻

다른 글자와 만나면 [첨·섬·담]으로 소리 남
※ 위태할 위(产)자는 언덕(厂) 위의 서 있는 사람(人)이 위태롭다, 우러러보다(첨)의 뜻
※ 詹 이를 첨자는 넉넉할 담으로도 소리 남

靑 푸를 청

금문을 보면 生(날 생)자와 井(우물 정)자가 결합한 모양 → 우물가에 푸른 싹이 자라는 모양
→ (우물과 초목처럼 맑고) 푸르러 보인다, 푸르다, 젊다, 고요하다는 뜻

다른 글자와 만나면 [청·정·시]로 소리 남

焦 탈 초

새(隹)가 불(灬)에 타는 모습 → 타다, 태우다는 뜻

다른 글자와 만나면 [초]로 소리 남

| 초 | 蕉 파초 초 | 礁 암초 초 | 樵 나무할 초 | 憔 파리할 초 |

蜀 애벌레 촉

몸(勹)에 머리를 상징하는 눈(目 → 罒)이 붙어 있는 해바라기 벌레(虫)를 그린 것

다른 글자와 만나면 [촉·속·독·탁]으로 소리 남

| 촉 | 觸 닿을 촉 | 燭 촛불 촉 | 蠋 나비애벌레 촉 | 囑 부탁할 촉 |

| 속 | 屬 무리 속 |

| 독 | 獨 홀로 독 | | 탁 | 濁 흐릴 탁 |

※ 해바라기 벌레는 누에처럼 생긴 나비의 애벌레

悤 바쁠 총

창문(囪)에 달(夕)이 뜨고 저녁이 와서 마음(心)이 급하다, 바쁘다는 뜻

다른 글자와 만나면 [총·창]으로 소리 남

| 총 | 總 합할 총 | 聰 귀밝을 총 | | 창 | 窓 창문 창 |

※ 창 총(囪)자는 창(窓)을 그린 것 → 창, 창문, 바쁘다는 뜻

佳 새 추

갑골문을 보면 어린 새의 머리와 날개, 꼬리가 함께 그려져 있음 → 새가 높이 날다
→ (작은) 새, 높다는 뜻

다른 글자와 만나면 [추·초·최·치·수·유·휴]로 소리 남

※ 새 추(隹) 부수자 : 황새 관(鸛), 참새 작(雀), 품팔 고(雇), 병아리 추(雛), 새한마리 척(隻), 두 쌍(雙), 모을 집(集), 섞일 잡(雜), 떠날 리(離), 암컷 자(雌), 숫컷 웅(雄), 맑을 아(雅), 두루미 학(雈)

※ 새 추(隹)자가 부수자는 아니지만 새의 뜻으로 쓰인 글자 : 굳을 확(確), 볼 관(觀), 나아갈 진(進), 두려워할 구(懼), 떨칠 분(奮), 빼앗을 탈(奪), 얻을 획(獲)

※ 기타 새 종류를 뜻하는 글자 : 비둘기 구(鳩), 꿩 치(雉), 까치 간(鳱), 기러기 안(雁), 도요새 금(雂), 매 응(鷹), 구관조 구(鴝), 수리부엉이 락(雒), 비둘기 합(鴿), 송골매 최(鶿), 독수리 조(雕), 까치 작(誰), 닭 계(雞), 제비 휴(雟), 메추라기 안(鶉), 앵무새 앵(鸚)

酋 우두머리 추

술이 익어 술병(酉) 위로 술 향기가 솔솔 나는(八) 모습 → 술이 익다 → 이루다 → 성취하다
→ 뛰어나다 → 우두머리 → 두목 → [뜻 음(音)을 차용하여] 추장(酋長)의 뜻

다른 글자와 만나면 [존·준·전·정·유]로 소리 남

존 尊 높을 존

준 遵 좇을 준   樽 술통 준

정 鄭 정나라 정

| 전 | 奠 제사 전 | | 유 | 猶 오히려 유 |

※ 우두머리 추(酋) 모양자 : 던질 척(擲)

帚 비 추

손(크)에 댑싸리를 잡고 있는 모습 → 댑싸리로 싸리비를 만듦 → 비, 빗자루 → 쓸다는 뜻

다른 글자와 만나면 [침]으로 소리 남

| 침 | 侵 침노할 침 | 寢 잘 침 | 浸 잠길 침 |

※ 帚 자 모양자 : 쓸 소(掃), 며느리 부(婦), 돌아갈 귀(歸)

出 날 출

갑골문을 보면 움푹 들어간 것, 동굴 집(凵)에서 걸어 나오는 발(止) 모양
→ 발이 집(입구)에서 나가다 → 떠나다 → 드러내다는 뜻

다른 글자와 만나면 [졸·굴·출]로 소리 남

| 졸 | 拙 옹졸할 졸 |

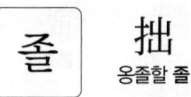

| 굴 | 屈 굽힐 굴 | 窟 굴 굴 | 掘 팔 굴 | | 출 | 黜 내칠 출 |

充 채울 충

소전을 보면 유난히 배가 불룩한 사람 모습 → (밥을 많이 먹어) 가득차다 → 채우다는 뜻

다른 글자와 만나면 [충·통]으로 소리 남

| 총 | 銃 총 총 | | 통 | 統 거느릴 통 |

取 가질 취

적군의 귀(耳)를 잘라서 손(又)으로 가지다
→ 옛날 전쟁에서 적을 잡으면 증거물로 왼쪽 귀를 잘라내어 가져왔다 → 가지다, 취하다는 뜻

다른 글자와 만나면 [최·취]로 소리 남

| 최 | 最 가장 최 | | | 취 | 趣 뜻 취 | 聚 모을 취 | 娶 장가들 취 |

※ 가질 취(取) 모양자 : 떨기 총, 모일 총(叢), 모을 촬(撮)

戠 찰흙 치

소리(音)를 듣고 창(戈)으로 진흙 위에 글을 새기다 → 적다, 표시 → 진흙의 뜻

다른 글자와 만나면 [직·치]로 소리 남
※ 戠 자는 찰흙 치, 모일 직으로 소리 남

| 직 | 職 직분 직 | 織 짤 직 | | 치 | 識 깃발 치 알 식 적을 지 | 熾 성할 치 | 幟 기 치 |

則 법칙 칙

주나라 금문(金文)을 보면 청동기로 만든 솥(鼎 → 貝) 표면에
칼(刂)로 지켜야 법령 같은 글을 새긴 모습 → 법, 법칙, 본보기 → (가차되어) 곧의 뜻

다른 글자와 만나면 [측]으로 소리 남

| 측 | 測 헤아릴 측 | 側 곁 측 | 惻 슬퍼할 측 | 廁 뒷간 측 |

※ 금문(金文)은 청동기(金)로 만든 솥에 새겨져 있던 글자(文)를 의미함

夬 터놓을 쾌

夬(쾌)의 본자(本字) → 화살을 쏠 때 사용하는 깍지를 손가락에 낀 모습
→ (활을 쏠 목표를 향해) 터놓다, 정하다, 나누다, 가르다는 뜻

다른 글자와 만나면 [쾌·결]로 소리 남

※ 央 자는 죄수들이 도망가지 못하도록 목에 씌우던 나무칼(枷杻 가추)의 중앙에 자리 잡은 모습 → 가운데의 뜻 → 夬 자는 央의 한곳을 열어주어 해결됨과 탁 트여서 상쾌함을 의미

| 쾌 | 快 쾌할 쾌 |

| 결 | 決 결단할 결 | 缺 이지러질 결 | 訣 이별할 결 |

※ 터놓을 쾌(夬) 모양자 : 소매 메(袂)

它 다를 타

갑골문을 보면 뱀을 그린 모양 → 뱀 → 다르다는 뜻

다른 글자와 만나면 [타·사]로 소리 남

| 타 | 陀 비탈질 타 | 舵 키 타 | 駝 낙타 타 |

| 사 | 蛇 뱀 사 |

※ 它 자는 다를 타, 뱀 사로 소리 남

乇 풀잎 탁

땅(一) 아래로 뿌리(乚)가 나 있고, 위에는 풀잎(丿)이 나 있는 모양 → 풀잎
→ (가차되어 잘 키워주길) 부탁하다, 맡기다는 뜻

다른 글자와 만나면 [탁·택]으로 소리 남

| 탁 | 托 맡길 탁　託 부탁할 탁 | | 택 | 宅 집 택 / 댁 댁 |

兌 바꿀 태

입(口)의 좌우에 주름(八)이 생기도록 웃고 있는 어진 사람(儿)의 모습 → 기쁘다
→ (가차되어) 바꾸다, 날카롭다, 예리하다는 뜻

다른 글자와 만나면 [예·세·열·설·탈]로 소리 남

예	銳 날카로울 예
세	稅 세금 세
열	悅 기뻐할 열　閱 셀 열
설	說 말씀 설 / 달랠 세 / 기뻐할 열 / 벗을 탈
탈	脫 벗을 탈

台 별 태

지극히 개인적인 사사로운 (厶) 말(口) → 자기(自己)
→ 맛있는 음식이 담긴 수저(厶)가 입(口) 이르는 모습 → 기뻐하다, 이르다(迨), 먹다, 먹이다
→ (가차되어) 별의 뜻

다른 글자와 만나면 [태·이·시·치·야]로 소리 남

태	殆 거의 태　怠 게으를 태　胎 아기밸 태　颱 태풍 태　跆 밟을 태　苔 이끼 태　笞 볼기칠 태
이	怡 기쁠 이
치	治 다스릴 치

 始 비로소 시    冶 풀무 야

※ 台 자는 돈대 대(臺)자의 약자 → 돈대(높게 두드러진 평평한 땅) → 태풍 태(颱)의 간체자

退 물러날 퇴

금문에서 시간이 다 되어 돌아가는 길을 표현 → 물러나다, 물리치다는 뜻

다른 글자와 만나면 [퇴]로 소리 남

퇴   腿 넓적다리 퇴   褪 바랠 퇴

※ 소리글자 물러날 퇴(退)자는 소리글자 그칠 간(艮)에서 파생됨

巴 꼬리 파

뱀이 똬리를 틀고 있는 모양 → 뱀, 꼬리, 소용돌이의 뜻
→ 하지만 다른 글자의 안에서는 꿇어앉아 있는 사람의 모습으로 사용됨

다른 글자와 만나면 [파 · 비]로 소리 남

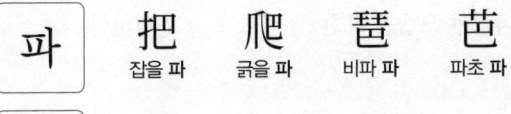

파   把 잡을 파   爬 긁을 파   琶 비파 파   芭 파초 파

비   肥 살찔 비

※ 꼬리 파(巴) 모양자 : 빛 색(色), 끊을 절(絶), 고을 읍(邑), 따를 호(扈), 고을 염(艶), 막힐 옹(邕)

彭 나라이름 팽

북(壴)소리가 퍼져나가는(彡) 모습 → 북 치는 소리 → 부풀어 오르다 → 나라 이름
→ 성씨 → 땅 이름의 뜻

다른 글자와 만나면 [팽]으로 소리 남

팽	膨	澎
	부를 팽	물소리 팽

扁 작을 편

외짝 문(戶)을 만들기 위해 대나무들을 책(冊)처럼 납작하게 연결한 모습
→ 작다, 좁다, 납작하다, 넓적하다, 두루, 널리의 뜻

다른 글자와 만나면 [편]으로 소리 남

편	篇	編	遍	偏	騙
	책 편	엮을 편	두루 편	치우칠 편	속일 편

※ 門(문 문)자는 양쪽 여닫이 큰 대문이며 戶 자는 외닫이 작은 문

平 평평할 평

금문을 보면 악기 소리 울림이 고르게 퍼져나가는 모습을 표현 → 고르다 → 평평하다
→ 화목하다는 뜻

다른 글자와 만나면 [평·칭]으로 소리 남

평	評	坪	萍	칭	秤
	평할 평	들 평	부평초 평		저울 칭

敝 해질 폐

수건 건(巾), 칠 복(攵), 그리고 4개의 점으로 이루어진 글자
→ 천(巾)을 막대기로 쳐서(攵)먼지(4개 점)를 터는 형상 → (옷을 막대기로 털면 옷이 잘) 해어진다
→ 황폐해진다 → 버리다 → 가리다(덮다)의 뜻

다른 글자와 만나면 [폐 · 별]로 소리 남

| 폐 | 弊 폐단 폐 | 蔽 덮을 폐 | 幣 화폐 폐 | 斃 죽을 폐 |
| 별 | 瞥 깜짝할 별 | 鼈 자라 별 | 鱉 자라 별 |

※ 바느질할 치(黹)자는 수건 건(巾)자에 점이 4개 있는 모양은 천이 해어진 형상

包 쌀 포

갑골문을 보면 둥그런 원안에 사람(人)이 그려져 있음 → 여성 자궁에 있는 아이를 표현
→ 꿇어앉은 사람(巳)을 둘러싼(勹) 모습 → (둘러) 싸다, 아이를 배다, 감싸다, 보따리의 뜻

다른 글자와 만나면 [포]로 소리 남

| 포 | 砲 대포 포 | 胞 세포 포 | 抱 안을 포 | 泡 거품 포 | 飽 배부를 포 | 鮑 절인물고기 포 | 袍 도포 포 | 庖 부엌 포 |
| | 苞 쌀 포 | 疱 여드름 포 | 咆 고함지를 포 |

暴 사나울 포

해(日)가 나오면(出) 두 손(廾)으로 쌀(米)을 꺼내, 햇볕에 쬐어 말리다 → 햇볕을 쬐다
→ (햇볕이) 사납다 → (햇볕에) 나타내다 → 드러나다는 뜻

다른 글자와 만나면 [포 · 폭]으로 소리 남

| 포 | 爆 터질 포 |

| 폭 | 瀑 폭포 폭 | 曝 쬘 폭 |

票 표 표

소전를 보면 글자 윗부분은 두 손(臼)으로 불똥(凶)을 잡고 있는 형상이고,
글자 아래는 불 화(火 → 示)자가 있는 형상 → 불똥 → (불꽃이) 튀다 → 가볍게 재가 날리다
→ (동전보다 가볍게 날리는 종이쪽지) 지폐 → (지폐에 서명한) 증서, 표(票)의 뜻

다른 글자와 만나면 [표]로 소리 남

| 표 | 標 표할 표 | 漂 따다닐 표 | 瓢 바가지 표 | 慓 급할 표 | 飄 회오리바람 표 | 剽 겁박할 표 |

豊 풍년 풍

갑골문을 보면 제기 그릇 위에 음식이 풍성하게 쌓여 있는 모습 → 풍성, 예절, 예도의 뜻

다른 글자와 만나면 [례]로 소리 남
※ 豊 자는 풍년 풍. 예절 례로 소리 남

| 례 | 禮 예도 례 | 醴 단술 례 |

※ 풍년 풍(豊) 모양자 : 몸 체(體), 고울 염(艶)

皮 가죽 피

보면 손(又)으로 짐승의 가죽을 벗기는 모습 → 껍질, 가죽, 표면, 피부의 뜻

다른 글자와 만나면 [피·파]로 소리 남

피	疲 피곤할 피	彼 저 피	被 입을 피	披 헤칠 피		
파	波 물결 파	破 깨뜨릴 파	頗 자못 파	坡 언덕 파	婆 할머니 파	跛 절름발이 파

辟 피할 피

언덕(阜)에 죄인(辛)이 형벌을 피해 숨어있는 모습 → 피하다, 숨다, 벗어나다 → 임금 → 허물 → 비유하다는 뜻

다른 글자와 만나면 [벽·피·비]로 소리 남

벽	壁 벽 벽	僻 궁벽할 벽	璧 구슬 벽	癖 버릇 벽	劈 쪼갤 벽	闢 열 벽	擘 엄지손가락 벽
피	避 피할 피						
비	臂 팔 비	譬 비유할 비					

必 반드시 필

갑골문을 보면 두레박 주위로 물이 튄 모양 → 우물 속 깊이 있는 물을 퍼내다
→ 속이 깊은 용기에 있는 술, 물, 곡식 등을 퍼내기 위해 만든 자루가 긴 국자(바가지) 모양에서
→ 깊숙하다 → (가차되어) 반드시, 틀림없이, 오로지의 뜻

다른 글자와 만나면 [비·슬·밀]로 소리 남

비	秘 숨길 비	祕 숨길 비	泌 분비할 비	毖 삼갈 비
슬	瑟 큰거문고 슬			
밀	蜜 꿀 밀	密 빽빽할 밀	謐 고요할 밀	

臽 함정 함

갑골문을 보면 함정(臼)에 사람(人)이 빠지는 모습 → 함정, 구덩이의 뜻

다른 글자와 만나면 [함·첨·염]으로 소리 남

- **함**: 陷 빠질 함
- **첨**: 諂 아첨할 첨
- **염**: 閻 마을 염, 焰 불꽃 염

※ 절구 구(臼)자는 절구나 함정, 또는 구덩이(땅이 움푹하게 파인 곳)를 그린 글자

咸 다 함

戌(개 술)자와 口(입 구)자가 결합한 글자
→ 큰 싸움을 앞두고 아군 사기를 높이고 상대 적의 기선을 제압하기 위해
모든 병사에게 창(戌)을 들고 함성(口)을 지르는 모습
→ (누구나 빠짐없이 힘껏 소리를 지른다) 모두, 남김없이, 다하다는 뜻

다른 글자와 만나면 [함·감·잠·침]으로 소리 남

- **함**: 緘 봉할 함, 喊 소리칠 함, 鹹 짤 함
- **감**: 感 느낄 감, 減 덜 감, 减 덜 감, 憾 섭섭할 감
- **잠**: 箴 경계 잠
- **침**: 鍼 침 침

合 합할 합

갑골문을 보면 그릇(口) 위에 뚜껑(스)이 있는 그릇(찬합) 그린 것 → 찬합(盒 뚜껑이 있는 그릇)
→ (그릇과 뚜껑의) 짝 → (그릇에 뚜껑을) 합하다, 모으다는 뜻

다른 글자와 만나면 [합·답·탑·흡·급·습]으로 소리 남

합	盒 합 합	蛤 대합조개 합	흡	洽 흡족할 흡	恰 흡사할 흡
답	答 대답 답		급	給 줄 급	
탑	塔 탑 탑	搭 탈 탑	습	拾 주울 습, 열 십	

※ 합할 합(合) 모양자 : 잡을 라(拿)

亢 높을 항

양다리(几)에 줄(ㅗ)을 매고 나무에 오르는 모습 → 올라가다 → 높다 → 목(목구멍)
→ 지나치다 → 겨루다 → 덮다 → 용마루의 뜻

다른 글자와 만나면 [항·갱]으로 소리 남

| 항 | 航 배 항 | 抗 겨룰 항 | 沆 넓을 항 | 갱 | 坑 구덩이 갱 |

亥 돼지 해

갑골문을 보면 돼지머리와 다리에 획이 그어져 있음(가공한 돼지를 표현)
→ 머리와 다리를 잘라 도축한 돼지 → 돼지, 십이지(十二支)의 열둘째 지지
→ (돼지 팔다리를 잘라 먹을 수 있는 핵심만 남겨놓은 모양) 핵심, 알맹이의 뜻

다른 글자와 만나면 [해·핵·각]으로 소리 남

| 해 | 該 마땅 해 | 骸 뼈 해 | 咳 기침 해 | 駭 놀랄 해 | 垓 지경 해 |

| 핵 | 核 씨 핵 | 劾 꾸짖을 핵 |

| 각 | 刻 새길 각 |

※ 갑골문을 보면 돼지 시(豕)자는 살아있는 돼지를 그대로 그림

玄 검을 현

갑골문을 보면 실이 꼬여 있는 모양 → 줄, (활) 시위
→ (물건이나 사람이 멀리 있어서 실처럼 가늘게 보이기 때문에) 멀다 → 아득하다
→ 깊다 → 고요하다 → 심오하다 → 오묘하다 → (멀리 있는)하늘 → (하늘이) 빛나다
→ 아득하다 → (하늘이) 검다는 뜻

다른 글자와 만나면 [현·견]으로 소리 남

| 현 | 絃 줄 현 | 弦 활시위 현 | 炫 밝을 현 | 鉉 솥귀 현 | 眩 어지러울 현 | 舷 뱃전 현 | 衒 자랑할 현 |

| 견 | 牽 이끌 견 |

※ 검을 현(玄) 부수자 : 거느릴 솔(率), 무성할 자(玆)
※ 검을 현(玄) 모양자 : 짐승 축(畜), 모을 축(蓄)

夾 낄 협

사람(从) 사이에 큰 사람(大)이 끼어(夾) 있는 모습 → 끼다
→ 한 사람(大)을 양쪽에 있는 두 사람(从)이 부축하는 모습 → 부축하다, (좌우에서) 도와주다는 뜻

다른 글자와 만나면 [협]으로 소리 남

| 협 | 峽 골짜기 협 | 陝 좁을 협 / 땅이름 합 | 狹 좁을 협 | 挾 낄 협 | 俠 의기로울 협 | 頰 뺨 협 |

亨 형통할 형

갑골문을 보면 조상신의 위패를 모시는 사당을 그린 것 → 조상신을 잘 모셔야 모든 일이 잘 풀린다
→ 형통하다 → 드리다 → 삶다(烹)의 뜻

다른 글자와 만나면 [숙·순·곽·돈]으로 소리 남
※ 亨 자는 형통할 형, 드릴 향, 삶을 팽으로 소리 남

숙	孰 누구 숙	熟 익을 숙	塾 글방 숙

곽	郭 둘레 곽	槨 외관 곽	廓 둘레 곽

순	淳 순박할 순	醇 전국술 순

돈	惇 도타울 돈	敦 도타울 돈	燉 불빛 돈

※ 형통할 형(亨) 모양자 : 누릴 향(享), 삶을 팽(烹)

熒 등불 형

불(火)이 2개 켜져 있는 횃불의 모습 → 등불, 반딧불이, 빛나다, 어지럽다는 뜻

다른 글자와 만나면 [형·영]으로 소리 남

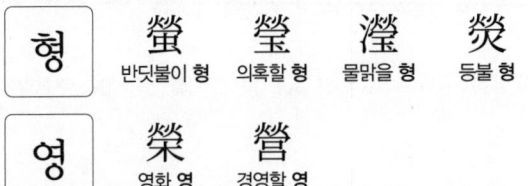

형	螢 반딧불이 형	瑩 의혹할 형	瀅 물맑을 형	熒 등불 형

영	榮 영화 영	營 경영할 영

※ 등불 형(炏) 모양자 : 일할 노(勞), 건질 노(撈), 앵무새 앵(鶯)

胡 되 호

소전을 보면 사람의 구레나룻을 표현 → 수염을 기른 유목민족 → 수염 → 되(오랑캐)
→ 오랑캐 이름의 뜻

다른 글자와 만나면 [호]로 소리 남

호	湖	糊	瑚	蝴
	호수 호	풀칠할 호	호박 호	나비 호

虎 호피무늬 호

갑골문자를 보면 호랑이의 몸집과 얼룩무늬가 그대로 표현(虎)
→ 소전에서는 획이 변형되어 지금의 虎 자가 만들어짐 → 호랑이, 용맹스럽다, 두려움, 무섭다는 뜻

다른 글자와 만나면 [호·로·려·허·처·학]으로 소리 남

호	號	虎	琥		
	이름 호	범 호	호박 호		
로	盧	爐	虜	擄	蘆
	목로 로	화로 로	사로잡을 로	노략질할 로	갈대 로
려	慮	廬	濾		
	생각할 려	농막집 려	겨를 려		
처	處				
	곳 처				
허	虛	墟	噓		
	빌 허	터 허	불 허		
학	虐	瘧	謔		
	모질 학	학질 학	희롱할 학		

※ 호피무늬 호(虍) 부수자 : 범 호(虎), 이름 호(號), 빌 허(虛), 곳 처(處), 모질 학(虐), 공경할 건(虔), 염려할 우(虞), 사로잡을 로(虜)

※ 호피무늬 호(虍) 모양자 : 근거 거(據), 놀이 희(戲), 갈릴 체(遞), 심할 극(劇), 살갗 부(膚), 펼 터(攄), 추렴할 갹(醵), 드릴 헌(獻)

戶 지게 호

갑골문을 보면 작은 방으로 들어가는 외단이 문의 모양 → 지게(외짝 문)
→ 집, 방, 외짝문, 출입구, 막다는 뜻

다른 글자와 만나면 [고·소·호]로 소리 남
※ 문 문(門) : 양 문을 열고 들어가는 대문

고	雇	顧
	품팔 고	돌아볼 고

| 소 | 所 바 소 |

| 호 | 扈 따를 호 |

※ 지게 호(戶) 부수자 : 부채 선(扇), 작을 편(扁), 방 방(房), 사립문 비(扉), 바 소(所), 어그러질 려(戾), 따를 호(扈)
※ 지게 호(戶) 모양자 : 눈물 루(淚), 어깨 견(肩), 열 계(啓), 비롯할 조(肇), 부채질할 선(煽)

華 빛날 화

금문을 보면 꽃이 활짝 핀 모습을 표현 → 꽃 → 화려하다 → 빛나다는 뜻

다른 글자와 만나면 [엽·화]로 소리 남

| 엽 | 燁 빛날 엽 |

| 화 | 嫮 탐스러울 화   樺 자작나무 화 |

※ 빛날 화(華) → 드리울 수(垂) 소리글자 : 졸음 수(睡), 저울추 추(錘), 침 타(唾), 우편 우(郵)

化 될 화

갑골문을 보면 바로 서 있는 산 사람(亻)과 거꾸로 서 있는 죽은 사람(匕)을 그려 윤회사상을 표현 → 되다, 변화(變化)한다는 뜻

다른 글자와 만나면 [화·와]으로 소리 남

| 화 | 花 꽃 화   貨 재화 화   靴 신 화 |

| 와 | 訛 그릇될 와 |

蒦 자 확

풀(艹) 속의 새(隹)를 손(又)으로 포획(捕獲)하다 → 재다, 자(길이 재는 도구)의 뜻

다른 글자와 만나면 [확·호·획]으로 소리 남

Ⅲ. 소리한자

확	穫 거둘 확		
호	護 도울 호	획	獲 얻을 획

崔 두루미 학

소전을 보면 학을 그린 모습 → 학 → 두루미의 뜻

다른 글자와 만나면 [학·확]으로 소리 남

학	鶴 학 학	확	確 굳을 확

※ 두루미 학(崔) 유사 자 : 높을 최(崔), 재촉할 최(催)

奐 빛날 환

옛글자를 보면 사람 인(人), 굴 홀(穴), 손 맞잡을 공(廾)자가 합쳐진 글자
→ 산모(人)가 두 다리를 벌리고(冖) 아이(大)를 낳다 → 변하다 → 빛나다, 성대하다는 뜻

다른 글자와 만나면 [환]으로 소리 남

환	換 바꿀 환	煥 빛날 환	喚 부를 환

※ 산모가 두 다리를 벌리고 아이를 낳는 면할 면(免)사와 비슷한의 뜻

黃 누를 황

옛 중국의 귀족들이 허리에 누런색 장신구 패옥(佩玉)을 가로로 차고 있는 모습
→ 중국 옥들은 대체로 누런색 패옥 → 누런색, 누렇다 → (누런색은) 황제 → 늙은이의 뜻

다른 글자와 만나면 [횡·광·확]으로 소리 남

횡	橫 가로 횡				
광	廣 넓을 광	鑛 쇳돌 광	礦 쇳돌 광	曠 밝을 광	壙 뫼구덩이 광
확	擴 넓힐 확				

※ 패옥 황(璜)자가 패옥의 뜻 대신함

襃 품을 회

옷 의(衣)자 중간에 눈 목(目 → 罒)자와 물 수(水/氺)자가 들어 있는 글자
→ 눈(目 → 罒)에서 눈물(氺)이 나와 옷(衣)을 적시며 그리워하다 → 품다 → 임신하다는 뜻

다른 글자와 만나면 [회·괴]로 소리 남

회	懷 품을 회	槐 회화나무 회
괴	壞 무너질 괴	

回 돌아올 회

갑골문을 보면 물이 빙글빙글 돌아가는 모양 → 돌다, 돌아오다, 횟수, 피하다는 뜻

다른 글자와 만나면 [회]로 소리 남

회	廻 돌 회	徊 머뭇거릴 회	蛔 회충 회	迴 돌아올 회

熏 불길 훈

아궁이에서 불을 피울 때 연기가 올라가는 모양 → 태우다, 연기, 불길의 뜻

다른 글자와 만나면 [훈]으로 소리 남

훈	勳	薰	壎	燻
	공 훈	향풀 훈	질나발 훈	연기낄 훈

凶 흉할 흉

갑골문을 보면 짐승을 잡기 위해 만들어 놓은 함정 모양 → (함정에 빠진 사람) 흉하다
→ 운수 나쁘다, 재앙의 뜻

다른 글자와 만나면 [흉]으로 소리 남

흉	匈	胸	兇	洶
	오랑캐 흉	가슴 흉	흉악할 흉	용솟음칠 흉

喜 기쁠 희

갑골문을 보면 북(豆) 치면서 입(口)으로 노래를 부르는 것 표현 → 즐겁다 → 기쁘다
→ 좋아하다, 빛나다는 뜻

다른 글자와 만나면 [희]로 소리 남

희	熹	禧	憙	囍	嬉
	빛날 희	복 희	기뻐할 희	쌍희 희	아름다울 희

IV 부록

IV

결론

1 교육용 한자 (3급 1,800자)

ㄱ

가
佳 아름다울 가
假 거짓 가
價 값 가
加 더할 가
可 옳을 가
家 집 가
歌 노래 가
街 거리 가
架 시렁 가
暇 겨를 가

각
脚 다리 각
角 뿔 각
各 각각 각
閣 집 각
刻 새길 각
覺 깨달을 각
却 물리칠 각

간
看 볼 간
間 사이 간
干 방패 간
刊 새길 간
懇 간절할 간
簡 간략할 간
肝 간 간
姦 간사할 간
幹 줄기 간

갈
渴 목마를 갈

감
甘 달 감
敢 감히 감
減 덜 감
感 느낄 감
監 볼 감
鑑 거울 감

갑
甲 갑옷 갑

강
强 강할 강
講 외울 강
降 내릴 강
　 항복할 항
江 강 강
綱 벼리 강
鋼 강철 강
剛 굳셀 강
康 편안할 강

개
皆 다 개
個 낱 개
改 고칠 개
開 열 개
蓋 덮을 개
介 끼일 개
概 대개 개
慨 슬퍼할 개

객
客 손 객

갱
更 다시 갱
　 고칠 경

거
擧 들 거

居 살 거
巨 클 거
去 갈 거
車 수레 거
　 수레 차
拒 막을 거
據 의거할 거
距 떨어질 거

건
乾 하늘 건
建 세울 건
健 굳셀 건
件 물건 건

걸
傑 뛰어날 걸
乞 빌 걸

검
檢 검사할 검
劍 칼 검
儉 검소할 검

격
激 격할 격
擊 칠 격
格 격식 격
隔 사이 격

견
犬 개 견
堅 굳을 견
見 볼 견
　 뵈올 현
肩 어깨 견
絹 비단 견
遣 보낼 견
牽 끌 견

결
決 결단할 결
結 맺을 결
潔 깨끗할 결
缺 이지러질 결

겸
謙 겸손할 겸
兼 겸할 겸

경
敬 공경할 경
輕 가벼울 경
驚 놀랄 경
京 서울 경
經 날 경
更 고칠 경
　 다시 갱
慶 경사 경
耕 밭갈 경
景 볕 경
庚 별 경
競 다툴 경
鏡 거울 경
頃 이랑 경
警 경계할 경
境 지경 경
徑 지름길 경
竟 마침내 경
硬 굳을 경
傾 기울 경
卿 벼슬 경

계
計 셈할 계
界 지경 계
季 계절 계
溪 시내 계
癸 천간 계
鷄 닭 계
繼 이을 계
械 기계 계
契 맺을 계
啓 열 계
階 섬돌 계
係 맬 계
戒 경계할 계
系 이을 계
桂 계수나무 계
繫 맬 계

고
- 苦 쓸 고
- 高 높을 고
- 古 옛 고
- 稿 원고 고
- 姑 시어미 고
- 孤 외로울 고
- 故 연고 고
- 告 알릴 고
- 固 굳을 고
- 考 살필 고
- 枯 마를 고
- 庫 창고 고
- 鼓 북 고
- 顧 돌아볼 고

곡
- 穀 곡식 곡
- 曲 굽을 곡
- 谷 골 곡
- 哭 울 곡

곤
- 坤 땅 곤
- 困 곤할 곤

골
- 骨 뼈 골

공
- 共 한가지 공
- 公 공평할 공
- 工 장인 공
- 空 빌 공
- 功 공 공
- 攻 칠 공
- 恐 두려울 공
- 恭 공손할 공
- 孔 구멍 공
- 貢 바칠 공
- 供 이바지할 공

과
- 果 과실 과
- 科 과목 과
- 課 과정 과
- 過 지날 과
- 誇 자랑할 과
- 寡 적을 과

곽
- 郭 성곽 곽

관
- 關 문빗장 관
- 觀 볼 관
- 官 벼슬 관
- 管 대롱 관
- 館 집 관
- 冠 갓 관
- 寬 너그러울 관
- 貫 꿸 관
- 慣 익숙할 관

광
- 廣 넓을 광
- 光 빛 광
- 鑛 쇳돌 광
- 狂 미칠 광

괘
- 掛 걸 괘

괴
- 怪 괴이할 괴
- 愧 부끄러워할 괴
- 壞 무너질 괴
- 塊 흙덩이 괴

교
- 校 학교 교
- 敎 가르칠 교
- 橋 다리 교
- 交 사귈 교
- 較 비교할 교
- 巧 공교할 교
- 郊 들 교
- 矯 바로잡을 교

구
- 救 구원할 구
- 口 입 구
- 求 구할 구

九	아홉 구
舊	옛 구
句	글귀 구
久	오랠 구
究	연구할 구
具	갖출 구
球	공 구
驅	몰 구
俱	함께 구
苟	진실로 구
丘	언덕 구
拘	잡을 구
區	나눌 구
龜	거북 구(귀)
	터질 균
懼	두려워할 구
狗	개 구
構	얽을 구

국

國	나라 국
菊	국화 국
局	판 국

군

君	임금 군
軍	군사 군
郡	고을 군
群	무리 군

굴

| 屈 | 굽을 굴 |

궁

弓	활 궁
宮	집 궁
窮	궁할 궁

권

勸	권할 권
權	권세 권
卷	책 권
拳	주먹 권
券	문서 권

궐

| 厥 | 그 궐 |

궤

| 軌 | 바큇자국 궤 |

귀

歸	돌아올 귀
貴	귀할 귀
鬼	귀신 귀
龜	거북 귀(구)
	터질 균

규

規	법 규
叫	부르짖을 규
糾	꼴 규

균

| 均 | 고를 균 |
| 菌 | 버섯 균 |

극

極	다할 극
劇	심할 극
克	이길 극

근

根	뿌리 근
勤	부지런할 근
近	가까울 근
僅	겨우 근
斤	근 근
謹	삼갈 근

글

| 契 | 나라이름 글 |
| | 새길 계 |

금

禁	금할 금
今	이제 금
金	쇠 금
	성씨 김
琴	거문고 금
禽	날짐승 금
錦	비단 금

급
及 미칠 급
給 줄 급
急 급할 급
級 등급 급

긍
肯 즐길 긍

기
起 일어날 기
氣 기운 기
幾 몇 기
旣 이미 기
己 몸 기
基 터 기
其 그 기
記 기록할 기
期 기약할 기
技 재주 기
欺 속일 기
棄 버릴 기
忌 꺼릴 기
祈 빌 기
奇 기이할 기
騎 말탈 기
豈 어찌 기
紀 벼리 기
機 틀 기
旗 기 기
器 그릇 기

飢 주릴 기
畿 경기 기
企 꾀할 기
寄 부탁할 기

긴
緊 요긴할 긴

길
吉 길할 길

김
金 성씨 김
　 쇠 금

ㄴ

나
那 어찌 나

낙
諾 허락할 낙

난
難 어려울 난
暖 따뜻할 난

남
南 남녘 남

男 사내 남

납
納 들일 납
內 들일 납
　 안 내

낭
娘 여자 낭

내
乃 이에 내
內 안 내
　 들일 납
耐 견딜 내
奈 어찌 내

녀
女 계집 녀

년
年 해 년

념
念 생각 념

녕
寧 편안할 녕

노
怒 성낼 노

Ⅳ. 부록　655

努 힘쓸 노
奴 종 노

농
農 농사 농

뇌
惱 번뇌할 뇌
腦 골 뇌

능
能 능할 능

니
泥 진흙 니

ㄷ

다
多 많을 다
茶 차 다

단
短 짧을 단
單 홀 단
但 다만 단
丹 붉을 단
端 끝 단
旦 아침 단

段 층계 단
斷 끊을 단
壇 단 단
檀 박달나무 단
團 둥글 단

달
達 통달할 달

담
談 말씀 담
淡 맑을 담
擔 멜 담

답
答 대답 답
畓 논 답
踏 밟을 답

당
當 마땅할 당
堂 집 당
唐 당나라 당
黨 무리 당
糖 엿 당

대
大 큰 대
代 대신할 대
對 대할 대
待 기다릴 대

貸 빌릴 대
隊 무리 대
帶 띠 대
臺 돈대 대

덕
德 큰 덕

도
道 길 도
島 섬 도
到 이를 도
度 법도 도
　 헤아릴 탁
圖 그림 도
刀 칼 도
都 도읍 도
徒 무리 도
盜 도둑 도
桃 복숭아 도
稻 벼 도
途 길 도
倒 넘어질 도
跳 뛸 도
導 인도할 도
逃 달아날 도
挑 돋울 도
陶 질그릇 도
渡 건널 도
塗 진흙 도

독
讀 읽을 독
　　구절 두
獨 홀로 독
督 감독할 독
毒 독 독
篤 두터울 독

돈
敦 두터울 돈
豚 돼지 돈

돌
突 갑자기 돌

동
動 움직일 동
冬 겨울 동
東 동녘 동
同 한가지 동
童 아이 동
洞 골 동
　　밝을 통
銅 구리 동
凍 얼 동

두
豆 콩 두
頭 머리 두
斗 말 두
讀 구절 두
　　읽을 독

둔
鈍 무딜 둔
屯 진칠 둔

득
得 얻을 득

등
燈 등잔 등
登 오를 등
等 무리 등
騰 오를 등

ㄹ

라
羅 그물 라

락
樂 즐길 락
　　풍류 악
　　좋아할 요
落 떨어질 락
絡 이을 락

란
卵 알 란

亂 어지러울 란
蘭 난초 란
欄 난간 란

람
濫 넘칠 람
覽 볼 람

랑
郞 사내 랑
浪 물결 랑
廊 행랑 랑

래
來 올 래

랭
冷 찰 랭

략
略 간략할 략
掠 노략질할 략

량
兩 둘 량
良 어질 량
量 헤아릴 량
凉 서늘할 량
諒 살필 량
梁 들보 량
糧 양식 량

려
旅 나그네 려
麗 고울 려
慮 생각할 려
勵 힘쓸 려

력
力 힘 력
歷 지낼 력
曆 책력 력

련
練 익힐 련
連 이을 련
戀 사모할 련
聯 잇닿을 련
憐 불쌍히여길 련
鍊 단련할 련
蓮 연꽃 련

렬
烈 매울 렬
列 벌일 렬
劣 못할 렬
裂 찢을 렬

렴
廉 청렴할 렴

렵
獵 사냥 렵

령
令 하여금 령
領 거느릴 령
靈 신령 령
嶺 고개 령
零 떨어질 령

례
禮 예도 례
例 법식 례
隷 종 례

로
路 길 로
老 늙을 로
勞 일할 로
露 이슬 로
爐 화로 로

록
綠 푸를 록
鹿 사슴 록
錄 기록할 록
祿 복 록

론
論 의논할 론

롱
弄 희롱할 롱

뢰
賴 의뢰할 뢰
雷 우레 뢰

료
料 헤아릴 료
了 마칠 료
僚 동료 료

룡
龍 용 룡

루
漏 샐 루
樓 다락 루
淚 눈물 루
累 묶을 루
屢 여러 루

류
留 머무를 류
柳 버들 류
流 흐를 류
類 무리 류

륙
六 여섯 륙
陸 뭍 륙

륜
倫 인륜 륜

輪　바퀴 륜

[률]
律　법칙 률
率　비율 률
栗　밤 률

[륭]
隆　높을 륭

[릉]
陵　언덕 릉

[리]
里　마을 리
理　다스릴 리
利　이로울 리
履　밟을 리
梨　배나무 리
吏　관리 리
李　오얏 리
裏　속 리
離　떠날 리

[린]
隣　이웃 린

[림]
林　수풀 림
臨　임할 림

[립]
立　설 립

ㅁ

[마]
馬　말 마
麻　삼 마
磨　갈 마

[막]
莫　없을 막
漠　사막 막
幕　장막 막

[만]
萬　일만 만
晩　늦을 만
滿　찰 만
慢　거만할 만
漫　질펀할 만

[말]
末　끝 말

[망]
忘　잊을 망
望　바랄 망
亡　망할 망
忙　바쁠 망
罔　없을 망
妄　망령될 망
茫　아득할 망

[매]
妹　누이 매
每　매양 매
賣　팔 매
買　살 매
媒　중매 매
埋　묻을 매
梅　매화나무 매

[맥]
麥　보리 맥
脈　맥 맥

[맹]
孟　맏 맹
盟　맹세할 맹
盲　소경 맹
猛　사나울 맹

[면]
面　낯 면
眠　잘 면
免　면할 면
勉　힘쓸 면
綿　솜 면

멸
滅 다할 **멸**

명
名 이름 **명**
命 목숨 **명**
明 밝을 **명**
鳴 울 **명**
銘 새길 **명**
冥 어두울 **명**

모
母 어미 **모**
毛 털 **모**
暮 저물 **모**
貌 모양 **모**
某 아무 **모**
謀 꾀 **모**
模 법 **모**
募 모을 **모**
慕 그릴 **모**
侮 업신여길 **모**
冒 무릅쓸 **모**
　 선우이름 **묵**

목
目 눈 **목**
木 나무 **목**
牧 기를 **목**
睦 화목할 **목**

몰
沒 빠질 **몰**

몽
夢 꿈 **몽**
蒙 어릴 **몽**

묘
卯 토끼 **묘**
妙 묘할 **묘**
墓 무덤 **묘**
廟 사당 **묘**
苗 싹 **묘**

무
務 힘쓸 **무**
戊 천간 **무**
武 호반 **무**
無 없을 **무**
舞 춤출 **무**
茂 무성할 **무**
霧 안개 **무**
貿 무역할 **무**

묵
墨 먹 **묵**
默 묵묵할 **묵**

문
門 문 **문**
問 물을 **문**
文 글월 **문**
聞 들을 **문**

물
物 물건 **물**
勿 말 **물**

미
味 맛 **미**
尾 꼬리 **미**
未 아닐 **미**
美 아름다울 **미**
米 쌀 **미**
迷 미혹할 **미**
微 작을 **미**
眉 눈썹 **미**

민
民 백성 **민**
憫 불쌍히여길 **민**
敏 민첩할 **민**

밀
密 빽빽할 **밀**
蜜 꿀 **밀**

ㅂ

박
- 朴 순박할 박
- 博 넓을 박
- 拍 손뼉칠 박
- 泊 배댈 박
- 迫 핍박할 박
- 薄 얇을 박

반
- 反 돌이킬 반
- 半 반 반
- 飯 밥 반
- 返 돌아올 반
- 盤 쟁반 반
- 班 나눌 반
- 叛 배반할 반
- 般 옮길 반
- 伴 짝 반

발
- 發 필 발
- 拔 뽑을 발
- 髮 터럭 발

방
- 方 모 방
- 訪 찾을 방
- 防 막을 방
- 放 놓을 방
- 房 방 방
- 邦 나라 방
- 妨 방해할 방
- 傍 곁 방
- 倣 본뜰 방
- 芳 꽃다울 방

배
- 杯 잔 배
- 拜 절 배
- 倍 곱 배
- 北 달아날 배
   북녘 북
- 培 북돋을 배
- 背 등 배
   위반할 패
- 排 물리칠 배
- 配 짝 배
- 輩 무리 배

백
- 百 일백 백
- 白 흰 백
- 伯 맏 백

번
- 番 차례 번
- 飜 번역할 번
- 繁 번성할 번
- 煩 번거로울 번

벌
- 伐 칠 벌
- 罰 죄 벌

범
- 凡 무릇 범
- 範 법 범
- 犯 범할 범

법
- 法 법 법

벽
- 碧 푸를 벽
- 壁 벽 벽

변
- 便 똥오줌 변
   편할 편
- 變 변할 변
- 邊 가 변
- 辯 말씀 변
- 辨 분별할 변

별
- 別 다를 별

병
- 丙 남녘 병
- 兵 군사 병
- 病 병 병

屛 병풍 병
竝 아우를 병

복
保 지킬 보
步 걸음 보
報 갚을 보
譜 계보 보
補 도울 보
普 넓을 보
寶 보배 보

복
復 회복할 복
　 다시 부
服 옷 복
伏 엎드릴 복
福 복 복
卜 점칠 복
複 겹칠 복
腹 배 복
覆 뒤집힐 복
　 덮을 부

본
本 근본 본

봉
逢 만날 봉
奉 받들 봉
鳳 봉새 봉

蜂 벌 봉
峯 봉우리 봉
封 봉할 봉

부
父 아비 부
否 아닐 부
扶 도울 부
浮 뜰 부
部 거느릴 부
婦 며느리 부
夫 사내 부
富 부자 부
復 다시 부
　 회복할 복
賦 구실 부
赴 다다를 부
副 버금 부
簿 장부 부
符 부적 부
負 질 부
付 줄 부
附 붙을 부
府 마을 부
腐 썩을 부
覆 덮을 부
　 뒤집힐 복

북
北 북녘 북
　 달아날 배

분
分 나눌 분
憤 분할 분
紛 어지러울 분
奔 달아날 분
墳 무덤 분
奮 떨칠 분
粉 가루 분

불
不 아닐 불
佛 부처 불
拂 떨칠 불

붕
朋 벗 붕
崩 무너질 붕

비
悲 슬플 비
鼻 코 비
飛 날 비
比 견줄 비
非 아닐 비
備 갖출 비
妃 왕비 비
費 쓸 비
婢 계집종 비
肥 살찔 비
卑 낮을 비
批 비평할 비

碑 비석 비
秘 숨길 비

빈
貧 가난할 빈
頻 자주 빈
賓 손 빈

빙
氷 얼음 빙
聘 부를 빙

人

사
寺 절 사
師 스승 사
四 넉 사
仕 벼슬 사
死 죽을 사
士 선비 사
使 하여금 사
絲 실 사
事 일 사
思 생각할 사
舍 집 사
史 사관 사
謝 사례할 사
巳 뱀 사
私 사사 사
射 쏠 사
　 맞힐 석
邪 간사할 사
　 어조사 야
詞 말씀 사
蛇 뱀 사
捨 버릴 사
賜 줄 사
斜 비낄 사
詐 속일 사
社 모일 사
沙 모래 사
司 맡을 사
似 같을 사
祀 제사 사
査 조사할 사
寫 베낄 사
辭 말씀 사
斯 이 사
食 밥 사
　 먹을 식

삭
削 깎을 삭
朔 초하루 삭
數 자주 삭
　 셈 수

산
山 메 산
算 셈 산
散 흩을 산
産 낳을 산

살
殺 죽일 살
　 감할 쇄

삼
三 석 삼
參 석 삼
　 참여할 참

상
上 위 상
尙 오히려 상
霜 서리 상
商 장사 상
相 서로 상
常 항상 상
傷 다칠 상
賞 상줄 상
想 생각할 상
喪 잃을 상
像 형상 상
床 평상 상
償 갚을 상
詳 자세할 상
狀 형상 상
　 문서 장
象 코끼리 상

桑 뽕나무 상
裳 치마 상
祥 상서 상
嘗 맛볼 상

쌍
雙 두 쌍

새
塞 변방 새
　막을 색

색
色 빛 색
索 찾을 색
塞 막을 색
　변방 새

생
生 날 생
省 덜 생
　살필 성

서
西 서녘 서
書 글 서
暑 더위 서
序 차례 서
署 관청 서
敍 펼 서
緖 실마리 서

庶 여럿 서
徐 천천히할 서
恕 용서할 서
誓 맹세할 서
逝 갈 서

석
夕 저녁 석
石 돌 석
惜 아낄 석
昔 옛 석
釋 풀 석
席 자리 석
析 쪼갤 석
射 맞힐 석
　쏠 사

선
仙 신선 선
線 줄 선
先 먼저 선
鮮 고울 선
船 배 선
選 가릴 선
善 착할 선
旋 돌 선
宣 베풀 선
禪 고요할 선

설
說 말씀 설

　기쁠 열
　달랠 세
雪 눈 설
設 베풀 설
舌 혀 설

섭
涉 건널 섭
攝 다스릴 섭

성
姓 성씨 성
城 재 성
誠 정성 성
省 살필 성
　덜 생
成 이룰 성
聖 성인 성
星 별 성
性 성품 성
聲 소리 성
盛 성할 성

세
稅 세금 세
世 인간 세
歲 해 세
細 가늘 세
勢 형세 세
洗 씻을 세
說 달랠 세

　　　　　말씀 **설**
　　　　　기쁠 **열**

🔵 **소**

笑　웃음 **소**
小　작을 **소**
少　적을 **소**
所　바 **소**
消　사라질 **소**
素　바탕 **소**
蘇　깨어날 **소**
昭　밝을 **소**
騷　시끄러울 **소**
燒　불사를 **소**
訴　호소할 **소**
掃　쓸 **소**
召　부를 **소**
蔬　나물 **소**
疎　성길 **소**

🔵 **속**

速　빠를 **속**
續　이을 **속**
俗　풍속 **속**
束　묶을 **속**
屬　무리 **속**
　　이을 **촉**
粟　조 **속**

🔵 **손**

孫　손자 **손**

損　덜 **손**

🔵 **송**

送　보낼 **송**
松　소나무 **송**
訟　송사할 **송**
誦　욀 **송**
頌　칭송할 **송**

🔵 **쇄**

刷　인쇄할 **쇄**
鎖　쇠사슬 **쇄**
殺　감할 **쇄**
　　죽일 **살**

🔵 **쇠**

衰　쇠할 **쇠**
　　상복 **최**

🔵 **수**

誰　원수 **수**
愁　근심 **수**
水　물 **수**
手　손 **수**
受　받을 **수**
數　셈 **수**
　　자주 **삭**
收　거둘 **수**
守　지킬 **수**
授　줄 **수**
壽　목숨 **수**

雖　비록 **수**
樹　나무 **수**
修　닦을 **수**
首　머리 **수**
秀　빼어날 **수**
須　모름지기 **수**
獸　짐승 **수**
遂　마침내 **수**
睡　졸음 **수**
輸　보낼 **수**
殊　다를 **수**
帥　장수 **수**
需　쓸 **수**
隨　따를 **수**
囚　가둘 **수**
垂　드리울 **수**
搜　찾을 **수**

🔵 **숙**

淑　맑을 **숙**
宿　잘 **숙**
叔　아재비 **숙**
肅　엄숙할 **숙**
熟　익을 **숙**
孰　누구 **숙**

🔵 **순**

順　순할 **순**
純　순수할 **순**
循　돌 **순**
巡　돌 **순**

瞬	깜짝할 순		示	보일 시		愼	삼갈 신
殉	따라죽을 순		始	비로소 시		晨	새벽 신
旬	열흘 순		試	시험 시		辰	때 신
脣	입술 순		是	이 시			별이름 진
			施	베풀 시			
			視	볼 시			

술
戌 개 술
術 재주 술
述 펼 술

侍 모실 시
矢 화살 시

실
室 집 실
失 잃을 실
實 열매 실

씨
氏 성씨 씨

숭
崇 높을 숭

식
植 심을 식
食 먹을 식
  밥 사
式 법 식
識 알 식
  기록할 지
飾 꾸밀 식
息 숨쉴 식

심
心 마음 심
深 깊을 심
甚 심할 심
尋 찾을 심
審 살필 심

습
習 익힐 습
拾 주을 습
  열 십
濕 젖을 습
襲 엄습할 습

십
十 열 십

ㅇ

승
勝 이길 승
乘 탈 승
承 이을 승
昇 오를 승
僧 중 승

신
新 새 신
身 몸 신
信 믿을 신
神 귀신 신
臣 신하 신
辛 매울 신
申 납 신
伸 펼 신

아
我 나 아
兒 아이 아
芽 싹 아
亞 버금 아
雅 맑을 아
餓 주릴 아

시
時 때 시
市 저자 시
詩 시 시

牙 어금니 아

악
惡 악할 악
　　미워할 오
岳 큰산 악
樂 풍류 악
　　즐길 락
　　좋아할 요

안
顔 낯 안
案 책상 안
安 편안 안
眼 눈 안
岸 언덕 안
雁 기러기 안

알
謁 뵐 알

암
巖 바위 암
暗 어두울 암

압
壓 누를 압
押 누를 압

앙
仰 우러를 앙

央 가운데 앙
殃 재앙 앙

애
愛 사랑 애
哀 슬플 애
涯 물가 애

액
額 이마 액
厄 액 액
液 진 액

야
野 들 야
夜 밤 야
也 어조사 야
耶 어조사 야
　　간사할 사

약
藥 약 약
弱 약할 약
若 같을 약
約 맺을 약
躍 뛸 약

양
洋 큰바다 양
讓 사양할 양
陽 볕 양

羊 양 양
養 기를 양
揚 날릴 양
樣 모양 양
壤 흙덩이 양
楊 버들 양

어
魚 고기 어
漁 고기잡을 어
語 말씀 어
於 어조사 어
御 거느릴 어

억
億 억 억
憶 생각할 억
抑 누를 억

언
言 말씀 언
焉 어찌 언

엄
嚴 엄할 엄

업
業 업 업

여
如 같을 여

余	나 여
汝	너 여
餘	남을 여
與	줄 여
予	나 여
輿	수레 여

역
亦	또 역
逆	거스를 역
易	바꿀 역
	쉬울 이
疫	전염병 역
驛	역 역
役	부릴 역
域	지경 역
譯	번역할 역

연
煙	연기 연
研	갈 연
然	그럴 연
燕	제비 연
燃	탈 연
演	펼 연
鉛	납 연
延	늘일 연
軟	연할 연
沿	물따라갈 연
宴	잔치 연
緣	인연 연

열
熱	더울 열
悅	기뻐할 열
說	기쁠 열
	말씀 설
	달랠 세
閱	셀 열

염
炎	불꽃 염
鹽	소금 염
染	물들 염

엽
| 葉 | 입 엽 |

영
榮	비칠 영
永	길 영
英	꽃부리 영
迎	맞을 영
影	그림자 영
泳	헤엄칠 영
營	경영할 영
映	영화 영
詠	읊을 영

예
藝	재주 예
豫	미리 예
譽	명예 예
銳	날카로울 예

오
吾	나 오
五	다섯 오
午	낮 오
悟	깨달을 오
誤	그릇칠 오
烏	까마귀 오
嗚	슬플 오
娛	즐길 오
汚	더러울 오
傲	거만할 오
惡	미워할 오
	악할 악

옥
屋	집 옥
玉	구슬 옥
獄	옥 옥

온
| 溫 | 따뜻할 온 |

옹
| 翁 | 늙은이 옹 |
| 擁 | 낄 옹 |

와
| 臥 | 누울 와 |
| 瓦 | 기와 와 |

완
完 완전할 완
緩 느릴 완

왈
曰 가로 왈

왕
王 임금 왕
往 갈 왕

외
外 바깥 외
畏 두려워할 외

요
要 요긴할 요
搖 흔들 요
謠 노래 요
腰 허리 요
遙 멀 요
樂 좋아할 요
　　 즐길 락
　　 풍류 악

욕
欲 하고자할 욕
浴 목욕할 욕
辱 욕될 욕
慾 욕심 욕

용
用 쓸 용
容 얼굴 용
勇 용감할 용
庸 떳떳할 용

우
宇 집 우
憂 근심 우
右 오른 우
雨 비 우
友 벗 우
牛 소 우
又 또 우
遇 만날 우
尤 더욱 우
于 어조사 우
羽 깃 우
愚 어리석을 우
優 넉넉할 우
郵 우편 우
偶 짝 우

운
雲 구름 운
云 이를 운
運 옮길 운
韻 운 운

웅
雄 수컷 웅

원
圓 둥글 원
遠 멀 원
怨 원망할 원
願 원할 원
原 언덕 원
園 동산 원
元 으뜸 원
員 인원 원
援 도울 원
源 근원 원
院 집 원

월
月 달 월
越 넘을 월

위
位 자리 위
危 위태할 위
爲 할 위
偉 클 위
威 위엄 위
緯 씨 위
胃 밥통 위
圍 에워쌀 위
委 맡길 위
衛 지킬 위
違 어긋날 위
慰 위로할 위
謂 이를 위

偽　거짓 위

유
唯　오직 유
油　기름 유
幼　어릴 유
有　있을 유
遊　놀 유
由　말미암을 유
遺　남길 유
柔　부드러울 유
酉　닭 유
猶　오히려 유
儒　선비 유
幽　그윽할 유
惟　생각할 유
維　벼리 유
乳　젖 유
裕　넉넉할 유
誘　꾈 유
悠　멀 유
愈　나을 유

육
肉　고기 육
育　기를 육

윤
潤　불을 윤
閏　윤달 윤

은
恩　은혜 은
銀　은 은
隱　숨을 은

을
乙　새 을

음
音　소리 음
吟　읊을 음
陰　그늘 음
飮　마실 음
淫　음란할 음

읍
邑　고을 읍
泣　울 읍

응
應　응할 응
凝　엉길 응

의
醫　의원 의
意　뜻 의
衣　옷 의
依　의지할 의
義　옳을 의
議　의논할 의
矣　어조사 의
儀　거동 의
疑　의심할 의
宜　마땅 의

이
二　둘 이
以　써 이
異　다를 이
移　옮길 이
耳　귀 이
已　이미 이
而　말이을 이
夷　오랑캐 이
易　쉬울 이
　　바꿀 역

익
益　더할 익
翼　날개 익

인
忍·因　참을 인
　　　인할 인
人　사람 인
印　도장 인
引　이끌 인
仁　어질 인
認　알 인
寅　범 인
姻　혼인할 인

일
日 날 일
一 한 일
逸 편안할 일

임
壬 천간 임
任 맡길 임
賃 품삯 임

입
入 들 입

ㅈ

자
子 아들 자
自 스스로 자
字 글자 자
者 사람 자
姉 누이 자
慈 인자할 자
資 재물 자
姿 맵시 자
刺 찌를 자
玆 이 자
恣 방자할 자
紫 자줏빛 자

작
作 지을 작
昨 어제 작
酌 짐작할 작
爵 벼슬 작

잔
殘 남을 잔

잠
潛 잠길 잠
暫 잠깐 잠

잡
雜 섞일 잡

장
長 길 장
將 장수 장
場 마당 장
章 글 장
壯 장할 장
丈 어른 장
障 막힐 장
臟 오장 장
獎 장려할 장
張 베풀 장
裝 꾸밀 장
藏 감출 장
帳 휘장 장
腸 창자 장
墻 담 장
葬 장사지낼 장
莊 씩씩할 장
粧 단장할 장
掌 손바닥 장
狀 문서 장
　 형상 상

재
在 있을 재
再 두 재
財 재물 재
材 재목 재
才 재주 재
栽 심을 재
哉 어조사 재
災 재앙 재
裁 옷마를 재
載 실을 재
齊 재계할 재
　 가지런할 제
宰 재상 재

쟁
爭 다툴 쟁

저
貯 쌓을 저
低 낮을 저
著 드러날 저
底 밑 저

抵 막을 저
諸 어조사 저
　　모두 제

적
的 과녁 적
赤 붉을 적
適 맞을 적
敵 원수 적
寂 고요할 적
籍 문서 적
積 쌓을 적
績 길쌈 적
賊 도둑 적
摘 딸 적
跡 발자취 적
滴 물방울 적

전
典 법 전
前 앞 전
田 밭 전
全 온전 전
錢 돈 전
展 펼 전
戰 싸울 전
電 번개 전
專 오로지 전
轉 구를 전
傳 전할 전
殿 전각 전

절
絶 끊을 절
節 마디 절
折 꺾을 절
切 끊을 절
　 모두 체
竊 훔칠 절

점
店 가게 점
漸 점점 점
占 점칠 점
點 점 점

접
接 이을 접
蝶 나비 접

정
正 바를 정
井 우물 정
淨 깨끗할 정
定 정할 정
丁 고무래 정
停 머무를 정
庭 뜰 정
政 정사 정
精 정할 정
情 뜻 정
貞 곧을 정
頂 정수리 정

靜 고요할 정
亭 정자 정
訂 바로잡을 정
廷 조정 정
程 한도 정
征 칠 정
整 가지런할 정

제
弟 아우 제
第 차례 제
製 지을 제
祭 제사 제
題 제목 제
帝 임금 제
諸 모두 제
　 어조사 저
除 덜 제
提 끌 제
齊 가지런할 제
　 재계할 재
際 즈음 제
濟 건널 제
制 절제할 제
堤 둑 제

조
兆 억조 조
助 도울 조
鳥 새 조
早 이를 조

造 만들 조
朝 아침 조
祖 조상 조
調 고를 조
租 세금 조
照 비칠 조
組 짤 조
燥 마를 조
條 가지 조
操 잡을 조
潮 조수 조
弔 조상할 조

【족】
足 발 족
族 겨레 족

【존】
存 있을 존
尊 높을 존

【졸】
卒 마칠 졸
拙 옹졸할 졸

【종】
種 씨 종
鍾 쇠북 종
終 마칠 종
從 따를 종
宗 마루 종

縱 세로 종

【좌】
坐 앉을 좌
左 왼 좌
佐 도울 좌
座 자리 좌

【죄】
罪 허물 죄

【주】
宙 집 주
主 주인 주
酒 술 주
走 달릴 주
朱 붉을 주
注 물댈 주
晝 낮 주
住 살 주
舟 배 주
株 그루 주
周 두루 주
柱 기둥 주
州 고을 주
洲 물가 주
奏 아뢸 주
珠 구슬 주
鑄 쇠불릴 주

【죽】
竹 대 죽

【준】
準 준할 준
俊 준걸 준
遵 쫓을 준

【중】
中 가운데 중
重 무거울 중
衆 무리 중
仲 버금 중

【즉】
卽 곧 즉
則 곧 즉
　 법칙 칙

【증】
證 증거 증
曾 일찍 증
增 더할 증
蒸 찔 증
憎 미워할 증
症 증세 증
贈 줄 증

【지】
只 다만 지
支 지탱할 지

之 갈 지
地 땅 지
知 알 지
止 그칠 지
紙 종이 지
指 가리킬 지
持 가질 지
至 이를 지
志 뜻 지
枝 가지 지
池 못 지
誌 기록할 지
遲 더딜 지
智 지혜 지
識 기록할 지
　 알 식

직
直 곧을 직
職 직분 직
織 짤 직

진
盡 다할 진
辰 별 진(신)
進 나아갈 진
眞 참 진
陣 진칠 진
振 떨칠 진
鎭 진압할 진
珍 보배 진

陳 베풀 진
震 우레 진

질
質 바탕 질
疾 병 질
姪 조카 질
秩 차례 질

집
執 잡을 집
集 모을 집

징
徵 부를 징
懲 징계할 징

ㅊ

차
此 이 차
次 버금 차
借 빌 차
且 또 차
差 어긋날 차
車 성씨 차
　 수레 거

착
着 붙을 착
錯 어긋날 착
捉 잡을 착

찬
贊 도울 찬
讚 기릴 찬

찰
察 살필 찰

참
參 참여할 참
　 석 삼
慘 참혹할 참
慙 부끄러울 참

창
昌 창성할 창
唱 부를 창
窓 창 창
倉 곳집 창
蒼 푸를 창
暢 화창할 창
創 비롯할 창

채
菜 나물 채
採 캘 채
彩 채색 채

債 빚 채

책
責 꾸짖을 책
冊 책 책
策 꾀 책

처
妻 아내 처
處 곳 처

척
尺 자 척
斥 물리칠 척
拓 넓힐 척
戚 친척 척

천
千 일천 천
天 하늘 천
川 내 천
泉 샘 천
淺 얕을 천
薦 천거할 천
遷 옮길 천
踐 밟을 천
賤 천할 천

철
鐵 쇠 철
哲 밝을 철

徹 통할 철

첨
添 더할 첨
尖 뾰족할 첨

첩
妾 첩 첩

청
靑 푸를 청
晴 갤 청
請 청할 청
淸 맑을 청
聽 들을 청
廳 관청 청

체
體 몸 체
替 바꿀 체
切 모두 체
　 끊을 절
滯 막힐 체
逮 미칠 체
遞 갈릴 체

초
草 풀 초
初 처음 초
招 부를 초
超 뛰어넘을 초

抄 베낄 초
肖 닮을 초
礎 초석 초
秒 분초 초

촉
促 재촉할 촉
觸 닿을 촉
燭 촛불 촉
屬 이을 촉
　 무리 속

촌
村 마을 촌
寸 마디 촌

총
聰 귀밝을 총
銃 총 총
總 거느릴 총

최
最 최고 최
催 재촉할 최
衰 상복 최
　 쇠할 쇠

추
秋 가을 추
追 쫓을 추
推 밀 추

抽 뽑을 추
醜 추할 추

축

祝 빌 축
丑 소 축
築 지을 축
蓄 모을 축
逐 쫓을 축
畜 가축 축
縮 줄일 축

춘

春 봄 춘

출

出 날 출

충

忠 충성 충
蟲 벌레 충
充 채울 충
衝 찌를 충

취

吹 불 취
取 취할 취
就 나아갈 취
臭 냄새 취
醉 취할 취
趣 뜻 취

측

側 곁 측
測 헤아릴 측

층

層 층 층

치

致 이를 치
治 다스릴 치
齒 이 치
恥 부끄러울 치
置 둘 치
値 값 치

칙

則 법 칙
　　곧 즉

친

親 친할 친

칠

七 일곱 칠
漆 옻 칠

침

針 바늘 침
枕 베개 침
沈 잠길 침
浸 잠길 침
侵 침노할 침
寢 잘 침

칭

稱 일컬을 칭

ㅋ

쾌

快 쾌할 쾌

ㅌ

타

他 다를 타
打 칠 타
墮 떨어질 타
妥 온당할 타

탁

濯 씻을 탁
托 맡길 탁
濁 흐릴 탁
度 헤아릴 탁
　 법도 도
卓 높을 탁

탄
炭 숯 탄
彈 탄알 탄
歎 탄식할 탄
誕 낳을 탄

탈
脫 벗을 탈
奪 빼앗을 탈

탐
探 찾을 탐
貪 탐낼 탐

탑
塔 탑 탑

탕
湯 끓을 탕

태
泰 클 태
太 클 태
態 모습 태
怠 게으를 태
殆 위태로울 태

택
宅 집 택
擇 가릴 택
澤 못 택

토
土 흙 토
吐 토할 토
討 칠 토

통
通 통할 통
統 거느릴 통
痛 아플 통
洞 밝을 통
　 골 동

퇴
退 물너갈 퇴
推 밀 퇴
　 밀 추

투
投 던질 투
透 사무칠 투
鬪 싸울 투

특
特 특별할 특

ㅍ

파
波 물결 파
破 깨뜨릴 파
派 갈래 파
播 뿌릴 파
罷 마칠 파
頗 자못 파
把 잡을 파

판
判 판단할 판
板 널 판
版 판목 판
販 팔 판

팔
八 여덟 팔

패
貝 조개 패
敗 패할 패
背 위반할 패
　 등 배

편
片 조각 편
便 편할 편
　 똥오줌 변
篇 책 편
編 엮을 편
遍 두루 편
偏 치우칠 편

평
平 평평할 평
評 평할 평

폐
閉 닫을 폐
幣 화폐 폐
廢 폐할 폐
蔽 덮을 폐
弊 폐단 폐
肺 허파 폐

포
布 베 포
抱 안을 포
暴 사나울 포
　 드러날 폭
包 쌀 포
胞 세포 포
飽 배부를 포
浦 개 포
捕 잡을 포

폭
暴 드러날 폭
　 사나울 포
爆 불터질 폭
幅 폭 폭

표
表 겉 표

票 표 표
標 표할 표
漂 떠다닐 표

품
品 물건 품

풍
風 바람 풍
豊 풍년 풍

피
皮 가죽 피
彼 저 피
疲 피곤할 피
被 입을 피
避 피할 피

필
匹 짝 필
必 반드시 필
筆 붓 필
畢 마칠 필

ㅎ

하
下 아래 하
何 어찌 하
夏 여름 하
河 물 하
賀 하례할 하
荷 멜 하

학
學 배울 학
鶴 학 학

한
恨 한 한
寒 찰 한
閑 한가할 한
限 한할 한
漢 한나라 한
韓 나라 한
汗 땀 한
旱 가물 한

할
割 벨 할

함
咸 다 함
含 머금을 함
陷 빠질 함

합
合 합할 합

항
- 抗 겨룰 **항**
- 恒 항상 **항**
- 巷 거리 **항**
- 航 배 **항**
- 項 항목 **항**
- 港 항구 **항**
- 行 항렬 **항**
  - 다닐 **행**
- 降 항복할 **항**
  - 내릴 **강**

해
- 亥 돼지 **해**
- 害 해할 **해**
- 海 바다 **해**
- 奚 어찌 **해**
- 解 풀 **해**
- 該 마땅 **해**

핵
- 核 씨 **핵**

행
- 行 다닐 **행**
  - 항렬 **항**
- 幸 다행 **행**

향
- 向 향할 **향**
- 享 누릴 **향**
- 香 향기 **향**
- 鄕 시골 **향**
- 響 소리 **향**

허
- 許 허락할 **허**
- 虛 빌 **허**

헌
- 軒 집 **헌**
- 憲 법 **헌**
- 獻 드릴 **헌**

험
- 險 험할 **험**
- 驗 시험 **험**

혁
- 革 가죽 **혁**

현
- 玄 검을 **현**
- 現 나타날 **현**
- 絃 줄 **현**
- 賢 어질 **현**
- 縣 고을 **현**
- 懸 매달 **현**
- 顯 나타날 **현**
- 見 뵈올 **현**
  - 볼 **견**

혈
- 血 피 **혈**

협
- 協 화합할 **협**
- 脅 겨드랑이 **협**
- 嫌 싫어할 **혐**

형
- 兄 맏 **형**
- 刑 형벌 **형**
- 亨 형통할 **형**
- 形 모양 **형**
- 螢 반딧불 **형**
- 衡 저울대 **형**

혜
- 兮 어조사 **혜**
- 惠 은혜 **혜**
- 慧 슬기로울 **혜**

호
- 互 서로 **호**
- 戶 지게 **호**
- 乎 어조사 **호**
- 好 좋을 **호**
- 呼 부를 **호**
- 虎 범 **호**
- 胡 오랑캐 **호**
- 浩 넓을 **호**
- 毫 터럭 **호**

IV. 부록

湖 호수 호
號 이름 호
豪 호걸 호
護 도울 호

혹
或 혹 혹
惑 미혹할 혹

혼
婚 혼인할 혼
昏 어두울 혼
混 섞일 혼
魂 넋 혼

홀
忽 갑자기 홀

홍
弘 클 홍
洪 넓을 홍
紅 붉을 홍
鴻 기러기 홍

화
火 불 화
化 될 화
禾 벼 화
花 꽃 화
和 화할 화
貨 재물 화

華 빛날 화
畫 그림 화
　 그을 획
話 말씀 화
禍 재화 화

확
確 굳을 확
擴 넓힐 확
穫 거둘 확

환
丸 둥글 환
患 근심 환
換 바꿀 환
還 돌아올 환
環 고리 환
歡 기쁠 환

활
活 살 활

황
況 상황 황
荒 거칠 황
皇 임금 황
黃 누를 황

회
回 돌아올 회
悔 뉘우칠 회

灰 재 회
會 모일 회
懷 품을 회

획
劃 그을 획
獲 얻을 획
畫 그을 획
　 그림 화

횡
橫 가로 횡

효
孝 효도 효
效 본받을 효
曉 새벽 효

후
侯 제후 후
厚 두터울 후
後 뒤 후
候 기후 후

훈
訓 가르칠 훈

훼
毀 헐 훼

휘
揮 휘두를 **휘**
輝 빛날 **휘**

휴
休 쉴 **휴**
携 이끌 **휴**

휼
穴 굴 **휼**

흉
凶 흉할 **흉**
胸 가슴 **흉**

흑
黑 검을 **흑**

흡
吸 마실 **흡**

흥
興 일 **흥**

희
希 바랄 **희**
稀 드물 **희**
喜 기쁠 **희**
戱 놀이 **희**

2 교육용 한자 (부수 빈도순)

93자

水

渴	목마를 갈
減	덜 감
江	강 강
激	격할 격
決	결단할 결
潔	깨끗할 결
溪	시내 계
求	구할 구
汽	물끓는김 기
泥	진흙 니
淡	맑을 담
渡	건널 도
洞	골짜기 동
濫	넘칠 람
浪	물결 랑
涼	서늘할 량
淚	눈물 루
漏	샐 루
流	흐를 류
漠	사막 막
滿	찰 만
漫	질펀할 만
滅	다할 멸
沒	가라앉을 몰
泊	머무를 박
法	법 법
浮	뜰 부
氷	얼음 빙
沙	모래 사
涉	건널 섭
洗	씻을 세
消	사라질 소
水	물 수
淑	맑을 숙
濕	젖을 습
深	깊을 심
涯	물가 애
液	진 액
洋	큰바다 양
漁	고기잡을 어
汝	너 여
演	펼 연
沿	따를 연
永	길 영
泳	헤엄칠 영
汚	더러울 오
溫	따뜻할 온
浴	목욕할 욕
源	근원 원
油	기름 유
潤	젖을 윤
淫	음란할 음
泣	울 읍
潛	잠길 잠
滴	물방울 적
漸	점점 점
淨	깨끗할 정
濟	건널 제
潮	조수 조
注	물댈 주
洲	섬 주
準	준할 준
池	못 지
泉	샘 천
淺	얕을 천
添	더할 첨
淸	맑을 청
滯	막힐 체
測	잴 측
治	다스릴 치
漆	옻 칠
沈	가라앉을 침
浸	잠길 침
濁	흐릴 탁
濯	씻을 탁

湯	끓을 탕	儉	검소할 검	像	형상 상
泰	클 태	傾	기울 경	償	갚을 상
澤	못 택	係	맬 계	仙	신선 선
波	물결 파	供	이바지할 공	俗	풍속 속
派	물갈래 파	俱	함께 구	修	닦을 수
浦	개 포	僅	겨우 근	僧	중 승
漂	떠돌 표	今	이제 금	侍	모실 시
河	물 하	企	꾀할 기	信	믿을 신
漢	나라 한	但	다만 단	伸	펼 신
汗	땀 한	代	대신할 대	仰	우러를 앙
港	항구 항	倒	넘어질 도	億	억 억
海	바다 해	令	하여금 령	余	나 여
湖	호수 호	例	법식 례	傲	거만할 오
浩	클 호	僚	동료 료	優	넉넉할 우
混	섞을 혼	倫	인륜 륜	偶	짝 우
洪	큰물 홍	侮	업신여길 모	位	자리 위
活	살 활	伴	짝 반	偉	훌륭할 위
況	상황 황	倣	본뜰 방	僞	거짓 위
		傍	곁 방	儒	선비 유
		倍	곱 배	依	의지할 의

87자

人

		伯	맏 백	儀	거동 의
		伐	칠 벌	以	써 이
		保	지킬 보	人	사람 인
價	값 가	伏	엎드릴 복	仁	어질 인
假	거짓 가	付	줄 부	任	맡길 임
佳	아름다울 가	佛	부처 불	作	지을 작
個	낱 개	備	갖출 비	低	밑 저
介	낄일 개	使	시킬 사	傳	전할 전
件	물건 건	仕	벼슬 사	停	머무를 정
健	굳셀 건	似	같을 사	佐	도울 좌
傑	뛰어날 걸	傷	다칠 상	住	살 주

俊	준걸 준	懼	두려워할 구	憂	근심할 우
仲	버금 중	急	급할 급	怨	원망할 원
借	빌 차	忌	꺼릴 기	慰	위로할 위
倉	곳집 창	念	생각 념	悠	멀 유
債	빚 채	怒	성낼 노	惟	생각할 유
促	재촉할 촉	惱	번뇌할 뇌	愈	나을 유
催	재촉할 최	慮	생각할 려	恩	은혜 은
側	곁 측	戀	사모할 련	應	응할 응
値	값 치	憐	불쌍히여길 련	意	뜻 의
侵	침노할 침	慢	게으를 만	忍	참을 인
他	다를 타	忘	잊을 망	慈	사랑할 자
便	편할 편	忙	바쁠 망	恣	방자할 자
偏	치우칠 편	慕	그릴 모	情	뜻 정
何	어찌 하	憫	근심할 민	憎	미워할 증
候	기후 후	憤	분할 분	志	뜻 지
侯	제후 후	悲	슬플 비	懲	징계할 징
休	쉴 휴	思	생각 사	慘	참혹할 참
		想	생각할 상	慚	부끄러울 참
		恕	용서할 서	忠	충성 충

75자

懇	정성 간	惜	아낄 석	恥	부끄러워할 치
感	느낄 감	性	성품 성	快	쾌할 쾌
慨	분개할 개	愁	근심 수	態	모양 태
慶	경사 경	息	쉴 식	怠	게으름 태
恐	두려울 공	心	마음 심	必	반드시 필
恭	공손할 공	惡	악할 악	恨	한할 한
慣	버릇 관	愛	사랑 애	恒	항상 항
怪	기이할 괴	憶	생각할 억	憲	법 헌
愧	부끄러워할 괴	悅	기쁠 열	懸	매달 현
		悟	깨달을 오	惠	은혜 혜
		慾	욕심 욕	慧	슬기로울 혜
		愚	어리석을 우	惑	미혹할 혹

忽	소홀히할 홀
患	근심 환
悔	뉘우칠 회
懷	품을 회

67자

木

架	시렁 가
槪	대개 개
檢	검사할 검
格	바로잡을 격
械	기계 계
桂	계수나무 계
枯	마를 고
果	과실 과
校	학교 교
橋	다리 교
構	얽을 구
權	권세 권
極	다할 극
根	뿌리 근
機	틀 기
棄	버릴 기
檀	박달나무 단
桃	복숭아나무 도
東	동녘 동
樂	즐길 락
欄	난간 란
來	올 래
梁	들보 량
樓	다락 루
柳	버들 류
栗	밤 률
李	오얏 리
梨	배나무 리
林	수풀 림
末	끝 말
梅	매화나무 매
模	법 모
某	아무개 모
木	나무 목
未	아닐 미
朴	순박할 박
杯	잔 배
本	밑 본
査	조사할 사
森	수풀 삼
桑	뽕나무 상
析	조갤 석
束	묶을 속
松	송나무 송
樹	나무 수
植	심을 식
案	책상 안
樣	모양 양
楊	버들 양
業	업 업
染	물들일 염
榮	영화 영
柔	부드러울 유
材	재목 재
栽	심을 재
條	가지 조
朱	붉을 주
柱	기둥 주
株	그루 주
枝	가지 지
村	마을 촌
枕	베개 침
板	널빤지 판
標	표 표
楓	단풍 풍
核	씨 핵
橫	가로 횡

66자

手

擧	들 거
拒	막을 거
據	근거 거
擊	부딪칠 격
掛	걸 괘
拘	잡을 구
拳	주먹 권
技	재주 기
擔	멜 담
挑	돋울 도
掠	노략질할 략
拍	칠 박

拔	뽑을 발	持	가질 지	警	경계할 경
拜	절 배	振	떨칠 진	計	꾀 계
排	밀칠 배	捉	잡을 착	課	과정 과
扶	도울 부	採	캘 채	誇	자랑할 과
拂	떨칠 불	拓	넓힐 척	謹	삼갈 근
批	비평할 비	招	부를 초	記	기록할 기
捨	버릴 사	抄	뽑을 초	諾	허락할 낙
攝	다스릴 섭	推	밀 추	談	말씀 담
掃	쓸 소	抽	뽑을 추	讀	읽을 독
損	덜 손	打	칠 타	諒	믿을 량
手	손 수	托	맡길 탁	論	말할 론
授	줄 수	探	찾을 탐	謀	꾀할 모
搜	찾을 수	擇	가릴 택	訪	찾을 방
拾	주울 습	投	던질 투	變	변할 변
承	받을 승	把	잡을 파	譜	족보 보
押	누를 압	播	뿌릴 파	謝	사례할 사
揚	오를 양	抱	안을 포	詞	말씀 사
抑	누를 억	捕	잡을 포	詐	속일 사
擁	낄 옹	抗	막을 항	詳	자세할 상
搖	흔들 요	擴	넓힐 확	誓	맹세할 서
援	당길 원	換	바꿀 환	說	말씀 설
掌	손바닥 장	揮	휘두를 휘	設	베풀 설
才	재주 재	携	가질 휴	誠	정성 성
抵	거스릴 저			訴	하소연할 소
摘	딸 적			訟	송사할 송
折	꺾을 절	**61자**		誦	욀 송
接	이을 접			誰	누구 수
提	끌 제	言		試	시험 시
操	잡을 조	講	외울 강	詩	시 시
拙	옹졸할 졸	訣	이별할 결	識	알 식
指	가리킬 지	謙	겸손할 겸	謁	뵐 알

讓 사양할 양
語 말씀 어
言 말씀 언
譯 번역할 역
詠 읊을 영
譽 기릴 예
誤 그르칠 오
謠 노래 요
謂 이를 위
誘 꾈 유
議 의논할 의
認 알 인
訂 바로잡을 정
諸 모두 제
調 고를 조
證 증거 증
誌 기록할 지
讚 기릴 찬
請 청할 청
誕 낳을 탄
討 칠 토
評 평할 평
該 갖출 해
許 허락할 허
護 도울 호
話 말씀 화
訓 가르칠 훈

53자

口

可 옳을 가
各 각각 각
啓 열 개
古 옛 고
告 고할 고
哭 울 곡
口 입 구
句 글귀 구
君 임금 군
叫 부르짖을 규
器 그릇 기
吉 길할 길
單 홑 단
唐 당나라 당
同 한가지 동
吏 벼슬아치 리
名 이름 명
命 목숨 명
問 물을 문
味 맛 미
否 아닐 부
史 사관 사
司 맡을 사
商 장사 상
喪 죽을 상
嘗 맛볼 상
善 착할 선
召 부를 소

哀 슬플 애
嚴 엄할 엄
吾 나 오
嗚 슬플 오
右 오른쪽 우
員 인원 원
唯 오직 유
吟 읊을 음
哉 어조사 재
周 두루 주
只 다만 지
唱 노래 창
哲 밝을 철
吹 불 취
吐 토할 토
品 물건 품
含 머금을 함
咸 다 함
合 합할 합
向 향할 향
呼 부를 호
和 화할 화
回 돌 회
吸 마실 흡
喜 기쁠 희

49자

糸

綱 벼리 강

絹	비단 견	緯	씨 위	迫	핍박할 박
結	맺을 결	維	벼리 유	返	돌아올 반
經	날 경	紫	자주빛 자	邊	가 변
系	맬 계	績	길쌈할 적	逢	만날 봉
繼	이을 계	絶	끊을 절	逝	갈 서
繫	맬 계	組	짤 조	選	가릴 선
糾	꼴 규	終	끝날 종	速	빠를 속
級	등급 급	縱	좇을 종	送	보낼 송
給	넉넉할 급	紙	종이 지	遂	드디어 수
紀	벼리 기	織	짤 직	述	펼 술
緊	긴할 긴	總	거느릴 총	逆	거스를 역
納	들일 납	縮	줄일 축	延	늘일 연
絡	이을 락	統	거느릴 통	迎	맞이할 영
練	익힐 련	編	엮을 편	遙	멀 요
綠	푸를 록	絃	줄 현	遇	만날 우
累	여러 루	縣	고을 현	運	옮길 운
綿	솜 면	紅	붉을 홍	遠	멀 원
紋	무늬 문			違	어긋날 위
繁	번성할 번			遊	놀 유
紛	어지러울 분	**47자**		遺	남길 유
絲	실 사			逸	편안할 일
索	찾을 색	辶		適	맞을 적
緖	실마리 서	遣	보낼 견	造	만들 조
線	줄 선	過	지날 과	週	돌 주
細	가늘 세	近	가까울 근	遵	좇을 준
素	흴 소	達	통달할 달	遲	늦을 지
續	이를 속	道	길 도	進	나아갈 진
純	순수할 순	逃	달아날 도	遷	옮길 천
約	맺을 약	途	길 도	逮	잡을 체
緣	인연 연	連	잇닿을 련	遞	갈마들 체
緩	느릴 완	迷	미혹할 미	追	쫓을 추

逐	쫓을 축		藥	약 약		明	밝을 명
通	통할 통		若	같을 약		暮	저물 모
退	물러날 퇴		葉	잎 엽		普	넓을 보
透	통할 투		英	꽃부리 영		暑	더울 서
遍	두루 편		藝	재주 예		昔	옛 석
避	피할 피		莊	씩씩할 장		星	별 성
還	돌아올 환		葬	장사지낼 장		昭	밝을 소
			藏	감출 장		旬	열흘 순
			著	나타날 저		昇	오를 승

39자

艹

蓋	덮을 개		蒸	찔 증		時	때 시
苦	쓸 고		蒼	푸를 창		是	옳을 시
苟	진실로 구		菜	나물 채		晨	새벽 신
菊	국화 국		薦	천거할 천		暗	어두울 암
菌	버섯 균		草	풀 초		易	바꿀 역
茶	차 다		蓄	모을 축		映	비출 영
落	떨어질 락		蔽	덮을 폐		曜	빛날 요
蘭	난초 란		荷	멜 하		日	날 일
蓮	연꽃 련		花	꽃 화		昨	어제 작
莫	없을 막		華	빛날 화		暫	잠깐 잠
茫	아득할 망		荒	거칠 황		早	일찍 조
蒙	어두울 몽					晝	낮 주
苗	모 묘					智	지혜 지
茂	우거질 무		### 36자			昌	창성할 창
薄	엷을 박					暢	펼 창
芳	꽃다울 방		日			晴	갤 청
蘇	깨어날 소		暇	겨를 가		春	봄 춘
蔬	나물 소		景	별 경		暴	사나울 폭
芽	싹 아		暖	따듯할 난		旱	가물 한
			旦	아침 단		昏	어두울 혼
			曆	지낼 력		曉	새벽 효
			晩	늦을 만			

宀

家	집 가
客	손 객
寡	적을 과
官	벼슬 관
寬	너그러울 관
宮	집 궁
寄	부칠 기
寧	편안할 녕
密	빽빽할 밀
寶	보배 보
富	넉넉할 부
寫	베낄 사
宣	베풀 선
守	지킬 수
宿	잘 숙
室	집 실
實	열매 실
審	살필 심
安	편안 안
宴	잔치 연
完	완전할 완
容	얼굴 용
宇	집 우
宜	마땅 의
寅	범 인
字	글자 자
宰	재상 재
寂	고요할 적
定	정할 정
宗	마루 종
宙	집 주
察	살필 찰
寢	잘 침
宅	집 택
寒	찰 한
害	해할 해

33자

貝

貢	바칠 공
貫	꿸 관
貴	귀할 귀
規	법 규
貸	빌릴 대
賴	의뢰할 뢰
買	살 매
賣	팔 매
貿	바꿀 무
負	질 부
賦	부세 부
費	쓸 비
貧	가난할 빈
賓	손 빈
賜	줄 사
賞	상줄 상
賃	품팔이 임
資	재물 자
財	재물 재
貯	쌓을 저
賊	도둑 적
貞	곧을 정
贈	줄 증
質	바탕 질
贊	기릴 찬
責	꾸짖을 책
賤	천할 천
貪	탐할 탐
販	팔 판
貝	조개 패
賀	하례 하
賢	어질 현
貨	재화 화

土

堅	굳을 견
境	지경 경
坤	땅 곤
壞	무너질 괴
塊	흙덩이 괴
均	고를 균
基	터 기
壇	단 단
堂	집 당
塗	진흙 도
埋	묻을 매
墓	무덤 묘
墨	먹 묵
培	북돋울 배
壁	벽 벽
報	갚을 보

墳	무덤 분	妨	방해할 방	隆	높을 륭
塞	막힐 색	婦	며느리 부	陵	큰언덕 릉
城	성씨 성	妃	왕비 비	隣	이웃 린
垂	드리울 수	婢	여자종 비	防	막을 방
壓	누를 압	姓	성씨 성	附	붙을 부
壤	흙덩이 양	始	비로소 시	隨	따를 수
域	지경 역	如	같을 여	阿	언덕 아
場	마당 장	娛	즐길 오	陽	볕 양
墻	담 장	委	맡길 위	院	집 원
在	있을 재	威	위엄 위	隱	숨길 은
堤	둑 제	姻	혼인 인	陰	그늘 음
坐	앉을 좌	姿	맵시 자	障	가로막을 장
增	더할 증	姉	누이 자	除	덜 제
地	땅 지	姪	조카 질	際	사이 제
執	잡을 집	妻	아내 처	陣	진칠 진
塔	탑 탑	妾	첩 첩	陳	베풀 진
土	흙 토	妥	온당할 타	墮	떨어질 타
		嫌	싫어할 혐	限	한할 한
		好	좋을 호	陷	빠질 함
		婚	혼인할 혼	險	험할 험

29자

女

姦	간사할 간
姑	시어머니 고
娘	여자 낭
女	여자 녀
奴	종 노
妄	망령될 망
妹	누이 매
媒	중매 매
妙	묘할 묘

26자

阜

降	내릴 강
隔	사이뜰 격
階	섬돌 계
隊	무리 대
陶	질그릇 도
陸	뭍 륙

刀

刻	새길 각
刊	새길 간
剛	굳셀 강
劍	칼 검
券	문서 권
劇	심할 극
到	이를 도
刀	칼 도
列	벌일 렬

利 이로울 리	腐 썩을 부	燃 탈 연
別 나눌 별	肥 살찔 비	燕 제비 연
副 버금 부	脣 입술 순	熱 더울 열
分 나눌 분	腰 허리 요	炎 불꽃 염
削 깎을 삭	胃 밥통 위	營 경영할 영
刷 인쇄할 쇄	育 기를 육	烏 까마귀 오
刺 찌를 자	肉 고기 육	災 재앙 재
前 앞 전	腸 창자 장	照 밝을 조
切 끊을 절	臟 내장 장	燥 마를 조
制 절제할 제	肖 닮을 초	燭 촛불 촉
創 비롯할 창	脫 벗을 탈	炭 숯 탄
初 처음 초	肺 허파 폐	爆 터질 폭
則 법칙 칙	胞 태보 포	火 불 화
判 판가름할 판	脅 옆구리 협	灰 재 회
割 벨 할	胡 오랑캐 호	
刑 형벌 형	胸 가슴 흉	
劃 그을 획		

23자

金

| 鑑 거울 감 |
| 鋼 강철 강 |
| 鏡 거울 경 |
| 鑛 광물 광 |
| 金 쇠 금 |
| 錦 비단 금 |
| 銅 구리 동 |
| 鈍 둔할 둔 |
| 鍊 단련할 련 |
| 錄 기록할 록 |
| 銘 새길 명 |
| 鎖 쇠사슬 쇄 |

24자

火

| 燈 등잔 등 |
| 烈 세찰 렬 |
| 爐 화로 로 |
| 無 없을 무 |
| 煩 번거로울 번 |
| 燒 불사를 소 |
| 熟 익을 숙 |
| 焉 언찌 언 |
| 然 그럴 연 |
| 煙 연기 연 |

25자

| 脚 다리 각 |
| 肝 간 간 |
| 肩 어깨 견 |
| 肯 즐길 긍 |
| 腦 골 뇌 |
| 能 능할 능 |
| 脈 맥 맥 |
| 背 등 배 |
| 腹 배 복 |

鉛 아연 연
銳 날카로울 예
銀 은 은
錢 돈 전
鐘 쇠북 종
鑄 쇠불릴 주
鎭 진압할 진
錯 어긋날 착
鐵 쇠 철
銃 총 총
針 바늘 침

20자

禾
稿 원고 고
穀 곡식 곡
科 과목 과
稻 벼 도
私 사사로울 사
稅 세금 세
秀 빼어날 수
移 옮길 이
積 쌓을 적
程 헤아릴 정
租 세금 조
種 씨 종
秩 차례 질
秒 분초 초
秋 가을 추

稚 어릴 치
稱 저울대 칭
禾 벼 화
穫 거둘 확
稀 드물 희

竹
簡 편지 간
管 대롱 관
筋 힘줄 근
答 대답 답
篤 도타울 독
等 무리 등
範 법 범
符 부호 부
簿 장부 부
算 셈 산
笑 웃음 소
籍 문서 적
笛 피리 적
節 마디 절
第 차례 제
竹 대나무 죽
策 문서 책
築 모을 축
篇 책 편
筆 붓 필

攵
敢 감히 감
改 고칠 개

敬 공경할 경
故 옛 고
敎 가르칠 교
救 구원할 구
敦 도타울 돈
攵 칠 복
敏 민첩할 민
放 놓을 방
散 흩을 산
敍 펼 서
數 셀 수
收 걷을 수
敵 원수 적
政 정사 정
整 가지런할 정
敗 패할 패
夏 여름 하
效 본받을 효

19자

彳
徑 빠를 경
待 기다릴 대
德 덕 덕
徒 무리 도
得 얻을 득
律 법 률
微 작을 미
復 돌아올 복

徐 천천히 서
循 돌 순
御 거느릴 어
役 부릴 역
往 갈 왕
征 칠 정
從 따를 종
徵 부를 징
徹 통할 철
彼 저 피
後 뒤 후

广
康 편안할 강
庚 별 경
庫 창고 고
廣 넓을 광
度 법 도
廊 사랑채 랑
廉 검소할 렴
廟 사당 묘
府 마을 부
床 평상 상
序 차례 서
庶 무리 서
庸 떳떳할 용
底 밑 저
店 가게 점
庭 뜰 정
座 자리 좌
廳 관청 청

廢 폐할 폐

17자

示
禁 금할 금
祈 빌 기
禮 예절 예
祿 복 록
福 복 복
祕 귀신 비
社 땅귀신 사
祀 제사 사
祥 상서 상
禪 고요할 선
示 보일 시
神 귀신 신
祭 제사지낼 제
祖 조상 조
祝 빌 축
票 표 표
禍 재앙 화

力
加 더할 가
功 일할 공
勸 권세 권
勤 부지런할 근
努 힘쓸 노
動 움직일 동
勵 힘쓸 려

力 힘 력
劣 못할 렬
勞 일할 로
勉 힘쓸 면
募 모을 모
務 힘쓸 무
勢 형세 세
勝 이길 승
勇 용감할 용
助 도울 조

頁
頃 잠깐 경
顧 돌아볼 고
頭 머리 두
領 옷깃 령
類 무리 류
頻 자주 빈
頌 기릴 송
須 모름지기 수
順 순할 순
顔 낯 안
額 이마 액
願 원할 원
頂 정수리 정
題 제목 제
頗 자못 파
項 항목 항
顯 나타날 현

16자

田
- 甲 갑옷 **갑**
- 界 경계 **계**
- 畿 경기 **기**
- 男 사내 **남**
- 畓 논 **답**
- 略 간략할 **략**
- 留 머무를 **류**
- 番 차례 **번**
- 申 펼 **신**
- 畏 두려워할 **외**
- 由 말미암을 **유**
- 異 다를 **이**
- 田 밭 **전**
- 畜 가축 **축**
- 畢 마침 **필**
- 畫 그림 **화**

大
- 契 맺을 **계**
- 奇 기이할 **기**
- 奈 어찌 **내**
- 大 큰 **대**
- 奉 받들 **봉**
- 夫 사내 **부**
- 奔 달릴 **분**
- 奮 떨칠 **분**
- 失 잃을 **실**
- 央 가운데 **앙**
- 夷 오랑캐 **이**
- 奏 아뢸 **주**
- 天 하늘 **천**
- 奪 빼앗을 **탈**
- 太 클 **태**
- 奚 어찌 **해**

15자

目
- 看 볼 **간**
- 督 살필 **독**
- 盲 장님 **맹**
- 眠 눈 **안**
- 目 눈 **목**
- 睦 화목할 **목**
- 眉 눈썹 **미**
- 相 서로 **상**
- 省 살필 **성**
- 睡 졸음 **수**
- 瞬 눈깜짝일 **순**
- 眼 눈 **안**
- 直 값 **치**
- 眞 참 **진**
- 着 붙을 **착**

14자

衣
- 裂 찢어질 **렬**
- 裏 속 **리**
- 補 기울 **보**
- 複 겹칠 **복**
- 裳 치마 **상**
- 衰 쇠할 **쇠**
- 襲 염습할 **습**
- 裕 넉넉할 **유**
- 衣 옷 **의**
- 裝 꾸밀 **장**
- 裁 옷마를 **재**
- 製 지을 **제**
- 表 겉 **표**
- 被 입을 **피**

車
- 車 수레 **차**
- 輕 빠를 **경**
- 較 비교할 **교**
- 軍 군사 **군**
- 軌 바퀴자국 **궤**
- 輪 바퀴 **륜**
- 輩 무리 **배**
- 輸 나를 **수**
- 輿 수레 **여**
- 軟 연할 **연**
- 載 실을 **재**
- 轉 구를 **전**

軒 집 헌
輝 빛날 휘

犬

犬 개 견
狂 미칠 광
狗 개 구
獨 외로울 독
獵 사냥할 렵
猛 사나울 맹
犯 범할 범
狀 형상 상
獸 짐승 수
獄 옥 옥
猶 원숭이 원
獎 권면할 면
獻 바칠 헌
獲 얻을 획

13자

巾

帶 띠 대
幕 장막 막
師 스승 사
常 항상 상
席 자리 석
帥 장수 수
市 시장 장
帳 휘장 장

帝 임금 제
幣 비단 폐
布 베 포
幅 폭 폭
希 바랄 희

一

丘 언덕 구
丙 남녘 병
不 아니 불
三 석 삼
上 위 상
世 인간 세
一 한 일
丈 어른 장
丁 고무래 정
且 또 차
丑 소 축
七 일곱 칠
下 아래 하

12자

雨

靈 신령 령
零 떨어질 령
露 이슬 로
雷 우레 뢰
霧 안개 무
霜 서리 상

雪 눈 설
需 구할 수
雨 비 우
雲 구름 운
電 번개 전
震 벼락 진

尸

居 살 거
局 판 국
屈 굽을 굴
屢 여러 루
履 밟을 리
尾 꼬리 미
屛 병풍 병
屬 이을 촉
屋 집 옥
展 펼 전
尺 자 척
層 층 층

邑

郭 성곽 곽
郊 들 교
郡 고을 군
那 어찌 나
都 도읍 도
郞 사내 랑
邦 나라 방
部 거느릴 부
邪 간사할 사

郵	우편 **우**
邑	고을 **읍**
鄕	고향 **향**

11자

口
固	굳을 **고**
困	곤할 **곤**
國	나라 **국**
團	둥글 **단**
圖	그림 **도**
四	넉 **사**
囚	가둘 **수**
園	울타리 **원**
圓	둥글 **원**
圍	에워쌀 **위**
因	인할 **인**

10자

子
季	계절 **계**
孤	고아 **고**
孔	구멍 **공**
孟	맏 **맹**
孫	손자 **손**
孰	누구 **숙**
子	아들 **자**

存	있을 **존**
學	배울 **학**
孝	효도할 **효**

石
硬	굳을 **경**
磨	갈 **마**
碧	푸를 **벽**
碑	비석 **비**
石	돌 **석**
硏	갈 **연**
礎	주춧돌 **초**
破	깨뜨릴 **파**
砲	대포 **포**
確	굳을 **확**

玉
球	공 **구**
琴	거문고 **금**
理	다스릴 **리**
班	나눌 **반**
玉	구슬 **옥**
王	임금 **왕**
珠	구슬 **주**
珍	보배 **진**
現	나타날 **현**
環	반지 **환**

儿
| 光 | 빛 **광** |
| 克 | 이길 **극** |

免	면할 **면**
先	먼저 **선**
兒	아이 **아**
元	으뜸 **원**
兆	조짐 **조**
充	채울 **충**
兎	토끼 **토**
兄	맏 **형**

耳
聯	잇닿을 **련**
聞	들을 **문**
聘	부를 **빙**
聖	성인 **성**
聲	소리 **성**
耶	어조사 **야**
耳	귀 **이**
職	직책 **직**
聽	들을 **청**
聰	귀밝을 **총**

寸
對	대답할 **대**
導	인도할 **도**
封	봉할 **봉**
寺	절 **사**
射	쏠 **사**
尋	찾을 **심**
將	장수 **장**
專	오로지 **전**
尊	높을 **존**

IV. 부록

寸 마디 촌

食
館 집 관
飢 주릴 기
飯 밥 반
食 밥 식
飾 꾸밀 식
餓 주릴 아
養 기를 양
餘 남을 여
飮 마실 음
飽 배부를 포

八
兼 겸할 겸
公 공평할 공
共 함께 공
具 갖출 구
其 그 기
六 여섯 륙
兵 군사 병
典 법 전
八 여덟 팔
兮 어조사 혜

十
南 남녘 남
博 넓을 박
半 반 반
卑 낮을 비
十 열 십
午 낮 오
卒 마칠 졸
千 일천 천
卓 높을 탁
協 화합할 협

9자

山
島 섬 도
嶺 고개 령
峯 봉우리 봉
崩 무너질 붕
山 메 산
崇 높을 숭
岳 큰산 악
岸 언덕 안
巖 바위 암

足
距 떨어질 거
踏 밟을 답
跳 뛸 도
路 길 로
躍 뛸 약
跡 자취 적
蹟 자취 적
足 발 족
踐 밟을 천

戈
戒 경계할 계
戊 다섯째천간 무
成 이룰 성
戌 개 술
我 나 아
戰 싸울 전
戚 겨레 척
或 혹 혹
戲 놀이 희

弓
强 강할 강
弓 활 궁
弱 약할 약
引 끌 인
張 베풀 장
弟 아우 제
弔 조상할 조
彈 탄알 탄
弘 넓을 홍

隹
難 어려울 난
離 떠날 리
雖 비록 수
雙 두 쌍
雅 맑을 아
雁 매 응
雄 숫컷 웅
雜 섞일 잡

集 모을 집

8자

月
期 기약할 기
朗 밝을 랑
望 바랄 망
服 옷 복
朔 초하루 삭
月 달 월
有 있을 유
朝 아침 조

門
間 사이 간
開 열 개
關 문빗장 관
門 문 문
閱 셀 열
閏 윤달 윤
閉 닫을 폐
閑 한가할 한

馬
驚 놀랄 경
驅 몰 구
騎 말탈 기
騰 오를 등
馬 말 마

騷 떠들 소
驛 역 역
驗 시험 험

亠
京 서울 경
交 사귈 교
亡 망할 망
亦 또 역
亭 정자 정
亥 돼지 해
享 누릴 향
亨 형통할 형

日
更 다시 갱
曲 굽을 곡
書 글 서
曰 가로 왈
曾 일찍 증
替 바꿀 체
最 가장 최
會 모일 회

又
及 미칠 급
反 되돌릴 반
叛 배반할 반
受 받을 수
叔 콩 숙
友 벗 우

又 또 우
取 취할 취

止
歸 돌아갈 귀
歷 지낼 력
武 굳셀 무
步 걸음 보
歲 해 세
正 바를 정
止 그칠 지
此 이 차

7자

卩
卿 벼슬 경
卷 책 권
卵 알 란
卯 토끼 묘
危 위태할 위
印 도장 인
卽 곧 즉

乙
乾 하늘 건
乞 빌 걸
九 아홉 구
亂 어지러울 난
也 어조사 야

乳 젖 유
乙 새 을

米
糖 엿 당
粮 양식 량
米 쌀 미
粉 가루 분
粟 조 속
粧 단장할 장
精 정할 정

立
競 다툴 경
竟 다할 경
端 끝 단
童 아이 동
立 설 립
竝 아우를 병
章 글 장

皿
監 볼 감
盜 도둑 도
盟 맹세할 맹
盤 소반 반
盛 성할 성
益 넘칠 익
盡 다할 진

酉
配 짝 배
酉 닭 유
醫 의사 의
酌 따를 작
酒 술 주
醜 추할 추
醉 취할 취

穴
空 빌 공
究 연구할 구
窮 다할 궁
突 갑자기 돌
竊 훔칠 절
窓 창문 창
穴 굴 혈

方
旗 기 기
旅 군사 려
方 모 방
旋 돌 선
施 베풀 시
於 어조사 어
族 겨레 족

网
羅 그물 라
罔 그물 망
罰 죄 벌
署 관청 서

罪 허물 죄
置 둘 치
罷 놓을 파

二
亞 버금 아
五 다섯 오
于 어조사 우
云 이를 운
二 두 이
井 우물 정
互 서로 호

6자

鳥
鷄 닭 계
鳴 울 명
鳳 봉황새 봉
鳥 새 조
鶴 학 학
鴻 기러기 홍

見
覺 깨달을 각
見 볼 견
觀 볼 관
覽 볼 람
視 볼 시
親 가까울 친

虫
- 蜜 꿀 **밀**
- 蜂 벌 **봉**
- 蛇 뱀 **사**
- 蝶 나비 **접**
- 蟲 벌레 **충**
- 螢 반딧불이 **형**

疒
- 病 병 **병**
- 疫 전염병 **역**
- 症 증세 **증**
- 疾 병 **질**
- 痛 아플 **통**
- 疲 피곤할 **피**

欠
- 歌 노래 **가**
- 欺 속일 **기**
- 欲 욕심 **욕**
- 次 버금 **차**
- 歎 탄식할 **탄**
- 歡 기뻐할 **환**

走
- 起 일어날 **기**
- 赴 나아갈 **부**
- 越 넘을 **월**
- 走 달릴 **주**
- 超 뛰어넘을 **초**

- 趣 뜻 **취**

夕
- 多 많을 **다**
- 夢 꿈 **몽**
- 死 죽을 **사**
- 夕 저녁 **석**
- 夜 밤 **야**
- 外 바깥 **외**

5자

歹
- 殊 다를 **수**
- 殉 따라죽을 **순**
- 殃 재앙 **앙**
- 殘 해칠 **잔**
- 殆 위태할 **태**

行
- 術 재주 **술**
- 衛 지킬 **위**
- 衝 충돌할 **충**
- 行 다닐 **행**
- 衡 저울대 **형**

牛
- 牽 이끌 **견**
- 牧 기를 **목**
- 物 물건 **물**

- 牛 소 **우**
- 特 특별할 **특**

工
- 巨 클 **거**
- 工 장인 **공**
- 巧 공교할 **교**
- 左 왼 **좌**
- 差 차이 **차**

斤
- 斤 도끼 **근**
- 斷 끊을 **단**
- 斯 이 **사**
- 新 새 **신**
- 斥 물리칠 **척**

干
- 干 방패 **간**
- 幹 줄기 **간**
- 年 해 **년**
- 平 평평할 **평**
- 幸 다행 **행**

矢
- 矯 바로잡을 **교**
- 短 짧을 **단**
- 矢 화살 **시**
- 矣 어조사 **의**
- 知 알 **지**

白
皆 다 개
白 흰 백
百 일백 백
的 과녁 적
皇 임금 황

亅
了 마칠 료
事 일 사
乘 탈 승
予 나 여
乎 어조사 호

4자

厂
厥 그 궐
厄 액 액
原 언덕 원
厚 두터울 후

里
量 헤아릴 량
里 마을 리
野 들 야
重 무거울 중

冫
冬 겨울 동
凍 얼 동
冷 찰 랭
凝 엉길 응

羽
習 익힐 습
翁 늙은이 옹
羽 깃 우
翼 날개 익

豕
豚 돼지 돈
象 코끼리 상
豫 미리 예
豪 어릴 몽

羊
群 무리 군
美 아름다울 미
羊 양 양
義 옳을 의

虍
處 곳 처
虛 빌 허
號 부르짖을 호
虎 범 호

小
尙 오히려 상
小 작을 소

心
愼 삼갈 신
尖 뾰족할 첨

士
壽 목숨 수
壬 아홉째천간 임
壯 씩씩할 장
士 흙 토

殳
段 구분 단
殺 죽일 살
殿 큰집 전
毁 헐 훼

入
內 안 내
兩 두 량
入 들 입
全 온전 전

舟
般 돌 반
船 배 선
舟 배 주
航 배 항

黑
黨 무리 당
默 묵묵할 묵
點 점 점

黑　검을 흑

辛
辯　말씀 변
辨　분별할 변
辭　말 사
辛　매울 신

3자

丿
久　오랠 구
乃　이내 내
之　갈 지

幺
幾　기미 기
幼　어릴 유
幽　그윽할 유

辰
農　농사 농
辱　욕 욕
辰　별 진

巛
巡　돌 순
州　고을 주
川　내 천

丶
丹　붉을 단
主　주인 주
丸　알 환

角
角　뿔 각
觸　닿을 촉
解　풀 해

豆
豈　어찌 기
豆　콩 두
豊　풍년 풍

臣
臨　임할 림
臣　신하 신
臥　누울 와

毋
毒　독 독
每　매양 매
母　어미 모

老
考　상고할 고
老　늙을 로
者　사람 자

音
韻　운 운
音　소리 음
響　울림 향

爪
爲　할 위
爵　벼슬 작
爭　다툴 쟁

癶
癸　열째천간 계
登　오를 등
發　쏠 발

彡
影　그림자 영
彩　채색 채
形　모양 형

襾
覆　뒤집힐 복
西　서녘 서
要　구할 요

臼
舊　예 구
與　줄 여
興　일 흥

Ⅳ. 부록　703

戶
房 방 **방**
所 바 **소**
戶 지게 **호**

冂
冒 무릅쓸 **모**
再 두 **재**
冊 책 **책**

斗
斗 말 **두**
料 헤아릴 **요**
斜 비낄 **사**

至
臺 대 **대**
至 이를 **지**
致 이를 **치**

玄
率 거느릴 **솔**
玆 검을 **자**
玄 검을 **현**

2자

己
己 몸 **기**
巷 거리 **항**

夂
建 세울 **건**
廷 조정 **정**

飛
飜 번역할 **번**
飛 날 **비**

鹿
麗 고울 **려**
鹿 사슴 **록**

骨
骨 뼈 **골**
體 몸 **체**

魚
鮮 고울 **선**
魚 물고기 **어**

生
産 낳을 **산**
生 날 **생**

氏
民 백성 **민**
氏 성씨 **씨**

片
版 판목 **판**

片 조각 **편**

尢
尤 더욱 **우**
就 나아갈 **취**

鬼
鬼 귀신 **귀**
魂 넋 **혼**

自
自 스스로 **자**
臭 냄새 **취**

凵
出 날 **출**
凶 흉할 **흉**

舌
舍 집 **사**
舌 혀 **설**

甘
甘 달 **감**
甚 심할 **심**

廾
弄 희롱할 **롱**
弊 폐단 **폐**

勹

勿 말 물
包 쌀 포

疋
疏 성길 소
疑 의심할 의

毛
毛 터럭 모
毫 터럭 호

而
耐 견딜 내
而 말이을 이

冖
冠 갓 관
冥 어두울 명

血
衆 무리 중
血 피 혈

匚
區 구분할 구
匹 짝 필

匕
北 북녘 북
化 될 화

卜
卜 점 복
占 점령할 점

靑
靜 고용할 정
靑 푸를 청

厶
去 갈 거
參 석 삼

1자

釆
釋 풀 석

聿
肅 엄숙할 숙

丨
中 가운데 중

气
氣 기운 기

韋
韓 나라 한

隶
隸 종 례

耒
耕 밭갈 경

鹵
鹽 소금 염

无
旣 이미 기

舛
舞 춤출 무

弋
式 법 식

豸
貌 모양 모

屮
屯 진칠 둔

髟
髮 터럭 발

几
凡 무릇 범

内
禽 날짐승 금

鬥
鬪 싸울 투

缶
缺 이지러질 결

제부수

ㄱ
鼓 북 고
高 높을 고
谷 골 곡
龜 거북 귀

ㅁ
麻 삼 마
麥 보리 맥
面 낯 면

ㅂ
父 아비 부
非 아닐 비
比 견줄 비
鼻 코 비

ㅅ
巳 뱀 사
色 색 색
黍 기장 서

首 머리 수
身 몸 신

ㅇ
牙 어금니 아
瓦 기와 와
龍 용 용
用 쓸 용
已 이미 이

ㅈ
長 긴 장
赤 붉은 적
齊 가지런할 제
支 지탱할 지

ㅊ
齒 이 치

ㅍ
風 바람 풍
皮 가죽 피

ㅎ
香 향기 향
革 가죽 혁
黃 누를 황

3. 약자공식 (略字公式)

1. 생략형

정자	약자	훈음	비고
者	者	놈 자	
緖	緒	실마리 서	
殺	殺	죽일 살	
器	器	그릇 기	
淚	淚	눈물 루	
宜	宜	마땅 의	점(丶) 하나 생략
富	冨	부유할 부	
減	减	감할 감	
沖	冲	화할 충	
涼	凉	서늘할 량	
準	準	준할 준	
穀	穀	곡식 곡	
殼	殼	껍질 각	획(一) 하나 생략
徵	徵	부를 징	
德	徳	큰 덕	
卽	即	곧 즉	
鄕	郷	시골 향	
旣	既	이미 기	

정자	약자	훈음	비고
處	処	곳 처	
據	拠	근거 거	虍 자 생략
號	号	이름 호	
縣	県	고을 현	
條	条	가지 조	
聲	声	소리 성	
貌	皃	모양 모	
敷	勇	펼 부	
應	応	응할 응	
醫	医	의원 의	
壓	圧	누를 압	
釐	厘	다스릴 리	
蒸	烝	찔 증	
貳	弐	두 이	
價	価	값 가	
豫	予	미리 예	일부글자 생략
餘	余	남을 여	
錄	录	기록할 록	

廐	厩	마구 구	획 2개 생략	藝	芸	재주 예	
槪	概	대개 개		獨	独	홀로 독	
漑	溉	물댈 개		觸	触	닿을 촉	
慨	慨	슬퍼할 개		墮	堕	떨어질 타	
擊	撃	칠 격	臼 자 생략	髓	髄	뼛골 수	
繫	繋	맬 계		隨	随	따를 수	
穗	穂	이삭 수	ム 자 생략	藏	蔵	감출 장	
惠	恵	은혜 혜		臟	臓	오장 장	
聽	聴	들을 청	壬, 一 자 생략	齊	斉	가지런할 제	
廳	庁	관청 청	청(聽)→정(丁)	劑	剤	약제 제	
壞	壊	무너질 괴	획 4개 생략	濟	済	건널 제	
懷	懐	품을 회	衣 자 유의	寧	寧	편안 녕	

◆ 암기 참조

1. 據(근거 거)는 虍 자 생략 후 변형하여 拠 자가 약자
2. 應(응할 응)은 마음이 응하여 応 자가 약자
3. 壓(누를 압)은 흙으로 누르니까 圧 자가 약자
4. 釐(다스릴 리)는 마을을 다스리니까 厘 자가 약자
5. 蒸(찔 증)은 丞(정승)네 艹(풀)만 남아서 烝 자가 약자
6. 貳(두 이)는 二(이)를 남겨 弍 자가 약자
7. 豫(미리 예)는 미리 나(予)만 남음
8. 餘(남을 여)는 余(나)만 남음
9. 藝(재주 예)는 재주가 향기(芸)롭다는 뜻
10. 獨(홀로 독)은 犭(개)에 虫(벌레)만 홀로 남음
11. 觸(닿을 촉)은 角(뿔)에 虫(벌레)가 닿았다는 뜻

※専 자는 아래 3가지 형태 약자로 변화

　① ム 자 탈락 : 專 → 専, 惠 → 穂, 惠 → 恵

　② 云 자로 변화 : 傳 → 伝, 轉 → 転

　③ 寸 자로 변화 : 團 → 団

2. 중복자 단순화

정자	약자	훈음	비고
桑	桒	뽕나무 상	又 → 十
堯	尭	요임금 요	
曉	暁	새벽 효	土 → 十
燒	焼	사를 소	
疊	畳	거듭 첩	
攝	摂	다스릴 섭	
澁	渋	떫을 삽	중복자 선 네 개로
樂	楽	즐길 락	
藥	薬	약 약	
曾	曽	일찍 증	八 → "
增	増	더할 증	
參	参	석 삼	
慘	惨	처참할 참	세 개 모양 하나로
滲	渗	스밀 삼	
蟲	虫	벌레 충	
徑	径	지름길 경	
經	経	날 경	巠 → 圣
輕	軽	가벼울 경	
莖	茎	줄기 경	
惱	悩	번뇌할 뇌	글자 일부 변경
腦	脳	골 뇌	
獵	猟	사냥 렵	巤 → 甾
蠟	蝋	밀 랍	

정자	약자	훈음	비고
關	関	문빗장 관	䒑 → 关
聯	联	연이을 련	
觀	观	볼 관	
勸	劝	권할 권	雚 → 又
歡	欢	기쁠 환	
權	权	권세 권	
單	単	홑 단	
彈	弾	탄알 탄	
獸	獣	짐승 수	위 중복자 ㅁㅁ → " 자로
戰	戦	싸움 전	
禪	禅	선 선	
嚴	厳	엄할 엄	
學	学	배울 학	
興	兴	일 흥	
覺	覚	깨달을 각	위 중복자 " 으로 단순화
譽	誉	명예 예	
擧	挙	들 거	
屢	屡	여러 루	
樓	楼	다락 루	婁 → 娄
數	数	셈 수	
齒	歯	이 치	
繼	継	이을 계	
斷	断	끊을 단	

정자	약자	훈음	비고	정자	약자	훈음	비고
戀	恋	그리워할 연		齡	齢	나이 령	안쪽 중복 네 글자 米 자로
蠻	蛮	오랑캐 만		肅	粛	엄숙할 숙	
變	変	변할 변	䜌→亦	淵	渊	못 연	
鸞	鸞	난새 란		繡	繍	수놓을 수	
灣	湾	물굽이 만		贊	賛	도울 찬	先→夫
榮	栄	영화 영		讚	讃	기릴 찬	
勞	労	일할 로	위 중복자 ⺍ 자로	乘	乗	오를 승	양쪽 중복글자 단순화
營	営	경영할 영		麥	麦	보리 맥	
螢	蛍	반딧불 형		來	来	올 래	
襄	襄	도울 양		峽	峡	골짜기 협	夾→夹
壤	壌	흙덩이 양		陝	陕	좁을 협	
孃	嬢	아가씨 양	ロロ→八	俠	侠	의기로을 협	
讓	譲	사양할 양		挾	挟	낄 협	
釀	醸	술빚을 양		頰	頬	뺨 협	
棧	桟	사다리 잔		竝	並	나란히 병	중복자 业 자로 단순화
殘	残	남을 잔		顯	顕	나타날 현	
錢	銭	돈 전	㦮→戋	濕	湿	젖을 습	
淺	浅	얕을 천		戲	戯	놀이 희	
賤	賎	천할 천		虛	虚	빌 허	
踐	践	밟을 천		噓	嘘	불 허	
兩	両	두 량	안쪽 중복자 凵 자로	纖	繊	가늘 섬	
滿	満	찰 만		麗	丽	고울 려	亚 자로 단순화
輛	輌	수레 량		從	従	따를 종	중복자 단순화
區	区	지경 구		縱	縦	세로 종	
歐	欧	구라파 구		慫	怂	권할 종	

정자	약자	훈음	비고
鷗	鸥	갈매기 구	品 → 又
嘔	呕	토할 구	
驅	驱	몰 구	
樞	枢	지도리 추	
軀	躯	몸 구	
謳	讴	노래 구	

정자	약자	훈음	비고
儉	俭	검소할 검	僉 → 佥 중복자 통합
劍	剑	칼 검	
檢	检	검사할 검	
險	险	험할 험	
驗	验	시험 험	
斂	敛	거둘 렴	

◆ 암기 참조

1. 惱(번뇌할 뇌), 腦(골 뇌)는 위 중복자 ''' 자로 아래는 凶(흉)자로 (작은 흉함)
2. 䜌(어지러울 련) 모양 글자는 亦 자로 : 또 역시(亦) 어지럽다(䜌)
3. 雚(황새 관) 모양 글자는 황새(雚) → 손(又)으로 잡다
4. 婁(끌 루) 모양 글자는 娄 자로 : 여자(女)가 쌀(米)을 끌다(婁)
5. 先(먼저 선) 모양 글자는 (贊→赞) : 선생(先)이 → 남편(夫)이다
6. 從(따를 종) 모양 글자는 ① 從 자로 : 걸어서(彳) 여덟(八) 발가면 네 짝(疋) 있다
　　　　　　　　　　　② 慫 → 怂 : 두 사람(从) 마음(心)이 합해지길 권하네

3. 모양자 단순화

정자	약자	훈음	비고
硏	研	갈 연	
姸	妍	고울 연	
屛	屏	병풍 병	
倂	併	아우를 병	
寬	寛	너그러울 관	

정자	약자	훈음	비고
盡	尽	다할 진	聿, 聿 자 → 尺 로, 아래는 변형
晝	昼	낮 주	
畫	画	그림 화	聿 자 생략 후 변형
劃	划	그을 획	
監	监	볼 감	

정자	약자	뜻/음	비고		정자	약자	뜻/음	비고
亞	亜	버금 아	선 끊김이 없이 연장		堅	坚	굳을 견	
啞	唖	벙어리 아			臨	临	임할 림	
惡	悪	악할 악			腎	肾	콩팥 신	
黑	黒	검을 흑			濫	滥	넘칠 람	
墨	墨	먹 묵			藍	蓝	쪽 람	신하(臣)의 → 칼날(刂)같은 눈매
勳	勲	공 훈			覽	览	볼 람	
默	黙	묵묵할 묵			緊	紧	긴할 긴	
鍊	錬	쇠불릴 련			籃	篮	대바구니 람	
溫	温	따뜻할 온			賢	贤	어질 현	
師	师	스승 사			句	勾	글귀 구	입(口)이 → 사사롭다(厶)
帥	帅	장수 수	自 → 刂		鉤	鈎	갈고리 구	
歸	帰	돌아올 귀			兌	兑	바꿀 태	
壯	壮	장할 장			鉛	鈆	납 연	
莊	荘	씩씩할 장			船	舩	배 선	
裝	装	꾸밀 장			員	貟	인원 원	
狀	状	형상 상	壯 → 壮		廣	広	넓을 광	황금(黃)이 → 사사롭다(厶)
將	将	장수 장			鑛	鉱	쇳돌 광	
獎	奨	장려할 장			擴	拡	넓힐 확	
醬	醤	장 장			佛	仏	부처 불	아닌(弗) 것에 → 사사롭지(厶) 말자
賣	売	팔 매	賣 → 売		拂	払	떨칠 불	
讀	読	읽을 독			與	与	줄 여	단순화
續	続	이을 속			寫	写	베낄 사	
壽	寿	목숨 수	壽 → 寿		猪	猪	돼지 저	단순화
鑄	鋳	쇠불릴 주			對	対	대할 대	文 자로 단순화
發	発	필 발	發 → 発		屬	属	이을 촉	屬 → 属
廢	廃	버릴 폐			囑	嘱	부탁할 촉	

會	会	모일 회	會 → 会
繪	絵	그림 회	
傑	杰	뛰어날 걸	傑 → 杰
爭	争	다툴 쟁	손톱(爫)이 → 칼(⺈) 같아
淨	浄	깨끗할 정	
靜	静	고요할 정	
穩	稳	편안할 온	
隱	隐	숨을 은	
爲	為	할 위	爫 → ⺈
僞	偽	거짓 위	
獨	独	홀로 독	애벌레(蜀) → 벌레(虫)
觸	触	닿을 촉	
當	当	마땅 당	단순화
實	実	열매 실	
鬱	欝	답답할 울	

棄	弃	버릴 기	棄 → 廾
無	无	없을 무	無 → 无
謠	谣	노래 요	䍃 자 변형
遙	遥	멀 요	
搖	摇	흔들 요	
稱	称	저울 칭	尓 자로 변형
珍	珎	보배 진	
爾	尔	너 이	
彌	弥	미륵 미	
璽	壐	옥새 새	玉 → 土
迫	廹	핍박할 박	辶 → 廴
定	㝎	정할 정	疋 → 之
遠	逺	멀 원	단순화
兔	兎	토끼 토	토끼 머리 변형

◆ 암기 참조

1. 賣 → 売 : 선비(士)는 파는 것을 숨기는(덮는 冖) 사람(儿)
2. 壽 → 寿 : 목숨은 예쁜(丰) 마디(寸)
3. 發 → 発 : 등지고(癶) 열고(开) 일어서다
4. 會 → 会 : 사람(人)이 구름(云)처럼 모이다
5. 입 구(口), 누를 황(黃), 아닐 불(弗) → 사사 사(厶)
6. 屬 → 属 : 尸 + 禹(우) 씨에게 붙어 부탁하자
7. 稱 → 称 : 벼(禾) 무게는 너(尓) 저울로 달자

4. 발음 변화로 모양자 단순화

정자	약자	훈음	비고
證	証	증거 증	증 → 정(正)
燈	灯	등 등	등 → 정(丁)
竊	窃	훔칠 절	절 → 절(切)
總	総	다 총	총 → 공(公)
聰	聡	귀밝을 총	
廟	庿	사당 묘	묘 → 묘(苗)
遷	迁	옮길 천	천 → 천(千)
鐵	鉄	쇠 철	철 → 실(失)
濱	浜	물가 빈	빈 → 병(兵)
黨	党	무리 당	당 → 형(兄)
擔	担	멜 담	담 → 단(旦)
膽	胆	쓸개 담	
臺	台	대 대	대 → 태(台)
擡	抬	들 대	
蘆	芦	갈대 로	로 → 호(戶)
爐	炉	화로 로	

정자	약자	훈음	비고
傳	伝	전할 전	운 → 운(云)
轉	転	구를 전	
團	団	둥글 단	단 → 촌(寸)
卒	卆	마칠 졸	졸 → 90(九, 十) 卒壽는 90세
粹	粋	순수할 수	
雜	雑	섞일 잡	
醉	酔	술취할 취	
萬	万	일만 만	萬(만) → 万(방)으로~
勵	励	힘쓸 려	
輩	軰	무리 배	배 → 배(北)
譯	訳	번역할 역	역(睪) → 척(尺)
驛	駅	역 역	
擇	択	가릴 택	
澤	沢	못 택	
釋	釈	풀 석	
鐸	鈬	방울 탁	

5. 뜻풀이로 암기

정자	약자	훈음	비고
舊	旧	예 구	하루(1日)가 지나도 옛날
兒	児	아이 아	아이는 옛(旧)일을 모르는 사람(儿)
雙	双	두 쌍	두 손(又 + 又)
寶	宝	보배 보	보배는 집(宀)에 옥(玉)이 많다는 것
亂	乱	어지러울 란	어지러운(䜌) → 혀(舌) 놀림
辭	辞	말씀 사	
館	舘	집 관	집(舍)에 벼슬아치(官)가 있다
蠶	蚕	누에 잠	누에는 하늘(天)에서 내린 귀한 벌레(虫)
嘗	甞	맛볼 상	오히려(尚) 더욱더 단맛(甘)
缺	欠	이지러질 결	몸이 이지러져 하품(欠)이 나오네
體	体	몸 체	몸은 사람(人)의 근본(本)
禮	礼	예도 례	예의를 礻(보여라), 숨기지(乚) 말고
拜	拝	절 배	손(手)은 손(扌)으로
歲	岁	해 세	산(山) 아래로 달(夕)이 저물고

정자	약자	훈음	비고
鹽	塩	소금 염	소금은 땅(土), 사람(人), 입(口), 그릇(皿)
鹹	醎	짤 함	술(酉) 모두(咸)가 짜네
國	国	나라 국	나라(口)는 보배(구슬 玉)
圖	図	그림 도	도화지(口)에 그림 모양(乂 ' ')
圍	囲	에워쌀 위	우물가(井)를 에워싸다(口)
效	効	본받을 효	힘(力) 있는 사람만 사귀(交)는 자를 본받지 말라
收	収	거둘 수	손으로 쳐 거두다 (攵 → 又)
敍	叙	펼 서	손으로 쳐서 펴다 (攴 → 又)
個	个	낱 개	사람(人) 한 명(丨)
箇	个	낱 개	
點	奌	점 점	점(占)이 커졌다(大)
哉	㦲	어조사 재	口 → 万(입방)아 찌지 마라
龍	竜	용 룡	电(번개)처럼 일어서다(立)
籠	篭	대바구니 롱	

정자	약자	훈음	비고	정자	약자	훈음	비고
壹	壱	한 일	선비(士), 집(冖), 수저(匕)는 하나	龜	亀	거북 구	ク(칼)처럼 电(번개) 2번 치다
遲	遅	늦을 지	무소(犀)가 쉬엄쉬엄(辶) 늦게 감	繩	縄	노끈 승	실(糸)을 햇빛(日)에 말리는 데 번개(电)가 친다.
獻	献	드릴 헌	남쪽(南)에서 온 개(犬)를 드려라	挿	挿	꽂을 삽	臼(절구) 뚜껑 닫기 → 申
夢	梦	꿈 몽	숲속(林)의 달(夕)이 뜨면 꿈나라로	搜	捜	찾을 수	
銜	啣	재갈 함	입(口)을 막아라(御→卸)	邊	辺	가 변	가서(辶) 칼(刀)같이 경계 나누어라
霸	覇	으뜸 패	비(雨) 오면 → 두껑 덮는 것(襾)이 으뜸	假	仮	거짓 가	사람(人)을 반(反)하게 거짓말
癡	痴	어리석을 치	알지(知) 못하는 병(疒)	巖	岩	바위 암	산(山) 아래 큰 돌(石)
礙	碍	거리낄 애	돌(石) 줍는 걸(得 → 辱) 꺼림	靈	灵	신령 령	신령이 손(ヨ)으로 불(火) 피운다
蓋	盖	덮을 개	풀(艹) 속으로 가(去) 버린 양(羊)	遞	逓	갈릴 체	범(虎)이 산기슭(厂)에 두 개(二) 수건(巾) 쓰고 숨어 있다
氣	気	기운 기	쌀(米)이 안 좋아(乂)	質	貭	바탕 질	바탕은 열 개(十)의 돈(貝)을 숨겨라(厂)

4 약자 일람표 (1급)

정자	약자	훈음	정자	약자	훈음	정자	약자	훈음
假	仮	거짓 가	價	価	값 가	覺	覚	깨달을 각
殼	殻	껍질 각	減	减	덜 감	監	監	볼 감
鑑	鑒	거울 감	岡	崗	산등성이 강	強	强	강할 강
蓋	盖	덮을 개	個	个	낱 개	概	概	대개 개
慨	慨	슬퍼할 개	漑	溉	물댈 개	據	拠	근거 거
擧	挙	들 거	檢	検	검사할 검	儉	倹	검소할 검
劍	剣	칼 검	擊	撃	칠 격	堅	坚	굳을 견
傑	杰	뛰어날 걸	缺	欠	어지러질 결	經	経	날 경
輕	軽	가벼울 경	徑	径	지름길 경	莖	茎	줄기 경
繼	継	이을 계	繫	繋	맬 계	穀	穀	곡식 곡
寬	寛	너그러울 관	觀	覌	볼 관	關	関	문빗장 관
館	舘	집 관	廣	広	넓을 광	鑛	鉱	쇳돌 광
壞	壊	무너질 괴	敎	教	가르칠 교	區	区	구분할 구
歐	欧	구라파 구	舊	旧	예 구	鉤	鈎	갈고리 구
句	勾	글귀 구	驅	駆	몰 구	龜	亀	거북 구
國	国	나라 국	權	权	권세 권	勸	劝	권할 권
歸	帰	돌아갈 귀	氣	気	기운 기	旣	既	이미 기
棄	弃	버릴 기	器	器	그릇 기	緊	紧	긴할 긴
寧	寍	편안할 녕	惱	悩	번뇌할 뇌	腦	脳	골 뇌
單	単	홀 단	團	団	둥글 단	擔	担	멜 담

정자	약자	훈음	정자	약자	훈음	정자	약자	훈음
斷	断	끊을 단	當	当	마땅 당	膽	胆	쓸개 담
黨	党	무리 당	對	対	대할 대	臺	台	대 대
擡	抬	들 대	德	徳	큰 덕	圖	図	그림 도
燾	焘	비칠 도	獨	独	홀로 독	讀	読	읽을 독
燈	灯	등 등	樂	楽	즐길 락	亂	乱	어지러울 란
鸞	鸾	난새 란	覽	覧	볼 람	濫	滥	넘칠 람
籃	篮	대바구니 람	藍	蓝	쪽 람	蠟	蜡	밀 랍
來	来	올 래	兩	両	두 량	輛	辆	수레 량
凉	凉	서늘할 량	勵	励	힘쓸 려	廬	庐	농막집 려
麗	丽	고울 려	歷	历	지날 력	戀	恋	그리워할 련
聯	联	연이을 련	練	练	익힐 련	鍊	錬	불릴 련
獵	猎	사냥 렵	靈	灵	신령 령	齡	龄	나이 령
禮	礼	예도 례	蘆	芦	갈대 로	爐	炉	화로 로
勞	劳	일할 로	錄	録	기록할 록	龍	竜	용 룡
籠	笼	대바구니 롱	樓	楼	다락 루	壘	垒	보루 루
淚	泪	눈물 루	離	离	떠날 리	釐	厘	다스릴 리
臨	临	임할 림	賴	頼	의뢰할 뢰	灣	湾	물굽이 만
萬	万	일만 만	滿	満	찰 만	蠻	蛮	오랑캐 만
賣	売	팔 매	麥	麦	보리 맥	脈	脉	줄기 맥
覓	觅	찾을 멱	貌	皃	모양 모	夢	梦	꿈 몽
廟	庙	사당 묘	無	无	없을 무	墨	墨	먹 묵
默	黙	묵묵할 묵	彌	弥	미륵 미	迫	廹	핍박할 박
發	発	필 발	輩	輩	무리 배	拜	拝	절 배
裵	裴	성씨 배	杯	盃	잔 배	柏	栢	측백 백

정자	약자	훈음	정자	약자	훈음	정자	약자	훈음
繁	繁	번성할 번	變	変	변할 변	邊	辺	가 변
幷	并	아우를 병	竝	並	나란히 병	屛	屏	병풍 병
寶	宝	보배 보	敷	旉	펼 부	拂	払	떨칠 부
佛	仏	부처 불	濱	浜	물가 빈	師	师	스승 사
辭	辞	말씀 사	寫	写	베낄 사	揷	挿	꽂을 삽
絲	糸	실 사	澁	渋	떫을 삽	殺	杀	죽일 살
嘗	甞	맛볼 상	狀	状	형상 상	桑	桒	뽕나무 상
璽	壐	옥새 새	敍	敘	펼 서	緖	緒	실마리 서
釋	釈	풀 석	船	舩	배 선	禪	禅	선 선
纖	繊	가늘 섬	攝	摂	다스릴 섭	燮	変	불꽃 섭
聲	声	소리 성	燒	焼	불사를 소	歲	岁	해 세
世	丗	인간 세	屬	属	무리 속	數	数	셈 수
壽	寿	목숨 수	收	収	거둘 수	隨	随	따를 수
獸	獣	짐승 수	粹	粋	순수할 수	穗	穂	이삭 수
髓	髄	뼛골 수	帥	帅	장수 수	搜	捜	찾을 수
繡	繍	수놓을 수	肅	粛	엄숙할 숙	濕	湿	젖을 습
乘	乗	탈 승	繩	縄	노끈 승	腎	肾	콩팥 신
實	実	열매 실	雙	双	쌍 쌍	兒	児	아이 아
亞	亜	버금 아	啞	唖	벙어리 아	惡	悪	악할 악
巖	岩	바위 암	壓	圧	누를 압	礙	碍	거리낄 애
藥	薬	약 약	讓	譲	사양할 양	壤	壌	흙덩이 양
孃	嬢	아가씨 양	釀	醸	술빚을 양	嚴	厳	엄할 엄
餘	余	남을 여	與	与	줄 여	譯	訳	번역할 역
驛	駅	역 역	淵	渊	못 연	姸	妍	고울 연

정자	약자	훈음	정자	약자	훈음	정자	약자	훈음
硏	研	갈 연	鉛	鈆	납 연	鹽	塩	소금 염
營	営	경영할 영	榮	栄	영화 영	譽	誉	기릴 예
藝	芸	재주 예	豫	予	미리 예	溫	温	따뜻할 온
穩	穏	편안할 온	堯	尭	요임금 요	謠	謡	노래 요
遙	遥	멀 요	搖	揺	흔들 요	鬱	欝	울창할 울
員	負	인원 원	遠	逺	멀 원	圍	囲	에워쌀 위
爲	為	할 위	僞	偽	거짓 위	隱	隠	숨을 은
陰	陰	그늘 음	應	応	응할 응	醫	医	의원 의
宜	冝	마땅 의	貳	弐	두 이	刃	刄	칼날 인
壹	壱	한 일	楮	者	놈 자	姉	姊	누이 자
棧	桟	사다리 잔	殘	残	남을 잔	潛	潜	잠길 잠
蠶	蚕	누에 잠	雜	雑	섞일 잡	將	将	장수 장
壯	壮	장할 장	裝	装	꾸밀 장	奬	奨	장려할 장
醬	醤	장 장	藏	蔵	감출 장	臟	臓	오장 장
莊	荘	엄할 장	災	灾	재앙 재	哉	㦲	어조사 재
爭	争	다툴 쟁	豬	猪	돼지 저	廛	厘	가게 전
傳	伝	전할 전	轉	転	구를 전	戰	戦	싸움 전
錢	銭	돈 전	竊	窃	훔칠 절	節	節	마디 절
點	点	점 점	靜	静	고요할 정	定	㝎	정할 정
齊	斉	가지런할 제	濟	済	건널 제	條	条	가지 조
從	従	좇을 종	卒	卆	마칠 졸	縱	縦	세로 종
慫	㦃	권할 종	鑄	鋳	불릴 주	晝	昼	낮 주
準	凖	준할 준	卽	即	곧 즉	增	増	더할 증
橧	憎	미워할 증	曾	曽	일찍 증	蒸	烝	찔 증

정자	약자	훈음	정자	약자	훈음	정자	약자	훈음
證	証	증거 증	遲	遅	더딜 지	盡	尽	다할 진
珍	珎	보배 진	眞	真	참 진	質	貭	바탕 질
徵	徴	부를 징	瓚	瓉	옥잔 찬	鑽	鑚	뚫을 찬
贊	賛	도울 찬	讚	讃	기릴 찬	參	参	참여할 참
慘	惨	참혹할 참	僭	僣	주제넘을 참	處	処	곳 처
淺	浅	얕을 천	賤	賎	천할 천	遷	迁	옮길 천
踐	践	밟을 천	鐵	鉄	쇠 철	疊	畳	거듭 첩
廳	庁	관청 청	聽	聴	들을 청	體	体	몸 체
遞	逓	갈릴 체	觸	触	닿을 촉	囑	嘱	이을 촉
總	総	다 총	聰	聡	귀밝을 총	樞	枢	지도리 추
墜	坠	떨어질 추	沖	冲	화할 충	蟲	虫	벌레 충
醉	酔	취할 취	齒	歯	이 치	恥	耻	부끄러울 치
癡	痴	어리석을 치	漆	柒	옻 칠	沈	沉	잠길 침
稱	称	저울 칭	墮	堕	떨어질 타	彈	弾	탄알 탄
兌	兑	바꿀 태	澤	沢	못 택	擇	択	가릴 택
兔	兎	토끼 토	霸	覇	으뜸 패	廢	廃	폐할 폐
鋪	舗	펼 포	豐	豊	풍년 풍	學	学	배울 학
鹹	醎	짤 함	銜	街	재갈 함	解	觧	풀 해
虛	虚	빌 허	噓	嘘	불 허	獻	献	드릴 헌
驗	験	시험 험	險	険	험할 험	縣	県	고을 현
顯	顕	나타날 현	賢	贒	어질 현	峽	峡	골짜기 협
狹	狭	좁을 협	陜	陕	좁을 협	挾	挟	낄 협
俠	侠	의기로울 협	螢	蛍	반딧불 형	惠	恵	은혜 혜
虎	乕	범 호	號	号	부를 호	畫	画	그림 화

정자	약자	훈음
擴	拡	넓힐 확
會	会	모일 회
效	効	본받을 효
黑	黒	검을 흑

정자	약자	훈음
歡	歓	기쁠 환
懷	懐	품을 회
曉	暁	새벽 효
興	兴	일 흥

정자	약자	훈음
鄕	郷	시골 향
繪	絵	그림 회
勳	勛	공 훈
戲	戯	놀 희

5. 동자이음 (同字異音)

같은 글자라도 의미에 따라 소리(음)가 달라지는 글자

降	내릴 강	降等 (강등)		宅	집 댁	宅內 (댁내)
	항복할 항	降服 (항복)			집 택	住宅 (주택)
乾	하늘 건	乾坤 (건곤)		度	법도 도	制度 (제도)
	마를 간	乾物 (간물)			헤아릴 탁	度地 (탁지)
更	다시 갱	更新 (갱신)		讀	읽을 독	讀書 (독서)
	고칠 경	變更 (변경)			구절 두	句讀 (구두)
見	볼 견	見學 (견학)		洞	동리 동	洞里 (동리)
	드러날 현	謁見 (알현)			구멍 동	洞窟 (동굴)
句	글귀 구	文句 (문구)			밝을 통	洞察 (통찰)
	글귀 귀	句節 (귀절)		樂	즐길 락	娛樂 (오락)
龜	거북 귀	龜趺 (귀부)			좋아할 요	樂山 (요산)
	땅이름 구	龜浦 (구포)			풍류 악	音樂 (음악)
	터질 균	龜裂 (균열)		復	회복할 복	復舊 (복구)
金	쇠 금	金庫 (금고)			다시 부	復活 (부활)
	성씨 김	金氏 (김씨)		否	아닐 부	否定 (부정)
茶	차 다	茶飯 (다반)			막힘 비	否運 (비운)
	차 차	綠茶 (녹차)		北	북녘 북	南北 (남북)
丹	붉을 단	丹靑 (단청)			패할 배	敗北 (패배)
	꽃이름 란	牡丹 (모란)		寺	절 사	寺刹 (사찰)
單	홀로 단	簡單 (간단)			내관 시	內侍 (내시)
	오랑캐임금 선	單于氏 (선우씨)				

殺	죽일 살	殺人 (살인)		食	먹을 식	食事 (식사)
	빠를 쇄	相殺 (상쇄)			밥 사	簞食 (단사)
狀	형상 상	狀態 (상태)		識	알 식	識見 (식견)
	문서 장	賞狀 (상장)			기록할 지	標識 (표지)
索	찾을 색	搜索 (수색)		辰	때 신	生辰 (생신)
	적막할 삭	索莫 (삭막)			별이름 진	辰宿 (진수)
塞	막을 색	閉塞 (폐색)		什	열사람 십	什長 (십장)
	변방 새	要塞 (요새)			세간 집	什器 (집기)
誓	서약 서	宣誓 (선서)		惡	악할 악	惡魔 (악마)
	맹세 세	盟誓 (맹세)			미워할 오	憎惡 (증오)
說	말씀 설	說明 (설명)		若	같을 약	若干 (약간)
	달랠 세	遊說 (유세)			땅이름 야	般若 (반야)
	기쁠 열	悅樂 (열락)		於	어조사 어	於是乎 (어시호)
省	살필 성	反省 (반성)			슬플 오	於乎 (오호)
	덜 생	省略 (생략)		厭	싫어할 염	厭世 (염세)
率	거느릴 솔	統率 (통솔)			누를 엽	厭然 (엽연)
	비례 율	比率 (비율)		葉	잎 엽	落葉 (낙엽)
帥	장수 수	將帥 (장수)			성 섭	葉氏 (섭씨)
	거느릴 솔	引帥 (인솔)		易	쉬울 이	容易 (용이)
數	셈 수	數學 (수학)			바꿀 역	貿易 (무역)
	자주 삭	頻數 (빈삭)		咽	목구멍 인	咽喉 (인후)
宿	잘 숙	宿泊 (숙박)			목멜 열	嗚咽 (오열)
	별 수	星宿 (성수)		炙	구울 자	膾炙 (회자)
拾	주울 습	拾得 (습득)			구울 적	散炙 (산적)
	열 십	拾萬 (십만)		刺	찌를 자	刺客 (자객)
					찌를 척	刺殺 (척살)

著	지을 **저**	著述 (저술)
	나타날 **저**	顯著 (현저)
	붙을 **착**	附着 (부착)
切	끊을 **절**	切斷 (절단)
	모두 **체**	一切 (일체)
車	수레 **차**	自動車 (자동차)
	수레 **거**	車馬費 (거마비)
參	참여할 **참**	參加 (참가)
	석 **삼**	參拾 (삼십)
拓	열 **척**	開拓 (개척)
	박을 **탁**	拓本 (탁본)
則	법칙 **칙**	規則 (규칙)
	곧 **즉**	然則 (연즉)
沈	잠길 **침**	沈沒 (침몰)
	성씨 **심**	沈氏 (심시)
推	밀 **퇴**	推敲 (퇴고)
	밀 **추**	推進 (추진)
便	편할 **편**	便利 (편리)
	똥오줌 **변**	便所 (변소)
暴	쬘 **폭**	暴露 (폭로)
	사나울 **폭**	暴風 (폭풍)
	사나울 **포**	暴惡 (포악)
皮	가죽 **피**	皮革 (피혁)
	가죽 **비**	鹿皮 (녹비)
合	합할 **합**	合同 (합동)
	홉 **흡**	五合 (오흡)

行	갈 **행**	行軍 (행군)
	항렬 **항**	行列 (항렬)
畫	그림 **화**	畫家 (화가)
	그을 **획**	企劃 (기획)

6. 유의자(類義字), 유의어(類義語)

1. 유의자(類義字) 뜻이 비슷한 글자끼리 결합한 한자어

※ 유의자 중 같은 훈(訓 뜻)으로 이루어진 단어 정리

ㄱ

가늘	纖 섬	細 세
가운데	中 중	央 앙
간사할	奸 간	邪 사
갖출	具 구	備 비
깨끗할	淸 청	潔 결
거둘	收 수	穫 확
꺼릴	忌 기	憚 탄
게으를	倦 권	怠 태
경계할	警 경	戒 계

가르칠	敎 교	訓 훈
가죽	皮 피	革 혁
갈	硏 연	磨 마
깎을	刪 산	削 삭
깨끗할	淸 청	淨 정
거만할	倨 거	慢 만
꺼릴	忌 기	諱 휘
게으를	怠 태	慢 만
고요할	靜 정	寂 적

가릴	選 선	擇 택
가지런할	整 정	齊 제
갈	逝 서	去 거
깨달을	覺 각	悟 오
거느릴	總 총	統 통
거만할	傲 오	慢 만
꺾을	挫 좌	折 절
견줄	比 비	較 교
고칠	改 개	悛 전

가릴	揀 간	擇 택
간략할	簡 간	略 략
값	價 가	値 치
깨끗할	淨 정	潔 결
거느릴	統 통	率 솔
거스를	悖 패	逆 역
게으를	懶 나	怠 태
겸손할	謙 겸	遜 손
곳	處 처	所 소

塹 참	坑 갱	구덩이	猾 활	狡 교	교활할	敬 경	恭 공	공경할	庫 고	倉 창	곳집
固 고	鞏 공	굳을	健 건	剛 강	굳셀	毅 의	剛 강	굳셀	玉 옥	珠 주	구슬
裝 장	扮 분	꾸밀	曲 곡	彎 만	굽을	固 고	確 확	굳을	固 고	堅 견	굳을
勢 세	權 권	권세	責 책	詰 힐	꾸짖을	責 책	譴 견	꾸짖을	飾 식	裝 장	꾸밀
畫 화	繪 회	그림	慕 모	戀 연	그릴	謬 류	誤 오	그르칠	神 신	鬼 귀	귀신
絶 절	斷 단	끊을	患 환	憂 우	근심	愁 수	憂 우	근심	畫 화	圖 도	그림
端 단	末 말	끝	爬 파	搔 소	긁을	引 인	牽 견	끌	斷 단	切 절	끊을
育 육	飼 사	기를	育 육	養 양	기를	錄 록	記 기	기록할	末 말	終 종	끝
						路 로	道 도	길	頌 송	讚 찬	기릴

ㄴ

就 취	進 진	나아갈	蝶 접	胡 호	나비	蔬 소	菜 채	나물	木 목	樹 수	나무
面 면	顔 안	낯	餘 여	殘 잔	남을	翔 상	飛 비	날	著 저	顯 현	나타날
掠 략	擄 노	노략질할	謠 요	歌 가	노래	溢 일	漲 창	넘칠	魄 백	魂 혼	넋
壓 압	抑 억	누를	崇 숭	隆 융	높을	高 고	崇 숭	높을	尙 상	高 고	높을

눈	眼 目
	안 목

눈물	涕 淚
	체 루

뉘우칠	懺 悔
	참 회

ㄷ

다리	橋 脚
	교 각
다할	窮 極
	궁 극
더할	添 加
	첨 가
도랑	溝 瀆
	구 독
둑	提 堰
	제 언
들을	聽 聞
	청 문

다만	但 只
	단 지
다할	極 盡
	극 진
던질	抛 擲
	포 척
도울	輔 佐
	보 좌
뚫을	穿 鑿
	천 착
뜻	意 志
	의 지

다스릴	攝 理
	섭 리
따뜻할	溫 暖
	온 난
떨어질	墮 落
	타 락
도울	扶 助
	부 조
뛸	跳 躍
	도 약
뜻	趣 意
	취 의

다툴	競 爭
	경 쟁
더할	增 加
	증 가
도둑	盜 賊
	도 적
도타울	敦 篤
	돈 독
드물	稀 罕
	희 한
뜻	趣 旨
	취 지

ㅁ

마를	乾 燥
	건 조
만날	邂 逅
	해 후
말씀	言 語
	언 어
맡길	委 任
	위 임
맺을	締 結
	체 결

마땅	宜 當
	의 당
만날	遭 遇
	조 우
말씀	說 話
	설 화
매울	辛 辣
	신 랄
머무를	停 留
	정 류

막을	防 禦
	방 어
말씀	談 話
	담 화
맑을	雅 淡
	아 담
맺을	結 紐
	결 뉴
머뭇거릴	躊 躇
	주 저

막힐	窒 塞
	질 색
말씀	辭 說
	사 설
맑을	淸 雅
	청 아
맺을	契 約
	계 약
멀	遼 遠
	요 원

喉 후	목구멍
咽 인	
壞 괴	무너질
崩 붕	
黨 당	무리
徒 도	
漑 개	물댈
灌 관	

集 집	모을
蒐 수	
軀 구	몸
體 체	
衆 중	무리
群 군	
濤 도	물결
波 파	
狂 광	미칠
癲 전	

像 상	모양
形 형	
體 체	몸
身 신	
墓 묘	무덤
墳 분	
瀾 란	물결
波 파	
問 문	물을
諮 자	

陪 배	모실
侍 시	
命 명	목숨
壽 수	
潰 궤	무너질
崩 붕	
擦 찰	문지를
摩 마	
問 문	물을
訊 신	

ㅂ

洋 양	바다
海 해	
明 명	밝을
哲 철	
棄 기	버릴
廢 폐	
規 규	법
法 법	
友 우	벗
朋 붕	
寶 보	보배
珍 진	
觀 관	뵐
謁 알	
鍊 련	불릴
鍛 단	

望 망	바랄
希 희	
鐸 탁	방울
鈴 영	
譯 역	번역할
飜 번	
典 전	법
法 법	
設 설	베풀
施 시	
觀 관	볼
覽 람	
喚 환	부를
召 소	
紅 홍	붉을
朱 주	

速 속	빠를
迅 신	
密 밀	빽빽할
稠 조	
法 법	법
憲 헌	
式 식	법
規 규	
病 병	병
疾 질	
覽 람	볼
閱 열	
聘 빙	부를
招 초	
着 착	붙을
附 부	

捷 첩	빠를
迅 신	
次 차	버금
副 부	
範 범	법
規 규	
式 식	법
法 법	
送 송	보낼
輸 수	
視 시	볼
監 감	
廚 주	부엌
庖 포	
禱 도	빌
祈 기	

빛날	爛燦 빛날	煌輝 빛날	借貸 빌릴	虛空 빌

ㅅ

居住 살	買購 살	奢侈 사치할	愛慈 사랑
漏洩 샐	咽吞 삼킬	愼謹 삼갈	察省 살필
慮考 생각할	想思 생각	念想 생각	泄漏 샐
聲音 소리	數算 셈	薪柴 섶	慮念 생각할
欺騙 속일	欺詐 속일	瞞欺 속일	袂袖 소매
遁隱 숨을	粹純 순수할	輛車 수레	客賓 손
傅師 스승	息休 쉴	憩休 쉴	匿隱 숨을
甚劇 심할	用費 쓸	哀悲 슬플	愴悲 슬플
	濯洗 씻을	滌洗 씻을	嚼咀 씹을

ㅇ

| 諛諂 아첨할 | 童兒 아이 | 渺杳 아득할 | 嗇吝 아낄 |

識 식 알	識 식 알
知 지 알	稚 치 어릴
幼 유 어릴	搬 반 옮길
運 운 옮길	惠 혜 은혜
恩 은 은혜	習 습 익힐
練 연 익힐	

認 인 알	難 난 어려울
識 식 알	囚 수 옥
艱 간 어려울	籬 리 울타리
囹 영 옥	謂 위 이를
藩 번 울타리	云 운 이를
在 재 있을	
存 존 있을	

痛 통 아플	味 매 어두울
疼 동 아플	瘠 척 여윌
蒙 몽 어두울	泣 읍 울
瘦 수 여윌	續 속 이을
哭 곡 울	帝 제 임금
繼 계 이을	
皇 황 임금	

媚 미 아첨할	諛 유 아첨할
戾 려 어그러질	乖 괴 어그러질
蔑 멸 업신여길	侮 모 업신여길
服 복 옷	衣 의 옷
承 승 이을	繼 계 이을
失 실 잃을	喪 상 잃을

ㅈ

數 삭 자주	頻 빈 자주
帥 수 장수	將 장 장수
織 직 짤	組 조 짤
殃 앙 재앙	災 재 재앙
少 소 적을	些 사 적을
隘 애 좁을	狹 협 좁을

胤 윤 자손	胄 주 자손
捕 포 잡을	拿 나 잡을
侶 려 짝	伴 반 짝
禍 화 재앙	災 재 재앙
痺 비 저릴	痲 마 저릴
祀 사 제사	祭 제 제사

詳 상 자세할	仔 자 자세할
捉 착 잡을	捕 포 잡을
匹 필 짝	配 배 짝
貨 화 재물	財 재 재물
術 술 재주	技 기 재주
刹 찰 절	寺 사 절

席 석 자리	座 좌 자리
捕 포 잡을	逮 체 잡을
偶 우 짝	配 배 짝
財 재 재물	資 자 재물
藝 예 재주	技 기 재주
卜 복 점	占 점 점

주릴	餓 아	線 선	界 계	造 조	舍 사	宅 택
줄	飢 기	罪 괘	境 경	製 제	客 객	邸 저
지경						
지을						
집						

주릴 飢기 贈증 疆강 造조 舍사 宇우
줄 饉근 給급 域역 作작 屋옥 宙주
지경 / 지을 / 집

쫓을 追추 贈증 娛오 製제 家가 宅택
줄 逐축 與여 樂락 作작 屋옥 家가
즐길 / 지을 / 집

좁을 狹협 屠도 娛오 疆강 保보 家가
죽일 窄착 戮륙 樂락 界계 守수 宅택
줄길 / 지경 / 지킬 / 집

ㅊ

차례 秩질 探탐 討토
찾을 序서 索색 伐벌
칠

찰 寒한 搜수 打타
찾을 冷랭 索색 擊격
칠

참 眞진 征정
실 實실 伐벌
칠

찾을 尋심 攻공
방 訪방 擊격
칠

ㅋ

클 巨거 大대

클 偉위 大대

ㅌ

탈 搭탑 乘승

터 基기 址지

터럭 毛모 髮발

티끌 塵진 埃애

ㅍ

悴 憔	販 賣	釋 解	傭 雇
췌 초	판 매	석 해	용 고
파리할	팔	풀	품팔
逼 迫			
핍 박			
핍박할			

ㅎ

天 旻	天 昊	常 恒	歲 年
천 민	천 호	상 항	세 연
하늘	하늘	항상	해
謗 誹	諾 許	疵 瑕	量 測
방 비	락 허	자 하	량 측
헐뜯을	허락할	허물	헤아릴
度 忖	瘤 贅	濁 渾	弄 玩
탁 촌	류 췌	탁 혼	롱 완
헤아릴	혹	흐릴	희롱할
勵 勉			
려 면			
힘쓸			

---

2. 유의어(類義語) 뜻이 비슷한 한자 단어

ㄱ

가 공 - 허 구
架 空 虛 構

간 주 - 치 부
看 做 置 簿

거 간 - 중 개
居 間 仲 介

가 약 - 혼 약
佳 約 婚 約

감 염 - 전 염
感 染 傳 染

거 취 - 진 퇴
去 就 進 退

각 별 - 특 별
各 別 特 別

개 찰 - 개 표
改 札 改 標

격 려 - 고 무
激 勵 鼓 舞

각 오 - 결 심
覺 悟 決 心

개 량 - 개 선
改 良 改 善

결 핍 - 부 족
缺 乏 不 足

Ⅳ. 부록　733

결함-하자	경향-동향	경계-구획	경험-체험
缺陷 瑕疵	傾向 動向	境界 區劃	經驗 體驗
고견-존의	고심-고충	고초-간난	공명-수긍
高見 尊意	苦心 苦衷	苦楚 艱難	共鳴 首肯
공적-업적	공헌-기여	과격-급진	관점-견해
功績 業績	貢獻 寄與	過激 急進	觀點 見解
교섭-절충	구박-학대	구천-황천	근간-기초
交涉 折衝	驅迫 虐待	九泉 黃泉	根幹 基礎
급료-급여	급소-요점	긍지-자부	기량-재능
給料 給與	急所 要點	矜持 自負	器量 才能
기사-아사	기증-증정	기도-기획	기초-근저
飢死 餓死	寄贈 贈呈	企圖 企劃	基礎 根底
기질-성격	길흉-경조		
氣質 性格	吉凶 慶弔		

ㄴ

낙담-실망	낙담-낙심	남용-오용	납득-요해
落膽 失望	落膽 落心	濫用 誤用	納得 了解
냉정-침착	뇌동-부동		
冷靜 沈着	雷同 附同		

ㄷ

단명-박명	달성-성취	달변-능변	답지-쇄도
短命 薄命	達成 成就	達辯 能辯	遝至 殺到
대립-대치	동의-찬성	등한-소홀	등극-즉위
對立 對峙	同意 贊成	等閑 疎忽	登極 卽位

ㅁ

| 만년 – 노년 | 매도 – 힐책 | 모략 – 중상 | 모범 – 귀감 |
| 晚年 老年 | 罵倒 詰責 | 謀略 中傷 | 模範 龜鑑 |

| 모반 – 반역 | 목도 – 목격 | 무시 – 묵살 | 미연 – 사전 |
| 謀反 反逆 | 目睹 目擊 | 無視 默殺 | 未然 事前 |

| 미숙 – 유치 | 미행 – 추적 |
| 未熟 幼稚 | 尾行 追跡 |

ㅂ

| 반성 – 개전 | 발단 – 시작 | 방관 – 좌시 | 방해 – 장애 |
| 反省 改悛 | 發端 始作 | 傍觀 坐視 | 妨害 障礙 |

| 배은 – 망덕 | 백미 – 출중 | 백미 – 압권 | 불운 – 비운 |
| 背恩 忘德 | 白眉 出衆 | 白眉 壓卷 | 不運 悲運 |

| 비명 – 횡사 | 비조 – 시조 |
| 非命 橫死 | 鼻祖 始祖 |

ㅅ

| 사원 – 사찰 | 산책 – 산보 | 상황 – 정세 | 서간 – 서한 |
| 寺院 寺刹 | 散策 散步 | 狀況 情勢 | 書簡 書翰 |

| 성쇠 – 흥망 | 소망 – 염원 | 소원 – 희망 | 소상 – 자세 |
| 盛衰 興亡 | 所望 念願 | 所願 希望 | 昭詳 仔細 |

| 속박 – 구속 | 쇄신 – 혁신 | 쇠진 – 쇠퇴 | 수단 – 방법 |
| 束縛 拘束 | 刷新 革新 | 衰盡 衰退 | 手段 方法 |

| 순간 – 찰나 | 승낙 – 허락 | 시야 – 안계 | 시사 – 암시 |
| 瞬間 刹那 | 承諾 許諾 | 視野 眼界 | 示唆 暗示 |

| 식언 – 위언 | 실시 – 실행 |
| 食言 僞言 | 實施 實行 |

ㅇ

| 안심 – 안도 | 알선 – 주선 | 억압 – 압박 | 여관 – 객사 |
| 安心 安堵 | 斡旋 周旋 | 抑壓 壓迫 | 旅館 客舍 |

| 역전 – 반전 | 염가 – 저가 | 영락 – 쇠락 | 영양 – 자양 |
| 逆戰 反戰 | 廉價 低價 | 榮落 衰落 | 營養 滋養 |

| 영토 – 판도 | 오열 – 간첩 | 용모 – 면상 | 완급 – 지속 |
| 領土 版圖 | 五列 間諜 | 容貌 面相 | 緩急 遲速 |

| 운영 – 운용 | 우대 – 후대 | 유리 – 표박 | 유급 – 낙제 |
| 運營 運用 | 優待 厚待 | 流離 漂泊 | 留級 落第 |

| 유미 – 탐미 | 윤리 – 도덕 | 윤택 – 풍부 | 위협 – 협박 |
| 唯美 耽美 | 倫理 道德 | 潤澤 豊富 | 威脅 脅迫 |

| 은닉 – 은폐 | 이윤 – 이문 | 인가 – 허가 | 일호 – 추호 |
| 隱匿 隱蔽 | 利潤 利文 | 認可 許可 | 一毫 秋毫 |

| 일률 – 획일 | 일치 – 합치 |
| 一律 劃一 | 一致 合致 |

ㅈ

| 자산 – 재산 | 자부 – 자신 | 자연 – 천연 | 자칭 – 자찬 |
| 資産 財産 | 自負 自信 | 自然 天然 | 自稱 自讚 |

| 저해 – 장애 | 제압 – 진압 | 적출 – 적자 | 절감 – 통감 |
| 沮害 障碍 | 制壓 鎭壓 | 嫡出 嫡子 | 切感 痛感 |

| 존칭 – 경칭 | 즉위 – 등극 | 지탄 – 힐난 | 진보 – 향상 |
| 尊稱 敬稱 | 卽位 登極 | 指彈 詰難 | 進步 向上 |

| 지배 – 통치 | 질문 – 질의 |
| 支配 統治 | 質問 質疑 |

ㅊ

찬조 - 협찬
贊助 協贊

초대 - 초청
招待 招請

치장 - 장식
治粧 裝飾

천지 - 건곤
天地 乾坤

촌토 - 척토
寸土 尺土

침착 - 냉정
沈着 冷靜

창공 - 벽공
蒼空 碧空

촉망 - 기대
囑望 期待

체류 - 체재
滯留 滯在

총명 - 명석
聰明 明晳

ㅋ

쾌활 - 활발
快活 活潑

ㅌ

타계 - 영면
他界 永眠

탈태 - 환골
奪胎 換骨

태만 - 나태
怠慢 懶怠

ㅍ

파산 - 도산
破産 倒産

평론 - 비평
評論 批評

평범 - 심상
平凡 尋常

ㅎ

항쟁 - 항전
抗爭 抗戰

희락 - 희열
喜樂 喜悅

효용 - 효능
效用 效能

흠모 - 열모
欽慕 悅慕

흥망 - 성쇠
興亡 盛衰

3. 훈이 비슷한 한자

ㄱ

가늘
- 섬 纖 纖細 (섬세), 纖維 (섬유), 纖麗 (섬려)
- 세 細 詳細 (상세), 零細 (영세)

가로
* 가로다 (말하다, 말하기를)
- 왈 曰 曰可曰否 (왈가왈부)

* 세로(縱)의 반대말
- 횡 橫 縱橫 (종횡), 橫斷 (횡단)

가릴
* 가려내다
- 간 揀 分揀 (분간)
- 선 選 }
- 택 擇 } 選擇 (선택)

* 가리다
- 엄 掩 掩蔽 (엄폐)
- 차 遮 遮日 (차일)

가마
* 타는 가마
- 교 轎 駕轎 (가교)
- 련 輦 輦輿 (연여)

* 가마솥
- 부 釜 破釜沈舟 (파부침주)

기와굽는가마
* 도자기 굽는 시설
- 요 窯 窯業 (요업), 陶窯 (도요)

가지
* 나뭇가지
- 가 柯 南柯一夢 (남가일몽)
- 조 條 金科玉條 (금과옥조), 條件 (조건), 條項 (조항)
- 지 枝 金枝玉葉 (금지옥엽), 連理枝 (연리지)

갈
* 가다
- 서 逝 }
- 거 去 } 逝去 (서거)
- (멀리갈 매) 매 邁 邁進 (매진)
- (다다를 부) 부 赴 赴任 (부임)
- 왕 往 旣往 (기왕)
- 지 之 管鮑之交 (관포지교)

* 갈다 (문지르거나 으깨다)
- 마 磨 硏磨 (연마), 琢磨 (탁마)
- 연 硏 硏究 (연구)

값
- 가 價 價値 (가치), 評價 (평가)
- (장사 고) 가 賈 商賈 (상고), 賈竪 (고수)
- (클 개) 개 价 賀价 (하개)
- 치 値 數値 (수치)

강할
- 강 强 强靭 (강인)
- 강 強

강철
- 강 鋼 鋼鐵 (강철)

쇠	철	鐵	鑄鐵 (주철), 鐵甕山城 (철옹산성)	깰 (깨달을 각)		* (잠에서) 깨다	
	금	金	金蘭之交 (금란지교)		교 성	覺 醒	覺醒 (각성)
깎을	삭	削	削除 (삭제), 添削 (첨삭), 削減 (삭감)	(잠깰 오)	오	寤	覺寤 (각오)
	산	刪	刪削 (산삭), 刪蔓 (산만)	거만할	거 만	倨 慢	倨慢 (거만)
개			* 동물		오	傲	傲慢 (오만), 傲氣 (오기)
	견	犬	犬馬之類 (견마지류)	거짓	가	假	狐假虎威 (호가호위)
	구	狗	泥田鬪狗 (이전투구)	(잘못될 와)	위	僞	虛僞 (허위), 僞裝 (위장)
			* 열한 번째 지지	(낳을 탄)	탄	誕	聖誕節 (성탄절), 詐誕 (사탄)
	술	戌	庚戌國恥 (경술국치), 戌兵 (술병)	(자세할 상)	양	詳	詳細 (상세), 昭詳 (소상), 仔詳 (자상)
			* 조수가 드나드는 물가	(다만 단)	탄	但	但只 (단지), 非但 (비단)
	포	浦	鏡浦臺 (경포대), 浦口 (포구)	검을 (그윽할 유)	려	黎	黎明 (여명)
깨끗할	결	潔	潔白 (결백), 簡潔 (간결), 淸廉潔白 (청렴결백)		유	幽	幽冥 (유명), 幽靈 (유령)
	정	淨	淸淨 (청정), 不淨 (부정)		현	玄	玄關 (현관)
(씻을 세)	선	洗	洗練 (세련), 洗濯 (세탁), 洗滌 (세척), 洗手 (세수)	(이 자, 무성할 자)	현	玆	
					흑	黑	暗黑 (암흑)
깨달을	각 오	覺 悟	覺悟 (각오)	꺼릴	기	忌	忌憚 (기탄)
(동경할 경)	경	憬	憧憬 (동경)		탄	憚	
깨우칠	경	警	警察 (경찰), 警戒 (경계)		휘	諱	忌諱 (기휘)
	유	喩	隱喩法 (은유법), 直喩 (직유)				

경계할	경	儆	儆備 (경비)		**공**	공	功	功勞 (공로)
(깨우칠 경)	경	警	警備 (경비), 警戒 (경계)			훈	勳	勳舊派 (훈구파), 勳章 (훈장)
	계	戒	懲戒 (징계)					
경계	잠	箴	箴言 (잠언)		* 둥근 물체 공			
						구	球	蹴球 (축구)
고를	* 골고루 평탄함					국	鞠	
	균	均	均衡 (균형)		**공경**	경	敬	敬天愛人 (경천애인), 恭敬 (공경), 敬畏 (경외)
	조	調	調和 (조화)					
고울	려	麗	華麗 (화려), 秀麗 (수려)		**공경할**	건	虔	敬虔 (경건)
	선	鮮	生鮮 (생선), 朝鮮 (조선), 新鮮 (신선)		(신음할 음)	흠	欽	欽慕 (흠모)
	염	艶	妖艶 (요염), 濃艶 (농염)		**공손할**	공	恭	恭遜 (공손)
	연	妍	妍醜 (연추), 妍麗 (연려)		**곳집**	고	庫	倉庫 (창고), 寶庫 (보고), 庫間 (곳간)
고칠	개	改	改悛 (개전), 改過遷善 (개과천선), 朝夕變改 (조석변개)			유	庾	庾積 (유적)
					(여쭐 품)	늠	稟	稟議 (품의), 氣稟 (기품)
(다시 갱)	경	更	變更 (변경), 更生 (갱생)			창	倉	營倉 (영창), 倉卒 (창졸)
	전	悛	悛容 (전용)		**꾀**	책	策	彌縫策 (미봉책)
골	* 골짜기					모	謀	權謀術數 (권모술수), 圖謀 (도모)
	곡	谷	溪谷 (계곡)			모	謨	
	동	洞				유	誘	誘導 (유도), 誘惑 (유혹), 誘拐 (유괴)
	학	壑	溪壑之慾 (계학지욕)		**꾀할**	기	企	企業 (기업), 企圖 (기도)
	* 뇌(腦)의 순우리말				**구슬**	경	瓊	瓊枝玉葉 (경지옥엽)
	뇌	腦	腦卒中 (뇌졸중), 首腦部 (수뇌부)			기	璣	
						선	璿	璿源 (선원)

옥	玉	金科玉條 (금과옥조)	
원	瑗		
주	珠	滄海遺珠 (창해유주), 孔子穿珠 (공자천주)	
벽	璧	完璧歸趙 (완벽귀조), 雙璧 (쌍벽)	
굳셀	강	剛	
	건	健	剛健 (강건)
	강	彊	自彊 (자강)
	경	勁	勁草 (경초)
	의	毅	剛毅 (강의)
	환	桓	桓雄 (환웅)
굳을	고	固	鞏固 (공고), 固執 (고집)
	공	鞏	鞏膜 (공막)
	견	堅	堅固 (견고), 堅果 (견과)
(가로막을 경)	경	硬	硬直 (경질)
	확	確	確固 (확고)
굴	굴	窟	狡兔三窟 (교토삼굴)
(구멍 혈)	혈	穴	偕老同穴 (해로동혈)
꾸밀	날	捏	捏造 (날조)
	분	扮	扮裝 (분장)
	식	飾	粉飾 (분식), 裝飾 (장식), 修飾 (수식), 飾言 (식언)
	장	裝	粧飾 (장식), 裝備 (장비), 武裝 (무장), 塗裝 (도장)

꾸짖을	갈	喝	喝取 (갈취), 恐喝 (공갈)
(꾸짖을 하)	가	呵	呵責 (가책)
	견	譴	譴責 (견책)
(꾸짖을 매)	마	罵	罵倒 (매도)
	질	叱	叱責 (질책)
(빚 채)	책	責	
(힘쓸 해)	핵	劾	彈劾 (탄핵)
	힐	詰	詰責 (힐책)
꿀	밀	蜜	* 꿀벌, 단맛 口蜜腹劍 (구밀복검), 甛密密 (첨밀밀)
(빌릴 대)	대	貸	* (돈을) 빌리다 賃貸 (임대), 貸借 (대차)
기록할	기	記	記錄 (기억), 記憶 (기억)
	록	錄	登錄 (등록), 實錄 (실록)
	전	箋	處方箋 (처방전)
	지	誌	雜誌 (잡지), 同人誌 (동인지)
기를			* 기르다
	사	飼	飼育 (사육)
	양	養	奉養 (봉양)
	육	育	養育 (양육)
길을			* (물을) 긷다, 길어올리다
	급	汲	汲水 (급수), 遑汲 (황급), 汲引 (급인)

기릴 (칭송할 송)	예 송 찬 포	譽 頌 讚 褒	榮譽 (영예) 稱頌 (칭송), 讚頌 (찬송) 稱讚 (칭찬) 포펌 (褒貶), 포상 (褒賞)	길 (지름길 경) (한도 정)	길 경 도 로 정	道 徑 途 路 程	* 가는 길, 법도 捷徑 (첩경) 日暮途遠 (일모도원) 道路 (도로) 過程 (과정), 鵬程萬里 (붕정만리)
기름 기름질	고 유 지 옥	膏 油 脂 沃	膏粱珍味 (고량진미) 香油 (향유), 注油 (주유) 脂肪 (지방) 肥沃 (비옥), 沃畓 (옥답)	(어른 장) (길고둥근 타)	영 장 타	永 長 楕	* 길다 永劫 (영겁), 永眠 (영원) 晝夜長川 (주야장천), 長壽 (장수), 成長 (성장) 楕圓形 (타원형)
기쁠 (바꿀 태)	이 열 태 환 흔 희	怡 悅 兌 歡 欣 喜	怡愉 (이유) 怡悅 (이열), 悅樂 (열락) 哀歡 (애환) 欣快 (흔쾌) 歡喜 (환희)	그릴	모 련 묘	慕 戀 描	* 그리워하다 欽慕 (흠모) 戀慕 (연모) * (그림을) 그리다 描寫 (묘사), 素描 (소묘)
기울 (비낄 사) (기울 외)	경 사 왜	傾 斜 歪	* 기울다 傾斜 (경사), 傾國之色 (경국지색) 斜陽 (사양) 歪曲 (왜곡) * 옷따위를 깁다	그림 글 (날 경)	도 화 회 서 경 장	圖 畫 繪 書 經 章	圖書館 (도서관) 書畫 (서화) 繪畫 (회화) 焚書坑儒 (분서갱유) 聖經 (성경) 文章 (문장)
	납 보 선 즙	衲 補 繕 葺	衲衣 (납의) 補償 (보상) 修繕 (수선), 繕寫 (선사) 修葺 (수즙), 改葺 (개즙)	글귀 글월 글자	구 문 자	句 文 字	句讀 (구두), 句節 (구절) 文化 (문화) 漢字 (한자)

끊을	단	斷	孟母斷機 (맹모단기)
	절	絕	韋編三絕 (위편삼절)
	절	截	去頭截尾 (거두절미)
(온통 체)	절	切	切齒腐心 (절치부심)

끌	* 끌다, 끌어당기다		
(이끌 견)	견	牽	牽引 (견인)
(받들 봉)	봉	奉	奉引 (봉인)
	인	引	
	랍	拉	被拉 (피랍)
	루	婁	
	만	輓	
	예	曳	
	제	提	
이끌	야	惹	惹起 (야기), 惹端 (야단)
	휴	携	携帶 (휴대), 提携 (제휴)

그르칠	류	謬	誤謬 (오류)
	오	誤	錯誤 (착오)
그릇될	와	訛	訛傳 (와전)

ㄴ

나	아	我	我田引水 (아전인수)
	여	余	余等 (여등)
	여	予	予奪 (여탈)
	오	吾	吾鼻三尺 (오비삼척)
	짐	朕	兆朕 (조짐)

나눌	분	分	分數 (분수), 分析 (분석)
	별	別	別世 (별세), 千差萬別 (천차만별)
(짝 배)	배	配	配慮 (배려), 配達 (배달)
	반	班	兩班 (양반)
	반	頒	頒布 (반포)
(비적 비)	분	匪	匪賊 (비적)
(뿌릴 쇄)	시	灑	灑掃 (쇄소)

나라	국	國	國家 (국가), 富國強兵 (부국강병)
	방	邦	友邦 (우방)

* 기타
韓 (나라 한)
唐 (당나라 당)   宋 (송나라 송)
隋 (수나라 수)   鄭 (정나라 정)
楚 (초나라 초)   漢 (한나라 한)
鄧 (나라이름 등) 吳 (나라이름 오)
阮 (나라이름 원) 魏 (나라이름 위)
秦 (나라이름 진) 蔡 (나라이름 채)
蜀 (나라이름 촉) 邢 (나라이름 형)

나을	* (병이) 낫다		
	유	愈	愈肆 (유사)
(병나을 유)	유	癒	快癒 (쾌유)

낳을	* (새끼를) 낳다		
	산	産	産業 (산업), 不動産 (부동산)
(거짓 탄)	탄	誕	聖誕 (성탄), 誕辰 (탄신)

날	* (하늘을)날다		
	비	飛	飛躍 (비약)
	상	翔	飛翔 (비상)

Ⅳ. 부록   743

	* (밖에) 나오다		
	생 生 生産 (생산)		
	출 出 出沒 (출몰)		
	* 낮, 하루, 태양		
	일 日 日出 (일출), 一日三秋 (이일삼추), 日就月將 (일취월장)		

나타날	현 現	表現 (표현), 現況 (현황)
	현 顯	顯考 (현고), 顯微鏡 (현미경), 破邪顯正 (파사현정)
	저 著	顯著 (현저)

낮	* 하루 중 정오
	오 午 子午線 (자오선), 午睡 (오수)
	주 晝 晝夜 (주야)

낱	* 하나하나
	개 個 個別 (개별)
	개 箇 箇果 (개과)

너	여 汝	汝矣島 (여의도), 汝等 (여등)
	이 爾	爾汝 (이여)

넉넉할	유 裕	餘裕 (여유), 富裕 (부유)
	요 饒	豊饒 (풍요)
(뛰어날 우)	우 優	優柔不斷 (우유부단), 優遊自適 (우유자적)
(맑을 담)	섬 澹	慘澹 (참담)

넋	* 넋
	백 魄 魂魄 (혼백)
	혼 魂 靈魂 (영혼)

넘어질	궐 蹶	蹶起 (궐기)
	도 倒	主客顚倒 (주객전도)
엎드러질 (이마 전)	전 顚	顚倒 (전도), 顚覆 (전복), 顚末 (전말)

넓을	광 廣	廣魚 (광어)
(사막 막)	막 漠	沙漠 (사막)
	박 博	博士 (박사)
	범 汎	汎論 (범론)
(펼 부)	부 溥	溥布 (부포)
	보 普	普遍的 (보편적)
	연 衍	蔓衍 (만연)
	왕 汪	汪洋 (왕양)
	항 沆	
	호 浩	浩氣 (호기), 浩然之氣 (호연지기)
	호 澔	
	홍 洪	洪水 (홍수)
	회 恢	恢弘 (회홍)
	활 闊	天空海闊 (천공해활), 闊步 (활보), 廣闊 (광활), 闊葉樹 (활엽수)
넓힐	척 拓	開拓 (개척)
	확 擴	擴散 (확산), 擴大鏡 (확대경)

노래	가	哥	
	가	歌	四面楚歌 (사면초가), 高聲放歌 (고성방가), 歌謠 (가요)
	구	謳	謳歌 (구가)
	요	謠	童謠 (동요)
(즐길 락)	악	樂	音樂 (음악)

녹	록	祿	祿俸 (녹봉)
	봉	俸	俸給 (봉급)
* 기타		賃金 (임금)	

놀랄	경	驚	驚愕 (경악), 驚蟄 (경칩)
	악	愕	駭愕 (해악)
	해	駭	駭怪 (해괴)

높을	고	高	登高自卑 (등고자비)
	교	喬	喬松 (교송)
	숭	崇	崇尙 (숭상), 隆崇 (융숭)
	존	尊	至尊 (지존)
	준	峻	峻嚴 (준엄)
	탁	卓	卓球 (탁구), 食卓 (식탁)
	최	崔	
	융	隆	隆盛 (융성), 隆起 (융기), 隆替 (융체)

누를	억	抑	抑壓 (억압)
	압	壓	
	압	押	押收 (압수)

* 노란색
	황	黃	黃泉 (황천), 天地玄黃 (천지현황)
* 기타		捺 (누를 날) 按 (누를 안)	
		亞 (누를 압, 버금 아, 흰흙 악)	
		拗 (누를 욱, 우길 요)	

| 눈 | 목 | 目 | 耳目口鼻 (이목구비) |
| | 안 | 眼 | 眼目 (안목), 眼高手卑 (안고수비) |

* 기상 현상
| | 설 | 雪 | 螢雪之功 (형설지공), 紅爐點雪 (홍로점설) |

느릴	* (속도가) 느리다		
	완	緩	微吟緩步 (미음완보), 緩急 (완급)
늘일	* 늘이다		
	연	延	遲延 (지연), 蔓延 (만연), 延滯 (연체)

ㄷ

다	개	皆	皆勤賞 (개근상)
	실	悉	悉皆 (실개)
	총	總	總括 (총괄), 總務 (총무), 總攬 (총람)
(덜 함)	함	咸	咸池 (함지), 咸集 (함집)

| 다를 | 수 | 殊 | 特殊 (특수), 殊常 (수상) |
| (나눌 별) | 별 | 別 | 別世 (별세) |

	이	異	同床異夢 (동상이몽)
	차	差	雲泥之差 (운니지차)
	타	他	他界 (타계)
다리			* 신체 부위
	각	脚	脚光 (각광), 馬脚 (마각), 脚線美 (각선미), 脚本 (각본)
			* 건축물
	교	橋	橋梁 (교량), 橋脚 (교각), 橋頭堡 (교두보), 懸垂橋 (현수교)
다스릴	략	略	中傷謀略 (중상모략)
	리	理	管理 (관리)
	리	釐	毫釐 (호리)
	발	撥	撥亂 (발란)
	섭	攝	攝政 (섭정)
	치	治	治療 (치료), 治國安民 (치국안민)
	할	轄	管轄區域 (관할구역)
다시 (고칠 경)	갱	更	變更 (변경), 更新 (갱신)
(회복할 복)	부	復	復活 (부활), 復歸 (복귀), 復舊 (복구)
(덮을 부)	복	覆	覆車之戒 (복거지계), 顚覆 (전복), 覆巾 (부건)
다할	갈	竭	蕩竭 (탕갈)
	궁	窮	困窮 (곤궁), 窮乏 (궁핍), 窮寇莫追 (궁구막추)
	극	極	極端 (극단), 窮極 (궁극)
	진	盡	
달			* (맛이) 달콤하다
	감	甘	苦盡甘來 (고진감래), 甘呑苦吐 (감탄고토), 甘草 (감초)
			* 지구의 위성
	월	月	花容月態 (화용월태), 月下氷人 (월하빙인)
			* (물건을) 매달다
	현	懸	懸河之辯 (현하지변), 刺股懸梁 (자고현량), 懸案 (현안)
대			* 높고 평평한 건축물
	대	臺	舞臺 (무대), 寢臺 (침대), 燈臺 (등대)
	대	台	
(인간 세)	세	世	世代 (세대), 隔世之感 (격세지감), 不世出 (불세출)
			* 대나무
	죽	竹	竹林七賢 (죽림칠현), 破竹之勢 (파죽지세), 雨後竹筍 (우후죽순)
대바구니	롱	籠	籠絡 (농락), 籠球 (농구), 籠城 (농성)
	람	籃	搖籃 (요람)
더할	가	加	雪上加霜 (설상가상)
(인원 원)	운	員	公務員 (공무원)

(넘칠 익)	익	益	老益壯 (노익장), 利益 (이익)		좌	佐	輔佐 (보좌)
					필	弼	輔弼 (보필)
(겹칠 층)	증	增	增加 (증가)		찬	贊	協贊 (협찬)
	첨	添	添削 (첨삭), 添附 (첨부)		호	護	擁護 (옹호), 辯護士 (변호사)
(젖을 점)	첨	沾	沾濕 (첨습)				
덮을	폐	蔽	隱蔽 (은폐), 掩蔽 (엄폐)		독	* 항아리	
	부	覆	天覆 (천부)		옹	甕	鐵甕山城 (철옹산성), 甕器 (옹기)
(어찌 합)	개	蓋	拔山蓋世 (발산개세)		독	毒	毒極物 (독극물), 毒感 (독감), 酷毒 (혹독), 毒素 (독소)
(허물 자)	비	庇	庇護 (비호)				
* 기타	莫 (덮을 멱, 없을 막, 저물 모)						
덜	감	減	減少 (감소), 加減 (가감)		돌	* 1년이 되는 날	
(살필 성)	생	省	省察 (성찰), 省略 (생략)		기	朞	朞服 (기복), 朞年祭 (기년제)
	손	損	名譽毀損 (명예훼손), 損益 (손익), 破損 (파손)			* 돌멩이	
	제	除	除去 (제거), 控除 (공제)		석	石	巖石 (암석), 他山之石 (타산지석), 電光石火 (전광석화)
도울	부	扶	相扶相助 (상부상조)			* 돌다, 회전하다	
(기울 보)	보	補	亡羊補牢 (망양보뢰)		선	旋	斡旋 (알선)
	보	輔	輔車相依 (보거상의)		알	斡	
	비	毘			순	巡	巡廻 (순회)
	비	裨	裨補 (비보)		순	循	循環 (순환)
	방	幇	幇助 (방조)		주	週	週期 (주기), 周旋 (주선)
	양	襄	贊襄 (찬양)		회	廻	旋回 (선회), 輪廻 (윤회)
	원	援	應援 (응원)	(돌아올 환)	선	還	錦衣還鄕 (금의환향), 償還 (상환), 歸還 (귀환), 奪還 (탈환)
	우	佑	佑助 (우조)				
	익	翊	翊成 (익성)				
	조	助					

돌볼	권	眷	眷屬 (권속), 眷率 (권솔)	(심을 식)	치	置	位置 (위치)
돌아볼	고	顧	左顧右眄 (좌고우면), 顧問 (고문)		치	植	植樹 (식수)
돌아올	반	反	如反掌 (여반장), 輾轉反側 (전전반측), 返戾 (반려), 返還 (반환), 返送 (반송)	드릴	정	呈	獻呈 (헌정)
					헌	獻	奉獻 (봉헌)
				* 기타		亨 (드릴 향, 형통할 형, 삶을 팽)	
				들일	* 거두어들이다, 납부하다		
	환	還	還甲 (환갑), 召還 (소환)		납	納	歸納 (귀납), 容納 (용납), 獻納 (헌납)
	회	回	回甲 (회갑), 回復 (회복), 撤回 (철회)				
돌이킬	반	返		들	* (위로) 들어올리다		
돌아갈	귀	歸		(높이들 게)	거	擧	薦擧 (천거)
되	* 부피 단위				게	揭	
	승	升	斗升 (두승), 升降 (승강)		대	擡	擡頭 (대두)
	* 부피 단위, 오랑캐				* 들, 들판		
	호	胡	胡蝶之夢 (호접지몽), 胡亂 (호란), 胡服 (호복)		교	郊	郊外 (교외)
					야	野	野球 (야구)
					평	坪	建坪 (건평)
두려울	공	恐	恐懼 (공구), 恐慌 (공황)		* (안으로) 들어가다		
	송	悚	悚懼 (송구), 罪悚 (죄송), 惶悚 (황송)		입	入	漸入佳境 (점입가경), 先入見 (선입견)
	황	惶	惶怯 (황겁)	등	* 불빛을 밝히는 등잔		
두려워할	구	懼	畏懼 (외구)		등	燈	燈火可親 (등화가친), 燈下不明 (등하불명)
	외	畏	敬畏 (경외)		* 등, 배반하다		
(밤 률)	률	栗	栗殼 (율각)		배	背	面從腹背 (면종복배), 背水之陣 (배수지진), 向背 (배향)
	포	怖	恐怖 (공포), 怖苦 (포고)				
둘	* 두다						
	조	措	措置 (조치)				

따를 (게으를 타)	연 沿	沿岸 (연안)
	수 隨	夫唱婦隨 (부창부수)
	추 追 종 從	追從 (추종)
	호 扈	跳梁跋扈 (도량발호)
	수 遂	完遂 (완수), 遂行 (수행), 半身不遂 (반신불수)

때	* 몸 노폐물	
	구 垢	純眞無垢 (순진무구), 刮垢磨光 (괄구마광), 垢穢 (구예)
(별 진)	* 시점, 그때	
	시 時	時機尙早 (시기상조)
	신 辰	良辰美景 (양신미경)

떼 (거느릴 부)	* 여럿이 뭉쳐 무리, 마을	
	부 部	全部 (전부), 部首 (부수), 幹部 (간부), 部署 (부서)

떨릴	긍 兢	兢惶 (긍황)
	율 慄	戰慄 (전율), 凜慄 (늠률)

떨어질 (상거할 거)	* 일정한 거리에 위치하다	
	거 距	相距 (상거), 距離 (거리)
	* (위에서 아래로) 떨어지다	
	락 落	墜落 (추락)
	령 零	零細 (영세)
	운 隕	隕命 (운명)
	추 墜	擊墜 (격추)
	타 墮	

떨칠 (날릴 양)	* 널리 알려지거나 드날리다	
	분 奮	孤軍奮鬪 (고군분투)
	양 揚	止揚 (지양)
	진 振	士氣振作 (사기진작), 振興 (진흥), 振幅 (진폭)
	* 털어내다, 떨어지게 하다	
	불 拂	拂拭 (불식), 假拂 (가불), 還拂 (환불)

뛰어날	걸 杰	
	걸 傑	豪傑 (호걸), 傑作 (걸작), 俊傑 (준걸)
	영 英	英雄 (영웅)
	우 優	優勝 (우승)
(조약돌 력)	락 礫	礫巖 (역암)

뜰	* (물에) 뜨다	
	범 泛	浮泛 (부범)
	부 浮	沈浮 (침부), 浮刻 (부각)
	* 집안 빈터(마당), 집안	
	정 庭	庭園 (정원), 家庭 (가정), 親庭 (친정), 校庭 (교정)

뜻	의 意	注意 (주의)
	정 情	情緒 (정서)
	지 旨	趣旨 (취지), 要旨 (요지)
	지 志	初志一貫 (초지일관)
	취 趣	趣味 (취미)

띠	* 둘러매는 끈		
	대 帶	一衣帶水 (일의대수), 連帶 (연대), 腰帶 (요대), 繃帶 (붕대)	
	* 식물의 일종		
	모 茅	茅屋 (모옥), 茅蒐 (모수), 數間茅屋 (수간모옥)	

ㅁ

마실	음 飮	飮食 (음식), 飮酒 (음주), 飮福 (음복)
	흡 吸	呼吸 (호흡), 吸着 (흡착)
마을	리 里	洞里 (동리)
	부 府	政府 (정부)
	서 署	署理 (서리)
	아 衙	官衙 (관아)
	여 閭	
	염 閻	閭閻 (여염)
	촌 村	村落 (촌락)
마를	* 물기가 없어진	
	건 乾	乾坤一擲 (건곤일척), 乾坤 (건곤), 乾燥 (건조), 乾濕 (건습)
	고 枯	榮枯盛衰 (영고성쇠)
	조 燥	焦燥 (초조), 燥急 (조급)
	* (옷을) 마름질하다, 치수에 맞게 자르다	
	재 裁	裁判 (재판), 裁斷 (재단)

막을 (상거할 거)	거 拒	拒否 (거부), 拒絕 (거절)	
	거 距	距離 (거리)	
	고 錮	禁錮 (금고)	
	두 杜	杜門不出 (두문불출)	
	어 禦	防禦 (방어)	
	옹 壅	壅拙 (옹졸), 壅塞 (옹색)	
	방 防	防禦 (방어), 防疫 (방역), 豫防 (예방)	
	장 障	障碍 (장애)	
	저 抵	抵抗 (저항)	
	저 沮	沮害 (저해), 沮止 (저지)	
(한가할 한)	한 閑	忙中閑 (망중한)	
막힐 (변방 새)	옹 邕	塞翁之馬 (새옹지마),	
	색 塞	拔本塞源 (발본색원)	
	질 窒	窒息 (질식), 窒塞 (질색)	
	조 阻	隔阻 (격조), 積阻 (적조)	
	체 滯	遲滯 (지체), 沈滯 (침체)	
맏	* 맏이		
	곤 昆	昆季 (곤계)	
	맹 孟	孟母三遷 (맹모산천)	
	백 伯	伯仲叔季 (백중숙계), 畫伯 (화백)	
	윤 允	允許 (윤허)	
말	* 둥글게 돌돌 말다		
	권 卷	手不釋卷 (수불석권)	
	권 捲	捲土重來 (권토중래)	

	* 용량의 단위		
	두 斗	泰山北斗 (태산북두), 斗酒不辭 (두주불사)	
	* 동물		
	마 馬	塞翁之馬 (새옹지마), 竹馬故友 (죽마고우), 鈍馬 (둔마)	
	* 부정(否定)뜻 (하지 마라)		
	무 毋	毋論 (무론)	
	물 勿	勿忘草 (물망초)	
말, 글	사 詞	形容詞 (형용사), 助動詞 (조동사), 弔詞 (조사), 歌詞 (가사)	
말씀	설 說	說話 (설화)	
	언 言 어 語	言語 (언어)	
	사 辭	辭典 (사전)	
	담 談 화 話	談話 (담화)	
(클 담)	담 譚	民譚 (민담)	
	변 辯	詭辯 (궤변), 辯護 (변호), 雄辯 (웅변)	
맑을	청 淸	淸貧樂道 (청빈낙도)	
	숙 淑	貞淑 (정숙)	
	아 雅	優雅 (우아), 淸雅 (청아)	
	담 淡	雅淡 (아담), 冷淡 (냉담)	
	담 澹	暗澹 (암담)	
	정 晶	液晶 (액정), 結晶 (결정)	
	징 澄	明澄 (명징)	
	철 澈	瑩澈 (형철)	
맡을	* (일을) 맡다		
	사 司	司法 (사법), 司書 (사서), 司正 (사정)	
	* (냄새를) 맡다		
	후 嗅	嗅覺 (후각), 嗅官 (후관)	
매울	* 매운맛		
	랄 辣	辛辣 (신랄), 惡辣 (악랄)	
	렬 烈	熾烈 (치열), 激烈 (격렬), 猛烈 (맹렬), 壯烈 (장렬)	
	신 辛	艱難辛苦 (간난신고)	
머무를	박 泊	宿泊 (숙박), 碇泊 (정박), 漂泊 (표박)	
	유 留	繫留 (계류), 押留 (압류), 滯留 (체류)	
	정 停	停滯 (정체), 調停 (조정)	
	주 駐	駐屯 (주둔)	
멀	료 遼	遼遠 (요원)	
	요 遙	逍遙 (소원)	
	원 遠	敬遠 (경원)	
	유 悠	悠久 (유구)	
	하 遐	昇遐 (승하)	
	요 邈		
메울	* 빈 곳을 채우다		
	전 塡	充塡 (충전)	
(진압할 진)	전 鎭	鎭靜 (진정)	

맬		* (끈, 줄 따위를) 매다		모양	모	貌	容貌 (용모), 面貌 (면모)
	계	係	關係 (관계), 係員 (계원), 因果關係 (인과관계)		상	像	想像 (상상), ▢像 (초상)
(이어맬 계)	계	系	生態系 (생태계), 體系 (체계), 系統 (계통), 系列 (계열), 家系 (가계), 系譜 (계보)		양	樣	模樣 (모양)
					자	姿	姿勢 (자세), 姿態 (자태)
					형	形	模形 (모형)
	계	繫	繫留 (계류), 連繫 (연계), 聯繫 (연계), 繫縛 (계박), 囚繫 (수계)	모을	취	聚	聚合 (취합)
					촬	撮	撮影 (촬영)
멜		* 어깨에 메다			총	叢	叢書 (총서)
	담	擔	負擔 (부담), 擔保 (담보), 擔當 (담당), 擔任 (담임)		종	綜	綜合 (종합)
					찬	纂	編纂 (편찬)
(어찌 하)	하	何	何必 (하필), 何如間 (하여간)		집	募	募集 (모집)
	하	荷	荷重 (하중), 荷役 (하역)		수	蒐	蒐集 (수집: 취미로 여러가지를 모음), 蒐輯 (수집: 책을 편집함)
맺을	결	結	結縛 (결박), 妥結 (타결)		축	蓄	蓄積 (축적)
	계	契	契約 (계약)		췌	萃	叢萃 (총췌)
	뉴	紐	結紐 (결뉴)	(아홉 구)	규	九	
	약	約	誓約 (서약)	(모을 둔, 도타울 돈)	단	敦	
	체	締	締結 (체결)		사	社	社會 (사회)
모		* 모나다, 모서리 뜻		(거둘 수)	수	收	
	릉	稜	稜線 (능선), 脊稜 (처릉)		집	輯	編輯 (편집)
		* 네모, 방향, 두루, 모두 뜻			집	集	雲集 (운집)
	방	方	방향(方向), 방법(方法), 지방(地方)	(근심 수)	추	愁	
					회	會	會者定離 (회자정리)
		* 묘, 모내기		목맬		* (목을) 매다, 조르다	
	묘	苗	種苗 (종묘), 苗木 (묘목)		교	絞	絞首 (교수)
	앙	秧	移秧 (이앙), 秧苗 (앙묘)				

목멜 (목구멍 인, 삼킬 연)	액	縊	縊殺 (액살) * (목이)메다, 막히다	등	等	等神 (등신: 어리석은 사람)
				류	類	類似 (유사)
	열	咽	嗚咽 (오열), 咽喉 (인후)	배	輩	無賴輩 (무뢰배)
몸	구	軀	體軀 (체구), 巨軀 (거구)	속	屬	隸屬 (예속)
	궁	躬	躬行 (궁행)	조	曹	法曹界 (법조계)
	기	己	克己復禮 (극기복례)	중	衆	衆寡不敵 (중과부적)
	신	身	獻身 (헌신), 身體 (신체)	휘	彙	語彙 (어휘), 萬彙群象 (만휘군상)
	체	體	一心同體 (일심동체)	* 불그스름한 빛의 둥근 테		
못	* 연못			훈	暈	眩暈 (현훈: 현기증), 月暈 (월훈)
	소	沼	龍沼 (용소)			
	담	潭	白鹿潭 (백록담)	묶을	붕	繃	繃帶 (붕대)
	당	塘	池塘 (지당)		속	束	拘束 (구속)
	연	淵	天地淵 (천지연)		괄	括	括弧 (괄호), 總括 (총괄)
	지	池	雁鴨池 (안압지)	물	수	水	上善若水 (상선약수)
	택	澤	惠澤 (혜택)		하	河	百年河淸 (백년하청)
	* 목재를 고정하고 접합해주는 뾰족 못			* 깨물다		
	정	釘	眼中之釘 (안중지정), 押釘 (압정)		교	咬	咬牙切齒 (교아절치)
몽둥이	간	杆	欄杆 (난간)	물리칠 (병풍 병)	각	却	棄却 (기각)
	곤	棍	棍棒 (곤봉), 棍杖 (곤장)		병	屛	屛風 (병풍)
무리	* 모여있는 여러 집단				양	攘	攘斥 (양척)
	군	群	群雄割據 (군웅할거)		척	斥	衛正斥邪 (위정척사), 排斥 (배척)
	당	黨	黨同伐異 (당동벌이)	물을	문	問	質問 (질문), 東問西答 (동문서답)
	대	隊	軍隊 (군대)				
	도	徒	花郞徒 (화랑도)		신	訊	訊問 (신문)

	자	諮	諮問 (자문)
	힐	詰	詰問 (힐문)

미칠			* 제정신이 아님
	광	狂	狂奔 (광분)
	전	癲	癲狂 (전광)
			* 영향, 작용따위를 끼치게 하다
	급	及	過猶不及 (과유불급)
	급	扱	取扱 (취급)
(미칠 대, 종 례)	이	隷	賤隷 (천예: 천민과 노예), 奴隷 (노예)

밀 (밀 퇴)			* 꿀 찌꺼기로 만든 기름
	랍	蠟	蜜蠟 (밀랍), 封蠟 (봉랍)
			* 앞으로 힘을 가하다
	추	推	推敲 (퇴고), 推薦 (추천), 類推 (유추)

ㅂ

바꿀	역	易	易地思之 (역지사지), 易姓 (역성)
	체	替	代替 (대체), 移替 (이체)
	태	兌	兌換 (태환)
	환	換	換骨奪胎 (환골탈태), 轉換 (전환), 換拂 (환불)

바랄	기	冀	幸冀 (행기)
	망	望	希望 (희망)
	희	希	希臘 (희랍)

바를 (맑을 아) (짝 필, 발 소)			* 옳다
	광	匡	匡正 (광정)
	정	正	事必歸正 (사필귀정)
	아	雅	端雅 (단아)
	아	疋	疋緞 (필단)

바퀴 (날 비)			* 바퀴벌레
	비	蜚	流言蜚語 (유언비어)
			* 수레바퀴
	륜	輪	輪廻 (윤회), 輪廓 (윤곽)

바큇자국			* 수레바큇자국
	궤	軌	軌道 (궤도), 軌跡 (궤적)
	철	轍	前轍 (전철), 螳螂拒轍 (당랑거철), 覆轍之戒 (복철지계)

바퀴살 (바퀴살 복, 몰려들 주)	폭	輻	輻射 (복사), 輻輳 (폭주)

밭두둑 (일천 천)	반	畔	壟畔 (농반)
	롱	壟	壟斷 (농단)
	정	町	町步 (정보), 町當 (정당)
	천	千	

발			* 햇빛을 가리는 물건
	렴	簾	垂簾聽政 (수렴청정), 珠簾 (주렴)
			* 신체 부위
	족	足	鳥足之血 (조족지혈), 畫蛇添足 (화사첨족)

밝을	명	明	
	낭	朗	明朗 (명랑)
	량	亮	淸亮 (청량)
	료	瞭	明瞭 (명료)
(마칠 료)	료	了	魅了 (매료)
	방	昉	
(불꽃 병)	병	昞, 炳, 昺	
(비출 조)	소	昭	昭詳 (소상)
	석	晳	明晳 (명석)
	성	晟	
	준	晙	
(과녁 적)	적	的	
	철	哲	明哲 (명철)
(골 동)	통	洞	
	철	喆	

밟을	답	踏	踏襲 (답습)
(신 리)	리	履	如履薄氷 (여리박빙)
	발	跋	跋扈 (발호), 跋剌 (발랄)
	유	蹂	蹂躪 (유린)
	천	踐	實踐 (실천)
	태	跆	跆拳道 (태권도)

밤	* 밤나무		
	률	栗	棗東栗西 (조동율서)
	* 저녁, 한밤중		
	소	宵	晝宵 (주소)
	야	夜	晝耕夜讀 (주경야독)

방울	령	鈴	鐸鈴 (탁령), 猫項懸鈴 (묘항현령)
	탁	鐸	一世木鐸 (일세목탁)

빠를	신	迅	迅速 (신속)
	속	速	速度 (속도)
	첩	捷	捷徑 (첩경)
(죽일 살)	쇄	殺	殺到 (쇄도)

빠질	륜	淪	淪落 (윤락)
(약할 약)	닉	溺	耽溺 (탐닉), 溺死 (익사)
	면	沔	
	몰	沒	汨沒 (골몰), 陷沒 (함몰), 埋沒 (매몰)
	함	陷	陷穽 (함정), 謀陷 (모함)

배	선	船	
	박	舶	船舶 (선박)
	주	舟	捨量沈舟 (사량침주), 破釜沈舟 (파부침주), 刻舟求劍 (각주구검)
	항	航	航空 (항공), 難航 (난항), 運航 (운항)
(배나무 리)	리	梨	烏飛梨落 (오비이락), 凍梨 (동리: 90세)
* 배, 마음			
	복	腹	面從腹背 (면종복배), 口蜜腹劍 (구밀복검)

뱀		* 동물 뱀	
	사	蛇	龍頭蛇尾 (용두사미), 長蛇陣 (장사진), 龍蛇飛騰 (용사비등)
		* 여섯 번째 지지	
	사	巳	乙巳條約 (을사조약), 乙巳士禍 (을사사화)
버릴	반	拌	攪拌 (교반)
	연	捐	出捐 (출연)
	사	捨	取捨 (취사)
	기	棄	暴棄 (포기), 棄却 (기각)
	폐	廢	廢棄 (폐기), 頹廢 (퇴폐), 廢墟 (폐허)
법	규	規	法規 (법규)
	범	範	模範 (모범), 規範 (규범)
	법	法	憲法 (헌법), 法律 (법률)
	식	式	株式 (주식), 樣式 (양식)
	전	典	典範 (전범), 典型 (전형)
	헌	憲	憲兵 (헌병)
	칙	則	原則 (원칙), 罰則 (벌칙)
법칙	률	律	自律 (자율), 韻律 (운율), 旋律 (선율)
법도	도	度	制度 (제도), 程度 (정도)
법식	례	例	次例 (차례), 慣例 (관례)
벗	붕	朋	朋友有信 (붕우유신), 有朋遠來 (유붕원래)
	우	友	三益友 (삼익우)

벼리	강	綱	紀綱 (기강)
	기	紀	世紀 (세기), 風紀紊亂 (풍기문란)
	륜	綸	經綸 (경륜)
	유	維	進退維谷 (진퇴유곡), 維持 (유지), 纖維 (섬유)
벼슬	관	官	削奪官職 (삭탈관직)
	경	卿	樞機卿 (추기경)
	위	尉	大尉 (대위)
	작	爵	爵位 (작위)
(섬길 사)	사	仕	奉仕 (봉사)
	환	宦	宦官 (환관)
별	규	奎	奎章閣 (규장각)
	경	庚	庚子 (경자)
	성	星	衛星 (위성), 流星 (유성)
(때 신)	진	辰	生辰 (생신), 辰宿列張 (진수열장)
	태	台	
병	병	病	疾病 (질병)
	양	恙	微恙 (미양)
	질	疾	護疾忌醫 (호질기의)
		* 무언가를 담는 도구	
	병	瓶	花瓶 (화병), 火焰瓶 (화염병)
보일	시	示	展示 (전시)

뵐	알	謁	謁見 (알현)
	근	覲	覲親 (근친)
볼	간	看	看做 (간주), 看護 (간호)
	감	監	監督 (감독)
	견	見	
	시	視	監視 (감시), 白眼視 (백안시)
	람	覽	閱覽 (열람), 遊覽 (유람)
	열	閱	檢閱 (검열)
	관	觀	可觀 (가관)
	도	睹	目睹 (목도)
	첨	瞻	瞻星臺 (첨성대)

보낼	견	遣	派遣 (파견)
	송	送	送迎 (송영)
	수	輸	輸送 (수송), 輸血 (수혈), 運輸 (운수)
	전	餞	餞送 (전송), 迎餞 (영전), 餞別金 (전별금)

부를
* (사람을) 부르다

	빙	聘	招聘 (초빙)
	소	召	召喚 (소환)
	징	徵	追徵 (추징)
	초	招	招待 (초대)
	호	呼	呼吸 (호흡)
	환	喚	叫喚 (규환)

* (노래를) 부르다

	창	唱	夫唱婦隨 (부창부수), 合唱 (합창)

* (부피가) 부풀다

	팽	膨	膨脹 (팽창), 膨滿 (팽만)

부끄러울	괴	愧	憤愧 (분괴)
	수	羞	羞恥 (수치)
	참	慙	慙愧 (참괴)
	치	恥	不恥下問 (불치하문)

불을
* 물에 젖어 부피가 커지다

	윤	潤	濕潤 (습윤)
	자	滋	滋養 (자양)

부을
* (액체를) 붓다

	주	注	注油 (주유), 注射 (주사), 注視 (주시)
	창	脹	膨脹 (팽창), 腹脹症 (복창증)

부칠
* 물건을 보내다

	기	寄	寄附 (기부), 寄生 (기생)
(줄 부)	부	付	付託 (부탁), 發付 (발부), 反對給付 (반대급부)
	우	寓	寓話 (우화)

불	화	火	明若觀火 (명약관화), 火焰 (화염), 燎原之火 (요원지화)

* (입으로) 불다

	취	吹	鼓吹 (고취)
	허	噓	吹打 (취타)

붉을	단	丹	一片丹心 (일편단심)		빗		* 머리 손질 빗	
	적	赤	赤裸裸 (적나라)			즐	櫛	櫛風沐雨 (즐풍목우), 梳櫛 (소즐)
	주	朱	朱紅 (주홍), 近朱者赤 (근주자적)		빚		* 빌리다	
	홍	紅	紅一點 (홍일점)			채	債	負債 (부채), 債務 (채무)
비단	견	絹	견사(絹紗)		빛		* 빛나다	
	사	紗				광	光	眼光紙背 (안광지배), 觀光 (관광)
	금	錦	금수(錦繡)			휘	暉	斜暉 (사휘)
	단	緞	융단(絨緞)				* 색깔	
	릉 기	綾 綺	능기(綾綺)			색	色	色彩 (색채), 巧言令色 (교언영색)
	백	帛				채	彩	水彩畫 (수채화)
	비	緋	비단(緋緞)		빛날	화	華	華燭 (화촉)
빌	걸	乞	求乞 (구걸), 哀乞伏乞 (애걸복걸), 乞骸骨 (걸해골)			요	曜	曜日 (요일)
						요	耀	
			* 속이 비다			환	奐	
	공	空	架空 (가공), 卓上空論 (탁상공론)			빈	彬	
						혁	赫	
	광	曠	曠野 (광야)			휘	輝	
	충	沖	相沖 (상충)			황	煌	輝煌燦爛 (휘황찬란)
	허	虛	沖虛 (충허)			찬	燦	
			* (신에게) 빌다			단	爛	
	기 도	祈 禱	祈禱 (기도)		빼어날 (나라이름 위)	수	秀	優秀 (우수), 秀才 (수재), 俊秀 (준수)
	주	呪				외	魏	魏闕 (위궐)
	축	祝				정	挺	挺身隊 (정신대)

人

살			
	* 거주하다, 머무르다		
	거	居	居安思危 (거안사위), 同居 (동거)
	주	住	
	* 사다		
	구	購	購買 (구매), 購讀 (구독)
	매	買	賣劍買牛 (매검매우)
	* 살아 있다, 생존하다		
	활	活	生活 (생활), 復活 (부활), 活躍 (활약)

살필 (생각할 고)			
	성	省	昏定晨省 (혼정신성)
	고	考	深思熟考 (심사숙고)
	심	審	審判 (심판)
	찰	察	警察 (경찰)
(울 제)	체	諦	諦念 (체념), 要諦 (요체)

삼			
	삼	蔘	人蔘 (인삼), 蔘鷄湯 (삼계탕)
	* 삼베		
	마	麻	快刀亂麻 (쾌도난마), 麻中之蓬 (마중지봉), 麻雀 (마작)

삼갈			
	각	恪	恪別 (각별), 恪虔 (각건)
	근	謹	謹弔 (근조)
	비	毖	懲毖錄 (징비록)
	신	愼	謹愼 (근신), 愼重 (신중)
	욱	頊	

새			
	* 날짐승		
	금	禽	禽獸 (금수)
	을	乙	甲乙 (갑을)
	조	鳥	鳥類 (조류)
	추	隹	
	* 새롭다		
	신	新	溫故知新 (온고지신), 送舊迎新 (송구영신), 新陳代謝 (신진대사)

샐			
	* 새다		
	루	漏	網漏吞舟 (망루탄주), 漏落 (누락), 痔漏 (치루), 脫漏 (탈루)
	설	泄	漏泄 (누설)
(퍼질 예)	설	洩	洩漏 (설루)

샘			
	* 지하수		
	천	泉	黃泉 (황천), 溫泉 (온천), 源泉徵收 (원천징수)
	* 분비계		
	선	腺	扁桃腺 (편도선), 前立腺 (전립선), 甲狀腺 (갑상선)

셈 (셀 계)			
	* 셈, 세다		
	계	計	計算 (계산)
	산	算	決算 (결산)
	수	數	算數 (산수)

생각			
	사	思	易地思之 (역지사지), 居安思危 (거안사위)
	상	想	想像 (상상), 思想 (사상)

Ⅳ. 부록

생각할	염	念慮	念慮 (염려)
	고	考	考査 (고사)
	유	惟	思惟 (사유)
	억	憶	記憶 (기억), 追憶 (추억), 憶測 (억측)
섶	* 땔나무		
	시	柴	柴薪 (시신), 柴扉 (시비), 柴炭 (시탄)
	신	薪	臥薪嘗膽 (와신상담)
세울	건	建	封建 (봉건), 建造 (건조)
	수	竪	橫說竪說 (횡설수설), 竪立 (수립)
손	수	手	手不釋卷 (수불석권), 束手無策 (속수무책), 手談 (수담)
	* 손님		
	객	客	主客顚倒 (주객전도), 顧客 (고객)
	빈	賓	賓客 (빈객), 貴賓 (귀빈)
속일	기	欺	詐欺 (사기)
	만	瞞	欺瞞 (기만)
	궤	詭	詭辯 (궤사)
	무	誣	惑世誣民 (혹세무민)
	사	詐	詐稱 (사칭)
	편	騙	騙取 (편취)

수레 (수레 차)	가	軻	孟軻 (맹가)
	거	車	車輛 (차량)
	량	輛	
가마	여	輿	輿論 (여론)
	교	轎	駕轎 (가교)
	련	輦	輿輦 (여련)
숨을	둔	遁	隱遁 (은둔)
	암	闇	冥闇 (명암)
	은	隱	隱匿 (은닉), 隱蔽 (은폐)
	칩	蟄	蟄居 (칩거), 驚蟄 (경칩)
숨길	비	祕	祕密 (비밀)
쉴	식	息	休息 (휴식)
	휴	休	休憩室 (휴게실)
	게	憩	
	헐	歇	間歇 (간헐)
실	* 가는 실		
	사	絲	生絲 (생사), 絹絲 (견사), 一絲不亂 (일사불란), 螺絲 (나사)
	* 신맛		
	산	酸	酸素 (산소), 酸化 (산화), 鹽酸 (염산), 醋酸 (초산), 乳酸菌 (유산균)
쌀	미	米	玄米 (현미), 米穀 (미곡), 米飮 (미음), 精米所 (정미소)

		*감싸다		씨	*씨줄, 가로줄	
	포	包	包含 (포함), 包裝 (포장), 包括 (포괄)	위	緯	經緯 (경위), 讖緯 (참위), 經天緯地 (경천위지)
심할	극	劇	演劇 (연극), 慘劇 (참극)		*씨앗	
	심	甚	劇甚 (극심)	종	種	種豆得豆 (종두득두), 播種 (파종), 業種 (업종)
	혹	酷	酷毒 (혹독)	핵	核	核心 (핵심)
슬플	비	悲	悲哀 (비애)	씻을	식	拭	拂拭 (불식), 掃拭 (소식)
	애	哀		세	洗	洗練 (세련), 洗濯 (세탁)
	오	嗚	嗚咽 (오열)	척	滌	洗滌 (세척), 澣滌 (한척)
	창	愴	悲愴 (비창)	탁	濯	乾燥洗濯 (건조세탁)
슬퍼할	개	慨	慷慨 (강개)			
	도	悼	哀悼 (애도), 追悼 (추도)			
	처	悽	悽慘 (처참), 悽然 (처연)			
	측	惻	惻隱之心 (측은지심)			
쓸		*(맛이) 쓰다		아름다울	가	佳	佳人薄命 (가인박명)
	고	苦	苦肉之策 (고육지책), 甘呑苦吐 (감탄고토)	가	嘉	嘉尙 (가상), 珍嘉 (진가), 嘉禮 (가례)
		*사용하다		미	美	有終之美 (유종지미)
	비	費	徒費脣舌 (도비순설), 辦公費 (판공비), 浪費 (낭비)	휘	徽	徽章 (휘장)
				희	嬉	嬉遊 (희유)
	수	需	需要 (수요), 婚需 (혼수)	휴	烋	
	용	用	利用厚生 (이용후생)	아첨할 (예쁠 미)	유	諛	諛媚 (유미)
		*(비로) 쓸다		첨	諂	諂媚 (첨미)
	소	掃	淸掃 (청소), 掃蕩 (소탕), 一掃 (일소), 灑掃 (쇄소)	미	媚	
				알	란	卵	累卵之危 (누란지위), 以卵投石 (이란투석)

(적을 지, 깃발 치)		* 알다, 이해하다		언덕	강	崗	
	식	識	知識 (지식)		구	丘	丘陵 (구릉)
	지	知			구	邱	大邱 (대구)
	인	認			고	皐	
어두울 (어두울 면)	매	昧	曖昧 (애매)		릉	陵	江陵 (강릉)
	명	冥	冥福 (명복)		부	阜	高阜 (고부)
	몽	蒙	蒙昧 (몽매)		아	阿	阿附 (아부)
	암	暗	暗索 (암색)		안	岸	彼岸 (피안)
	혼	昏	黃昏 (황혼), 昏迷 (혼미)		애	厓	
어릴	유	幼	幼稚園 (유치원), 幼兒 (유아)		애	崖	斷崖 (단애)
	치	稚	稚拙 (치졸), 稚魚 (치어)		원	原	江原道 (강원도)
	요	夭	夭折 (요절)		파	坡	坡州 (파주), 松坡 (송파)
(아이 아)	예	兒	兒童 (아동)		치	峙	聳峙 (용치)
어조사	야	也	及其也 (급기야)	얽을 (외울 강) (이을 락)	구	構	構築 (구축)
	야	耶	也耶 (야야)		구	講	講演 (강연)
	어	於	於此於彼 (어차어피)		락	絡	脈絡 (맥락)
(어조사 어)	우	于	于先 (우선)		박	縛	束縛 (구박)
	의	矣	矣乎 (의호)		전	纏	纏帶 (전대)
(너 이)	이	爾	爾餘 (이여)	열	십	十	五十步百步 (오십보백보), 三十六計 (삼십육계), 十匙一飯 (십시일반)
	재	哉	善哉 (선재), 哀哉 (애재), 快哉 (쾌재), 乎哉 (호재)				
				* 열다			
	혜	兮	兮也 (혜야)		개	開	門戶開放 (문호개방)
	호	乎	斷乎 (단호)		계	啓	啓蒙 (계몽)
(살 거)	기	居			벽	闢	開闢 (개벽)

예 (어긋날 착) (옛 구) 옛	석 구 고	昔 舊 古	遙昔 (요석) 親舊 (친구) 古稀 (고희)
오랑캐 (병장기 융) (가슴 흉)	이 만 융 적 흉	夷 蠻 戎 狄 匈	東夷 (동이) 夷蠻戎狄 (이만융적) 匈奴 (흉노)
오를			* 올라가다
	등 등 승 척	登 騰 昇 陟	登高自卑 (등고자비), 登載 (등재) 沸騰 (비등), 騰貴 (등귀) 昇華 (승화), 昇遐 (승하) 進陟 (진척), 黜陟 (출척)
옳을			* 옳다
	가 시 의 의	可 是 義 誼	燈火可親 (등화가친), 可觀 (가관), 不可抗力 (불가항력) 實事求是 (실사구시), 色卽是空 (색즉시공) 見利思義 (견리사의) 友誼 (우의)
옷	복 의	服 衣	上命下服 (상명하복), 服從 (복종), 克服 (극복) 衣服 (의복)
우리			* 가축을 넣어두는 곳
	권 뢰	圈 牢	圈域 (권역), 與圈 (여권) 牢獄 (뇌옥)
울 (살필 체)	곡 명 읍 제	哭 鳴 泣 諦	痛哭 (통곡) 哭泣 (곡읍)
울타리	번 리 책	藩 籬 柵	藩外 (번외) 藩籬 (번리) 鐵柵 (철재)
위협할 (겨드랑이 협)	겁 협	劫 脅	劫奪 (겁탈), 永劫 (영겁) 威脅 (위협)
원망할	앙 원	怏 怨	怏宿 (앙숙), 怏憤 (앙분), 怏心 (앙심) 怨望 (원망)
이	사 시 자 차 치	斯 是 玆 此 齒	斯界 (사계) 來玆 (내자) 於此彼 (어차피) 齒牙 (이빨, 치아), 脣亡齒寒 (순망치한), 丹脣皓齒 (단순호치)

이를	* 어떤 시간·공간에 다다르다	
	도 到	用意周到 (용의주도), 精神一到 (정신일도), 深到 (심도)
	예 詣	造詣 (조예)
	지 至	至尊 (지존)
	치 致	景致 (경치)
	* 이른 시간	
	숙 夙	夙興夜寐 (숙흥야매)
	조 早	早晚間 (조만간), 早期 (조기)
	* 일컫다	
	운 云	云謂 (운위)
	위 謂	云爲 (운위)
이을	계 繼	繼續 (계속), 繼承 (계승)
	락 絡	連絡 (연락)
	사 嗣	胤嗣 (윤사)
	소 紹	紹介 (소개)
	속 續	持續 (지속)
	승 承	承諾 (승낙)
	접 接	接觸 (접촉)
잇닿을	연 連	連理 (연리)
연이을	연 聯	聯關 (연관)
익힐	* 익히다	
	련 練	練習 (연습)
	습 習	慣習 (관습)
잃을	* 잃어버리다	
	상 喪	冠婚喪祭 (관혼상제)
	실 失	千慮一失 (천려일실)
일	사 事	事必歸正 (사필귀정), 家和萬事成 (가화만사성)
	* 머리에 이다	
	대 戴	不俱戴天 (불구대천), 男負女戴 (남부여대), 推戴 (추대)
	* (쌀을) 일다, 가려내다	
	도 淘	淘汰 (도태)
	태 汰	汰沙 (태사)
	* 일어나다	
	흥 興	흥진비래 (興盡悲來), 흥망성쇠 (興亡盛衰), 흥분 (興奮)

ㅈ

자주	* 잦음	
	빈 頻	頻繁 (빈번), 頻發 (빈발)
	삭 數	頻數 (빈삭)
자을	미 微	微笑 (미소)
	소 小	縮小 (축소)
(납작할 편)	편 扁	扁桃 (편도)
잘	* (잠을) 자다	
	매 寐	寤寐 (오매), 夢寐 (몽매)
	면 眠	高眠 (고면)

(졸음 수)	수	睡	睡眠 (수면)		붙잡을	나	拏	拏捕 (나포)
	숙	宿	宿泊 (숙박)		재 (고개 령)	* 높은 산의 고개		
	침	寢	寢臺 (침대), 就寢 (취침), 起寢 (기침)			령	嶺	泰山峻嶺 (태산준령), 嶺南 (영남)
짤			* 얽어서 만들다			성	城	牙城 (아성)
	조	組	組織 (조직)			* 불에 타고 남는 가루		
	직	織	紡織 (방직), 綿織 (면직)			회	灰	死灰復燃 (사회부연), 灰燼 (회신)
			* 액체를 짜다		재앙 (지날 과)	앙	殃	災殃 (재앙)
	착	搾	搾取 (착취), 搾乳 (착유), 壓搾 (압착)			재	災	災難 (재난), 災害 (재해)
			* 맛이 짜다			화	過	災禍 (재화)
	함	鹹	海鹹河淡 (해함하담), 鹹度 (함도)			화	禍	轉禍爲福 (전화위복), 禍福 (화복)
잠길	잠	潛	潛寂 (잠적)		적을	* 양이 적다		
	침	浸	浸透 (침투)			과	寡	衆寡不敵 (중과부적), 寡婦 (과부)
(성씨 심)	침	沈	沈浮 (침부)			사	些	些少 (사소)
잡을	구	拘	拘束 (구속)		(젊을 소)	소	少	男女老少 (남녀노소), 一笑一少 (일소일소)
	액	扼	扼腕 (액완)			* 글씨를 적다		
	조	操	操縱 (조종)		(알 식, 깃발 치)	지	識	識字憂患 (식자우환), 標識 (표지)
	착	捉	捕捉 (포착)					
	파	把	把握 (파악)		절	가	伽	僧伽 (승가)
	포	捕	漢拏山 (한라산)			사	寺	寺刹 (사찰), 寺院 (사원)
	나	拿	拿捕 (나포)			찰	刹	刹那 (찰나)
	지	摯	眞摯 (진지)			* 인사		
	병	秉	秉權 (병권)			배	拜	拜上 (배상), 百拜謝罪 (백배사죄)
	체	逮						
	집	執	執事 (집사), 執拗 (집요)					

점 (점령할 점)		* 앞날 운수 판단		운	殞	殞命 (운명)
	복	卜	占卜 (점복), 卜債 (복채)	조	* 곡물의 일종	
	점	占	占術 (점술)		속 粟	滄海一粟 (창해일속), 黍粟 (서속)
		* 작은 점			* 억의 만 배	
	점	點	紅爐點雪 (홍로점설), 畫龍點睛 (화룡점정), 紅一點 (홍일점)		조 兆	兆朕 (조짐), 徵兆 (징조), 億兆蒼生 (억조창생)
정할 (찧을 정)		* 결정하다		좁을 (땅이름 합)	애 隘	隘路 (애로), 陋隘 (누애)
	정	定	會者定離 (회자정리), 昏定晨省 (혼정신성)		착 窄	狹窄 (협착), 窄汁 (착즙)
		* 거칠지 않고 매우 곱다			합 陜	陜川 (합천)
	정	精	精神一到 (정신일도), 博而精 (박이정)		협 狹	狹隘 (협애)
제비		* 새 종류		종	노 奴	奴隸 (노예)
	연	燕	燕鴻之歎 (연홍지탄), 燕雁代飛 (연안대비)		례 隸	賤隸 (천례)
		* 제비 뽑기			복 僕	公僕 (공복)
	첨	籤	抽籤 (추첨), 當籤 (당첨), 籤紙 (첨지), 籤筒 (첨통)	주릴	근 饉	飢饉 (기근)
죽일	도	屠	屠戮 (도륙), 屠殺 (도살)		기 飢	凶饉 (흉근)
	륙	戮	殺戮 (살육)		아 餓	飢餓 (기아)
	살	殺	矯角殺牛 (교각살우)	줄 (더불 여)	* 주다	
	살	煞	急煞 (급살)		급 給	供給 (공급), 給與 (급여), 給料 (급료)
	류	劉	劉備 (유비), 劉邦 (유방)		사 賜	賜藥 (사약), 賜牌 (사패)
다죽일	섬	殲	殲滅 (섬멸)		수 授	敎授 (교수)
윗사람죽일	시	弑	弑害 (시해)		여 與	與黨 (여당)
죽을	사	死	賜死 (사사)		증 贈	贈與 (증여)
	폐	斃	斃死 (폐사), 自斃 (자폐), 病斃 (병폐), 疲斃 (피폐)		* 노끈 줄	
					선 線	視線 (시선)

(노끈 승)	승	繩	捕繩 (포승)
	현	絃	絃樂 (현악)
줄기	간	幹	根幹 (근간), 幹線 (간선)
(방패 간)	간	干	干城 (간성)
	경	梗	梗槪 (경개), 梗塞 (경색)
	경	莖	包莖 (포경)
	맥	脈	脈搏 (맥박)
지경	경	境	境界 (경계)
	계	界	限界 (한계)
	강	畺	
	강	疆	疆域 (강역)
	은	垠	垠際 (은제)
	역	域	槿域 (근역), 領域 (영역), 圈域 (권역)
지날	력	歷	涉歷 (섭력)
(재앙 화)	과	過	改過 (개과)
(날 경)	경	經	經緯 (경위)
집	가	家	修身齊家 (수신제가)
	각	閣	閣僚 (각료)
	관	館	博物館 (박물관)
	궁	宮	宮闕 (궁궐)
	당	堂	食堂 (식당)
	사	舍	客舍 (객사)
	실	室	化粧室 (화장실)
	관	官	長官 (장관)
	옥	屋	屋上屋 (옥상옥)
	원	院	院長 (원장)
	저	邸	邸宅 (저택)
	택	宅	宅配 (택배)
	헌	軒	東軒 (동헌)
	호	戶	戶籍 (호적)
	재	齋	書齋 (서재)
	우	宇	宇宙 (우주)
	주	宙	
	방	房	廚房 (주방)
즐길	긍	肯	肯定 (긍정)
	기	嗜	嗜好 (기호)
	락	樂	喜怒哀樂 (희로애락), 淸貧樂道 (청빈낙도)
	오	娛	娛樂 (오락)
	탐	耽	耽溺 (탐닉), 耽美 (탐미)

ㅊ

찰			* (온도가) 차갑다
	랭	冷	冷藏庫 (냉장고), 冷却 (냉각)
	름	凜	凜然 (늠연), 凜綴 (늠철)
(쓸쓸할 처)	처	凄	凄然 (처연)
	한	寒	脣亡齒寒 (순망치한), 歲寒 (세한)

		* 가득 차다			토 討	討伐 (토벌)
	만	滿	滿場一致 (만장일치)		* 가축을 기르다	
	영	盈	盈虛 (영허)		목 牧	放牧 (방목), 牧者 (목자), 遊牧 (유목)
		* 발로 차다				
	축	蹴	蹴球 (축구), 蹴彫 (축조)	침	* 입속에 있는 소화액	
		* 몸에 차다			타 唾	唾罵 (타매), 咳唾 (해타), 唾液 (타액)
	패	佩	佩用 (패용), 佩劍 (패검)			
창		* 무기, 간			* 한의학의 의료기구	
	과	戈	干戈 (간과)		침 鍼	頂門一鍼 (정문일침), 鍼灸 (침구)
	극	戟	刺戟 (자극)			
	모	矛	矛盾 (모순)			
(천간 무)	모	戊	戊戌 (무술)	ㅋ		
	창	槍	鏢槍 (표창), 三枝槍 (삼지창)	키	* 곡식을 까부르는 기구	
		* 건물 벽이나 지붕의 작은문			기 箕	南箕北斗 (남기북두)
	창	窓	窓門 (창문), 同窓 (동창), 窓戶 (창호)		* 배의 방향을 조종하는 장치	
					타 舵	方向舵 (방향타), 均衡舵 (균형타)
칠		* 때리다				
	타	打		클	대 大	大舶 (대박), 巨大 (거대)
	격	擊	打擊 (타격)	(값 가)	개 价	
	고	拷	拷問 (고문)		거 巨	巨擘 (거벽)
	공	攻	攻擊 (공격)		굉 宏	宏壯 (굉장)
	당	撞	撞球 (당구)		비 丕	丕圖 (비도)
	박	拍	拍笑 (박소)		석 奭	
	박	撲	撲滅 (박멸)		석 碩	碩學 (석학)
	박	搏	脈搏 (맥박), 搏殺 (박살)		위 偉	偉大 (위대)
	정 벌	征 伐	征伐 (정벌)		태 太	太陽 (태양)

태	泰	泰斗 (태두), 泰山 (태산)	

ㅌ

탈		* 불에 타다	
	연	燃	燃眉 (연미)
	초	焦	焦眉之急 (초미지급)
		* 차에 타다	
	승	乘	搭乘 (탑승), 便乘 (편승)
	탑	搭	搭載 (탑재)

터	기	基	基底 (기저)
	지	址	基址 (기지)
	허	墟	廢墟 (폐허)
집터	대	垈	

터질	작	炸	炸裂 (작렬), 炸醬麵 (자장면)
(거북 귀)	균	龜	龜裂 (균열), 龜鑑 (귀감)
	탄	綻	綻露 (탄로), 破綻 (파탄)
(터질 박)	폭	爆	爆發 (폭발), 爆擊 (폭격)

ㅍ

팔		* 땅을 파다	
	굴	掘	發掘 (발굴), 掘鑿 (굴착), 採掘 (채굴)
		* 물건을 팔다	

	매	賣	賣鹽逢雨 (매염봉우), 專賣 (전매)
	판	販	販賣 (판매)
		* 신체 부위	
	비	臂	臂膊 (비박), 肩臂 (견비)
(팔뚝 완)	완	腕	手腕 (수완)

편안	강	康	康寧 (강녕)
	안	安	安全 (안전)
편할 (똥오줌 변)	편	便	便安 (편안)
편안할	정	靖	安靖 (안정)
(편안할 은)	녕	寧	安寧 (안녕)
	온	穩	穩健派 (온건파)
(달아날 일)	일	逸	逸脫 (일탈)
(방탕할 질)	일	佚	

푸를	녹	綠	草綠同色 (초록동색)
	벽	碧	桑田碧海 (상전벽해)
	창	蒼	鬱蒼 (울창)
	청	靑	靑春 (청춘)
(물총새 취)	취	翠	翡翠衾 (비취금)

풀		* 퍼내다	
	서	抒	抒情 (서정), 抒事 (서사)
		* 문제를 풀다	
	해	解	解釋 (해석)
	석	釋	釋放 (석방)
	역	繹	演繹 (연역)

	* 식물의 통칭	일 一	一期一會 (일기일회), 一問一答 (일문일답)
	채 蔡	일 壹	壹萬 (일만)
	초 草 草綠同色 (초록동색)	* 억울하여 응어리진 마음	
	훼 卉 花卉 (화훼)	한 恨	刻骨痛恨 (각골통한), 怨恨 (원한), 恨歎 (한탄)
	* 접착제		
	호 糊 曖昧模糊 (애매모호), 糊口之策 (호구지책)	한할 한 限	
피	* 벼과 한해살이 식물	(슬플 욱) 오 懊	懊恨 (오한)
	직 稷 宗廟社稷 (종묘사직), 社稷爲墟 (사직위허)	(느낄 감) 감 感	感懷 (감회)
	* 체액	해	* 지구가 태양을 한 바퀴 도는 기간
	혈 血 血液 (혈액), 鳥足之血 (조족지혈), 血脈相通 (혈맥상통)	년 年	享年 (향년)
		세 歲	維歲次 (유세차)
			* 태양
핍박할	박 迫 切迫 (절박), 臨迫 (임박), 緊迫 (긴박)	일 日	作心三日 (작심삼일), 日就月將 (일취월장), 白日夢 (백일몽)
	핍 逼 逼迫 (핍박)	허물 고 辜	無辜 (무고)
		자 疵	瑕疵 (하자)
		죄 罪	罪 (죄), 贖罪 (속죄), 犯罪 (범죄), 罪悚 (죄송)
하늘	천 天 知天命 (지천명)	하 瑕	玉瑕 (옥하)
(마를 건)	건 乾 乾坤一擲 (건곤일척)	헤아릴 감 勘	勘案 (감안), 磨勘 (마감)
	궁 穹 穹蒼 (궁창)	규 揆	揆路 (규로)
	호 昊 昊天 (호천)	량 量	測量 (측량)
	민 旻	료 料	料理 (요리), 材料 (재료)
가을하늘	민 旻 旻天 (민천)	촌 忖	忖度 (촌탁)
한	* 하나	측 測	測定 (측정)

	(법도 도)	탁	度	度外視 (도외시)
혹				* 혹, 살갗이 부어오른 곳
		류	瘤	유췌 (瘤贅)
				* 어쩌면
		혹	或	或是 (혹시), 間或 (간혹), 或者 (혹자)
흐릴				* (물 따위가) 흐리다
		탁	濁	淸濁 (청탁)
		혼	渾	渾濁 (혼탁), 渾沌 (혼돈)
				* 날씨가 흐리다
		담	曇	晴曇 (청담), 曇後晴 (담후청)
흔들		교	攪	攪亂 (교란)
		도	掉	掉尾 (도미)
		요	搖	動搖 (동요)
흙		토	土	焦土化 (초토화)
흙덩이		양	壤	擊壤 (격양)
땅		지	地	天地間 (천지간), 垈地 (대지)
		곤	坤	乾坤 (건곤)
뭍		육	陸	着陸 (착륙), 陸地 (육지), 陸陸 (이륙)
흰		백	白	白眉 (백미), 白壽 (백수)
흴		소	素	儉素 (검소), 素朴 (소박), 酸素 (산소), 尿素 (요소)
		호	皓	丹脣皓齒 (단순호치)

힘쓸		노	努	努力 (노력)
		려	勵	激勵 (격려)
	(일백 백)	맥	百	
		면	勉	勤勉 (근면)
		면	俛	俛仰 (면앙)
		무	務	勤務 (근무), 務實力行 (무실역행), 義務 (의무), 職務 (직무)
	(어두울 혼)	혼	昏	昏庸無道 (혼용무도), 黃昏 (황혼)

7 상대자(相對字), 상대어(相對語)

1. 상대자(相對字) 뜻이 서로 반대인 글자로 이루어진 한자어

ㄱ

가 加 더할	감 減 덜	가 可 옳을	부 否 아닐	간 干 방패	과 戈 창	감 甘 달	고 苦 쓸
강 江 강	산 山 메	강 强 강할	약 弱 약할	개 開 열	폐 閉 닫을	거 去 갈	래 來 올
건 乾 하늘	곤 坤 땅	건 乾 마를	습 濕 습할	경 慶 경사	조 弔 조상할	경 經 날	위 緯 씨
경 輕 가벼울	중 重 무거울	경 京 서울	향 鄕 시골	고 苦 쓸	락 樂 즐거울	고 高 높을	저 低 낮을
고 姑 시어미	부 婦 아내	곡 曲 굽을	직 直 곧을	공 功 공	과 過 허물	공 公 공평할	사 私 사사
공 攻 칠	수 守 지킬	공 攻 칠	방 防 막을	관 官 벼슬	민 民 백성	군 君 임금	신 臣 신하
권 倦 게으를	근 勤 부지런할	근 勤 부지런할	태 怠 게으를	급 及 미칠	락 落 떨어질	기 起 일어날	복 伏 엎드릴
기 起 일어날	침 寢 잘	길 吉 길할	흉 凶 흉할				

ㄴ

| 난 難 어려울 | 이 易 쉬울 | 남 南 남녘 | 북 北 북녘 | 내 內 안 | 외 外 바깥 | 래 來 올 | 왕 往 갈 |
| 노 勞 일할 | 사 使 부릴 | 노 老 늙을 | 소 少 젊을 | 농 濃 짙을 | 담 淡 맑을 | | |

ㄷ

다 多 많을	소 少 적을	단 斷 끊을	속 續 이을	단 單 홑	복 複 겹칠	단 旦 아침	석 夕 저녁
당 當 마땅	락 落 떨어질	대 大 큰	소 小 작은	대 貸 빌릴	차 借 빌릴	동 東 동녘	서 西 서녘
동 冬 겨울	하 夏 여름	동 同 같을	이 異 다를	동 動 움직일	정 靜 고요할	득 得 얻을	실 失 잃을
등 登 오를	락 落 떨어질						

ㄹ

| 랭 冷 찰 | 열 熱 더울 | 랭 冷 찰 | 온 溫 따뜻할 |

ㅁ

| 매 賣 팔 | 매 買 살 | 명 明 밝을 | 암 暗 어두울 | 모 矛 창 | 순 盾 방패 | 문 問 물을 | 답 答 대답 |
| 문 文 글월 | 무 武 호반 | 물 物 물건 | 심 心 마음 | 미 美 아름다울 | 추 醜 추할 | | |

ㅂ

반 班 나눌	상 常 항상	발 發 필	착 着 붙을	방 方 모	원 圓 둥글	복 腹 배	배 背 등
근 本 근본	말 末 끝	봉 逢 만날	별 別 나눌	부 俯 구부릴	앙 仰 우러를	부 夫 지아비	처 妻 아내
부 浮 뜰	침 沈 잠길	빈 貧 가난할	부 富 부유할	빙 氷 얼음	탄 炭 숯		

ㅅ

사 死 죽을	생 生 날	사 師 스승	제 弟 아우	산 山 메	해 海 바다	산 山 메	하 河 물
상 上 위	하 下 아래	상 賞 상줄	벌 罰 벌줄	선 先 먼저	후 後 뒤	선 善 착할	악 惡 악할
성 盛 성할	쇠 衰 쇠할	성 成 이룰	패 敗 패할	손 損 덜	익 益 더할	송 送 보낼	영 迎 맞을

수 首 머리	미 尾 꼬리	수 水 물	화 火 불	수 需 쓸	급 給 줄	수 授 줄	수 受 받을
수 手 손	족 足 발	수 收 거둘	지 支 지탱할	순 順 순할	역 逆 거스를	승 昇 오를	강 降 내릴
승 勝 이길	부 負 질	승 勝 이길	패 敗 패할	시 是 옳을	비 非 아닐	시 始 처음	말 末 끝
시 始 처음	종 終 마칠	신 新 새	구 舊 옛	신 伸 펼	축 縮 줄일	심 心 마음	신 身 몸
심 深 깊을	천 淺 얕을						

○

안 安 편안할	위 危 위태로울	애 愛 사랑	증 憎 미워할	애 哀 슬플	환 歡 기쁠	억 抑 누를	양 揚 날릴
언 言 말씀	행 行 다닐	여 與 더불	야 野 들	영 榮 영화	욕 辱 욕될	옥 玉 구슬	석 石 돌
요 凹 오목할	철 凸 볼록할	완 緩 느릴	급 急 급할	왕 往 갈	복 復 돌아올	우 優 넉넉할	렬 劣 못할
원 遠 멀	근 近 가까울	유 有 있을	무 無 없을	은 恩 은혜	원 怨 원망할	은 隱 숨을	현 現 나타날
음 陰 그늘	양 陽 볕	이 離 떠날	합 合 합할	이 利 이로울	해 害 해할	인 因 인할	과 果 결과

임	면						
任	免						
맡길	면할						

ㅈ

자	매	자	웅	작	금	장	유
姉	妹	雌	雄	昨	今	長	幼
윗누이	누이	암컷	수컷	어제	이제	어른	어릴
장	단	장	졸	장	병	전	후
長	短	將	卒	將	兵	前	後
길	짧을	장수	군사	장수	병사	앞	뒤
전	답	정	오	조	석	조	만
田	畓	正	誤	朝	夕	早	晚
밭	논	바를	그르칠	아침	저녁	이를	늦을
조	야	존	망	존	폐	존	비
朝	野	存	亡	存	廢	尊	卑
조정	들	있을	없을	있을	폐할	높을	낮을
종	횡	좌	우	주	야	주	객
縱	橫	左	右	晝	夜	主	客
세로	가로	왼	오른	낮	밤	주인	손님
주	종	중	과	증	감	진	가
主	從	衆	寡	增	減	眞	假
주인	좇을	무리	적을	더할	덜	참	거짓
진	위	진	퇴	집	배	집	산
眞	僞	進	退	集	配	集	散
참	거짓	나아갈	물러날	모을	나눌	모을	흩을

ㅊ

찬	반	천	지	첨	삭	청	담
贊	反	天	地	添	削	晴	曇
도울	반대할	하늘	땅	더할	깎을	갤	흐릴

청 晴 갤	우 雨 비	청 淸 맑을	탁 濁 흐릴	초 初 처음	종 終 마칠	출 出 날	결 缺 이지러질
출 出 날	납 納 들일	출 出 날	몰 沒 빠질	출 出 날	입 入 들	취 取 취할	사 捨 버릴
친 親 친할	소 疏 성글						

ㅌ

| 탄 吞 삼킬 | 토 吐 토할 | 풍 豊 풍년 | 흉 凶 흉할 | 표 表 겉 | 리 裏 속 | 피 彼 저 | 차 此 이 |

ㅎ

한 寒 찰	난 暖 따뜻할	한 寒 찰	서 暑 더울	한 閑 한가할	망 忙 바쁠	현 玄 검을	소 素 흴
현 賢 어질	우 愚 어리석을	해 海 바다	륙 陸 물	호 好 좋을	오 惡 미워할	호 呼 부를	응 應 응할
호 呼 부를	흡 吸 마실	혼 昏 어두울	명 明 밝을	허 虛 빌	실 實 열매	형 兄 형	제 弟 아우
회 膾 회	자 炙 구을	화 禍 재앙	복 福 복	후 厚 두터울	박 薄 엷을		

Ⅳ. 부록

2. 상대어(相對語) 뜻이 서로 반대인 단어

가결-부결	가공-실재	가상-실재	가열-냉각
可決 否決	架空 實在	假象 實在	加熱 冷却
각하-수리	간섭-방임	간헐-면연	감소-증가
却下 受理	干涉 放任	間歇 綿延	減少 增加
감정-이성	강건-유약	강경-유화	개방-폐쇄
感情 理性	剛健 柔弱	强硬 柔和	開放 閉鎖
개별-전체	객관-주관	객체-주체	거대-미소
個別 全體	客觀 主觀	客體 主體	巨大 微小
거부-극빈	거절-승낙	건설-파괴	건조-습윤
巨富 極貧	拒絶 承諾	建設 破壞	乾燥 濕潤
걸작-졸작	검약-낭비	결핍-풍부	겸손-오만
傑作 拙作	儉約 浪費	缺乏 豊富	謙遜 傲慢
경감-가중	경도-위도	경멸-존경	경박-신중
輕減 加重	經度 緯度	輕蔑 尊敬	輕薄 愼重
경솔-진중	경시-중시	고결-저속	고아-비속
輕率 鎭重	輕視 重視	高潔 低俗	高雅 卑俗
고정-유동	고조-저조	곤란-용이	공급-수요
固定 流動	高調 低調	困難 容易	供給 需要
공명-반박	공상-현실	공적-사적	공허-충실
共鳴 反駁	空想 現實	公的 私的	空虛 充實
과거-미래	과격-온건	과묵-농설	관존-민비
過去 未來	過激 穩健	寡默 弄舌	官尊 民卑

778

관목 – 교목 灌木 喬木	광명 – 암흑 光明 暗黑	광의 – 협의 廣義 狹義	교만 – 겸손 驕慢 謙遜
교묘 – 졸렬 巧妙 拙劣	구금 – 석방 拘禁 釋放	구속 – 방면 拘束 放免	구속 – 석방 拘束 釋放
구심 – 원심 求心 遠心	구체 – 추상 具體 抽象	구파 – 신파 舊派 新派	국내 – 국외 國內 國外
군자 – 소인 君子 小人	굴복 – 저항 屈服 抵抗	굴욕 – 설욕 屈辱 雪辱	권리 – 의무 權利 義務
귀납 – 연역 歸納 演繹	근면 – 나태 勤勉 懶怠	근면 – 태만 勤勉 怠慢	근소 – 과다 僅少 過多
급성 – 만성 急性 慢性	급행 – 완행 急行 緩行	긍정 – 부정 肯定 否定	기결 – 미결 旣決 未決
기발 – 평범 奇拔 平凡	기수 – 우수 奇數 偶數	기아 – 포식 飢餓 飽食	긴밀 – 소원 緊密 疏遠
길조 – 흉조 吉兆 凶兆			

ㄴ

나약 – 강용 懦弱 强勇	낙관 – 비관 樂觀 悲觀	낙제 – 급제 落第 及第	낙천 – 염세 樂天 厭世
난류 – 한류 暖流 寒流	남독 – 정독 濫讀 精讀	남용 – 절약 濫用 節約	낭독 – 묵독 朗讀 默讀
내생 – 전생 來生 前生	내용 – 형식 內容 形式	내포 – 외연 內包 外延	노련 – 미숙 老練 未熟
눌변 – 능변 訥辯 能辯	농후 – 희박 濃厚 稀薄	능동 – 피동 能動 被動	능멸 – 숭앙 凌蔑 崇仰

ㄷ

| 단점-장점 | 다원-일원 | 단순-복잡 | 단일-복합 |
| 短點 長點 | 多元 一元 | 單純 複雜 | 單一 複合 |

| 단식-복식 | 단축-연장 | 당황-침착 | 대변-차변 |
| 單式 複式 | 短縮 延長 | 唐慌 沈着 | 貸邊 借邊 |

| 대승-소승 | 대화-독백 | 도심-교외 | 독창-모방 |
| 大乘 小乘 | 對話 獨白 | 都心 郊外 | 獨創 模倣 |

| 동기-결과 | 동면-하면 | 두절-연락 | 등장-퇴장 |
| 動機 結果 | 冬眠 夏眠 | 杜絶 連絡 | 登場 退場 |

ㅁ

| 막연-확연 | 만족-불만 | 망각-기억 | 매몰-발굴 |
| 漠然 確然 | 滿足 不滿 | 忘却 記憶 | 埋沒 發掘 |

| 멸망-융흥 | 멸망-흥기 | 명예-치욕 | 명전-암전 |
| 滅亡 隆興 | 滅亡 興起 | 名譽 恥辱 | 明轉 暗轉 |

| 모순-합리 | 모음-자음 | 모호-분명 | 무능-유능 |
| 矛盾 合理 | 母音 子音 | 模糊 分明 | 無能 有能 |

| 무형-유형 | 문어-구어 | 문명-미개 | 물질-정신 |
| 無形 有形 | 文語 口語 | 文明 未開 | 物質 精神 |

| 미관-현관 | 미비-완비 | 민감-둔감 | 민속-지둔 |
| 微官 顯官 | 未備 完備 | 敏感 鈍感 | 敏速 遲鈍 |

| 밀집-산재 | 밀집-소원 |
| 密集 散在 | 密集 疏遠 |

ㅂ

반목 – 화목	반항 – 복종	발달 – 퇴보	발생 – 소멸
反目 和睦	反抗 服從	發達 退步	發生 消滅

발문 – 서문	방심 – 조심	배은 – 보은	백발 – 홍안
跋文 序文	放心 操心	背恩 報恩	白髮 紅顏

번영 – 쇠퇴	범인 – 초인	별거 – 동거	별관 – 본관
繁榮 衰退	凡人 超人	別居 同居	別館 本館

보수 – 진보	보편 – 특수	본업 – 부업	부귀 – 빈천
保守 進步	普遍 特殊	本業 副業	富貴 貧賤

부유 – 빈궁	부실 – 충실	부연 – 생략	부인 – 시인
富裕 貧窮	不實 充實	敷衍 省略	否認 是認

부정 – 긍정	분담 – 전담	분리 – 통합	분석 – 종합
否定 肯定	分擔 全擔	分離 統合	分析 綜合

분쟁 – 화해	불운 – 행운	비겁 – 용감	비극 – 희극
分爭 和解	不運 幸運	卑怯 勇敢	悲劇 喜劇

비근 – 고원	비번 – 당번	비범 – 평범	비애 – 환희
卑近 高遠	非番 當番	非凡 平凡	悲哀 歡喜

비어 – 경어	비운 – 행운	비칭 – 존칭	
卑語 敬語	悲運 幸運	卑稱 尊稱	

ㅅ

사치 – 검소	사회 – 개인	사후 – 생전	삭감 – 첨가
奢侈 儉素	社會 個人	死後 生前	削減 添加

산문 – 운문	살해 – 피살	상극 – 상생	상례 – 특례
散文 韻文	殺害 被殺	相剋 相生	常例 特例

상실-획득	상술-약술	생가-양가	생식-화식
喪失 獲得	詳述 略述	生家 養家	生食 火食

생화-조화	서정-서사	석학-박학	선배-후배
生花 造花	抒情 敍事	碩學 薄學	先輩 後輩

선의-악의	선천-후천	성공-실패	성숙-미숙
善意 惡意	先天 後天	成功 失敗	成熟 未熟

소극-적극	소득-손실	소란-정숙	소비-생산
消極 積極	所得 損失	騷亂 靜肅	消費 生産

쇠퇴-융흥	소원-친근	수세-공세	수요-공급
衰退 隆興	疎遠 親近	守勢 攻勢	需要 供給

숙녀-신사	숙달-미숙	순수-불순	순탄-험난
淑女 紳士	熟達 未熟	純粹 不純	順坦 險難

순행-역행	승리-패배	신어-사어	신의-의심
順行 逆行	勝利 敗北	新語 死語	信義 疑心

실의-득의	실질-형식		
失意 得意	實質 形式		

ㅇ

안전-위험	야만-문명	암시-명시	애호-학대
安全 危險	野蠻 文明	暗示 明示	愛護 虐待

어간-어미	역경-순경	연작-윤작	연패-연승
語幹 語尾	逆境 順境	連作 輪作	連敗 連勝

영겁-찰나	영전-좌천	영혼-육체	예민-우둔
永劫 刹那	榮轉 左遷	靈魂 肉體	銳敏 愚鈍

오보-진상	우매-현명	우세-열세	우연-필연
誤報 眞相	愚昧 賢明	優勢 劣勢	偶然 必然

우수 – 열등	우수 – 명랑	우울 – 명랑	원고 – 피고
優秀 劣等	憂愁 明朗	憂鬱 明朗	原告 被告

원인 – 결과	원형 – 모형	위인 – 범인	유성 – 항성
原因 結果	原型 模型	偉人 凡人	遊星 恒星

유연 – 경직	은혜 – 원한	음기 – 양기	의타 – 자립
柔軟 硬直	恩惠 怨恨	陰氣 陽氣	依他 自立

이단 – 정통	이면 – 표면	이상 – 현실	이익 – 손실
異端 正統	裏面 表面	理想 現實	利益 損失

인위 – 자연	입체 – 평면	입항 – 출항	
人爲 自然	立體 平面	入港 出港	

ㅈ

자동 – 수동	자율 – 타율	자문 – 결의	자율 – 타율
自動 手動	自律 他律	諮問 決議	自律 他律

자의 – 타의	자정 – 정오	장편 – 단편	저속 – 고상
自意 他意	子正 正午	長篇 短篇	低俗 高尙

적대 – 우호	적자 – 서자	적극 – 소극	적대 – 우호
敵對 友好	嫡子 庶子	積極 消極	敵對 友好

전통 – 혁신	전반 – 후반	전진 – 후진	절대 – 상대
傳統 革新	前半 後半	前進 後進	絕對 相對

절망 – 희망	점진 – 급진	정당 – 부당	정돈 – 난잡
絕望 希望	漸進 急進	正當 不當	整頓 亂雜

정밀 – 조잡	정숙 – 소란	정오 – 자정	정직 – 사기
精密 粗雜	整肅 騷亂	正午 子正	正直 詐欺

정착 – 표류	조객 – 하객	직계 – 방계	직선 – 곡선
定着 漂流	弔客 賀客	直系 傍系	直線 曲線

| 직접-간접 | 진보-퇴보 | 진실-허위 | 질서-혼란 |
| 直接 間接 | 進步 退步 | 眞實 虛僞 | 秩序 混亂 |

| 질의-응답 | 집합-해산 |
| 質疑 應答 | 集合 解散 |

ㅊ

| 참신-진부 | 창조-모방 | 천학-석학 | 첨가-삭감 |
| 斬新 陳腐 | 創造 模倣 | 淺學 碩學 | 添加 削減 |

| 체언-용언 | 체증-체감 | 초성-종성 | 초야-조정 |
| 體言 用言 | 遞增 遞減 | 初聲 終聲 | 草野 朝廷 |

| 축소-확대 | 총명-우둔 | 치졸-세련 | 치욕-명예 |
| 縮小 擴大 | 聰明 愚鈍 | 稚拙 洗練 | 恥辱 名譽 |

| 친숙-소원 |
| 親熟 疏遠 |

ㅋ

| 쾌락-고통 | 쾌승-참패 |
| 快樂 苦痛 | 快勝 慘敗 |

ㅌ

| 타당-부당 | 탁월-평범 | 탁음-청음 | 탄생-소멸 |
| 妥當 不當 | 卓越 平凡 | 濁音 淸音 | 誕生 消滅 |

| 퇴화-진화 |
| 退化 進化 |

ㅍ

| 팽창-수축 | 패전-승전 | 폭로-은폐 | 풍요-빈곤 |
| 膨脹 收縮 | 敗戰 勝戰 | 暴露 隱蔽 | 豊饒 貧困 |

피안-차안
彼岸 此岸

ㅎ

| 학대-우대 | 합법-위법 | 행복-불행 | 허다-희소 |
| 虐待 優待 | 合法 違法 | 幸福 不幸 | 許多 稀少 |

| 현역-퇴역 | 형제-자매 | 호전-역전 | 호재-악재 |
| 現役 退役 | 兄弟 姉妹 | 好轉 逆轉 | 好材 惡材 |

| 호평-악평 | 호황-불황 | 황야-옥토 | 후대-박대 |
| 好評 惡評 | 好況 不況 | 荒野 沃土 | 厚待 薄待 |

| 흥분-안정 | 흥분-진정 |
| 興奮-安靜 | 興奮-鎭靜 |

8 모양이 비슷한 한자

ㄱ

한자	뜻	단어
可 (가)	옳을	可能 (가능)
司 (사)	맡을	司法 (사법)
佳 (가)	아름답다	佳作 (가작)
往 (왕)	가다	往來 (왕래)
住 (주)	살다	住宅 (주택)
各 (각)	각각	各種 (각종)
名 (명)	이름	地名 (지명)
間 (간)	사이	時間 (시간)
聞 (문)	듣다	見聞 (견문)
問 (문)	묻다	問題 (문제)
開 (개)	열다	開拓 (개척)
干 (간)	방패	干涉 (간섭)
千 (천)	일천	三千 (삼천)
于 (우)	어조사	于先 (우선)
客 (객)	손님	客室 (객실)
容 (용)	얼굴	容色 (용색)
看 (간)	보다	看過 (간과)
着 (착)	입다	着服 (착복)
甲 (갑)	갑옷	甲兵 (갑병)
申 (신)	말하다	申告 (신고)
巨 (거)	크다	巨大 (거대)
臣 (신)	신하	忠臣 (충신)

한자	뜻	단어
件 (건)	물건	條件 (조건)
伴 (반)	짝	伴侶 (반려)
犬 (견)	개	犬馬 (견마)
大 (대)	크다	大小 (대소)
太 (태)	크다	太古 (태고)
丈 (장)	어른	丈夫 (장부)
季 (계)	계절	季節 (계절)
秀 (수)	빼어나다	秀才 (수재)
委 (위)	맡기다	委任 (위임)
李 (이)	오얏	李花 (이화)
苦 (고)	쓰다	苦痛 (고통)
若 (약)	만약, 같다	若干 (약간)
孤 (고)	외로울	孤獨 (고독)
狐 (호)	여우	白狐 (백호)
瓜 (과)	오이	瓜年 (과년)
爪 (조)	손톱	爪牙 (조아)
官 (관)	벼슬	官職 (관직)
宮 (궁)	궁궐	宮女 (궁녀)
丘 (구)	언덕	丘陵 (구릉)
兵 (병)	군사	兵馬 (병마)
困 (곤)	곤하다	困難 (곤란)
囚 (수)	가두다	罪囚 (죄수)
因 (인)	인하다	原因 (원인)

한자	뜻	단어
勸 (권)	권하다	勸學 (권학)
歡 (환)	기쁘다	歡呼 (환호)
觀 (관)	보다	觀察 (관찰)
己 (기)	몸	利己 (이기)
已 (이)	이미	已往 (이왕)
巳 (사)	뱀	巳足 (사족)

ㄴ

한자	뜻	단어
奴 (노)	종	奴婢 (노비)
如 (여)	같다	如意 (여의)
老 (노)	늙다	老少 (노소)
考 (고)	생각하다	考察 (고찰)

ㄷ

한자	뜻	단어
待 (대)	기다리다	期待 (기대)
侍 (시)	모시다	侍女 (시녀)
徒 (도)	무리	學徒 (학도)
徙 (사)	옮기다	移徙 (이사)
從 (종)	좇다	從業 (종업)
島 (도)	섬	落島 (낙도)
烏 (오)	까마귀	烏鵲 (오작)
鳥 (조)	새	鳥獸 (조수)
刀 (도)	칼	短刀 (단도)
又 (우)	또	又復 (우부)
叉 (차)	갈래	交叉 (교차)
蹈 (도)	밟다	舞蹈 (무도)
踏 (답)	밟다	踏襲 (답습)
童 (동)	아이	童子 (동자)
重 (중)	무겁다	輕重 (경중)

ㄹ

한자	뜻	단어
卵 (란)	알	鷄卵 (계란)
卯 (묘)	토끼	卯年 (묘년)
剌 (랄)	발랄하다	潑剌 (발랄)
刺 (자)	찌르다	刺戟 (자극)
兩 (량)	둘	兩面 (양면)
雨 (우)	비	雨衣 (우의)
旅 (려)	나그네	旅行 (여행)
族 (족)	겨레	民族 (민족)
綠 (록)	푸르다	綠陰 (녹음)
緣 (연)	인연	因緣 (인연)
錄 (록)	기록하다	實錄 (실록)

ㅁ

한자	뜻	단어
眠 (면)	자다	睡眠 (수면)
眼 (안)	눈	白眼 (백안)
免 (면)	면하다	赦免 (사면)
兔 (토)	토끼	兔毫 (토호)
明 (명)	밝다	明暗 (명암)
朋 (붕)	벗	朋友 (붕우)
鳴 (명)	울다	鳴梁 (명량)
嗚 (오)	슬프다	嗚咽 (오열)

한자	뜻	단어
鴨 (압)	오리	鴨綠 (압록)
末 (말)	끝	本末 (본말)
未 (미)	아니다	未來 (미래)
禾 (화)	벼	麥禾 (맥화)
冒 (모)	무릅쓰다	冒險 (모험)
胃 (위)	밥통	胃腸 (위장)
冑 (주)	투구	甲冑 (갑주)
帽 (모)	모자	帽子 (모자)
矛 (모)	창	矛盾 (모순)
予 (여)	나	予奪 (여탈)
母 (모)	어머니	孟母 (맹모)
毋 (무)	없다	毋論 (무론)
杳 (묘)	어둡다	杳然 (묘연)
杏 (행)	살구	銀杏 (은행)
侮 (모)	업신여길	侮辱 (모욕)
悔 (회)	뉘우치다	後悔 (후회)
戊 (무)	천간	戊寅 (무인)
戌 (술)	지지	甲戌 (갑술)
戍 (수)	지키다	衛戍 (위수)
成 (성)	이루다	完成 (완성)
咸 (함)	다	咸集 (함집)
味 (미)	맛, 뜻	意味 (의미)
昧 (매)	어둡다	蒙昧 (몽매)
蜜 (밀)	꿀	蜜月 (밀월)
密 (밀)	빽빽하다	密林 (밀림)

ㅂ

한자	뜻	단어
薄 (박)	엷다	薄色 (박색)
簿 (부)	장부	置簿 (치부)
迫 (박)	핍박하다	脅迫 (협박)
追 (추)	쫓다	追憶 (추억)
飯 (반)	밥	飯床 (반상)
飮 (음)	마시다	飮料 (음료)
反 (반)	돌이키다	反省 (반성)
友 (우)	벗	友情 (우정)
番 (번)	차례	番號 (번호)
審 (심)	살피다	審判 (심판)
普 (보)	넓다	普遍 (보편)
晋 (진)	나라	晋州 (진주)
奉 (봉)	받들다	奉養 (봉양)
奏 (주)	아뢰다	演奏 (연주)
紛 (분)	어지럽다	紛爭 (분쟁)
粉 (분)	가루	粉末 (분말)
復 (복)	회복하다	復歸 (복귀)
複 (복)	겹옷	複雜 (복잡)
夫 (부)	지아비	夫婦 (부부)
失 (실)	잃다	得失 (득실)
矢 (시)	화살	弓矢 (궁시)
天 (천)	하늘	天地 (천지)
夭 (요)	일찍죽다	夭折 (요절)
北 (북)	북녘	南北 (남북)
兆 (조)	조	兆朕 (조짐)
比 (비)	견주다	比較 (비교)
此 (차)	이	此時 (차시)

한자	뜻	단어
貧 (빈)	가난하다	貧富 (빈부)
貪 (탐)	탐내다	貪慾 (탐욕)
賓 (빈)	손님	貴賓 (귀빈)
氷 (빙)	얼음	氷水 (빙수)
水 (수)	물	水流 (수류)
永 (영)	길다	永遠 (영원)

한자	뜻	단어
士 (사)	선비	士林 (사림)
土 (토)	흙	土地 (토지)
思 (사)	생각	思想 (사상)
恩 (은)	은혜	恩功 (은공)
史 (사)	사관	史觀 (사관)
吏 (리)	관리	淸白吏 (청백리)
使 (사)	부리다	使用 (사용)
更 (갱)	다시	更新 (갱신)
師 (사)	스승	恩師 (은사)
帥 (수)	장수	將帥 (장수)
捨 (사)	버리다	取捨 (취사)
拾 (습)	줍다	拾得 (습득)
書 (서)	책	新書 (신서)
晝 (주)	낮	晝夜 (주야)
畵 (화)	그림	畵家 (화가)
惜 (석)	애석하다	惜別 (석별)
借 (차)	빌리다	借用 (차용)
晳 (석)	밝다	明晳 (명석)
旋 (선)	돌다	旋律 (선율)
施 (시)	베풀다	施設 (시설)

宣 (선)	베풀다	宣傳 (선전)
宜 (의)	마땅하다	便宜 (편의)
宙 (주)	집	宇宙 (우주)
雪 (설)	눈	降雪 (강설)
雲 (운)	구름	雲海 (운해)
設 (설)	베풀다	設備 (설비)
說 (설)	말씀	說明 (설명)
損 (손)	덜다	損益 (손익)
捐 (연)	버리다	捐金 (연금)
遂 (수)	이루다	完遂 (완수)
逐 (축)	쫓다	角逐 (각축)
深 (심)	깊다	深山 (심산)
探 (탐)	찾다	探究 (탐구)

한자	뜻	단어
雅 (아)	우아하다	優雅 (우아)
稚 (치)	어리다	幼稚 (유치)
冶 (야)	불리다	冶金 (야금)
治 (치)	다스리다	政治 (정치)
哀 (애)	슬프다	哀乞 (애걸)
衷 (충)	속마음	衷心 (충심)
衰 (쇠)	쇠하다	衰退 (쇠퇴)
袞 (곤)	곤룡포	龍袞 (용곤)
與 (여)	주다	授與 (수여)
興 (흥)	일다	興亡 (흥망)
輿 (여)	수레	喪輿 (상여)
亦 (역)	또한	亦是 (역시)
赤 (적)	붉다	赤色 (적색)

한자	뜻	단어
延 (연)	끌다	延長 (연장)
廷 (정)	조정	朝廷 (조정)
庭 (정)	정원	庭園 (정원)
午 (오)	낮	正午 (정오)
牛 (우)	소	牛馬 (우마)
玉 (옥)	구슬	玉石 (옥석)
王 (왕)	임금	王位 (왕위)
遺 (유)	남기다	遺産 (유산)
遣 (견)	보내다	派遣 (파견)
人 (인)	사람	善人 (선인)
入 (입)	들다	出入 (출입)
八 (팔)	여덟	八萬 (팔만)
日 (일)	날, 해	日出 (일출)
曰 (왈)	가로다	子曰 (자왈)

한자	뜻	단어
早 (조)	일찍	早起 (조기)
旱 (한)	가물다	旱害 (한해)
住 (주)	살다	住宅 (주택)
往 (왕)	가다	往來 (왕래)

한자	뜻	단어
捉 (착)	잡다	捕捉 (포착)
促 (촉)	재촉하다	督促 (독촉)
締 (체)	맺다	締交 (체교)
諦 (체)	살피다	諦念 (체념)
墜 (추)	떨어지다	墜落 (추락)
墮 (타)	떨어지다	墮落 (타락)
衝 (충)	부딪치다	衝突 (충돌)
衡 (형)	저울	均衡 (균형)

ㅈ

한자	뜻	단어
材 (재)	재목	木材 (목재)
村 (촌)	마을	漁村 (어촌)
低 (저)	낮다	高低 (고저)
抵 (저)	막다	抵抗 (저항)
情 (정)	뜻	母情 (모정)
淸 (청)	맑다	淸風 (청풍)
齊 (제)	가지런하다	齊家 (제가)
齋 (재)	재계하다	齋戒 (재계)
弟 (제)	아우	兄弟 (형제)
第 (제)	차례	第一 (제일)
照 (조)	비추다	照明 (조명)
熙 (희)	빛나다	朴正熙 (박정희)

ㅌ

한자	뜻	단어
坦 (탄)	평탄하다	平坦 (평탄)
但 (단)	다만	但只 (단지)

ㅍ

한자	뜻	단어
閉 (폐)	닫다	開閉 (개폐)
閑 (한)	한가하다	閑人 (한인)

ㅎ

한자	뜻	단어
亨 (형)	형통하다	亨通 (형통)
享 (향)	누리다	享樂 (향락)
刑 (형)	형벌	刑罰 (형벌)
形 (형)	모양	形象 (형상)
硏 (연)	갈다	硏究 (연구)
型 (형)	모형	模型 (모형)
豪 (호)	호걸	豪傑 (호걸)
毫 (호)	가는 털	秋毫 (추호)
蒙 (몽)	어둡다	啓蒙 (계몽)
侯 (후)	제후	諸侯 (제후)
候 (후)	기후	氣候 (기후)

9 표기가 혼동되는 한자

ㄱ

한글 표기	맞는 표기	틀린 표기	비고
가정부	家政婦	家庭婦	家庭: 사회집단, 家政: 집안 살림을 다스림
각기	各其	各己	각기 저마다 개별적인 개념
강의	講義	講議	뜻을 풀어서 가르친다는 의미
경품	景品	競品	상품 이외에 곁들여 주는 물건
골자	骨子	骨字	일이나 말의 요긴한 줄거리
교사	校舍	敎舍	학교의 건물 / [동음어] 敎師, 敎唆
기적	奇跡	奇蹟	사람이 불가능한 신기한 일 / 蹟: 발자취

ㄴ

한글 표기	맞는 표기	틀린 표기	비고
납부금	納付金	納附金	세금 등을 관청에 내는 일 / 付: 주다
녹음기	錄音器	錄音機	예외적 적용 / 器: 무동력, 機: 동력
농기계	農機械	農器械	농사에 쓰이는 동력 기계
농기구	農器具	農機具	농업에 사용되는 모든 기계나 도구의 총칭

ㄷ

한글 표기	맞는 표기	틀린 표기	비고
대기발령	待機發令	待期發令	待機는 공무원의 대명(待命) 처분

ㅁ

한글 표기	맞는 표기	틀린 표기	비고
망중한	忙中閑	忘中閑	바쁜 가운데 한가함 / 忘은 잊다
매매	賣買	買賣	관용적 순서 / 晝夜(주야), 風雨(풍우) 등
목사	牧師	牧士	인도하는 교역자의 의미

ㅂ

한글 표기	맞는 표기	틀린 표기	비고
반경	半徑	半經	반지름. 徑은 지름길, 經은 날줄, 다스리다
변명	辨明	辯明	사리를 분별하여 똑바로 밝힘 / 辯 : 말 잘하다
변증법	辨證法	辯證法	개념을 분석하여 사리를 연구하는 법
보도	報道	報導	발생한 일을 알려서 말함 / 導 : 인도하다
부녀자	婦女子	婦女者	婦人과 女子
부록	附錄	付錄	덧붙이는 기록이나 책자

ㅅ

한글 표기	맞는 표기	틀린 표기	비고
사법부	司法府	司法部	국가의 三權分立 상의 하나
상여금	賞與金	償與金	노력에 대해 상금으로 주는 돈 / 償 : 보상
서재	書齋	書齊	책을 보관하고 글 읽는 방 / 齊 : 가지런하다
서전	緒戰	序戰	발단이 되는 싸움
선회	旋回	旋廻	둘레를 빙빙 돎, 항공기의 방향을 바꿈
숙직	宿直	宿職	잠을 자면서 맡아 지키는 일 / 直 : 번을 돌다
십계명	十誡命	十戒命	기독교의 계율은 '誡'를 사용
세속오계	世俗五戒	世俗五誡	불교의 계율은 '戒'를 사용

ㅇ

한글 표기	맞는 표기	틀린 표기	비고
어시장	魚市場	漁市場	어물을 파는 시장 / 漁 : 고기잡다
여부	與否	如否	그러하냐? 그렇지 않냐?
역전승	逆轉勝	逆戰勝	형세가 뒤바뀌어 이김
왜소	矮小	倭小	키가 작고 체격이 작음 / 倭 : 왜국(일본)
이사	移徙	移徒	집을 옮김 / 徙(사)와 徒(무리 도)자형 유의
일률적	一律的	一率的	한결같이 / 率 : 거느리다(솔), 비율(률)
일확천금	一攫千金	一穫千金	한 움큼에 천금을 얻음 / 穫 : 거두다
입찰	入札	立札	예정 가격을 써내어 경쟁하는 방법

ㅈ

한글 표기	맞는 표기	틀린 표기	비고
재판	裁判	栽判	裁는 마름질하다 / 栽 : 심다
절기	節氣	節期	기후(氣候)를 나눈 개념 [節侯 절후]
정찰제	正札制	定札制	정당한 물건값을 적은 나무나 종이
중개인	仲介人	中介人	두 당사자 사이에서 일을 주선함

ㅊ

한글 표기	맞는 표기	틀린 표기	비고
추세	趨勢	推勢	나아가는 형편. 趨는 달리다 / 推 : 옮기다
침투	浸透	侵透	젖어 들어감. 스며들어 감 / 侵 : 침략하다

ㅌ

한글 표기	맞는 표기	틀린 표기	비고
퇴폐	頹廢	退廢	무너져 쇠하여 결딴남 / 退 : 물러나다

ㅎ

한글 표기	맞는 표기	틀린 표기	비고
할부	割賦	割附	분할하여 배당함 / 附 : 붙다
호칭	呼稱	號稱	불러서 일컬음 / 號 : 부르짖다
활발	活潑	活發	기운차게 움직이는 모양 / 發 : 나가다

10 잘못 읽기 쉬운 한자

ㄱ

한자	맞는 독음	틀린 독음
苛斂	가렴	가검
間歇	간헐	간갈
看做	간주	간고
腔血	강혈	공혈
坑夫	갱부	항부
車馬	거마	차마
更張	경장	갱장
驚蟄	경칩	경첩
汨沒	골몰	일몰
乖離	괴리	승리
交驩	교환	교관
口碑	구비	구패
狗吠	구폐	구견
龜鑑	귀감	구감
旗幟	기치	기식

한자	맞는 독음	틀린 독음
恪別	각별	격별
艱難	간난	가난
甘蔗	감자	감서
槪括	개괄	개활
更生	갱생	경생
怯懦	겁나	거유
更迭	경질	갱질
膏盲	고황	고맹
誇張	과장	오장
攪亂	교란	각란
口腔	구강	구공
拘碍	구애	구득
救恤	구휼	구혈
龜裂	균열	구열
奇恥	기치	기심

한자	맞는 독음	틀린 독음
角逐	각축	각추
干涉	간섭	간보
降下	강하	강하
改悛	개전	개준
醵出	갹출	거출
揭示	게시	계시
譴責	견책	유책
滑稽	골계	활계
刮目	괄목	활목
敎唆	교사	교준
句讀	구두	구독
句節	구절	귀절
詭辯	궤변	위변
琴瑟	금실	금슬
喫燃	끽연	계연

ㄴ

한자	맞는 독음	틀린 독음
儺禮	나례	난례
拿捕	나포	장포
難澁	난삽	난지
拉致	납치	입치
鹿皮	녹비	녹피
賂物	뇌물	각물
訥辨	눌변	내변

한자	맞는 독음	틀린 독음
懦弱	나약	유약
懶怠	나태	뢰태
捺印	날인	나인
狼藉	낭자	낭적
壟斷	농단	용단
漏泄	누설	누세
凜凜	늠름	품품

한자	맞는 독음	틀린 독음
內人	나인	내인
烙印	낙인	각인
捏造	날조	열조
內帑	내탕	내노
鹿茸	녹용	녹이
訥言	눌언	납언

ㄷ

한자	맞는 독음	틀린 독음
茶店	다점	차점
曇天	담천	운천
對峙	대치	대지
跳躍	도약	조약
鈍濁	둔탁	돈탁

한자	맞는 독음	틀린 독음
團欒	단란	단락
遝至	답지	환지
宅內	댁내	택내
瀆職	독직	속직
屯困	둔곤	돈곤

한자	맞는 독음	틀린 독음
簞食	단사	단식
撞着	당착	동착
陶冶	도야	도치
獨擅	독천	독단
遁走	둔주	돈주

ㅁ

한자	맞는 독음	틀린 독음
滿腔	만강	만공
邁進	매진	만진

한자	맞는 독음	틀린 독음
萬朶	만타	만내
驀進	맥진	막진

한자	맞는 독음	틀린 독음
罵倒	매도	마도
盟誓	맹서	맹세

한자	맞는 독음	틀린 독음
萌芽	맹아	명아
牡丹	모란	목단
木鐸	목탁	목택
巫覡	무기	무현
無聊	무료	무류

한자	맞는 독음	틀린 독음
明晳	명석	명철
牡牛	모우	두우
夢寐	몽매	몽침
拇印	무인	모인
紊亂	문란	사란

한자	맞는 독음	틀린 독음
明澄	명징	명증
木瓜	모과	목과
杳然	묘연	향연
毋論	무론	모론

한자	맞는 독음	틀린 독음
撲殺	박살	복살
反駁	반박	반교
拔擢	발탁	발요
幇助	방조	봉조
跋扈	발호	발파
兵站	병참	병점
補塡	보전	보진
分泌	분비	분필
否塞	비색	부색
憑藉	빙자	빙적

한자	맞는 독음	틀린 독음
剝奪	박탈	약탈
頒布	반포	분포
發揮	발휘	발혼
妨碍	방애	방의
拜謁	배알	배갈
報酬	보수	보주
復活	부활	복활
不朽	불후	불구
頻數	빈삭	보수

한자	맞는 독음	틀린 독음
撲滅	박멸	복멸
拔萃	발췌	발취
潑剌	발랄	발자
勃興	발흥	역흥
範疇	범주	범수
布施	보시	포시
敷衍	부연	부행
沸騰	비등	불등
嚬蹙	빈축	빈촉

한자	맞는 독음	틀린 독음

한자	맞는 독음	틀린 독음

한자	맞는 독음	틀린 독음

한자	맞는 독음	틀린 독음	한자	맞는 독음	틀린 독음	한자	맞는 독음	틀린 독음
詐欺	사기	언기	使嗾	사주	사족	奢侈	사치	사다
娑婆	사바	사파	社稷	사직	사목	索莫	삭막	색막
索然	삭연	색연	撒布	살포	산포	三昧	삼매	삼미
上梓	상재	상자	相殺	상쇄	상살	數數	삭삭	수수
省略	생략	성약	棲息	서식	처식	逝去	서거	절거
先瑩	선영	선형	閃光	섬광	염광	星宿	성수	성숙
洗滌	세척	세조	蕭條	소조	숙조	遡及	소급	삭급
甦生	소생	갱생	騷擾	소요	소우	贖罪	속죄	독죄
殺到	쇄도	살도	戍樓	수루	술루	數爻	수효	수차
睡眠	수면	수민	竪說	수설	견설	示唆	시사	시준
柴糧	시량	자량	諡號	시호	익호	呻吟	신음	신금
辛辣	신랄	신극	迅速	신속	빈속			

ㅇ

한자	맞는 독음	틀린 독음	한자	맞는 독음	틀린 독음	한자	맞는 독음	틀린 독음
齷齪	악착	악족	斡旋	알선	간선	謁見	알현	갈견
軋轢	알력	알락	隘路	애로	익로	冶金	야금	치금
惹起	야기	약기	掠奪	약탈	경탈	濾過	여과	로과
役割	역할	역활	軟弱	연약	나약	厭惡	염오	염악
囹圄	영어	영오	領袖	영수	영유	嗚咽	오열	오인
誤謬	오류	오륙	惡寒	오한	악한	渦中	와중	과중
歪曲	왜곡	부곡	外艱	외간	외난	邀擊	요격	격격

한자	맞는 독음	틀린 독음
要塞	요새	요색
凹凸	요철	요돌
遊說	유세	유설
凝結	응결	의결
以降	이강	이항
已往	이왕	기왕
一括	일괄	일활
剩餘	잉여	승여

한자	맞는 독음	틀린 독음
樂水	요수	낙수
容喙	용훼	용탁
六月	유월	육월
義捐	의연	의손
移徙	이사	이도
罹患	이환	나환
一擲	일척	일정

한자	맞는 독음	틀린 독음
窯業	요업	강업
誘發	유발	수발
吟味	음미	금미
罹病	이병	나병
弛緩	이완	지환
溺死	익사	약사
一切	일체	일절

한자	맞는 독음	틀린 독음
自矜	자긍	자금
綽綽	작작	탁탁
塡充	전충	전통
接吻	접문	접물
稠密	조밀	주밀
躊躇	주저	수저
浚渫	준설	준첩
眞摯	진지	진집
什物	집물	십물

한자	맞는 독음	틀린 독음
孜孜	자자	목목
箴言	잠언	함언
傳播	전파	전번
正鵠	정곡	정호
造詣	조예	조지
駐箚	주차	주탑
櫛比	즐비	절비
桎梏	질곡	지고
斟酌	짐작	심작

한자	맞는 독음	틀린 독음
藉藉	자자	적적
沮止	저지	조지
截斷	절단	재단
靜謐	정밀	정일
措置	조치	차치
蠢動	준동	춘동
憎惡	증오	증악
叱責	질책	칠책
執拗	집요	집유

ㅊ

한자	맞는 독음	틀린 독음
茶禮	차례	다례
懺悔	참회	섬회
闡明	천명	단명
尖端	첨단	대단
忖度	촌탁	촌도
追悼	추도	추탁
衷心	충심	애심
鍼術	침술	함술

한자	맞는 독음	틀린 독음
慙愧	참괴	참귀
暢達	창달	양달
喘息	천식	단식
貼付	첩부	첨부
寵愛	총애	용애
醜態	추태	귀태
熾烈	치열	식열
蟄居	칩거	집거

한자	맞는 독음	틀린 독음
斬新	참신	점신
漲溢	창일	장익
鐵槌	철퇴	철추
諦念	체념	제념
撮影	촬영	찰영
秋毫	추호	추모
沈沒	침몰	심몰

ㅌ

한자	맞는 독음	틀린 독음
度支	탁지	도지
彈劾	탄핵	탄효
慟哭	통곡	동곡
偸安	투안	유안

한자	맞는 독음	틀린 독음
拓本	탁본	척본
耽溺	탐닉	칩입
洞察	통찰	동찰

한자	맞는 독음	틀린 독음
綻露	탄로	정로
攄得	터득	여득
堆積	퇴적	추적

ㅍ

한자	맞는 독음	틀린 독음
派遣	파견	파유
稗官	패관	피관

한자	맞는 독음	틀린 독음
破綻	파탄	파정
霸權	패권	파권

한자	맞는 독음	틀린 독음
跛行	파행	피행
敗北	패배	패북

膨脹	팽창	팽장
褒賞	포상	보상
輻輳	폭주	복주

平坦	평탄	평단
暴惡	포악	폭악
縹渺	표묘	표사

閉塞	폐색	폐한
捕捉	포착	보촉
標識	표지	표식

ㅎ

한자	맞는 독음	틀린 독음
割引	할인	활인
行列	항렬	행렬
偕老	해로	개로
諧謔	해학	개학
子遺	혈유	자유
好惡	호오	호악
滑走	활주	골주
灰燼	회신	회진
橫暴	횡포	횡폭
麾下	휘하	마하
欣快	흔쾌	근쾌
薨去	훙거	붕거

한자	맞는 독음	틀린 독음
陝川	합천	협천
降伏	항복	강복
楷書	해서	개서
享樂	향락	형락
嫌惡	혐오	겸악
忽然	홀연	총연
豁達	활달	곡달
膾炙	회자	회화
嚆矢	효시	고시
彙報	휘보	과보
恰似	흡사	합사

한자	맞는 독음	틀린 독음
肛門	항문	홍문
降將	항장	강장
解弛	해이	해야
絢爛	현란	순란
荊棘	형극	형자
花卉	화훼	화에
恍惚	황홀	광홀
劃數	획수	화수
嗅覺	후각	취각
恤兵	휼병	혈병
洽足	흡족	합족

11 뜻이 혼동되는 한자 (44종)

1. 余 (나 여), 我 (나 아), 吾 (나 오)

① 余 (나 여)
오로지 나만 나타냄　예) 余等 (여등) : 우리 들

② 我 (나 아)
나를 포함한 우리를 나타낼 때　예) 我國 : 우리나라

③ 吾 (나 오)
나를 포함한 우리를 나타낼 때　예) 吾君 : 우리 임금

2. 不 (아닐 불), 非 (아닐 비), 否 (아닐 부, 막힐 비)

① 不 (아닐 불)
동사 부정　예) 人不 : 사람 노릇을 못 한다

② 非 (아닐 비)
명사 부정　예) 人非 : 사람이 아니다

③ 否 (아니다)
예) 與否 (여부), 當否 (당부), 否認 (부인), 否決 (부결), 否運 (비운)

3. 回 (돌아올 회), 廻 (돌 회)

① 두 글자 혼용되는 경우
예) 윤회 (輪回, 輪廻), 회전 (回轉, 廻轉), 회피 (回避, 廻避)

② 回 자는 소용돌이 모양으로 원형을 빙빙 돌다, 廻 자는 가다, 오다, 되돌아오다는 뜻
예) 巡廻 (순회), 旋回 (선회), 巡回 (x), 旋廻 (x)

4. 古 (옛 고), 故 (연고 고)

① 古 단순히 시간적 의미의 old(옛날)의 뜻
　　예) 古今東西 (동서고금), 萬古江山 (만고강산)

② 故 ancient reason(옛날에 있었던 인간관계, 당시 상황, 이유, 원인 등)
　　예) 竹馬故友 (죽마고우), 溫故知新 (온고지신), 故鄕 (고향), 故事 (고사), 故障 (고장), 緣故 (연고)

5. 現 (나타날 현), 顯 (나타날 현)

① 두 글자 혼용되는 경우
　　발현 (發現, 發顯) : 숨겨져 있던 것이 바깥으로 드러나 보임
　　구현 (具現, 具顯) : 구체적(실제적)으로 나타냄

② 現 appear(나타나다) 현재 눈앞에 단순히 나타냄의 뜻
　　예) 表現(표현), 現象(현상), 現代(현대), 實現(실현), 現狀(현상), 現況(현황), 現札(현찰)

③ 顯 단순 "나타나다"라는 의미가 아닌 두드러지게 나타난다는 의미
　　그것은 밝은 햇볕을 의미하는(日)자가 들어가 있기 때문
　　顯微鏡 (현미경) : 작은 물체를 크게 두드러지게 보이게 하는 광학 기계
　　顯著 (현저) : 뚜렷이 심하게 드러냄
　　예) 破邪顯正 (파사현정), 顯考 (현고), 顯忠日 (현충일), 顯妣 (현비)

6. 玄 (검을 현), 黑 (검을 흑)

① 玄 검붉은색으로 멀다, 오묘하다, 깊다는 뜻으로 많이 쓰임
　　예) 天地玄黃 (천지현황), 玄武巖 (현무암)

② 黑 완전 검은색으로 나쁘다, 어둡다는 등 부정적 이미지로 쓰임
　　예) 近墨者黑 (근묵자흑), 黑猫白猫 (흑묘백묘), 黑幕 (흑막), 暗黑期 (암흑기)

7. 壯 (장할 장), 莊 (엄할 장)

① 壯 vigorous, brave(씩씩하다, 장하다), 爿 (평상) 위에 남자 장정(士)이 늠름하게 서 있는 모습에서 장하다, 굳세다는 뜻
　　예) 豪言壯談 (호언장담), 壯年 (장년), 壯丁 (장정), 壯烈 (장렬), 雄壯 (웅장), 健壯 (건장), 壯觀 (장관)

② 莊 solemn(장엄하다, 엄숙한 분위기), 풀밭(艹)에 있는 엄숙한 마을, 장원, 별장이라는 뜻
　　예) 莊嚴 (장엄), 莊重 (장중), 別莊 (별장), 山莊 (산장)

8. 豫 (미리 예), 預 (맡길 예, 미리 예)

① 豫 자기가 죽을 곳을 미리 아는 능력이 있는 코끼리(象)처럼 앞서, 먼저라는 뜻
   예 猶豫 (유예), 豫防 (예방), 豫測 (예측), 豫知 (예지), 豫言 (예언)

② 預 미래를 대비하여 미리 맡기다는 뜻
   예 預金 (예금), 預置 (예치), 預託 (예탁)

9. 象 (코끼리 상), 像 (모양 상), 狀 (형상 상)

① 象 코끼리 모습으로 자연적, 관념적인 꼴, 모양, 형상, 초상의 뜻
   예 森羅萬象 (삼라만상), 千態萬象 (천태만상), 印象 (인상), 象形 (상형)

② 像 사람(亻)이 인위적으로 코끼리(象)상을 조각하다, figure(모양), 비슷하다, 닮다는 뜻
   그림, 조각 따위 인물, 화상, 초상의 뜻
   예 想像 (상상), 偶像 (우상), 畫像 (화상), 映像 (영상), 群像 (군상)
   현상 (現象) : 눈앞에 나타나 보이는 사물 모습
   현상 (現像) : 형상(形象·形像)을 나타냄 사진술에서 영상(映像)이 드러남
   기상 (氣象) : 비, 바람, 눈 등 대기 중 나타나는 현상
   기상 (氣像) : 사람의 타고난 성품

③ 狀 shape(형상, 용모) 사실에 의한 근거의 뜻
   예 狀態 (상태), 狀況 (상황), 現狀 (현상), 形狀 (형상), 情狀參酌 (정상참작), 症狀 (증상), 實狀 (실상)

10. 跡 (발자취 적), 蹟 (자취 적)

① 跡 사람이 실제로 남긴 발(足)자취 흔적(亦), 행적, 업적, 좇다라는 뜻
   예 奇跡 (기적), 痕跡 (흔적), 追跡 (추적), 軌跡 (궤적), 筆跡 (필적), 潛跡 (잠적)

② 蹟 사람이 남긴 공적인(責) 자취(足), 공적, 관습, 공로라는 뜻
   예 先蹟 (선적), 烈蹟 (열적), 偉蹟 (위적)

③ 두 글자 공용으로 쓰인 경우
   예 행적(行跡, 行蹟), 사적(史蹟, 史跡), 유적(遺跡, 遺蹟)

11. 累 (여러 루), 屢 (여러 루)

① 累 실(糸)을 다발로 묶어 포개(田) 모양에서 포개다, 덮다, 여러의 뜻
   예 累計 (누계), 累卵 (누란), 累卵之危 (누란지위)

② 屢 사람이 포개여 있는 모양으로 여러, 자주, 빨리의 뜻
  예 屢次 (누차), 屢報 (누보), 屢空 (누공)

12. 反 (돌이킬 반), 返 (돌이킬 반), 叛 (배반할 반)

① 反 oppose(반대하다, 저항하다), rebel(반항하다) 돌이키다라는 뜻
  예 反感 (반감), 反逆 (반역), 謀反 (모반), 反擊 (반격)

② 返 return(돌아오다, 복귀하다) 구체적인 물건을 돌려보내다, 반납하다, 되돌려 주다라는 뜻
  예 返納 (반납), 返品 (반품), 返還 (반환)

③ 叛 rebel(반란, 반항하다)
  예 반기 (叛起), 배반 (背叛), 반란 (反亂, 叛亂), 반역 (反逆, 叛逆), 모반 (謀反, 謀叛)
  반도 (叛徒) : 반란에 참여한 무리

13. 聯 (연이을 련), 連 (잇닿을 연)

① 聯 귀(耳)에 실을 꿴(絲) 모양, 두 물체를 잇다, 조직들을 연합하다는 뜻
  associate(관련시키다)
  예 聯合 (연합), 聯關 (연관), 蘇聯 (소련), 聯想 (연상), 聯邦 (연방), 聯繫 (연계), 聯立 (연립)

② 連 수레가 지나갈 때 죽 이어진 바퀴 자국으로 connect(연결시키다), 연속, 계속, 잇다는 뜻
  예 連理枝 (연리지), 合從連橫 (합종연횡), 連續 (연속), 連結 (연결), 連鎖 (연쇄), 連帶 (연대), 連載 (연재), 連休 (연휴), 連坐制 (연좌제)

14. 原 (언덕 원, 근원 원), 源 (근원 원)

① 原 origin(사물의 시초, 기원, 원인), 언덕, 벌판
  예 原價 (원가), 原論 (원론), 原料 (원료), 原書 (원서), 病原菌 (병원균), 水原市 (수원시), 原稿 (원고), 原審 (원심), 原版 (원판), 燎原之火 (요원지화), 始原 (시원)

② 源 source(발원지, 처음 시작한 곳)
  예 源泉 (원천), 資源 (자원), 根源 (근원), 汚染源 (오염원), 供給源 (공급원), 字源 (자원), 財源 (재원), 拔本塞源 (발본색원), 武陵桃源 (무릉도원), 震源地 (진원지)

③ 두 글자가 혼용하여 쓰인 경우
  예 기원 (起源, 起原), 병원 (病原, 病源), 어원 (語原, 語源)

15. 壓 (누를 압), 押 (누를 압)

① 壓 짓누르다, 싫어하다
   - 壓縮 (압축), 彈壓 (탄압), 抑壓 (억압), 高氣壓 (고기압), 壓迫 (압박), 壓卷 (압권), 鎭壓 (진압), 壓倒 (압도), 制壓 (제압), 壓勝 (압승), 電壓 (전압), 滲透壓 (삼투압)

② 押 빼앗다, 제거하다, 잡다
   - 押留 (압류), 押送 (압송), 押收 (압수), 差押 (차압), 押釘 (압정), 假押留 (가압류)

16. 示 (보일 시), 視 (볼 시)

① 示 exhibit(전시, 설명하다, 보여주다)
   - 示範 (시범), 告示 (고시), 表示 (표시), 展示 (전시), 誇示 (과시), 示唆 (시사), 啓示 (계시)

② 視 look at(보다, 살펴보다, 조사하다, 관찰하다)
   - 視覺 (시각), 注視 (주시), 監視 (감시), 視察 (시찰), 亂視 (난시), 無視 (무시), 視聽 (시청), 視線 (시선), 凝視 (응시), 蔑視 (멸시), 視點 (시점), 視界 (시계), 微視的 (미시적)

17. 折 (꺾을 절), 切 (끊을 절, 온통 체), 絶 (끊을 절)

① 折 break off(꺾다, 꺾이다, 쪼개다, 떨어지다, 찢다), compromise(타협하다)
   - 百折不屈 (백절불굴), 九折羊腸 (구절양장), 迂餘曲折 (우여곡절), 折衷 (절충 : 알맞은 것을 얻음), 折衝 (절충 : 교섭에서 담판, 흥정), 折衝之臣 (절충지신), 折檻 (절함), 骨折 (골절), 折半 (절반), 斷折 (단절), 挫折 (좌절), 夭折 (요절), 屈折 (굴절)

② 切 cut(떨어져 나감, 베다), suitable(적절하다), all(모두), never(전혀, 결코)
   - 切齒腐心 (절치부심), 切磋琢磨 (절차탁마), 貸切 (대절), 哀切 (애절), 帝王切開 (제왕절개), 適切 (적절), 親切 (친절), 切迫 (절박), 切實 (절실), 懇切 (간절), 品切 (품절), 切除 (절제), 切親 (절친), 一切 (일절), 一切 (일체), 品切 (품절)

③ 絶 cut off(물건, 관계 등을 끊다, 단절하다, 끝내다)
   - 拒絶 (거절), 謝絶 (사절), 絶交 (절교), 絶叫 (절규), 絶命 (절명), 昏絶 (혼절), 絶體絶命 (절체절명), 伯牙絶絃 (백아절현), 韋編三絶 (위편삼절), 空前絶後 (공전절후)

※ 切望 (절망 : 간절 바람), 絶望 (절망 : 소망이 끊어짐), 切斷 (절단 : 끊어 자름), 絶斷 (절단 : 관계를 끊거나 끊어짐), 斷折 (단절 : 꺾음, 꺾어 부러뜨림), 斷切 (단절 : 잘라버림), 斷絶 (단절 : 유대나 연관이 끊어짐, 흐름이 연속되지 아니함)

18. 輾 (돌아누울 전), 轉 (구를 전), 傳 (전할 전)

① 輾 roll(구르다, 돌아눕다)
   예) 輾轉反側 (전전반측), 輾轉不寐 (전전불매), 輾轉 (전전)

② 轉 rotate(구르다, 회전하다, 옮기다, 전환하다)
   예) 轉禍爲福 (전화위복), 起承轉結 (기승전결), 心機一轉 (심기일전), 運轉 (운전), 轉換 (전환), 榮轉 (영전), 轉嫁 (전가), 逆轉勝 (역전승), 反轉 (반전), 公轉 (공전), 轉落 (전락), 轉勤 (전근)

③ 傳 transmit(전달하다), 실패(專)를 굴리듯 다른 사람(人)에게 차례를 넘겨주다
   예) 傳達 (전달), 傳授 (전수), 傳統 (전통), 名不虛傳 (명불허전), 宣傳 (선전), 傳染病 (전염병), 遺傳 (유전), 傳導 (전도), 傳記 (전기), 訛傳 (와전), 傳說 (전설), 自敍傳 (자서전)

19. 義 (옳을 의), 意 (뜻 의), 儀 (거동 의)

① 義 문자, 언어 등을 통해서 전달되는 뜻, Righteous(바르다, 옳다)
   예) 仁義禮智 (인의예지), 見利思義 (견리사의), 桃園結義 (도원결의), 君臣有義 (군신유의), 先義後利 (선의후리), 義士 (의사), 正義 (정의), 義務 (의무), 講義 (강의), 禮義 (예의), 廣義 (광의)

② 意 사람 마음속에 들어 있다는 뜻, Meaning(의미), 생각, 헤아리다
   예) 用意周到 (용의주도), 誠心誠意 (성심성의), 意氣投合 (의기투합), 注意 (주의), 同意 (동의), 意見 (의견), 意向 (의향), 意志 (의지), 意識 (의식), 弔意 (조의), 故意 (고의), 留意 (유의)

※ 正義 (정의) : 바른의 뜻, 바른 의리
   正意(정의) : 올바른 의지, 바른 마음

③ 儀 manners(예의범절, 태도), 본보기, 법식의 뜻
   예) 禮儀凡節 (예의범절), 儀式 (의식), 賻儀 (부의), 威儀 (위의), 祝儀 (축의), 儀典 (의전), 儀禮 (의례)

20. 器 (그릇 기), 機 (틀 기)

① 器 동력장치 없는 기계, 기구, 그릇, 생명체 기관의 뜻
   예) 棟梁之器 (동량지기), 武器 (무기), 陶瓷器 (도자기), 測雨器 (측우기), 臟器 (장기), 樂器 (악기), 甕器 (옹기), 泌尿器科 (비뇨기과), 銃器 (총기), 什器 (집기), 器量 (기량), 消火器 (소화기), 吐器 (토기), 農器具 (농기구), 核武器 (핵무기), 靑銅器 (청동기), 淨水器 (정수기), 呼吸器 (호흡기)

② 機 동력장치로 작업한 기계, 시기, 기회의 뜻
   예) 斷機之戒 (단기지계), 危機一髮 (위기일발), 臨機應變 (임기응변), 勿失好機 (물실호기), 危機 (위기), 契機 (계기), 農機械 (농기계), 機關 (기관), 飛行機 (비행기), 扇風機 (선풍기), 掘鑿機 (굴착기), 昇降機 (승강기), 洗濯機 (세탁기), 端末機 (단말기), 自販機 (자판기), 飜譯機 (번역기), 耕耘機 (경운기)

21. 剛 (굳셀 강), 强 (강할 강)

① 剛 마음이 firm(강경한, 확고한), 굳세다, 강하다는 뜻
- 剛直 (강직), 剛健 (강건 : 마음이 곧고 뜻이 굳세며 건전함), 剛斷 (강단), 剛烈 (강렬), 外柔內剛 (외유내강), 柔能制剛 (유능제강), 剛柔兼全 (강유겸전), 剛毅木訥 (강의목눌)

② 强 strong(힘센, 강건한), 강제로 시키다는 뜻
- 强力 (강력), 强健 (강건), 强調 (강조), 强制 (강제), 强姦 (강간), 弱肉强食 (약육강식), 博覽强記 (박람강기), 牽强附會 (견강부회), 强奪 (강탈), 强盜 (강도), 强取 (강취), 强賣 (강매), 强敵 (강적)

22. 附 (붙을 부), 付 (줄 부)

① 附 attach(부착하다, 덧붙임, 연결하다)의 뜻
- 附加 (부가), 附言 (부언), 附錄 (부록), 寄附 (기부), 附與 (부여), 阿附 (아부), 添附 (첨부), 附和雷同 (부화뇌동), 牽强附會 (견강부회), 附屬 (부속), 附設 (부설), 動機附與 (동기부여), 寄附金 (기부금)

② 付 give(주다), paste(붙이다)
- 付送 (부송), 貼付 (첩부), 當付 (당부), 付託 (부탁), 給付 (급부), 結付 (결부), 發付 (발부), 割付 (할부), 申申當付 (신신당부), 反對給付 (반대급부), 交付金 (교부금)

23. 疏 (소통할 소), 疎 (성길 소)

① 두 글자 혼용으로 많이 쓰임
- 소외 (疏外, 疎外), 소홀 (疏忽, 疎忽), 소명 (疏明, 疎明), 소원 (疏遠, 疎遠), 소밀 (疏密, 疎密)

② 疏 sparse(부족한, 희박한, 빈약한), 트이다, 성기다는 뜻
- 疏通 (소통), 內疏外親 (내소외친), 疏食菜羹 (소사채갱)

③ 疎 rare(드문, 희귀한, 흔치 않은), 멀리하다는 뜻
- 親疎 (친소), 稀疎 (희소), 去者日疎 (거자일소)

24. 追 (쫓을 추, 갈 퇴), 推 (밀 추, 밀 퇴)

① 追 follow(따르다, 쫓다, 추종하다), pursue(추구하다)
- 追從 (추종), 追琢 (퇴탁), 追放 (추방), 追伸 (추신), 窮寇莫追 (궁구막추), 追憶 (추억), 追擊 (추격)

② 推 push(밀다, 떠밀다)의 뜻
- 推進 (추진), 推薦 (추천), 推敲 (퇴고), 推戴 (추대), 推論 (추론), 推尋 (추심), 推測 (추측), 推仰 (추앙)

25. 繁 (번성할 번), 煩 (번거로울 번)

① 繁 prosper(번영하다) 번거롭다는 뜻
- 예) 繁盛 (번성), 繁榮 (번영), 繁昌 (번창), 繁殖 (번식), 繁華 (번화), 農繁 (농번)

② 煩 troublesome(성가신, 귀찮다), 시끄러운, 골치 아픈, 번민의 뜻
- 예) 煩雜 (번잡), 煩惱 (번뇌), 煩悶 (번민), 百八煩惱 (백팔번뇌)

26. 怨 (원망할 원), 冤 (원통할 원)

① 怨 grudge(원한, 나쁘게 생각하다)의 뜻
- 예) 怨望 (원망), 怨恨 (원한), 怨讐 (원수), 怨聲 (원성), 含憤蓄怨 (함분축원), 誰怨孰尤 (수원숙우)

② 冤 grievous(비통한, 통탄할, 슬픈)의 뜻
- 예) 伸冤 (신원), 冤痛 (원통), 訴冤 (소원), 徹天之冤 (철천지원), 口腹冤讐 (구복원수)

27. 憤 (분할 분), 忿 (성낼 분)

① 憤 indignant(분개한, 격분한)의 뜻
- 예) 憤慨 (분개), 憤怒 (분노), 含憤 (함분), 鬱憤 (울분), 發憤忘食 (발분망식), 憤氣衝天 (분기충천), 悲憤慷慨 (비분강개)

② 忿 angry(성내다, 분하다)의 뜻
- 예) 忿怒 (분노), 激忿 (격분), 忿憤 (분분)

28. 辭 (말씀 사), 詞 (말 사)

① 辭 speech(연설, 말하기, 언어)의 뜻
- 예) 辭說 (사설), 祝辭 (축사), 辭意 (사의), 辭讓 (사양), 辭表 (사표), 辭典 (사전), 韓英辭典 (한영사전), 美辭麗句 (미사여구), 辭讓之心 (사양지심), 斗酒不辭 (두주불사), 接尾辭 (접미사)

② 詞 word(말, 단어), writing(쓰기, 글씨)의 뜻
- 예) 品詞 (품사), 歌詞 (가사), 語詞 (어사), 形容詞 (형용사), 接續詞 (접속사), 自動詞 (자동사)

29. 鍊 (불릴 련), 練 (익힐 련)

① 鍊 refine(정제하다, 정련하다, 단련하다, 다듬다) 익히다는 뜻
- 예) 鍊金 (연금), 修鍊 (수련), 鍛鍊 (단련), 老鍊 (노련), 製鍊 (제련)

② 練 practice(연습, 되풀이하여 익히다) 연기하다는 뜻
- 例 未練 (미련), 練修 (연수), 達練 (달련), 熟練家 (숙련가), 熟練工 (숙련공), 修練醫 (수련의)

③ 두 글자 혼용으로 쓰인 경우
- 例 연습 : 練習, 鍊習 / 세련 : 洗練, 洗鍊 / 훈련 : 訓練, 訓鍊
  수련 : 修練, 修鍊 / 연마 : 練磨, 鍊磨

30. 奉 (받들 봉), 俸 (녹 봉)

① 奉 serve(받들다, 섬기다, 봉사하다)의 뜻
- 例 奉養 (봉양), 奉仕 (봉사), 滅私奉公 (멸사봉공), 奉獻 (봉헌), 信奉 (신봉), 憂國奉公 (우국봉공)

② 俸 salary(급여, 월급, 보수)의 뜻
- 例 俸給 (봉급), 祿俸 (녹봉), 薄俸 (박봉), 減俸 (감봉), 職俸 (직봉), 號俸 (호봉)

31. 供 (이바지 공), 貢 (비칠 공)

① 供 offer(제공하다, 지원, 제안하다)의 뜻
- 例 提供 (제공), 供給 (공급), 供覽 (공람), 供養 (공양), 供託 (공탁), 供與 (공여), 佛供 (불공), 供出 (공출)

② 貢 tribute(찬사, 감사 표시, 조공, 공물, 바치다)의 뜻
- 例 貢物 (공물), 貢獻 (공헌), 貢納 (공납), 貢緞 (공단), 貢稅 (공세), 租貢 (조공), 納貢 (납공)

32. 低 (낮을 저), 底 (밑 저)

① 低 low(낮은, 최저의)의 뜻
- 例 低俗 (저속), 低質 (저질), 高低 (고저), 低廉 (저렴), 低調 (저조), 低壓 (저압), 低密度 (저밀도)

② 底 bottom(밑바닥, 최하의) 토대, 근본의 뜻
- 例 底力 (저력), 底意 (저의), 海底 (해저), 井底之蛙 (정저지와), 徹底 (철저), 基底 (기저), 底邊 (저변), 底荷 (저하), 底意 (저의), 方底圓蓋 (방저원개)

33. 制 (절제할 제), 製 (지을 제)

① 制 restrain(억제하다, 제한하다, 자제하다) 법규, 제도를 만듦의 뜻
- 例 制度 (제도), 制定 (제정), 制御 (제어), 制限 (제한), 制限君主制 (제한군주제), 統制 (통제), 牽制 (견제)

② 製 make(짓다, 물건을 만들다)의 뜻
- 例 製圖 (제도), 製品 (제품), 製造 (제조), 製作 (제작), 複製 (복제), 製鐵 (제철), 製鍊 (제련), 剝製 (박제)

Ⅳ. 부록   811

34. 勞 (일할 로), 努 (힘쓸 로)

① 勞 toil(애쓰는, 힘써 일하다, 수고로움, 힘든 일)의 뜻
- 예 勞力 (노력), 勞苦 (영고), 過勞 (과로), 勞心焦思 (노심초사), 犬馬之勞 (견마지로), 徒勞無益 (도로무익), 疲勞 (피로), 慰勞 (위로), 勤勞 (근로), 勞苦 (노고), 勞使 (노사)

② 努 endeavor(노력, 시도, 실시)의 뜻
- 예 努力 (노력), 奮鬪努力 (분투노력)

35. 受 (받을 수), 授 (줄 수)

① 受 자 갑골문을 보면 배에서 위의 손(爪)과 아래의 손(又) 어떤 물건(冖)을 주고받는 모습에서 받다, 주다, 얻다, 들어주다는 뜻
나중 授 자와 구분하여 받다(take)의 뜻으로 많이 쓰임
- 예 引受引繼 (인수인계), 背任受賂 (배임수뢰,) 受容 (수용), 受信 (수신), 接受 (접수), 引受 (인수), 受領 (수령), 受諾 (수락), 受業 (수업), 受賞 (수상), 受侮 (수모), 受賂 (수뢰), 受惠 (수혜), 讓受 (양수)

② 授 자는 손(扌)으로 주다(受) → 전수(傳受)하다 → 수여(授與)하다 → 가르치다 → 주다(give)의 뜻
- 예 見危授命 (견위수명), 教授 (교수), 授業 (수업), 授與 (수여), 授乳 (수유), 除授 (제수), 授賞 (수상)

※ 수수(授受), 수수료(授受料) : 授 자를 먼저 써야 함(주고받다로 암기)

36. 賞 (상줄 상), 償 (갚을 상)

① 賞 자는 자랑스러운 사람에게 숭상(尚)하여 재물(貝)을 주다 → 숭상하다, 상주다(a prize)
→ (상을 주며) 칭찬하다 → (상을 받아) 즐기다는 뜻
- 예 信賞必罰 (신상필벌), 論功行賞 (논공행상), 鑑賞 (감상), 賞狀 (상장), 褒賞 (포상), 懸賞 (현상), 受賞 (수상), 大賞 (대상), 賞春客 (상춘객), 賞罰 (상벌), 玩賞 (완상), 副賞 (부상), 賞金 (상금), 施賞 (시상)

② 償자 공을 세우고 선행을 베푼 사람(人)이 상(賞)으로 보상(補償)받다 → 공로를 되돌려 받다
→ 갚다(repay)의 뜻
- 예 補償 (보상), 賠償 (배상), 償還 (상환), 求償權 (구상권), 報償 (보상), 辨償 (변상), 無償 (무상), 減價償却 (감가상각), 損害賠償 (손해배상), 償金 (상금 : 갚아 주는 돈), 贖償 (속상), 償還權 (상환권)

37. 買 (살 매), 賣 (팔 매)

① 買 자는 그물(罒)로 재물(貝)을 쓸어 담다 → 그물(罒)로 조개(貝)를 잡아 물건을 사다(buy) → 세내다라는 뜻
   예) 買占賣惜 (매점매석), 買辦 (매판), 豫買 (예매), 買受 (매수), 買入 (매입), 都買 (도매), 買上 (매상), 買票 (매표), 強買 (강매), 直買 (직매), 收買 (수매), 不買 (불매), 換買 (환매), 買食 (매식), 競買 (경매)

② 賣 자는 물건을 팔면 돈(貝)이 들어오고, 물건은 나간다(出 → 士) → 팔다(sale)의 뜻
   ※ 팔 매(賣)는 나가는(出)것이 있으니까 팔고, 살 매(買)는 나가는(出)이 없으니까 산다로 암기
   예) 賣官賣職 (매관매직), 薄利多賣 (박리다매), 賣鹽逢雨 (매염봉우), 立稻先賣 (입도선매), 賣渡 (매도), 賣劍買牛 (매검매우), 販賣 (판매), 競賣 (경매), 賣却 (매각), 都賣 (도매), 專賣 (전매), 賣店 (매점), 賣春 (매춘), 賣場 (매장), 賣盡 (매진), 賣出 (매출), 賣上 (매상), 豫賣 (예매), 特賣 (특매)

※ 賣買 (매매) : 賣자가 앞에 와야 함(팔고 산다로 암기)

38. 欲 (하고자할 욕), 慾 (욕심 욕)

① 欲 자는 큰 계곡(谷)에서 흘러나오는 물을 하품(欠)하듯 입을 크게 벌려 마치 다 받아 마시려는 듯한 욕심을 내는 모습 → 바란다, 욕심의 뜻
   예) 名譽欲 (명예욕), 睡眠欲 (수면욕), 情欲 (정욕), 欲求不滿 (욕구불만)

② 慾 자는 욕심(欲)을 내는 마음(心) → 욕심, 욕망, 욕정, 탐내다라는 뜻
   예) 性慾 (성욕), 食慾 (식욕), 貪慾 (탐욕), 私利私慾 (사리사욕), 溪壑之慾 (계학지욕), 色慾 (색욕), 禁慾 (금욕), 五慾七情 (오욕칠정), 情慾 (정욕), 過慾 (과욕), 愛慾 (애욕)

③ 두 글자 혼용하여 쓰인 경우
   예) 욕심 : 慾心, 欲心 / 욕망 : 欲望, 慾望 / 욕구 : 慾求, 欲求
       욕정 : 欲情, 慾情 / 의욕 : 意欲, 意慾

39. 小 (작을 소), 少 (적을 소, 젊을 소)

① 小 little(작다, 짧다)의 뜻, 大(큰 대)의 반대자
   예) 大小 (대소), 小數 (소수 : 작은 수), 大同小異 (대동소이), 小貪大失 (소탐대실), 積小成大 (적소성대), 針小棒大 (침소봉대), 捨小取大 (사소취대), 小說 (소설), 縮小 (축소), 小童 (소동), 矮小 (왜소)

② 少 small(적다), youthful(젊다, 어리다)의 뜻, 多(많을 다), 老(늙을 로)의 반대자
   예) 多少 (다소), 少數 (소수 : 적은 수효), 男女老少 (남녀노소), 減少 (감소), 些少 (사소), 少女 (소녀), 僅少 (근소), 稀少 (희소), 小少 (소소), 最少 (최소), 極少 (극소), 寡少 (과소), 少壯派 (소장파)

40. 屈 (굽힐 굴), 掘 (팔 굴), 窟 (굴 굴)

① 屈 bend(구부러지다, 숙이다, 굴복시키다)의 뜻
- 예) 百折不屈 (백절불굴), 不撓不屈 (불요불굴), 屈而不伸 (굴이불신), 屈折 (굴절), 屈辱 (굴욕), 屈服 (굴복), 屈指 (굴지), 屈伏 (굴복), 卑屈 (비굴), 屈曲 (굴곡), 屈從 (굴종), 屈伸 (굴신), 屈抑 (굴양), 屈蟄 (굴칩)

② 掘 dig(파다, 캐내다, 굴복시키다)의 뜻
- 예) 臨渴掘井 (임갈굴정), 發掘 (발굴), 掘鑿 (굴착), 盜掘 (도굴), 採掘 (채굴), 掘塚 (굴총)

③ 窟 cave(동굴, 움집) 소굴의 뜻
- 예) 狡兎三窟 (교토삼굴), 虎窟 (호굴), 洞窟 (동굴), 巢窟 (소굴), 石窟庵 (석굴암), 貧民窟 (빈민굴)

41. 懸 (달 현), 縣 (매달 현, 고을 현)

① 懸 dangle(매달다)의 뜻
- 예) 懸河之辯 (현하지변), 猫項懸鈴 (묘항현령), 天壤懸隔 (천양현격), 懸軍孤鬪 (현군고투), 懸垂橋 (현수교), 刺股懸梁 (자고현량), 懸輿 (현여), 懸垂幕 (현수막), 懸案 (현안), 懸賞 (현상), 懸板 (현판), 懸壅 (현옹)

② 縣 hang(달다), district(행정구역, 고을)의 뜻
- 예) 縣令 (현령), 郡縣 (군현), 縣吏 (현리)

42. 公 (공평할 공), 共 (한가지 공)

① 公 공평하다, 함께하다, 공적인 것이라는 뜻
- 예) 公明正大 (공명정대), 公僕 (공복), 先公後私 (선공후사), 滅私奉公 (멸사봉공), 公私多忙 (공사다망), 公平無私 (공평무사), 爛商公論 (난상공론), 公布 (공포), 公共 (공공), 公薦 (공천), 公園 (공원)

② 共 한가지, 함께하다, 공손하다, 이바지하다는 뜻
- 예) 共存共榮 (공존공영), 天人共怒 (천인공노), 自他共認 (자타공인), 不共戴天 (불공대천), 共有 (공유), 共感 (공감), 共同 (공동), 共鳴 (공명), 共存 (공존), 共通 (공통), 共生 (공생), 共濟 (공제), 共犯 (공범)

43. 形 (모양 형), 型 (모형 형)

① 形 모양, 형상, 형세, 나타내다라는 뜻
- 예) 形形色色 (형형색색), 形而上學 (형이상학), 得意忘形 (득의망형), 形態 (형태), 形容詞 (형용사), 形聲文字 (형성문자), 形便 (형편), 形式 (형식), 圖形 (도형), 成形 (성형), 形勢 (형세), 形局 (형국)

② 型 모형, 거푸집, 모범, 본보기의 뜻
   예) 典型 (전형), 類型 (유형), 小型 (소형), 原型 (원형), 鑄型 (주형), 理想型 (이상형), 血液型 (혈액형)

44. 系 (이어맬 계), 係 (맬 계), 繫 (맬 계), 繼 (이을 계), 契 (맺을 계)

① 系 실타래(糸) 끝(丿)을 동여매다, 혈연의 문중, 계보, 계통, 대분류, 자연적 관계
   예) 大系 (대계), 體系 (체계), 生態系 (생태계), 系統 (계통), 系列 (계열), 家系 (가계), 系譜 (계보)

② 係 사람(人)들 사이에 관계를 잇다(系), 인위적 관계, 사람 작업, 조직 관련
   예) 關係 (관계), 係長 (계장), 因果關係 (인과관계), 係員 (계원)

③ 繫 수레(車)를 고정시키기 위해 나무막대기(殳)와 실(糸)로 동여매다, 묶어 놓다
   예) 連繫 (연계), 繫留 (계류), 聯繫 (연계), 繫縛 (계박), 囚繫 (수계), 繫累 (계루), 繫縶 (계칩)

④ 繼 자는 종(縱)으로 잇다, 매다, 이어받다, 뒤이어, 그다음에라는 뜻
   예) 引受引繼 (인계인수), 繼續 (계속), 繼承 (계승), 中繼放送 (중계방송), 後繼 (후계)

⑤ 契 횡(橫)으로(인연, 계약 관련) 잇다, 맺다, 합치다는 뜻
   예) 金蘭之契 (금란지계), 契約 (계약), 契機 (계기), 隨意契約 (수의계약)

12 사자성어 (四字成語)

ㄱ

街談巷說	가담항설	改過遷善	개과천선	高水敷地	고수부지
苛斂誅求	가렴주구	蓋棺事定	개관사정	孤臣冤淚	고신원루
家貧落魄	가빈낙백	開門揖盜	개문읍도	孤掌難鳴	고장난명
角者無齒	각자무치	開門納敵	개문납적	股掌之臣	고장지신
刻舟求劍	각주구검	改善匡正	개선광정	苦盡甘來	고진감래
肝膽相照	간담상조	坑儒焚書	갱유분서	曲突徙薪	곡돌사신
肝膽胡越	간담호월	去頭截尾	거두절미	曲學阿世	곡학아세
竿頭之勢	간두지세	居安思危	거안사위	孔席墨突	공석묵돌
簡髮而櫛	간발이즐	擧案齊眉	거안제미	孔子穿珠	공자천주
干城之材	간성지재	車魚之歎	거어지탄	瓜田李下	과전이하
奸臣賊子	간신적자	乾坤一擲	건곤일척	管中窺豹	관중규표
渴而穿井	갈이천정	隔世之感	격세지감	刮目相對	괄목상대
竭澤而漁	갈택이어	隔靴搔癢	격화소양	曠日彌久	광일미구
甘井先竭	감정선갈	隔靴爬癢	격화파양	曠日持久	광일지구
甘泉先竭	감천선갈	牽強附會	견강부회	曠前絶後	광전절후
甘呑苦吐	감탄고토	見蚊拔劍	견문발검	矯角殺牛	교각살우
康衢煙月	강구연월	鯨戰蝦死	경전하사	蛟龍得水	교룡득수
強弩之末	강노지말	溪壑之慾	계학지욕	驕兵必敗	교병필패
剛戾自用	강려자용	股肱之臣	고굉지신	巧言令色	교언영색
剛木水生	강목수생	叩頭謝罪	고두사죄	矯枉過直	교왕과직
剛毅木訥	강의목눌	膏粱珍味	고량진미	敎子採薪	교자채신
		孤立無援	고립무원	膠柱鼓瑟	교주고슬

狡兔三窟	교토삼굴	奇想天外	기상천외	**ㄷ**	
鳩居鵲巢	구거작소	氣焰萬丈	기염만장	多岐亡羊	다기망양
狗尾續貂	구미속초	杞人之憂	기인지우	簞食豆羹	단사두갱
九折羊腸	구절양장			丹脣皓齒	단순호치
舊態依然	구태의연			黨同伐異	당동벌이
救火投薪	구화투신	**ㄴ**		戴盆望天	대분망천
國憂民恤	국우민휼	落穽下石	낙정하석	大聲痛哭	대성통곡
群盲撫象	군맹무상	爛商討論	난상토론	對人春風	대인춘풍
君子豹變	군자표변	南柯一夢	남가일몽	戴天之讐	대천지수
軍行旅進	군행여진	南橘北枳	남귤북지	屠龍之技	도룡지기
窮寇莫追	궁구막추	男負女戴	남부여대	道不拾遺	도불습유
窮寇勿追	궁구물추	狼子野心	낭자야심	道聽塗說	도청도설
窮寇勿追	궁구물박	囊中之錐	낭중지추	豚蹄一酒	돈제일주
窮鼠莫追	궁서막추	囊中取物	낭중취물	同黨伐異	동당벌이
捲土重來	권토중래	冷汗三斗	냉한삼두	棟梁之材	동량지재
貴鵠賤鷄	귀곡천계	老萊之戲	노래지희	同病相憐	동병상련
龜背刮毛	귀배괄모	路柳墻花	노류장화	冬扇夏爐	동선하로
橘化爲枳	귤화위지	駑馬十駕	노마십가	凍足放尿	동족방뇨
隙駒光陰	극구광음	怒目疾視	노목질시	東馳西走	동치서주
近朱者赤	근주자적	怒髮衝冠	노발충관	董狐之筆	동호지필
金蘭之誼	금란지의	爐邊談話	노변담화	杜漸防萌	두점방맹
金石牢約	금석뇌약	勞心焦思	노심초사	登高自卑	등고자비
琴瑟之樂	금슬지락	弄璋之慶	농장지경	登樓去梯	등루거제
汲水功德	급수공덕	訥言敏行	눌언민행		
己飢己溺	기기기닉	凌雲之志	능운지지		
驥服鹽車	기복염거	陵遲處斬	능지처참		

ㅁ

麻姑搔癢	마고소양
麻姑爬癢	마고파양
磨斧爲針	마부위침
磨斧爲鍼	마부위침
磨斧作針	마부작침
磨斧作鍼	마부작침
馬耳東風	마이동풍
摩頂放踵	마정방종
麻中之蓬	마중지봉
莫無可奈	막무가내
萬壑千峰	만학천봉
萬彙群象	만휘군상
網漏吞舟	망루탄주
亡羊補牢	망양보뢰
亡牛補牢	망우보뢰
芒刺在背	망자재배
麥秀黍油	맥수서유
明珠闇投	명주암투
明珠彈雀	명주탄작
毛骨悚然	모골송연
矛盾撞着	모순당착
目不識丁	목불식정
夢寐之間	몽매지간
猫頭懸鈴	묘두현령
猫項懸鈴	묘항현령
武陵桃源	무릉도원
毋望之福	무망지복
無病自灸	무병자구
無不干涉	무불간섭
巫山之夢	무산지몽
巫山之雨	무산지우
巫山之雲	무산지운
無信不立	무신불립
無依無托	무의무탁
門前成市	문전성시
門前雀羅	문전작라
彌縫之策	미봉지책
米珠薪桂	미주신계

ㅂ

博覽强記	박람강기
盤根錯節	반근착절
飯囊酒袋	반낭주대
攀龍附鳳	반룡부봉
班門弄斧	반문농부
斑衣之戲	반의지희
反哺之孝	반포지효
拔本塞源	발본색원
杯盤狼藉	배반낭자
杯中蛇影	배중사영
百計無策	백계무책
白駒過隙	백구과극
百年河淸	백년하청
百年偕樂	백년해락
百年偕老	백년해로
伯牙絶絃	백아절현
百折不撓	백절불요
伯仲叔季	백중숙계
百尺竿頭	백척간두
百八煩惱	백팔번뇌
伐性之斧	벌성지부
病入骨髓	병입골수
封庫罷職	봉고파직
蓬頭亂髮	봉두난발
捧腹絶倒	봉복절도
覆車之戒	복거지계
駙馬都尉	부마도위
負薪救火	부신구화
負薪之憂	부신지우
負荊請罪	부형청죄
粉骨碎身	분골쇄신
焚書坑儒	분서갱유
不俱戴天	불구대천
佛頭著糞	불두저분
不撓不屈	불요불굴
不撤晝夜	불철주야

不寒而慄 불한이율
比翼連理 비익연리

ㅅ

徙家忘妻 사가망처
四面楚歌 사면초가
紗帽冠帶 사모관대
徙木之信 사목지신
斯文亂賊 사문난적
獅子奮迅 사자분신
削奪官職 삭탈관직
山高水長 산고수장
山溜穿石 산류천석
山珍海饌 산진해찬
三顧草廬 삼고초려
森羅萬象 삼라만상
桑田碧海 상전벽해
上下撑石 상하탱석
塞翁之馬 새옹지마
生口不網 생구불망
鼠肝蟲臂 서간충비
釋迦如來 석가여래
席不暇暖 석불가난
先斬後啓 선참후계
雪泥鴻爪 설니홍조

舌芒於劍 설망어검
雪膚花容 설부화용
纖纖玉手 섬섬옥수
城狐社鼠 성호사서
歲寒松柏 세한송백
蕭規曹隨 소규조수
笑裏藏刀 소리장도
小貪大失 소탐대실
孫康映雪 손강영설
松茂栢悅 송무백열
首丘初心 수구초심
殊途同歸 수도동귀
垂簾聽政 수렴청정
水陸珍饌 수륙진찬
垂名竹帛 수명죽백
手不釋卷 수불석권
首鼠兩端 수서양단
袖手傍觀 수수방관
羞惡之心 수오지심
繡衣夜行 수의야행
水滴穿石 수적천석
守株待兎 수주대토
羞花閉月 수화폐월
菽麥不辨 숙맥불변
宿虎衝鼻 숙호충비
夙興夜寐 숙흥야매

脣亡齒寒 순망치한
純眞無垢 순진무구
膝甲盜賊 슬갑도적
乘勝長驅 승승장구
識字憂患 식자우환
新陳代謝 신진대사
身體髮膚 신체발부
實陳無諱 실진무휘
心在鴻鵠 심재홍곡
十匙一飯 십시일반
十顚九倒 십전구도
十寒一曝 십한일폭

ㅇ

阿鼻叫喚 아비규환
握髮吐哺 악발토포
暗衢明燭 암구명촉
暗中摸索 암중모색
暗行御史 암행어사
殃及池魚 앙급지어
曖昧模糊 애매모호
夜行被繡 야행피수
羊頭狗肉 양두구육
魚網鴻離 어망홍리
魚變成龍 어변성룡

抑何心情	억하심정	瓦釜雷鳴	와부뇌명	危機一髮	위기일발
掩目捕雀	엄목포작	臥薪嘗膽	와신상담	韋編三絶	위편삼절
掩耳盜鈴	엄이도령	蝸牛角上	와우각상	流芳百世	유방백세
如履薄氷	여리박빙	玩物喪志	완물상지	有備無患	유비무환
與民偕樂	여민해락	完璧歸趙	완벽귀조	流言蜚語	유언비어
如合符節	여합부절	玩火自焚	완화자분	悠悠自適	유유자적
與狐謀皮	여호모피	矮人看場	왜인간장	遺臭萬年	유취만년
捐金沈珠	연금침주	矮人看戲	왜인간희	肉山脯林	육산포림
連理比翼	연리비익	矮人觀場	왜인관장	殷鑑不遠	은감불원
鳶飛魚躍	연비어약	矮子看戲	왜자간희	衣架飯囊	의가반낭
煙霞痼疾	연하고질	燎原之火	요원지화	衣錦還鄉	의금환향
煙霞之癖	연하지벽	欲燒筆硯	욕소필연	意馬心猿	의마심원
燕鴻之歎	연홍지탄	龍頭蛇尾	용두사미	泥田鬪狗	이전투구
榮枯盛衰	영고성쇠	用意周到	용의주도	人工淘汰	인공도태
曳尾塗中	예미도중	龍虎相搏	용호상박	因果應報	인과응보
禮尙往來	예상왕래	愚公移山	우공이산	人爲淘汰	인위도태
寤寐不忘	오매불망	憂國衷情	우국충정	人爲選擇	인위선택
寤寐思服	오매사복	迂餘曲折	우여곡절	日暮途窮	일모도궁
烏飛梨落	오비이락	牛耳讀經	우이독경	日暮途遠	일모도원
傲霜孤節	오상고절	羽化登仙	우화등선	一瀉千里	일사천리
吳牛喘月	오우천월	雨後竹筍	우후죽순	一衣帶水	일의대수
玉石俱焚	옥석구분	雲泥之差	운니지차	一字無識	일자무식
玉石同櫃	옥석동궤	雲上氣稟	운상기품	一場春夢	일장춘몽
玉石同碎	옥석동쇄	願賜骸骨	원사해골	一觸卽發	일촉즉발
蝸角之勢	와각지세	怨入骨髓	원입골수	一炊之夢	일취지몽
蝸角之爭	와각지쟁	月態花容	월태화용	一曝十寒	일폭십한

臨時防牌 임시방패

ㅈ

自家撞着 자가당착
刺股懸梁 자고현량
自繩自縛 자승자박
自業自縛 자업자박
自然淘汰 자연도태
自初至終 자초지종
長頸烏喙 장경오훼
張三李四 장삼이사
長袖善舞 장수선무
長身巨軀 장신거구
長者萬燈 장자만등
掌中寶玉 장중보옥
賊反荷杖 적반하장
積小成大 적소성대
赤手空拳 적수공권
積塵成山 적진성산
前車覆轍 전거복철
前倨後恭 전거후공
電光石火 전광석화
輾轉反側 전전반측
輾轉不寐 전전불매
前虎後狼 전호후랑

截長補短 절장포단
切齒腐心 절치부심
切齒扼腕 절치액완
漸入佳境 점입가경
頂門一鍼 정문일침
頂上一鍼 정상일침
情狀參酌 정상참작
挺身出戰 정신출전
濟河焚舟 제하분주
糟糠之妻 조강치처
朝不慮夕 조불려석
爪牙之士 조아지사
朝雲暮雨 조운모우
粗衣惡食 조의악식
粗衣粗食 조의조식
尊卑貴賤 존비귀천
終南捷徑 종남첩경
種豆得豆 종두득두
宗廟社稷 종묘사직
縱橫錯綜 종횡착종
左顧右眄 좌고우면
左眄右顧 좌면우고
左右顧眄 좌우고면
主客顚倒 주객전도
酒囊飯袋 주낭반대
酒袋飯囊 주대반낭

周到綿密 주도면밀
走馬加鞭 주마가편
晝夜長川 주야장천
竹頭木屑 죽두목설
竹帛垂名 죽백수명
衆寡不敵 중과부적
櫛風沐雨 즐풍목우
持己秋想 지기추상
芝蘭之交 지란지교
指鹿爲馬 지록위마
指呼之間 지호지간
織錦回文 직금회문
珍羞盛饌 진수성찬
盡忠竭力 진충갈력
進退維谷 진퇴유곡
懲羹吹菜 징갱취채

ㅊ

車胤聚螢 차윤취형
借廳入室 차청입실
采薪之憂 채신지우
隻手空拳 척수공권
千金買骨 천금매골
天道是非 천도시비
千慮一失 천려일실

天方地軸	천방지축	**ㅋ**		阪上走丸	판상주환
天佑神助	천우신조	快刀亂麻	쾌도난마	悖入悖出	패입패출
天衣無縫	천의무봉	快人快事	쾌인쾌사	鞭長莫及	편장막급
千載一遇	천재일우			閉月羞花	폐월수화
天眞爛漫	천진난만	**ㅌ**		廢寢忘食	폐침망식
徹地之冤	철지지원	唾面自乾	타면자건	敝袍破笠	폐포파립
徹天之冤	철천지원	他尙何說	타상하설	蒲柳之姿	포류지자
靑出於藍	청출어람	打草驚蛇	타초경사	蒲柳之質	포류지질
焦眉之急	초미지급	貪官汚吏	탐관오리	抱腹絶倒	포복절도
寸鐵殺人	촌철살인	探囊取物	탐낭취물	抱薪救火	포신구화
錐處囊中	추처낭중	貪賂無藝	탐뢰무예	庖丁解牛	포정해우
逐條審議	축조심의	泰山北斗	태산북두	暴虎馮河	포호빙하
春雉自鳴	춘치자명	土崩瓦解	토붕와해	表裏不同	표리부동
出奇制勝	출기제승	兔死狐悲	토사호비	豹死留皮	표사유피
出爾反爾	출이반이	兔營三窟	토영삼굴	風樹之歎	풍수지탄
吹毛求疵	취모구자	吐哺握髮	토포악발	風前燈火	풍전등화
吹毛覓疵	취모멱자	吐哺捉髮	토포착발	風餐露宿	풍찬노숙
惻隱之心	측은지심	投鞭斷流	투편단류	避獐逢虎	피장봉호
層生疊出	층생첩출	投筆從戎	투필종융	匹夫匹婦	필부필부
癡人說夢	치인설몽				
七顚八起	칠전팔기	**ㅍ**		**ㅎ**	
七顚八倒	칠전팔도	波瀾萬丈	파란만장	夏爐冬扇	하로동선
七縱七擒	칠종칠금	波瀾重疊	파란중첩	夏扇冬曆	하선동력
針小棒大	침소봉대	破釜沈舟	파부침주	下穽投石	하정투석
沈魚落雁	침어낙안	破邪顯正	파사현정	鶴首苦待	학수고대

汗牛充棟	한우충동	狐死首丘	호사수구	歡呼雀躍	환호작약
緘口無言	함구무언	虎死留皮	호사유피	黃粱之夢	황량지몽
緘口不言	함구불언	狐死兔悲	호사토비	悔改遷善	회개천선
含哺鼓腹	함포고복	狐死兔泣	호사토읍	懷璧有罪	회벽유죄
合浦珠還	합포주환	虎視眈眈	호시탐탐	繪事後素	회사후소
恒茶飯事	항다반사	浩然之氣	호연지기	會者定離	회자정리
亢龍有悔	항룡유회	狐疑不決	호의부결	橫說竪說	횡설수설
偕老同穴	해로동혈	昊天罔極	호천망극	橫竪說去	횡수설거
海翁好鷗	해옹호구	浩浩蕩蕩	호호탕탕	橫竪說話	횡수설화
向隅之歎	향우지탄	豪華燦爛	호화찬란	孝悌忠信	효제충신
許由巢父	허유소부	惑世誣民	혹세무민	後生可畏	후생가외
虛心坦懷	허심탄회	魂飛魄散	혼비백산	喉舌之臣	후설지신
虛張聲勢	허장성세	渾然一致	혼연일치	厚顏無恥	후안무치
懸梁刺股	현량자고	昏庸無道	혼용무도	諱疾忌醫	휘질기의
賢母良妻	현모양처	昏定晨省	혼정신성	胸有成竹	흉유성죽
懸河口辯	현하구변	紅爐點雪	홍로점설	黑衣宰相	흑의재상
懸河之辯	현하지변	紅毛碧眼	홍모벽안	興盡悲來	흥진비래
狐假虎威	호가호위	和光同塵	화광동진		
互角之勢	호각지세	畵龍點睛	화룡점정		
狐口之戒	호구지계	畵蛇添足	화사첨족		
糊口之計	호구지계	華胥之夢	화서지몽		
糊口之方	호구지방	和氏之璧	화씨지벽		
糊口之策	호구지책	畵中之餠	화중지병		
虎狼之國	호랑지국	和風暖陽	화풍난양		
毫毛斧柯	호모부가	畵虎類狗	화호유구		
好事多魔	호사다마	換骨奪胎	환골탈태		

13 우리말 같은 한자어 이외(以外)

1. 우리말 같은 한자

가령	假令	가정하여 말하면
과연	果然	아닌 게 아니라 정말로
금방	今方	이제 막
급기야	及其也	마침내, 마지막에는
당연	當然	마땅히 그러함
대관절	大關節	여러 말 할 것 없이 요점만 말하건대
도대체	都大體	다른말은 그만하고 요점만
만약	萬若	혹시 뜻밖에 있을 경우에
무려	無慮	생각했던것보다 상당히 많은 양
무진장	無盡藏	끝없이 많음
물론	勿論	말할것도 없이
미안	未安	불편하게 하여 거북함
별안간	瞥眼間	갑작스럽고 아주 짧은 동안
병신	病身	모자라는 사람
부득기	不得已	마지 못하여 할 수 없이
사이비	似而非	겉으로는 비슷하나 본질은 완전히 다른 가짜
순식간	瞬息間	눈을 한 번 깜짝하거나 숨을 한 번 쉴 만한 아주 짧은 동안
시방	時方	말하고 있는 바로 이때
심지어	甚至於	더욱 심하다 못하여 나중에는
어색	語塞	자연스럽지 못함

어차피	於此彼	이렇게 하든지 저렇게 하든지
역시	亦是	또한, 마찬가지로
염병	染病	병이 전염 되다
욕	辱	수고, 모욕적인 말
이불	離佛	사람이 잠잘 때 몸을 덮는 침구
점점	漸漸	조금씩 더하여
좌우간	左右間	이렇든 저렇든 간에
죄송	罪悚	죄스럽고 송구 스러움
주사위	朱四位	놀이도구
지금	只今	말하는 바로 이때
진지	眞摯	말이나 태도가 참답고 착실함
차차	次次	서두르지 않고 뒤에 천천히
찰나	刹那	바로 그때
피차	彼此	저것과 이것, 서로
하여간	何如間	어찌하든지 간에
하필	何必	달리 방법도 있을 터인데 왜 꼭
혹시	或是	그러할 리는 없지만 만일에
환장	換腸	마음이 정상적인 상태를 벗어나 뒤집히다

假家	가가	가가 → 가게
茄子	가자	가자 → 가지 (채소)
柯枝	가지	나무의 원줄기로부터 갈라져 나와 뻗은 줄기
艱難	간난	간난 → 가난
甘藷	감저	감저 → 감자
芥子	개자	개자 → 겨자
貫革	관혁	관혁 → 과녁
急作	급작	급작 → 급작이 → 갑작이 → 갑자기

絡蹄	낙제	낙제 → 낙지
大棗	대조	대조 → 대추
馬褂子	마괘자	마괘자 → 마고자
沐浴	목욕	목욕 → 미역 → 멱
白菜	백채	백채 → 배채 → 바차 → 배추
思量	사량	사량 → 사랑
山行	산행	산행 → 사냥
生菜	생채	생채 → 상추
石硫黃	석류황	석류황 → 석뉴황 → 성뉴황 → 성냥
雪馬	설마	설마 → 썰매
舌盒	설합	설합 → 서랍)
袖袂	수몌	수몌 → 소매
熟冷	숙랭	숙랭 → 숭늉
巡邏	순라	순라 → 술래 (술래잡기에서 찾는 아이)
玉蜀黍	옥촉서	옥촉서 → 옥수수 (玉垂穗)
兀郎介	올랑개	올랑개 → 오랑캐, 兀良哈 (올랑합)과 같은 뜻
杵臼	저구	저구 → 절구
赤根菜	적근채	적근채 → 시금치
楪子	접자	접자 → 접시 (楪匙)
從容	종용	종용 → 조용 → 조용히
鍾子	종자	종자 → 종지 (간장, 고추장 담는 작은 그릇)
地龍	지룡	지룡 → 지룡이 → 지렁이
天動	천동	천동 → 천둥
檐牙	첨아	첨아 → 처마

2. 한자와 우리말 결합 단어

간신(艱辛)히	결(決)코	기어(期於)이	기필(期必)코
늘상(常)	단번(單番)에	된장(醬)	별로(別)
수시(隨時)로	실(實)속	애당초(當初)	정(正)말로
졸지(猝地)에	천만(千萬)에	행(幸)여	야(野)하다
호랑(虎狼)이			

3. 한자와 영어 결합 단어

금메달	(金 medal)	은메달	(銀 medal)	동메달	(銅 medal)
재테크	(財 Tech)	세테크	(稅 Tech)	금테크	(金 Tech)
시테크	(時 Tech)	본캐	(本 character)	부캐	(副 character)
선풀	(善 reply)	악풀	(惡 reply)	강팀	(强 team)
약팀	(弱 team)	팀장	(team 長)	팀원	(team 員)
득템	(得 item)	최애템	(最愛 item)	필수템	(必須 item)
올백	(all 百)	광클	(狂 click)	컴맹	(computer 盲)
멘붕	(mental 崩)	휴대폰	(携帶 phone)	형광펜	(螢光 pen)
갓생	(god 生)	헬조선	(hell 朝鮮)	시월드	(媤 world)
생크림	(生 cream)	스키복	(ski 服)	프로야구	(professional 野球)
품백	(名品 bag)	피시방	(PC 房)	세미나실	(seminar 室)
페트병	(PET 瓶)	체인점	(chain 店)		

4. 양(洋), 호(胡), 당(唐), 왜(倭) 접두사 한자

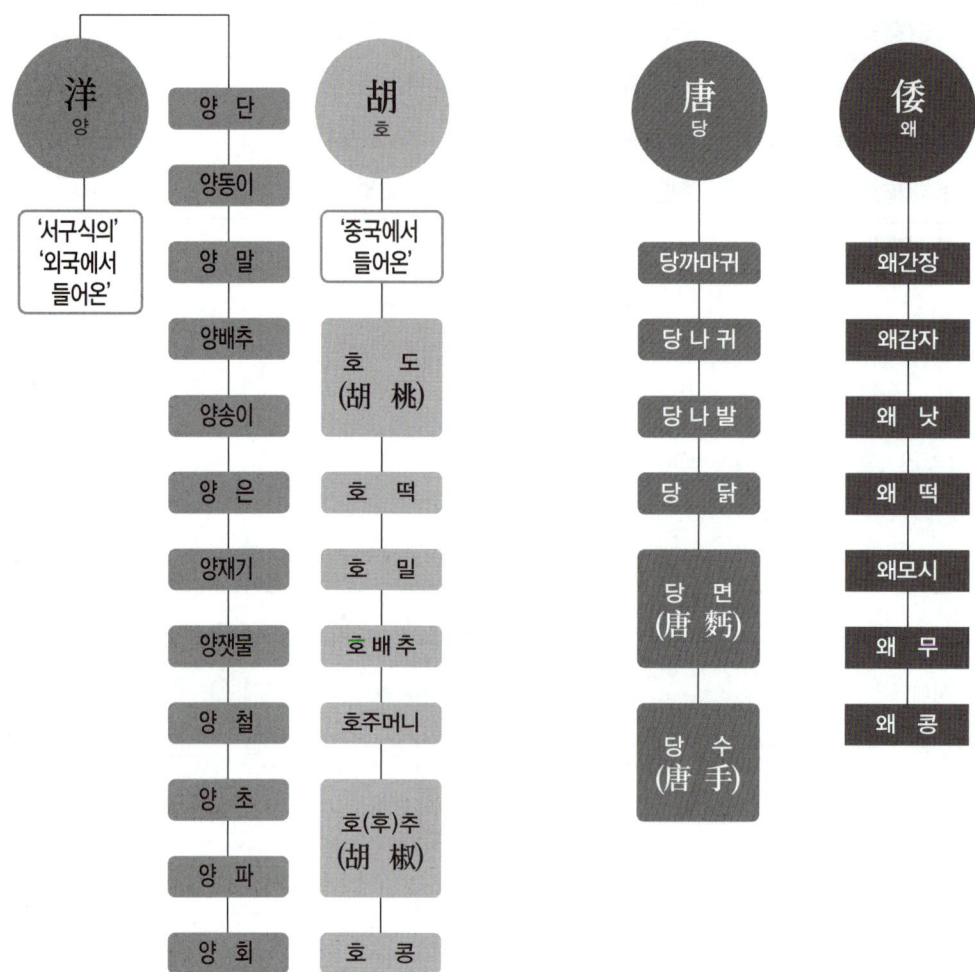

※ 양변기(洋便器), 양약(洋藥), 양복((洋服), 양옥(洋屋) …
　호박(胡朴), 호복(胡服), 호염(胡鹽), 호병(胡兵), 호마(胡麻) …
　당목(唐木), 당풍(唐風), 당근(唐根), 당학(唐學), 당서(唐黍), 당건(唐巾) …
　왜검(倭劍), 왜송(倭松), 왜풍(倭風), 왜도(倭刀), 왜종(倭種), 왜구(倭寇), 왜란(倭亂) …

※ 중국 북방민족과 관련된 것은 호(胡)를, 서양과 관련된 것은 양(洋)을
　중국 당나라와 관련된 것은 당(唐)을 일본에서 들어온것은 왜(倭)를 접두사로 붙인다.

5. 주요 도시, 지역, 나라 한자 표기

희랍	希臘	그리스
화란	和蘭	네덜란드
낙위	諾威	노르웨이
뉴욕	紐育	뉴욕
신서란	新西蘭	뉴질랜드
정말	丁抹	덴마크
독일	獨逸	도이칠란드
나전	羅典	라틴
노서아	露西亞	러시아
윤돈	倫敦	런던
나성	羅城	로스앤젤레스
나마니아	羅馬尼亞	루마니아
마이새	馬耳塞	마르세이유
말래	馬來	말레이시아
몽고	蒙古	몽골
백림	伯林	베를린
월남	越南	베트남
백이의	白耳義	벨기에
해삼위	海蔘威	브라디보스톡
파서국	巴西國	브라질
상항	桑港	샌프란시스코
서전	瑞典	스웨덴
서서	瑞西	스위스
소격란	蘇格蘭	스코틀랜드
서반아	西班牙	스페인
성항	星港	싱가포르
아이연정	亞爾然丁	아르헨티나
미국	美國	아메리카
아세아	亞細亞	아시아
애이란	愛爾蘭	아일랜드
아불리가	阿弗利加	아프리카
호주	濠洲	오스트레일리아
오지리	奧地利	오스트리아
화성돈	華盛頓	워싱턴
구라파	歐羅巴	유럽
애급	埃及	이집트
이태리	伊太利	이탈리아
인도	印度	인디아
영국	英國	잉글랜드
수부	壽府	제네바
지나	支那	차이나
태국	泰國	타일랜드
토이기	土耳其	터어키
파리	巴里	파리
파사	波斯	페르사
포도아	葡萄牙	포르투갈
파란	波蘭	폴란드
법국	法國	프랑스
비율빈	比律賓	필리핀
성림	聖林	헐리우드
해아	海牙	헤이그
향항	香港	홍콩

공식 소리 한자

초판 1쇄 인쇄	2025년 9월 10일
초판 1쇄 발행	2025년 10월 3일
지은이	한금수
발행인	임충배
홍보·마케팅	양경자
편집	김성현, 김인숙
디자인	서해숙, 김수연
삽화	임현숙
펴낸 곳	에디트리(Editree)
발행처	도서출판 삼육오
제작	(주)피앤엠123
출판신고	2014년 4월 3일
등록번호	제406-2014-000035호

(10882) 경기도 파주시 산남로 183-25
TEL 031-946-3196, FAX 031-946-3171
홈페이지 www.pub365.co.kr

ISBN 979-11-94543-31-2 03700
ⓒ 2025 한금수 & 에디트리(Editree)

· 저자와 출판사의 허락 없이 내용 일부를 인용하거나 발췌하는 것을 금합니다.
· 저자와의 협의에 의하여 인지는 붙이지 않습니다.
· 가격은 뒤표지에 표시되어 있습니다.
· 잘못 제작된 책은 구입처에서 교환해 드립니다.
· 에디트리(Editree)는 도서출판 삼육오의 브랜드입니다.